- Modernisierung der Js. durch Schule neu, wenn Schule eine Vision hat (42) (Lig.)
- Übernimmt die Katastrophenszenarien ~~der~~ zur Kindheit (S. 85ff)
- Kyrie: S. 134–139

Schriftenreihe

Studien zur Schulpädagogik

Band 36

ISSN 1435-6538

Verlag Dr. Kovač

Annette Pfisterer

Schulkritik und die Suche nach Schulalternativen – ein Motor der Schulentwicklung?

Rückblick und Ausblick an der Schwelle zum 21. Jahrhundert

Verlag Dr. Kovač

VERLAG DR. KOVAČ

Arnoldstraße 49 · 22763 Hamburg · Tel. 040 - 39 88 80-0 · Fax 040 - 39 88 80-55

E-mail info@verlagdrkovac.de · Internet www.verlagdrkovac.de

Bibliografische Information Der Deutschen Bibliothek
Die Deutsche Bibliothek verzeichnet diese Publikation
in der Deutschen Nationalbibliographie;
detaillierte bibliografische Daten sind im Internet
über http://dnb.ddb.de abrufbar.

ISSN 1435-6538
ISBN 3-8300-0881-3

Printed in Germany

Gedruckt auf holz-, chlor- und säurefreiem Papier Alster Digital. Alster Digital ist alterungsbeständig und erfüllt die Normen für Archivbeständigkeit ANSI 3948 und ISO 9706.

"Es spricht viel dafür, daß die Schule
der Zukunft nur eine Zukunft hat,
wenn sie rechtzeitig versteht, daß sie
in der tradierten Form und Struktur
keine Zukunft hat."

BILDUNGSKOMMISSION NRW[1]

INHALTSVERZEICHNIS

VORWORT ... 11

I. EINFÜHRUNG

1. Zur Aktualität des Themas ... 13
2. Eingrenzung der Fragestellung ... 33
3. Begründung der Vorgehensweise ... 38

II. SCHULKRITIK IM 20. JAHRHUNDERT – HISTORISCHE UND SYSTEMATISCHE ASPEKTE

1. Einführung ... 45
2. Historischer Zugang: Schulkritik im 20. Jahrhundert und ihre Vorläufer .. 66
3. Systematischer Zugang: Ausgewählte Systematiken der Schulkritik ... 112
4. Ausblick: Entwurf einer an Problemfeldern orientierten Systematik der Schulkritik ... 128

III. DIE SUCHE NACH SCHULALTERNATIVEN – MOTIVE VON ELTERN FÜR DIE WAHL FREIER SCHULEN

1. Einführung ... 237
2. Auswertung empirischer Studien: Determinanten der Schulwahlentscheidung für Schulen in freier Trägerschaft ... 277
3. Ausblick: Weiterführende Forschungsfragen ... 418

IV. ZUR BEDEUTUNG VON SCHULKRITIK UND SCHULALTERNATIVEN FÜR DIE SCHULENTWICKLUNG IM 21. JAHRHUNDERT

1. Zur Relevanz der Schulkritik des 20. Jahrhunderts für mögliche Schulreformen im 21. Jahrhundert ... 433
2. Funktionen und Aufgaben der Schulalternativen im öffentlichen Bildungswesen des 21. Jahrhunderts ... 459
3. Ausblick: Auf dem Wege zu Schullandschaften der Zukunft – Thesen zur Schulentwicklung im 21. Jahrhundert ... 495
4. Schlußbemerkungen ... 545

NACHWORT ... 549

ANMERKUNGEN ... 551

LITERATURVERZEICHNIS ... 629

ANHANG → siehe Faltblatt im Rückeinband (Übersichtstabelle zu Kap. III. 2.3)

II. SCHULKRITIK IM 20. JAHRHUNDERT – HISTORISCHE UND.SYSTEMATISCHE ASPEKTE

1. Einführung

1.1 Zum Begriff der "Schulkritik" ... 45
1.2 Akteure der Schulkritik ... 48
1.3 Schulkritik und die Suche nach Alternativen ... 60

2. Historischer Zugang : Schulkritik im 20. Jahrhundert und ihre Vorläufer

2.1 Vorbemerkungen ... 66
2.2 Schulkritik von den Anfängen bis zum 19. Jahrhundert ... 67
2.3 Schulkritik im 20. Jahrhundert ... 74
2.3.1 Reformpädagogische Schulkritik ... 74
2.3.2 Schulkritik während der Zeit des Nationalsozialismus ... 78
2.3.3 Schulkritik nach 1945 ... 78
2.3.4 Schulkritik der 60er Jahre ... 80
2.3.5 Schulkritik der 70er Jahre ... 83
2.3.6 Schulkritik der 80er Jahre ... 87
2.3.7 Schulkrise und Schulkritik der 90er Jahre ... 89
2.4 Zusammenfassung ... 106

3. Systematischer Zugang : Ausgewählte Systematiken der Schulkritik

3.1 Vorbemerkungen ... 112
3.2 Darstellung ausgewählter Systematiken ... 113
3.2.1 I. DIETRICH (1978) ... 113
3.2.2 T. HUSÉN (1980) ... 116
3.2.3 M. BEHR / W. JESKE (1982) ... 117
3.2.4 D. HINTZ (1984) ... 119
3.2.5 K. BILLER (1988) ... 121
3.2.6 S. BLANKERTZ (1989) ... 123
3.2.7 H. J. APEL (1995) ... 126
3.3 Zusammenfassung ... 126

4. Ausblick : Entwurf einer an Problemfeldern orientierten Systematik der Schulkritik

4.1 Vorbemerkungen ... 128
4.2 Aspekte und Problemfelder der Schulkritik ... 134
4.2.1 Pädagogische Aspekte der Schulkritik ... 139
4.2.2 Psychologische Aspekte der Schulkritik ... 159
4.2.3 Medizinische Aspekte der Schulkritik ... 170
4.2.4 Soziologische Aspekte der Schulkritik ... 182
4.2.5 Politische Aspekte der Schulkritik ... 194
4.2.6 Institutionelle Aspekte der Schulkritik ... 209
4.3 Zusammenfassung ... 231

III. DIE SUCHE NACH SCHULALTERNATIVEN – MOTIVE VON ELTERN FÜR DIE WAHL FREIER SCHULEN

1. Einführung

1.1 Zum Begriff der "Schulalternativen" ...237
1.2 Der Rechtsstatus von Schulen in freier Trägerschaft ...248
1.3 Situation und Bestand der Freien Schulen heute ...263

2. Auswertung empirischer Studien : Determinanten der Schulwahlentscheidung für Schulen in freier Trägerschaft

2.1 Vorbemerkungen ...277
2.2 Vorliegende empirische Studien ...279

2.2.1 I. SPEISER (1993) ...279

2.2.1.1 M. RUSSO ...280
2.2.1.2 DR. FESSL und GFK-INSTITUT ...291
2.2.1.3 G. STUMM ...300
2.2.1.4 I. SPEISER ...322
2.2.1.5 Zusammenfassung der Ergebnisse ...339

2.2.2 R. REICHWEIN (1965) ...341
2.2.3 N. BERGGOLD (1982) ...349
2.2.4 H. KEESE-PHILIPPS (1989) ...353
2.2.5 ARBEITSKREIS KATHOLISCHER SCHULEN IN FREIER TRÄGERSCHAFT (1990) ...381
2.2.6 J. DIKOW (1994) ...388
2.2.7 BUNDESVERBAND DEUTSCHER PRIVATSCHULEN (1996) ... 401
2.2.8 K. KLEMM / P. KRAUSS-HOFFMANN (1999) ...404

2.3 Zusammenfassung ...412

3. Ausblick : Weiterführende Forschungsfragen

3.1 Vorbemerkungen ...418
3.2 Noch offene Forschungsfragen ...419
3.3 Entwurf von Leitideen für weiterführende empirische Studien ...422

3.3.1 Methodische Ansatzpunkte ...422
3.3.2 Inhaltliche Ansatzpunkte ...423

3.4 Zusammenfassung ...431

VORWORT

Die vorliegende Arbeit ist parallel zu meiner beruflichen Tätigkeit in der Schule und im Lehrerseminar entstanden. In kritischer Auseinandersetzung mit der eigenen Berufspraxis habe ich zunächst den Versuch unternommen, Aspekte der Schulkritik, die sich mir in meiner täglichen Unterrichts- und Erziehungsarbeit zeigten, zu theoretischen Reflexionen zu bündeln und einer systematischen Analyse zu unterziehen. Das dabei entstandene – sicher fragmentarische – Bild soll zunächst historische und systematische Aspekte des Themas *Schulkritik* skizzieren, wie sie vor allem in der vielfältigen schulkritischen Literatur des 20. Jahrhunderts in Erscheinung treten. Unter Berücksichtigung der unterschiedlichen Aspekte von Schulkritik, die sich aus meiner Recherche ergaben, habe ich dann eine an Problemfeldern orientierte Systematik der Schulkritik entworfen, die das Feld möglicher schulkritischer Positionen in seiner bunten Vielfalt und auch Widersprüchlichkeit zu umreißen versucht.

Schulkritik war immer schon aufs engste verbunden mit der *Suche nach Schulalternativen* – und ist es bis heute. Dies zeigt sich nicht nur am Beispiel der zahlreichen Reformansätze und Innovationsbestrebungen *innerhalb* des staatlichen Regelschulwesens, die ursprünglich alle aus unterschiedlichen schulkritischen Positionen und Konzeptionen hervorgegangen sind. Es wird vielmehr in besonderer Weise deutlich beim Blick auf die Schulen in *freier* Trägerschaft, deren Gründungsimpuls häufig aus einer profunden Kritik am Status quo der staatlichen Regelschulen erwachsen ist. Diese *Freien Schulen* verstehen sich selbst oft ausdrücklich als *Alternativen* zu den staatlichen Schulen. Eltern, die sich für eine solche *Schulalternative* entscheiden, scheuen oft weder Kosten noch Mühen, um ihren Kindern eine "alternative" schulische Bildung und Erziehung ihrer Wahl angedeihen zu lassen. Es ist zu vermuten, daß für diese Eltern Schulkritik als Kritik an der staatlichen Regelschule eine nicht unerhebliche Rolle bei ihrer Schulwahlentscheidung spielt. So bin ich in einem weiteren Schritt der Frage nachgegangen, welches die *Motive* von Eltern sind, die für ihr Kind eine Schulalternative wählen. Dazu habe ich vorliegende empirische Studien ausgewertet und weiterführende Forschungsfragen entwickelt.

Schulkritik bliebe sinnentleert und folgenlos, wenn sie sich nicht zugleich mit der Suche nach Alternativen auseinandersetzte. Dies gilt sowohl für den konkreten Schulalltag als auch für die übergeordneten schultheoretischen und bildungspolitischen Fragen unserer Zeit. So habe ich in einem letzten Schritt die Frage nach der Bedeutung von *Schulkritik* und *Schulalternativen* für eine zukünftige *Schulentwicklung* aufgeworfen. Dabei sollte insbesondere geprüft werden, inwiefern die Schulkritik des 20. Jahrhunderts für mögliche Schulreformen im neuen Jahrhundert relevant sein könnte – und welche Aufgaben den Schulalternativen im öffentlichen Bildungswesen des 21. Jahrhunderts zukommen. Können beide

Phänomene – *Schulkritik* und die *Suche nach Schulalternativen* – zu einem *Motor der Schulentwicklung* werden ? Meine Betrachtungen schließen mit einem Ausblick auf mögliche Schullandschaften des 21. Jahrhunderts sowie mit Thesen zu einer künftigen Schulentwicklung.

Diese Arbeit will Anstöße geben und Grundlinien aufzeigen, erhebt aber keinen Anspruch auf Vollständigkeit bei der Darstellung des Themas. Sie entspringt jedoch der Überzeugung, daß es angesichts der unübersehbaren *Schulnot* unserer Tage der Mühe wert ist, sich des unendlichen Themas *Schulkritik* und der Suche nach *Schulalternativen* anzunehmen, wenn man glaubwürdige und tragfähige Perspektiven für die Schulen des 21. Jahrhunderts entwickeln will.

Heilbronn, im August 2001 — Annette Pfisterer

I. EINFÜHRUNG

"Wir können uns im Erziehungsbereich
mit dem Faktischen nicht begnügen.
Uns steht immer die Aufgabe der
Gestaltung des Besseren vor Augen."

HELMUT FEND[2]

"Die Zukunft, die wir uns wünschen,
werden wir nur dann bekommen,
wenn wir eine *Vision* von ihr haben."

PER DALIN[3]

1. ZUR AKTUALITÄT DES THEMAS

"Die Geschichte der Schule ist immer auch verbunden mit der Geschichte ihrer Kritik." Mit dieser Feststellung eröffnete die baden-württembergische Kultusministerin ANNETTE SCHAVAN ihren Vortrag auf dem 19. Internationalen Bildungskongreß des European Forum for Freedom in Education (E/F/F/E), der kurz vor der Jahrtausendwende an der Humboldt-Universität zu Berlin unter dem Motto "Im Geist der Freiheit. Schule im 21. Jahrhundert" stattfand.[4] Zugleich, so SCHAVAN, sei mit der Geschichte dieser Institution immer auch die Hoffnung einhergegangen, daß Schule so etwas sei wie der "Zipfel einer besseren Welt".[5]

Es ist evident, daß die Schule seit ihrem Bestehen so heftig und vielfältig umstritten, bekämpft und beklagt wurde wie wohl kaum eine andere Institution. Selten machten sich Enttäuschung, Widerspruch, Ablehnung und *Kritik*, aber auch Menschheitsideale, Weltverbesserungsideologien, Paradiesesutopien und Reformhoffnungen so stark an einer gesellschaftlichen Einrichtung fest wie an der Schule. Diese Polarität scheint eine Grundkonstante von Schule überhaupt zu sein – und vielleicht auch, was noch zu prüfen sein wird, ein Motor jeglicher Art von *Schulentwicklung*.

Seit mit dem vielzitierten Preußischen Allgemeinen Landrecht von 1794 Schulen zu "Veranstaltungen des Staates" erklärt und die bereits 1717 proklamierte und

1763 erweiterte Schulpflicht nochmals definitiv festgeschrieben wurde, war die Entwicklung der Staatsschule zur Pflicht- und Regelschule unaufhaltsam in Gang gekommen.[6] Gleichzeitig mit dieser Entwicklung wurde von Anfang an der Ruf nach Alternativen zu der staatlich verfaßten Regelschule immer wieder laut – und ist bis heute nicht verstummt.[7] So gelten auch heute die Schulen in nicht-staatlicher, also freier Trägerschaft, deren Gründung und Betrieb bereits in der Weimarer Verfassung, später dann im Grundgesetz der Bundesrepublik Deutschland verfassungsrechtlich garantiert wurden, als hoffnungsvolle Perspektive für diejenigen, die, der Staatsschule überdrüssig, nach pädagogischen *Schulalternativen* suchen – und das sind heutzutage nicht wenige.

"Immer mehr Eltern mißtrauen den staatlichen Schulen", konstatiert PETER STRUCK.[8] "Sie sind mit fraktionierten Lehrerkollegien, mit zu großen Schulen, ... mit wenig engagierten Lehrern voller Beamtenmentalität, die unter Burn-out-Syndrom leiden und 'vergreist' sind, mit dem Mangel an Werteerziehung, ... mit so etwas wie 'Niveauverlust' ..." und vielem anderen unzufrieden.[9] "Sie suchen daher Schulen, die von den kindlichen Grundbedürfnissen ausgehen, die einen hohen Wertekonsens bieten, die für die Kinder überschaubar sind, die auf Atmosphäre, Stil, Ton, Takt, Bewegung, Spiel, Musisches und Emotionalität achten und an denen der Unterricht dank schülerzentrierten Vorgehens und hohen Lehrerengagements nicht so oft ausfällt. Dafür sind sie dann auch bereit, Geld auszugeben."[10]

Was MICHAEL BEHR bereits vor Jahren bemerkte, hat bis heute nichts an Aktualität verloren – es ist vielleicht heute aktueller denn je: "Immer mehr Eltern überlegen sich die Schulwahl für ihre Kinder gründlicher. Sie geben sich nicht damit zufrieden, daß der Einschulungsvorgang quasi automatisch geschieht – irgendeine öffentliche Regelschule ist ja stets zuständig. Immer mehr Eltern suchen für ihre Kinder Schulen, die nach besonderen pädagogischen Gesichtspunkten arbeiten, die andere Methoden anwenden und die ausgesuchte Ziele verfolgen."[11] Oder, wie er an anderer Stelle schreibt: "Immer mehr Eltern ... sehen heute in der Regelschule keine Perspektiven für ihre Ansprüche ..."[12]

Auch PETER ZUDEICKs Befund hat an Brisanz eher zugenommen: "Immer mehr Schüler, Eltern und Lehrer suchen nach Alternativen zum bestehenden System ... Der Argwohn vieler Eltern gegenüber dem System der Staatsschule ... artikuliert sich ... in einer Fluchtbewegung zu privaten Schulen und Internaten oder denjenigen Schulen im öffentlichen System, die noch pädagogische Alternativen anbieten wie Montessori- oder Petersen-Schulen."[13] Ähnliches vermerkt MARIE-LOUISE RENDANT in ihrem 1999 erschienenen "Leitfaden durch das Schulsystem": "Viele Eltern fragen sich zu Recht, ob eine öffentliche Schule noch das Richtige für ihre Kinder oder ob eine private Schule die bessere Alternative sei. Die Nachfrage nach Privatschulen ist steigend."[14] HORST HENSEL schließlich formuliert knapp, aber treffend: "Die Tendenz zur Privatschule ist ungebrochen und begründet."[15]

Seit den zahlreichen Alternativschulgründungen in der Bundesrepublik der 70er und 80er Jahre hält der Privatschulboom bis heute unvermindert an. "In den letzten 20 Jahren hat sich die Zahl der Privatschulen allein in den alten Bundesländern verdoppelt. Während die Gesamtzahl aller Schüler dort von etwa 9 Millionen auf ungefähr 7 Millionen zurückging, wuchs die Zahl der Schüler an den mehr als 2.000 allgemeinbildenden Privatschulen zugleich von 283.000 auf 435.000 an. Allein die Zahl der Waldorfschulen ist in ganz Deutschland seit 1970 von 30 auf über 180 gestiegen, und in den neuen Bundesländern sind seit der Wende schon rund 100 Privatschulen gegründet worden."[16]

Das Spektrum an privaten Schulalternativen ist – vor allem in größeren Städten – heute recht breit und vielfältig. Außer den Katholischen und Evangelischen Freien Schulen, die hierzulande den weitaus größten Anteil im Privatschulbereich ausmachen, sind es – nach ihrer Entstehungszeit geordnet – vor allem die Landerziehungsheime, die Freien Waldorfschulen, die Jenaplanschulen, die Montessorischulen, die Freien Alternativschulen und die Internationalen Schulen, aber auch die verschiedenen Freien Schulen mit individuellem pädagogischem Profil, die sich bei Eltern und Schülern wachsender Beliebtheit erfreuen.

Während der Anteil der Schüler/innen, die im Westen Deutschlands allgemeinbildende Schulen in freier Trägerschaft besuchen, bei etwa 6% liegt, sind es im Osten immerhin schon rund 1% – mit steigender Tendenz. Im Bereich der berufsbildenden Schulen rangiert der Anteil der Privatschulen in den alten Bundesländern bei 6,1% und in den neuen Ländern bei 4,9%.[17] In Großstädten wie Hamburg liegt der Anteil der Schüler, die allgemeinbildende Privatschulen besuchen, inzwischen bei fast 10%.[18] Betrachtet man einzelne Schularten, so ergeben sich sogar noch höhere Quoten: "Laut statistischem Bundesamt sitzen mittlerweile schon 12 Prozent aller Gymnasiasten Deutschlands in privaten Lehranstalten. Es wären wesentlich mehr, wenn nicht fast 60 Prozent aller Bewerber ... abgewiesen würden, weil es an Plätzen mangelt."[19] Die Nachfrage nach Privatschulplätzen ist im allgemeinen weitaus höher als das Angebot, so daß es häufig zu langen Wartelisten bei der Einschreibung, aber auch zur zwangsläufigen Ablehnung zahlreicher Bewerber kommt.[20] "Wo man auch nachfragt, hört man abenteuerliche Berichte von Eltern, die auf der Schultreppe nächtigen, um den Anmeldetermin nicht zu verpassen, die ihr Kind schon bei der Geburt anmelden oder mit allerlei ... Tricks die langen Wartelisten zu umgehen trachten."[21] Das tatsächliche Interesse an Freien Schulen ist also vermutlich noch deutlich höher, als es die Statistiken erwarten lassen.

Da die Bundesländer nur etwa zwei Drittel der Sach- und Personalkosten von anerkannten Privatschulen tragen, müssen diese Schulgeld erheben, dessen Höhe einerseits von der Zahlungskraft des Schulträgers, aber häufig auch von der Verzichtsbereitschaft der Lehrerschaft und dem freiwilligen Engagement der Elternschaft abhängt. "Was Eltern für Privatschulen zahlen müssen, schwankt sehr; kirchliche Schulen nehmen oft gar nichts oder monatlich etwa 50 Mark; das erste Kind an einer Waldorfschule kostet etwa 200 Mark monatlich, ein Internatsplatz im Schloß Plön kostet ungefähr 1.000 Mark, ... ein normales Landerziehungsheim nimmt 2.400 Mark monatlich, und das Landerziehungsheim Schloß Salem am Bodensee verlangt pro Monat 3.000 Mark."[22] Auf Eltern, die für ihr Kind eine nicht-staatliche Schule wählen, kommen also z.T. erhebliche finanzielle Belastungen zu. "Trotzdem steigt die Zahl der Privatschüler seit Jahren kontinuierlich."[23] STRUCK wagt sogar folgende – sicher nicht unbegründete – Prognose: "Obwohl die Bundesländer zur Zeit bemüht sind, ihre Zuschüsse für die anerkannten Privatschulen zu kürzen, werden sie weiter boomen" – und eine "große Zukunft" haben.[24]

Warum ist das so? Warum nehmen immer mehr Eltern hohe Kosten und oft auch lange Anfahrtswege in Kauf, um ihren Kindern eine Schulzeit an einer Schule in freier Trägerschaft zu ermöglichen? Ist es das häufig unterstellte *Elitebewußtsein*, das Eltern in die Arme von Privatschulen treibt? Oder steht der Wunsch nach einer von allen Übeln der Welt abgeschotteten *Inselpädagogik* im Vordergrund ihrer Überlegungen? Ist es die vieldiskutierte *Werteerziehung*, die Eltern an diesen anderen Schulen suchen? Oder brauchen sie gar eine *Verwahranstalt* für ihre vernachlässigten oder verzogenen Kinder? Suchen Privatschuleltern eine *Weltanschauungsschule*, die ihren Kindern religiös oder weltanschaulich auf die Sprünge hilft? Oder wollen sie ganz einfach eine *gute Schule* – eben die *beste Schule* für ihr Kind, die überdies eine echte *pädagogische Alternative* zur staatlichen Regelschule bietet?

Zur Frage der Schulwahlmotive von Privatschuleltern gibt es viele Vermutungen und wenige empirisch gesicherte Aussagen. Prinzipiell kommen hierfür jedoch zwei Hauptfaktoren in Betracht, die sich etwa wie folgt umschreiben lassen:

Erstens – die partielle oder prinzipielle Unzufriedenheit mit bzw. Kritik an der staatlichen Regelschule.

Zweitens – die durch ihr besonderes Angebot begründete Attraktivität der Schule in freier Trägerschaft.

Beide Aspekte – die Kritik an der staatlichen Regelschule und die Attraktivität von Privatschulen – sind es m.E. wert, einer näheren Betrachtung unterzogen zu werden.

Zunächst zum ersten Punkt: der *Kritik an der staatlichen Regelschule.* Sie war und ist in aller Munde – zu allen Zeiten. Dennoch kann man sich als aufmerksamer Zeitgenosse des Eindrucks nicht erwehren, daß Schulkritik selten so vielfältig, so ambivalent und so widersprüchlich war wie heute. Forderungen wie Anforderungen an die Schule scheinen an der Schwelle zum 21. Jahrhundert schwieriger, komplexer und uneindeutiger zu sein als jemals zuvor.

Ähnlich sieht dies HARTMUT VON HENTIG: "Heutige Pädagogen müssen in der Tat sehr robuste Leute sein – nicht in erster Linie der heutigen Kinder wegen, sondern weil die Öffentlichkeit so widersprüchlich urteilt, klagt, fordert, wo immer es um Lehren und Lernen geht."[25] Um nur einige der *Dilemmata* und *Paradoxien* zu nennen, denen sich Schule heute kritisch ausgesetzt sieht, sei hier auf die treffende Analyse VON HENTIGs zurückgegriffen, die dieser in seinem 1999 erschienenen Buch "Ach, die Werte! Über eine Erziehung für das 21. Jahrhundert" gegeben hat:

- "Man verlangt Erziehung, die man pleonastisch 'Werteerziehung' nennt, in Schulen, die man als Unterrichtsanstalten erfunden und organisiert hat und denen man weder den Erfahrungsspielraum noch die Zeit einräumt, die für das Lernen am Fall, am Vorbild und an den Folgen nötig sind."
- "Man erhofft sich die Heilung gesellschaftlicher Übel durch einen Wertekonsens und trägt der Schule auf, einen 'allgemein anerkannten Wertekanon' zu vermitteln, – und hat nicht einmal einen 'Konsens ... darüber, was Schule eigentlich leisten soll'."
- "Man erwartet 'Leistung', nicht nur weil Untersuchungen beweisen, wie weit deutsche Schülerinnen und Schüler in bestimmten Fächern hinter denen anderer Länder hinterherhinken, ... aber in vielen Schulen gehen die Lehrer aus schierer Notwehr verständnisvoll auf die Kinder ein (in anderen tun sie es in der Tat aus der Überzeugung, daß freiwilliges Lernen Freude mache und dann auch am meisten bringe ...)."
- "Man pocht auf 'Grundlagenwissen' (ein verspätetes deutsches *back to basics*), holt aber gleichzeitig die 'Schulen ans Netz', dessen Auskünfte das genaue Gegenteil von 'grundlegend' und 'allgemein' sind."
- "Man tadelt 'frühes Expertentum' und regt im nächsten Absatz die Einführung eines 'bundesweiten Bildungs-Controlling' an, also eine Erfolgskontrolle durch 'Leistungsvergleich' und 'Zentralprüfungen', das heißt, man hofft auf meßbare Steigerung des Fachwissens und -könnens."
- "Man meint, die Schule müsse der Gesellschaft zu der nötigen Führungsschicht, 'Elite' genannt, verhelfen, also die begabten Schüler dafür rechtzeitig auslesen, diese von den sie behindernden anderen trennen; aber man sagt weder, wie sich die Ausgewählten ... in den 'Schlüsselqualifikationen' ..., in Kommunikationsfähigkeit und Toleranz, in Hilfs- und Verantwortungsbereitschaft ... üben können, noch sagt man etwas darüber, was mit den Nichtausgewählten geschehen solle."
- "Man wiederholt unablässig, die dreißigjährige Reform (das klingt wie 'Drei-

ßigjähriger Krieg') sei 'gescheitert', hält aber unbekümmert, nein, mit Eifer an den Ergebnissen fest ..."

- "Man gewährt den Schulen – endlich! – die seit langem geforderte größere Autonomie und erfährt nun, daß keiner sie recht will, weil sie Umlernen, schwierige Einigungsprozesse, das Aufkommen für die Folgen einschließt (wie das Wort 'Verantwortung' zu übersetzen wäre)."
- "Und alle klagen über einen, nein, den Reformstau, als stünden bedeutende neue Konzepte in großer Zahl zur Beseitigung der bekannten Nöte bereit, es verwehre aber irgendwer oder irgend etwas ihre Verwirklichung; in der öffentlichen Diskussion finden die Pädagogen nur bildungspolitische Ladenhüter und ihre eigene Ratlosigkeit wieder."[26]

So weit VON HENTIGs ernüchternde Bestandsaufnahme, die ihre Zuspitzung schließlich in folgender Feststellung erfährt: "Das Ergebnis sind verzagte Lehrerinnen und Lehrer, aufgebrachte Eltern, gleichgültige oder zynische, uneinholbar entfremdete oder zum Verzweifeln angepaßte Schüler und Schülerinnen." Und er warnt vor allzu schnellen Lösungen angesichts der gegenwärtigen Schulmisere: "In dieser Lage sollte keiner mit einem *masterplan* auftreten oder auch nur hoffen, mit dieser oder jener Forderung sei irgend etwas zu bessern." Das klingt düster und wenig ermutigend – und es wirft ernste Fragen auf.

Was ist los mit unserer Staatsschule? Wird sie den komplexen und widersprüchlichen Aufgaben an der Schwelle zum neuen Jahrtausend überhaupt noch gerecht? Oder hat sie schon längst abgewirtschaftet und ausgedient? Ist die staatliche Regelschule inzwischen ein *hoffnungsloser* "Pflegefall" geworden – oder ist sie gar schon am Ende, wie manche Schulkritiker meinen?[27]

Eine jüngst vom Dortmunder Institut für Schulentwicklungsforschung durchgeführte Studie ging der Frage nach, was Eltern an staatlichen Schulen vermissen bzw. worum diese sich verstärkt kümmern sollten. Das Ergebnis stellte den Schulen kein gutes Zeugnis aus, wobei die Unzufriedenheit im Osten Deutschlands offenbar besonders groß ist. "Vorbereitung auf das Berufsleben" vermißten im Westen 64%, im Osten 80% der Befragten; "gute Allgemeinbildung" 61% bzw. 66%; "Selbstdisziplin und Durchhaltevermögen" 55% bzw. 70%; "Problemerkennung und Entwicklung von Lösungswegen" 54% bzw. 70%; "Beschäftigung mit Alltagsproblemen der Kinder und Jugendlichen" 50% bzw. 69%; "soziale Kompetenzen und Teamfähigkeit" 50% bzw. 54% und "vertieftes Fachwissen" 45% bzw. 54%.[28] Es scheint also nicht zum besten bestellt zu sein mit der Schulzufriedenheit von Eltern staatlicher Regelschulen.

Die öffentliche Kritik an der Regelschule reißt nicht ab – und macht sich in unseren Tagen wo nicht lautstark, so doch immer wieder deutlich bemerkbar. Schlagzeilen berichten vom "Tollhaus Schule"[29], vom "Totalen Schulchaos"[30], von "Gewalt an Schulen"[31], vom "Alptraum Schule"[32], vom "Ruin des Schulwesens"[33] usw. – die Liste der Negativa ließe sich beliebig fortführen. Eine große Boulevardzeitschrift veröffentlichte jüngst eine Artikelserie unter dem Motto "Rettet unsere Schule", in der zu lesen ist: "Schule ist das Sorgenkind der Nation ... Wer sich im Jahr 2000 in Deutschlands Schulen umtut, kann das Gruseln lernen. Überall resignierte Lehrer, aufsässige Kinder, veraltete Lehrmittel: Note sechs, Versetzung zweifelhaft."[34] Schulkritik wird überall medienwirksam präsentiert und ausgeschlachtet; vernichtende Schulschelte ist längst zur bundesrepublikanischen Normalität geworden.

Wie ein Blitz schlug eine Nachricht ein, welche DIE ZEIT wie folgt darbot: "Deutsche Schüler sind international Mittelmaß, in Mathematik und Naturwissenschaften jedenfalls. Daran gibt es nach der 'Third International Mathematics and Science Study' für weiterführende Schulen, kurz 'TIMSS III' genannt, kaum noch Zweifel ..."[35] Dieses Faktum, das in der ihm folgenden Bewertung schon fast dem "Sputnik-Schock" von 1957 gleichkam, scheint – um mit VON HENTIG zu sprechen – "... zu beweisen, daß wir hier nicht so weit gehen, wie wir gehen könnten – und sollten, solange wir keine guten Gründe haben, es nicht zu tun."[36] Und er fügt – nicht ohne Sarkasmus – hinzu: "Außer im Mathematik- und Physikunterricht hat die Mehrheit der Deutschen offenbar keine Not mit der wissenschaftlich-technischen Welt, auf die jene Schulfächer in besonderem Maße vorbereiten sollen."[37]

Daß die deutschen Staatsschulen nicht mehr das leisten, was sie leisten könnten und sollten, ist eine heute vielfach vernehmbare Kritik. Dabei macht sich die Kritik nicht nur an den Strukturen der Schule, sondern auch an deren Personal fest. PETER STRUCK, einst selbst Lehrer und nun zu einem ihrer schärfsten Kritiker avanciert, gab z.B. in einem SPIEGEL-Interview zum besten: "Die Lehrer-Leistung ist häufig mangelhaft – ganz klar eine Fünf ... Nach meinen Beobachtungen sind 70 Prozent der deutschen Lehrer schlecht oder erbringen in ihrem Beruf sehr schlechte Leistungen. Ihr Unterricht taugt nichts ..."[38] Ungeachtet der Frage nach dem empirischen Gehalt dieser These ist davon auszugehen, daß nicht wenige hierzulande dies genauso empfinden. Die gesamtgesellschaftliche Stimmung der Institution Schule gegenüber ist heute wohl eher *schulkritisch* als *schulfreundlich* zu nennen – zumindest was die staatliche Regelschule betrifft.

Was ist dran an dieser heute so hart und unablässig geäußerten Schulkritik? Worauf bezieht sie sich im einzelnen? Ist sie ganz neu – oder kann sie auf historische Vorläufer zurückblicken? Bedeutet die permanente Schulkritik eine Last für die Schule – oder beinhaltet sie auch eine Chance? Was können wir aus ihr lernen? Kann sie Motor einer zukünftigen Schulentwicklung zum Besseren hin sein? Verweist sie uns mit ihrer radikalen Skepsis gegenüber dem Status quo der staatlichen Regelschule auf die Notwendigkeit schulischer Alternativen?

Und dies führt zum zweiten Punkt: der *Attraktivität der privaten Schulalternativen.* Die Vermutung liegt nahe, daß Schulkritik und die Suche nach pädagogischen Alternativen in engem Zusammenhang stehen. Doch was bringt Eltern wirklich dazu, ihre Kinder an einer Privatschule anzumelden? Worin liegt die Attraktivität Freier Schulen eigentlich begründet?

Unter den zahlreichen Vermutungen, die hierzu in den letzten Jahren der bildungspolitisch interessierten Öffentlichkeit kundgetan wurden, sei eine exemplarisch herausgegriffen. In dem bereits erwähnten Vortrag auf dem 19. E/F/F/E-Bildungssymposion in Berlin fragte ANNETTE SCHAVAN: "Warum wählen Eltern für ihre Kinder eine Schule in freier Trägerschaft?" Und ihre Antwort lautete: "Viele von ihnen wünschen sich die Übereinstimmung der Schule mit den familiären Wertgrundsätzen, seien sie religiös oder weltanschaulich formuliert. Aber mein Eindruck ist der, daß demgegenüber die Zahl der Eltern steigt, die nicht die Schule mit dieser oder jener Ausrichtung suchen, sondern ganz einfach die bessere Schule. Der Überzeugungshintergrund des Schulprogramms wird dann zum pädagogischen Qualitätsfaktor."[39] Inwieweit sich diese Vermutungen mit den Ergebnissen empirischer Studien zu den Schulwahlmotiven von Privatschuleltern decken, wird noch zu prüfen sein.

Was aber macht die "bessere" Schule aus, die eine wachsende Zahl von Eltern sucht? Dazu SCHAVAN: "Ich wage zu sagen: Was freie Schulen zu guten Schulen macht, ist ... ihre Verbindlichkeit ... Die Chance einer sogenannten Privatschule liegt in der Verpflichtung von Lehrerschaft, Elternschaft und sogar eines Teils des Schulumfeldes auf ein gemeinsames und wertgebundenes Projekt. Es ist ein pädagogischer Grundkonsens, der hier Qualität möglich macht."[40]

Wenn dem so ist – und zahlreiche Befunde aus der neueren Schulqualitätsforschung sprechen dafür –, dann drängt sich die Frage auf, warum nicht auch die staatlichen Schulen diese Chance längst aufgegriffen und für sich selber in großem Umfang genutzt haben. Sollte das Bemühen um gemeinsame pädagogische Überzeugungen, um die Entwicklung eines Schulprogramms und um ein tragfähiges Schulethos wirklich den Schulen in freier Trägerschaft vorbehalten bleiben? Wie könnten die staatlichen Schulen, die immer noch von der überwiegenden Mehrheit aller Schüler in der Bundesrepublik besucht werden, ebenfalls in den Stand gesetzt werden, diese "Qualitätsfaktoren" bei sich zu verwirklichen? Braucht gar das staatliche Regelschulwesen in Zukunft noch mehr Mut, Schulalternativen auch innerhalb der eigenen Reihen zuzulassen, zu entwickeln und zu fördern, um seinen Aufgaben im 21. Jahrhundert gerecht werden zu können? Und welche gesetzlichen Rahmenbedingungen wären für eine solche Schulentwicklung notwendig?

Wie auch immer die Antworten auf diese brennenden und schwierigen, aber auch zukunftsweisenden Fragen ausfallen mögen – eines bleibt mit SCHAVAN festzuhalten: "Ich glaube, daß der Weg der öffentlichen Schule sich in den nächsten Jahren ganz wesentlich orientieren wird an vielem, was an Schulen in freier Trägerschaft längst Wirklichkeit ist."[41]

Was aber hat es nun auf sich mit den *Schulen in freier Trägerschaft*? Was ist dran an diesen "Schulen, die ganz anders sind"[42]? Was soll man eigentlich halten von "Schulen ohne Angst und Leistungsdruck", "ohne Konkurrenzverhalten", häufig "ohne Noten" und "ohne staatlich vorgegebenen Lehrplan", die "anderes auf andere Weise" zu vermitteln versuchen?[43] Sind Freie Schulen "die utopischen Inseln für die Zukunft" – oder sind sie eher "Auffangbecken und Spielwiese für pädagogische Desperados", wie DIETER LENZEN einmal formulierte?[44] Was *ist* überhaupt eine "Freie Schule"?

GISE KAYSER-GANTNER schreibt dazu: "Für viele ein rotes Tuch, für andere die einzig mögliche Art, ihre Kinder unterrichten zu lassen – bei der 'Freien Schule' scheiden sich die Geister."[45] Trotz ihrer zunehmenden Verbreitung gehören Schulen in freier Trägerschaft für viele immer noch zu den "bestaunten und beargwöhnten Exoten im pädagogischen Zoo", wie ZUDEICK einmal treffend formulierte.[46] "Oft hält man auch die Staatsschule für eine so altehrwürdige und quasi 'natürliche' Sache, daß man, selbst nachhaltig von ihr geprägt, in privaten Bildungsformen ... nur von der allgemein gültigen Norm abweichende Sonderfälle sieht, mit denen man sich nicht lange meint beschäftigen zu müssen", stellt LUDWIG FERTIG fest.[47] Oder aber man lehnt die Auseinandersetzung mit Freien Schulen als alternativen Modellen zur Regelschule prinzipiell ab, weil man fürchtet, sich "Läuse" in den "etablierten Pelz" des staatlichen Regelschulwesens zu setzen, um mit BERTOLD ENGELKEs Worten zu sprechen.[48]

Befürworter wie Gegner der Alternativschulen streiten oft heftig und mit schlagkräftigen Argumenten. Die Bedenken, die gegen Freie Schulen immer wieder vorgebracht werden, münden meist im sog. "Elite-Vorwurf", im "Insel-Vorwurf" oder im "Chaos-Vorwurf".[49] – Zunächst zum *"Elite-Vorwurf"*: "Wo immer auch über Freie Schulen diskutiert wird, ... taucht nach kurzer Zeit die Behauptung auf: Freie Schulen sind elitär, nur für eine kleine privilegierte Minderheit, ihr Beispiel ist nicht übertragbar auf andere Schulen", erläutert MANFRED BORCHERT.[50] Und MONIKA BRUNS ergänzt: "Ein häufiges Argument gegen Freie Schulen ist, daß damit in erster Linie Mittelschichteltern und -kinder angesprochen werden."[51] – Zum ebenso häufig vorgebrachten *"Insel-Vorwurf"* schreibt BORCHERT, angesichts der Erziehungspraxis Freier Schulen werde immer wieder der Vorwurf laut, es handele sich um "... eine 'Schonraum-Pädagogik', in der die Kinder von den sie umgebenden Realitäten abgeschirmt würden ... Bei der Konfrontation mit der Realität, sei es bei dem Übergang in eine andere Schule, bei dem Kontakt mit Gleichaltrigen in der Wohnumwelt oder später beim Verlassen der Schule und

Ergreifen eines Berufes, würde sich die Lebensuntüchtigkeit dieser Kinder erweisen und sie müßten scheitern."[52] – Der *"Chaos-Vorwurf"*, der insbesondere gegen die im Gefolge der 68er-Zeit entstandenen Freien Alternativschulen angeführt wird, bezieht sich zum einen auf "die äußere Ordnung in den Schulen und das Verhältnis der Kinder zu Sachen, die in den Schulen gebraucht werden ...", zum anderen aber auch auf "die sozialen Beziehungen unter den Kindern sowie zwischen Erwachsenen und Kindern", und schließlich auf "den Versuch, beim Lernen bedürfnisorientiert vorzugehen" und "an subjektiven Erfahrungen anzusetzen ..."[53] Der letztgenannte Kritikpunkt gipfelt häufig in dem Vorwurf: "Es wird nicht genug gelernt."[54]

Genauso energisch, wie die Gegner Freier Schulen deren Nachteile anprangern, heben die Befürworter deren Vorzüge hervor. Daß die o.g. Vorwürfe zu pauschal, zu klischeehaft und in dieser Form nicht haltbar sind, konnten BORCHERT, DERICHS-KUNSTMANN, BRUNS u.a. überzeugend aufzeigen.[55] Dennoch haben sich auch die Befürworter Freier Schulen mitunter zu Äußerungen hinreißen lassen, die wiederum ihrerseits als zu einseitig, zu radikal und in ihrem Absolutheitsanspruch als ebenfalls unhaltbar erscheinen müssen. Die wohl bekannteste Sentenz dieser Art ist der NEGTsche Satz: "Alternativ-Schulen sind ohne Alternative".[56]

Zwar muß man dem Verfasser dieser These zugute halten, daß sie in einer Zeit aufgestellt wurde, in der die Alternativschulen unter einem ungeheuren Legitimationsdruck gegenüber dem staatlichen Regelschulwesen und dessen Genehmigungsbehörden standen. Doch das pädagogische Heil *allein* in Freien Alternativschulen sehen zu wollen, muß angesichts der schulischen Wirklichkeit hierzulande wohl doch als ein etwas überzogener Anspruch gelten. Dennoch wurde und wird die Gründung von Freien Schulen häufig "... mit der Behauptung legitimiert, das staatliche Regelschulwesen sei nicht mehr reformierbar. Es sei dermaßen erstarrt, daß der Versuch, die Regelschule kinderfreundlicher zu gestalten, einer sinnlosen Sisyphusarbeit gleichkäme. Die einzige Alternative sei deshalb die Gründung einer Freien Schule, alles andere sei letztlich vergeudete Energie."[57]

Diese Position ist verständlich und nachvollziehbar – auch wenn sie, wie VON HENTIG einmal formulierte, trauriger Ausdruck eines fortgeschrittenen "pädagogischen Resignations-Syndroms" sein mag – zumindest, was die staatliche Regelschule betrifft.[58] "Zugegeben: die Geschwindigkeit, mit der sich das staatliche Regelschulwesen neuen pädagogischen und gesellschaftlichen Herausforderungen in der Vergangenheit gestellt hat, läßt, gelinde gesagt, einiges zu wünschen übrig", wie MICHAEL MAAS treffend feststellt.[59] Diese ernüchternde Erkenntnis läßt sich zweifellos auch auf die Gegenwart übertragen. Welches aber sind die aktuellen *pädagogischen* und *gesellschaftlichen Herausforderungen* an der

Schwelle zum 21. Jahrhundert, von denen so oft gesagt wird, daß angesichts ihrer "die unzeitgemäße Schule" versagt?[60]

Da ist zunächst die *Kindheit an der Jahrtausendwende* zu nennen – eine nicht nur veränderte, sondern in immer breiterem Umfang auch belastete, schwierige und oftmals hochproblematische Kindheit, wie sie immer mehr junge Menschen hierzulande durchleben. Seit Mitte der 80er Jahre machen Schlagworte die Runde, die von "Krisenkindheit", "Konsumkindheit", "Medienkindheit", "Entfremdeter Kindheit", "No-Future-Kindheit" – kurz: von einer "Kindheit im Wandel" der Sozialisationsbedingungen sprechen, die an Konfliktvielfalt nichts zu wünschen übrig läßt.[61] Einige Zahlen und Fakten mögen verdeutlichen, welche Facetten das Phänomen "veränderte Kindheit" heute aufweist[62]:

- 2,3 Millionen der 15,6 Millionen deutschen Kinder und Jugendlichen sind *Scheidungswaisen,* jährlich kommen 300 000 Fälle hinzu;

- in der Altersstufe von 0-18 Jahren ist jeder dritte Mensch ein *"alleinerzogener"*; 75 Prozent von ihnen sind gleichzeitig *Einzelkinder*;

- 2,2 Millionen Kinder in Deutschland leben an der Grenze zur *neuen Armut*; es gibt ca. 50 000 *Straßenkinder* in Deutschland, die nur das zur Verfügung haben, was sie selbst verdienen, klauen oder zu Geld machen;

- nach Auskunft des Kinderschutzbundes werden in Deutschland jährlich mehr als eine Million Kinder mit Gegenständen *mißhandelt*; 150 000 werden sexuell *mißbraucht*; 1000 Kinder werden *totgeschlagen*;

- nach Angaben des Jugendforschers KLAUS HURRELMANN sind in der Bundesrepublik 15 Prozent aller Kinder in ihren Familien *extremer Gewalt* ausgesetzt, das sind rund 2,2 Millionen;

- ein erschreckend hoher Prozentsatz von Kindern in Deutschland wird außerdem *seelisch mißhandelt* oder *vernachlässigt;*[63]

- Schätzungen zufolge ist bereits jeder dritte Schüler in Deutschland *verhaltensauffällig;* WALTER BÄRSCH, der Ehrenpräsident des Deutschen Kinderschutzbundes, spricht sogar von über 70 Prozent, wenn man die vielen *psy chosomatischen Störungen* wie Migräne, ständige Bauchschmerzen, Asthma, Tablettenabhängigkeit, Hyperaktivität, nervöse Tics, panische Ängste, Nägelkauen und Bettnässen einrechnet; allein 34 Prozent aller Kinder leiden an Allergien, und dieser Anteil wächst jährlich;

- nach Angaben des Fachberaters für Suchtprävention und Drogen der Stadt Frankfurt/Main konsumiert in den Klassenstufen 8 bis 10 etwa jeder 5. Schüler *Drogen*, meist Haschisch, aber auch Ecstasy, Crack, Heroin, Kokain und Amphetamine; andere Städte könnten sicher ähnliches berichten; nach STRUCK zählen heute etwa 70 Prozent der deutschen Jugendlichen zu den mindestens zeitweiligen Drogenkonsumenten; Experten sprechen von einer "dramatischen Entwicklung";

- immer mehr Jugendliche suchen nach neuen Geborgenheiten und Sinnhaftigkeiten in Jugendkultszenen wie den Skinheads, Hooligans, Crash-Kids, Stadtteilbanden, Jugendsekten, Satanskultgruppen, Grufties, S-Bahn-Surfern, Inline-Skatern, Skydivern und Graffiti-Sprayern; das Sich-Klammern an Trends, Moden, Materialismus und Konsum nimmt proportional zur allgemeinen Orientierungslosigkeit zu;

- überdosierte Bildschirmerfahrungen, süchtiger Computerkonsum, exzessive Techno- Jams sind für viele Jugendliche Alltag;

- Aggressivität, Brutalität, Verrohung, aber auch autoaggressive Phänomene wie Depressionen, Todessehnsucht und Suizidalität, sind bei Kindern und Jugendlichen keine Seltenheit mehr.[64]

Und schließlich ist zu nennen: die unübersehbar wachsende Gewaltbereitschaft von Kindern und Jugendlichen, welche immer mehr in die Schlagzeilen gekommen ist. Die Medien übermitteln keine guten Nachrichten: "Die großen populären Magazine DER SPIEGEL und STERN ... berichten weiter von Gewalt unter Jugendlichen, von Kindermord durch Kinder, von kaltblütigen Strangulierungen, Folterungen, Erpressungen Schwächerer durch Stärkere, einzelner durch Banden, von barbarischen Zerstörungsakten, von Waffenbesitz und Waffengebrauch, von Vergewaltigung, Raub ..." in den Schulen.[65] Oder, wie FOCUS einmal titelte: "Schule brutal: Erpressung, Prügel, Terror – an deutschen Schulen ist die Hölle los."[66] "Hemmschwellen sinken", "Faustrecht macht Schule", "rohe Gewalt gehört inzwischen zum Alltag an beinahe jeder deutschen Schule" – liest man dort.[67] Was Medien reißerisch vermarkten, bestätigen bundesweite Studien. So berichtete etwa das Bundeskriminalamt im Jahr 2000 von einem deutlichen "Anstieg von Jugendkriminalität und Gewalt".[68] Die nüchterne Bilanz lautet: "Die Zahl der Kinder und Jugendlichen, die mit dem Gesetz in Konflikt kommen, steigt weiter."[69]

Trotz zahlreicher Projekte gegen Gewalt an Schulen reißen die Schreckensmeldungen nicht ab – und erreichen immer neue Dimensionen.[70] Die Täter werden immer jünger, die Taten immer kaltblütiger; die Opfer sind jetzt auch Lehrerinnen und Lehrer.[71] VON HENTIG führt aus: "Neben dem 'Kampfplatz Schule' ...

alarmieren vor allem die Ausschreitungen gegen Ausländer, Behinderte, Obdachlose, Homosexuelle, erkennbare Minderheiten also, zu denen auch deutsche Juden gehören ...", die "... Schändung ihrer Friedhöfe, ... Anschläge auf Gedenkstätten, ... brennende Asylantenheime, dabei getötete und verletzte Menschen, Steinwürfe auf Busse mit einreisenden Polen ... – das ist in unserem Lande erschrekkend genug."[72] "Daß diese Taten von Jugendlichen zwischen 12 und 18 begangen werden und diese ungeniert, nein, stolz mit Nazi-Emblemen und -Parolen auftreten, verstört die Öffentlichkeit tiefer und nachhaltiger, nicht nur, weil es so wenig zu der Vorstellung paßt, die man sich von 'Jugend' macht ..., sondern vor allem, weil man nicht weiß, was man tun soll ..."[73]

Natürlich gibt es angesichts dieser schwierigen Lage bereits *Rezepte*, wie man denn nun verfahren sollte, um das Schlimmste zu verhindern. Eines dieser Rezepte gegen Schulnot stammt von PETER STRUCK: Da sich die Schule heute nicht mehr – wie in den 60er Jahren – in einer "Bildungskatastrophe" (GEORG PICHT), sondern vielmehr in einer "Erziehungskatastrophe" (STRUCK) befände, hätten sich die Funktionen der Schule von ihrer klassischen "Bildungsfunktion" auf neue "Erziehungsfunktionen" verlagert bzw. erweitert.[74] Schule müsse fortan ein "Mehr an Erzieherischem" leisten, sonst "... gräbt sie sich selbst ein Grab, dann gehen auch ihre Lehrer und schließlich unsere gesamte Gesellschaft in einer Spirale von Gewalt, Krankheit und Sucht unter."[75]

Diese Denkfigur ist zum einen nicht neu – man denke nur etwa an das vielzitierte Bonner Forum "Mut zur Erziehung" von 1978[76] – zum anderen sicherlich weder unberechtigt noch von der Hand zu weisen. Angesichts der komplexen Problemlage von Gesellschaft und Schule an der Jahrtausendwende stellt sich jedoch die Frage, ob sich diese vielfach und immer wieder propagierte Lösungsstrategie nicht als allzu einfach erweist. Ist es wirklich damit getan, der Schule sämtliche erzieherischen "Reparaturarbeiten" zuzuteilen, bei denen unsere Gesellschaft so eklatant versagt? Soll "mehr Erziehung" wieder einmal per Schulgesetz und Verwaltungsvorschrift "von oben" verordnet werden – um dann nach ein paar Jahren einmal mehr festzustellen, daß sich *wieder* nichts gebessert hat – ja, daß im Gegenteil die Zustände an unseren Schulen nur noch schlimmer geworden sind?

"Manchmal scheint es so, daß in dieser Gesellschaft immer mehr diskutiert wird darüber, was Schule heute und in Zukunft leisten soll. Wir haben manchmal den Eindruck, daß diese Gesellschaft jedes Defizit, das sie feststellt, in einen schulischen Auftrag umwandelt. Wichtig ist jetzt auch, daß gefragt wird, was Schule braucht, um ihren Auftrag überzeugend wahrnehmen zu können", meint ANNETTE SCHAVAN.[77] Dem ist unbedingt zuzustimmen – auch wenn zunächst die Frage offen bleibt, was denn dieses "Etwas" ist, dessen die Schule der Zukunft so dringend bedarf.

Die Frage, was die Schule der Zukunft braucht und welche Schule wir überhaupt wollen, kann nicht beantwortet werden, ohne einen Blick auf unsere Gesellschaft zu werfen – und auf die Welt, in der wir heute leben. "Weil alles, was der Pädagoge tut, 'in dieser Gesellschaft' geschieht und von ihr gefördert oder hintertrieben wird, vor allem aber, weil der junge Mensch sich 'in dieser Gesellschaft' bewähren muß, darf, wer erzieht, nicht ohne ein klares und kritisches Bewußtsein von ihrem zwiespältigen Zustand handeln", schreibt VON HENTIG.[78] Dies gilt auch – und noch viel mehr – für die Bildungspolitiker und Schulplaner, die nach Möglichkeiten und Not-Wendigkeiten einer zukünftigen Schulentwicklung fragen. Ohne diese größere Orientierung muß jedes Nachdenken über die Zukunft unseres Bildungswesens ins Leere laufen.

Aber was kennzeichnet unsere *Gesellschaft*, unsere *Welt an der Jahrtausendwende*? – Selbstverständlich können hier keine umfassenden Analysen geleistet, sondern nur einige Schlaglichter geworfen werden auf das, was unsere moderne Welt heute charakterisiert:

- die sich überall abzeichnende und doch so oft heruntergespielte *ökologische Bedrohung* unseres Planeten; die fortschreitende "Totalausbeutung der Erde"[79]; die immer noch zunehmende Zerstörung ihrer Öko-Systeme, welche die Lebensgrundlage für Menschen, Tier- und Pflanzenwelt bilden;

- die längst noch nicht beseitigte und stets präsente *atomare Bedrohung*, die trotz Abrüstung und offizieller Beendigung des "kalten Krieges" im Ost-West-Konflikt sowie des fast schon In-Vergessenheit-Geratens des Super-GAUs von Tschernobyl de facto keineswegs geringer geworden ist;

- die immer weiter brodelnden *Kriegs- und Krisenherde* rund um den Globus, die vom Balkan über den Nahen Osten bis hin nach Afrika und Fernost reichen, um nur einige Beispiele zu nennen;

- die neuartige Bedrohung durch *internationale Terrororganisationen*, die aus religiösem oder politischem Fanatismus die Welt durch barbarische Terroranschläge in bislang ungeahntem Ausmaß erschüttern;

- die weltweite Gefährdung durch *Diktaturen* und *totalitäre Regime*, die das Bemühen um die Durchsetzung von Menschenrechten und Demokratie immer wieder zunichte machen;

- die wachsende *Armut*, der *Hunger* und die *Unterentwicklung* in den sog. "Dritte-Welt-Ländern" bei gleichzeitiger totaler *Bevölkerungsexplosion*; das stetig zunehmende "Nord-Süd-Gefälle" und die sich dramatisch vertiefende

Kluft zwischen reichen Industrienationen und ärmsten "Entwicklungsländern";

- die mit der Globalisierung einhergehende Tendenz zur *Konzentration wirtschaftlicher Macht* in den Händen von immer weniger internationalen Megakonzernen immer gigantischeren Ausmaßes;

- die trotz steigenden Wirtschaftswachstums immer höhere *Arbeitslosigkeit* und *neue Armut* in den wohlhabenden Industrieländern;

- die wachsende *Kriminalität* und *Gewaltbereitschaft* in nahezu allen westlichen Industrienationen, von welchen die Statistiken ein erschreckendes Zeugnis ablegen;

- die trotz zunehmendem ethnischem, kulturellem und religiös-weltanschaulichem *Pluralismus* auch in der westlichen Welt steigende Tendenz zu *Intoleranz, Fremdenfeindlichkeit* und *Fundamentalismus*;

- der in seinen Folgen noch nicht übersehbare gewaltige *naturwissenschaftlich-technische Fortschritt*, der sich nicht nur in der elektronischen Revolution der Computer- und Informationstechnologie, sondern auch in den ethisch höchst fragwürdigen Möglichkeiten der neuesten Genforschung und Biotechnologie zeigt.

Kurzum: Der Problemberg ist gewaltig, komplex und bedrohlich – seine Lösungen sind schwierig, dringlich und nicht in Sicht. Im Gegenteil: Es scheint, als ob überall eine Tendenz zur Verdrängung und Verharmlosung sich breitmacht, die GÜNTHER ANDERS einmal als "Apokalypse-Blindheit" bezeichnet hat.[80] Schlittern wir, wie HOLGER STROHM bereits vor 25 Jahren prophezeite, tatsächlich "friedlich in die Katastrophe"?[81]

Jedenfalls: Seit dem – vor nunmehr bald 30 Jahren – erstmals erschienenen erschütternden Bericht des "Club of Rome" über die "mißliche Lage der Menschheit" hat sich die Situation keinesfalls entspannt.[82] Im Gegenteil: Trotz vielfältiger Bemühungen um Umweltschutz, Friedensprozesse, Demokratisierung, Entwicklungshilfe und Verwirklichung der Menschenrechte rund um den Globus sind zahlreiche neue Probleme hinzugekommen, deren Bedrohungspotential heute erst zu erahnen ist. HARTMUT VON HENTIG spricht "... von der Unsicherheit, dem Übermut oder dem Gefühl des Bedrohtseins, die uns angesichts der sich beschleunigt wandelnden Verhältnisse befallen, radikaler: angesichts dessen, was man als 'die Zukunft' ausgibt, nämlich der hochgerechneten technischen Neuheiten und ihrer wirtschaftlichen, sozialen und politischen Folgen."[83]

In seinem Buch "Schule auf dem Weg in das 21. Jahrhundert" schreibt PER DALIN: "Wie nie zuvor häufen sich derzeit in Europa und Nordamerika Veränderungen, so daß man von einem Paradigmawechsel sprechen muß."[84] Dieser Paradigmawechsel sei vielfach als "Übergang von der Moderne zur Postmoderne" beschrieben worden.[85] Er gehe mit tiefgreifenden "Revolutionen" einher, d.h. mit "die Gesellschaft verändernden Grundströmungen von hoher Durchschlagkraft."[86] Da diese "Revolutionen ... fundamental und für die Zukunft von Erziehung und Bildung von besonderer Bedeutung" sind, seien sie hier kurz genannt: Nach DALIN ist unsere Zeit geprägt von einer "Wissens- und Informationsrevolution", einer "Bevölkerungsrevolution", einer "globalisierenden und regionalisierenden Revolution", einer "Revolution der gesellschaftlichen Verhältnisse", einer "wirtschaftlichen Revolution", einer "technologischen Revolution", einer "ökologischen Revolution", einer "ästhetischen Revolution", einer "politischen Revolution" und einer "Revolution der Werte".[87] Diese globalen Wandlungsprozesse sind eng miteinander vernetzt; "... ihr 'Synergieeffekt' wird für die Zukunft der Menschheit und die Gestaltung der künftigen westlichen Gesellschaften entscheidende, wenn auch nicht genau bestimmbare Konsequenzen haben", führt DALIN aus.[88]

"Wir leben in einer Zeit des Umbruchs. Täglich ... können wir feststellen, wie sich in unserem Teil der Welt eine neue Ära mit ihren Umwälzungen buchstäblich vor unseren Augen formt."[89] "Alle diese Veränderungen sind Ausdruck der Turbulenz, die mit einem epochalen Umbruch einhergeht, einem geschichtlichen Moment, in dem fundamentale ideologische, politische, wirtschaftliche, strukturelle und soziale Traditionen *gleichzeitig* sich wandeln."[90] DALIN führt aus: "... die derzeitigen kräftigen Erschütterungen erscheinen als Teil eines Prozesses, in dem ein sterbendes Zeitalter sich in ein neues verwandelt."[91] Und: "Es ist abzusehen, daß die gegenwärtige Orientierungslosigkeit andauern wird, bis das heraufziehende Zeitalter Gestalt annimmt. Erst dann werden wir von neuem ein Gefühl der Kontinuität und Stabilität haben können."[92] Denn: "Niemals in der Geschichte war es schwerer, die weitere Entwicklung vorherzusagen."[93] Wir leben "an der Schwelle einer neuen historischen Epoche".[94]

In diesem Prozeß der "Anpassung an immer raschere Veränderungen" bedarf es der Entwicklung einer enormen Flexibilität und Kreativität, um den Übergang in die neue Zeit zu bewältigen. "Der Schule fällt dabei eine gesellschaftlich bedeutsame aktive Rolle zu", stellt DALIN fest.[95] Die Aufgabe, eine Schule für das 21. Jahrhundert zu entwickeln, ist jedoch angesichts der gegenwärtigen Umbruchsituation keine einfache. "Bildungsplaner stehen vor dem Dilemma, daß die Auswirkungen ihres Tuns, vielleicht gerade die wichtigsten, erst nach längerer Zeit sichtbar werden. Und dennoch müssen sie planen. Wie können sie produktive Wege in die Zukunft finden und Ziele formulieren, obwohl sie nicht wissen, wie die Gesellschaft der Zukunft aussehen wird? Müssen sie sich nicht unvermeidlich auf veraltete Vorstellungen von Erziehung und Bildung stützen? Müssen nicht die Probleme von heute die Schule von morgen formen, so wie die Probleme von gestern die Grundlage der heutigen Schule bilden?"[96]

Trotz dieses Dilemmas scheint sich eines deutlich abzuzeichnen: "Andererseits ist bei aller Unsicherheit unzweifelhaft, daß die Gesellschaft der Zukunft sich von der heutigen beträchtlich unterscheiden, daß sie also auch eine ganz andere Schule brauchen wird."[97] So wird nicht nur die Welt an der Schwelle zum 21. Jahrhundert ein anderes Gesicht bekommen, "... auch Erziehung und Bildung werden sich wohl in naher Zukunft radikal verändern."[98]

Es ist nicht zu übersehen, daß diese Entwicklung hin zur gewandelten Schule der Zukunft bereits begonnen hat. "Gegenwärtig befindet sich die Schule in Europa als Institution in der größten Umbruchphase seit den sechziger Jahren", konstatiert FRANK-RÜDIGER JACH.[99] "Dies betrifft nicht nur die gesellschaftlichen Wandlungs- und Neuordnungsprozesse in Osteuropa, sondern auch die Schulentwicklung in Westeuropa."[100] So scheint sich auch im Bildungswesen ein Paradigmenwechsel von nicht zu unterschätzender Reichweite anzubahnen. "Vor dem Hintergrund desolater Zustände in den staatlichen Schulen – Demotivation, Gewalt, Kostenexplosion bei gleichzeitig fehlenden finanziellen Mitteln ... ist der Glaube an die Wirksamkeit der traditionellen staatlichen Steuerungsmechanismen im Bildungswesen allseits erschüttert", führt JACH aus.[101] "Was vor einigen Jahren noch heftigst kritisiert wurde, ist heute Markenzeichen eines Paradigmenwechsels in der Bildungspolitik. Deregulierung, Dezentralisierung und Autonomie der Schule sind die gängigen Schlagworte der gegenwärtigen bildungspolitischen Diskussion."[102] Immer eindringlicher wird auch die Frage gestellt, welche Strukturen die zukünftige Bildungslandschaft bestimmen sollen.

"Die Vielfalt künftiger Möglichkeiten ist unübersehbar, eine exakte Entwicklungsprognose so gut wie unmöglich", schreibt DALIN.[103] Das bedeutet jedoch "... *nicht*, daß die Zukunft einfach *kommt*; sie wird *gemacht* – von aktiven, gebildeten, verantwortungsbewußten Personen, von Organisationen und Nationen. Die Zukunft, die wir uns wünschen, werden wir nur dann bekommen, wenn wir eine *Vision* von ihr haben" – und das gilt auch für die Schullandschaften des 21. Jahrhunderts.[104] "Von dieser Vision müssen alle Planungen ausgehen", folgert DALIN.[105]

Welche *Vision* haben wir also für die Zukunft unserer Schulen und für die Schullandschaften des neuen Jahrhunderts?

Lauscht man der öffentlichen Diskussion der letzten Zeit, so entsteht oft der Eindruck, als sei mit dem Ruf "Schulen ans Netz!" alles getan, was unsere Schulen zukunftsfähig macht. Die jüngst gestartete Internet-Offensive "D 21", eine branchenübergreifende Initiative von rund 70 Unternehmen, die neuen Technologien schneller zum Durchbruch verhelfen soll, verspricht, auch den Schulen in Kürze das "neue Glück" in großem Umfang zu bescheren. Als ehrgeiziges Ziel nennen die Verantwortlichen mittelfristig ein "Gleichziehen mit den Vereinigten Staaten", wo Internet-Learning bereits in vielen Schulen an der Tagesordnung ist.[106]

Indessen ist der massenweise und zwangsverordnete Einzug von PCs ins Klassenzimmer längst nicht mehr unumstritten. "US-Pädagogen warnen jetzt nachdrücklich davor, Kinder schon im Kindergarten oder der Grundschule mit dem Computer zu konfrontieren. Schwere Entwicklungsschäden seien nicht ausgeschlossen", berichtet KLAUS GÜRTLER.[107] So weist z. B. die amerikanische Kinderschutzorganisation "Alliance for Childhood" eindrücklich darauf hin, "daß Computer schon bei Kindern zu Gesundheitsproblemen führen könnten ... und auch [zu] dauerhaften emotionalen, sozialen und geistigen Entwicklungsschäden."[108] Auch gebe es nach Ansicht von Experten "... kaum Hinweise darauf, daß Computer zu besseren Lernergebnissen führen".[109] Zugegeben: "Schulen sind in einem gewissen Sinne den neuen Medien verpflichtet. Denn sie müssen die Schüler in die Lage versetzen, die Informationstechnologie ... zu nutzen."[110] Doch sind damit alle Probleme gelöst – und alle pädagogischen Zukunftsfragen hinreichend beantwortet?

Eher skeptisch äußern sich auch die deutschen Lehrerverbände gegenüber einer allzu großen Computer-Euphorie seitens der Bildungspolitik. So forderte die GEWERKSCHAFT ERZIEHUNG UND WISSENSCHAFT, vor der allzu schnellen Ausstattung der Schulen mit Rechnern zunächst "... pädagogisch geeignete Konzepte zu entwickeln und zu erproben, um eine altersangemessene Arbeit mit PC und Notebook zu gewährleisten".[111] Und der Deutsche Lehrerverband erklärte unlängst, der Computer werde in seiner Bedeutung für die Schulen überschätzt.[112] Auch VON HENTIG mahnt bezüglich der schönen neuen Computerwelt zu "...Vorsicht! Technische Entwicklungen setzen nicht nur der Umwelt zu, wenn man sie ungeprüft und ungehemmt walten läßt, sie können auch Kulturen 'zum Kippen' bringen. Haben wir geprüft, was uns die elektronische Revolution beschert? Wollen wir wirklich, was sie von sich aus hervorbringt oder verspricht ...?"[113] – Selbst Optimisten bezweifeln inzwischen, ob das Heil für die Zukunft unserer Schulen wirklich so *ausschließlich* im Computer liegt, wie uns das Politik und Wirtschaft heute bisweilen glauben machen wollen.

Was aber brauchen die Schulen von morgen wirklich? Welches sind die Überlegungen, die uns der not-wendigen Vision von einem zukünftigen Bildungswesen näherbringen?

Spätestens hier wird deutlich, daß die Frage, welche Schulen wir für die Zukunft wollen und brauchen, immer auch mit der Frage zu tun hat, welche Gesellschaft und welche Welt wir an sich für erstrebenswert halten. Es geht, um mit VON HENTIG zu sprechen, um das "... Fragen nach dem, was für eine Welt wir insgesamt wollen, und nicht nur, welche Folge hier und welches Ende da."[114] Dies meint auch PER DALIN, wenn er schreibt: "Wer sich der schwierigen und langwierigen Arbeit unterzieht, etwas so Komplexes wie das Bildungswesen zu verändern, muß sich vergewissern, daß sein Tun für die Welt von morgen relevant ist. Eine Vorstellung – oder zumindest eine vage Vision – der Gesellschaft, die wir in 30 oder 50 Jahren haben möchten, ist daher unverzichtbar. Denn auf die Gesellschaft von morgen soll die Schule ja vorbereiten."[115]

Es ist hier nicht der Platz, umfassende Visionen für die "Welt von morgen" zu entwickeln. Wenn wir jedoch über die Zukunft von Bildung und Erziehung nachdenken, sollten wir die Gesellschaft und die Welt, wie sie ist und wie sie werden soll, nicht aus den Augen verlieren. Nach AURELIO PECCEI hat "... jede Generation die Pflicht, ihren Nachkommen eine bessere Welt zu hinterlassen."[116] Auch Bildung und Erziehung sind "Teil des geistigen Generationenvertrages", wie SCHAVAN einmal formulierte.[117] VON HENTIG schlägt deshalb vor, jeder künftige Lehrer und Erzieher solle sich in einem "Sokratischen Eid" selbst dazu verpflichten, "nach ... Kräften dafür zu sorgen, daß die kommende Generation eine Welt vorfindet, in der es sich zu leben lohnt und in der die ererbten Lasten und Schwierigkeiten nicht deren Ideen und Möglichkeiten erdrücken"[118]. Auch sollte jeder Pädagoge, so gut er kann, versuchen, "... selber vorzuleben, wie man mit den Schwierigkeiten, den Anfechtungen und Chancen unserer Welt und ... mit der eigenen immer gegebenen Schuld zurechtkommt." Und schließlich sollte er danach streben, dem Kind "... eine Vision von der besseren Welt zu geben und die Zuversicht, daß sie erreichbar ist."[119]

Was aber bedeutet dieser Appell an unser pädagogisches Gewissen für die Zukunft unserer Schulen? Welchen Entwicklungsweg sollen sie angesichts der großen Herausforderungen unserer Zeit einschlagen? Welche Bedingungen müssen sie vorfinden, um ihrem schwierigen Auftrag in der heutigen Welt gerecht werden zu können? Und wie sollen zukünftige Schullandschaften aussehen, die den Anforderungen des 21. Jahrhunderts gewachsen sind?

Hierzu seien an dieser Stelle nur einige zentrale *Fragen* angedeutet, vor denen künftige Schulentwicklungsplaner stehen. Zunächst einmal:

- Können wir nicht einfach alles beim Alten lassen – und die Rufe der Schulkritiker, welche die Unzeitgemäßheit der heutigen Schule so heftig anprangern, ignorieren und getrost verhallen lassen? Oder sollte uns die nie verstummende Schulkritik gerade heute ein Ansporn zur Suche nach alternativen schulischen Gestaltungsmöglichkeiten sein?
- Woran krankt unsere staatliche Regelschule eigentlich, was fehlt ihr – und warum wächst das "Unbehagen an der realexistierenden Schule" zusehends?[120]
- Welche Schulen wünschen wir uns für die Zukunft? Wollen wir zentralistisch

gesteuerte und administrativ überformte "staatliche Obrigkeitsschulen" – oder wollen wir selbstverantwortliche Schulen, denen Autonomie und Gestaltungsfreiräume für ihre pädagogische und institutionelle Entwicklung bewußt gewährt werden?

- Welches schulische Personal brauchen wir in der Zukunft? Wollen wir angepaßte, brave und gehorsame Beamtenlehrer, die außer ihrem "Dienst nach Vorschrift" nichts zu bieten haben – oder wollen wir engagierte, mündige, kreative und verantwortungsbewußte Pädagogen, welche die erzieherische, unterrichtliche und organisatorische Gestaltung ihrer Schule zu ihrer eigenen Sache machen?
- Wie sollen unsere zukünftigen Schullandschaften aussehen? Wollen wir staatlich verordnete "schulische Monokulturen" züchten – oder setzen wir auf pädagogische Vielfalt?[121]
- Wie stehen wir zu den Schulalternativen, welche die Freien Schulen zu bieten haben? Fürchten wir ihre Konkurrenz – oder sind wir bereit, sie als bereichernde und befruchtende "Modelle anderer Schulwirklichkeit" gezielt zu fördern und in unsere zukünftige Bildungslandschaft bewußt zu integrieren?[122]
- Wohin sollen die Gelder des Bildungsetats künftig fließen? Wollen wir durch weitere Kürzungen der finanziellen Zuschüsse für Freie Schulen deren materielles Überleben in Zukunft gefährden und sie zwingen, durch hohe Schulgeldforderungen zu "Eliteschulen" wider Willen zu werden – oder wollen wir Schulen mit alternativem pädagogischem Profil – z.B. durch neue Finanzierungsmodelle – in Zukunft allen Bevölkerungsschichten frei zugänglich machen?[123]
- Wollen wir schließlich auf der staatlichen Zwangszuteilung zu *der* Regelschule beharren und damit die Elternrechte empfindlich beschneiden – oder wollen wir das natürliche und vorrangige Recht der Eltern, die Erziehung und Bildung ihrer Kinder frei zu bestimmen und zu wählen, in Zukunft besser respektieren, indem wir im Schulwesen echte Wahlmöglichkeiten schaffen?[124]

Natürlich enthalten die so formulierten Zukunftsalternativen polemische Zuspitzungen – aber in der Dichotomisierung zeichnet sich klarer ab, welche prinzipiellen Entscheidungen vor uns liegen und in welche Richtung wir bei der Gestaltung des künftigen Bildungswesens denken müssen. Denn eines dürfte deutlich geworden sein: "Von den Entscheidungen, die wir *heute* treffen, wird es abhängen, ob wir eine neue und bessere Zukunft herbeiführen können. Wir können es uns nicht leisten, dazusitzen und abzuwarten. Wir – zumal diejenigen, die mit Bildung und Ausbildung zu tun haben und die Bürger von morgen auf ein Leben in Verantwortung vorbereiten sollen – müssen Stellung beziehen und handeln."[125] Nach DALIN "... sind es Wertentscheidungen, mit denen wir darüber befinden, welchen Kurs in die Zukunft wir nehmen. Niemand kann diese mit Gewißheit vorhersagen. Nichtsdestoweniger müssen wir von unserem persönlichen Recht und unserer Pflicht, eine bessere Zukunft zu gestalten, entschieden Gebrauch machen" – auch und gerade im Bildungswesen.[126] "Eine 'bessere' künftige Schule hängt davon ab, ob wir heute die richtigen Grundentscheidungen treffen. Und wir haben keine andere Alternative, als heute schon anzufangen."[127]

Sicherlich brauchen wir neben entschiedenen bildungspolitischen und pädagogischen Bemühungen auch nachhaltige gesamtgesellschaftliche Anstrengungen, um einen zukünftigen Weg aus der Krise zu entwickeln. Die Schule *allein* kann und wird das nicht leisten. Es bedarf vielmehr der gemeinsamen Initiative und des Engagements aller Bürger/innen und Politiker/innen, die öffentlich Verantwortung tragen – in welchen gesellschaftlichen Bereichen auch immer. Dennoch gilt, wie SCHAVAN formuliert: Die "Zukunft beginnt in der Schule, weil sie die Grundlagen legt und jene Orientierungen gibt, die nötig sind, damit die nächste Generation ihre Zukunft gestalten, neue Herausforderungen annehmen und zukunftsfähige Wege in sozialer, kultureller und ökonomischer Hinsicht gehen kann. So stehen Gegenwart und Zukunft gerade im schulischen Kontext stets in einem spannungsreichen Verhältnis, das einen Stillstand im Bildungswesen ebenso verbietet wie die Vorstellung, ganz neu beginnen zu können."[128]

Doch: Wie werden die Schulen der Gegenwart zukunftsfähig? Und: Quo vadis, schola? – Diese not-wendigen Fragen fordern uns auf, Rückblicke und Ausblicke zu wagen. Ich denke, eine Beschäftigung mit Schulkritik und der Suche nach Schulalternativen lohnt sich, wenn wir nach Möglichkeiten einer Schulentwicklung fragen, die den großen Herausforderungen an der Schwelle zum 21. Jahrhundert gerecht werden soll.

2. EINGRENZUNG DER FRAGESTELLUNG

Vor dem Hintergrund der eingangs beschriebenen gesamtgesellschaftlichen Problemlage sowie den dort skizzierten Annäherungen an das Thema dieser Arbeit soll nun eine Präzisierung und Eingrenzung der Fragestellung vorgenommen werden, die in den folgenden Kapiteln bearbeitet wird.

Aus den großen Fragen- und Themenkomplexen, die im Hinblick auf das Schulwesen an der Schwelle zum 21. Jahrhundert zur Bearbeitung anstehen, sollen im Rahmen dieser Arbeit zunächst zwei Aspekte herausgegriffen und schwerpunktmäßig behandelt werden:

- SCHULKRITIK (Kap. II) und die
- SUCHE NACH SCHULALTERNATIVEN (Kap. III).

In einem weiteren Schritt sollen dann schließlich Fragen der

- SCHULENTWICKLUNG (Kap. IV)

erörtert werden, wobei insbesondere zu prüfen sein wird, inwieweit die Beschäftigung mit Schulkritik und der Suche nach Schulalternativen einen Beitrag zu

Fragen einer zukünftigen Schulentwicklung leisten kann.

Zunächst zum ersten Themenschwerpunkt: der *Schulkritik.* Im Kontext dieses thematischen Schwerpunktes sollen folgende Frageaspekte untersucht werden:

- Was ist unter dem Begriff "*Schulkritik*" zu verstehen?
- Wer äußert sie – bzw. welches sind die *Akteure der Schulkritik*?
- Was haben *Schulkritik* und die *Suche nach schulischen Alternativen* miteinander zu tun? In welchem Zusammenhang stehen diese beiden Phänomene?

Nach diesen einleitenden Fragen sollen dann in einem historischen Rückblick die Schulkritik im 20. Jahrhundert und ihre Vorläufer näher untersucht werden. Bei diesem *historischen* Zugang sollen folgende Fragen im Mittelpunkt stehen:

- Welches sind die zentralen Themen der Schulkritik von ihren Anfängen bis zum 19. Jahrhundert?
- Welches sind die großen Topoi der Schulkritik im 20. Jahrhundert?
- Welches sind die wichtigsten Phasen der schulkritischen Diskussion im 20. Jahrhundert?
- Welche Merkmale weist die Schulkritik in bestimmten historischen Zeitabschnitten auf: zur Zeit der Reformpädagogik am Beginn des 20. Jahrhunderts, während der Zeit des Nationalsozialismus, nach 1945, in den 60er, 70er und 80er Jahren?
- Welche Färbung bekommt die Schulkritik angesichts der Schulkrise der 90er Jahre? Welches sind die aktuellen Themen der Schulkritik? Was wird der Schule an der Schwelle zum 21. Jahrhundert insbesondere vorgeworfen?

Im Anschluß an diesen *historischen* Abriß soll in einem weiteren Schritt ein *systematischer* Zugang zu dem Phänomen der Schulkritik gesucht werden. Dabei sollen zunächst ausgewählte Systematiken der Schulkritik, wie sie sich in der erziehungswissenschaftlichen Literatur finden, vorgestellt und zusammengefaßt werden. Das erkenntnisleitende Interesse knüpft dabei an folgende Frageaspekte an:

- Welche Systematiken der Schulkritik finden sich in der deutschsprachigen Fachliteratur der letzten 25 Jahre?
- Welche Strukturierungen, Schwerpunkte, Gemeinsamkeiten und Unterschiede weisen sie auf?
- Wo liegen die Stärken und wo die Schwächen dieser Systematiken?

Nach diesem Rückblick auf bereits vorliegende Systematiken soll dann eine neue, an Problemfeldern orientierte Systematik der Schulkritik entworfen werden, wobei versucht werden soll, gewisse Einseitigkeiten vorliegender Ansätze zu überwinden und einen Überblick über ein möglichst breites Spektrum schulkritischer Positionen zu geben. Dabei sollen folgende Fragen maßgeblich sein:

- Welches sind die zentralen Aspekte und Problemfelder der Schulkritik, wie sie im Laufe der Geschichte immer wieder auftauchen?
- Wie lassen sich bestimmte schulkritische Positionen zu inhaltlichen Kategorien zusammenfassen?
- Welchen Bezugswissenschaften lassen sich die Problemfelder der Schulkritik in etwa zuordnen?

Daß Schulkritik aufs engste verbunden ist mit der Suche nach Schulalternativen, leuchtet unmittelbar ein, wird aber im folgenden noch näher zu betrachten sein. Diese Suche nach Alternativen kann sich einerseits als Bemühen um Reformen *innerhalb* des staatlichen Regelschulwesens artikulieren, andererseits aber auch in einer Schulwahlentscheidung für eine Schule *außerhalb* des Bereichs der staatlichen Regelschulen, also für eine Schule in freier Trägerschaft, zum Ausdruck kommen. Beide Aspekte sollen in der vorliegenden Arbeit Berücksichtigung finden, wobei der Schwerpunkt auf der Suche nach Alternativen *außerhalb* des Regelschulwesens, also bei den Schulen in freier Trägerschaft, liegen soll. Hierbei sollen folgende Fragen erkenntnisleitend sein:

- Was ist unter dem Begriff "*Schulalternativen*" zu verstehen? Was hat es auf sich mit den Bezeichnungen "Alternativschule", "Privatschule" und "Freie Schule"?
- Welchen Rechtsstatus haben Schulen in freier Trägerschaft in der Bundesrepublik Deutschland? Welches sind ihre Genehmigungsvoraussetzungen? Wie werden Schulen in nicht-staatlicher Trägerschaft finanziert? Wie frei sind Freie Schulen hierzulande?
- Wie ist die aktuelle Situation der Freien Schulen in der Bundesrepublik? Wieviele Schulen in nicht-staatlicher Trägerschaft gibt es heutzutage? Welche Haupttypen von Freien Schulen findet man in unserer heutigen Schullandschaft?

Nach diesen einleitenden Überlegungen zum Thema *Schulalternativen* soll dann schwerpunktmäßig der Frage nachgegangen werden, welches die Motive von Eltern sind, ihre Kinder an einer Schule in freier Trägerschaft anzumelden. Warum suchen und wählen diese Eltern schulische Alternativen für ihre Kinder? Hierzu liegen im deutschsprachigen Raum einige empirische Studien vor, die zunächst einer gründlichen Einzelanalyse unterzogen und deren Ergebnisse dann überblicksartig zusammengefaßt werden sollen. Dabei sollen folgende Frageaspekte im Mittelpunkt stehen:

- Warum nimmt eine wachsende Zahl von Eltern z.T. enorme finanzielle und organisatorische Mehrbelastungen auf sich, um ihrem Kind den Besuch einer nicht-staatlichen, "alternativen" Schule zu ermöglichen?
- Welches sind die Einstellungen und subjektiven Begründungen von Eltern, die für ihre Kinder eine Freie Schule wählen? Was geht in diesen Eltern vor – und was veranlaßt sie zu diesem Schritt?
- Wie sind ihre Einschätzungen von Schulen in freier Trägerschaft? Wie hoch ist ihre Schulzufriedenheit?
- Lassen sich allgemeine Determinanten der Schulwahlentscheidung für Freie Schulen eruieren?
- Worin liegt die Attraktivität von Schulen in freier Trägerschaft begründet? Was suchen Eltern in ihnen?
- Welche Rolle spielt die weltanschauliche Ausrichtung der Schule, das besondere pädagogische Profil, der Lehrplan, die Art der Leistungsbeurteilung, außerunterrichtliche Angebote, das Engagement der Lehrerschaft, die soziale Zusammensetzung der Schülerschaft, ggf. die Nachmittagsbetreuung, die Lage der Schule und andere Faktoren bei der Schulwahlentscheidung für eine Freie Schule?
- Welche Bedeutung haben ggf. eigene Schulerfahrungen der Eltern oder vorangegangene Schulerfahrungen der Kinder bei der Entscheidung für eine Schulalternative?
- Wählen Eltern eine Privatschule, weil ihre Kinder "Problemkinder" sind, die in der Regelschule nicht mitkamen und zu "Schulversagern" wurden?
- Sind die Elternmotive individuell und breit gestreut – oder läßt sich eine gewisse Homogenität der Motivlage von Privatschuleltern erkennen?
- Gibt es für bestimmte Typen von Freien Schulen (z.B. Konfessionelle Schulen, Waldorfschulen, Montessorischulen) charakteristische Motivlagen bei Eltern, die diese Schulen für ihre Kinder wählen?
- Was ist dran an den Vorwürfen, die gegenüber den Vertretern Freier Schulen immer wieder zu hören sind (vgl. Kap.I.1)? Wollen Privatschuleltern wirklich eine elitäre Schonraum- und Käseglockenerziehung im allgemeinen Chaos unserer Zeit? Suchen sie tatsächlich eine schein-heile Welt auf abgeschotteten pädagogischen Inseln der Seligen? Sind sie egozentrische Aussteiger, weltfremde Einzelgänger, elitäre Sonderlinge und pädagogische Spinner – oder haben sie ein berechtigtes und ernstzunehmendes pädagogisches Anliegen, das in unseren staatlichen Regelschulen nicht oder zu wenig berücksichtigt wird?

Eines steht indes fest: Die Entscheidung *für* eine Freie Schule vollzieht sich nicht im luftleeren Raum; sie ist vielmehr immer auch eine – mehr oder weniger bewußte – Entscheidung *gegen* eine andere, zunächst näherliegende Schule: die staatliche Regelschule. Deshalb muß die Fragestellung erweitert werden. Sie lautet nicht nur: Warum wählen Eltern eine Alternativschule? Sondern sie heißt auch:

Warum wählen sie *nicht* die staatliche Regelschule? Damit schließt sich der Bogen zum ersten Themenschwerpunkt: der *Schulkritik.* Im Hinblick auf die Schulwahlmotive von Privatschuleltern sollen dabei insbesondere folgende Fragen untersucht werden:

- Spielt bei der Entscheidung für eine Schule in freier Trägerschaft die Kritik der Eltern an der staatlichen Regelschule eine Rolle?
- Wenn ja, was kritisieren Privatschuleltern an den Staatsschulen?
- Welche "klassischen" Topoi und Aspekte der Schulkritik des 20. Jahrhunderts lassen sich ggf. bei heutigen Eltern von Freien Schulen wiederfinden?

Bei der Beantwortung dieser Fragen sollen auch die vorliegenden Studien selbst einer kritischen Analyse unterzogen werden:

- Wie ist der Forschungsansatz und welches methodische Vorgehen liegt der jeweiligen Studie zugrunde?
- Welche Institutionen bzw. Personen waren an der Studie beteiligt?
- Welche Forschungsfragen stehen im Mittelpunkt der Studie?
- Wie ist die Repräsentativität bzw. Aussagekraft der Studie einzuschätzen?

Nach diesem zusammenfassenden Rückblick auf bisherige Forschungsergebnisse zum Thema "Schulwahldeterminanten bei Privatschuleltern" sollen dann in einer Art Ausblick auf mögliche zukünftige Studien weiterführende Forschungsfragen entwickelt werden. Dabei sollen methodische Ansatzpunkte skizziert und inhaltliche Leitideen entworfen werden.

Im Anschluß an diese beiden Hauptteile der Arbeit, die den Themen *Schulkritik* und der *Suche nach Schulalternativen* gewidmet sind, soll dann in einem weiteren Schritt das Thema der *Schulentwicklung* an der Schwelle zum 21. Jahrhundert aufgegriffen werden. In diesem abschließenden Teil geht es um die Frage, welche Impulse aus der Beschäftigung mit *Schulkritik* und *Schulalternativen* für eine Weiterentwicklung unseres Schulwesens in die Zukunft hinein gewonnen werden können. Können Schulkritik und die Suche nach Schulalternativen gar ein *Motor der Schulentwicklung* sein? – Diese Fragestellung soll Schulen in staatlicher und in nicht-staatlicher Trägerschaft in gleicher Weise umfassen, sich also auf die Zukunft unseres *gesamten* Schulwesens beziehen. Erkenntnisleitend sollen bei diesem Ausblick insbesondere folgende Fragen sein:

- Welche Bedeutung hat die *Schulkritik* des 20. Jahrhunderts für mögliche Schulreformen im 21. Jahrhundert?
- Welche Funktionen und Aufgaben kommen den *Schulalternativen* im öffentlichen Bildungswesen des 21. Jahrhunderts zu?

- Wie könnten Schullandschaften im 21. Jahrhundert aussehen – und an welchen Leitideen könnte sich eine zukünftige *Schulentwicklung* orientieren?

Hierzu sollen abschließend einige Thesen formuliert werden, und mit diesem Ausblick auf zukünftige Schullandschaften soll dann die Arbeit enden.

3. BEGRÜNDUNG DER VORGEHENSWEISE

Nach der vorangegangenen Eingrenzung und Präzisierung der Fragestellung dieser Arbeit soll im folgenden die beabsichtigte Vorgehensweise nochmals näher begründet werden. Dabei sollen zunächst *inhaltliche* Aspekte erläutert und dann noch einige *formale* Hinweise gegeben werden.

Zunächst zum ersten Thema: der *Schulkritik*. Schulkritik hat die Eigenschaft, oft schnell und heftig geäußert zu werden, dabei jedoch vielfach recht plakativ und undifferenziert zu bleiben. Deshalb erscheint es sinnvoll, das Phänomen der Schulkritik einmal etwas genauer unter die Lupe zu nehmen – und es nach *historischen* und *systematischen* Gesichtspunkten differenziert zu untersuchen. Will man aus Schulkritik etwas lernen, will man sie wirklich wahr-nehmen, um in unserem Schulwesen möglicherweise etwas zum Besseren zu wenden, so sollte man von Pauschalisierungen wegkommen und das Phänomen einer detaillierten Betrachtung unterziehen. "Denn je pauschaler Kritik geäußert wird, desto schwieriger sind konkrete Reformschritte", wie SCHAVAN einmal feststellte.[129] "Wer Schule weiterentwickeln will, muß sich auf die Schule wirklich einlassen ..." – und man könnte ergänzen: auch auf die nie endende *Kritik* an dieser Institution.[130]

Um sich dem Phänomen der *Schulkritik* in angemessener Weise nähern zu können, erscheint es zunächst unumgänglich, eine genaue Begriffsbestimmung vorzunehmen. Dabei soll geprüft werden, welche Begriffe von "Schulkritik" in der erziehungswissenschaftlichen Fachliteratur verwendet werden und was sich hinter ihnen verbirgt. Sodann wird zu fragen sein, ob Schulkritik eine rein rationale Angelegenheit ist – oder ob auch emotionale und aktionale Komponenten bei diesem Phänomen eine Rolle spielen (Kap.II.1.1).

Bevor man die Inhalte der Schulkritik näher untersucht, muß weiterhin gefragt werden, von wem sie eigentlich geäußert wird, wer also ihre "Akteure" sind. Dabei werden unterschiedliche Gruppen von *Schulkritikern* in Betracht kommen, deren jeweiliger Blickwinkel kurz beleuchtet werden soll (Kap.II.1.2).

Schließlich wird – im Hinblick auf das Gesamtthema dieser Arbeit – zu prüfen sein, was *Schulkritik* und die *Suche nach Schulalternativen* miteinander zu tun haben. Handelt es sich dabei um zwei isolierte Phänomene – oder sind und waren beide immer schon untrennbar miteinander verbunden? Kann eines ohne das andere überhaupt gedacht werden? Und wie gestaltet sich ggf. ein Zusammenhang zwischen beidem konkret? Ich denke, ein Fortschreiten beim Thema dieser Arbeit wäre nicht sinnvoll, ohne jene Frage vorab geklärt zu haben (Kap.II.1.3). Erst dann kann ein historischer und systematischer Zugang zum Thema "Schulkritik" geschaffen werden.

In der erziehungswissenschaftlichen Forschung liegen bisher kaum größere Untersuchungen oder zusammenhängende Darstellungen der geschichtlichen Entwicklung des Phänomens *Schulkritik* vor. Einen Forschungsschwerpunkt zur "Geschichte der Schulkritik" gibt es, wie HERWART KEMPER zu Recht bemerkt, in der deutschsprachigen pädagogischen Forschung bisher nicht.[131] Von daher erscheint es als reizvolles Unterfangen, einmal verschiedene Kapitel der *Schulkritik* zu einem größeren Überblick zusammenzufügen. Dabei soll zunächst ein kurzer Rückblick auf die Schulkritik von ihren Anfängen bis zum 19. Jahrhundert geworfen werden, bevor dann schwerpunktmäßig die deutschsprachige Schulkritik des 20. Jahrhunderts aufgearbeitet wird, wie sie sich in verschiedenen geschichtlichen Phasen gezeigt hat (Kap.II.2).

Ähnliches wie für die *Historie* gilt auch für die *Systematik* der Schulkritik, welche zuvor in der Erziehungswissenschaft immer wieder ansatzweise erarbeitet wurde, jedoch selten ein *umfassendes* Bild ergab. Daher ist es interessant, einmal einige ausgewählte Systematisierungsansätze der Schulkritik nebeneinander zu stellen und vergleichend zu betrachten (Kap.II.3). Um jedoch nicht bei der Darstellung der bereits vorliegenden Schemata stehenzubleiben, erscheint es darüberhinaus der Mühe wert, den Versuch einer *neuen* Systematik zu wagen, die ein möglichst *breites* Spektrum schulkritischer Positionen erfaßt. Dabei sollen die einzelnen Positionen stichwortartig zusammengefaßt und mit typischen Beispielen aus der schulkritischen Literatur belegt werden. Bei dieser phänomenologischen Vorgehensweise erscheint es sinnvoll, die Einzelpositionen der Schulkritik zu Problemfeldern zusammenzufassen und sie übergeordneten fachwissenschaftlichen Aspekten zuzuordnen. Somit soll ein möglichst breitgefächerter Überblick über wesentliche Motive und Themen der Schulkritik gegeben werden (Kap.II.4).

Wer mit der Regelschule in ihrem jeweiligen Status quo nicht zufrieden ist, wer *Kritik* an ihr übt, wer sie ganz und gar nicht gutheißen kann oder gar ablehnt, der wird in der einen oder anderen Weise nach *Alternativen* zum Bestehenden suchen. Diese können sich als vage Träume oder Visionen von einer *besseren* Schule manifestieren, wobei es häufig bei bloßen Wünschen und Alternativ*vorstellungen* bleibt – und man sich letztlich, wenngleich murrend, mit den realexistierenden Schulen arrangiert. – Ein anderer Ausweg kann im Kampf um eine *Veränderung* der bestehenden Schulen liegen, wobei man diese prinzipiell für reformierbar hält und an ihre grundsätzliche Wandlungsfähigkeit zum Besseren hin glaubt. So mag mancher auf Alternativen *innerhalb* des bestehenden Regelschulwesens hoffen und dafür in Elterninitiativen, Verbänden oder Parteien engagiert eintreten. – Schließlich gibt es noch die Möglichkeit, die Konsequenz aus dem Unbehagen an der Regelschule in einer Abkehr von derselben bei gleichzeitiger Hinwendung zu ganz *anderen* Schulen *außerhalb* des Regelschulwesens, also zu echten *Schulalternativen*, zu sehen. Dieser Ausweg aus der als ungenügend empfundenen Schulwirklichkeit kann als "Flucht- oder Suchbewegung" interpretiert werden, wie GEORG AUERNHEIMER einmal formulierte.[132]

Nicht nur angesichts des großen Booms, den Schulen in nicht-staatlicher Trägerschaft heute erleben, erscheint es interessant, einmal näher nach den Gründen für die Flucht vor der Regelschule und die Suche nach Schulalternativen zu fragen. Dies könnte nicht zuletzt einer Weiterentwicklung der staatlichen Schulen selbst zugute kommen. Denn es ist mit AUERNHEIMER/HEINEMANN davon auszugehen, "... daß auch die meisten Anhänger alternativer Schulen daran interessiert sind, die Bildungsmöglichkeiten für die Mehrheit zu verbessern."[133] Wenn man weiß, warum immer mehr Eltern Freie Schulen wählen und was deren Attraktivität ausmacht, so könnte dies wertvolle Hinweise auf mögliche bzw. notwendige Reformen innerhalb des Regelschulwesens geben. Dabei ist es m.E. nicht nötig, Freie Schulen und staatliche Regelschulen als *Feindbilder* gegeneinander aufzubauen; vielmehr gehört "zu einer produktiven Diskussion ... die Bereitschaft, voneinander zu lernen."[134]

So sollen also im zweiten Hauptteil dieser Arbeit die Motive von Eltern, eine Schule in freier Trägerschaft zu wählen, einmal genauer betrachtet werden. Da die Durchführung einer eigenen empirischen Studie zu diesem Thema einerseits den Rahmen dieser Arbeit sprengen würde und andererseits mit den zur Verfügung stehenden Forschungsmitteln kaum in der Lage wäre, zu wirklich repräsentativen Ergebnissen zu gelangen, wurde hier ein anderer Weg gewählt. Ausgehend von den wenigen bereits vorliegenden empirischen Untersuchungen zu diesem Thema soll zunächst der gegenwärtige Forschungsstand zu den Determinanten der Schulwahlentscheidung für Freie Schulen aufgezeigt werden. Dazu erscheint es notwendig, vorab eine *Begriffsklärung* zu dem Terminus "Schulalternativen" vorzunehmen (Kap.III.1.1), sodann etwas zum *Rechtsstatus* der Schulen in freier Trägerschaft in der Bundesrepublik Deutschland anzumerken (Kap.III.1.2) und schließlich einen Blick auf die *Situation* der Freien Schulen heute, ihre zahlenmäßige Verbreitung und ihre unterschiedlichen pädagogischen Ansätze zu werfen (Kap.III.1.3).

Nach dieser Vororientierung über Freie Schulen sollen dann die wichtigsten Studien zum Thema Schulwahlmotive von Privatschuleltern analysiert und zusammengefaßt werden, die – mit einer Ausnahme – in den letzten 20 Jahren im deutschsprachigen Raum durchgeführt wurden. In einer vergleichenden Gesamtschau sollen dann die Ergebnisse dieser Studien überblicksartig zusammengefaßt werden (Kap.III.2.). In einem weiteren Schritt wird schließlich zu prüfen sein, welche Forschungsfragen noch offen sind und wo eine zukünftige empirische Schulwahlmotivforschung bzgl. Freier Schulen methodisch und inhaltlich ansetzen könnte. Mit diesem Ausblick auf Leitideen für weiterführende Forschungsfragen soll der zweite Hauptteil dieser Arbeit schließen (Kap.III.3).

Eine bloß rückwärtsgewandte Beschäftigung mit Schulkritik und der Suche nach Schulalternativen würde zwar das historische Interesse befriedigen, bliebe aber an sich folgenlos und irrelevant für die großen bildungspolitischen Aufgaben und Herausforderungen an der Schwelle zum 21. Jahrhundert. Deshalb soll in einem letzten Schritt ein *Ausblick* auf Möglichkeiten einer *zukünftigen Schulentwicklung* geworfen werden. Dabei soll insbesondere der Frage nachgegangen werden, was wir aus der *Schulkritik* des 20. Jahrhunderts für mögliche Schulreformen im 21. Jahrhundert lernen können (Kap.IV.1) – und welche Bedeutung den *Schulalternativen* im öffentlichen Bildungswesen der Zukunft zukommt (Kap.IV.2).

Welche konstruktiven Impulse und Perspektiven können wir aus der langen Geschichte der *Schulkritik* heute gewinnen? Und wie müßte das Schulwesen der Zukunft organisiert sein, um der wachsenden Unzufriedenheit mit der staatlichen Regelschule entgegenzuwirken? Ist die Staatsschule noch zu retten – oder sind alle Versuche, diesen "Pflegefall" zu therapieren, zu reparieren oder zu reformieren, nach nunmehr gut 200 Jahren ihres Bestehens vergeblich und desolat geworden?[135]

Was können wir andererseits von den *Schulalternativen* lernen? "Sind die Hoffnungen berechtigt, die viele bildungspolitisch und pädagogisch Interessierte ... in die Alternativschulen und die Alternativschulpädagogik setzen?", fragen AUERNHEIMER/HEINEMANN.[136] Zeigen diese Schulen gangbare und zukunftsweisende Wege "... aus der Misere der Regelschule, aus den Frustrationen, die gerade die Engagierten dort erfahren?"[137] Sind Freie Schulen ein "Ausweg aus der Schulmisere", wie RAINER WINKEL einmal formulierte[138] – oder stellen sie eine Bedrohung für die Chancengleichheit in unserem künftigen Schulwesen dar, wie GABRIELE FAUST-SIEHL u.a. befürchten?[139] In ihrem Buch über die Zukunft der Grundschule liest man: "Bei einem weiteren Anwachsen der Privatschulen ist zu befürchten, daß die allgemeine Grundschule nicht die 'gemeinsame Schule' für alle bleibt, sondern sich zu einem in zwei Klassen gespaltenen Schulwesen entwickelt: hier die privaten Schulen mit den Kindern der bildungsinteressierten, initiativreichen und ökonomisch bessergestellten Eltern, dort die staatlichen Schulen mit einem erheblich höheren Anteil problembelasteter und lernschwächerer Kinder aus unterprivilegierten Bevölkerungskreisen."[140]

Was ist dran an diesem bildungspolitischen Horrorszenario? *Muß* eine zukünftige

Schulentwicklung, die sich der pädagogischen Vielfalt und Eigeninitiative öffnet, in einem sozialen Fiasko enden? Oder gibt es Möglichkeiten, mehr Freiheit *und* mehr Gerechtigkeit in unserem Bildungswesen an der Schwelle zum 21. Jahrhundert zu realisieren? Wie könnte schließlich eine Schulentwicklung aussehen, die *beide* – Regelschulen *und* Freie Schulen – tauglich macht für die Aufgaben der Zukunft?

Einleitend wurde festgestellt, daß wir für die Gestaltung einer Zukunft, die wir wünschen, *Visionen* brauchen – auch im Bildungswesen. Deshalb soll am Schluß dieser Arbeit der Versuch stehen, Ausblicke auf mögliche Schullandschaften des 21. Jahrhunderts zu wagen. Die Richtung, in die sich eine zukünftige Schulentwicklung bewegen könnte, soll anhand einiger Leitthesen verdeutlicht werden. Schließlich ist zu fragen, woran sich künftige Bildungsgesetze – auch international – orientieren sollten, damit unsere Schulen zeitgemäß bzw. zukunftsfähig werden können (Kap.IV.3).

Die Themen *Schulkritik* und die *Suche nach Schulalternativen* sollen also nicht isoliert und beziehungslos nacheinander abgehandelt, sondern in einen größeren inhaltlichen Kontext eingebettet werden, der vor allem im Schlußteil dieser Arbeit nochmals verdeutlicht werden soll. Wenn die beiden o.g. Themenschwerpunkte mehr als bloß wissenswerte Erkenntnisse hervorbringen sollen, so ist die Frage nach ihrer Bedeutung für eine zukünftige *Schulentwicklung* unumgänglich. Hierbei wird insbesondere zu prüfen sein, ob und inwieweit beide Phänomene – *Schulkritik* und die *Suche nach Schulalternativen* – Impulsgeber oder gar *Motor* einer notwendigen *Schulentwicklung* an der Schwelle zum 21. Jahrhundert sein können.

Nach dieser einleitenden Begründung der *inhaltlichen* Vorgehensweise sollen nun noch einige Hinweise zum *formalen* Vorgehen im Rahmen dieser Arbeit gegeben werden.

Zunächst zur Frage der – alten oder neuen – *Rechtschreibung*: Da nahezu die gesamte zitierte Fachliteratur in der *alten* Schreibweise verfaßt ist, erscheint es als müßiges und sinnloses Unterfangen, alle Zitate auf die *neue* Rechtschreibung hin umzuändern – und sie somit in gewisser Weise zu verfälschen. Andererseits wäre es m.E. genauso unangebracht, Zitate in *alter* Schreibweise zu bringen und gleichzeitig eigene Texte in *neuer* Rechtschreibung zu verfassen. Um ein solches Nebeneinander verschiedener Schreibweisen zu vermeiden, halte ich es deshalb für angemessen, im Rahmen dieser Arbeit ausschließlich die sog. *alte* deutsche Rechtschreibung zu verwenden. Dies erscheint umso berechtigter, als unlängst nicht nur die Deutsche Akademie für Sprache und Dichtung, sondern auch der Deutsche Hochschulverband eine Rücknahme der Rechtschreibreform sowie eine Rückkehr zur alten Rechtschreibung entschieden gefordert haben. Ohne zu diesem Streit inhaltlich Stellung beziehen zu wollen, erscheint es m.E. im Falle der vorliegenden Arbeit aus den o.g. Gründen doch als sinnvollste Lösung, *durchgängig* auf die gewohnte Schreibweise zurückzugreifen.

Des weiteren soll im Rahmen dieser Arbeit weitgehend auf eine explizite Nennung der *weiblichen grammatikalischen Formen* verzichtet werden, wenn es um Begriffe wie Schüler/innen oder Lehrer/innen geht. Dies geschieht zum einen aus Gründen der besseren Lesbarkeit; andererseits werden aber auch in den zitierten Textpassagen so häufig nur die männlichen Formen genannt, daß auch hier ein Nebeneinander beider Modalitäten stilistisch befremdend wirken würde. Es sei aber ausdrücklich betont, daß bei der Nennung der grammatikalisch männlichen Formen immer auch die Personen *weiblichen* Geschlechts gemeint sind: "Schüler" sind in diesem Sinne Jungen und Mädchen, und mit der Berufsbezeichnung "Lehrer" sind im Kontext dieser Arbeit sowohl Frauen als auch Männer gemeint.

Auch sei an dieser Stelle darauf hingewiesen, daß die Begriffe *"Freie Schule"*, *"Schule in freier Trägerschaft"*, *"Privatschule"*, *"alternative Schule"* und *"Schulalternative"* im Rahmen dieser Arbeit häufig synonym verwendet werden. Je nach dem Kontext des Gesagten erscheint jeweils eine bestimmte Nuance der Begriffe, die allesamt *Schulen in nicht-staatlicher Trägerschaft* meinen, als die passende. Daß bei den o.g. Bezeichnungen höchst unterschiedliche Assoziationen und Konnotationen mitschwingen, ist dabei durchaus beabsichtigt. Einer präzisen Bestimmung der Begriffe rund um die "Schulalternativen" soll jedoch auch ein eigenes Kapitel gewidmet sein (vgl. Kap.III.1.1).

Schließlich seien noch die *Anmerkungen* erwähnt, die entweder erläuternde Kommentare bzw. Querverweise enthalten oder auf die Quellen der angeführten wörtlichen bzw. sinngemäßen Zitate hinweisen. Eigene Zusätze innerhalb von wörtlichen Zitaten sind durch eckige Klammern gekennzeichnet. Aus Gründen des besseren Textflusses werden die Anmerkungen in einem gesonderten Anmerkungsteil am Schluß der Arbeit angebracht, wobei die Zählung aufgrund der Menge an Anmerkungen für jedes Hauptkapitel neu beginnt. Eine Liste der verwendeten *Literatur* befindet sich schließlich ganz am Ende der Arbeit.

II. SCHULKRITIK IM 20. JAHRHUNDERT – HISTORISCHE UND SYSTEMATISCHE ASPEKTE

"Schulkritik ist kein Ziel, sondern allenfalls die Voraussetzung für das Wagen von Schritten in derzeit Unbekanntes."

BERTRAND STERN[1]

" ... die Wahrheit über die Schwierigkeiten der Schule sagen, heißt nicht sie beschuldigen, sondern ihr helfen, mit dem Unverschuldeten und Nichtabschiebbaren fertig zu werden."

HARTMUT VON HENTIG[2]

1. EINFÜHRUNG

1.1 Zum Begriff der "Schulkritik"

Zur näheren Bestimmung des Begriffes "Schulkritik" sei zunächst ein Blick auf die Etymologie des Wortes *"Kritik"* geworfen: Der Begriff "Kritik" stammt vom griechischen Wort kritiké (téchne) ab, was soviel wie "Kunst der Beurteilung" bedeutet.[3] Nach Auskunft der BROCKHAUS ENZYKLOPÄDIE bezeichnete "Kritik" in der Antike "... einerseits das unterscheidende und urteilende Vermögen des gebildeten Menschen (PLATON, ARISTOTELES) und wurde andererseits etwa für die Tätigkeit des Philologen verwendet."[4] So nannte sich KRATES MALLOTES, der führende Kopf der stoisch-pergamenischen Schule, *"kritikos"*, einen "Kritiker" – in Abgrenzung zu den alexandrinischen "grammatikoi".[5] Im Laufe der Jahrhunderte hat der Begriff der "Kritik" immer wieder einen Bedeutungswandel erfahren. Heute läßt er sich nach BROCKHAUS etwa wie folgt definieren: Kritik ist eine "Grundform der Auseinandersetzung mit Handlungen, Handlungsnormen und -zielen sowie mit der durch diese bestimmten Welt in Form der Distanzierung, Prüfung, Beurteilung, Wertung, Infragestellung, Negierung ..."[6] Dabei ist Kritik "immer an bestimmten Normen oder Normsetzungen orientiert (u.a. Wahrheit, Natur des Menschen, Vernunft, Erfahrung, Autonomie)".[7] Im Kontext des Themas dieser Arbeit erscheint auch noch folgende BROCKHAUS-Aussage interessant: "In der Distanzierung zur vorgegebenen Wirklichkeit kann Kritik als Grundelement und Antriebskraft von Philosophie und Wissenschaft sowie von Kultur gelten."[8]

Das Adjektiv "kritisch" stammt vom griechischen *kritikós*, d.h. "zur entscheidenden Beurteilung gehörend"; es wird auch dem griechischen Wort *krínein* (scheiden, trennen, entscheiden, urteilen) etymologisch zugeordnet.[9] Heute hat das Wort etwa die Bedeutung von "nach präzisen wissenschaftlichen, künstlerischen o.ä. Maßstäben streng prüfend und beurteilend", aber auch "eine Wende ankündigend, entscheidend".[10] Nach MEYERS GROßEM TASCHENLEXIKON bedeutet "kritisch" soviel wie "prüfend, richtend, wählend", was im Hinblick auf die zu erörternde Schulkritik eine bemerkenswerte Bedeutungsnuance aufzeigt.[11]

Was ist nun unter dem Begriff *"Schulkritik"* zu verstehen? Unter den verschiedenen Definitionen sei hier stellvertretend diejenige von HANS JÜRGEN APEL genannt, die er in seiner "Theorie der Schule"[12] 1995 darlegt: "Schulkritik meint Beurteilung der Schule als Institution, beurteilende Stellungnahme zu ihren Funktionen und Folgen, in der Regel aus einem pädagogischen Gesichtspunkt. Im logischen Sinne erfolgt eine Beurteilung entweder als Bejahung oder als Verneinung eines Sachverhalts, als Zustimmung oder Ablehnung. Sie setzt eine genauere Untersuchung der zu kritisierenden Sache voraus, an die sich die Prüfung nach allgemeinen oder besonderen Gesichtspunkten anschließt, eine Einordnung, die aus einem bestimmten Interesse erfolgt."[13] Daß der Gesichtspunkt, von dem aus Schule beurteilt wird, nicht immer ein "pädagogischer" sein muß, wird noch zu zeigen sein.[14] Es ist evident, daß der *Schulkritik*-Begriff im allgemeinen eher im Sinne von *Verneinung* bzw. *Ablehnung* von zu Kritisierendem gebraucht wird als im Sinne von *Bejahung* oder *Zustimmung* zu Vorhandenem. Interessant ist jedoch APELS Äußerung, daß jede Schulkritik "einem bestimmten Interesse" entspringt, also immer auch an subjektive Standpunkte gebunden ist.

Will man nun untersuchen, worauf sich Schulkritik ganz allgemein bezieht, so kommen prinzipiell zwei Aspekte in Betracht. Erstens: Die Kritik an *schulischen Einzelphänomenen*. Diese Form bezeichnet DIETER HINTZ als "gemäßigte Schulkritik".[15] Zweitens: Die Kritik an der *Schule als Institution*. Sie wird von HINTZ "radikale Schulkritik" genannt.[16] Nach HINTZ können beide Aspekte der Schulkritik entweder "pädagogisch-kritisch" oder "gesellschaftspolitisch" akzentuiert sein. Während die "gemäßigte Schulkritik" auf eine *Veränderung* der Schule zielt, will die "radikale Schulkritik" auf eine *Abschaffung* der Schule hinwirken.[17]

Diese beiden Arten von Schulkritik werden in zahlreichen pädagogischen Lexika in ähnlicher Weise unterschieden. HEINRICH ROMBACH etwa grenzt in seinem WÖRTERBUCH DER PÄDAGOGIK die "Kritik an schulpolitischen Einzelentscheidungen" von der "Kritik an der Schule als Institution" ab.[18] Die letztgenannte Dimension der Schulkritik wird auch von ACHIM LESCHINSKY in der ENZYKLOPÄDIE ERZIEHUNGSWISSENSCHAFT als "radikale Schulkritik" bezeichnet.[19] Und bei BROCKHAUS liest man nach einer einleitenden Darstellung der Kritik an schulischen Einzelphänomenen: "Von anderer Art ist die sogenannte *radikale Schulkritik*, die sich bereits in der Antike (z.B. bei den Kynikern und einigen Stoikern) und seit dem 17. Jahrhundert immer wieder gegen die Institution der Schule überhaupt oder gegen ein öffentlich-staatliches Schulmonopol richtet."[20]

In der erziehungswissenschaftlichen Literatur findet man den "Schulkritik"-Begriff sowohl im engeren als auch im weiteren Sinne definiert. Die *weitere* Definition umfaßt beide Aspekte: sowohl die Kritik an schulischen Einzelphänomenen als auch die Kritik an der Schule als Institution an sich. Eine *engere* Definition hingegen bezieht sich ausschließlich auf den radikalen Aspekt der Schulkritik, welcher die Schule als Institution prinzipiell in Frage stellt. Zur Erläuterung eines solchen *engeren* Begriffsverständnisses von "Schulkritik" sei hier STEFAN BLANKERTZ zitiert: "Nicht jeder, der Schule kritisiert, wird als Schulkritiker bezeichnet ... Mit Schulkritik verbindet man eine grundsätzlichere [sic] kritische Haltung gegenüber Schule überhaupt."[21] Diese *enge* Definition mag zwar eine gewisse Berechtigung haben, ist jedoch für den Umgang mit dem komplexen Phänomen der Schulkritik, das realiter so viele verschiedenartige Facetten beinhaltet, m.E. wenig hilfreich. So wird bei einer Beschäftigung mit der Schulkritik im Rahmen dieser Arbeit von einem *weiten* Begriffsverständnis auszugehen sein.

Einen ersten Blick auf die *Inhalte* der Schulkritik wirft bei ihrer Begriffsbestimmung die BROCKHAUS ENZYKLOPÄDIE: "Kritik an der Schule gibt es seit langem und aus sehr unterschiedlichen Blickwinkeln. Meist richtet sie sich gegen Unzulänglichkeiten des Lehrplans, der Unterrichtskonzeption und -gestaltung oder der Schulorganisation. Unterschieden werden können eher politische, rechtliche, pädagogische und wirtschaftliche Einwände; die widersprüchlichen Klagen der Lehrer, Eltern, Schüler, der Universitäten und Berufsverbände sowie der Schulträger spiegeln deren unterschiedliche Interessen wider."[22]

Öffentlich geäußerte Schulkritik hat viele Namen und verbirgt sich oft hinter Schlagworten, die nicht selten zur Pauschalisierung neigen. Immer neue Etiketten sollen die Kritik an dem "wohlbekannten traurigen Schauspiel Schule"[23] und das "schulische Unbehagen"[24] möglichst plakativ zum Ausdruck bringen. Schaut man allein auf die deutschsprachige schulkritische Literatur seit Beginn der 60er Jahre, so taucht eine Fülle von programmatischen Titeln auf, mit denen das "Leiden an der Schule"[25] und die "Krise des Schulsystems"[26] wo nicht heraufbeschworen, so doch in aller Deutlichkeit aufgezeigt werden sollen. Stellvertretend seien hier nur einige zentrale Schlagworte der Schulkritikdiskussion der letzten Jahrzehnte genannt, die häufig als Buchtitel schulkritischer Veröffentlichungen fungierten.

Da liest man von "Unlust an der Schule"[27], "Unbehagen in der Schule"[28], "Schul- und Erziehungsnot in Deutschland"[29]; von "Schulmisere" und "Schulkrise"[30], "Krise der allgemeinbildenden Schule"[31] und "Schule in der Dauerkrise"[32]; von "Bildungskrise"[33], "Neuer Bildungskrise"[34], "Bildungsnot"[35], "Bildungsnotstand"[36] und der "Deutschen Bildungskatastrophe"[37]; von der "kranken Schule"[38], dem "Pflegefall Staatsschule"[39], von "Schulpathologie"[40] und "Sozialpathologie der Schule"[41]; von der "Zwangsanstalt Schule"[42], vom "Verhängnis der Schule"[43], der "Schule als Lernfabrik"[44] und der Schule als "Reparaturwerkstatt"[45]. Die Liste ließe sich beliebig verlängern.

Obgleich die Schlagworte einander an verbaler Schärfe in nichts nachstehen, zielen sie inhaltlich doch oft in recht unterschiedliche Richtungen. Bereits hier wird deutlich: "Die Kritik am gesamten Schulsystem in der Bundesrepublik ist in keiner Weise einheitlich, sondern äußerst divergierend ...", wie REINHOLD MILLER formuliert.[46]

Doch zeigt die Auflistung schulkritischer Schlagworte auch noch etwas anderes: Schulkritik ist – allen anderslautenden Definitionsversuchen zum Trotz – keine rein *rationale* Angelegenheit, sondern hat immer auch eine *emotionale* und eine *aktionale* Komponente. Wo es um "Unbehagen", "Unlust" und "Leiden" an der Schule geht, ist immer der *ganze* Mensch "mit Leib und Seele" beteiligt – nicht nur seine Ratio. Und wo immer dieses passive Leiden an der Schule in ein – wie auch immer geartetes – aktives Aufbegehren gegen diese vielgescholtene Institution umschlägt, da kommt eine Handlungskomponente ins Spiel, die ebensowenig von dem Phänomen *Schulkritik* wegzudenken ist wie die o.g. emotionale Komponente. Versteht man also Schulkritik im Sinne der neueren Sozialpsychologie als *Einstellungsphänomen*, so muß man mit ROSENBERG, TRIANDIS u.a. den rein rationalen Schulkritik-Begriff um eine emotionale und eine aktionale Ebene erweitern, wenn man sich ihm in angemessener Weise nähern will.[47] Dies wird bei den folgenden Ausführungen immer wieder anklingen – und für das Thema dieser Arbeit von nicht unerheblicher Bedeutung sein.

1.2 Akteure der Schulkritik

Nach dieser einleitenden Begriffsklärung zum Thema "Schulkritik" soll nun gefragt werden, *wer* die Schule eigentlich kritisiert bzw. welches die *Akteure* auf der – meist öffentlichen – Bühne schulkritischer Äußerungen sind. Ist dieses Thema den erziehungswissenschaftlichen Experten vorbehalten – oder gibt es darüberhinaus auch andere soziale Gruppen, denen Schulkritik ein Anliegen ist?

Schulkritiker im weitesten Sinne finden sich unter allen, die irgendwann irgendwie mit Schule zu tun hatten oder noch zu tun haben. Da sind an erster Stelle diejenigen zu nennen, die von Schule wohl am unmittelbarsten betroffen sind: die *Schüler* selbst. Wer jemals in einer Schule unterrichtet hat, weiß, daß schulkritische Äußerungen von Schülern zur Tagesordnung gehören. Vom leisen Raunen beim Empfang eines Arbeitsauftrages bis hin zum lautstarken Protest bei der Ankündigung einer Klassenarbeit ist Schulkritik in vielen, oft stark emotional getönten Ausprägungen schon bei den jüngsten Schülern vernehmbar. Es gibt auch stillere Formen der Anklage: Tränen nach Rückgabe einer "schlechten" Note, Bauchweh vor der Zeugnisausgabe, Kopfweh nach einem langen Schulvormittag, Verstummen oder Verweigerung der Mitarbeit nach zu vielen schulischen Mißerfolgserlebnissen.

Zur Schulkritik von seiten der Schüler selbst liegen noch nicht sehr viele empirische Studien vor. Eine eher lockere, aber recht aussagekräftige Sammlung von schriftlichen Schüleräußerungen zu diesem Thema hat BRIGITTE HASSIO unter dem Titel "Schüler. Zur Schule. Über die Schule. Gegen die Schule" herausgegeben.[48] Die darin enthaltenen Geschichten, aus der Sicht der Betroffenen erzählt, "sind traurig oder zornig, sie träumen von einer 'besseren' Schule, von einem 'anderen' Leben oder der Zerstörung dessen, was sie quält ..."[49] Die kritische Auseinandersetzung mit der Schule ist in allen Texten enthalten. "In vielen Beiträgen wird die Abwehr von Zwängen geschildert, das Leiden und die Ängste, die ausgestanden werden."[50] Häufig wird die Angst vor Noten, Zeugnissen und Nichtversetzung geschildert: "Ich kriege mein Heft, schlage es auf und ... Ich habe es geahnt: eine 5!", berichtet ein Schüler. Und ein anderer beschreibt, wie es dann ist, "wenn ich mich ganz klein und mies fühle"...[51] HASSIO jedenfalls verweist mit ihren gesammelten Schüler-Geschichten auf "... ein Thema, das leider noch nicht Schulfach ist: Schul-Kritik."[52]

NIELS KRANEMANN untersuchte "Schulkritik aus der Sicht der Beteiligten – Schüler, Eltern, Lehrer".[53] Er unterscheidet in seiner Studie zwischen "schulexterner" und "schulinterner Kritik".[54] Zu ersterem Typus von Schulkritik, den er auch *"Outsider-Kritik"* nennt, erläutert KRANEMANN: "Meist ist dies eine Kritik, die von außen, von einer philosophischen oder gesellschaftspolitischen Bastion aus erfolgt."[55] Davon zu unterscheiden ist nach Auffassung des Autors die *"Insider-Kritik"*, die von denjenigen stammt, welche die Schulwirklichkeit von innen her kennen, "... aus ihrer persönlichen 'partiellen' Erfahrung als Lehrer, als Elternteil oder als sich erinnernde ehemalige Schüler."[56] Der Kritik dieser "Schul-Insider" gilt sein besonderes Interesse. So sammelte KRANEMANN schulkritische Äußerungen, Widersprüche und Beschwerden, wie sie vor allem von Schülern, aber auch von Eltern bei einer Schulaufsichtsbehörde Tag für Tag anfallen.[57] Dabei kristallisierten sich seitens der Schüler schwerpunktmäßig folgende Kritikpunkte an der Schule heraus: 1. Zensuren (Notenwillkür, Verletzung des Gleichheitsgrundsatzes, mangelnde Transparenz); 2. Körperliche Züchtigung (Kurzschlußreaktionen von Lehrern, 'manuelle Entgleisungen'); 3. Verbale Entgleisungen (zynischer Spott, verletzende Ironie, beleidigende Unterstellungen, derber Tadel); 4. Religiöse oder politische Indoktrination (Intoleranz, Rechthaberei, Dogmatismus von Lehrern); 5. Übertreibung von Ordnungsmaßnahmen (zu harte und rigide Strafen, 'Polizeistaatverhältnisse'); 6. Belastendes Schulklima (durch Fehlverhalten von Schülern und Lehrern); 7. Sexualaufklärung (Tabuisierung sexueller Sachverhalte, biologisch-restriktive Vermittlung); 8. Kompetenzüberschreitung im Schulmitwirkungsbereich (unangebrachte Einmischung durch die Schulleitung in die SMV-Arbeit).[58] Obgleich diese Studie keinen Anspruch auf Repräsentativität erheben kann – nicht zuletzt, weil sie nur die Schulkritik von Gymnasiasten untersucht hat –, sei sie an dieser Stelle doch exemplarisch angeführt.

Eine weitere bemerkenswerte Studie hat GOTTFRIED SCHRÖTER vorgelegt: "Schulkritik. Die Schule kritisiert Schüler und Eltern. – Schüler kritisieren die Schule. – Die Öffentlichkeit kritisiert alle."[59] Die Erhebung, der eine recht breite empirische Basis zugrundeliegt, behandelt zwei Aspekte des Themas: zum einen die "Kritik *der* Schule" an Schülern und Eltern, andererseits die "Kritik *an der* Schule" durch Schüler, Eltern und Öffentlichkeit.[60]

Es würde hier zu weit führen, diese oder andere empirische Studien zur Schulkritik von Schülern ausführlicher darzustellen. So sei an dieser Stelle lediglich auf weitere interessante Untersuchungen zu diesem Thema hingewiesen: auf die Studie des INSTITUTS FÜR LEHRERBILDUNG ESSEN und des DEUTSCHEN INSTITUTS FÜR WISSENSCHAFTLICHE PÄDAGOGIK MÜNSTER: Schüler beurteilen Schule[61]; auf die Arbeit von HORST HAECKER und WALTER WERRES: Schule und Unterricht im Urteil der Schüler[62]; auf die empirischen Befunde von FERDINAND EDER zur Befindlichkeit von Schülerinnen und Schülern, die u.a. deren Erwartungen und Veränderungsvorschläge bzgl. der staatlichen Schule aufzeigen[63] und schließlich auf die Untersuchung von HEINZ GERHARD BEISENHERZ u.a.: Schule in der Kritik der Betroffenen[64].

Besonders die letztgenannte Studie ist im Hinblick auf die Schulkritik von Schülern, Lehrern und Eltern ausgesprochen aufschlußreich. Bezüglich der Schulkritik der *Schüler* kommt BEISENHERZ darin zu folgendem Resümee, das hier abschließend noch zitiert sei: "Aus der Perspektive der Schüler hinterläßt die gegenwärtige Schule folgendes Bild: Schulisches Lernen wird auf 'Leistung' reduziert, und Leistungsbewertungen dominieren den Schulalltag; die sozialen Beziehungen zwischen Lehrern und Schülern ermöglichen nur partiell eine Realisierung ihrer Vorstellungen von Demokratie und von einer Einbeziehung der konkreten Individualität der Beteiligten; Solidarität und Kooperation zwischen Schülern im Klassenverband kann von ihnen eher nur unter Schwierigkeiten und oft auch nur gegen die schulischen Bedingungen durchgesetzt werden; das Verhältnis zwischen Schülern unterschiedlicher Schulformen ist primär über die gesellschaftliche Konkurrenzstruktur vermittelt. Angesichts der Tatsache, daß schulisches Lernen in inhaltlicher Hinsicht für Schüler nur wenig auf ihr gegenwärtiges und zukünftiges Leben bezogen ist, und vor dem Hintergrund einer zunehmenden Bedeutung schulischer Leistungsbewertungen tragen solche Momente schulischer Realität zu einer Sinnentleerung für Schüler bei."[65] Dies ergab jedenfalls die – überwiegend qualitativ angelegte – empirische Studie von BEISENHERZ u.a., die an Aktualität bis heute wenig verloren haben dürfte.

MARIA FURTNER-KALLMÜNZER kommt schließlich zu folgendem Fazit: "Wenn Jugendliche über die Schule sprechen, dann beinhaltet dies oft eine weitreichende Kritik ... Es gibt sehr viele Schüler, die äußerst ungern zur Schule gehen. Aber auch die Schüler, denen die Schule nicht völlig verleidet ist, haben oft eine deutliche Kritik an ihr anzumelden."[66]

Kritik von *Eltern* an der Schule, obgleich sicherlich in breitem Umfang tagtäglich geäußert, findet nur selten ihren Niederschlag in veröffentlichten schriftlichen Darstellungen. Als ein Beispiel jener seltenen Gattung sei hier das Buch von GABRIELE SCHMITT genannt, das 1992 unter dem vielsagenden Titel "Mit meinen Kindern nicht" erschienen ist.[67] "Dieses Buch ist im Zorn entstanden. Im Zorn darüber, wie teilnahmslos und vor allen Dingen unwissend Eltern ihre Kinder durch die Schulzeit begleiten, und wie von seiten der Schule Unruhe und Ärger in die Familien hineingetragen wird."[68] Nach Meinung dieser Mutter wird der "Zwiespalt zwischen Elternhaus und Schule ... immer größer: trotz vieler schöner Schriften, die es zu diesem Thema gibt, und die einen glauben machen möchten, daß unser Schulwesen noch nie so gut war!"[69] Am Beispiel ihrer vier Kinder versucht sie aufzuzeigen, "wie der Schulalltag wirklich aussieht und welche Probleme die nächste Generation der Eltern zu lösen hat, bevor wir endgültig in einem ... Chaos unseres Schulsystems untergehen."[70]

Als weiteres Beispiel einer Veröffentlichung, in der eine Mutter ihre Schulkritik unverhohlen artikuliert, sei hier der von CHRISTINE SIMON verfaßte, 1988 erstmals erschienene Artikel "Mütter gegen Schulnot" erwähnt, welcher die Arbeit einer bayrischen Mütter-Initiative dokumentiert.[71] "Die Initiative entstand aus privatem Anlaß: Eines Tages konnte ich nicht mehr länger mitansehen, wie mein Sohn Tilmann ständig mit Kopf- und Magenweh von der Schule heimkam. Ich fragte mich endlich, warum ich es täglich hinnehme, zusehen zu müssen, wie die Schule offenbar Wesentliches in unseren Kindern zerstört. Es muß etwas Grundsätzliches nicht stimmen, wenn sogar die Lehrer darüber klagen, sie könnten manche Dinge nicht durchführen, weil die Klassen zu groß seien oder die Lehrpläne sie zu stark einschränken."[72]

Solche Äußerungen lassen vermuten, daß Schulkritik von Eltern häufig aus einer tiefen persönlichen Betroffenheit hervorgeht. Dabei spielt nicht nur das Leiden der Kinder selbst, sondern auch die eigene Not der Mütter dieser Kinder eine wichtige Rolle, da "... die Mütter in unserer Gesellschaft die von den Schulproblemen ihrer Kinder Hauptbetroffenen sind. Auf den Müttern laden die Kinder bekanntlich erst einmal alles ab, wenn sie von der Schule heimkommen, die Mütter hören zu, wenn über die ungerechte Strafarbeit ..., die Prügel vom Banknachbarn oder die langweilige Deutschstunde geschimpft wird. Meistens sind es auch wir Mütter, die am Nachmittag unsere Kinder dazu bewegen müssen, ihre Hausaufgaben zu machen, oder die wegen ungerechter Zensuren in die Sprechstunden laufen ..."[73] Die Schulnot von Kindern, die häufig zugleich zur Schulnot von Müttern wird, ist also offenbar ein zentraler Motor für mütterliche Schulkritik. Von Vätern, die nach CHRISTINE SIMON wesentlich seltener "die Rolle des 'Schulmüllplatzes' übernehmen", sind solche öffentlichen schulkritischen Initiativen bisher m.E. nicht bekannt.[74]

Eine Ausnahme bildet das "Schultagebuch eines Vaters", das HELMUT CREUTZ bereits 1977 unter dem Titel "Haken krümmt man beizeiten" veröffentlichte.[75] HELLMUT BECKER schreibt über diesen schulkritischen Erfahrungsbericht: "... wenn ich die deutsche Szene richtig übersehe, ist das vorliegende Buch das erste große Zeugnis dieser Art aus der Sicht eines Vaters" [76] – und es ist bis heute eines der wenigen Dokumente dieses Genres geblieben. Zwar bezieht sich ein großer Teil des Tagebuchs auf Erlebnisse mit konfessionellen Schulen; was daran aber vor allem kritisiert wird, nämlich die unfreie und zu Tode verwaltete Schule, gilt nach Meinung des Autors ebenso – und noch viel mehr – für die staatliche Regelschule.[77]

Ein schönes Beispiel für Schulkritik aus der Sicht von Eltern gibt auch MICHAEL BEHR in einer Art Selbstzeugnis: "Als Eltern erleben wir Schule aus anderer Sicht neu. Man kann sich nicht des Eindrucks erwehren, daß eine beträchtliche Anzahl von Familien tagtäglich unter den schulischen Problemen der Kinder leidet. Da entstehen Sorgen um ihre beruflichen Lebenschancen, da macht sich Hilflosigkeit breit, wenn erkennbar wird, daß die Kinder selbst von mehr oder weniger diffusen und bedrückenden Angstgefühlen geplagt werden. Ihre Reaktionen reichen von Unlust und Müdigkeit bis zu panischen Fluchttendenzen. Nähme man die Klagen der Kinder und Jugendlichen wirklich ernst, müßte man die Schule morgen abschaffen. Warum lassen wir es so oft als selbstverständlich gelten, daß kaum ein Schüler gerne dorthin geht?"[78]

Neben diesen schriftlichen Zeugnissen elterlicher Schulkritik gab und gibt es natürlich immer wieder mündliche Äußerungen schulischen Unmuts: "Eltern schimpfen auf Kultusminister, Schulen und Lehrer, weil sie meinen, ihre Kinder würden zu wenig oder das Falsche lernen und würden in ihren Besonderheiten nicht genügend gefördert oder ungerecht beurteilt. Einige wollen ... sogar vor Gericht einklagen, daß ihnen Steuergeld wegen entgangenen Unterrichts zurückgezahlt wird."[79] Häufig mischt sich die Kritik von Eltern an der Schule der Kinder aber auch mit eigenen negativen Schulerfahrungen. MICHAEL BEHR stellt fest, daß er gelegentlich Eltern trifft, "die vornehmlich gute Erinnerungen an ihre Schulzeit haben".[80] "Häufiger allerdings wird von Kuriosa und Widersprüchen berichtet, von peinlichen Erlebnissen, von Strafen und Anordnungen, deren Sinn man nicht akzeptieren konnte."[81] "Oft hört man schließlich von Erwachsenen, daß sie die Schule auch gehaßt haben – und meist sind sie in der Lage, ihre Gefühle mit der Schilderung von Vorgängen verständlich zu machen."[82]

Außer diesen Alltagsbeobachtungen legen jedoch auch empirische Studien ein beredtes Zeugnis ab von der schier unerschöpflichen Schulkritik Erwachsener, die sich oft als Eltern erneut mit der ungeliebten Institution Schule konfrontiert sehen.[83] In seiner Studie über "Kritik der betroffenen Eltern" untersuchte z.B. HELMUT HOLZMÜLLER die familiäre Belastung durch die Schule, insbesondere durch die Hausaufgaben.[84] Er konstatiert darin den großen Unmut zahlreicher Eltern über die Tatsache, daß die Familien zu "Lückenbüßern" und "zuverlässigen Krücken" eines "aus den Fugen geratenen Schulsystems" zurechtgestutzt werden.[85] "Dadurch, daß die Eltern von der Schule als deren Hilfskräfte eingespannt werden, fühlen sich viele Mütter und Väter veranlaßt, den Leistungsdruck, unter dem das Kind in der Schule ohnehin leidet, zu Hause unerbittlich fortzusetzen."[86] So verwandelt sich die Familie "häufig geradezu zu einem 'Kampfplatz', an dem 'um bessere Noten gerungen', um 'Versetzung gekämpft', 'unter Anwendung sämtlicher Strategien belohnt, erpreßt, bestraft, ausgehandelt, gedroht' wird, auch verletzt."[87] HOLZMÜLLER beschreibt, wie angesichts dieser Schulnot immer mehr Eltern nach Lösungen und Auswegen suchen: "Eine in den letzten Jahren wachsende Zahl von Eltern versucht, diese Probleme im Rahmen von Elternselbsthilfegruppen und Eltern-Initiativ-Gruppen gemeinsam anzugehen, die psychische und physische Belastung in den einzelnen Familien so zu vermindern und auch politische Vorstellungen und Forderungen zur Überwindung dieser Situation zu entwickeln."[88]

In ihrem Buch "Eltern aktiv" haben HEINRICH DAUBER und HERIBERT WINKLER überzeugend aufgezeigt, daß nicht nur Kinder, sondern auch deren Eltern an der Schule leiden.[89] Dieses Mit-Leiden gibt nicht selten Anlaß zu elementaren Ängsten seitens der Elternschaft, die z.B. in folgenden Fragen ihren Ausdruck finden: "Wie wird es meinem Kind in der Schule ergehen? ... Hat mein Kind eine Chance? ... Wird der Lehrer meinem Kind gerecht? ... Ist mein Kind 'besser' oder 'schlechter' als andere? ... Wird mein Kind die Noten schaffen, mit denen es weiterkommt? ... Wird mein Kind etwas anfangen können mit dem, was es lernt? ... Wird mein Kind in der Schule richtig gefördert? ... Wie kann ich meinem Kind helfen ... die Schule [zu] überleben?"[90] Die Schulkritik, die in diesen

Elternfragen mitschwingt, ist unüberhörbar. Das Fazit der Autoren lautet: "Die Schule schafft die Eltern."[91]

Daß auch die *Lehrer* selbst immer wieder Anstoß an den schulischen Bedingungen nehmen, unter denen sie arbeiten müssen, wird nicht nur im Schulalltag und in der Tagespresse evident, sondern ist auch in der erziehungswissenschaftlichen Literatur hinreichend belegt. So schreibt z.B. ACHIM LESCHINSKY in seiner Abhandlung über Schulkritik: "Von dem Bewußtsein einer 'Krise der Schule' scheint zuallererst und in besonderem Ausmaß der Kreis derer ergriffen, die in und mit den Bildungsinstitutionen professionell beschäftigt sind."[92] Die vielkritisierten Lehrer, die nicht selten als "Buhmänner (und -frauen) der Nation" für ein marodes Schulsystem herhalten müssen, sind also zugleich oft selber dessen schärfste Kritiker.[93] Auch Lehrer *leiden* an der Schule – und an ihrer Ohnmacht einem rigiden System von Vorschriften und Verordnungen gegenüber.[94] Nach MICHAEL BEHR sind Lehrer "... häufig Opfer im doppelten Sinn. Für Schüler und Eltern repräsentieren sie die Einrichtung und ihre Mißstände und sie bilden täglich die Zielscheibe berechtigten Unmuts. Zugleich leiden sie wie ihre Gegenüber unter den Strukturen dieses Arbeitsplatzes."[95]

Es ist hier nicht der Raum, die "Schulschelte" der Lehrerschaft einer systematischen Analyse zu unterziehen – obwohl dies sicherlich ein durchaus lohnendes Unterfangen wäre. Ob es nun HORST RUMPF ist, der mit seinen "Belebungsversuchen" gegen die "Verödung der Lernkultur" zu Felde zieht[96] und "Die übergangene Sinnlichkeit" in unseren Schulen anprangert[97], oder ob es BRUNO HUBER ist, der in seiner stark karikierenden, aber bisweilen äußerst treffenden Abhandlung über "Die harte Schule" nicht zuletzt den Lehrerstand selbst einer schonungslosen Kritik unterzieht[98]: Es gab und gibt in der Lehrerschaft immer wieder Leidende, Skeptiker und Aufbegehrende, die die Mißstände im Schulwesen oft deutlicher beim Namen nennen als andere. "Der Gruß des Lehrers ist die Klage", schreibt PETER PAULIG, der einst selbst dem Lehrerstand angehörte, bevor er als Schulleiter, Schulaufsichtsbeamter, Hochschullehrer und später als Bundesvorsitzender der Bürgerinitiative "Aktion Humane Schule" ausreichend Gelegenheit hatte, den "Alptraum Schule" – wie er es nennt – auch noch aus so mancher anderen Perspektive kennenzulernen.[99] Er fährt fort: "Und wenn das so ist, dann gibt es auch genügend Gründe zum Klagen und Anklagen."[100] "Wobei mir die Kläger und Ankläger weniger Sorgen bereiten als die, die beharrlich schweigen. Letztere haben sich offenbar an das pädagogisch Absurde in der Staatsschule gewöhnt ...", führt PAULIG aus.[101] Das beharrliche Schweigen allzu vieler Lehrer werde zudem von den Vorgesetzten oft falsch interpretiert: "Sie glauben nämlich, daß die, die man zum Schweigen gebracht hat, auch überzeugt sind. Das ist ein Irrtum ...", konstatiert PAULIG.[102]

Der Rat von FRIEDRICH HEBBEL – "es ist immer besser, ein eckiges Etwas zu sein, als ein rundes Nichts" – ist nach PAULIG in der Wirklichkeit der Staatsschule ein gefährlicher Rat. "Umgekehrt ist es richtig: Die normative Kraft des Faktischen, hier folge ich BERT BRECHT, schleift Ecken und Kanten, schüttet Täler zu und trägt Gipfel ab – bald führt über jeden Lehrer ein bequemer Weg."[103] Das heißt: "Grundsätzliche Kritik zum Beispiel am Schulsystem, der Selektionsfunktion der Schule, der verordneten Beurteilungspraxis usw. wird in der Regel nur Vertrauten gegenüber geäußert. Diese Zurückhaltung bei der Erörterung grundsätzlicher Fragen – auch in Lehrerkonferenzen! – ist vor allem darauf zurückzuführen, daß man glaubt, am Grundsätzlichen doch nichts ändern zu können ... Und formal gesehen ist diese Selbsteinschätzung auch zutreffend", stellt PAULIG fest.[104]

Ähnliches bemerkt auch INGRID DIETRICH, wenn sie schreibt, daß viele Lehrer zwar über ihren Schulalltag klagen, "... ohne die Schule allerdings grundsätzlich in Frage zu stellen ... Was eine wirkliche Veränderung dieser so bedrückenden Schule bringen könnte, wird noch nicht einmal als Frage zugelassen."[105] "Diese Abwehrhaltung der Lehrer gegenüber einer kritischen Grundlagenreflexion ist insofern verständlich, weil eine Problematisierung der Schule als Institution sie ja nicht davon entbindet, Tag für Tag dort leben, arbeiten und die anfallenden Konflikte mehr schlecht als recht bewältigen zu müssen. So wird unter Lehrern Kritik an der Schule zwar laufend geübt und verfestigt sich zum Teil in Ressentiments gegenüber ständig neuen Reform-Zumutungen der Obrigkeit, die als zusätzliche Verunsicherung empfunden werden; gerade die Reflexion auf die Ursachen und Hintergründe des so erschwerten konkreten Schulalltags unterbleibt jedoch zumeist ..."[106]

DIETRICH hat eine Reihe von "Erfahrungsberichten aus dem deutschen Unterrichtsalltag" untersucht – und kommt dabei bzgl. der Lehrerschaft zu folgendem Resümee: "Aus diesen Berichten geht klar hervor, daß die subjektive Motivation der Lehrer, die Lehr- und Lernpraxis an unseren Schulen zum Besseren zu verändern, dauernd an die institutionellen Grenzen von Verwaltungs-, Aufsichts- und Zensierungszwängen stößt."[107]

So ist es nicht verwunderlich, daß bei vielen Lehrern ein ausgeprägtes Unbehagen an der Schule wahrzunehmen ist. "Wer oder was im Einzelfall die Unlust oder Verdrossenheit verursacht hat, können die Betroffenen oft selbst nur ungenau sagen. Aber Tatsache ist ..., daß relativ viele Lehrer in den Staatsschulen die 'innere Kündigung' ausgesprochen haben. Niemand weiß – leider oder Gott sei Dank! –, wie viele es sind. Diese Lehrer absolvieren lustlos-brav ihre unvermeidbaren Pflichten ..."[108] Auch BEISENHERZ/FEIL werten den inneren "Rückzug der Person des Lehrers als Kritik an der Schule".[109] Tragischerweise handelt es sich bei diesen inneren "Aussteigern" oft um die ursprünglich zu pädagogischem Engagement in hohem Maße Motivierten. Dazu PAULIG: "Besonders bedrückend war es für mich immer, beobachten zu müssen, wie sich junge, von Idealen getragene Lehrer diesen schleichenden Deformationsprozessen nicht entziehen konnten. Oft genügen schon wenige Jahre Schuldienst, um von den ursprünglichen pädagogischen Leitideen und Überzeugungen mit dem Stoßseufzer Abschied zu nehmen: Die Schule ist ein Alptraum!"[110] So bleibt mit PAULIG festzuhalten: "Das versammelte Schweigen der Lehrerschaft, das nur gelegentlich vom Aufheulen einzelner Lehrerverbandsfunktionäre gestört wird, ist für mich das entscheidende Indiz dafür, daß die Staatsschule zum Pflegefall geworden ist."[111]

H. GERHARD BEISENHERZ kommt zu einer ähnlichen Bilanz. Er stellt zunächst fest, daß bei der Schulkritik der Lehrer "die Verhältnisse ... etwas komplizierter" sind als bei anderen Schulkritikern.[112] Denn die Lehrer "... haben einen langen Ausbildungsprozeß und häufig auch schon eine längere berufliche Sozialisation hinter sich, durch die sie teilweise zu einem verlängerten Arm der Institution Schule geworden sind. Schließlich werden sie ja gerade von den Schülern als der eigentliche Repräsentant der Schule erlebt und daher als Teil der Institution definiert."[113] Das aber bedeutet: "Die Bruchlinie zwischen der gesellschaftlichen Institution Schule und den subjektiven Erwartungen und Anforderungen läuft bei den Lehrern quasi durch die Individuen selbst hindurch. Sie äußert sich daher weniger in einem direkten und offen vorgetragenen Widerspruch der Lehrer gegen die Institution Schule als vielmehr in dem Versuch, sich selbst als Person aus dem Unterrichtsgeschehen herauszuhalten und das eigene Handeln in der Schulklasse als ein Rollenhandeln zu begreifen, das gegenüber den persönlichen Anforderungen und Erwartungen unsensibel ist."[114] BEISENHERZ resümiert: "Der Widerspruch erscheint hier also indirekt im Rückzug des Lehrers als Person aus der schulischen Interaktion, da er seine 'eigentlichen' Erwartungen und Bestrebungen hier von vorneherein nicht realisieren kann. Dieser Rückzug findet u.a. seinen Ausdruck in den verschiedenen Formen des Aussteigens der Lehrer aus der Schule. Eine solche Konsequenz aber ist nur die Spitze eines Eisbergs. Der Eisblock unter Wasser ist der alltägliche Rückzug der Person des Lehrers als Person aus dem Unterricht."[115]

In diesem Sinne ist auch eine Aussage von KRANEMANN zu verstehen: "Kritik von Lehrern an der Schule ... äußert sich vor allem darin, daß die Lehrer in großer Zahl zum frühest möglichen Zeitpunkt die Zurruhesetzung beantragen. Mehr als die Hälfte aller Lehrer erreicht die Altersgrenze von 65 Jahren nicht mehr, sondern wird vorzeitig in den Ruhestand versetzt."[116]

Natürlich gab und gibt es auch immer Lehrer, die sich der schleichenden Resignation angesichts des Status quo der realexistierenden Schule widersetzten – und ihre Kritik in reformerische Aktivitäten umwandelten. Nicht umsonst waren die großen Schulkritiker, Schulreformer und Schulgründer vielfach selber *Praktiker* der Pädagogik. Man denke nur etwa an die große Reformpädagogische Bewegung am Beginn des 20. Jahrhunderts, die durchweg auf dem Boden der Schulpraxis entstanden ist und von einer erstaunlich breiten Lehrerschaft ideell und reell mitgetragen wurde.[117] Die Mitglieder des "Leipziger Lehrervereins", aber auch die Gründer der Landerziehungsheime, HERMANN LIETZ, GUSTAV WYNEKEN, PAUL GEHEEB und KURT HAHN, seien hier nur stellvertretend für viele andere genannt.[118]

Eine weitere Gruppe von Schulkritikern sind die *Schriftsteller*, die allesamt selber einstmals die Schulbank gedrückt haben, was ihnen oft noch nach Jahrzehnten Stoff für ihre schulkritischen Werke liefert. Eine hervorragende Studie zu diesem Thema stammt von CLAUDIA SOLZBACHER und ist 1993 unter dem Titel "Literarische Schulkritik des frühen 20. Jahrhunderts" erschienen.[119] Beeinflußt von der philosophischen Schulkritik FRIEDRICH NIETZSCHES um die Jahrhundertwende schrieben etwa THOMAS MANN ("Die Buddenbrooks", 1901), HEINRICH MANN ("Professor Unrat", 1904), HERMANN HESSE ("Unterm Rad", 1906), ROBERT MUSIL ("Die Verwirrungen des Zöglings Törleß", 1906) ihre epochemachenden schulkritischen Werke.[120] Besondere Erwähnung verdient in diesem Zusammenhang auch RAINER MARIA RILKES Erzählung "Samskola" aus dem Jahre 1904, die er nach einer Begegnung mit der schwedischen Reformpädagogin ELLEN KEY als leuchtenden Gegenentwurf zur grauen Schulwirklichkeit seiner Zeit verfaßt hat – und die wesentliche Topoi von Schulkritik und Schulalternative im frühen 20. Jahrhundert in poetischen Bildern widerspiegelt.[121]

Auch Selbstzeugnisse von deutschen Schriftstellern bezeugen vielfältiges schulkritisches Gedankengut. So schrieb z.B. der 55-jährige THOMAS MANN über seine Haltung zur Schule: "Ich verabscheute die Schule und tat ihren Anforderungen bis ans Ende nicht Genüge. Ich verachtete sie als Milieu, kritisierte die Manieren ihrer Machthaber und befand mich früh in einer Art literarischer Opposition gegen ihren Geist, ihre Disziplin, ihre Abrichtungsmethoden."[122] Schulkritische Selbstzeugnisse von Literaten gibt auch HERMANN RÖHRS in seinem 1986 erschienenen Handbuch reformpädagogischer Schulideen wieder, in dem er zu dem Schluß kommt: "Am schärfsten gehen die *Künstler* mit der Schule ins Gericht."[123] In diesem Sinne schrieb z.B. der Schriftsteller HERMANN BAHR: "Ich könnte über meine 'Schülerjahre' nichts sagen, als daß sie die schlimmste Zeit meines ganzen Lebens gewesen sind, die einzige, die ich um gar keinen Preis noch einmal erleben möchte ..."[124] Ähnlich äußerte sich auch der Literat JAKOB WASSERMANN: "Wenn ich vom Schicksalhaften absehe und das Zuständliche betrachte, so muß ich gestehen, daß diese Schülerjahre in der Erinnerung etwas von einem bösen Traum haben. Tyrannei, Gleichgültigkeit, Mißachtung, Verachtung, böswillig oder unwissend in den Weg gestellte Hindernisse, Mißklang reiner Motive, Erziehung zum Buchstabenglauben, zur Streberei, Geringschätzung körperlicher und geistiger Freiheit, aller Jugend- und Jungenlust, unabänderliches und ewig sich wiederholendes Schauspiel der Engherzigkeit, der Nörgelei, der Berufsunfreude – was will man noch mehr? Das war die Schule."[125] Schließlich sei noch ERNST LIEBERMANN zitiert, der – zwischen erwünschten Möglichkeiten und realen Schulerfahrungen abwägend – festhielt: "Schülerjahre! Was hätten sie sein können! Ein Geleitetwerden durch verständnisvolle, von der hohen Aufgabe ihres Berufes erfüllte und den individuellen Anlagen ihrer Schutzbefohlenen liebevoll nachgehende Einführer ins Leben und in die weite Welt des Wissens. Stattdessen meist ein gewaltsames Aufdrängen der vorgeschriebenen Lehrstoffe, oft schon durch die nüchterne, spröde Form des Vortrags abstoßend wirkend, der, statt lebhaftes Interesse am Gegenstand und Vertiefung in diesen zu wecken, im Verein mit zuweilen sehr unüberlegt verhängten Strafen lediglich das Gefühl einer lähmenden Unlust, eines beständigen Druckes hervorrief."[126]

Soweit einige Beispiele literarischer Schulkritik; eine äußerst lesenswerte und schier unerschöpfliche Quelle schulkritischer Dichteräußerungen findet sich auch in den anklagenden Berichten über die "Deutsche Schulzeit" von GOETHE über STEFAN ZWEIG bis HEINRICH BÖLL, die MARTIN GREGOR-DELLIN vor gut 20 Jahren edierte.[127] Eine interessante Zusammenstellung schulkritischer Äußerungen von *zeitgenössischen* Schriftstellern hat PETER E. KALB unter dem Motto "Einmischung. Schriftsteller über Schule ..." herausgegeben.[128] Auch hier ist die Schulkritik profund, wenn sich z.B. GÜNTER GRASS, Autor, Nobelpreisträger und Vater von fünf Kindern, "von morgens bis abends mit dem deutschen pädagogischen Wahn konfrontiert" sieht[129], oder wenn PETER HÄRTLING zynisch fragt: "Warum muß man Gedichte zu Prüfsteinen machen, wenn man sie auch lesen kann?"[130] – Ein wichtiges Fazit bleibt festzuhalten: *Positive* Schulerfahrungen sind in der deutschsprachigen Literatur des 20. Jahrhunderts kaum auszumachen. Dies mag zu denken geben.

Auch *Politiker* betreiben – gemäß ihres Amtes – Einmischung, wenn es um die kritische Beurteilung der Institution Schule in allen ihren komplexen Bezügen geht. Ein epochemachendes Beispiel für eine solche schulkritische Stellungnahme – gleichsam von höchster Warte – war die hochgelobte und vielgescholtene "Berliner (Ruck-) Rede" des ehemaligen Bundespräsidenten ROMAN HERZOG aus dem Jahre 1997, in der er unseren Schulen und Hochschulen kein gutes Zeugnis ausstellte und zu einer umfassenden Reform des deutschen Bildungswesens aufrief.[131] Kritik am bestehenden Schul- und Bildungswesen ist somit immer auch ein Politikum. Nicht nur zu Wahlkampfzeiten dient sie Politikern aller Couleur zur politischen Profilierung und Akzentuierung. Dabei wurde und wird die Schule als politischer Zankapfel immer wieder zum Spielball parteipolitischer Interessen. Während die jeweils regierenden Parteien dazu neigen, das Schulsystem ihres Bundeslandes in höchsten Tönen zu loben und über die Maßen zu beschönigen, bringen die Oppositionsparteien ihre Kritik und ihr "Unbehagen an der realexistierenden Schule"[132] meist umso drastischer zum Ausdruck. Zwar steht das

Schulwesen nicht zu allen Zeiten auf der tagespolitischen Prioritätenliste; doch läßt sich wohl kaum ein Politiker in Deutschland finden, der sich nicht irgendwann durch schulkritische Äußerungen hervorgetan hat.

Doch "Kritik kommt auch von seiten der *'Abnehmer'* (Arbeitgeber aus Handel, Wirtschaft, Industrie), der Hochschulen und Universitäten", wie REINHOLD MILLER zu Recht feststellt.[133] Wer kennt nicht die schulkritische Klage von Betrieben und Universitäten, die sich in Schlagworten wie "neuer Analphabetismus", "Arbeits-" und "Studierunfähigkeit", "sittliche Verwahrlosung" etc. niedergeschlagen hat. Die Schulkritik der Abnehmer von Schulabsolventen wird vielfach besonders medienwirksam präsentiert.

Schließlich ist Schulkritik natürlich auch Gegenstand der erziehungswissenschaftlichen Forschung. So haben *Erziehungswissenschaftler* immer wieder versucht, Schulkritik historisch aufzuarbeiten und systematisch zu ordnen.[134] Vielfach beziehen sie dabei auch selbst schulkritische Positionen. So begnügt sich kaum eine Darstellung von Schulkritik mit objektiven Fakten; immer wieder fließen Stellungnahmen und Wertungen ein. Dieser Befund mag zunächst erstaunen; vielleicht ist er ein weiteres Indiz für die hohe Brisanz des Themas "Schulkritik", der sich wohl kaum eine Berufsgruppe entziehen kann.

Die vorangegangenen Ausführungen haben deutlich gemacht, daß Schulkritik ein weitverbreitetes Phänomen ist, welches bei Personen mit ganz unterschiedlichen beruflichen und sozialen Rollen auftaucht. Gibt es nun etwas, was diese Personengruppen gemeinsam haben? REINHOLD MILLER hat sich zu Beginn der 90er Jahre mit dieser Frage auseinandergesetzt und kommt in seinem Buch "Schul-Labyrinth" zu dem Schluß, daß es in der Tat gemeinsame *Motive* bzw. *Beweggründe* bei Personen und Personengruppen gibt, die sich kritisch mit der Schule beschäftigen.[135] Diese faßt der Autor thesenartig zusammen:

(1) "Personen, die sich kritisch mit der Schule auseinandersetzen, haben *Interesse* an ihr und fordern 'gute' Schulen";
(2) sie "haben hohe *Erwartungen* an sie, besonders aber an die in ihr unterrichtenden Lehrerinnen und Lehrer";
(3) sie "*leiden* auch an ihr" und "haben erfahren und erkannt, daß ihre Erwartungen nicht oder zu wenig erfüllt worden sind";
(4) sie "agieren auch, bewußt oder unbewußt, ihre längst zurückliegenden *Kränkungen* aus, die sie in ihrer eigenen Schulzeit erfahren haben".[136]

Es ist zu vermuten, daß diese – von REINHOLD MILLER angeführten – Charakterisierungen auf Menschen, die angesichts der als unbefriedigend erlebten Regelschulwirklichkeit nach Schul-Alternativen suchen, in besonderer Weise zutreffen. Ob und inwieweit dies tatsächlich der Fall ist, wird bei der Analyse der Schulwahlmotive von Privatschuleltern noch genauer zu prüfen sein.[137]

Im folgenden soll nun zunächst einmal der Frage nachgegangen werden, was *Schulkritik* einerseits und die *Suche nach Schulalternativen* andererseits ganz allgemein miteinander zu tun haben – und in welchem Verhältnis diese beiden Themenaspekte zueinander stehen. Da in dem historischen Abriss der Schulkritik im 20. Jahrhundert immer wieder auf den engen Zusammenhang zwischen Schulkritik und Schulalternativen verwiesen wird, sei dieses Kapitel bereits *hier* eingefügt. Es sei aber ausdrücklich darauf hingewiesen, daß die nun folgenden Überlegungen auch die beiden Hauptteile dieser Arbeit – Kap.II und Kap.III – in einen inneren Zusammenhang stellen sollen.

1.3 Schulkritik und die Suche nach Alternativen

Der enge Zusammenhang zwischen Schulkritik und der Suche nach pädagogischen Alternativen ist in der erziehungswissenschaftlichen Literatur vielfach bezeugt. So versteht es sich nach ULRICH KLEMM und ALFRED TREML "... fast von selbst, daß ... das Plädoyer für alternative Lernformen sich mit einer harten Schulkritik mischt. Häufig lebt der innovative Impetus alternativer Pädagogikkonzepte aus der einheitlichen Negation der schulischen Didaktik und Methodik."[138] Zu einem ähnlichen Befund kommt auch HERWART KEMPER: Wer in der Öffentlichkeit fragt, was die unterschiedlichen alternativen Schulen "... gemeinsam haben und wozu sie eine Alternative bilden wollen, dem wird in der Regel als Antwort die gängige Kritik an der staatlichen Regelschule vorgetragen."[139] Und HORST HENSEL schreibt über die Beweggründe für eine Suche nach Schulalternativen: "Es zeigt sich also ein Bedürfnis nach besserer Schule, welches sich zugleich als vernichtende Kritik am öffentlichen Schulsystem artikuliert ..."[140]

"Wer anderes auf andere Weise lehren und lernen will, motiviert dieses alternative Handeln von bestimmten Problemzonen her, die ihm fragwürdig erscheinen", formuliert RAINER WINKEL.[141] Immer schon verstanden sich "Bildungsalternativen als Antworten auf Krisenerfahrungen", stellt VOLKER LENHART fest.[142] Und PETER STRUCK resümiert: "Schon immer wollten Privatschulen einen Kontrast zu den staatlichen Schulen bieten ..."[143] Bei NORBERT GRODDEK und HUBERTUS SCHULTZE schließlich liest man: "Alternativschulen entstehen ... in der Bundesrepublik Deutschland als Ausdruck pädagogischer 'Selbstheilungstendenzen' an den Bruchstellen der unbewältigten Konflikte der staatlichen Steuerungsreform im Bildungswesen."[144]

Nach ACHIM HELLMICH ist es bei den pädagogischen Alternativen, wie sie etwa MARIA MONTESSORI, CÉLESTIN FREINET und RUDOLF STEINER schufen, "... auffällig, ... daß sie mit der damaligen traditionellen Pädagogik radikal brachen und sich auch heute in ihrer charakteristischen Form von der allgemeinen Schulpädagogik substantiell unterscheiden. Radikale Reformer [sic] lassen sich schwerlich integrieren, ohne daß das gesamte (Schul)system zerbricht oder aber die Radikalität verloren geht. Der dritte Weg ist folgerichtig; das modellhafte Schaffen eigener Realitäten, in diesem Fall: Schulen."[145] So konstatiert auch GEROLD BECKER: "... die öffentliche Kritik an der Schule ... führte ... zu einer Vielzahl von Schulgründungen", in denen es "... um eine andere Pädagogik geht, um andere Erziehungsziele, eine andere Einstellung zum Kind oder Jugendlichen, um andere Lehrpläne, andere Formen des Lehrens und Lernens oder des Umgangs zwischen Erwachsenen und Kindern."[146]

Ähnlich beschreibt dies auch KARL GERHARD PÖPPEL: Alternative Erziehungskonzepte führten seit den 60er Jahren "... zu einer ganzen Palette mehr oder weniger radikaler Schulkritik und zu Konzeptionen von Schulen, die als 'Gegenschulen', 'Offene Schulen', 'free schools', 'Kleinschulen' die Reformbedürftigkeit des öffentlichen Schulwesens signalisieren."[147] "Radikale Schulkritik" biete nicht zuletzt "... durch die Vorstellung alternativer Schulmodelle den Beleg, daß Schule nicht so sein muß, wie sie ist."[148] Auch INGRID DIETRICH stellt fest: "Generell gilt für die Kritiker des institutionellen Schulwesens, daß zumeist die Kritik des Bestehenden mit Änderungsvorschlägen, mit dem Entwurf oder der Beschreibung konkreter Gegenmodelle eng verknüpft ist."[149] Nach JÖRG RAMSEGER ist der Ausgangspunkt der "Gegenschulen" eine radikale "Kritik am institutionalisierten Schulsystem", die sich verbindet mit der Überzeugung von "der prinzipiellen Nicht-Reformierbarkeit" dieses Schulsystems.[150] So führe der Weg für viele Schulkritiker konsequenterweise direkt "von der Kritik zur Alternative".[151]

Dies meint auch ACHIM LESCHINSKY, wenn er schreibt: "Mit der radikalen Schulkritik ... verbindet sich eine breite Palette von Gegenvorstellungen; sie reichen von der Forderung, die Schule gänzlich abzuschaffen und durch flexible 'Netzwerkorganisationen' für pädagogische Dienstleistungen zu ersetzen, bis zur Befürwortung freier und basisnaher Alternativschulen der unterschiedlichsten Art. Von den letzteren erhofft man sich nicht, daß sie das ganze System mit einem Schlage ersetzen, wohl aber daß sie langfristig auf dessen Veränderung hinwirken".[152] Die radikalste Gegenvorstellung ist freilich die einer "entschulten" Gesellschaft: "Die entschiedenste Folgerung aus der radikalen Schulkritik, die häufig pädagogische Einwände mit sozial-, in der dritten Welt auch entwicklungspolitischen verbindet, wird mit der Forderung nach Abschaffung der Schule gezogen", wie sie etwa IVAN ILLICH in seiner Vision von einer "Entschulung der Gesellschaft" in den 70er Jahren entwickelte.[153] Zu dieser radikalsten Form der Schulkritik, die "bezeichnenderweise von den Rändern der Welt industrieller Zivilisation" erfolgte, merkt LESCHINSKY an: "Es hat für den Westen eine lange Tradition, in der wilden, unberührten Ferne zu suchen, was die eigene 'erstarrte' Ordnung vorenthält."[154]

Nicht selten erwächst der Reformwille bzw. die Suche nach Alternativen aus selbsterlittenem Schulleid. Das Leiden an der Schule hat seit deren Bestehen unzählige kritische Geister veranlaßt, pädagogische Alternativen zu suchen oder zu schaffen – sei es innerhalb, sei es außerhalb des bestehenden Regelschulwesens.

Als frühes Beispiel hierfür sei JOHANN AMOS COMENIUS genannt, über den EHRENHARD SKIERA schreibt: "Wie bei anderen Schulkritikern und Schulreformern wird auch bei COMENIUS die Verbitterung über erlittene Schulpein und verlorene Jugend-Jahre als ein Motiv seiner Erneuerungsarbeit spürbar ..."[155] Wie machtvoll und prägend diese emotionale Komponente der Schulkritik – auch im Hinblick auf ein späteres schulreformerisches Wirken – sein kann, möge die folgende Passage von COMENIUS aus seiner "Didactica Magna" illustrieren: "Von vielen Tausenden bin auch ich einer, ein armes Menschenkind, dem der liebliche Lebensfrühling, die blühenden Jugendjahre mit scholastischen Flausen verdorben wurden. Ach, wie oft hat, als ich dann besseres schauen durfte, die Erinnerung an die verlorene Zeit meiner Brust Seufzer, meinen Augen Tränen und meinem Herzen Trauer entlockt."[156] Welche bedeutenden Reformwirkungen für die abendländische Pädagogik aus dieser Schulnot hervorgegangen sind, sei hier nur am Rande erwähnt.

Als weiteres Beispiel sei FRIEDRICH NIETZSCHE angeführt, in dessen Worten das selbsterlittene Schulleid und die Hoffnung auf eine bessere Schulzukunft unüberhörbar anklingen: "Wie lange glaubst du wohl, daß das auf dir so schwer lastende Bildungsgebaren in der Schule unserer Gegenwart noch dauern werde? Ich will dir meinen Glauben darüber nicht vorenthalten: seine Zeit ist vorüber, seine Tage sind gezählt. Der erste, der es wagen wird, auf diesem Gebiete ganz ehrlich zu sein, wird den Widerhall seiner Ehrlichkeit aus tausend mutigen Seelen zu hören bekommen. Denn im Grunde ist unter den edler begabten und wärmer fühlenden Menschen der Gegenwart ein stillschweigendes Einverständnis: jeder von ihnen weiß, was er von den Bildungszuständen der Schule zu leiden hatte, jeder möchte seine Nachkommen mindestens von dem gleichen Druck erlösen ..."[157]

WOLFGANG MITTER führt die Reihe der schulkritischen Erneuerer fort, indem er feststellt: "Härter mit dem Schulwesen ihrer Zeit gehen freilich die Reformer ins Gericht, die mit ihren Entwürfen systemverändernde Alternativen vorstellen. Ich denke hier beispielhaft an MARIE JEAN-ANTOINE DE CONDORCET und WILHELM VON HUMBOLDT [sic] als auch an die Reform- und Revolutionspädagogik im ersten Viertel des 20. Jahrhunderts, für die JOHN DEWEY und PAVEL P. BLONSKIJ als Stellvertreter genannt sein mögen."[158]

Als im Jahre 1900 die schwedische Pädagogin ELLEN KEY mit ihrer programmatischen Schrift "Das Jahrhundert des Kindes" ausruft[159], verbindet sie ihre Vision von einer neuen Schule mit einer "drastischen Kritik an der 'Schule der Jetztzeit' ".[160] Dieser verhaßten Schule der damaligen Zeit stellt sie ihre "Träume von einer Zukunftsschule" gegenüber.[161] Das Motiv der Kritik an der "alten Schule" wird in der Reformpädagogischen Bewegung zu Beginn des 20. Jahrhunderts zur entscheidenden Triebfeder für die reale Schaffung von Alternativen: "In einem dürfte jedoch ... weitgehend Übereinstimmung herrschen: wird nach dem zentralen Motiv und Motor reformpädagogischer Initiativen im Bereich der Schule gefragt, zeigt sich auf dem Hintergrund einer 'vernichtenden Kritik an der Alten Schule' mit ihren zahlreichen Momenten des Zwanges die Vision einer demgegenüber 'Neuen Schule', in der die Zwangsmomente aufgehoben oder ... abgemildert sind ..."[162] Die in der Reformpädagogik häufig gebrauchten Begriffe 'Alte' und 'Neue Schule' wurden bereits von FRIEDRICH DIESTERWEG um 1850 in schulkritischer und schulreformerischer Absicht verwendet.[163]

Auch HERMANN RÖHRS sieht die Wurzeln der Reformpädagogischen Bewegung in der Kritik an der damaligen Schule: "Die Reformpädagogik verdankt Ursprung und Weiterentwicklung der produktiven Opposition zum bestehenden Schulsystem. Die *Alternative* ist stets ein Wesensmerkmal der reformpädagogischen Planung und Argumentation gewesen."[164] Und mit Blick auf die Alternativschulbewegung der 70er und 80er Jahre führt er aus: "Insofern liegt der Ursprung der Alternativbewegung inmitten der Reformpädagogik."[165] Auch der Alternativschulbewegung der letzten 30 Jahre, die RÖHRS der "neuen Reformpädagogik" zuordnet, bescheinigt er: "Unverkennbar ist die kritische Abhebung von dem traditionellen Bildungswesen ... eines der wichtigsten Merkmale der neuen Reformpädagogik. Der Gestus des Protestes ist ein Akt der Distanzierung, der Raum schafft für den eigenen Ansatz."[166]

Protest gegen die bestehende Schule und selbsterlittenes Schulleid sind zweifellos auch heute noch ein zentraler Motor, sich auf die Suche nach Schulalternativen zu begeben. Zeitgenössische Aussagen – nicht zuletzt von Eltern Freier Schulen – legen ein beredtes Zeugnis davon ab. Als Beispiel sei hier IRENE FRÖHLICH zitiert, die als ehemalige Schülerin, als Mutter, als Pädagogin, als Therapeutin und schließlich als Bildungspolitikerin von BÜNDNIS 90/DIE GRÜNEN folgende Erfahrungen machte: "Zum Thema Schule fällt mir häufig zuallererst die tiefe Verunsicherung ein, die mich besonders als junge Schülerin immer mal wieder angesichts unverständlicher Strukturen und Anforderungen ... überfiel." – "In meinen pädagogischen und therapeutischen Ausbildungen und Tätigkeiten war ich oft genug damit konfrontiert, daß entscheidende Prägungen, Irritationen bis hin zu Fehlentwicklungen im Aufwachsen von Individuen auch in einem allgemeinbildenden öffentlichen Schulsystem zu suchen sind, das einen sehr einseitigen, technischen Leistungsbegriff zur Grundlage hat und in seinen Strukturen eher auf Anpassung, Unterordnung und Auslese setzt als auf Ermutigung, Entwicklung und Integration." – "Als junge Mutter versuchte ich deswegen mit anderen zusammen, die Traumschule für unsere Kinder zu entwickeln. Die Ideen und die

Menschen waren beieinander, aber die finanziellen und gesetzlichen Bedingungen ließen uns resignieren."[167] Dieses Selbstzeugnis sei hier in voller Länge wiedergegeben, da es den vielschichtigen inneren Zusammenhang zwischen Schulnot, Schulkritik und der Suche nach Schulalternativen m.E. in besonders prägnanter Weise zum Ausdruck bringt.

Der Wunsch, das eigene Kind vor dem Schulleid, das man selbst erlitten hat, zu bewahren, ist auch in dem "Tagebuch einer Waldorfmutter" erkennbar, das DORIS KLEINAU-METZLER im Jahr 2000 in Auszügen veröffentlichte. Die Mutter schreibt darin: "Peter [der Vater] meint, daß die benachbarte Grundschule doch besser für Boris sei ... Aber ich will Boris manche Erfahrung ersparen, die *ich* an der Schule gemacht habe." Und so sucht sie nach einer schulischen Alternative – und meldet ihren Sohn an einer Waldorfschule an.[168] "Mit dem Ruf nach Alternativschulen verbinden sich heute bei Eltern, Schülern u. Lehrern und nicht zuletzt bei Lehramtsstudenten so viele unterschiedliche Wünsche nach einer anderen, besseren Schule, als man sie selbst erlebt hat, so viele verschiedene Vorstellungen von einer unbeschädigten Kindheit und Jugendzeit, die man bei sich selber vermißt ...", stellt HERWART KEMPER fest.[169] Und er weist hin auf das enorme "... Ausmaß an Projektionen eigener erzieherischer Wünsche und Hoffnungen auf die 'alternative' Schule ...", das oftmals zum entscheidenden Faktor bei der Abkehr von der Regelschule und bei der Suche nach schulischen Alternativen wird.[170]

In seinem Ratgeber für Eltern, die "sich auf dem 'Schulmarkt' umsehen", schreibt MANFRED BÖNSCH: "Die gute, die beste Schule soll es sein, die sich Eltern für ihr Kind wünschen."[171] Die staatliche "Normalschule" erfüllt in den Augen zahlreicher Eltern die Vorstellungen von einer "guten Schule" jedoch nicht. "Und viele machen sich dann auf die Suche nach Alternativen zu den öffentlichen Schulen oder nach öffentlichen Schulen, die ein besonderes pädagogisches Konzept versprechen."[172] Wer die Situation der staatlichen Regelschule "... als perspektivlos empfindet, sei es für sich oder für seine Kinder, sucht nach 'echten', ... qualitätvollen ... 'Alternativen' ", konstatieren BEHR/JESKE.[173]

Der Zusammenhang zwischen einer mehr oder weniger stark ausgeprägten Kritik an der staatlichen Regelschule und der Suche nach Schulalternativen zeigt sich bei Eltern, die für ihr Kind eine Schule in freier Trägerschaft wählen, besonders deutlich. Das heißt zwar nicht, daß alle Privatschulpräferenten prinzipielle Staatsschulgegner sein müssen; es ist jedoch davon auszugehen, daß nahezu alle Eltern, die sich für eine Freie Schule entschieden haben, zumindest einige Aspekte der staatlichen Regelschule kritisieren oder nicht gutheißen.

"Wer heute über Alternativen für die Schule nachdenkt, hat zumeist eine differenzierte Auseinandersetzung mit der Realität dieser Einrichtung hinter sich", stellt MICHAEL BEHR fest.[174] Der "Glaube der Eltern an die naturhafte Ordnung des Schulsystems" ist bei diesen Eltern jedenfalls nachhaltig erschüttert, konstatiert KARLHEINZ BILLER.[175] Denn die Wahl einer Freien Schule bedeutet immer auch eine Abwahl der staatlichen Regelschule. "Schulkritik aus der Sicht der Anhänger von Privatschulen sieht die Verwirklichung ihrer Ziele einer weitgehend individuellen Förderung und einer Erziehung zu einer bewußten, verantwortlich-menschlichen Haltung in den öffentlichen Schulen als erschwert oder auch als grundsätzlich nicht möglich an."[176]

Unter denjenigen Eltern, deren schulkritische Überlegungen sie zur Suche nach Schulalternativen veranlassen, gibt es wiederum zwei Gruppen: "Manche von ihnen wollen ihre Kinder *von vornherein* gar nicht erst der Normalschule aussetzen, deren Menschenbild, deren Erziehungsvorstellungen, deren Alltagspraxis ihnen unzureichend, wenn nicht gar verwerflich erscheint. Sie sind sozusagen pädagogische Überzeugungstäter, versuchen sich vielleicht, zusammen mit anderen Eltern, gar als Schulgründer, sind bereit, erhebliche Opfer an Geld (was ja in der Regel Verzicht auf andere Annehmlichkeiten bedeutet) oder an Zeit (bei den Schulen, die von den Eltern eine intensive Mitarbeit erwarten) zu bringen", charakterisiert GEROLD BECKER diesen ersten Elterntypus.[177] Die zweite Gruppe sind diejenigen Eltern, die es ursprünglich mit der staatlichen Regelschule versucht haben, deren Unzufriedenheit damit aber irgendwann so groß wird, daß sie im Laufe der "Schulkarriere" ihrer Kinder nach Alternativen suchen. So schreibt HENNING KULLAK-UBLICK: Aufgrund der Tatsache, "... daß die freien Schulen besonders sensibel auf die Schulkrise der Gegenwart reagieren, sind sie doch oft genug Zufluchtsort für *'Quereinsteiger'*, die innerhalb des staatlichen Systems nicht mehr weiter wissen."[178]

Diese Beispiele mögen genügen, um zu zeigen, daß Schulkritik und die Suche nach Schulalternativen untrennbar miteinander verbunden sind. Zusammenfassend läßt sich mit STEFAN BLANKERTZ festhalten: "Mit Schulkritik wird ein Begriff der 'Alternative' assoziiert, der eine Reihe von pädagogisch-praktischen Konzeptionen umfaßt."[179] Diese Konzeptionen zielen häufig auf die Gründung von Alternativschulen. "Was auch immer von der pädagogischen Qualität der 'Alternativschulen' ... zu halten ist: Eine Kritik an ihr setzt den schulkritischen Gedanken nicht außer Kraft ..."[180]

Einerseits resultiert die Verwirklichung von Schulalternativen also oft unmittelbar aus der Kritik an der Regelschule; andererseits wirkt die Existenz von Alternativschulen ihrerseits wiederum kritisch auf das staatliche Schulsystem zurück. Dies meint auch RAMSEGER, wenn er schreibt: "Dabei ist im Sinne ADORNOS davon auszugehen, daß Alternativen zum bestehenden Schulsystem nicht nur den Blick auf sich selbst, sondern auch auf dieses System zurück lenken."[181] Noch radikaler beschreibt diese Wechselwirkung MICHAEL BEHR: "Freie Schulen ...

stellen, allein durch ihre Existenz, die bestehenden Regelschulen in deren Qualität in Frage."[182]

Abschließend sei nochmals darauf hingewiesen, daß sich Schulkritik und die Suche nach Schulalternativen grundsätzlich in drei Richtungen entfalten kann: 1. im *Engagement für Schulreformen innerhalb des staatlichen Regelschulwesens*; 2. in der *Gründung alternativer Schulen in freier Trägerschaft*; und 3. in der *Schulwahlentscheidung für bereits bestehende nicht-staatliche, also Freie Schulen.* Die ersten beiden Aspekte werden v.a. im Kontext des historischen Abrisses der Schulkritik im 20. Jahrhundert immer wieder anklingen (Kap.II); dem dritten Aspekt sei im Zusammenhang mit der Untersuchung der Schulwahlmotive von Privatschuleltern ein eigenes Kapitel gewidmet (Kap.III). Im letzten Teil der Arbeit sollen schließlich alle drei Suchrichtungen nochmals aufgegriffen und erörtert werden – und zwar im Hinblick auf mögliche Entwicklungsperspektiven unseres Schulwesens an der Schwelle zum 21. Jahrhundert (Kap.IV).

2. HISTORISCHER ZUGANG: SCHULKRITIK IM 20. JAHRHUNDERT UND IHRE VORLÄUFER

2.1 Vorbemerkungen

Schulkritik ist so alt wie die Schule selbst. "Kritik an Erziehung, Unterricht und Schule hat es schon immer gegeben", stellt REINHOLD MILLER fest.[183] "Zwar ist", wie HERWART KEMPER anmerkt, "die Geschichte der Schulkritik noch nicht geschrieben"[184]; es tauchen in der erziehungswissenschaftlichen Fachliteratur jedoch immer wieder Passagen auf, die einzelne Kapitel dieser nie verstummenden Schulkritik dokumentieren.

Schon ein flüchtiger Blick auf die Geschichte der Schulkritik zeigt, daß kaum etwas, was im 20. Jahrhundert an Schulkritik geäußert wurde, prinzipiell neu ist; nahezu das gesamte schulkritische Gedankengut unserer Tage ist bereits bei historischen Vorläufern angelegt oder entfaltet. So ist nach HANS-JÜRGEN APEL "... die Schulkritik keine Erfindung unserer Zeit, auch wenn dies bei vorliegenden unhistorischen Darstellungen manchmal so erscheint."[185]

Im folgenden soll nun ein skizzenartiger geschichtlicher Überblick über die wichtigsten Phasen der Schulkritik im 20. Jahrhundert sowie einige ihrer bedeutendsten Vorläufer gegeben werden. Dabei sollen auf die Schulkritik von ihren Anfängen bis ins 19. Jahrhundert lediglich einige Schlaglichter geworfen werden; eine umfassendere Analyse würde den Rahmen dieser Arbeit sprengen.

Der Schwerpunkt dieses Kapitels soll auf der Darstellung der großen Entwicklungslinien der Schulkritik im 20. Jahrhundert liegen. Dabei wird der Blick überwiegend auf die deutschsprachige Schulkritik gelenkt, wobei freilich Einflüsse aus anderen Ländern immer wieder zu beachten sind. Bei der Auswahl der Literatur, die der folgenden Analyse zugrundegelegt werden soll, erscheint eine Beschränkung auf deutschsprachige Autoren sinnvoll; lediglich an einigen Stellen ist es notwendig, auf englischsprachige Verfasser und ihre Werke zu verweisen.

Die enge Verflochtenheit von Schulkritik und der Suche nach Schulalternativen soll in diesem historischen Abriss immer wieder transparent werden. Dabei erfolgt die Darstellung der Schulkritik gegliedert nach den wichtigsten historischen Entwicklungsphasen der deutschen Schulgeschichte im 20. Jahrhundert. Auf die Schulkritik der 90er Jahre sowie die "Schulkrise" der Gegenwart sei dabei etwas ausführlicher eingegangen, da sie die *aktuellen* Probleme unseres Schulwesens am deutlichsten artikuliert. Sie bildet somit eine wichtige Grundlage für weiterführende Überlegungen bezüglich der zukünftigen Entwicklung unseres Bildungswesens.

2.2 Schulkritik von den Anfängen bis zum 19. Jahrhundert

"Seit es Schulen gibt, ist der Zweifel nie ganz verstummt, ob das, was in ihnen getrieben wird, auch verdient, pädagogisch gutgeheißen zu werden. Ihre Denunziation als Stätten, in denen der pädagogische Geist nicht seinen 'natürlichen Wohnsitz' hat (HERBART) oder wo er nur mit gedrosselter Stärke und richtungsverschoben weht, reicht bis in die Antike zurück", schreibt WOLFGANG FISCHER in seinem Buch "Schule und kritische Pädagogik".[186] "Von PROTAGORAS, der um 420 v. Chr. eine Verfassung für eine panhellenische Kolonie in Unteritalien entwarf, die die Einführung des Schulzwanges für die Kinder aller Bürger unter Übernahme der Lehrerbesoldung auf die Staatskasse vorsah, über den Hellenismus, die Scholastik, über COMENIUS, ROUSSEAU, PESTALOZZI, die Reformpädagogen bis hin zum Bildungsgesamtplan zieht sich eine Phalanx ... reformerischer Kritik an den jeweiligen Inhalten und den Organisationsformen von Schule", konstatiert NIELS KRANEMANN.[187] Und KARLHEINZ BILLER stellt fest: "Die Ahnenreihe der Schulkritiker reicht von SOKRATES (470/469-399) über SENECA (55 v. Chr. - ungefähr 40 n. Chr.) zu J.-J. ROUSSEAU (1712-1778), J. H. PESTALOZZI (1746-1827), W. V. HUMBOLDT (1767-1835), J. F. HERBART (1776-1841), A. DIESTERWEG (1790-1866), F. W. DÖRPFELD (1824-1893), W. DILTHEY (1833-1911), P. NATORP (1854-1924)."[188] Die Liste der Schulkritiker ließe sich beliebig ergänzen – und bis in unsere Tage hinein beinahe endlos fortsetzen.

Doch lassen sich die Anfänge der Schulkritik noch weiter zurückverfolgen. In seinen Ausführungen über "frühe Schulkritik" zeigt EHRENHARD SKIERA, daß bereits mit der Einrichtung der ältesten Schulen in den frühen Hochkulturen erste

Elemente der Schulkritik auftauchen. Von dem Moment an, "wo das Lernen nicht mehr nur durch unmittelbare Teilhabe am Leben der Gemeinschaft 'geschieht', sondern von einem Erwachsenen erzwungen wird", hält nicht nur die "Rute als Zuchtmittel" Einzug in die Geschichte der Schule, sondern gleichzeitig auch "erste Zweifel hinsichtlich ihres Nutzens".[189]

In der Hochblüte der griechischen Antike fand die Schulkritik ein weites Betätigungsfeld. Für die griechischen Unterrichtsanstalten forderte z.B. PLATON (427-347) eine "Form der Belehrung", die nicht als "Zwang zum Lernen" eingerichtet ist: "In der Seele aber ist keine erzwungene Kenntnis bleibend ... Nicht also mit Gewalt, ... sondern spielend beschäftige die Knaben ..."[190] Strafen seien in der Erziehung zwar notwendig, doch sollten sie – entgegen der damaligen Praxis – nach PLATONs Auffassung so erteilt werden, daß sie "das Ehrgefühl nicht verletzen".[191]

Während PLATONs Erziehungsdenken ganz von seiner Idee des idealen Staates und auf sie hin geprägt war, sollte nach ARISTOTELES (384-322) der Schwerpunkt schulischer Bildung mehr im ethisch-persönlichen, aber auch im wissenschaftlichen Bereich liegen.[192] Der Staat solle sich zwar der Erziehung seiner Bürger annehmen, aber nur "im Bezirk des Elementaren".[193] Lernen solle nicht durch Zwang, sondern durch "Natur, Gewöhnung und Einsicht" geschehen.[194] Für ARISTOTELES war das höchste Ziel schulischer Bildung nicht die Einkehr in "das rein geistige Reich der Ideen", sondern "der geistig durchgeformte, innerlich selbständige Mensch".[195] Die Tatsache, daß schulische Bildung in der attischen Demokratie erstens den freien Bürgern und zweitens den Knaben unter ihnen vorbehalten war, weckte zu dieser Zeit noch keine schulkritischen Ambitionen.

Im Ausgang der Antike, in einer Zeit des Umbruchs und des Übergangs zur christlich-abendländischen Kultur, trat ein Schulkritiker auf den Plan, der die Warnung PLATONs vor einer allzu harten schulischen Züchtigung aufgriff und veranschaulichte: Der Kirchenlehrer AURELIUS AUGUSTINUS (354-430) machte in seiner Lebensbeschreibung ausdrücklich auf die negativen Folgen des "Lernens unter Zwang" aufmerksam und führte eine harte Klage über die Schule seiner Zeit.[196] In seinem Alterswerk "Über den Gottesstaat" (De civitate dei) weist AUGUSTINUS auf die "schmerzvollen Strafen" hin, mit denen man Kinder zwinge, "alle möglichen Handwerke und Wissenschaften zu erlernen".[197] Seine Angst vor den Qualen in der Schule vergleicht er mit der Angst vor "Folterbetten und Eisenkrallen und sonst dergleichen Marterzeug"; die Eltern aber und die großen Leute lachten nur "über die Qualen, die wir Knaben von den Lehrern zu leiden hatten".[198] Über Schulleid und Schulkritik des AUGUSTINUS schreibt SKIERA zusammenfassend: "Die drastischen Schilderungen in den Bekenntnisschriften (Confessiones), einer einzigartigen religiösen Autobiographie, müssen als Ausdruck leidvollen Erlebens angesehen werden, das in AUGUSTINUS einen nachhaltigen traumatischen Eindruck hinterlassen hatte."[199] Im Zusammenhang mit seiner "Schulklage" entwickelte AUGUSTINUS jedoch bereits dezidierte Alternativ-Vorstellungen eines "anderen, freudigeren, natürlicheren" Lernens.[200]

Die ständisch gebundenen Kloster-, Dom-, und Stiftsschulen des Mittelalters blieben von allzu heftiger Kritik weitgehend verschont, was wohl nicht zuletzt auf die festgefügte mittelalterliche Ständeordnung sowie das in sich geschlossene christlich-mittelalterliche Weltbild zurückzuführen ist.[201] Während schulische Bildung im eigentlichen Sinne dem Stand der Kleriker vorbehalten blieb, waren die Ausbildungen der Laien aus dem Ritter-, Handwerker- und Kaufleutestand meist rein praktischer Art.[202] Für die breite Masse des Landvolkes jedoch galt: "Die überwältigende Mehrheit der Kinder erhielt im Mittelalter weder eine lateinisch-literarische, noch eine ritterliche, noch eine handwerkliche oder kaufmännische Bildung", wie HERWIG BLANKERTZ anmerkt.[203]

"Das Lehren war ... das gesamte Mittelalter hindurch ein Beruf, der ohne das Mittel der strengen Zucht nicht auskommen konnte", konstatiert SKIERA.[204] "In zahlreichen Darstellungen des Schulunterrichts erscheint der Lehrer mit der Rute oder dem Stock in der Hand. Im Stock wird die Einheit von Lehren und Strafen manifest."[205] Nicht nur drastische Prügelstrafen, sondern auch demütigende Züchtigungspraktiken wie "Esels- und Narrenkappen, Reiten auf dem Holzesel, Knien auf dem Dreikantholz" gehörten zum mittelalterlichen Schulalltag.[206]

Daß solche Praktiken nicht nur in obrigkeitlichen Schulordnungen legitimiert wurden, sondern auch weitgehend unwidersprochen blieben, hatte zweifellos sowohl theologische als auch gesellschaftliche Gründe. Die Kirchenväter CLEMENS VON ALEXANDRIA (140-215), ORIGENES (185-254) und GREGOR VON NYSSA (335-394) wußten bereits die Strafe theologisch und pädagogisch zu begründen: Die Vollendung des Heils vollziehe sich nur "im Gehorsam vor Gott und seinen Stellvertretern", zu denen auch die Kirchenschullehrer gehörten.[207] Dazu kam "die gesellschaftliche Verfassung einer hierarchischen Stufung von Kirche und Staat, die die gegebenen Gewaltverhältnisse als gottgewollt und unantastbar erscheinen ließen. Kirchenzucht, Staatsgewalt, Schulzucht waren Momente ein und derselben notwendigen und legitimen Ordnung", führt SKIERA aus.[208] So erscheint es nicht verwunderlich, daß schulkritische Äußerungen aus dem Mittelalter so gut wie nicht überliefert sind.

"Erst ein neues Denken, wie es im Humanismus aufkam, respektive diesen begründete, konnte mit seiner Infragestellung von Autorität und Tradition sowie – damit einhergehend – seiner Neubestimmung der Individualität als je einmalige (Bildungs-) Aufgabe und Werk ihrer selbst wieder einen unbefangenen Blick in die Schulstuben werfen – und dem prügelnden Lehrer die Maske theologisch-pädagogischer Rechtfertigung abnehmen", schreibt SKIERA.[209] So wurden im

Zeichen von Renaissance, Humanismus und Reformation gegenüber den traditionellen Klosterschulen deutlich kritischere Töne laut. Einerseits traten – in Anlehnung an die antiken Vorbilder – gegenüber der Glaubenslehre die Wissenschaften mehr in den Vordergrund des Interesses; andererseits wurde im Sinne von Humanismus und Reformation die Befreiung des Menschen von übermächtigen hierarchischen Traditionen und Institutionen proklamiert.[210]

RUDOLF AGRICOLA (1443-1485), ein Vorkämpfer des christlich-deutschen Humanismus, beklagte heftig die "bittere und mühselige Einrichtung" der Schule. "Schon wenn man sie betritt, erscheint sie traurig und hart. Sie hat mit ihren Schlägen, ihren Tränen und ihrem Jammer das Aussehen eines Gefängnisses."[211] Doch hat niemand den Schulbetrieb seiner Zeit schonungsloser kritisiert und die Gestalt des prügelnden Lehrers härter an den Pranger gestellt als ERASMUS VON ROTTERDAM (1469-1536).[212] In seinem "Lob der Torheit" hält er der Schule seiner Zeit den Narrenspiegel vor Augen und schildert in satirischer Weise vor allem die psychopathischen, "prügelsüchtigen" Schulmeister: "Ihr schweres Los, das sie an die Schulstube ('Sorgenhaus sollte ich sagen, besser noch Tretmühle und Folterkammer') bindet, wird nur durch die Gnade der Torheit erträglich, die es schafft, 'daß sie an der Spitze der Menschheit zu stehen glauben ...' "[213] In scharfem Ton tadelt ERASMUS, daß die Lehrer das jugendliche Alter nicht verstünden, daß sie ihr eigenes Kindsein vergessen hätten und daß sie schließlich so wild dreinfahren, "als ob sie gar nicht daran dächten, daß sie und auch die Schüler Menschen seien".[214]

Seiner vernichtenden Kritik an den schulischen "Folterkammern" mit ihren "Henkersknechten" setzt ERASMUS die Vision einer ganz anderen, quasi alternativen Schulwirklichkeit entgegen: "Nicht in einer systematisch entfalteten Theorie, wohl aber in deutlichen Umrissen wird hier ausdrücklich oder im Kontrast zum aufgezeigten Verwerflichen des Schulbetriebs eine andere Schule sichtbar, die der Bildung des Menschen und des Menschlichen dient, weil sie diesem selbst durch Inhalt und Form ihrer Unterweisung bereits zum Ausdruck und zur Übung verhilft", resümiert SKIERA.[215]

Kritik an den traditionellen Klosterschulen bedeutete somit Kritik an deren *Lehrinhalten*, aber auch Kritik an den hergebrachten *Formen* der mittelalterlichen Bildung. Nicht zuletzt die humanistische Bildungskritik trug dazu bei, daß sich "im gesamten Schulwesen ein Verfall von gefährlichstem Ausmaß" ereignete, der mit der Aufhebung der Stifte und Klöster auch "deren ganzes Schulsystem vernichtete", schreibt ALBERT REBLE.[216] So klagte selbst der Reformator MARTIN LUTHER (1483-1546), daß "allenthalben die Schulen zergehen".[217] Daß jedoch die neuen, im Geiste des Humanismus vollzogenen Universitäts- und Schulgründungen mit ihrer "akademischen" Prägung – unter Vernachlässigung der Volksbildung – weiterhin nur einer eng umgrenzten Bildungselite dienten, war damals noch kein gängiges Thema der Schulkritik.[218]

Erst seit dem Zeitalter des Barock, insbesondere im Gefolge von WOLFGANG RATKEs (1571-1635) Kritik an der "formalistischen Erstarrung der humanistischen Gelehrtenschulen" sowie im Zuge seiner Bemühungen um einen einheitlichen Aufbau des allgemeinen Schulwesens, begann die Schule allmählich, eine Angelegenheit allgemeineren Interesses zu werden.[219] Auch die Forderung des JOHANN AMOS COMENIUS (1592-1670), "alle alles allseitig" (omnes omnia omnino) zu lehren sowie sein umfassender Plan eines allgemeinen Schul- und Bildungssystems, das allen sozialen Ständen und der gesamten Jugend beiderlei Geschlechts "ohne jede Ausnahme" zugänglich sein sollte, rückten Fragen des Schulwesens allmählich mehr ins Licht des "öffentlichen" Interesses – und setzten es damit zugleich einer stärkeren Kritik aus.[220] Daß COMENIUS selbst einer der größten Kritiker der Schulen seiner Zeit war und daß seine schulische Erneuerungsarbeit nicht zuletzt aus selbsterlittenem Schulleid hervorging, wurde bereits im vorangegangenen Kapitel dargelegt.

Ein weiterer Meilenstein in der Geschichte der Schulkritik ist zweifellos JEAN-JACQUES ROUSSEAU (1712-1778). Mit seinem Konzept einer "negativen Erziehung", die den Zögling möglichst lange unbehelligt von den zweifelhaften Segnungen der gebildeten Zivilisation aufwachsen lassen sollte, erteilte er jeglicher Schul- und Bildungseuphorie eine radikale Absage.[221] Im Zuge seiner elementaren Gesellschafts- und Kulturkritik wandte sich ROUSSEAU entschieden gegen jeden Zwang, jedwede Verfrühung und alles dasjenige in der Erziehung, was einer "natürlichen Entwicklung" des Kindes im Wege steht.[222] So sollten Belehrungen "so spät wie möglich" erfolgen und sich "auf das gerade Notwendige" konzentrieren.[223] "Die Natur will, daß Kinder Kinder sind, bevor sie Erwachsene sind", schreibt ROUSSEAU.[224] Deshalb sollten sie in einer "wohlgeordneten Freiheit" aufwachsen, deren Grenzen nicht durch die Erziehungsmittel von Pädagogen, sondern durch den "Widerstand der Sachen" selbst aufgezeigt werden.[225] In seinem "Emile"[226] legte ROUSSEAU der gebildeten Welt einen radikalen Gegenentwurf zur Schulerziehung seiner Zeit vor, der an schulkritischer Sprengkraft bis in unsere Tage nichts an Aktualität verloren hat – und auf den sich Befürworter von schulischen Alternativen bis heute vielfach berufen.

Mit dem Ende des Absolutismus und seit dem Beginn der bürgerlichen Aufklärungsbewegung nahm die Schulkritik eine neue Dimension an. Schulkritik und die Suche nach schulischen Alternativen wurden, so HERWART KEMPER, geradezu "ein integraler Bestandteil der bürgerlichen Gesellschaft und der Schule als ihrer Institution".[227] Die Ideale der Französischen Revolution *Freiheit, Gleichheit* und *Brüderlichkeit* – wurden zum Maßstab der Kritik am bestehenden Bildungssystem – und sollten Richtschnur für das künftige Schulwesen sein. Die Konzeptionen von MIRABEAU (1749-1791), CONDORCET (1743-1794) und

LEPELETIER (1760-1793) spielten fortan in vielen schulkritischen und schulreformerischen Überlegungen eine herausragende Rolle.[228]

Seit Beginn der Aufklärungsbewegung im 17. und 18. Jahrhundert wurde an die "allgemeine Pflicht, öffentliche Schulen zu besuchen", die Hoffnung geknüpft, "mit Hilfe dieser Bildungseinrichtung könnten die Erkenntnisfortschritte der modernen Wissenschaften ... in immer breitere Bevölkerungsschichten getragen werden".[229] Dieser "frühbürgerliche Aufklärungs- und Schuloptimismus" blieb jedoch nicht lange unwidersprochen.[230]

Bereits in dieser frühen Phase der Staatsschulentwicklung trat der erste Befürworter privater Versuchsschulen auf den Plan: Kein anderer als IMMANUEL KANT (1724-1804) forderte in seiner Vorlesung "Über Pädagogik" aus dem Jahre 1776/77, "... anstelle staatlicher Regelschulen erst einmal Experimentierschulen in privater Trägerschaft einzurichten."[231] Auch WILHELM VON HUMBOLDT (1767-1835) wandte sich in seiner 1792 verfaßten Schrift "Ideen zu einem Versuch, die Grenzen der Wirksamkeit des Staates zu bestimmen" entschieden gegen eine "vom Staat angeordnete oder geleitete" schulische Erziehung und forderte ein "freies, vom Staate unabhängiges Erziehungs- und Bildungswesen".[232] So wurde der beginnenden Durchsetzung des Staatsschulwesens bereits am Ende des 18. Jahrhunderts mit z.T. fundamentaler Kritik begegnet.[233] Diese Entwicklung setzte sich am Übergang ins 19. Jahrhundert fort.

Nach HERWART KEMPER "... kann nicht übersehen werden, daß mit dem bürgerlichen Gesellschafts- und Erziehungsdenken seit der Wende des 18. zum 19. Jahrhundert immer auch schulkritische Äußerungen verbunden gewesen sind ..."[234] So bedauerte FRIEDRICH HERBART (1776-1841), Nachfolger auf dem Lehrstuhl KANTs in Königsberg, in seiner Schrift "Über Erziehung unter öffentlicher Mitwirkung" aus dem Jahre 1810 "die fortschreitende Verschulung der Erziehung".[235] Seine Schulkritik enthält bereits viele wesentliche Motive, die sich in den schulkritischen Abhandlungen und Diskussionen des 20. Jahrhunderts wiederfinden. Deshalb seien an dieser Stelle – in einer Zusammenfassung von HERWART KEMPER – die zentralen Aspekte der Schulkritik HERBARTs kurz wiedergegeben: "Als bürokratisch organisierte Massenerziehung könne die öffentliche Schule die individuellen Besonderheiten ihrer Schüler nicht angemessen berücksichtigen. Statt dessen gehe es ihr vornehmlich darum, das Interesse des Staates und der Wirtschaft an einem qualifizierten Berufsnachwuchs zu befriedigen. Mit ihrem Bemühen um die 'Aristokratie der besten Köpfe' aber fördere die Schule den Egoismus und die Gegensätze unter den Menschen, anstatt Gemeinsinn unter ihnen zu stiften. Damit behindere sie jedoch die Entwicklung des jungen Menschen vom möglichen zum wirklichen Vernunftwesen und stelle statt dessen immer von neuem jene soziale Ungleichheit unter den Bürgern wieder her, die sie doch eigentlich überwinden sollte."[236]

Gleichzeitig lebte der aus der Aufklärung hervorgegangene Volksbildungsgedanke – vor allem vermittelt durch JOHANN HEINRICH PESTALOZZI (1746-1827), FRIEDRICH FRÖBEL (1752-1852) und ADOLF DIESTERWEG (1790-1866) – bis ins 19. Jahrhundert hinein kraftvoll weiter.[237] "Der Fürst wie der Handwerker, der Bauer wie der Tagelöhner ... , ... sie *alle* ohne Ausnahme" sollen "zum vollen, allseitig entwickelten *Menschen* erzogen werden ..."[238] Dabei klingt nicht nur harsche Kritik an der engen Standeserziehung an, sondern es spricht sich zugleich der "Gedanke einer allgemein-menschlichen und allseitig harmonischen Bildung" aus, der geradezu zum bildungskritischen Programm der gesamten klassisch-idealistischen Epoche werden sollte.[239] Jegliche spezialisierte Standes- und Berufserziehung sowie jede einseitig intellektuelle Bildung wird nun einer fundamentalen Kritik unterzogen: "Der Mensch soll *alle* seine Kräfte – nicht, wie bei der Aufklärung, in erster Linie die *Verstandeskräfte* – entfalten und zu einer harmonischen inneren Gestalt kommen; er soll in erster Linie zum *Menschen* gebildet werden."[240] Als Kritiker einer einseitig verstandesorientierten Bildung und Erziehung traten in der Zeit der Klassik vor allem JOHANN GOTTFRIED HERDER (1744-1803), JOHANN WOLFGANG VON GOETHE (1749-1832) und schließlich auch FRIEDRICH VON SCHILLER (1759-1805) auf, die den aufklärerischen Bildungsideen das Ideal einer "inneren Bildung" entgegenstellten, bei der nicht zuletzt der Kunst eine überragende Bedeutung zugesprochen wurde.[241]

Eine etwas andere Prägung erfährt die Bildungs- und Schulkritik bei JOHANN GOTTLIEB FICHTE (1762-1814), welcher der philosophischen Strömung des "Deutschen Idealismus" zugeordnet wird.[242] In seinen "Reden an die Deutsche Nation" aus dem Jahre 1807/08 wendet er sich kritisch gegen das bestehende Schulwesen und fordert in rousseauistischer Manier, "daß die noch unverdorbene nachwachsende Generation von der Erwachsenengesellschaft völlig abgesondert auf dem Lande unterrichtet und erzogen werden solle".[243] Nach KEMPER entwarf FICHTE mit dieser Utopie einer "vernunftbestimmten Arbeits-, Erziehungs- und Lebensgemeinschaft" auf dem Lande die erste "Schulalternative".[244] "Manche dieser Ideen lassen uns heute an Landerziehungsheime denken", meint REBLE.[245]

"In der Zeit von 1830 bis 1850 wurde vor allem die Überforderung der Schüler und der Zustand der Schule kritisiert", schreibt KARLHEINZ BILLER.[246] Dabei strebten die Kritiker in erster Linie nach einer menschenwürdigeren Gestaltung der Schule. Diesbezüglich wurde vor allem am Drill und an der Lebensfeindlichkeit des preußischen Gymnasiums Kritik geübt.[247]

In der zweiten Hälfte des 19. Jahrhunderts wurde "die Legitimation der Schule als Staats- bzw. Kirchenanstalt" kritisch hinterfragt, wofür Namen wie K. MAGER (1810-1858), A. DIESTERWEG (1790-1866) u.a. stehen.[248] Der schulkritischen Tradition der "liberalen Reformer" ging es um die "Freiheit der Schule von der staatskirchlichen 'Scholarchie' ", wie F.W. DÖRPFELD (1824-1893) sagte.[249] Die Bürokratie ziehe dem Menschen die "Spontaneität aus seiner Seele", kritisierte C.L. ROTH.[250] Und auch W. DILTHEY (1833-1911) klagte mehr "Entfaltungsmöglichkeiten in der Schulstube" ein.[251] Auch in dieser Zeit äußerten Schulkritiker "prinzipielle Bedenken gegenüber der Schulhoheit des Staates" und forderten den "schrittweisen Abbau der staatlichen Überhoheit über die Schule zugunsten einer weitestgehenden Autonomie des Bildungswesens".[252] Doch zeigte die Schulkritik seit 1850 auch noch andere Nuancen: Nach HANS JÜRGEN APEL gab es in der zweiten Hälfte des 19. Jahrhunderts in Europa eine regelrechte Welle der "Schulkritik, die zum einen schwerpunktmäßig aus einer sozialistisch geprägten Systemkritik, zum anderen vorrangig aus dem Interesse an einer kindgemäßen Schule hervorgebracht wurde".[253]

Die Zivilisationskritik des späten 19. Jahrhunderts bildete nach HERMANN RÖHRS eine wichtige "Motivationsbasis" für die "Reformpädagogik" des 20. Jahrhunderts.[254] Andererseits waren aber auch "Kulturkritik und lebensreformerische Bestrebungen ... von Beginn an mit schulkritischen Überlegungen verwoben."[255] EDGAR WEISS hebt "die 'einmalige' bildungskritische Akzentuierung der deutschen Kulturkritik, als deren maßgebliche Protagonisten gewöhnlich LAGARDE, LANGBEHN und NIETZSCHE gelten", ausdrücklich hervor.[256]

WOLFGANG SCHEIBE hat die Motive der Bildungskritik im 19. Jahrhundert in seinem Standardwerk über "Die reformpädagogische Bewegung" hervorragend herausgearbeitet.[257] Übte FRIEDRICH NIETZSCHE (1844-1900) vorwiegend Kritik am "Historismus der Bildung", so stand bei JULIUS LANGBEHN (1851-1907) mehr die Kritik am "Rationalismus und an der Verwissenschaftlichung der Bildung" im Vordergrund.[258] PAUL DE LAGARDE (1827-1891) schließlich wurde v.a. durch seine vielzitierte "Klage, daß der deutschen Jugend der Idealismus fehle", zu einem wichtigen Wegbereiter der Reformpädagogik.[259]

2.3 Schulkritik im 20. Jahrhundert

2.3.1 Reformpädagogische Schulkritik

Um die Jahrhundertwende kam es in Deutschland zu einer regelrechten "allgemeinen Reformeuphorie", die sich in Erscheinungen wie der *Jugendbewegung*, der *Wandervogelbewegung* und der *Lebensreformbewegung* äußerte.[260] Doch auch die *Frauenbewegung* und die *soziale Bewegung* übten nach SCHEIBE einen Einfluß auf das schulkritische Denken der Reformpädagogen aus.[261] So kam es, daß einige Reformpädagogen, "wie etwa TOLSTOJ oder DEWEY, ... kulturkritische Impulse mit *sozial*kritischen Ambitionen" verbanden, wie EDGAR WEISS feststellt.[262]

Viele Vordenker der Schulkritik im 19. Jahrhundert wurden zu "Ahnherren" jener großen Reformpädagogischen Bewegung, "die seit der Wende des 19. zum 20. Jahrhundert vor allem die 'Lebensferne' und 'Unkindlichkeit' der staatlichen Regelschule als 'Stoff-, Buch- und Lernschule' scharf kritisiert" – und einerseits eine altersspezifische und individuelle Förderung aller Kräfte und Fähigkeiten im Kinde, andererseits aber auch eine "Erziehung zur Gemeinschaft durch Gemeinschaft" entschieden forderte.[263]

Zu Beginn des 20. Jahrhunderts wurde in Deutschland eine "Flut reformpädagogischer Kampfschriften ..." verfaßt, die seit etwa 1902, dem Jahr, in dem ELLEN KEYs "Jahrhundert des Kindes" in deutscher Sprache erschien, "... sowohl mit scharfer Schulkritik als auch mit selbst entwickelten Alternativvorschlägen vorgelegt wurden."[264] HANS JÜRGEN APEL schreibt dazu: "Aus der Kritik an der Schule folgerten um 1900 Pädagogen in verschiedenen Ländern, daß die Konzeption einer kinder- und jugendgemäßeren Schule dringend notwendig sei. So wurden im einzelnen unterschiedliche Entwürfe der zukünftigen Schule als einer Bildungsanstalt für junge Menschen vorgelegt und Schulversuche zur Überwindung der alten Schule durchgeführt."[265] Nach EHRENHARD SKIERA war die "Kritik an der 'Alten Schule' ... gemeinsamer Ausgangspunkt zur Entwicklung der 'Neuen Schule' ".[266] MICHAEL BEHR und WERNER JESKE stellen bezüglich der reformpädagogischen Schulkritik fest, "daß damals die 'Alternativvorstellungen ... offensiv auf die Veränderung der Regelschule ausgerichtet waren ...' ".[267] Dabei richteten sich die "pädagogischen Reformbestrebungen, von unterschiedlichsten Standpunkten aus verschiedenartig artikuliert, ... auf alle Schultypen, auf das höhere Schulwesen wie auf die Volksschule".[268] Es entstand eine "breite pädagogische Bewegung, die ihrem Charakter nach außerordentlich vielfältig und widersprüchlich war", schreibt ANDREAS PEHNKE.[269]

Zu den bedeutendsten Strömungen innerhalb der Reformpädagogik zählen zweifellos die *Kunsterziehungsbewegung* (JULIUS LANGBEHN, ALFRED LICHTWARK u.a.), die *Arbeitsschulbewegung* (GEORG KERSCHENSTEINER, HUGO GAUDIG u.a.), die *Einheitsschulbewegung* (PAUL OESTREICH, JOHANNES TEWS u.a.) und die bereits erwähnte Landerziehungsheimbewegung. Übte die *Kunsterziehungsbewegung* vor allem Kritik an der einseitigen Dominanz von Willens- und Denkfunktionen im herkömmlichen Unterricht, so beklagten die Vertreter der *Arbeitsschulbewegung* in erster Linie die Überbetonung theoretischer und rezeptiver Fähigkeiten.[270] Die *Einheitsschulbewegung* hatte sich die Kritik an den sozialen Klassenunterschieden, die das damalige Schulsystem verkörperte und immer neu reproduzierte, auf ihre Fahnen geschrieben, und die *Landerziehungsheimbewegung* kritisierte vor allem die Isolierung von Schülern, die fehlende Gemeinschaft und die mangelnde Erziehung der Jugend in den Schulen ihrer Zeit.[271]

Über alle Verschiedenheiten hinweg existieren in der Reformpädagogik aber auch gemeinsame Topoi von Schulkritik, die sich nahezu überall wiederfinden lassen: "Ungeachtet der verschiedenen Motive für schulreformerische Aktivitäten waren sich die Reformer einig in der Kritik an der Lebensfremdheit der Schule, an der Unterdrückung der Aktivität und Selbständigkeit der Schüler, an den Drill- und Zwangsmethoden im Unterricht, am Schematismus und Formalismus in der Erziehung, an der vordergründig dominanten Stellung des Lehrers und an der Einengung der Persönlichkeitsentwicklung des Kindes."[272]

Sehr anschaulich beschreibt ANDREAS PEHNKE den "steinigen Weg für Reformpädagogen im konservativen deutschen Schulsystem".[273] Da die Schulkritik der Reformpädagogik von Anfang an nach praktischer Umsetzung alternativer Konzepte strebte, entstanden bereits im Wilhelminischen Deutschland erste "reformpädagogische Projekte im Bereich staatlicher Schulen".[274] Zahlreiche Volksschullehrer schlossen sich zusammen und setzten sich für eine "innere pädagogische Reform der Volksschule" sowie eine "grundlegende Demokratisierung des gesamten Volksschulwesens" ein.[275] Der Weg dorthin war jedoch nicht leicht, denn "... diese Basisinitiativen konnten in Deutschland nur selten auf offizielle Anerkennung oder Unterstützung hoffen."[276] So wirkten sich "... die vielfältigen Maßregelungspraktiken der deutschen Schulbürokratie gegenüber den Reformern" sehr hinderlich aus, nicht nur wenn sie – wie im Falle der Bremer Reformpädagogen FRITZ GANSBERG und HEINRICH SCHARRELMANN – zum Berufsverbot führten.[277]

Es ist deshalb nicht verwunderlich, daß andere Reformpädagogen an einer Reformierbarkeit der staatlichen Schulen zweifelten – und von vorneherein auf die Gründung eigener, vom Staat unabhängiger Schulen setzten. Die zahlreichen freien Internatsschulgründungen dieser Zeit sind als *Landerziehungsheime* in die Schulgeschichte eingegangen, zu deren bekanntesten bis heute die Odenwaldschule in Oberhambach (PAUL GEHEEB), die École d'Humanité im Berner Oberland (ders.), die Schule Schloß Salem am Bodensee (KURT HAHN) und die Schule Birklehof in Hinterzarten (ders.) zählen. Diese Landerziehungsheime sollten nach dem Willen ihrer Gründer aber keine elitären Inseln für die Kinder reicher Eltern sein, sondern vor allem als Modelle anderer Schulwirklichkeit dienen – und durchaus auch auf die staatlichen Schulen befruchtend wirken. So konnte HERMANN LIETZ, der "Urvater" der Landerziehungsheimbewegung, mit voller Überzeugung sagen: "Die deutschen Landerziehungsheime sind im Dienst für die Allgemeinheit gegründet worden ..."[278] ROLAND REICHWEIN sieht ähnliche Motive bei den anderen großen Gründergestalten der Landerziehungsheime, "... deren Gründungen allemal aus der Kritik des öffentlichen Schulwesens und aus dem Willen hervorgegangen sind, auf dieses verändernd und reformierend zurückzuwirken."[279] Dennoch bleibt mit OTMAR FRIES festzuhalten: "Die Ansätze der Reformpädagogik setzten sich in der Folge vor allem in Privatschulen ..., nicht aber in den öffentlichen Schulen durch."[280]

Ein weiteres Standbein der Suche nach Alternativen zum Staatsschulwesen waren seit dessen Etablierung die Schulen in *kirchlicher* Trägerschaft, die auf eine z.T. jahrhundertealte Tradition zurückblicken können.[281] Somit "... repräsentieren die konfessionellen Schulen eine Bildungskontinuität, die über Jahrhunderte das europäische Schulwesen maßgeblich geprägt hat."[282] Dennoch wäre es falsch, im kirchlichen Schulwesen des 20. Jahrhunderts ausschließlich einen späten Ausläufer alter konfessioneller Schultradition zu sehen. Vielmehr verstehen sich kirchliche Schulen als "... Ausdruck eines immer wieder bekundeten *Erneuerungswillens* und der Bereitschaft, *auf aktuelle Anforderungen der geschichtlichen und pädagogischen Entwicklung eine wirksame Antwort* zu geben."[283] So entwickelten sich katholische und evangelische Schulen in den verschiedenen Phasen des 20. Jahrhunderts ständig weiter – und gewannen ihren Zulauf nicht zuletzt aus ihrer kritischen Haltung gegenüber dem jeweiligen Status quo der staatlichen Regelschulen. Es ist daher nicht verwunderlich, daß z.B. die katholischen allgemeinbildenden Schulen in der Zeit zwischen 1871 und 1914 einen regelrechten Gründungsboom erlebten.[284]

In der Zeit unmittelbar vor und während des Ersten Weltkrieges stagnierte die v.a. durch Reformpädagogen entfachte schulkritische Diskussion.[285] Reformerische Ansätze erlahmten und konnten vorübergehend keine Wirksamkeit mehr entfalten.

Nicht zuletzt als Folge der vorausgegangenen Schulkritik konstituierte sich mit dem Neubeginn des Bildungswesens in der Weimarer Republik nach 1921 die *Allgemeine Deutsche Grundschule.*[286] "Ohne diese Leistungen aus der Vorkriegszeit wären die Gründung und vornehmlich die pädagogische Ausgestaltung dieser Grundschule kaum denkbar gewesen", resümiert ANDREAS PEHNKE.[287] Den nachhaltigsten Innovationsschub jedoch hat die Reformpädagogik in der Periode der Weimarer Republik durch ein "sich entwickelndes breitgefächertes Netz von Reformschulen" erfahren – angefangen von der Gründung der ersten *Waldorfschule* 1919 in Stuttgart durch EMIL MOLT und RUDOLF STEINER bis hin zu ADOLF REICHWEINs *Alternativschulmodell Tiefensee*, das noch kurz nach dem Ende der Weimarer Republik gegründet wurde.[288] Wichtige Alternativschulen dieser Zeit waren außerdem die *Berliner Lebensgemeinschaftsschulen.* "Zum international berühmtesten Schulversuch avancierte PETER PETERSENs 'Jena-Plan-Schule', in der die weitestgehenden Intentionen der internationalen Klassiker der Reformpädagogik zur zeitgemäßen Anwendung kamen."[289]

Auch für die Reformschulen dieser zweiten Phase der Reformpädagogik gilt: "Die reformpädagogischen Versuchsschulen hatten eine enorme Ausstrahlungskraft auf das Regelschulwesen"; gleichzeitig jedoch waren sie "den ständigen Anfeindungen der Vertreter des konservativen Lagers ausgesetzt".[290]

Ohne der "traditionsreichen Usance, Reformpädagogik eher zu zelebrieren als zu reflektieren,"[291] Vorschub leisten zu wollen, sei an dieser Stelle doch die Frage aufgeworfen, worin denn nun das Besondere, vielleicht historisch Einmalige der reformpädagogischen Schulkritik eigentlich liegt. Hierzu bleibt mit EHRENHARD SKIERA folgendes festzuhalten: "Die Leistung der ... Reformpädagogik besteht weniger in der Entdeckung neuer Gesichtspunkte als darin, bereits im historischen Prozeß entwickelte Ideen einer menschen- und kinderfreundlicheren Schule zu bündigen Schul- und pädagogischen Handlungskonzeptionen integriert zu haben."[292] Somit kann es als ein großes Verdienst der reformpädagogischen Schulkritik angesehen werden, daß sie nicht bei theoretischen Reflexionen stehengeblieben ist, sondern ihre Suche nach Alternativen in konkrete Modelle anderer Schulwirklichkeit umgesetzt hat.

2.3.2 Schulkritik während der Zeit des Nationalsozialismus

Mit dem Aufkommen des Nationalsozialismus wurden Schulkritik und Alternativschulen zunehmend zurückgedrängt. "Für die Mehrheit dieser Schulen gab es mit der Machtübertragung an die Nationalsozialisten keine Entwicklungsperspektive mehr", stellt ANDREAS PEHNKE fest.[293] Und BILLER schreibt: "Während des Dritten Reiches war jegliche Reformpädagogik unerwünscht."[294] BRUNO HAMANN schließlich merkt an: "Auf bildungspolitischem Sektor brachte das Dritte Reich den Abbruch vorausgegangener Reformbemühungen zugunsten einer Begrenzung und Umpolung der Bildung im Sinne der nationalsozialistischen Ideenwelt."[295]

Dies gilt auch für die kirchlichen Schulen: "Die NS-Herrschaft, in deren ersten Jahren es sogar noch einzelne Neugründungen gab, hat in ihrem Bemühen, das deutsche Bildungswesen ganz in die eigene Kontrolle zu bringen, das kirchliche Schulwesen zunehmend eingeschränkt und schließlich fast völlig vernichtet."[296]

Einige Schulkritiker (z.B. HEINRICH SCHARRELMANN) arrangierten sich mit dem NS-Regime, viele gingen in die innere oder äußere Emigration (z.B. WILHELM LAMSZUS, PAUL GEHEEB), wenige (z.B. ADOLF REICHWEIN) engagierten sich im Widerstand – und opferten ihr Leben.

2.3.3 Schulkritik nach 1945

"Nach dem Ende des Zweiten Weltkrieges knüpften die führenden Pädagogen wieder an die Reformpädagogik an, ohne jedoch das Engagement jener Zeit (...) zu erreichen", konstatiert KARLHEINZ BILLER.[297] Die nach 1945 entstandene Schulkritik, die sich z.T. eng an die Themen der "alten" Reformpädagogen anlehnte, wurde vielfach als "neo-reformpädagogisch" bezeichnet. Jedoch gestaltete sich die Reformpädagogik-Rezeption nach dem Zweiten Weltkrieg in Ost- und Westdeutschland sehr unterschiedlich.

So vermerkt ANDREAS PEHNKE: "Für die Phase des demokratischen Aufbruchs in der Sowjetischen Besatzungszone (1945-1949) läßt sich ein weitestgehend produktives Anknüpfen an reformpädagogische Traditionen konstatieren", so daß das schulkritische Gedankengut der Reformpädagogen hier eine – wenn auch nur kurze – Renaissance erlebte.[298] Seit dem IV. Pädagogischen Kongreß von 1949 läßt sich aber vor dem Hintergrund des "Stalinisierungsprozesses" in der DDR eine zielgerichtet betriebene Ausgrenzung von Schulkritik und Schulreform nachweisen, die etwa bis zum Ende der 70er Jahre anhielt.[299]

"Anders als in der DDR wurden in der ehemaligen BRD reformpädagogische Traditionen kontinuierlich weitergeführt und diskutiert."[300] Damit blieb freilich auch die Kritik an der staatlichen Regelschule nicht aus, wobei diese sich in den verschiedenen Phasen seit 1945 in unterschiedlicher Intensität und Akzentuierung zeigte.

WOLFGANG KEIM unterscheidet *drei Rezeptionsphasen von Reformpädagogik* in der Bundesrepublik, die sich auch zur Erfassung der Schulkritik seit 1945 gut eignen und deshalb im folgenden kurz genannt werden sollen: 1. die "Restaurationsphase der Adenauer-Ära" (1945 bis 1960); 2. die "Bildungsreformphase des sozial-liberalen Aufbruchs" (1960 bis 1975) und 3. die "Phase der konservativen Wende" (1975 bis 1990).[301] Aus heutiger Sicht läge es nahe, für die späten 90er Jahre den Beginn einer 4. Phase zu konstatieren, die etwa als "Rot-Grüne Ära" bezeichnet werden könnte. Freilich kann Abschließendes über diese jüngste Epoche deutscher Bildungsgeschichte noch nicht ausgesagt werden.

Wie entwickelte sich nun die Schulkritik in den drei o.g. *bildungspolitischen Phasen*, und wie stellt sie sich heute dar?

Naturgemäß stand in der *"Restaurationsphase der Adenauer-Ära"* der Wiederaufbau des deutschen Schul- und Bildungswesens und die Abgrenzung von der Nazi-Vergangenheit so sehr im Vordergrund, daß für Schulkritik – etwa im reformpädagogischen Sinne – zunächst wenig Raum war. Schulkritik galt – wenn überhaupt geäußert – in erster Linie der nationalsozialistisch "verseuchten" Schule der Vergangenheit, seltener dem gerade erst "wiedererstandenen" demokratischen Schulwesen der Nachkriegszeit.

Der Errichtung von Privatschulen wurde in Artikel 7, Absatz 4 und 5 des Grundgesetzes ein neuer verfassungsrechtlicher Boden bereitet.[302] "So sind eine Vielzahl von Schulen gefördert worden, die – wie zum Beispiel die Landerziehungsheime – auf Gründungen der Pionierzeit zurückgehen oder aber – wie viele Montessori- und Jenaplanschulen nach 1945 – auf der Grundlage entsprechender Konzeptionen neu eingerichtet worden sind."[303] In diesen "freien" Schulen wurden im Sinne der alten pädagogischen Schulkritik neue Konzepte von Schule und Unterricht erprobt bzw. weiterentwickelt.

Auch die Privatschulen in kirchlicher Trägerschaft erlebten einen neuen Aufschwung: "In einer ersten (Nachkriegs-) Phase, die man zwischen 1946 und 1960 ansetzen kann, wird eine große Zahl von geschlossenen Schulen wiedereröffnet. Zugleich kommt es zu einer erheblichen Zahl von Neugründungen ... Diese Neugründungen nehmen auf ältere Traditionen Bezug, stellen zum Teil aber auch neue pädagogische Initiativen dar."[304]

Nachdem in den Jahren 1945 bis 1955 die Wiederherstellung des dreigliedrigen Schulsystems mit der Trias *Volksschule - Mittelschule - Höhere Schule* erfolgt war, bestätigte die Kultusministerkonferenz in ihrem *Düsseldorfer Abkommen* von 1955 dieses Modell und schrieb es – trotz schon damals erfolgter kritischer Einwände – auf zehn Jahre hin fest. Zugleich wurde beschlossen, daß es keine staatlichen Schulversuche außerhalb des dreigliedrigen Schulwesens geben dürfe.

2.3.4 Schulkritik der 60er Jahre

Nach dieser überwiegend restaurativen Phase begann ab etwa 1960 die *"Bildungsreformphase des sozial-liberalen Aufbruchs"*.[305] "In den sechziger Jahren dominierten weniger die pädagogischen als die bildungspolitischen Reformideen", hält KARLHEINZ BILLER fest.[306] Dementsprechend war auch die Schulkritik mehr bildungspolitisch als pädagogisch geprägt.

Ein wichtiger Motor für die bildungspolitische Aufbruchstimmung der 60er Jahre war nach TORSTEN HUSÉN "... die wachsende Erkenntnis, daß Schule jeweils Teil eines bestimmten gesellschaftlichen und ökonomischen Systems ist, während sie vor 1960 häufig als rein pädagogische Veranstaltung gleichsam in einem sozialen Vakuum angesehen wurde."[307] Dies führte viele Schulkritiker zu der Überzeugung, "... daß Bildungsprobleme letztlich gesellschaftliche Probleme sind, die durch schulische Veränderungen allein nicht bewältigt werden können."[308]

Breitangelegte bildungssoziologische Studien aus den 60er Jahren haben diese Sichtweise bestätigt: Sie ergaben übereinstimmend, daß kognitive Leistungsunterschiede zwischen Schülern in einem stärkeren Zusammenhang zu sozialer Herkunft und häuslichen Verhältnissen stehen als zu schulischen Bedingungen und Unterrichtsmethoden. Erwähnt seien in diesem Zusammenhang der COLEMAN-Report (1966) über Chancengleichheit im Bildungswesen der USA, der PLOWDEN-Report (1967) über das englische Primarschulwesen und die von

HUSÉN u.a. durchgeführte vergleichende Studie der "International Association for the Evaluation of Educational Achievement" IEA (1967), die insgesamt 20 Länder umfaßte.[309]

So forderten bereits in den frühen 60er Jahren namhafte Erziehungswissenschaftler, Bildungspolitiker und Schulkritiker eine umfassende *Bildungsreform.* Die in diesem Zusammenhang vorgebrachten schulkritischen Argumente bewegten sich zwar auf unterschiedlichen Ebenen; sie stimmten jedoch überein in der fundamentalen Kritik am bestehenden Schulsystem und in dem gemeinsamen Ziel einer grundlegenden strukturellen und inhaltlichen Erneuerung des Schulwesens. BILLER faßt die im Kontext der Bildungsreform angeführten schulkritischen Argumente wie folgt zusammen:

Nach Meinung der Schulkritiker der 60er Jahre sollte die Schule reformiert werden,

(a) "weil sie, bedingt durch ihre starre Bildungsorganisation, weniger Abiturienten produziert als in anderen Ländern" (→ komparatistisches Argument; vgl. POIGNANT 1966)

(b) "weil mehr Abiturienten in Industrie und Wirtschaft benötigt werden", um dem "Sputnik-Schock" von 1957 wirksam zu begegnen (→ bildungsökonomisches Argument; vgl. PICHT 1964)

(c) "weil das Bildungsrecht für alle durch die Dreigliederung des Schulsystems behindert wird" (→ politisches Argument; vgl. DAHRENDORF 1965);

(d) "weil sie Unterschichtskinder", Landkinder, Mädchen und katholische Kinder "diskriminiert" (→ soziales Argument; vgl. DEUTSCHER AUSSCHUSS 1959);

(e) "weil der Bildungskanon die Lernmotivation der Schüler behindert und dadurch die Persönlichkeitsbildung beschränkt wird" (→ didaktisches Argument; vgl. DEUTSCHER BILDUNGSRAT 1970);

(f) "weil die Begabung der Kinder zu wenig geweckt wird" (→ lerntheoretisches Argument; vgl. ROTH 1969).[310]

Von besonderer Durchschlagskraft im Hinblick auf die Bildungsreform der 60er Jahre waren vor allem zwei Veröffentlichungen. Das 1964 erschienene Buch "Die deutsche Bildungskatastrophe" von GEORG PICHT ging von der These aus, daß das Bildungssystem der Bundesrepublik nicht mehr den Wandlungen eines hochindustriellen Wirtschaftssystems entspreche.[311] Da sich das deutsche Schulsystem im Vergleich zu anderen Ländern am unteren Ende der Skala befände, stünde ein "Bildungsnotstand" bevor, der bald identisch mit einem wirtschaftlichen Notstand sein werde.[312] Ohne eine ausreichende Zahl qualifizierter Nachwuchskräfte wäre die Wirtschaft der Bundesrepublik in Kürze am Ende. Als eine Art "Notstandsprogramm" schlug PICHT eine Neuordnung des gesamten Schulwesens vor, welche in erster Linie die "Modernisierung des ländlichen Schulwesens", die "Verdopplung der Abiturientenzahl" und die "Ausbildung der notwendigen Lehrer" vorsah, und zwar innerhalb eines Zeitraums von 10 Jahren.[313]

Das 1965 von RALF DAHRENDORF veröffentlichte Buch mit dem programmatischen Titel "Bildung ist Bürgerrecht" zielte ebenfalls auf eine radikale Strukturreform des deutschen Schulwesens, tat dies jedoch mit anderen Argumenten.[314] Während bei PICHT der *wirtschaftliche* Aspekt der "Bildungskatastrophe" im Vordergrund stand, waren es für DAHRENDORF vor allem *soziale* und *gesellschaftspolitische* Gründe, die eine Reform notwendig erscheinen ließen. Für DAHRENDORF war eine Bildungsreform unvermeidlich, wenn man die offensichtlichen Benachteiligungen von Kindern aus "bildungsfernen" Bevölkerungsschichten abbauen und eine soziale Chancengleichheit im Bildungswesen herstellen wollte.[315] – Diese beiden recht unterschiedlichen Argumentationslinien führten letztlich dazu, daß sich für die Durchführung einer Bildungsreform recht breite Bevölkerungskreise und Politiker unterschiedlicher Lager einsetzten.

Hatte bereits das *Hamburger Abkommen* von 1964 wichtige Anstöße zu einer Neuorientierung im deutschen Bildungswesen gegeben, so griff der *Deutsche Bildungsrat* in den Jahren 1965-75 die o.g. Argumente erneut auf und forderte in seinen *Empfehlungen* eine konsequente Umsetzung der Reformideen. Auf wissenschaftlich gesicherter Basis sollten Quantität und Qualität von Bildung verbessert und Chancenungleichheiten abgebaut werden. So empfahl der *Deutsche Bildungsrat* nicht nur die Umgestaltung des starren dreigliedrigen Schulsystems in Richtung auf mehr horizontale Durchlässigkeit, sondern z.B. auch die Einrichtung von Schulversuchen mit Gesamtschulen.[316] Der zur Zeit der sozial-liberalen Regierung vom *Deutschen Bildungsrat* erarbeitete *Strukturplan für das Bildungswesen* von 1970 sah eine weitgehende Umsetzung dieser Forderungen vor.[317]

Einen starken Schub bekam die Bildungsreform durch die Studentenunruhen von 1968, die eine gewaltige Welle öffentlicher Hochschul-, Schul- und Bildungskritik nach sich zogen. Im Rückblick auf die "Bildungsszene von 1967" schreibt TORSTEN HUSÉN: "Zu jener Zeit wurde das Ausmaß der 'Krise' noch nicht voll erfaßt. Man beschäftigte sich vor allem mit Diskrepanzen zwischen der Nachfrage nach und dem Angebot an Bildung im Sinne verfügbarer Bildungseinrichtungen wie Schulgebäuden, Lehrpersonal, Unterrichtsmaterialien und deren Finanzierungsmöglichkeiten ... Selbst wenn auch andere Mängel wie das Fehlen angemessener Curricula zur Sprache kamen, wurde nicht die Schule als Institution selbst infragegestellt."[318]

Dies änderte sich mit dem Ende der sechziger Jahre. "Das deutlichste Symptom für die veränderte Einstellung zu Bildungsfragen ist die breite Kritik, die seit Ende der sechziger Jahre in vielen Ländern von links wie rechts an der Schule geübt wird. Die Überzeugung von dem Wert traditioneller Bildung ist ebenso geschwunden wie der Glaube an Schule als Instrument zur Verbesserung der Gesellschaft. Konservative Kreise kritisieren das geringe Leistungsniveau, den Mangel an Disziplin, die Vernachlässigung Begabter; von linker Seite wurde die Freudlosigkeit der Schule, ihre autoritäre Struktur bemängelt, Schule als Instrument einer kapitalistischen Gesellschaft verstanden."[319]

2.3.5 Schulkritik der 70er Jahre

In den siebziger Jahren verschärfte sich die Schulkritik von allen Seiten; die vielbeschworene "Schulkrise" war nicht mehr zu übersehen. Nach HUSÉN ist der Begriff *Schulkrise* als "Ausdruck radikaler Kritik" zu verstehen. Diese Radikalität der Schulkritik seit Ende der 60er / Anfang der 70er Jahre unterscheidet sich nach WOLFGANG MITTER qualitativ deutlich "von kritischen Äußerungen, die uns die Bildungsgeschichte aus früheren Jahrhunderten und auch aus unserem Jahrhundert übermittelt" hat.[320]

HUSÉN schreibt rückblickend über die Schulkritik der 70er Jahre: "Was in den frühen sechziger Jahren niemand voraussah, ist inzwischen eingetroffen: die Bedeutung der Institution Schule ist grundsätzlicher Kritik unterzogen worden, bis hin zu einer ernsthaften Debatte um eine 'Entschulung', wie sie ILLICH 1970 eingeleitet hatte."[321] Diese "neue Welle von Kritik ... gegen die Schule als Institution", als deren maßgebliche Vertreter neben IVAN ILLICH v.a. PAULO FREIRE, PAUL GOODMAN, EVERETT REIMER und NIELS CHRISTIE zu nennen sind[322], muß wohl als die radikalste Form von Schulkritik bezeichnet werden, die das 20. Jahrhundert hervorgebracht hat.

Ausgehend von einer Kritik an der für IVAN ILLICH fragwürdigen Alphabetisierung der sog. "Entwicklungsländer" Lateinamerikas sowie einer radikalen Kritik an den modernen westlichen Industriegesellschaften forderte er, die herkömmlichen Pflichtschulen in den zivilisierten Industrienationen gänzlich abzuschaffen, sie durch Netzwerke freiwilliger, "nichtschulischer" Bildungsangebote zu ersetzen – und somit die Gesellschaft radikal zu "entschulen".[323]

Eine solcherart radikale schulkritische Forderung wurde hierzulande mit Interesse aufgenommen, blieb aber freilich nicht unwidersprochen. So bezieht HARTMUT VON HENTIG in seinem berühmt gewordenen Buch "Cuernavaca oder: Alternativen zur Schule?" 1971 durchaus sympathisierend, aber letztlich kritisch Stellung zu ILLICHs Ansinnen, die Schule abzuschaffen.[324] Das Ziel könne nicht die Überwindung, sondern müsse vielmehr eine Neubegründung der Institution

Schule im Sinne größerer Selbstbestimmung sein.[325] Ähnlich urteilt auch ACHIM LESCHINSKY: "Die Abschaffung der Schule ist kein realistisches, denkbares Programm unter den gegenwärtigen Bedingungen."[326] Dennoch nimmt er die *Entschulungsbewegung* als radikal schulkritisches Phänomen der 70er Jahre durchaus ernst und wirft die Frage auf: "Was verschafft dieser Schulkritik, die ILLICH wohl am konsequentesten und breitenwirksamsten formuliert hat, seit geraumer Zeit einen solchen Widerhall? Die Frage ist kaum umfassend zu beantworten. Aber es fordert Überlegungen heraus, wenn – zumindest in der Bundesrepublik – ein namhafter Teil der etablierten Erziehungswissenschaftler und viele Lehrer inzwischen eine grundsätzlich kritische Wertung der schulischen Strukturen vornehmen und mehr oder weniger pointiert der Skepsis, daß 'Schulen nicht helfen', Ausdruck verleihen."[327]

HUSÉN faßt wie folgt zusammen: "Die politisch radikale Schulkritik ging in zweierlei Richtungen, einmal die These von der 'Entschulung' der Gesellschaft ..., zum anderen Beibehaltung der Schule als Institution, jedoch ihre grundlegende Erneuerung im Dienste einer neuen sozialen und ökonomischen Gesellschaftsstruktur ..."[328] Doch kam die Schulkritik der 70er Jahre auch noch aus einer anderen Richtung: "Konservative Kritiker bemängelten vor allem die Leistungsstandards, insbesondere in den Grundfertigkeiten, und traten für eine schulische Differenzierung ein als Entsprechung der 'natürlichen' Begabungs- und Neigungsunterschiede von Schülern."[329]

So wurden die *Folgen* der Bildungsreform – je nach bildungspolitischem Standpunkt – höchst unterschiedlich bewertet. Neben die Schulkritik trat nun häufig eine *Schulreformkritik*. Der naive Glaube an die fraglos hingenommene "natürliche" Ordnung unseres Bildungssystems wurde jedenfalls spätestens in den 70er Jahren des 20. Jahrhunderts heftig erschüttert. "Der Vertrauensverlust, den das Bildungswesen erfährt, betrifft vor allem den schulischen Bereich ...", resümiert HUSÉN bzgl. dieser Zeit.[330] Die Öffentlichkeit wurde stark sensibilisiert für Fragen der Schulkritik, was sich nicht zuletzt in einer Fülle von Publikationen zu diesem Thema seit Beginn der 70er Jahre niederschlug.

"Schließlich ist die überkommene bürokratische und hierarchische Struktur des Bildungssystems in Konflikt geraten mit den Forderungen von Eltern und Schülern nach Mitbestimmung."[331] Schule war weniger denn je zu einer Angelegenheit geworden, die man einfach so "dem Staat" überlassen wollte; "Selbst-" und "Mitbestimmung" waren die neuen Leitideen, an denen sich nicht nur die Studenten- und Schülerschaft, sondern auch die junge Elterngeneration orientierte. So kam es bald zu einem Ausbau der offiziellen Gremien der Schüler- und Elternmitsprache an den Schulen.

Nicht zuletzt das neue Eltern-Selbstbewußtsein führte in den 70er Jahren zur

Gründung zahlreicher *Freier Alternativschulen*. Etwa zeitgleich mit der Genehmigung des aus einer Elterninitiative entstandenen staatlichen Schulversuches *Glockseeschule* in Hannover (1972) und der Errichtung der universitätsnahen *Bielefelder Laborschule* durch HARTMUT VON HENTIG (1974) initiierten Eltern aus der *Kinderladen-Bewegung* 1974 die Gründung der *Freien Schule Frankfurt,* deren Genehmigung die Initiatoren in einem 12-jährigen Rechtsstreit erkämpfen mußten.[332] Weitere Alternativschulgründungen folgten, von denen die *Werkschule Berlin* und die *Freie Schule Essen* bis heute zu den bekanntesten zählen.[333]

"Das Interesse für andere, für 'entschulte Schulen', stieg in den siebziger Jahren immens", resümieren BEHR/JESKE.[334] Solche "Schulen, die ganz anders sind"[335], beziehen ihre pädagogischen Ideen u.a. aus dem Konzept der "antiautoritären Erziehung", das ALEXANDER SUTHERLAND NEILL am Beispiel *Summerhill* bereits in den 60er Jahren in Theorie und Praxis vorgestellt hatte.[336] Als "Elternschulen" wollen sie "Schulen ohne Zwang" sein[337], deren Unterricht sich weniger der Lehrkunst im Sinne einer klassischen *Didaktik* als vielmehr einer durch selbstbestimmtes Lernen gekennzeichneten *Mathetik* verpflichtet weiß.[338] Aber auch die *Free-School-Bewegung* in den USA und die *Open-Education-* bzw. *Informal-Classroom-Bewegung* an englischen Grundschulen beeinflußten die Gründer Freier Alternativschulen in der Bundesrepublik der 70er Jahre. Nach LESCHINSKY haben die damaligen "Bemühungen um die Suche nach konkreten Alternativen zur Regelschule" ihren Ausgang in der "Gegenschulbewegung der USA" genommen.[339] Schließlich fanden auch Kapitalismuskritik – etwa im Sinne von HANS-JOCHEN GAMM[340] und FRIEDHELM NYSSEN[341] – sowie Entschulungsgedanken Eingang in die Alternativschulkonzepte, die häufig von harscher Kritik am staatlichen Regelschulwesen geprägt waren.

Auch an den kirchlichen Schulen gingen die Reformunruhen der 60er und 70er Jahre nicht spurlos vorüber.[342] So liest man z.B. in einer Veröffentlichung des *Arbeitskreises katholischer Schulen in freier Trägerschaft in der BRD*: "An der Expansion und der pädagogischen Bewegung dieser für das Schulwesen der Bundesrepublik Deutschland entscheidenden Jahre haben die katholischen Schulen aktiv teilgenommen. Die große Zahl von Schulgründungen, die in diesem Zusammenhang erfolgten, ... ist Ausdruck dieser Dynamik, die auch das katholische Bildungswesen erfaßt hat."[343] So öffneten sich die konfessionellen Schulen auch in dieser Zeit den aktuellen Herausforderungen. Zahlreiche kirchliche Schulen vollzogen eine innere Umgestaltung und gewannen dadurch "ein neues Aussehen und pädagogisches Profil".[344] Die *katholischen Gesamtschulen* z.B. verdanken ihre Gründung dieser Reformphase. Aber auch im Bereich anderer Schularten kam es zu zahlreichen Neugründungen: "Eine Besonderheit stellt die in der Zeit zwischen 1961 und 1975 stattfindende Übernahme bzw. Neugründung von katholischen Grund- und Hauptschulen in kirchlicher Trägerschaft dar; es handelt sich um 40 Prozent der jetzt bestehenden Schulen dieser Formen."[345] Auch im Bereich der *evangelischen Freien Schulen* wurden in dieser Zeit zahlreiche neue Bildungseinrichtungen gegründet.

Diese Gründungen geschahen nicht zufällig. Zum deutschen Volksschulwesen gehörte traditionell seine konfessionelle Prägung, die auch nach der Gründung der Bundesrepublik Deutschland zunächst in mehreren Bundesländern fortbestand. "In den 60er Jahren geriet diese Struktur, um die es auch seit 1919 und 1949 Auseinandersetzungen gegeben hatte, erneut in die öffentliche Diskussion. Diesmal mit dem Ergebnis, daß mehrere Bundesländer in Vereinbarungen mit der katholischen Kirche und den jeweiligen evangelischen Landeskirchen eine Neuordnung des Volksschulwesens vereinbarten, die im öffentlichen Bereich die Gemeinschaftsschule als Regelschule einführte" – und somit von nun an auch katholische und evangelische Grund- und Hauptschulen in freier Trägerschaft "als sinnvolle und notwendige Alternative" zur staatlichen Regelschule erscheinen ließen.[346]

Angesichts eines solchen "Gründungsbooms" Freier Schulen erhebt sich die "... Frage, warum um die Wende des 18. zum 19. Jahrhundert, dann zu Anfang unseres Jahrhunderts und schließlich in der Bundesrepublik der 70er Jahre die Alternativschulfrage wieder aktuell wurde."[347] HERWART KEMPER gibt im Rückblick auf die Zeit nach der Bildungsreform dazu folgende Antwort: "In der nun kontroversen Diskussion um die Fortsetzung der Reform aber fordern seit Mitte der siebziger Jahre" viele Schulkritiker "die 'Humanisierung der Arbeitswelt des Kindes' und suchen unter einer solchen Zielperspektive nach Alternativen für die staatliche Regelschule."[348] Und an anderer Stelle schreibt KEMPER: An die Reformpädagogik des frühen 20. Jahrhunderts "... hat die Alternativschulbewegung in der Bundesrepublik der siebziger Jahre vielfach unbewußt wieder angeknüpft und ihren Forderungen angesichts der widersprüchlichen Ergebnisse der staatlichen Bildungsreform zu neuer Aktualität verholfen."[349]

Hier wird deutlich, daß bereits Mitte der siebziger Jahre die Reformeuphorie im Bereich des staatlichen Schulwesens merklich verblaßte. Auf 1975 datiert denn auch WOLFGANG KEIM das Ende der *"Bildungsreformphase des sozialliberalen Aufbruchs"* und den Beginn der *"Phase der konservativen Wende"*, die nach seiner Auffassung bis etwa 1990 andauerte. HUSÉN spricht in diesem Zusammenhang vom "schwindenden Optimismus, durch schulische Reformen ein größeres Ausmaß von Chancengleichheit im Bildungswesen und darüberhinaus zu erreichen".[350] Die Schulreform hatte – bei allem Positiven – auch ungewollte Nebenwirkungen gezeitigt. Abgesehen von der schon bald fragwürdig gewordenen überzogenen "Verwissenschaftlichung" und der zum Schematismus erstarrten "Lernzielorientierung" des Unterrichts verstärkte die Schulreform ungewollt die

"Krankheit des Zeugnis- und Diplomkults".[351] Diese jedoch greift nach HELLMUT BECKER vom Arbeitsmarkt aus das Bildungswesen an, "... nicht etwa als das bürokratische Diktat eines Qualifikationsbedarfs, nach dem sich die Bildungsplanung zu richten hätte, sondern durch einen formalistischen Schulleistungsdruck, der inhaltliche Bildungsziele und damit die Qualifikationsleistung des Bildungswesens ebenso aushöhlt wie sozialpolitische Zielsetzungen der Bildungspolitik."[352] HUSÉN führt dazu aus: "Mit steigenden Schulbesuchsraten hat sich die Konkurrenz um Noten und Hochschulplätze schnell verschärft. Die Ideologie der Bildungschancengleichheit hat die Bildungsansprüche von Eltern und Kindern aus vorher unterprivilegierten Schichten in die Höhe getrieben. Diese Erwartungen sind häufig enttäuscht worden, wenn sich bei verstärktem Konkurrenzkampf herausstellte, daß Kinder aus kulturell privilegierten Familien erfolgreicher waren."[353]

"Leistungsdruck", "Konkurrenzkampf", "Schulstreß", "Schulangst", "krankmachende Schule", "Schulverweigerung" und "Schülerselbstmorde" waren Schlagworte, welche die schulkritische Diskussion der späten 70er und frühen 80er Jahre bestimmten. Eine Flut von schulkritischer Literatur zu diesen Themen gibt ein beredtes Zeugnis davon.[354]

2.3.6 Schulkritik der 80er Jahre

Mit der Einsicht in die ambivalenten Folgen der Bildungsreform und angesichts der enttäuschten Erwartungen vieler "68er" kam es in den 80er Jahren zu einem politischen Rückzug vieler Reformer. Auch in dieser Zeit genossen die nichtstaatlichen "Alternativschulen" ungebrochenen Zulauf – und es wurden zahlreiche Neugründungen von Freien Schulen verschiedenster Prägung initiiert. HERWART KEMPER stellt im Rückblick auf die Zeit der Bildungsreform Anfang der 80er Jahre fest: "Die damalige Aufbruchstimmung und der Optimismus, mit dem Politiker unterschiedlicher parteilicher Ausrichtung, Wissenschaftler, Lehrer sowie eine breite bildungspolitisch interessierte Öffentlichkeit damals an die zunehmende Effektivierung und Demokratisierung des Schulwesens glaubten, sind inzwischen in Resignation, Abwendung von den damaligen Reformprojekten, teilweise auch Verketzerung der ehemals für sinnvoll gehaltenen Reformziele umgeschlagen."[355] Und er fährt fort: "... der verstärkte Zulauf von Lehrern und Eltern zu Waldorf- und anderen sog. Alternativschulen ... sind deutliche Symptome dieser Entwicklung."[356]

Ein Schultypus, der in dieser Zeit besonders an Zuspruch und Beliebtheit gewann, waren die bereits erwähnten *Freien Waldorfschulen*. Existierten 1965 in der Bundesrepublik noch 28 Waldorfschulen, so stieg die Zahl bis 1980 auf 69 Schulen an und steigerte sich allein bis 1987 um 39 Neugründungen auf 108 Schulen.[357] Zählt man noch die Sonderschulen mit, so bleibt festzuhalten, daß es im Jahre 1987 in der Bundesrepublik bereits 163 Waldorfschulen gab.[358] Nicht zuletzt CHRISTOPH LINDENBERGs vielversprechendes und seinerzeit weitverbreitetes Buch mit dem Titel "Waldorfschulen: Angstfrei lernen, selbstbewußt handeln"[359] oder FRANS CARLGRENs Abhandlung über "Erziehung zur Freiheit"[360] ließ die nach der Pädagogik RUDOLF STEINERs arbeitenden Waldorfschulen für viele Eltern und deren Kinder zu einer echten pädagogischen Alternative werden. Aber auch *Freie Montessorischulen*, *Freie Christliche Schulen* und *Freie Alternativschulen* wurden in den 80er Jahren von schulkritischen Elterninitiativen in großer Zahl gegründet.[361]

Doch kann diese "Alternativschulwelle" der 80er Jahre nicht losgelöst vom bildungspolitischen Hintergrund ihrer Zeit betrachtet werden. Freie Schulen konnten sich immer da etablieren, wo sich heftige Kritik am Zustand der staatlichen Regelschule mit einer gewissen Resignation in Anbetracht mangelnder oder mißglückter staatlicher Schulreformen verband. So kann nach KEMPER die Suche nach schulischen Alternativen in den 80er Jahren als der Versuch verstanden werden, "... die weitreichenden Ziele der Bildungsreform der sechziger und siebziger Jahre unter den restriktiven Reformbedingungen der achtziger Jahre am Ende doch noch durchzusetzen."[362] Für viele "scheinen 'alternative' Schulen in privater Trägerschaft die einzige Möglichkeit zu sein, die staatlicherseits begonnene, aber nicht zu Ende geführte Schulreform mit anderen, nämlich erzieherischen Mitteln konsequent weiterzuführen."[363]

Die "pädagogische Neugestaltung" sollte dabei anstelle der "wissenschaftlichen Verplanung" des Schullernens den nach Ansicht dieser Schulkritiker "falschen Ansatz der Reform" korrigieren. "Denn die wissenschaftliche Organisation und Planung der Schule, um die sich jene Bildungsreform vorrangig bemühte, hat nach Meinung der Verfechter des Alternativschulgedankens allenfalls das traditionelle Schullernen perfektioniert, nicht aber zu seiner pädagogischen Verbesserung und damit zur gesellschaftlichen Erneuerung beigetragen."[364] Hier ist unüberhörbar, daß spätestens im Laufe der 80er Jahre die Schulkritik wieder eine explizit *pädagogische* Färbung bekommen hat.

Doch auch hier entwickelte sich die pädagogische Schulkritik wieder in zwei diametral entgegengesetzte Richtungen. Plädierten einige unter dem Eindruck der Thesen des umstrittenen "Bonner Forums" von 1978 für mehr "Mut zur Erziehung"[365] und traten für eine "konservative Wende" in der Bildungspolitik ein, so lehnten auf der anderen Seite die Vertreter der "Antipädagogik" jegliche Form der gezielten erzieherischen Einflußnahme auf Kinder und Jugendliche prinzipiell ab. Geistige Väter dieser "antipädagogischen" Bewegung waren HEINRICH KUPFFER[366] und EKKEHARD VON BRAUNMÜHL[367], der in seinen "Studien zur Abschaffung der Erziehung" bereits 1975 die grundsätzliche Überwindung der "pädagogischen Einstellung" und den radikalen Verzicht auf jegliche "pädagogische Ambition" entschieden forderte.[368] HUBERTUS VON SCHOENEBECK konkretisierte diese "antipädagogischen" Forderungen und beschrieb 1982 das Modell einer "neuen Beziehung" zwischen Erwachsenen und Kindern als herrschafts- und erziehungsfreie "Freundschaft mit Kindern", deren Motto "Unterstützen statt erziehen" lauten müsse.[369] Diese Radikalkritik an Erziehung überhaupt rief ihrerseits wiederum die Kritiker der "Antipädagogik" auf den Plan, unter denen v.a. MICHAEL WINKLER, ANDREAS FLITNER, JÜRGEN OELKERS und THOMAS LEHMANN zu nennen sind.[370]

Zusammenfassend schreibt KEMPER mit Blick auf die Schulkritik der 80er Jahre: Der Ruf nach Alternativen reicht somit "von der reformpädagogischen Suche nach alternativen Erziehungs- und Unterrichtsformen für die staatliche Regelschule" über zahlreiche freie Reform- und Alternativschulen "bis hin zu der radikalen, antipädagogischen Forderung nach Alternativen für Schule und Erziehung überhaupt."[371] KURT AURIN zog 1980 folgende Bilanz: "Die Schule hat vielfältige Kritik in den vergangenen 15 Jahren Bildungsreform entgegennehmen und verarbeiten müssen. Die Forderungen der Kritiker erstrecken sich von der Abschaffung der Schule (IVAN ILLICH) bis hin zu ihrer optimistischen reformatorischen Einschätzung als 'Schule der Nation' (WILLY BRANDT) und Geburtsstätte einer neuen besseren Menschheit. Beides sind Utopien ..."[372] Vielleicht ist dies auch der Grund dafür, daß STEFAN BLANKERTZ hinsichtlich der Schulkritik am Ende der 80er Jahre zu folgendem Resümee kommen mußte: "Die Konjunktur flaut ab, nicht weil der argumentative Gehalt der Schulkritik erschüttert wäre, sondern weil sie ohne praktische Perspektive blieb."[373]

2.3.7 Schulkrise und Schulkritik der 90er Jahre

Im November 1989, dem Jahr, als die Berliner Mauer fiel, begann in Deutschland für die Schulkritik wie für die Suche nach Alternativen eine neue Ära. Die "Wende" blieb auch bildungspolitisch nicht folgenlos. "In den Monaten nach dem Herbst 1989, als sich die DDR auflöste, schien eine verständliche Euphorie für die Reformpädagogik das ostdeutsche Schulwesen zu erfassen. Die Spontanrezeption der reformpädagogischen Auffassungen und die zum Teil völlige Kritiklosigkeit ihnen gegenüber können als Reaktion auf die jahrzehntelange erzwungene Vereinheitlichung des Schulwesens verstanden werden", führt PEHNKE aus.[374] Diesem starken Öffnungswillen der Schulen in Ostdeutschland stand andererseits eine oft allzu schnelle Übernahme "fertiger" Schulkonzepte aus dem Westen gegenüber. "Insgesamt wurde die Chance vertan, gemeinsam mit kritischen Pädagogen aus den alten Bundesländern ein ... Konzept für eine humanistische, moderne und für viele reformpädagogische Ideen offene Pädagogik zu diskutieren, die die offenkundigen Mängel des BRD-Schulwesens überwindet, anstatt sie – wie mittlerweile geschehen – einfach zu übernehmen", urteilt PEHNKE zutreffend.[375] Daß dies auch wache Beobachter im Ausland bedauerten, bestätigt z.B.

eine Äußerung von PAM ALLEN von der Ohio State University, die Anfang der 90er Jahre feststellte, daß die Deutschen nach der Wende die Chance verpaßt hätten, "diese Zeit des Umbruchs als Möglichkeit zu nutzen, Kritik am westdeutschen Bildungswesen zu üben, das in vieler Hinsicht auch reformbedürftig ist".[376]

Durch die vielfach unkritische Übernahme von Schulkonzepten aus den "alten" Bundesländern erlitten die zahlreichen reformpädagogischen Basisinitiativen in den "neuen" Ländern bald empfindliche Rückschläge. "Die basispädagogischen Initiativen wurden von den verordneten Konsequenzen der nach dem westlichen Modell umstrukturierten Bildungslandschaft, von der neuen Fremdbestimmung schwer getroffen", schreibt PEHNKE.[377] "Die Zahl der pädagogischen Reforminitiativen, die gleich nach der 'Wende' entstanden sind, ist wesentlich kleiner geworden. Wo ist der auf der Straße erstrittene Freiraum für konstruktive Schulkritik" geblieben?[378] "Viele Reformer sind frustriert durch die zunehmende Einschränkung ihrer Bewegungsfreiräume durch bürokratische Vorschriften", bilanziert PEHNKE bereits Anfang der 90er Jahre.[379]

Freilich sind auch am westdeutschen Schulwesen 30 Jahre Schulkritik, Bildungsreform und Alternativschulbewegung nicht spurlos vorübergegangen. "Die moderne Schulpädagogik kann auf bemerkenswerte, im Schulalltag verwirklichte Öffnungsversuche verweisen, die sehr stark auf eine Reaktualisierung reformpädagogischer Konzepte in der Praxis hindeuten."[380] Obgleich führende pädagogische Zeitschriften in ihren zahlreichen Berichten über solche Initiativen leicht "den Eindruck einer euphorischen reformierenden Aufbruchstimmung an scheinbar allen Schulen"[381] vermitteln, sieht die Wirklichkeit oft anders aus. Nach PEHNKE "... bleibt auch das heutige Bild des schon teilweise reformpädagogisch orientierten Unterrichts immer das Bild einer kleinen Gruppe hochengagierter Lehrer, die in wenigen Reformklassen an einzelnen Schulen ihre besondere Pädagogik leben. Die erfolgreiche Arbeit dieser Reformer unserer Generation sagt aber noch nicht sehr viel aus über den Alltag und den Gesamtzustand der Regelschule."[382] Dies bestätigt auch PETER STRUCK, wenn er im Jahr 1995 über die "Alltagspädagogik von Schule" schreibt: "Der Unterrichtsalltag, dienstags im November in der fünften Stunde einer achten Realschulklasse, hat allzu oft und bei allzu vielen Lehrern nicht viel mit dem zu tun, was die Geschichte der Pädagogik an Höhepunkten und an außergewöhnlich charismatischen Lehrerpersönlichkeiten in unsere Zeit eingebracht hat."[383]

Und so ist genau dieser *Alltags-* und *Gesamtzustand* der Regelschule in den letzten Jahren zur Zielscheibe oft heftiger Kritik geworden. Die Schulkritik der 90er Jahre ist weithin geprägt von düsteren Schulszenarien, die nicht nur durch die öffentlichen Medien, sondern auch durch Eltern, Lehrer und Erziehungswissenschaftler gezeichnet werden. Jeder kennt die Schlagzeilen, die uns nicht nur die Printmedien seit Beginn der 90er Jahre beinahe täglich vor Augen führen: "Chaos

Schule"[384], "Alarm im Klassenzimmer"[385], "Nervenkrieg im Klassenzimmer", "Rambos auf dem Pausenhof"[386], "Aufrüstung in der Schule"[387], "Pistole im Ranzen"[388], "Kampfplatz Schule"[389], "Lehrer: Ruin eines Berufs"[390], "Horrorjob Lehrer"[391], "Nullbock auf die Schule", "Gymnasium - Hauptschule der Nation"[392] etc.

Bereits diese wenigen Zitate machen deutlich, daß die Schulkritik in den 90er Jahren eine neue Färbung bekommen hat, auch wenn sie z.T. traditionelle schulkritische Motive wieder aufgreift. So faßt REINHOLD MILLER seine Analyse der "öffentlichen Meinung" über die Schule der 90er Jahre wie folgt zusammen: "Im Mittelpunkt des Interesses stehen Themen wie Gewalt und Drogen, Leistungsverweigerung und Leistungsdruck, Erziehungsdefizit und Bildungsmangel, Abiturinflation und Hochschulunfähigkeit oder Überforderungen und Mißerfolge seitens der Lehrerschaft."[393] Und er hält fest: "Die Schule ist, im wahrsten Sinne des Wortes, in die Schlagzeilen geraten."[394]

Wie bereits in früheren Jahrzehnten, so wird auch in den neunziger Jahren das Bild einer schwerwiegenden "Schulkrise" gezeichnet. Nicht zufällig rangierte bei der Auswahlliste zum Wort des Jahres 1997 der Begriff "Bildungsmisere" – nach "Reformstau" und "Ruck durch Deutschland" – an dritter Stelle.[395] JOCHEN KORTE schrieb bereits 1993: "Heute steckt die Schule 'von oben bis unten' in einer Krise. Demotivationserscheinungen haben um sich gegriffen. Sinkende Anstrengungsbereitschaft und steigende Querelen der Schüler kennzeichnen das Bild."[396] Und an anderer Stelle führt er aus: "Sinkende Leistungsbereitschaft und steigende Aggressivität. Das sind die immer wieder angeführten Hauptpunkte der Kritik."[397] Auch WULF WALLRABENSTEIN stellt fest: "Am Ende des Jahrhunderts produziert die Krise des Bildungssystems Ängste, Verunsicherung und einen öffentlichen Wertekonflikt rund um die Schule."[398] In diesem Sinne konstatiert auch R. MILLER: "Die Schule steckt in einer tiefen Krise ... War früher die Schule ein lebensnotwendiger Lernort und Orientierungspunkt, so ist sie heute für viele entweder zu einem bemitleidenswerten oder bedrohlichen Labyrinth (griech.: Irrgang, Wirrsal, Durcheinander!) geworden."[399]

Daß Schule "bedrohlich" sein kann, ist spätestens seit den 90er Jahren in einem erschreckend konkreten Sinne Wirklichkeit geworden. "Eine allgemeine Verrohung der Schüler prägt ... den Schulalltag. Da wird 'gewürgt, getreten, erpreßt', heißt es in einer Bilanz zur Umfrage unter 150 Frankfurter Schulen. Selbst gegen die Lehrer richten sich die Attacken der lieben Kleinen. 'Wir trauen uns nur noch im Pulk auf den Pausenhof' ", berichtet eine Lehrerin im Frankfurter Gallusviertel.[400] KORTE beschreibt das "fehlende Unrechtsbewußtsein" gewaltbereiter Schüler und weist darauf hin, "daß die Täter immer häufiger die Anerkennung der Unrechtmäßigkeit ihres Tuns verweigern".[401] "Gewalt macht Schule" – so beschreiben H. BRÜNDEL/K. HURRELMANN in ihrem vielsagenden Buchtitel von 1994 dasjenige Phänomen, an dem sich schulkritische Äußerungen der letzten Jahre vordringlich festmachen.[402] Doch diese Studie, die sich nicht mit der *Beschreibung* von Gewaltphänomenen in der Schule begnügt, sondern auch nach deren individuellen und gesellschaftlichen *Bedingungen* fragt, ist nur eine von vielen Arbeiten, die in den 90er Jahren zu diesem Thema erschienen sind.[403]

"Die größte Aufmerksamkeit haben die deutschen Schulen in den letzten vier Jahren mit dem Stichwort Schülergewalt erreicht", stellt PETER STRUCK in seinem "Schulreport" 1995 fest.[404] So gab es in nahezu allen großen deutschen Städten und in vielen Bundesländern "Schulgewaltstudien", die mit geringen Abweichungen etwa gleichlautend zu folgendem Resümee gelangten:

- Die Gewalt unter Schülern habe zugenommen.
- Immer jüngere Altersstufen seien davon betroffen.
- Die "Qualität" der Gewalt sei brutaler geworden; während man sich früher damit begnügt hätte, daß das Opfer am Boden lag, würde man ihm heute oftmals noch "mit dem Springerstiefel mitten ins Gesicht" treten.
- Gewalt gegen Sachen und gegen Menschen, sexuelle Gewalt, Psychoterror, Fremdenfeindlichkeit, das "Abpressen von Geld und Klamotten" sowie das Mitführen von Klapp- und Butterflymessern, Wurfsternen, Würgeketten, Reizgasspraydosen und Pistolen seien Phänomene, die in deutschen Schulen keine Seltenheit mehr darstellen.
- In einer "Hitliste" der gewaltreichsten Schulformen liegen die Hauptschulen vor Sonderschulen, Realschulen, Gymnasien und Grundschulen.
- Die Gewaltsituation stellt sich jedoch regional höchst unterschiedlich dar.[405]

"Die Schülergewalt ist vor allem leidenschaftlich und intensiv von den Medien aufgegriffen und ausgeschlachtet worden, wobei sie mehr an sensationsträchtigen Einzelfällen und Zahlen interessiert waren als an Möglichkeiten präventiver und nachgereichter Abhilfe", schreibt P. STRUCK.[406] Kritiker dieser "Gewaltkritik" haben deshalb gefragt, "ob wirklich die Gewalt unter jungen Menschen zugenommen habe oder nur die Wahrnehmung für sie".[407] Wer jedoch die Schulen der 90er Jahre von innen her kennt, wird die folgende Aussage bestätigen müssen: "Immer öfter und immer erbarmungsloser wenden Kinder und Jugendliche Gewalt an, um sich selbst zu behaupten oder ihre Probleme zu 'lösen'. Viele Eltern und Lehrer wissen sich angesichts dieser neuen Dimension von Gewalt nicht mehr zu helfen."[408]

So ist inzwischen eine Flut von Ratgeberliteratur auf den Markt gekommen, die Eltern und Lehrern Handreichungen zum Umgang mit Schülergewalt zu geben versucht. Genannt seien hier nur drei besonders aussagekräftige Titel aus den 90er Jahren: INGHARD LANGER (1994): "Überlebenskampf im Klassenzimmer. Was Schüler und Eltern gegen den Gewaltterror tun können"[409]; JOCHEN KORTE (1993): "Faustrecht auf dem Schulhof. Über den Umgang mit aggressivem Verhalten in der Schule"[410] sowie ders. (1994): "Lernziel Friedfertigkeit. Vorschläge zur Gewaltreduktion in Schulen".[411] Die Titel sprechen für sich. – Auch Bildungspolitiker sind angesichts des alarmierenden Anstiegs von Gewalt und schweren Körperverletzungen an Schulen inzwischen aktiv geworden. So hat z. B. das Baden-Württembergische Kultusministerium im Verbund mit zahlreichen Einzelinitiativen jüngst ein "Netzwerk gegen Gewalt an Schulen" ins Leben gerufen, das der wachsenden Gewaltproblematik gezielt entgegenwirken soll.[412]

Wie in den 60er Jahren, so sehen auch heutige Schulkritiker einen engen Zusammenhang zwischen Schulmisere und gesamtgesellschaftlicher Situation. BRÜNDEL/HURRELMANN z.B. bezeichnen Gewalt als "gesamtgesellschaftliches Problem", mit dessen Lösung die Schule allein überfordert sei.[413] Schulkritik mischt sich in den 90er Jahren häufig mit profunder Gesellschaftskritik.

Auf derselben Linie liegen andere Krisensymptome, die heute vielfach mit Schulkritik assoziiert werden und die hier – in Anknüpfung an Kap.I.1 – nur stichwortartig genannt seien: "Jugendbanden, Jugendsekten, Grufties, Schwarze Messen, Hooligans, Rechtsradikale"[414], aber auch "Schnüffeln, Alkohol, Nikotin und Drogen", deren Konsum unter Kindern und Jugendlichen ständig neue Rekordhöhen erreicht.[415] Moderne Designer-Drogen, wie z.B. Ecstasy und andere "Glückspillen", die aus einem gefährlichen Cocktail von aufputschenden Amphetaminen, hochdosiertem Coffein, fiebersenkendem Chinin und dem Sexualhormon Testosteron bestehen, werden heute nicht mehr nur auf Raver-Parties und in Techno-Diskos, sondern auch auf deutschen Schulhöfen gehandelt. Zu den stoffgebundenen kommen noch die weitverbreiteten nicht-stoffgebundenen Süchte hinzu, die sich bei Kindern und Jugendlichen in einem alarmierenden Ausmaß verbreitet haben.[416] "Die Suchtproblematik hat in letzter Zeit explosionsartig zugenommen. Allein 1990 gab es eine Verdoppelung der Zahl der Drogentoten in der alten Bundesrepublik im Vergleich zum Vorjahr, und auch die Jugendlichen in den fünf neuen Bundesländern sind zunehmend betroffen", resümiert STRUCK 1992 in seinem Buch über "Schul- und Erziehungsnot in Deutschland".[417]

Die psychische und soziale Verfassung der Schüler rückt in den 90er Jahren immer mehr ins Zentrum der Schulkritik. Schulsozialarbeit und schulpsychologische Dienste sind aus dem Schulalltag nicht mehr wegzudenken. Nach KONRAD RESCHKE (1994) sind die aktuellen "Problemfelder der Schulpsychologie" vor allem "Alltagsdrogen, Gewaltbereitschaft und Hyperaktivität".[418] Aber auch die zahlreichen anderen Verhaltensauffälligkeiten sowie die sich häufenden psychosomatischen Erkrankungen heutiger Schüler, wie z.B. "Asthma, Allergien, Neurodermitis, Magersucht oder Bulimie" gehören in diesen Problembereich.[419]

Nicht nur durch die weitverbreitete "Hyperaktivität" von Schülern, sondern auch durch deren vielbeklagte allgemeine Konzentrationsschwierigkeiten ist der Unterrichtsalltag in vielen Schulen oft erheblich gestört. Dieses Phänomen beschreibt niemand treffender als HORST HENSEL (1995): "Eine große Anzahl der Kinder verhält sich so, als sei ihr Zentralnervensystem an das Vorabendprogramm des Fernsehens angeschlossen: Ihr schulisches Verhalten ist ein Reflex auf schnelle Schnitte, Kliff-Hänger, Zapping usw. Sie sind nervös, können sich schlecht konzentrieren, bedürfen der immer neuen Reize, Stimuli und Sensationen, können nicht mit sich allein sein, behalten wenig, strengen sich kaum an – kurz: Das Konstante ihrer Persönlichkeit ist flüchtig wie die 59 Frames pro Minute Fernsehfilm."[420]

Von einem "krisenhaften Erscheinungsbild der schulischen Vermittlungspraxis" spricht auch BERND HAUCK. In seiner 1991 erschienenen "Situationsbeschreibung anhand schulkritischer Erfahrungsberichte von Lehrern und Schülern" charakterisiert er das Schülerverhalten als geprägt von "Interesselosigkeit, Langeweile, Gleichgültigkeit" und als "apathisches oder destruktives Verhalten."[421] Auf allen Seiten registriert HAUCK ein "Anwachsen der Zweifel am Sinn schulisch organisierter Lernprozesse".[422]

Ähnlich formuliert H. HENSEL: "Die konsumistische Einstellung gewinnt Raum, Lernerfolge müßten sich durch Anwesenheit im Unterricht von selbst ergeben. Es fehlt dasjenige Einverständnis mit Schule, ohne das Lernen und Schule nicht möglich sind."[423] Auch R. MILLER beschreibt die mangelnde Motivation und Anstrengungsbereitschaft heutiger Schüler, die unter den Schlagworten "Nullbock auf die Schule" bzw. "Nullbockmentalität" in die schulkritische Diskussion eingegangen ist.[424]

HANS-HERMANN GROOTHOFF spricht in seiner Abhandlung über "Die Krise der allgemeinbildenden Schule" von einer "Verschärfung der Disziplinierungsproblematik".[425] Das zunehmende "Konkurrenz- und Karrieredenken" in Gesellschaft und Schule setze Kinder und Jugendliche unter enormen psychischen Druck. "Diese Entwicklung hat aber auch zur Folge, daß Schüler und Schülerinnen, sobald der Druck einmal nachläßt, wie vielfach bezeugt und beklagt worden ist, 'über Tisch und Bänke gehen' – und das nicht nur in den Pausen!"[426] Diese allgemeine "Disziplinlosigkeit" von Schülern in Schule und Öffentlichkeit ist ein weiteres Thema der neueren Schulkritik.

Auch HARTMUT VON HENTIG präsentiert in seiner scharfsichtigen Analyse der Schulwirklichkeit im Jahre 1993 "schlechte Nachrichten": "Die Unordnung und Unzufriedenheit haben zugenommen, die Merkfähigkeit und Konzentration haben nachgelassen, an vielen Schulen verbindet sich Gewalt mit Gleichgültigkeit – und draußen machen sich die Jugendlichen 'stark' gegen Ausländer, Schwache ..."[427] Was für VON HENTIG das Bild der Schule der 90er Jahre prägt, ist dies: "Störungen, Unflätigkeit, Bedrohung, Chaos, Nervenzusammenbrüche,

Kapitulation."[428] Die Schule scheint auf ganzer Linie zu versagen. "Sie entläßt die jungen Menschen kenntnisreich, aber erfahrungsarm, erwartungsvoll, aber orientierungslos, ungebunden, aber auch unselbständig – und einen erschreckend hohen Anteil unter ihnen ohne jede Beziehung zum Gemeinwesen, entfremdet und feindlich bis zur Barbarei."[429] Nach VON HENTIG ist das "Mißverhältnis von Aufwand und Erfolg, von Absicht und Ergebnis ... so groß und jetzt so offensichtlich" wie selten zuvor.[430] Und dies birgt für VON HENTIG – bei aller Sorge um den Zustand der Schule – auch eine Hoffnung: "Die Beunruhigung ist groß, wirksam, nicht mehr zu beschwichtigen – und das ist eine Chance. Es könnte sein, daß die Schlechten [sic] Nachrichten uns zu einer besseren Einsicht verhelfen als alle Heilsbotschaften und kritischen Alternativen, alle Analysen und Prognosen, alle Schulversuche und Reformpläne der letzten drei Jahrzehnte zusammen."[431] Hierfür tut nach VON HENTIG zunächst einmal eines not: *Die Schule* radikal *neu* zu *denken.*[432]

Doch nicht nur die Schüler, sondern auch die an den Schulen unterrichtenden Lehrer sind in den 90er Jahren zunehmend ins Schußfeld der Kritik geraten. R. MILLER spricht von einer "Krise des Lehrerberufs" und diagnostiziert bei vielen Lehrern "ruinöse Anzeichen wie Überforderung und Angst".[433] VON HENTIG dehnt seine Analyse auch auf die nicht-professionellen Pädagogen aus und konstatiert eine allgemeine große "Ratlosigkeit der Laien- und Amtspädagogen".[434]

Härter urteilt P. STRUCK in seinem "Schulreport": "Es kommen viele für Kinder ungeeignete junge Menschen in den Lehrerberuf ... Es gibt mehrheitlich schlechte Lehrer, was ihre Einstellung zu Schülern, ihre Erziehungskompetenz und ihr unterrichtsmethodisches Geschick anbelangt."[435] So wundert es nicht, daß STRUCK 1994 in einem reißerischen Buchtitel fordert: "Neue Lehrer braucht das Land".[436] Diese "neuen Lehrer" sollten nach STRUCK ausgestattet sein "... mit anderen Motivationen, mit einer reformierten Ausbildung in einer der gesellschaftlichen Realität angepaßten, also gewandelten Schule, mit einem Mehr an sozialpädagogischen Kompetenzen und mit einer Arbeitsplatzbeschreibung, die über ihre Rolle als 'Stundengeber' in einer wissenschaftsorientierten und an einem übertriebenen Fachlehrer- und Kurssystem leidenden Unterrichtsanstalt weit hinausgeht."[437]

Auch HORST HENSEL thematisiert die wachsende Kritik an der Lehrerschaft, geht jedoch – als selbst betroffener Lehrer, der den Schulalltag an einer nordrhein-westfälischen Gesamtschule täglich erlebt – weniger hart ins Gericht mit der "überforderten" Lehrerschaft. In einem Essay aus den 90er Jahren schreibt er: "Beschimpfungen und Schmähungen von Lehrkräften nehmen zu ... Das Mißbehagen an der Institution entlädt sich gegen Lehrerinnen und Lehrer, und oft in einer Form, die sprachlos macht. Und hilflos. Denn die Berufsrolle verlangt den Lehrkräften inzwischen ab, aus jeder Schmähung einen Ruf nach Hilfe herauszuhören."[438] Wen wundert es da, daß immer mehr Lehrer bereits in jungen Jahren "ausgebrannt" sind – und daß die Verbreitung des "Burnout-Syndroms" innerhalb der deutschen Lehrerschaft inzwischen besorgniserregende Ausmaße angenommen hat.[439]

a) Wo liegen nun die *Ursachen* dieser vielzitierten *"Schulkrise"* vor der Jahrtausendwende? – Zunächst einmal kommen diesbezüglich alle Faktoren in Betracht, die sich unter dem Stichwort *"Veränderte Kindheit"* subsumieren lassen. Da diesen Faktoren eine zentrale Bedeutung bei der Schulkritik der 90er Jahre zukommt, seien sie im folgenden etwas ausführlicher dargestellt.

Die Arbeitsgruppe "Wandel der Sozialisationsbedingungen seit dem Zweiten Weltkrieg" hat unter der Federführung von ULF PREUSS-LAUSITZ u.a. den Versuch unternommen, die veränderten Lebensbedingungen der heute aufwachsenden Kinder und Jugendlichen nachzuzeichnen.[440] Für diejenigen, "... die seit Mitte der 70er Jahre in der Krise des Wachstums und der 'Sinnkrise' aufwachsen", hat die Berliner Forschungsgruppe den vielsagenden Begriff "Krisenkinder" geprägt.[441] Doch worin liegt das Krisenhafte dieser *"neuen Kindheit"*?

In der erziehungswissenschaftlichen Literatur lassen sich v.a. vier Problembereiche ausmachen, die Kindheit heute prägen – und mit ihr die vielfach als problematisch erlebte Schulwirklichkeit. Es sind dies die Bereiche *"Medienkindheit"*, *"Konsumkindheit"*, *"Familienzerfall"* und allgemeiner *"Sinn- und Werteverlust"* in der Gesellschaft. Diese Problembereiche moderner Kindheit werden in zahlreichen pädagogischen Veröffentlichungen der 90er Jahre – mit unterschiedlicher Akzentuierung – immer wieder genannt.

So schreibt z.B. HORST HENSEL: "Mediatisierung, Kommerzialisierung, Entsinnlichung, Vereinzelung – aus all dem bildet sich eine neue Kindheit."[442] In seinem Buch mit dem Titel "Die neuen Kinder und die Erosion der alten Schule" (1995) charakterisiert HENSEL eindrücklich die "neuen Kinder", die "vom Fernsehen und der Fernsehwerbung sozialisiert sind, ebenso vom elektronischen Spielzeug, überhaupt von den modernen Medien. Lernstörungen, Störungen der Persönlichkeitsentwicklung, Verlust sozialer Werte und Egoismus machen sich bemerkbar".[443]

Allein die "Mediensozialisation" hat Kindheit und Schulzeit tiefgreifend verändert. "Die Medien, allen voran Fernsehen und Video, stellen einen Lebensbereich dar, der für Kinder und Jugendliche heute von wahrscheinlich ebenso großer Bedeutung ist wie Familie und Schule", schreibt der Jugendforscher KLAUS HURRELMANN 1994.[444] "Typisch für die Lebenssituation von Kindern und Jugendlichen ist, daß ein großer Teil ihrer Lebenserfahrungen durch Massenmedien vermittelt wird."[445] Zu Recht bezeichnen H.-G. ROLFF/P. ZIMMERMANN die

"Fernsehsozialisation" deshalb als "das neue Curriculum", das längst in Konkurrenz zu den Lehrplänen der Schulen getreten ist.[446] Diese neue Form der Wirklichkeitsaneignung birgt jedoch die große Gefahr einer Reduzierung der kindlichen Weltbegegnung zur bloßen "Erfahrung aus zweiter Hand durch mediatisierte Aneignung der symbolischen Kultur".[447] Die virtuelle Welt des Cyberspace verschärft diese Problematik weiter. Nach P. STRUCK hat die Zunahme von Bildschirmerfahrungen (Fernsehen, Video und Computer) "... bei vielen Kindern schon vor der Einschulung zu einer Schwächung der Fernsinne Hören und Sehen geführt."[448]

Dies wiegt umso schwerer, wenn man sich klarmacht, "... daß schon jetzt ein Großteil der Freizeit der Kinder und Jugendlichen vor dem Bildschirm verbracht wird und daß so manches Kind den Fernseher als 'seinen besten Freund' bezeichnet."[449] Bereits mehr als 34 Prozent der Neun- bis Zehnjährigen besaßen zu Beginn der 90er Jahre ein eigenes Fernsehgerät – die Tendenz steigt stetig.[450] Vor allem diese Kinder "... betreiben exzessiven Fernsehkonsum, das heißt, sie sehen oftmals noch vor der Schule fern oder spät abends bis Mitternacht oder darüber hinaus."[451] Rund 25 Prozent der neun- bis zehnjährigen Großstadtschüler sehen täglich drei bis zu fünf Stunden fern.[452] Eltern entziehen sich häufig ihrer Verantwortung: "Kinder und Jugendliche entscheiden heute weitgehend allein über die Nutzung der Geräte."[453]

Über die Wirkung des Medienkonsums auf Kinder und Jugendliche ist in den letzten Jahren viel diskutiert worden. BRÜNDEL/HURRELMANN schreiben dazu: "Die Folgen eines zu häufigen und langen Fernsehens sind vielfältig. Fernsehen führt schon ganz unabhängig von seinen Inhalten zu einem Bewegungsstau, der gerade für die jüngeren Kinder sehr schädlich ist. Extrem langes Sitzen vor dem Fernseher schädigt nicht nur die Bänder, Sehnen und Muskeln, sondern auch den Stoffwechsel des kindlichen Körpers und vor allem die Psyche, denn kleine Kinder sind häufig, wenn sie mehrere Stunden lang still und bewegungslos ferngesehen haben, anschließend äußerst unruhig, aufgekratzt und nervös. Sie 'flippen aus' und sind nicht mehr zu bändigen."[454] Dies bestätigt auch JOACHIM-ERNST BEHREND: Es seien nicht die Inhalte des Fernsehens allein, die Menschen aggressiv und dumpf machten, sondern schon das visuelle Medium selbst, der massive "visuelle Input", "die ständige und vorrangige Berieselung mit visuellen Reizen".[455]

Nach Meinung des Medienforschers WERNER GLOGAUER kann die "Doppeldosis von zu langem und ruhigem Sitzen und gewalttätigen Darstellungen" erst recht "zu ungehemmten aggressiven Handlungen führen".[456] Doch nicht nur die Darstellung "fiktiver Gewalt" in Spiel- und Zeichentrickfilmen, sondern auch die "reale Gewalt" in Nachrichtensendungen irritiere und überfordere Kinder maßlos. "Der intensive Konsum von Horrorfilmen kann die Grenzen zwischen Fiktion und

Realität verwischen, die moralischen Hemmschwellen senken und manche Jugendlichen zur Nachahmung der Fernsehwirklichkeit verführen – so geschehen im englischen Preston, wo zwei elfjährige Jungen den zweijährigen James Bulger entführt und auf grausame Weise getötet haben. Der Tathergang wies erschrekkende Parallelen zu einem im englischen Fernsehen ausgestrahlten Horrorvideo auf."[457]

In den letzten Jahren wurde nach Ansicht des Medienexperten MICHAEL KUNCZIK kaum ein Thema so intensiv erforscht wie die Wirkung von Gewaltdarstellungen im Fernsehen. Die Zahl der vorliegenden Studien wird auf über 5.000 geschätzt.[458] Zwar gehen die Einschätzungen der Fachliteratur teilweise auseinander; es besteht jedoch weitgehende Übereinstimmung darüber, daß der Konsum von Gewaltdarstellungen im Fernsehen in Verbindung mit anderen negativen Sozialisationsfaktoren "zu besonders intensiven und schädlichen Effekten für die weitere Persönlichkeitsentwicklung der Kinder und Jugendlichen" führen kann.[459]

Ein weiterer Aspekt der Mediatisierung ist das von NEIL POSTMAN bereits 1982 prophezeite "Verschwinden der Kindheit".[460] Viele Kinder konsumieren unselektiert das gesamte Erwachsenenprogramm und haben dadurch "Anteil an allen Bereichen des Erwachsenenlebens, an allen Niedrigkeiten, Gemeinheiten, Oberflächlichkeiten, Gelüsten, Verbrechen und Machenschaften der Erwachsenen".[461] Die Folgen dieser Tatsache für Schule und Unterricht sind gravierend.

Die Video- und Computerspiele, die in den 90er Jahren zunehmend Verbreitung gefunden haben, stellen einen weiteren Problemfaktor dar. Bereits 1993 besaßen rund 29 Prozent aller 9- bis 10-jährigen einen "Kindercomputer"; heute liegt die Zahl noch erheblich höher.[462] Elektronische Spiele transportieren häufig höchst problematische Inhalte. "Zwei Drittel aller Computerspiele befassen sich mit Eroberung und Zerstörung", schreibt HURRELMANN.[463] "Die Videokriegsspiele suggerieren ein Gewalthandeln, das notwendig, sauber und patriotisch erscheint."[464]

HENSEL äußert sich ähnlich und beschreibt die gefährlichen Folgewirkungen der neuen High-Tech-Kriegsspiele noch drastischer: "Der Inhalt dieser Spiele ist der Kampf bis zur Vernichtung des Gegners. Um des Verkaufs willen ergeht ein ständiger Appell an die niedrigsten Gefühle. Die Spieler werden Teile des Apparats; sie erleben eine apparative Kindheit. Eltern parken sie vor den Geräten und sind sie los ..... Im Spiel erleben die Kinder Allmachtsgefühle. Sie tauchen in Scheinwelten ein. Sie spielen allein und werden auf entsozialisierende Weise sozialisiert. Die Phantasie wird vorfabriziert. Per Fingerdruck oder Handbewegung bewegt man sehr viel, aber es geschieht nichts. Wenn der Fernsehkonsum die Kinder in eine Art nervöser Trance versetzen kann, regt das elektronische Spiel zu hektischer Betriebsamkeit an. Auch hier wieder: Hektik und Verdämmern als Merkmale kindlichen Verhaltens ..."[465]

Darüber hinaus können elektronische Spiele zu einem ausgeprägten "Suchtverhalten" bei Kindern und Jugendlichen führen, wobei häufig das "Bedürfnis nach Steigerung der Erregung", nach stimulativer "Dosissteigerung" auftritt, welche das "Erlebnisloch" und die "Erregungsleere" nach dem "Kick" wieder füllen soll.[466] Es erscheint müßig, näher auszumalen, was das für die Alltagswirklichkeit von Schule und Unterricht bedeutet.

Beinahe untrennbar mit der *Mediatisierung* geht die *Vermarktung* der Kindheit einher. Nach HENSEL konsumieren die meisten Kinder das Fernsehen "... bewußtlos und besinnungslos. Sie sehen das gesamte Programm, und sie sehen diejenigen Kinderprogramme, durch die sie werblich abgerichtet werden. Sie werden als Konsumenten angesprochen und nicht als Menschen behandelt ..."[467] Doch dies birgt eine weitere problematische Implikation: "Insgesamt werden die Kinder durch die allfällige Werbung der Unwahrhaftigkeit und der Äußerlichkeit ausgesetzt: keine werbliche Maßnahme kommt ohne Lüge aus – die Werbebilder beispielsweise werden mit Scannern bearbeitet, bis Farben und Formen unwahr, aber 'schön' sind. Die Kinder sind halbbewußt einem Ansturm erfolgreicher Lügen ausgesetzt."[468]

Doch dieser "Vermarktungszwang" hat auch noch eine andere Schattenseite: Er führt nach ROLFF/ZIMMERMANN zu einer "Reduktion von Eigentätigkeit durch konsumierende Aneignung der materiellen Kultur".[469] Die schöpferischen Fähigkeiten bleiben im Zeitalter von Massenkonsum, vorfabriziertem Plastikspielzeug und "Wegwerfkinderkultur"[470] vielfach auf der Strecke.

"Tamagotchi", das virtuelle Kunststoffhaustier der 90er Jahre, das man per Knopfdruck "sterben lassen" und "wiedererschaffen" kann, avancierte kurz nach seiner Erfindung zum Konsum-Renner Nr.1 der Spielzeugindustrie. Die Rufe der Kritiker, "Leben und Tod auf Knopfdruck" vermittle falsche Werte, das Einfühlen in ein anderes Lebewesen lasse sich per Computer nicht erlernen, phantasievolles Spielen sei mit dem Cyber-Küken ohnehin nicht möglich und Tamagotchi könne kontaktschwache Kinder noch einsamer machen, verhallten weitgehend ungehört.[471] Tamagotchi wurde zum bizarren Symbol der neuen Konsumkindheit.

Doch auch die virtuellen Monster namens "Pokémon", die von Japan aus über die USA 1999 den Sprung nach Europa schafften und in einem in dieser Form bislang einmaligen Erfolgssturm die deutschen Kinder- und Klassenzimmer eroberten, legen ein erschreckendes Zeugnis der totalen und massenweisen Manipulierbarkeit und Verführbarkeit von Kindern und Jugendlichen in der modernen Konsumgesellschaft ab. Abgesehen von der Tatsache, daß das Spiel mit den "Taschenmonstern" und ihren unzähligen Kämpfen und Schlachten durchaus gewaltverherrlichende Züge trägt, lassen die zahlreichen Pokémon-Artikel auch das gesamte Taschengeld vieler Kids allmonatlich der Vernichtung anheimfallen. Es ist zu vermuten, daß die gigantische und für deren Erfinder bzw. Vermarkter höchst lukrative "Pokémanie" der 90er Jahre nicht ohne Nachfolger bleiben wird. "Heute ist die Kinderkultur effizient kommerzialisiert", stellt JÜRGEN OELKERS fest.[472] "Zwischen Lego und Pokémon beherrschen Marken und Moden den Erfahrungsraum von Kindern, und zwar immer in Überdosis und auf mehreren Ebenen gleichzeitig."[473] OELKERS zieht eine düstere Bilanz: "Das 20. Jahrhundert hat das Postulat der 'Kindzentrierung' auf ironische Weise erfüllt: Im Mittelpunkt steht das Kind als Konsument."[474]

Ein weiterer Problembereich der veränderten Kindheit, der ebenfalls stark in die Schule der 90er Jahre hineinwirkt, ist der *Wandel der traditionellen Familienstruktur*. Ohne diesen Gesellschaftswandel von vorneherein negativ beurteilen zu wollen, bleibt doch unbestreitbar, daß er die Lebensbedingungen und Verhaltensweisen von Kindern tiefgreifend verändert hat.[475] Demographische Erhebungen zeigen in den letzten Jahren und Jahrzehnten einen immer stärkeren Trend zur Klein- bzw. Kleinstfamilie.[476] Dieser Wandel der Familienformen wird von einigen Autoren mit dem Begriff "Familienzerfall" bezeichnet, der z.B. nach STRUCK dann zutreffend ist, "wenn wir die Wandlung von der Großfamilie, zu der auch die Großeltern und viele Geschwister gehörten, über die Kleinfamilie zur Kleinstfamilie, die eventuell nur noch aus einer Mutter und einem Kind besteht, beschreiben".[477] Nach STRUCK geht mit diesem Wandel ein Verlust an Befriedigung der "Bezugspersonenbedürfnisse" von Kindern einher, der die Schule vor große neue Aufgaben stellt.[478]

"Zentrale Bedeutung für die Diskussion veränderter Sozialisation durch den Wandel der Familienformen" hat nach ROLFF/ZIMMERMANN eine "Veränderung der Rollenverteilung in der Familie selbst, durch die Erwerbstätigkeit der Mutter".[479] Über 40% der Kinder und Jugendlichen im Alter von unter 18 Jahren haben eine erwerbstätige Mutter; bei den Kindern unter sechs Jahren ist etwa jede dritte Mutter (33,4%) berufstätig.[480] "Mit diesen Daten ergibt sich für 30 bis 40% aller Kinder im Vorschul- und Schulalter ein Aufwachsen in Familien, in denen die Eltern lange Zeit täglich außer Haus sind."[481] Zwar ist die zunehmende Berufstätigkeit von Müttern prinzipiell durchaus positiv zu bewerten; "... aber umgekehrt haben es nur wenige Väter, Erzieher und Lehrer geschafft, ihre klassische Männerrolle um typisch 'weibliche' Verhaltensmuster zu erweitern"[482] – und sich z.B. am Haushalt und an der Kindererziehung in größerem Umfang zu beteiligen. Dadurch entsteht in vielen Familien eine Situation, in der *beide* Eltern mehr oder weniger den ganzen Tag beruflich unterwegs und damit für die Kinder nicht verfügbar sind. Solche Kinder bekommen oft nur "Milchschnitten statt Zuwendung", wie DER SPIEGEL einmal zynisch titelte.[483]

Weitere Phänomene im Kontext der "neuen Kindheit" sind neben dem "Aufwachsen in Ein-Eltern-Familien" das "Aufwachsen als Scheidungskind" und das "Aufwachsen als Einzelkind".[484] "Der Anteil der Alleinerziehenden stieg vor allem im früheren Bundesgebiet in den letzten Jahren deutlich an."[485] Während 1991 3,5 Millionen Ehepaare und 0,59 Millionen Nichtverheiratete Kinder unter sechs Jahren hatten, waren es 1999 nur noch 2,9 Millionen Ehepaare (Minus 17,1 Prozent) gegenüber 0,67 Millionen Alleinerziehenden. "Das entspricht einem Plus von 13,6 Prozent."[486] Zwar werden diese veränderten Sozialisationsbedingungen von verschiedenen Autoren recht unterschiedlich bewertet; insgesamt jedoch besteht eine weitgehende Übereinstimmung in der Feststellung, daß es den Kindern unserer Tage vielfach an konstanten und verläßlichen Bezugspersonen mangelt. Das "moderne Kind" ist häufig ein "einsames Kind", wie STRUCK zu Recht anmerkt.[487]

Ein vierter großer Problembereich der "neuen Kindheit" ist dasjenige gesellschaftliche Phänomen, das mit den Begriffen *"Werteverlust"*, *"Wertezerfall"*, *"Wertewandel"*, *"Sinnverlust"*, *"Sinnkrise"*, *"Orientierungsverlust"* u.a. bezeichnet wird.[488] Diese vielbeschriebene "Wertkrise" des Menschen in der modernen Gesellschaft beinhaltet nicht nur den Verlust von sozialen, sittlichen und ideellen Wertorientierungen in vielen Bereichen des öffentlichen Lebens, sondern auch eine tiefgreifende Verunsicherung und Orientierungslosigkeit vieler Eltern bezüglich der zu vermittelnden Werte in der Erziehung.[489] So spricht z.B. auch HENSEL von einer "... um sich greifenden Erziehungsunsicherheit vor allem in den Familien bzw. bei den jeweils erziehenden Erwachsenen" sowie einer "Ausdünnung empathischer Werte".[490]

Auch die Zunahme materialistisch-hedonistischer Vorstellungen und Verhaltensweisen bei gleichzeitigem Verlust ethisch-religiöser Wert- und Sinnorientierungen gehört zur Signatur unserer Zeit. JÜRGEN OELKERS konstatiert in diesem Zusammenhang: "Die Erfahrung der Kindheit hat in westlichen Gesellschaften kaum noch religiösen Gehalt. Das ist ebenfalls historisch ohne Beispiel."[491] Eine 1998 vom Institut für Demoskopie in Allensbach veröffentlichte Langzeitstudie zum "Wertewandel in der Bevölkerung" kam zu dem Ergebnis, daß "Lebensgenuß" im Jahre 1997 bei den Deutschen an erster Stelle der Werteskala rangierte, wohingegen Werte wie "Gewissen", "Religion" und "soziale Verantwortung" nur noch eine sehr untergeordnete Stellung einnahmen.[492]

Das gesamtgesellschaftliche Klima von eklatantem Werteverlust einerseits und bis zur Sinnkrise gesteigerter Orientierungslosigkeit andererseits geht auch an den "neuen Kindern" nicht spurlos vorüber. Somit werden auch hier der Schule neue Aufgaben zugetragen, die ihr in früheren Zeiten nicht annähernd in solchem Umfang zukamen. "Insgesamt können sich die Schulen weniger als zuvor auf Vorleistungen und Unterstützung außerschulischer Sozialisationsinstanzen verlassen", hält JÜRGEN BAUMERT fest.[493]

Diese Skizze mag genügen, um ein Bild von den vielfältigen gesellschaftlichen Ursachen der immer wieder beschriebenen "Schulkrise" unserer Tage zu geben. Vielleicht war Schulkritik nie so untrennbar verwoben mit der Kritik am Zustand der Gesamtgesellschaft wie gerade in den 90er Jahren unseres Jahrhunderts.

Was wird nun angesichts dieser problematisch veränderten Kindheit der Schule von heute vorgeworfen? Ein häufig erhobener Vorwurf ist der, "daß Schule nicht mehr zeitgemäß ist".[494] "Schule in einer veränderten Lebenswirklichkeit von Kindern" habe es versäumt, über "Möglichkeiten ihrer pädagogischen Veränderung" nachzudenken.[495] Nach STRUCK bezieht sich diese Kritik auf alle Schulstufen: "Schule stellt sich ... bislang kaum auf ihre sinnesgeschwächten Schulanfänger ein"[496]; aber auch: "Noten, Zeugnisse und Abschlußqualifikationen sind ... äußerst problematische schulische Elemente und offensichtlich nicht mehr ganz zeitgemäß."[497] "Die unzeitgemäße Schule" richte sich dadurch sichtlich selbst zugrunde, denn: "Ein wenig muß ja dran sein, wenn in Schlagzeilen vom 'Horrorjob Lehrer' (Der Spiegel), von 'Schule voll ätzend' (stern), von 'Nie wieder Schule' (Focus), vom 'Streßfaktor Schule' (Die Welt) gesprochen wird, wenn das 'Burnout-Syndrom' der Lehrer und das 'Montags-Syndrom' der Schüler beklagt wird ...", schreibt STRUCK.[498] Und an anderer Stelle liest man: "Allzuviel hat sich um die Kinder herum und in ihnen verändert, als daß die seit 100 Jahren im wesentlichen unveränderte Schule als Unterrichtsanstalt noch effektiv genug sein könnte. Der allgemeine Familienzerfall bzw. die totale Umstrukturierung der Institution Familie und die gesellschaftlichen Wandlungen haben der Schule mehr denn je den Erziehungsauftrag zugespielt."[499]

Hier wird ein Grundgedanke wieder aufgegriffen, den OSKAR NEGT bereits früher formuliert hat. Als "einer der theoretisch differenziertesten Kritiker der Regelschule" diagnostiziert NEGT "die Schulkrise als Ausdruck zunehmender Anpassungsprobleme von Schule und Umwelt, die vor allem auf langfristigen Veränderungen mit der Schule konkurrierender und/oder ihr vorausgehender Sozialisationsinstanzen, insbesondere der Familie und der Altersgruppe, und mangelnder Wandlungsfähigkeit der staatlich beaufsichtigten Schule" beruhen.[500]

Ähnlich äußert sich auch HENSEL zum Anpassungsproblem von Schule und Umwelt, wenn er schreibt: "Dabei sind die angedeuteten Probleme in Praxis und Theorie seit langem bekannt, sie zeigen sich in allen Schulen – die stetige und graduelle Entwicklung dazu scheint aber inzwischen eine neue Qualität erlangt zu haben."[501] Auf diesen "neuartigen Problemdruck" zeige die "alte Schule" jedoch noch keine "angemessene pädagogische Reaktion".[502] "Es ist, als ob man den 'Kulturbruch' nicht wahrhaben möchte, nicht glauben will, was man doch in jeder Unterrichtsstunde und im Kontakt mit Eltern erfährt ..."[503] Die Kinder in unseren Schulen sind nach HENSEL "der traditionellen Schule entfremdete Kinder".[504] "Auf diese neue Kindheit hat sich die Schule noch nicht adäquat eingestellt ..."[505]

An anderer Stelle spricht HENSEL von den "pädagogischen", aber auch "systemischen Funktionsdefiziten" der Schule "angesichts der Anforderungen einer veränderten Kindheit".[506] Der Schule selbst fehle eine pädagogische Ausrichtung und Werthaltung, ein "schulisches Ethos".[507] Die Essenz seiner Schulkritik faßt HENSEL 1995 in einer unbequemen Frage zusammen: "Wie lange können wir es uns noch leisten, die Kinder von heute in den Schulen von gestern mit den Methoden von vorgestern auf die Probleme von übermorgen vorzubereiten?"[508]

Auch nach PREUSS-LAUSITZ ist eine "Funktionserweiterung der Schule in den 90er Jahren" festzustellen, der sie jedoch in der Realität häufig nicht gewachsen ist.[509] Einerseits gelten die traditionellen Funktionen von Schule, wie sie etwa HELMUT FEND in seiner "Theorie der Schule" formuliert hat, unverändert: Die Schule soll Wissen und Fähigkeiten vermitteln ("Qualifikationsfunktion"), darüberhinaus reflexiv-kritisch in die Normen und Werte unserer Gesellschaft einführen ("Sozialisationsfunktion") und schließlich die Verteilung auf die verschiedenen sozialen Positionen in der Gesellschaft vorbereiten ("Allokations- oder Selektionsfunktion").[510] Aufgrund der "gewandelten Kindheitsbedingungen" ergeben sich "... darüber hinaus zwei weitere Erwartungen an Schule, mit denen die Lehrerinnen und Lehrer heute konfrontiert sind: Schule ist einerseits zum zentralen Ort der sozialen Beziehungen geworden ... Zum anderen interpretieren Kinder und Jugendliche verstärkt die Schule als einen Ort, wo subjektiv existentielle Fragen geklärt werden sollen: allgemeine Probleme wie Frieden, Krieg, ökologische Krise, Armut; persönliche Sinnfragen wie Freundschaft, Sexualität, Krankheit, Tod, Glaube; existentiell-praktische wie Berufsfindung, Arbeitslosigkeit, Wohnen, Familiengründung ...", führt PREUSS-LAUSITZ aus.[511] Und er kommt zu dem Fazit: "Die Schule wird also nicht nur sozial wichtiger, sondern erhält nun von den Kindern und Jugendlichen identitätsstiftende, zumeist identitätsklärende Aufgaben zugeschrieben. Schule wird am Ende des Jahrhunderts Drehpunkt der Lebenswelt. Diese Rolle geht weit über die herkömmliche 'Sozialisationsfunktion' hinaus und kann als vierte, als Lebensweltfunktion heutiger Schulzeit gekennzeichnet werden."[512] Daß damit jedoch die heutige Schule noch weitgehend überfordert ist, spricht sich in der Schulkritik der 90er Jahre oft überdeutlich aus.

So sind denn auch die mit der neueren Schulkritik angebotenen *Lösungsmöglichkeiten* und Alternativvorschläge häufig eher ein vorsichtiges Herantasten an gangbare Wege als der Entwurf fertiger und in sich geschlossener Reformkonzepte. "So weitverbreitet die Ansicht ist, daß sich die staatlich verwaltete Regelschule in einer Krise befinde, so unterschiedlich fallen Analyse der Krisenerscheinungen und Vorschläge ihrer Therapie aus", formuliert JÜRGEN BAUMERT.[513] Dennoch lassen sich einige Hauptstränge von Lösungsvorschlägen erkennen.

Vor dem Hintergrund der allseits bestätigten "Schulkrise" wurden in den 90er Jahren erneut Möglichkeiten einer "äußeren", aber v.a. auch einer "inneren Schulreform" diskutiert. Im Hinblick auf eine *"innere Reform"* wird von Schulkritikern vielfach eine Rück- und Neubesinnung auf die pädagogischen und sozialpädagogischen Aufgaben der Schule gefordert. STRUCK z.B. plädiert vehement für eine "Reform der Lehrerbildung" in Richtung auf die Entwicklung größerer "sozialpädagogischer Kompetenzen" und betrachtet eine neue "Werteerziehung als Ausweg".[514] "Wir brauchen also dringend die Wiederentdeckung der Bedeutung von umfassenden Bezugspersonen, die Wiederentdeckung der Notwendigkeit von Grenzerfahrungen in der Erziehung ... und die Wiederentdeckung von vorbildhaftem Verhalten und von Konsequenz, weil Werteerziehung und angemessener Wertbildaufbau zum Funktionieren unserer Gesellschaft sonst nicht möglich sind. Werteerziehung ist der Ausweg aus der Gewaltphänomenologie."[515]

In demselben Sinne fordert z.B. auch HENSEL von der Schule die Erfüllung der "neuen pädagogischen Aufgaben", nämlich "erstens die einer 'nachholenden Erziehung' und 'Persönlichkeitsbildung', da Familie und Gesellschaft hier inzwischen besonders im Bereich des Sozialverhaltens und der Werte Defizite zeigen, und zweitens die einer 'Sicherung der Schulfähigkeit' im Leistungs- und Arbeitsverhalten, da dies ebenfalls defizitär ist."[516] Und er fährt fort: "Das gesellschaftliche Bedürfnis danach läßt sich u.a. am Zustrom zu Privatschulen ablesen, da diese die Aufgaben 1 und 2 besser realisieren oder zu realisieren scheinen als die staatliche Schule."[517]

Auch JOCHEN KORTE hofft – wie viele seiner Zeitgenossen – nicht mehr auf große Bildungsreformen, sondern plädiert für eine "Schulreform im Klassenzimmer".[518] Wie bescheiden und bar jeglicher politischer Zielsetzungen dieser – für die 90er Jahre charakteristische – Lösungsansatz sich präsentiert, zeigt folgendes "Reformprinzip", zu dem KORTE die Lehrerschaft seiner Zeit ermutigen möchte: "Ich ändere meinen Unterricht und meine Erziehung. Ich reformiere mein Schulehalten."[519] Wer gemäß dieser Maxime handle, habe den ersten Schritt zu einer "klasseninternen Reform" getan.[520] Da nicht damit zu rechnen sei, "daß weitreichende gesellschaftliche Reformen eingeleitet werden", sei dies der einzige Weg, einen Beitrag dazu zu leisten, daß es in den Klassenzimmern "friedlich und freundlich" zugehe.[521]

Weniger optimistisch beurteilt VON HENTIG die Chancen solcher innerschulischer Reformmaßnahmen, da sie nicht an der Wurzel des gesamtgesellschaftlichen Übels ansetzen, sondern letzteres lediglich einer quasi oberflächlichen kosmetischen Behandlung unterziehen. Da es sich bei den modernen Kindheits- und Schulproblemen jedoch "... um die 'psychosozialen Kosten' (K. HURRELMANN) einer von uns gewollten und jedenfalls zu verantwortenden Lebensweise handelt", tut nach VON HENTIG etwas anderes not: "Wir müßten unser Leben ändern – mit verbessertem Unterricht und mehr Sozialpädagogik ist dem nicht beizukommen."[522]

Beim Nachdenken über eine *"äußere Schulreform"* wurden in den 90er Jahren v.a. zwei Forderungen diskutiert: Erstens die Wandlung des Schulsystems von der traditionellen Dreigliedrigkeit hin zu einem zweigliedrigen Schulwesen, in dem eine integrierte "Sekundarschule" durch Zusammenfassung von Haupt- und Realschule neben dem "Gymnasium" die größte Schulart im Sekundarbereich bilden soll[523]; zweitens die Öffnung der Schulen in Richtung einer "autonomen öffentlichen Schule im Selbstverwaltungssystem als Reformperspektive"[524], die unter dem Stichwort "Schulautonomie" in der gegenwärtigen erziehungswissenschaftlichen und bildungspolitischen Diskussion eine wichtige Rolle spielt. Beide Forderungen wurden inzwischen in einigen Bundesländern partiell verwirklicht.[525] Das "äußere" Reformprogramm der "Schulautonomie", das letztlich auf eine Selbstverwandlung der Schulen von "innen" her zielt, wird von zahlreichen Schulkritikern als zeitgemäßer und not-wendiger Weg aus der "Schulkrise" unserer Tage beschrieben.

Obgleich die Diskussion um *"Schulautonomie"* in der erziehungswissenschaftlichen Literatur der 90er Jahre durchaus kontrovers geführt wird[526], läßt sich nicht nur in der Bundesrepublik, sondern auch in vielen anderen europäischen Ländern de facto eine deutliche Tendenz zu mehr Autonomie, Vielfalt und Freiheit im Bildungswesen feststellen.[527] Eine durch die Europäische Informationsstelle von EURYDICE in Brüssel 1992 herausgegebene Studie, welche die Entwicklungstendenzen im Schulwesen der damaligen 12 Mitgliedsstaaten der EG untersucht und dokumentiert hat, belegt diesen Trend eindeutig.[528]

Im Zusammenhang mit der Forderung nach mehr Schulautonomie wurde in der schulkritischen Diskussion der 90er Jahre nicht selten die Rolle des Staates als "Bildungsgeber" grundsätzlich in Frage gestellt – oder es wurde zumindest die Forderung laut, das Verhältnis von Staat und Schule prinzipiell neu zu überdenken und zu definieren. Im Zeichen der "Deregulierungsdebatte", die nach HANS-ULRICH GRUNDER "auf die Bildungspolitik übergegriffen hat", tauchte in den 90er Jahren immer wieder die Frage auf: "Wieviel Staat braucht die Schule?"[529] Bezeichnenderweise war dies auch das zentrale Thema eines internationalen Bildungskongresses an der Universität Bern, der 1994 namhafte Erziehungswissenschaftler, Pädagogen und Bildungspolitiker aus neunundzwanzig Ländern der Welt zu intensivem Gedankenaustausch zusammenführte.[530] Schulkritik tritt in einem solchen Kontext häufig auf als Kritik an der Schule als staatlicher Institution bzw. am "staatlichen Schulmonopol".

Zwar hat diese Form der Schulkritik zahlreiche historische Vorläufer; zu denken ist hier v.a. an WILHELM VON HUMBOLDTs bildungspolitisch bedeutsame "Ideen zu einem Versuch, die Grenzen der Wirksamkeit des Staates zu bestimmen" von 1792[531]; RUDOLF STEINERs Bewegung zur "Dreigliederung des sozialen Organismus" von 1919, die ein vom Wirtschafts- und Rechtsleben unabhängiges freies Bildungs- und Geistesleben anstrebt[532]; WALTHER BORGIUS' anarchistisch gefärbte Radikalkritik der Schule als "raffiniertem Herrschaftsmittel des Staates" von 1930[533]; WOLFGANG FISCHERs neukantianisch orientierte Kritik an der Schule als staatlich reglementierter Institution von 1972[534] oder an CHRISTOPH BERGs und PETER VOGELs fundamentale "Kritik an der Staatspädagogik" aus den 80er Jahren.[535] Doch wohl nie zuvor in der Geschichte von Schule und Schulkritik spielte die Kritik an der organisatorischen und inhaltlichen "Gängelung" und "Bevormundung" der Schule durch den Staat – sei diese nun berechtigt oder nicht – eine so große Rolle wie seit den 90er Jahren unseres Jahrhunderts. Der Wille zur *Freiheit der Gestaltung* und zur *Freiheit der Wahl* im Bildungswesen artikuliert sich an der Jahrtausendwende – über die Grenzen Europas hinaus – immer unüberhörbarer. "Freie Schulen", die diesen Selbstgestaltungs- und Selbstentscheidungswillen schon seit jeher verkörperten und vertraten, stehen an der Schwelle zum 21. Jahrhundert neu im Rampenlicht des pädagogischen und gesellschaftlichen Interesses.

Vieles deutet darauf hin, daß die in oft hartem Ringen entstandenen und vielfach aus profunder Schulkritik hervorgegangenen *Freien Schulen* in naher Zukunft als Modelle für eine zeitgemäße innere Umgestaltung des staatlichen Schulwesens dienen könnten. Wir sollten uns angesichts der allseits beklagten Schulkrise der Gegenwart jedenfalls vor dieser Möglichkeit nicht verschließen. Vielleicht kann so der lange Weg der abendländischen Schulkritik und die stets damit verbundene Suche nach Alternativen wichtige Impulse für eine Entwicklung unseres Schulwesens in Richtung auf mehr Demokratie, Partizipation und Autonomie an der Schwelle zum 21. Jahrhundert geben.

2.4 Zusammenfassung

Im folgenden sollen nun die wichtigsten "historischen Stränge der Schulkritik"[536], wie sie sich von den Anfängen bis ins 19. Jahrhundert sowie vor allem im 20. Jahrhundert gezeigt haben, nochmals kurz zusammengefaßt werden, bevor dann noch einige abschließende Überlegungen zur Geschichte der Schulkritik erfolgen.

"Das Leiden an und in der Schule wird in der Geschichte bereits früh transparent", resümiert SKIERA.[537] Schon in den frühesten Hochkulturen wurden erste Zweifel am Nutzen gewisser erzieherischer Zuchtmittel laut. In der Zeit der griechischen Antike wandten sich PLATON und ARISTOTELES gegen ein "Lernen unter Zwang" sowie gegen allzu harte pädagogische Strafen – und propagierten ein natürliches, ungezwungenes Lernen. AUGUSTINUS legte am Übergang von der Antike zum christlich geprägten Abendland ein erstes individuelles Zeugnis selbsterlittenen Schulleids ab – und entwickelte dezidierte Alternativ-Visionen eines freudigeren schulischen Lernens. Das ständisch gebundene Schulwesen des Mittelalters blieb von Schulkritik weitgehend verschont, da die vorhandenen Ordnungen als "gottgegeben" bejaht wurden.

Erst ein neuzeitliches Denken, wie es im Zeitalter von Renaissance, Humanismus und Reformation aufkam, ließ gegenüber dem tradierten Kirchenschulwesen mit seinen hierarchisch-autoritären Strukturen sowie seinen dogmatisch-theologischen Inhalten kritischere Töne aufkommen. Die Wissenschaften traten in Konkurrenz zur Glaubenslehre und wurden zu Wegbereitern moderner Schulkritik. ERASMUS VON ROTTERDAM übte unverhohlen Kritik an den schulischen "Folterkammern" seiner Zeit. Die neuen, im Geiste des Humanismus vollzogenen Schul- und Universitätsgründungen nahmen den mittelalterlichen Kloster- und Domschulen ihre bislang unangefochtene Vormachtstellung. Im Zeitalter des Barock erlangte die Schulkritik in der Gestalt des COMENIUS einen ersten Höhepunkt. Sein eigenes qualvolles Schulleid führte zu einer schulischen Erneuerungsarbeit, die für das gesamte Abendland von enormer Bedeutung sein sollte. Die Forderung, "alle alles allseitig" zu lehren, brach sich jedoch nur allmählich Bahn. Eine Sonderstellung unter den Schulkritikern nimmt ROUSSEAU ein, der mit seinem Konzept einer "negativen Erziehung" zum Wegbereiter zahlreicher Alternativschulmodelle bis ins 20. Jahrhundert hinein wurde.

Das Ende des Absolutismus, der Beginn der bürgerlichen Aufklärungsbewegung und die Französische Revolution brachten eine neue Welle der Schulkritik, die v.a. den elitären Status der tradierten ständischen Bildung scharfer Kritik aussetzte. "Freiheit, Gleichheit und Brüderlichkeit" wurden zu Leitmotiven alternativer Schulprogramme, wie sie etwa CONDORCET, MIRABEAU und LEPELETIER entwarfen. Gleichzeitig mit der Einführung der allgemeinen Schulpflicht und der Errichtung der staatlichen Regelschulen wurden jedoch kritische Stimmen laut, die erste Zweifel an dieser Institution hegten. KANT, HUMBOLDT und HERBART traten in dieser Zeit als Kritiker der Staatsschule auf den Plan. Während PESTALOZZI und DIESTERWEG den Volksbildungsgedanken proklamierten, forderten HERDER, GOETHE und SCHILLER als Vertreter der klassisch-idealistischen Epoche die Bildung des *ganzen* Menschen und übten scharfe Kritik an dem von der Aufklärung propagierten einseitig rationalistischen Schulunterricht. FICHTE entwickelte die frühe Utopie einer "alternativen Schulgemeinschaft" auf dem Lande, während andere Schulkritiker eine "menschenfreundlichere" Gestaltung der Schule anmahnten. Am Ende des 19. Jahrhunderts ebneten allgemeine kultur- und zivilisationskritische Strömungen der bedeutenden schulkritischen Bewegung der "Reformpädagogik" den Weg, die im ersten Drittel des 20. Jahrhunderts mit vielfältigen Alternativschulgründungen zur vollen Entfaltung kam.

Die fundamentale Schulkritik der Reformpädagogik zog zu Beginn des 20. Jahrhunderts massiv gegen den Zustand der "alten Schule" zu Felde. Einige Reformpädagogen versuchten, die "neue Schule" *innerhalb* des staatlichen Schulwesens zu verwirklichen, andere hielten dieses für nicht reformierbar. So entstanden *außerhalb* des staatlichen Regelschulwesens unterschiedliche Modelle alternativer Schulwirklichkeit. Diese allgemeine "Reformeuphorie" wurde mit dem Aufkommen des Nationalsozialismus jäh beendet. Schulkritik und die Suche nach Schulalternativen fielen dem totalitären und menschenverachtenden NS-Regime zum Opfer.

Nach 1945 trat die Schule in eine restaurative Phase ein; über dem Bemühen um den schnellen Wiederaufbau eines "demokratischen" Schulwesens wurden schulkritische Töne zurückgedrängt. Erst in den 60er Jahren bahnte sich eine neue Welle der Schulkritik an. Nachdem PICHT den "Bildungsnotstand" ausgerufen und DAHRENDORF Bildung zum "Bürgerrecht" erklärt hatte, das den Kindern aller sozialen Schichten und Gruppen in gleicher Weise zustehe, kam das Ringen um eine breitangelegte Schulreform in Gang, die strukturelle Benachteiligungen abbauen und die Abiturientenzahlen in die Höhe treiben sollte.

Enttäuscht von der nur halbherzig realisierten und in ihren Folgen ambivalenten Schulreform wandten sich in den 70er Jahren viele schulkritisch eingestellte Eltern von politischen Lösungen der Schulfrage ab – und begannen in großer Zahl, Freie Alternativschulen in nicht-staatlicher Trägerschaft zu gründen. Die Schulkritik bezog sich in dieser Zeit vornehmlich auf den durch das staatliche Schulsystem und seine zumeist dreigliedrige Struktur erzeugten Selektionsdruck, der zu inhumanem Schulstreß, Leistungsdruck, Konkurrenzkampf, Schulangst, Schulneurosen, psychosomatischen Störungen, Schulunlust bis hin zu Schülerselbstmorden führte. In ihrer radikalsten Form mündete die Schulkritik der 70er Jahre in die Forderung nach einer "Entschulung" der Gesellschaft, wie sie ILLICH in die schulkritische Diskussion einbrachte. In den 80er Jahren forderten die einen eine Rückbesinnung auf traditionelle Werte sowie mehr "Mut zur Erziehung", während andere im Namen der "Antipädagogik" für eine "Abschaffung der Erziehung" plädierten. Der Gründungsboom alternativer Schulen in freier Trägerschaft hielt ungebrochen an.

In den 90er Jahren begann mit der "Wende" in Deutschland für Schulkritik und die Suche nach Alternativen eine neue Ära. Einerseits erlebte Ostdeutschland einen Boom reformpädagogischer Ideen und Alternativschulgründungen; andererseits wurde die Chance weitgehend vertan, daß west- und ostdeutsches Schulwesen einander als prinzipiell gleichwertige Partner begegnen und voneinander lernen. Die Zeit der großen *äußeren* Schulreformen war offensichtlich vorbei; der *innere* Zustand der Schulen rückte immer mehr ins Blickfeld der Schulkritik. Schulchaos, Gewalt an Schulen, überforderte Lehrer und kaum mehr traditionell beschulbare Kinder und Jugendliche gerieten zunehmend in die Schlagzeilen. Die "Schul- und Erziehungsnot" im Deutschland der 90er Jahre war unübersehbar geworden; den Schulen wurde angesichts der dramatisch "veränderten Kindheit" totales Versagen vorgeworfen. Der Ruf nach Alternativen zur rauhen und oft genug trostlosen Schulwirklichkeit der 90er Jahre führte die einen zur Flucht in Freie Schulen, während andere mehr Autonomie und Gestaltungsfreiheit sowie weniger staatliche Verwaltung und Bevormundung für die Regelschulen einforderten. Es wurde wohl kaum je so deutlich wie gerade vor der Jahrtausendwende, wie eng die "Schulkrise" mit allgemeinen Krisenerscheinungen der Gesamtgesellschaft verwoben ist.

Soweit diese kurze Zusammenfassung; nun noch ein paar abschließende Gedanken: Der historische Abriß der Geschichte der Schulkritik im 20. Jahrhundert sowie ihrer Vorläufer hat gezeigt, daß Schulkritik nur vor dem Hintergrund ihrer jeweiligen geschichtlichen und gesellschaftspolitischen Entstehungsbedingungen verstanden werden kann. Dennoch lassen sich gemeinsame Grundzüge von Schulkritik ausmachen, die sich quasi durch alle Zeiten hindurchziehen. Dieses Phänomen kommt bei STEFAN BLANKERTZ anschaulich zur Darstellung: "Schulkritik ist Konjunkturen unterworfen. Immer die gleichen Argumente tauchen von Zeit zu Zeit auf, um nach einer Periode begeisterter Zustimmung ohne praktischen Erfolg wieder auf dem 'Misthaufen der Geschichte' zu landen."[538] Auch im Hinblick auf die von Schulkritikern vorgeschlagenen *Alternativen* zur jeweils beklagten Schulwirklichkeit läßt sich mit ERNST BLOCH feststellen: "Das gute Neue ist niemals ganz neu."[539]

Zu einer ähnlichen Bilanz der Geschichte der Schulkritik kommt PETER PAULIG: "Die Kritik an der Schule hat sich über Jahrzehnte, wahrscheinlich sogar über Jahrhunderte nicht geändert. Was wird eigentlich kritisiert? Von GOETHE bis GRASS wird immer wieder eines gesagt: Alles zählt in der Schule, nur das, was Kinder brauchen, ... zählt nicht. Die Konsequenz – damals war es anders – zeigt sich darin, daß der Schulvandalismus, die Leistungsverweigerung, die Aggressivität gegenüber Lehrern zunehmen usw. Man fragt viel zu wenig nach den Ursachen bestimmter Fehlentwicklungen und beklagt ständig nur Symptome."[540]

Bei aller Gemeinsamkeit weisen die verschiedenen historischen Phasen der Schulkritik aber auch immer wieder spezifische Unterschiede auf. Dieses Phänomen hat NIELS KRANEMANN folgendermaßen beschrieben: "Diachron betrachtet sind die Ziele der Schulkritik in den verschiedenen Epochen sehr unterschiedlich; synchron betrachtet sind sie häufig tendenziell gegenläufig, wodurch sie sich zum Teil aufheben."[541] Auch innerhalb einer bestimmten geschichtlichen Epoche können also die Zielrichtungen der Schulkritik erheblich divergieren.

Einen anderen Aspekt der Schulkritikgeschichte hebt HANS-ULRICH GRUNDER hervor: "Ein Blick in die Schulgeschichte lehrt, wie im westlichen Europa ausgangs des 19. Jahrhunderts das Fundament der staatlichen Schule, eine weitgehend unangefochtene Idee, sukzessive bröckelt."[542] Daß die *Wurzeln* dieser Staatsschulkritik schon viel früher auszumachen sind, wurde bereits ausgeführt. "Ungewohnt" ist nach GRUNDER aber "die semantische Verve, womit ... Reformer damals Staatsschulkritisches vortrugen."[543] Schulkritik werde seit dem Ende des 19. Jahrhunderts "in einer bislang ungeahnten Art öffentlichkeitswirksam": Sie vereine "weitverbreitetes Leiden an und erboste Unzufriedenheit mit der Schule."[544] Und bezüglich der freien Schulalternativen dieser Zeit merkt GRUNDER kritisch an: "Andererseits hypostasiert die damalige Schulkritik die nicht-staatliche Schule unzutreffenderweise als permanentes Heilsversprechen."[545] Doch weist auch GRUNDER auf die geschichtlichen *Wellen* von Schulkritik und der Suche nach Alternativen hin, wenn er schreibt: "Alternativen zum staatlichen Schulsystem werden ausgangs des 19. Jahrhunderts zwar nicht erstmals, allerdings mit zuvor nie beobachteter Beharrlichkeit eingefordert. Bis heute hat sich dieser Vorgang mehrmals wiederholt ..."[546]

Auch NIELS KRANEMANN betont die zunehmende Radikalisierung der Schulkritik im Laufe der Jahrhunderte: "Die Auseinandersetzungen über die Schule, über die Möglichkeit bzw. Unmöglichkeit in der Wahrnehmung ihres pädagogischen Auftrages, sind zwar nicht neu, sie kennzeichnen die Geschichte der Pädagogik, insbesondere ihrer organisierten professionalisierten Einrichtungen von den Dialogen des SOKRATES bis in unsere Tage. In der Gegenwart allerdings hat diese Auseinandersetzung radikale Formen angenommen. Einerseits wächst der Stellenwert der Schule, wird die Bedeutung von Bildung und Ausbildung für einen sinnvollen Lebensvollzug immer deutlicher; andererseits wird die Kritik an der Schule immer radikaler ..."[547]

Zu einer kritischen Würdigung der nie endenden Schulklage und Schulkritik kommt PETER ZUDEICK: "Die unermüdlich wiederholte Klage über das kaputtmachende [Schul-] System droht ... unterdessen zum bloßen Gerede zu werden, zum weinerlichen Lamento angesichts von Schwierigkeiten, die es zu bewältigen anstatt zu bejammern gälte."[548] Und in Erweiterung seiner Aussage fügt er hinzu: "Ebenso richtig ist aber auch: Die nicht zuletzt von Moden geprägte Kritik an der Staatsschule zielt durchgehend auf einige Punkte ab, die nicht einfach von der Hand zu weisen sind."[549] Dem ist mit Blick auf die lange Geschichte der Schulkritik unbedingt zuzustimmen.

Härter ins Gericht mit den "Schulkritiken" der abendländischen Geistesgeschichte geht WALTER HORNEY, indem er ihnen mangelnde Realitätskenntnis vorwirft: "Mangels gesicherter und umfassender Tatsachenkenntnis über die Schulrealität stützten und stützen sich die Kritiken ... in erheblichem Maß auf partielle Eindrücke, Verallgemeinerungen und Vermutungen."[550] Da Schulkritiker jedoch meist eine profunde Kenntnis des Systems, das sie anprangern, besitzen, muß die Haltbarkeit dieser These bezweifelt werden.

In eine ähnliche Richtung gehen die Einwände von KURT AURIN, der vor allem gegen die populistische und medienwirksame Aufblähung von Schulkritik zu Felde zieht: "Die Auseinandersetzung mit der Schule, die Kritik an ihr sowie die Vorschläge zu ihrer Verbesserung werden zunehmend von populistischen Motiven bestimmt. Die Medien greifen diese mehr oder minder unkritisch und verstärkend auf. Berechtigte Kritik wird mit unzulässigen Verallgemeinerungen verbunden. Sinnvolle pädagogische Forderungen gehen mit utopischen Vorschlägen und uneinlösbaren Erwartungen einher ..."[551] Ohne diese Bedenken prinzipiell schmälern zu wollen, muß angesichts der o.g. Befürchtungen doch kritisch gefragt werden, *wer* denn darüber entscheidet, wann eine pädagogische Forderung als "sinnvoll" zu erachten ist – und wann sie als "utopisch" oder "uneinlösbar" eingestuft werden muß.

Wie dem auch sei – THEODOR WILHELM beurteilte das Phänomen der Schulkritik weitaus positiver: "Kritik an der Schule ist kein Anzeichen dafür, daß 'da etwas nicht stimmt'. Die laufende öffentliche Kritik, die unseren bundesdeutschen Schulbetrieb begleitet, zeigt vielmehr an, daß Schulen einen integrierenden Bestandteil der Selbstkontrolle der Gegenwartsgesellschaft darstellen."[552] Dem ist nichts hinzuzufügen.

In diesem Sinne sollten auch die Rufe der Schulkritiker unserer Zeit nicht ungehört verhallen, sondern durchaus ernst genommen werden. Im Hinblick auf die Schulkritik der 90er Jahre sind sich die meisten Autoren einig darüber, daß die Rede von einer tiefgreifenden "Schulkrise" keinesfalls an den Tatsachen vorbeigeht. Der enge Zusammenhang von Schul- und allgemeiner Gesellschaftskrise wird vielmehr an der Jahrtausendwende immer wieder hervorgehoben. So schreibt z.B. REINHARD VOß: "Ist die Krise der Schule nicht Ausdruck einer umfassenderen Krise, die sich inzwischen in allen zentralen Lebensbereichen des Menschen (Natur, Technik, Wirtschaft, Wissenschaft, Politik, Religion, Kultur, Bildung) widerspiegelt?"[553] Und er folgert in Anknüpfung an VON HENTIG: "Mehr als nur die Schule muß neu gedacht werden."[554] Dieser Aufforderung ist in Anbetracht der großen schulischen und gesellschaftlichen Herausforderungen an der Schwelle zum 21. Jahrhundert zweifellos beizupflichten.

Schließlich hat der historische Abriß der Schulkritik noch etwas deutlich gemacht: Die Geschichte der *Schulkritik* bleibt – nicht nur im 20. Jahrhundert – mit der *Suche nach Alternativen* untrennbar verbunden. Wenn es uns gelingt, diesen ungeheuren Schatz an schulkritischem und schulreformerischem Ideengut, den uns die abendländische Schulgeschichte hinterlassen hat, in angemessener Weise zu würdigen und für die Zukunft unseres Bildungswesens sinnvoll zu nutzen, so besteht Grund zu der Hoffnung, daß die lange Geschichte der Schulkritik und der Suche nach Alternativen zum entscheidenden *Motor* einer not-wendigen *Weiterentwicklung unseres Schulwesens* im 21. Jahrhundert werden kann.

3. SYSTEMATISCHER ZUGANG: AUSGEWÄHLTE SYSTEMATIKEN DER SCHULKRITIK

3.1 Vorbemerkungen

Nachdem das Thema "Schulkritik" im vorangegangenen Kapitel unter historischer Perspektive betrachtet wurde, soll nun der Versuch unternommen werden, sich diesem Thema unter *systematischem* Gesichtspunkt anzunähern. Dieses Unterfangen soll kein Selbstzweck sein; angesichts der "Schulkrise" unserer Zeit erscheint es vielmehr als sinnvoll, "... die notwendige Diskussion um die Institution Schule in den Zusammenhang historischer und systematischer Kritik zu stellen, die von verschiedenen Wissenschaftszweigen her und von der Erziehungswissenschaft selbst entwickelt wurde und auch heute wieder verstärkt vorgebracht wird." [555]

Wozu kann dabei insbesondere eine *Systematik* der Schulkritik dienen? – Hierzu sei INGRID DIETRICH zitiert, die feststellt, daß "... die Argumente der Kritik an der Schule so vielfältig, verwirrend und teilweise widersprüchlich" sind, "daß der interessierte und engagierte 'Betroffene' sich kaum mehr hindurchfindet und nur noch den Eindruck einer heillos verfahrenen Situation gewinnt."[556] Diese Problematik ist auch heute durchaus aktuell: "Anstatt Klarheit zu bringen über die Hintergründe und Ursachen der Krise, in die die öffentliche Schule geraten ist, verstärkt die öffentliche Debatte stattdessen die Krisensituation."[557]

Die systematische Beschäftigung mit den vielfältigen Facetten der Schulkritik kann also dazu beitragen, Licht in das oft undurchdringliche Dickicht schulkritischer Positionen zu bringen, mit denen sich diese Institution in Geschichte und Gegenwart unablässig konfrontiert sieht. Dies mag dazu verhelfen, Orientierungen zu geben – und zu vermeiden, "... bei der Bearbeitung dieses Themas kurzschlüssigen tagespolitischen Strategien und handfesten, aber verdeckten Gruppen-Interessen auf den Leim zu gehen", wie DIETRICH einmal formulierte.[558] Somit dient die Beschäftigung mit der Systematik der Schulkritik neben einem rein wissenschaftlichen durchaus auch einem praktischen Interesse.

In der erziehungswissenschaftlichen Fachliteratur liegen unterschiedliche Systematisierungsversuche für das Phänomen "Schulkritik" vor. Hier seien stellvertretend einige ausgewählte Systematisierungsansätze skizzenartig vorgestellt, die in den letzten 25 Jahren veröffentlicht wurden. Ein Anspruch auf Vollständigkeit kann dabei selbstverständlich nicht erhoben werden; es sollen lediglich einige Grundlinien vorliegender Systematiken der Schulkritik aufgezeigt werden.

3.2 Darstellung ausgewählter Systematiken

3.2.1 I. DIETRICH (1978)

In ihren Ausführungen über "Die Schule und ihre Kritiker" unternimmt INGRID DIETRICH 1978 den "Versuch ..., die vielfältigen Argumente der Schulkritik zu sichten und zu ordnen und sie verschiedenen Positionen und Richtungen zuzuweisen".[559] Vorab merkt sie selbstkritisch an: "Angesichts der beinahe unübersehbaren Vielfalt des Themas ist jedoch schon jetzt auf die Begrenztheit eines solchen Versuchs hinzuweisen."[560]

Bei ihren Recherchen zu einer möglichen Systematik der Schulkritik kommt sie zunächst zu folgendem Fazit: "Kulturanthropologische, institutionstheoretische und transzendentalkritische Ansätze beschäftigen sich von verschiedenen Seiten her mit der Grundsatzfrage, wie Erziehung und Bildung im Rahmen von Institutionen zu verwirklichen sei" – und üben von ihrem jeweiligen Standpunkt aus Kritik am Status quo der Schule.[561] "Am äußersten Punkt des Spektrums stehen dabei wohl IVAN ILLICHs zivilisationskritische Reflexionen", führt DIETRICH aus.[562]

In ihrer Systematik unterscheidet die Autorin fünf verschiedene Positionen der Schulkritik, die im folgenden kurz vorgestellt werden sollen:

1. Die *zivilisationskritische* Position

"Die institutions- und zivilisationskritischen Arbeiten ILLICHs" stellen nach I. DIETRICH "den äußersten Pol eines breiten Spektrums der Schulkritik dar, und zwar aus zwei Gründen: Sie machen in ihrer radikalen Infragestellung der Institution Schule vor keinem ideologischen oder gewohnheitsmäßigen Denkverbot halt, und sie betten die Kritik an der Schule in eine globale Sicht heutiger Weltprobleme ein."[563] Die von ILLICH u.a. ausgelöste "Entschulungs-Debatte, die ausgerechnet auf dem Höhepunkt des internationalen Bildungsbooms in Gang gesetzt wurde", hat nach DIETRICH nicht nur ein "Problembewußtsein für die Herrschaftsträchtigkeit von Bildungsinstitutionen erzeugt", sondern auch "praktische Alternativen zum Pflichtschulsystem angeregt".[564] ILLICHs radikale Schulkritik mündete in ebenso radikale Alternativvorschläge, die allesamt einer profunden Zivilisationskritik entspringen: "... radikale Trennung von Schule und Staat, Entkoppelung von Arbeitsmarkt und Berechtigungswesen, Umwandlung unserer festen, statischen Bildungsinstitutionen in freie, bewegliche Lern-'Netze'."[565]

2. Die *transzendentalkritische* Position

Die v.a. von WOLFGANG FISCHER vertretene *transzendentalkritische* Position der Schulkritik umschreibt DIETRICH folgendermaßen: "In dieser erziehungswissenschaftlichen 'Schule', die sich einer neukantianischen Philosophie des Erkennens, seiner Bedingungen und Grenzen verpflichtet weiß, wird die Kritik an der 'öffentlichen Anstaltsschule der Gegenwart' bis zu einem solchen Grad vorangetrieben, daß schulisches Lernen als die apädagogische Form der Bildung schlechthin erscheint."[566] Angeprangert wird dabei u.a. "die Nichteinlösung des Bildungsversprechens, mit dem die Schule auftritt".[567] Durch radikale Aufklärung über dieses Faktum soll im Sinne dieser Schulkritik erreicht werden, daß das pädagogische Bewußtsein "... zum entscheidenden, *absolut* negativen Punkt vordringt, welcher Schule und Bildung beziehungsweise die der Gesellschaft verpflichtete und entsprechend organisierte Schule der Neuzeit einerseits und Bildung andererseits als inkompatibel aufweist."[568] Durchaus kritisch faßt I. DIETRICH diese Position wie folgt zusammen: "Von einem so anspruchsvollen Bildungsbegriff her, daß er in der Realität nicht einzulösen ist, wird eine vernichtende Kritik an den öffentlichen Bildungsinstitutionen geübt und gleichzeitig jedes Veränderungsinteresse als unrealistisch, utopisch und sogar illegitim abgewehrt."[569] Ergebnis: "Die kritische Bestandsaufnahme endet ... in Ausweglosigkeit."[570]

3. Die *kulturanthropologische* Position und die *Anti-Pädagogik*

Diese Position sieht DIETRICH v.a. bei den Vertretern der "Anti-Pädagogik" gegeben, "welche ... die Berechtigung des Denk- und Verhaltensmusters 'Erziehung' grundsätzlich in Frage stellen".[571] "Selbstverständliche 'Tatbestände' wie Kindheit, Erziehungsbedürftigkeit der Heranwachsenden, Autoritätsgefälle zwischen den Generationen und Enkulturation durch bewußt von den 'Erwachsenen' herbeigeführte Frustration und Triebverzicht gelten aus der Perspektive dieser Kritiker nicht mehr unhinterfragt als naturgegeben, notwendig und legitim."[572] Dabei tragen die Vertreter dieser Position "eine Menge historischer, soziologischer, ethnologischer, kulturphilosophischer, individual-, tiefen- und gruppenpsychologischer Argumente zusammen, um ihre Position zu stützen".[573] So dienen etwa die kulturanthropologischen Studien zur Geschichte der Kindheit von PHILIPPE ARIÈS oder die tiefenpsychologisch orientierten Analysen der bürgerlichen Erziehung von KATHARINA RUTSCHKY den Anti-Pädagogen als Argumentationsgrundlage für ihre radikale Erziehungskritik.[574] Der "weitverbreiteten Ansicht, daß Schulen notwendig seien, um die junge Generation in langwierigen Prozeduren auf 'das Leben' vorzubereiten", erteilen "antipädagogische" Schulkritiker wie EKKEHARD VON BRAUNMÜHL u.a. eine radikale Absage.[575]

4. *Historische* Positionen

Unter der Rubrik "*historische* Positionen" der Schulkritik gibt I. DIETRICH einen "kurzen Rückblick ins 19. Jahrhundert und die Anfangsjahre des 20. Jahrhunderts".[576] Da diese Ausführungen jedoch eher einem historischen Interesse folgen und für eine Systematik der Schulkritik wenig hergeben, sei hier auf ihre Wiedergabe verzichtet. Lediglich an einer Stelle nimmt DIETRICH eine systematische Zuordnung der schulkritischen Positionen des von ihr untersuchten Zeitraumes vor: Sie unterscheidet "die explizit politischen, sozialistischen Ansätze, die hier etwas selektiv in den Vordergrund der Betrachtung traten" von den "politisch abstinenten, 'neutralen' reformpädagogischen Konzeptionen, welche zur Zeit wieder großes Interesse finden".[577]

5. Die Kritik am "*Heimlichen Lehrplan*"

Dazu schreibt DIETRICH: "Der Zweig der Schulkritik, der sich mit der Erforschung, Aufdeckung und Denunzierung der Diskrepanz zwischen den 'offiziellen' Bildungszielen der Schule und den tatsächlich ausgelösten Erziehungswirkungen befaßt, ist in der BRD in den 70er Jahren unter dem Stichwort 'Heimlicher Lehrplan' bekannt geworden."[578] Diese Kritik am "hidden curriculum" trat nicht zufällig auf den Plan: "Die einseitige, schwerpunktmäßige Konzentration erziehungswissenschaftlicher Bemühungen auf eine breit angelegte Revision der Lerninhalte, Lernmedien und Formen der Lernorganisation hatte die humane und soziale Seite institutioneller Lernprozesse verdeckt und in den Hintergrund treten lassen."[579] "Der Widerstand der 'Betroffenen' (Eltern, Lehrer, Schüler) gegen die neuen Curricula, an deren Entstehungsprozeß sie nicht beteiligt waren, ließ die Defizite der curricularen Konzeption deutlich werden."[580]

JÜRGEN ZINNECKER unterscheidet bei der Kritik am *Heimlichen Lehrplan* vier verschiedene Arten bzw. Intensitätsgrade, aus der sich folgende Kategorien von Schulkritik ergeben:

1. Ein gemäßigtes Reforminteresse, welches im Auftrag der "reformorientierten Fraktion ... an gewisse Selbstverständlichkeiten" rührt, "die von der anderen Seite lieber im Halbdunkel des alltäglichen Konsens der Beteiligten gehalten würden".[581] Als Beispiel nennt er INGENKAMPs Untersuchungen zur "Fragwürdigkeit der Zensurengebung".[582]

2. Eine "vorpolitische Gegentradition" der Kritik schulischen Geschehens, die hauptsächlich von "Gruppen bürokratisch Ohnmächtiger" getragen wird.[583] Zu dieser "machtlosen und unorganisierten" Schulkritik gehören "Pennälergeschichten, literarische Schulerinnerungen, fiktive Schulerzählungen" und andere Selbstäußerungen von Betroffenen.[584] Solche schulkritischen Zeugnisse, welche die "existentielle Auseinandersetzung mit der gesellschaftlichen Definitionsmacht" der Schule in oft eindrucksvoller Weise aufnehmen, werden von seiten der Verantwortlichen leider häufig als "unwissenschaftlich" und "anekdotisch" abgetan.[585]

3. Schulkritische Positionen, "die politisch motiviert und abgesichert sind".[586] Diese Schulkritiken gehen von gesellschaftlichen Theorien aus, welche "das Ausbildungssystem als Teil der symbolischen Gewalt analysieren, die die herrschende Klassenkultur zusätzlich zur materiellen Klassenherrschaft ausübt."[587] Solche Positionen besitzen oft einen ausgesprochenen "Kampfcharakter".

4. Liberale Positionen der Schulkritik, die unter einem "Norm-Realitätsvergleich" antreten.[588] "Hier werden die offiziellen Ziele des Bildungswesens – Mündigkeit, Selbständigkeit, Kritikfähigkeit – gemessen an den tatsächlich erreichten Wirkungen des Unterrichts."[589] Die gesellschaftlichen Schlußfolgerungen, die von dieser Position aus gezogen werden, sind "nicht sehr brisant".[590]

DIETRICH kommt schließlich zu folgendem Fazit: "So unterschiedlich wie die erkenntnisleitenden Interessen, so unterschiedlich sind auch die wissenschaftlichen Zugriffe auf dieses weite Gebiet des 'Heimlichen Lehrplans'."[591]

Abschließend bleibt bzgl. der Systematik von INGRID DIETRICH festzuhalten, daß sie zwar einige schulkritische Positionen der 70er Jahre recht differenziert aufzeigt, daß aber der Anspruch einer umfassenderen systematischen "Synopse der Schulkritik", die auch die schulkritischen Topoi anderer Zeitepochen erfaßt, nicht erfüllt wird.[592]

3.2.2 T. HUSÉN (1980)

Eine recht einfache Systematik der Schulkritik legte TORSTEN HUSÉN 1980 vor.[593] Darin markiert er für die Zeit ab 1950 folgende schulkritische Positionen, die an dieser Stelle lediglich genannt seien:

- die "konservative Kritik an der Schule" (CONANT u.a.)
- die "Entschulungsbewegung" (ILLICH, REIMER, CHRISTIE u.a.)
- die "neo-marxistische Kritik an der Schule" (GINTIS, CORNOY, BOWLES u.a.)
- die " Kritik an der neo-marxistischen Schulkritik" (RUTKEWITCH, SAUVY, RAVITCH u.a.)
- und die Kritik an dem "Recht der Schule zu erziehen" (BEREITER u.a.)

Da diese Positionen sowohl im historischen Teil als auch in Kap.II.4 dieser Arbeit inhaltlich näher erläutert werden, sei hier auf eine eingehendere Analyse verzichtet. Festzuhalten bleibt jedoch, daß HUSÉNs Systematisierungsansatz insofern typisch für viele andere Systematisierungsversuche ist, als er seiner Betrachtung nur einen äußerst eng umgrenzten geschichtlichen Zeitraum zugrunde legt. Es liegt auf der Hand, daß dadurch die Vielfalt möglicher Positionen von Schulkritik auf ein recht enges Spektrum eingegrenzt wird. Somit mag die Systematik von T. HUSÉN zwar für eine bestimmte historische Phase der Schulkritik von Interesse sein; einen umfassenden Überblick über die Bandbreite schulkritischer Topoi bietet sie jedoch nicht.

3.2.3 M. BEHR / W. JESKE (1982)

Wesentlich differenzierter und umfassender ist der Systematisierungsansatz von MICHAEL BEHR und WERNER JESKE aus dem Jahr 1982, den die Autoren unter der vielsagenden Überschrift "Kritik an der Regelschule: Systematik eines Sündenregisters" veröffentlicht haben.[594] Darin stellen BEHR/JESKE zunächst fest: "Wenn wir ordnen, was der Schule heute vorgeworfen wird, können wir sechs Arten von Kritik ausmachen, die von jeweils einer globalen Sichtweise her negative Merkmale herausstellen."[595] So eruieren die Autoren sechs übergeordnete Kategorien von Schulkritik, die sie jeweils mit umfangreichem empirischem Material belegen und veranschaulichen. Im folgenden seien diese Kategorien überblicksartig wiedergegeben:

1. "*Symptombezogene* Kritik":
   Hierunter fallen die in der Öffentlichkeit vieldiskutierten "griffigen Fakten" und "Einzelsymptome", an denen die Regelschule offensichtlich krankt. In dem von den Autoren betrachteten Zeitraum waren dies z.B. die Phänomene "Schulstreß", "Schulangst", "Leistungsdruck", "Konkurrenzverhalten", "psychische Störungen und Aggressionen bei Schulkindern", "Schülerselbstmord", "Bevormundung" und "Entmündigung durch Schule".[596]

2. "Kritik aus *didaktischer und methodischer* Sicht":
   Was und *wie* in Schulen gelernt wird, ist seit jeher ein zentrales Feld der Schulkritik. U.a. können dabei folgende Kritikpunkte eine Rolle spielen: Schulisches Lernen "macht keinen Spaß"; Lernen ist "häufig von Drohungen und Angst begleitet"; schulisches Lernen ist nicht "spielerisch" genug; "Schule ist ineffizient"; starre Curricula lassen "Kreativität und Spontaneität" nicht zu; sie "vergewaltigen die eigentlichen Lerninteressen der Kinder"; der Fächerkanon "provoziert Einbahndenken und Fachidiotentum"; der "45-Minuten-Takt" des schulischen Lernens ist unkindgemäß; "Unterweisung" und "Benotung" werden nicht getrennt; "in der Schule zählt nur Meßbares", "Nicht-Meßbares wird ignoriert, als bedrohlich empfunden, ja ausgetrieben"; "Schule schirmt Kinder von realen Erfahrungen ab"; sie ist "käseglockenhaft" lebensfern; Schüler erleben nicht den "Gebrauchswert", nur den "Tauschwert" von Lernen in Form von Zensuren und formalen Qualifikationen; und schließlich: "Die Eltern haben keinen Einfluß darauf, was und wie in der Schule gelernt wird."[597]

3. "Kritik aus *psychologisch-biologischer* Sicht":
   Argumente aus der neueren Gehirnphysiologie, aber auch aus der Humanbio-

logie erhärten vielfach schulkritische Befunde mit frappierender Stringenz. Sie zielen z.B. auf folgende Aspekte von Schulkritik: Schulisches Lernen baut zu wenig auf den "biologischen Funktionsgrundlagen des menschlichen Gehirns" auf; das "Zusammenspiel von Ultrakurzzeit-, Kurzzeit- und Langzeitgedächtnis" bleibt unberücksichtigt; die verschiedenen "Lerntypen" werden zu wenig beachtet; schulische Vermittlung spricht einseitig den "verbal-abstrakten Typus" an; "Schule entsinnlicht Lernprozesse"; sie vernachlässigt die natürliche "Bewegung" der Kinder; Schule bietet keine ausreichend "vielfältige" und "anregungsreiche Lernumwelt"; "moderne" Schulbauten entsprechen nicht den Anforderungen einer "biologisch angemessenen" Lernumgebung.[598]

4. Kritik aus *sozialpädagogischer* Sicht:
   Da einzig die kognitive Lernleistung zählt, können sozialpädagogische Denk- und Handlungsweisen in der Schule kaum zum Tragen kommen. Dieses Grundmotiv der Schulkritik zeigt sich u.a. in folgenden Kritikpunkten: Schüler und Lehrer müssen den "Bereich des Emotionalen, des Psychischen und der sozialen Beziehung i.d.R. ausklammern"; Konflikte werden nicht "bearbeitet", sondern meist "unterdrückt"; behinderte Kinder oder Kinder mit besonderen Schwierigkeiten werden an Sonderschulen abgeschoben, damit "die kognitive Wissensvermittlung in der Regelschule wieder reibungsloser funktionieren kann"; Schule zwingt Lehrer in die "dreifache Rolle eines Wächters, Predigers und Therapeuten", was zu ständigen Rollenkonflikten und Überforderungen führt; Schule läßt "Kinder in wehrloser Abhängigkeit verkümmern"; Schule ist zur bloßen "Verwahranstalt" degeneriert.[599]

5. Kritik aus *gesellschaftspolitischer* Sicht:
   Da die gesellschaftspolitischen Sichtweisen vielfältig sind, finden sich mehrere und keineswegs eindeutige Linien von Kritik am herrschenden Schulsystem. Dabei unterscheiden BEHR/JESKE zwei Grundrichtungen: 1. die "sich progressiv verstehende" Schulkritik und 2. die "konservative Kritik" an schulischen Mißständen.[600]

   In die "*progressive*" Kategorie fallen folgende schulkritische Argumente: "Hauptschule, Realschule und Gymnasium bilden die nicht einmal verschleierten Repräsentanten einer Klassengesellschaft"; sie "reproduzieren soziale Ungleichheit"; über ihren "mittelschichtbezogenen Sprach- und Denkcode" privilegiert die Schule "die ohnehin schon Privilegierten"; Schule ist über die Vergabe von Zertifikaten zum "Alleinverteiler von gesellschaftlichen Chancen und Rollen" geworden; Schule "indoktriniert" und zwingt, "die Werte der Herrschenden zu internalisieren"; Schüler "werden an die jeweiligen Ideologien angepaßt, damit sie im Sinne der Gesellschaft funktionieren"; die "Schulverwaltung" nimmt über strukturelle Vorgaben unkontrollierbare "politische Herrschaftsansprüche" wahr.[601]

Unter die Rubrik "*konservative* Schulkritik" lassen sich nach BEHR/JESKE z.B. folgende Argumente einordnen: Die "ständigen Rufe nach Chancengleichheit überfordern die geistigen Möglichkeiten vieler Kinder, während die von anderen beengt werden"; "Emanzipation" und dauerndes "kritisches Hinterfragen" führen zur "Auflösung von Werten"; die "Zunahme hoher Bildungsqualifikation" wird dem Arbeitsmarkt nicht gerecht und erzeugt so "Angst, Streß und Überforderung"; schulische "Auslese" erfolgt zu spät und läßt so "falsche Ansprüche" und "Unzufriedenheit" entstehen.[602]

6. Kritik aus *phänomenologischer* Sicht
   Wie unsere Gesellschaft heute durch ein selbstverständliches Hinnehmen von Dienstleistungen gekennzeichnet ist, das zu einer Lähmung von Eigenverantwortung und Eigeninitiative führt, so bleibt auch die Schule von dieser Mentalität nicht verschont. Im einzelnen wird ihr in diesem Kontext folgendes vorgeworfen: Schule ist zu einer "neuen Weltreligion" geworden, "die jedermann ... die Befreiung von allen Leiden verheißt"; Schule macht sich zum "Alleinverwalter von Lernvorgängen und vermittelt die resignative Gewißheit, Bildung sei nur durch sie zu erlangen"; Schule ist weltweit immer noch wenigen vorbehalten; "diejenigen, die nie hineinkommen, lernen, daß die guten Dinge nicht für sie bestimmt sind"; "diejenigen, die früh versagen, lernen, daß sie die guten Dinge im Leben nicht verdienen"; "Schulen sind teuer"; "für die 3. Welt ist ein auf Schulen begründetes gerechtes Bildungssystem nicht zu realisieren"; "Schule pervertiert Kindheit"; sie "kanalisiert und hebt Bedürfnisse auf, die in der Erwachsenenwelt nur stören würden"; "Leiden an der Schule wird mit noch mehr Schule bekämpft"; "Schule erzeugt immer neue Nachfrage nach noch mehr Schule" und führt zu "völliger Abhängigkeit und Unmündigkeit".[603]

Soweit BEHR/JESKEs Systematik der Schulkritik, die ihrem 1982 erschienenen Buch über "Schul-Alternativen. Modelle anderer Schulwirklichkeit" vorangestellt ist – und die eine wahre Fundgrube für die vielfältigen Einzelaspekte von Schulkritik darstellt. Zwar bleiben auch hier die Themen der Schulkritik auf einen bestimmten geschichtlichen Zeitraum – die 60er bis frühen 80er Jahre des 20. Jahrhunderts – beschränkt, doch hat bereits dieser stichpunktartige Überblick über die Systematik von BEHR/JESKE gezeigt, daß diese Autoren ein wesentlich breiteres Spektrum schulkritischer Positionen bei ihrer Analyse berücksichtigen als etwa HUSÉN. So kann die vorliegende Systematik der Schulkritik mit ihren vielfältigen Sichtweisen und Beispielen als die wohl umfassendste systematische Analyse der Schulkritik ihrer Zeit im deutschsprachigen Raum bezeichnet werden.

3.2.4 D. HINTZ (1984)

Einen interessanten "Versuch einer Systematisierung" von "Schulkritik in der Gegenwart" legte DIETER HINTZ (1984) vor.[604] Wie bereits erwähnt, unterscheidet

HINTZ zwischen "radikaler" (auf Abschaffung der Schule zielender) und "gemäßigter" (auf Veränderung der Schule ausgerichteter) Schulkritik, wobei diese Kategorien jeweils in den Ausprägungen "pädagogisch-kritisch" oder "gesellschaftspolitisch orientiert" auftreten können (vgl. Kap.II.1.1). Durch dieses "Raster" gewinnt HINTZ *sechs Typen* von Schulkritik, die im folgenden kurz skizziert werden sollen.

Zur *"radikalen"* Variante der Schulkritik gehören folgende Positionen:

1. *"Staats- und institutionsskeptische"* Schulkritik:
   Sie ist nach HINTZ "pädagogisch-kritisch orientiert". Ihre wichtigsten Vertreter sind WOLFGANG FISCHER und PETER VOGEL. Schule wird von FISCHER als "parapädagogische Organisation" verstanden, die "durch Verstaatlichung und Institutionalisierung" Bildung verhindert. Diese Richtung der Schulkritik prangert die "unausweichliche Verzweckung des Menschen im Schulsystem" und die "Dysfunktionalität des Pädagogischen in der Schule" an.[605]

2. *"Kultur- und zivilisationskritische"* Schulkritik:
   Zwar ist auch sie "radikal", jedoch nach HINTZ mehr "gesellschaftspolitisch orientiert". Zu dieser Rubrik rechnet HINTZ z.B. IVAN ILLICH und EVERETT REIMER. Diese Kritiker sehen Schule als "System zur Produktion von Konsumenten" und als "Kirche der technologischen Gesellschaft". Sie werfen der Schule die "Verhinderung von unabhängigem Lernen und verantwortlichem Zusammenleben durch ritualisierte Einführung in die Konsumgesellschaft" sowie "Entfremdung des Menschen von sich selbst und seiner Umwelt" vor.[606]

Zur *"gemäßigten"* Variante der Schulkritik zählt HINTZ folgende Positionen:

3. *"Bildungs- und erziehungsphilosophische"* Schulkritik:
   Diese Form ist wieder "pädagogisch-kritisch orientiert". Als Vertreter nennt HINTZ z.B. THEODOR BALLAUF, JOHANNES SCHURR, MARIAN HEITGER, RUDOLF HÜLSHOFF, DIETER JÜRGEN LÖWISCH und KARL GERHARD PÖPPEL. Unter dem "Anspruch von Bildung und Erziehung" müsse für die Schule die "Priorität des Denkens und Bedenkens" gelten, "verantwortete Selbstführung statt funktionalisierter Normierung", ein "personales Lehrer-Schüler-Verhältnis statt verrechtlichter Hierarchisierung" und "Subjekthaftigkeit statt Verzweckung", wobei jeweils letzteres der Schule massiv vorgeworfen wird.[607]

4. *"Historisch-systematische"* Schulkritik:
   Auch diese Ausprägung ist nach HINTZ eher "pädagogisch-kritisch orientiert". CLEMENS MENZE z.B. unterzieht die Schule unter dem "Anspruch des

Bildungshumanismus" einer kritischen Betrachtung und fordert "individuelle Reglementierung", "Selbstverwirklichung statt politischer Einpassung" und schließlich die "Freie Schule als Alternative zur Staatsschule".[608]

5. *"Anthropologische"* Schulkritik:
   Diese ebenfalls "pädagogisch-kritische" Variante stellt eine weitere Spielart der "gemäßigten Schulkritik" dar. HARTMUT VON HENTIG, KURT AURIN und ANDREAS FLITNER führt HINTZ als wichtigste Vertreter an. Sie sehen Schule in erster Linie unter dem "Anspruch der Menschlichkeit" und fordern deshalb einen "humanen Lebensraum statt verzweckter Lernfabrik", "Erfahrung statt Lebensabstraktion" und "Selbstbestimmung statt Fremdbestimmung".[609]

6. *"Gesellschaftskritische"* Schulkritik:
   Diese – wie der Name schon sagt – eher "gesellschaftspolitisch orientierte" Richtung wird z.B. von FRIEDHELM NYSSEN und HANS-JOACHIM GAMM vertreten. Für sie steht der "Anspruch kollektiver Emanzipation" im Vordergrund ihrer kritischen Überlegungen. Sie fordern "Produktivität statt Reproduktion", "emanzipatorische Lernbedingungen statt Ausbeutung von Kindern" und ein "selbstorganisiertes Schulkollektiv statt kapitalistischer Klassenschule".[610]

Obgleich die HINTZsche Systematik manche Einzelaspekte von Schulkritik unberücksichtigt läßt, ist sie dennoch ein präzises und brauchbares Instrumentarium zur Einordnung schulkritischer Positionen. Zwar bezieht auch HINTZ seine Beispiele ausschließlich aus den 60er, 70er und 80er Jahren, doch sind seine Kategorien der Schulkritik so plausibel und universal, daß sie sich ohne weiteres auch auf die Schulkritik anderer Epochen übertragen ließen.

3.2.5 K. BILLER (1988)

Ein weiterer Versuch, schulkritische Ansätze zu systematisieren, stammt von KARLHEINZ BILLER aus dem Jahr 1988.[611] Diese Systematik greift die von HINTZ in vielen Punkten auf, geht jedoch an manchen Stellen über sie hinaus und erfaßt ein noch breiteres Spektrum an Positionen. Nach BILLER lassen sich – seit Beginn der 70er Jahre – etwa zwölf "Gruppen schulkritischer Positionen" feststellen, von denen sechs etwa deckungsgleich mit den von HINTZ genannten sind. Darüberhinaus führt BILLER folgende Kategorien von Schulkritik auf:

7. Die *"kulturanthropologische Position"* der Schulkritik:
   (z.B. PH. ARIÈS, L. DE MAUSE, D. ELSCHENBROICH). Sie steht in engem Zusammenhang mit der Position der "Antipädagogik" (z.B. K. RUTSCHKY, G. MENDEL, E. VON BRAUNMÜHL, H. KUPFFER). BILLER cha-

rakterisiert diese Position wie folgt: "Das Pathogene wird vor allem in verlangten Triebverzichten zugunsten des Kulturideals während des Heranwachsens gesehen und in der Unterwerfung des Jugendlichen unter Leistungs- und Auslesesysteme ... Vertreter dieser Position zeigen insbesondere körperliche und psychische Krankheitserscheinungen und unsoziale wie unsolidarische Verhaltensweisen auf."[612]

8. Die "Position des sog. *Heimlichen Lehrplans*":
   Ohne einzelne Vertreter zu nennen, führt HINTZ diese Position als eigene Rubrik auf. In ihrem Kontext wird kritisiert, "... daß die humanen und sozialen Aspekte des schulischen Alltags unterschlagen werden. Die Schule verspricht etwas, was sie nicht halten kann. Krankmachend ist demzufolge die Blicktrübung des Lehrers und der Offiziellen gegenüber dem, was in der Schule tatsächlich passiert." In diesem Zusammenhang lassen sich nach HINTZ wiederum "drei unterschiedliche Ansätze der Kritik an der Schulsozialisation" erkennen, die unter den Punkten 9. – 11. charakterisiert werden:

9. Der "*politisch-ökonomische* oder *gesellschaftskritische* Ansatz":
   (z.B. J. BECK, K. WÜNSCHE, F. NYSSEN, H.-J. GAMM). Hierzu schreibt BILLER: "In der Reproduktion, der Ausbeutung der Kinder und der Entfremdung der Menschen werden pathogene Implikationen gesehen, die durch Produktivität, emanzipatorische Lernbedingungen und durch ein selbstorganisiertes Schulkollektiv in ihrer negativen Wirkung behindert werden."[613] Hier wird die Nähe zu HINTZ besonders deutlich.

10. Die "*tiefenpsychologisch orientierte Kapitalismus-Kritik*":
    (z.B. D. DUHM, A. LORENZER, K. OTTOMEYER). Ihre Quintessenz lautet nach BILLER: "Die gesamtgesellschaftlichen Bedingungen führen zur Entstehung von Angst in der Schule."[614]

11. Der "*soziologisch* ausgerichtete Ansatz":
    (z.B. H. FEND, K. HURRELMANN, H.-G. ROLFF, L. KRAPPMANN, H. RUMPF). Diese schulkritische Position läßt sich etwa auf folgenden Nenner bringen: "Die Schule übergeht die 'Sinnlichkeit' und ist 'administrativ verstört' (H. RUMPF). Der Lehrer leidet an Frustration und Angst (K. HURRELMANN, H. BRÜCK, B. WEIDENMANN)."[615]

12. Die "*psychologische* Position":
    (z.B. K. SINGER). Hierzu hält BILLER fest: "Mit psychologischer Blickrichtung lassen sich zwangsneurotische Merkmale feststellen: die Schule kann nur durch Unterordnung existieren, die Überbetonung von Ruhe, Ordnung, Sauberkeit allein ermöglicht Unterricht. Diese Faktoren machen krank, weil sie das Lernen behindern. Ein weiteres Krankheitssymptom ist die Dysfunktionali-

tät des Prüfungsverfahrens, das oft zu einem Mittel wird, um die Schüler unter Druck zu setzen. Krankmachend ist auch das angstaufgeladene Schulklima, das angepaßtes, wiederkäuendes schematisches Denken verlangt ... Die Mißachtung der Spontaneität der Schüler, gehemmte Bewegungen, Behinderungen von Neugier und Wißbegierde ..." sind nur einige der Kritikpunkte aus psychologischer Sicht.[616]

Der Systematisierungsansatz von K. BILLER gehört zweifellos zu den umfassendsten und brauchbarsten Typologien von Schulkritik, die in den letzten Jahrzehnten veröffentlicht wurden. Nicht nur die äußerst differenzierten Kategorien, sondern auch die zahlreichen Belege aus der Literatur machen diese Systematik zu einem wertvollen Instrumentarium für die Sichtung und Ordnung schulkritischen Gedankengutes. Interessant ist bei dem Ansatz von BILLER auch die Verwendung von fachwissenschaftlichen Zuordnungen (z.B. "soziologisch", "psychologisch") bei der Bezeichnung der Kategorien von Schulkritik.

3.2.6 S. BLANKERTZ (1989)

Obgleich sich STEFAN BLANKERTZ' Analyse vorwiegend auf die angelsächsische Schulkritik bezieht, ist seine "Systematik der Ansätze" auch für den deutschsprachigen Raum ein durchaus brauchbares Instrumentarium zur Kategorisierung der Fülle an vorliegendem schulkritischen Material.[617] Ausgehend von seinem bereits oben erwähnten *radikalen* Verständnis des Begriffs "Schulkritik" (vgl. Kap.II.1.1) entwirft der Autor ein vielschichtiges Raster schulkritischer Ansätze. Nach S. BLANKERTZ lassen sich die schulkritischen Positionen nach drei systematischen Gesichtspunkten sachlich differenzieren:

1. "Theoretische Begründung der Schulkritik",
2. "Ansatzpunkte der Veränderung" und
3. "Zielperspektive".[618]

So führt der erste Gesichtspunkt, die *theoretische Begründung der Schulkritik*, S. BLANKERTZ zunächst zu der Unterscheidung zwischen "pädagogischen" und "nicht-pädagogischen Begründungen".[619] Neben explizit "pädagogisch begründeter Schulkritik" macht S. BLANKERTZ eine Vielfalt schulkritischer Motive aus, die "pädagogische Fragestellungen gar nicht beinhalten".[620] Zweitens differenziert BLANKERTZ unter dem Begründungsgesichtspunkt zwischen "Staatsschulkritik", "Organisations- und Institutionenkritik" und "Kapitalismusanalyse".[621] "Die Staatsschulkritik ... richtet ihre Hauptangriffe wider den Gedanken der staatlichen Schulträgerschaft bzw. der staatlichen Kontrollhoheit auch über Privatschulen", so z.B. WILHELM VON HUMBOLDT, CLEMENS MENZE, ULRICH VAN LITH u.v.a.[622] "Die Organisations- und Institutionenkritik sieht noch unabhängig davon, wer die Institution betreibt, im institutionell-organisatorischen Charakter von Schule bzw. in einem bestimmten Organisationsgrad das Verhängnis", so z.B. JOHANN FRIEDRICH HERBART, PAUL GOODMAN, PETER VOGEL, WOLFGANG FISCHER u.v.a[623] "Eine Reihe von Kritikern greift die Schule als Ausdruck des kapitalistischen Systems an"; diesen Kritiktypus ordnet S. BLANKERTZ der Kategorie "Kapitalismusanalyse" zu, so z.B. MICHAEL KATZ, in gewisser Hinsicht auch IVAN ILLICH u.v.a.[624]

In einem zweiten Schritt nimmt S. BLANKERTZ eine Differenzierung schulkritischer Positionen nach unterschiedlichen *praktischen Ansatzpunkten* vor. Dieser Aspekt führt zur "Kristallisation von drei Gruppen"[625]: "In der ersten Gruppe befinden sich alle theoretischen und praktischen Anstrengungen, *'Alternativen'* unter den gegebenen politischen Bedingungen zu entwickeln oder zu betreiben."[626] Die klassischen Beispiele sind TOLSTOJ, FERRER, RUSSEL und NEILL, aber auch die zeitgenössische Alternativschul-Szene gehört dazu.

Nach S. BLANKERTZ wird die zweite Gruppe gebildet von "*politischen* Ansätzen". Im Extremfall werden vom politischen Standpunkt aus sogar die Alternativschulen kritisiert, "weil auch sie – wenigstens ungewollt – an der Schulpflicht partizipieren; eine echte Veränderung brächte nur deren Aufhebung", meint z.B. JAMES HERNDON.[627] Ein anderer, weniger radikaler politischer Ansatz zielt auf die "Veränderung der Schulfinanzierung", so z.B. bei H. BECKER, A. FLITNER, C. MENZE, U. VAN LITH u.a.[628] Manche "politischen" Schulkritiker treten auch für eine "Veränderung der rechtlichen Regelung der Eltern-Kind-Beziehung" ein und werfen die Frage auf, "... wer Träger von Erziehungsentscheidungen ist: die Eltern – bis wann? – oder die Kinder – ab wann? – oder andere? Wer?"[629] In diese Kategorie fallen D. FRIEDMAN, J. HOLT, M. ROTHBARD u.a. Schließlich gibt es noch eine vierte Kategorie von "politischer" Schulkritik, welche die "Trennung von Erziehung und Staat" fordert. "Der Staat solle sich, so diese Position, organisatorisch und finanziell möglichst aus der erzieherischen Tätigkeit heraushalten", so z.B. READ, GOODMAN, FRIEDMAN, APPLE, DOYLE/FINN u.v.a.[630] Diese Forderung wird mit unterschiedlicher Radikalität vertreten. "Trotzdem nur eine Minderheit der Schulkritiker die radikale Position der völligen Trennung von Erziehung und Staat bezieht, kann diese Forderung nach Trennung als generelle Tendenz angelsächsischer Schulkritik, als das Konstitutionsmerkmal angesehen werden: Es geht ihr um Reduzierung des staatlichen Einflusses auf Erziehung und Schule."[631] Inzwischen wird diese Position auch im deutschsprachigen Raum vorgetragen und heftig diskutiert.[632]

Eine Synthese aus beiden Ansatzpunkten – der *Entwicklung von Alternativen* und dem Bemühen um *politische Veränderungen* – findet S. BLANKERTZ z.B. bei PAUL GOODMAN: "Selbstredend gibt es Schulkritiker, die sowohl die praktische Erprobung alternativer Erziehungsvorstellungen unter den gegebenen Bedingungen befürworten als auch gleichzeitig politische Veränderungen anstreben, um bessere Bedingungen für die Alternativen zu erreichen ..."[633]

Eine dritte Gruppe von Schulkritikern "negiert die Möglichkeit einer Veränderung im Sinne ihrer Kritik oder enthält sich ausdrücklich eines Urteils über Veränderungsmöglichkeiten"[634], so z.B. WOLFGANG FISCHER, PETER VOGEL u.a.

Der letzte Gesichtspunkt, unter dem schulkritische Positionen differenziert werden können, ist nach S. BLANKERTZ die *Zielperspektive*, welche den jeweiligen schulkritischen Ansätzen eigen ist. Hier sind zunächst diejenigen Schulkritiker zu nennen, die "Vorstellungen von einer nicht-staatlichen neuen Vereinheitlichung" entwickeln.[635] In diese Kategorie fallen für S. BLANKERTZ z.B. die Ideen von FRIEDRICH NIETZSCHE und PAUL NATORP, die "konträre Modelle einer dem Staat gegenüber autonomen, aber gleichwohl einheitlich organisierten Schule entwerfen", wobei NIETZSCHEs Modell an strenger Auslese orientiert ist, während NATORP die Gemeinschaft aller Kinder betont.[636]

Auf der anderen Seite stehen nach S. BLANKERTZ "Schulkritiker, die die staatlichen Eingriffe in das Bildungswesen gerade wegen ihrer vereinheitlichenden Wirkung kritisieren und die Idee eines vielgestaltigen Erziehungsangebotes dagegen setzen", so z.B. WILLIS NUTTING, PAUL GOODMAN, BETTINA BIEN, ULRICH VAN LITH u.v.a.[637]

Nach S. BLANKERTZ nehmen die meisten Schulkritiker "Positionen zwischen den beiden Extremen" ein. So zählt er z.B. IVAN ILLICH, der die schulisch-institutionalisierte Form des Unterrichts durch andere Strukturen zu ersetzen trachtet, einerseits zu der "Gruppe der Vereinheitlicher".[638] Andererseits aber gehören ILLICH und "diejenigen, die mit einer Veränderung der Schulfinanzierung erreichen wollen, daß der Staat unterschiedliche von den Eltern für die Kinder gewünschte Schul- und Erziehungsformen unterstützt", auch in die zweite Gruppe, "weil ihr Ziel die Vielfalt ist".[639] Dabei reicht die Bandbreite der Ansichten von MILTON FRIEDMANs Vorstellung einer "sehr geringen Kontrolle der staatlich finanzierten, aber privat getragenen Schulen" bis zu CHRISTOPHER JENCKs "Forderung nach scharfer Kontrolle", wobei diese Kontrollforderung aus dem Wunsch geboren ist, "bei Einführung der Vielfalt, die primäres Ziel ist, zu erwartende negative Begleitumstände einzugrenzen; sie negiert nicht die Idee eines vielgestaltigen Angebots".[640] Zusammenfassend hält S. BLANKERTZ fest: "Für die ... angelsächsische Schulkritik gilt durchgängig die Tendenz, Vielfalt in unterschiedlichen Graden von Radikalität zu betonen."[641] Und er geht noch einen Schritt weiter, wenn er schlußfolgert, daß sich "Schulkritik" in *diesem* Sinne mit der "Position der Vielfalt" geradezu identifizieren lasse.[642]

Die oben dargestellten Kategorien zur Systematik von Schulkritik machen deutlich, wie sehr S. BLANKERTZ von einem radikal-kritischen "Schulkritik"-Begriff im Sinne einer "grundsätzlich kritischen Haltung gegenüber Schule überhaupt"[643] ausgeht – und wie wenig ihm an der Kritik schulischer Einzelphänomene gelegen ist. Dies unterscheidet den BLANKERTZschen Systematisierungsversuch von anderen Ansätzen, denen i.d.R. ein weitaus pragmatischerer "Schulkritik"-Begriff zugrunde liegt, der nicht erst da beginnt, wo die Schule als Institution prinzipiell zur Disposition steht.

3.2.7 H. J. APEL (1995)

Schließlich sei noch auf die Ansätze zu einer Systematik der Schulkritik bei HANS JÜRGEN APEL hingewiesen, die er in seiner "Theorie der Schule" von 1995 darstellt.[644] Auch APEL beschränkt sich bei seiner Analyse auf einen eng umgrenzten Zeitraum. So unterscheidet er mit Blick auf die Zeit von 1850 bis 1918 zwei Kategorien von Schulkritik:

1. die "politische Schulkritik", wie sie z.B. LIEBKNECHT, SACK und RÜHLE vertraten;
2. die "vorwiegend pädagogisch motivierte Schulkritik", für die er als Beispiel NIETZSCHE, LIETZ und WYNEKEN nennt.

APEL verweist ausdrücklich auf den Zusammenhang zwischen "Kritik" und "Reformansätzen", für die er exemplarisch KERSCHENSTEINERs "Arbeitsschulbewegung" anführt.[645]

Auch hier fällt auf, daß der Autor bei seinem Systematisierungsansatz lediglich die schulkritischen Positionen einer ganz bestimmten historischen Phase berücksichtigt. Die Unterscheidung von nur zwei Grundkategorien – "politisch" und "pädagogisch" – ist zwar nicht sehr differenziert; sie taucht aber in den Systematiken der Schulkritik immer wieder auf. Der APELsche Ansatz mag somit als weiteres Beispiel dafür stehen, daß die meisten der vorliegenden Systematisierungsansätze lediglich einen kleinen Ausschnitt aus der großen Fülle schulkritischen Materials herausgreifen. Umfassende systematische Darstellungen der Schulkritik, die z.B. Belege aus unterschiedlichen Epochen für die unterschiedlichen Positionen heranziehen, sind hingegen in der erziehungswissenschaftlichen Literatur bisher kaum zu finden.

3.3 Zusammenfassung

Abschließend sei nun noch gefragt, welche Gemeinsamkeiten und Unterschiede, welche Strukturierungen und Schwerpunkte die untersuchten Systematiken der Schulkritik aufweisen. Wo liegen die Stärken und wo die Schwächen dieser Systematisierungsversuche?

Ohne an dieser Stelle nochmals inhaltlich auf die einzelnen Ansätze einzugehen, sei hier zusammenfassend folgendes festgehalten: Die vorgestellten Beispiele haben deutlich gemacht, daß nahezu alle Versuche, Schulkritik zu systematisieren, von vielfältigen Bezügen, zahlreichen Überschneidungen, unklaren Grenzen und fließenden Übergängen gekennzeichnet sind. Allein ein Blick auf die vorliegenden Ansätze läßt die Bedeutung, aber auch die Fragwürdigkeit solcher Systematiken erahnen. Im Kontext dieser Arbeit dienen sie aber dennoch als wichtige Orientierungshilfen zur Sichtung und Ordnung des schier unüberschaubaren schulkritischen Materials.

Die *Gemeinsamkeit* der vorliegenden Systematisierungsansätze liegt zunächst in der Tatsache, daß sie sich alle lediglich auf einen bestimmten historischen Ausschnitt der Schulkritik-Geschichte beziehen, aus dem sie auch ihre Beispiele und Belege entnehmen. Dadurch bleibt das Spektrum möglicher schulkritischer Positionen, die in den jeweiligen Systematiken berücksichtigt werden, zwangsläufig begrenzt. Weitere Gemeinsamkeiten lassen sich v.a. bei der inhaltlichen Gliederung schulkritischer Topoi erkennen. So weisen z.B. die Ansätze von DIETER HINTZ und KARLHEINZ BILLER, aber auch derjenige von INGRID DIETRICH auffällige Überschneidungen und Ähnlichkeiten bei der Kategorisierung schulkritischen Gedankengutes auf.

Die *Unterschiede* zwischen den Systematisierungsansätzen finden sich einerseits hinsichtlich des Umfangs und der Differenziertheit der Analysen, aber auch bzgl. der inhaltlichen Definition und formalen Benennung der gefundenen Kategorien schulkritischer Topoi. Während einige Systematiken ihre Kategorien eher von (erziehungs-)philosophischen Standpunkten ableiten, ordnen andere Ansätze das schulkritische Material eher nach Gesichtspunkten verschiedener Fachwissenschaften. Zu ersterem Typus sind einige Kategorien von I. DIETRICH zu zählen (z.B. "transzendentalkritische Position", "zivilisationskritische Position", "antipädagogische Position"...); der letztgenannte Kategorientypus findet sich z.B. bei M. BEHR/W. JESKE ("physiologisch-biologische Sicht", "sozialpädagogische Sicht", "gesellschaftspolitische Sicht"...), aber auch bei K. BILLER ("kulturanthropologische Position", "politisch-ökonomischer Ansatz", "soziologisch ausgerichteter Ansatz", "psychologische Position"...). Es ist jedoch festzustellen, daß kaum eine Systematik einen *bestimmten* Kategorientypus konsequent anwendet; vielmehr finden sich meist Vermischungen, Ungereimtheiten oder sogar logische Brüche bei der Bestimmung und Benennung der Kategorien.

Eine Sonderstellung nimmt die äußerst differenzierte und vielschichtige Analyse der Schulkritik-Ansätze von STEFAN BLANKERTZ ein. Indem er nicht nur die Phänomenologie schulkritischer Positionen, sondern auch ihre theoretische Begründung, ihre Ansatzpunkte zur Veränderung und ihre Zielperspektiven in seine Gliederungsüberlegungen miteinbezieht, entsteht vor dem Auge des Lesers ein ausgesprochen vielgestaltiges und präzises Bild unterschiedlichster schulkritischer Aspekte. Darüberhinaus berücksichtigt seine Darstellung eine Fülle von typischen Vertretern einzelner Positionen, die räumlich und zeitlich das gängige Spektrum deutlich übersteigt.

In dieser Hinsicht ist auch die – eher phänomenologisch vorgehende – Systematik von BEHR/JESKE positiv hervorzuheben. Obgleich sie sich in zeitlicher Hinsicht im wesentlichen auf die Schulkritik der 60er und 70er Jahre beschränkt, besticht sie doch durch ihr äußerst gründlich recherchiertes Beispiel- und Belegmaterial für die verschiedenen schulkritischen Positionen.

Die Schwächen der vorliegenden Systematiken von Schulkritik liegen also vor allem darin, daß sie allesamt auf einen bestimmten geschichtlichen Zeitabschnitt begrenzt und somit vorläufig, ergänzungsbedürftig und letzlich nicht verallgemeinerbar sind. Bei der Bestimmung der Ordnungskategorien zeigen sich außerdem gewisse Unstimmigkeiten und Fragwürdigkeiten. Dennoch sind die *Stärken* und *Chancen* der ausgewählten Ansätze keinesfalls gering zu schätzen: Die vorliegenden und hier vorgestellten Systematiken der Schulkritik bieten – jede auf ihre Weise – wertvolle Anhaltspunkte zur Bestandsaufnahme, Gliederung und Einordnung der Vielfalt an schulkritischen Positionen, die uns von den Anfängen der Institution Schule bis in unsere Tage so unablässig begegnen.

4. AUSBLICK: ENTWURF EINER AN PROBLEMFELDERN ORIENTIERTEN SYSTEMATIK DER SCHULKRITIK

4.1 Vorbemerkungen

Im folgenden soll nun der Versuch unternommen werden, in Anknüpfung an die bereits vorliegenden Systematisierungsansätze eine *neue* Systematik der Schulkritik zu entwerfen. Ziel dieser an Problemfeldern orientierten Systematik soll es sein, eine möglichst *große Bandbreite* schulkritischer Positionen zu sichten und systematisch zu ordnen. Dabei sollen die Kategorien aus dem vorliegenden schulkritischen Material selbst gewonnen werden; es soll also quasi *phänomenologisch* vorgegangen werden. Auch hierbei wird nicht der Anspruch erhoben, eine umfassende Phänomenologie der Schulkritik vorzulegen. Es soll lediglich ein Überblick über die wichtigsten schulkritischen Positionen gegeben werden, mit denen sich die Schule – vor allem im 20. Jahrhundert, z.T. aber auch in früheren Jahrhunderten – konfrontiert sah. Dabei sollen sowohl *gemäßigte* als auch *radikale* Formen der Schulkritik berücksichtigt werden (vgl. Kap.II.1.1 und II.3.2.6).

Eine solche Systematik der Schulkritik liegt meines Wissens in der deutschsprachigen erziehungswissenschaftlichen Literatur bisher nicht vor. So könnte der nun folgende Systematisierungsansatz – bei aller Unvollkommenheit – m.E. ein brauchbares *Raster* für weitere systematische Studien zum Thema Schulkritik liefern. Gegenüber dem Rückblick auf bereits vorliegende Systematiken soll deshalb die Darstellung dieses neuen Systematisierungsansatzes deutlich umfangreicher ausfallen; eine kürzere Darstellung würde der Fülle unterschiedlicher schulkritischer Aspekte und Positionen nicht gerecht werden können. Ein besonderer Schwerpunkt soll außerdem auf der Erläuterung der *institutionellen* Aspekte der Schulkritik liegen, da diese in der Gegenwart besonders intensiv diskutiert werden – und wohl für die zukünftige Entwicklung unseres Schulwesens von herausragender Bedeutung sein werden.

Die nun folgende an Problemfeldern orientierte Systematik soll jedoch nicht nur Licht in das breite Dickicht schulkritischer Positionen bringen und somit zur systematischen Klärung des Themas *Schulkritik* beitragen. Auch der andere Aspekt dieser Arbeit – die *Suche nach Schulalternativen* – soll durch die Analyse der Kritik an der staatlichen Regelschule erhellt werden. Eine differenzierte Betrachtung schulkritischer Standpunkte trägt immer auch zum besseren Verständnis der Suche nach schulischen Alternativen bei. Dies meint auch MICHAEL BEHR, wenn er bzgl. der Vielzahl schulkritischer Aspekte und Argumente schreibt: "Sie zu verstehen halte ich für wertvoll, um die Ziele, die Arbeit und die Hintergründe der ... *anderen, offenen, alternativen, entschulten* Schulen letztlich nachvollziehen zu können."[646]

Die nun folgende Darstellung einer Systematik schulkritischer Positionen soll nach *Sachgesichtspunkten* geordnet erfolgen, die sich unterschiedlichen wissenschaftlichen Disziplinen zuordnen lassen. So wird in diesem Systematisierungsansatz unterschieden zwischen *pädagogischen, psychologischen, medizinischen, soziologischen, politischen* und *institutionellen* Aspekten der Schulkritik. Diese Aspekte tauchen natürlich in der Praxis nie so isoliert auf, sondern überschneiden und vermischen sich in vielfältiger Weise. Um ein Mißverständnis zu vermeiden: *pädagogische Aspekte* der Schulkritik z.B. meint in diesem Kontext nicht die durch Pädagogen oder Erziehungswissenschaftler geäußerte Schulkritik, sondern die überwiegend pädagogisch akzentuierte Schulkritik. Diese Einteilung bezieht sich also auf die *Objektseite* von Schulkritik; das *Subjekt* der Schulkritik kann dabei in der Tat sehr vielfältig sein (vgl. Kap.II.1.2).

Diese an wissenschaftlichen Disziplinen orientierte Grobsystematik soll wiederum unterteilt werden in einzelne *Problemfelder*, die in der schulkritischen Diskussion eine besondere Bedeutung gewonnen haben. Jedes der angeführten Problemfelder zeigt in sich die verschiedensten Varianten schulkritischen Denkens und schulkritischer *Positionen*. Zur Verdeutlichung der jeweiligen Positionen sollen jeweils *exemplarisch* einige typische Vertreter, Beispiele und auch Kernzitate genannt werden, wobei kein Anspruch auf Vollständigkeit erhoben wird.

Bezüglich der o.g. wissenschaftlichen Disziplinen, denen die schulkritischen Einzelaspekte und Problemfelder im folgenden zugeordnet werden sollen, erscheint es notwendig, vorab noch einige grundsätzliche Überlegungen anzustellen. Dies betrifft v.a. zwei Ordnungskategorien, die auf den ersten Blick u.U. als aus dem Rahmen fallend wahrgenommen werden könnten: nämlich zum einen die *medizinischen* und zum anderen die *institutionellen Aspekte* der Schulkritik. Die anderen genannten Wissenschaftsdisziplinen – v.a. *Psychologie* und *Soziologie* – werden meist selbstverständlich als Nachbarwissenschaften der Pädagogik anerkannt. Daß auch *politische* Aspekte bei der Schulkritik eine Rolle spielen, ist schon bei einem flüchtigen Blick auf gängige schulkritische Positionen mehr als evident. Was jedoch berechtigt dazu, auch *medizinische* und *institutionelle* Aspekte als Kategorien zur Ordnung schulkritischen Materials heranzuziehen?

Zunächst zum erstgenannten Punkt: den *medizinischen Aspekten* der Schulkritik. Hierzu ist zunächst folgendes festzustellen: Der Begriff der "medizinischen Schulkritik" ist keineswegs neu. JÜRGEN OELKERS weist darauf hin, daß bereits im 19. Jahrhundert eine "scharfe *medizinische* Kritik an der ungesunden Schule" [Hervorhebung: A.P.] geübt wurde.[647] Als Beispiel nennt er PREYERs Abhandlung über "Naturforschung und Schule" aus dem Jahre 1887.[648] Seitdem bildeten medizinische Aspekte immer wieder einen wesentlichen Ansatzpunkt schulkritischer Positionen. Nicht nur zur Zeit der Reformpädagogik, sondern auch in den letzten 30 Jahren des 20. Jahrhunderts rückten explizit *medizinische* Topoi der Schulkritik verstärkt in den Brennpunkt des Interesses. So wurde die Schule immer wieder als Verursacher zahlreicher Krankheiten an den Pranger gestellt, und nicht nur Ärzte, sondern auch Pädagogen sprechen von einer wachsenden Zahl von "Schulkrankheiten".[649] In den 70er Jahren wurde die Forderung laut, Schulreformen nach "kinderärztlich-wissenschaftlichen Gesichtspunkten" auszurichten.[650] Nicht zufällig haben seitdem Themen wie *Gesundheitserziehung* und *Suchtprophylaxe* nicht nur in den Lehrerbildungsstätten, sondern auch in den Lehrplänen der Schulen Einzug gehalten. So findet bereits seit einigen Jahren z.B. im Rahmen der "Aktion Schulzahnpflege", bei der "Aktion gesundes Pausenfrühstück" oder bei der "Aktion gesundes Sitzen", die in vielen Schulen heute zum Standardprogramm gehören, eine enge Kooperation der Schulen mit Ärzten und Krankenkassen statt. Dies ist wohl nicht zuletzt der Tatsache zu verdanken, daß der Topos von der "krankmachenden Schule" spätestens seit Beginn des 20. Jahrhundert zum schulkritischen Standardarsenal gehört.

Doch auch in unseren Tagen werden Wissenschaftler nicht müde zu warnen: "Deutschland wird krank", heißt es in einer Studie aus dem Jahr 2000, in der u.a. die Schule als Hauptverursacher dieser Problematik angeklagt wird. "Gerade noch eine Stunde täglich bewegen sich im Schnitt die Grundschüler in Deutschland", liest man da und: "Untersuchungen bei Zwölfjährigen zeigen, daß 40 Prozent von ihnen Kreislaufprobleme haben, jedes dritte Kind Haltungsfehler, jedes zweite Muskelschwächen und jedes fünfte Übergewicht. In diesem Alter gibt es eine enorme Zunahme von Befindungsstörungen [sic]", sagt ALOYS BERG von der Uniklinik Freiburg. "Die Zahl der krankheitsfördernden Merkmale liegt inzwischen wesentlich höher als noch vor zehn Jahren."[651] Experten sprechen von einer "gesellschaftlichen Zeitbombe", angesichts derer der Schule eine große Mitverantwortung zukomme.[652] Allein dieses Beispiel mag verdeutlichen, wie brisant medizinische Aspekte der Schulkritik an der Schwelle zum 21. Jahrhundert geworden sind.

Längst kooperieren deshalb an einigen Freien Schulen Pädagogen und Ärzte eng miteinander. In der Waldorfpädagogik z.B. wurde diese Notwendigkeit schon früh erkannt. So ist für jede Freie Waldorfschule ein Schularzt zuständig, der jedes Kind in seiner leiblich-seelisch-geistigen Ganzheit durch die Schulzeit hindurch begleitet und betreut – und aufs engste mit den Lehrern zusammenarbeitet. Ziel ist es, eine ganzheitlich gesunde Entwicklung der Schüler zu ermöglichen. In einer Zeit, in der die Schule zunehmend als gesundheitsbedrohend und krankmachend erlebt wird, muß ein solcher Ansatz als vorbildlich und zukunftsweisend gelten.

Auch die weltweit agierende "Alliance for Childhood", die seit ihrer Gründung im Jahr 1998/99 für den Schutz und die Rechte der Kinder rund um den Globus eintritt, fordert eine zunehmende Vernetzung von Pädagogik und (Präventiv-) Medizin. In einer Erklärung aus dem Jahr 2000 liest man, daß es zu den vorrangigen Zielen für das neue Jahrhundert gehöre, "die Zusammenarbeit von kindgemäßer ... Erziehung und Medizin zu fördern".[653] Daß dies gerade auch für die sog. zivilisierten Länder mit ihren hochentwickelten Bildungssystemen gilt, mag angesichts der o.g. Fakten nicht verwundern.

Der Terminus *medizinische* Aspekte der Schulkritik wurde also im Kontext dieser Arbeit ganz bewußt gewählt und verwendet. Auch wenn die Medizin traditionellerweise nicht zu den unmittelbaren Nachbar- bzw. Bezugswissenschaften der Erziehungswissenschaft gerechnet wurde, erscheint die Verwendung des Begriffs *medizinische* Aspekte aufgrund der o.g. Überlegungen dennoch als sinnvoll und gerechtfertigt – wenn nicht gar als zukunftsweisend. Nach FRIEDRICH W. KRON "... stellt sich die Pädagogik der Gegenwart als ein Fach dar, das mit einer ganzen Reihe anderer Disziplinen kooperiert."[654] Zu den "Kooperationsfeldern" der modernen Erziehungswissenschaft zählt KRON neben den "klassischen" Bereichen "Anthropologie, Theologie, Philosophie, Psychologie, Soziologie, Politikwissenschaft" auch die Wissenschaftsfelder "Ethnologie, Kommunikationswissenschaft, Biologie, Medizin".[655] KRON betont die "vielfältige Hinwendung" der neueren Pädagogik zu den verschiedenen wissenschaftlichen Disziplinen, "also ihre Interdisziplinarität, deren Charakter sie ... heute kennzeichnet" – und in die er die Medizin ausdrücklich einbezieht.[656] Es ist deshalb auch nicht verwunderlich, daß namhafte Erziehungswissenschaftler bei ihrer Systematik der Schulkritik sich des Terminus "medizinisch" zur Bezeichnung des gemeinten Sachverhalts bedienen. Als Beispiel seien an dieser Stelle BEHR/JESKE genannt, die in der Einleitung zu ihrem Systematisierungsansatz bzgl. der Schulkritik schreiben: "... die Einwände gründen auf einer Vielzahl denkbarer Aspekte, sie stützen sich auf erziehungswissenschaftliche, auf psychologische, auf *medizinische* und auf gesellschaftspolitische Überlegungen" [Hervorhebung: A.P.].[657] Somit findet sich die Kategorie der "medizinischen Aspekte" – m.E. mit gutem Recht – auch in anderen Systematiken der Schulkritik.

Schließlich könnte man noch einwenden, daß es sinnvoller sei, von *anthropologischen* als von *medizinischen* Aspekten der Schulkritik zu sprechen, da doch die Anthropologie die eigentliche Bezugswissenschaft der Erziehungswissenschaft sei, wo es um Fragen der "Natur" bzw. der "Leiblichkeit" des Menschen gehe. Dem sind jedoch verschiedene Argumente entgegenzuhalten. Zum einen wäre eine solche Terminologie zwar sicherlich auch *möglich* – sie würde jedoch in Kontext des nun folgenden Systematisierungsansatzes *keinen Sinn* ergeben. Es geht ja bei dieser Systematik gerade darum, die *einzelwissenschaftlichen* Bezüge deutlich hervortreten zu lassen – und sich nicht mit übergeordneten Kategorien wie denen einer allgemeinen *anthropologischen* Betrachtungsweise zufriedengeben.

Dieser Gedanke findet z.B. eine Unterstützung bei HERMANN RÖHRS, der einmal schrieb: "Daher muß die Pädagogische Anthropologie notwendig das Gespräch mit den ... Einzelwissenschaften aufnehmen – insbesondere mit der Theologie, Psychologie, Soziologie, Medizin u.a. Die ... Beiträge der Einzelwissenschaften sind *Fragmente zu einer umfassenden Deutung des Menschen.* Da der Mensch indessen in der Vielzahl seiner Entwürfe und Erscheinungsformen nur immer annähernd auslegbar ist, ist diese Arbeit nie ganz vollendbar."[658]

Auch der Ansatz einer *neuen Anthropologie*, wie sie etwa H.-G. GADAMER und P. VOGLER vorgelegt haben, hebt die Bedeutung der Einzelwissenschaften – insbesondere auch der Humanmedizin – deutlich hervor.[659] Kennzeichen dieser *neuen Anthropologie* ist es, daß sie "die Erkenntnis der biologischen Anthropologie, der Sozial-Anthropologie, der Kultur-Anthropologie ..., der psychologischen und der philosophischen Anthropologie unter besonderer Einbeziehung von Verhaltensforschung, Evolutionstheorie und *Humanmedizin* unter einem Dach versammelt, ohne bisher zu einem einheitlichen, integralen Ansatz vorzudringen" [Hervorhebung: A.P.].[660] Obgleich hier überwiegend von den *Teilanthropologien* der verschiedenen Wissenschaftszweige die Rede ist, wird doch deutlich, welch wichtige Rolle gerade auch die *Humanmedizin* innerhalb moderner anthropologischer Fragestellungen spielt.

Fazit: Nach Meinung vieler Experten ist die Medizin als moderne Bezugswissenschaft für die Pädagogik längst unentbehrlich geworden – ja es gibt sogar gute Gründe für die Annahme, daß die Medizin als Wissenschaft von Erkrankung und Gesundung des Menschen für die Zukunft der Pädagogik von großer Bedeutung sein wird. Nicht zuletzt aus diesem Grunde erscheint es als gerechtfertigt, die Kategorie der *medizinischen* Aspekte in die nun folgende Systematik der Schulkritik bewußt einzubeziehen.

Eine weitere Kategorie, die in der nun folgenden Systematik der Schulkritik u.U. auf den ersten Blick befremdend wirken mag, ist diejenige der *institutionellen* Aspekte. Hier wird bewußt von der ansonsten konsequent erfolgten Orientierung an einer Systematik der *Fachwissenschaften* abgewichen, wofür verschiedene Gründe ausschlaggebend sind.

Blickt man auf die Geschichte der Schulkritik zurück, so wird deutlich, daß die Schule als *Institution* im Laufe der Jahrhunderte einer immer schärferen Kritik – bis hin zu einer radikalen Infragestellung derselben am Ende des 20. Jahrhunderts – ausgesetzt war (vgl. Kap.II.2.3.5). Nach I. DIETRICH wurde im Laufe der Schulgeschichte der "institutionskritische Aspekt gegenüber der eingrenzenden Betrachtung schulischer Erziehung als interpersonalem Geschehen immer wichtiger".[661] "Schließlich wird Schule als institutionell vereinnahmendes Phänomen im Sinne einer umfassenden Kulturkritik gezeichnet", schreibt M. BEHR.[662]

Betrachtet man die Schulkritik der Gegenwart, so fällt auf, daß dabei *institutionelle* Aspekte eine herausragende Rolle spielen. Spätestens seit im Zuge der neueren Schulqualitätsforschung die Einzelschule als pädagogische und administrative Gestaltungseinheit in den Vordergrund des erziehungswissenschaftlichen Interesses getreten ist, stehen Fragen und Probleme ihrer institutionellen Verfaßtheit im Mittelpunkt schulkritischer Diskussionen. Man denke nur etwa an die anhaltenden Debatten über Themen wie *Schulautonomie, Schulvielfalt* und *Schulwahlfreiheit*, die in unseren Tagen mit Eifer und Schärfe geführt werden. Dabei geht es letztlich immer um die *Schule als Institution* in ihren vielfältigen Bezügen zum Staat, zu den Schulaufsichtsbehörden, zu den am Schulleben unmittelbar Beteiligten (Schüler, Eltern, Lehrer, Schulleiter) sowie zu anderen gesellschaftlichen Institutionen und Gruppierungen.

Es ist evident, daß die großen Fragen einer zukünftigen *Schulentwicklung* in besonderer Weise mit den *institutionellen* Aspekten von Schule und Schulsystem in Verbindung stehen. Es erscheint daher als sinnvoll, diesen Aspekten in Form einer *eigenen* Ordnungskategorie einen angemessenen Raum im Rahmen der nun folgenden Systematik der Schulkritik zu geben. Man hätte die institutionellen Aspekte natürlich auch unter die *soziologischen* oder *politischen* Aspekte der Schulkritik einordnen können; eine solche Zuordnung erschien indes im Kontext dieser Systematik nicht als sinnvoll, da es sich inhaltlich um eine ganz eigenständige Kategorie handelt, der deshalb im Rahmen dieser Arbeit besondere Aufmerksamkeit gewidmet werden soll. Da die institutionellen Aspekte überdies in der aktuellen Diskussion um Schulkritik und Schulentwicklung eine zentrale Stellung einnehmen, ist es m.E. berechtigt, an dieser Stelle die an den Fachwissenschaften orientierte Logik der bisherigen Systematik zu verlassen – und eine weitere systematische Kategorie hinzuzufügen, welche ausschließlich den *institutionellen* Aspekten und Problemfeldern der Schulkritik gewidmet ist.

Schließlich sei noch angemerkt, daß auf die in anderen Systematiken verschiedentlich verwendete Kategorie der *biologischen* Aspekte der Schulkritik in der nun folgenden Systematik bewußt verzichtet wird. Zum einen fließen biologische Gesichtspunkte auch in die *psychologischen* Aspekte der Schulkritik mit ein, insbesondere dort, wo es um die Problematik von *Lernhemmungen* und *Lernblockaden* geht (vgl. Kap.II.4.2.2). Andererseits beinhaltet die *medizinische* Betrachtungsweise immer auch humanbiologische Aspekte, so daß diese nicht gesondert in einer eigenen Kategorie aufgeführt werden müssen.

Abschließend sei noch darauf hingewiesen, daß die nun folgende Systematik lediglich Hilfen und Anstöße zur Ordnung des breitgefächerten schulkritischen Materials geben soll – und dies mittels bestimmter Kategorien versucht, die sich an fachwissenschaftlichen Gesichtspunkten orientieren. "Angesichts der Vielfalt der Kritik an der Schule würde es zu nichts führen, eine lange Liste der häufigsten Kritik-Argumente ... zusammenzustellen und diese dann nach subjektiven ... Kriterien zu gewichten", stellt DIETRICH zu Recht fest.[663] Und sie fährt fort: "Auch geht es dabei nicht an, die einzelnen wissenschaftlichen Richtungen als unverrückbare 'Ordnungsmarken' in diesem unübersichtlichen Gelände, als Aussagegefüge mit überzeitlichem ... Wahrheitscharakter zu betrachten."[664] So kann jede Systematik der Schulkritik immer nur ein Versuch sein, *Wege* durch den verwirrenden Dschungel schulkritischer Positionen zu bahnen – und so ein wenig zur Erhellung dieses komplexen Terrains beizutragen.

4.2 Aspekte und Problemfelder der Schulkritik

Im folgenden sollen die *Aspekte, Problemfelder* und *Positionen* der Schulkritik im Kontext der hier vorzustellenden Systematik zunächst im Überblick dargestellt werden:

1. PÄDAGOGISCHE ASPEKTE DER SCHULKRITIK

1.1 Problemfeld *Erziehung*

1.1.1 Erziehungsdefizit / Entpädagogisierung
1.1.2 Mangelnde Wertneutralität der Erziehung / Übermaß des Erzieherischen
1.1.3 Schädlichkeit autoritärer Erziehung
1.1.4 Unzulässigkeit von Erziehung überhaupt

1.2 Problemfeld *Lehr- / Lerninhalte*

1.2.1 Wissenschaftsorientierung der Inhalte
1.2.2 Lebensfremdheit der Inhalte
1.2.3 Mangelnde Kindgemäßheit der Inhalte
1.2.4 Zu hohes / zu niedriges Anspruchsniveau

1.3 Problemfeld *Lehrmethoden / Unterrichtsorganisation*

1.3.1 Zwangscharakter / Lehrerzentriertheit der Methoden
1.3.2 Eintönigkeit / Künstlichkeit der Methoden
1.3.3 Fehlen des Künstlerisch-Schöpferischen in den Methoden
1.3.4 Starrheit und Mängel der Unterrichtsorganisation

1.4 Problemfeld *Leistung / Leistungsbeurteilung*

1.4.1 Einseitigkeit der Leistungsorientierung
1.4.2 Mangelnde Objektivität der Leistungsbeurteilung
1.4.3 Fragwürdigkeit der Ziffernnoten
1.4.4 Pädagogische Fragwürdigkeit des schulischen Leistungsprinzips

1.5 Problemfeld *Lehrerpersönlichkeit*

1.5.1 Lehrer als Beamter
1.5.2 Lehrer als Pauker
1.5.3 Lehrer als Psychopath

1.6 Problemfeld *Kooperation Schule - Elternhaus*

1.6.1 Mangelnde Mitsprache- / Mitbestimmungsmöglichkeit der Eltern
1.6.2 Gegenseitige Überfrachtung mit Ansprüchen und Erwartungen
1.6.3 Gegenseitige Schuldzuweisungen

2. PSYCHOLOGISCHE ASPEKTE DER SCHULKRITIK

2.1 Problemfeld *Persönlichkeitsentfaltung*

2.1.1 "Seelenmorde" in den Schulen
2.1.2 Mangel an ganzheitlicher Persönlichkeitsbildung
2.1.3 Schwächung der individuellen Persönlichkeit

2.2 Problemfeld *Lernhemmungen / Lernblockaden*

2.2.1 Schule als "Lernverhinderungsanstalt"
2.2.2 Mißachtung psycho-physiologischer Lerngrundlagen
2.2.3. Gestörtes Lernen durch Prüfungsdruck

2.3 Problemfeld *Schulangst / Schulneurose*

2.3.1 Schulangst als "kollektives Trauma"
2.3.2 Begünstigung psychischer Störungen und Verhaltensauffälligkeiten
2.3.3 Schulisches Unbehagen / Leiden an der Schule

2.4 Problemfeld *Schulverweigerung / Schülerselbstmord*

2.4.1 Schulunlust / partielle Schulflucht
2.4.2 Schulvermeidung / totale Schulverweigerung
2.4.3 Schülerselbstmord – der "pädagogische Super-GAU"

3. MEDIZINISCHE ASPEKTE DER SCHULKRITIK

3.1 Problemfeld *Schulpathologie*

3.1.1 Die krankmachende Schule
3.1.2 Die kranke Schule

3.2 Problemfeld *Schulstreß*

3.2.1 Überbelastung und Schulstreß
3.2.2 Schulstreßbedingte Erkrankungen

3.3 Problemfeld *Leib(feind)lichkeit*

3.3.1 Bewegungsmangel im Unterricht
3.3.2. Körperfeindlichkeit der Schule

3.4. Problemfeld *Entsinnlichung*

3.4.1 "Sensorische Deprivation"
3.4.2 Pädagogik in Beton

4. SOZIOLOGISCHE ASPEKTE DER SCHULKRITIK

4.1 Problemfeld *Sozialpathologie*

4.1.1 Schüler als sozial gestörte Individuen
4.1.2 Schule als sozial untaugliche Sozietät

4.2 Problemfeld *Chancen(un)gleichheit*

4.2.1 Benachteiligung "bildungsferner" Bevölkerungsgruppen
4.2.2 Verteilung von Lebenschancen durch die Schule

4.3 Problemfeld *Sprachbarrieren / Verhaltensstandards*

4.3.1 Mittelschichtorientierter Sprach-, Denk- und Verhaltensstil
4.3.2 Fehlen kompensatorischer Bildungsangebote

4.4 Problemfeld *Dreigliedriges Schulsystem*

4.4.1 Selektion statt Förderung
4.4.2 Aussonderung statt Integration
4.4.3 Reproduktion der "Drei-Klassen-Gesellschaft"

5. POLITISCHE ASPEKTE DER SCHULKRITIK

5.1 Problemfeld *Systemzwangkritik*

5.1.1 Systemzwang statt Selbstbestimmung
5.1.2 Fehlende Emanzipation, Partizipation und Demokratisierung

5.2 Problemfeld *Kapitalismuskritik*

5.2.1 Schule als "Apparatur bürgerlich-kapitalistischer Erziehung"
5.2.2 Schule als "ritualisierte Einführung in die Konsumgesellschaft"

5.3 Problemfeld *Ideologiekritik*

5.3.1 "Neomarxistische Unterwanderung" der Schule
5.3.2 Schule als "Weltanschauungsanstalt"

5.4 Problemfeld *Schulreformkritik*

5.4.1 Enttäuschte Hoffnungen
5.4.2 Sinnloser "Reformismus"

6. INSTITUTIONELLE ASPEKTE DER SCHULKRITIK

6.1 Problemfeld *Verrechtlichung / Bürokratisierung*

6.1.1 Administrative Überformung der Schule
6.1.2 "Bürokratismus" im Bildungswesen

6.2 Problemfeld *Schulzwang / Entschulung*

6.2.1 Schulpflicht als "Schulzwang"
6.2.2 "Entschulung" der Gesellschaft

6.3 Problemfeld *Staatliches Schulmonopol / Entstaatlichung*

6.3.1 Fragwürdigkeit des staatlichen Schulmonopols
6.3.2 Schule als Herrschaftsmittel des Staates
6.3.3 Deregulierung / "Entstaatlichung" der Schule

6.4 Problemfeld *Schulautonomie / Schulvielfalt*

6.4.1 Mangelnde Autonomie der Einzelschule
6.4.2 Schulische "Monokultur" statt Schulvielfalt
6.4.3 Regelschulzwang statt freie Schulwahl

Die innerhalb jedes Problemfeldes genannten unterschiedlichen schulkritischen *Positionen* sollen nun im folgenden näher aufgeschlüsselt und anhand typischer Beispiele erläutert werden. Dabei soll aus Gründen der besseren Übersichtlichkeit die Kapitelnumerierung einer *vereinfachten, dem o.g. Überblick entsprechenden Systematik* folgen.

4.2. 1. PÄDAGOGISCHE ASPEKTE DER SCHULKRITIK

1.1 Problemfeld *Erziehung*

1.1.1 Erziehungsdefizit / Entpädagogisierung

Diese schulkritische Position beklagt vor allem den Mangel an "Erziehung" und den Verlust des "Pädagogischen" in den Schulen, das zugunsten von reinem "Unterricht" im Dienste der Wissensvermittlung zurückgedrängt werde. Bereits die frühen Reformpädagogen betonten den "Vorrang der erzieherischen Aufgabe" und prangerten deren Vernachlässigung in den "Unterrichtsschulen" ihrer Zeit hart an.[665] "Die Schule der Zukunft muß eine Erziehungsschule werden", forderte ALFRED ANREESEN.[666] Anstelle des schulischen "Einzelkämpfertums" sollten "Erziehungsgemeinschaften" treten, "weil es im Wesen der Erziehung liegt, daß sie sich in der Gemeinschaft entfaltet ..."[667] In diesem Sinne wollte auch GUSTAV WYNEKEN seine "Freie Schulgemeinde" verstanden wissen.[668] FRIEDRICH WILHELM FOERSTER brachte das "Ungenügen der Charaktererziehung in der Schule" in seinen schulkritischen Schriften vehement zum Ausdruck, und auch HERMANN LIETZ sah in der "Charaktererziehung" eine vordringliche, aber bislang vernachlässigte Aufgabe der Schulen.[669]

Auch später wurde der Verlust des Erzieherischen in den Schulen immer wieder beklagt, und es wurde – wie etwa durch das vielzitierte "Bonner Forum" gleichen Titels – mehr "Mut zur Erziehung" gefordert.[670] So spricht auch KURT AURIN von der "schwindenden Erziehungswirksamkeit unserer Schulen"[671], und KARLHEINZ BILLER meint, das "pädagogische Element" komme in der Schule "nicht angemessen zur Geltung".[672] ELISABETH VON DER LIETH bemängelt das "erzieherische Defizit" sowie die "bis in die Grundschule reichende Wissenschaftorientierung zu Lasten des Erzieherischen in der Schule", für dessen

"Wiedergewinnung" sie plädiert.[673] Diese Autoren seien hier nur stellvertretend für unzählige andere Schulkritiker genannt, die eine ähnliche Position vertreten.

1.1.2 Mangelnde Wertneutralität der Erziehung / Übermaß des Erzieherischen

Anders als die o.g. Position prangert die an die Tradition des Neukantianismus anknüpfende Schulkritik von WOLFGANG FISCHER die "Wertgebundenheit der schulischen Erziehung" an und spricht sich für eine "wertkritische" bzw. "wertneutrale" Pädagogik aus.[674] Eine "Werterziehung", die "lediglich aus Engagement und im besten Willen" erfolge, sei stets in Gefahr, kritiklose "Systemintegration" zu betreiben, anstatt – was ihre eigentliche Aufgabe sei – die "autonome Vernunft" in die Lage zu versetzen, frei tätig zu werden – auch und gerade in Bezug auf Wert- und Normenfragen.[675] "Absolute wissenschaftliche Werturteile sind und bleiben ein Unding; die einzig angemessene, richtige Praxis im Prospekt zu haben, basiert auf wissenschaftlich unbeweisbaren Wertentscheidungen."[676] Aus diesem Grunde sei der "pädagogische Anspruch von Schule" im allgemeinen sowie jegliches wertgebundene Erziehungsengagement in der Schule im besonderen nach FISCHER prinzipiell fragwürdig.[677]

Eine andere Variante "erziehungskritischer" Schulkritik wendet sich gegen ein "Übermaß des Erzieherischen". Diese Position lehnt zwar Erziehung nicht prinzipiell ab, bezieht aber "... eine ausgesprochene Gegenstellung gegen die ständige Einwirkung des Erziehers auf das Kind, gegen sein Bemühen, es in bestimmter Richtung zu manipulieren, und gegen die Vorstellung, daß das von Natur amorphe Kind erst durch eine ständige Einwirkung 'zu etwas' gemacht werden müsse."[678] Dem ständigen erzieherischen "Einwirken" setzen diese Schulkritiker die pädagogische Theorie des "Wachsenlassens" entgegen, die bereits in JEAN-JACQUES ROUSSEAUs "Emile" anschaulich vorgeführt wurde und seitdem unter dem Stichwort "negative Erziehung" in die Geschichte der Schulkritik eingegangen ist.[679] Zu denken ist hierbei vor allem an die Reformpädagoginnen ELLEN KEY und MARIA MONTESSORI.[680] Gegen ein Übermaß des Erzieherischen wendet sich in unseren Tagen z.B. JOHANNES BECK, der in seiner programmatischen Schrift "Der Bildungswahn" gegen die "totale Pädagogisierung" der Schule zu Felde zieht.[681] Als Motto seiner Schulkritik dient ihm ein LICHTENBERGscher Aphorismus: "Ich fürchte, unsere allzu sorgfältige Erziehung liefert uns Zwergobst."[682]

1.1.3 Schädlichkeit autoritärer Erziehung

Auch die Kritik an einer allzu strengen, strafenden und autoritären Erziehung in der Schule wurde bereits zur Zeit der Reformpädagogik aufs schärfste geübt. "Zutiefst war in dem heftigen Gegensatz gegen die alte Schule und ihre Erziehung immer auch eine grundsätzliche Kritik an der Autorität enthalten, der Autorität, die die Gesellschaftsstruktur jener Zeit trug und alle Erziehungsvorstellungen und die Erziehungswirklichkeit, insbesondere auch in der Institution der Schule, beherrschte", schreibt WOLFGANG SCHEIBE.[683] "Die personale sowie die amtsbegründete Autorität des Gehorsam heischenden Lehrers wurde ebenso in Zweifel gezogen wie der Gültigkeitsanspruch der Ideale, Ziele und Werte, der Inhalte und Ordnungen der Erziehung."[684] Nicht nur von LUDWIG GURLITT, WILHELM FOERSTER und PAUL OESTREICH wurde die Strafe, vor allem die Prügelstrafe, als "das ständig angewandte und in seinen bedenklichen Folgen unabsehbare erzieherische 'Zwangsmittel' ... in der Schule" massiv angeprangert.[685] Die Schule wurde als "Strafschule" und "Strafanstalt" bezeichnet.[686] Auch ELLEN KEY übte heftige Kritik am traditionellen autoritären Herrschaftsanspruch der Erwachsenen in der Erziehung und bezeichnete es als "pädagogisches Verbrechen", "das eigene Wesen des Kindes zu unterdrücken" und es "mit dem anderer zu überfüllen".[687]

Gegen eine "autoritäre" Erziehung wandte sich in der 2. Hälfte des 20. Jahrhunderts vor allem ALEXANDER SUTHERLAND NEILL, der Protagonist der "antiautoritären" Erziehungsbewegung[688], dessen Schulversuch "Summerhill" zu Beginn der 70er Jahre weltweit zum "Mekka der Alternativschulbewegung" wurde.[689] Im Gegensatz zur traditionellen "autoritären" Erziehung, die "das unfreie Kind" hervorbringe, lautet NEILLs "antiautoritäres" Erziehungsprinzip: "Dem Kind bei seiner Entwicklung jede nur mögliche Freiheit zu lassen, die Autorität der Erwachsenen zum Verschwinden zu bringen und Vertrauen zur Grundlage der zwischenmenschlichen Beziehungen zu machen."[690] So folgt sein Schulmodell keinerlei "autoritären" Strukturen, sondern funktioniert nach dem pädagogischen Prinzip der "Selbstregulierung".[691]

Die vielfach grausamen Methoden und die höchst negativen Folgen einer "autoritären", "schwarzen Pädagogik" hat wohl niemand so gründlich recherchiert, so heftig kritisiert und so eindrücklich dokumentiert wie KATHARINA RUTSCHKY.[692] Die Warnung vor der Schädlichkeit "autoritärer Erziehung" und die Kritik an der autoritären "Zwangsanstalt Schule" findet sich in vielen Facetten bei zahlreichen Schulkritikern bis heute.[693]

1.1.4 Unzulässigkeit von Erziehung überhaupt

Noch radikalere Töne angesichts von "Erziehung" stimmt die "Antipädagogische Bewegung" seit etwa Mitte der 70er Jahre an. So stellt z.B. HEINRICH KUPFFER die "Erziehungsbedürftigkeit" des Kindes grundsätzlich in Frage.[694] Für KUPFFER ist Erziehung ein "Angriff auf die Freiheit".[695] "Abzulehnen ist nach meinem Urteil eine Pädagogik, die planvoll Ziele verfolgt und den Menschen mit Beschlag belegt, die in alle noch freien Nischen schlüpft und den Lebensweg jedes Individuums mit Hinweisschildern umstellt", schreibt

KUPFFER.[696] Denn so führe Erziehung schrittweise zu einer "Entmündigung des Individuums", die es durch eine "Entpädagogisierung" der Gesellschaft rückgängig zu machen gelte.[697]

EKKEHARD VON BRAUNMÜHL plädiert in seiner "Antipädagogik" für eine "Abschaffung der Erziehung".[698] Noch radikaler als KUPFFER lehnt er das "pädagogische Selbstverständnis" des Menschen als eines "animal paedagogicum" sowie sein "Angelegtsein auf Erziehung" als "vorgestrige Dompteur-Ideologie" ab.[699] Den "Ungeist der Erziehungsideologie" versucht VON BRAUNMÜHL durch eine bewußt unpädagogische, ja "anti-pädagogische" Einstellung zu überwinden.[700]

HUBERTUS VON SCHOENBECK schließlich beschreibt einen vermeintlich "erziehungsfreien" Umgang mit Kindern, dem keine "pädagogische Haltung" mehr zugrundeliegt.[701] Sein antipädagogisches Motto lautet: "Unterstützen statt erziehen", und er definiert das neue Kommunikationsmodell zwischen Erwachsenen und Kindern als "Amication" bzw. "Freundschaft mit Kindern".[702] "Ich weiß besser als du, was für dich gut ist" – diese nach VON SCHOENEBECK "grundlegende pädagogische Position" bzw. "Ambition" wird von der "Antipädagogik" verworfen.[703]

Ebenso ist ALICE MILLER überzeugt von der Unzulässigkeit von "Erziehung": "Auch meine antipädagogische Haltung wendet sich nicht gegen eine bestimmte Art von Erziehung, sondern gegen Erziehung überhaupt, auch gegen die antiautoritäre."[704] Die Regelschule als explizit "pädagogische" Institution wird vom "antipädagogischen" Standpunkt aus radikal abgelehnt.

Wie bereits erwähnt, ist die "antipädagogische" Schulkritik ihrerseits nicht ohne Kritiker geblieben (vgl. Kap.II.2.3.6).[705] Eine "bewundernswert sensible und gescheite Auseinandersetzung mit der Anti-Pädagogik" leistet ANDREAS FLITNER in seinem Buch "... Über Erziehung und Nicht-Erziehung".[706] Darin zeigt er auf, wie auch die "Anti-Pädagogik" paradoxerweise "eine eigene Pädagogik" entwickelt – und nimmt die antipädagogische Schulkritik zum Anlaß, "den fatalen Mißbrauch und den guten Sinn von Erziehung" voneinander zu trennen.[707]

1.2 Problemfeld *Lehr- /Lerninhalte*

1.2.1 Wissenschaftsorientierung der Inhalte

Bereits die Schulkritik der Jahrhundertwende, wie sie etwa von JULIUS LANGBEHN, FRIEDRICH NIETZSCHE und PAUL LAGARDE vorgetragen wurde, zeichnete sich durch eine deutliche "Skepsis gegenüber dem Totalanspruch der Wissenschaft an die Bildung" und eine vehemente "Kritik gegenüber der durch die Wissenschaft bewirkten Intellektualisierung der Bildung" aus.[708] Vor allem NIETZSCHE wies immer wieder darauf hin, "wie die Wissenschaftlichkeit lebendige geistige Kräfte gefährden, schwächen und zerstören kann ..."[709]

In der Reformpädagogischen Bewegung wurde die damalige Schule als Stätte "intellektualistischer" Bildung heftig attackiert.[710] Insbesondere prangerte man die "Herrschaft der gegenwärtigen Wissenschaft" gegenüber der "Herzensbildung" scharf an.[711] Vor allem die Gymnasien seien "Pflanzstätten" für "gelehrte Fettsucht", die sich durch eine "Überbürdung" der Schüler durch die "intellektualistische Wissenschaft" auszeichneten.[712]

Diese Kritik am "Intellektualismus" und an der "Verwissenschaftlichung" der Lerninhalte erlebte in den 70er und 80er Jahren eine neue Hochkonjunktur. Stellvertretend für viele andere Schulkritiker sei hierzu HANS BRÜHWEILER zitiert, für den die "von den Wissenschaften geleitete und auch von den Technokraten bestimmte Schule" inhuman geworden ist.[713] Im Kontext der Kritik an der Verwissenschaftlichung schulischer Inhalte wurde häufig auch Kritik an den "überfrachteten Stoffplänen im engmaschigen Netz einer überzogenen Lernzieltaxonomie" geübt, die den "Freiraum des Lehrers praktisch auf Null reduziert".[714] MARKUS WALDVOGEL sieht auch die verwissenschaftlichte Schule der 90er Jahre "zwischen Stoff, Streß und fehlenden Visionen" ersticken.[715]

1.2.2 Lebensfremdheit der Inhalte

Eng verwandt mit der o.g. Position ist die häufig vorzufindende Kritik an der "Lebensfremdheit" schulischer Lerninhalte. Bereits JOHN LOCKEs "Gedanken über Erziehung" waren voll von scharfzüngiger Kritik an den Schulen seiner Zeit, die den Schülern "die Köpfe mit allem möglichen Plunder vollstopfen ..., an den sie gewöhnlich großenteils nie wieder denken und ganz gewiß nicht zu denken brauchen, solange sie leben; und was davon hängen bleibt, ist nur von Nachteil für sie."[716] Allen voran beklagte im 19. Jahrhundert FRIEDRICH NIETZSCHE das "Übermaß von Historie" in der Bildung und bemängelte deren fehlenden "Nutzen" für das "Leben".[717] "Der moderne Mensch schleppt zuletzt eine ungeheure Menge von unverdaulichen Wissenssteinen mit sich herum, die dann bei Gelegenheit auch ordentlich im Leibe rumpeln ... Unsere moderne Bildung ist eben deshalb nichts Lebendiges ..."[718] An anderer Stelle schreibt NIETZSCHE: "Ich für meinen Teil kenne nur einen wahren Gegensatz, Anstalten der Bildung und Anstalten der Lebensnot: zu der zweiten Gattung gehören alle vorhandenen ..."[719]

In den vielfältigsten Variationen taucht das Motiv der "Lebensferne" schulischer Inhalte immer wieder auf. Wurde bereits in der Reformpädagogik die staatliche Regelschule als lebensfeindliche "Stoff-, Buch- und Lernschule" scharf kritisiert[720], so greift z.B. HORST RUMPF dieses Thema seit den 80er Jahren erneut auf: "Unsere Schulen kranken an Lebens- und Erfahrungsverlusten, ... das heißt, die Dinge, die dort verhandelt, durchgenommen werden, entbehren weitgehend des Unterbaus wirklicher, lebendiger Erfahrungen ... Unsere Schule krankt an Wortwissen, was [sic] schnell gelernt, schnell geprüft, schnell vergessen wird und wieder versinkt."[721] Auch z.B. HANS-HERMANN GROOTHOFF kritisiert die "Kluft zwischen Schule und Lebenswelt".[722]

1.2.3 Mangelnde Kindgemäßheit der Inhalte

Ein zentraler Topos der Schulkritik ist die mangelnde "Kindgemäßheit" der Lerninhalte. Bereits ELLEN KEY verwies auf die "Illusionen der Verträglichkeit von Kindgemäßheit und Schule" und führte aus: "Die Schule folgt nicht dem Prinzip des Kindgemäßen, sondern sie erzeugt das Schulkind, einen Anpassungseffekt, der das Kindliche zerstört."[723] JÜRGEN OELKERS stellt dazu fest: "Ihre These gehört bis heute zum Arsenal der Schulkritik."[724] Gegenüber einer allzu objektivistischen Didaktik und Stoffauswahl forderten die Reformpädadogen eine Stärkung der "Subjektposition des Schülers".[725] Anstelle der Vermittlung von abstrakten Lehrinhalten, die einer reinen Sach- und Fachsystematik folgen, erstrebten sie eine Didaktik "vom Kinde aus".[726] Eine solche Didaktik zeichnet sich durch das "Anknüpfen an die Erfahrungswelt der Kinder", das "Ernstnehmen der Lebensprobleme der Kinder" und die "Unvoreingenommenheit gegenüber der Entwicklungsfähigkeit eines Kindes" aus.[727] Heute wird diese Position in ihrer radikalen Ausprägung z.B. von *Freien Alternativschulen* und *Montessori-Schulen* vertreten. MARIA MONTESSORI selbst wandte sich entschieden gegen "curriculare Zwänge" jeglicher Art und forderte : "Lehrpläne gehören abgeschafft!"[728] In diesem Sinne kritisiert RUPERT VIERLINGER den "didaktischen Objektivismus derer ..., die meinen, genau zu wissen, was Bildung ist, und sie zentral und generell vorschreiben zu können" und fordert einen konsequenten "didaktischen Subjektivismus, die Orientierung am Kind, an seinen Bedürfnissen und seiner Lebenssituation".[729] Doch auch weniger subjektivistisch eingestellte Didaktiker wie z.B. BERND HAUCK beklagen einen "Verlust der subjektiven Bedeutsamkeit schulischen Lernens" für heutige Kinder.[730]

1.2.4 Zu hohes / zu niedriges Anspruchsniveau

Seit es die Schule gibt, streiten sich die Schulkritiker, ob in ihnen zu viel oder zu wenig gelernt bzw. von den Schülern als Leistung gefordert und erbracht wird. Nach HELLMUT BECKER "... lassen sich die Argumente vieler Eltern und Kommentatoren am ehesten auf die Formel bringen: erstens, es wird nichts mehr gelernt, zweitens, es wird viel zu viel verlangt. Über die Widersprüchlichkeit der Beurteilungen der heutigen Schule wird man sich selten klar."[731] Auch die seit den 60er Jahren durchgeführten vergleichenden internationalen Schulleistungsstudien brachten wenig Verbindlichkeit in die Diskussion um das Anspruchsniveau schulischer Lerninhalte und Leistungen. Während "progressive" Schulkritiker gegen ein überzogenes intellektuelles Anspruchsniveau zu Felde zogen und affektive wie soziale Lernziele in den Vordergrund rückten, erhoben "konservative" Schulkritiker den Einwand, "die Verringerung oder Beseitigung von Lernanreizen wie Zensuren und Auslese-Prüfungen ... haben zur Minderung der intellektuellen Anforderungen an Schüler geführt und ihre Arbeitsdisziplin beeinträchtigt. Begabte Kinder sind infolge einer dogmatisch verfochtenen Gleichheitsideologie vernachlässigt worden ..."[732] Insgesamt sei das schulische Anspruchs- und Leistungsniveau dadurch erheblich gesunken.

Beide Positionen stehen sich bis heute nahezu unverändert gegenüber – und werden vielfach heftig in der Öffentlichkeit diskutiert. Nachdem in den 70er und 80er Jahren jedoch eher der inhumane "Leistungsdruck" und die totale "Überforderung" der Schüler in den Schulen kritisiert wurde, scheint in den 90er Jahren die Klage über den mangelnden "Output" schulischen Lernens mehr im Vordergrund zu stehen: "Schule war schon lange nicht mehr so unproduktiv", resümiert PETER STRUCK.[733]

1.3 Problemfeld *Lehrmethoden / Unterrichtsorganisation*

1.3.1 Zwangscharakter / Lehrerzentriertheit der Methoden

Im Hinblick auf die schulischen Lehr- und Lernmethoden wird häufig deren Härte und Zwangscharakter kritisiert. Die Kritik an der "Härte" der Methoden ist schon alt. So geißelte bereits JOHANN AMOS COMENIUS in seiner "Didactica Magna" die Anwendung einer "... so harten Methode, daß die Schulen gewöhnlich als Kinderschreck und Geistesfolter angesehen werden und der größere Teil der Schüler, voll Abscheu vor Wissenschaft und Büchern, den Handwerksstuben oder sonstigen Lebenswegen zueilt."[734]

Zur Zeit der Reformpädagogik kulminierte die Schulkritik geradezu in Begriffen wie "Zwangsschule" und "Zwangsanstalt".[735] So schrieb z.B. BERTHOLD OTTO: "Der Zwang der Schule tötet in der Anlage des Kindes die edelsten Keime, aus denen sich wertvolle Eigenart, selbständige Kraft, starker Wille, lebendige Initiative entwickeln könnten."[736] Die "neue Schule" sollte "statt auf Zwangsbelehrung auf Selbsttätigkeit" beruhen.[737]

Den vielgescholtenen passiv-rezeptiven "Zwangsunterricht" charakterisierte z.B. ADOLF RUDE folgendermaßen: "Drill der Stoffeinprägung", "Unterricht ohne Triebkraft", "Zwangsdialog im Unterricht", "autokratische Schulzucht", "Versteifung auf Machtautorität", "schroffer Unterrichtston", "ständiges Ermahnen, Nörgeln, Tadeln, Schelten oder gar Ironie und Spott", "völliges Stillsitzen die ganze

Stunde hindurch, wohl gar mit dem Vordermann schön ausgerichtet, die Augen unablässig auf den Lehrer gerichtet, die Hände ständig auf der Tischplatte wie zum ständigen Gebet gefaltet", "bei Antwort aufstehen, ... nicht umdrehen" usw.[738] Die Kritik an der "Lehrerzentriertheit" der Unterrichtsmethoden, die später z.B. in MARIA MONTESSORIs Konzept der "Freiarbeit" und in den neueren Modellen eines "offenen Unterrichts" ihren Niederschlag und ihre Antwort fand, ist hier unüberhörbar.

Vor allem im Zuge der Bemühungen um eine Demokratisierung der Schule wurde, wie JOHN DEWEY formulierte, heftige Kritik am "autoritären Frontal- und Drillunterricht" geübt.[739] Doch auch die Schüler selbst kritisieren häufig den lehrerzentrierten Unterricht, was eine Studie von HORST HAECKER und WALTER WERRES aus den 80er Jahren deutlich gezeigt hat: "Aus der Sicht der Schüler agieren die Lehrer methodisch wenig flexibel und phantasievoll, und sie erleben nach wie vor einen dirigistischen und auf den Lehrer zentrierten Unterricht."[740] "Trotz eines erheblich verbesserten allgemeinen Schulklimas scheint es den Lehrern bislang nicht gelungen zu sein, den Unterricht offen anzulegen und stärker auf die Vorstellungen, Interessen und Erwartungen der Schüler auszurichten", stellen die Autoren kritisch fest.[741]

HARTMUT VON HENTIG bezweifelt die Zweckmäßigkeit einer einseitig *lehrerzentrierten* "Didaktik" (=Lehrkunst) prinzipiell; sein Konzept einer radikal *schülerzentrierten* "Mathetik" (=Lernkunst) wird heute nicht nur an der *Bielefelder Laborschule,* sondern auch an anderen *Freien Schulen* erfolgreich praktiziert.[742]

1.3.2 Eintönigkeit / Künstlichkeit der Methoden

Eine weitere Nuance der Schulkritik betrifft die Eintönigkeit und "Künstlichkeit" der Unterrichtsmethoden. Bis in unsere Tage bemängeln Schulkritiker wie z.B. REINHOLD MILLER die "Monotonie eines Schulvormittages" und den schematisierten, immer gleich ablaufenden Unterricht, welcher die weitverbreitete "Null-bock auf die Schule"- Mentalität bei Kindern und Jugendlichen geradezu züchte.[743] Nach BEHR/JESKE dienen Unterrichtsgänge oder Besichtigungen lediglich als "happenartige Befreiung von erzwungener Langeweile", weil solche Lernerlebnisse "vor Ort" in den Regelschulen viel zu selten und nicht wie selbstverständlich stattfinden.[744] Auch die bereits erwähnte Studie von HAECKER/WERRES berichtet von einer "von seiten der Schüler häufig bestätigten Empfindung der Langeweile ... Langeweile und Monotonie bestimmen den Schulalltag und bergen für die Schüler anscheinend die am stärksten empfundenen Probleme in sich".[745]

Die methodische Eintönigkeit zieht eine weitere häufig geäußerte Kritik nach sich: "Lernen macht keinen Spaß."[746] "Natürliche", kindgemäße Lernformen wie das Spiel sind auch im Primarbereich oft noch aus dem schulischen Methodenrepertoire verbannt. Schulisches Lernen bleibt meist ein "Lernen ohne Erfahrung", wie RICHARD KELBER formuliert.[747] "Schule schirmt Kinder von realen Erfahrungen ab. Sie werden nur mit künstlich vorstrukturierten und nachgebildeten Lehrmitteln und Inhalten konfrontiert ... Lernen findet nur an simulierter Wirklichkeit statt", schreiben BEHR/JESKE.[748] Auch HORST RUMPF zieht gegen die "Verödung der Lernkultur" zu Felde, die durch einseitig analytisch-verbalistisch-distanzierte Methoden ohne echte "Begegnung" mit den Dingen gekennzeichnet ist.[749] Ein lebendiges und "natürliches" Lernen war demgegenüber schon immer das Anliegen der Reformpädagogen; im Geiste JEAN-JACQUES ROUSSEAUs forderten sie einen "natürlichen Unterricht".[750]

1.3.3 Fehlen des Künstlerisch-Schöpferischen in den Methoden

Nicht nur im Bereich der schulischen Inhalte, sondern auch hinsichtlich der Lehr- und Lernmethoden wurde immer wieder die Dominanz des Wissenschaftlich-Intellektuellen heftig kritisiert. So stellte z.B. RUDOLF STEINER, der Begründer der Waldorfschulen, fest: "In die Unterrichts- und Erziehungsmethoden ist im Laufe der neueren Zeit stark der Intellektualismus eingezogen ... Die Lehrer empfangen in ihrer eigenen Ausbildung von der Wissenschaft den Geist ihrer Erziehungsmethoden."[751] Demgegenüber forderte STEINER mit vielen anderen Reformpädagogen, daß "die ganze pädagogische Tätigkeit der Erziehenden beseelt werden müsse".[752] In diesem Kontext wurde oft eine künstlerische Durchdringung des gesamten Unterrichts verlangt: "Das Lehren selbst muß ein Kunstwerk, kein theoretischer Inhalt sein."[753] Bereits FRIEDRICH SCHILLER sah in der "Durchdringung des Menschen mit der ästhetischen Seelenverfassung" das wichtigste Element aller "Erziehungskunst".[754] Und zahlreiche Reformpädagogen forderten, der Lehrer müsse ein "Künstler" sein.[755]

Die "Kunsterziehungsbewegung" betrachtete "die Kunst, vor allem die bildende Kunst, als Quelle der Erneuerung des geistigen Lebens" und als "Mittelpunkt der Bildung".[756] Die unschöpferischen Unterrichtsmethoden der Normschulen wurden hart angeprangert. "Erziehung zur Kunst durch die Kunst" sei ein "wirksames Korrektiv gegen die auf Abwege geratene Bildung und ganz speziell gegen das einseitige Wissenschaftstum", auch und gerade im Bereich des Methodischen.[757] Viele Reformpädagogen wollten "in kindgemäßen Schulen Intuition und Phantasie sowie Erlebnisfähigkeit und Initiative fördern" – alles Qualitäten, die sie in den staatlichen Regelschulen ihrer Zeit vermißten.[758] Künstlerisch gestalteter Unterricht zielte auf die "Weckung und Förderung der lebendigen Kräfte im jungen Menschen" und auf die Entfaltung des "Schöpferischen im Kinde".[759] Zwar machte jüngst HARTMUT VON HENTIG auf "die Inflation, Verlogenheit und Beliebigkeit des sogenannten 'Schöpferischen' " aufmerksam; doch allen Anfragen an diesen "schwachen Begriff" zum Trotz bleibt den Schulen bis heute der

Vorwurf nicht erspart, daß sie in wichtigen Bereichen jeglicher methodischer "Kreativität" ermangeln.[760]

1.3.4 Starrheit und Mängel der Unterrichtsorganisation

Auch an der Unterrichtsorganisation wurde und wird häufig Kritik geübt. JOHN DEWEY z.B., ein Pionier der "Projektmethode", äußerte heftige Kritik an den "starren Lehrplänen" und an dem "unflexiblen Fächerkanon" der Schulen.[761] Vielfach wird auch das immer noch weitverbreitete gleichschrittige Lernen im rigiden "45-Minuten-Takt" kritisiert.[762] Die "Stunden im Dreivierteltakt" verhinderten ein lebendiges, prozeßorientiertes Unterrichtsgeschehen.[763] Insgesamt wird bemängelt, daß zu starre Verwaltungsvorschriften bzgl. der Unterrichtsorganisation die inhaltliche und methodische Freiheit des einzelnen Lehrers auf Kosten eines flexiblen und lebendigen Unterrichts für die Schüler, der auch freiere Unterrichtsformen einschließt, unzulässig beschneiden.

Ein anderer Aspekt ist die Kritik an den "zu großen Klassen" und der zu geringen "Einstellungsquote für Lehrer", die seit den 70er Jahren in Wellen immer wieder in der öffentlichen Diskussion auftaucht.[764] Die "Elterninitiativen gegen Schulnotstand", die "Elternsternmärsche" und die in vielen Städten gegründete "Aktion kleine Klasse" legen ein beredtes Zeugnis davon ab, wie sehr gerade auch die *organisatorischen* Mängel der Schule den Eltern der 70er Jahre auf den Nägeln brannten.[765] Denn auch die äußeren, organisatorischen Bedingungen wirken zweifellos prägend in den Unterrichtsalltag hinein – und werden von einigen Schulkritikern bis heute als Indiz für eine insgesamt desolate Unterrichtsorganisation an den öffentlichen Schulen betrachtet.

1.4 Problemfeld *Leistung / Leistungsbeurteilung*

1.4.1 Einseitigkeit der Leistungsorientierung

Bereits zur Zeit der Reformpädagogik wurde die damalige Schule als "autoritäre Leistungsschule" scharf kritisiert.[766] Die einseitige Überbetonung der intellektuellen "Leistung" wurde schon damals als "inhuman" abgelehnt. Die "neue" Schule der Reformpädagogik "sollte nicht mehr nur die kognitive Leistungsfähigkeit des Kindes fördern, sondern alle schöpferischen und moralischen Kräfte im jungen Menschen entfalten."[767] Kritik geübt wurde außerdem an der erzwungenen Anpassung in der "alten Schule", die mit Mitteln wie Tadel, Noten, Zeugnissen, Sitzenbleiben usw. ihre Schüler gefügig machte.

Seit den späten 60er Jahren fand diese Kritik an der "Leistungsvergötzung" in der Schule neuen Zuspruch.[768] Es erschienen Kampfschriften "Wider die Leistungsschule", in denen z.B. HANS BRÜHWEILER ausführte: "Die einseitige und engstirnige Leistungsschule hat sich bereits unmöglich gemacht, nicht nur weil sie den Menschen vernachlässigt, sondern auch weil sie für eine *menschliche* Zukunft nichts abgibt."[769] Die Schule sei zu einem reinen "Leistungsinstitut" verkommen, dem alle anderen Ideale von Bildung und Erziehung aufgeopfert würden.[770] Um dem "Leistungswahn" in der Schule zu entkommen, sei eine Rückbesinnung auf die ursprüngliche Bedeutung des Wortes "scholé" notwendig: "Das Wort 'Schule' kommt vom griechischen ... *scholé*; dies aber *heißt Muße*. Angesichts unserer heutigen Schul-'Betriebe' und der sich selbst rühmenden Leistungsschule ist es beeindruckend, am Anfang der europäischen Schulgeschichte ... die Muße zu sehen", gibt BRÜHWEILER kritisch zu bedenken.[771]

Demgegenüber spielt in den Schulen von heute die Leistungsvergötzung immer noch eine dominante Rolle. HAECKER und WERRES stellen fest, daß "unser Schulsystem die Leistung übergewichtig in den Mittelpunkt des Schulgeschehens rückt".[772] Auch Schülerbefragungen zeigen, daß Schüler "die Schule zu einem großen Ausmaß unter Leistungsgesichtspunkten erfahren. Dies macht einen zentralen Aspekt ihrer Kritik an der Schule ... aus."[773]

1.4.2 Mangelnde Objektivität der Leistungsbeurteilung

"Wer sich zur Leistungsbeurteilung in der Schule äußert, kann sicher sein, daß er, gleich was er sagt, auf der einen oder anderen Seite Unmut, Widerstand oder sogar Protest erzeugt. In der Bundesrepublik ist das Thema Leistungsbeurteilung in der Schule wie kaum ein anderes schulpädagogisches Thema negativ besetzt", stellt WOLFGANG SCHÖNIG fest.[774] So entzündet sich aus den vielfältigsten Motiven heraus an der Tatsache, aber auch am Modus der schulischen Leistungsbeurteilung immer wieder die heftigste Kritik. Weitgehende Einigkeit besteht lediglich bezüglich der mangelnden Objektivität schulischer Leistungsbeurteilungen, die inzwischen wissenschaftlich vielfach bestätigt wurde.

Eine gute Zusammenfassung dieses Sachverhalts gibt SCHÖNIG: "Vor allem die Testtheorie hat nachgewiesen, daß die Ziffernzensur den wissenschaftlichen Gütekriterien Objektivität, Reliabilität und Validität nicht genügen kann. Die Schulnote ist nicht objektiv, weil sie durch subjektive Einflüsse des Lehrers mitgeprägt ist, d.h., daß mehrere Lehrer ein und dieselbe Leistung höchst unterschiedlich bewerten."[775] Die empirische Forschung konnte zeigen, daß zahlreiche leistungsfremde Faktoren das Lehrerurteil mitbestimmen, so z.B. die Schülerdisziplin, das Geschlecht des Schülers, die Reihenfolge beim Beurteilen von Klassenarbeiten, die soziale Herkunft des Schülers, sein äußeres Erscheinungsbild und sein Beliebtheitsgrad.[776] Offensichtlich führen bestimmte sozial- und persönlichkeitspsychologische Momente zu zahlreichen "Beurteilungsfehlern".[777] Die Aussagekraft von Noten wird durch die genannten "Fehlerquellen" und "Urteilstendenzen" stark gemindert. "Es kommt hinzu, daß Lehrer sich in der Praxis immer noch auf einen klasseninternen Beurteilungsmaßstab – die soziale oder durchschnittsorientierte Bezugsnorm – stützen, ohne daß sie den Leistungsstand anderer jahrgangsgleicher Klassen kennen ... Das heißt für Zensuren, daß sie über die jeweilige Klassengemeinschaft hinaus kaum einen Vergleichswert haben", resümiert SCHÖNIG.[778]

KARLHEINZ INGENKAMP kommt deshalb zu dem Schluß, daß "unser gesamtes schulisches Berechtigungswesen auf falschen Voraussetzungen" beruht.[779] Für HELLMUT BECKER ist die Notengebung schlichtweg ein Selbstbetrug, eine "Lebenslüge".[780] Es gehe mehr denn je darum, "einen Aberglauben zu erschüttern, den Aberglauben an die Richtigkeit der Bewertung durch Zensuren und den Aberglauben an die prognostische Gültigkeit der gemessenen Leistungsurteile".[781]

1.4.3 Fragwürdigkeiten der Ziffernnoten

Ziffernnoten werden nicht nur aufgrund ihrer mangelnden Objektivität, sondern auch aus anderen Gründen von zahlreichen Schulkritikern in Frage gestellt. RUDOLF WEISS stellt fest, daß die Akzeptanz von Leistungsbeurteilungen durch Ziffernnoten heute tendenziell im Abnehmen begriffen ist: "... je jünger die Untersuchung, desto geringer die Befürwortung."[782] In einer breitangelegten empirischen Studie aus dem Jahr 1985 kommt GOTTFRIED SCHRÖTER zu dem Ergebnis, daß rund 45% der befragten Bürger eine "kritische Einstellung" zum schulischen Zensurensystem haben, wobei der Anteil der befragten Frauen, die mit dem Zensurensystem "nicht einverstanden" sind, deutlich höher liegt als der der befragten Männer.[783] Doch auch "professionelle" Schulkritiker finden harte Worte gegen das Notensystem. So bezeichnet HORST SPEICHERT die Praxis der Leistungsmessung in den Schulen als "Terror nach Noten" und greift "die schulische Übung, Schüler mit Hilfe der Zensuren in Rangreihen zu bringen" und die "Unterdrückungsfunktion" des Notensystems scharf an.[784] Die schädlichen Wirkungen von Ziffernnoten beschreibt SPEICHERT wie folgt: "... dabei dienen die Zensuren nicht nur der Auslese, sondern sie haben zugleich eine psychologische Funktion: sie ermutigen die 'Guten' und entmutigen die 'Schlechten' und verfestigen so den beschriebenen Zustand objektiv und im Bewußtsein der Schüler."[785]

In diesem Sinne meint auch MARIA FURTNER-KALLMÜNZER: "Die individuelle Zuschreibung schulischer Leistungserbringung und die Bewertung im Rahmen einer Leistungshierarchie hat zur Folge, daß Schüler Leistungsbewertungen auch unmittelbar als eine Form der sozialen Anerkennung bzw. ihrer Versagung von seiten der Schule erfahren."[786] "Gute oder schlechte Noten bedeuten für Schüler, selbst wenn sie die Schule ansonsten stark kritisieren, trotzdem eine positive oder negative Erfahrung, denn sie erfahren sich dabei dementsprechend auch als Person bewertet. Auf dieser Basis hängt die Qualität der Noten auch mit dem Selbstbild und mit dem Selbstwertgefühl der Schüler zusammen", was nicht zuletzt empirische Studien bestätigen.[787]

Ähnlich äußert sich auch PETER STRUCK: "Das Noten- und Abschlußwesen ... [ist] deshalb in Frage zu stellen, weil ... [es] Schüler durch das Hineinstellen in ein bestimmtes Leistungsniveau stigmatisiert ... Die Wahrscheinlichkeit, daß ein Schüler, der schon mehrere Fünfen geschrieben hat, wieder eine Fünf schreibt, ist sehr groß, und zwar nicht deshalb, weil er nichts kann, sondern weil er gelernt hat, daß er ein Fünferschreiber ist."[788] Und er folgert: "Es reicht aus, von Fach zu Fach zu beschreiben, was ein Schüler kann, es ist nicht erforderlich, kundzutun, was er nicht kann. Noten sind also entbehrlich."[789]

MARTIN WAGENSCHEIN warnte vor einem "unangemessenen Zahlenaberglauben"[790], und bei PETER PETERSEN liest man: "Die Gefahr der Zensur durch den Lehrer kann als nicht groß genug bezeichnet werden."[791] Die AKTION HUMANE SCHULE wird nicht müde, darauf hinzuweisen, daß Schüler "Ohne Noten lieber lernen und mehr leisten".[792]

Viele Schulkritiker suchen nach "Alternativen zur traditionellen Notengebung", stellen die "Förderung des einzelnen Schülers" in den Mittelpunkt und fordern den "sukzessiven Ersatz der Noten durch Verbalurteile", wie sie z.B. in den "Lernentwicklungsberichten" – v.a. an Freien Schulen – schon Usus sind.[793] WEISS resümiert: "Viele Menschen, die mit der Schule zu tun haben, sind mit der gegenwärtigen Form der Leistungsbeurteilung nicht zufrieden und möchten sie verbessern. Die Vorschläge zur Verbesserung hängen von grundsätzlichen Einstellungen zu Erziehung und Unterricht ab."[794]

1.4.4 Pädagogische Bedenklichkeit des schulischen Leistungsprinzips

"Kaum ein Thema vermag die Diskussion in und außerhalb der Schule so aufzuheizen wie das Reizwort 'Leistungsprinzip' ", liest man bei WALTER BARSIG et al.[795] Daß dieses "Leistungsprinzip" in individueller und sozialer Hinsicht äußerst bedenkliche "Nebenwirkungen" zeitigt, wird in der schulkritischen Literatur immer wieder beklagt. Für den einzelnen Schüler bedeutet das verabsolutierte Leistungsprinzip häufig Leistungsdruck, Leistungsangst und Leistungsversagen; für die Klassengemeinschaft bringt es vielfach Konkurrenzdruck, Leistungsegoismus und Ellenbogenmentalität mit sich – allesamt Haltungen, die nach Auffassung zahlreicher Schulkritiker mit dem pädagogischen Auftrag der Schule prinzipiell unvereinbar sind. Für RUDOLF WEISS gilt: "Leistungsbeurteilung ist streng genommen unpädagogisch."[796] So heißt es auch bei BARSIG et al.: "Zu wehren gilt es aber Auswüchsen eines Leistungsdenkens, das unsere Schüler in Situationen bringt, wo soziale Beziehungen gefährdet und individuelle Entwicklungen gestört werden."[797]

Vor allem durch die "Mobilisierung der Begabungsreserven" im Zuge der Bildungsreform sahen viele Schulkritiker sich "den traditionellen Leistungs- und Konkurrenzdruck der Schüler in der Schule noch erheblich verschärfen".[798] HERWART KEMPER führt dazu aus: "So häuften sich bereits Anfang der siebziger Jahre in der Öffentlichkeit die Klagen über die krankmachenden Einflüsse der reformierten Schule auf die heranwachsende Generation: Die gesellschaftspolitischen Ziele der Bildungsreform wie Wirtschaftswachstum und sozialer Chancenausgleich hätten in der Schule zu überzogenen Leistungsansprüchen und zu einer inhumanen Konkurrenzorientierung unter Schülern geführt."[799]

Ähnlich äußert sich auch HANS-HERMANN GROOTHOFF: Durch die "Verschärfung der Selektionsproblematik" habe sich gleichzeitig "ein Konkurrenz- und Karrieredenken – seine Verneinung durch 'Aussteiger' eingeschlossen – ausgebreitet und verschärft und die Schule in Verlegenheit gebracht."[800] Schon in der Grundschule entwickle sich "eine Kombination von nervös-motorischer Rastlosigkeit, krassem Individualismus, Notenorientierung und Konkurrenzdenken, das zu großer Sorge Anlaß gibt."[801] "Es ergibt sich der paradoxe Zusammenhang, daß die Schüler um so weniger eine kooperative Lernorientierung zeigen, je länger sie der kollektiven Organisationsform schulischen Lernens ausgesetzt sind."[802] MARTIN WAGENSCHEIN kritisierte die leistungsorientierte Benotung als "charakterschädigende Verführung zur Rivalität"[803], und bereits PAUL OESTREICH bezeichnete Zensuren als "Konkurrenzmarken" und "Standeshochhaltungsschutzzäune"[804].

In diesem Sinne prangert auch PETER STRUCK die "Sortierung der Schüler in unterschiedlich angesehene Schullaufbahnen mit unterschiedlichen Berechtigungs- und Sozialprestigechancen, die Rangordnung der Notenskalen und das machtvolle Instrument der Trilogie Versetzung, Sitzenlassen und Schullaufbahnkorrektur nach unten" hart an.[805] Eine solche soziale Selektion anhand des verabsolutierten Leistungsprinzips laufe jeglichem pädagogischen Bemühen um Solidarität und Gemeinschaftssinn diamentral entgegen.

Schließlich wird auch vielfach Kritik an der inhaltlichen Füllung des Begriffs "Leistung" in der Schule geübt: "Gefördert wird das bloß rezeptive Lernen mit Hilfe der Implikationen eines konkurrenzorientierten gesellschaftlichen Leistungsbegriffs", stellt z.B. WOLFGANG SCHÖNIG fest.[806] Und er fordert: "Leistung muß auch in der Schule neu definiert werden."[807]

Diese Zitate zeigen, daß die *pädagogische* Kritik am schulischen Leistungsprinzip häufig in engem Zusammenhang mit dem "*gesellschaftspolitischen* Vorbehalt" und der "*anthropologisch-politischen* Attacke" gegen das Leistungsprinzip steht.[808] (vgl. auch Kap. II.4.2.4 und 4.2.5)

1.5 Problemfeld *Lehrerpersönlichkeit*

1.5.1 Lehrer als Beamter

Wo immer Schulkritik geübt wird, bleibt die Kritik an dem in ihr unterrichtenden Lehrpersonal selten aus. "Die Argumente der Sachkritik an der Schule" vereinigen sich laut WOLFGANG SCHEIBE "immer wieder mit der Kritik an der Person des Lehrers, wie sie nicht nur in der ... Romanliteratur, sondern auch in den pädagogischen Schriften" zutage tritt.[809] Dabei dienen häufig Karikaturen bestimmter Lehrertypen bzw. Lehrergestalten zur Darstellung der oftmals bissigen Kritik.[810]

Ein vielfach kritisierter Lehrertypus ist der Lehrer als *Beamter*. "Ein Mensch, der Kritik nicht gewohnt ist. Sich auch nicht daran gewöhnen mag. Hat er auch nicht nötig. Er ist gesetzlich geschützt", stellt BRUNO HUBER sarkastisch fest.[811] Diesem beamteten Lehrer, der sich satt und selbstgefällig auf seinem Status ausruht, da ihm "nichts mehr passieren kann", wird dabei häufig jeder Sinn für Eigenverantwortung abgesprochen. So karikiert HUBER die Lehrer als "Soldaten des Systems. Marschieren durch das Land der Kinder. Behutsam treten sie nicht auf ... Der Tagesbefehl ist der Lehrplan. Seine Ziele sind nur im Eilmarsch zu erreichen ... in unserer Leistungsschule. In der nicht einmal der Lehrer zum Nachdenken Zeit hat. Dazu hat man ihn auch nicht angestellt. Gedacht hat man schon für ihn."[812] Auch fehlt dem "Lehrerbeamten" jegliche Eigeninitiative und Spontaneität: "Der Schulbetrieb muß abschnurren wie auf Schienen. Alles ist verordnet und verplant."[813]

So richtet sich die Kritik häufig gegen den Lehrer als kritiklosen "Reproduktionsagenten" des Staates.[814] Mit Blick auf die preußische Unterrichtsanstalt der Jahrhundertwende und ihre "armseligen Beamten" schreibt THOMAS MANN: "Die Schule war ein Staat im Staate geworden, in dem preußische Dienststrammheit so gewaltig herrschte, daß nicht allein die Lehrer, sondern auch die Schüler sich als Beamte empfanden, die um nichts als ihr Avancement und darum besorgt waren, bei den Machthabern gut angesehen zu stehen ..."[815] In der Literatur des frühen 20. Jahrhunderts wurden "solche rücksichtslosen Streber mit Unterwürfigkeit auf der einen und Lust an Erniedrigung auf der anderen Seite" häufig als Prototyp des "Untertan" dargestellt.[816] Dabei richtete sich die Kritik vor allem gegen die "Beamtenmoral" der Lehrer, "die ihren Dienst am Staate – oder vielmehr das, was sie dafür hielten – so weit in den Vordergrund schieben, daß sie ihren Dienst am Schüler darüber vergessen."[817]

Vielfach kritisierte und karikierte "Symptome" solcher Beamtenmoral sind strenges Pflichtbewußtsein im Dienste der Karriere, absolute Autorität, perfide "Machtbesessenheit", "Eitelkeit" und grenzenlose "Selbstherrlichkeit".[818] Dieser

Lehrertypus "Staatsdiener" wurde von FRIEDRICH TORBERG in der Gestalt des "Gott Kupfer" mit unvergleichlicher Ironie zur Anschauung gebracht: "... Er befahl, und es wurde gehorcht. Er rief, und es wurde geantwortet. Er sprach: 'Es werde Ruhe!', und es ward Ruhe. Er sprach – ... und es ward Licht um ihn von gleißender Machtbefugnis und Vollkommenheit. Gott Kupfer."[819]

Eher selten kommt in dem Blick, daß auch der Lehrer selbst zum Opfer seines Beamtenstatus werden kann: "Zum Beispiel der Reformpädagoge RUMOLD in 'Asmus Semper' von OTTO ERNST, der die Gleichgültigkeit des schulischen Zensurensystems nicht ertragen kann und einem Schüler die Abituraufgabe verrät; Entlassung ist die Folge, Selbstmord die persönliche Konsequenz. Oder der Lehrer ... HOLZMEIER, der mit dem Beamtengesetz kollidiert und entlassen wird."[820]

1.5.2 Lehrer als Pauker

Ein weiterer Typus der defizitären Lehrerpersönlichkeit ist die Figur des *Paukers*. Sie war zur Zeit der Reformpädagogik oftmals Zielscheibe sarkastischer Kritik: "Es bildete sich die Karikatur des 'Paukers' heraus, jenes verknöcherten, ständig strafenden, menschlich unzugänglichen, auf sein Pensum bedachten und mit monotonen Methoden unterrichtenden Lehrers, der ohne innere Beteiligung nur seinem Amtsauftrag entspricht. Mit ihm kam die Schule in Verruf", schreibt WOLFGANG SCHEIBE.[821] HERMANN LIETZ beschrieb diese Sorte Lehrer so: "... eine Schar bebrillter, ziemlich grämlich dreinschauender Leute ..."[822] Dem Schreckensbild des *Paukers* wurde die positive Vision des *Reformlehrers* gegenübergestellt.[823]

Schon das äußere Erscheinungsbild des *Paukers* wird oft als abstoßend bis ekelerregend dargestellt: Sein Äußeres ist "hart und häßlich." Auf die Beschreibung der "physiognomisch wie hygienisch gleichermaßen abstoßenden Lehrer" verwenden v.a. die literarischen Schulkritiker viel Mühe.[824] "Hier werden Personen gezeichnet, die äußerlich schon die Merkmale inneren Verfalls tragen und aus deren übelriechendem Munde die Verkündigung der 'bürgerlichen Moral' schmierig und unglaubhaft wirken muß", führt CLAUDIA SOLZBACHER aus.[825] Häufig tragen diese Lehrerpersönlichkeiten auch Züge einer unfreiwillig "komischen Figur".[826] Klassische Beispiele solcher "Pauker" sind der ins Groteske gesteigerte "Direktor Wullike" aus THOMAS MANNs "Buddenbrooks" oder "Professor Unrat", HEINRICH MANNs berühmteste Lehrergestalt.[827]

Dem unerfreulichen Äußeren entsprechen auch die Charakterzüge dieser vielgescholtenen "Pauker", die ihre Menschlichkeit häufig dem Lehrberuf aufgeopfert haben: "Unrat als Mensch ist ganz im Schulmann aufgegangen. Er ist, vom Schulorganismus aufgesogen, nicht mehr in der Lage, Ziele und Werte für ein zukünftiges Leben jenseits von Schule noch zu sehen. Er kann nur reproduzieren, was er selber verkörpert."[828] – Technizistischer formuliert dies HORST WETTERLING, wenn er den Lehrer als "Lerningenieur" in der "Lernfabrik" Schule sieht, der ein "Plansoll" zu erfüllen hat, das sich am "Streben der Gesellschaft nach Effektivität" orientiert und bei dem alles Menschliche und Erzieherische auf der Strecke bleibt. [829]

Auch der moderne "Pauker" hängt vor allem seiner "Stoffhuberei"[830] nach und ist pädagogisch wie menschlich inkompetent. Er ist ein rechthaberischer, "bornierter Pedant".[831] Die "repressive Funktion" des "Paukers" ist offensichtlich: "Der Prügel liegt neben dem Zeigestock, wenn nicht beides identisch ist", schreibt BERNHARD GLEIM.[832]

Solche "Pauker" leiden an einem eklatanten "Mangel an Einfühlung in die Schüler"[833], ja mehr noch, sie sind oft nicht einmal in der Lage, Kontakt zu ihren Schülern herzustellen: "Sie liebten uns nicht, sie haßten uns nicht, und warum auch, denn sie wußten von uns nichts; ... nichts anderes hatte ... sie zu bekümmern, als festzustellen, wieviele Fehler 'der Schüler' in der letzten Aufgabe gemacht hatte. Sie saßen oben auf dem Katheder und wir unten, sie fragten uns, wir mußten antworten, sonst gab es zwischen uns keinen Zusammenhang. Denn zwischen Lehrer und Schüler ... stand die unsichtbare Barriere der 'Autorität', die jeden Kontakt verhinderte", resümiert STEFAN ZWEIG.[834]

Bis heute wird immer wieder kritisiert, daß – vor allem im Gymnasialbereich – die Lehrerausbildung zu wenig Praxisnähe sowie pädagogisch-psychologische Fachkompetenz vermittle, weshalb so viele inkompetente, überforderte und unfähige Lehrer auf die Schülerschaft "losgelassen" würden.[835] Schließlich werden "Pauker" bis in unsere Tage stets aufs Neue als "Faulenzer der Nation" gescholten.[836]

1.5.3 Lehrer als Psychopath

Eine weitere Facette der Kritik an der Lehrerpersönlichkeit betrifft dessen *"psychopathische"* Persönlichkeitsstruktur. Mit dem Aufkommen der Psychoanalyse zu Beginn unseres Jahrhunderts wurde nicht nur die Schülerpsyche, sondern auch die Psyche des "Lehrkörpers" kritisch unter die Lupe genommen.[837] Vor allem die Literaten dieser Zeit scheuten sich nicht, ihren Lesern die Psychopathologie des Lehrerstandes drastisch vor Augen zu stellen: "Ihre Lehrerfiguren leben nur noch vom Haß. Machtbesessenheit, bis zum Psychopathentum gesteigert, völlige Unverständlichkeit für kindliche und jugendliche Eigenarten. Ja [sic] die Lehrer in dieser Literatur sind die reinsten Teufel", schreibt SOLZBACHER, und sie fügt hinzu: "Etwas davon muß es wohl doch in der Wirklichkeit gegeben haben."[838]

Dabei tritt ein pathologischer Wesenszug des Lehrers immer wieder in Erscheinung: "der geschickt kaschierte Sadismus, eine raffinierte Wollust am Unterdrükken".[839] Hierzu ein Zitat aus dem "Schüler Gerber" von TORBERG: "Dieser Gerber! Kupfer freute sich auf ihn, wie ein Kind auf ein neues Spielzeug: Er wollte ihn ruinieren!"[840]

Bereits ERASMUS VON ROTTERDAM übte herbe Kritik an den "Schulmeistern", die für ihn eine "besondere Klasse von Menschen" sind: "So wohl tut es ihnen, die ängstliche Schar mit drohender Miene und Stimme einzuschüchtern, mit Rütlein, Stecken und Striemen ... Da wandelt sich ihnen Armut in Pracht, ... Frondienst in Herrentum."[841] An anderer Stelle äußert ERASMUS seine Abscheu vor jenen "unwissenden Henkersknechten", die "gefühllos sind, die zum Spaß prügeln und so entsetzlich geartet sind, daß sie aus fremder Pein Vergnügen schöpfen".[842] Nach SKIERA wird in diesem Typus des Lehrers "das Psychogramm eines Menschen ... sichtbar, der im sadistischen Akt das wahnhafte Erleben von Größe und Macht sucht ..."[843]

In vielen Varianten zeigen sich Züge eines solchen Lehrerbildes in der Schulkritik bis heute. Einigen Lehrern wird "Rachsucht als Haupteigenschaft" bescheinigt, und manche werden als "Tyrannen" erlebt.[844] So lamentiert BRUNO HUBER treffend: "... manche Lehrer sind wie eine Strafe. Der Alptraum vieler Eltern und Kinder."[845] "Strafe", "Quälereien", "Kälte" und "Jemeinigkeit" gehören zum "Erziehungsrepertoire" dieser "Pädagogen", wie SOLZBACHER feststellt.[846] Die psychischen Folgen für die ihnen ausgesetzten Schüler sind verheerend: "Menschliche Ruinen sind die Normalität. Die Reste des permanenten Bombardements durch die unerbittlichen "Erziehungsstrategen", meint HUBER.[847]

Aus psychoanalytischer Sicht verweist v.a. KURT SINGER darauf, daß "... Lehrer für manchen Schüler zum Schicksal werden können. Und zwar jene Lehrer, die ihre ungelösten seelischen Konflikte unbewußt in die Schule hineintragen."[848] Unter Berücksichtigung tiefenpsychologischer Erkenntnisse setzt er sich ausführlich mit der Problematik der "zwangsneurotischen" Lehrerpersönlichkeit auseinander.[849] Dabei wird der Lehrer nicht nur als "Täter", sondern seinerseits selbst als "Opfer" der "Zwangsneurose der Schule" betrachtet.[850] "Der Lehrer erleidet ein Schicksal. Der Haß und die Menschenverachtung, die er entwickelt hat, gehören dazu: als Wirkung und als Ursache zugleich."[851] Auch BRUNO HUBER gesteht ein: "Obwohl Lehrer zuerst auch nichts weiter sind als Durchschnittsmenschen. Durchaus liebens- und achtenswerte Mitbürger. Aber ohne Chance, es zu bleiben. Weil ihr Beruf sie formt. Sie verformt."[852]

1.6 Problemfeld *Kooperation Schule – Elternhaus*

1.6.1 Mangelnde Mitsprache- / Mitbestimmungsmöglichkeit der Eltern

Trotz der institutionalisierten *formalen* Eltern-Mitspracherechte in Klassenpflegschaften, im Schulelternbeirat und in der Schulkonferenz wird vielfach die mangelnde *tatsächliche* Mitbestimmungsmöglichkeit von Eltern in der staatlichen Regelschule kritisiert. Über die tatsächlichen Rechte des Elternbeirats seien die wenigsten Eltern unterrichtet. "Häufig erfüllt dieser nämlich eine reine Alibifunktion und sieht seine Hauptaufgabe neben der Organisation von Stammtischen und Schulfesten vor allem darin, das Schulleben 'harmonisch' zu gestalten, zu vermitteln und zu beschwichtigen. Viel anderes kann er auch gar nicht tun", schreibt IRIS VON FINCKENSTEIN.[853] Denn mitbestimmen dürfen und sollen Eltern zwar gerne bei der Entscheidung für die Anschaffung neuer Fahrradständer und beim Umbau der Turnhalle – der Erziehungs- und Lernbereich unterliegt jedoch allein der Hoheit der Schule, des Rektors und des Kollegiums. Von Rechten kann daher eigentlich kaum die Rede sein, zumindest nicht, wenn es um pädagogische Fragen oder neue Konzepte geht. Der Elternbeirat kann Vorschläge machen – mehr nicht."[854]

Ein weiterer Kritikpunkt betrifft die Tatsache, daß Interessenkonflikte zwischen Eltern und Lehrern vielfach unter den Tisch gekehrt werden. Da sich alle so sehr um Harmonie bemühen, "kracht es eher selten bei den Treffen des Elternbeirats mit dem Kollegium. Der Schein des gegenseitigen Einverständnisses bleibt gewahrt, alle, Eltern und Lehrer, ziehen offenbar an einem Strang und verstehen sich häufig prächtig", führt VON FINCKENSTEIN aus. "Aber hinter den Kulissen sieht es oft ganz anders aus."[855] Eltern, die ihr Recht auf Mitbestimmung wirklich nutzen, sind in der Schule eher unerwünscht. "Zurück bleibt das Gefühl: du hast dich wieder engagiert. Natürlich hast du dich wieder unbeliebt gemacht. (Beides scheint identisch)", schreibt MARIANNE ARLT in ihrem "Alptraum Schule".[856] Und VON FINCKENSTEIN resümiert: "Eltern sind vom Schulalltag weitgehend ausgeschlossen ... Sie liefern ihr Kind einer Institution aus, die seine Erziehung zum großen Teil übernimmt, ohne sie ernsthaft einzubeziehen und ohne ihnen als den Erziehungsberechtigten Rechenschaft schuldig zu sein."[857]

Fazit: "Die Notwendigkeit einer intensiven Zusammenarbeit zwischen der Familie und ... [der] Schule ist unbestritten."[858] Jedoch: "Die Realität ... der Schule ist von diesen Vorstellungen weit entfernt."[859]

1.6.2 Gegenseitige Überfrachtung mit Ansprüchen und Erwartungen

So beginnt die Schilderung eines Elternabends: "Mütter und Väter setzen sich auf kleine Stühlchen und blicken erwartungsvoll zur Lehrerin. Die spricht von den

Erwartungen der Schule an die Eltern, von deren Pflichten ..."[860] Da sind also zunächst die Erwartungen an die *Eltern*, die VON FINCKENSTEIN treffend und nicht ohne kritischen Unterton beschreibt: "Mit dem Schuleintritt ihres Kindes werden Eltern schlagartig zum verlängerten Arm der Schule ... sie sind jetzt Schüler-Eltern und haben zahlreiche Aufgaben und Pflichten zu erfüllen ... Denn so will es das Gesetz: Mütter und Väter sind dafür verantwortlich, daß ihr Kind täglich mit ordentlich erledigten Hausaufgaben pünktlich in der Schule erscheint – wenn nicht, müssen nicht nur das Kind, sondern letzten Endes sie selbst Sanktionen befürchten. Das Auge der Schule wacht im Verborgenen auch über die Eltern."[861]

Doch damit nicht genug. Denn allgegenwärtig ist die Angst der Eltern, das Kind könnte angesichts der schulischen Leistungsanforderungen versagen: "Mütter zittern vor den Diktaten ebenso wie ihre Sprößlinge (manchmal sogar mehr), Väter üben endlose Einmaleinse, Großeltern helfen beim Erstellen der Häkelarbeiten und fragen geduldig die Einzelteile des Innenohrs ab ... Im Familienleben führt das zu einschneidenden Veränderungen und Belastungen ..."[862] Nicht zuletzt da, wo Lehrer versagen, müssen Eltern häufig als "Nachhilfelehrer der Nation" einspringen – oder kostspielige "Nachhilfeinstitute" damit beauftragen. Dieser Trend wurde in der bildungspolitischen Diskussion der letzten Jahre immer wieder heftig kritisiert. "Allein der Zeitaufwand, den schulische Aktivitäten die Eltern kosten, ist enorm", stellt VON FINCKENSTEIN fest.[863]

Auf der anderen Seite steht die Überfrachtung der *Schule* mit elterlichen Erwartungen. Eine Lehrerin meint: "Eltern treten oft mit vorgefertigten Erwartungen und Wertungen an die Schule heran ... demzufolge vertrauen die Eltern der Schule meistens nicht."[864] Das Spektrum an Erwartungen ist dabei höchst divergierend: "Die einen wünschen sich eine kindgemäße, spielerische Lernatmosphäre; die anderen mehr Druck als 'Vorbereitung auf das Leben'."[865] HERBERT GUDJONS beschreibt im Hinblick auf ihre Erwartungshaltung an die Schule vier Elterntypen:

- "die Schulfrommen, die eher zurückhaltend und beflissen Lehrer als fachliche Autoritäten respektieren und kaum Widerspruch äußern;
- die späten 68er, die eine kindorientierte, ganzheitliche Erziehung – vor allem zur Kritikfähigkeit – wünschen und wohl öfter auf kritische Distanz zu den Lehrern gehen;
- die Aufstiegsorientierten, für die traditionelle Werte, Wissensvermittlung und das Erlangen von Berechtigungen im Vordergrund stehen – für Lehrer wieder eine unproblematische Gruppe, solange sie deren Bedingungen erfüllen;
- die Eltern mit Behördenkomplex, mal total angepaßt, mal mißtrauisch gegenüber allen Vorgaben, oft nörglerisch und rechtlich bestens informiert; sie arrangieren sich gut mit vorschriftskonformen und korrekten Lehrern."[866]

Wen wundert es da, daß die staatliche Regelschule es eigentlich nie allen Eltern recht machen kann – und insofern immer wieder zum Kristallisationspunkt vielfältigster Kritik wird.

1.6.3 Gegenseitige Schuldzuweisungen

Was einer gelungenen Koorperation zwischen Schule und Elternhaus häufig im Wege steht, sind gegenseitige Schuldzuweisungen in Anbetracht der von allen beklagten "Schulmisere". Da gibt es zum einen die Eltern, welche die Lehrer für alles verantwortlich machen, was mit ihrem Kind "schiefläuft". Ob Bettnässen, Ungezogenheit oder Schulversagen – die Schule ist einfach an allem schuld. Denn sie ist, so die Meinung mancher Eltern, auch für alles verantwortlich. Der Lehrer sollte Wissensvermittler, Sozialpädagoge und Psychotherapeut in einem sein; kann er dies nicht leisten, so "versagt" er in den Augen vieler Eltern.

Andererseits neigen auch Lehrer dazu, jegliche Kritik von sich zu weisen – und für sämtliche Mißstände den Eltern die Schuld zu geben. So sagt z.B. eine Lehrerin: "Elternkritik kommt in hohem Maße von Eltern, deren Kinder Leistungs- und soziale Mängel haben. Der Verdacht, daß eigene Erziehungsmängel bzw. überzogene Leistungserwartungen der Eltern uminterpretiert werden in 'Versagen des Lehrers', liegt nahe."[867] Auch Lehrer machen also häufig die Eltern für Erziehungs- oder Leistungsdefizite verantwortlich – und ziehen die "Schlußfolgerung, die Probleme der Kinder lägen eigentlich im Elternhaus".[868] "Denn das ist der zentrale Konflikt zwischen Eltern und Schule – jeder sucht die Schuld beim anderen."[869]

Vor allem von Elternseite wird die Kritik jedoch nicht immer offen geäußert: "Aus Angst vor Konsequenzen üben Eltern Kritik meist im Verborgenen."[870] Jedoch: "Hinter den Kulissen schwelen elterliche Unzufriedenheit und Angst. Eltern sind mißtrauisch: Gegenüber der Schule und gegenüber den anderen Eltern."[871] So wirken die unterschwelligen gegenseitigen Schuldzuweisungen oft um so belastender auf die vielgerühmte "Kooperation", die, wie viele Eltern kritisieren, häufig nur in der Theorie, nicht aber in der Praxis existiert.[872]

4.2. 2. PSYCHOLOGISCHE ASPEKTE DER SCHULKRITIK

2.1 Problemfeld *Persönlichkeitsentfaltung*

2.1.1 "Seelenmorde" in den Schulen

Bis heute ist der Ruf derjenigen Schulkritiker nicht verstummt, die mit ELLEN KEYs gleichnamigem Essay von 1900 die "Seelenmorde in den Schulen" bitter beklagen.[873] Der Reformpädagoge GANSBERG bezeichnete die Lehrer der "alten Schule" als "Seelenmörder" – und forderte eine "neue Schule", die sich "auf die Seele des einzelnen Kindes einstellen kann".[874] Vor allem in der "Pädagogik vom Kinde aus" tauchte der Begriff der "Seelenmorde" an der Wende vom 19. zum 20. Jahrhundert "mit polemischer Kraft und durchaus empirisch gemeinter Realität" in schulkritischer Absicht immer wieder auf.[875] KEYs Mahnung, "daß die Seelen der Kinder mehr Berücksichtigung verdienen als das Schulschema"[876], daß aber in der Schulwirklichkeit die Persönlichkeit des Kindes zugunsten starrer Lehrpläne oft verbogen und zerstört werde, hat bis heute – wenn auch in anderer Terminologie formuliert – nichts an Aktualität verloren. Die Literatur ist voll von Passagen, die die "Mißachtung der kindlichen Psyche" in der Schule in drastischen Bildern schildern.[877]

So beschreibt z.B. BRUNO HUBER "den täglichen Mißbrauch ... des Kindes. Das an unserer harten Schule zerbricht. Oder dessen Gemüt sich in ihr verhärtet. Womit der Kreislauf der Gewalt gesichert ist."[878] VOLKER BUDDRUS setzt sich angesichts der heutigen – von einer folgenschweren "Modernitätskrise" gekennzeichneten – Schulwirklichkeit mit den "verborgenen" und vernachlässigten "Gefühlen" in der Pädagogik auseinander und gibt Impulse aus der humanistischen Pädagogik zur "Wiederbelebung der Gefühle".[879]

Es ist wohl kein Zufall, daß der Berliner Kongreß der Deutschen Gesellschaft für Erziehungswissenschaft die "vergessene Dimension der Gefühle" im Jahre 1992 zu ihrem zentralen Thema erkoren hat. BUDDRUS kommt zu einer ernüchternd kritischen Bestandsaufnahme angesichts der Wirklichkeit an unseren "modernen" Schulen: "Kognition, Emotion und Körper [sind] unterschiedlich entwickelt, die Seele [ist] aus dem Bildungskongreß exkommuniziert."[880]

2.1.2 Mangel an ganzheitlicher Persönlichkeitsbildung

In engem Zusammenhang mit der "Seelenmord"-Kritik steht diejenige Schulkritik, die den Mangel bzw. das Fehlen einer *ganzheitlichen* Persönlichkeitsbildung in den Schulen anprangert. So ist nach JÜRGEN BAUMERT die "Regelschule" gekennzeichnet durch "das Übergewicht kognitiver Rationalität, das dem Ziel einer kognitiven, moralisch-sozialen und emotionalen Entwicklung der Gesamtpersönlichkeit widerspricht".[881] Die Schule schade der Persönlichkeitsentwicklung unserer Kinder, sie stelle ein "Hemmnis der Phantasie und der Produktion" dar, meint GÜNTER NENNING.[882] Und HERWART KEMPER betont, daß Reformschulen vielfach die Förderung gerade derjenigen Persönlichkeitsaspekte auf ihre Fahnen schreiben, die in den Regelschulen oft so sträflich vernachlässigt werden: "Intuition und Phantasie sowie Erlebnisfähigkeit und Initiative."[883]

In eindrucksvoller Weise zeigt GERHARD HUHN die "Risiken derzeitiger

Lehrpläne für die freie Entfaltung der Kinder" auf der Grundlage der neueren Gehirnforschung auf.[884] Er analysiert die Beteiligung rechts- und linkshemisphärischer Gehirnprozesse beim Unterricht in heutigen Regelschulen und kritisiert die völlig "einseitige Aktivierung *einer* Großhirnhemisphäre durch schulische Maßnahmen".[885] In drastischer Weise beschreibt er die negativen "Folgen einseitiger Förderung der linken Großhirnhälfte für die Entwicklung der Persönlichkeitsstruktur des Individuums, seine Kreativität und Problemlösungsfähigkeit".[886] HUHNs Kritik geht so weit, daß er die durch die Festlegung der Bildungsziele und Unterrichtsinhalte gegebenen "Eingriffe des Staates in den Schutzbereich des Art. 2, Abs. I" – des Rechtes auf freie Entfaltung der Persönlichkeit – für "verfassungswidrig" erklärt.[887] Als positives Gegenbeispiel nennt er die Pädagogik nach RUDOLF STEINER. Bei dieser – "wie auch bei den meisten anderen Reformpädagogen" – "fällt auf, in wie starkem Umfang diese alternativen Bemühungen immer wieder darauf abzielen, beide Hemisphären zu aktivieren."[888] Und er ergänzt: "Erstaunlich vor allem auch, wie lange es dauert, bis ... Reformansätze in die Schulpraxis transferiert werden."[889]

2.1.3 Schwächung der individuellen Persönlichkeit

Bereits ELLEN KEY stellte fest: Der "persönlichen Freiheit" des Kindes sollen "so wenig Hindernisse wie möglich in den Weg gelegt werden".[890] Die individuelle Persönlichkeitsentwicklung werde durch die traditionelle schulische Erziehung aber häufig gestört, "weil sie von außen her eingreift, dabei die individuellen Unterschiede weitgehend unberücksichtigt läßt und zugleich Entfremdung abverlangt."[891] Der schulische Anpassungsdruck zerstöre die individuelle Persönlichkeit des Kindes: "Das stillste, gehorsamste Kind ist das beste Schulkind. Das heißt, die unpersönlichsten und farblosesten werden immer 'Muster' ... Die Unfugstifter, die trotzig Individuellen, die einseitig Originellen sind in der Schule immer Märtyrer ihrer Thätigkeitslust [sic], ihres Widerspruchsgeistes, ihrer 'Tollheiten'. Nur eine bestimmte Art leichter, liebenswürdiger, allgemein begabter Natur kann mit halbwegs bewahrter Eigenart durch die Schule durchschlüpfen und gleichzeitig gute Fleiss- [sic], Sitten-, Ordnungs- und Fortgangszeugnisse erlangen".[892] Auch der Reformpädagoge JOHANNES GLÄSER plädierte entschieden für "die Anerkennung des kindlichen Rechts auf seine Persönlichkeit". Dieses Recht aber mache die von ihm kritisierte "alte Schule" dem Kinde streitig: "Das Kind mußte totgeschlagen werden, damit das Schulkind erstehe."[893]

WALTER SCHÄFER schreibt später: "Die heute häufig vorkommende Bildungsnot des Einzelnen, aus der in der Summe die allgemeine Bildungsnot erwächst, läßt sich ... so formulieren: Das vom Grundgesetz gewährte Recht auf ... Entfaltung der ... Persönlichkeit wird oft geschmälert."[894] Wie geschieht diese Schmälerung? Sie geschieht nach SCHÄFER z.B. "durch Mangel an psychologischen Einsichten bei dem Geschäft des Bildens und Erziehens".[895] Folgenschwere

"Eingrenzungen der Persönlichkeit in der geistig-personalen, kognitiven, psychischen und physischen Dimension" durch die Schule beklagt auch KARLHEINZ BILLER.[896] Diese Eingrenzungen als "gemeinsamer Grundzug pathogener Tendenzen" der Schule stünden "der Entfaltungstendenz des Menschen gegenüber".[897]

HANS-ECKBERT TREU vermißt die individuelle Persönlichkeitsbildung und verurteilt die "Zurichtung der Kinder" in der Schule genauso wie deren "Dressur zum Einheitsmenschen".[898] UTE ANDRESEN, eine zeitgenössische Verfechterin der "Würde der Kinder", weist in aller Anschaulichkeit darauf hin, "wie schwer sie es haben, lebendige Menschen zu bleiben in der Schule und ihre eigenen Möglichkeiten zu entfalten".[899] Statt einer Stärkung ihrer individuellen Persönlichkeit bleibt häufig nur das "zerstörte Selbstwertgefühl" und die "Erfahrung von Hilflosigkeit und Ohnmacht", wie ALFRED BIETAU u.a. feststellen.[900] So ist auch für HANS-HERMANN GROOTHOFF die Schule "ein Ort der Selbstentfremdung".[901]

2.2 Problemfeld *Lernhemmungen / Lernblockaden*

2.2.1 Schule als "Lernverhinderungsanstalt"

Ein häufig geäußerter Topos der Schulkritik ist die Feststellung, daß die Schule das, was sie eigentlich fördern sollte, nämlich das schulische Lernen, eher hemmt oder gar verhindert. "Hemmen die Schulen das Lernen?", fragt z.B. KURT SINGER aus psychoanalytischer Perspektive; und er kommt zu dem Schluß, daß das gesamte "Gefühls-Klima" und die "schulische Umwelt" das Lernen der Kinder häufig behindern.[902] "Die Schule selber kann zum Lernhindernis werden", wenn sie Ordnung und Sauberkeit überbetont, Spontaneität und Bewegungsfreude unterdrückt und "Lernunlust durch Überfütterung" erzeugt.[903]

Durch überwiegend "passives Lernen" "sinnloser Dinge" verlören die Kinder in der Schule "ihre wache Intelligenz", meint VERA BIRKENBIHL, die ihre Kritik in dem programmatischen Titel "Trotz Schule lernen!" zuspitzt.[904] Auch BERND HAUCK sieht die Lernprobleme vieler Schüler durch eine "Krise der schulischen Vermittlungspraxis" verursacht.[905] Er plädiert entschieden für den "Abbau jener ritualisierten, die Eigenaktivität und Lernfreude der Schüler lähmenden Formen des Schullernens".[906] In diesem Sinne kommt auch HANS-ECKBERT TREU zu dem Fazit: "Nicht das Kind – das System ist lernbehindert."[907] FRERCKS HARTWIG-HELLSTERN schließlich folgert: "Die Schule erzeugt bei den SchülerInnen ganz spezifische Denkblockaden ..., die entweder mit bestimmten Themen verknüpft oder gar auf das Lernen als solches gerichtet sind ... Für viele SchülerInnen erweist sich die Schule als Lernverhinderungsanstalt."[908]

2.2.2 Mißachtung psycho-physiologischer Lerngrundlagen

Eine weitere Kategorie von Schulkritik, die v.a. durch grundlegende gehirnphysiologische Erkenntnisse, wie sie etwa FREDERIC VESTER dargestellt hat, einen regelrechten Boom erlebte, betrifft die mangelnde Beachtung der physiologischen Grundlagen und der "vielfältigen Wechselwirkungen zwischen Geist, Körper und Psyche" beim Lernen.[909] Vor dem Hintergrund seines differenzierten Wissens über die Funktionsweise menschlicher Denk- und Gedächtnisprozesse sowie über die "unterschiedlichen Lerntypen" sieht sich VESTER einer "Katastrophe der schulischen Praxis" gegenübergestellt.[910] Es sei unsinnig, das "Netzwerk vom Lernen" ohne dessen psycho-physiologische Grundlagen verstehen zu wollen.[911] "Bisher hat man das gewöhnlich so gemacht, daß man einzelne Lernprobleme wie Aufmerksamkeit, Erinnern, Assoziationen, Kurzzeit-Gedächtnis, Eingangskanäle, Motivation, Erfolgserlebnis, Information und viele andere ungeordnet nebeneinandergestellt und so jedes für sich untersucht ... hat, wobei die eine pädagogische Richtung auf der Motivation herumreitet, die andere vielleicht auf der Assoziation und eine dritte das Heil in der Information" sucht.[912] "Doch niemand scheint sich bislang darum zu kümmern, ob das Gehirn auch wirklich mitmacht – und wenn, *wie* es mitmacht, ja, was überhaupt in diesem Instrument, welches das alles ausführen soll, biologisch vor sich geht und möglich ist."[913]

Diese Kritik greifen zahlreiche Autoren auf, so z.B. BERND SENSENSCHMIDT, der eine "bio-logische Gestaltung von Lehr-Lern-Vorgängen in Schulen" fordert und die Zeit für eine "lernbiologische Wende" als gekommen ansieht.[914] Auch BEHR/JESKE beziehen sich auf diese Form der Kritik schulischen Lernens (vgl. Kap.II.3.2.4). Im Kontext dieser Kritik werden vielfach auch "Schulbücher, die das Lernen verhindern", heftig angeprangert: "Denn was nutzen die gewaltigen, in einen Schulbuchtext eingepackten Stoffmengen, wenn sie die Lernfähigkeit töten", schreibt VESTER.[915]

2.2.3 Gestörtes Lernen durch Prüfungsdruck

Als wesentlicher Faktor für Lernhemmungen und Lernblockaden wird von zahlreichen Schulkritikern der "Noten- und Prüfungsdruck" genannt. Daß ein Zusammenhang zwischen "Leistungsdruck" und "Leistungsversagen" besteht, ist empirisch hinreichend belegt.[916]

Bereits zur Zeit der Reformpädagogik wurden Lern-, Schlaf- und Wohlbefindensstörungen durch Prüfungen und Examina massiv beklagt: "Wenn man dem Examen entgegenbüffeln muß – man kann auch ochsen sagen, je nach dem Klima – nimmt man eben viel auf gegen das Interesse. Denn würde man nur nach seinem Interesse aufnehmen, dann würde man – nach den heutigen Zeitverhältnissen mindestens – durchfallen. Die Folge ist, daß einem das Büffeln oder Ochsen den

Schlaf zerstört, daß es in unser normales Menschendasein Unordnung hineinbringt", schreibt R. STEINER.[917] "Das muß insbesondere bei Kindern beachtet werden. Daher ist es bei Kindern am allerbesten, und es wird dem Ideal der Erziehung am meisten entsprechen, wenn wir überhaupt das sich aufstauende Lernen, das immer vor dem Examen getrieben wird, ganz weglassen, das heißt, die Examina weglassen ..."[918] Und er fügt mit Blick auf die Schulwirklichkeit seiner Zeit hinzu: "Natürlich kann das unter den heutigen Verhältnissen vorläufig bloß ein Ideal sein ..."[919]

Aus psychoanalytischer Sicht kritisiert v.a. KURT SINGER "die lernfeindliche Diktatur schulischer Prüfungen" und führt aus: "Prüfungsverfahren sind eine hervorstechende Krankheitserscheinung unserer Schule."[920] Vielfach werde "Prüfungsdruck als Ersatz für wirkungsvollen Unterricht" bzw. als "Druck und Disziplinarmittel" eingesetzt. [921] "Im schlimmsten Fall handelt es sich um Lehrer, die nur noch mit dem Notenbuch in der Hand dastehen, die also den Unterricht nicht zur Lernsituation, sondern zur permanenten Prüfungssituation machen."[922] SINGER schlußfolgert: "Das Prüfungssystem kann richtiges Lernen geradezu verhindern: Es schiebt den Keil der Bedrohung, Ängstigung und Unterdrückung zwischen Sache und Schüler."[923]

2.3 Problemfeld *Schulangst / Schulneurose*

2.3.1 Schulangst als "kollektives Trauma"

Mit oft drastischen Worten wird die Schule von ihren Kritikern immer wieder als angsterzeugende Institution gebrandmarkt. "Schule ist Angst", resümiert MARIANNE ARLT ihre Erfahrungen als Mutter mit dem "Alptraum Schule".[924] Für BRUNO HUBER ist die Angst des Kindes in der Schule allgegenwärtig und gleichsam systemimmanent: "Das Kind hat alsbald Angst vor allem und jedem. Vor den Eltern, dem Lehrer, der Aufgabe, der Prüfung, der Note, der Strafe, dem Ausschluß ... Irgendeiner Gefahr fühlt es sich immer ausgesetzt. Ist nie frei von Bedrohung. Dahinter steckt System. Das System."[925] HORST SPEICHERT bezeichnet die "Schulangst" als *das* "Eltern-Schüler-Trauma".[926] Daß auch Lehrer die Schule vielfach als angstauslösende Institution erleben, ist spätestens seit HORST BRÜCKs tiefenpsychologischer Studie in ein breiteres Bewußtsein gedrungen.[927]

Längst liegt eine Fülle von Untersuchungen vor, die Erscheinungsformen und Entstehungsbedingungen des schulischen Angst- bzw. Leistungsangsterlebens exakt analysieren.[928] So wies z.B. DETLEF ROST auf die "Mehrdimensionalität des Angsterlebens" in der Schule hin und untersuchte die "kognitiven, emotionalen und physiologischen Angstmanifestationen" einer großen Stichprobe von Schülern.[929] HELLMUTH WALTER stellt fest, daß sich "allgemeine Grundängstlichkeit" und "Leistungsangst" meist überlagern.[930] "Dabei kommt dem leistungsthematischen Aspekt eine zentrale Bedeutung zu, was sich unmittelbar aus der ... überspitzten Leistungsorientiertheit unseres Schul- und Ausbildungssystems ergibt."[931] WALTER betont, "daß gerade schulische (Prüf-)Situationen mit der Entstehung von (kurzfristig) aktueller und (langfristig) chronischer Angst korrespondieren".[932] "Dazu kommt, daß Kinder im Schulalter häufig noch keine effektiven und stabilen Mechanismen zur Angsthemmung aufgebaut haben und somit den regelmäßig auftretenden, angstinduzierenden Prüfsituationen mehr oder weniger hilflos 'ausgeliefert' sind."[933] "Schließlich sei noch auf das Zusammentreffen eines hohen sozialen Erwartungsdrucks mit einer weit verbreiteten unterrichtlich-stofflichen Überforderung, vor allem leistungsschwacher Kinder, hingewiesen, welches die Entstehung von Angst ebenfalls begünstigt." [934]

Als weiteres Indiz für den hohen Angstpegel von Schülern sehen Schulkritiker die (Not-) Lügen der Kinder im Elternhaus, wenn es um schlechte Noten oder andere schulische Belange geht. "Fast jeder fünfte Schüler (19 Prozent) verschweigt seinen Eltern schlechte Noten. 32 Prozent der Kids flunkern, wenn es allgemein um das Thema Schule geht", fand das Münchner Meinungsforschungsinstitut Iconkids & Youth 1999 bei einer breitangelegten Umfrage unter Kindern im Alter von 6 bis 14 Jahren heraus.[935]

KARLHEINZ BILLER versteht die Angst als mögliche Folge von schulischen "Eingrenzungen in der psychischen Dimension"[936], und JÖRG JEGGE betrachtet die Schule als seelenlose Lernfabrik, die den jungen Menschen "verängstigt" und "krümmt" und ihm so "das Rückgrat bricht".[937] Wen wundert es da, daß "angstfreies Lernen" zum "Leitmotiv der Reformpädagogik" wurde, die damit, wie EHRENHARD SKIERA formuliert, zur "Beseitigung eines kollektiven Traumas" beitragen wollte.[938] Bis heute werben z. B. die Waldorfschulen mit dem Motto "Angstfrei lernen" für ihre pädagogische Alternative.[939]

2.3.2 Begünstigung psychischer Störungen und Verhaltensauffälligkeiten

Statistiken belegen, daß psychische Störungen und Verhaltensauffälligkeiten bei Schülern immer verbreiteter sind.[940] Zahlreiche Schulkritiker sehen die Ursache hierfür nicht nur im Elternhaus, sondern auch in der Schule: "Schule begünstigt psychische Störungen und Aggressionen von Kindern und Jugendlichen", fassen BEHR/JESKE diesen Aspekt der Schulkritik zusammen.[941]

Doch damit nicht genug: Schule erzeuge nicht nur zahlreiche Verhaltensauffälligkeiten, sie sei darüberhinaus nicht in der Lage, mit diesen in annähernd professioneller Weise umzugehen: Das "konzeptionslose Unterdrücken von Aggressionen und Konflikten" beseitige in Wahrheit keine Probleme, sondern leiste "ständiger Spannungsgeladenheit und unterschwelliger Kampfsituation im Klassenzimmer

Vorschub".[942] Für Kinder mit psychischen Problemen sei in der Regelschule kein Platz: "Eine Vielzahl von Sonderschulüberweisungen erfolgen, um Verhaltensauffällige ... oder Kinder mit psychischen Schwierigkeiten auszugrenzen ..."[943]

KARLHEINZ BILLER sieht die Ursache vieler schulischer Verhaltensauffälligkeiten in der "Funktionalisierung der Bildung", durch die "auch der Mensch funktionalisiert" werde; "dagegen wehrt er sich auf verschiedene Weise: Aggressivität, Schulmüdigkeit, ... Flucht in die Krankheit sind gängige Modalitäten."[944] Auch KURT SINGER fragt, "... wie die Einrichtung Schule auf das einzelne Kind wirkt, welche psychischen Konflikte sie begünstigt, auslöst oder verursacht".[945] Er kommt zu dem Befund, "daß die Schule als Einrichtung zwangsneurotische Merkmale trägt", die nicht zuletzt in einer "Atmosphäre von Beherrschung, Einengung, Verhaltenheit, Kontrolle und Gesetz" sowie einer Unterdrückung von kindlicher "Vitalität" und "Spontaneität" ihren Ausdruck finden.[946] Nicht von ungefähr bezeichnet ERNST W. WEBER schulische Examina als "Masochismus-Festivals".[947]

Von der "Zwangsneurose der Schule" zur "Schulneurose des Kindes" ist es kein weiter Weg, wie Schulkritiker immer wieder hervorheben. "Da bleiben Kinder auf der Strecke. Die wenigsten von ihnen halten das aus. Sie stürzen ab. Ohne daß wir es so recht merken. Nur die Symptome sind da. Verhaltensstörungen, Aggressionen, Mißerfolge in der Schule", schreibt BRUNO HUBER.[948]

2.3.3 Schulisches Unbehagen / Leiden an der Schule

Eine weitere Kategorie von Schulkritik betrifft nicht die neurotisierende Wirkung der Schule im streng pathologischen Sinn, sondern mehr ein allgemeines *"schulisches Unbehagen"*, wie KARLHEINZ BILLER formuliert, das sich steigern kann zu einem existentiellen *"Leiden an der Schule"*, wie es etwa URSULA MENZEMER in ihrer gleichnamigen Studie beschreibt.[949]

Dieses "Leiden an der Schule" ist nach EHRENHARD SKIERA so alt wie die Schule selbst.[950] "Das existentielle Leiden in der Schule ... hat in einem hohen Maße den Charakter der Unmitttelbarkeit. Es kann, je nach individueller Sensibilität ..., unterschiedlich stark ausgeprägt sein", schreibt SKIERA.[951] Nicht nur die Schulkritiker der Reformpädagogik betonten das "Recht des Kindes auf Glücklichsein" – und stellten diesem "das leidende Kind der Gegenwart" gegenüber.[952] Nach OELKERS kulminierte diese Schulkritik geradezu in einem "Mythos des leidenden Kindes".[953] Auch heute ist die Zahl derer nicht verstummt, die nicht müde werden, das Leiden des Kindes in der Schule in immer neuen Farben auszumalen.

Einen besonderen Aspekt des Leidens an der Schule beschreibt KARLHEINZ

BILLER in Anknüpfung an den "logotherapeutischen" Ansatz von VICTOR FRANKL.[954] Die Schulkritik bezieht sich in diesem Zusammenhang darauf, daß die Schule es versäume, den "Willen zum Sinn" im jungen Menschen anzusprechen und in eine befriedigende Richtung zu führen. Dieses "Sinndefizit" der Schule sei für ein weitverbreitetes "schulisches Unbehagen in der geistig-personalen Dimension" verantwortlich.[955]

Der wohl bemerkenswerteste zeitgenössische Versuch, eine "Anatomie des Leidens an der Schule" zu entwerfen, stammt von URSULA MENZEMER.[956] Ihre Analyse zeigt "das Leiden von Schülern und Lehrern im Klassenverband und im Schulsystem als ganzem", wie ERNST JOUHY treffend charakterisiert.[957] MENZEMER zeigt auf, welche oft verheerenden Folgen eine bloße "Therapeutisierung" des Leidens an der Schule nach sich zieht und ermutigt alle Beteiligten, "... das Leiden an der Schule nun endlich nicht nur als Schicksal zu erleben, sondern als Feld der Handlungsmöglichkeiten und des gründlichen Wandels."[958] Dabei warnt sie aber davor, die Erwartungen an die Reformierbarkeit unseres Regelschulwesens allzu hoch anzusetzen, denn: "Frustrationen und Leiden erwachsen nicht nur aus der direkten Wirkung der sozialen Strukturen auf den Bildungsprozeß", sondern in gleichem Maße durch die – auch durch ihn bedingte, illusionäre, zu weit oder viel zu kurz greifende – Zielsetzung all derer, die die Umstände und Zustände zu reformieren oder zu revolutionieren sich vorgenommen haben, eben weil sie sie als Leidensdruck erfahren."[959]

2.4 Problemfeld *Schulverweigerung / Schülerselbstmord*

2.4.1 Schulunlust / partielle Schulflucht

Daß Schule nicht nur keinen Spaß macht, sondern zur Quelle chronischer *Schulunlust* werden kann, ist ein weiterer Angriffspunkt der Schulkritik. "Gewiß hat es zu allen Zeiten Kinder gegeben, die ungern zur Schule gegangen sind, ... doch muß es uns heute scheinen, als wenn das Maß der Unlust bereits einen Höhepunkt erreicht habe", schrieb MARGARETE TOBLER in den 60er Jahren.[960] Auch ERNEST JOUHY räumt ein, "daß wohl viele Schüler ... Unbehagen über die heutige Schülerexistenz empfinden".[961] Steigert sich die "Schulunlust" durch permanenten Druck oder andauernde Mißerfolgserlebnisse, so kann es zu Schulfluchtsymptomen wie partieller Lernverweigerung, etwa bei Klassenarbeiten, häufigen Fehlzeiten oder "Schuleschwänzen" kommen.

Anfang der 80er Jahre stellt PETER ZUDEICK fest: "Seit rund fünf Jahren gibt es in den pädagogischen Fachzeitschriften das Thema 'Schulflucht' – bezogen auf Schüler und Lehrer – mit zum Teil beängstigenden Praxisberichten."[962] Und eine Expertenschätzung aus dem Jahr 2000 kommt zu einer erschreckenden Bilanz: "In Deutschland gibt es nach den Erkenntnissen von Experten immer mehr Schulverweigerer. Inoffiziellen Schätzungen zufolge gehen 70 000 Kinder und Jugendliche nicht regelmäßig zur Schule", berichtet HENRIK VON BOTHMER.[963]

JOSEF HELD, der insbesondere das Phänomen der Lernverweigerung aus der Sicht der Psychologie untersucht hat, bezeichnet in den 90er Jahren "Lernverweigerung als Normalfall in der Institution Schule" – und stellt letzterer somit ein denkbar schlechtes Zeugnis aus.[964] In schulkritischer Absicht eruiert KARLHEINZ BILLER aufgrund "langjähriger kontinuierlicher Schülerbeobachtung" eine Liste von "Symptomen", in denen sich "Lernverweigerung" – und damit eine zentrale Form der "Schulflucht" – manifestiert: "Mißerfolg, Verzweiflung, Schulverdrossenheit; Leistungstief, nachlassende Arbeitsqualität, geringe Lernkapazität, Schwerfälligkeit im Denken, geringes Lerntempo, Vergeßlichkeit; innere Erregung, Tagträume; Krankheit, enttäuschter Gesichtsausdruck, Nervosität (Hypermotorik u.a.m.), starkes Eßbedürfnis; angespannte Beziehung zwischen Lehrer und Schüler, mangelnde Beteiligung am Unterricht, Widerwilligkeit (Rückzugstendenz), Feindseligkeit (hohes Aggressionspotential) gegen Lehrer" usw.[965] Die Ursachen solcher Fehlentwicklungen sieht BILLER u.a. in "Enttäuschung", "Hoffnungslosigkeit" und "eingrenzenden schulischen Bedingungen".[966] So erzeugt die Schule nach Auffassung vieler Schulkritiker einen Großteil der "Schulunlust" und "Schulflucht" seitens ihrer Schüler selbst.

2.4.2 Schulvermeidung / totale Schulverweigerung

Verstärken sich die Fluchttendenzen angesichts der oft als inhuman erlebten Schulwirklichkeit, so kann es zu *"Schulvermeidung"* bzw. totaler *"Schulverweigerung"* kommen. "Seit es Schule gibt, besteht das Phänomen der Schulverweigerung", schreibt BILLER.[967] Er versteht das Phänomen der "Schulverweigerung als Ergebnis diffus erlebten schulischen Unbehagens"[968], das sich bis zur Unerträglichkeit gesteigert hat.

Die Schulverweigerung, die vielfach zunächst vom Kind selbst ausgeht, wird in jüngster Zeit bisweilen von schulkritischen Eltern sekundär gutgeheißen und ideell legitimiert. So beschreibt z.B. BERNHARD BARTMANN die "Stationen einer Schulverweigerung" seines Sohnes Michael: "Mein Sohn Michael erklärte mir aus freiem Willen, nicht zur Schule gehen zu wollen. Ich als Vater halte es nun für meine Pflicht, der Aussage meines Sohnes aus menschenrechtlicher Sicht durch mein Handeln Genüge zu leisten."[969] Aufs heftigste wehrt er sich gegen die Schulpflicht, diesen "staatlich verordneten Angriff auf die freie Entfaltung einer Persönlichkeit" und den "geradezu in zynischer Weise produzierten Leidensdruck auf junge Menschen und deren Eltern über mindestens ein Jahrzehnt hinweg".[970]

Auch für MARIANNE ARLT steht das, was in unseren Schulen mit den Kindern geschieht, in grundlegendem Widerspruch zu deren elementaren Rechten: "Wenn ich meinen Sohn mit dem Paragraphen 1 der 'Rechte des Kindes' (deklariert von den Vereinten Nationen 1959) konfrontieren würde, würde er – logisch und schlüssig – ab sofort jeglichen Schulbesuch verweigern. Und niemand könnte ihm ein Unrecht nachweisen."[971]

In demselben Sinne spricht auch JOHANNES HEIMRATH von einem "Menschenrecht auf Schulvermeidung".[972] Der "Fall" seines (Stief-)Sohnes Tilmann, den HEIMRATH als "eine erfolgreiche Schulverweigerung" bezeichnet, hat seit Mitte der 80er Jahre weithin Schlagzeilen gemacht. "Tilmann war 9, als er sich gegen den Schulbesuch entschied".[973] "Ich will nicht mehr zur Schule! ... Ich will dort nie wieder hin!", erklärte Tilmann seinen Eltern nach seinem langen Leidensweg an einer bayrischen Grundschule.[974] Tilmanns Mutter CHRISTINE SIMON und sein (Stief-)Vater JOHANNES HEIMRATH nahmen den Willen ihres Kindes ernst und unterstützten sein Fernbleiben vom Unterricht. Das darauffolgende zweijährige gerichtliche "Nachspiel" mit Bußgeldverfahren, zwangsweiser Zuführung zur Schule, psychologischen Gutachten, Androhung von Entzug des Sorgerechts etc., bei dem die Erziehungsberechtigten schließlich einen "Freispruch" erwirkten, wurde von den Eltern öffentlich dokumentiert und ging in die Schulgeschichte ein.[975] TILMANNs psychosomatische Symptome wurden angesichts seines Regelschulbesuches täglich schlimmer. "Weil ich normal bin, bin ich ja in der Schule krank geworden", sagt der Schulverweigerer über sich selbst.[976] Und der (Stief-)Vater schreibt: "Ich war damals in der Alternativschulbewegung engagiert und konnte die Kritikpunkte am herkömmlichen Schulsystem auswendig – theoretisch. Durch Tilmanns Leiden an der Praxis erkannten wir nun mehr und mehr die Berechtigung dieser Kritik." Und er ergänzt: "Gleichzeitig erlebten wir, wie sehr auch die Lehrkraft Opfer der auf subtile Weise menschenfeindlichen Strukturen des Schulsystems war."[977]

2.4.3 Schülerselbstmord – der "pädagogische Super-GAU"

"Wenn ich noch länger in die Schule gehen muß, will ich nicht mehr leben!", sagt ein Junge; er ist gerade neun Jahre alt geworden und besucht die 3. Klasse einer staatlichen Grundschule. Seine Mutter, MARIANNE ARLT, ist fassungslos. "Dann gehen die Überlegungen los. Andere Schule ...?"[978]

"Zeitungsmeldungen über Selbstmorde aus schulischen Gründen füllen regelmäßig die Spalten der Tagespresse. Ca. 500 Schüler begehen jedes Jahr Selbstmord. Die Dunkelziffer und Zahl der versuchten Selbstmorde werden auf ein Vielfaches geschätzt", schreiben BEHR/JESKE.[979] "Aus Betroffenheit über einen Schülerselbstmord" wurde 1974 in Baden-Württemberg die inzwischen bundesweit schulkritisch und beratend tätige AKTION HUMANE SCHULE gegründet.[980]

Bereits die reformpädagogische Bewegung machte am Phänomen des "Schülerselbstmords" einen wichtigen Teil ihrer Schulkritik fest, was sich nicht zuletzt in der belletristischen Literatur dieser Zeit widerspiegelte. "Keiner der Schülerprotagonisten der Literatur der Jahrhundertwende überlebt seine Schulzeit. Sie alle wählen den Freitod. Und das Schlimme: Schülerselbstmorde gab es damals keineswegs nur in der Literatur, sondern vielmehr in der Schulwirklichkeit; und offensichtlich in einem gehäuften Maße. Reformpädagogen haben sich dazu geäußert", hält CLAUDIA SOLZBACHER fest.[981] Schon damals wurde der Schülerfreitod in engem Zusammenhang mit der gängigen schulischen Unterrichts- und Erziehungspraxis gesehen: "Die zahlreichen Kinderselbstmorde in den letzten Jahren sind oft gerade aus Furcht vor körperlicher Züchtigung oder nach einer solchen geschehen", schrieb ELLEN KEY.[982]

Obgleich die Ursachen für Schülerselbstmorde von heutigen Schulkritikern freilich etwas anders eingeschätzt werden, wird doch die Schuld vielfach der Schule zugewiesen. So liegt z.B. für HANSELMANN die Ursache oftmals in einer "psychischen und physischen Überforderung, die zurückschlagen kann in Form von Leistungsversagen, das seinerseits zu einer wachsenden Selbstmord- und Selbstmordversuchsquote führt".[983] GOTTFRIED SCHRÖTER, der Erwachsene und Schüler u.a. zu dem Thema "Zeugnisse und Schülerselbstmord" befragt hat, stellt in vielen Äußerungen die Konstatierung eines Zusammenhanges zwischen Zeugnisangst und Schülersuizid fest.[984] "Beachten Sie bitte die steigende Selbstmordrate bei Kindern und Jugendlichen und deren Ursachen. Die Schule und die Angst davor ist oft genug darin zu finden", meint einer der Befragten.[985] Als Motive werden außerdem "Selbstmord aus Angst vor den Eltern" und aus "Angst vor dem Tag der Zeugnisausgabe" genannt.[986] "Das sieht man ja auch an der Anzahl, wie viele Jugendliche sich umbringen, wenn es Zeugnisse gibt, daß Zensuren abgeschafft werden sollen", faßt ein 17-Jähriger seine Schulkritik zusammen.[987]

4.2. 3. MEDIZINISCHE ASPEKTE DER SCHULKRITIK

3.1 Problemfeld *Schulpathologie*

3.1.1 Die krankmachende Schule

Ein verbreiteter Topos der Schulkritik ist derjenige der "krankmachenden" Schule. KARLHEINZ BILLER schreibt dazu in seiner "Schulpathologie": "Die Übertragung des medizinischen Begriffs 'Pathologie' in außermedizinische Bereiche ist in der Geschichte schon öfter vorgenommen worden ... auch im Bereich der Allgemeinen Pädagogik und Schulpädagogik findet sich der Pathologie- oder Krankheitsbegriff".[988] So sprach bereits JOHANN GOTTLIEB FICHTE von "krankmachenden Widersprüchlichkeiten" im Bereich der Schule.[989]

Auch im 19. Jahrhundert verstummte die Anklage "einer scharfen medizinischen Kritik an der ungesunden Schule" nicht.[990] Im 20. Jahrhundert beschrieb z.B. WILHELM FLITNER im Hinblick auf die Erziehung seiner Zeit ein "schon seit Jahrzehnten chronisches Krankheitsgefühl".[991] JÜRGEN OELKERS ergänzt: "Die Schule, also das Konstrukt der Erwachsenen, macht die Kinder krank, darüber herrscht unter den Reformpädagogen ... Konsens."[992]

"In den siebziger Jahren taucht der Begriff Pathologie im pädagogischen Bereich verstärkt auf", stellt BILLER fest.[993] In zahlreichen Publikationen dieser Zeit wird die "krankmachende Wirkung" oder gar das "Kranksein" der Institution Schule selbst geradezu beschworen.[994] KURT SINGER z.B. fordert auf, "darüber nachzudenken, ob nicht die Schule selbst krankmachend wirkt".[995] Nach BILLER ist jedoch die "Auffindung, Darstellung und Analyse pathogenen Potentials ... kein Symptom unserer Zeit, sondern ein historisch durchgängiger Strang innerhalb der pädagogisch-schultheoretischen Diskussion."[996]

Bei der Analyse der "pathogenen Tendenzen im Bereich der Schule" wird nun der Schule im Kontext dieser Kritik eindeutig eine Verursacherrolle für zahlreiche Krankheiten zugeschrieben.[997] So liest man z.B. in BILLERs Studie: "Hier sollen nun die 'Krankheitsfälle' dargestellt und die verursachenden Faktoren ... im Bereich der Schule gesucht werden."[998]

Welches sind nun die "pathologischen Auffälligkeiten" an Menschen im Umfeld der Institution Schule?[999] Abgesehen von der bereits erwähnten "Pathologie" des Lehrpersonals wird von Schulkritikern v.a. die krankmachende Wirkung der Schule auf Kinder und Jugendliche kritisiert. Die Liste der genannten somatischen und psychosomatischen Symptome ist schier unerschöpflich. HERMANN ROSEMANN schildert z.B., wie Kinder "vom Lernen Bauchweh", "Einschlafstörungen" und "das große Nervenflattern" bekommen.[1000] "Ärzte ... sprechen bereits von regelrechten Schulkrankheiten, deren Erscheinungsformen ausgesprochen auf die Schule bezogen auftreten und verschwinden. Dazu gehören z.B. das 'Schulerbrechen', das 'Schulbauchweh' und das 'Schulasthma'. Es gibt Kinder, die nur in der Schule oder dort besonders heftig Asthma, Kopfschmerzen oder Magenbeschwerden bekommen. Zum Wochenende verschwinden diese Krankheiten ebenso wie in der Ferienzeit. Die enge Verbindung dieser Krankheiten mit den Erlebnissen in der Schule ist den Eltern inzwischen durchsichtig [sic] geworden", schreibt ROSEMANN.[1001]

Hinzu kommt, daß die krankmachenden Wirkungen der Schule meist von offizieller Seite verleugnet und Kinder mit entsprechenden Symptomen häufig stigmatisiert werden: "Da Schule gut ist, kann sie nicht krank machen. Wer in der Schule krank wird, kann nicht normal sein", führt JOHANNES HEIMRATH kritisch dazu aus. "Muß die Schule krank machen?", fragt KLAUS NEULINGER, und sucht – wie viele andere – nach pädagogischen Auswegen aus der Misere. Er widmet sein Buch "... alle[n] Kinder[n], die gezwungen sind, unsere Schulen zu besuchen".[1002]

Auch Mediziner haben vielfach kritisch Stellung zur Schulwirklichkeit bezogen. So wird nach THEODOR HELLBRÜGGE in der Regelschule "... auf physische und psychische Grundbedürfnisse des Kindes so gut wie keine Rücksicht genommen, und alte schulpädagogische Erkenntnisse ..., die durch die Arbeitsphysiologie des Kindesalters weitgehend ihre wissenschaftliche Bestätigung gefunden haben, werden in der Schulpraxis einfach ignoriert."[1003] Die Schulpädagogik "... übersieht dabei grundlegende kinderärztliche ... Erfahrungen."[1004] Es sei deshalb unbedingt geboten, "pädiatrische ... Gesichtspunkte zum Schutze des Kindes in der Schule stärker im Schulalltag zu realisieren."[1005] HELLBRÜGGE betont, "... daß es dringend notwendig ist, Schulreformen ... nach kinderärztlich-wissenschaftlichen Gesichtspunkten ... auszurichten, andernfalls wird sich die ärztliche Praxis weiterhin vermehrt mit schulschwierigen Kindern und Schulschäden auseinandersetzen müssen."[1006]

3.1.2 Die kranke Schule

Eine Steigerung erfährt der Topos der "krankmachenden" Schule im Begriff der "kranken" Schule, also einer Institution, die nicht nur pathologisierend *wirkt*, sondern selber durch und durch pathologisch *ist*.

Die Zuschreibung "L'école est malade", die KEMENYI bereits am Beginn des 20. Jahrhunderts vornahm, findet sich in vielen Facetten bis in unsere Zeit hinein wieder.[1007] ALMUTH LINK z.B. kommt in ihrer Abhandlung über "Die kranke Schule" zu dem folgenden Fazit: "Die Schule ist krank; sie ist es immer gewesen."[1008] "Die kranke Schule" ist "ein ewiger Patient".[1009] ROSEMANN spricht von der "Krankheit, die Schule heißt" und kritisiert, daß diese Schule "eine Generation von Kranken und Egoisten" heranzieht.[1010] In seinem Artikel über "Die Staatsschule – ein Fall fürs Pflegeheim" schreibt PETER PAULIG: "Die Staatsschule ist schwer erkrankt. Und das Pflegepersonal – Schulpolitiker, Schulverwaltung und Lehrerschaft – weiß das. Aber es weiß nicht, wie dem Pflegefall Schule geholfen werden kann. Alle fühlen sich auf ihre Weise ohnmächtig, überfordert, unverstanden und jeweils von den anderen nicht akzeptiert und mißbraucht."[1011]

Hier wird deutlich, daß diese Art der Schulkritik den Krankheits-Begriff nicht mehr nur im rein medizinischen Sinn versteht, sondern in übertragener Bedeutung auch für soziale Phänomene verwendet. HARTMUT VON HENTIGs "Sozialpathologie der Schule" von 1976, auf die in Kap. II.4.2.4 noch näher eingegangen wird, ist die wohl bekannteste Veröffentlichung zu diesem Aspekt der

Schulkritik.[1012] Die zeitweise enge Verbindung von medizinischer und sozialwissenschaftlicher Schulkritik zeigt sich nicht zuletzt in der Tatsache, daß VON HENTIG den o.g. gleichnamigen Vortrag auf dem Kongreß der Deutschen Gesellschaft für Sozialmedizin gehalten hat.

3.2 Problemfeld *Schulstreß*

3.2.1 Überbelastung und Schulstreß

Ein weiterer Topos der Schulkritik zeigt sich in der u.a. seit den 70er Jahren heftig entbrannten "*Schulstreß*-Debatte". OTMAR FRIES schreibt dazu: "Die Debatte über 'Schulstreß', 'kranke Schüler', 'inhumane Schule', 'überforderte Schüler' kennzeichnet bereits seit einigen Jahren die Aufmerksamkeitsrichtung, in der sich die Auseinandersetzungen mit der Schule und Schulwirklichkeit bewegen. Und was dabei auffällt: An der Diskussion über den 'Stress in der Schule' beteiligen sich verschiedene Gruppen von offensichtlich in irgendeiner Weise betroffenen und um die Schule besorgten Leute: Lehrer, Eltern, Mediziner, Pädagogen, Psychologen und Politiker."[1013] Das Thema "Schulstreß" scheint heute geradezu zum "alltäglichen Wissensbestand der Gesellschaftsmitglieder" zu gehören.[1014]

Durch die "Schulstreß-Debatte" bekam die Schulkritik eine neue Färbung. FRITZ WANDEL meint sogar, daß es sich bei der Streßdebatte um einen "*neuen* Ansatz der Schulkritik" handelt: "In jedem Fall zeigt die Verwendung dieser 'medizinischen Kategorie' eine Abkehr von der bisherigen politisch-ideologischen Schulkritik an und eine Hinwendung zu einer ... sozialpsychologisch-medizinischen Betrachtungsweise."[1015] Daß diese Aussage jedoch nur *bedingte* Gültigkeit hat, beweist nicht zuletzt GERHARDT PETRATs überzeugende Studie "Zur 'Schulstreß'-Diskussion im 18. und 19. Jahrhundert", in der es heißt: "Zum wiederholten Mal richtet sich gegenwärtig die öffentliche Aufmerksamkeit auf Gesundheitsgefährdungen im schulischen Bereich, und es bleibt unverständlich, warum wir ... den Kanon der Argumente *erneut* durchdeklinieren. Historische Erfahrung könnte uns anleiten, jene Mechanismen zu erfassen, die in offenbar nicht zufällig über die Geschichte gestreuten Diskussionen zum Thema 'Schulstreß' manifest werden."[1016]

So mag es nicht verwundern, daß ERNST WALDEMAR WEBER in seinem "Plädoyer für eine Schule ohne Streß" eine ganze Liste von "Klassikern" der Pädagogik als Vertreter der "Schulstreßkritik" vorstellen kann: "Die von mir formulierten Forderungen sind keineswegs neu. Sie sind entwickelt worden von großen Pädagogen, die zwar berühmt, aber bisher im Grunde genommen leider immer noch weitgehend erfolglos sind. Ich denke an JEAN-JACQUES ROUSSEAU, HEINRICH PESTALOZZI, JOHN DEWEY, MARIA MONTESSORI, RUDOLF STEINER, CÉLESTIN FREINET, JEAN PIAGET, PAUL GEHEEB, PETER PETERSEN ..."[1017]

In der "Schulstreß"-Kritik tauchen unterschiedliche Schlagworte auf, die von "Überbeanspruchung", "Überlastung", "Überbelastung", "Überforderung" und "Überbürdung" bis hin zu "Streß" und "Schulstreß" reichen.[1018] "In der Tat liegen diesen Begriffen zum Teil verschiedene theoretische Konzepte zugrunde", heißt es in einem vom Bundesbildungsministerium in den 70er Jahren herausgegebenen Bericht.[1019] Und bei FRIES liest man: "Hinter der Etikette 'Schulstreß' verbergen sich nun allerdings 'Erfahrungen, Empfindungen, Gedanken und Einstellungen unterschiedlicher Schattierung und Begründung' ... : Die 'Krankheit des Jahrhunderts' ... wird sehr kontrovers gedeutet und interpretiert."[1020]

Dennoch lassen sich bei der "Schulstreß-Kritik" inhaltlich zwei Stränge herauskristallisieren: zum einen die Kritik an einer *quantitativen* Überlastung – zum anderen die kritische Sicht auf eine *qualitative* Überforderung der Schüler durch die Schule. Diese beiden Positionen lassen sich etwa wie folgt charakterisieren:

(1) "Die Schule wirkt ... belastend, weil sie die Kinder (ständig) überfordert, und zwar durch die Anzahl Fächer, Schulstunden, Stoffgebiete, Prüfungen. M.a.W.: Ein Schüler ist dann belastet, wenn er sich in der Schule – vor allem durch die Stoffülle – überfordert und belastet fühlt."[1021]

Diese eher *quantitative* "Überbürdungskritik" wurde v.a. von seiten der Reformpädagogen geübt.[1022]

(2) "Die Schule wirkt ... belastend, weil sie für die 'höheren Schulen' selektioniert ... Zu diesem Zweck unterwirft sie die Schüler dauernd schulischen Leistungsprüfungen. M.a.W.: Ein Schüler ist dann belastet, wenn er fast tagtäglich Prüfungsleistungen zu erbringen hat und dadurch ständig unter einem Selektions-, Wettbewerbs- und Notendruck steht."[1023]

Eine solche eher *qualitative* "Leistungsstreßkritik" übte z.B. ROSEMANN in seiner Abhandlung über "Kinder im Schulstreß", in der er die Schüler "im Sog des Leistungsdenkens" unserer "leistungsbesessenen Gesellschaft" einem permanenten "Dauerstreß" ausgesetzt sieht.[1024]

Nicht selten wird gar die allgemeinbildende Schule – die einst hochgepriesene pädagogische Alternative zur "Kinderarbeit" früherer Zeiten – als Anstalt "moderner Kinderarbeit" an den Pranger gestellt: "Schon 10 - 11jährige Schulkinder haben im Durchschnitt eine 47-Stunden-Woche. Je älter sie werden, desto stärker werden sie 'rangenommen': Kinder sind die neuen Schwerstarbeiter", liest man bei ROSEMANN.[1025] Und B. und J. SAADI-VARCHIM führen in ihrer Dokumentation zum Thema "Kinderarbeit ist verboten!" aus: "Der Arbeitsplatz Schule trägt viele Züge der modernen Arbeitswelt, die zusammengenommen Streß ausmachen: Zeitdruck, Konkurrenzdruck, Unter- und Überforderung durch einseitige Belastung, keine Mitbestimmung bei wichtigen Entscheidungen. Hinzu kommen Auslese und Noten, die die späteren Berufschancen bestimmen. Dies sind auch die Gründe für immer neue Reformansätze ..."[1026]

3.2.2 Schulstreßbedingte Erkrankungen

In den 70er Jahren nahmen sich zahlreiche empirische Studien des Themas "Schulstreß" an, wobei nicht selten die "klinischen" Symptome, die Kinder unter Schulstreß entwickeln, im Mittelpunkt des Interesses standen.

Ein vom damaligen Bundesminister für Bildung und Wissenschaft herausgegebener Bericht über eine Tagung zum Thema "Beanspruchung von Schülern", an der sich im Jahre 1979 Forscher verschiedener wissenschaftlicher Disziplinen – Mediziner, Pädagogen, Psychologen, Arbeitswissenschaftler und Soziologen – beteiligten, konstatierte hierzulande die generelle Tendenz einer "Überbeanspruchung" von Schülern aller Schulstufen, die sich in somatischen, psychosomatischen, psychischen und psychosozialen Symptomen manifestiere.[1027] Der Bericht enthält eine "Klassifikation möglicher Überbeanspruchungssymptome", die an dieser Stelle überblickshalber angeführt werden soll:

"Eine erste Kategorie möglicher Symptome ist *somatischer* Art, wie Art und Häufigkeit körperlicher Erkrankungen, Entwicklungs- und Funktionsstörungen. Eine zweite Kategorie – von der ersten nicht immer leicht abzugrenzen – ist *psychosomatischer* Art, wie Schlafstörungen, Sprachstörungen und Bettnässen oder Kopfschmerzen, Krämpfe, Herzbeschwerden und Verdauungsstörungen. Eine dritte Kategorie ist *psychischer* Art, wie Lernstörungen in Form von Unaufmerksamkeit, Gedächtnisschwäche und Konzentrationsmangel oder wie neurotische Verhaltensstörungen in Form von Nägelknabbern, Daumenlutschen und Haarausreißen. Eine vierte Kategorie schließlich ist *psychosozialer* Art – sie bezieht sich also auf den unmittelbaren Umgang der Menschen miteinander – wie Ungehorsam, Trotz, Zerstörungswut und Aggressivität." [Hervorhebungen: A.P.] [1028]

Etwa zur selben Zeit veröffentlichte HANS R. M. MÜLLER unter dem Titel "Schulkinder unter Stress" eine umfangreiche Analyse schulisch bedingter Stressoren bei Kindern, aber auch anderer Umstände, die das Wohlbefinden von Schulkindern beeinflussen, sowie ihrer Wechselwirkungen.[1029] Ziel der Studie war die "Aufdeckung krankmachender Umstände" durch empirische Untersuchungen in Schulklassen.[1030]

In einem großangelegten Forschungsprojekt des Münchner Staatsinstituts für Schulpädagogik wurde 1981 der Zusammenhang zwischen "Curriculum und Schülerbeanspruchung" untersucht. Die zentrale Hypothese, daß der Grad der Schülerbeanspruchung in erster Linie vom Anspruchsniveau des Curriculums abhinge, wurde nicht bestätigt; vielmehr spiele der Lehrplan als Ursache für Überbeanspruchung und daraus folgende Krankheitssymptome nur eine nebengeordnete Rolle.[1031]

Eine qualitative Studie zur "Schülerbelastung aus der Sicht der interpretativen Unterrichtsforschung" führte OTMAR FRIES 1985 durch.[1032] Dabei ermittelte er insbesondere drei Belastungsbereiche, die zu psychischen und/oder somatischen Erkrankungen führen können: "Noten/Prüfungen", "Hausaufgaben" und die "Beziehung Lehrer – Schüler".[1033]

Im selben Jahr äußerten sich in GOTTFRIED SCHRÖTERs qualitativer Schulkritik-Studie befragte Eltern wie folgt: "Unsere Kinder haben zuviel Schulstreß. Man sollte auf weniger Leistungszwang achten." Und: "... das Festhalten an Zensuren unter allen Umständen hat meinem Sohn das ganze Schulleben vom 6. Lebensjahr an so erschwert, daß es bereits zu den erwähnten psychosomatischen Krankheiten wie Magenkrämpfen, Magenschmerzen, Erbrechen und Fieber vor Diktaten kam. Nicht unbeachtet bleiben darf dabei die psychische Verfassung eines Kindes, das bei guter Intelligenz eine dauernde Herabsetzung in seinem Ansehen in der Schule durch schlechte Zensuren erfährt. Es traut sich nichts mehr zu. Was das alles nun in Wirklichkeit für ein Schulkind bedeutet, kann nur der verstehen, der es mitgemacht hat."[1034]

3.3 Problemfeld *Leib(feind)lichkeit*

3.3.1 Bewegungsmangel im Unterricht

"Körper müssen sitzen" – so lautet nach HORST RUMPF die allgemein verbreitete Grundprämisse für den Umgang mit der eigenen Leiblichkeit in der Schule.[1035] "Die Körper der Lehrenden und Lernenden sind dieser Schulidee gemäß in den meisten für wichtig gehaltenen Stunden damit befaßt, zu sitzen, Bücher, Hefte, Stifte zu berühren und zu bewegen, sprachliche und mathematische Symbole über Mundbewegungen akustisch verlauten zu lassen ..."[1036] Dieses "Festsitzen im Klassenzimmer", das mit einem erheblichen Mangel an gesunder, natürlicher Bewegung einhergeht, ist oft Ansatzpunkt heftiger Kritik. Die Einengung des "Leibrepertoires", die in "so zentralen Körperformungsbereichen wie Schule und Sport" vielfach stattfindet[1037], hat dabei sowohl für die Gesundheit als auch für das Lernen höchst negative Folgen.

KURT SINGER weist eindrücklich darauf hin, daß "gehemmte Bewegung gehemmtes Lernen" nach sich zieht.[1038] In unseren Schulen sei "die Störung der Lernfähigkeit durch die Einschränkung des Bewegungsdranges" an der Tagesordnung.[1039] SINGER zeigt auf, wie die "motorische Einengung" von Kindern regelrechte "Intelligenzhemmungen" verursacht und ein permanent "zurückgestauter

Bewegungsdrang" zu "Zappeligkeit" und "Schulversagen" führt.[1040] Die "Bewegungsfeindlichkeit der Schule", die beim Schreibenlernen beginnt und vor dem Sportunterricht nicht halt macht, prangert SINGER aufs schärfste an: "Man kann beobachten, daß auch den Turnunterricht zu sehr das Leistungsprinzip bestimmt. – Wer bewegt sich denn noch unbefangen, wenn es darum geht, daß die Übung zensiert wird?"[1041] So sei für viele Schüler selbst das Turnen ein Schulfach, in dem "wenig Raum für Freude an der spontanen Bewegung bleibt" – von den anderen Fächern ganz zu schweigen.[1042] Die Schule ignoriere oft sträflich die elementare "Bedeutung der Bewegungsimpulse" für eine gesunde kindliche Entwicklung.[1043]

Auf die negativen Folgen des von der Schule mitverursachten Bewegungsmangels von Kindern und Jugendlichen weist auch PETER STRUCK hin: "Kinder, die sich zu wenig bewegen und mit einem Mangel an Gehen, Laufen, Springen, Hüpfen, Klettern, Schaukeln, Rutschen, Balancieren, Matschen und Rückwärtsgehen aufwachsen, die zu wenige Erfahrungen mit Greifen, mit verschiedenen Materialien ... gemacht haben", leiden nicht selten unter Legasthenie oder Dyskalkulie.[1044] Doch "... sie können auch Kräfte, Geschwindigkeiten und Entfernungen nicht richtig einschätzen, so daß sie als wahrnehmungsgestörte junge Menschen leicht verunfallen, überall gegenlaufen und vieles umschmeißen", was nicht selten unmittelbare gesundheitliche Gefahren mit sich bringt.[1045]

Wenig gesundheitsfördernd ist nach HELLBRÜGGE auch die Tatsache, "daß Millionen Kinder" täglich "per Schulbus in der Gegend herumgefahren werden", um ihre oft weit entfernten Schulen überhaupt erreichen zu können.[1046]

3.3.2 Körperfeindlichkeit der Schule

Daß die Leiblichkeit der Kinder und Jugendlichen in der Schule vernachlässigt werde, ist ein altes Thema der Schulkritik. So wurde bereits im 19. Jahrhundert kritisiert, daß in der Schule "... ein unausgeglichenes Verhältnis zwischen geistiger und körperlicher Ausbildung pathogene Befunde lieferte, also tatsächlich Krankheiten nach sich zog."[1047] Nach BILLER war bereits damals z.B. "für die Kinder des Bürgertums die Situation am Gymnasium gesundheitsbedrohend ..."[1048]

An anderer Stelle prangert BILLER die "starke Vernachlässigung des Körpers bzw. Leibes in der Schule" von heute an.[1049] Dadurch trete bei vielen Schülern ein "körperliches Unwohlsein" auf, das BILLER als "Folge von Eingrenzungen in der physischen Dimension" versteht: "In der physischen Dimension lassen sich die direkten Folgen von sinnleeren Eingrenzungen als 'körperliches Unwohlsein' bezeichnen. Darunter sind Erscheinungsweisen subsumierbar wie z.B. das unbestimmte Sich-nicht-wohlfühlen, die beginnende Übelkeit, Schwindelgefühle,

Kopfschmerzen, Sitzbeschwerden, Rückenschmerzen u.a.m. Psychosomatische Erscheinungen sind bei dieser definitorischen Festlegung nicht erfaßt, weil sie vor allem die Folgen psychischer Probleme sind. Ebensowenig sind Erscheinungen körperlichen Unwohlseins erfaßt, die auf organische Prozesse ... zurückzuführen sind."[1050]

Als mögliche Gründe für "körperliches Unwohlsein" nennt BILLER schulisch bedingte "Eingrenzungen", die er in vier Thesen zusammenfaßt:

1. "Der Körper der Heranwachsenden wird in seiner Funktionsvielfalt eingegrenzt", d.h.:
   - Der Rhythmus zwischen Anspannung und Entspannung kommt im Unterricht oft zu kurz.
   - Es besteht ein unausgewogenes Verhältnis zwischen der Kraft des Heranwachsenden und der Anforderung, die an ihn gestellt wird.
   - In Sport oder 'Leibeserziehung' wird oft 'gegen' den Körper nach Leistung gestrebt.
   - Der Körper wird als Thema im Biologieunterricht 'behandelt', es wird 'über' ihn gesprochen, aber nicht 'mit' ihm gehandelt.
   - Für den übrigen Fachunterricht spielt der Körperaspekt überhaupt keine Rolle; die 'Körperlichkeit des Menschen' fehlt in den Konzepten der Unterrichtsvorbereitung, so daß der Lehrer nicht erinnert wird, körper- bzw. leibgerecht zu unterrichten.

2. "Neben der funktionalen Eingrenzung des Körpers ist auf die situative hinzuweisen", d.h.:
   - Die Situationen, in denen der Körper aktiv sein kann, sind einander sehr ähnlich, so daß eine 'Kontrastreizung' damit nicht möglich ist.

3. "Die genetischen Eigenheiten der Kinder und Jugendlichen werden in der Schule übersehen und folglich übergangen", d.h.:
   - Die Lehrer orientieren sich am Konstrukt eines 'Durchschnittsschülers' und schenken der individuellen körperlichen Entwicklung der Schüler zu wenig Beachtung.

4. "Die Gesunderhaltung des Körpers wird in der Schule nicht besonders gefördert", d.h.:
   - Dem Körper des Heranwachsenden wird in der Schule vor allem Passivität statt Aktivität zugemutet; er wird zugunsten 'intellektueller Zwangsakrobatik' benachteiligt und zu wenig in seinem Eigenrecht als Körper bzw. 'Leib' beachtet.[1051]

BILLER kommt zu einem kritischen Fazit: "Der Körper wird in der Schule in vielfältiger Weise eingegrenzt. Er wird manchmal sogar übersehen, also ausgegrenzt. Dadurch kann er seine Fähigkeiten nicht entwickeln ... Körperliches und somit Natürliches ist in der Schule selten repräsentiert. Die Folgen sind Verspannungen des Körpers, Haltungsschäden, Ernährungsschäden (z.B. Zahnerkrankungen, Fettleibigkeit) ... sowie körperliches Unwohlsein, um nur einige wesentliche Folgen zu nennen."[1052]

Mindestens ebenso scharf kritisiert HORST RUMPF die allgegenwärtige "Leibfeindlichkeit" der Schulen, die er in drastischen Bildern vergegenwärtigt.[1053] "Freilich – die Pädagogik der Moderne hat schon geraume Zeit Zweifel an der Monokultur dieser Art von Körperbehandlung. Zuviele Kräfte, Potentiale, zuviele andere Körperlichkeiten scheinen brachzuliegen oder unterdrückt zu werden, wenn der instrumentell fügsam gemachte Körper das unbestrittene Leitbild der Erziehung bleibt ..."[1054]

3.4 Problemfeld *Entsinnlichung*

3.4.1 "Sensorische Deprivation"

In einer Zeit, in der die tägliche Überflutung von Kindern und Jugendlichen mit oft schwerverdaulichen medialen Sinnesreizen schon fast zur Normalität geworden ist, wird der Ruf derjenigen Schulkritiker immer unüberhörbarer, die den Verlust an primären, "gesunden" Sinneserfahrungen – auch in der Schule – bitter beklagen.

"Obwohl Kinder vornehmlich über die Erprobung ihrer Sinnlichkeit und über Anschauung lernen", "entsinnlicht" die Schule Lernprozesse geradezu.[1055] Ein Unterricht jedoch, der sich ausschließlich aus "sekundären Erfahrungen" speist, werde von Schülern vielfach als "Lernen ohne Sinn" erlebt, schreibt RICHARD KELBER.[1056] Auch BERND HAUCK setzt sich mit der "Entsinnlichungsproblematik" auseinander und übt Kritik am "entsinnlichten Charakter der schulischen Vermittlungspraxis".[1057]

So nachdrücklich wie wohl kein anderer unternimmt HORST RUMPF in seinem Buch "Die übergangene Sinnlichkeit" den Versuch, für dieses Problem zu sensibilisieren. Auf dem Hintergrund der Zivilisationstheorie von ELIAS und der phänomenologischen Psychologie von BUYTENDIYK fragt er, wie Lehrer mit den "Sinnesfähigkeiten" ihrer Schüler umgehen.[1058] Die Bilanz ist betrüblich; RUMPF konstatiert auf ganzer Linie eine dem Schullernen innewohnende "entsinnlichende Dynamik".[1059] Schüler lernen – "in speziellen Lehr-Räumen, vom übrigen Leben physisch isoliert" – nur noch, sich in "symbolischen Welten" zu bewegen; die reale Sinnenwelt [sic] bleibt außen vor, die Sinnesfähigkeiten verkümmern oder werden ganz "stillgelegt".[1060] REINHARD KAHL spricht in diesem Zusammenhang von einer "sensorischen Deprivation", auf die er nicht zuletzt die zunehmende Drogen- und Gewaltbereitschaft von Kindern und Jugendlichen zurückführt.[1061]

"Insgesamt bietet die Schule allen Auflockerungen zum Trotz ihrer Idee nach ein Bild starker Unterentwicklung, was die Kultivierung sinnengebundener Tätigkeit angeht", schreibt RUMPF.[1062] "Die Sinnenwelt wird ... nur noch zur Veranschaulichung abstrakter Lerninhalte herangezogen – und alles dieses Lernen spielt sich dann ja auch in hochgradig erfahrungsverdünnten Räumen ab, durch Wände und fixe Zeiten von der Außenwelt abgesondert."[1063]

Doch auch indirekt erwächst aus dieser vielfach kritisierten Sinnesschwächung heutiger Kinder eine gesundheitliche Gefährdung: "Der Deutsche Verkehrssicherheitsrat beklagt, daß Kinder nicht mehr ohne weiteres in der Lage sind, Fahrradfahren oder auch Rollschuhfahren zu lernen, weil sie die Balance nicht halten können, weil ihre Nahsinne der Haut, der Muskulatur, der Koordination und des Gleichgewichts" – auch in der Schule – "zu wenig ... angeregt wurden und deshalb geschwächt sind", stellt PETER STRUCK fest.[1064] Aber "... auch die Fernsinne Hören und Sehen sind durch hochdosierten Bildschirmkonsum und durch Musikboxen derart überfordert, daß sie ebenfalls geschwächt sind."[1065] Angesichts dieser Sinnesschwächung versäume es die Schule, kompensatorisch zu wirken: "Wegen der Masse der sinnesschwachen Schüler" müßte die Schule "vor allem auch eine Sinnesschule sein", wovon sie jedoch relativ weit entfernt sei.

3.4.2 Pädagogik in Beton

In engem Zusammenhang mit der "Entsinnlichungskritik" steht die Kritik an häßlichen, unorganischen, eintönigen, unphysiologischen, vergifteten oder auf andere Art krankmachenden Schulhausbauten. So schreiben z.B. BEHR/JESKE: " 'Moderne' Schul-... Bauten nehmen durch maximale Gleichförmigkeit der Architektur die Möglichkeit, Sinne und Organe zu erfahren."[1066]

Bereits in der Reformpädagogik finden sich Ansätze dieser Schulhausbau-Kritik. "Nicht als äußerlich unschön nur, sondern als symbolisch für den Geist der 'alten' Schulen wurden die Schulgebäude empfunden, im Kasernenstil gebaut oder auch Fabrikbetrieben ähnlich auf serienweise Massenabfertigung eingestellt, unpersönlich und kalt, meist übervoll, uniform in allem; nicht anders die Klassenräume, mit festen frontal gerichteten Bänken ausgestattet. Weder Haus noch Hof, weder Flure noch Klassen zeigten eine den Erziehungsaufgaben gemäße Note", resümiert WOLFGANG SCHEIBE.[1067] Für die "modernen" Schulen heißt das bei GEROLD BECKER: "Anlage und Gestalt der Schule bedeuten in Beton, Glas und Ziegel umgesetzte Pädagogik."[1068]

Nicht nur Pädagogen, sondern auch Mediziner haben immer wieder darauf hingewiesen, daß von den Räumlichkeiten einer Schule wohltuende und gesundheitsfördernde, aber auch schwächende und gesundheitsschädigende Wirkungen ausgehen können. In diesem Zusammenhang wurden nicht nur Baumaterialien (z.B. Asbest, Beton, PVC), Klimatechniken (z.B. Belüftung, Heizung) und akustische Raumgegebenheiten (z.B. mangelnder Schallschutz gegen Straßenlärm) kritisiert, sondern auch das Sitzmobiliar einer kritischen Prüfung unterzogen. "Ein deformiertes Skelett z.B. durch ungeeignete Sitzmöbel ... wird niemand als erträglich bezeichnen", schreibt WOLFGANG TESCHNER.[1069] Dennoch gehört solches Mobiliar häufig zur Normalität in deutschen Schulstuben. Orthopäden schlagen indes Alarm: "Schlechte Schulmöbel sorgen bei vielen Kindern für Rückenschäden. Immer mehr Mädchen und Jungen klagen bereits über Kreuzschmerzen. Kein Wunder: Die Kleinen verbringen im Durchschnitt acht bis zwölf Stunden pro Tag im Sitzen", stellt der Orthopäde FRANZ GRILL fest.[1070] "Das lange Sitzen hinterläßt Spuren: Die Muskeln verkürzen sich. Die Tische und Stühle in Schulen sind Einheitsmodelle und lassen sich meist nicht an unterschiedliche Körpergrößen anpassen. Die Tischplatten sind zudem oft nicht geneigt, sondern eben, was die Kinder zu einer rückenfeindlichen Haltung zwingt."[1071]

Auch das Lernenmüssen unter "jener obligaten Doppelreihe von Leuchtstoffröhren" zählt zweifellos nicht zu den wohltuenden und gesundheitsfördernden Aspekten der Schulhauseinrichtung.[1072] Nicht zuletzt wurde auch der durch das Fachlehrersystem bedingte ständige Raumwechsel ("Chemiesaal, Physiksaal, Turnsaal, Zeichensaal") von medizinischer Seite angeprangert, da er "Konstanz und Konzentration", die natürliche "Grundlage aller Lernprozesse", zerstöre.[1073] Schulräume, die keinen Platz bieten für Schüler-Fächer, zwingen Kinder zum Schleppen "zu schwerer Schultaschen", was schwerwiegende Wirbelsäulenschäden zur Folge haben kann. [1074]

Eine OECD-Studie aus dem Jahr 1996 geht von der These aus, "... daß zwischen der Architektur, der Ausstattung und dem Design einer Schule und der Schulqualität (Schulkultur, Schulethos, Schulklima) intensive Wechselbeziehungen bestehen ... Wer also die Schulqualität und Schuleffektivität verbessern will, ... muß auch den Räumen (Schulgebäude, Architektur, Schulatmosphäre ...) Beachtung schenken."[1075]

Daß dies in der Regelschule noch viel zu selten geschieht, löst bei vielen Schulkritikern ein "Unbehagen am Schulbau" aus.[1076] "Die Regel sind Bauten: konstruktiv und technisch relativ perfekt, aber einfallslos, ... immer wuchtiger und größer, im Entwurf und im äußeren Finish von jener sterilen Glätte, Langweiligkeit und Lieblosigkeit, die Modernität vortäuschen soll ... Die Ähnlichkeit dieser Schulen mit den üblichen 'modernen' Verwaltungsbauten ist beängstigend ..."[1077] Alles folgt dem Gebot der "Zweckmäßigkeit" – doch: "Für welchen 'Zweck' Schulbauten, Klassenräume, Möbel, 'zweckmäßig' sein sollen, bleibt unklar. Bei dem üblichen Schulneubau, wie man ihn kennt ..., fällt es schwer, sich des Verdachtes zu erwehren, es handle sich vor allem um den 'Zweck' der Gebäudereinigung", merkt GEROLD BECKER kritisch an.[1078] Und er fährt fort: "Pestalozzis 'Schulwohnstube' als vielzitiertes Leitbild für den Bau und die Einrichtung von Klassenräumen ist in den letzten Jahren etwas außer Kurs gekommen."[1079] Doch auch heutige Kinder haben nach BECKERS Auffassung wohl etwas andere "Ansprüche an die vom Raum und seiner Ausstattung bestimmte 'Atmosphäre' ..., in der sie es über tausend Stunden jährlich aushalten sollen, als sich durch Schulgestühl verschiedener Größe befriedigen [zu] lassen." [1080]

In einem Raum, in dem sie sich "aufgehoben", "geborgen" und "wohl fühlen", werden Schüler vermutlich sehr viel weniger Ermüdungs- und Erkrankungserscheinungen zeigen.[1081] So fordert z.B. BECKER entschieden, daß an der Planung und am Bau neuer Schulen neben zahlreichen anderen Fachleuten auch Mediziner zu beteiligen seien.[1082] "Hinter scheinbar Äußerlichem verbergen sich Entscheidungen von großer Tragweite, deren Folgen unmittelbar die Kinder ... und mittelbar die Gesellschaft von morgen zu tragen haben werden."[1083]

4.2. 4. SOZIOLOGISCHE ASPEKTE DER SCHULKRITIK

4.1 Problemfeld *Sozialpathologie*

4.1.1 Schüler als sozial gestörte Individuen

Der von HARTMUT VON HENTIG in den 70er Jahren in die schulkritische Diskussion eingebrachte und inzwischen vielzitierte Begriff der "Sozialpathologie der Schule"[1084] kann zunächst zweierlei bedeuten und beschreiben: Zum einen "den Einzelnen, der als soziales Wesen untüchtig ist, unfähig, in einer Gemeinschaft zu leben"; andererseits aber auch "eine Gemeinschaft, die ihren Mitgliedern versagt oder erschwert, sich in ihr zu entfalten, in ihr befriedigende Beziehungen einzugehen."[1085] "In beiden Fällen wird eine *Sozial*-Pathologie solche Leidensphänomene aufsuchen, die in doppelter Weise die Gemeinschaft betreffen: 'die Gemeinschaft leidet' und/oder 'die Gemeinschaft macht leiden' (d.h. ihre Mitglieder leiden an ihr)."[1086]

Auf die Schule bezogen lassen sich diesbezüglich zunächst zwei kritische Thesen formulieren:

(1) "die Schule bekomme sozial unfähige / gestörte / 'kranke' Kinder angeliefert";
(2) "die Schule mache die Kinder sozial unfähig / gestört / 'krank' ".[1087]

VON HENTIG gebraucht die Begriffe "krank", "heilen" etc. in diesem Kontext ausdrücklich *nicht* im medizinischen, sondern im *soziologischen* Sinn – in einer "noch keineswegs geklärten Analogie von Körper und Sozietät".[1088]

Beide o.g. Aspekte "sozialpathologischer" Schulkritik bedingen einander – und münden letztlich in einem Circulus vitiosus, dessen Ausgangspunkt kaum auszumachen ist: "Weil die Gesellschaft kranke Kinder anliefert, muß die Schule sie 'heilen' "; "weil sie sie 'heilen' muß, ist sie die falsche Gemeinschaft"; "weil sie die falsche Gemeinschaft ist, macht sie ihrerseits 'krank' "; weil sie 'krank' macht, bekommt sie 'Kranke' angeliefert etc. ..."[1089]

Die Schulkritik in diesem Sinne betrifft also den Anteil der Schule an der "sozialen Gestörtheit" ihrer Schüler/innen. Daß dabei der Institution Schule kaum die Rolle des *alleinigen* "Sündenbocks" zugeschrieben werden kann, darin sind sich die Soziologen aufgrund der einschlägigen Ergebnisse der Sozialisationsforschung im wesentlichen einig: "Der wichtigste Sozialisationsraum ist die Familie. Besonders die frühkindliche Erziehung entscheidet grundlegend über späteres funktionales oder dysfunktionales gesellschaftliches Verhalten, das dann von den anderen Sozialisationsräumen – so Schule, Gleichaltrige, Beruf – eigentlich nur mehr ausgebaut und verfeinert, kaum aber noch wesentlich verändert werden kann."[1090]

Schulkritik in diesem Sinne besagt aber auch, daß die Schule nicht nur nicht in der Lage ist, solchen "soziopathogenen" Tendenzen der Schüler entgegenzuwirken, sondern sie im Gegenteil auch noch verstärkt.

4.1.2 Schule als sozial untaugliche Sozietät

Der zweite Aspekt "sozialpathologischer" Schulkritik, der im vorangegangenen Kapitel bereits angeklungen ist, betrifft die Schule als "sozial untaugliche Sozietät", wie VON HENTIG formuliert.[1091] In diesem Kontext lassen sich die Vorwürfe an die Schule etwa wie folgt beschreiben:

(1) "die Schule versäume, die Kinder sozial fähig – stark, empfindsam, geschickt – zu machen";
(2) "die Schule sei selbst eine falsche, sozial untaugliche, unnötige, 'ungesunde' Sozietät."[1092]

Zum ersten Vorwurf an die Schule findet sich in der Fachliteratur, aber auch in der öffentlichen Diskussion jede Menge schulkritischen Materials. Exemplarisch sei hier ALMUTH LINK genannt, die den Verlust an "sozialen Spielregeln", "Rücksichtnahme" und "sozialer Einordnung" in unseren Schulen bitter beklagt; eine schulische Erziehung ohne "soziale Regeln" sei letztlich eine "Erziehung zur Unmenschlichkeit".[1093]

FRIEDRICH MINSSEN hebt die sozial-pädagogischen Aufgaben der Schule hervor – und beklagt zugleich deren Nichterfüllung in der schulischen Realität. "Während die frühkindliche Erziehung in der Familie wesentliche Grundlagen für das spätere Sozialverhalten im Sekundärbereich vermittelt – so die Soziabilität (soziale Zuwendungsbereitschaft, 'Urvertrauen') – kommt der Schule dann unter den Sozialisationsfeldern, auf denen die eigentliche Aneignung und Einübung sozialer Verhaltensweisen erfolgt, besondere Bedeutung zu", der sie jedoch in vieler Hinsicht nicht gerecht werde.[1094] Auch habe – im Sinne THEODOR WILHELMs – "der Unterricht selbst soziale Grundbedürfnisse zu erfüllen: 'Anderen helfen dürfen und sich selbst helfen lassen, das eigene Verhalten durch die anderen anerkannt finden, sich nicht verlassen vorkommen, ... Öffentlichkeitsgewöhnung herbeiführen, Solidarität ... vermitteln.' "[1095]

Die Wirklichkeit in den Schulen sehe jedoch anders aus: "Das Vorwiegen des Konkurrenzprinzips ... und die Vernachlässigung von Gruppenarbeit erschweren die Ausbildung von Kooperationsfähigkeit, fördern Strebertum, Inkompetenzangst oder aber das Bedürfnis, 'nicht aufzufallen'."[1096] Statt echter "Solidarität" innerhalb der Klassengemeinschaft entstehe eine Art "Gegensolidarität" – "als kontinuierliche Protesthaltung gegen die autoritären Züge der Amtsschule ..."[1097]

Schließlich versage die Schule auch bei ihrer Aufgabe der Integration der unterschiedlichen sozialen Schichten: "So konserviert sie nach dem Intermezzo der Grundschule die Fremdheit zwischen sozialen Schichten, die sich (mit Ausnahme vielleicht des Konfirmanden-Unterrichts) erst beim Wehrdienst begegnen, wo die sozialen Distanzen und Statusunterschiede sich bereits so weit verfestigt haben, daß sie kaum mehr zu überbrücken sind."[1098] Abgesehen von dem – nach damaliger Gesetzeslage – feministischen Lapsus dieses Zitats vermag es doch deutlich zu machen, in welche mikro- und makrosoziologischen Dimensionen die Kritik an der "sozialen Untauglichkeit" der Institution Schule reichen kann.

4.2 Problemfeld *Chancen(un)gleichheit*

4.2.1 Benachteiligung "bildungsferner" Bevölkerungsgruppen

Seit den 60er Jahren wandte sich die Schulkritik verstärkt dem Thema "Chancengleichheit" im Bildungsbereich zu, wobei die Benachteiligung von Kindern aus sog. "bildungsfernen" sozialen Milieus zum Stein heftigen Anstoßes und ebenso energischer Reformbestrebungen wurde. In diesem Zusammenhang wurde vor allem der Abbau der "Bildungsbeteiligungsdefizite der Arbeiterkinder, Mädchen, Katholiken und der auf dem Lande aufwachsenden Kinder" gefordert.[1099]

"Für die Bundesrepublik Deutschland bestand angesichts ihrer Entwicklung zu einer ... Gesellschaft, in der es ... gerade bildungspolitisch gesehen 'unterprivilegierte' Schichten gab, der Modernitätsrückstand des Schulwesens primär in einem erheblichen Defizit an – allerdings unterschiedlich interpretierter – 'Chancengleichheit' ", faßt HANS-HERMANN GROOTHOFF zusammen.[1100] "Während zunächst von einer Aktivierung der 'Begabungsreserven' – namentlich in den katholischen Regionen, den ländlichen Gebieten und bei den Mädchen – zu Zwekken weiteren technologischen Fortschritts und wirtschaftlichen Wachstums und damit statt von einer schichten-spezifischen von einer in der Industrialisierung begründeten Chancenungleichheit die Rede war, sollte es spätestens von der zweiten Hälfte der 60er Jahre an darum gehen, auch und insbesondere den 'Arbeiterkindern' den Weg zur Hochschule zu erleichtern, wie überhaupt durch organisatorische und didaktische Maßnahmen für mehr Chancengleichheit zu sorgen ..."[1101]

Dem entgegen stand die immer wieder kritisierte faktische "Ungleichheit der Bildungschancen" im bundesdeutschen Schulwesen. So schreibt z.B. HERMANN ROSEMANN: "Die Chance eines Arbeiterkindes, einen 'gehobenen' Beruf auszuüben, ist gegeben, aber nach wie vor gering. Kinder aus höheren Sozialschichten sind dagegen von ihren Eltern und auch von der Schule von vornherein für eine gehobene Laufbahn 'ausersehen'. Arbeiterkinder bleiben in der überwiegenden Mehrheit auf der Strecke. Sie bilden den schäbigen Rest der als Leistungsauslese getarnten Sozialauslese unserer Bildungseinrichtungen."[1102] Nach Meinung vieler Schulkritiker entscheiden immer noch "... vornehmlich sozialer Status und Wohnort der Eltern über das Recht auf Bildung."[1103] "Die hohe Rate der Schüler ohne Hauptschulabschluß, zu denen hauptsächlich Kinder der Unterschicht gehören, ist ein trauriges Dokument unserer Bildungsmisere", meint ROSEMANN.[1104]

Bei BEHR/JESKE findet sich die Kritik, die Schule privilegiere "die ohnehin schon Privilegierten"; sie lasse ihnen "für ihre Ausbildung ein Vielfaches der Geldmittel zukommen, die für die soziale Unterschicht bleiben".[1105] EVERETT REIMER bezeichnet Schulen gar als die "institutionellen Stützen der Privilegien" [sic] und entlarvt "Chancengleichheit" als "bloßen Mythos": "Die Schulen vereiteln die gleiche Verteilung der Bildungschancen."[1106] Deshalb befindet sich für REIMER die "Schule auf der Anklagebank".[1107]

Viele Schulkritiker dieser Zeit sahen in der *Gesamtschule* die angemessene Antwort auf den Ruf nach mehr Chancengleichheit im Bildungswesen. "Die Gesamtschule wurde in ihren überzeugenden Begründungsansätzen eines WOLFGANG KLAFKI oder HARTMUT VON HENTIG vor allem legitimiert mit Blick auf die Kinder aus bislang bildungsfernen Schichten unter Maßgabe der Chancengleichheit", schreibt ERNST CLOER.[1108] Und HANS-HERMANN GROOTHOFF merkt an, "daß die Einrichtung von Gesamtschulen unter bestimmten pädagogische Bedingungen, die allerdings nicht immer gegeben sind, den Bildungsbedürfnissen namentlich der Kinder unterprivilegierter Schichten entgegenkommt ..."[1109]

Obgleich die Beurteilung der Gesamtschule recht unterschiedlich ausfällt, finden doch viele Eltern, "daß dieser neue Schultyp ... zwar nicht das Optimum an Chancengleichheit, aber doch ein bißchen mehr gewährleistet, als das früher üblich war".[1110] Trotz aller Bedenken zog der Soziologe LUDWIG VON FRIEDEBURG, der als ehemaliger Hessischer Kultusminister ein zentraler Motor der Gesamtschulentwicklung war, positive Bilanz: "Aber wenn merklich mehr Kinder die Chance bekommen, weiterführende Schulabschlüsse zu erreichen, wenn merklich weniger Kinder die Schule ohne jeden Abschluß verlassen, wenn dies alles mit weniger Unlust und weniger Angst geschieht, ... mit merklich weniger Strapazen für das Elternhaus, dann sage ich, man kann überhaupt nicht davon lassen, diese Gesamtschule zu machen." [1111]

Es überrascht dennoch nicht, daß auch Gegner der Gesamtschulbewegung auf den Plan traten. So kam es – u.a. von seiten konservativer Schulkritiker – zu einer Welle der Kritik am "Ruf nach Chancengleichheit", deren theoretischer Gehalt sich mit BEHR/JESKE wie folgt zusammenfassen läßt: "Ständige Rufe nach Chancengleichheit überfordern die geistigen Möglichkeiten vieler Kinder ... Die Zunahme hoher Bildungsqualifikationen wird dem Arbeitsmarkt nicht gerecht und erzeugt so Angst, Streß und Überforderung."[1112] Die Gesamtschule biete in ihrer jetzigen Form keine Chancengleichheit, sondern sei nichts als eine "Illusion voller Kunstfehler und Trost", meint PETER STRUCK.[1113] Am Thema der "Chancengleichheit" scheiden sich bis heute die schulkritischen Geister.

4.2.2 Verteilung von Lebenschancen durch die Schule

Ein weiterer Vorwurf an die Schule, der eng mit dem der obengenannten "Chancenungleichheit" zusammenhängt, ist derjenige, daß die Schule – oft allzu früh und aufgrund fragwürdiger Kriterien – "Lebenschancen" verteile, welche die jungen Menschen in oft irreversible soziale Statuszuschreibungen und Bildungs- bzw. Berufsbiographien preßten. Dabei wird häufig auch das schulische "Berechtigungswesen" einer harschen Kritik unterzogen.[1114]

Bereits in den 50er Jahren bezeichnete der Soziologe HELMUT SCHELSKY die Schule als "soziale Dirigierungsstelle für Rang, Stellung und Lebenschancen des einzelnen in unserer Gesellschaft".[1115] Diesen Gedanken griffen – wenn auch in etwas anderer Akzentuierung – in den 70er Jahren EVERETT REIMER, IVAN ILLICH und HUBERT ETTL in durchaus schulkritischer Absicht auf: "Schule ist über die Vergabe von Zertifikaten zum Alleinverteiler von gesellschaftlichen Chancen und Rollen gemacht worden."[1116] "Das institutionelle Schulwesen mit seinen Prüfungen und Berechtigungsscheinen funktioniert als 'staatliche Sortiermaschine' für die Verteilung – oder den Entzug – von Privilegien, Karrieren, Arbeitsplätzen und Lebenschancen im weitesten Sinne", konstatiert INGRID DIETRICH.[1117]

Dadurch zwinge die Schule Schüler und Eltern schon früh zur Anpassung an das schulische Leistungs- und Beurteilungssystem. Je früher die Verteilung auf die weiterführenden Schulen erfolge, je weniger Entscheidungsbefugnis die Eltern bei der Schullaufbahnwahl besäßen und je undurchlässiger das Schulsystem in horizontaler Hinsicht sei, desto stärker sei der Druck, der auf dem einzelnen Kind laste. Denn welche Eltern wollen schon nicht die bestmöglichen Startchancen, den besten sozialen Status für ihr Kind erreichen?

"Fest steht: Zahlreiche Erwartungen und Hoffnungen der Eltern in bezug auf den schulischen Werdegang ihrer Kinder werden ... enttäuscht ... Und die betroffenen Kinder werden diese Enttäuschungen mittragen müssen. Denn sie werden schon früh auf das hochgesteckte Ziel der Eltern vorbereitet, mit Nachhilfe, Sonderkursen, verschärfter Leistungskontrolle und Aufsicht hochgetrimmt, um die – möglicherweise selbst verfehlten – Status-Wünsche zumindest im Kind verwirklicht zu sehen", führt ROSEMANN aus.[1118] "Unser Kind soll es einmal besser haben" – dieser Wunsch sei immer noch die Triebfeder vieler Eltern schulpflichtiger Kinder.[1119] "Welch ein Schock muß es sein – für Eltern und Kinder –, wenn dann der negative Bescheid ins Haus flattert, wenn alle Vorbereitungen, Mühen und Kosten 'umsonst' waren. Für manche bricht dann die Welt zusammen."[1120]

HORST SPEICHERT zieht eine ähnliche Bilanz: "Wo die Eltern – selten genug – Kritik an der Schule artikulieren, so bezieht sich diese oft auf den Leistungsstand der Klasse, in der sie Kinder haben ('Die Parallelklasse ist im Rechenbuch aber schon fünf Seiten weiter. Wie soll mein Kind denn die Aufnahmeprüfung für das Gymnasium bestehen?'). Die Eltern nehmen die Schule in erster Linie als Zuteiler sozialer Chancen wahr."[1121]

4.3 Problemfeld *Sprachbarrieren/Verhaltensstandards*

4.3.1 Mittelschichtorientierter Sprach-, Denk- und Verhaltensstil

Im Kontext der soziologischen Schulkritik wurde v.a. in den 70er Jahren das Problem der schichtspezifischen "Sprachbarrieren" vielfach thematisiert. MARTIN BERG/ NIELS J. SEWIG beschreiben dieses Phänomen so: "Arbeiterkinder haben auf den Bildungsinstitutionen der Bundesrepublik einen geringen [sic] Schulerfolg gegenüber Kindern aus der Mittelschicht, weil sie infolge ihrer sozialen Herkunft 'sprachlich benachteiligt' sind ... Sie verstehen nicht die differenzierten Wertungen in der Sprechweise des Lehrers (der aus der Mittelschicht kommt) auf sich selbst als Individuum zu beziehen oder gar solche Sprache selbst zu gebrauchen."[1122] Mit ihrer "Unterschichtensprache", die lediglich einen "restringierten Code" umfaßt, können sie i.d.R. keinen Leistungserfolg in unseren mittelschichtorientierten Schulen erringen. Denn diese orientieren sich am "elaborierten Sprachcode", der "differenzierten Sprache der Bildungsbürger, die zur klassischen Sprache deutscher Kultur wurde".[1123]

Die Sprache der Arbeiterschicht jedoch "... ist konkret, sie hängt drastisch am Einzelfall, sie kann – wie man so sagt – nicht 'abstrahieren'. Arbeiterkinder sind also nicht dumm, unintelligent oder unbegabt, wie bisher irrtümlich angenommen wurde, sie können sich nur nicht ausdrücken."[1124] Unterstützung bekam diese schulkritische Argumentation von seiten der Soziolinguistik; erwähnt seien hier nur die von BERNSTEIN, OEVERMANN, ROEDER u.a. entwickelten "analytischen Verfahren, Sprachbarrieren zu erkennen, zu beschreiben und ihre Herkunft zu ermitteln".[1125]

Zahlreiche Schulkritiker werfen der Schule vor, daß sie dieser sprachlichen Chancenungleichheit keinerlei Rechnung trage, sondern Sprache geradezu gezielt als "selektierendes Herrschaftsmittel" einsetze.[1126] Dies gilt ebenso für mittelschichtspezifische Denkstile und Verhaltensstandards, die in der Schule oft unreflektiert abgefordert oder vorausgesetzt werden, obwohl sie Kindern aus bildungsfernen Milieus meist gänzlich fremd sind.

Selbst die Grundschule – als gemeinsame Schule aller sozialen Bevölkerungsschichten – trägt dieser Problematik zu wenig Rechnung. Dies konstatieren auch BEHR/JESKE in ihrer schulkritischen Bestandsaufnahme: "Auch die Grundschule erweist sich entgegen ihrem offiziellen gesellschaftlichen Auftrag dort als Klassenschule, wo ihre Vermittlungsformen und Anforderungen denjenigen Kindern am wenigsten schaden, die hier ihren mittelschichtbezogenen Sprach- und Denkcode wiederfinden."[1127]

4.3.2 Fehlen kompensatorischer Bildungsangebote

Im Zuge der o.g. Kritik an der durch schichtspezifische "Sprachbarrieren" bedingten Chancenungleichheit wurde in den 70er Jahren das Fehlen kompensatorischer Lern- und Erziehungsangebote im öffentlichen Bildungswesen heftig angeprangert. "Solche Sprachbarrieren müssen abgeschafft werden", lautete die Parole.[1128] "Am wirkungsvollsten ist es, die Arbeiterkinder (denn für die Eltern ist es im Schulsystem der BRD zu spät) durch Sprachtraining so zu fördern, daß sie künftig auch sprechen, hören und schreiben können, wie man an weiterführenden Schulen spricht, schreibt und zu hören hat."[1129] Dabei sollte gleichzeitig darauf geachtet werden, daß diese Kinder nicht "... durch einen 'Milieubruch' ihrer Schicht und ihren Eltern – die immer noch wie Arbeiter sprechen – entfremdet werden. Sonst könnten diese Eltern ihre Kinder nur noch ernähren, aber nicht mehr mit ihnen verständlich sprechen und sie erziehen", schreiben BERG/SEWIG.[1130]

Auch JÜRGEN HABERMAS, führender Kopf der *Frankfurter Schule*, unterstrich seinerzeit die Notwendigkeit, "kompensatorische Lernprozesse" anzulegen, um sozialisationsbedingte Defizite auszugleichen.[1131] Ähnliches forderte auch KLAUS MOLLENHAUER in seiner bekannten Studie über "Schulerfolg und Sozialisation".[1132] "Beide Male geht es um die Beseitigung der durch den vorschulischen Sozialisationsprozeß (Sprachbarrieren!) errichteten Hindernisse des Schulerfolgs ..."[1133]

Im Kontext dieser Schulkritik wurde einerseits die Institutionalisierung kompensatorischer Früherziehung durch Schulkindergärten bzw. Vorschulen gefordert; andere Kritiker des bestehenden Schulsystems sahen in der Errichtung von Gesamtschulen die beste Möglichkeit, kompensatorisch zu wirken. "Es sollen also an Gesamtschulen Sprachbarrieren abgebaut werden", heißt es bei BERG/ SEWIG.[1134] Die Gesamtschule als "... eine im besten Sinne fortschrittliche Bildungsstätte, die allen gleiche Chancen bietet und doch jeden nach seinen Lernfähigkeiten fördert", ist nach Meinung vieler Schulkritiker die einzige Alternative zum bestehenden mehrgliedrigen Schulsystem, wenn man es mit der kompensatorischen Bildung wirklich ernst meint.[1135]

Es wurden allerdings auch Zweifel laut, ob und in welchem Maße kompensatorisches Lernen überhaupt möglich und sinnvoll sei. So schreibt z.B. FRIEDRICH MINSSEN: "Die schichtenspezifischen Sprachbarrieren, die, etwa in Gestalt einer hemmenden 'repressiven' oder in ihrem Wortschatz eingeengten frühkindlichen Erziehung errichtet, die spätere intellektuelle Aufnahme- und Leistungsfähigkeit von Kindern und Jugendlichen erheblich beeinträchtigen, sind im Schulalter nur mehr unter größten Schwierigkeiten abzubauen."[1136] Andere Autoren sehen in kompensatorischen Modellen lediglich eine Verschleierung sozialer Ungerechtigkeiten und eine Hemmung wirklich gesellschaftsverändernden Potentials: "Kompensatorische Spracherziehung will auf scheinbar demokratische Weise einen Mangel karitativ beheben, der undemokratisch entstanden ist, als nämlich sozial benachteiligte Schichten so sehr benachteiligt wurden, daß ihre Bewohner in der ... Unterdrückung die Sprache verlernten ... Die Selbstkastration einer die Kritik kastrierenden Wissenschaft wird in der Schule fortgesetzt, der status quo wird damit garantiert; keine Emanzipation der Sprache, kein Umschlag von Kritik in Kulturrevolution, sondern Vergeudung kritischer Potenz in formaler Sprachbetrachtung ..."[1137] Bei dieser Art von Argumentation wird die Nähe von soziologischer Sichtweise und gesellschaftspolitischer Schulkritik deutlich.

4.4 Problemfeld *Dreigliedriges Schulsystem*

4.4.1 Selektion statt Förderung

Im Zusammenhang mit dem Ruf nach mehr Chancengleichheit im Bildungswesen ist vielfach das "dreigliedrige Schulsystem" mit seiner rigiden Leistungsauslese und mangelnden horizontalen Durchlässigkeit Zielscheibe der Kritik geworden. Auch Elternverbände forderten immer wieder "weniger scharfe Selektion" und "mehr individuelle Förderung" sog. leistungsschwacher Schüler. Bereits in den 70er Jahren lautete einer der zentralen Kritikpunkte der bundesweiten Schulelterngremien: "Die Schule fördert den einzelnen nicht genügend."[1138]

In diesem Kontext wurde und wird v.a. das "Übergangsverfahren" an die weiterführenden Schulen immer wieder heftiger Kritik unterzogen – vor allem dann, wenn die Eltern, wie z.B. in Baden-Württemberg, im Grunde keine freie Schulwahlmöglichkeit haben, sondern an die sog. "Grundschulempfehlungen" der Schule gebunden sind. Eine derart frühe Selektion erscheint vielen Kritikern des dreigliedrigen Schulsystems als höchst problematisch, denn sie impliziert, "... daß nach dem 4. Schuljahr, wenn einer ein Spätzünder ist, für ihn eigentlich alles schon gelaufen ist."[1139] Auch HERBERT HABERL übt Kritik an der "inhumanen Selektion" durch die Organisationsformen der Schule.[1140]

Bei PETER STRUCK liest man, "das dreigliedrige Schulsystem" sei "deshalb in Frage zu stellen", weil es "Schüler durch das Hineinstellen in ein bestimmtes Leistungsniveau stigmatisiere". [1141] "Die drei wesentlichen Abschlußniveaus unseres Schulsystems mit der Rangordnung von Abitur, Real- und Hauptschulabschluß sind nicht mehr zeitgemäß. Sie verleiten zu der Annahme, ... daß man alle Schüler je nach Begabungsstruktur in drei Töpfe sortieren könne", was nach STRUCK aufgrund der Ergebnisse der neueren Begabungsforschung jedoch nicht mehr haltbar sei.[1142]

Ähnlich äußert sich ROSEMANN über die "Sortiermaschine Schule". Er faßt seine Kritik in vier Punkten zusammen:

- "Schule dient vor allem den Kindern, die schnell lernen, die schon von zu Hause aus alle ordentlichen erzieherischen Vorteile genießen."
- "Alle entscheidenden Etappen des Bildungsweges sind Stellen der Auslese der 'Besten', der 'Erfolgreichen', der Trennung der Schwachen von den Starken."
- "Jede Bildungsstufe treibt die Unterschiede von angeeignetem Wissen und Können weiter auseinander, macht Demokratie weniger möglich."
- "Schule verfährt noch immer weitgehend nach dem Standesprinzip und schafft es daher nicht, vorhandene Begabungen benachteiligter Kinder ausreichend zu erkennen und der Gesellschaft dienstbar zu machen – eine Verschwendung unvorstellbaren Ausmaßes."[1143]

An anderer Stelle schreibt ROSEMANN – exemplarisch für viele andere Schulkritiker: "Der Auftrag der Schule besteht darin, den Kindern zu helfen, sie in ihrem Lernen zu fördern; die Fähigkeiten der Kinder, ihre Lebensprobleme zu bewältigen, zu steigern. Ziele, die für eine auserlesene Gruppe von Kindern Wirklichkeit sind, für das untere Leistungsdrittel jedoch blanker Hohn. Dieses Drittel erhält nicht nur unzulängliche Förderung, es bekommt außerdem von der Schule ständig vorgehalten, wie miserabel es für den Überlebenskampf in unserer Leistungsgesellschaft ausgerüstet sei. Das entscheidende Lernprodukt dieser Kinder in unserer Schule ist das eingepflanzte Bewußtsein ihrer Unterlegenheit, ihrer Hilflosigkeit. Die Schule zeigt es ihnen: wie 'dumm' sie sind, wie wenig sie von dem 'kapieren', was unsere Gesellschaft aufrechterhält."[1144]

Daß dieses "untere Leistungsdrittel", das im dreigliedrigen Schulsystem – meist unfreiwillig – die "Hauptschule" besucht, in sozialer und auch in beruflicher Hinsicht nicht gerade zu den Privilegierten in unserer Gesellschaft gehört, ist längst ins allgemeine Bewußtsein gedrungen. Wie sonst läßt sich der "dramatische Abwärtstrend bei Anmeldezahlen", die "sinkenden Übergangsquoten" und der immer schlechtere Ruf dieser Schulart erklären?[1145] Von einer "Hauptschulkrise" ist die Rede, von der "Restschule" und ihrem "Ausbluten" – "... allenthalben breitet sich das Siechtum der Hauptschulen aus".[1146] So kommt z.B. ein Gutachten der JOHANNES-LÖCHNER-STIFTUNG zur Schulentwicklung in Baden-Württemberg zu dem Schluß, daß die Hauptschule "in ihrer Tragfähigkeit und daher in ihrem Bestand gefährdet" ist.[1147] "Mit der Hauptschule geht es bergab, und wie es den Anschein hat, sogar mit zunehmender Geschwindigkeit", schreibt ERNST RÖSNER in seinem Buch "Abschied von der Hauptschule".[1148] Er schildert die soziale "Ausgrenzung der Hauptschulabsolventen" in kritischen Tönen und kommt zu folgendem Resultat: "Wer unter der 'Hauptschule' jene Institution versteht, die diese Schulform ihrem Konzept nach einmal sein sollte ..., ist gehalten, von einer Fiktion Abschied zu nehmen. Diese Schule gab es nie, wird es wohl auch nie geben."[1149] RÖSNERs Fazit: "Der Verfall der Hauptschule läßt sich allenfalls dadurch verlangsamen, daß Eltern die freie Schulwahlentscheidung vorenthalten wird; aufzuhalten ist er nicht mehr."[1150]

Schließlich seien noch "diejenigen Jugendlichen" erwähnt, "die im gnadenlosen Leistungs- und Anpassungswettbewerb unserer Schulen nicht mithalten können", wie INGRID DIETRICH einmal formulierte.[1151] Allen Lobreden der Bildungspolitiker zum Trotz: "Die Anzahl dieser Jugendlichen, die ihr Leben lang 'unterhalb der Mindestanforderungen an Qualifikation, Arbeitsfähigkeit und Lebensorganisation' bleiben werden, wächst ständig an ..."[1152] Dies aber zieht krisenhafte Folgeentwicklungen nach sich: "Die kurzschlüssige Freude der Erfolgreichen, die sich auf dem Schüttelrost der langjährigen Konkurrenz oben gehalten haben, kann ... auf lange Sicht nicht darüber hinwegtäuschen, daß in den Besiegten und von vornherein Unterlegenen ein Krisenpotential heranwächst, das – einmal zur Explosion gebracht – alle teuer erkauften Privilegien und Erfolge der anderen zunichte machen kann."[1153]

4.4.2 Aussonderung statt Integration

Im Zusammenhang mit der Kritik an der schulischen "Aussonderung" und dem Ruf nach mehr "Integration" sei an dieser Stelle noch die Problematik des oft übergangenen vierten Gliedes unseres Schulsystems, der sog. "Förder-" bzw. "Sonderschulen", erwähnt.

Bereits in den 70er Jahren hat der Deutsche Bildungsrat nachdrücklich auf die Gefahren der schulischen Separierung behinderter Kinder hingewiesen und gefordert, diesen Kindern die notwendige Förderung "unter möglichst geringer intellektueller Aussonderung" anzubieten.[1154]

Auch Eltern und Erziehungswissenschaftler wenden sich z.T. vehement gegen die "automatische Selektion" von Kindern mit Behinderungen aus dem Regelschulbereich – und befürworten eine stärkere "Integration" von "behinderten" und "nichtbehinderten" Kindern.[1155] Insbesondere die von ULF PREUSS-LAUSITZ vertretenen Konzepte zur "integrativen Förderung" behinderter Kinder "in der Regelschule" haben weite Verbreitung gefunden und sind in der Praxis nicht wirkungslos geblieben, was eine Reihe von Modellversuchen in einigen Bundesländern zeigt.[1156]

So fordert z.B. die Baden-Württembergische Arbeitsgemeinschaft "Eltern gegen Aussonderung von Kindern mit Behinderungen" eine "Schule ohne Aussonderung": "Das heißt: daß den Eltern das Wahlrecht einzuräumen ist, ob ihr Kind mit Behinderung in der wohnortnahen allgemeinen Schule oder in einer Sonderschule die ihm zustehende Erziehung und Ausbildung erfahren kann ... Die personellen und sächlichen Ressourcen, die für Kinder mit speziellem Förderbedarf bereitgestellt werden, ... müssen dem Kind an dem von den Eltern gewählten Schultyp gewährt werden."[1157]

Es ist unüberhörbar, daß das Thema *Schulwahlfreiheit* im Kontext der Kritik am mehrgliedrigen Schulsystem immer wieder anklingt.

4.4.3 Reproduktion der "Drei-Klassen-Gesellschaft"

Ein weiterer vielfach diskutierter Aspekt ist die "Kritik an der Funktion des dreigliedrigen Schulsystems, durch das der Drei-Klassen-Staat permanent reproduziert wird".[1158] Die starre Dreigliederung des Schulsystems trage zur Stabilisierung der mit unterschiedlichen Privilegien ausgestatteten "Sozialschichten" bei und erhalte die "Standesschranken", anstatt sie im Zuge einer zunehmenden Demokratisierung der Gesellschaft abzubauen. "Manche kommen schon erster Klasse zur Welt", stellt ROSEMANN zynisch fest, und beschreibt die ungeheuren Schwierigkeiten eines Kindes aus der Arbeiterschicht bei dem Versuch, in eine "höhere Klasse" innerhalb des dreigliedrigen Bildungssystems zu wechseln.[1159]

Bereits im 19. Jahrhundert wurde diese Kritik durch KARL LIEBKNECHT, EDUARD SACK und später auch durch OTTO RÜHLE geäußert, die darauf hinwiesen, "daß Wissen und Bildung in der gegenwärtigen Klassengesellschaft ungerecht verteilt sind und die Schule als öffentliche Einrichtung der Aufrechterhaltung dieser Ungleichheit dient".[1160] HANS JÜRGEN APEL merkt dazu an: "Die neue Qualität der Schulkritik ist damit deutlich. Schule ist das Mittel des Klassenstaates, um seine Herrschaft zu legitimieren und abzusichern."[1161]

Nach der Meinung zahlreicher Kritiker des dreigliedrigen Schulsystems gibt und gab es immer schon soziale Gruppierungen, die ein dezidiertes Interesse daran hatten, den gesellschaftlichen Status quo via Schulsystem aufrechtzuerhalten. So stellt z.B. VON FRIEDEBURG fest: "... und das zieht sich durch die gesamte Bildungsgeschichte, die Angst der oberen Stände, daß die Kinder der unteren zuviel lernen und dadurch auf dumme Gedanken kommen und dann, wie alle preußischen Könige gesagt haben, in die Stadt ziehen und Ansprüche stellen."[1162] Dies sei auch der Grund dafür, "... daß Elternvereine in den zwanziger Jahren ... mit eben den gleichen Argumenten gegen die gemeinsame Grundschule zu Felde gezogen sind, weil sie die eigenen Kinder getrennt von den anderen, den, wie es damals hieß, dreckigen, stinkenden Arbeiterkindern auf die dreijährige Vorschule schicken wollten, die es in großen Teilen Deutschlands seit dem Kaiserreich gab."[1163]

So ist es auch im Kontext der Gesamtschulbewegung nicht erstaunlich, "daß sich viele Eltern reserviert zeigten gegenüber einer Reform, die den Eindruck erweckte, Unterschiede in der Gesellschaft einebnen zu wollen".[1164] "Das ist sozusagen stellvertretend von oben geführter Klassenkampf auf einem ganz anderen Gebiet. Schule ist das Kampfthema unserer Gesellschaft", stellt VON FRIEDEBURG fest.[1165]

Daß freilich auch die Gesamtschule in ihrer heutigen Gestalt soziale Ungleichheiten perpetuiert, wurde vielfach kritisiert. "Die Kinder werden frühzeitig nach Leistung sortiert, die Lehrer und Eltern orientieren sich an dem, was das Gymnasium um die Ecke macht, und so anspruchsvolle pädagogische Zielsetzungen wie das soziale Lernen und partnerschaftliche Erziehung bleiben auf der Strecke."[1166] Die Einteilung in Leistungskurse "... hat dazu geführt, daß das Bildungsprivileg der höheren Schichten, das eigentlich überwunden werden sollte, weitgehend erhalten bleibt. Die Gesamtschule mit ihrem strengen Kurssystem verschärft Auslese und Konkurrenz, vernachlässigt die Förderung. Gedacht war's mal umgekehrt."[1167]

Bereits die nach dem ersten Weltkrieg sich formierende "Einheitsschulbewegung", die eine gemeinsame Schule für alle Bevölkerungsschichten "ohne soziale und konfessionelle Trennungen" anstrebte, übte an der alten "Ständeschule" heftige Kritik.[1168] Schon damals stand der "soziale Zweck, die Kinder aller Bevölkerungskreise so lange wie möglich zu vereinigen, um auf diese Weise die sozialen Gegensätze zu mildern", im Vordergrund der Begründungsmotive für die Errichtung einer "Gleichheitsschule".[1169] Die "Trennung der Kinder aus ökonomischen und sozialen Gründen" wurde als "Verletzung des Rechts- und Kulturstaates" bezeichnet.[1170] Ziel sollte vielmehr der "Aufstieg der Begabten" aus "wirtschaftlich ungünstig gestellten Kreisen" sein.[1171]

RUDOLF STEINER war im deutschsprachigen Raum der erste, der mit seiner "Waldorfschule" in Stuttgart 1919 eine durchgängig "einheitliche Volks- und Höhere Schule" gründete.[1172] Gleichsam flächendeckend wurde dieser Ansatz nach dem Grundschulgesetz von 1920 mit der – allerdings nur vierjährigen – obligatorischen gemeinsamen "Grundschule" verwirklicht.

In den 70er Jahren propagierte z.B. die "Initiativgruppe Solingen" eine "Schule ohne Klassenschranken".[1173] Der Plan dieses Schulprojekts hatte sich u.a. zum Ziel gesetzt, "das Bildungsprivileg des Bürgertums aufzuheben und Arbeiterkinder zur Selbstbestimmung und zur solidarischen Wahrung ihrer Interessen" zu erziehen.[1174]

Die Kritik an der "Klassen-" oder "Ständeschule" ist also nicht neu; sie taucht in vielen Facetten in den verschiedenen Epochen der Schulgeschichte immer wieder auf.

4.2. 5. POLITISCHE ASPEKTE DER SCHULKRITIK

5.1 Problemfeld *Systemzwangkritik*

5.1.1 Systemzwang statt Selbstbestimmung

Die Tatsache, daß die Schule in der modernen Industriegesellschaft keineswegs im "politikfreien" Raum agiert, sondern eine in hohem Maße durch das politische System geprägte Größe ist, bietet Schulkritikern aller Couleur ein breites Feld schulkritischer Betätigung.

Eine Ausprägung der die Schule qua politische Instanz betreffenden Kritik bezieht sich auf das Übermaß an "Zwang", der, vom gesellschaftlichen System ausgehend, die Schule und alle in ihr handelnden Individuen lähmt – und an ihrer "Selbstbestimmung" hindert. Auf die Gefahren dieses auf der Schule lastenden

"Systemzwangs" hat wohl niemand so nachhaltig hingewiesen wie HARTMUT VON HENTIG.[1175]

VON HENTIG stellt zunächst fest, daß die heutige Gesellschaft das Risiko berge, durch ihren scheinbar "unentrinnbaren Systemcharakter" alles und jeden vollkommen zu "determinieren".[1176] "Unbewußter oder verschleierter *Systemzwang* – darunter sind eine Reihe von Erscheinungen zusammengefaßt, die in unserer Gesellschaft zur Krise treiben."[1177] Nun sei "das Verhältnis von Schule und Gesellschaft ... durch den besonderen Charakter der Industriegesellschaft in einem Maße verändert worden, daß bloße 'Adjustierungen' nicht ausreichen, um die Schule wieder funktionsfähig und die Entwicklung der Gesellschaft wieder verständlich und kontrollierbar zu machen".[1178] "Die Industriegesellschaft braucht – ihrem eigenen Sachgesetz zufolge – ein hohes Maß an Mitbestimmung, die nur aufgrund von *Selbstbestimmung* geleistet werden kann."[1179] Diese "Selbstbestimmung" zu ermöglichen war nach VON HENTIG schon immer "Aufgabe der Schulen. Aber die Notwendigkeit solcher Selbstbestimmung hat zugleich objektiv zugenommen und wird subjektiv weniger erfahren. Das liegt daran, daß die Selbstbestimmung nicht gegenüber einer einzigen Beschränkung oder Unterwerfung gewonnen werden muß, sondern gegenüber dem System selbst, in dem wir leben."[1180]

Da die traditionelle Schule diesen Anforderungen nach VON HENTIGs Auffassung nicht gerecht wird, unterzieht er sie einer grundlegenden Kritik: "Die Enge und Einseitigkeit der *bisherigen Schulformen* ... bieten für die Aufgabe: die Selbstdefinition zu ermöglichen, keinen hinreichenden Anlaß, keinen Spielraum und keine didaktischen Konzepte."[1181] Er fordert deshalb u.a., den *Druck der Gesellschaft* zu Konformität, zu Erfüllung von abgeleiteten und ungeprüften Leistungsnormen, zu unverstandenem und trügerischem 'Aufstieg' " wenigstens in *den* Jahren von den Kindern und Jugendlichen zu nehmen, "in denen der Selbstbehauptungswille das Kritikvermögen und die schöpferische Spontaneität sich erst entfalten und jedenfalls nicht ohne systematische Hilfe gedeihen".[1182]

Die Schule als "Modell der Gesellschaft, in der die kommenden Generationen leben werden", müsse es möglich machen, "... *an* der Schule zu lernen, was Gesellschaft ist (statt wie man es bisher versucht hat: *in* der Schule)."[1183]

"Damit wird aus der politischen Lage der Pädagogik ein pädagogischer Auftrag zur Politik."[1184] Nach VON HENTIG kann "... auf diese Weise die Politik in ihrem ganzen Umfang ständig in den Unterricht einbezogen werden."[1185] Im Gegensatz zur apolitisch verstandenen "alten Schule" betont VON HENTIG den "politischen Auftrag der neuen Schule ..., der sich aus dem Charakter der Schule als gesellschaftlichem und politischem Organismus verstehen läßt" – und der letztlich auf "Selbstbestimmung" des Individuums und damit zugleich auf Veränderung der Gesellschaft zielt.[1186]

Ähnliches galt bereits für diejenige "neue Schule", für welche die Reformpädagogen der Jahrhundertwende kämpften: "So sollten dort abgesondert von den Zwängen der modernen Industriegesellschaft kreative und individuelle Persönlichkeiten heranwachsen, die dann nachschulisch zur Verbesserung ihrer sozialen Wirklichkeit beitragen könnten."[1187] Nach KEMPER konzentrierte sich die Reformpädagogik mit Nachdruck darauf, "als 'Anwalt des Kindes' das Recht des einzelnen auf die freie Entfaltung seiner individuellen Fähigkeiten und Kräfte gegenüber den Zwängen der industriellen Arbeitsgesellschaft zu retten".[1188]

Doch auch die Neugründungen von "Alternativschulen" in der Bundesrepublik der 70er Jahre begnügen sich nicht damit, "die staatliche Regelschule zu kritisieren und pädagogische Alternativen zu entwickeln; sie wenden sich vielmehr vor allem kritisch gegen die Selbstentfremdung des Menschen unter den sozial abstrakten Lebensbedingungen der spätbürgerlich-industriellen Arbeitsgesellschaft."[1189]

Es bleibt mit KEMPER festzuhalten: Nicht wenige Schulkritiker "... begreifen die Suche nach schulischen Alternativen zur staatlichen Bildungspolitik als Teil einer umfassenden politischen Protestbewegung. Unter Berufung auf die Bürgerrechte wird hier gegen die traditionellen Politikziele und -formen der etablierten Parteien Front gemacht ... Solche 'Alternativler' betonen in ausdrücklicher Absetzung von den 'Aussteigern' aus der Politik die gesellschaftspolitische Vorreiterfunktion alternativer Schulprojekte."[1190]

Abschließend sei noch angemerkt, daß es stets ein zentrales Motiv für Alternativschulgründungen war, dem *Systemzwang* zu entrinnen – und nicht nur Schulen autonom zu gestalten, sondern damit auch die gesamtgesellschaftliche *Selbstbestimmung* voranzutreiben.

5.1.2 Fehlende Emanzipation, Partizipation und Demokratisierung

Ein weiterer Strang politischer Schulkritik läßt sich unter den Begriffen "Emanzipation", "Partizipation" und "Demokratisierung" subsumieren, deren Mangel bzw. Fehlen im Bereich der Schule mit jeweils unterschiedlichen Akzentuierungen kritisiert wird.

Der Begriff "Emanzipation", der seine neuzeitliche Bedeutung im Zuge der europäischen Aufklärung und der politischen Befreiungsbewegungen des 19. Jahrhunderts erhielt, wurde in Anknüpfung an die kritische Theorie von MAX HORKHEIMER und THEODOR W. ADORNO durch JÜRGEN HABERMAS in die Pädagogik eingeführt.[1191] "Seit den akademischen Unruhen der zweiten Hälfte der 60er Jahre ist der Begriff ... in seinen vielfältig schillernden Bedeutungsnuancen zum Symbol für Fortschrittsbewegungen aller Art geworden" – und damit zum Fanal zahlreicher schulkritischer Strömungen.[1192]

"Emanzipatorische Pädagogik" hatte den Abbau von Benachteiligungen, die Überwindung von Abhängigkeiten und die Befreiung von gesellschaftlichen Zwängen auf ihre Fahnen geschrieben. Erziehung, Unterricht und pädagogische Theorie unter dem "Anspruch der Emanzipation" sollten die Heranwachsenden "aus Bedingungen, die ihre Rationalität und das mit ihr verbundene gesellschaftliche Handeln beschränken", befreien.[1193] Dies sollte ebenso für alle anderen am Schulleben beteiligten Gruppen, also vor allem für Eltern und Lehrer, gelten. "Emanzipatorische Pädagogik" sollte zur Befreiung aller Subjekte "aus der Abhängigkeit von hypostasierten Gewalten" führen, wie HABERMAS einmal formulierte.[1194] "Ihre Kritik ist Verneinung konstatierter Unfreiheit", schreibt KLAUS MOLLENHAUER.[1195]

In engem Konnex mit der Emanzipationsforderung steht das Postulat nach mehr "Partizipation" bzw. "Mitwirkung" im Schulwesen. Dieser Ruf nach mehr "Beteiligungsrechten" für Schüler, Eltern und Lehrer ist nicht neu; die Auseinandersetzungen um mehr "Partizipation" in der Schule sind nach FRIEDRICH ROST "Teil der Geschichte des deutschen Schulwesens".[1196] So schufen bereits KERSCHENSTEINER, FOERSTER, LIETZ und WYNEKEN erste Ansätze einer "Schülerselbstverwaltung" als Teil der staatsbürgerlichen Erziehung.[1197] "Diese Ansätze haben zwar in der Zeit von 1900 bis 1933 im öffentlichen Schulwesen kaum Bedeutung erlangt, sie wurden aber nach 1945 als Modelle der Schülermitverwaltung wieder aufgegriffen."[1198] Während die Mitbestimmungsrechte der Lehrer lange Zeit sehr beschränkt blieben, wurde die Mitwirkung der Eltern bereits während der Weimarer Republik weitgehend durch rechtliche Bestimmungen geregelt.[1199]

Nach 1945 schrieben die einzelnen Bundesländer die Mitwirkungsrechte der Lehrer, Schüler und Eltern in landeseigenen Gesetzen und Verordnungen fest. Diese Partizipationsrechte gingen jedoch etlichen Schulkritikern nicht weit genug. "Im Rahmen der gesamtgesellschaftlichen Diskussion, die ab 1966 von der Studentenbewegung und der außerparlamentarischen Opposition ausgelöst wurde, wurden auch die Mitwirkungsmöglichkeiten und Herrschaftsstrukturen im Bildungsbereich kritisiert."[1200] Die im Rahmen des Deutschen Bildungsrates seit 1971 geführte Diskussion über "verstärkte Selbständigkeit der Schule und Partizipation der Lehrer, Schüler und Eltern" beeinflußte die Schulverfassungs- bzw. Schulmitwirkungsgesetze der Länder.[1201] Mit der in den 80er und 90er Jahren verstärkt geführten Debatte um "Schulautonomie" hat der Ruf nach mehr "Partizipation" – vor allem auch für Lehrer und Eltern – neue Akzente bekommen.

Schließlich wird bis heute die mangelnde "Demokratisierung" unseres Schulwesens immer wieder kritisiert. PETER VOGEL faßt diese Kritik pointiert zusammen: "Die Forderung nach Demokratisierung des Bildungswesens ... geht aus von der Kritik an einem doppelten Widerspruch zwischen Schulverfassung und

Gesellschaft: Obwohl das öffentliche Bildungswesen die Institution einer demokratischen Gesellschaft ist, ist es, nach autoritären, vordemokratischen Prinzipien organisiert, ein demokratiefreier Raum innerhalb der Demokratie. Paradoxerweise soll das so strukturierte Bildungswesen zugleich die nachwachsende Generation für das Leben in einer demokratischen Gesellschaft qualifizieren; damit gerät sein institutioneller Rahmen in einen Widerspruch zu seinen Bildungszielen, wobei die Gefahr besteht, daß die undemokratischen Rahmenbedingungen des Lebens in der Schule die politische Bildungsarbeit korrumpieren."[1202]

Dies hängt nicht zuletzt mit der vielfach problematisierten Rechtsform der "öffentlichen Anstalt" zusammen, der die Binnenstruktur der Schule entspricht: "Die Kompetenzen sind streng hierarchisch verteilt, Kommunikation und Kontrolle verlaufen vertikal, die Anordnungen der Schulbehörde werden von oben nach unten durchgesetzt ..."[1203] "Die bürokratisch-autoritäre Binnenstruktur der Schule steht im Widerspruch zu ihren Bildungszielen"; demokratische Ideale stellen – auch und gerade im Erleben der Schüler – einen "krassen Gegensatz zu den Erfahrungen des Alltagslebens in der Schule" dar.[1204]

"Die Forderung nach Demokratisierung des Bildungswesens, wie sie besonders entschieden nach 1968 in der Schüler- und Studentenbewegung, aber auch von Pädagogen, Juristen, Eltern und Lehrerverbänden vorgebracht wurde", führte zwar zu gewissen demokratischen Reformen; doch sind die Stimmen der Kritiker bis heute nicht verstummt: "Obwohl in allen Gesetzen ausdrücklich die Mitbestimmungsrechte von Lehrern, Schülern und Eltern garantiert und in formaldemokratischen Verfahren institutionalisiert sind, kann im Ergebnis von einer substantiellen Demokratisierung nicht die Rede sein."[1205]

5.2 Problemfeld *Kapitalismuskritik*

5.2.1 Schule als "Apparatur bürgerlich-kapitalistischer Erziehung"

Als ein weiterer, nach STEFAN BLANKERTZ "... allerdings nur mittelbar 'schulkritisch' ... zu bezeichnender Kritiktypus" kann "Kapitalismusanalyse" bzw. "Kapitalismuskritik" gelten.[1206] Einige Schulkritiker betrachten die bestehende Schule als Inbegriff des "kapitalistischen Systems" – und unterziehen sie deshalb einer radikalen Kritik.[1207] Sie sehen die Schule "... nicht als selbständigen, sondern als relativ abhängigen Faktor in der gesellschaftlich-ökonomischen Entwicklung."[1208] Dabei lautet eine Hauptthese, "Schulen, egal welche Form sie hätten und ob sie öffentlich oder privat getragen würden, könnten unter kapitalistischen Rahmenbedingungen wenig bewirken", führt BLANKERTZ aus.[1209]

Diese – letztlich auf der Gesellschaftstheorie von KARL MARX und FRIEDRICH ENGELS basierende – Form politischer Schulkritik wurde unter dezidiert neomarxistischem Anspruch in der Bundesrepublik der 70er Jahre vor allem von FRIEDHELM NYSSEN, HANS-JOCHEN GAMM und später auch von HUBERT ETTL vertreten.[1210]

NYSSEN versteht die gesamte Schule als "System und Apparatur bürgerlich-kapitalistischer Erziehung", die als solche vom marxistischen Standpunkt aus abzulehnen ist.[1211] Denn "die ganze im Kapitalismus betriebene Schulkritik hat keinen anderen Sinn, als dieses System zu perfektionieren", das jedoch nach marxistischer Auffassung im historischen Prozeß des "dialektischen Materialismus" überwunden werden muß.[1212] Nach NYSSEN besteht ein derart enger Zusammenhang zwischen Schule und kapitalistischer Gesellschaft, "daß die 'Druckverhältnisse', denen die Schule ausgesetzt ist, kapitalistische Druckverhältnisse sind".[1213] Es gelte auch in der Schule das "Recht des Stärkeren" als das "Grundgesetz der kapitalistischen Gesellschaft".[1214]

Auch für GAMM ist "Schulkritik" gleichbedeutend mit "radikaler Gesellschafts- bzw. Kapitalismuskritik".[1215] GAMM, der nach eigener Aussage ein "marxistisch-ideologisches System" vertritt[1216], beklagt das "Elend der spätbürgerlichen Pädagogik".[1217] "Unsere Arbeit geht von der Tatsache einer radikal zu entrümpelnden Bildungslandschaft aus und enthüllt die Inhumanität technokratischer Schulreformen", die lediglich als "politisches Alibi" eines "kapitalistischen Bedingungsgefüges" fungierten, das jeglicher Veränderung seiner Grundlagen entgehen wolle.[1218] Er entwirft das Gegenmodell einer "Kritischen Schule", die "im Zeitalter des Spätkapitalismus Schrittmacher gesellschaftlicher Veränderungen" sein solle.[1219] GAMMs gleichlautendes schulkritisches Hauptwerk bezeichnet WOLFGANG FISCHER treffend als "marxistische Streitschrift gegen die Schule der Gegenwart".[1220]

Die wohl schärfste Kritik an der Schule im "staatsmonopolistischen Kapitalismus" findet man in dem von der "Akademie der pädagogischen Wissenschaften der UdSSR/DDR" in den 80er Jahren herausgegebenen Band über die "Krise der bürgerlichen Schule und Pädagogik", welcher die sozialistisch-kommunistische Schulkritik quasi in Reinform repräsentiert.[1221]

Eine deutlich "antikapitalistische" schulkritische Position vertritt auch ETTL, der jedoch nicht nur die Schule im "Kapitalismus", sondern auch diejenige im "real existierenden Sozialismus" durchaus kritisch beleuchtet.[1222] Zwar übt ETTL deutliche "Kritik des Elends schulischen Lernens" in der "bürgerlichen Gesellschaft", doch sind seine Lösungsansätze differenzierter: "Es geht um 'etwas Drittes' zwischen Kapitalismus und 'realem Sozialismus' ".[1223] In der "Alternativpädagogik" an Freien Schulen, aber auch in der "Emanzipatorischen Pädagogik" in der staatlichen Schule sieht ETTL konkrete "Perspektiven der Befreiung aus dem Elend der Schule".[1224]

5.2.2 Schule als "ritualisierte Einführung in die Konsumgesellschaft"

Eine Sonderform schulischer Kapitalismuskritik ist die aus dem amerikanischen Raum in den frühen 70er Jahren nach Deutschland "importierte" *radikale* Schul- und Gesellschaftskritik, wie sie hierzulande vor allem durch IVAN ILLICH, EVERETT REIMER, PAULO FREIRE, JOHN HOLT und PAUL GOODMAN bekannt wurde.[1225]

Diese schulkritische Strömung, welche eine völlige "Entschulung" der Gesellschaft als einzigen Ausweg aus der Krise betrachtet, geht mit der Institution Schule hart ins Gericht (vgl. Kap.II.4.2.6). IVAN ILLICH, ihr wohl bedeutendster Vertreter, versteht "das Schulwesen als das zentrale mythenbildende Ritual der Industriegesellschaft" und bezeichnet die Schule als "Staatskirche des säkularisierten Zeitalters".[1226] Die "heilige Kuh" Schule zeichnet sich nach ILLICH dadurch aus, "... daß die Schulriten heute viel strenger und drückender geworden sind, als es die Riten der Kirche in den schlimmsten Zeiten der spanischen Inquisition gewesen sind."[1227] In der "Nötigung, sich der Zucht des komplizierten Schulrituals zu unterwerfen", das nur scheinbar dem Wohlergehen und der Befreiung ärmerer Bevölkerungsgruppen diene und in Wirklichkeit nur neue Abhängigkeiten schaffe, sieht ILLICH eines der Grundübel der modernen Zivilisation.[1228]

Denn die Schule ist für ILLICH "der größte und anonymste Arbeitgeber überhaupt ..., ... das beste Beispiel einer neuen Unternehmensart, welche die Nachfolge von Zunft, Fabrik und Aktiengesellschaft antritt ... Diese Unternehmen bieten ihre Dienste auf eine Weise an, die allen Menschen das Bedürfnis nahelegt, sie zu konsumieren."[1229] So richte auch das "Unternehmen" Schule sein Engagement darauf, "die Verbraucher davon zu überzeugen, daß sie ohne die von der Institution angebotenen Produkte oder Dienstleistungen nicht leben können".[1230] "Süchtigkeit oder Gewöhnung entsteht, wenn Verbraucher dem Bedürfnis nach immer mehr und mehr von einem Verfahren oder Erzeugnis verfallen."[1231] Dabei sei das echte "Verlangen nach Bildung" dem "Zwang zur Schulung" gewichen.[1232] Dieser jedoch suggeriere, "daß Bildung ein Produkt der Schule sei, ... das sich mit Zahlen definieren läßt ... Mit dem Empfang eines Diploms erhält das Bildungsprodukt Marktwert. So garantiert der Schulbesuch als solcher Aufnahme in den Kreis disziplinierter Verbraucher in der Technokratie ..."[1233] Die Teilhabe an einem "Produktionssystem" – gleichgültig welcher Art – bedrohe jedoch die "Bildungsfunktion" der Schule.[1234] Oder, wie EVERETT REIMER formuliert: "Schon als solche birgt und erzeugt die Massenproduktion bildungsfeindliche Implikationen."[1235]

So bewirke die "Schule als ein Werkzeug technokratischen Fortschritts" mit ihrer "Vermarktung der Ware 'Wissen' " eine "entmündigende Marktabhängigkeit".[1236]

Diese betreffe jedoch nicht nur die geistigen "Waren" des Bildungssystems, sondern auch die materiellen Güter der Konsumgesellschaft. Die Schule ist dabei für ILLICH eine der gesellschaftlichen Institutionen, welche die eigentlichen Bedürfnisse des Menschen zu bloßen Konsumbedürfnissen pervertiert: "In weniger als hundert Jahren hat die industrielle Gesellschaft Patentlösungen für menschliche Grundbedürfnisse erfunden und uns zu dem Glauben bekehrt, der Schöpfer habe die Bedürfnisse des Menschen als Verlangen nach den von uns erfundenen Erzeugnissen gestaltet."[1237] Daran habe gerade auch die Institution Schule wesentlichen Anteil, da sie die jungen Menschen ritualisiert in die Konsumgesellschaft einführe: "... die Wahrnehmung echter Bedürfnisse verhärtet sich zur Nachfrage nach Erzeugnissen der Massenproduktion. Ich meine die Übersetzung von Durst in ein Verlangen nach Coca-Cola. Solche Verdinglichung vollzieht sich bei der Manipulierung [sic] menschlicher Urbedürfnisse durch riesige Bürokratien, denen es gelungen ist, die Phantasie potentieller Verbraucher zu beherrschen."[1238] "Der Betrug, den die Verkäufer von Schulen begehen, ist weniger offenkundig, aber viel grundlegender als die geschäftliche Selbstzufriedenheit der Vertreter von Coca-Cola oder Ford, weil der Schulmann seine Leute mit einer viel anspruchsvolleren Droge angeht."[1239]

Folge sei eine "tiefgehende Entfremdung" der jungen Menschen von sich selbst durch die Schulen.[1240] Es sei alarmierend, "wie eine zunehmende Abhängigkeit von massenproduzierten Gütern und Dienstleistungen allmählich die für ein konviviales Leben notwendigen Bedingungen zerstört".[1241] Je mehr und je früher der Mensch "... auf den Verbrauch von abgepackten Waren und Dienstleistungen gedrillt wird, um so weniger scheint er imstande zu sein, seine Umwelt zu gestalten. Seine Kraft und sein Geld werden für die Herstellung immer neuer Modelle seiner Standardwaren aufgezehrt, und die Welt wird zum Abfallprodukt seiner Verbrauchergewohnheiten."[1242]

So impliziert diese Form der Schulkritik zugleich eine fundamentale Kritik an der westlichen Ideologie des sogenannten "Fortschritts", der, wie ERICH FROMM treffend resümiert, "das Prinzip des ständigen Wachsens von Produktion, Konsum, Zeitersparnis, Höchstleistung, Gewinn und Berechenbarkeit aller wirtschaftlichen Vorgänge ohne Rücksicht darauf umfaßt, welche Wirkung sie auf die Qualität des Lebens und auf die Entfaltung des Menschen haben."[1243]

5.3 Problemfeld *Ideologiekritik*

5.3.1 "Neomarxistische Unterwanderung" der Schule

Eine weitere, eher "konservative" Gruppe von Schulkritikern wendet sich v.a. seit den späten 70er Jahren entschieden gegen eine "neomarxistische Unterwanderung" der Schule.[1244]

So liest man z.B. bei IMMANUEL LÜCK, einem der exponiertesten Vertreter dieser Form von Schulkritik, "... daß unser Schulwesen in der akuten Gefahr einer strategischen Unterwanderung durch die Anhänger der neo-marxistischen 'Frankfurter Schule' steht. Ihr Ziel ist es, die mit dem Abflauen der studentischen Revolution der turbulenten Jahre 1967 – 70 zunächst gescheiterten gesellschaftlichen Umsturzideen nun langfristig auf dem Wege über die Schule zu verwirklichen."[1245] LÜCK übt scharfe Kritik an dem " 'Marsch durch die Institutionen', den die Neue Linke Ende der sechziger Jahre proklamierte" und der nach seiner Auffassung "Realität geworden" ist.[1246] "Es gibt einen gut verankerten, weit verzweigten Apparat der Marxisten im Unterrichtswesen der Bundesrepublik."[1247] Nach LÜCKs Ansicht existiert im bundesdeutschen Schulwesen, "das zeigen ab 1973 veröffentlichte Schulbücher und Lehrerbegleithefte, eine Art von Achse, auf der die Marxisten die Gewichte hin und her schieben, um auszuprobieren, wie weit die Bevölkerung, die Elternschaft im Bildungswesen bereits belastbar geworden ist."[1248] Und PETER BEYERHAUS stellt fest, "... daß in der Tat der Gedanke, das Schulwesen zum entscheidenden Instrument der Gesellschaftsveränderung zu machen, in bestimmten Parteien bis in die Regierungskreise hinein Wurzel [sic] gefaßt hat."[1249]

Nach Auffassung von THEODOR WILHELM waren in den 70ern viele Eltern und Lehrer zu Recht "... geschockt durch die Resultate einer systematischen, im Namen von Emanzipation und Selbstverwirklichung betriebenen Aufwiegelung der Kinder gegen die Eltern und der Schüler gegen ihre Lehrer."[1250] "Eltern- und Lehrerverbände gingen gemeinsam auf die Barrikaden, um sich z.T. erfolgreich gegen eine drastische Veränderung des Schulwesens zu wehren. Erschien sie ihnen doch nicht nur als Zerstörung eines bewährten Bildungssystems, sondern zugleich als ein schwerer Eingriff in das Elternrecht und in die Freiheit der kindlichen Persönlichkeit."[1251]

So wurde von konservativer Seite heftige Kritik an der "Kollektivierung" des Individuums im Rahmen der marxistischen Erziehungsideologie geübt: "Diese Sicht führt ... zunehmend zu einer Verzerrung dessen, was der Mensch ist", schreibt BEYERHAUS.[1252] Auch LÜCK greift die gesellschaftsverändernden Ansprüche eines Bildungswesens, das auf dem Wege zu einer marxistischen "Erziehungsdiktatur" sei, mit scharfen Worten an und lehnt eine linksideologische "Sozialisations-, Emanzipations- und Konfliktpädagogik" strikt ab.[1253]

Der Erziehungswissenschaftler WOLFGANG BREZINKA unterzieht die "Pädagogik der neuen Linken" einer ausführlichen Analyse und Kritik.[1254] Die "Neue Linke" habe sich, so BREZINKA, zum Ziel gesetzt, durch eine "Bewußtseinsveränderung", die vor allem über schulische "Umerziehung" erfolgen solle, die "freiheitlich-demokratische Gesellschaftsordnung" zu zerstören und durch eine "sozialistische" zu ersetzen.[1255] "Unter diesen Voraussetzungen wird das Erziehungswesen zum wichtigsten Kampfplatz im Ringen um die Macht", die es seitens einer "wehrhaften Demokratie" entschieden zu verteidigen gelte.[1256]

Ähnlich äußert sich auch THEODOR WILHELM, wenn er Ende der 70er Jahre schreibt: "Der Angriff auf das bestehende bundesdeutsche Schulwesen erfolgt auf politischer und auf pädagogischer Ebene. Die politische Gegnerschaft ist überwiegend 'links' orientiert. Eine Gruppe junger Erziehungstheoretiker ist ins kommunistische Lager übergelaufen und definiert das Schulwesen der Bundesrepublik schlankweg als Herrschaftsinstrument der Bourgeoisie, das einzig und allein dazu bestimmt sei, die Teilung der Gesellschaft in Herren und Knechte zu verewigen."[1257] WILHELM hält dagegen, "... daß es sich hier nicht um eine Analyse der Wirklichkeit handelt, sondern um ein ideologisches Schema, das über die Gegebenheiten gestülpt wird."[1258]

Am Ende kommt WILHELM zu folgendem Fazit: "Der kommunistische Kampf gegen die Schule gilt in Wirklichkeit dem Staat, nicht der Schule." [1259]

TORSTEN HUSÉN schließlich faßt die "Kritik an der neo-marxistischen Schulkritik" wie folgt zusammen: "Gegen die hier nur beispielhaft skizzierte radikale Kritik an der Schule sind sowohl logische Einwände erhoben als auch historisch-empirische Daten angeführt worden."[1260] "Der Haupteinwand betrifft den sozialen und ökonomischen Determinismus dogmatischer Marxisten, der zu problematischen Reduktionen verleitet."[1261] "Die neo-marxistische Parallelisierung von hierarchischer Struktur der Schule und Hierarchie in der kapitalistischen Arbeitswelt erscheint ebenfalls als zu starke Vereinfachung des Sachverhalts", schreibt HUSÉN.[1262]

Bis heute werden "konservative" Schulkritiker nicht müde, "vor der drohenden ideologischen Unterwanderung unseres Schulwesens zu warnen".[1263] Gemeinsam ist ihnen – bei allen Unterschieden im Detail – die Hoffnung, "... daß der 'Alarm um die Schule' nicht nur zu einem heilsamen Erschrecken über das Ausmaß des bereits angerichteten Schadens, sondern vielmehr zu einer entschlossenen Korrektur der gesamten Schulpolitik durch die Verantwortlichen beiträgt."[1264]

5.3.2 Schule als "Weltanschauungsanstalt"

Neben den o.g. Schulkritikern, welche die Ideologisierung der Schule in eine bestimmte politische Richtung anprangern, gab es immer auch solche, die die politische Instrumentalisierung der Schule *prinzipiell* kritisieren – sei diese nun faschistisch, sozialistisch, kommunistisch oder demokratisch geprägt. Jedweder Ideologisierung zum Trotz konstatiert z.B. HERWIG BLANKERTZ eine gewisse "Eigenstruktur der Schule", "ein Residuum der Unabhängigkeit der Schule von den stets zu beklagenden Versuchen ihrer politischen Instrumentalisierung".[1265]

Weitaus radikaler erscheint dagegen diejenige Schulkritik, die WOLFGANG FISCHER in seiner "Kritischen Pädagogik" darlegt.[1266] In rigoroser Ablehnung jeglicher weltanschaulicher oder wertebezogener Bindung der Schule entwickelt er sein Konzept einer sog. "wertneutralen Pädagogik" (vgl. Kap.II.4.2.1), das er wie folgt definiert: "Darunter wird im allgemeinen jene Konzeption verstanden, die sich dagegen zur Wehr setzt, daß im Unterricht und in der Erziehung ganz bestimmte Wertvorstellungen und die dazugehörigen Normen 'vermittelt' und angeeignet werden sollen."[1267] " 'Wertneutrale' Pädagogik versteht sich ausdrücklich nicht als im Dienste eines ein- und fortzupflanzenden Wertesystems, eines Zustimmung und Einordnung heischenden Wert- und Normenkatalogs oder eines erlebbar und verbindlich zu machenden Wertekosmos befindlich ... Sie hat die Abhängigkeitsbindung an jedwedes konkrete Ethos, an jedwede wertanweisende und normativ anspruchserhebende Weltanschauung gekappt", führt FISCHER aus.[1268] "Das Ziel, dem sie sich allein verpflichtet weiß, scheint ohne weiteres zunächst eher negativ als positiv verständlich formulierbar zu sein: sie will nicht irgendeiner vorhandenen Wertvorstellung oder Werteinstellung Verbreitung und Dauer verschaffen. Es ist ihr dabei gleichgültig, ob es sich um eher traditionelle oder um vermeintlich moderne Werte handelt."[1269]

Doch geht eine solche "wertkritische Pädagogik" noch über diese Bestimmung hinaus: "Ihr sie definierendes erstes Charakteristikum ist ihr Unabhängigseinwollen von allen Ansprüchen, die sich der Pädagogik bedienen, um das ihnen werthaft Dünkende ein- oder durchzusetzen. Das betrifft den Staat und die gesellschaftlichen Mächte; es betrifft die Religionen, die Weltanschauungen, die metaphysischen Positionen; es betrifft auch die subjektive Überzeugung des Pädagogen von dem, was erstrebenswert ist. Das alles hat gerade nicht pädagogisch maßgebend zu sein."[1270]

Weiterhin kritisiert FISCHER die "Reproduktionstendenz aller wertgebundenen Pädagogik"; eine "wertneutrale" Pädagogik "kann nicht zustimmen, daß die Sache der Pädagogik primär die Bedeutung hat, einem vorhandenen Wert- und Ethosbewußtsein frisches, individuelles Bewußtsein zu assimilieren und aufzuopfern".[1271] Schon allein das "setzt sie deutlich ab von allen Arten normativ-wertgebundener Pädagogik".[1272] In Abgrenzung gegen mögliche Mißdeutungen erläutert FISCHER: " 'Wertneutrale' Pädagogik wird weder mit einer das Wertproblem ausklammernden beziehungsweise es reproduzierenden Pädagogik noch mit einer einem Werte- und Gesinnungspluralismus zugeordneten und ihn bejahenden, nur scheinbar 'wertneutralen' Pädagogik verwechselt werden dürfen."[1273]

Historisch gesehen beruft sich FISCHER in seiner Kritik auf WILHELM DILTHEYs Auffassung, daß alles vom Geist Hervorgebrachte, also auch die Pädagogik, geschichtlich bedingt sei; er kommt jedoch freilich zu völlig anderen

Schlußfolgerungen als dieser. "Dilthey zeigte auf, daß die pädagogischen Systeme der Vergangenheit und Gegenwart im Gegensatz zu ihrem Selbstverständnis gerade nicht allgemeingültig, übergeschichtlich, zeitlos sind. Das betrifft besonders die von ihnen verfolgten Ideale, Ziele, Werte, Ethossysteme, Leit- und Menschenbilder. Deren [sic] gibt es keine zeitlos gültigen, denen die Pädagogik sich ein für allemal verdingen könne und dürfe", schreibt FISCHER.[1274] So ist für ihn die erste Voraussetzung einer "wertneutralen" Pädagogik "die Einsicht ihrer Anhänger in die durchgängige Bedingtheit und Überholbarkeit geltender Werte, Wert- und Normensysteme".[1275] Die philosophische Position eines radikalen ethisch-weltanschaulichen Relativismus ist somit unverrückbare Grundlage dieser Schulkritik.

Für FISCHER fungieren "konkret gewordene Normvorstellungen, Sinneinstellungen, Normkonstellationen" lediglich als "kritisch zu durchdenkende Problemantworten, nicht als durchzusetzende, anspruchsberechtigte Phänomene. Das gilt für die wertkritische Konzeption der Pädagogik durchgehend."[1276] FISCHERs Kritik wendet sich in konsequentester Form gegen jedwede Art der Instrumentalisierung von Schule für politische oder weltanschauliche Zwecke: "Pädagogik, so ungefähr könnte die Grundthese 'wertneutraler' Pädagogik lauten, hat nur sich selbst, ihren eigenen, immer neu zu reflektierenden 'einheimischen' Begriffen, Grundsätzen, Maßgaben treu zu sein ...; sie hat nicht irgendwelchen anderen Interessen, und sei es auch nur teil- und streckenweise, sich zu verdingen ..."[1277]

Zur verbreiteten Kritik an einer solchen "neutralistischen" Position sei hier nur soviel angemerkt: STEFAN BLANKERTZ bezweifelt zu Recht, daß die Schule das, "was die Kritiker den öffentlichen Schulen generell unterstellen, nämlich die 'Produktion' eines bestimmten Menschentypus", überhaupt zu leisten vermag.[1278] "Weder die pietistische Pädagogik ... noch faschistische oder sozialistische Sozialtechnologie lösen dauerhaft den Widerspruch zwischen den normativen Zielen und der Notwendigkeit", zu deren "selbständiger Anwendung" zu erziehen; diese aber läßt "... immer auch die Möglichkeit von Widerspruch gegen die gesetzten Normen offen", wendet BLANKERTZ ein.[1279] Für die ideologische Schulkritik bedeutet dies jedoch, "... daß sie, zumindest in ihrer radikalen Gestalt, als übertrieben erscheint", resümiert BLANKERTZ.[1280]

5.4 Problemfeld *Schulreformkritik*

5.4.1 Enttäuschte Hoffnungen

Wie an der Schule selbst, so wurde auch an den zahlreichen Versuchen ihrer Verbesserung und Erneuerung durch *Schulreformen* im Laufe der Geschichte immer wieder Kritik geübt. Im deutschen Schulwesen nach dem 2.Weltkrieg war die große "Bildungsreform" der späten 60er / frühen 70er Jahre wohl diejenige, an der sich die Gemüter am meisten erhitzten – und die Geister am nachhaltigsten schieden. Dabei ging es nicht nur um deren Inhalte, die freilich – je nach politischem Lager – höchst kontrovers diskutiert wurden, sondern – vor allem in den 70er Jahren – auch um die Folgen der Bildungsreform, deren Beurteilung ebenfalls sehr ambivalent ausfiel (vgl. Kap.II.2.3.5).

Bereits zu Beginn der 70er Jahre zog HARTMUT VON HENTIG eine eher skeptische Bilanz: "Die Reform, die mit den Gutachten des Deutschen Ausschusses in Deutschland konkret zu werden begann und die heute ihren geschlossensten Ausdruck im Strukturplan des Deutschen Bildungsrates findet", diese "von uns unter vielen Opfern, Schwierigkeiten und Mißverständnissen verfochtene Reform ist ... in Gefahr – nicht in erster Linie, wie wir immer hören, dadurch, daß die Gesellschaft nicht genügend Mittel für sie bereitstellt, sondern eher durch eine falsche, fahrlässige Vorstellung von den dafür nötigen geistigen Aufwendungen".[1281] Wie viele Kritiker der Schulreform hatte auch VON HENTIG die Befürchtung, daß diese nicht weit genug gehen könnte. So empfahl er, "... nicht die Reform zu lassen, sondern umgekehrt – die Reform radikal genug zu machen, um sie vor jener tödlichen Enttäuschung zu bewahren. Hat man erkannt, ... daß man auch die Ziele der Schule in die Kritik mit einbeziehen muß, also *Alternativen* braucht, wenn man Reformen will, dann wird man den vielseitigen und schwerfälligen Veränderungsprozeß vielleicht doch zu einem anderen Ende bringen können."[1282]

In dieser Hoffnung jedoch sahen sich viele ehemalige Befürworter der "Schulreform" bald gründlich getäuscht – allen voran die zahlreichen Elterninitiativen. So berichtet LOTTEMI DOORMANN, daß die "Ankündigung einer umfassenden Bildungsreform" durch die sozial-liberale Koalition, die 1969 die Regierung antrat, große Hoffnungen bei vielen Eltern geweckt hatte. "Wir Eltern waren hellhörig geworden und warteten zuversichtlich auf die ersten Schritte der Reform von oben ... aber nichts geschah."[1283] Konservative Kreise starteten eine breitangelegte Kampagne gegen die Schulreform. "Zu dieser Zeit, auf dem Höhepunkt der Anti-Reformwelle, begriffen die Eltern, daß sich nichts geändert hatte und in absehbarer Zeit nichts ändern würde – wenn sie nicht selbst etwas dafür tun würden", schreibt DOORMANN.[1284] So wurden unzählige – sich als "progressiv" verstehende – Eltern selbst aktiv: "Überall in der Bundesrepublik, unabhängig voneinander und zumeist ohne voneinander zu wissen, entstanden gleichzeitig Elterninitiativen, in den großen Städten ebenso wie auf dem Lande, zehn, zwanzig, schließlich mehr als hundert. Es ging darum, die Reform von unten in Gang zu bringen: 'Weil wir endlich eingesehen haben, daß die Politiker nur dann bereit sind, etwas zu tun, wenn wir, die Betroffenen, Eltern und Lehrer, gemeinsam und so viele wie möglich, die Interessen unserer Kinder in die Hand nehmen und vertreten, mit soviel Nachdruck wie möglich' ".[1285]

Mit zunehmender Enttäuschung über den Verlauf und die fragwürdigen Ergebnisse der *Bildungsreform* kam es 1974 in Hamburg zu einem Zusammenschluß der Elterninitiativen zur "Bundeselterninitiative Schulnotstand" (vgl. Kap.II.4.2.1). Dort versammelten sich von der staatlichen Bildungspolitik enttäuschte Eltern, die "sich zur Wehr setzen können", weil sie "das Schulelend nicht kampflos und schweigend hinnehmen wollen".[1286] Es waren nach DOORMANN "Eltern, die bereit sind zu handeln, statt resigniert zu klagen; ... die sich nicht abfinden wollen mit den bedrückenden Schulverhältnissen, die die reichste Industrienation Europas ihren Kindern zumutet; ... die von der Bildungsmisere ... Betroffenen, die gemeinsam ... für die 'andere Schule' ... aktiv werden wollen ..."[1287] Viele von der Bildungsreform enttäuschten Eltern wandten sich schließlich ganz von der staatlichen Regelschule ab – und setzten auf die Gründung "Freier Alternativschulen", die in den 70er Jahren einen regelrechten Boom erlebten.[1288]

Nach THORSTEN HUSÉN fand in den darauffolgenden Jahren ein "politischer Rückzug" statt.[1289] "Wenige Jahre später zeigten Meinungsumfragen ein erheblich geringeres Interesse an Bildungsproblemen. Dies mag einer der Gründe dafür sein, daß die im Bildungsbericht angekündigten Reformkonzepte weitgehend nicht realisiert worden sind."[1290] "Die eigentliche Ursache für das wachsende Desinteresse an Bildungsfragen ist jedoch eher in der Kurzatmigkeit von Reformen, ihrer irrigen Hoffnung auf die verhaltensändernde Kraft von Strukturen und vor allem dem Verkennen der begrenzten Wirkungsmöglichkeiten von Schule überhaupt zu sehen", meint HUSÉN.[1291]

Angesichts ihrer "ambivalenten Folgen" und "ungewollten Nebenwirkungen" (steigender Leistungs- und Konkurrenzdruck, Probleme auf dem Arbeitsmarkt, fortgesetzte Chancenungleichheit etc.) sprachen zahlreiche Schulkritiker von einem "Scheitern der Bildungsreform". "Die Reform verschlingt ihre Kinder", resümiert VON HENTIG kritisch.[1292] *Eine* Ursache für dieses Scheitern sieht VON HENTIG "... in einer verhängnisvollen *Beschränkung der Reform* auf die Schule, wodurch der Gesellschaft ein Alibi gegeben wird, so unerziehlich zu bleiben, wie sie ist ..."[1293] Denn in ihrer Überfrachtung mit gesellschaftsverändernden Ansprüchen muß die Schule versagen, "... weil sie die Kraft nicht hat, die Reform nach draußen zu tragen, die Kraft zur Politik."[1294]

5.4.2 "Reformismus"

Eine andere Form politisch akzentuierter Schulkritik betrifft den übertriebenen schulpolitischen Reformeifer, der sich nach Meinung mancher Kritiker zeitweilig zu geradezu blindwütigem "Reformismus" steigere. Eine Reform jage die andere, eine überträfe die andere an Schnellebigkeit – und alle seien vom Resultat her ohnehin fragwürdig.

"Die fortgesetzte Erfindung von Maßnahmen zur Rettung von Maßnahmen und die dadurch zunehmende Überlastung der Institutionen scheinen die Krise heute nur heftiger voranzutreiben", bemerkt HARTMUT VON HENTIG.[1295] Er hält das Prinzip permanenter halbherziger Reformen, denen letztlich die nötige Zugkraft fehlt, für "falsch und vermeidbar".[1296]

Von einer konservativen Warte aus beklagt z.B. ALMUTH LINK den "Reformeifer der Kultusminister", der "oft auf Kosten der Schüler und Lehrer" gehe. [1297] Die Schule kranke daran, daß "die Gesellschaft ... den Blick verloren hat für Maß und Begrenzung in der Durchführung unerprobter Ideen."[1298] "Die Nachteile, die aus solcher Verkennung menschlicher Gesetzlichkeiten entstehen müssen, werden zunächst auf dem Rücken der Lehrer ausgetragen, schlagen sich aber im Endeffekt bei den Kindern nieder."[1299] Durch immer neue schulpolitische Reformideen seien Lehrer, Schüler und Schulen geradezu einer dauernden "Manipulation" ausgesetzt.[1300] Daß die Schule "überwuchert" sei von "Modernismen und problematischen Zeitströmungen", beklagt auch KURT AURIN.[1301] Er warnt vor der Gefahr, daß die Schule "aus kurzatmigen Impulsen und Modeströmungen heraus" zu oft und zu schnell "reformiert" und somit im Reformeifer geradezu erstickt werde.[1302]

URSULA MENZEMER untersucht kritisch, "was alles – im Verlauf der Schulreform – an Einsichten, Absichten und entsprechenden Lehrplänen wissenschaftlich und praktisch angeschwemmt wurde".[1303] Sie führt eine "scharf konturierte Auseinandersetzung mit den wissenschaftlichen Ideologien ..., die der Reform der sechziger Jahre als endgültige Erkenntnisse dienten".[1304] MENZEMERs Fazit fällt *reformkritisch* aus: "Frustrationen und Leiden erwachsen nicht nur aus der direkten Wirkung der sozialen Strukturen auf den Bildungsprozeß, sondern in gleichem Maße durch die – auch durch ihn bedingte, illusionäre, zu weit oder viel zu kurz greifende – Zielsetzung all derer, die die Umstände und Zustände zu reformieren oder zu revolutionieren sich vorgenommen haben, eben weil sie sie als Leidensdruck erfahren. Aggressionen, Entmutigung, Resignation, Pseudoaktivismus sind die Folgen."[1305]

"Schulreformkritik" umfaßt somit das gesamte Spektrum von einer Kritik an dem "zu wenig" an Reformen bis hin zu einer radikalen Ablehnung des "zu viel" an kurzlebigen, modischen Reformbestrebungen, die letztlich nur einem sinnlosen schulpolitischen "Reformismus" Vorschub leisten.

4.2. 6. INSTITUTIONELLE ASPEKTE DER SCHULKRITIK

6.1 Problemfeld *Verrechtlichung / Bürokratisierung*

6.1.1 Administrative Überformung der Schule

Eine häufig geäußerte Kritik, die die Schule als staatliche Institution betrifft, bezieht sich auf das aus Art. 7 GG abgeleitete "umfassende administrative Bestimmungsrecht über die Schule" durch Bund und Länder, d.h. auf die "Regelung der meisten schulrechtlichen Fragen durch die Kultusministerien im [sic] Wege ministerieller Erlasse".[1306] Kritisiert wird die vielfach "als 'Verrechtlichung' beklagte Tendenz, die Unterrichts- und Erziehungspraxis durch Regeln zu steuern, die von außen an sie herangetragen werden".[1307] Die "Verrechtlichung" der Schule wird als "bevormundende Einschränkung individueller Handlungs- und Gestaltungsfreiheit" verstanden.[1308] "Solche Verrechtlichung ruft die Klage hervor, sie stehe der pädagogischen Freiheit entgegen, deren Lehrende und Lernende bedürfen, um den individuellen Bildungsprozeß zu befördern. Freiheit der Bildung und Zwang der Institution treten in kontradiktorischen Gegensatz", schreibt RAINER KOKEMOHR.[1309]

So stellt z.B. ACHIM LESCHINSKY fest: "Die fühlbar voranschreitende Verrechtlichung der Schule ... läßt sich leicht als Tendenz zu einer allgemeinen Reglementierung pädagogisch-schulischer Vorgänge wahrnehmen ..."[1310] Die Bildungsverwaltung stehe vor dem "Dilemma", daß ein immer "größerer Regelungsaufwand entsteht, dessen Ergebnisse dann immer wieder auch als lästige, die eigentliche Arbeit störende Obligationen" erlebbar werden.[1311]

Auch WOLFGANG FISCHER beklagt das "Primat der Verwaltung" in der Schule, dessen Folge z.B. ein "häufiges Unterbrechen des Unterrichts" sei, "damit den Regierungs- und Kontrollbefugnissen der Schulaufsicht und der Schulorgane Rechnung getragen werden kann".[1312] "Objektiv wird festzustellen sein, daß die Verpflichtung des Lehrers, auch wenn sie rechtlich nirgendwo fixiert, sondern Ausfluß seiner Weisungsabhängigkeit ist, das Unterrichten nicht betreffende, behördlich sanktionierte Vorgänge vorrangig zu behandeln, die Schule dem Verdacht aussetzt, selbst in erster Linie Behörde zu sein."[1313] Dabei bildeten "bürokratische Aspekte den Orientierungsrahmen ..., so daß das pädagogische Argument hintangestellt werde".[1314]

Vor den "Gefahren der Bildungsverwaltung" für die pädagogische Arbeit der Schule warnte auch THEODOR WILHELM: "Es gibt jedoch einen Bereich, in dem auch diejenigen, die die Zukunft unserer Staatsschulen mit einiger Hoffnung beurteilen, die Kritik ihrer Gegner teilen. Es ist die Perfektion der zentralen Bildungsverwaltung."[1315] "Der Kern der Kritik läßt sich auf die kurze Formel bringen: Die Funktionsprinzipien der Verwaltung und die Bedingungen und Modalitäten der Erziehung sind nicht das gleiche ... Verwaltung zielt auf reibungsloses Funktionieren, auf Einheitlichkeit, Sachlichkeit und Regelhaftigkeit, ... aber Erziehung und Bildung wird meist um so produktiver, je größer der Spielraum für Individualisierung und sowohl strategische wie taktische Beweglichkeit ist."[1316] So bestehe eine ständige "Diskrepanz zwischen verwaltungsmäßiger Planung und schulischer Variabilität".[1317]

Auch HORST HENSEL kritisiert die "Dominanz des Bürokratischen über das Pädagogische": "In der staatlichen Schule wird der pädagogische Prozeß vom Verwaltungsprozeß dominiert."[1318] In demselben Sinne schreibt STEFAN BLANKERTZ: "Politisch-organisatorische Bedingungen können der Erziehung entgegenstehen oder sie zerstören."[1319] OSKAR NEGT übt heftige Kritik am "bürokratisch vorgeformten Lernen in der Regelschule".[1320] "Sie richtet sich gegen das staatlich verordnete Bildungsprogramm mit seinem Fächerkanon, seinen Stundentafeln und Lehrplänen, die institutionalisierten Formen der Leistungsbewertung und die bürokratische Organisation schulischen Lernens ebenso wie gegen eine wenig beteiligungsfreundliche Schulverfassung und die ständigen Eingriffe der Schulaufsicht."[1321] Kern der Kritik ist das Argument, "daß durch die rechtlichen und administrativen Vorstrukturierungen Lernbedingungen geschaffen würden, die notwendigerweise zu Folgeproblemen führen müßten ..."[1322]

Nach PERSCHEL ist die vielbeklagte "Hypertrophie von Verwaltungsanweisungen" in der Schule jedoch nicht neu; sie sei vielmehr "ein schon älteres Phänomen".[1323]

6.1.2 "Bürokratismus" im Bildungswesen

Bereits im 19. Jahrhundert wurde die "bureaukratische Centralisiertheit" der Schule als eine "Krankheit" bezeichnet.[1324] Der BISMARCKsche Satz "Die Bürokratie ist es, an der wir alle kranken" wurde schon bald auf die Institution Schule übertragen.[1325]

Auch die Reformpädagogen kritisierten den "Bürokratismus" der Schule. In der "neuen" Schule der Reformpädagogik "sollte die bisher vorherrschende bürokratische Reglementierung und didaktisch-methodische Steuerung kindlicher Lernbedürfnisse für die ökonomischen und politischen Zwecke ... wieder aufgehoben werden", schreibt HERWART KEMPER.[1326] Ähnliche Motive lagen auch den Alternativschulgründungen der 70er Jahre zugrunde. In diesen Schulprojekten sollten "vor allem die Spontaneität und Kreativität der Heranwachsenden vor der bürokratischen und didaktischen Reglementierung durch die staatliche Regelschule geschützt werden".[1327]

Nach TORSTEN HUSÉN war "Bürokratie im Sinne institutionalisierter Rationalität, einheitlichen Verfahrens und hierarchischer Machtordnung ... von Anfang an mit dem Massenbildungswesen verbunden".[1328] MICHAEL KATZ betrachtet die "Entwicklung Richtung Bürokratie" im Bildungswesen der kapitalistischen Industriegesellschaft als "unausweichlich".[1329] HUSÉN fügt hinzu: "Die moderne Bürokratie nur als bürgerliche Erfindung zu begreifen ... reicht offenbar nicht aus angesichts der exzessiven bürokratischen Strukturen auch in sozialistischen Ländern."[1330] Somit findet sich die vielbeklagte Tendenz zur "Verbürokratisierung" des Bildungswesens heute in allen politischen Systemen.

In der berühmten Studie von GOODWIN WATSON über die "Probleme der Bürokratie" wurden vor allem folgende Negativmerkmale "bürokratischer Institutionen" kritisiert:

1) "ein komplizierter Aufbau mit stark spezialisierten und vielfältig aufgeteilten Zuständigkeiten,
2) schnell und starr funktionierende Regeln, die wenig Raum für die Anpassung an Besonderheiten des Einzelfalles lassen,
3) verschlepptes, durch lange Verzögerungen und Abschieben von Verantwortung gekennzeichnetes Handeln,
4) Doppelarbeit, Mittelvergeudung, widersprüchliche Vorschriften,
5) Aufbau von Machtpositionen und Autoritätsansprüchen durch Amtsträger,
6) Machtkonzentration in den Händen weniger,
7) Konflikte mit demokratischen Grundsätzen und Rechten,
8) politische Begünstigung sowie
9) Stümperei und Dummheit von Amtsinhabern".[1331]

Diese Kritik, die auch das Bildungssystem betrifft, erwächst nach HUSÉN aus "den vielfach frustrierenden Erfahrungen ... mit unterschiedlichen Verwaltungsinstanzen".[1332] In der WATSON-Studie wurde u.a. nach "besonders ärgerlichen Erfahrungen mit der Bildungsbürokratie" gefragt. Dabei wurden Klagen laut über:

1) "Traditionalismus,
2) verwickelte Zuständigkeitsverteilung,
3) konsequente Verzögerungspraxis,
4) Machtpolitik in der einzelnen Abteilung,
5) Machtkonzentration oben, Hilflosigkeit unten, sowie schließlich
6) politische Schlagseite".[1333]

Weiterhin wurde der bürokratisch verwalteten Schule "Innovationsfeindlichkeit" vorgeworfen: "Reformfeindlichkeit ist ein charakteristisches Merkmal des bürokratischen Systems", schreibt HUSÉN.[1334] "Ein weiteres Bürokratiemerkmal ist die Tendenz zur Uniformität und Intoleranz gegenüber Abweichungen. Das drückt sich etwa in Maßnahmen zur Erzwingung der Teilnahme am Unterricht oder in der ablehnenden Haltung gegenüber lokalen bzw. individuellen Initiativen aus."[1335] Nach HUSÉN werden vielfach folgende "Hauptpunkte" von "bürokratisierten Bildungssystemen" kritisiert:

1) "Starkes Gewicht formaler Regeln, von denen die Beteiligten – Schüler, Lehrer, Verwaltungsbeamte – nicht abzugehen wünschen oder wagen;
2) Betonung der sozialen Distanz zwischen den Systemebenen und Mangel eines Gesellschaftsgeistes [sic];
3) die Beziehungen zwischen den Systemebenen sind mehr in Hierarchiebegriffen formuliert als in Begriffen, die sich auf gemeinsame Aufgaben beziehen;
4) für die Motivation im System haben äußere Anreize, wie dienstliche Beurteilungen (oder Schulnoten) und Gehaltsstreifen, größere Bedeutung als intrinsische Belohnungen, etwa durch Freude an der Arbeit oder Befriedigung eines Erkenntnisinteresses." [1336]

Die Folgen des "Bürokratismus" werden von den Betroffenen oft als schwerwiegend empfunden: "Die Schulbürokratie, vollends wenn sie stark entfaltet und erstarrt ist, beschert den betroffenen Eltern, Schülern und Lehrern zwangsläufig viele Frustrationen."[1337] Vor allem bei den Lehrern komme es vielfach zu einem "überraschend stark verbreiteten Verwaltungssyndrom, sprich Ressentiment gegen die Verwaltung".[1338] Wenn Lehrer durch eine rigoristische Bildungsverwaltung allzu sehr "... in ihrem Entfaltungsdrang gebremst werden, verkümmert ihre Motivation recht bald."[1339] Dies könne sich, was auch empirische Studien belegen, bis zu einem totalen "Burnoutsyndrom" steigern.[1340] So kann der "Bürokratismus" die Schule geradezu von innen her aushöhlen und ihrer pädagogischen "Substanz" berauben.

Abschließend bleibt mit JOHANNES KIERSCH folgendes festzuhalten: "Seit langem werden von seiten der erziehungswissenschaftlichen Forschung, aber auch in der Schulpraxis die Probleme der 'verwalteten' Schule diskutiert. Alle Fachleute sind sich einig, daß die bürokratische Fremdbestimmung des Schulwesens so weit wie möglich abgebaut und durch eigenverantwortliche Tätigkeit der Lehrer, Eltern und Schüler ersetzt werden sollte."[1341]

6.2 Problemfeld *Schulzwang / Entschulung*

6.2.1 Schulpflicht als "Schulzwang"

Ein weiterer Ansatzpunkt der Schulkritik ist die "Konstituierung eines Schul- oder Unterrichtszwanges", der im preußischen "General-Landschul-Reglement" von 1763 seinen Anfang nahm, durch die "Weimarer Reichsverfassung" als "allgemeine Schulpflicht" etabliert wurde und bis heute auf der Basis des "Reichsschulpflichtgesetzes" von 1938 sowie der "Hamburger Abkommen" von 1964 und 1971 in den Schulpflichtgesetzen der Länder festgehalten ist.[1342] "Die Schulpflicht ist ursprünglich *Schulbesuchspflicht*, das heißt Pflicht zur Teilnahme am Unterricht"; sie umfaßt i.d.R. eine neunjährige "Vollzeitschulpflicht" und eine meist dreijährige "Berufsschulpflicht". Sie endet grundsätzlich mit dem 18. Lebensjahr.[1343]

Bei "Schulpflichtverletzungen" sind verschiedene Sanktionen möglich, an denen seit den 70er Jahren radikale Schulkritiker immer wieder Anstoß nahmen: 1.) "zwangsweise Zuführung durch Ordnungsbehörden oder Polizei ('Schulzwang' im engeren Sinne)"; 2.) "Verfolgung als Ordnungswidrigkeit (Geldbußen)"; 3.) in einigen Bundesländern Verfolgung als Straftat (Freiheitsstrafe bis zu sechs Monaten oder entsprechende Geldstrafe)".[1344] Vor allem die "strafrechtliche Verfolgung der Schulpflichtigen" wird in der neueren Diskussion vielfach als "pädagogisch sehr problematisch" beurteilt, da sie zur "Stigmatisierung und Kriminalisierung von Jugendlichen" führe, "die eher sozialpädagogischer Hilfen bedürften", schreibt WOLFGANG PERSCHEL.[1345]

HANS MOLLER, ein entschiedener Gegner des "Schulzwangs", betrachtet die "Schulpflicht als Rechtsaltertum".[1346] Nach seiner Rechtsauffassung erwähnt das Grundgesetz die Schulpflicht "mit keinem Wort, und sein Art. 7 setzt sie auch nicht zwingend voraus".[1347] So ist für ihn die Frage durchaus legitim, "... ob eine Pflicht, etwas zu lernen und bestimmte Fähigkeiten zu erwerben, überhaupt mit dem Wesen einer freiheitlichen Demokratie vereinbar ist, und ob nicht Grundrechte und -werte wie Menschenwürde, freie Entfaltung der Persönlichkeit, freie Wahl der Ausbildungsstätte und Elternrecht einem Zwang zum Schulbesuch entgegenstehen."[1348]

Nach MOLLER ist die "Schulpflicht" im Bewußtsein der Bevölkerung "fest verankert", obwohl der tatsächliche "Schulzwang" immer wieder "mehr oder weniger heftige Kritik" auslöst.[1349] "Wer ... die Beseitigung der Schulpflicht fordert, läuft Gefahr, als Spinner abgestempelt zu werden. Trotzdem wage ich zu behaupten, daß der Glaube an den Nutzen der Schulpflicht ein Aberglaube ist", schreibt der Autor.[1350] Denn "staatlich organisierter Lernzwang ist einer auf Freiheit und Privatinitiative basierenden Gesellschaft ein Fremdkörper".[1351] Die "allgemeine Staatsschulpflicht" habe "unter Zurückdrängung von Privatschulen und Privatunterricht" den Weg zur "Ideologisierung der Schule durch die Nationalsozialisten" geöffnet.[1352] Deshalb fordert MOLLER: "Niemand darf zum Besuch einer öffentlichen Bildungsanstalt gezwungen werden."[1353]

Ein entsprechendes Szenario entwirft BERTRAND STERN, wenn er vorschlägt: "Stell dir vor, es ist Schule – und niemand geht hin!" Auch er lehnt die "Schulzwangsbeglückung" durch Schulpflicht radikal ab und fordert die "Befreiung von der Zwangsinstitution Schule".[1354] In seiner Rechtsauslegung geht er sogar so weit festzustellen, "... daß die Zwangsinstitution Schule den Tatbestand von mindestens drei Strafparagraphen erfüllt, nämlich: § 235 Kindesentziehung; ... § 239 Freiheitsberaubung; ... § 240 Nötigung."[1355]

Etwas differenzierter wirkt die jüngst erschienene Streitschrift von RAIMUND POUSSET, in der er fordert: "Schafft die Schulpflicht ab!"[1356] Zwar habe die Schulpflicht – historisch gesehen – unzweifelhaft die Basis für eine demokratische Entwicklung im Schulwesen und für Chancengleichheit geschaffen; doch sei das staatliche Schulsystem mittlerweile nur noch begrenzt in der Lage, auf aktuelle Herausforderungen unserer Gesellschaft zu reagieren.[1357] So fordert POUSSET eine "Abschaffung der Schulpflicht zugunsten einer Bildungspflicht"; dies bedeutet, "daß der Staat zwar einen bestimmten zeitlichen Rahmen vorgibt, in dem Heranwachsende unterrichtet werden müssen, daß jedoch Methodik und Curriculum des Unterrichts weniger reglementiert sind, als es derzeit der Fall ist."[1358] Eltern könnten ihre Kinder – unter gleichen finanziellen Chancen – auch privat unterrichten oder unterrichten lassen, wenn sie regelmäßig nachweisen, daß die Kinder dabei ein bestimmtes Bildungsniveau erreichen.[1359] POUSSETs Überlegungen münden in einer kühnen Vision: "Stell Dir vor, keiner müßte zur Schule, und jeder ginge hin!"[1360]

Außer der "direkten gesetzlichen Schulpflicht" kritisieren zahlreiche Schulkritiker (z.B. PAUL GOODMAN) "Mechanismen, die den Schulbesuch über den Pflichtbereich hinaus forcieren, eine indirekte strukturelle Schulpflicht schaffen".[1361] "Diese Mechanismen sind Auswirkungen des Berechtigungswesens ... Das Gesetz verlangt von bestimmte Berufe Ausübenden, daß sie diverse, nur in offiziellen oder lizensierten Ausbildungsstätten zu erreichende Qualifikationen nachweisen können", führt STEFAN BLANKERTZ aus.[1362] "Unter der Forderung nach Abschaffung oder Verringerung der Schulpflicht kann dennoch mehr verstanden werden als bloße Aufhebung des Pflichtschul-Gesetzes; die Forderung kann auch auf eine Beseitigung des Berechtigungswesens zielen."[1363]

Eine weitere Variante der "Schulpflichtkritik" vertritt HANS CHRISTOPH BERG, wenn er feststellt: "Schulpflicht ohne Schulfreiheit wird autoritär."[1364] Zwar wird hier die "Schulpflicht" nicht prinzipiell abgelehnt; als Schutz gegen die "historisch nachweislichen Versuchungen" zur "Überdehnung der allgemeinen Schulpflicht zur Staatsschulpflicht" sowie zum "Mißbrauch der Schulpflicht zur parteipolitischen, vollends staatsparteipolitischen Indoktrination der Bevölkerung" bedürfe die Schule jedoch "bürgerrechtlicher und pädagogischer Sicherungen".[1365] BERG empfiehlt deshalb "Schulfreiheit und Bildungsfreiheit als bürgerrechtliche und pädagogische Doppelsicherung gegen einen kulturdirigistischen Mißbrauch der allgemeinen Schulpflicht".[1366] "Schulfreiheit ist ... als Menschenrecht, Grundrecht, Bürgerrecht zu begreifen und in Angebot und Nachfrage als allgemeines freies Schulgestaltungsrecht und Schulwahlrecht auszubauen", damit die "Schulpflicht" nicht zum "Schulzwang" werde.[1367]

6.2.2 "Entschulung" der Gesellschaft

Gegen Ende der 60er Jahre entwickelte sich – von Amerika herkommend – eine starke Welle von fundamentaler Kritik, die gegen die Schule als Institution gerichtet war.[1368] Vor allem im Zuge der verbreiteten Enttäuschung von der "Bildungsreform" der 70er Jahre gewann diese Kritik in der Bundesrepublik viele Sympathien (vgl. Kap.II.2.3.5): "Seitdem die politischen und pädagogischen Widersprüche der Bildungsreform in der schulischen Alltagspraxis nicht mehr zu übersehen sind und auch schulgläubige Eltern, Schüler und Lehrer zu verunsichern beginnen, findet die von engagierten Pädagogen unter dem Schlagwort der 'Entschulung' vorgetragene, grundsätzliche Kritik an der schulischen Institutionalisierung der Erziehung und Ausbildung auch in der schulinteressierten Öffentlichkeit der Bundesrepublik breite Beachtung", schreibt HERWART KEMPER.[1369]

Dabei ist "... die gegenwärtig gängige Rede von der 'Krise' oder gar dem 'Ende' der Schule oder auch die Forderung ihrer 'Entschulung' bzw. 'Überwindung' ..." keineswegs neu. "Kritische Einwände und Forderungen dieser Art haben vielmehr in der Pädagogik eine lange Tradition ..."[1370] "Schließlich kennen wir die 'Antischulbewegung', die von JEAN-JACQUES ROUSSEAU über LEO N. TOLSTOI in unser Jahrhundert reicht ... In unserer Epoche hat IVAN ILLICH die Gedanken dieser Bewegung in seiner Theorie der 'Entschulung' aufgegriffen und aktualisiert ...", konstatiert WOLFGANG MITTER.[1371]

ILLICH, der zweifellos als der bedeutendste Vertreter der "Entschulungsbewegung" zu gelten hat – und der seine schulkritischen Ideen im Kontext der für ihn fragwürdigen Alphabetisierung der sog. "Entwicklungsländer" Lateinamerikas entwickelte – , wendet sich radikal "Wider die Verschulung"[1372], schickt die "Schule ins Museum"[1373] und stellt fest: "Schulen helfen nicht"[1374] (vgl. Kap. II.4.2.5). Er kritisiert heftig, daß der Mensch in den hochindustrialisierten Ländern vor allem danach bewertet wird, wieviele Schulstunden er konsumiert hat. "Die Schule als das Reproduktionsorgan der modernen Gesellschaften ist ... das wirksamste Instrument zur Vorbereitung der Kinder auf ein entfremdetes Leben unter Leistungs- und Konsumdruck und zugleich die primäre Ursache der sozialen Ungleichheit."[1375]

Die bereits erwähnte Alternative hierzu ist nach ILLICHs kulturrevolutionärem Konzept die "Entschulung der Gesellschaft". "Sie beginnt damit, daß an die Stelle des manipulativen 'Trichters', d.h. der Pflichtschule mit abgestuftem Lehrplan, ein 'Netz' kommunikativer 'geselliger' Institutionen tritt, die jedem in jedem Alter ein freies, schöpferisches Lernen ermöglichen."[1376] Die Schule soll also durch "nichtschulische Formen der Bildung" ersetzt werden.[1377]

Auch EVERETT REIMER, der wohl bekannteste Mitarbeiter ILLICHS, fordert schlichtweg: "Schafft die Schule ab!"[1378] In seiner radikalkritischen Analyse der Schulwirklichkeit zeigt er den "desolaten Zustand einer verschulten Gesellschaft".[1379] "Die Alternative zur schlechten Schule ist nicht die bessere Schule, sondern gar keine Schule. Der lernende Mensch soll frei zwischen sozial gerechten Bildungsangeboten wählen. Jedermann soll bestimmen, wann, was und mit wem er lernen möchte."[1380]

In seiner wohlwollenden, aber durchaus kritischen Auseinandersetzung mit ILLICHs Entschulungsideen entwirft HARTMUT VON HENTIG eine eigene, gemäßigte Position, die er als "Entschulung der Schule" bezeichnet.[1381] Diese Position "... besteht aus einer Kritik der heutigen Schulverhältnisse ..., einer Kritik an den Kritikern ... und einem praktischen Plan (der an der Universität Bielefeld verwirklicht wird ...)".[1382] VON HENTIG hält dabei prinzipiell an der Institution Schule fest und setzt dem Modell der "Entschulung" dasjenige der "verantworteten Schule" entgegen, die sich durch "Freiheit vom Zwang im Rahmen von Notwendigkeiten" auszeichnet.[1383]

Als weitere gemäßigte Variante der "Entschulungsidee" seien hier noch die Ansätze von JÜRGEN ZIMMER und ACHIM HOFFMANN genannt. Während ZIMMER unter "Entschulung" eine Art "Entrümpelung" der alten "pädagogischen Verwahranstalten" zugunsten eines mehr "offenen Lernens" versteht[1384], meint HOFFMANN mit diesem schulkritischen Schlagwort die "Entschulung der alten (sozialistischen) Lernschule" nach der Wende in den neuen Bundesländern.[1385]

Zu den hierzulande bis heute wohl radikalsten Vertretern der Entschulungsidee zählt BERTRAND STERN, der die Zukunft nicht in "institutionalisierten Schulen", sondern in "Landschaften der freien Bildung" sieht.[1386] "Meine radikale Position, auf der meine Schulkritik beruht, verstehe ich als grundsätzliche Ent-Scheidung: als endgültige Scheidung von Tabus, Ängsten, Ambitionen usw., die sich in der Institution Schule widerspiegeln und die den Weg zu neuen Ufern der Lebendigkeit verstopfen. Freie Menschen, freie Bildung – statt Schule!", lautet STERNs schulkritisches Fazit.[1387]

Schließlich sei noch angemerkt, daß ACHIM LESCHINSKY in dem Phänomen der "Verschulung" einen grundlegenden Dreh- und Angelpunkt der gesamten "Schulkritik" sieht: "Insgesamt spricht viel für die Annahme, daß es sich bei den verschiedenen historischen Konjunkturen der Schulkritik jeweils um symptomatische Reaktionen auf Veränderungen in Erziehung und Gesellschaft, gewissermaßen Modernisierungs- oder enger noch Verschulungsschübe handelt."[1388]

6.3 Problemfeld *Staatliches Schulmonopol / Entstaatlichung*

6.3.1 Fragwürdigkeit des staatlichen Schulmonopols

"Seit es staatliche Schulen in Deutschland gibt, gibt es auch eine Kritik am Staat als Schulbetreiber", stellt JOHANN PETER VOGEL fest.[1389] Unter denjenigen Schulkritikern, die das "staatliche Schulmonopol" in Frage stellen, lassen sich zwei Kategorien unterscheiden: Zum einen findet man *gemäßigte* Staatsschulkritiker, die der Institution "Staatsschule" durchaus eine *historische* Berechtigung zuerkennen, sie aber in ihrer traditionell etatistischen Verfaßtheit für die *heutige* demokratische Bürgergesellschaft nicht mehr als zeitgemäß erachten. Auf der anderen Seite stehen *radikale* Staatsschulkritiker, die, in der Tradition des pädagogischen "Anarchismus" stehend, jegliche staatliche Einflußnahme auf Schule und Bildung seit jeher *prinzipiell* ablehnen.[1390]

Zunächst zur ersten Variante: Nach Auffassung *gemäßigter* Staatsschulkritiker muß man zunächst einmal "... die Verfaßtheit von Staatsschule, wie sie historisch und aktuell auftritt, als eine geschichtlich entstandene gesellschaftliche Wirklichkeit verstehen."[1391] "Die Idee der Verschulung und Verstaatlichung von Bildung ist alt und beginnt bereits für die Neuzeit mit der Reformation und MARTIN LUTHER. Ihre Institutionalisierung ist in Europa jedoch erst ein Kind der Aufklärung des 18. Jahrhunderts."[1392] Im Zeichen der aufklärerischen Leitidee der "Emanzipation aller Menschen aus Knechtschaft und Vormundschaft" bemühten sich am Ende des 18. Jahrhunderts z.B. die deutschen Pädagogen ERNST CHRISTIAN TRAPP und JOACHIM HEINRICH CAMPE um die Säkularisierung und Verstaatlichung von Bildung, "um dem Einfluß der Kirche Einhalt zu gebieten".[1393] "Gleichzeitig erkannte aber auch der absolutistische Staat – allen voran Preußen – die Bedeutung einer öffentlichen, d.h. staatlich beaufsichtigten und sanktionierten Schulbildung und ging daran, das Kirchenmonopol zurückzudrängen und durch ein Staatsmonopol zu ersetzen", schreibt ULRICH KLEMM.[1394] An diesem "staatlichen Schulmonopol", das mit dem "Preußischen Landrecht" von 1794 seine feste Verankerung fand, entzündete sich seitdem heftigste Kritik.[1395]

Hier ist zunächst die "deutsche liberal-progressive Schulkritik" zu nennen, wie sie etwa von WILHELM VON HUMBOLDT, KARL MAGER, EDUARD SACK oder WILHELM DÖRPFELD vertreten wurde.[1396] Besonders erwähnt seien an dieser Stelle WILHELM VON HUMBOLDTs "Ideen zu einem Versuch, die Grenzen der Wirksamkeit des Staates zu bestimmen".[1397] Sein Fazit von 1792 lautet: "Öffentliche Erziehung scheint mir daher ganz außerhalb der Schranken zu liegen, in welchen der Staat seine Wirksamkeit halten muß."[1398] Bis heute streiten sich die Gelehrten, ob HUMBOLDTs Position noch dem "liberalen" oder bereits dem "anarchistischen" Lager zuzuordnen sei.[1399]

Es bleibt mit KLEMM festzuhalten, daß auch "... im gesamten 19. Jahrhundert ... permanent Kritik am bestehenden Verhältnis von Staat und Schule von seiten progressiver Teile der pädagogischen Zunft geübt wurde, es jedoch zu keiner nennenswerten Alternativschulbewegung, d.h. zur praktischen Umsetzung von 'Freien Schulgemeinden' kommen konnte – dies blieb in Deutschland unserem Jahrhundert vorbehalten, das mit der reformpädagogischen Welle erste praktizierte Alternativschulansätze brachte."[1400] "In der ersten Hälfte des 20. Jahrhunderts regten sich heterogene Gruppierungen, die eine Entstaatlichung des Bildungswesens erstrebten ... Gefragt wird seitdem immer wieder, ob der Staat der geeignete Träger für das Bildungswesen ist", schreibt A. KÖPCKE-DUTTLER.[1401]

So ist bis heute die Kritik an der Schule als "Staatsinstitution" nicht verstummt: "Die in den letzten Jahren zunehmend geäußerte Kritik an der staatlichen Regelschule bringt ein ... Mißtrauen zum Ausdruck, das sich ... an der Verfaßtheit von Staatsschule, d.h. an der rechtspolitischen Dimension Staat-Gesellschaft-Schule ... orientiert."[1402] "Dem vom Staat veranstalteten ... Schulwesen und seiner Lehrerschaft wird vorgeworfen, daß sie unweigerlich zu Organen einer dem Staat genehmen, wenn nicht gar einer 'Staats-Pädagogik' werden, die als unvereinbar mit der Sache der Erziehung und Bildung und als dem Elternrecht oder der Idee der Freiheit widersprechend empfunden wird."[1403]

Systematisch läßt sich diese gemäßigte Form der "Staatsschulkritik" mit KLEMM etwa wie folgt zusammenfassen:

- "Die derzeitige Organisation von Schulbildung ist ein Relikt aus vergangener ... Zeit. Das heißt: Schule als Staatsschule wird heute aus psychologischer und soziologischer Sicht zu einer überholten und veralteten Institution."
- "Die Okkupation der Schule durch den Staat behindert individuelle Selbstbestimmung und Freiheitsrechte ... Das heißt, Schule als Staatsschule wurde zu einer antidemokratischen Institution."
- "Das staatliche Pflichtschulsystem erscheint heute als Ausdruck der Angst des Staates vor mündigen Bürgern. Der Staat verteidigt mit allen Mitteln seine selbsternannten ... Rechte an der Schule und macht sich damit aber politisch unglaubwürdig, wenn er gleichzeitig von freiheitlich demokratischen Grundrechten für seine Bürger spricht."
- "Es muß heute angesichts der gesellschaftlichen und ökonomischen Entwicklung darum gehen, neue Strukturen für Bildung zu finden, die jenseits klassischer Staatspädagogik liegen."
- "Diese neuen Strukturen dürfen jedoch nicht die Folge neuer ministerieller Verordnungen oder Reformen sein. Solche Reformen bleiben immer Kosmetik. Es geht vielmehr darum, die Herrschaftsansprüche des Staates durch die Freiheitsrechte der Beteiligten zu ersetzen."[1404]

6.3.2 Schule als Herrschaftsmittel des Staates

Die *radikale* Variante der Kritik an der "Staatsschule" entspringt anarchistischem Gedankengut. "Schon vor der Einführung eines staatlich organisierten, finanzierten und beaufsichtigten Schulwesens kritisierte der erste neuzeitliche Anarchist, [WILLIAM] GODWIN, 1793 Pläne, ... die auf die Etablierung eines öffentlichen Unterrichtssystems abzielten."[1405] "Mit derartiger Kritik an staatlicher Einmischung in Erziehungsfragen, wie sie in ähnlicher Form auch von anderen Klassikern des Anarchismus – etwa PROUDHON, STIRNER, BAKUNIN und TUCKER – formuliert wurde, führten die Anarchisten radikale liberale Argumentationen weiter ..."[1406] "Die radikale Schulkritik des 19. Jahrhunderts hat ebenfalls staatsskeptische und anarchistische Elemente", die sich bis ins 20. Jahrhundert hinein – etwa in der sog. "libertären" Pädagogik – fortsetzen.[1407]

Inhaltlich läßt sich die anarchistische Staatsschulkritik mit einem Wort von SILVIO GSELL aus dem Jahr 1927 wie folgt zusammenfassen: "Der Staat ist auf dem Gebiete der Schule überflüssig ..."[1408] Nach HERIBERT BAUMANN finden sich "die Auffassungen aller verstorbenen und lebenden Anarchisten über das Staatsschulwesen" darin wieder, "denn grundlegend einmütig ist ihre Ablehnung gegenüber der Schule als einem raffinierten Herrschaftsmittel des Staates."[1409] WALTER BORGIUS, einer der markantesten unter den radikalen deutschen Staatsschulkritikern unseres Jahrhunderts, drückte das 1930 so aus: "Die Schule ist ein raffiniertes Herrschaftsmittel des Staates, geschaffen ..., um von Kindesbeinen an alle Staatsangehörigen an Gehorsam zu gewöhnen, ihnen die Suggestion von der Notwendigkeit des Staates in Fleisch und Blut übergehen zu lassen, jede Emanzipationsidee im Keim zu lähmen, die Entwicklung ihres Denkens in wohlgehegte Bahnen zu lenken und sie zu bequem regierbaren, demütigen Untertanen zu drillen."[1410] BORGIUS' Kritik an der "Staatsschule" ist vernichtend: Sie sei "... nicht eine segensreiche, nur noch unvollkommene Einrichtung, die höchstens durch Ausbau und Reform zu einer immer wertvolleren zu gestalten ist, sondern *ein Übel an sich,* das *restlos beseitigt werden* muß, damit die Jugend, nach endlicher Befreiung von diesem verhängnisvollen Prokrustesbett, sich künftig unverkrüppelt aus jeweiliger freier Selbstbestimmung ihrer eigenen individuellen Natur gemäß entfalten kann."[1411]

So stellt sich neben der radikalen Kritik am staatlichen Erziehungswesen für die Anarchisten vielfach die Frage, "... ob der staatlichen Indoktrination und Disziplinierung durch Gründung von nichtstaatlichen Schulen entgegengewirkt werden könne."[1412] Zu den berühmtesten Versuchen dieser Art gehören TOLSTOJs russische Schule von *Jasnaja Poljana,* FERRERs spanische *Escuela Moderna* und RUSSELS englische Schule *Bacon Hill.*[1413] "Beide Kennzeichen anarchistischer Pädagogik, die generelle Kritik an der Staatsschule und die Idee von freien Gegenschulen, wurden durch die Protestbewegung der 60er Jahre wieder aktuell", resümiert STEFAN BLANKERTZ.[1414] Daß die libertär-anarchistische Schulkritik bis heute nichts an Brisanz verloren hat, zeigt nicht zuletzt ULRICH KLEMMs Studie "Zur Rezeption des pädagogischen Anarchismus in der Bundesrepublik".[1415]

6.3.3 Deregulierung / "Entstaatlichung" der Schule

Es ist wohl kein Zufall, daß der 10. Internationale Bildungskongreß des E/F/F/E, der 1994 in Bern Erziehungswissenschaftler, Pädagogen und Bildungspolitiker aus 29 Ländern der Welt zusammenführte, dem Thema: "Wieviel Staat braucht die Schule?" gewidmet war.[1416] Die Feststellung scheint nicht übertrieben, daß die Frage der "Deregulierung" bzw. "Entstaatlichung" des Schulwesens zu *dem* schulkritischen Thema der 90er Jahre avanciert ist.

Worum geht es dabei? "Im Zeichen der Deregulierungsdebatte, die auf die Bildungspolitik übergegriffen hat, wird die Frage nach dem Verhältnis von Staat und Schule gestellt. Der Fächer der Antworten ist weitgespannt. Befürworten die einen maximale staatliche Einflußnahme auf die Schule, möchten andere die Lernsituation aus dem staatlichen Machtbereich entfernen. Beide Gruppen streiten mit einsichtigen Gründen."[1417]

Zahlreiche Staatsschulkritiker plädieren für eine "Trennung von Erziehung und Staat: Der Staat solle sich, so diese Position, organisatorisch und finanziell möglichst aus der erzieherischen Tätigkeit heraushalten."[1418] Je nach dem zugrundegelegten Begriff des "Staates" wird diese Position in unterschiedlichen Vorstellungen entfaltet. Dabei stehen sich zwei nicht ganz übereinstimmende Ansätze gegenüber, die ausformuliert von PAUL GOODMAN und MURRAY N. ROTHBARD vorliegen.

"Für GOODMAN sind 'Staat' vor allem die zentralisierten Funktionen der sozialen Kontrolle und Budgetierung. Er tritt für weitgehende individuelle Freiheiten ein, aber trennt diese nicht scharf von lokaler Selbstverwaltung, der er durchaus Zwangsfunktionen wie Steuererhebung nicht prinzipiell völlig abspricht. Seine Forderungen zielen auf radikale Dezentralisierung. Im Bereich der Schule sieht dies dann so aus: größtmögliche Wahl für Jugendliche, Lehrer und Eltern, starke Reduzierung von Zwangsansprüchen den einzelnen gegenüber, weitreichende Selbständigkeit der Schulen", faßt STEFAN BLANKERTZ diese Position zusammen.[1419]

"Auf der anderen Seite steht ROTHBARD mit der ... ungewöhnlich prinzipiellen Definition von Staat. Für ROTHBARD ist jede verrechtlichte Organisation 'Staat', die mit dem Anspruch auf Legitimation individuelle Handlungsmöglichkeiten dauerhaft und flächendeckend einschränkt ... Trennung von Erziehung und Staat heißt für ihn also, daß weder Gesetze Angelegenheiten der Erziehung regeln, noch irgendwelche zwangsweise eingetriebenen Gelder – Steuern – auf sie verwendet werden. Dabei ist es für ihn von untergeordneter Bedeutung, ob die Zwangsausübung regional oder zentral gesteuert wird."[1420]

Ein weiteres "Entstaatlichungsmodell" der Bildung legte RUDOLF STEINER bereits nach dem ersten Weltkrieg mit seiner Idee der "Dreigliederung des sozialen Organismus" vor.[1421] Zusammenfassend schreibt UDO HERRMANNSTORFER dazu: "Als das eine Feld unerträglicher Bevormundung zeigt sich das Bildungs- und Kulturwesen ... Will man an diesen Verhältnissen grundsätzlich etwas ändern, so nur dadurch, daß man diese Bereiche dem Staat entzieht und sie dadurch befreit. Freiheit im selbstverwaltenden [sic] Bildungs- und Kulturbereich wäre der einzige langfristige Schutz gegenüber staatlichem Mißbrauch."[1422] STEINER plädierte dafür, das "Geistesleben", zu dem er die Bereiche "Bildung und Kultur" zählte, strikt vom "Wirtschafts-" und vom "Rechtsleben" zu trennen: "Freiheit für das Geistesleben, Eigenständigkeit des Wirtschaftslebens, ... demokratisch-legitimierte Rechtsstaatlichkeit, eine Dreigliedrigkeit des sozialen Organismus" sollte etabliert werden – nicht zuletzt, um den Bildungsbereich freizuhalten von unzulässigen Herrschaftsansprüchen der "Wirtschaft" und des "Staates" (vgl. Kap.II.2.3.7).

"Diese Gestaltungs-Idee der Dreigliederung des sozialen Organismus, die zur Entmachtung des Staates führt und den sich in Freiheit und sozialer Verantwortung als mündig erlebenden Menschen zum Dreh- und Angelpunkt der Sozialgestaltung macht", hat bis heute – gerade im Kontext der schulkritischen "Entstaatlichungsdebatte" – nichts an Aktualität verloren.[1423]

Freilich haben solche radikalen "Deregulierungsforderungen" immer schon zahlreiche Mahner bzw. "Entstaatlichungsgegner" auf den Plan gerufen, die nicht müde wurden, darauf hinzuweisen, wieviel Freiheit doch gerade das staatliche Schulwesen erlaube – bzw. überhaupt erst ermögliche.[1424] THEODOR WILHELM, der wohl immer noch zu den bekanntesten Kritikern der "Staatsschulkritik" zählt, setzt sich skeptisch mit den "antistaatlichen Emotionen der Gegenwart" auseinander und bedauert, daß die "Kritik an der Schule ... schließlich in Kritik am Staat umgeschlagen ist".[1425] Zwar betrachtet auch WILHELM die Staatsschule als einen "Pflegefall"; die "Vision eines staatsfreien Schulwesens" lehnt er jedoch entschieden ab.[1426] "Es ist meine Überzeugung, daß nicht nur gesellschaftlich sondern auch pädagogisch nichts gewonnen wäre, wenn der Staat sich, wie so viele wollen, ganz aus der Schule zurückzöge; er würde damit nur partikularen Minderheiten das Tor zur Machtergreifung öffnen", schreibt WILHELM.[1427]

Auch HARTMUT VON HENTIG beurteilt die "Entstaatlichung" des Schulwesens durchaus kritisch, wenn er schreibt: " 'Staatsluft macht frei' – auch heute noch."[1428] "Wir müssen den Staat nur richtig organisieren, d.h. wir dürfen ihn weder der Bürokratie noch der Wirtschaft, noch den Parteien überlassen. Frei zu machen, dazu jedenfalls ist der neuzeitliche Staat erfunden worden ... Sein Rechtssystem, seine Kommunikationsmittel, seine wissenschaftlichen Einrichtungen, seine Schulen, seine Dienstleistungen, Aufsichten, sozialen Sicherungsmaßnahmen machen uns frei von den widerwärtigen Abhängigkeiten und unaufgeklärten Zwängen ..."[1429]

Diese Zitate mögen genügen, um das vielfältige Spektrum schulkritischer Positionen im Kontext der "Entstaatlichungsdebatte" anzudeuten.

6.4 Problemfeld *Schulautonomie / Schulvielfalt*

6.4.1 Mangelnde Autonomie der Einzelschule

Ein weiterer Aspekt institutioneller Schulkritik ist der Vorwurf, daß es der einzelnen Schule in unserem Bildungssystem an "Autonomie", d.h. an Möglichkeiten zur Selbstbestimmung, Selbstgestaltung und Selbstorganisation mangele. "Die Schulreformdiskussion wird seit einiger Zeit dominiert durch Schlagworte wie erweiterte Selbständigkeit, Stärkung der Einzelschule, Profilbildung, Öffnung oder Selbstorganisation. Die alles überstrahlende Großvokabel, die wie ein Etikett auf dieser Diskussion klebt, lautet 'Autonomie von Schule' ", schreibt HANS-GÜNTER ROLFF.[1430]

"In der Geschichte der Bundesrepublik ist die Debatte um die Autonomie von Schule ... stets in großer Breite geführt worden", stellt INGO RICHTER fest.[1431] "Nun gibt es seit einiger Zeit in der Bundesrepublik eine *neue* Autonomiedebatte im Schulwesen, die über die *alte* Debatte wesentlich hinausgeht, indem sie pädagogische und betriebswirtschaftliche, politische und soziologische Gesichtspunkte mit einbezieht ..."[1432] So resümieren auch HANS DÖBERT/GERD GEIßLER: "Nachdenken über moderne Schule hat sich seit Beginn der neunziger Jahre auch in Deutschland zunehmend um den Begriff 'Schulautonomie' versammelt" – und das vielfach in schulkritischer Absicht.[1433]

Worum geht es nun bei der Kritik im Namen des schillernden Begriffs der "Schulautonomie"? "Angesichts der preußisch-absolutistischen Tradition staatlichen Schulehaltens in Deutschland geht es darum, normative Ansatzpunkte zu entwickeln, um den Wandel von der in hierarchische Strukturen eingebundenen Staatsschule zur autonomen Selbstverwaltungsschule einzuleiten, der von dem Grundsatz geprägt wird, daß der Staat zwar die Rahmenbedingungen für gleiche Bildungschancen zu setzen und über ihre Einhaltung zu wachen, ansonsten aber nicht mehr zu dirigieren, sondern zu motivieren, zu beraten und notfalls zu helfen hat", formuliert FRANK-RÜDIGER JACH.[1434] Einen hilfreichen Beitrag zur Begriffsklärung liefert auch WOLFGANG HÖRNER, der in seiner Analyse "drei unterschiedliche Begriffe von Autonomie" herausarbeitet: den "pädagogischen Begriff" von der "Autonomie des erzieherischen Verhältnisses"; den "soziologischen Begriff" von der "Autonomie des Bildungssystems", den "juristischen Begriff" von der "Autonomie der (Einzel-)Schule".[1435] Dabei haben – im Kontext der Schulkritik – der pädagogische und der juristische Begriff häufig den Charakter eines normativen Postulats: "Erziehung muß autonom sein" bzw. "Schule sollte autonom sein".[1436]

Mit dem Ruf nach mehr Schulautonomie bahnt sich nach H.-G. ROLFF geradezu ein "Paradigmenwechsel" in der Diskussion um Schulkritik und Schulentwicklung an.[1437] "Standen noch in den siebziger Jahren übergreifende Fragen der Schulstruktur und Schulverwaltung im Mittelpunkt von Reformbemühungen ..., so ist es jetzt die Einzelschule."[1438] Hintergrund dieser Entwicklung ist die durch zahlreiche Implementationsstudien zunächst im angelsächsischen Raum gewachsene Einsicht, "... daß sich die Umsetzung und damit der Erfolg von Plänen nicht auf der staatlichen Ebene, sondern auf der Ebene von Einzelschulen entscheidet."[1439] Nicht zuletzt der von HELMUT FEND (1986) aufgrund empirischer Studien entwickelte Ansatz, die "einzelne Schule als pädagogische Handlungseinheit" anzusehen, lieferte den Nährboden für die "Schulautonomie-Debatte".[1440] Auch die von AURIN (1990), STEFFENS/BARGEL (1993), TILLMANN (1994) u.a. vorangetriebenen Bemühungen, die "Qualität von Schule" zum Fokus der Schulentwicklung zu machen, ebneten den Autonomiebestrebungen den Weg.[1441] So konstatiert auch SIEGFRIED JENKNER: "... seit den achtziger Jahren wird immer dringlicher nach der Qualität von Schulen gefragt – und das erfordert vorrangige Aufmerksamkeit für die einzelnen Schulen" – sowie für Möglichkeiten ihrer individuellen pädagogischen Gestaltung.[1442]

Spätestens seit der einschlägigen Schulqualitätsstudie von M. RUTTER u.a. (1979) war deutlich geworden, daß das spezifische "Schulethos" einer Einzelschule, d.h. "eine Grundstruktur bestimmter Wertorientierungen, Einstellungen und Verhaltensmuster" sowie ein charakteristisches "pädagogisches Profil" als "besonders wichtige Voraussetzung für die 'Qualität von Schule' " zu gelten haben.[1443] Um ein solches "Profil" herausbilden zu können, müßte aber den Schulen ein größerer Gestaltungsfreiraum, d.h. mehr Autonomie gegeben werden. Diesen Zusammenhang von "Schulqualität" und "Schulautonomie" hat auch J.P. VOGEL im Blick, wenn er schreibt: "Ein der Schule eingeräumter Gestaltungsfreiraum ... führt ... zu mehr Identifikation von Lehrern, Eltern und Schülern mit der Schule. Identifikation aber ist eine Grundvoraussetzung jeder guten Schule."[1444]

Mit Blick auf die Schulen in freier Trägerschaft, die sich von jeher durch ein spezifisches "pädagogisches Profil" bzw. ein besonderes "Schulethos" auszeichnen, schreibt HERRMANN LANGE: "Schulen mit Autonomie und eigenem Profil sind heute z.B. die Privatschulen, namentlich kirchliche Schulen und die Waldorfschulen. Sie ... gelten ... als gute Schulen. In ihnen ist die Identifikationsbereitschaft von Lehrern, Eltern und Schülern offenbar besonders ausgeprägt. Sie repräsentieren ein Wertesystem und einen Lebensstil, der die Beteiligten in verpflichtender Weise einbindet. Lehrer an einer kirchlichen oder einer Waldorfschule wird, wer sich ihrem Unterrichtskonzept verbunden weiß und bereit ist, für seine Verwirklichung einen besonderen Einsatz zu leisten. Nichts anderes gilt für die Eltern und – vermutlich – für ihre Kinder."[1445]

Die Ergebnisse der vieldiskutierten Studie von J.E. CHUBB/T.M. MOE aus den USA mit dem deutschen Titel "Freie Schulen sind bessere Schulen" weisen in eine ähnliche Richtung: 1. "Schulen leisten mehr, wenn sie ... klare Lernziele, ein anspruchsvolles Studienprogramm, starke erzieherische Leistungskompetenz" u.a. besitzen. 2. "Wichtigste Voraussetzung hierfür ist die Autonomie der einzelnen Schule, besonders gegenüber bürokratischen Leistungsansprüchen von außen." 3. "Das gegenwärtige staatliche Verwaltungssystem verhindert eine effiziente Organisation der Schule, weil die demokratisch legitimierten Kontrollinstanzen ... durch ihre ... Wirkungsweise die Selbstbestimmung der Einzelschule untergraben und einschränken."[1446]

So wird nicht nur mehr *pädagogische, administrative, personelle* und *finanzielle* Autonomie für die – mit HENSELs Worten – "autonome öffentliche Schule"[1447] gefordert, sondern es wird zugleich fundamentale Kritik an der traditionellen Rolle der staatlichen *Schulaufsicht* geübt, so z.B. bei REINHARD HOFFMANN: "Mit Bezug auf eine erhebliche Erweiterung der Autonomie der Schule sind auch die Funktionen und Aufgabenstellungen, die Zuständigkeiten ... und das allgemeine Verhalten der staatlichen/kommunalen Schulverwaltung und Schulaufsicht neu zu bestimmen."[1448]

Von einer notwendigen Reduktion der Schulaufsicht von der "Fachaufsicht" auf eine reine "Rechtsaufsicht" spricht J.P. VOGEL, und H. DÖBERT schildert die auch hierzulande bereits in Gang gekommene "Fortentwicklung schulaufsichtlicher Verfahren" in Richtung auf mehr Beratung, Unterstützung und Selbstevaluation der Schulen, wie sie etwa in den Niederlanden schon gang und gäbe sind.[1449]

Unter den vielfältigen Begründungsansätzen für die Forderung nach mehr Schulautonomie lassen sich nach INGO RICHTER "politische", "pädagogische", "organisatorische" und "ökonomische" Begründungen unterscheiden; bei HORST WEISHAUPT/MANFRED WEIß finden sich diese Begründungsformen nochmals zusammengefaßt.[1450] Das "Pro und Contra" der Schulautonomie hat HARM PASCHEN aufs sorgfältigste abgewogen, wobei auch für ihn die Pro-Argumente "nicht unwesentlich" schwerer wiegen.[1451]

Schließlich seien auch noch die "Kritiker der Schulautonomie" erwähnt, die diese eher fürchten: "Denn ein Gespenst geht um in Europa: die immer mehr um sich greifende Tendenz erweiterter schulischer Autonomie ...", schreibt HERMANN AVENARIUS in skeptischer Attitüde.[1452] PETER DASCHNER fragt kritisch an, ob "Schulautonomie" eine "Verführung von oben oder ein Bedürfnis von unten" sei[1453], und WOLFGANG MITTER meint, daß anstelle einer "verordneten Autonomie" nur eine "geförderte Autonomie" sinnvoll sei, da erstere nur Verunsicherung, Skepsis und Widerstand hervorrufe.[1454] Ein häufig genanntes Argument *gegen* mehr Schulautonomie führt HERMANN LANGE an: "Wird nicht ... die zunehmende Profilierung einzelner Schulen dazu führen, daß sich Wanderungsbewegungen im Schulwesen verstärken, die auch zu einer sozialen Entmischung führen und die am Ende an bestimmten Schulen zu einer kaum mehr tragbaren Verdichtung von Problemen führen?"[1455] Solche Kritik ist sicher ernstzunehmen und beim Schaffen von sozial gerechten Rahmenbedingungen für mehr Schulautonomie zu bedenken.

Trotz allem liegt heute eine nicht mehr zu übersehende Fülle von Autonomiekonzepten für die öffentliche Schule vor.[1456] "Seit Beginn der neunziger Jahre schlagen sich die Vorstellungen von einer stärkeren Verselbständigung der Schule sowie der aktiven Beteiligung der Lehrenden, Erziehungsberechtigten und Schülerinnen und Schüler an den schulischen Entscheidungsprozessen in den entsprechenden Gesetzen der Kultusverwaltung nieder", resümiert MARGARETE LAUDENBACH.[1457] Daß also der Ruf nach mehr Schulautonomie "nur ein Modethema" sei, wird niemand mehr ernsthaft annehmen können.[1458] Eher ist davon auszugehen, daß sich mit der Autonomie-Diskussion "... tatsächlich ein Paradigmenwechsel im Bereich der Bildungsentwicklung ... abzeichnet, der sich dann allerdings als äußerst folgenreich für Bildungsplanung und Schulentwicklung in Deutschland – und nicht nur hier – erweisen dürfte."[1459]

6.4.2 Schulische "Monokultur" statt Schulvielfalt

In unmittelbarem Zusammenhang mit der Kritik an der mangelnden "Schulautonomie" steht diejenige Kritik, welche die "monotone Gleichförmigkeit" der staatlichen Bildungslandschaft anprangert – und Bedingungen zur Schaffung einer größeren "Schulvielfalt" einfordert. So beklagen z.B. U. KLEMM/A. TREML, daß unsere moderne Gesellschaft "... *eine* Art und Weise zu lernen stabilisiert und gleichzeitig Alternativen systematisch veruntreut oder gar vernichtet" habe.[1460] Dies sei "... nicht nur ästhetisch ein beklagenswerter Verlust an Buntheit und Vielheit ..."[1461] "Daß wir alles auf eine Karte setzen, und das heißt: schulisches Lehren und Lernen monopolisieren", sei eine "nicht unproblematische Sache", ja "überlebens-gefährlich"; in der Natur beinhalteten Monokulturen stets ein "hohes Risiko".[1462] So hält auch H.C. BERG "... eine Umorientierung der schulischen Gartenbaumeister vom Französischen Garten zum Englischen Garten, eine

Umorientierung der Schulförster von einer Schulmonokultur auf einen Schulmischwald" für ein zeitgemäßes Erfordernis.[1463]

Bereits Ende der 70er Jahre forderte VON HENTIG: "Es sollte ein breites Angebot an Schulen geben, die nicht nur durch Dauer und Gegenstände, sondern auch durch den pädagogischen Stil und die Lebensauffassung unterschiedlich sind."[1464] Die "Vorschläge für das Bildungswesen der Zukunft", die das Pariser Collège de France 1985 vorlegte – und die verschiedentlich als "Magna Charta der Entwicklung des Bildungswesens in Europa" bezeichnet wurden – plädieren u.a. für "Einheit in und durch Pluralismus", d.h. "pädagogische Vielfalt und Wettbewerb zwischen verschiedenartigen und autonomen Bildungseinrichtungen mit weitgehender pädagogischer, personeller und finanzieller Eigenverantwortung".[1465]

Auch die 1993 erschienene Denkschrift der Bildungskommission Nordrhein-Westfalen "Zukunft der Bildung – Schule der Zukunft" spricht sich eindeutig für eine sozial gerechte "Pluralisierung" der Bildungsformen aus und empfiehlt dezentralisierte, "regional gestaltete Bildungslandschaften", die eine "Vielfalt der Angebotsformen", "spezifische Konturen und Profile" sowie "verschiedene Möglichkeiten und Lösungen für je unterschiedliche Situationen und Bedürfnisse" ermöglichen.[1466] Im selben Jahr fordert BERTRAND STERN eine "breite und freiheitliche Vielfalt" an Bildungseinrichtungen, "die allen Menschen zur Verfügung stehen"[1467], und SIEGFRIED JENKNER postuliert "Freiheit für Schulvielfalt"[1468].

Angesichts dieses immer unüberhörbareren Rufes nach mehr Pluralismus im Schulwesen mahnt HANS CHRISTOPH BERG Versäumnisse seitens der Bildungspolitik und der Schulöffentlichkeit an: "Mangels entsprechender Vororientierung über freiheitlichere, unbürokratischere, demokratischere Schulverfassungsalternativen" seien "die hierfür wichtigen Fragen kaum gestellt, Vorschläge kaum erfaßt, Tatbestände kaum bekannt, Konzepte kaum erwogen" – so z.B. auch "der Vorschlag des Deutschen Bildungsrates zur Umwandlung unseres bislang in Staatsschulen versus Privatschulen gespaltenen Schulwesens in ein öffentliches Schulwesen mit 'produktivem Wettbewerb' chancengleicher Schulen".[1469] Obgleich inzwischen "... im Rahmen der Erziehungswissenschaft das Konzept Schulvielfalt ansatzweise entwickelt und bewährt" sei, herrsche "die Normativität des Faktischen, die deutsche Tradition der Staatsbehördenschule ... fast ungebrochen weiter". [1470]

So fordert auch BERG mehr "Schulvielfalt", und das "bedeutet zunächst das rechts- und chancengleiche Angebot aller wesentlichen, heutzutage lebenskräftigen, pädagogisch qualifizierten, nachgefragten und zulässigen Schulgestalten in einer Schulregion ...; ... des weiteren die Ausgestaltung aller Schulen zu individuellen Schulkulturen im Rahmen weiträumiger (statt bislang engmaschiger) Vorgaben ..."[1471]

Als bereits existierende Beispiele funktionstüchtiger schulpluralistischer Modelle seien hier das von ELKE URBAN und der "Initiative Freie Pädagogik" im Kontext der "Wende" 1989 ins Leben gerufene Projekt "Schulvielfalt in Leipzig"[1472], das im selben Jahr von HANS CHRISTOPH BERG initiierte Marburger Schulentwicklungsprojekt "Lehrkunst in Schulvielfalt"[1473] sowie das von THEO LIKET u.a. beschriebene "Niederländische Modell des Bildungswesens"[1474] genannt.

Seit den 90er Jahren wird im Kontext dieser Kritik verstärkt die Frage aufgeworfen, ob eine solche "Schulvielfalt" überhaupt verfassungsrechtlich legitimierbar sei – bzw., wie HERMANN AVENARIUS formuliert, "ob der Staat selbst eine Vielfalt von Schulen vorhalten" darf.[1475]

Diese Frage wird heute von zahlreichen Verfassungsrechtlern eindeutig bejaht. FRANK-RÜDIGER JACH z.B. legt in seiner Schrift "Schulvielfalt als Verfassungsgebot" in überzeugender Weise dar, daß der Staat auf der Basis des Grundgesetzes nicht nur das Recht, sondern die Pflicht hat, Schulvielfalt – nicht nur im Bereich der Privatschulen – zu garantieren: "Dem Staat obliegt ... die Verpflichtung, durch organisatorische und finanzielle Maßnahmen Schulvielfalt im Sinne der Verwirklichung verschiedener pädagogischer Erziehungskonzeptionen zu gewährleisten."[1476] JACH unterzieht die "extensive Auslegung" der staatlichen Schulaufsicht gemäß Art.7, Abs.1 GG einer fundierten Kritik und stellt dieser traditionell *etatistischen* eine *liberalistische* Interpretation des staatlichen Schulhoheitsauftrages gegenüber.[1477] "Als Organisationsprinzip schulischer Erziehung folgt m.E. aus dem Gesagten die Forderung nach einem Verständnis der staatlichen Schulaufsicht als Gewährleistung inhaltlich pluraler und unabhängiger Erziehungsprozesse unter Aufsicht des Staates." Ähnlich argumentiert auch ERICH BÄRMEIER.[1478]

In einer hervorragenden Studie zeigt SIEFRIED JENKNER die historische Perspektive des Themas auf.[1479] Auch JOHANN PETER VOGEL kommt zu dem Schluß: "Vielfalt im Schulwesen, wie sie aus der Privatschulgarantie des Art. 7 (4) abgeleitet wird, ist ein Verfassungsprinzip, das der freiheitlich-demokratischen Grundordnung entspricht" – und das nicht nur für Schulen in privater Trägerschaft Geltung hat.[1480] HANS CHRISTOPH BERG schließlich hält fest: "Unmißverständlich mahnen die berühmten Sätze des Bundesverfassungsgerichts (1987) ... die Umwandlung der alten dirigistischen Staatschulmonokultur zur künftigen pluralistischen Staatsschullandschaft an: 'Das Offensein des Staates für die Vielfalt der Formen und Inhalte, in denen Schule sich darstellen kann, entspricht den Wertvorstellungen der freiheitlich-demokratischen Grundordnung ... Der Staat muß den schulischen Pluralismus auch gegen sich selbst garantieren.' "[1481]

Als Kritiker dieser Position sei HERMANN AVENARIUS genannt, welcher der o.g. Auffassung folgende These entgegenhält: "... eine buntgefächerte Schullandschaft ... kann und darf es im öffentlichen Schulwesen nicht geben. Wer Schulen in verschiedenen Farben haben möchte, bleibt auf die Privatschulalternative angewiesen."[1482] Ähnlich meint auch FRIEDHELM HUFEN: "Der 'Binnenpluralisierung' der öffentlichen Schulen sind ... enge Grenzen gesetzt. Deshalb sollte sich insgesamt die Aufmerksamkeit vermehrt auf die 'Außenpluralisierung' durch (öffentlich geförderte) Schulen in freier Trägerschaft richten ... Die Beteiligten sollten ideologische Scheuklappen von Eliten-Schulen und der 'Privat'-Schule hinter sich lassen und Schulvielfalt entschlossen dort suchen, wohin sie letztlich gehört ... : bei den Schulen in freier Trägerschaft."[1483]

Wie auch immer man zu diesem Aspekt gegenwärtiger schulkritischer Bestrebungen stehen mag, eines scheint evident zu sein: "Vielleicht kann man angesichts dieser Entwicklung zur Vielfalt im Schulwesen und zur Profilierung der Einzelschule ... von einem langsamen, aber nicht mehr umkehrbaren Wandlungsprozeß im Schulwesen sprechen."[1484] Für HUSÉN gehört die Frage der "Vielfalt des Bildungsangebots" zu den zentralen Fragen für das "Überleben der Schule".[1485] Mit BERG bleibt schließlich festzuhalten: "Für die Entwicklungsdynamik von Schulvielfalt wird es entscheidend sein, ob ein Blickwechsel, ein Stimmungsumschwung, eine Beweislastumkehr gelingt. Erst wenn gegenüber Schulvielfalt eine Schulmonokultur kopfschüttelnd als ähnlich unkultürlich erlebt wird, wie gegenüber Mischwald eine Fichtenmonokultur als unnatürlich – erst dann kann Schulvielfalt wirklich ... vorankommen ..."[1486]

6.4.3 Regelschulzwang statt freie Schulwahl

Ein weiterer Kritikpunkt, der die Gemüter v.a. seit den 80er und 90er Jahren immer wieder heftig erhitzt, betrifft den – für viele Eltern nicht zuletzt finanziell begründeten – "Zwang" zum Besuch der staatlichen Regelschule, dem die Forderung nach "freier Schulwahl" zwischen Schulen verschiedener pädagogischer Prägung und Trägerschaft gegenübergestellt wird. So konstatiert WOLFGANG MITTER nach Durchsicht der einschlägigen erziehungswissenschaftlichen Literatur des vergangenen Jahrhunderts eine "nicht mehr zu übersehende Fülle" von "Veröffentlichungen", die "die freie Schulwahl durch Eltern anstelle der weithin praktizierten Schulzuweisung durch Behörden" thematisieren.[1487]

Bereits in den 80er Jahren war bei VON HENTIG zu lesen: "Die Bildungspolitik tritt in eine neue Phase: Der Klassenkampf um ... die Schule weicht dem Kampf um ... das Recht der Bürger, die Schule für ihre Kinder zu bestimmen oder zu wählen."[1488] In den 90er Jahren wandte sich z.B. REIJO WILENIUS gegen den Zwang zum Besuch der staatlichen Regelschule und forderte "... die Gleichberechtigung der verschiedenen pädagogischen Richtungen. Das heißt: der Staat soll sich nicht für *eine* staatliche Pädagogik entscheiden, sondern gegenüber den verschiedenen pädagogischen Ansätzen Neutralität bewahren. Die Entscheidung müßte bei den Eltern liegen."[1489] In demselben Sinne führt H.C. BERG aus: "Der Bedingungsrahmen für das Schulwahlrecht sollte in Analogie zum elterlichen Erziehungsrecht ausgestaltet werden. Der natürlicherweise wohlwollende und urteilsfähige Elternwille sollte als Normalfall respektiert und im Rahmen des schulisch Möglichen realisiert werden. Eine Entmündigung des Elternwillens durch dirigistische Schullenkungsmaßnahmen müßte dagegen unter vergleichbare Prozeßregeln gestellt werden (Beweislast bei der Behörde!) wie beim elterlichen Erziehungswillen."[1490]

Gleichzeitig traten auch Gegner der "Schulwahlfreiheit" auf den Plan, von denen PETER STRUCK hier stellvertretend genannt sei. STRUCK sieht den "staatlichen Schulgestaltungswillen" bis zur Unerkennbarkeit schwinden und führt aus: "Der Gestaltungswille des Staates ist weitgehend auf den Elternwillen verlagert worden ..."[1491] Zwar betrachtet er das "Wahlrecht der Eltern" durchaus als "schulgestalterische Kraft"; eine Ausweitung des Elternrechts auf freie Schulwahl hält er jedoch nicht für sinnvoll, da er einen "schulpluralistischen Exzeß" befürchtet.[1492]

Anders sieht das JOHANNES KIERSCH. In seiner Einleitung zur deutschen Ausgabe der vielzitierten US-Studie von J. CHUBB/T. MOE "Good Schools by Choice" (1990) stellt er zusammenfassend die von den o.g. Autoren eruierten Vorteile des "Elternrechts auf freie Wahl der gewünschten Schule" im Hinblick auf mehr "Schulqualität" vor: "Grob gesagt tendieren wahlfreie Schulen dazu, weniger formell zu sein, professioneller und [eher] mit einer allen Beteiligten gemeinsamen 'Mission' geführt zu werden als gewöhnliche Schulen. Ihre Lehrer sind selbständiger, mehr mit Begeisterung bei der Sache, haben mehr Einfluß auf Entscheidungen und sind glücklicher ... Die Schüler sind mit der von ihnen gewählten Schule zufriedener; die Ergebnisse der Leistungstests steigen an. Die Eltern sind besser informiert, eher bereit zu helfen und aktiv am Schulleben teilzunehmen."[1493] Nach CHUBB/MOE wurden Projekte zum freien Schulwahlrecht für Eltern selbst in extremen sozialen Brennpunkten mit "überwältigendem Erfolg" durchgeführt.[1494]

Nicht zuletzt durch die kritische Auseinandersetzung von MANFRED WEISS mit dieser Studie, die mit seinen Worten "den Anspruch erhebt, den empirischen Nachweis für die Überlegenheit eines marktgesteuerten Schulwesens liefern zu können", wurde in der deutschen bildungspolitischen Diskussion ein heftiger Disput über den "Markt als Steuerungssystem im Schulwesen" entfacht, der bis heute in unverminderter Schärfe anhält.[1495] Während WEISS u.a. dem Marktmodell – aus vielfach berechtigten Gründen – eher skeptisch gegenüberstehen, bleibt doch mit W. MITTER festzuhalten: "Internationale Bildungsvergleiche lenken unsere

Blicke auf weltweite Tendenzen, die Ansätze zu marktorientierten Bildungsformen erkennen lassen."[1496]

"Auch in Westeuropa hat, wie das Beispiel Deutschland zeigt, das Interesse an marktorientierten Bildungsreformen zugenommen", wofür nach MITTER nicht zuletzt der 15. Kongreß der Deutschen Gesellschaft für Erziehungswissenschaft zu dem Thema "Bildung zwischen Staat und Markt" (1996) ein Indiz liefert.[1497] So werden inzwischen nicht nur in den beiden "Pionierstaaten" USA und Großbritannien, sondern auch in anderen westlichen Staaten "... freie Schulwahl und Wettbewerb der Schulen als zu erstrebende Strategien zugunsten von Qualitätssicherung und Effizienzsteigerung" angesehen.[1498] Dabei wird verstärkt nach Möglichkeiten gesucht, "Wahlfreiheit" und "Chancengleichheit" bzw. "soziale Gerechtigkeit" miteinander zu verbinden.[1499]

In diesem Kontext wird an der finanziellen Benachteiligung von Eltern, die für ihre Kinder Schulen mit einer "alternativen" Pädagogik wählen, immer wieder heftige Kritik geübt – sowie alternative Modelle der Schulfinanzierung vorgeschlagen.[1500] So schreibt z.B. F.-R. JACH: "Mit der Zielsetzung einer ... Stärkung der Wahlfreiheit der Eltern zwischen verschiedenen Schulen ... verliert die traditionelle Dualität von schulgeldfreier staatlicher Schule und von den Eltern zumindest teilfinanzierter Schule in freier Trägerschaft endgültig ihre innere Legitimität. Dieses Wahlrecht kann unter sozialstaatlichen Gesichtspunkten nur dann verwirklicht werden, wenn alle Eltern unter materiell gleichen Bedingungen die Schule ihrer Wahl für ihre Kinder aussuchen können."[1501] Ein Weg hierzu kann nach JACH u.a. der "Bildungsgutschein" sein, "sofern in seiner Ausgestaltung die sozialstaatlichen Steuerungs- und Kompensationsfunktionen gewährleistet bleiben".[1502] Einen umfassenden Überblick über die Idee des "Bildungsgutscheins", mögliche Ausgestaltungsformen und erste empirische Erfahrungen gibt z.B. MATHIAS MAURER.[1503]

Unter den Kritikern des derzeitigen Schulsystems finden sich nicht wenige, die das vorenthaltene "Grundrecht auf Schulwahlfreiheit" vehement einklagen – und es auf einer Linie mit anderen "Grundrechten" wie z.B. "Gedankenfreiheit", "Meinungsfreiheit", "Glaubensfreiheit", "Weltanschauungsfreiheit", "Erkenntnisfreiheit", "Gewissensfreiheit" und "Handlungsfreiheit" sehen.[1504] "Grundrechtsgewährleistung für Eltern und Schüler heißt dann, ... daß der Staat verpflichtet ist, über eine pluralistische Organisation des Schulwesens den Eltern und Kindern die Möglichkeit inhaltlicher Wahlmöglichkeiten zu gewähren", folgert JACH.[1505] Unterstützung erfährt diese Argumentation durch das Europäische Parlament, das in seiner "Entschließung zur Freiheit der Erziehung" (1984) den Rechtsrahmen der Schulen erweitert: "Entsprechend dem Recht der Eltern ist es deren Sache, über die Auswahl der Schule ihrer Kinder bis zu deren eigener Entscheidungsfähigkeit zu entscheiden. Sache des Staates ist es, die dafür nötigen Einrichtungen öffentlicher oder freier Schulen zu ermöglichen."[1506] Zugleich bekräftigt das Europäische Parlament den "Elternrechtsartikel" der "Allgemeinen Erklärung der Menschenrechte" (1948) sowie das "Recht eines jeden auf Bildung und auf die Freiheit, Schulen zu eröffnen und zu leiten".[1507] In diesem Sinne heißt es auch in der "Deklaration zum Menschenrecht auf Bildungsfreiheit", die 1991 in Helsinki vom EUROPÄISCHEN FORUM FÜR FREIHEIT IM BILDUNGSWESEN verabschiedet wurde: "Bildungsfreiheit ist Menschenrecht".[1508]

Dessen ungeachtet "... besitzen die westeuropäischen Schulverfassungen jedoch für ein freies Schulwesen keineswegs Vorbildcharakter" – sieht man einmal von Ausnahmen wie Dänemark und den Niederlanden ab.[1509] Interessant ist in diesem Zusammenhang die Tatsache, daß im Kontext der deutschen Wiedervereinigung gemäß dem Auftrag von Art. 5 des "Einigungsvertrages" eine Änderung des für das Schulwesen maßgeblichen Art. 7 GG erwogen wurde. Der vom "Kuratorium für einen demokratisch verfaßten Bund deutscher Länder" 1991 vorgelegte Verfassungsentwurf sah erweiterte demokratische Beteiligungs- und soziale Grundrechte vor. So wurden nach LUTZ REUTER im neuen Art. 7 ein "Grundrecht auf Bildung" und eine "freiheitliche Schulverfassung" vorgesehen. Die Kommission schlug dafür folgenden Vertragswortlaut vor: "Der Staat garantiert den unentgeltlichen Zugang und die freie Wahl der Schule durch die Genehmigung und gleichberechtigte Förderung allgemein zugänglicher Schulen in öffentlicher und freier Trägerschaft."[1510] Daß dieser Passus letztendlich *nicht* in die Verfassung des wiedervereinigten Deutschland aufgenommen wurde, bietet vielen freiheitlich denkenden Bildungskritikern in Ost und West bis heute reichlich "Stoff".

So greifen nicht wenige Schulkritiker unserer Zeit auf, was EDUARD SACK bereits 1874 pointiert formulierte: "Unsere Schulen stehen im Dienste gegen die Freiheit."[1511] "Am freien Menschen orientierte Landschaften der freien Bildung", die dennoch sozial gerecht und chancengleich gestaltet sind, sind für Kritiker wie BERTRAND STERN zwar dringend not-wendig; realiter werde aber vielfach noch allzu wenig getan, um diese Vision in die Wirklichkeit umzusetzen.[1512]

Wie auch immer der Einzelne die Forderung nach mehr "Freiheit im Bildungswesen" beurteilen mag – eines dürfte am Beispiel der o.g. Kritik deutlich geworden sein: Die Tendenz zu mehr *Autonomie, Vielfalt* und *Wahlfreiheit* im Schulwesen dürfte eine nicht mehr umkehrbare europaweite Entwicklung sein – und zugleich wohl eine der größten Herausforderungen an das Bildungswesen der Zukunft.

4.3 Zusammenfassung

In der oben vorgestellten Systematik der Schulkritik wurden vielfältige schulkritische Positionen anhand einiger typischer Zitate aus der schulkritischen Literatur sowie unter Nennung einiger wichtiger Vertreter vorgestellt und übergreifenden

Problemfeldern zugeordnet. Diese Problemfelder wurden wiederum nach bestimmten *Grundaspekten* von Schulkritik geordnet, wobei die Kategorien überwiegend einer Systematik der Wissenschaften folgen. So entstand ein breites Bild der unterschiedlichsten Positionen von Schulkritik, die nach *pädagogischen, psychologischen, medizinischen, soziologischen, politischen* und *institutionellen* Aspekten klassifiziert wurden. Eine Sonderstellung nehmen dabei v.a. die *institutionellen* Aspekte der Schulkritik ein; aufgrund ihrer herausragenden Bedeutung in der gegenwärtigen Diskussion um Schulkritik und Schulentwicklung wurde ihnen eine eigene Rubrik in der vorliegenden Systematik gewidmet.

Blickt man auf die enorme Fülle und Vielfalt schulkritischer Positionen und Argumente, die im Laufe der Geschichte an die Schule herangetragen wurden, so mag man mit GEORGE DENNISON zu dem Schluß kommen: "Es ist überflüssig, der Kritik an unseren öffentlichen Schulen noch etwas hinzuzufügen."[1513] Und manch einem mag sich die Frage aufdrängen, ob die Schule überhaupt "... leisten kann, was ihr kritisch nachgesagt wird", wie STEFAN BLANKERTZ einmal treffend formulierte.[1514] Auch muß gefragt werden, ob die Schule in ihrer jeweils konkreten Situation immer sofort in der Lage sein kann, die vielfältige Kritik umgehend und umfassend zu beantworten – und ggf. andere, "alternative" Wege zu beschreiten. "Allerdings ist die sytematische Kritik durch die Unmöglichkeit, in einer bestimmten historischen Situation Alternativen anbieten zu können, nicht widerlegt", stellt PETER VOGEL fest.[1515]

Angesichts der vielfältigen Positionen der Schulkritik meint JÖRG RAMSEGER: "*Inhaltlich* unterscheiden sich diese Ansätze eher hinsichtlich der Logik ihrer Argumentation als in der Diagnose des Versagens der Schule."[1516] Dem ist nur insofern zuzustimmen, als in der Tat die meisten schulkritischen Verlautbarungen der Schule ein mehr oder weniger eklatantes *Versagen* vorwerfen. Die vorliegende systematische Analyse hat jedoch zweifellos gezeigt, daß die schulkritischen Positionen nicht nur aufgrund ihrer formal-logischen Argumentation, sondern auch bezüglich ihrer *Inhalte* nicht nur profunde *Unterschiede*, sondern häufig auch extreme *Gegensätzlichkeiten* aufweisen. Insofern hat die These RAMSEGERs nur bedingte Gültigkeit.

Die systematische Untersuchung der vielfältigen Topoi von Schulkritik hat weiterhin deutlich werden lassen, daß *historische* und *systematische* Aspekte der Schulkritik in enger Wechselbeziehung miteinander stehen – und daß das eine ohne das andere kaum zu denken ist. Einerseits würde eine bloß *historische* Betrachtung leicht über die Tatsache hinwegtäuschen, daß sich systematische Grundpositionen von Schulkritik ausmachen lassen, die quasi durch die Jahrhunderte hindurch in leicht abgewandelter Form immer wieder auftauchen. Andererseits müßte eine reine *Systematik* der Schulkritik, die alle historischen Faktoren und Besonderheiten außer acht läßt, als ebenso fragwürdiges Unterfangen betrachtet werden. "Auch und gerade die 'wissenschaftlichen' Positionen der Schulkritik werden auf ihre Hintergründe, die Situation ihrer Urheber, ihre zeitlich-politische Bedingtheit und ihr dahinterstehendes Erkenntnisinteresse zu befragen sein", schreibt INGRID DIETRICH.[1517] Bei allem berechtigten Bemühen um eine Systematik der Schulkritik bedarf es nach H. GERHARD BEISENHERZ "... dennoch einer genaueren Analyse des jeweiligen historischen Umfeldes, um die unterschiedlichen Arten der Kritik an der Schule voneinander zu trennen."[1518]

Doch auch aus einem anderen Grund tut neben der systematischen auch eine historische Beschäftigung mit der Schulkritik not: Bereits ein "kurzer geschichtlicher Rückblick zeigt, daß Klagen über ... den Zustand der Schule allgemein keine Besonderheit unserer Zeit sind".[1519] Ein "glorifizierender Rückgriff auf die Geschichte, wodurch meist der Ruf nach Veränderungen abgeblockt und 'Neuerern' eins ausgewischt werden soll, kann angesichts der faktischen historischen Realität nicht aufrechterhalten werden", meint DIETRICH.[1520]

In Anbetracht des ständigen Bombardements mit Kritik, dem die Schule ausgesetzt ist, mag es nicht verwundern, daß auch *Kritiker* der Schulkritik ihre Stimme erheben. JÜRGEN OELKERS z.B. schreibt: "Es ist heute wesentlich einfacher, die Schule zu kritisieren als sie zu verteidigen", denn Schulkritik "... erscheint angesichts der Wirklichkeit leicht begründbar."[1521] Er weist darauf hin, daß es sich beim Thema *Schulkritik* um eine Art "Sonderdiskurs" handelt, "der seine eigene Kontinuität besorgt, eben weil die Schule unablässig Anlaß zur Kritik ist".[1522] OELKERS geht jedoch mit der Schulkritik hart ins Gericht: "Nimmt man die Schulkritik ernst, dann muß man ihre Kasuistik untersuchen, also den Bezug auf autobiographische Literatur, auf negative Sensationen der Tagespresse oder eigene Erfahrungen, die generalisiert werden, ohne daß dafür der empirische Beweis angetreten wird. Ein solcher Beweis ... läßt sich vermutlich auch nur schwer erbringen, aber die Schulkritik unterschlägt diese Lücke und tut so, als sei die Realität eine ausgemachte Sache."[1523] Und er führt aus: "In dieser Disposition hat es die Schulkritik leicht, die Schule schwer ..."[1524]

Als Beispiel für eine eklatant einseitige, negative Pauschalisierung nennt OELKERS den reformpädagogischen Schulkritik-Topos der "Seelenmorde in den Schulen" (vgl. Kap.II.4.2.2). "Das Kind, so denkt die Kritik, wird von der Institution nur unterdrückt, aber das ist, zum Glück, keiner pädagogischen Institution wirklich zuzutrauen", konstatiert OELKERS.[1525] Seiner Meinung nach "... kann man die Schule nicht ausschließlich danach bemessen, was sie für Schäden anrichtet; es sei denn, man glaubt wirklich, sie sei ausschließlich schädlich."[1526] Und er geht mit seinen Warnungen sogar noch weiter: "Ein solcher Glaube könnte sich im öffentlichen Bewußtsein stabilisieren und das wäre für die Schule ein Ende ihrer Ambitionen." Sie könnte sich dann "... nicht mehr überzeugend begründen ..., und diese Möglichkeit macht die Schulkritik gefährlich."[1527] An anderer

Stelle äußert OELKERS gar die Befürchtung, daß "... das Schulsystem immer mehr zum Objekt der Kritik wird und es nicht mehr garantiert erscheint, daß die Schule in ihrer jetzigen Gestalt überhaupt noch eine Zukunft hat."[1528] – Eine solche Stigmatisierung der Schulkritik muß freilich übertrieben erscheinen; vielleicht ist es auch gar nicht als Katastrophe zu bewerten, wenn die Schule ihre "jetzige Gestalt" verändert – und die Chance nutzt, sich auf die vor ihr liegenden Aufgaben und Herausforderungen im 21. Jahrhundert mutig und innovationsfreudig einzustellen.

Es steht außer Frage, daß Schule immer eine *ambivalente* Institution bleibt, die Positives und Kritikwürdiges in sich vereint. "Die Schule kann nicht gut sein; es gibt immer nur Gutes in schlechten Schulen", schrieb VON HENTIG einmal.[1529] Vor Verallgemeinerungen bleibt jedoch zu warnen: "Es gibt nicht 'die' Regelschule und nur mit Einschränkung 'das' Schulsystem, es gibt nicht 'die' Schüler, Eltern, Lehrer. Es gibt immer nur Einzelfälle und Einzelpersonen, die gewisse Merkmale gemeinsam haben, aufgrund derer man sie unter einen begrifflichen Hut zu bringen versucht", bemerkt PETER ZUDEICK zu Recht.[1530] Schließlich bleibt mit HUBERT ETTL bezüglich der staatlichen Regelschule festzuhalten: "Schwarzweißmalerei ist für diese ... Schule nicht angebracht; es ist weder alles schlecht, was man in der Schule machen kann, noch ist alles ... gut; die Praxis in der staatlichen Schule bleibt widersprüchlich."[1531]

Auf eine abschließende Bewertung der unterschiedlichen schulkritischen Positionen sei an dieser Stelle verzichtet; im Schlußteil dieser Arbeit soll jedoch nochmals dezidiert nach der Bedeutung bestimmter Aspekte der Schulkritik für mögliche Schulreformen im 21. Jahrhundert gefragt werden (vgl.Kap.IV.1). Im nächsten Teil soll es – wie bereits in der Einleitung erläutert – jedoch zunächst um die Frage gehen, was Eltern dazu bewegt, nach Alternativen zur staatlichen Regelschule zu suchen und ihre Kinder an einer Schule in freier Trägerschaft anzumelden. Dabei wird es – Bezug nehmend auf die Ausführungen in diesem Kapitel über *Schulkritik* – besonders interessant sein, zu untersuchen, inwieweit bestimmte Aspekte der Kritik an der Regelschule bei der *Suche nach Schulalternativen* und der Entscheidung für eine Freie Schule eine Rolle spielen (vgl. Kap.III.2).

Was die Schulkritik betrifft, so sei abschließend nochmals MICHAEL BEHR zitiert: "Kritik an der Schule hat es schon immer gegeben. Heute aber meldet sie sich ... vehementer und lautstärker als je zuvor zu Wort ..." – und das ist gut so.[1532] Wir müssen nur bereit sein, immer wieder hinzuhören auf das, was Schulkritiker, die nicht selten unmittelbar von Schule Betroffene und an ihr Leidende sind, zu sagen haben. Oder, wie HARTMUT VON HENTIG formuliert: "In der Erziehung zählt das Urteil der Opfer. Ein System, das gar nicht hinhört, was diese sagen, das nicht einsehen will, was diesen geschieht, kann sich selbst nicht einschätzen, vermag sich selbst nicht zu korrigieren und wird ihnen alle Folgen der eigenen Verkehrtheit aufladen."[1533] PETER ZUDEICK fügt hinzu: "Es muß darum gehen, das System zum Hinhören zu bringen ..."[1534] Wenn die Beschäftigung mit Schulkritik dazu einen Beitrag leisten kann, so hat sie ihren Sinn nicht verfehlt.

III. DIE SUCHE NACH SCHULALTERNATIVEN – MOTIVE VON ELTERN FÜR DIE WAHL FREIER SCHULEN

"Eltern müssen gründlich darüber nachdenken, in welche Zukunft sie ihre Kinder auf die Reise schicken. Es reicht nicht mehr aus, sich mit dem zufrieden zu geben, was andere für uns denken und planen."

BRUNO HUBER[1]

"Die Freiheit der Wahl führt zur Würde des Menschen."

MARIA MONTESSORI[2]

1. EINFÜHRUNG

1.1 Zum Begriff der "Schulalternativen"

Bevor nun der Frage nachgegangen wird, warum Eltern nach Schulalternativen suchen und welches ihre Motive für die Wahl Freier Schulen im einzelnen sind, soll zunächst geklärt werden, was es mit dem Begriff der *Schulalternativen* auf sich hat. Dabei sollen auch die in diesem Kontext häufig und mit z.T. unterschiedlicher Bedeutung verwendeten Begriffe *Alternativschule, Freie Schule* und *Privatschule* einer näheren Betrachtung unterzogen werden.

Doch zunächst zu dem Begriff *Alternative* allgemein: Laut BROCKHAUS ENZYKLOPÄDIE bedeutet *"Alternative"* einerseits soviel wie "freie Entscheidungsmöglichkeit zwischen zwei einander sich ausschließenden Handlungsmöglichkeiten", bezeichnet aber andererseits auch "die zweite, sich unterscheidende Möglichkeit".[3] Das Adjektiv *"alternativ"*, von lat. "alternus" (einer um den anderen, abwechselnd, gegenseitig) abstammend, meint zum einen "wechselweise, die Wahl zwischen zwei Möglichkeiten lassend" und zum anderen "eine Alternative bildend, im bewußten Gegensatz zu etwas Ähnlichem, meist Herkömmlichem, stehend".[4] Diese Definition gibt schon einen ersten Hinweis auf das, was *Schulalternativen* sind und sein wollen.

Bei näherem Blick auf die Etymologie des Wortes *alternativ* kommt man noch einer anderen Bedeutungsvariante auf die Spur. So schreibt RAINER WINKEL: "Etymologisch steckt freilich noch mehr hinter dem Wort alternativ, nämlich alter natus [lat.], wörtlich: von anderer Geburt [genauer: *die* andere Geburt; A.P.]. Irgendjemand oder irgendetwas ist also von anderer Herkunft als das Gewöhnliche", ist also das "ganz Andere".[5] Ähnlich definiert auch GEORG M. RÜCKRIEM: "Als 'Alternative' im engeren Sinne könnte man ... die Entgegensetzung zum gesellschaftlich Vorherrschenden bezeichnen".[6]

Etwas mehr ins Konkrete geht die Begriffsbestimmung von VOLKER LENHART: "Alternativ ist zunächst ja nur ein Relationsbegriff: Eine Lebensweise, ein Gemeinschaftsprojekt oder auch ein Gesellschaftsentwurf werden als anders, als abweichend von vorherrschendem Lebensstil, bestehenden Institutionen, dem existierenden Gesellschaftsmodell ausgewiesen."[7] Der Versuch, "alternative Bewegungen", "alternative Erziehung" oder "alternative Schulen" *inhaltlich* genauer zu bestimmen, ist hingegen ein schwieriges und komplexes Unterfangen.[8] Oder anders ausgedrückt: "Über 'das' Alternative in der Pädagogik nachzudenken, es auf den Begriff zu bringen, ist ohne mühevolle Gedankenarbeit nicht zu leisten", wie RAINER WINKEL einmal formulierte.[9]

Schließlich sei noch auf den Bedeutungswandel hingewiesen, den das Wort *alternativ* in neuerer Zeit erfahren hat. OSKAR NEGT schreibt dazu: "In der Bezeichnung dessen, was über die bestehenden Verhältnisse hinausweist, was anders gedacht und geplant werden soll, spielt sich eine geschichtliche Veränderung ab. Gegenwärtig ist ein inflationärer Gebrauch des Wortes *alternativ* festzustellen ..."[10] In demselben Sinne konstatiert auch LUTZ VAN DICK: "Mehr und mehr gibt es Wortkombinationen mit dem Begriff 'Alternativ': Vom alternativen Müsli am Morgen bis zur Alternativzeitung am Abend ist auf einmal alles alternativ."[11] Nach VAN DICK wird der Begriff "alternativ" geradezu "zu einem Mythos erklärt".[12] " 'Alternativ' steht dann für: locker, etwas ausgeflippt, sinnlich, etwas ganz anderes, natürlich usw."[13] Auch HANS ULRICH GRUNDER spricht vom "ausufernden Gebrauch eines abgewetzten Begriffs".[14] Der Terminus "alternativ" enthalte infolge seiner "schillernden Unschärfe den zwiespältigen Charakter religiöser Verheißung".[15]

Ähnlich äußert sich auch HERWART KEMPER in seinem Buch mit dem vielsagenden Titel "Wie alternativ sind alternative Schulen?"[16] Er schreibt darin: "... der Begriff der Alternative läßt sehr unterschiedliche Definitionen zu; er ist nicht mehr als ein Sammelbegriff für alle möglichen Änderungswünsche und beschreibt daher zunächst nicht viel mehr als eine weitgehend noch unbestimmte Sehnsucht, etwas grundlegend anders machen zu wollen. Gerade darin aber scheint die besondere Attraktivität und Aktualität des Begriffs in Krisenzeiten zu liegen: In seiner Unbestimmtheit läßt er individuell unterschiedliche Problemdefinitionen und -lösungen zu und vermittelt doch gleichzeitig allen, die sich auf ihn berufen, ein diffuses Gefühl der Solidargemeinschaft bzw. des gemeinsamen Widerstandes gegen gesellschaftliche Fehlentwicklungen."[17]

Nach diesen begrifflichen Vorüberlegungen soll nun der Begriff der *Schulalternativen* einer näheren Betrachtung unterzogen werden. Zunächst ist anzumerken, daß die Bezeichnungen *Schulalternative, Alternativschule* und *alternative Schule* häufig synonym verwendet werden. Dieser gängige Sprachgebrauch soll im folgenden beibehalten werden, da eine Differenzierung dieser drei Termini wenig sinnvoll erscheint. Weiterhin ist festzustellen, daß in der umfangreichen Literatur über Schulalternativen eine Vielfalt von Definitionsversuchen vorliegt, von denen hier nur einige exemplarisch vorgestellt werden sollen.

Einen guten Überblick über verschiedene Definitionen des Begriffs *Alternativschule* gibt HENNING KEESE-PHILIPPS.[18] Er analysiert dabei u.a. das Begriffsverständnis von Alternativschulautoren wie RAMSEGER, GOLDSCHMIDT/ROEDER, VAN DICK, BORCHERT, ZUDEICK und BEHR.[19]

JÖRG RAMSEGER z.B. versteht Alternativschulen v.a. als "radikale Reformschulen".[20] Er bezeichnet sie als "Gegenschulen" und will damit verdeutlichen, "daß sich diese Bildungseinrichtungen gegen die anderen Schulen und/oder das vorherrschende gesellschaftliche System wenden".[21]

DIETRICH GOLDSCHMIDT und PETER M. ROEDER setzen zwar im Titel ihres Buches "alternative Schulen" mit "nichtstaatlichen", also "privaten Schulen" gleich, erweitern jedoch im Laufe ihrer Ausführungen dieses Begriffsverständnis.[22] Als "Alternativschulen" stellen sie verschiedenartige Schulen vor, "die unter unterschiedlichen Prämissen versuchen, ihre philosophischen, pädagogischen und/oder politischen Grundsätze zu realisieren" – unabhängig von ihrer Trägerschaft. "Damit gehen GOLDSCHMIDT/ROEDER davon aus, daß alle Schulen, die nicht traditionell oder regelartig sind, 'Alternativschulen' genannt werden können."[23]

Einen ganz anderen Begriff von *Schulalternativen* verwendet LUTZ VAN DICK.[24] In seinen "vier Thesen zur Alternativpädagogik" gibt er eine "Eingrenzung dessen, was unter 'Alternativschule' ... zu verstehen ist", indem er ihre wichtigsten Grundsätze herausstellt: 1."Freiheit zur Verbindung von Theorie und Praxis, Lernen und Arbeit, Schule und Alltag"; 2."Selbstorganisation der Betroffenen"; 3."Selbstbestimmung und soziale Verantwortung" und 4."Gleichberechtigte Erziehung von Jungen und Mädchen."[25] Zu einem solchen Definitionsversuch merkt KEESE-PHILIPPS mit Recht an: "Diese allgemeine Kennzeichnung der Alternativschulen kann aber nicht zu einer Definition führen. Besonders die Ausführungen zur gleichberechtigten Erziehung von Mädchen und Jungen können schlechterdings nicht als Spezifikum alternativer Schulen gelten."[26]

Etwas brauchbarer erscheint dagegen die Begriffsdefinition von PETER ZUDEICK, der ebenfalls ein Standardwerk über "Alternative Schulen" veröffentlicht hat.[27] Er schreibt darin: " 'Alternative Schulen': Der Begriff wurde gewählt, weil damit noch am ehesten summarisch bezeichnet werden kann, was alle beschriebenen Schulreformen [Schulformen? A.P.] gemeinsam haben, nämlich ein im Ansatz anderes pädagogisches Konzept als 'normale' Schulen."[28] ZUDEICK führt aus: "Versuchen wir es ... ohne all den begrifflichen Morast zu verstehen, den es inzwischen mit sich herumschleppt: 'Alternative Schulen' heißen ... alle Schulen, die prinzipiell – mit Unterschieden im einzelnen – Freiheit von staatlich-bürokratischer Reglementierung beanspruchen, gegen Notendruck, Leistungszwang, Sitzenbleiben und Selektion eine lustbetonte, kindorientierte Pädagogik setzen, die in erster Linie der Entwicklung der ganzen Persönlichkeit nach ihren eigenen Gesetzmäßigkeiten dienen soll."[29] Daß sich auch mit dieser Definition sicher nicht alle Vertreter von Schulalternativen identifizieren können, liegt auf der Hand.

Schließlich sei noch das Begriffsverständnis von MICHAEL BEHR erwähnt, der in seinem Buch "Schule ohne Zwang" *Alternativschulen* überwiegend durch ihre *Andersartigkeit* gegenüber staatlichen Regelschulen definiert.[30] Weil "in diesen Schulen alles anders ist als in jenen Lehranstalten, die wir ... selbst durchlebten, hatten sie auch schnell einen gängigen Namen: die Alternativ-Schulen".[31]

Einen interessanten Beitrag zur Begriffsproblematik gibt OSKAR NEGT, der vor abstrakten Definitionen eher warnt: "Über Alternativschulen läßt sich nicht im Abstrakten und Allgemeinen reden. Mit dem Wort *abstrakt* meine ich, daß keine pädagogische Konzeption, die sich als alternativ versteht, isoliert vom konkreten Projektzusammenhang betrachtet werden kann. Erst durch die wirklich ablaufenden pädagogischen Arbeitsprozesse läßt sich bestimmen, worin das unverwechselbar Besondere eines solchen Projekts besteht, was das Neue daran ist. Die von mir empfohlene Vorsicht, Alternativschulen nach allgemeinen Prinzipien abzuhandeln, entspringt der Erfahrung, daß situationsunabhängige Merkmale, die für alle solche Alternativprojekte gelten, zwar deren Vergleichbarkeit vergrößern, gleichzeitig aber das Gewicht und die Bedeutung dieser Merkmale im Kontext des pädagogischen Alltags eines solchen Projekts verzerren. Es gibt Alternativschulen, aber nicht *die* Alternativschule."[32]

Zu einem ähnlichen Schluß kommt auch WERNER SPIES, der die Frage stellt: "Aber was ist denn eigentlich 'anders' an Alternativschulen?"[33] Seine Antwort lautet: "Dafür gibt es kein einheitliches Bestimmungsmerkmal, das für alle 'anderen' Schulen zuträfe. Gemeinsam ist ihnen lediglich, daß sie, von einer bestimmten Perspektive, einer Zielvorstellung, einem Bildungsprogramm ausgehend, eine Variation gewohnten Schulbetriebs versuchen."[34] SPIES erläutert: "Diese Variation kann einzelne Dimensionen des schulischen Prozesses betreffen: z.B. das 'Schulleben' ... (man sucht es zu intensivieren, zu 'demokratisieren'), die Unterrichtsinhalte (z.B. Akzentuierung praktischen Lernens), die Lehrmittel (z.B. Medieneinsatz) ... Alternative Schulen können ihr Anders-sein in einer Religion oder Weltanschauung suchen (Katholische Internate z.B.), ansonsten wenig Änderung zeigen gegenüber dem üblichen Schulbetrieb. Und schließlich finden wir alternative Schulen, die in *allen* Dimensionen schulischer Prozesse Andersartigkeit ausprägen möchten (z.B. die Waldorf-Schulen)."[35] Fazit: "In der Alternativschule ist irgend etwas anders als im institutionalisierten [staatlichen? A.P.] Schulsystem. Die Existenz von Alternativschulen gibt die Chance, zwischen der üblichen Staatsschule und einer 'anderen' Schule zu wählen."[36]

Einigkeit besteht wohl vor allem darüber: "Die sogenannten Alternativ-Schulen präsentieren ein recht verwirrendes Bild."[37] Dies konstatiert auch HERWART KEMPER: "Bereits die Beantwortung der Frage, welche Schulen denn eigentlich zu den 'alternativen' Schulen zu rechnen seien, stößt nämlich mangels einer klaren Begriffsbestimmung auf erhebliche Schwierigkeiten ..."[38] Wen wundert es da, daß immer wieder versucht wurde, "das verwirrende Bild der Alternativschulen zu ordnen".[39] Einen solchen Versuch hat z.B. WERNER SPIES unternommen, der zwischen "produktorientierten", "prozeßorientierten" und "weltanschaulich orientierten" Schulalternativen unterscheidet. Diese drei Gruppen differieren – unabhängig von ihrer Trägerschaft – hinsichtlich ihrer Grundlagen und Ziele.

In *"produktorientierten Alternativ-Schulen"* geht es nach SPIES um "Steigerungen, Kompensationen, Spezialisierungen durch gezieltes pädagogisches Handeln".[40] Als Beispiele nennt der Autor Hochbegabten-Schulen, Sonderschulen, aber auch Sportgymnasien oder Musische Gymnasien. – Einen anderen Schwerpunkt setzen *"prozeßorientierte Alternativ-Schulen"*: Sie zielen vor allem auf eine grundlegende "Veränderung schulischer Prozesse".[41] Als Beispiele nennt SPIES Landerziehungsheime, MONTESSORI- und P. PETERSEN-Schulen, aber auch NEILLs Schule Summerhill, die Freien Alternativschulen der 70er Jahre und die Glocksee-Schule in Hannover. – Bei den *"weltanschaulich orientierten Alternativ-Schulen"* schließlich, so SPIES, "finden wir umfassende Theorien, 'Weltanschauungen', als Fundament: z.B. STEINERs Anthroposophie, oder Katholische Religion und Theologie, oder Neomarxismus".[42] "Das ist eine sehr variantenreiche Gruppe, zu der man viele Schulversuche von den Roten Kinderläden über die Waldorf-Schulen bis zu Katholischen Klosterschulen rechnen kann", erläutert SPIES.[43]

Eine m.E. hilfreiche Begriffsklärung hat HEINZ-JÖRG ÖHLSCHLÄGER in die Diskussion um Schulalternativen bzw. Alternativschulen eingebracht.[44] In seiner Abhandlung zum Thema "Alternativschule" unterscheidet er zwischen "alternativen Schulen im *weiten* Sinne" und "alternativen Schulen im *engen* Sinne".[45]

ÖHLSCHLÄGER führt aus: "Als *alternative Schulen im weiten Sinne* verstehen sich ... all jene Schulen, die die tatsächlichen oder vermeintlichen Defizite der Staatsaufsichtsschule zu reduzieren hoffen".[46] Darunter fällt "... eine Vielzahl pädagogischer Alternativen im und zum Regelschulsystem", die – unabhängig von ihrer Trägerschaft – eine besondere pädagogische Prägung bzw. Ausrichtung besitzen.[47] ÖHLSCHLÄGER zählt dazu nicht nur die "Schulen in nichtstaatlicher Trägerschaft", also "Privatschulen" wie etwa Katholische Schulen, Evangelische Schulen und Waldorfschulen, sondern auch "staatliche Schulversuche" wie etwa die Bielefelder Laborschule, die Grundschule Gievenbeck oder integrierte Gesamtschulen, und schließlich auch "die vielfältigen Versuche einer *alternativen pädagogischen Arbeit innerhalb der Regelschule*", die ihre Impulse vor allem aus reformpädagogischen Ansätzen – etwa im Sinne von MONTESSORI, PETERSEN oder FREINET – bezieht.[48]

"*Alternative Schulen im engen Sinne* sind demgegenüber all jene freien alternativen Gegenschulen, open schools, free schools, community schools, multicultural schools, deren konstruktive Prinzipien in Theorie und Praxis die Freiwilligkeit, Selbstbestimmung, Zufriedenheit und Überschaubarkeit sind."[49] Zur Bestimmung solcher "Freien Alternativschulen" ist ein Blick auf ihren geschichtlichen und gesellschaftlichen Entstehungskontext unabdingbar: "Freie alternative Schulen im definitorisch engen Sinne entstanden im Abschwung der außerparlamentarischen Opposition zwischen Kinderläden und Wohnkommunen in den Jahren 1965 bis 1968 und entfalteten sich in den folgenden Jahren: inspiriert von der amerikanischen *Free-school-Bewegung* ..., die programmatisch und praktisch gegen fremdbestimmtes Lernen in autoritären Strukturen und für ein Lernen in Freiheit steht (vgl. DENNISON, GRAUBARD, HOLT ...); eingelagert in *Subkulturen der Kritik bürgerlicher Normalität* von REICH ... bis NEILL (vgl. antiautoritäre Erziehung ...); zwischen der Reformeuphorie der 60er Jahre und dem Scheitern der *Bildungsreform* seit 1969; vernetzt im breiten Denk- und Erfahrungshorizont alternativer Projekte von den frühen Sozialutopisten ... bis zu den verschiedenen Versuchen einer *alternativen Ökonomie* ...; zwischen apokalyptischen Ängsten und der Hoffnung auf chiliastische Verheißungen; gestützt schließlich von dem sich beschleunigenden Prozeß der Parlamentarisierung der *ökologischen Bewegung* ..., die nicht nur an der Utopie einer besseren Welt in den Köpfen festhält, sondern für sie arbeitet."[50]

Gerade im Kontext der *Freien Alternativschulen* im o.g. *engen Sinne* wird deutlich, wie stark ihre Wurzeln in oft radikaler Kritik an der Regelschule gründen.

Dabei ist mit ÖHLSCHLÄGER folgendes festzustellen: "Radikale Schulkritiker (ROGERS, BOWLES, GOODMAN, REIMER, HERNDON, HOLT, ILLICH, FÜRSTENAU, BOURDIEU), die Verfechter einer kritischen Theorie der Schule (HEYDORN, GAMM, RUMPF, HENNINGSEN ...) und diejenigen, die die freie Schule im engeren Sinne denken und machen (NEGT, ZIEHE, BORCHERT) sind, was ihre politisch-gesellschaftliche Herkunft, ihre schulpraktischen und -theoretischen Orientierungen betrifft, schillernd vielfältig und kaum auf einen gemeinsamen Nenner zu bringen. Sie unterscheiden sich hinsichtlich der Radikalität ihrer Argumentation und der zu ziehenden Konsequenzen – aber sie sind sich einig darin, die Schulen der westlichen Industrienationen als *defizitäre Systeme* zu betrachten."[51] "Auf diese Defizite der Schule antworten je anders in pädagogischer Akzentuierung und Vision die freien alternativen Schulen."[52]

Auch andere Autoren definieren den Begriff *Alternativ-Schulen* – wenn auch nicht explizit – entweder im *weiteren* oder im *engeren* Sinne. Als Beispiel für ein *weiteres* Begriffsverständnis sei hier FRANZ JOSEF WEHNES angeführt, der in einem Standardwerk über "Schul-Alternativen" die Bezeichnung "Alternativschule" als "Sammelbegriff für die heutigen Nicht-Regelschulen wie Versuchsschulen, Modellschulen, Reformschulen, Gegenschulen ..." versteht.[53] Die Frage der Trägerschaft – staatlich oder privat – bleibt dabei sekundär. Eine ähnliche Definition gibt auch RAINER WINKEL: "Alternativschulen sind ... zunächst einmal alle privaten, freien oder auch staatlich unterhaltenen Schulen, soweit sie nicht zu den öffentlichen Regelschulen zählen ... Die pädagogische Frage nach der Qualität des Andersseins ... kennzeichnet diejenigen Lehr- und Lernzentren als Alternativschulen, die eine alternative Pädagogik zu verwirklichen trachten ..."[54]

Daneben gibt es auch zahlreiche Autoren, welche den Begriff *Alternativschule* in *engerem* Sinne definieren. MICHAEL BEHR z.B. schrieb einmal: "Freie Alternativschulen unterscheiden sich in wichtigen Strukturmerkmalen von der Regelschule, da sie sich aus der radikalen Schulkritik heraus verstehen. Sie zielen auf Befreiung von schulisch-verwaltungstechnischen (amtshierarchischen) 'Sach-' Zwängen durch selbstbestimmtes Lernen. Sie versuchen, die durch Noten festgelegten Erfolgs- bzw. Mißerfolgszuschreibungen (Attribuierungen) und die sie begründende Leistungsideologie durch Rückbesinnung von Lernen auf individuelle Fähigkeiten und Interessen abzuschaffen."[55] Solche "Alternativschulen im engeren Sinn, die nicht nur relative Unabhängigkeit vom Staat suchen, sondern auch eine eigene Pädagogik vertreten", sind z.B. die "Freie Schule Frankfurt", die "Freie Schule Berlin", die "Freie Schule Bochum", die "Kinderschule Bremen" u.a.[56]

Von den zahlreichen Versuchen, wesentliche Merkmale von *Freien Alternativschulen* im *engeren* Sinne zu beschreiben, sei hier stellvertretend derjenige von

DORIS LINDEMANN zusammenfassend wiedergegeben.[57] Nach LINDEMANN zeichnen sich die Freien Alternativschulen durch folgende Konstitutionsprinzipien aus:

- "Die Teilnahme am Unterricht ist für alle Kinder grundsätzlich freiwillig. ...
- Alle Lernangebote sollen an den Bedürfnissen und Erfahrungen der Schüler anknüpfen. ...
- Kinder und Erwachsene entscheiden gleichberechtigt über Unterrichtsinhalte und Unterrichtsorganisation. ...
- Manuelle und geistige Fähigkeiten sind grundsätzlich gleichwertig. ...
- Die Trennung von Schule und Leben wird so weit wie möglich aufgehoben. ...
- Der Unterricht findet in Form von Projekten und Kursen statt. ...
- Soziales, emotionales und kognitives Lernen sind gleichwertig und daher gleich wichtig. ...
- An Alternativ-Schulen gibt es weder Klassenarbeiten noch Tests, Zeugnisse, Zensuren, Sitzenbleiben, Durchfallen. Stattdessen bekommen die Schüler ausführliche Berichte über Fortschritte auf allen Lerngebieten. ...
- Die Zeiteinteilung des Alternativ-Schultages ist flexibel. ...
- Jede Art von Lernen findet in kleinen, überschaubaren Gruppen statt. ...
- Die Lerngruppen sind altersgemischt. ...
- Die Eltern sind gleichberechtigte Beteiligte am Schulleben."[58]

LINDEMANNs Fazit: "In Alternativ-Schulen gibt es vieles. Eins aber gibt es in der Regel dort nicht: Schulangst."[59] Dies ist zumindest die *Intention* der Freien Alternativschulen. – Schließlich sei noch angemerkt, daß Freie Alternativschulen im o.g. Sinne ausnahmslos auf Elterninitiative hin gegründet und von ihnen in einem hohen Maß mitgestaltet werden. Sie verstehen sich deshalb selbst meist explizit als "alternative" bzw. "freie Elternschulen".[60]

An dieser Stelle sei darauf hingewiesen, daß unter dem Begriff "Schulalternativen" im Kontext dieser Arbeit nicht die "Freien Alternativschulen" im *engeren* Sinne, sondern vielmehr *alle* alternativen Schulmodelle im *weitesten* Sinne verstanden werden. Ein solches sehr weites Verständnis von "Alternativschulen" umschreibt etwa die Definition von RAINER WINKEL: "Alternativschulen sind zunächst einmal andere als die Regelschulen ... Im Gegensatz zu den übrigen Schulformen sind Alternativschulen also solche Schulen, die sich gegen die Uniformität eines ausschließlichen Regelschulsystems wenden und bestimmte Merkmale eines anderen ... Unterrichts aufweisen."[61] Daß diese Merkmale keineswegs mit der o.g. Charakterisierung Freier Alternativschulen im *engeren* Sinne identisch sein müssen, ja daß sie zu diesen geradezu im Widerspruch stehen und untereinander stark differieren können, beweist die einschlägige Fachliteratur.[62] Zu den "Schulalternativen" im *weiteren* Sinne gehören vorwiegend Schulen in freier

Trägerschaft, wie z.B. Freie Waldorfschulen, Freie Montessorischulen, Landerziehungsheime, Freie Alternativschulen, Freie Katholische und Freie Evangelische Schulen. Dennoch ist auch hier die Begrifflichkeit nicht ganz unproblematisch. Dazu stellt WINKEL fest: "Ein vornehmes Landerziehungsheim ist, juristisch gesehen, eine Alternativschule [genauer: Schule in nicht-staatlicher Trägerschaft]; pädagogisch betrachtet kann es konservativer sein als das privilegierteste deutsche Gymnasium. Umgekehrt ist eine Grundschule, die offenen Unterricht praktiziert, im juristischen Sinne eine Regelschule, unter pädagogischen Gesichtspunkten jedoch eher eine Alternativschule ..."[63]

Es wird deutlich, daß der Begriff der "Alternativschule" stets ein schwieriger und umstrittener Terminus bleiben wird. MICHAEL BEHR hält die Bezeichnung "alternativ" im Kontext Freier Schulen "nicht nur für unglücklich, sondern geradezu für verkehrt".[64] Viele Schulen, die sich selbst das Etikett "alternativ" geben, seien keineswegs so neu und anders wie behauptet, sondern böten "allzuviel längst Bekanntes" an.[65] "Die meisten Ideen, die heute als Elemente einer 'alternativen' Schulwirklichkeit gehandelt werden, gehen auf über ein halbes Jahrhundert alte Überlegungen der Reformpädagogik zurück."[66] Auch deshalb erscheint es sinnvoll, den Begriff der "Alternativschule" durch andere Begriffe zu ergänzen, die eher zu einer Klärung beitragen können.

Was also hat es auf sich mit den Begriffen *"Privatschule", "Schule in nicht-staatlicher Trägerschaft", "Schule in freier Trägerschaft"* bzw. *"Freie Schule"*, die vielfach synonym zu dem Begriff "Alternativschule" verwendet werden? Während die Bezeichnung "Alternativschule" zunächst keinen Hinweis auf den Schulträger gibt, da eine solche Schule sowohl in öffentlicher als auch in privater Trägerschaft betrieben werden kann, weisen die Termini "Privatschule", "Freie Schule" etc. eindeutig auf die Trägerschaft der Schule hin, die in diesem Falle in nicht-staatlicher, also privater Verantwortung (z.B. Verein, Verband) liegt. Demgegenüber stehen die sog. "öffentlichen Schulen", deren Trägerschaft sich per definitionem in "öffentlicher", d.h. staatlicher oder kommunaler Hand befindet. JOHANN PETER VOGEL gibt eine treffende Begriffsdefinition: " 'Privatschulen' sind Schulen, die nicht von Gebietskörperschaften (Land, Kreis, Gemeinde oder Gemeindeverband) getragen werden. Träger sind vor allem Kirchen, Orden, private Stiftungen und Vereine (häufig gemeinnützig) sowie natürliche Personen."[67]

Doch auch der Begriff *"Privatschule"* ist nicht unproblematisch, denn er setzt – wie GISE KAYSER-GANTNER zu Recht anmerkt – "falsche Assoziationen frei. Privat könnte ja auch heißen 'Privatsache' ..."[68] Dies legt die unsinnige Auffassung nahe, daß "Privatschulen ein Privatvergnügen" seien.[69] Fazit: "Der Begriff 'Privatschule' ist irreführend."[70]

In einem Artikel über die "Öffentlichkeit der öffentlichen Schule" setzte sich HANS-WALTER ERBE bereits vor über dreißig Jahren mit der Problematik des Begriffspaars "öffentlich" und "privat" bezogen auf die Schule auseinander.[71] Er schreibt dazu: "Mit der Bezeichnung 'öffentliche Schule' im Gegensatz zur 'privaten Schule' aber wird suggeriert, daß die staatliche Schule die eigentliche, legitime Schule der Gesamtheit sei, neben der eine private Schule als ein Außenseiter erscheint. Daß mit 'öffentlich' und 'privat' hier eigentlich der öffentlich-rechtliche bzw. privatrechtliche Charakter des jeweiligen Schulträgers gemeint ist, tritt kaum ins Bewußtsein ..."[72] Und ERBE folgert: "Es ist an der Zeit, die überkommene Denkweise und die mit ihr verbundene Sprache zu überprüfen."[73]

Ähnlich äußert sich auch MATHIAS MAURER: "Freie Schulen gelten immer noch als Privatschulen, die anderen etwas vorenthalten, denen der Nimbus von Exklusivität und Kommerz anhaftet. Ihr Öffentlichkeitscharakter und ihre erwiesene gesellschaftliche Funktionstüchtigkeit im Bildungsbereich scheint hartnäckig ignoriert zu werden."[74] Demgegenüber stellt MAURER fest: "Freie Schulen sind auch keine 'Ersatzschulen' oder Lückenfüller, die in Nischen tätig werden, wo das staatliche Schulwesen nicht aktiv sein kann oder will. Freie Schulen sind öffentliche Schulen in freier Trägerschaft. Sie entstanden aufgrund 'privater' Nachfrage und decken demnach auch die allgemeine Schulpflicht ab. Eltern wollen diese Schule [sic], sie bekommen sie nicht 'vorgesetzt'. Gleichwohl erfüllen freie Schulen damit 'individuell', mit eigenem Profil, einen öffentlichen Auftrag und sind trotz ihres nicht-staatlichen Charakters allgemein zugänglich."[75]

Auch die ARBEITSGEMEINSCHAFT FREIER SCHULEN wehrt sich seit ihrer Gründung in zahlreichen Veröffentlichungen gegen das immer noch verbreitete Mißverständnis, "nicht vom Staat betriebene Schulen" dienten lediglich "partikulären, privaten Interessen".[76] "Dieses Mißverständnis ist möglich, weil – trotz aller Bekenntnisse zum Wandel – das Verständnis von Öffentlichkeit und Freier Initiative in Zusammenhang mit Schule noch durchaus in historischen Vorstellungen befangen ist."[77] So wird "öffentliche Schule" heute immer noch verstanden "wie zu den Zeiten, als der Staat noch allein Träger aller dem Gemeinwohl gewidmeten Unternehmungen war und die Freiheit des Bürgers darin bestand, seinen privaten Interessen nachzugehen".[78] Dem hält VOGEL jedoch entgegen, daß der "öffentlichen Verantwortung ... in unserem demokratischen Sozialstaat Schulen und Schulinitiativen, gleichgültig ob staatlich oder nicht staatlich, gleichermaßen unterworfen" sind.[79]

In diesem Sinne kann man auch in der neuesten Ausgabe des "Handbuchs Freie Schulen" lesen: "Die weitaus meisten Privatschulen sind in den regionalen Umgebungen gesellschaftlich verankerte und akzeptierte Einrichtungen, die die öffentlichen Alternativen zum staatlichen Schulwesen bieten. Privat ist daran nichts."[80] Aus diesem Grunde vermeiden es die Vertreter von Schulen in nicht-staatlicher

Trägerschaft heute i.d.R., von "Privatschulen" zu sprechen – und verwenden bevorzugt die Bezeichnung "Freie Schulen". "So hat sich schon seit GUSTAV WYNEKENs 'Freier Schulgemeinde' (in Wickersdorf) und RUDOLF STEINERs 'Freier Waldorfschule' und darüberhinaus seit 1945 in weitem Umfang der Name 'Freie Schule' eingebürgert, in den letzten Jahren auch die in fast allen Ländern sogar gesetzlich eingeführte Bezeichnung 'Schulen in freier Trägerschaft' ".[81] Der große Anfangsbuchstabe bei der Kurzform "Freie Schulen" läßt nach Auffassung der ARBEITSGEMEINSCHAFT FREIER SCHULEN erkennen, "daß es sich um einen Fachbegriff handelt, nicht um einen überheblichen Anspruch".[82]

Doch auch der Begriff "Freie Schule" ist durchaus schillernd – und impliziert recht unterschiedliche Konnotationen. So schreibt z.B. MICHAEL BEHR: "Kaum ein Wort verursacht so viele Mißverständnisse wie 'frei' ".[83] Denn jeder verbindet "mit dem Begriff 'frei' andere Werte und andere persönliche Vorstellungen. Für den Komplex 'freie Schule' gilt das besonders ..."[84] "Mit der Vorstellung von einer freien Schule entstehen darum stets sehr unterschiedliche Wunschbilder und Ansprüche ...", folgert BEHR.[85] Er fügt dann eine sehr hilfreiche Begriffserklärung an.

Nach BEHR "... kann man bei dem Namen 'freie Schule' zunächst recht klar 2 [sic] Bedeutungshintergründe unterscheiden. Zum einen definiert er die *Rechtsstellung* der Schulen. 'Frei' bedeutet in diesem Zusammenhang nichts anderes als 'nicht in öffentlicher Trägerschaft'. Ein freier, privater Träger finanziert, leitet und versorgt die Schule. Dies kann eine Person, ein Verein, eine GmbH, eine Stiftung oder eine andere Einrichtung sein."[86] "Zum anderen kann der Begriff 'frei' als *pädagogisches Programm* verstanden werden. Mit ihm werden dann die ... Ideen von Freiheit als schulischem Gestaltungsprinzip verbunden."[87] "Beide Verständnisweisen wohnen dem Begriff 'freie Schule' inne", führt BEHR aus.[88]

Außer dieser *trägerschaftlichen* und *pädagogischen* Bedeutungsnuance des Terminus "Freie Schule" kann auch noch ein *politischer* Aspekt bzw. Anspruch in diesem Begriff mitschwingen. Diesen dritten Bedeutungsaspekt umschreibt z.B. FRANZ-JOSEF WEHNES folgendermaßen: "Eine Schule, die *pädagogisch* frei ist und *methodisch* anders als in der gegenwärtigen Regelschule erzieht und unterrichtet – lebendiger, offener, kindgemäßer, menschenfreundlicher – , versteht sich nicht nur als pädagogische Reformschule, sie will zumeist auch in *gesellschaftspolitischer* ... Hinsicht *alternativ* sein. Aus diesem Grund hat sie sich heute wie früher oft als Freie Schule begründet: Einmal in dem politischen Bewußtsein, daß mit der nichtstaatlichen Schule ein genereller Anspruch auf Freiheit innerhalb unserer demokratischen Gesellschaft zum Ausdruck kommt; zum anderen in der ... Überzeugung, daß nur in der größtmöglichen Distanz zur staatlichen Schulbürokratie der zur Erprobung von Neuem notwendige Spielraum gegeben ist."[89]

Schließlich sei noch mit GERHARD PÖPPEL angemerkt, "... daß auch die Freien Schulen nicht eigentlich frei, sondern wie jede andere Schule vielfältig an Gesetz und Norm gebunden sind. Dennoch besitzen sie einen, wenn auch relativ geringen, Aktionsraum, den es für die Veränderung der Schulpraxis zu bedenken und konsequent zu verfolgen gilt."[90] – Ähnlich äußert sich auch EKKEHART STEIN bezüglich der Freiheit der nicht-staatlichen Schulen: "Der private Charakter einer Schule garantiert allerdings für sich allein noch nicht die Verwirklichung ..." freiheitlicher Bildungsziele.[91] "Er bedeutet lediglich einen geringeren staatlichen Einfluß und damit größere Freiräume für alle, die an einer Privatschule pädagogisch wirken. Von entscheidender Bedeutung ist dann, in welchem Sinn diese Freiräume genutzt werden. Nur sofern sie genutzt werden, um zur freien Selbstverwirklichung, zum Bewußtsein sozialer Mitverantwortung, zur Mündigkeit und zu den anderen im Grundgesetz und den Landesverfassungen konkretisierten Zielen zu erziehen, können sich Privatschulen im inhaltlichen Sinn 'freie' Schulen nennen ..."[92]

Abschließend bleibt folgendes festzuhalten: "Um Alternativschulen ranken sich Mythen und Mißverständnisse", wie VAN DICK einmal formulierte. Nach KEMPER "ist die Rede von der 'alternativen' Schule ... stark emotional besetzt und affektiv aufgeladen".[93] "Um so notwendiger erscheint es daher, zur Versachlichung der Alternativschuldiskussion beizutragen".[94] Dem ist unbedingt zuzustimmen. Und noch etwas sei als Resümee vermerkt: Der Begriff der *Schulalternativen* läßt sich nicht definitiv und allgemeingültig definieren. Die häufig synonym verwendeten Termini *Alternativschule, Privatschule* und *Freie Schule* bringen nur bedingt Klärung in das begriffliche Dickicht. Im Rahmen dieses Kapitels sollen unter *Schulalternativen* jedoch ausschließlich Schulen in *nicht-staatlicher* Trägerschaft, also *Freie Schulen* im o.g. Sinne verstanden und näher betrachtet werden (Kap.III). Schulalternativen *innerhalb* des staatlichen Regelschulsystems sollen dagegen erst im letzten Teil dieser Arbeit thematisiert werden (Kap.IV).

1.2 Der Rechtsstatus von Schulen in Freier Trägerschaft

Das Privatschulwesen der Bundesrepublik Deutschland hat seine verfassungsrechtliche Grundlage in Artikel 7 (Absatz 1, 4, 5 und 6) des Grundgesetzes. Dort heißt es dem Wortlaut nach:

- "(1) Das gesamte Schulwesen steht unter der Aufsicht des Staates. ...
- (4) Das Recht zur Errichtung von privaten Schulen wird gewährleistet. Private Schulen als Ersatz für öffentliche Schulen bedürfen der Genehmigung des Staates und unterstehen den Landesgesetzen. Die Genehmigung ist zu erteilen, wenn die privaten Schulen in ihren Lehrzielen und Einrichtungen sowie in der wissenschaftlichen Ausbildung ihrer Lehrkräfte nicht hinter den öffentlichen Schulen zurückstehen und eine Sonderung der Schüler nach den Besitzver-

hältnissen der Eltern nicht gefördert wird. Die Genehmigung ist zu versagen, wenn die wirtschaftliche und rechtliche Stellung der Lehrkräfte nicht genügend gesichert ist.

- (5) Eine private Volksschule ist nur zuzulassen, wenn die Unterrichtsverwaltung ein besonderes pädagogisches Interesse anerkennt oder, auf Antrag von Erziehungsberechtigten, wenn sie als Gemeinschaftsschule, als Bekenntnis- oder Weltanschauungsschule errichtet werden soll und eine öffentliche Volksschule dieser Art in der Gemeinde nicht besteht.
- (6) Vorschulen bleiben aufgehoben." [95]

Das Grundgesetz legt also in Artikel 7 (1) zunächst das Prinzip der staatlichen Schulaufsicht über das gesamte Schulwesen fest. Zugleich wird mit Art. 7 (4) Satz 1 die Errichtung von Privatschulen gewährleistet. Diese verfassungsrechtliche *Errichtungsgarantie* ist jedoch eingeschränkt durch Art. 7 (4) Satz 2, in welchem festgelegt wird, daß "private Schulen als Ersatz für öffentliche Schulen" einer staatlichen Genehmigung bedürfen. Das Bundesverfassungsgericht definiert solche Privatschulen als sog. *"Ersatzschulen"*, die "nach dem mit ihrer Errichtung verfolgten Gesamtzweck als Ersatz für eine im Lande vorhandene oder grundsätzlich vorgesehene öffentliche Schule dienen" sollen.[96] Davon zu unterscheiden sind die sog. *"Ergänzungsschulen"*, die zwar auch in freier Trägerschaft stehen, jedoch kein "Ersatz" für bereits vorhandene staatliche Einrichtungen derselben Art sind und deshalb auch nicht dem Genehmigungsvorbehalt des Art. 7 (4) Satz 2 GG unterliegen.[97] Während die Errichtung einer "Ergänzungsschule" der Schulbehörde lediglich angezeigt werden muß, ist die Errichtung einer "Ersatzschule" nur mit staatlicher Genehmigung möglich.

Art. 7 (Abs. 4 und 5) nennt nun die Voraussetzungen, unter denen Schulen in nichtstaatlicher Trägerschaft eine Genehmigung zu erteilen ist. "Die Genehmigungsvoraussetzungen des Art. 7 (4) Sätze 3 und 4 GG setzen den Rahmen, innerhalb dessen ein Schulträger Anspruch auf Genehmigung hat, und über den hinaus Landesgesetzgeber die Errichtung und den Betrieb von Ersatzschulen nicht einschränken dürfen", kommentiert JOHANN PETER VOGEL.[98] So muß eine staatliche Genehmigung erteilt werden, wenn

- "die privaten Schulen in ihren Lehrzielen und Einrichtungen sowie in der wissenschaftlichen Ausbildung ihrer Lehrer nicht hinter den öffentlichen Schulen zurückstehen" und
- "eine Sonderung der Schüler nach den Besitzverhältnissen der Eltern nicht gefördert wird" und
- "die wirtschaftliche und rechtliche Stellung der Lehrkräfte genügend gesichert ist".[99]

Im Kontext der *ersten* Genehmigungsvoraussetzung taucht zunächst die Forderung des "Nichtzurückstehens" der privaten Ersatzschulen hinter den entsprechenden staatlichen Schulen auf, und zwar in dreifacher Hinsicht: bezüglich der "Lehrziele", der "Einrichtungen" und der "wissenschaftlichen Ausbildung" der Lehrer. Dieses "Nichtzurückstehen" der Privatschulen wird i.d.R. als "Gleichwertigkeit" interpretiert, was jedoch nicht mit "Gleichartigkeit" zu verwechseln ist. "Gleichwertigkeit der Lehrziele und Einrichtungen gegenüber staatlichen Schulen bedeutet, daß die 'innere und äußere Gestaltung der Schule nach den Anforderungen, die in dem Lande an entsprechende öffentliche Schulen gestellt werden, als *gleichwertig* – nicht notwendig *gleichartig* – anzusehen sind' [Hervorhebungen: A.P.]."[100] Das heißt, um mit VOGEL zu sprechen: "Sie sollen also formal dem jeweiligen staatlichen Schultyp im wesentlichen entsprechen; Lehrstoffe und -methoden dürfen abweichen von denen der vergleichbaren staatlichen Schulen, doch soll das Niveau das gleiche sein."[101] Daß diese Grundgesetzforderung einen nicht unerheblichen Interpretationsspielraum läßt, liegt auf der Hand – und hat in der Rechtspraxis bei der Genehmigung Freier Schulen nicht selten zu erheblichen Konflikten und z.T. jahrelangen Rechtsstreitigkeiten geführt.[102]

Das durch Art. 7 (4) Satz 3 GG von Privatschulen außerdem geforderte "Nichtzurückstehen" der "wissenschaftlichen Ausbildung ihrer Lehrkräfte" wurde bereits in der Ländervereinbarung von 1951 einschränkend interpretiert: Nachzuweisen ist "eine fachliche, pädagogische und unterrichtliche Vor- und Ausbildung und die Ablegung von Prüfungen, die der Vor- und Ausbildung und den Prüfungen der Lehrer an den entsprechenden öffentlichen Schulen im Wert gleichkommen".[103] Auch hier wird die Problematik einer objektiven *Beurteilung* der geforderten Gleichwertigkeit unmittelbar deutlich.

Der *zweite* Genehmigungsvorbehalt des GG Art. 7 (4) sieht vor, daß durch die Errichtung und den Betrieb privater Ersatzschulen eine "Sonderung der Schüler nach den Besitzverhältnissen der Eltern" nicht gefördert wird. "Das Verbot der Sonderung der Schüler nach den Besitzverhältnissen der Eltern ist unter den Genehmigungsvoraussetzungen diejenige, die aus dem Geist der Verfassung eines demokratischen *Sozialstaates* entfließt" [Hervorhebung: A.P.], kommentiert VOGEL.[104] Dieser Passus unserer Verfassung macht m.E. wie kein anderer deutlich, daß das Grundgesetz Schulen in freier Trägerschaft ausdrücklich *nicht* als private Eliteschulen für Kinder reicher Eltern vorgesehen hat, sondern als prinzipiell für *jedermann* zugängliche öffentliche Schulen in nicht-staatlicher Trägerschaft. In der Praxis sind jedoch auch hier die Grenzen fließend: Wann liegt eine "Sonderung" vor – und wann ist ein Schulgeld noch "sozial verträglich"? Hier haben sich die Länder auf die Interpretation geeinigt, daß eine Sonderung nicht vorliegt, wenn trotz Erhebung eines Schulgeldes "für minderbemittelte Schüler die erforderlichen Erleichterungen in einem Umfang gewährt werden, der im Vergleich mit den öffentlichen Schulen angemessen ist".[105]

Trotz vielfach nach Gehalt gestaffelter Schulgeldhöhe und trotz der Vergabe von Stipendien durch die privaten Schulträger ist es vielen Freien Schulen mangels ausreichender staatlicher Finanzhilfe jedoch de facto kaum möglich, dem prinzipiell von allen befürworteten Sonderungsverbot gerecht zu werden. "Interessant ist in diesem Zusammenhang, daß das renommierte MAX-PLANCK-INSTITUT FÜR BILDUNGSFORSCHUNG in der Neuauflage seines Berichts über die Strukturen des Bildungswesens in Deutschland festgestellt hat, daß der Auftrag des Grundgesetzes im Hinblick auf das Sonderungsverbot nicht erfüllt ist."[106] KULLAK-UBLICK führt zum Sonderungsverbot aus: "Nach den Gesetzen der Logik und nach Auffassung des Bundesverfassungsgerichts ... beinhaltet diese Forderung eine Verpflichtung des Staates, freie Schulen in einem Umfang zu unterstützen, der sicherstellt, daß niemand durch die Höhe der Schulgelder ausgeschlossen wird. Nach einem kürzlich erfolgten Urteil des Bundesverfassungsgerichts liegt die Sonderungsgrenze derzeit bei etwa 170 DM je Kind und Monat."[107] VOGEL schließlich stellt fest, daß das Sonderungsverbot "das nachhaltigste Argument für die Gewährung staatlicher Finanzhilfe" zur Unterstützung Freier Schulen geliefert hat.[108]

Der *dritte* vom Grundgesetz vorgegebene Genehmigungsvorbehalt für die privaten Ersatzschulen schließlich besagt, daß diese den Nachweis einer genügenden Absicherung der "wirtschaftlichen und rechtlichen Stellung der Lehrer" erbringen müssen. Dazu schreibt VOGEL: "Die wirtschaftliche und rechtliche Sicherstellung der Lehrkräfte wird dadurch gewährleistet, daß der Träger mit ihnen Anstellungsverträge abschließt, die den Arbeitsumfang, den Zeitraum der Anstellung und die Kündigungsbedingungen, den Urlaubsanspruch und das Entgelt regeln. Das Entgelt soll 'nicht wesentlich' hinter dem entsprechender Staatslehrer zurückbleiben."[109] Auch diese Aussage ist dehnbar, und es ist kein Geheimnis, daß Lehrer an Freien Schulen oft ein deutlich geringeres Gehalt in Kauf nehmen müssen, als es vergleichbare Staatsschullehrer beziehen.[110] Auch hier klaffen Verfassungsanspruch und Privatschulwirklichkeit also vielfach noch auseinander.

Eine Sonderstellung innerhalb der Genehmigung von Schulen in freier Trägerschaft nehmen nach Art. 4 (5) "private Volksschulen" ein. Zunächst ist festzustellen, daß die Schulart "Volksschule" im ursprünglichen Sinne in der deutschen Schullandschaft von heute nicht mehr existiert. Anstelle dieser früher die Klassen 1 bis 8 umfassenden Schulform stehen heute die Grundschule (Klassen 1 bis 4 bzw. 6), die Hauptschule (Klassen 5 bzw. 7 bis 9 bzw. 10), die Sekundarschule bzw. Regionale Schule bzw. Regelschule (als integrierte Haupt- und Realschule) sowie die Gesamtschule (als differenzierte bzw. integrierte Haupt-, Real- und Gymnasialschule). VOGEL weist zu Recht darauf hin, daß sich mit der veränder ten Struktur des Schulwesens die Funktion der o.g. Schularten so sehr gewandelt habe, daß eine Gleichsetzung des Begriffes "Volksschule" mit den o.g. weiterführenden Schularten, z.B. mit der "Hauptschule", "allzu schematisch" sei.[111] Er schlußfolgert: "Orientiert man sich an der integrativen Zielsetzung des Art. 7 (5) GG, kann 'Volksschule' nur die Grundschule, die Vorschulklasse und allenfalls [die] Förder- oder Orientierungsstufe meinen."[112]

An dieser Stelle sei noch ein kurzer Hinweis zu Art. 7 (6) GG gegeben, der ja die Errichtung von "Vorschulen" – gleich, ob in staatlicher oder in freier Trägerschaft – untersagt. Unter "Vorschule" verstand die Weimarer Verfassung Vorbereitungsschulen oder -kurse für das Gymnasium. "Derartige Einrichtungen gibt es heute nicht mehr ... Art. 6 (7) GG ist heute bedeutungslos geworden", stellt VOGEL fest.[113]

An die Errichtung *"privater Volksschulen"* im o.g. Sinne knüpft nun Art. 7 (5) GG besondere Genehmigungsvoraussetzungen, welche über die allgemeinen Genehmigungsvorbehalte von Art. 7 (4) GG deutlich hinausgehen. Demnach ist eine "private Volksschule" nur zuzulassen, wenn die Unterrichtsverwaltung ein "besonderes pädagogisches Interesse" anerkennt, oder "auf Antrag von Erziehungsberechtigten" – sofern es sich um eine "Gemeinschaftsschule", eine "Bekenntnis-" oder "Weltanschauungsschule" handelt –, wenn eine öffentliche, d.h. staatliche Volksschule (Grundschule) dieser Art in der Gemeinde nicht besteht.[114] Art. 7 (5) GG sieht also zwei unterschiedliche Genehmigungsvoraussetzungen für zwei unterschiedliche Gruppen privater "Volksschulen" vor.

Zunächst zu der zuletzt genannten Gruppe: den *"Gemeinschafts-"*, *"Bekenntnis-"* und *"Weltanschauungsschulen"*. Was ist darunter zu verstehen? Hierzu erläutert VOGEL: "Gemeinschaftsschulen (auch Simultanschulen genannt) sind für alle gemeinsame, nach Bekenntnissen nicht getrennte Schulen, und zwar gemeinsam entweder auf allgemein-christlicher Grundlage oder bekenntnisfrei oder als Mischform."[115] Zu den beiden anderen Schultypen liest man bei JACH: "Unter den Begriff Bekenntnisschule fallen ... nicht nur katholische, evangelische und jüdische Schulen, sondern Schulen jeglicher Bekenntnisse."[116] Und: "Eine Weltanschauungsschule setzt ... voraus, daß eine Weltanschauung die Schule ebenso wie ihren gesamten Unterricht prägt."[117] Die Zulassungsvoraussetzungen für diese Gruppe von privaten "Volksschulen" sind nun durch Art. 7 (5) GG klar geregelt: "Gemeinschafts-, Bekenntnis- oder Weltanschauungsschulen können als Grundschulen in freier Trägerschaft nur errichtet werden, wenn ein Antrag von Erziehungsberechtigten vorliegt und eine staatliche Schule dieser Art in der Gemeinde nicht besteht", faßt VOGEL zusammen.[118]

Etwas schwieriger gestaltet sich die Genehmigung von privaten Volks- (bzw. Grund-) schulen, die *nicht* bekenntnismäßig oder weltanschaulich gebunden sind, da hier das Grundgesetz das Vorhandensein eines *"besonderen pädagogischen Interesses"* sowie dessen Anerkennung durch die Unterrichtsverwaltung verlangt. Da der Begriff des "besonderen pädagogischen Interesses" äußerst dehnbar und vielseitig interpretierbar ist, kam es in den letzten Jahrzehnten immer wieder zu langwierigen Rechtsstreiten bezüglich der Genehmigung privater "Volksschulen". Einen der wohl spektakulärsten Fälle, den sich über acht Jahre erstreckenden Verwaltungsgerichtsprozeß um die Genehmigung der Freien Schule Frankfurt, hat HARTMUT VON HENTIG in seinem berühmt gewordenen "Gutachten für ein Verwaltungsgericht" 1985 vorzüglich dokumentiert.[119] Als Gutachter schreibt er darin u.a.: "Ich bin hineingezogen in die Fragwürdigkeit des Begriffs vom 'besonderen pädagogischen Interesse' ...", und: "Ich bin in Zweifel geraten, wo 'Weltanschauung' als Genehmigungsgrund beginnt und aufhört."[120]

Nicht zuletzt vor diesem Hintergrund hat das Bundesverfassungsgericht ein Modell zur Prüfung der Voraussetzungen des Art. 7 Abs. 5 GG entworfen.[121] Danach obliegt dem Antragsteller zunächst die "Darlegungslast" für das von ihm behauptete "besondere pädagogische Interesse, welches er substantiiert vortragen muß, um der Schulverwaltung einen 'Vergleich mit bestehenden pädagogischen Konzepten und eine prognostische Beurteilung seiner Erfolgschancen und der möglicherweise mit ihm verbundenen Risiken und Gefahren für die Entwicklung der Schüler' zu ermöglichen", schreibt BERND JEAND'HEUR.[122] Und er führt aus: "Die 'Besonderheit' des jeweiligen pädagogischen Konzepts ist ... 'einerseits im Hinblick auf die öffentliche Volksschule, andererseits im Hinblick auf die schon genehmigten privaten Volksschulen zu bestimmen' ", wobei Art. 7 (5) GG "nur eine sinnvolle Alternative zum bestehenden öffentlichen und privaten Schulangebot voraussetzt, welche die pädagogische Erfahrung bereichert und der Entwicklung des Schulsystems insgesamt zugute kommt".[123] So soll Art. 7 (5) GG gerade nicht voraussetzen, daß die jeweilige pädagogische Konzeption "in jeder Hinsicht neu oder gar einzigartig ist", wie das Bundesverfassungsgericht formulierte.[124] Es sei vielmehr ausreichend, "daß ein pädagogisches Konzept wesentliche neue Akzente setzt oder schon erprobte Konzepte mit neuen Ansätzen von einigem Gewicht kombiniert", was selbst dann der Fall sein könne, wenn es bereits "in einer größeren Zahl privater Grundschulen erprobt und durchgeführt wird".[125]

In seinem Urteil von 1992 gab das Bundesverfassungsgericht auch erstmals eine Definition des Begriffs "besonderes pädagogisches Interesse", die seitdem richtungsweisend für die Genehmigung freier Grundschulen geworden ist.[126] Mit diesem Begriff sei nicht das besondere private Interesse von Eltern oder Schulträgern gemeint, sondern "das öffentliche Interesse an der Erprobung und Fortentwicklung pädagogischer Konzepte sowie das Interesse an der pädagogischen Betreuung spezieller Schülergruppen, welchen das öffentliche Schulwesen keine hinreichenden Angebote macht oder machen kann. Ob ein solches Interesse besteht, beurteilt sich nach fachlichen Maßstäben, wobei auf die gesamte Bandbreite pädagogischer Lehrmeinungen Rücksicht zu nehmen ist."[127] Für JEAND'HEUR steht fest, "daß hinsichtlich des Vorliegens eines solchen besonderen pädagogischen Interesses der Schulbehörde keine uneingeschränkte Entscheidungsfreiheit zukommt, in welche Richtung sie eine Fortentwicklung des Privatschulwesens zulassen will."[128] Nach Auffassung des Bundesverfassungsgerichts sei das "besondere pädagogische Interesse" vielmehr eine objektive Voraussetzung für die Genehmigung privater Volksschulen. Liegt es vor, muß die Unterrichtsverwaltung es anerkennen.[129]

An dieser Stelle sei noch darauf hingewiesen, daß *"genehmigte"* Ersatzschulen unter bestimmten Voraussetzungen auch den Status *"anerkannter"* Ersatzschulen bekommen können. Dazu schreibt MANFRED BORCHERT: "Bestimmte Ersatzschulen können das Recht verliehen bekommen, mit derselben Wirkung wie staatliche Schulen Zeugnisse zu erteilen und Prüfungen abzuhalten. Dieses Recht wird mit der 'Anerkennung' verliehen ..."[130] Voraussetzung für die Anerkennung ist nach VOGEL "die Gewähr für die Erfüllung von Anforderungen, die an 'gleichwertige oder verwandte' ... staatliche Schulen gestellt werden."[131] Diese Anforderungen, die die Ländergesetze festlegen, sind zum einen die "dauernde Erfüllung der Genehmigungsvoraussetzungen" nach Art. 7 (4) bzw. (5) GG.[132] Andererseits wird aber auch die "dauerhafte Erfüllung staatlicher Anforderungen" verlangt.[133] Diese Voraussetzung ist "in ihrer Unbestimmtheit in erheblichem Umfang interpretationsbedürftig", wie VOGEL zu Recht anmerkt.[134] So wundert es nicht, daß die Ländergesetzgebung diesbezüglich "die ganze Interpretationsbreite von dauerhafter Gewährleistung der Genehmigungsvoraussetzungen bis zur dauerhaften *Anpassung* [Hervorhebung: A.P.] in vielen wesentlichen Punkten an entsprechende Staatsschulen" umfaßt, was für viele Freie Schulen, die ein alternatives pädagogisches Konzept verfolgen, nicht unproblematisch ist.[135] VOGEL resümiert: "Die Voraussetzungen für die Anerkennung haben den Zweck, sicherzustellen, daß die staatlichen Berechtigungen in vergleichbarer Weise wie an staatlichen Schulen vergeben werden ... Wenn die Heraushebung bestimmter Ersatzschulen als anerkannte Ersatzschulen überhaupt verfassungsrechtlich zulässig ist ..., dann deshalb, weil dies wegen der Vergleichbarkeit mit staatlicher Leistungsmessung geboten erscheint."[136]

Etwas anders verhält es sich mit den *Genehmigungs*-Voraussetzungen des Art. 7 (4) GG: "Die Errichtungsgarantie des Art. 7 (4) Satz 1 GG wird durch die Genehmigungsvoraussetzungen des Art. 7 (4) eingeschränkt, nicht um Ersatzschulen staatlichen Schulen *anzupassen* [Hervorhebung: AP], sondern um Mißbrauch des Errichtungsrechts im Bereich der Schulen zu verhindern, an denen der Schulpflicht genügt werden kann. Die Genehmigungsvoraussetzungen sollen mit anderen Worten nicht die Gestaltungsautonomie des freien Trägers beeinträchtigen, sondern einen Mindeststandard hinsichtlich der Bildungsziele und der Bildungsmittel im weiteren Sinne (Bildungseinrichtungen und Lehrkräfte) sichern."[137]

Schließlich sei noch auf Art. 7 (1) GG hingewiesen, wo es heißt: "Das gesamte Schulwesen steht unter der Aufsicht des Staates." Aus dem Wortlaut ist zu schließen, "daß der Aufsicht alle Schulen, staatliche wie freie, unterstellt sind ..."[138] Mit "Staat" sind, gemäß der Kompetenzverteilung des Grundgesetzes, "vorzugsweise die Länder, denen die Kulturhoheit zusteht, gemeint, und hier nicht nur die jeweilige Schulverwaltung, sondern der gewaltengeteilte Rechtsstaat i.S. des Art. 20 GG".[139] Über die Staatsaufsicht im Schulbereich liegt eine umfangreiche Literatur vor, auf die hier nur verwiesen werden kann.[140] An dieser Stelle sei lediglich ein kurzer Blick auf die Schulaufsicht über die Bildungseinrichtungen des Privatschulrechts geworfen.

Die Schulaufsicht über Privatschulen ist nach FRIEDRICH MÜLLER "... durch die Freiheitsrechte der Schulträger auf die inneren Schulangelegenheiten und die notwendige Wahrung eines äußeren Mindestrahmens der Schulen beschränkt."[141] In der neueren Literatur besteht Einigkeit darüber, daß das "Recht auf Genehmigung einer Privatschule und das Recht auf Bestand der genehmigten Ersatzschule nicht durch administrative oder echte [sic] aufsichtliche Maßnahmen verwässert werden dürfen."[142] So umfaßt die Schulaufsicht bei Ergänzungsschulen und genehmigten Ersatzschulen lediglich die sog. *Rechtsaufsicht*, d.h. die Schulbehörde prüft und kontrolliert, ob die Voraussetzungen der Errichtung auch weiterhin vorliegen. Bei anerkannten Ersatzschulen kommt jedoch zur Rechtsaufsicht die sog. *Fachaufsicht* dazu, d.h. Prüfung und Kontrolle auch inhaltlicher Belange der Freien Schulen, insofern sie z.B. mit dem Erteilen von Berechtigungen, mit Aufnahme-, Versetzungs- und Prüfungsbestimmungen zu tun haben.[143] "Insoweit tritt die Schulaufsicht mit den Mitteln der Rechtsaufsicht und teilweise auch der Fachaufsicht auf mit der Kompetenz, anstelle der fachlichen Entscheidungen der Freien Schule eigene Entscheidungen zu setzen. Diese theoretisch klare Abgrenzung ist in der Praxis eines der Hauptprobleme, wenn nicht das Hauptproblem des Privatschulrechts. Das liberale Prinzip der Gestaltungsfreiheit nach Art. 7 (4) Satz 1 und das obrigkeitlich traditionelle Prinzip der Konzessionsverteilung unter dem Maßstab staatlicher Schule stehen sich in diesem Punkt unvermittelt gegenüber", resümiert VOGEL.[144]

Nicht zuletzt aus diesem Grunde wurde seit den 90er Jahren von namhaften Verfassungsrechtlern die Frage aufgeworfen, ob die traditionell-etatistische Interpretation der "Staatsaufsicht" gemäß Art. 7 (4) Satz 1 GG im Sinne einer umfassenden *Rechts-*, *Fach-* und *Dienstaufsicht* über die Schulen in diesem extensiven Sinne überhaupt noch haltbar ist. Nach Auffassung des Bildungsverfassungsrechtlers FRANK-RÜDIGER JACH z.B. unterliegt die "extensive Interpretation des Begriffs der staatlichen Schulaufsicht ... schwerwiegenden verfassungsrechtlichen Bedenken ..."[145] Nach JACHs Ansicht "... kann der Begriff der staatlichen Schulaufsicht im grundgesetzlichen Sinn nur als eine Rechtsaufsicht interpretiert werden."[146] Ohne hier näher auf diese Diskussion eingehen zu wollen, sei doch darauf hingewiesen, daß von den Schulen in freier Trägerschaft immer wieder wichtige Impulse zu einer Modernisierung und Neugestaltung der staatlichen

Schulaufsicht ausgegangen sind, die in Zeiten der schulischen Autonomiedebatte – auch und gerade für staatliche Schulen – heute aktueller denn je sind.

Der Rechtsstatus von Schulen in freier Trägerschaft wird einerseits durch das *Grundgesetz für die Bundesrepublik Deutschland*, andererseits aber auch durch die *Länderverfassungen und -gesetze* festgelegt. "Da der Bund gemäß Art. 70 (1) GG keine Kompetenzen im eigentlichen Schulbereich besitzt, ist das Privatschulrecht durch Landesgesetze und entsprechende -verordnungen ausgestaltet", schreibt VOGEL.[147] "Um eine gewisse Einheitlichkeit der Bestimmungen zu sichern, werden zwischen den Ländern Vereinbarungen getroffen, die zwar keinerlei Gesetzeskraft besitzen, aber als Richtlinien für die Gesetzgebung der Länder gelten."[148] Die wichtigste Vereinbarung dieser Art ist die bereits erwähnte "Vereinbarung der Kultusministerkonferenz über das Privatschulwesen" von 1951, kurz "Ländervereinbarung", die zur Vorlage der späteren Landesregelungen wurde.[149]

So finden sich in verschiedenen *Landesverfassungen* Bestimmungen über Privatschulen. "In neun Bundesländern (Bayern, Brandenburg, Bremen, Hessen, Niedersachsen, Nordrhein-Westfalen, Rheinland-Pfalz, Saarland, Sachsen-Anhalt ...) legt die Verfassung die Freiheit zur Errichtung von Schulen in privater Trägerschaft fest", konstatiert SUSANNE WELLMANN.[150] Die in den Landesverfassungen angeführten Genehmigungsvoraussetzungen entsprechen denen des Grundgesetzes; die Bestimmungen einzelner Länder gehen jedoch darüber hinaus.[151]

"In Ausführung ihrer Gesetzgebungskompetenz haben die Länder Schulgesetze, die Regelungen über Privatschulen enthalten, oder eigene Privatschulgesetze beschlossen", führt WELLMANN aus.[152] Das Privatschulrecht ist also in erster Linie in Privatschulgesetzen geregelt, wobei diese Gesetze die Freiheitsrechte des Grundgesetzes oft empfindlich beschneiden. "Die Landesgesetze schöpfen den Rahmen dieser grundrechtlichen Gewährleistung nicht aus, ja schränken diesen in zum Teil verfassungsrechtlich bedenklicher Weise ein", konstatiert WELLMANN.[153] Und nach Auswertung verschiedener Gesetzestexte kommt sie zu dem Schluß: "Von einer Freiheit der Privatschule, wie sie das GG in Art. 7 Abs. 4 meint, kann angesichts dieser Bestimmungen nicht mehr die Rede sein."[154] Zu einem ähnlichen Fazit kommt auch MICHAEL BEHR, wenn er schreibt: "Allen gesetzlichen Regelungen gemeinsam ist die Tendenz, daß sie es privaten Initiativen sehr schwer, auf manchen Gebieten unmöglich machen, Schulen zu gründen und zu betreiben."[155] HEINZ-JÜRGEN BADER schließlich resümiert: "In Art. 7 Abs. 4 GG ist zunächst das Recht auf Errichtung freier Schulen garantiert ... Trotzdem werden auch heute noch immer Hemmnisse erfunden, um das Errichtungsrecht durch zusätzliche Bedingungen einzuschränken."[156]

Diese in weiten Bereichen immer noch sehr restriktive Ländergesetzgebung ist um so fragwürdiger, wenn man bedenkt, daß das Grundgesetz das Prinzip der Vielfalt im Schulwesen ausdrücklich als Verfassungsprinzip aufgenommen hat.[157] "Die nachdrückliche Gewährleistung, die das Grundrecht, Schulen in freier Trägerschaft zu gründen und zu betreiben, in Art. 7 (4) GG gefunden hat, mag zunächst auch eine Art 'Wiedergutmachung' gewesen sein dafür, daß fast alle Privatschulen im 'Dritten Reich' verstaatlicht worden sind; so klingt es nach in der Formulierung des Bundesverfassungsgerichts ..., daß die Gewährleistung der Privatschule ihren Grund habe in der 'Überzeugung von ihrem Wert und ihrer historischen Leistung' ", stellt VOGEL fest.[158] Eine höhere Ebene beschreitet nach VOGEL das Bundesverfassungsgericht, indem es die Gewährleistung versteht als "Ausdruck der Abkehr vom staatlichen Schulmonopol und des Offenseins des Staates gegenüber der Vielfalt, in der sich Schule darstellen kann; dieses Offensein entspräche der freiheitlich demokratischen Grundordnung".[159] Die Feststellung, daß Schulen in freier Trägerschaft "neben dem Staat und an seiner Stelle (gemeint ist: neben staatlichen Schulen und auch an ihrer Stelle ...) öffentliche Bildungsaufgaben erfüllen", läßt nach VOGEL zudem erkennen, "daß das Verhältnis zwischen staatlichen und freien Schulen prinzipiell gleichrangig ist ..."[160]

Weiterhin spiegelt sich das "Verfassungsprinzip der Schulvielfalt" insofern in den Genehmigungsvoraussetzungen des Art. 7 (4) Sätze 3 und 4 GG, als selbst bei genehmigungspflichtigen Schulen in freier Trägerschaft lediglich ein "Nicht-Zurückstehen" hinter staatlichen Schulen, nicht jedoch ein "Gleichartigsein" mit ihnen gefordert wird.[161] "Hier konkretisiert sich das Selbstbestimmungsrecht freier Träger", folgert VOGEL.[162] "Das Verfassungsprinzip der Vielfalt im Schulwesen ergibt sich schließlich aus dem "Bekenntnis des Grundgesetzes zur Würde des Menschen (Art. 1 [1] GG), zur Entfaltung der Persönlichkeit in Freiheit und Selbstverantwortlichkeit (Art. 2 GG), zur Religions- und Gewissensfreiheit (Art. 4 GG), zur religiösen und weltanschaulichen Neutralität des Staates und zum natürlichen Elternrecht (Art. 6 [2] Satz 1 GG). Diese Grundrechte begründen eine differenzierte Ausgestaltung des Schulwesens; die Freiheit, private Schulen zu errichten, ist eine signifikante Ausprägung dieser Werteordnung. Den Eltern darf die Möglichkeit, eine Schule in freier Trägerschaft zu wählen, nicht abgeschnitten werden."[163]

Mit der Errichtungsgarantie des Grundgesetzes werden dem Träger drei umfassende Rechte zugesprochen[164]:

- die freie Gestaltung der Schule bzw. der Unterrichtseinrichtung;
- die freie Wahl der Lehrer;
- die freie Auswahl der Schüler.

Gleichzeitig gewinnen damit Dritte zusätzliche Rechte, die prinzipiell für jedermann gelten:

- das Recht, für sein Kind die Unterrichtung und Erziehung an einer Schule oder Unterrichtseinrichtung in freier Trägerschaft zu wählen (i.V. mit Art. 6 GG);
- das Recht, eine Schule oder Unterrichtseinrichtung in freier Trägerschaft für den Schulbesuch zu wählen (i.V. mit Art. 2 GG);
- das Recht, an einer Schule oder Unterrichtseinrichtung in freier Trägerschaft seiner Wahl als Lehrer tätig zu werden (i.V. mit Art. 2 GG).[165]

Zwar gelten diese Rechte nicht unbeschränkt, doch dürfen sie von keiner Landesgesetzgebung mißachtet oder unzulässig beschnitten werden.

Ein weiterer großer Themenkomplex im Kontext des Rechtsstatus Freier Schulen ist die Frage ihrer *Finanzierung*. Hierzu ist zunächst festzustellen: "Die Frage, ob der Staat den freien Trägern öffentliche Mittel zum Betrieb ihrer Schulen zuschießen müsse, ist vom Verfassungsgeber dadurch beantwortet worden, daß er eine entsprechende Bestimmung nicht in Art. 7 GG aufgenommen hat ... Aber er hat auch kein ausdrückliches Verbot einer finanziellen Förderung ausgesprochen."[166] In der Ländervereinbarung von 1951 wurde festgelegt, "daß ein Finanzhilfeanspruch aus Art. 7 GG nicht herzuleiten ist".[167] Eine solche Formulierung schloß jedoch einen Finanzhilfeanspruch auch nicht aus. In der Erkenntnis, "daß die hohen Kosten des Betriebs einer Schule auf dem Niveau entsprechender staatlicher Schulen mit einem sozial verträglichen Schulgeld nicht mehr aufzubringen sind", haben dann zunächst einzelne Landesverfassungsgeber, später alle Landesgesetzgeber einzelnen Gruppen von Freien Schulen Finanzhilfeansprüche eingeräumt.[168] Seitdem wurde die Frage eines *generellen* Anspruchs auf Finanzhilfe für Schulen in freier Trägerschaft immer wieder neu diskutiert. "Das Bundesverfassungsgericht hat diese Diskussion 1987 beendet mit der Feststellung, daß den Ersatzschulen zwar kein aus Art. 7 (4) GG ableitbarer Anspruch auf Finanzhilfe zustehe, die Länder aber unter bestimmten Umständen eine verfassungsrechtliche Förderpflicht gegenüber den Ersatzschulen trifft."[169]

Mit diesem Verfassungsgerichtsurteil von 1987, das als "Finanzhilfe-Urteil" in die Fachliteratur eingegangen ist, wurde, wie STEFAN LEBER zu Recht anmerkt, "ein Stück Rechtsgeschichte" geschrieben.[170] FRIEDRICH MÜLLER hat die Folgen dieses Finanzhilfe-Urteils in seinem Buch über die "Zukunftsperspektiven der Freien Schulen" detailliert aufgearbeitet und dokumentiert.[171] Dem Wortlaut nach heißt es in dem Urteil u.a.: "Mit der Anerkennung der Gründungsfreiheit und der institutionellen Garantie der Privatschule ist der Inhalt des Art. 7 Abs. 4 GG ... nicht vollständig erfaßt. Dieses Grundrecht legt den für die Schulgesetzgebung ausschließlich zuständigen Ländern darüberhinaus die Pflicht auf, das private Ersatzschulwesen zu fördern und in seinem Bestand zu schützen. Dies ergibt sich aus der Bedeutung der Gewährleistung sowie aus ihrer besonderen Ausgestaltung in den Sätzen 2 bis 4, mit der das Grundgesetz selbst Voraussetzungen normiert, ohne deren Erfüllung von dem Grundrecht kein Gebrauch gemacht werden kann."[172]

Weiterhin stellt das Bundesverfassungsgericht in seinem Urteil fest: "Private Schulträger sind bei dem bestehenden hohen Kostenniveau heute nicht mehr in der Lage, aus eigener Kraft sämtliche in Art. 7 Abs. 4 Sätze 3 und 4 GG aufgeführten Genehmigungsvoraussetzungen gleichzeitig und auf Dauer zu erfüllen."[173] Und es fährt fort: "Die Möglichkeit einer Selbstfinanzierung durch die Erhebung annähernd kostendeckender Schulgelder ist den privaten Ersatzschulen durch Art. 7 Abs. 4 Satz 3 Halbsatz 2 GG praktisch genommen, weil durch sie – auch angesichts der Schulgeldfreiheit in öffentlichen Schulen – eine 'Sonderung der Schüler nach den Besitzverhältnissen der Eltern' zumindest 'gefördert' würde. Das Grundgesetz wollte eine Entwicklung der privaten Ersatzschulen in Richtung auf eine Art von 'Standes- oder Plutokratenschulen' vermeiden ... Daher reicht es nicht aus, wenn Schulträger nur in Ausnahmefällen für ... besonders arme Kinder Schulgeldstipendien gewähren ..."[174]

Aus diesen Überlegungen ergibt sich nach dem Urteil des BVG eine "Förderungspflicht" des Staates. "Diese Förderungspflicht erschließt und rechtfertigt sich auch aus dem sozialstaatlichen Gehalt des Art. 7 Abs. 4 GG."[175] Schließlich stellt das Finanzhilfe-Urteil fest: "In welcher Weise der Gesetzgeber seiner Förderungspflicht nachkommt, schreibt ihm das Grundgesetz nicht vor. Es hat das Schulwesen – vorbehaltlich eines Zusammenwirkens von Bund und Ländern bei der Bildungsplanung gemäß Art. 91 b GG – der ausschließlichen Zuständigkeit der Länder zugewiesen."[176]

Somit ist, wie die Arbeitsgruppe Bildungsbericht am MAX-PLANCK-INSTITUT FÜR BILDUNGSFORSCHUNG feststellt, der Staat verpflichtet, "das Ersatzschulwesen durch Subventionen existenzfähig zu erhalten. Der Subventionsanspruch verwirklicht den Sinn der Privatschulfreiheit, indem er wirtschaftlich absichert, was verfassungsrechtlich garantiert ist. Privatschulen sind also überwiegend staatlich finanzierte Schulen. Vorschriften und Regeln, nach denen die staatlichen Förderleistungen berechnet werden, unterscheiden sich – Ausdruck der Kulturhoheit – von Bundesland zu Bundesland."[177]

Auch FRANK-RÜDIGER JACH konstatiert: "Ganz allgemein ist heute anerkannt, daß die Garantiebestimmung des Art. 7 Abs. 4 Satz 1 GG eine Verpflichtung des Staates zur materiellen Förderung der notleidenden Ersatzschulen zum Zwecke ihrer Erhaltung nach sich zieht; die staatliche Hilfe muß so bemessen sein, 'daß eine zum wirtschaftlichen Niedergang und schließlichen Zusammenbruch führende Entwicklung wirksam aufgehalten wird.' Die Förderungspflicht des Staates verpflichtet diesen, 'einen Beitrag bis zur Höhe des Existenzminimums zu leisten', und gibt dem Gesetzgeber die Pflicht, 'die Existenzgrundlage privater Ersatzschulen nicht zugunsten ... des öffentlichen Schulwesens zu vernachlässigen' ".[178] Das BVG-Urteil beinhaltet jedoch auch die Prämisse, "daß dem Ersatzschulträger eine angemessene Eigenleistung zuzumuten ist".[179]

SUSANNE WELLMANN weist darauf hin, daß sich die Finanzhilfepflicht des Staates auch aus der Bedeutung des Privatschulgrundrechtes im systematischen Zusammenhang der *anderen* Grundrechtsgarantien ergebe: "Eben weil der Staat den Eltern die Freiheit garantiert, die Erziehung ihrer Kinder im Hinblick auf das Bekenntnis und die Methode der Erziehung selbst zu bestimmen, und auch den Kindern selbst ein Recht auf freie Entfaltung ihrer Persönlichkeit sichert, muß er seinen Anteil leisten, um dies institutionell zu ermöglichen."[180] In der Rechtslehre wurde diese Interpretation schon früh vertreten.[181]

Ein im Kontext des Finanzhilfeanspruchs Freier Schulen häufig diskutiertes Problem ist das der finanziellen *Doppelbelastung* von Privatschuleltern. Im "Handbuch des Schulrechts" von STEIN/ROELL liest man dazu: "Der staatliche Finanzbedarf für das Schulwesen wird letztlich von allen Steuerzahlern aufgebracht, zu denen auch die Eltern von Kindern gehören, die Privatschulen besuchen. Diese Eltern tragen also einerseits genau wie die Eltern von Schülern öffentlicher Schulen ihren Anteil an den Kosten des öffentlichen Schulwesens und zahlen andererseits das Schulgeld für die von ihren Kindern besuchten Privatschulen. Diese Doppelbelastung verstößt gegen den Gleichheitsgrundsatz (Art. 3 GG), da sie eine Benachteiligung gegenüber den Eltern von Schülern öffentlicher Schulen darstellt ..."[182]

Zwar wurde diese Ungleichbehandlung durch die steuerliche Absetzbarkeit von Schulgeldzahlungen inzwischen etwas relativiert; doch bleibt das Problem bestehen, daß Privatschulen den Staat finanziell erheblich entlasten, ohne daß dieser den Freien Schulen durch angemessene Ausgleichszahlungen finanziell entgegenkommt. "Private Ersatzschulen erfüllen ebenso wie die entsprechenden öffentlichen Schulen die öffentliche Bildungsaufgabe. Zugleich haben sie eine Verminderung der Staatsausgaben für das Schulwesen zur Folge, weil der Staat in den öffentlichen Schulen weniger Ausbildungsplätze zur Verfügung stellen muß und daher sein Finanzbedarf für Schulgebäude, Schuleinrichtungen und Lehrkräfte vermindert wird", stellen STEIN/ ROELL fest.[183] Hinzu kommt, daß Freie Schulen erwiesenermaßen sparsamer wirtschaften als vergleichbare staatliche Schulen – "schon deshalb, weil sie weniger Geld zur Verfügung haben und trotzdem gleichwertige Leistungen erbringen", wie VOGEL feststellt.[184] Experten haben errechnet, daß allein die Freien Waldorfschulen mit ihren bundesweit etwa 70 000 Schülern dem Staat insgesamt einen Spareffekt von rund 200 Millionen DM pro Jahr einbringen.[185] Rechnet man die Kostenerparnis durch andere Freie

Schulen hinzu, so entstehen dem Staat durch das Privatschulwesen insgesamt beachtliche Einsparungen.

Um so alarmierender ist es, daß sich Freie Schulen heute in den meisten Bundesländern einer "Kürzungsspirale ohne Ende" ausgesetzt sehen, wie GISE KAYSER-GANTNER einmal treffend formulierte.[186] "Freie Schulen sehen mit großer Besorgnis der Zukunft entgegen, denn die Kürzungen der staatlichen Zuschüsse ... haben ihre Finanzreserven ausgelaugt", schrieb KAYSER-GANTNER 1999. Erst massive Protestaktionen der Elternverbände Freier Schulen erbrachten eine Kurskorrektur, so daß z.B. in Baden-Württemberg die geplante Fortschreibung der Kürzungen für Schulen in freier Trägerschaft im Entwurf des Staatshaushaltes 2000/2001 durch intensive Verhandlungen mit den Landtagsfraktionen gekippt wurde.[187] Es ist bedauerlich, daß dies im allgemeinen nur auf massiven Druck der Betroffenen hin geschieht – zeigt es doch einmal mehr, wie sehr Grundgesetzintention und Privatschulrealität heute immer noch auseinanderklaffen.

Nach VOGEL finden sich in dem Finanzhilfeurteil des BVG "... einige Formulierungen, die sich in der weiteren Rechtsprechung als Einfallstore für Abschwächungen der Leistungspflicht erweisen sollten."[188] So lehnen die Landesgesetze nicht nur eine Leistungspflicht in der Gründungsphase Freier Schulen weiterhin ab; "Finanzhilfen werden auch nach wie vor überproportional – verglichen mit der Dotierung staatlicher Schulen – durch Haushaltsgesetze gekürzt."[189] Doch nicht nur dies widerspricht den Freiheitsgarantien des Art. 7 (4) GG: "Einzelne Länder benutzen die Finanzhilfe, um über Zweckbindungen zum Teil sehr weitgehend in die Gestaltungsfreiheit der Träger einzugreifen. Ein in dieser Hinsicht abschreckendes Beispiel ist Nordrhein-Westfalen, das für seine relativ großzügige Förderung eine weitgehende Anpassung der [freien] Schule an staatliche Modelle bewirkt."[190] Ein solcher Mißbrauch der Finanzhilfe kann nicht im Sinne des Vielfaltsgebots des Grundgesetzes sein. Und so monieren STEIN/ ROELL zu Recht: "Landesrechtliche Einschränkungen dieses aus dem Grundgesetz folgenden [genauer: ableitbaren; A.P.] Anspruchs auf Finanzhilfe sind verfassungswidrig."[191]

Wie sieht nun die Finanzsituation der Freien Schulen konkret aus? Hierzu stellt SUSANNE BROOS fest: "Generell finanzieren die Bundesländer rund zwei Drittel der Sach- und Personalkosten von *anerkannten* [Hervorhebung: A.P.] Privatschulen. Ein Drittel der Kosten müssen die jeweiligen Träger und die Eltern in Form von Schulgeld aufbringen."[192] Je nach der Finanzkraft des Schulträgers (Kirche, Verein, Verband etc.) stellt sich die wirtschaftliche Lage der Freien Schulen de facto jedoch höchst unterschiedlich dar. So kann der größere Teil der Schulen in freier Trägerschaft, die konfessionell geprägten Schulen, im allgemeinbildenden Bereich Schulgeldfreiheit oder ein relativ niedriges Schulgeld (bis 50 DM monatlich) ermöglichen.[193] "Die wenigen kirchlichen Träger (Orden,

Diözesen, Landeskirchen, Werke und Stiftungen) finanzieren hier den von der staatlichen Finanzhilfe nicht gedeckten Haushalt aus eigenen Mitteln", schreibt BROOS.[194] "Hinzu kommt, daß Grundstücke und Gebäude zu einem großen Teil aus ... Stiftungen ... stammen und insofern nicht amortisiert zu werden brauchen."[195]

Die übrigen Schulen in freier Trägerschaft müssen die Deckungslücke zwischen Kosten und staatlicher Finanzhilfe durch z.T. höhere Schulgelder, durch Spenden oder durch freiwilligen Gehaltsverzicht der Lehrerschaft auffüllen. "Mit Stipendien, Geschwisterermäßigungen und nach Einkommensgruppen der Eltern gestaffelten Schulgeldern versuchen die Schulen, soziale Härten zu vermeiden und möglichst allen Interessenten den Schulbesuch zu ermöglichen. Trägervermögen, das Kosten in nennenswertem Umfang decken könnte ..., gibt es an deutschen Freien Schulen nicht", konstatiert BROOS.[196]

Besondere Kosten entstehen auch an Freien Internatsschulen; für eine ganztägige Erziehung und Betreuung der Schüler ist ausreichendes Fachpersonal erforderlich. "Der Staat fördert den Internatsbereich freier Träger nicht, wenn er auch seine eigenen Internate großzügig finanziert", stellt BROOS fest.[197] Horrende Elternbeiträge für private Internate sind meist die Folge.

Extrem schwierig ist auch die finanzielle Situation von Schulen im Aufbau. "Angesichts der in vielen Ländern geltenden verfassungsrechtlich fragwürdigen 'Durststrecken' (Zeiten nach Genehmigung der Schule, in denen keine öffentliche Finanzhilfe gewährt wird) ist die Gründung von Ersatzschulen nur noch überaus opferbereiten Personengruppen möglich. Das trifft insbesondere die Schulgründungen in den neuen Bundesländern, die ohnehin nach fünfzig Jahren Verbotszeit in einer Pioniersituation unter schlechten Bauverhältnissen und wirtschaftlichem Mangel leiden."[198]

Die *Ausgestaltung* der Finanzhilfe für Freie Schulen nach Art und Berechnungsmodus erfolgt in den einzelnen Ländergesetzen und entsprechenden Rechtsverordnungen nach unterschiedlichen Kriterien und führt zu einem "komplizierten, verwaltungsaufwendigen und für die betroffenen Schulen bzw. ihre Schulträger oft nur schwer durchschaubaren System der Finanzhilfe", auf das hier nicht näher eingegangen werden kann.[199] Eine recht differenzierte Darstellung der Finanzierungsmodi Freier Schulen findet sich z.B. bei RÜDIGER HAUG.[200]

Abschließend bleibt mit HAUG festzuhalten, "... daß die staatliche Finanzhilfe an Schulen in Freier Trägerschaft von der Exekutive immer noch eher als zwar gesetzlich erzwungene, aber doch lästige und nur die Haushalte unnötig belastende staatliche Subvention an eine in ihren Augen schulpolitische 'quantité négligeable' gesehen wird und nicht als eine vom Staat einzulösende finanzielle Garantie eines aus der Verfassung abgeleiteten Grundrechts auf rechtliche und damit materielle Gleichbehandlung aller, staatlich wie in Freier Trägerschaft veranstalteter öffentlicher, d.h. jedermann zugänglicher Schulen."[201] Insofern bleibt die Frage offen, inwieweit die *tatsächlichen* Rechte der Freien Schulen in der Bundesrepublik Deutschland ihrem verfassungsmäßig garantierten *Rechtsstatus* entsprechen.

1.3 Situation und Bestand der Freien Schulen heute

Die Situation der Freien Schulen in der Bundesrepublik Deutschland hat PETER STRUCK im Jahr 2000 sehr treffend charakterisiert, indem er feststellte, daß sich Schulen in freier Trägerschaft "in der Zwickmühle zwischen Beliebtheit und Beeinträchtigung" befinden.[202] So stehen der wachsenden Nachfrage nach Freien Schulen und ihrem enormen Zulauf in geradezu paradoxer Weise verwaltungsrechtliche und finanzielle Beeinträchtigungen durch die Kultus- und Verwaltungsbehörden gegenüber, welche den nicht-staatlichen Schulen immer wieder einen harten Kampf ums Überleben abverlangen. STEFAN BLANKERTZ spricht in diesem Zusammenhang von einem "Verdrängungs- und Marginalisierungsprozeß", dem sich Freie Schulen durch administrative Gängelung und permanente Kürzung finanzieller Mittel vielfach ausgesetzt sehen.[203] In krassem Widerspruch zu der weitverbreiteten finanziellen Notlage zahlreicher Freier Schulen steht jedoch der Wunsch einer immer größeren Zahl von Eltern, ihre Kinder lieber einer privaten als einer staatlichen Schule anzuvertrauen.

"Fast jedes fünfte Elternpaar möchte sein Kind auf eine private Schule schicken", konstatierte das Nachrichtenmagazin FOCUS in einem Bericht über "die privaten Alternativen" im Jahr 1999.[204] SUSANNE BROOS präzisiert: "19 Prozent aller Eltern würden ihr Kind am liebsten auf eine Privatschule schicken – das hat eine Umfrage des Instituts für Schulentwicklung in Dortmund ergeben."[205] Und sie fährt fort: "Nur wenige können diesen Wunsch tatsächlich realisieren, nicht etwa, weil sie das Schulgeld nicht bezahlen können, sondern weil die Nachfrage das Angebot an freien Plätzen deutlich übersteigt. Bis zu 100 Anfragen täglich müssen Sekretariate solcher Schulen in freier Trägerschaft beantworten, rund 60 Prozent der Bewerber werden derzeit abgelehnt. Trotzdem steigt die Zahl der Privatschüler seit Jahren kontinuierlich."[206]

Diesen Trend bestätigt auch das renommierte MAX-PLANCK-INSTITUT FÜR BILDUNGSFORSCHUNG: "Der Privatschüleranteil an berufsbildenden Schulen ist seit gut zehn Jahren weitgehend konstant. Dagegen zeichnet sich im allgemeinbildenden Schulwesen ... eine ansteigende Tendenz des relativen Privatschulbesuches ab." Und: "... die Kapazität der Privatschulen entsprach trotz verschiedener Neugründungen bislang nicht der Nachfrage..., so daß Bewerber abgewiesen werden mußten."[207]

Nach STRUCK steigt "die Zahl der Privatschulen ... stärker als die Schülerzahlen an sich. Der Anteil der Privatschüler an den allgemeinen Schülerzahlen wäre jedenfalls noch weitaus größer, wenn die freien Schulen, die Montessori-Schulen, die Waldorfschulen, die Schülerschulen, die Internationalen Schulen und andere staatlich genehmigte oder gar anerkannte 'Ersatzschulen' ... sämtliche Bewerber aufnehmen könnten. Gerade die Waldorf- bzw. Rudolf-Steiner-Schulen, die Konfessionsschulen, die Schülerschulen und die Montessorischulen haben nämlich oft doppelt so viele oder mehr Interessenten als sie Plätze haben."[208]

Es mag deshalb nicht übertrieben sein, wenn das Magazin FOCUS in einem Bericht über Privatschulen schreibt: "Immer mehr Schüler suchen nach Alternativen zu staatlichen Bildungseinrichtungen."[209] An anderer Stelle ist gar von einer "Flucht zu den Freien" die Rede.[210] Folgendes Fazit bleibt bezüglich der aktuellen Situation Freier Schulen in Deutschland jedenfalls festzuhalten: "Der Run auf Privatschulen hält an ..."[211]

Schaut man auf die Statistiken, so wird der Trend zur Freien Schule eindeutig bestätigt. Ein Blick auf die Entwicklung der Schülerzahlen privater Schulen seit 1960 ergibt folgendes Bild:

Schüler in Privatschulen (1960 – 1998)		
Jahr	Schüler in allgemeinbildenden Privatschulen (in Tausend)	Anteil der Schüler in allgemeinbildenden Privatschulen an allen Schülern in allgemeinbildenden Schulen (in Prozent)
1960	200	3,0
1970	290	3,2
1980	420	4,6
1990	421	6,1
1998*	516	6,0

* ab 1991 mit neuen Bundesländern [212]

In den letzten 40 Jahren hat sich der Anteil der Privatschüler an den allgemeinbildenden Schulen also verdoppelt. Der leichte *prozentuale* Rückgang in den 90er Jahren läßt sich vermutlich aus der schwierigen Gründungssituation für Freie Schulen in den neuen Ländern erklären, wobei die *absolute* Privatschülerzahl insgesamt stetig gestiegen ist.[213] "Diese Zahlen verdecken jedoch große Unterschiede zwischen den Bundesländern und Schularten", stellt die ARBEITSGRUPPE BILDUNGSBERICHT AM MAX-PLANCK-INSTITUT FÜR BILDUNGSFORSCHUNG zu Recht fest.[214] Fragt man nun, wie sich die Gesamtzahl der Privatschüler an allgemeinbildenden Schulen über die einzelnen *Bundesländer* verteilt, so lassen sich folgende Prozentzahlen ermitteln:

Schüler in privaten allgemeinbildenden Schulen nach Ländern (in %)*

Land	Schüler in privaten Schulen	Schüler in öffentlichen und privaten Schulen
Nordrhein-Westfalen	27,8	18,5
Bayern	22,3	15,4
Baden-Württemberg	14,8	12,5
Niedersachsen	8,2	9,3
Hessen	6,6	7,8
Rheinland-Pfalz	5,7	4,4
Berlin	3,1	4,1
Hamburg	2,9	2,3
Schleswig Holstein	2,4	4,0
Saarland	1,6	1,3
Bremen	1,1	1,2
Sachsen	0,9	5,9
Sachsen-Anhalt	0,8	3,7
Thüringen	0,8	3,2
Brandenburg	0,6	3,5
Mecklenburg-Vorpommern	0,3	3,0
BRD insgesamt	100,0	100,0

* Stand: 1995 [215]

KLEMM/KRAUSS-HOFFMANN interpretieren diese Daten wie folgt: Bei der Verteilung der Schüler privater allgemeinbildender Schulen "... zeichnen sich deutliche regionale Schwerpunktbildungen ab".[216] In einer Ländergruppe entspricht der Anteil der Privatschüler an den Privatschülern ganz Deutschlands in etwa dem Anteil, den alle Schüler dieser Länder an allen Schülern Deutschlands haben (z.B. Hessen oder Niedersachsen); in einer zweiten Ländergruppe sind die Privatschüleranteile deutlich unterrepräsentiert (in allen neuen Bundesländern); in einer dritten Gruppe schließlich sind Schüler und Schülerinnen [von Privatschulen] überrepräsentiert (vor allem in Nordrhein-Westfalen und Bayern)."[217]

Auf die Frage, warum in den neuen Bundesländern der Anteil der Privatschüler – und auch der Privatschulen – immer noch verhältnismäßig niedrig ist, gibt CHRISTIAN LUCAS, Geschäftsführer des Bundesverbandes Deutscher Privatschulen, folgende Antwort: "Gründe für die geringe Zahl an Schulen in privater Trägerschaft in den neuen Ländern ..." liegen "... in der schwierigen Gründerphase dieser Einrichtungen."[218] Die Anfangsfinanzierung sei oft "das größte Problem".[219] Die staatliche Finanzhilfe setze zumeist erst nach drei Jahren ein und das Schulgeld müsse trotzdem "auf einem sozial verträglichen Niveau bleiben."[220] Einzige Ausnahme bilde Mecklenburg-Vorpommern, wo vom Tag der Gründung an der Zuschuß des Landes ohne Wartezeit gezahlt werde.[221]

Vorreiter der ostdeutschen Privatschulbewegung ist Sachsen, wo sich 1998 bereits 36 Schulen in freier Trägerschaft befanden. Thüringen folgt mit 34 Privatschulen; alle 17 Förderschulen dieses Landes stehen in privater Schulträgerschaft. In Brandenburg gibt es 28 Freie Schulen, in Sachsen-Anhalt sind es 16 und in Mecklenburg-Vorpommern immerhin schon 14 allgemeinbildende Schulen in nicht-staatlicher Trägerschaft.[222] Es ist zu vermuten, daß sich der Anteil der Freien Schulen in den neuen Bundesländern – parallel zu deren allgemeiner Entwicklung – nach und nach dem Westniveau annähern wird.

Bei der Verteilungsdichte privater Schulangebote ist ein deutliches *Stadt-Land-Gefälle* festzustellen. Während ländliche Gegenden im allgemeinen eine eher geringe Privatschuldichte aufweisen, gibt es in Großstädten wie Berlin oder Hamburg bereits ein vielfältiges und breitgefächertes Angebot an Schulen in freier Trägerschaft. Allein in Hamburg findet man beispielsweise folgende Privatschulen: Katholische Schulen, Evangelische Schulen wie z.B. die Wichern-Schule, Freie Waldorfschulen wie z.B. die Rudolf-Steiner-Schule, Freie Alternativschulen, die Internationale Schule, die Deutsch-Französische-Schule, die Japanische Schule, Landerziehungsheime, Internate, Hochbegabteneinrichtungen, Tagesinternate und genehmigte Ersatzschulen wie die Brecht-Schulen oder die Jenisch-Schule, um einmal ein buntes Spektrum exemplarisch zu nennen.[223]

Auch zwischen den einzelnen *Schularten* gibt es quantitative Unterschiede beim Privatschulanteil. Während der Anteil an Grund- und Hauptschülern, die freie Schulen besuchen, verhältnismäßig niedrig ist, liegt er im Bereich der Realschulen, aber v.a. auch der Gymnasien weit über dem Gesamtdurchschnitt.[224] Die Statistik zeigt folgendes Bild:

Verteilung der Schüler privater Schulen nach Schularten*

Schulart	Anzahl Privatschüler (absolut)	Anzahl Privatschüler (in Prozent)
Grundschulen	32.000	5,1
Hauptschulen	18.900	3,0
Realschulen	81.900	13,1
Gymnasien	213.900	34,3
Waldorfschulen	63.000	10,1

Sonderschulen	50.100	8,0
übrige allgemeinbildende Schulen	27.000	4,3
berufliche Schulen	136.800	21,9
Schüler insgesamt	623.600	99,8

*Stand: 1995 [225]

KLEMM/KRAUSS-HOFFMANN kommentieren diese Zahlen folgendermaßen: "Die größte Gruppe ... stellen unter den Lernenden der privaten Schulen die Gymnasiasten (34,3%), gefolgt von den Schülerinnen und Schülern der beruflichen Schulen (21,9%), denen der Realschulen (13,1%) und denen der Waldorfschulen (10,1%)", die ja den Typus der "einheitlichen Volks- und Höheren Schule", also einer Art Gesamtschule, verkörpern.[226] "Alle anderen Schultypen bewegen sich deutlich unterhalb eines 10%-Anteils."[227] Würde man die Waldorfschüler, die diese Schule ja ab der 1. Klasse besuchen, zum Bereich der Freien Grundschulen hinzuzählen, so ergäbe sich bei den privaten Trägern ein deutlich höherer Grundschüleranteil, als die o.g. Statistik vermuten läßt. Festzuhalten bleibt jedenfalls, daß gerade im Grundschulbereich der Trend zur Neugründung Freier Schulen ungebrochen anhält. Es ist davon auszugehen, daß die Nachfrage nach Freien Grundschulen in den nächsten Jahren eher noch steigen wird, was nicht zuletzt der *Arbeitskreis Grundschule - der Grundschulverband* in seinem Ausblick auf die Zukunft der Grundschule bestätigt.[228]

Weiterhin sind die einzelnen Schularten im Privatschulsektor der Länder unterschiedlich stark vertreten. Während 42,1% aller Schüler privater Sonderschulen und 30,7% aller Schüler privater Hauptschulen in *Bayern* zur Schule gehen, finden sich in *Nordrhein-Westfalen* überdurchschnittlich viele Schüler privater Gymnasien (38,8%) und privater Realschulen (24,7%). In *Baden-Württemberg* werden 29,4% aller deutschen Waldorfschüler beschult; außerdem gehen dort 15,0% aller privaten Grundschüler der Bundesrepublik zur Schule. In *Hamburg* leben 12,8% der Schüler Freier Grundschulen; *Berlin* liegt mit 12,2% aller Schüler von Privatschulen im Primarbereich ebenfalls weit über dem Bundesdurchschnitt.[229] Diese Zahlen machen deutlich, daß die föderale Schullandschaft in Deutschland – auch im Bereich der Schulen in freier Trägerschaft – durch große regionale Unterschiede gekennzeichnet ist, so daß die Situation der Freien Schulen in der Bundesrepublik sehr differenziert betrachtet werden muß.

Nach ihrer Trägerschaft, aber auch nach ihrem pädagogischen Profil und ihrer weltanschaulichen Ausrichtung lassen sich verschiedene *Gruppen* von Privatschulen ausmachen, die im folgenden als *Privatschultypen* bezeichnet werden sollen. Bevor die Problematik der Einteilung Freier Schulen nach bestimmten Gruppierungen etwas näher beleuchtet wird, soll nun zunächst ein statistischer Überblick über die wichtigsten Privatschultypen in der BRD und ihre Schülerzahlen gegeben werden.

Freie Schulen in der Bundesrepublik Deutschland (nach Typen)*

Typus der Schule in freier Trägerschaft	Zahl der allgemeinbildenden Schulen	Schülerzahl	Zahl der Sonderschulen	Schülerzahl	Zahl der Heimschulen bzw. Internate	Schülerzahl	Zahl der berufsbildenden Schulen	Schülerzahl	Insgesamt Schulen	Schüler
Katholische Schulen	527	260.202	182	22.097	311**	21.830**	447	45.500	1.156	327.799
Evangelische Schulen	109	43.000	144	16.500	58**	6.200**	431	25.500	648	85.000
Freie Waldorfschulen	180	75.000	55	5.050	22**	1.300**	-	-	235	80.050
Schulen im Bundesverband Deutscher Privatschulen	50	11.358	-	-	-	-	574	77.217	624	88.575
Freie Alternativschulen	36	1.600	-	-	-	-	-	-	36	1.600
Landerziehungsheime	18	3.900	-	-	18*	2.600**	-	-	18	3.900

* Stand: 1999

** Diese Heimschulen und ihre Schüler sind bereits unter den allgemeinbildenden Schulen oder Sonderschulen mitgezählt und werden daher bei der Gesamtsumme nicht berücksichtigt.

\- Hierzu liegen in den verwendeten Statistiken keine Angaben vor.[230]

Wie die Statistik zeigt, stellen die *katholischen Schulen* in freier Trägerschaft mit über 500 allgemeinbildenden Schulen und insgesamt mehr als 1.100 Bildungseinrichtungen die weitaus größte Gruppe der deutschen Privatschulen dar. Allein im allgemeinbildenden Bereich werden rund 260.000 Schüler in katholischen Schulen unterrichtet; das sind weit mehr als die Hälfte aller Privatschüler. An zweiter Stelle der Statistik stehen die *evangelischen Schulen* mit ca. 680 Institutionen und 85.000 Schülern; bemerkenswert ist hierbei die hohe Anzahl evangelischer Sonderschulen, die mit über 140 Einrichtungen die Zahl der allgemeinbildenden Schulen von rund 110 sogar noch übertrifft. An dritter Stelle folgen die *Freien Waldorfschulen*, die von der Gesamtschülerzahl her den evangelischen Schulen in etwa gleichkommen; im allgemeinbildenden Schulsektor stehen sie mit inzwischen 180 Waldorfschulen sogar an zweiter Stelle der Privatschulstatistik. Eine weitere Gruppe bilden diejenigen Schulen, die dem *Bundesverband Deutscher Privatschulen* (BDV) angehören; mit 50 allgemeinbildenden und mehr als 570 berufsbildenden Schulen sind sie v.a. im letztgenannten Bereich als führend anzusehen. Die Anzahl der *Freien Alternativschulen*, die ja noch nicht auf eine so lange Tradition wie die anderen Privatschulen zurückblicken können, geht immerhin der 40 entgegen, wobei die Zahl der darin beschulten Schüler mit 1.600 relativ gering ist. In den traditionsreichen *Landerziehungsheimen*, derer es in Deutschland heute noch 18 gibt, werden 3.900 Schüler unterrichtet, davon 2.600 Internats- und 1.300 Tagesschüler. Rein *quantitativ* bestehen also zwischen den verschiedenen Gruppen privater Schulen in der Bundesrepublik erhebliche Unterschiede.

Doch auch *qualitativ* bzw. *programmatisch* unterscheiden sich die Schulen in freier Trägerschaft hierzulande erheblich. "Das Erscheinungsbild der Privatschule in Vergangenheit und Gegenwart zeigt eine vielgestaltige Fülle", liest man im *Handbuch Freie Schulen.*[231] "Hinter dem Begriff Privatschule verbergen sich ganz unterschiedliche Schularten", schreibt SUSANNE BROOS – und meint damit die bunte Vielfalt von *Privatschultypen* im o.g. Sinne.[232] Die ARBEITSGEMEINSCHAFT FREIER SCHULEN stellt fest: "... den Staatsschulen steht nicht ein einheitlicher Block von Freien Schulen gegenüber, sondern eine Vielfalt von Schulgruppen und Einzelschulen."[233]

In der BROCKHAUS ENZYKLOPÄDIE werden Freie Schulen folgendermaßen charakterisiert: "Häufig stehen sie einer pädagogischen Reformidee (wie die →Landerziehungsheime oder Montessori-Schulen), einer besonderen Überzeugung und dem zugehörigen Menschenbild (→Waldorfschulen) oder einem kirchlichen Bekenntnis (evangelische, katholische Privatschulen) nahe und weichen entsprechend in den Unterrichts- und Erziehungszielen, z.T. auch in den Unterrichtsmethoden sowie im Lehrplan von den öffentlichen Schulen ab."[234] HELLMUT BECKER merkt dazu an: "Gewiß sind ein ... Teil der sogenannten Freien Schulen in der BRD heute Schulen, die sich nur um minimale Nuancen von den üblichen Schulen unterscheiden und nur aus Traditionsgründen noch in privater Rechtsform geführt werden. Daneben gibt es aber Schulen, die in Lehrplan, in Methode und in ihren organisatorischen Zusammenhängen massiv von der üblichen Schule abweichen."[235] Im Nachrichtenmagazin FOCUS liest man schließlich: "Da Schulen privater Träger auch immer eine besondere pädagogische, religiöse oder weltanschauliche Prägung besitzen, sind sie für Eltern, die für ihre Kinder keine 'mainstream'-Ausbildung wollen, eine Alternative."[236]

Wie läßt sich nun diese Vielfalt verschiedener Freier Schulen, die in der heutigen Schullandschaft der Bundesrepublik vorzufinden ist, ordnen? Welche Typen von Privatschulen kann man unterscheiden? Nach welchen Gliederungsgesichtspunkten lassen sie sich erfassen?

Zunächst bietet es sich an, die Freien Schulen in Deutschland nach ihrer Zugehörigkeit zu den verschiedenen *Privatschulverbänden* und *-vereinigungen* zu ordnen. So plädiert z.B. RAINER WINKEL dafür, eine Einteilung der Freien Schulen "nach Verbandszugehörigkeit der Schulträger" vorzunehmen.[237] Danach ergeben sich folgende Gruppen Freier Schulen:

- Katholische Schulen in freier Trägerschaft
- Evangelische Schulen in freier Trägerschaft
- Freie Waldorfschulen
- Schulen im Bundesverband Deutscher Privatschulen
- Freie Alternativschulen
- Landerziehungsheime
- Internationale Schulen.

Zunächst zu den konfessionellen Schulen: "Träger kirchlicher Schulen sind durch eine große Vielfalt geprägt, anders als im übrigen freien Schulwesen", stellen BARON/BOHNE fest.[238] "Die katholischen Schulen in freier Trägerschaft werden getragen von Orden, Stiftungen, Vereinen oder Diözesen."[239] Sie haben sich zusammengeschlossen im *Arbeitskreis Katholischer Schulen in Freier Trägerschaft in der Bundesrepublik Deutschland*, in welchem z.B. auch Vertreter der Zentralstelle Bildung der deutschen Bischofskonferenz, die Arbeitsgemeinschaft katholischer Internatserzieher und die Katholische Elternschaft Deutschlands mitwirken.[240]

Auch die evangelischen Privatschulen zeichnen sich durch eine "Vielfalt der Trägergestalten" aus.[241] Hier sind es vor allem Vereine, Werke, Stiftungen oder Landeskirchen, welche die evangelischen Schulen in Freier Trägerschaft betreiben.[242] Die regionalen evangelischen Schulvereinigungen arbeiten zusammen in der bundesweiten *Arbeitsgemeinschaft Evangelischer Schulbünde e.V.*[243]

Die meisten der nach der Pädagogik RUDOLF STEINERs arbeitenden Freien Waldorfschulen gehören dem *Bund der Freien Waldorfschulen e.V.* an.[244] Die sonderpädagogischen Waldorfeinrichtungen haben sich in der *Arbeitsgemeinschaft der heilpädagogischen Schulen auf anthroposophischer Grundlage* zusammengeschlossen.[245] Träger der Waldorfschulen sind i.d.R. Vereine von Eltern und Freunden der Waldorfpädagogik.[246]

Eine weitere Gruppe Freier Schulen ist Mitglied im *Bundesverband Deutscher Privatschulen e.V.*, der mit seinem 100-jährigen Bestehen den ältesten deutschen Privatschulverband verkörpert.[247] Dieser Privatschulverband "... bindet seine Mitglieder weder weltanschaulich noch konfessionell oder parteilich" und ermöglicht somit einer breiten Vielfalt Freier Bildungseinrichtungen eine Verbandszugehörigkeit.[248] Die Trägerschaft dieser Schulen ist unterschiedlich; sie reicht von Schulvereinen über private Stiftungen bis hin zu GmbHs.

Der größte Teil der Freien Alternativschulen Deutschlands gehört dem *Bundesverband der Freien Alternativschulen e.V.* an.[249] Dieser relativ kleine Verband ist als kooperatives Mitglied dem Bundesverband Deutscher Privatschulen zugeordnet.[250] Träger der Freien Alternativschulen sind meist Elternvereine; diese Schulen verstehen sich i.d.R. – wie bereits erwähnt – ausdrücklich als alternative "Elternschulen".[251]

Die nächste Gruppe sind die privaten Landerziehungsheime, die der *Vereinigung Deutscher Landerziehungsheime e.V.* angehören. "Die Vereinigung umfaßt Internatsschulen, die in ihrer pädagogischen Zielsetzung auf die Landerziehungsheimbewegung (HERMANN LIETZ) zurückgehen.[252] Sie werden von Stiftungen oder Vereinen getragen.

Schließlich gibt es noch die *Vereinigung internationaler Schulen in Deutschland*, der etwa 10 Schulen mit ca. 5000 Schülern angehören. Einige dieser Schulen arbeiten in Landesarbeitsgemeinschaften anderer Privatschulverbände mit; die Trägerschaft ist – wie bei allen Freien Schulen – vielfältig.

Außer dem letztgenannten haben sich alle deutschen Privatschulverbände zu einem Dachverband zusammengeschlossen: der *Arbeitsgemeinschaft Freier Schulen*.[253] Diese bundesweite Vereinigung kann mit Fug und Recht als der bedeutendste und umfassendste Zusammenschluß Freier Schulen in der Bundesrepublik Deutschland bezeichnet werden. Außer "einer geringen Zahl nicht in Verbänden organisierter Schulen" gehören sozusagen alle deutschen Privatschulen dieser Interessengemeinschaft an.[254]

Erwähnt sei schließlich noch, daß sich auch die Eltern Freier Schulen in einigen Bundesländern verbandsübergreifend zusammengeschlossen haben. In Baden-

Württemberg gibt es z.B. die *Landesarbeitsgemeinschaft der Elternbeiräte Freier Schulen,* in der sich die Elternvertreter verschiedenster Privatschultypen aktiv für die Belange der Schulen in Freier Trägerschaft einsetzen.[255] In Niedersachsen existiert über eine solche Elternarbeitsgemeinschaft hinaus auch noch eine *Landesschülervertretung Freier Schulen.*[256]

Eine andere Möglichkeit, den Bestand Freier Schulen in der Bundesrepublik zu sichten, besteht in der Einteilung nach den *historischen Wurzeln* bzw. *Entwicklungslinien* heutiger Privatschulen. Unter diesem Gesichtspunkt lassen sich – in der Reihenfolge ihrer historischen Entstehung – heute drei Gruppen von Privatschulen unterscheiden:

- Konfessionelle Schulen in kirchlicher Tradition
- Privatschulen in reformpädagogischer Tradition
- Freie Alternativschulen in der Tradition der 68er Bewegung.

Zur ersten Gruppe gehören die katholischen und evangelischen Freien Schulen, deren Wurzeln letztlich älter sind als die staatlichen Schulen selbst. Die *konfessionellen Schulen* sind somit die ältesten Schulen in nicht-staatlicher Trägerschaft. Sie stehen oft in jahrhundertelanger Tradition, wobei es nach 1945 bis in unsere Tage auch immer wieder Neugründungen gab und gibt (vgl. Kap.II.2.3.5).

Entwicklungsgeschichtlich jünger sind die privaten *Schulen in reformpädagogischer Tradition,* deren Ursprung in der großen Bewegung der Reformpädagogik am Beginn des 20. Jahrhunderts liegt. Zu dieser Gruppe zählen v.a. die Landerziehungsheime, die Waldorfschulen, die Montessorischulen und die Peter Petersen- bzw. Jenaplanschulen. Ihre Gründung wurzelt allemal in einer scharfen Kritik an der "alten Schule" des 19. Jahrhunderts. Auch hier kamen und kommen bis heute ständig Neugründungen hinzu – vor allem bei den Waldorf- und den Montessorischulen (vgl. Kap.II.2.3.1 und 2.3.6).

Die historisch jüngste Gruppe bilden die *Freien Alternativschulen,* deren Gründungsgeschichte im Gefolge der 68er Bewegung hierzulande in den 70er Jahren begann. Auch die Gründung der Freien Alternativschulen nahm ihren Ausgangspunkt in einer radikalen Schulkritik, die v.a. von der antiautoritären Erziehungsbewegung, von der "open education"-Bewegung, von Kapitalismuskritik und von der Entschulungsdebatte geprägt war (vgl. Kap.II.2.3.5).

Eine weitere Abgrenzungsmöglichkeit Freier Schulen besteht in ihrer Differenzierung nach unterschiedlichen *pädagogischen Zielsetzungen bzw. Profilen.* Wie FAUST-SIEHL u.a. zu Recht feststellen, gestalten Schulen in freier Trägerschaft "... die Bildung und Erziehung aus einer pädagogischen Idee" heraus.[257] Prinzipiell wird diesen Schulen, die sich i.d.R. einem bestimmten pädagogischen Ethos verpflichtet fühlen, "... ein stärkeres pädagogisches Engagement als den staatlichen Schulen nachgesagt."[258] Nach KEMPER ist es indes keine leichte Aufgabe, angesichts der Vielfalt und Unterschiedlichkeit Freier Schulen "... anstelle pragmatischer Ordnungsgesichtspunkte ein pädagogisch sinnvolles Unterscheidungs- und Abgrenzungskriterium zu finden."[259] Zwar hat jede Freie Schule ihr ganz eigenes pädagogisches Profil; darüberhinaus gibt es aber auch schulübergreifende Erziehungs- und Unterrichtsprinzipien, denen sich bestimmte Privatschulen besonders verpflichtet fühlen. Hieraus ergeben sich in etwa folgende Typen von Freien Schulen:

- Schulen, die nach der Pädagogik MARIA MONTESSORIs arbeiten (z.B. MONTESSORI-Schulen; in abgewandelter Form: Marchtaler Plan-Schulen);
- Schulen, die nach der Pädagogik RUDOLF STEINERs arbeiten (v.a. Waldorfschulen bzw. STEINER-Schulen);
- Schulen, die nach der Pädagogik PETER PETERSENs arbeiten (v.a. Jenaplan-Schulen)
- Schulen, die nach der Pädagogik CÉLESTIN FREINETs arbeiten (oft in Kombination mit anderen pädagogischen Elementen; in Deutschland keine reinen FREINET-Schulen in freier Trägerschaft);
- Schulen, die nach den pädagogischen Ideen von HERMANN LIETZ, GUSTAV WYNEKEN, PAUL GEHEEB, KURT HAHN u.a. arbeiten (v.a. Landerziehungsheime);
- Schulen, die sich z.B. auf die pädagogischen Ideen von ALEXANDER SUTHERLAND NEILL berufen und/oder ihre eigene alternative Pädagogik entwickelt haben (v.a. Freie Alternativschulen);
- Schulen, die ein einmaliges, individuelles pädagogisches Profil aufweisen und sich keiner der o.g. Richtungen zuordnen lassen (z.B. die private MERZ-Schule in Stuttgart, die auf den pädagogischen Ideen ihres Gründers ALBRECHT LEO MERZ basiert).

Es wird deutlich, daß bei einer solchen Typisierung die Frage der Trägerschaft – privat oder staatlich – an Bedeutung verliert. Verschiedene pädagogische Konzepte sind prinzipiell in unterschiedlichen Schulen realisierbar. Die Trägerschaft einer Schule sagt also noch nicht *per se* etwas über deren pädagogisches Profil aus.

So gibt es z.B. katholische Schulen, die nach der MONTESSORI-Pädagogik arbeiten; es gibt aber auch Freie Montessori-Schulen, die konfessionell unabhängig sind und dem Bundesverband Deutscher Privatschulen angehören. Auch in staatlichen Schulen werden heute vielfach Elemente der Montessori-Pädagogik (z.B. Sinnesmaterial, Methode der Freiarbeit) angewandt; ähnliches gilt für die FREINET-Pädagogik (z.B. Schuldruckerei, Freies Schreiben). Auch Aspekte der

PETERSEN-Pädagogik (z.B. altersgemischte Lerngruppen, Morgenkreis) haben heute in vielen freien und staatlichen Schulen Einzug gehalten. Selbst die Erziehungsideen von HERMANN LIETZ et al. (z.B. Charakterbildung, Gemeinschaftserziehung, musischer und handwerklicher Unterricht, unmittelbares Naturerleben) bleiben keineswegs den Landerziehungsheimen vorbehalten. Des weiteren sind vielfach Elemente der Pädagogik RUDOLF STEINERs in öffentliche Schulen eingezogen (z.B. Epochenunterricht, künstlerisch-handwerklicher Unterricht, Berichtszeugnisse statt Ziffernnoten, Englisch bzw. Französisch in der Grundschule). In einigen Kantonen der Schweiz wird z.B. gezielt "Waldorfpädagogik in öffentlichen Schulen" angeboten; dasselbe läßt sich von Österreich berichten, wo seit den 90er Jahren eine Wiener Volksschule – für Eltern kostenlos – Waldorfpädagogik anbietet.[260] Fazit: Die Grenzen zwischen den verschiedenen pädagogischen Ansätzen und Konzepten sind heute fließender und durchlässiger geworden als jemals zuvor.

Schließlich lassen sich verschiedene Typen Freier Schulen auch noch aufgrund ihrer unterschiedlichen *weltanschaulichen* oder *religiösen Ausrichtung* ausmachen. Obgleich bei vielen Privatschulen die weltanschauliche Orientierung eine eher untergeordnete Rolle spielt, gibt es doch eine große Zahl Freier Schulen, die sich explizit religiösen oder weltanschaulichen Leitdideen verpflichtet fühlen.

Am eindeutigsten läßt sich die *religiöse* Orientierung natürlich bei den Konfessionsschulen erkennen.[261] Diese Schulen, die meist in kirchlicher Trägerschaft stehen, bieten ausdrücklich eine christlich-konfessionell geprägte Erziehung an.[262] Als Beispiel für ein Zusammenleben unter christlichen Grundsätzen dienen sie nicht nur der Tradierung christlicher Glaubensinhalte, sondern auch einer Rekrutierung des Nachwuchses der beiden großen christlichen Glaubensgemeinschaften.[263] Heute haben zwar einige, aber längst nicht alle konfessionellen Privatschulen ein eigenes, von staatlichen Schulen abweichendes Unterrichtskonzept entwickelt. MICHAEL BEHR schreibt über die Konfessionsschulen, daß sich deren Pädagogik – abgesehen von der religiösen Prägung – oftmals nicht grundsätzlich "... von der der Regelschulen unterscheidet und [sich] ein qualitatives Plus eher durch das größere Engagement von Lehrern, Schulleitung und Eltern einstellt."[264] So folgen v.a. im Sekundarbereich die meisten katholischen und evangelischen Schulen den staatlich vorgegebenen Lehrplänen, während im Primarbereich häufiger alternative pädagogische Konzepte anzutreffen sind. Schließlich sei noch darauf hingewiesen, daß unter den Begriff der "Konfessionsschulen" auch Privatschulen anderer Religionsgemeinschaften (z.B. Schulen der jüdischen Gemeinde) fallen.[265]

Eine weitere Gruppe bilden die Freien Schulen mit einer besonderen *weltanschaulichen* bzw. *anthropologischen* Orientierung. Hier ist v.a. an die Waldorfschulen zu denken, deren Pädagogik wesentlich auf dem von RUDOLF STEINER vermittelten Welt- und Menschenbild der Anthroposophie basiert.[266] Es wäre jedoch falsch anzunehmen, daß in STEINER-Schulen dezidiert anthroposophische Unterrichtsinhalte gelehrt werden. "Es wird oft vermutet, daß die Waldorfschule eine Weltanschauungsschule sei", schreibt JOHANNES KIERSCH.[267] Diese Vermutung ist jedoch nach Auffassung des Autors nicht haltbar. "Anthroposophie liefert die Methoden, das pädagogische Werkzeug, mit dem an der Waldorfschule gearbeitet wird, nicht eine Weltanschauung im Sinne einer dogmatischen Ideologie", erläutert KIERSCH.[268] Und er führt aus: "Religionsunterricht beider Konfessionen wird in der Schule erteilt, und eine 'weltanschauliche' Beeinflussung der Schüler würde weder ... von den Eltern widerspruchslos hingenommen werden" – noch ist sie in der Waldorfpädagogik intendiert.[269] Zweifellos hat jedoch die anthroposophische Auffassung von der kindlichen Entwicklung einen starken Einfluß auf den Lehrplan, die Unterrichtsgestaltung und den Fächerkanon der Waldorfschule.[270]

Auch der MONTESSORI-Pädagogik liegt ein besonderes Welt- und Menschenbild zugrunde, das MARIA MONTESSORI in ihren pädagogischen Schriften und Vorträgen ausführlich vorgestellt hat.[271] Insbesondere entwirft MONTESSORI – wie auch STEINER – eine spezielle Lehre von der Entwicklung des Kindes, auf die ihr gesamtes pädagogisch-didaktisches Konzept aufbaut.[272] Weltanschaulich vertritt sie eine nicht konfessionell gebundene universelle Schöpfungslehre, aufgrund derer sie ihre Vorstellungen von einer "kosmischen Erziehung" entwickelt hat.[273] Daß jedoch auch Montessorischulen keine "Weltanschauungsschulen" im engeren Sinne sind, beweist nicht zuletzt die Tatsache, daß sie von Kindern unterschiedlichster konfessioneller und weltanschaulicher Prägung besucht werden. Elemente der Montessori-Pädagogik werden nicht nur in katholischen Privatschulen, sondern auch z.B. in Freien Alternativschulen mit großem Erfolg eingesetzt.

Darüberhinaus gibt es Freie Schulen, denen ihre weltanschaulich-religiöse *Neutralität* ein wichtiges Anliegen ist. So schreibt etwa GEROLD BECKER über die deutschen Landerziehungsheime: "Die Entwicklung der Landerziehungsheime war nicht von Anfang an festgelegt, denn sie hatten kein weltanschauliches oder religiöses Programm, das für alle verbindlich gewesen wäre und eine gemeinsame Pädagogik begründet hätte ..."[274] Diese Tatsache wertet der Autor jedoch durchaus positiv: "Was wie ein Mangel aussieht, nämlich das Fehlen einer solchen weltanschaulichen oder religiösen Festlegung, erwies sich als große Chance der Landerziehungsheime: Sie standen von Anfang an allen Konfessionen und Geistesrichtungen offen; sie mußten lernen, die Auseinandersetzungen, die sich aus der Vielfalt ergaben, nicht als Störung, sondern als erzieherischen Glücksfall zu begreifen: Gegenseitiges Verstehen, Achtung vor dem anderen und Toleranz sind darum in den Landerziehungsheimen nicht abstrakte Werte, sondern können im Alltag immer wieder neu erfahren werden und sich bewähren.[275]

Last but not least seien noch die Freien Alternativschulen erwähnt, die zwar keine weltanschauliche Festlegung im engeren Sinne aufweisen, aber doch i.d.R. einen *gesellschaftspolitischen Anspruch* mit ihrer Arbeit verbinden.[276] Die politischen Ziele, die sich mit einer "Alternativpädagogik" im Sinne der o.g. Freien Elternschulen verbinden, werden meist mit den Begriffen "Demokratisierung", "Emanzipation", "Partizipation", "Selbstregulierung", "Autonomisierung", "ökologisches Bewußtsein", "Friedenserziehung" etc. umschrieben.[277] Es sei jedoch nochmals betont, daß es sich bei diesen Zielsetzungen eher um gesellschaftspolitische Perspektiven als um weltanschauliche Positionen handelt.

Es würde den Rahmen dieser Arbeit sprengen, hier nun eine ausführlichere Darstellung der *pädagogischen Konzepte* unterschiedlicher Typen Freier Schulen, also etwa der Waldorf- oder der Montessoripädagogik, folgen zu lassen. Da die erziehungswissenschaftliche Fachliteratur voll von hervorragenden Beschreibungen und Analysen alternativer "Pädagogiken" ist, sei an dieser Stelle auf die einschlägigen Werke zu diesem Thema verwiesen, die u.a. dem Literaturverzeichnis am Ende der Arbeit zu entnehmen sind.[278]

Abschließend sei mit Blick auf die Vielfalt Freier Schulen, welche die deutsche Bildungslandschaft heute prägen, jedoch noch eine Frage aufgeworfen: Was ist eigentlich *das Alternative* an den *Schulalternativen*? Was macht die *Andersartigkeit* Freier Schulen aus? In welchen Bereichen schulischen Lebens kann sich *Alternativität* heute manifestieren?

Die Antwort auf diese Frage fällt ebenso nüchtern wie allgemein aus: Das Anderssein nicht-staatlicher Schulen kann sich prinzipiell in drei verschiedenen Bereichen zeigen. Diese *Basisbereiche* schulischer Alternativität sind:

1. *Pädagogische Alternativität*
Sie betrifft z.B. das Erziehungsideal, das Unterrichtskonzept, das methodische Vorgehen, den Lehrplan, den Fächerkanon, außerunterrichtliche Angebote, die Beurteilungspraxis, die Art und Weise des pädagogischen Bezugs sowie das Engagement der Lehrerschaft einer Freien Schule.

2. *Weltanschauliche Alternativität*
Sie bezieht sich z.B. auf den Stellenwert der religiösen Erziehung, auf den weltanschaulichen Hintergrund, das Menschenbild, die Entwicklungslehre und ggf. besondere gesellschaftspolitische Auffassungen, die mit der Freien Schule verbunden sind.

3. *Organisatorische Alternativität*
Sie umfaßt z.B. die Schulorganisation, die Art und Weise der Schulleitung, der Schulverwaltung, der Schülermitbestimmung und der Elternmitwirkung, die an

der Freien Schule praktiziert werden.

Daß innerhalb dieser drei Bereiche von Alternativität die Freien Schulen in ihrer heutigen Gestalt selbst *höchst unterschiedliche* Prägungen und Zielsetzungen aufweisen, dürfte deutlich geworden sein. So läßt sich mit J.P. VOGEL bezüglich der Situation und dem Bestand der nicht-staatlichen Schulen in der Bundesrepublik von heute schließlich folgendes festhalten: "Die Vielfalt der Facetten freier Schulen läßt sich nur auf einer abstrakten Ebene eindeutig plakatieren; im Konkreten zerfällt sie in ein differenziertes, schwer zu überschauendes Feld ..."[279] Was nun nach Auffassung von Eltern, die für ihr Kind eine Freie Schule gewählt haben, deren jeweilige Alternativität bzw. Attraktivität gegenüber der staatlichen Regelschule ausmacht, soll anschließend näher untersucht werden.

2. AUSWERTUNG EMPIRISCHER STUDIEN : DETERMINANTEN DER SCHULWAHLENTSCHEIDUNG FÜR SCHULEN IN FREIER TRÄGERSCHAFT

2.1 Vorbemerkungen

Im folgenden soll nun der Versuch unternommen werden, den derzeitigen Stand der Forschung zum Thema *Determinanten der Schulwahlentscheidung* für *Schulen in freier Trägerschaft* darzustellen. Dabei sollen die wichtigsten empirischen Studien berücksichtigt werden, die seit den 80er Jahren im deutschsprachigen Raum zu diesem Thema durchgeführt wurden. Lediglich eine Studie an deutschen Landerziehungsheimen aus dem Jahre 1965 soll, obgleich sie schon etwas länger zurückliegt, ebenfalls einbezogen werden, da sie einerseits einen in anderen Studien nicht erfaßten Typus von Privatschule untersucht und andererseits recht aussagekräftige Ergebnisse zutage gefördert hat.

Die Quellensuche im Hinblick auf vorliegende empirische Studien geschah zum einen auf dem Wege einer umfangreichen Literaturrecherche; zum anderen wurden die Trägerverbände der Freien Schulen mit der Bitte um Hinweise auf ihnen bekannte Untersuchungen angeschrieben. Die Recherche ergab, daß insgesamt nur vergleichsweise wenige empirische Studien zu diesem Thema existieren, daß aber das Interesse der Privatschulverbände an Untersuchungen zu den Schulwahlmotiven ihrer Elternschaft groß ist.

Es ist zunächst festzustellen, daß die vorliegenden empirischen Studien nicht das ganze Spektrum der Freien Schulen im deutschsprachigen Raum abdecken. So fehlen z.B. gezielte Untersuchungen an Freien Waldorfschulen, an Montessorischulen und an Freien Schulen mit individuellem Profil, die sich keinem der "klassischen" Privatschultypen zuordnen lassen. Die katholischen Schulen in freier Trägerschaft scheinen bzgl. der Motivlage ihrer Eltern die am besten erforschten Privatschulen des deutschsprachigen Bereichs zu sein.

Insgesamt ließen sich acht größere Einzelstudien zum Thema Schulwahldeterminanten von Privatschuleltern eruieren. Sechs dieser Studien wurden in Deutschland durchgeführt, zwei in Österreich. Dabei wurden folgende private Bildunginstitutionen berücksichtigt: Drei Studien untersuchten katholische Schulen in freier Trägerschaft, zwei Studien bezogen unterschiedliche Privatschulen und staatliche Regelschulen mit ein; eine Studie erfolgte an evangelischen Schulen in freier Trägerschaft; eine Studie untersuchte Freie Alternativschulen und eine weitere fand an Landerziehungsheimen statt. Den Untersuchungen lagen jeweils unterschiedliche Fragestellungen und Forschungsansätze zugrunde. Als Erhebungsmethode wurden überwiegend standardisierte Fragebogen und Leitfadeninterviews eingesetzt; eine Studie erfolgte auf der Basis von Gruppendiskussionen. Bezüglich ihrer Repräsentativität erfüllen die vorliegenden Untersuchungen unterschiedlich hohe Standards. In inhaltlicher Hinsicht sind im Kontext dieser Arbeit vor allem folgende Erhebungsaspekte interessant:

- Motive von Eltern für die Wahl einer Freien Schule
- Erwartungen von Eltern an Freie Schulen
- Kritik von Privatschuleltern an der staatlichen Regelschule
- Zufriedenheit mit der Schulwahlentscheidung für eine Freie Schule

Andere in den Studien ermittelte Themenaspekte sollen hier nur am Rande berücksichtigt werden.

Die Studien sollen in chronologischer Reihenfolge vorgestellt werden; eine Ausnahme hiervon bildet lediglich die Untersuchung von IRMFRIED SPEISER (1993). Diese Studie soll am Anfang stehen, da sie die mit Abstand umfangreichste und vielschichtigste Erhebung zum Thema Schulwahldeterminanten darstellt. Sie besteht aus vier großen Teiluntersuchungen, die jeweils für sich bereits so aussagekräftig sind, daß ihnen je ein eigenes Unterkapitel gewidmet werden soll. Da diese vier Teiluntersuchungen sowie eine weitere Studie (N. BERGGOLD (1982)) in Österreich durchgeführt wurden, erschien es sinnvoll, die Situation der Privatschulen in Österreich am Beginn von Kap.III.2.2.1.1 kurz zu skizzieren. Nur so ist es auch möglich, einen angemessenen Vergleich zu den in Deutschland durchgeführten Studien zu ziehen – und die Frage einer eventuellen Übertragbarkeit der Ergebnisse auf die Situation in der Bundesrepublik realistisch zu betrachten.

Im folgenden sollen nun also zunächst die acht empirischen Studien einzeln vorgestellt werden; der Umfang der Darstellung variiert dabei mit dem Umfang und der Vielschichtigkeit der vorliegenden Studien (Kap.III.2.2). Am Schluß sollen die Ergebnisse überblicksartig zusammengefaßt werden (Kap.III.2.3).

2.2 Vorliegende empirische Studien

2.2.1 I. SPEISER (1993): Determinanten der Schulwahl: Privatschulen – öffentliche Schulen

Die 1993 veröffentlichte Studie von IRMFRIED SPEISER ist die bei weitem umfangreichste und vielseitigste empirische Untersuchung zum Thema "Determinanten der Schulwahl" bei privaten und öffentlichen Schulen.[280] Diese Untersuchung wurde vom Institut für Soziologie der Universität Wien in Zusammenarbeit mit dem DR.FESSL + GFK-Institut durchgeführt und vom Jubiläumsfonds der österreichischen Nationalbank unterstützt. Die Projektleitung hatte IRMFRIED SPEISER, Soziologin an der Universität Wien, inne.[281]

Die zentrale Forschungsfrage, die durch das Projekt beantwortet werden sollte, formuliert SPEISER selbst so: "Welche Motive und Gegebenheiten führen ... dazu, daß Eltern ihre Kinder in Privatschulen schicken?"[282] Diese Grundfrage wurde in verschiedene Teilaspekte aufgegliedert, die sich in Form von vier Fragen wiedergeben lassen:

- "Welche Motive bewegen Eltern, ihre Kinder in Privatschulen zu schicken?"
- "Sind die Motive eher grundsätzlicher Art (weltanschaulich-ideologisch) oder pragmatisch (die beste Schule für mein Kind)?"
- "Werden die Erwartungen, welche die Eltern in den Privatschulunterricht setzen, erfüllt?"
- "Gibt es auch (noch) eine prinzipielle Gegnerschaft gegen Privatschulen?"[283]

Diese Fragen sollten in der Studie nicht isoliert beantwortet werden, sondern im Vergleich mit analogen Fragen zum Besuch von öffentlichen Schulen. Deshalb wurden in die Untersuchungen nicht nur private, sondern auch öffentliche Schulen einbezogen.

Die Studie besteht aus *vier großen Untersuchungsteilen*, die jeweils unterschiedliche Forschungsansätze verfolgten und auch von verschiedenen Forschern durchgeführt wurden.

Der erste Teil der Studie ist eine *Literaturauswertung*, die MANFRED RUSSO zu dem Thema "Privatschulen in Österreich – Motive der Elternwahl" vorgenommen hat. Dabei zieht er in erster Linie Veröffentlichungen von Vertretern Freier Schulen selbst heran, die an einigen Stellen *Vermutungen* über Schulwahlmotive ihrer Elternschaft äußern. Lediglich *einer* der von RUSSO ausgewerteten Publikationen liegt ein empirischer Ansatz zugrunde.[284]

Im zweiten Untersuchungsteil, der vom DR. FESSL + GFK-Institut unter der

Leitung von GABRIELE SKORUPA durchgeführt wurde, sollten in *Gruppendiskussionen* mit Eltern deren Schulwahlmotive unmittelbar erfaßt werden. Dazu wurden Eltern aus verschiedenartigen Wiener Schulen zusammengebracht. Der Forschungsbericht zu diesem qualitativen Untersuchungsteil wurde von SPEISER überarbeitet und herausgegeben.[285]

Der dritte Teil der Studie folgt ebenfalls einem qualitativen Ansatz: In einer umfangreichen und recht differenzierten *Direktorenbefragung* erforschte GERHARD STUMM die Einschätzung der Elternmotive für die Schulwahl durch die Direktoren von verschiedenen Wiener Schulen. Neben den zahlreichen Direktoreninterviews dienten STUMM auch Schulprospekte und andere Darstellungen "objektiver Merkmale" der einzelnen Schulen als Grundlage für seine vielfältigen Ausführungen über Determinanten der Schulwahl.[286]

Im vierten Teil führte SPEISER selbst eine breiter angelegte *repräsentative Erhebung* zum Thema "Schulwahlmotive" durch.[287] Ihr Anliegen war es dabei "... festzustellen, wie sich die erfaßten Motive für bzw. gegen Privatschulen in der Elternschaft verteilen."[288] In Form eines standardisierten Fragebogens wurden den Eltern entsprechende Items zur Stellungnahme vorgelegt. Diese wurden bei der Auswertung nicht nur zueinander, sondern auch zu Hintergrundvariablen wie Haushaltszusammensetzung, Familieneinkommen, Bildungsgrad, Parteipräferenz u.a. in Beziehung gesetzt, weshalb auch multivariate Analysen durchgeführt wurden.[289] Dieser quantitative Untersuchungsteil rundet die Studie von SPEISER schließlich ab.

An dieser Stelle sei noch angemerkt, daß jede der vier unter verschiedenen Namen veröffentlichten Teilstudien ohne weiteres auch für sich alleine stehen könnte. Jede Untersuchung zeigt interessante, wenn auch nicht in jedem Fall verallgemeinerbare Ergebnisse. Obgleich sich manche Teilergebnisse auch widersprechen, gelingt es SPEISER am Ende doch, ein recht aufschlußreiches Gesamtbild der möglichen Schulwahldeterminanten von Eltern herauszuarbeiten.

Da alle von SPEISER veröffentlichten Teiluntersuchungen für das Thema dieser Arbeit von Bedeutung sind, sollen sie im folgenden eine recht ausführliche und detaillierte Darstellung erfahren. So sei jedem der vier Untersuchungsteile zunächst ein eigenes Kapitel gewidmet, bevor die Essenz der vier Teilstudien schließlich in einem zusammenfassenden Überblick dargestellt wird (vgl. Kap.III.2.2.1.5).

2.2.1.1 M. RUSSO: Literaturauswertung

➢ Zur Situation der Privatschulen in Österreich

Nach einer Dokumentation des österreichischen Bundesministeriums für Unterricht, Kultus und Sport (BMUKS) gab es in den letzten Jahren in Österreich kaum Untersuchungen zum Thema Privatschulen.[290] Eine erste Aufgabe war es daher, eine allgemeine Literaturübersicht zu erstellen, die sowohl "programmatische" als auch "empirische" Schriften zum Thema Privatschulen berücksichtigt. Dieser Aufgabe nimmt sich MANFRED RUSSO in seiner Literaturanalyse unter dem Titel "Öffentliche Schulen und Privatschulen in Österreich und in anderen Ländern" an.[291]

RUSSO beginnt seine Analyse mit einer Darstellung der Rechtsgrundlagen des österreichischen Schulwesens und der Situation der Privatschulen in Österreich, da die o.g. Thematik "... nur im Rahmen der Besprechung des gesamten Schulsystems sinnvoll abgehandelt werden kann."[292] Einige Grundzüge des Schulwesens in Österreich sollen daher auch an dieser Stelle skizziert werden, da dies eine wichtige Voraussetzung für das Verständnis der gesamten Untersuchung von SPEISER darstellt.

Die rechtlichen Grundlagen für Struktur und Zielsetzung des österreichischen Schulwesens wurden erstmals durch die Schulgesetzgebung 1962 kodifiziert und – zwölf Jahre später – mit Inkrafttreten des Schulunterrichtsgesetzes von 1974 abgeschlossen. Bis zu diesem Zeitpunkt hatte das Schulwesen in Österreich nur auf Verordnungen und Erlässen basiert. Erst seit September 1974 "... steht das österreichische Schulwesen geschlossen auf dem Boden der Rechtsstaatlichkeit."[293]

In § 1 des österreichischen Schulorganisationsgesetzes (SchOG), dem sog. "Zielparagraphen", gründet der Gesetzgeber das Schulwesen auf eine für alle Schulen und Schularten gemeinsame Bildungsidee und entwickelt dadurch die "geistige Einheit des Schulwesens, das sich in einer vielfältigen Gliederung der Schulen nach Bildungshöhe, Bildungsinhalt und Dauer des Schulbesuchs entfaltet".[294] Diese Gliederung entspricht im Wesentlichen der des deutschen Schulsystems. Von Klasse 1 bis 4 besuchen die österreichischen Schüler die Volksschule, die der deutschen Grundschule entspricht. Der wichtigste Unterschied liegt in der Zweigliedrigkeit des österreichischen Schulsystems ab Klasse 5. Hier besuchen die Schüler entweder die Hauptschule oder die Unterstufe des Gymnasiums (jeweils 5. – 8. Klasse). In der 9. – 12. Klasse schließen sich Allgemeinbildende Höhere Schule (AHS), Berufsbildende Höhere Schule (BHS), Polytechnikum, Fachschule oder Berufsschule (lehrbegleitend) an. Nach dem Abschluß der 12. Klasse an einer AHS kann das 13. Schuljahr bis zur Matura angeschlossen werden. Eine Mittelschule im Sinne der deutschen Realschule gibt es in Österreich nicht. Förderschüler besuchen das Sonderpädagogische Zentrum, das der deutschen Förderschule entspricht.[295]

Über die Erziehungsaufgabe der Schulen gibt der Gesetzgeber in § 2 des SchOG

Auskunft; die Bildungsaufgabe wird nur generalklauselmäßig umschrieben. Die nähere inhaltliche Auffüllung ist den Lehrplänen vorbehalten.[296] § 2 SchOG beschränkt sich darauf, einen Kanon von sechs Gruppen individualethischer Grundwerte für die Erziehungsarbeit festzulegen; er schreibt aber nicht vor, zu bestimmten Werthaltungen zu erziehen.[297] Der Kanon der Grundwertegruppen besteht aus den Werten des "Sittlichen", des "Religiösen" und des "Sozialen" sowie der antiken Wertetrias des "Wahren", des "Guten" und des "Schönen". Der österreichische Schulrechtler EVERS interpretiert dies folgendermaßen: "Die Benennung von sechs Wertegruppen spiegelt die Vielfalt der Wertvorstellungen in einer pluralistischen Gesellschaft wider, die sich über einen Kanon abstrakt formulierter Werte einig ist, aber über ihre Begründung im Glauben, der Tradition, der Weltanschauung oder der philosophischen Einstellung und über ihre Bedeutung für die Lebensführung ... durchaus unterschiedliche Vorstellungen hat."[298]

Ebenfalls in § 2 SchOG wird die staatliche Erziehungsaufgabe ausdrücklich als eine "Mitwirkung an der Erziehung" definiert. "Damit wird klargestellt, daß das staatliche Erziehungsrecht durch das Erziehungsrecht anderer, nämlich der Eltern, der Kirchen, aber auch der Gesellschaft und der Jugendbehörden, beschränkt ist."[299] Wichtige inhaltliche, die Gleichheit der Bildungschancen sichernde Prinzipien nennt das Schulorganisationsgesetz u.a. in § 4 ("allgemeine Zugänglichkeit") und § 5 ("Unentgeltlichkeit der Schule").

Nun trifft RUSSO im Hinblick auf die österreichischen Privatschulen folgende interessante Feststellung: "Für (allgemeinbildende) Privatschulen ... gilt § 2 SchOG nicht unmittelbar. Für die Privatschule ist Erziehung ein sie von anderen Einrichtungen abgrenzendes Wesensmerkmal."[300] Nach RUSSO setzt § 2 Privatschulgesetz zwar voraus, daß die Privatschule ein erzieherisches Ziel verfolgt, begnügt sich aber damit, daß sie überhaupt "die Festigung der charakterlichen Anlagen der Schüler in sittlicher Hinsicht anstrebe".[301] "Da das Gesetz den Inhalt der Erziehung nicht konkretisiert, ist von der Privatschule daher grundsätzlich nur zu verlangen, daß die Ziele ihrer Erziehung sich in dem breiten Spektrum der in einer pluralistischen Gesellschaft als sittlich anzuerkennenden Auffassungen hält und daher als Erziehung 'in sittlicher Hinsicht' zu werten ist."[302] So bestätigt das Gesetz nach EVERS' Formulierung "... durch beredtes Schweigen die Freiheit der Privatschulen zur Bestimmung von individualbezogenen Erziehungszielen."[303]

Artikel 17 Abs. 2 des österreichischen Staatsgrundgesetzes räumt jedem Staatsbürger das Recht ein, "Unterrichts- und Erziehungsanstalten zu gründen und an solchen Unterricht zu erteilen, wenn er die entsprechende Befähigung nachgewiesen hat und der Unterricht erzieherische Ziele verfolgt."[304] Näheres wird durch das sog. "Privatschulgesetz", das Bundesgesetz vom 25. Juli 1962 über das Privatschulwesen mit einer Novelle vom 30. Mai 1972, geregelt.[305] Auf dieser gesetzlichen Grundlage ruht das österreichische Privatschulwesen. Die österreichischen Privatschulen sind rechtlich gesehen "... jene Schulen, die von anderen als den gesetzlichen Schulträgern – Gemeinden und Ländern im Pflichtschulbereich, dem Bund im übrigen Schulwesen – betrieben werden."[306]

Aufgrund der o.g. Gesetzeslage gibt es in Österreich sehr verschiedene Privatschulen, je nach Schulträger (Religionsgemeinschaft, Verein, Einzelperson), Lehrplan (staatlich vorgegeben, frei gestaltet) und damit verbundenem Anspruch auf Öffentlichkeitsrecht und Subventionen.[307]

Im Hinblick auf den rechtlichen Status kann man in Österreich drei Typen von Privatschulen unterscheiden[308]:

1. *Die freie Privatschule ohne Öffentlichkeitsrecht*
   "Sie muß relativ wenige Auflagen erfüllen (vor allem staatsbürgerliche und sittliche Eignung des Leiters, Mindeststandard der Lehreinrichtungen), kann nach einem relativ eigenwilligen Lehrplan vorgehen, darf allerdings keine rechtsgültigen Zeugnisse ausstellen."[309]

2. *Die Privatschule mit Öffentlichkeitsrecht, die keiner öffentlichen Schulart entspricht*
   "Darunter sind in der Regel sogenannte Alternativschulen mit eigenem 'Organisationsstatut' zu verstehen (z.B. RUDOLF STEINER-Schulen), die ein eigenes erzieherisches Konzept verfolgen. 'Öffentlichkeitsrecht' bedeutet in diesem Fall, daß kontrolliert wird, ob die Schule ihr eigenes Bildungsziel erreicht ... Wollen Schüler solcher Schulen in öffentliche Schulen übertreten oder maturieren, müssen sie Einstufungsprüfungen bzw. Externistenprüfungen ablegen, da die Zeugnisse nicht anerkannt werden."[310]

3. *Die Privatschule mit Öffentlichkeitsrecht und dem Recht zur Führung einer gesetzlich geregelten Schulartbezeichnung.*
   "Hier besteht völlige Identität, was Lehrpläne, Bildungsziele und Wert der Zeugnisse betrifft, mit der gleichartigen öffentlichen Schule."[311]

Nun gibt es in Österreich "... im strengen Sinn keine Schulpflicht, sondern nur eine Unterrichtspflicht."[312] Für die Erfüllung der Unterrichtspflichtzeit (9 Jahre) muß keineswegs eine Schule mit Öffentlichkeitsrecht besucht werden; auch beim Besuch freier Privatschulen kann diese Pflicht als erfüllt betrachtet werden, sofern anzunehmen ist, daß der dortige Unterricht jenem an öffentlichen Schulen "mindestens gleichwertig" ist.[313] Fällt jedoch eine Schule aus diesem Rahmen – oder haben Eltern, was auch möglich ist, ihr Kind zum "häuslichen Unterricht" abgemeldet – so muß der Schüler am Ende jedes Schuljahres die "Gleichwertigkeit" seines Unterrichts durch eine Prüfung an einer entsprechenden öffentlichen Schule oder an einer Privatschule mit Öffentlichkeitsrecht nachweisen. Dies kann eine erhebliche Belastung darstellen. Der Schüler muß seine Schullaufbahn an einer öffentlichen Schule fortsetzen, wenn ihm dieser Nachweis der "Gleichwertigkeit" seines Leistungsstandes *nicht* gelingt.[314]

Nach RUSSO gibt es also in Österreich "Privatschulen, die durch einen alternativen Lehrplan locken, aber unter Umständen eine längere Ausbildungszeit bedeuten", und es gibt die "weitgehend am öffentlichen Schulsystem angelehnten Privatschulen, die trotzdem ihren unverwechselbaren Charakter haben und große Anziehungskraft ausüben."[315]

Statistisch gesehen existieren in Österreich zur Zeit rund 450 Privatschulen mit über 80.000 Schülern; das entspricht einem Gesamtanteil von 7,1% aller Schulen und 7,1% aller Schüler.[316] Nach Angaben von SPEISER besuchen in Österreich etwa 4% der Volksschüler (1.– 4. Klasse) Privatschulen (3% katholische, 1% andere); bei den Wiener Volksschülern sind es allerdings 17% (14% in katholischen Schulen, 1% in der evangelischen Schule, 2% in anderen Privatschulen). Im Hauptschulbereich gibt es etwa 3% Privatschüler, im Bereich der Allgemeinbildenden Höheren Schulen (AHS) sind es ca. 13%. Das bedeutet, daß in den 5. – 8. Klassen 6% aller österreichischen Schüler Privatschulen besuchen; in Wien sind es 14%.[317]

In der Bundeshauptstadt ist das Angebot an Privatschulen also deutlich größer als im übrigen Österreich, wo man eher von einem geringen Umfang des Privatschulwesens ausgehen muß. "Die Zahlen können so interpretiert werden, daß in Österreich das Privatschulwesen keine besonders große Rolle spielt. Es spricht jedoch einiges (auch der Vergleich Gesamtösterreich – Wien) dafür, daß es mehr Interessenten für Privatschulen gibt, als solche zur Verfügung stehen."[318]

Im Hinblick auf Einheit und Vielfalt im Privatschulbereich schreibt SPEISER: "Gemeinsam ist allen Privatschulen, daß sie sich von öffentlichen Schulen absetzen und daß sie nicht wie diese kostenlos sind. Ihr Selbstverständnis ist aber sehr unterschiedlich. Das gilt nicht nur für die konfessionellen Privatschulen einerseits und die übrigen andererseits, auch innerhalb dieser beiden Kategorien gibt es große Unterschiede."[319] Auf die ausführliche Darstellung der Grundlagen, Merkmale und Ziele der einzelnen Typen von Privatschulen in Österreich, die RUSSO nun folgen läßt, sei hier verzichtet, da dies den Rahmen der vorliegenden Arbeit sprengen würde. Es ist davon auszugehen, daß die spezifische pädagogische Prägung der einzelnen Privatschultypen Österreichs in etwa derjenigen der in Deutschland existierenden Schulen in freier Trägerschaft entspricht (vgl. Kap.III.1.3). An dieser Stelle sei aber auf RUSSOs Intention hingewiesen, allein aus der Analyse der Erziehungsziele und Bildungsprofile von unterschiedlichen Privatschulen Rückschlüsse auf die Motivlage von Eltern zu ziehen, die ihre Kinder in eben diese Privatschulen schicken.

Erwähnt sei hier noch, daß es in Österreich v.a. folgende Typen von Privatschulen gibt:

1. "Konfessionelle Schulen"
2. "Rudolf-Steiner-Schulen"
3. "Alternativschulen"
4. "Ausländische Schulen". [320]

Unter den konfessionellen Schulen sind die katholischen zahlenmäßig bei weitem führend. Es gibt nur einige wenige evangelische Schulen und eine jüdische Schule. An zweiter Stelle folgen die Rudolf-Steiner-Schulen; die Alternativschulen machen nur einen geringen Prozentsatz der Privatschulen aus. Auch die ausländischen Schulen nehmen aufgrund ihres Sonderstatus nur eine marginale Position ein.[321]

Nach dieser Darstellung des österreichischen Privatschulwesens kommt RUSSO zum zweiten Teil seiner Untersuchung, in dem er der Frage nachgeht, inwieweit sich aus einer Analyse der vorliegenden erziehungswissenschaftlichen und privatschulspezifischen Fachliteratur Aufschlüsse über die Determinanten der Schulwahlentscheidung von Privatschuleltern bzw. über die Gründe der Attraktivität von Privatschulen ableiten lassen.

➢ Motive der Eltern und Gründe für die Attraktivität von Privatschulen

Da es im deutschsprachigen Raum bisher keinen *direkten* Forschungsschwerpunkt zu Determinanten der Schulwahl gibt, schlägt RUSSO in seiner Literaturanalyse einen *indirekten* Weg ein: "Um in der Frage der Determinanten der Schulwahl über die Motive der Eltern Aufschluß zu geben, ist in der relevanten sozialwissenschaftlichen Literatur auf den Forschungsschwerpunkt Erziehungsziele und -stile zu verweisen ... Aus diesem Material ergeben sich zahlreiche Hinweise auf mögliche Motive der Eltern, die als Wahldeterminanten in Erscheinung treten."[322]

Weitere Aufschlüsse über mögliche Determinanten der Wahl Freier Schulen gewinnt RUSSO aus der bereits erwähnten Analyse der Erziehungsziele und Bildungsprogramme der einzelnen Freien Schulen. Dabei berücksichtigt er auch aus der Erfahrung der Freien Schulen gewonnene, empirisch jedoch nicht abgesicherte Aussagen einzelner Autoren zu den Schulwahlmotiven ihrer Elternschaft.[323] Lediglich im Bereich der katholischen Privatschulen Österreichs lag zum Zeitpunkt von RUSSOs Literaturauswertung eine empirische Studie vor, deren Ergebnisse er in seiner Analyse kurz vorstellt.[324] Da diese von NORBERT BERGGOLD bereits 1982 veröffentlichte, recht breit angelegte Befragung katholischer Privatschuleltern jedoch eine ganz eigenständige und aussagekräftige

Quelle für die Frage nach den Schulwahlmotiven von Privatschuleltern darstellt, sei ihr im Rahmen dieser Arbeit ein eigenes kleines Kapitel gewidmet (vgl. Kap.III.2.2.3).[325]

Zunächst geht RUSSO in seiner Literaturstudie der Frage nach, worin die Attraktivität katholischer Schulen in Österreich bestehen könnte. Anhand einer Analyse der Erziehungsrichtlinien des vatikanischen Konzils "Gravissimum Educationis" sowie deren näherer Konkretisierung durch die "Kongregation für das katholische Bildungswesen"[326] eruiert RUSSO einige wesentliche Merkmale des katholischen Privatschulwesens, die seine Besonderheit und seine mögliche Anziehungskraft für Eltern ausmachen:

- Bezug auf christliche Weltanschauung
- Betonung ganzheitlicher Erziehung
- Vermittlung sittlicher und gesellschaftlicher Einstellungen
- engagierte Pädagogen als Lehrpersonen.[327]

RUSSO ergänzt seine Liste durch Zielaspekte katholischer Privatschulen, wie sie z.B. VERONIKA SPULLER zusammengefaßt hat:

- soziale Offenheit
- erziehungsintensive Schule
- vertrauensvolles Schulklima
- permanente Zusammenarbeit aller Beteiligten
- Raum für Sinn- und Glaubensfragen.[328]

Diese Merkmale betrachtet RUSSO als wesentliche Faktoren für die Attraktivität katholischer Privatschulen.

In einem nächsten Schritt wertet RUSSO die aus langjähriger Erfahrung an Waldorfschulen gewonnenen, aber wissenschaftlich nicht gesicherten Angaben von CHRISTOPH LINDENBERG über die Schulwahlmotive von "Waldorfeltern" aus.[329] In Anlehnung an LINDENBERGs bereits erwähntes Buch mit dem Titel "Waldorfschulen – angstfrei lernen, selbstbewußt handeln"[330], das 1975 erstmals erschien, kommt RUSSO dabei zu folgendem Schluß: "Die Eltern von Waldorfkindern erwarten von der Waldorfschule ...

- angstfreies Lernen
- individuelle Betreuung
- menschenfreundliche Pädagogik
- Förderung schwieriger Kinder
- Verfolgen anthroposophischer Grundsätze

- Veränderung der gesellschaftlichen Realität".[331]

Diese Motivliste mag sicher erste Anhaltspunkte für die Entscheidungskriterien von Waldorfeltern geben; als empirisch gesichert kann sie jedoch nicht betrachtet werden.

An dieser Stelle sei darauf hingewiesen, daß 1999 eine Studie mit dem Titel "Waldorfpädagogik auf dem Prüfstand" erschienen ist, in der DIRK RANDOLL u.a. die Wahrnehmung von Waldorfschulen durch ihre Schüler via Fragebogen erforscht hat.[332] Darin wirft RANDOLL folgende Frage auf: "Was aber macht die Freien Waldorfschulen für viele Eltern so attraktiv, insbesondere wenn man bedenkt, daß nur eine kleine Minderheit von ihnen selbst Anthroposophen sind?"[333] Er stellt dann einige Vermutungen an über die Schulwahlmotive von Waldorfeltern, die im folgenden kurz wiedergegeben seien: "Die wachsende Zahl derjenigen, die mit dem öffentlichen Schulwesen immer unzufriedener werden (vgl. HURRELMANN, 1996), mag eine der zutreffendsten Erklärungen dafür sein. Vielleicht verbirgt sich hinter der Entscheidung der Wahl für eine Freie Waldorfschule das Bedürfnis vieler Eltern, sich vermehrt um die schulische Erziehung und Bildung ihrer Kinder bemühen zu wollen, weil sie darin die Möglichkeit sehen, aktiv an der Gestaltung von Schule mitwirken zu können. Denn ihre Meinung wird dort ernst genommen und ihre Mitarbeit sehr geschätzt, was nicht zuletzt sogar notwendige Voraussetzungen für ihr Funktionieren sind. Mag auch sein, daß diese Eltern andere Erwartungen an die Erziehung und Bildung ihrer Kinder haben als jene, die sich für eine Schule in staatlicher Trägerschaft entscheiden, weil ihnen Leistung und Leistungsselektion vielleicht weniger wichtig erscheinen als eine möglichst umfassende Förderung der Persönlichkeit ihrer Kinder, damit diese ihr Leben in Freiheit meistern können, gemäß ihren individuellen Möglichkeiten, Fähigkeiten und Anlagen. Vielleicht sind es aber auch die vielen bzw. umfangreichen pädagogischen Angebote, die die Freie Waldorfschule für viele Eltern so attraktiv erscheinen läßt."[334] RANDOLL schließt seine Vermutungen folgendermaßen ab: "Es ist schwer zu beurteilen, was Eltern im Einzelfall dazu veranlaßt, sich für die Freie Waldorfschule zu entscheiden bzw. ihr Kind / ihre Kinder dort einzuschulen. Die Motive mögen vielfältig und die Erwartungen unterschiedlich sein."[335] Auch hier wird deutlich, daß diese Aussagen über Elternmotive eher vage und wissenschaftlich nicht gesichert sind.

Ähnlich verhält es sich mit RUSSOs Analyse der Motive von Eltern, sich einer "Alternativschule"[336] anzuschließen oder diese mitzubegründen. Er beruft sich dabei auf Aussagen, die BERND BADEGRUBER in seinem 1986 erschienenen Buch über "Alternativschulen in Österreich"[337] trifft, die aber auch nicht als streng empirisch geprüft gelten können. Da sie jedoch wertvolle Hinweise auf mögliche Determinanten der Wahl einer "Alternativschule" geben, seien sie im folgenden aufgeführt:

- Kritik am Lehrplan
- Wunsch nach Selbstbestimmung
- ablehnende Einstellung gegenüber autoritärem Verhalten
- Demokratiebedürfnis
- Wunsch nach praxisorientiertem Unterricht
- Suche nach Alternativen
- Förderung von individuellem Lernen
- Fortsetzung alternativer Erziehung / der Kinderladenerziehung
- Vermeidung sinnloser Lernprozesse
- schlechtes Image der Regelschule
- Schulangst des Kindes
- Freundschaft mit anderen Alternativschul-Familien
- Abgeschobenwerden durch die Schulverwaltung.[338]

Hier klingen nicht nur Momente der Schulkritik deutlich an, sondern auch ein unüberhörbar gesellschaftskritischer bzw. -reformerischer Anspruch, der in dieser Form bei Eltern anderer Privatschulen eher selten zu finden ist.

Eine Bestätigung dieser Motivannahmen findet RUSSO auch bei HANS TURRINI, der in seinem 1985 erschienenen Buch über "Privatschulen in Österreich" folgendes festhält: Eltern haben sich für Alternativschulen entschieden, "... weil sie entweder überzeugt waren, daß sich ihre Vorstellungen von sinnvollem Lernen in der Regelschule nicht verwirklichen lassen werden – da sie diese grundsätzlich nicht für reformierbar hielten – bzw. sie wollten nicht länger auf eine Reform der Regelschule warten."[339]

In einem weiteren Schritt fragt RUSSO nun ganz allgemein, was Privatschulen attraktiv macht. Er beruft sich bei seinen Ausführungen vor allem auf ein in der Zeitschrift "Die Furche" 1985 wiedergegebenes Interview mit HEINER BOBERSKI.[340] Zusammenfassend eruiert RUSSO folgende Gründe für die Attraktivität von Privatschulen:

- ***Tradition***: "Besonders katholische Privatschulen haben oft eine jahrhundertelange Tradition. Auch das öffentliche Schulwesen hat sich oft an Eigenschaften von Privatschulen orientiert."

- ***Schulpartnerschaft***: "Privatschulen pflegen die Schulpartnerschaft schon länger als es entsprechend [sic] öffentliche Vorschriften gibt, z.B. Schulfeste, Elternnachmittage, Heimausschuß, Schülerparlament."

- ***Stärkere Hinwendung zum Erzieherischen und zur Wertorientierung***: "Eine wertorientierte Erziehung und nicht bloße Wissensvermittlung ist vielen

Eltern auf dem Bildungsweg ihrer Kinder besonders wichtig, am besten eine Erziehung aus einem Guß ... Im öffentlichen Bildungswesen wird man dagegen einige Wechsel ... des Erziehungsstils kaum vermeiden können."

- ***Lehrpersonal***: "Da Privatschulen ihr Lehrpersonal aussuchen können, ist dort zumindest eine größere Homogenität hinsichtlich der Weltanschauung vorhanden als an öffentlichen Schulen."

- ***Leistungsniveau***: "Zum guten Ruf der Schule gehört aber neben einem Erziehungskonzept zweifellos auch ein gewisses Leistungsniveau ... Man erwartet von der Privatschule also einerseits Leistungsanforderungen, andererseits aber, 'daß wir uns mehr um die Kinder kümmern als eine öffentliche Schule'."

- ***Zusätzliches Angebot***: "Daß die Privatschulen über die bereits geschilderten Vorzüge hinaus meist besonders gut mit Erholungs- und Sportanlagen, Kultur- und Freizeiträumen ausgestattet sind, verleiht ihnen zusätzliche Attraktivität. Neben diesen zusätzlichen Vorzügen gibt es auch durch die größere Flexibilität [eine] größere Auswahl an Lehrmitteln, um den Unterricht zu beleben oder auf neue Entwicklungen schneller zu reagieren."

- ***Individuelle Entfaltung in der Volksschule***: "Im Falle der privaten Volksschule kommen noch weitere Momente hinzu: Die ersten Jahre der Schulpflicht mit den gemachten Erfahrungen sind für das weitere Leben prägend ... Wer sein Kind daher einer privaten Volksschule überantwortet, der erwartet von den dort tätigen Lehrern, daß sie mehr als vielleicht in einer öffentlichen Schule individuell auf die Fähigkeiten jedes Schülers eingehen können. Die Eltern, die sich für den privaten Schulerhalter [sic] entscheiden, wollen aber auch ein entsprechendes Milieu gesichert wissen, in dem sich ihr Kind in seinen ersten Schuljahren besonders entfalten kann."

- ***Schlechter Ruf der Hauptschule***: "Die Entscheidung für eine private Hauptschule beruht sehr oft auf dem schlechten Ruf der öffentlichen Hauptschule. Stärkere Betreuung für lernwillige, aber lernschwache Schüler zählen [sic] in weiterer Folge ebenso zu den Motiven wie die Problematik der gemischtsprachigen Klassen (Gastarbeiterkinder) an den öffentlichen Hauptschulen, der man ausweichen möchte."

- ***Spezialangebote***: "Letztlich gibt es eine Reihe von Privatschulen mit einem ganz spezifischen Angebot, das eben nur an diesen Schulen möglich ist, z.B. das Lycée française ... oder ... auch das Skigymnasium in Stams."[341]

Es ist zu vermuten, daß die o.g. Liste elterlicher Schulwahlmotive durchaus wertvolle Hinweise auf mögliche Ursachen für die Attraktivität von Privatschulen geben kann. Dabei muß jedoch berücksichtigt werden, daß bestimmte Motive (wie z.B. "Leistungsniveau", "Wertorientierung", "Tradition") von den Eltern verschiedener Privatschultypen vermutlich recht unterschiedlich gewichtet werden. Wie diese Gewichtung im einzelnen tatsächlich aussieht, kann jedoch nur durch empirische Studien festgestellt werden.

Was ergibt sich nun aus der eingangs angesprochenen RUSSOschen Analyse der in der *sozialwissenschaftlichen Fachliteratur* dargelegten elterlichen Erziehungsziele und -stile für die Frage nach den Determinanten der Schulwahl?

Bei seiner vergleichenden Analyse verschiedener Befragungen zu den Erziehungszielen von Eltern in Österreich macht RUSSO für die 80er Jahre einen gewissen Wertewandel im öffentlichen Bewußtsein aus, der sich etwa folgendermaßen beschreiben läßt: "Charakteristisch ist eine zunehmende Empfehlung [sic] zu Dynamik und Robustheit, ein akzentuierter Durchsetzungs- und Behauptungswille, verbunden mit einer gewissen Verzichtbereitschaft, aber auch mit einer Tendenz zu kritischem, sozusagen 'unangepaßtem' Verhalten. Neben der Tendenz, die Kinder auf einen härter gewordenen Lebenskampf vorzubereiten, bei dem auch die ständige Weiterbildung eine wichtige Rolle spielt, fällt die Betonung von Gemeinschaftsaufgaben auf und die verstärkt empfundene Notwendigkeit, sich für andere zu engagieren."[342]

Bezüglich der jüngeren Generation, aus der sich die Elternschaft zu nicht geringen Anteilen rekrutiert, stellt RUSSO fest: "Besonders kennzeichnend für die Personen unter 30 ist, daß sie der Verbreitung von Heimatliebe, Frömmigkeit, christlichem Glauben, Gehorsam gegenüber Älteren und Vorgesetzten, aber auch Sparsamkeit und Genügsamkeit eine vergleichsweise geringe Bedeutung beimessen. Hingegen betont die jüngste Erwachsenenfraktion relativ oft die Notwendigkeit von Härte und Durchsetzungsvermögen, von Ehrgeiz sowie die kritische Auseinandersetzung mit dem Gewohnten."[343] Alle diese Erziehungsvorstellungen lassen sich jedoch nicht verallgemeinern: "Die Auffassungen darüber, was man Kindern mit auf den Lebensweg geben sollte, gehen manchmal recht weit auseinander."[344]

Für die Frage nach den Determinanten der Schulwahl bedeutet dies, daß sich auch auf diesem Wege kaum verallgemeinerbare Kriterien ausmachen lassen dürften. Leider versäumt es RUSSO in seiner Studie, Hinweise auf Art und Grad des Zusammenhangs zwischen Erziehungszielen der Eltern und Wahl einer Freien Schule zu geben. Es ist jedoch anzunehmen, daß Eltern eine Privatschule wählen, die ihren eigenen Erziehungsvorstellungen programmatisch möglichst nahekommt. Eine genauere Analyse dieses Zusammenhangs steht jedoch noch aus.

Somit lassen sich aus RUSSOs Literaturanalyse zwar gewisse Anhaltspunkte für die Frage nach den Determinanten der Schulwahlentscheidung von Privatschuleltern eruieren; über den Charakter von Vermutungen gehen diese jedoch nicht hinaus. Die nun folgenden *empirischen* Untersuchungen sind also eine unabdingbare Voraussetzung für die Gewinnung von gesicherten Erkenntnissen über die *tatsächlichen* Motive von Eltern, die für ihr Kind eine Freie Schule wählen.

2.2.1.2 DR. FESSL und GFK-INSTITUT: Gruppendiskussionen

➢ Konzept der Gruppendiskussionen

Von den beiden *qualitativen* Untersuchungsteilen der SPEISER-Studie sind die *Gruppendiskussionen* derjenige, bei dem Eltern von privaten und öffentlichen Schulen und Kindergärten unmittelbar zu Wort kommen sollten. "Die direkte Erfassung der Motive der Eltern für ihre Schulwahl sollte in dieser Phase in Gruppendiskussionen erfolgen", schreibt SPEISER.[345]

Bezüglich der Auswahl der Schulen bzw. Schulstufen sollten die beiden qualitativen Untersuchungsteile "... sich auf Wien und auf die ersten acht Schulstufen beschränken, da nur hier das Schulangebot so groß ist, daß eine Vielzahl von Entscheidungsmöglichkeiten besteht."[346] Zunächst sollten "... von jeder einbezogenen *Schule* das Selbstverständnis und die Angebote erfaßt werden. Auch wenn anzunehmen war, daß (jedenfalls bestimmte) Privatschulen hier mehr zu bieten haben (etwa die Waldorfschulen)", so sollten doch auch öffentliche Schulen in der Studie berücksichtigt werden.[347] Auch schien es sinnvoll, "möglichst verschiedene Schulen auszuwählen".[348] So wurden nicht nur "möglichst verschiedenartige Privatschulen in die Untersuchung einbezogen", sondern auch "die einbezogenen öffentlichen Schulen sollten ... möglichst verschiedenartig sein".[349] Es wurde außerdem in den qualitativen Untersuchungsteilen versucht, "Komplexe von Bildungseinrichtungen" auszuwählen, d.h. konzentrierte Ballungen von Schulen mit dazugehörigen Kindergärten in räumlicher Nähe.[350]

Im Vorfeld der Gruppendiskussionen wurden Einladungen an *Eltern* der ausgewählten Schulen und Kindergärten ausgegeben; aus den auf diese Einladung antwortenden Eltern wurden Mütter und Väter für die Gruppendiskussionen ausgewählt. Die Zusammenstellung war so geplant, daß die Eltern nach Alter bzw. Entscheidungssituation und nach dem Bildungsgrad bzw. Verbalisierungsvermögen möglichst konform sein sollten, aber verschieden in bezug auf die ausgewählte Bildungsinstitution; sie sollten sich auch nicht persönlich kennen.[351]

Um Mittel einzusparen und aufgrund des geringen Rücklaufs mußten jedoch Abstriche von diesem Konzept gemacht werden, so daß de facto nur fünf Gruppendiskussionen durchgeführt wurden. "Für die Volksschulen kamen die beiden vorgesehenen Gesprächsrunden zustande, doch kamen auch hier die Eltern nur aus sieben Schulen: drei öffentlichen Volksschulen, drei katholischen Volksschulen und der evangelischen Volksschule."[352] Eltern anderer Privatschulen, wie z.B. Waldorfschulen oder Freie Alternativschulen, waren also bei den Diskussionen nicht vertreten, was die Resultate u.U. in Richtung einer gewissen Einseitigkeit verzerrt. Auch bei den weiterführenden Schulen waren weit weniger unterschiedliche Schulen vertreten als ursprünglich geplant. "Es fehlten also wichtige Schularten, v.a. private höhere Schulen – das ist bei den Ergebnissen zu beachten."[353]

Die Gruppendiskussionen erfolgten unter Leitung der Psychologin GABRIELE SKORUPA vom DR. FESSL + GFK-INSTITUT / Wien, die auch den Forschungsbericht verfaßte. IRMFRIED SPEISER überarbeitete diesen Bericht und veröffentlichte ihn in der vorliegenden Fassung.[354] Alle Diskussionen wurden auf Tonband aufgezeichnet. Die Gruppendiskussionen erfuhren "eine sanfte Lenkung" durch die Gesprächsleiterin, die sich an dem folgenden Gesprächsleitfaden orientierte: [355]

1) Einleitendes Kontaktgespräch
   - Thema Schulwahl
2) Basale Vorstellungen zum Thema Schulwahl
   - Anforderungen / Erwartungen an die gewählte Schule
   - Ausschlußgründe gegen die Wahl einer bestimmten Schule
3) Wahlmöglichkeiten: öffentliche versus private Schulen
   - Unterschiede zwischen öffentlichen und privaten Schulen
4) Einstellungen zu Privatschulen und zu öffentlichen Schulen / Regelschulen
   - Grundsätzliche Bewertung
   - Positiva / Vorteile
   - Negativa / Ablehnungsgründe
   - Charakterisierung des Lehrpersonals
   - Typisierung der Schüler
5) Kriterien in der Entscheidungssituation
   - Motive / Argumente für die gewählte Schule
   - Vorheriger Besuch eines privaten / öffentlichen Kindergartens / Schule
   - Spezifische Merkmale des gewählten Schultyps
   - Gegenargumente / Hemmfaktoren
   - Argumente gegen den nicht gewählten Schultyp
6) Erfahrungen mit dem gewählten Schultyp
   - Erfüllung der Erwartungen
   - Verbesserungswünsche
7) Pläne zum nächsten Schulabschnitt
   - Beibehaltung / Änderung des gewählten Schultyps.[356]

Bereits an dieser Stelle sei darauf hingewiesen, daß die im folgenden wiedergegebenen Ergebnisse der Gruppendiskussionen mit einer gewissen Vorsicht betrachtet und auf keinen Fall verallgemeinert werden sollten. Dessen ist sich auch SPEISER durchaus bewußt, wenn sie in ihrer Ergebnisbewertung schreibt: "Die geringe Bereitschaft der Eltern, sich für die Gruppendiskussionen zur Verfügung zu stellen, spricht dafür, daß es sich bei den Teilnehmern keineswegs um einen repräsentativen Querschnitt der Elternschaft handelt, sondern um besonders engagierte und reflektierende Väter und Mütter. Es erhebt sich daher die Frage, inwieweit die Ergebnisse der Gruppendiskussionen verallgemeinert werden können."[357] SPEISER meint dazu, daß zwar nicht das Reflexionsniveau der betreffenden Eltern verallgemeinerbar sei, wohl aber "das Spektrum der Wünsche bzw. Nicht-Wünsche".[358] "Quantitative Aussagen sind selbstverständlich ausgeschlossen, doch die allgemeinen Wünsche nach Berücksichtigung der Individualität des Kindes bei größtmöglicher Förderung einerseits sowie die besonderen Wünsche nach Berücksichtigung der unterschiedlichen elterlichen Bedürfnisse ... andererseits kommen deutlich zum Ausdruck."[359] Sie haben sich überdies – soviel sei hier schon vorweggenommen – "... in der quantitativen Untersuchung bestätigt."[360]

Die Vielfalt der in den Gruppendiskussionen angesprochenen Aspekte soll im nun folgenden Kapitel in Form eines zusammenfassenden und thematisch geordneten Ergebnisberichtes wiedergegeben werden.

➢ Ergebnisse der Gruppendiskussionen

Die Auswertung der Gruppendiskussionen erfolgte durch Zuordnung der Elternmotive zu drei Grundkategorien, die in der Studie als "basale Determinanten der Schulwahl" bezeichnet werden. Es wurden folgende Grundkategorien ermittelt: "Pragmatische Aspekte", "Unterrichtsprinzipien und Schultyp" und "Soziale und weltanschaulich-ideologische Aspekte".[361] Im einzelnen kommt die Untersuchung zu folgenden Ergebnissen:

- *Pragmatische Aspekte*

"Bezeichnend für den Diskussionsablauf war, daß pragmatische Gesichtspunkte in den Überlegungen der Eltern an erster Stelle stehen. Sie sind oft auch ausschlaggebend dafür, ob ein Kind eine private oder eine öffentliche Schule besucht."[362]

Zu den "pragmatischen Aspekten" gehört zunächst die *"topographische Nähe bzw. gute Erreichbarkeit"* der Schule.[363] Nach Aussage vieler Diskussionsteilnehmer ist sie "für die Wahl einer Schule unbedingte Voraussetzung".[364] "Zentrale Lage, günstige Verkehrsverbindungen und akzeptable Anfahrtszeiten sollen dazu beitragen, den Tagesablauf der Kinder zeitlich optimal zu koordinieren ... Es ist den Eltern überaus wichtig, daß das Kind in seinem Schulalltag nicht bereits durch überlange Wegzeiten in seiner physischen Belastbarkeit überfordert wird ... Die Lage der Institution ist bei jüngeren Kindern (Kindergarten, Volksschule) ... besonders wichtig."[365]

Ein anderer wichtiger "pragmatischer Aspekt" ist die *"Ganz- bzw. Halbtagsbetreuung"*.[366] "Besonders Eltern mit Kindern in *Privatschulen* haben ganz konkrete persönliche Vorstellungen darüber, wie lange ihr Kind außer Haus betreut werden soll; sie legen auch besonderen Wert darauf, ihre *Präferenzen* zielgerichtet und kompromißlos zu realisieren." Interessant ist dabei folgendes von SPEISER beschriebenes Phänomen: "Dies führt – in der einen Richtung – mitunter dazu, daß Eltern mit prinzipieller Privatschulpräferenz sich für eine öffentliche Schule entscheiden, um der häufig obligatorischen Ganztagsbetreuung in Privatschulen auszuweichen ... Andererseits ist das Defizit an Halbinternaten im öffentlichen Schulsystem auch ohne ausgesprochene Präferenz oft das Hauptmotiv für die Wahl einer Privatschule."[367]

Schließlich nennt SPEISER unter den "pragmatischen Faktoren" noch die landschaftliche und soziale *"Umgebung der Schule"*.[368] "Bei ganztägiger Unterbringung in einer Privatschule erscheint es besonders im Volksschulalter [als] wichtig, daß sich das Kind auch bei Freizeitaktivitäten am Spielplatz in einer geschützten, von negativen Einflüssen abgeschirmten Umgebung aufhält ... Das soziale Niveau der Schulumgebung stellt für Privatschulnutzer mehrfach einen Problemaspekt dar ... Wenngleich man in gewissem Maß Verständnis für die Beweggründe sozial auffälliger Randgruppen ('Süchtige') aufbringt, möchte man die eigenen Kinder nicht mit derartigen Problemen der sozialen Realität konfrontieren."[369] Wichtig ist auch das "Vorhandensein von Grünflächen in der unmittelbaren Nähe der Schule". "Dem Erholungspotential, das der Aufenthalt im Freien für die Kinder beinhaltet, und der größeren Vielfalt an möglichen Aktivitäten mißt man einen hohen Stellenwert zu."[370] Hier kommt das Motiv, den eigenen Kindern eine gewisse "Schonraum-" bzw. "Inselpädagogik" angedeihen zu lassen, bei den befragten Privatschuleltern deutlich zum Tragen.

- *Unterrichtsprinzipien und Schultyp*

Hierzu schreibt SPEISER: "*Lehr- und Lerneffizienz* gehören erwartungsgemäß zu den wichtigsten Anliegen der Eltern, wenn es um Erwartungshaltungen gegenüber Schulen geht. Die Qualität des Unterrichts wird am Lernerfolg der Kinder gemessen."[371] Ob dies jedoch auch für Waldorf- oder Alternativschuleltern in der o.g. Weise Gültigkeit hat, muß an dieser Stelle stark bezweifelt werden. Es ist vielmehr zu vermuten, daß die diesbezüglichen Erwartungen einer anders akzentuierten bzw. breiter differenzierten Privatschulelternschaft u.U. gänzlich anders gelagert sind. Inwieweit diese Vermutung zutrifft, wird im weiteren Verlauf des Kapitels über vorliegende empirische Studien noch zu prüfen sein (vgl. insbesondere Kap.III.2.2.4).

Die Gruppendiskussionen mit österreichischen Eltern ergaben jedenfalls dies: "Die jeweilige Schule soll dem Kind die bestmöglichen Chancen für seinen weiteren Bildungsweg bieten, weshalb trotz der Propagierung liberaler Tendenzen, die sich an den individuellen Bedürfnissen der Kinder orientieren, ein hohes Leistungsniveau zu den wichtigsten Zielsetzungen der Eltern gehört."[372]

"In bezug auf *Lehrinhalte und Unterrichtsform* ist es selbstverständlich Voraussetzung, daß der Schultyp den Vorstellungen der Eltern entspricht", konstatiert SPEISER. Dann folgt eine aussagekräftige Charakterisierung von Privatschuleltern – in Abgrenzung zu Eltern mit Kindern an öffentlichen Schulen: "Wenngleich diese Überlegungen sowohl bei Nutzern öffentlicher Schulen als auch bei Eltern mit Kindern in Privatschulen als Motivationsgrundlage fungieren, haben sie für letztere insofern größeres Gewicht für die Schulwahl, als sich die Tendenz abzeichnet, daß Privatschulnutzer im allgemeinen über genauere Vorstellungen über den für ihre Kinder optimalen Bildungsweg verfügen. Sie zeigen sich engagierter und investieren mehr Mühe, wenn es um die Umsetzung ihrer Schulziele geht, während sich Eltern, die ihre Kinder in öffentliche Schulen schicken, in der Entscheidungssituation stärker vom offensichtlich zur Verfügung stehenden Angebot leiten lassen und teilweise auf selbständige Orientierungsbemühungen verzichten."[373] Vieles spricht also dafür, daß Privatschuleltern die Schulwahlentscheidung i.d.R. bewußter und gezielter treffen als Eltern mit Kindern an öffentlichen Schulen.

Der nächste Aspekt – das *"tradierte Image"*, der *"gute Ruf"* einer Schule – "determiniert im Hinblick auf die Zielsetzung eines hohen Leistungsniveaus besonders im Privatschulbereich, aber auch bei öffentlichen 'Eliteschulen' häufig die Entscheidung der Eltern."[374] Dabei gilt: "Den Eltern ist generell (für private und öffentliche Schulen) nicht nur ein hoher Standard des allgemeinen Unterrichtsniveaus wichtig ..., sondern auch die *Differenzierung der Leistungsforderung* nach den individuellen Möglichkeiten des Kindes ('Hochbegabtenförderung', 'Neigungsgruppen')."[375]

Der Schulerfolg darf nach Ansicht der Eltern jedoch nicht zu Lasten des *Wohlbefindens des Kindes* gehen. Die Berücksichtigung seiner Wünsche und Neigungen, sowohl Lehrinhalte als auch Freizeitbedürfnisse betreffend, wird letztendlich auch als für den Schulerfolg förderlich angesehen. "Ein wichtiges Beurteilungskriterium für die Qualität der Schule ist demnach die Zufriedenheit des Kindes."[376] Insbesondere "... *angstfreies Lernen* gehört im Anforderungsprofil an Schulen zu den obersten Maximen – ein Anspruch, der besonders bei Eltern mit Privatschulkontakt stark verankert ist und von diesen ganz bewußt als Selektionskriterium bei der Schulwahl eingesetzt wird."[377] In diesem Zusammenhang wird auch die Notwendigkeit einer *"positiven, liberalen Schulatmosphäre"* betont: "Das Kind soll über eine lernfreudige Umgebung und positives Feedback zu Leistungsbereitschaft motiviert werden und nicht durch Zwänge."[378]

Sogenannten *"modernen, reformpädagogischen Unterrichtsmethoden"* stehen die Eltern sowohl im privaten als auch im öffentlichen Bereich teilweise aufgeschlossen, teilweise skeptisch gegenüber; sie werden jedoch vor allem von Eltern mit Kindern im Volksschulalter thematisiert. Das Konzept des "offenen Unterrichts" findet häufig positive Resonanz. "Das relativ hohe Maß an Selbstbestimmung, das diese Unterrichtsform beinhaltet, ist nach Meinung der Eltern oft besser geeignet, die ursprüngliche Neugier und Lernfreude der Kinder aufrecht zu erhalten und auch auf längere Sicht eine positive Arbeitshaltung und Selbständigkeit ... zu erzielen, als dies aufgrund der Reglementierungen des traditionellen Schulsystems der Fall ist."[379]

Ein weiterer Aspekt der Schulwahldeterminanten betrifft die *Beurteilungspraxis*: "Als bezeichnendes Element moderner Unterrichtsformen gilt die verbale Beurteilung; sie wird als Alternative zur traditionellen Notengebung, aber auch in Kombination mit dem herkömmlichen Notensystem als Bereicherung angesehen, insbesondere zur Motivation jüngerer Kinder."[380] Hier bieten viele Privatschulen einen deutlichen Vorteil gegenüber den staatlichen Regelschulen.

Bezüglich der *fachlichen und pädagogischen Qualifikation der Lehrkräfte* billigen die Eltern "den Lehrern von Privatschulen und Schulversuchsprojekten mehr Engagement und [ein] überdurchschnittlich hohes pädagogisches Ausbildungsniveau" zu.[381] "Von Privatschulen nimmt man tendenziell an, daß sie sich hinsichtlich der Beziehungsqualität im Verhältnis zwischen Lehrer und Schüler sowie der Häufigkeit des Lehrerwechsels von öffentlichen Schulen positiv unterscheiden."[382]

Viele Eltern wünschen sich, die Umstellung vom Kindergarten auf die Schule "möglichst undramatisch" zu gestalten. Deshalb "... zieht man in den Wahlüberlegungen auch Alternativschulen in Betracht, an denen mit einer intensiven Einbeziehung der Eltern und einer flexiblen Zeiteinteilung zu rechnen ist."[383] Auch der Aspekt der *Elternmitsprache* spielt also bei den Determinanten der Schulwahl eine Rolle.

- *Soziale und weltanschaulich-ideologische Aspekte*

Zu dieser dritten Kategorie von Schulwahldeterminanten schreibt SPEISER: "Neben der Vermittlung von Schulwissen erwartet man von der Schule auch, daß genügend Raum für soziale Kontakte und *soziales Lernen* gegeben ist."[384] Denn Eltern meinen, "daß die Lebenstüchtigkeit des Kindes auf längere Sicht in zumindest ebenso großem Maß von seinen sozialen Fähigkeiten wie von Schulerfolg und Wissen abhängig ist".[385] Auch die bereits oben erwähnte Möglichkeit der Eltern, "sich im Wirkungsfeld zwischen Schule und Kind aktiv einzubringen", hat nach deren Auffassung Einfluß auf die soziale Qualität der Schulsituation. "Die Privatschule bietet den Eltern in dieser Hinsicht einen breiteren Spielraum als die öffentliche Schule."[386]

Die Privatschule wird auch hinsichtlich "der Beziehungsqualität zwischen Lehrkräften und Kindern, der Förderung gemeinsamer Aktivitäten, dem Gefühl sozialer Zusammengehörigkeit" besser bewertet.[387] "Die seinem Entwicklungsstand entsprechenden Bedürfnisse des Kindes werden hier in einer Atmosphäre *'familiärer Geborgenheit'* oft zufriedenstellender erfüllt als in der öffentlichen Schule – mit Ausnahme einzelner Schulversuche."[388] In jedem Fall stellt "die emotionale Befindlichkeit des Kindes in der sozialen Gemeinschaft der Schule" für Eltern einen wichtigen Betrachtungsaspekt dar, da sie zum "psychischen Wohlbefinden" des Kindes einen wesentlichen Beitrag leistet.[389]

"In ihrer Sorge darum, das Kind in einer geschützten, förderlichen Schulatmosphäre unterzubringen, geht es den Eltern im Hinblick auf die Schulwahl nicht nur um die Förderung persönlich akzeptierter Kontakte, sondern auch um die präventive *Vermeidung unerwünschter sozialer Einflüsse*; dies trifft insbesondere auf Nutzer von Privatschulen zu."[390] Zur Frage der sozialen Abgrenzung bzw. Integration von Kindern unterschiedlicher Schichtzugehörigkeit bestehen jedoch divergierende Auffassungen. Während bei manchen Eltern der Wunsch dominiert, "das eigene Kind vor milieugeschädigten Kindern und 'Gastarbeiterkindern' zu schützen", vertreten andere die Meinung, "daß nicht bereits im Kindesalter die Wahrnehmung diskriminierender schichtspezifischer Unterschiede wie arm-reich etc. und somit Tendenzen sozialer Ausgrenzung gefördert werden sollten".[391] Letztere Eltern sehen in der gemeinsamen Entwicklung von Kindern unterschiedlicher Herkunft eher eine Bereicherung als eine Gefahr.

Dennoch zeigt die Gruppendiskussion: "Der vielfach als hoch eingestufte *Anteil an Gastarbeiterkindern* an öffentlichen Schulen in Wien, besonders an Hauptschulen, gilt sowohl für die eigene Person als auch in der Projektion auf andere Eltern als eines der Hauptargumente der Entscheidung für die Privatschule."[392] Man geht davon aus, daß Gastarbeiterkinder "mit Sprach- und darausfolgend [sic] Lernschwierigkeiten zu kämpfen haben" und befürchtet bei einem höheren Prozentsatz derartiger "Problemschüler" eine "Vernachlässigung unauffälliger, normalbegabter Kinder".[393] Diese Lernsituation würde eine "Reduktion der Lehr- und Lerneffizienz" und damit "ungünstige Voraussetzungen für die schulische Laufbahn des eigenen Kindes" bedeuten.[394] Gewisse elitäre Motive sind also bei manchen Privatschuleltern offenbar nicht ganz auszuschließen. So sehen laut SPEISER auch "Eltern mit Kindern an öffentlichen Schulen ... in der Wahl von Privatschulen relativ häufig einen Prestigefaktor".[395]

Schließlich spielt auch die soziale Kontinuität vom Kindergarten bis zur weiterführenden Schule bei den Eltern eine Rolle: "Die sozialen Verbände, die in Kindergarten und Schule entstehen, beeinflussen zum Teil auch die nachfolgende Schulwahl. Man wertet es positiv, wenn sich im sozialen Umfeld des Kindes eine gewisse Kontinuität zufriedenstellender sozialer Anknüpfungspunkte ausbildet."[396]

Zunächst erstaunlich erscheint sodann folgendes Ergebnis: "*Weltanschaulich-ideologische Aspekte* werden nur von wenigen als Determinanten der Schulwahl deklariert."[397] Man nimmt sie also offenbar eher in Kauf, weil man eine andere Pädagogik haben möchte. Dies gilt – entgegen den Vermutungen von RUSSO (vgl. Kap.III.2.2.1.1) – auch für Eltern von Kindern an konfessionellen Privatschulen: "Die konfessionelle Orientierung stellt für die Wahl von Privatschulen nur einen Randaspekt dar."[398] Demnach "... ist es gerade für Privatschulpräferenten wichtig, daß die Schule in ihrem Selbstverständnis mit den persönlichen – nicht konfessionsgebundenen – Wertvorstellungen der Eltern übereinstimmt."[399] Insgesamt zeichnet sich bei den Eltern eine "Präferenz für einen ideologisch neutralen Standpunkt der Schule" ab; einige vertreten die Auffassung, "Weltanschauung sollte von zu Hause kommen".[400]

Zusammenfassend hält SPEISER bezüglich der allgemeinen Schulwahldeterminanten schließlich fünf wesentliche Aspekte fest. "Die Diskussion der Thematik zeigte, daß folgenden Determinanten sowohl für Privatschulen als auch für öffentliche Schulen *primäre Bedeutung* zukommt:

- Pragmatische Aspekte wie Erreichbarkeit und Zeitrahmen der Schule
- Lehr- und Lerneffizienz
- Qualifikation der Lehrkräfte
- Orientierung an den Bedürfnissen des Kindes
- Soziale Faktoren."[401]

Die besondere Motivationsstruktur von Privatschulpräferenten läßt sich nach SPEISER aufgrund der Gruppendiskussionen in folgenden zehn Punkten zusammenfassen:

- Einbeziehung der Eltern
- Engagement und pädagogische Qualifikation der Lehrkräfte
- hohes Leistungsniveau

- Berücksichtigung der Individualität des Kindes
- Lernen ohne Leistungsdruck und Schulangst
- soziales Lernen in der Schulgemeinschaft
- Vermeidung lernhemmender Faktoren (z.B. negative soziale Einflüsse)
- hohes Betreuungsniveau in geschützter Umgebung
- bessere Freizeitgestaltung (v.a. bei Ganztagsbetreuung)
- flexiblere Administration.[402]

In der vergleichenden Gegenüberstellung von privaten und öffentlichen Schulen bleibt auf der Basis dieses Untersuchungsteils festzuhalten, daß "die Unterschiede zwischen den Schulangeboten von Privatschulpräferenten stärker akzentuiert" werden, "während Eltern mit Kindern in öffentlichen Schulen weniger differenzieren und von einer allmählichen Angleichung des öffentlichen und privaten Schulangebots ausgehen".[403] Inwieweit hier ein gewisses Wunschdenken zum Tragen kommt, mag dahingestellt bleiben. Denn "tendenziell finden die Vorteile, die Privatschulen nach Meinung ihrer Präferenten hinsichtlich der angeführten Merkmale aufweisen, auch bei Nutzern der Regelschule Bestätigung".[404]

Die Erwartungen, die Eltern an die Privatschule stellen, werden nach Aussage der an den Diskussionen Beteiligten größtenteils erfüllt.[405] Probleme werden von Privatschuleltern nur ansatzweise thematisiert und beziehen sich auf folgende Aspekte: "Gewisse Bedenken bestehen allerdings auch auf seiten von Privatschulnutzern gegenüber elitären Abgrenzungstendenzen ('Dünkel', 'Kinder werden arrogant')".[406] Außerdem sieht man "... die Gefahr, daß sich die geschützte Atmosphäre von Privatschulen unter veränderten Bedingungen hemmend auf die Problembewältigungsfertigkeiten der Kinder auswirkt ('Sprung ins kalte Wasser')."[407] "Lehrerwechsel und der Bruch in der Beziehungsqualität zu den Lehrkräften" können nach Aussage der Privatschuleltern bei einem Wechsel an eine öffentliche Schule "eine zusätzliche Belastung bedeuten".[408] Problematisiert wird des weiteren "der mögliche Mißbrauch von Privatschulen als 'Aufbewahrungsstätte' für Kinder wohlhabender Eltern ('Wohlstandsverwahrlosung')".[409] Als "nicht zufriedenstellend" erleben Privatschuleltern auch die zum Teil "überhöhte Schülerzahl pro Klasse", die meist mit der Eigenfinanzierung der Privatschulen in Verbindung gebracht wird.

"Während der finanzielle Aufwand für Privatschulen von deren Nutzern nicht als Problempunkt thematisiert wird, stellt er für Eltern, die ihre Kinder in öffentliche Schulen schicken, den primären Ausschlußgrund gegen Privatschulen dar."[410] Der finanzielle Selektionsmechanismus, der hier zum Tragen kommt, wurde jedoch von Privatschul- und Regelschuleltern in den Gruppendiskussionen mehrfach kritisiert. Dies legt die Vermutung nahe, daß noch wesentlich mehr Eltern Freie Schulen wählen würden, wenn sie dafür kein Schulgeld entrichten müßten.

Allerdings bleibt dies zunächst eine noch zu überprüfende Hypothese.

Schließlich konstatiert SPEISER eine insgesamt positive Einstellung gegenüber privaten Bildungsinstitutionen: "Eine grundsätzliche Gegnerschaft gegen Privatschulen ist jedoch auf Basis der durchgeführten Gruppendiskussionen nicht zu registrieren."[411]

Am Schluß ihrer Auswertungen kommt SPEISER zu einem sehr allgemein gehaltenen Resümee bzgl. der Schulwahldeterminanten von Privatschuleltern, das sicherlich in jedem Fall Gültigkeit haben dürfte: "Eltern wählen (sofern die praktische Möglichkeit dazu besteht) dann Privatschulen für ihre Kinder, wenn sie der Überzeugung sind, daß in diesen Vorstellungen von einer guten Schule besser erfüllt sind als in einer öffentlichen [Schule]."[412] Neben den rein pragmatischen Gründen rangiert der pädagogisch motivierte Wunsch nach einer guten oder gar der besten Schule für das eigene Kind bei den Schulwahlmotiven von Privatschuleltern somit an vorderer Stelle; ideologische oder weltanschauliche Motive spielen demgegenüber eine untergeordnete Rolle. Interessant ist auch, daß der Vergleich mit der staatlichen Regelschule, die von Privatschuleltern vielfach eher kritisch beurteilt wird, offenbar ein wichtiges Instrumentarium bei dem Entscheidungsfindungsprozeß für eine Schule in freier Trägerschaft darstellt.

2.2.1.3 G. STUMM: Direktorenbefragung

➢ Konzept der Direktorenbefragung

Der zweite qualitative Untersuchungsteil in der SPEISER-Studie ist die von GERHARD STUMM durchgeführte Direktorenbefragung. Hierzu fanden insgesamt 39 Interviews mit Schuldirektoren von verschiedenen Schularten statt: "Jeweils privaten und öffentlichen Volksschulen, Hauptschulen und Gymnasien in Wien. In dieser Befragung sollten "die Schuldirektoren ihre Kenntnisse und Vermutungen bezüglich der Motive der Eltern wiedergeben, um so eine externe Sicht den Gruppeninterviews mit den Eltern gegenüberzustellen".[413]

Methodisch ist STUMM dabei folgendermaßen vorgegangen: "Aufgrund von qualitativen Interviews mit Schulleitern, aber auch von Prospekten und anderen Selbstdarstellungen (z.B. Jahresberichten) sollten soweit möglich die objektiven Unterschiede zwischen den verschiedenen Schulen erfaßt werden, die – so lautete eine Hypothese – eine wesentliche Grundlage für die Eltern bilden."[414] Deshalb ließ STUMM die Direktoren zunächst die Charakteristika ihrer Schulen ausführlich beschreiben. Dabei wurden folgende Aspekte berücksichtigt:

- Weltanschauliche Ausrichtung
- Selbstverständnis (Bedeutung von Leistung versus Persönlichkeitsbildung)

- Lehrprogramm (staatlicher Lehrplan oder anderer)
- "Sonderangebote" (Förderunterricht, Halbinternat, Arbeitsgemeinschaften etc.)
- Zusammensetzung der Schüler (v.a. soziale)
- Kosten (bei Privatschulen Schulgeld mit Ermäßigungsmöglichkeiten, allgemeine Kosten für Schulveranstaltungen, womöglich Einbeziehung von Privatstunden)
- Verhältnis Nachfrage der Eltern – Kapazität der Schule (mehr oder weniger Nachfrage als Plätze).[415]

Die Schulleiter wurden in einem nächsten Schritt über ihre Einschätzung der Elternmotive für die Wahl ihrer Schule sowie des Rufs ihrer Schule befragt. "Durch dieses Vorgehen konnte darüberhinaus drittens ein Vergleich zwischen Selbstdarstellung der Schule in der Wahrnehmung und Bewertung des jeweiligen Direktors und den bekannten bzw. vermuteten, oft auch inhomogenen Motiven der Eltern angestellt werden."[416]

Die Interviews orientierten sich an folgendem Leitfaden, der den Schulleitern im voraus schriftlich zugesandt wurde:

A. Schulcharakteristika
   - Weltanschauliche Ausrichtung
   - Selbstverständnis: Grundsätze, Erziehungsprinzipien, Bildungsbegriff, Anforderungen
   - Ruf: Image der Schule
   - Lehrplan
   - "Sonderangebote": Spezielle Fächer, AGs, Ganztagsbetreuung etc.
   - Ausstattung und Lage
   - Leistungsbeurteilung
   - Soziale Zusammensetzung der Schüler
   - Kosten, Schulgeld
   - Zusammenarbeit mit den Eltern
   - Kontinuität innerhalb desselben Schulträgers: Kindergarten, Volksschule, höhere Schulstufen
   - Erreichbarkeit, Einzugsbereich
   - Verkehrssicherheit am Schulweg
   - Nachfrage und Kapazität

B. Einschätzung der Motive von Eltern
   - Vorzüge Ihrer Schule:
     – Was sind Ihrer Erfahrung bzw. Ihrer Meinung nach die entscheidenden Kriterien und Motive, daß Ihre Schule von Eltern bzw. Kindern ausgesucht wird bzw. daß die Schüler an Ihre Schule kommen?

- Welche Voraussetzungen, Gegebenheiten und Erwartungen an die Schule sind da ausschlaggebend? Falls möglich: Prioritätenliste! (Unter Umständen auch in Abhängigkeit von verschiedenen Elterngruppen).
- (Mögliche) Nachteile Ihrer Schule:
  - Welche Faktoren mögen eine Rolle spielen, daß Kinder nicht Ihre Schule besuchen? [417]

Vor allem im Hinblick auf Privatschulen und Gymnasien weist STUMM darauf hin, daß hier nicht nur eine Schulwahl durch die *Eltern* stattfindet, sondern auch eine Auswahl der Schüler durch die *Schule*. "Gerade bei den Aufnahmegesprächen in Schulen, in denen eine Art Selektion vorgenommen wird, zeigt sich, daß nicht nur die Eltern eine Wahl treffen, sondern auch die Schulen bzw. die Schuldirektoren eine Auslese betreiben." [418] In einigen Direktoreninterviews wurden die jeweiligen Aufnahme- bzw. Selektionskriterien der einzelnen Schule explizit thematisiert; dabei zeigte sich, daß vor allem Schulen in privater Trägerschaft i.d.R. großen Wert auf eine engagierte Elternmitarbeit sowie eine Gleichgerichtetheit der Erziehungsbemühungen von Schule und Elternhaus legen.[419]

Bei der nun folgenden Auswertung der Gesamtergebnisse ist nach STUMM folgendes zu beachten: "Obwohl es sich bei der Auswertung der Direktoreninterviews um ein qualitatives Vorgehen handelt, spielt auch die Häufigkeit genannter Motive eine Rolle. Diese werden daher im weiteren in der Reihenfolge der Häufigkeit ihrer Nennung bzw. nach ihrem Beeinflussungsgrad aufgegriffen, d.h. Motive, die oft erwähnt wurden bzw. mehrere Male an einer vorderen Stelle in der Prioritätenliste für die Schulwahl gesetzt wurden, werden zuerst angeführt."[420]

➢ Ergebnisse der Direktorenbefragung

Da sich das Schulwahlverhalten von Eltern je nach "Schulstufe" und "Bildungsanspruch" als recht unterschiedlich erweist[421], stellt STUMM die Ergebnisse seiner Direktorenbefragung gesondert für die Bereiche Volksschule (1.-4. Klasse), Hauptschule (5.-8. Klasse) und Gymnasium (Unterstufe 5.-8. Klasse) vor. Diese Differenzierung soll auch hier beibehalten werden.

A. Determinanten der Schulwahl: Volksschulen

Für die Volksschulen hält STUMM zunächst folgendes fest: "Grundsätzlich stellt die Schulwahl in der Volksschule eine erstmalige Wahlsituation dar, wenn man vom Zusammenhang zwischen Kindergarten und Volksschule bzw. ... zwischen Vorschule und Volksschule absieht. Dort, wo eine inhaltliche bzw. organisatorische Verbindung zwischen einem bestimmten Kindergarten und einer bestimmten Volksschule besteht, ist die Wahl des Kindergartens aber oft schon die vorweggenommene Entscheidung für die Volksschule, in der der bereits eingeschlagene Weg (z.B. konfessionell orientierter Träger) einfach weiter fortgesetzt wird."[422] Der Aspekt der Kontinuität ist also bei den Determinanten der Volksschulwahl auf jeden Fall zu berücksichtigen.

❄ *Private Volksschulen*

Bezüglich der Nachfrage bei privaten Volksschulen zeigt STUMMs Befragung folgendes Ergebnis: "Alle Aussagen, die sich auf das Verhältnis von Angebot und Nachfrage bezogen, zeugen davon, daß die privaten Volksschulen den Bedarf an diesem Schultypus nicht abdecken können."[423] Dies spricht sich nicht zuletzt aus in Schulleiteräußerungen wie: "Wir wissen nicht wohin", "die Nachfrage ist riesengroß", "bis zum letzten Raum ausgenützt", "Nachfrage ist wesentlich – etwa 50% – höher als die Kapazität", "wir haben heuer eine Warteliste von 50 Kindern, die wir nicht aufnehmen konnten", "200 Anmeldungen pro Jahr stehen 90 Plätzen gegenüber", "ich könnte ein Gummihaus haben" u.a.[424]

Gründe für die Wahl einer konfessionellen Volksschule

Im Bereich der konfessionellen Volksschulen wurden sieben katholische Schulen und eine evangelische Schule in der Direktorenbefragung berücksichtigt, so daß die katholischen Privatschulen hier deutlich überrepräsentiert sind.

Bei der folgenden Auflistung von Elternmotiven, die nach der Häufigkeit ihrer Nennungen erfolgt, soll jeder genannte Aspekt durch ein Kernzitat aus dem von G. STUMM verfaßten Forschungsbericht kurz erläutert und veranschaulicht werden.

- ***Nachmittagsbetreuung***
  "Als wesentliches Motiv wird fast durchweg die Nachmittagsbetreuung, das Halbinternat, genannt, das – so weit uns bekannt ist – in allen katholischen Volksschulen und auch in der evangelischen Volksschule angeboten wird."[425]

- ***(Freizeit-) Angebote der Schule***
  "Den Eltern, die ja Schulgeld für ihre Kinder zahlen müssen, ist – neben der Betreuung der Schulaufgaben etc. .... – die Freizeitgestaltung ihrer Kinder wichtig. Hier werden besondere Sportmöglichkeiten sowie musisch-kreative Aktivitäten gutgeheißen. 'Eltern schätzen das Angebot über den reinen Unterricht hinaus'."[426]

- ***Der "gute" Ruf der Schule***
  "Diese zunächst diffuse Aussage wurde des öfteren gemacht, ohne konkreter darauf einzugehen, was diesen ausmache. Dort, wo eine nähere Bestimmung,

worauf dieser zurückzuführen sei, versucht wurde, zeigten sich durchaus unterschiedliche Färbungen."[427] Diese umfaßten z.B. folgende Aspekte:

- "gediegene Grundausbildung", "hohes Leistungsniveau"
- "persönliche Zuwendung der Erwachsenen und Kinder zueinander", "individuellere Betreuung", "Eingehen auf das Kind", "Berücksichtigen verschiedener Bedürfnisse und Situationen"
- "offene Atmosphäre", "Situation des Vertrauens, des Geborgenseins"
- "gute, gediegene Erziehung", "liebevolle Konsequenz", "Einhalten bestimmter Regeln"
- "religiöse Erziehung", "christliche Erziehung"
- "großes Angebot der Schule"
- "Prestigeangelegenheit", "Prestigedenken".[428]

- ***"Ausländerfrage"***
  "Dieses heikle, weil auch diskriminierende Argument wird zwar nicht von allen Befragten ausdrücklich hervorgehoben, doch dort, wo es zur Sprache kommt, ist die Sprache eindeutig: als zweitwichtigstes Motiv der Eltern wird nach der Einschätzung von zwei Volksschuldirektoren angegeben, daß es 'sehr wenig Ausländer' gäbe und 'die Ausländerproblematik' kaum existiere."[429]

- ***Die religiöse Komponente, christliche Erziehung***
  "Das religiöse Motiv wird durchgehend nur für eine kleine Gruppe von Eltern als maßgeblich erachtet ... Für die meisten gilt: 'Die religiösen Sachen, die stehen bei uns im Hintergrund als Kriterium, daß die Kinder herkommen; ist eher ein schwaches Motiv im Vergleich zu den anderen' ... Es scheint eher an anderen Anreizen zu liegen, daß Eltern ihre Kinder in eine katholische Privatschule schicken." Eine Direktorin meint sogar, "daß die religiöse Komponente und die christliche Erziehung in der Rangreihe der Motive das letzte ist". Nur in einer Aussage wird "die konfessionelle Komponente an die erste Stelle gesetzt, dort allerdings mit Betonung auf die [sic] Tradition. So z.B., daß oft bereits die 3. Generation einer Familie in dieselbe Schule geht."[430]

- ***Lage der Schule: Nähe zum Wohnort, Erreichbarkeit, günstige Verkehrslage, Nähe zum Arbeitsplatz der Eltern***
  "Generell spielt die Entfernung zwischen Wohnort und Schule eine eher untergeordnete Rolle. Die Eltern bzw. die Kinder nehmen zum Teil beträchtliche Wegzeiten auf sich, um die jeweilige Schule besuchen zu können. Das Einzugsgebiet der Schulen reicht weit über den unmittelbaren Sprengel hinaus, in vielen Fällen" müssen Kinder "täglich große Entfernungen zurücklegen." Ein Direktor meint dazu: "Ich wundere mich oft, wie weit."[431]

Ausschlußgründe gegen die Wahl einer konfessionellen Volksschule

In der Direktorenbefragung wurde auch der Versuch unternommen, Motive von Eltern zu eruieren, die *gegen* konfessionell ausgerichtete Volksschulen vorgebracht wurden. Der Vollständigkeit halber seien sie hier mit angeführt.

- ***Grundsätzliche Ablehnung***
  "Für viele Eltern sind nach Meinung der Direktoren die religiöse Tendenz und weiters die Erziehungsmethoden und Zielsetzungen (z.B. Stellenwert von Disziplin etc.) von konfessionellen Schulen Umstände, die sie gar nicht auf die Idee kommen lassen, ihr Kind in eine solche Schule zu geben."[432] Andererseits "könnten Befürchtungen hinsichtlich der Religion, daß Religion zu intensiv betrieben wird und daß Kinder dort indoktriniert werden, Grund genug sein, die Möglichkeit des Besuchs einer solchen Schule nicht weiter zu verfolgen".[433] Schließlich kann eine "... aus grundsätzlichen Einstellungsunterschieden allenfalls resultierende Diskrepanz in den Erziehungsstilen ... entweder von den Eltern oder vom Schulträger her dazu führen, daß das Kind nicht an diese Schule kommt oder nicht bleibt."[434]

- ***Kosten***
  Für den Besuch einer Privatschule fallen bekanntlich oft nicht unerhebliche Kosten an. "Das mag für viele Eltern, die zumindest prinzipiell eine solche Schule für ihre Kinder in Erwägung ziehen, bedeuten, daß sich die Frage, ihr Kind in eine Privatschule zu geben, damit für sie erübrigt. Selbst wenn grundsätzlich ein Interesse für eine konfessionelle Volksschule besteht, so kann es vorkommen ..., daß durch Arbeitslosigkeit und die relativ hohe Scheidungsrate die Kosten für manche Eltern nicht mehr verkraftbar sind."[435]

- ***Ganztägige Betreuung***
  "Was für die einen ein Hauptanliegen ist, kann für andere zum Ausschlußgrund werden: Ein Halbinternat stellt Anforderungen an ein Kind", und "wenn es das ganze Tagesprogramm nicht durchhält, dann wird dieses Kriterium zu einem Faktor, der gegen diesen Modus und damit gegen das Angebot der Schule und gegen die Schule selbst spricht." Andere Eltern befürchten eine gewisse Entfremdung von ihrem Kind: "Unser Kind geht uns da verloren."[436]

- ***Mangel an Plätzen***
  "Da nach den Angaben der Direktoren das quantitative Angebot an konfessionellen Volksschulen die Nachfrage unterschreitet, müssen Eltern sich den Platz für ihr Kind erst sichern ...Wird ein Kind zu spät angemeldet, dauert es also zu lang, bis sich die Eltern dann wirklich durchringen, so könnte das Vorhaben der Eltern leicht daran scheitern, daß kein Schulplatz mehr frei ist."[437] "Eine gewisse Scheu, Schwellenangst kann sich leicht dahingehend

auswirken, daß der Zug dann abgefahren ist", meint ein Schulleiter.[438]

- ***Bestimmte Lehrer***
  "Sehr vereinzelt und deshalb kaum ins Gewicht fallend tauchte in den Gesprächen auf, daß der jeweilige Lehrer zum Kriterium wird. Daß der einzelne Lehrer sich nicht individuell genug um die Kinder kümmert, daß Eltern mit einem Lehrer nicht zufrieden sind und deshalb ihr Kind aus der Schule nehmen" oder gar nicht anmelden.[439]

- ***Keine Eliteschule***
  "Schließlich sei noch ein Motiv genannt, das nur sporadisch vorkam, nämlich keine Eliteschule zu sein. Das heißt, Eltern könnten sich gegen eine bestimmte katholische Volksschule entscheiden, weil diese ihnen nicht vornehm oder leistungsorientiert genug ist."[440]

Gründe für die Wahl einer nicht-konfessionellen Privatschule: "Alternativschule", "Waldorfschule", "Ausländische Schule"

Bei diesen Privatschulen handelt es sich "... um eine weniger homogene Gruppe von Schulen als bei den konfessionell orientierten. Zugleich gibt es von dieser Kategorie weitaus weniger Schulen."[441] So bezog STUMM in seine Befragung auch nur einen Direktor einer "Alternativschule", einen Kreis von Lehrern einer "Waldorfschule" (Prinzip der kollegialen Schulleitung) und den Direktor der "Französischen Schule" in Wien mit ein.

Zunächst stellt STUMM fest, daß die Kosten für diese Schulen in Österreich etwa die gleichen sind wie für die konfessionellen Schulen, "... wobei in der Waldorfschule und in der 'Alternativschule' die Mitarbeit der Eltern noch als zusätzlicher Aufwand betrachtet werden kann."[442] Ein etwas befremdliches, aber für die zuletzt genannten Schulen durchaus positives Resultat von STUMMs Untersuchung lautet: "In diesen beiden Schulen kann denn auch keine Rede davon sein – wie das in einigen privaten katholischen Volksschulen zum Vorschein kam – daß die Eltern sich quasi eine Delegation ihrer Kinder an die Schule erkaufen."[443]

Wie in den konfessionellen, so ist auch in den nicht-konfessionellen Schulen ein Schulwahlmotiv von zentraler Bedeutung: "Auch in den von uns erfaßten Schulen dieses Typs ist die Ganztagsbetreuung ein starkes Motiv für die Schulwahl."[444]

Ein weiterer gemeinsamer Aspekt ist die relative Bedeutungslosigkeit der Anfahrtswege zur Schule: "Für die nicht-konfessionellen Privatschulen gilt in starkem Maße, daß die Entfernung, d.h. die Nähe des Wohnortes zur Schule bzw. des Arbeitsplatzes der Eltern zur Schule, kein wesentliches Motiv für die Schulwahl darstellt." D.h., die Eltern "... nehmen auch weite Anfahrtswege in Kauf."[445]

Neben diesen Gemeinsamkeiten gibt es in bezug auf die Schulwahldeterminanten innerhalb der nicht-konfessionellen Privatschulen jedoch auch erhebliche Differenzen, die im folgenden näher beleuchtet werden.

Gründe für die Wahl einer "Freien Alternativschule"

Im Vergleich mit den Wahl-Determinanten für konfessionelle Privatschulen resümiert STUMM zunächst: "In der 'Alternativschule' sind es andere Grundsätze und Ansprüche, die die Schulwahl bedingen."[446] Im einzelnen macht er folgende Schulwahlmotive für "Freie Alternativschulen" ausfindig:

- ***Möglichkeiten der Einflußnahme***
  In freien Alternativschulen "... sind die Eltern gleichsam der Schulträger und auch die Lehrer anstellende bzw. Schüler aussuchende Instanz."[447] Dadurch besitzen die Eltern viele Einflußmöglichkeiten, was ihnen diese Schule attraktiv erscheinen läßt.

- ***Verhältnis zwischen Lehrern, Schülern und Eltern***
  "Zu den wesentlichen Prinzipien, die die Wahl der Schule beeinflussen, zählt das selbstverständliche Verhältnis zwischen Lehrern und Schülern (sind per Du ...) bzw. das enge, freundschaftlich-private Verhältnis zwischen Lehrern und Eltern bzw. unter den Eltern und Kindern."[448]

- ***Aufgelockerte Unterrichtsformen***
  "Weiters wird hervorgehoben, daß es kein stundenlanges Sitzen und Üben gibt ..." Deshalb "ist den Kindern nie fad; sie wissen sich [sic] immer etwas anzufangen".[449]

- ***Lernen ohne Zwang***
  Eltern wählen Alternativschulen, weil sie wissen, daß dort "... die Kinder ihren Bedürfnissen nachgehen können, ja daß kein Kind gezwungen ist, ein bestimmtes Angebot eines Lehrers wahrzunehmen."[450]

- ***Keine traditionellen Fächer***
  "Es gibt keine Fächer im klassischen Sinn. Wenn überhaupt Kulturtechniken eigens vermittelt werden, dann in Form von Kursen."[451]

- ***Kein fester Stundenplan***
  Eltern schätzen an Alternativschulen den bewußten Verzicht auf einen "fixen Stundenplan" und das spontane, situative Lernen der Kinder. [452]

- ***Keine Klassenverbände***
  Die Schule als jahrgangsübergreifende "Schüler-Eltern-Lehrer-Gemeinschaft"

ist ein weiterer Faktor, der Eltern Freie Alternativschulen wählen läßt.[453]

- ***Keine Noten***
  Eltern von Alternativschulen wollen, daß ihre Kinder nicht unter "Notendruck" lernen müssen.[454]

- ***Lehrer-Schüler-Schlüssel***
  "Der Lehrer-Schüler-Schlüssel ist mit 1:10 um einiges niedriger als in allen anderen Schulen."[455] Auch dies kann ein Gesichtspunkt sein, der Eltern zur Wahl einer Freien Alternativschule bewegt.

- ***Schule als Wohn- und Lebensraum***
  Nicht zuletzt der "Umstand, daß die Kinder viel Zeit in der Schule verbringen" müssen, führt zu dem Wunsch von Alternativschuleltern, daß die Schule kein rein funktionaler Lernbetrieb sein soll, sondern ein erfahrungsnaher "Wohn- und Lebensraum".[456]

Die in den o.g. Punkten "implizit enthaltenen ideologischen Auffassungen (wie z.B. Prinzip der Freiwilligkeit, Selbstbestimmung der Schüler, Mitsprache und Einflußnahme der Eltern, Bedeutung des sozialen sowie des erfahrungsnahen Lernens ...)"[457] stellen nach STUMM wesentliche Motive für die Wahl Freier Alternativschulen dar.

Ausschlußgründe gegen die Wahl einer "Freien Alternativschule"

Nach Direktorenaussage werden von Eltern folgende Gründe gegen die Wahl einer Alternativschule vorgebracht:

- ***Permissivität***
  Einige Eltern halten Alternativschulen für "zu freilassend". Sie kritisieren, daß man hier "alles darf" und daß die "Bedürfnisse der Kinder dominant" sind.[458]

- ***Zu niedriges Leistungsniveau***
  Einige Eltern vertreten bezüglich des Lernerfolgs an Alternativschulen die Auffassung, "da lernt man nichts".[459]

- ***Unordnung und mangelnde Sauberkeit***
  Andere Eltern stört an Alternativschulen, daß sie "zu wenig ordentlich" bzw. "nicht genügend aufgeräumt" sind. Auch finden es etliche Eltern abstoßend, daß die "Wände angeschmiert" sind.[460]

Gründe für die Wahl einer "Freien Waldorfschule"

Wieder anders sieht die Motivationslage bei Waldorfeltern aus. Das von RUDOLF STEINER begründete, recht komplexe pädagogische System der Waldorfpädagogik fußt zwar auf dem Welt- und Menschenbild der Anthroposophie, jedoch wird diese – wie bereits erwähnt – in den Waldorfschulen nicht gelehrt: "Die Waldorfpädagogik wird zwar angewandt, jedoch werden den Schülern nicht der dahinterstehende Ansatz STEINERs, die Anthroposophie, und seine sonstigen Lehren vermittelt."[461]

Bei den Motiven für die Wahl einer Waldorfschule spielt der Faktor "Anthroposophie" für die Eltern eine unterschiedlich große Rolle. Für viele Eltern überwiegen pädagogische Motive bei der Schulwahlentscheidung. Die Wahldeterminanten von Waldorfeltern lassen sich nach Aussage der befragten Waldorfpädagogen in drei Kategorien zusammenfassen:

- ***Eigene Waldorfvergangenheit bzw. Beziehung zur Anthroposophie***
  Nach Aussage der Befragten machen Eltern, für die dieser Faktor ausschlaggebend ist, "einen geringen Prozentsatz" aus.[462]

- ***Andere, freie Schule***
  Viele Eltern suchen eine Schule, die "anders als die anderen" sein soll. Sie wollen ihr Kind nicht auf die staatliche Regelschule geben, aber auch nicht auf eine konfessionelle Schule. Solche Eltern wünschen sich einfach "etwas Freies".[463]

- ***Freude am Lernen***
  Die dritte Motivgruppe bezieht sich hauptsächlich auf den "Prozeß des Lernens" selbst. Viele Eltern hoffen, daß ihre Kinder in der Schule "Freude, Spaß am Lernen" entwickeln und legen Wert darauf, daß dieses Lernen "ohne Noten" erfolgt. Nach Auskunft der befragten Waldorflehrer sind solche Eltern allerdings manchmal enttäuscht von der Waldorfschule, da diese durchaus eine gewisse Anstrengungsbereitschaft von ihren Schülern verlangt.[464]

Der Studie von STUMM zufolge scheint die Waldorfelternschaft bzgl. ihrer Schulwahlmotive recht inhomogen zu sein. So lassen sich Waldorfeltern nach STUMM geradezu in "drei Kategorien" einteilen, wobei jeweils *eines* der drei o.g. Motive bei bestimmten Elterngruppen deutlich im Vordergrund steht.[465]

Gründe für die Wahl einer "Ausländischen Volksschule"

Der Direktor der befragten "Französischen Schule" in Wien nannte folgende Elternmotive für die Wahl seiner Schule:

- ***Zweite Muttersprache***
  Eltern wählen diese Schule vor allem, weil sie wollen, daß ihr Kind Französisch als "zweite Muttersprache" lernt.[466]

- ***Bezugnahme auf französische Kultur***
  Diese ist ein wichtiges Anliegen von Eltern, die ihr Kind auf die "Französische Schule" schicken.

- ***Kontakt mit französischen bzw. anderen ausländischen Kindern***
  Auch der Wunsch nach einer gewissen "Internationalität" kann ein Schulwahlmotiv von Eltern sein.[467]

- ***Alljährliche Aufenthalte in Frankreich***
  Eltern, die die "Französische Schule" gewählt haben, wollen ihren Kindern solche Auslandsaufenthalte bewußt ermöglichen.

- ***Vormittags- und Nachmittagsunterricht***
  Die Vorteile der Ganztagesschule im französischen Schulsystem stellen ein weiteres Motiv für die Schulwahlentscheidung dar.[468]

Auch bei diesem Schultypus wurden Ausschlußgründe gegen die Wahl einer ausländischen Schule nicht explizit erörtert. Als Nachteil einer solchen Schulwahlentscheidung gab der o.g. Direktor jedoch zu bedenken, "daß es für die Schüler – einmal in dieses Schulsystem, das ein hohes Maß an Kontinuität bietet, integriert – in Wien keine Alternative gebe. Als einziger Ausweg bliebe nur ein Wechsel in ein anderes Schulsystem – mit allen daraus resultierenden Schwierigkeiten."[469]

❄ *Öffentliche Volksschulen*

Da die Direktorenbefragung auch öffentliche Volksschulen umfaßte, sollen hier – gleichsam kontrastierend zu den Schulwahlmotiven bei privaten Volksschulen – einige wesentliche Aspekte der Schulwahlentscheidung für öffentliche Schulen im Primarbereich dargestellt werden.

STUMM zieht zunächst folgendes Fazit: "Die grundlegenden Unterschiede zu den privaten Volksschulen bestehen darin, daß keine Kosten für den Schulbesuch anfallen und daß das System der Sprengelschule eingeführt ist."[470] Dieses Sprengelschulsystem bedeutet eine grundsätzliche Einschränkung der Schulwahlfreiheit für die Eltern: "Die Schulwahl ist weniger frei möglich als in Privatschulen, da die Aufnahmekriterien formal geregelt sind ... Entscheidend ist einerseits die Anmeldereihenfolge in der Einschreibwoche, andererseits die Sprengelzugehörigkeit."[471] Das heißt, daß Kinder, die im Sprengelbereich wohnen, also in der unmittelbaren

Umgebung der nächstgelegenen öffentlichen Volksschule, zunächst einmal verpflichtet sind, diese Schule zu besuchen. Diese Verpflichtung läßt sich nur auf besonderen Antrag der Eltern außer Kraft setzen. "Das Sprengelschulsystem steht für die Nähe der Schule zum Wohnort des Kindes und damit für die rasche Erreichbarkeit. Es verpflichtet die Schule, ist aber auch Vorgabe für die Eltern, die sie durch eine [sic] Sprengeldispens aufheben lassen müssen."[472]

Nun scheint es nach den Recherchen von STUMM auch bei den öffentlichen Volksschulen in Wien bisweilen einen "Überschuß an Nachfrage" zu geben, so daß nur eine rechtzeitige Anmeldung einen Platz an der zuständigen Sprengelschule garantiert. Manche öffentlichen Volksschulen erfreuen sich bei Eltern und Schülern einer größeren Beliebtheit als andere. Im Falle einer freieren Schulwahlmöglichkeit durch "Sprengeldispens" sind nach Direktorenaussage folgende Determinanten für die Eltern maßgeblich:

- ***Lage und Erreichbarkeit der Schule***
  Hier unterscheiden sich Privatschuleltern, die notfalls auch einen längeren Anfahrtsweg in Kauf nehmen, offenbar deutlich von den Eltern mit Kindern an öffentlichen Schulen, für die eine gute Erreichbarkeit der Schule ein wichtiges Kriterium der Schulwahlentscheidung ist.

- ***Ausländerfrage***
  Nach STUMM gilt für "öffentliche Volksschulen mit hohem Gastarbeiteranteil: niedriges Prestige der Schule".[473] "Die Leute haben halt unter Umständen Angst, wenn so viele Ausländer in der Klasse sind, daß ihr Kind dann doch zu kurz kommt."[474] Bevorzugt werden deshalb von Eltern "öffentliche Volksschulen mit geringem Gastarbeiterkinderanteil".[475] Hierin scheinen sich Privatschuleltern also nicht vom Durchschnitt zu unterscheiden.

- ***Nachmittagsbetreuung***
  Einige öffentliche Volksschulen bieten ein kostenloses Halbinternat an. "Für viele Eltern ist natürlich der große Anreiz die Nachmittagsbetreuung ohne Kosten. Im Hort müßten sie bezahlen und hier ist es frei, daher ist ein sehr großer Andrang."[476] In diesem Punkt scheint bei Privatschuleltern der finanzielle Faktor eine weniger große Rolle zu spielen als bei Eltern von Kindern an öffentlichen Schulen.

- ***Der "gute Ruf"***
  Auch hierin decken sich die Wünsche von Privatschuleltern offenbar mit denen von Regelschuleltern, für die der "durch Mundpropaganda" bekannt gemachte "gute Ruf" einer Schule wichtig ist. Dazu gehören nach Angaben der befragten Direktoren das "ganze Klima der Schule überhaupt", das "hohe Leistungsniveau", der "inhaltliche und pädagogische Akzent der Schule (z.B.

offenes Lernen, nicht autoritäres Verhältnis zwischen Direktorin/Lehrern [sic] und Schülern)", "humane Schule", "viele Aktivitäten", die "Person des Direktors" und "das Lehrpersonal als Gütesiegel und damit als Motiv für die Schulwahl".[477] Einer der befragten Rektoren meint, "daß der Ruf der Schule eigentlich mit dem guten oder schlechten Lehrer steht und fällt."[478]

Im Unterschied zu den recht vielfältigen Motiven von in der Befragung erfaßten Privatschuleltern ließen sich weitere Schulwahldeterminanten für die Eltern öffentlicher Volksschulen offenbar nicht eruieren.

STUMM zieht schließlich bezüglich des Schulwahlverhaltens von Privatschuleltern im Vergleich zu Eltern an öffentlichen Volksschulen folgendes Resümee: "Das automatische In-die-Schule-Gehen wie in einer öffentlichen Schule, das ist es ja nicht."[479] Deshalb lassen sich die Eltern von Privatschulkindern "den Schulbesuch und die damit erhofften Vorteile einiges kosten". Außerdem werden, wie bereits erwähnt, von Privatschuleltern, "um ihren Kindern den Besuch einer bestimmten Privatschule zu ermöglichen, ... oft beträchtliche Wegzeiten in Kauf genommen."[480] Eltern mit Kindern an Regelschulen wollen zwar auch die "beste Schule" für ihr Kind, sind jedoch nicht in diesem Maße bereit oder in der Lage, finanzielle oder anfahrtsmäßige Nachteile dafür hinzunehmen.

B. Determinanten der Schulwahl: Hauptschulen

Im Hinblick auf die Hauptschulen in Österreich gibt STUMM zunächst folgendes zu bedenken: "Vorauszuschicken ist das allgemein schlechte Image der Hauptschule, d.h. auch der privaten Hauptschulen."[481] STUMM stellt fest, daß der Begriff *Hauptschule* insgesamt "sehr negativ besetzt" ist.[482] Dies liege nicht zuletzt an der "starken Überfrachtung der Hauptschule mit Ausländern", was aber "in der privaten Hauptschule ja normalerweise gar nicht zutrifft".[483] Es seien bei den Eltern vielfach "Scheu und Angst vor der Hauptschule" und "Prestigemotive", die gegen die Hauptschule und für die Höhere Schule sprechen. STUMM spricht geradezu von einem "Trend zur Allgemeinbildenden Höheren Schule (AHS) als sozialem Phänomen".[484]

❄ *Private Hauptschulen*

Die Angaben zur Angebot-Nachfrage-Relation bei privaten Hauptschulen waren in der Direktorenbefragung nicht einheitlich. Während einige berichteten, daß die Nachfrage höher sei als die Kapazität der Schule, meinten andere, der Nachfrage annähernd entsprechen zu können.

Bezüglich der Schulwahlmotive ergibt sich für private Hauptschulen folgendes Bild: "Generell ist zu sagen, daß die Motive weit gestreut sind."[485] Im einzelnen konnte STUMM folgende Determinanten ausfindig machen:

- ***Rückfluter***
  Eine spezielle Problematik der Hauptschule stellen nach Auskunft der Direktoren die "Rückfluter" dar: "Wir haben praktisch viele Schüler, die im Laufe des Jahres vom Gymnasium zurückkommen ... ; wenn sie schon in die Hauptschule zurückmüssen, dann gehen sie in eine private Hauptschule."[486] Diese Kinder haben nicht selten einen "Leidensweg am Gymnasium" hinter sich: "Nicht wenige hätten in der AHS sehr gelitten und wurden durch die hohen Leistungsanforderungen dort psychisch sehr überfordert." Private Hauptschulen haben somit die "Funktion eines Auffangbeckens": "Wenn die Kinder vom Gymnasium zurückkommen, sind es meistens gescheiterte Leute; es ist alles danebengegangen; es sind [sic] schon sozusagen Familientragödien dahinter."[487] Und STUMM resümiert: "Kinder, die in der AHS nicht bestehen, vor allem solche aus höheren sozialen Schichten, landen also oft in der privaten Hauptschule."[488]

- ***Halbinternat***
  "Das Halbinternat ist für viele Kinder der Grund, diese Schule zu besuchen." Die Nachmittagsbetreuung stellt gerade im Hauptschulbereich "einen Anreiz" dar.[489]

- ***Qualität der Betreuung / Erziehungsqualität***
  Hierunter fällt nicht nur "das Eingehen der Lehrer auf Bedürfnisse der Kinder und ihre Probleme" durch "menschliche Lehrer", sondern auch die Übernahme elementarer Erziehungsaufgaben durch die private Schule. "Ich glaube, hier gibt es eine Menge Eltern, die ihre Kinder hergeben, weil sie glauben, hier ist die letzte Rettung, die Versäumnisse ihrer eigenen Erziehung nachzuholen."[490] Dies gilt vor allem bei "Problemfällen" wie z.B. bei "Wohlstandsverwahrlosung". "Das Schulgeld wird im besonderen bei 'schwierigen' Kindern auch als 'Freikauf von [der] Erziehungspflicht der Eltern' erachtet. Die Verantwortung wird auf [die] Schule überwälzt und [die] Mitarbeit der Eltern kommt zu kurz."[491] Dieser Aspekt scheint v.a. bei der Wahl privater Hauptschulen eine wichtige Rolle zu spielen.

- ***Bildungsniveau***
  Die meisten Befragten nannten ein relativ "hohes Bildungsniveau" und die "Qualität der Ausbildung" als Motive für die Wahl ihrer privaten Hauptschule. "Wir versuchen ..., den Anspruch der Hauptschule zu erhalten, der weitestgehend in manchen [öffentlichen] Schulen nicht mehr erfüllt werden kann", meint ein Direktor.[492] Private Hauptschulen sehen sich oft als "Grundlegung für den Besuch weiterführender Schulen. Eine große Zahl der Schüler geht in berufsbildende Schulen weiter ..."[493]

- ***Wenig Gastarbeiterkinder / "schwierige" Kinder***
  Von einigen Direktoren wird als Grund für die Wahl ihrer privaten Hauptschule angegeben, daß "wenig" oder "keine Gastarbeiterkinder" an der Schule sind. "Sprachprobleme und vor allem das Schulgeld halten solche Kinder von privaten Hauptschulen ab."[494] Die Direktoren konstatieren "... bei manchen Eltern eine 'Verneinungsaktion' gegenüber der vorgeschriebenen Sprengelschule: 'Da sind sie mit den Kindern zusammen, wo sie sich bemühen, sie im Privatbereich fernzuhalten. Sie glauben auch, daß der hohe Anteil an Gastarbeiterkindern die Leistung beeinträchtigt. Wir sind eine Ausweichmöglichkeit'."[495]

Gründe für die Wahl einer konfessionellen Hauptschule

Hierzu wurden die Direktoren von fünf konfessionellen Hauptschulen befragt. Außer den o.g. Motiven, die auch für die konfessionellen Hauptschulen gelten, kommen bei den Eltern und Kindern in dieser Art von privaten Hauptschulen noch folgende Faktoren in Betracht:

- ***Weltanschauliches Motiv***
  Die Befunde decken sich im wesentlichen mit denen der konfessionellen Volksschulen: "Das Motiv der Konfessionalität wird von Jahr zu Jahr weniger."[496] "Das ist ein Motiv für einen kleinen Teil, aber das erklärt den Zulauf nicht allein."[497] Oder noch schärfer formuliert: "Eltern geben ihre Kinder 'sicher nicht aus der überzeugten Einstellung, daß sie eine katholische Schule vorfinden', in die angesprochene Schule."[498] Und ein anderer Schulleiter meinte: "Das letzte Kriterium ist die Weltanschauung."[499]

- ***Sippen-Tradition***
  "Schon die Eltern waren selbst als Schüler hier ... Wenn der Vater da war, kommt der Sohn." Dieses Schulwahlmotiv kommt auch zum Tragen, "wenn Geschwister in derselben Schule sind oder waren bzw. wenn Freunde oder Bekannte bereits Kinder hier haben".[500] Nach Einschätzung der Befragten beträgt der Anteil solcher Schüler mit "Sippentradition" in einer Schule ca. 20%.[501]

Ausschlußgründe gegen die Wahl einer konfessionellen Hauptschule

Auch hier entsprechen die Ergebnisse in etwa denen der konfessionellen Volksschulen:

- ***Weltanschauung***
  "Die katholische Privatschule, die weltanschauliche Note", so wird konzediert, "könnte für einen Teil der Bevölkerung abschreckend und aversiv wirken."[502] "Der unbewußte Glaube, daß bei uns katholischer Zwang ausgeübt

wird, könnte für 'Eltern, die keine Ahnung haben', demotivierend sein."[503]

Gründe für die Wahl einer nicht-konfessionellen Hauptschule

Hier wurden nur eine "Freie Alternativschule" und das "Collège" (5.-9. Klasse) der "Französischen Schule" in Wien in die Befragung einbezogen. Für letztere unterscheiden sich die vermuteten Elternmotive nicht von denen der Primarstufe ("école primaire"), so daß hier lediglich die "Alternative Hauptschule" einer näheren Betrachtung unterzogen werden soll.

Gründe für die Wahl einer "Alternativen Hauptschule"

Hier lassen sich wieder drei Motivgruppen unterscheiden:

- ***Schulklima und Unterrichtsstil***
  Wichtig ist für viele Alternativschuleltern der "sozial-emotionale Bereich" und die "menschliche Entwicklung des Kindes". Sie legen Wert auf eine "anregende Umgebung", auf "Praxisbezug beim Lernen" und wollen keinen vorgegebenen "Kanon von Lehrplänen" und keine "Zwänge bei den Lehrzielen".[504]

- ***Unzureichende Alternativen***
  Manche Eltern wählen "Freie Alternativschulen", weil es ihrer Meinung nach zur staatlichen Regelschule, die sie ablehnen, sonst keine befriedigenden Alternativen gibt. Öffentliche Schulen sind ihnen "zu autoritär", "zu rigid"; "Kinder werden zu wenig motiviert", haben "zu wenig Freiheit"; es gibt ihrer Auffassung nach auch "zu wenig politischen Spielraum". Die Alternativschule soll "eben anders, netter sein, als es dort zugeht".[505]

- ***Kinder, die in anderen Schulen gescheitert sind***
  Auch dies kann – insbesondere bei der Entscheidung für eine "Freie Alternative Schule" – eine Rolle spielen. Die befragte Alternativschule sieht sich jedoch nicht als "Auffangbecken für Problemkinder"; aus Gründen der "psychischen Verkraftbarkeit" könnten nicht alle "schwierigen Fälle" genommen werden.[506]

Zusammenfassend bringt STUMM die Motive von Alternativschuleltern auf einen gemeinsamen Nenner, der von dem bisher Gesagten deutlich abweicht: "In der alternativen Hauptschule ... sind die ideologischen Motive von größtem Interesse."[507]

Ausschlußgründe gegen die Wahl "Freier Alternativer Hauptschulen"

Mehr als bei den "Alternativschulen" im Volksschulbereich kommen hier folgende Komponenten zum Tragen:

- ***Abkoppelung von traditionellen Lernzielen***
  "Speziell in den letzten Klassen keimen die Ängste, daß die Kinder womöglich doch zu wenig lernen bzw. gelernt haben." Es gibt viele Eltern, "die prinzipiell an der Schule interessiert wären, sich aber durch diese Zweifel abhalten lassen".[508]

- ***"Chaotisches" Image***
  "Eine andere Barriere ist das Image, daß es zu chaotisch, zu unorganisiert zugehe."[509] Auch dieser Aspekt kann Eltern von der Entscheidung für eine "Freie Alternative Hauptschule" abhalten.

❄ *Öffentliche Hauptschulen*

Im Unterschied zu den privaten Hauptschulen werden für den Besuch einer öffentlichen Hauptschule folgende Gründe angegeben:

- ***Nähe der Schule zum Wohnort***
  "An erster Stelle steht die 'Zuweisung durch die Behörde' im Sinne des Sprengelgedankens." Anders als bei Eltern, die Freie Schulen wählen, gilt für Eltern von öffentlichen Hauptschulen nach STUMM: "Die Nähe der Schule wird zum Bequemlichkeitsfaktor."[510]

- ***Ruf der Schule***
  Auch bei öffentlichen Hauptschulen schätzen Eltern einen "guten Ruf" und eine "menschliche Schule". Das individuelle Profil der Schule kann für Eltern und Kinder ebenfalls attraktiv sein. So gilt nach STUMM auch für öffentliche Hauptschulen, "daß sich jede Schule mehr oder weniger etwas zugute hält, einen oder mehrere Vorzüge, die zwischen den Schulen z.T. sehr verschieden sind, für sich reklamiert."[511]

- ***Nachmittagsbetreuung***
  Weniger ausgeprägt als in Volksschulen und privaten Hauptschulen wird vereinzelt dieses Motiv angeführt. Manche Rektoren von öffentlichen Hauptschulen klagen jedoch darüber, daß "die Schule immer mehr zu einer Kinderaufbewahrungsanstalt wird".[512]

- ***Rückfluter***
  Das Problem der "Rückfluter" von Allgemeinbildenden Höheren Schulen in öffentliche Hauptschulen stellt sich zwar zahlenmäßig geringer, aber prinzipiell ähnlich dar wie an privaten Hauptschulen.

Abschließend sei noch ein Zitat angefügt, mit dem der Rektor einer öffentlichen Hauptschule das Verhältnis zwischen öffentlichen und privaten Hauptschulen pointiert zum Ausdruck bringt: "Die Privatschulen saugen uns direkt die Schüler weg. Das ist kein Neid, sondern eine rein objektive Feststellung. Wir sind die einzige öffentliche Schule hier. Die Hauptschule geht zurück, die Privatschulen sind überlaufen."[513]

C. *Determinanten der Schulwahl: Gymnasien*

Für diesen Bereich wurden 13 Interviews durchgeführt: sechs in katholischen Privatschulen, eins mit Lehrern einer Waldorfschule, eins mit dem Direktor des französischen Lycée und fünf mit den Rektoren öffentlicher Gymnasien. Da es in Wien weder ein "evangelisches" noch ein "alternatives" Gymnasium gibt, konnten diese beiden Privatschultypen nicht in die Befragung einbezogen werden.

❆ *Private Gymnasien*

Vorausgeschickt sei, daß private Gymnasien – im Gegensatz zu den vorher behandelten Hauptschulen – einen ausgesprochen "guten Ruf" genießen. "Der Ruf privater Gymnasien begründet sich im Schulklima, in der Intensität der Betreuung, in der Strenge bzw. im emanzipatorischen Anspruch, im Prestige, in den Traditionen, in der Qualität und dem Niveau, was auch mit Auslese bzw. Elite oder Nicht-Elite in Zusammenhang steht."[514] Über diesen allgemeinen "guten Ruf" hinaus spielen bei verschiedenen Privatschultypen durchaus unterschiedliche Schulwahlmotive eine Rolle.

Gründe für die Wahl eines katholischen Gymnasiums

Zunächst bleibt festzuhalten, daß auch im gymnasialen Bereich bei den katholischen Schulen die Nachfrage wesentlich größer als das Angebot ist. "Wir müssen jährlich ungefähr doppelt so viele Schüler wegschicken, als wir aufnehmen können", berichtet ein katholischer Gymnasiallehrer.[515] Deshalb seien die Klassen "nach wie vor voll", und der Direktor wundert sich, daß Eltern das in Kauf nehmen, wo sie doch "an den meisten öffentlichen Schulen – ohne Entrichtung des Schulgeldes – kleinere Klassen vorfinden würden als bei uns".[516]

Im einzelnen werden für die Wahl katholischer Höherer Schulen folgende Motive genannt:

- ***Kontinuität***
  "Eine Reihe von katholischen Privatschulen offerieren ihren Schülern ein geschlossenes Angebot von der Volksschule bis zur Matura, ja oft vom Kindergarten bis zur Matura."[517] Zwar kommen nicht alle katholischen Gymnasiasten von einer privaten Volksschule, doch stellt die Kontinuität des Schultypus für viele Eltern bei der Schulwahlentscheidung einen wesentlichen Gesichtspunkt dar. "Zwei Drittel der AHS-Schüler kommen aus unserer Volksschule", meint einer der Befragten.[518] Eltern schätzen in diesem Zusammenhang auch die "Kontinuität der Lehrer" und den "sehr homogenen Lehrkörper".[519]

- ***Individuelles Profil der Schule***
  "Ein weiterer Aspekt ist, daß fast sämtliche katholischen Gymnasien alle Kategorien und somit eine Bandbreite nach dem Motto 'für jeden das Passende' anbieten können."[520] Hierbei ist zu bedenken, daß unter den katholischen Schulen ein ganzes Spektrum verschiedener Typen existiert und "daß katholische Schule nicht gleich katholische Schule ist".[521] So gibt es in Österreich z.B. neben den alten, eher traditionellen "Klosterschulen" auch die katholischen "Neulandschulen", die ein modernes pädagogisches Konzept und einen eher emanzipatorischen Anspruch vertreten.[522]

- ***Halbinternat / Ganztagesbetreuung***
  Das Halbinternat, das viele katholische Schulen anbieten, wird "sehr stark beansprucht, weil wir doch sehr viele Schüler haben, deren Eltern beiderseits berufstätig sind".[523] Für manche Schüler wird die Internatsschule gleichsam zur "zweiten Heimat". "Wo das Elternhaus ... in der Krise ist, muß die Schule sogar die Erstfunktion übernehmen."[524] Diese Befunde decken sich also prinzipiell mit denen des Hauptschulbereichs.

- ***Leistungsniveau***
  Das hohe Leistungsniveau von katholischen Gymnasien wird durchgehend gelobt und anerkannt. Ein Direktor meint, "... daß das vor allen Dingen für die Eltern Veranlassung ist, Kinder an eine Privatschule hinzugeben."[525] Katholische Privatschuleltern bekennen sich vielfach zu einer "leistungsorientierten Schule". Darüberhinaus erhoffen sich die Eltern wohl einen gewissen Karriere- und Prestigegewinn für ihre Kinder. Der "hohe Standard", der "sehr gute Ruf", die "gute Ausbildung", daß die Schule "als streng gilt" und daß ihr "Niveau höher ist als an anderen Schulen" bringen es mit sich, daß "einer mit dem Maturazeugnis von unserer Schule sicher mehr Chancen hat, einen Posten zu finden".[526]

- ***Religiöses Moment***
  Im Vergleich zu den anderen Schularten scheint an katholischen Gymnasien

der religiöse Aspekt insgesamt eine nicht ganz so untergeordnete Rolle bei den Schulwahldeterminanten zu spielen, wenn auch die Aussagen hierzu unterschiedlich sind. Ein Direktor schätzt, daß es "einen Prozentsatz von Eltern bei etwa 20%" gibt, "für die das Religiöse den ersten Rang einnimmt".[527] Andere meinen, daß wohl "da und dort auch ein christliches Motiv dabei ist", aber "wegen der christlichen Erziehung alleine gibt es nicht mehr so viele Leute, die die Kinder zu uns schicken".[528] Schließlich meinen einige: "Die katholische Privatschule wird eher nur in Kauf genommen als wirklich gewünscht."[529]

- ***Lage der Schule***
  Da katholische Gymnasien in Österreich verhältnismäßig weit verbreitet sind, ist die "Lage der Schule" nicht nur kein Ausschlußgrund, sondern sogar teilweise ein Faktor, der für die Wahl einer solchen Schule spricht. So ist es nach STUMM "... eher die günstige (zentrale) Verkehrslage, die gute Erreichbarkeit und der sich daraus ergebende Einzugsbereich sowie die Arbeitsplatznähe der Eltern, was die katholischen Gymnasien interessant macht."[530] Hier sind die katholischen Gymnasien allein durch ihre zahlenmäßig größere Verbreitung in einer deutlich besseren Position als andere Privatschulen.

Ausschlußgründe gegen die Wahl katholischer Gymnasien

Aus der Natur der Sache heraus stellt sich auch an diesem Punkt die Lage an katholischen Gymnasien etwas anders dar als an anderen Schularten. So wird – außer einer prinzipiellen "Abneigung gegen alles, was katholisch ist"[531] – v.a. folgender Ausschlußgrund gegen katholische Gymnasien geltend gemacht:

- ***Zu hohe Leistungsanforderungen***
  Katholische Privatgymnasien sind bekannt für ein überdurchschnittlich hohes Leistungsniveau. "Demgemäß kann die Frage der Leistungsanforderungen auch zur Hemmung werden."[532] Ein Direktor meint dazu: "Auch Eltern von Kindern unserer Volksschule geben ihre Kinder nicht zu uns, weil sie irgendwie das Gefühl haben, daß die Leistungsanforderungen hier höher sind als an anderen Schulen."[533]

Gründe für die Wahl der "gymnasialen Oberstufe" einer Waldorfschule

In der Waldorfschule haben die Schulstufen, die dem Gymnasium entsprechen – die sog. "Oberstufe" – ihre spezifischen Eigenheiten. Das Klassenlehrerprinzip wird durch Fachunterricht ersetzt, es gibt "Semesterberichte" als Halbjahreszeugnisse, eine Differenzierung nach wissenschaftlichen und künstlerischen Fächern ist angelegt.[534]

Es kann davon ausgegangen werden, daß die Motive für die Wahl der "Waldorf-Oberstufe" prinzipiell denen für die Wahl einer Waldorfschule (1.-10. Klasse) entsprechen (siehe oben). Für Österreich gilt jedoch: "Von wesentlicher Bedeutung ist, daß die Oberstufe der Waldorfschule kein Öffentlichkeitsrecht hat. Das heißt unter anderem, daß die Schüler am Ende eines Schuljahres eine staatliche Prüfung nachholen müssen."[535] Dies mag für viele Schüler eine große Belastung bedeuten, weshalb wohl nicht alle Waldorfeltern, die für ihr Kind die Matura anstreben, dies an einer Oberstufe der Waldorfschule tun, auch wenn sie diesen Schultypus eigentlich bevorzugen würden.

Im Falle der von STUMM befragten Waldorfschule in Wien konnten die letzten beiden Klassen der Oberstufe "aus Mangel an speziell ausgebildeten Lehrern mit ihrer hohen fachlichen Qualifikation und anthroposophischen Sicht" zuletzt nicht gehalten werden. Dies mag für manche potentielle Waldorfeltern wohl eher ein Hinderungsgrund sein, diesen Schultypus – v.a. im Hinblick auf die gymnasiale Oberstufe – zu wählen.

Gründe für die Wahl eines "Ausländischen Gymnasiums"

Die Frage nach den Wahldeterminanten für eine solche nicht muttersprachliche Höhere Schule läßt sich nicht allgemein, sondern nur im Hinblick auf die jeweilige einzelne Schule beantworten. Im Falle von STUMMs Untersuchung ist dies das Wiener "Lycée", das im Rahmen des französischen Schulwesens in etwa unserem Gymnasium entspricht.

Hierzu resümiert STUMM: "Zusätzlich zu den schon vorgestellten Motiven von Eltern, die ihre Kinder in die französische Schule schicken, gibt es im Lycée ... einige spezifische Besonderheiten", die ebenfalls als Schulwahlmotive in Frage kommen.[536]

- ***Spezialisierungsmöglichkeiten***
  In den letzten beiden Schulstufen ist eine Spezialisierung auf verschiedene Fachbereiche möglich: "Literatur, Wirtschaft, Mathematik, Naturwissenschaften".

- ***Wissenschaftliche Arbeitsweise***
  Die methodische Schulung dieser Arbeitsweise wird im Lycée angestrebt.

- ***Zweifacher Abschluß***
  Die Schüler erwerben das französische "baccalaureat", können aber mit einer Zusatzprüfung in Deutsch zusätzlich die österreichische "Matura" erlangen.

- ***Hohes Leistungsniveau***
  "Das Lycée wird bezüglich der intellektuellen Anforderungen als streng angesehen."[537] Dies ist für manche Eltern nach Ansicht der befragten Schulleiter ein Grund, diesen Schultypus für ihr Kind zu wählen.

❄ *Öffentliche Gymnasien*

Einige grundsätzliche Rahmenbedingungen für öffentliche Gymnasien seien vorab beleuchtet, da sie nach STUMM das Schulwahlverhalten in nicht unerheblichem Maße mit beeinflussen:

Erstens entstehen den Eltern "keine Kosten für den Schulbesuch ..., auch nicht für die Tagesheimschulen". Zweitens ist als Besonderheit zu beachten, daß der "freie Zugang zu den öffentlichen Gymnasien" den Eltern eine prinzipielle Wahlfreiheit gewährt, wie sie an anderen Schularten nicht gegeben ist. Dieser "freie Zugang" rückt nach STUMM für viele Eltern "das Moment der Lage der Schule, d.h. die Nähe zum Wohnort in den Vordergrund". Drittens gibt es "kaum Ausländerkinder, was besonders für die Unterstufe – als angesehenere Alternative zur Hauptschule – bei vielen Eltern zu einem wichtigen Wahlkriterium wird".[538]

Gründe für die Wahl eines öffentlichen Gymnasiums

- ***Lage der Schule***
  Hier ist das Ergebnis identisch mit dem der anderen öffentlichen Schularten: "Das entscheidende Kriterium ist zunächst der Wohnbezirk."[539]

- ***Allgemeiner Ruf***
  "In mehreren Schulen ist der Ruf der Schule durch eine Reihe sehr ähnlicher Kennzeichnungen bedingt", die sich etwa in dem Schlagwort der "humanen Schule" zusammenfassen lassen.[540]

- ***(Bildungs-) Angebote der Schulen***
  In STUMMs Befragung wurden "des öfteren inhaltliche Schwerpunkte ... als verlockend und einladend erachtet". Diese können z.B. "humanistische Bildung", "literarisch-ästhetische Bildung", "Bühnenspiel", "dritte Fremdsprache", "Sportangebote" oder ähnliches sein. Auch die Frage der äußeren Ausstattung der Schule (z.B. EDV) kann hier eine Rolle spielen.[541]

- ***Nachmittagsbetreuung***
  Sie ist auch im Bereich öffentlicher Gymnasien "für die Eltern ein Zuckerl, weniger für die Schüler".[542]

- ***Leistungsanforderungen***
  Das "renommierte Gymnasium" ist "durchwegs leistungsorientiert". Dies ist für viele Eltern anziehend, aber "auch für manche abschreckend".[543]

- ***Familientradition***
  "In der traditionsreichen Schule waren oft schon die Eltern von Schülern in dieser Schule. Wenn Geschwister einmal in eine bestimmte Schule gehen, so wird häufig das jüngere Kind in dieselbe Schule geschickt."[544]

Insgesamt liegen die Motive der Eltern von privaten Gymnasien offenbar mit denen von jenen Eltern, die sich für ein öffentliches Gymnasium entschieden haben, weitgehend auf einer Linie. Es sind – abgesehen von der weltanschaulichen Komponente – keine wesentlichen Unterschiede auszumachen. Eher fallen Gemeinsamkeiten zwischen beiden Elterntypen auf: "Der homogene Lehrkörper wird sowohl in öffentlichen als auch in privaten Gymnasien als Merkmal für den guten Ruf eingebracht.[545] "Der Leistungsanspruch wird in beiden Fällen hochgehalten und durchgehend proklamiert."[546] "Die Varianz an Bildungsmöglichkeiten wird auch in den öffentlichen Einrichtungen geschätzt."[547] "Weder öffentliche und schon gar nicht private Gymnasien haben größere Anteile von Ausländerkindern, wenn man von der französischen Schule absieht."[548] Somit weisen die Schulwahldeterminanten von Präferenten öffentlicher und privater Schulen im Bereich der Gymnasien von allen Schularten die größten Ähnlichkeiten auf.

2.2.1.4 I. SPEISER: Repräsentativerhebung

Konzept der Repräsentativerhebung

Nach SPEISER sollte "... neben den qualitativen Untersuchungsteilen Direktorenbefragung und Gruppendiskussionen auch eine repräsentative Stichprobe von Eltern standardisiert befragt werden."[549] Diese standardisierte Befragung zum Themenkreis "Schulwahl: Privatschulen – Öffentliche Schulen" wurde im Rahmen von "Mehrthemenumfragen" durchgeführt, und zwar "in mehreren Befragungswellen und in ganz Österreich".[550]

Die Bedeutung der regionalen Unterschiede hebt SPEISER besonders hervor, wenn sie schreibt: "Dies ist beim Vergleich mit den Ergebnissen der qualitativen Untersuchungsteile zu beachten, die nur in Wien durchgeführt wurden, wo nicht nur das Angebot an Schulen sehr groß ist, sondern auch sonst besondere Gegebenheiten vorliegen: Verkehrsverhältnisse eines Ballungsraumes, durchschnittlich höheres Bildungsniveau der Eltern, überdurchschnittlicher Andrang zu höheren Schulen, überdurchschnittlicher Ausländer-, besonders auch Gastarbeiteranteil."[551]

Das Konzept für die Repräsentativerhebung wurde von IRMFRIED SPEISER in Zusammenarbeit mit PETER ULLRAM vom DR. FESSL + GFK-Institut erstellt.[552] Der der Erhebung zugrundegelegte Fragebogen umfaßt 15 Fragen, darunter 5 Informationsfragen (Nr. 1-2 und Nr. 13-15) und 10 Einstellungsfragen (Nr. 3-12). Da der Fragebogen für das Verständnis der nun folgenden Ausführungen von grundlegender Bedeutung ist, sei er an dieser Stelle – ohne Auflistung sämtlicher vorgegebener Antwortmöglichkeiten – in Kurzfassung wiedergegeben:

Fragebogen (I. SPEISER, 1993)	
1.	Haben Sie ein Kind, mehrere Kinder oder kein Kind im Alter von drei bis achtzehn Jahren? (3 Kategorien zur Auswahl)
2.	Welche Schule besucht Ihr Kind bzw. Ihre Kinder? Was trifft da auf Sie zu? (9 Kategorien zur Auswahl)
3.	Meistens hat man bestimmte Vorstellungen und Erwartungen von der Schule bzw. dem Kindergarten, in die man sein Kind schickt. Auf dieser Karte finden Sie einige Punkte, die für die Auswahl einer Schule bzw. eines Kindergartens wichtig sein können. Was sind denn für Sie die fünf wichtigsten Punkte? a – Ganztagsschule / Kindergarten (Nachmittagsbetreuung der Kinder) b – Halbtagsschule (Kinder können am Nachmittag zu Hause sein) c – gute Erreichbarkeit, Nähe zum Wohnort d – gute, qualifizierte Lehrkräfte e – gewünschter Schultyp für spätere Ausbildung f – nicht zu viele Kinder pro Klasse (Gruppe) g – Schule hat einen "guten Ruf" h – hohes Leistungsniveau j – Eingehen auf Bedürfnisse der Kinder k – weltanschauliche oder religiöse Orientierung l – keine oder nur geringe Kosten m – Flexibilität in Organisationsfragen, Eingehen auf Wünsche der Eltern n – nette Gemeinschaft, gute Kontakte der Kinder untereinander o – nette Kinder aus "guten Familien" p – gute Freizeitmöglichkeiten (z.B. Grünflächen, Sport etc.) q – kein Leistungsdruck s – Eltern haben Mitsprachemöglichkeit t – moderne Unterrichts- und Erziehungsmethoden u – zusätzliche Angebote (z.B. Sport, EDV, Fremdsprachen, künstlerische Betätigung etc.) v – anderes, was?

4.	Und welche Punkte waren für die Wahl der Schule, des Kindergartens, in die Ihr Kind / Ihre Kinder gehen, ausschlaggebend? a – v: wie bei Frage 3
5.	Manche Eltern schicken ihre Kinder lieber in private Schulen bzw. Kindergärten, andere bevorzugen öffentliche Schulen. Was sind denn Ihrer Ansicht nach die Vorteile von Privatschulen? (...)
6.	Und was sind die Nachteile von Privatschulen? (...)
7.	Und wie ist das bei öffentlichen Schulen bzw. Kindergärten? Was sind da die Vorteile? (...)
8.	Und was sind die Nachteile öffentlicher Schulen? (...)
9.	Ich habe hier eine Liste mit Eigenschaften von Schulen bzw. Kindergärten. Sagen Sie mir bitte, welche der folgenden Punkte im Regelfall auf öffentliche Schulen zutreffen? a – die Schülerzahl pro Klasse ist hoch b – haben gute / qualifizierte Lehrer / Erzieher c – es gibt zu wenig Ganztagsschulen d – sind teuer e – gehen auf Bedürfnisse der Kinder ein f – haben ein hohes Leistungsniveau g – es sind dort viele "Problemkinder" h – sind flexibel organisiert, gehen auf die Bedürfnisse der Eltern ein j – die Kinder sind den ganzen Tag in der Schule k – moderne Unterrichts- bzw. Erziehungsmethoden l – Eltern haben zu wenig Mitsprachemöglichkeiten m – es gibt viele zusätzliche Unterrichtsangebote n – sind gut ausgestattet (z.B. Lehrbehelfe) o – bieten gute Freizeitmöglichkeiten p – bieten alle gewünschten Schultypen an q – sind politisch bzw. religiös-weltanschaulich orientiert
10.	Und was trifft Ihrer Meinung nach eher auf private Schulen zu? a – q : wie bei Frage 9
11.	Prinzipiell gesprochen: Ziehen Sie persönlich eher private oder eher öffentliche Schulen (Kindergärten) für Ihr Kind / Ihre Kinder vor oder hängt das eher von den konkreten Umständen ab? (3 Kategorien zur Auswahl)
12.	Und welche Umstände könnten das sein? (...)
13.	Besuchen Ihre Kinder ... einen privaten Kindergarten? ... eine private Schule? ... einen öffentlichen Kindergarten? ... eine öffentliche Schule?
14.	Handelt es sich bei dieser Schule / bei diesem Kindergarten um ... eine katholische Privatschule / Kindergarten? ... eine evangelische Privatschule / Kindergarten? ... eine Privatschule / Kindergarten eines anderen Trägers?
15.	Welcher Religionsgemeinschaft gehören Sie an? [553]

Der Fragebogen und die quantitativen Ergebnisse der Erhebung sind im Tabellenband des DR.FESSL+GFK-Instituts publiziert und auch im Anhang der SPEISER-Studie tabellarisch abgedruckt.[554] Zusätzlich zu der Grundauswertung durch das o.g. Institut wurden einige differenziertere Zusatzauswertungen im Rechenzentrum der Universität Wien durchgeführt. Diese Informationen sind ein Indiz für den relativ hohen organisatorischen und finanziellen Aufwand, mit dem die SPEISER-Studie einherging.

Obwohl die Repräsentativerhebung insgesamt noch einen weitaus größeren Personenkreis erfaßte, reduziert sich die Zahl der zum Thema "Schulwahl" Befragten aus folgendem Grund: "In etwa einem Viertel der Haushalte der Befragten der Mehrthemenumfragen lebten Kinder, die Schulen bzw. Kindergärten besuchten ... Auf diese knapp 1000 Personen beziehen sich die folgenden Ergebnisse."[555]

Die Kinder der befragten Familien besuchten Kindergärten, Volksschulen, Hauptschulen, Allgemeinbildende Höhere Schulen (AHS) und Berufsbildende Höhere Schulen (BHS). Dabei wurden Kinder bis zu 18 Jahren in der Befragung mitberücksichtigt. "Familien mit mehreren Kindern haben natürlich häufig gleichzeitig Kinder in verschiedenen Bildungsinstitutionen. Dabei ist es so, daß zwar in keiner Familie ein Kind einen privaten und ein anderes einen öffentlichen Kindergarten besucht, daß es aber sehr wohl eine solche Konstellation ... bei Schulkindern gibt."[556] SPEISER stellt fest, daß erwartungsgemäß im Rahmen ihrer Studie "... der Besuch von Privatschulen, wie bereits aus der Statistik bekannt, ein Minderheitenphänomen ist: 83% der befragten Familien haben ein Kind in einer öffentlichen Schule, nur 4% in einer privaten."[557]

Bezüglich der verschiedenen Typen von Privatschulen gilt für die SPEISER-Untersuchung: Der überwiegende Anteil der besuchten privaten Institutionen ist katholisch. Dies gilt ... für mehr als vier Fünftel [der Kinder] in Privatschulen."[558] Genau 85% der in der Studie berücksichtigten Privatschüler besuchen also eine katholische Privatschule, 14% eine Privatschule eines anderen Trägers, 1% machte keine Angabe.[559] Evangelische Privatschulbesucher sind in der Repräsentativerhebung nicht vertreten; auch fehlt eine Differenzierung bzw. genaue Aufschlüsselung nach verschiedenen Typen von "anderen [nicht-konfessionellen] Trägern". So gesehen sind die Ergebnisse dieser Untersuchung nur bedingt aussagekräftig.

Rechnet man nun die Prozentzahlen in absolute Zahlen um, so ergibt sich folgendes Bild: Wenn von rund 1000 Befragten mit Kindern 4% Privatschulen besuchten, so wurden insgesamt nur etwa 40 Privatschuleltern in der Repräsentativerhebung erfaßt. Zieht man dann noch in Betracht, daß von diesen 40 Eltern vier Fünftel ihre Kinder an katholischen Schulen hatten, so läßt das die Repräsentativität der Ergebnisse doch als recht fragwürdig erscheinen. SPEISER ist sich dieser

Problematik durchaus bewußt, wenn sie schreibt: "Die kleinen Zahlen in privaten Institutionen bringen es mit sich, daß nur relativ große Prozentunterschiede signifikant sind – d.h. mit großer Wahrscheinlichkeit nicht auf Zufallseinflüsse zurückzuführen."[560]

An anderer Stelle charakterisiert SPEISER den *inhaltlichen* Schwerpunkt ihrer Erhebung: "Aus all dem ergibt sich, daß in solch einer Repräsentativerhebung weniger tatsächliche Erfahrungen mit verschiedenen Arten von Privatschulen untersucht werden können (darum wurden auch die qualitativen Untersuchungsteile durchgeführt) als Erwartungen, Vorstellungen, Wünsche und Einstellungen."[561]

➢ Ergebnisse der Repräsentativerhebung

SPEISER stellt nun die Ergebnisse ihrer Repräsentativerhebung nach drei Themenaspekten geordnet vor:

A. *Einflüsse von personenbezogenen Variablen auf die Schulwahlentscheidung;*
B. *Einflüsse von Einstellungen und Motiven der Eltern auf die Schulwahlentscheidung;*
C. *Ursachen für Schulpräferenzen.* [562]

Diese Gliederung soll auch der nun folgenden Ergebnispräsentation zugrunde gelegt werden.

A. Einflüsse von personenbezogenen Variablen auf die Schulwahlentscheidung

- ***Einflußfaktor "Schichtzugehörigkeit"***[563]

Zur Frage, "ob Kinder aus bestimmten Bevölkerungskategorien besonders stark in Privatschulen vertreten sind", stellt SPEISER fest: "Es zeigt sich wenig überraschend, daß Privatschulbesuch eher eine Oberschicht- (Akademiker-) möglichkeit darstellt und mehr im städtischen Bereich vorkommt."[564] Und an anderer Stelle liest man über die Privatschulen: "Gebildete Städter wählen sie am ehesten."[565] Bezüglich der Präferenz von öffentlichen Schulen versus Privatschulen hält SPEISER aufgrund ihrer Erhebung schließlich fest: "Mit der Höhe der Schicht sinkt die grundsätzliche Bevorzugung öffentlicher Schulen, ebenso mit der Ortsgröße."[566]

- ***Einflußfaktor "Parteipräferenz"***

"Wenig Unterschiede gibt es nach Parteipräferenz (wenn auch der verhältnismäßig große Anteil – 13% – von Kindern von 'Grünen' in Privatkindergärten – Kinderläden? – auffällt)."[567] "Grüne" machen die Schulwahl am stärksten (zu fast einem Drittel) von den Umständen abhängig, haben also keine prinzipielle Präferenz für private oder öffentliche Schulen.[568] "SPÖ-Anhänger präferieren am stärksten öffentliche Schulen, doch würde auch bei ihnen ein Fünftel wenigstens unter Umständen eine Privatschule vorziehen."[569] Ansonsten sind die Unterschiede zwischen den Subkategorien eher gering.

- ***Einflußfaktor "Religion"***

Auch bei der Religionszugehörigkeit zeigen sich kaum signifikante Einflüsse auf das Schulwahlverhalten.[570]

B. *Einflüsse von Einstellungen und Motiven der Eltern auf die Schulwahlentscheidung*

Bei der folgenden Darstellung der Einstellungen und Motive von Eltern im Hinblick auf die Schulwahlentscheidung ist zu beachten, daß es sich – entsprechend der Stichprobe – sowohl um Staatsschuleltern als auch um Privatschuleltern handelt. Interessant wird die Analyse der Ergebnisse insbesondere dort, wo die Angaben von Privatschuleltern mehr oder weniger stark von denen der Regelschuleltern abweichen, da dies u.U. Rückschlüsse auf Einstellungsdeterminanten der Privatschulwahl zuläßt. Ansonsten gibt die prozentuale Verteilung der genannten Einstellungen und Motive unter den Privatschuleltern wichtige Anhaltspunkte für die Beurteilung der Frage, warum Eltern eine Freie Schule wählen. Im Sinne des erkenntnisleitenden Interesses dieser Arbeit sollen die nun folgenden Auswertungen der Repräsentativerhebung v.a. im Hinblick auf die Einstellungen und Motive von *Privatschuleltern* erfolgen, wobei einige in der Studie erforschte Aspekte (z.B. Einstellungen und Motive von Regelschuleltern) lediglich zum Vergleich herangezogen und andere Aspekte (z.B. Erwartungen und Vorstellungen bzgl. öffentlicher und privater Kindergärten) gar nicht berücksichtigt werden sollen.

Erwartungen und Vorstellungen betreffend Schule

"Die Erwartungen [an] und Vorstellungen [von] Schule ... wurden dadurch erhoben, daß aus zwanzig Vorgaben die fünf wichtigsten ausgewählt werden sollten."[571] Auffallend ist zunächst, daß der Wunsch nach "guten, qualifizierten Lehrkräften" von 75% der befragten Privatschuleltern genannt wurde und damit an erster Stelle ihrer Erwartungen rangiert.[572]

Am zweithäufigsten nannten Privatschuleltern "gute Erreichbarkeit, Nähe zum Wohnort" als wichtige Erwartung an die Schule (52%). Dies mag zunächst verwundern, da ja die Schulleiterbefragung von STUMM ergab, daß Privatschuleltern oft lange Anfahrtswege in Kauf nehmen, damit ihre Kinder die Schule ihrer Wahl besuchen können. Der Widerspruch könnte darin begründet liegen, daß

SPEISER einen repräsentativen Querschnitt von Eltern aus ganz Österreich befragt hat, während STUMMs Studie sich auf Schulleiter in Wien beschränkte. Innerhalb der Stadt Wien ist die Privatschuldichte deutlich höher als im übrigen Österreich, so daß zu vermuten ist, daß für Nicht-Wiener die Erreichbarkeit einer Privatschule ein noch weitaus größeres Problem darstellt als für in Wien und Umgebung lebende Eltern mit ihren Kindern. Zum anderen besagt die Tatsache, daß Privatschuleltern de facto weite Anfahrtswege in Kauf nehmen, nicht unbedingt, daß ihnen diese Wegzeiten nichts ausmachen bzw. daß sie diese u.U. nicht auch als Last empfinden. Insgesamt ist der Anteil an Privatschuleltern, welche die Erreichbarkeit als wichtigen Faktor betrachten, jedoch etwas geringer als derjenige bei den Eltern von öffentlichen Schulen, woraus zu schließen ist, daß die Nähe der Schule zum Wohnort bei Privatschuleltern eine etwas geringere Rolle spielt als bei Regelschuleltern.[573]

An dritter Stelle der Erwartungen taucht bei den Privatschuleltern (38%) "nicht zu viele Kinder pro Klasse" auf, womit diese jedoch deutlich unter dem Durchschnitt der Eltern von österreichischen Schulen liegen. Dies dürfte darauf zurückzuführen sein, daß Privatschulklassen in Österreich tatsächlich i.d.R. deutlich kleiner sind als öffentliche Schulklassen, weswegen der Aspekt Klassengöße für Privatschuleltern wohl eher einen etwas niedrigeren Stellenwert hat.[574]

An vierter Stelle der Erwartungen nennen die befragten Eltern "hohes Leistungsniveau" der Schule (36%), dicht gefolgt von dem Wunsch nach "Eingehen auf die Bedürfnisse der Kinder" (35%). Im Vergleich zu Regelschuleltern überdurchschnittlich wichtig ist für Privatschuleltern auch, daß die Schule einen "guten Ruf" hat (32%). Auch die "zusätzlichen Angebote" der Schule werden als wichtig erachtet (33%). Immerhin ein Viertel der Eltern nannten als Erwartungen "gewünschter Schultyp für spätere Ausbildung", "nette Gemeinschaft, gute Kontakte der Kinder untereinander" und "moderne Unterrichts- und Erziehungsmethoden" (je 25%). Daß ihre Schule eine "Ganztagsschule" ist, ist für mehr Privatschuleltern wichtig als für vergleichbare Eltern von öffentlichen Schulen, die wiederum eher eine "Halbtagsschule" bevorzugen.[575]

Überraschenderweise wird die Erwartung "Eltern haben Mitsprachemöglichkeit" von Privatschuleltern (20%) etwas weniger häufig genannt als von Regelschuleltern. Die "weltanschauliche oder religiöse Orientierung" der Schule erachtet knapp ein Fünftel der Privatschuleltern als wichtig (19%), das ist ein doppelt so hoher Anteil wie bei den Eltern von öffentlichen Schulen. Die Erwartung, daß an der Schule "kein Leistungsdruck" herrschen soll, hegen Privatschuleltern (18%) etwas weniger häufig als Regelschuleltern. "Flexibilität in Organisationsfragen, Eingehen auf Wünsche der Eltern" führt mehr als ein Zehntel der Privatschuleltern (14%) als Erwartung an, womit dieser Wert etwas über dem Durchschnitt aller Befragten liegt. [576]

Die befragten Privatschuleltern legen weit unterdurchschnittlich auf "geringe Kosten" wert (6%); der Anteil der Eltern von öffentlichen Schulen liegt diesbezüglich fast dreimal so hoch. Den geringsten Anteil an Nennungen hat bei Privatschuleltern von den vorgegebenen Erwartungen diejenige, "nette Kinder aus guten Familien" als Mitschüler zu haben (5%). Dasselbe gilt für Regelschuleltern. Diese Zahl gibt einen Hinweis darauf, daß der Elitegedanke in sozialer Hinsicht bei Privatschuleltern wohl eher eine untergeordnete Rolle spielt. Allerdings ist dieses Ergebnis mit einer gewissen Vorsicht zu genießen, da – auch nach Aussage von SPEISER – zu vermuten ist, "daß hier die soziale Wünschbarkeit den Anteil drückt".[577]

Diese Ergebnisse geben einen ersten Einblick in die allgemeinen Erwartungen von Privatschuleltern an eine "gute Schule". Signifikante Unterschiede zu Regelschuleltern ergaben sich jedoch nicht, so daß SPEISER zusammenfassend feststellen kann: "Im allgemeinen sind die Erwartungsunterschiede zwischen den Befragtenkategorien gering."[578]

Entscheidungskriterien für die Schulwahl

Als wesentliches Ergebnis hält SPEISER zunächst fest: "Von den Erwartungen unterscheiden sich ganz deutlich die konkreten Entscheidungskriterien für die Schulwahl."[579]Es fällt sodann auf, daß bei dieser Frage, die analog zur vorangegangenen formuliert war, "die fünf Nennungsmöglichkeiten kaum ausgeschöpft wurden".[580]

Im einzelnen stellt sich die Verteilung der Entscheidungskriterien folgendermaßen dar: Bei den befragten Privatschuleltern sind "gute, qualifizierte Lehrer" das meistgenannte Kriterium (57%), das nach eigenen Angaben den Ausschlag für die Wahl der jeweiligen Schule gegeben hat. Auffallend ist hier der Unterschied zu den Regelschuleltern, bei denen "gute Erreichbarkeit, Nähe zum Wohnort" an erster Stelle rangiert, und die dem Faktor "gute, qualifizierte Lehrer" eine deutlich geringere Bedeutung beimessen.[581]

An zweiter Stelle nennen die Privatschuleltern den "guten Ruf" der Schule (38%) als entscheidendes Kriterium für die Schulwahl. Auch hier zeigt sich ein deutlicher Unterschied zu Eltern von öffentlichen Schulen, die nicht halb so oft den Ruf der Schule als ausschlaggebendes Kriterium anführen. Erst an dritter Stelle kommt bei den Privatschuleltern dann die "gute Erreichbarkeit" der Schule. Für die konkrete Schulwahlentscheidung ist dieser Aspekt der "Nähe zum Wohnort" bei Privatschuleltern also zwar wichtig, aber keinesfalls allein maßgeblich.[582]

Ein "hohes Leistungsniveau" wird von mehr als einem Fünftel der Privatschuleltern (22%) als ausschlaggebendes Entscheidungskriterium genannt. Danach folgen die Faktoren "gewünschter Schultyp für spätere Ausbildung" (21%), "nicht zu viele Kinder pro Klasse" und "Eingehen auf Bedürfnisse der Kinder" (je 20%), "moderne Unterrichts- und Erziehungsmethoden" (19%), "Ganztagsschule" (18%) und "zusätzliche Angebote" (17%). Nur gut ein Zehntel der Privatschuleltern nennen "Eltern haben Mitsprachemöglichkeit" (12%) und "weltanschauliche oder religiöse Orientierung" der Schule als ausschlaggebende Wahlkriterien.[583]

Wie bereits bei den allgemeinen Erwartungen an die Privatschule spielt auch bei den Entscheidungskriterien für die Privatschule der soziale Faktor "nette Kinder aus guten Familien" eine recht geringe Rolle (6%). Im Gegensatz zu Regelschuleltern, für die eine "nette Gemeinschaft, gute Kontakte der Kinder untereinander" ein eher wichtiger Aspekt bei der Schulwahlentscheidung ist, steht dieser Faktor in der Rangliste der befragten Privatschuleltern recht weit hinten (5%).[584]

Auch daß die Schule "keinen Leistungsdruck" ausübt, scheint für die befragten Privatschuleltern bei ihrer Entscheidung für die jeweilige Schule nicht sehr maßgeblich gewesen zu sein (5%). Daß dies eventuell mit der etwas einseitigen Auswahl von Privatschulen zusammenhängt, bleibt zu vermuten. An letzter Stelle der Schulwahlkriterien schließlich nennen die Privatschuleltern "Flexibilität in Organisationsfragen, Eingehen auf Wünsche der Eltern" (1%).[585]

Manches an diesen Ergebnissen mag erstaunlich sein; vieles mag sich in anderen Ländern und unter Berücksichtigung anderer Privatschultypen wohl durchaus auch anders darstellen. Doch wie auch immer die Entscheidungskriterien im einzelnen gewichtet sein mögen, eines bleibt als Ergebnis mit SPEISER festzuhalten: "Es ist also nicht so, daß es *einen* Grund für den Besuch von Privatschulen gibt, sondern es sind relativ viele. Auch im Einzelfall werden durchschnittlich für ihren Besuch etwas mehr Gründe angegeben als für den öffentlicher Schulen, was wahrscheinlich dadurch zu erklären ist, daß Privatschulen und Privatschüler eine Minderheit bilden, wodurch eine Entscheidung dafür einem Begründungszwang unterliegt."[586]

- ***Wahrgenommene Vorteile und Nachteile von Privatschulen bzw. öffentlichen Schulen***

Vier offen formulierte Fragen beziehen sich auf die Vorteile und Nachteile von Privatschulen bzw. öffentlichen Schulen. Dabei ergibt sich folgendes Bild:

Fast die Hälfte aller befragten Eltern macht keine Angaben oder sieht keine Vorteile von Privatschulen; bei den Privatschuleltern sind es dagegen erwartungsgemäß nur 5%, nach deren Auffassung Privatschulen keine Vorteile bieten. Es sind dies vermutlich Eltern, die ihr Kind nicht ganz freiwillig auf Privatschulen gegeben haben, sondern z.B. deshalb, weil es in der Regelschule nicht mehr mitkam oder die erwünschten Leistungen nicht erbringen konnte.[587] Alle anderen Privatschuleltern nehmen bei Privatschulen deutliche Vorteile wahr.

Als wichtigster Vorteil wird das "bessere Eingehen auf die Kinder" genannt (von 18% aller Befragten und 44% jener, die Kinder in Privatschulen haben); es folgen "bessere Leistungen / hohes Niveau" (8% bzw. 20%) und "bessere, qualifiziertere Lehrer" (8% bzw. 24%). – Größere "Mitsprache der Eltern" sehen deutlich mehr Privatschuleltern (12%) als Regelschuleltern (4%) als einen Vorteil der Privatschule an. "Ausgesuchte Kinder" bzw. "keine Ausländer / kein Gesindel" wird wieder wenig genannt (5% und 2% Regelschuleltern / je 6% Privatschuleltern), wobei auch hier das Phänomen des Antwortens gemäß der sozialen Erwünschtheit zu beachten ist. – Nur 5% der befragten Privatschuleltern betrachten die "religiös-weltanschauliche Orientierung" als Vorteil der Privatschule; dieser Befund deckt sich mit den Ergebnissen der Direktorenbefragung.[588]

Als weitere Vorteile der Privatschule nennen die Privatschuleltern "bessere Ausbildung / Unterricht ist qualifizierter", "zusätzliche Angebote für Unterricht und Freizeit", "ganztägige Beaufsichtigung der Kinder" (je 8%); "kleine Klassen, weniger Kinder" (7%); "persönlicher Kontakt" (4%); "sind strenger", "Ansehen der Schule", "kein Leistungsdruck" (je 4%); "sonstige Positiva" nannte gut ein Fünftel (21%). Hier wird deutlich, daß verschiedene Privatschuleltern durchaus unterschiedliche, wenn nicht gar gegensätzliche ("sind strenger" ↔ "kein Leistungsdruck") Vorteile bei Privatschulen sehen. Dies hängt natürlich auch mit dem unterschiedlichen Profil des jeweiligen Privatschultypus zusammen.

Nun trifft SPEISER eine interessante Feststellung: "Diesen Vorteilen der Privatschulen entsprechen die Nachteile der öffentlichen Schulen."[589] Mehr als die Hälfte der befragten Eltern sehen keine Nachteile öffentlicher Schulen; bei den Privatschuleltern liegt der Prozentsatz nur bei gut einem Viertel (27%). Erwartungsgemäß finden also Privatschuleltern eher Nachteile an Regelschulen als Eltern von Kindern an öffentlichen Schulen.

Am häufigsten wird von Privatschuleltern der Nachteil "zu wenig individuelle Betreuung der Kinder" genannt (19%), wobei deutlich weniger Regelschuleltern dies als Nachteil öffentlicher Schulen empfinden (6%). An zweiter Stelle steht bei den Privatschuleltern "zu viele Kinder pro Klasse" (12%), was von den befragten Regelschuleltern prozentual als etwas gravierender angesehen wird (18%). "Zu viele Ausländer" (11%) und "keine soziale Selektion der Kinder" (10%) betrachtet rund ein Zehntel der befragten Privatschuleltern als Nachteil der öffentlichen Schule. Hier macht sich also doch bei einem gewissen Prozentsatz von Privatschuleltern eine sozial-elitäre Einstellung bemerkbar; diese Eltern gehören jedoch nach Auffassung von SPEISER zu "einer größeren Minderheit".[590] Die Eltern öffentlicher Schulen erwiesen sich in dieser Hinsicht als etwas toleranter; die

Vergleichszahlen für "zu viele Ausländer" (3%) und "keine soziale Selektion" (4%) als Nachteile von öffentlichen Schulen liegen deutlich niedriger.

Als weitere Nachteile der Regelschulen nennen Privatschuleltern "Lehrer zu unqualifiziert" (10%), "niedriges Leistungsniveau" (8%), zu wenig Einsatz der Lehrer, pragmatisiert [=beamtet]" (8%), "schlechtes Image" (6%), "hoher Leistungsdruck" (4%) und andere Nachteile (13%).[591] Was den niedrigen Wert beim Thema "Leistungsdruck" betrifft, so ist zu vermuten, daß dieser mit der recht einseitigen Auswahl der erfaßten Privatschulen zusammenhängt und u.U. bei Einbeziehung von mehr "Alternativschuleltern" oder "Waldorfeltern" etwas anders aussehen würde.

Erstaunlich ist auch, daß keiner der befragten Privatschuleltern "zu wenig Mitsprachemöglichkeit" als Nachteil der öffentlichen Schule nennt, während dies bei den Regelschuleltern immerhin einige wenige angeben (3%). Letztere sehen auch – anders als Privatschuleltern – die großen Klassen in öffentlichen Schulen als Hauptnachteil derselben an (18%).[592]

Als Nachteile von Privatschulen werden an erster Stelle "zu hohe Kosten" angeführt, und zwar von 56% aller Befragten und immerhin von 67% der Privatschuleltern. An zweiter Stelle steht der Faktor "schlechte Erreichbarkeit / keine Privatschule in der Nähe" (9% bzw. 10%), gefolgt vom "Standesdünkel" einiger Privatschulen (5% bzw. 4%). "Bei diesen Punkten unterscheiden sich also die Eltern von Privatschulen nicht von den anderen", stellt SPEISER fest.[593] Etwas anders stellt sich die Lage dar, wenn es um "Weltanschauung / Ideologie" geht; diesen Nachteil nennen Privatschuleltern häufiger (5%) als Regelschuleltern (1%). Ansonsten werden die Nachteile von Privatschulen insgesamt als gering angesehen, und zwar sowohl bei Regelschuleltern als auch bei Eltern von Privatschülern. Als Nachteile wurden von einigen wenigen Eltern noch folgende Aspekte angeführt: "Abhängigkeit der Schule von Eltern / Freunden / Wirtschaft / Protektion" (2% bzw. 3%); "Probleme bei Schulwechsel" (1% bzw. 2%); "Ausbildungsmängel" (1% bzw. 2%) und "zuviel Rücksicht auf Schülerwünsche" (0% bzw. 2%). Einige Eltern finden keine Nachteile bei Privatschulen (6% bzw. 11%) oder machen keine Angaben dazu (21% bzw. 8%).[594]

SPEISER schreibt nun: "Diesen Nachteilen der Privatschulen entsprechen wieder die Vorteile der öffentlichen Schulen."[595] An der Spitze der Nennungen steht der Aspekt "billig, keine Kosten"; knapp die Hälfte der Privatschuleltern (45%) und etwa ein Drittel der Eltern von öffentlichen Schulen (33%) nennen ihn. Hier wird nochmals deutlich, welch gravierenden Faktor die Kosten bei der Schulwahlentscheidung darstellen.

An zweiter Stelle der Vorteile öffentlicher Schulen nennen sowohl Regelschuleltern als auch Privatschuleltern deren "Nähe zum Wohnort / gute Erreichbarkeit" (je 23%). Interessanterweise sehen rund ein Zehntel aller Eltern, also auch der Privatschuleltern, "soziale Integration / Abbau von Unterschieden" als Vorteil der öffentlichen Schulen (10% bzw. 9%). Einige wenige Privatschuleltern führen auch explizit "Gleichbehandlung der Kinder / Chancengleichheit" als Vorteil der Regelschule an (1%). Neben der Tendenz zur "sozialen Selektion" bzw. "Elitebildung" gibt es unter Privatschuleltern also eine ebenso große Bewegung hin zu "sozialer Integration" und zum "Abbau von Unterschieden" (je etwa 10%). Dieses Ergebnis ist für die "Elitediskussion" sicherlich von Bedeutung, wenn auch die empirische Basis der vorliegenden Studie aus den bereits genannten Gründen als etwas dünn betrachtet werden muß und diese Aussagen deshalb nur mit einer gewissen Vorsicht zu treffen sind.

Ansonsten sehen Privatschuleltern erwartungsgemäß kaum Vorteile bei öffentlichen Schulen; einige Eltern beider Schultypen sehen gar keine Vorteile oder machen keine Angabe (22% bzw. 27%). SPEISER stellt somit bei der Bewertung der Vorteile von öffentlichen Schulen eine relativ hohe Kongruenz zwischen Regelschuleltern und Privatschuleltern fest. Sie folgert: "Wenn die Eltern von Privatschülern bei diesen Punkten nicht weniger Vorteile der öffentlichen Schulen sehen, so müssen die vorher genannten Vorteile der Privatschulen für sie entscheidend sein."[596]

Privatschulen und öffentlichen Schulen zugeschriebene Eigenschaften

In einem weiteren Schritt sollten aus einer Liste von Eigenschaften die auf öffentliche Schulen und die auf Privatschulen zutreffenden genannt werden. Dies diente dem Erfassen weiterer Aspekte des Schulwahlverhaltens, aber auch der Analyse von allgemeinen Meinungen über Privatschulen und öffentliche Schulen von seiten beider Elternschaften.

"Hier zeigt sich nun deutlich der Einfluß des Schulbesuchs der eigenen Kinder, wobei deren Schulart im allgemeinen positiver gesehen wird", schreibt SPEISER[597], und sie führt interpretierend aus: "Eltern, die viel Geld für eine Privatausbildung ihrer Kinder ausgeben, müssen Vorzüge finden, aber auch die anderen wollen nicht eine ganz schlechte Schule gewählt haben."[598] M.E. müßte man zwar eher den umgekehrten Schluß ziehen (weil Eltern bestimmte positive Eigenschaften Privatschulen bzw. öffentlichen Schulen zuschreiben, wählen sie diese für ihre Kinder), doch mag auch der Aspekt der "Rechtfertigung im nachhinein" bei den Antworten der Eltern durchaus eine Rolle spielen.

Im einzelnen zeigen sich folgende Ergebnisse: Zunächst gibt es einige Eigenschaften, die Privatschuleltern in etwa ähnlich einschätzen wie Eltern von Kindern an öffentlichen Schulen. Dies betrifft einerseits die "Klassenschülerzahl".

Zwar sprechen noch mehr Privatschuleltern den öffentlichen Schulen eine hohe Schülerzahl pro Klasse zu, aber sie halten auch Privatschulklassen tendenziell für größer, als es Regelschuleltern tun. – Wenig Unterschiede zwischen den Eltern gibt es auch bei der Feststellung "sind teuer"; bei den öffentlichen Schulen findet dies erwartungsgemäß kaum jemand (rund 1%), bei den Privatschulen fast drei Viertel (rund 21%).[599]

Ähnlich verhält es sich bei den Merkmalen "zu wenig Ganztagsschulen" sowie "politische bzw. religiös-weltanschauliche Orientierung", wobei der Anteil für Privatschulen rund doppelt so groß ist (29%) wie für öffentliche Schulen (15%), bei Eltern von Privatschulen tendenziell noch etwas größer (34% bzw. 18%). Das Merkmal "bieten alle gewünschten Schultypen an" wird von allen mehr den öffentlichen Schulen zugeschrieben (35,5%), doch schätzen Privatschuleltern ihre Schulen in dieser Hinsicht etwas besser ein als Regelschuleltern (27% bzw. 11%). "Ihre Wünsche werden wohl weitgehend erfüllt", folgert SPEISER diesbezüglich für Privatschuleltern.[600]

Neben diesen Zuschreibungen, bei denen Eltern eher unabhängig vom Schulbesuch ihrer Kinder urteilen, gibt es solche, bei denen die Eltern von Kindern in öffentlichen Schulen kaum Unterschiede zwischen den Schularten sehen, die Privatschuleltern aber ihre Schulart deutlich besser bewerten. Dies gilt für die Eigenschaften "gute, qualifizierte Lehrer" (38% bzw. 59%), "gehen auf Bedürfnisse der Kinder ein" (20% bzw. 43%) und "gute Freizeitmöglichkeiten" (20% bzw. 44%).[601]

Bei anderen Vorgaben schätzen auch Eltern von Kindern in öffentlichen Schulen diese weniger gut als Privatschulen ein, doch ist die Differenz bei Privatschuleltern viel größer. Dies betrifft die Merkmale "hohes Leistungsniveau" bei öffentlichen Schulen (24% bzw. 6%), "viele Problemkinder" an öffentlichen Schulen (33% bzw. 52%) und "Flexibilität der Organisation" von öffentlichen Schulen (15% bzw. 0%). Der These "Eltern haben zu wenig Mitsprachemöglichkeiten" stimmen Eltern von Kindern in öffentlichen Schulen seltener zu als solche von Kindern in Privatschulen; alle schätzen aber auch hier die Privatschulen besser ein (nur 7% bzw. 12%). SPEISER deutet dies folgendermaßen: Privatschuleltern scheinen diesbezüglich "ein höheres Anspruchsniveau" zu haben.[602]

Schließlich gibt es Merkmale, bei denen jeweils der Schultypus der eigenen Kinder besser bewertet wird. Das betrifft "moderne Methoden" (je rund 33%), "zusätzliche Unterrichtsangebote" (26% bzw. 43%) und die "gute Ausstattung" (32% bzw. 34%),

Als Ergebnis dieses Untersuchungsabschnitts bleibt festzuhalten, daß Privatschuleltern öffentliche Schulen in etlichen Punkten durchaus negativ einschätzen, wobei sie vor allem folgende Aspekte nennen: "hohe Klassenschülerzahl" (69%), "viele Problemkinder" (52%), "wenig Elternmitsprache" (42%), kaum "zusätzliche Angebote" (18%), wenig "gute Freizeitmöglichkeiten" (10%), geringes "Eingehen auf die Kinder" (6%), kein "hohes Leistungsniveau" (6%).[603]

Die Liste der positiven Eigenschaften von Privatschulen stellt sich für die von SPEISER befragten Privatschuleltern folgendermaßen dar: An erster Stelle werden die "guten, qualifizierten Lehrer" genannt (59%), es folgt das "hohe Leistungsniveau" (53%), die "guten Freizeitmöglichkeiten" (44%), das "Eingehen auf die Kinder" und "zusätzliche Angebote" (je 43%), "moderne Methoden" (35%), "Flexibilität" und "gute Ausstattung" (je 34%) und andere Positiva.[604]

Anzumerken ist jedoch, daß die von SPEISER festgestellten Unterschiede zwischen Privatschuleltern und Regelschuleltern nur auf relativ niedrigem Niveau bestehen. Nur bei vier Merkmalen existieren signifikante Zusammenhänge; "bei allen anderen Eigenschaften sind trotz der großen Stichprobe die Zusammenhänge nicht signifikant".[605] Zieht man all das in Betracht, "so ergibt sich, daß es kein konsistentes Einstellungsmuster der Elternschaft gibt".[606] In diesem Zusammenhang verweist SPEISER darauf, "daß auch innerhalb des Privatschulsektors wie des öffentlichen Sektors zwischen den Schulen große Unterschiede bestehen, wie auch die qualitativen Untersuchungsteile, besonders die Direktorenbefragung, gezeigt haben".[607] Dies mag zur Erklärung der geringen Signifikanz beitragen.

Schulpräferenzen

SPEISER unterscheidet in ihrer Studie Eltern, die prinzipiell – oder unter bestimmten Umständen – eine Privatschule bevorzugen ("Privatschulpräferenten") von solchen Eltern, deren Kinder tatsächlich eine Privatschule besuchen ("Privatschülereltern"). Die Erhebung zeigt, daß beide Personengruppen keineswegs deckungsgleich sind.

Wegen der "Unterschiede sowohl innerhalb des öffentlichen als auch des Privatschulsektors" wurden bei der Frage nach der Präferenz nicht nur die Variablen "eher private Schule" und "eher öffentliche Schule" vorgegeben, sondern auch die Option "hängt von den konkreten Umständen ab".[608] Für eine dieser drei Variablen sollten sich die befragten Eltern entscheiden.

Das Ergebnis zeigt nun, daß bei den Privatschuleltern nur 50% Privatschulen prinzipiell präferieren; 35% machen die Schulwahl von den konkreten Umständen abhängig und 15% der Privatschuleltern würden sogar eine öffentliche Schule bevorzugen. Einige Eltern scheinen also ihre Kinder nur notgedrungen in Privatschulen unterzubringen – vielleicht deshalb, weil sie in Regelschulen versagt haben[609], oder weil öffentliche Schulen nicht das bieten, was sie nach Meinung dieser Eltern bieten könnten oder sollten. Möglicherweise zeigt sich darin auch, daß etliche Privatschuleltern nicht *die Privatschule an sich* suchen, sondern einfach eine andere, in ihren Augen wohl bessere Pädagogik, die sie eben an öffentlichen Schulen nicht finden. Solche Eltern nehmen den "Sonderstatus" einer Privatschule wohl eher in Kauf, als daß sie ihn ausdrücklich wünschen.

Bei den Eltern mit Kindern an öffentlichen Schulen bevorzugen knapp drei Viertel (73%) diesen Schultypus prinzipiell, 6% würden eine private Schule bevorzugen und immerhin ein Fünftel (20%) gibt an, die Schulwahl von den Umständen abhängig zu machen. Das könnte auch bedeuten, daß manche Regelschuleltern ihr Kind lieber auf eine Privatschule schicken würden, wenn diese in erreichbarer Nähe oder finanziell erschwinglich wäre.[610]

Diese Vermutung bestätigt sich bei der anschließenden offen gestellten Frage, welche "Umstände" dies sein könnten: 36% der Privatschuleltern nennen "Erreichbarkeit, Nähe zum Wohnort", 30% führen die "Kostenproblematik" an und 17% konstatieren "keine Wahlmöglichkeit mangels Angebot".[611] Bei den Privatschuleltern, die ihre Entscheidung von den konkreten Umständen abhängig machen, ist die "Erreichbarkeit" mit 27% der meistgenannte Faktor, gefolgt von "Angebot von Nachmittagsbetreuung" und "Image/ Ruf der Schule" (je 14%).[612] Die "Kostenproblematik" führen Privatschuleltern hier erstaunlicherweise nicht an. Man könnte daraus folgern, daß das Schulgeld bei diesen Eltern zwar nicht unbedingt erwünscht ist, aber auch keinen hemmenden "Umstand" bzw. Faktor bei der Schulwahlentscheidung darstellt. Die Schulkosten werden offenbar von denen, die sie aufbringen können, in Kauf genommen. "Alle anderen – eher inhaltlichen – Umstände werden nur mehr von kleinen Minderheiten angegeben"[613] und sollen deshalb hier nicht näher betrachtet werden.

Aus diesem Untersuchungsteil zieht SPEISER nun eine bemerkenswerte Schlußfolgerung: "Vielen Eltern stellt sich also offensichtlich die Entscheidungsfrage Privatschule – öffentliche Schule nicht, jedenfalls nicht konkret: Wenn die gewünschte Schultype [sic] auch in der weiteren Umgebung nicht vorhanden ist, wenn die nötigen Mittel nicht zur Verfügung stehen."[614] Und sie fährt fort: "Für andere aber scheint es darum zu gehen, die beste Schule für ihr Kind auszuwählen, wobei die Ansprüche, abgesehen von einigen Grundforderungen (an der Spitze gute Lehrer, dann gute Erreichbarkeit), je nach den Gegebenheiten unterschiedlich sind ..."[615]

C. Ursachen für Schulpräferenzen

In einem weiteren Schritt führt SPEISER eine Kausalanalyse zum Schulwahlverhalten der befragten Eltern durch, wobei sie nicht die von den Kindern *tatsächlich* besuchten Institutionen, sondern die o.g. *Schulpräferenzen* als Zielvariable heranzieht. SPEISER hält in diesem Fall die Präferenz für aussagekräftiger als den –

vielleicht von manchen Zufällen abhängigen – tatsächlichen Schulbesuch.[616]

SPEISER setzt die Variable "Schulpräferenz" nun in Beziehung zu verschiedenen *personen-* und *einstellungsbezogenen* Variablen. Sie kommt dabei zu folgenden Ergebnissen: "Wählt man nun die Schulpräferenzen als Zielvariable für eine Kausalanalyse, so kann man zunächst feststellen, daß sie kaum von Geschlecht, Alter und auch Berufstätigkeit abhängen: Kategorien und abweichende Verteilungen sind hier so klein, daß Zufallsergebnisse nicht unwahrscheinlich sind."[617]

Trotzdem bestehen nach SPEISER "eindeutige Abhängigkeiten", die sich im einzelnen wie folgt ausmachen lassen: "Da ist einmal die Schulbildung. Von denjenigen, die (mindestens) Matura haben, präferieren 20% weniger öffentliche Schulen als von denen mit geringerer Formalbildung."[618] Auch bei anderen soziodemographischen Merkmalen gibt es signifikante Differenzen: Angehörige der höheren Sozialschichten präferieren 15% weniger öffentliche Schulen als Angehörige niederer Sozialschichten.[619] Und weiter liest man bei SPEISER: "Das mittlere Haushaltsnettoeinkommen der Privatschulpräferierer liegt bei 24.500 ÖS, der Präferierer öffentlicher Schulen bei 21.400 ÖS ..."[620] Bezüglich der Variable "Stadt-Land-Bewohner" führt SPEISER in diesem Zusammenhang nochmals aus: "Deutlich sind auch die regionalen Unterschiede, wobei Wien mit nur 55% Präferierern öffentlicher Schulen hervorsticht."[621]

Da die o.g. Variablen nicht unabhängig voneinander sind, lag es für SPEISER nahe, ihre Wirkung in einer Mehrvariablenanalyse zu überprüfen. Als Ergebnis ist folgendes festzuhalten: "In der Kombination sind nun die Einflüsse von Einkommen und Schicht nicht signifikant, von den Ungleichheitsvariablen übt nur die Bildung einen solchen Einfluß aus, dazu kommt die Region mit einem etwas (aber nicht signifikant) kleineren Einfluß auf die Bevorzugung öffentlicher Schulen."[622]

Was nun die Privatschulen betrifft, so kommt SPEISER zu folgendem Schluß: "Zwar ist die Vorliebe für Privatschulen eher eine Sache höherer Schichten, hierfür ist aber deren Bildungsgrad und nicht das Einkommen (oder das Prestige, das durch den Schichtindex zu erfassen versucht wird) maßgebend."[623] Darüberhinaus ist nach SPEISER "... anzunehmen, daß neben diesen Variablen 'zur Person' auch Einstellungen die Schulpräferenzen beeinflussen, wobei freilich ... hier die Richtung der Kausalität nicht so eindeutig ist."[624]

Wie sehen nun die Zusammenhänge zwischen Einstellungen (bzw. Vorstellungen) und Schulpräferenzen konkret aus? "Eher überraschend bestehen nur zwischen wenigen Vorstellungen und für die Schulwahl als ausschlaggebend genannten Punkten signifikante Zusammenhänge mit den Schulpräferenzen und diese sind nicht groß."[625] Einige zentrale Aspekte seien jedoch hier kurz genannt: Bei den "Vorstellungen" zeigt sich bezüglich der "geringen Kosten", daß mehr als vier

Fünftel derjenigen, die diesen Punkt nennen, eindeutig öffentliche Schulen präferieren, das sind 15% mehr als der Durchschnitt. Der nächste Zusammenhang betrifft die "Flexibilität": Von denjenigen, die diese erwarten, präferieren zu 6% mehr Privatschulen.[626]

Hinsichtlich der "für die Schulwahl ausschlaggebenden Punkte" wurden folgende Zusammenhänge deutlich: Eltern, für die die "Nachmittagsbetreuung" entscheidend ist, ziehen zu 8% mehr Privatschulen vor. Von denjenigen, die angeben, daß das "Leistungsniveau" für ihre Schulwahl ausschlaggebend ist, präferieren 17% Privatschulen, das sind 6% mehr als der Durchschnitt. Schließlich sei noch die "weltanschauliche und religiöse Orientierung" genannt: Von der Minderheit, für die dieser Punkt entscheidend ist, bevorzugen 23%, also überdurchschnittlich viele, eindeutig Privatschulen.

Die Kausalanalyse ergab auch Zusammenhänge zwischen den Schulpräferenzen einerseits und den Einschätzungen, welche Eigenschaften für private und öffentliche Schulen zutreffen, andererseits. Eine Mehrvariablenanalyse bestätigte wieder den "unabhängigen Einfluß der elterlichen Schulbildung" auf die Einschätzung von Schulen und Schulpräferenzen.[627]

Außerdem wurde von SPEISER der Versuch unternommen, ein mehrstufiges Beeinflussungsmodell aufzustellen. Sie ging dabei von der Annahme aus, daß die Persönlichkeitsfaktoren die Einschätzungen beeinflussen und ihr Einfluß auf die Schulpräferenzen daher teilweise indirekt ist. Als Ergebnis zeigt sich, "... daß von den Einflüssen der einzelnen Persönlichkeitsvariablen auf den Vorzugsindex für öffentliche Schulen nur derjenige der Region signifikant ist."[628]

Auf die Einschätzung privater Schulen üben jedoch auch die anderen Persönlichkeitsvariablen einen signifikanten Einfluß aus, wobei die Signifikanz bei "Schulbildung" und "Region" besonders hoch ist. Letzteres deutet SPEISER folgendermaßen: "Wenn es stimmt, daß der Einfluß der Region indirekt über die Einschätzung der Schulen wirkt, kann dies zwei Gründe haben: Daß in Wien (wie bei den Gebildeteren) die Information über Privatschulen besser ist und sie daher höher geschätzt werden, aber auch, daß der Ruf bestimmter öffentlicher Schulen (Hauptschulen) in Wien relativ schlecht ist."[629]

Zusammenfassend trifft SPEISER am Schluß ihrer Analyse folgende wichtige Aussage über den Schulwahlprozeß der Eltern: "Ein streng rationales Schulwahlmodell der Eltern: *Erwartungen an die Schule → Einschätzung der Eigenschaften → Wahl* wird durch die Daten nicht gestützt." Und sie ergänzt: "Das bedeutet nicht, daß die Eltern irrational handeln, jedoch, daß die Wahl durch mangelnde Möglichkeiten, insbesondere auch Informationen, eingeschränkt ist."[630] Alle diese Ergebnisse bieten somit Indizien dafür, daß Freie Schulen sicherlich noch für wesentlich mehr Eltern attraktiv sein könnten, wenn diese zum einen nicht mit finanziellen Nachteilen verbunden wären – und wenn sie andererseits in größerer Zahl vorhanden wären und somit als reale Alternative für eine größere Zahl von Eltern zur Verfügung stünden.

2.2.1.5 Zusammenfassung der Ergebnisse

Die Forschungsfrage, die durch das Projekt beantwortet werden sollte, lautete: "Welche Motive und Gegebenheiten führen ... dazu, daß Eltern ihre Kinder in Privatschulen schicken?"[631]

In der nun folgenden Zusammenfassung werden die einzelnen Untersuchungsteile nicht mehr getrennt behandelt, sondern die Ergebnisse aus allen resümiert. Daraus ergeben sich im Hinblick auf die möglichen Determinanten der Schulwahl folgende Schlußfolgerungen, die hier aus Gründen der Prägnanz im Originalwortlaut von IRMFRIED SPEISER zitiert werden sollen:

- ***Weltanschauung***

"Die Ergebnisse aller Untersuchungen stimmen überein: Sie [die Weltanschauung] bildet nur für eine Minderheit der Eltern eine Entscheidungsgrundlage. Diese Minderheit scheint etwas größer zu sein bei den Alternativschulen (den neuen und den Steiner-Schulen) sowie bei jenen katholischen Schulen, die sich aufgrund ihres besonderen Rufs die Schüler aussuchen können, und kleiner bei den gewöhnlichen konfessionellen Schulen (auch den evangelischen) ... Umgekehrt ist für manche Eltern die Angst vor Indoktrination ein Motiv für die Wahl einer öffentlichen Schule."[632]

- ***Leistung versus Persönlichkeitsbildung***

"Betrachtet man alle Eltern von Privatschülern, so legen sie etwas mehr Wert auf Leistung als die anderen, doch ist gerade diese Frage differenziert zu sehen. Bei denjenigen Schulen, die Leistungsdruck ablehnen (von den Privatschulen eher die Alternativschulen einschließlich der Steiner-Schulen ...) gilt zunächst wie bei der Weltanschauung: Nur wenige entscheiden sich von vornherein bewußt dafür. Dazu kommen aber ... Eltern, deren Kinder in anderen Schulen in diesem Punkt Probleme gehabt haben."[633] "Grundsätzlich wollen die Eltern alles: Daß auf die Bedürfnisse der Kinder eingegangen wird, daß sie nicht unter Druck stehen, aber daß sie trotzdem ... zur Leistung geführt werden. Dabei scheint der Lehrplan für die Eltern eine geringe Rolle zu spielen, wenn nur auf irgendeinem Weg die gewünschten Berechtigungen erreicht werden können."[634]

- ***Ausstattung und Angebote der Schulen***

"In der Repräsentativerhebung weniger betont als in den Gruppendiskussionen scheint bei diesem Punkt doch die Schulzeit – Ganztagsschule versus Halbtagsschule – für die Eltern die größte Bedeutung zu haben. Viele berufstätige Mütter brauchen eine ganztägige Betreuung zumindest ihrer jüngeren Kinder", wobei "es sich dabei nicht nur um eine Beaufsichtigung (Aufbewahrung) der Kinder handeln dürfe". Nach SPEISER "erklären diese hohen Anforderungen an die Ganztagsbetreuung, daß Eltern auch beim Angebot einer öffentlichen Ganztagsschule ... relativ kostspielige Halbinternate den Privatschulen vorziehen. Andererseits gibt es freilich auch Eltern, für die ein verpflichtendes Halbinternat der Grund ist, ihr Kind nicht in diese Privatschule zu schicken."[635]

• ***Zusammensetzung der Schüler***
"Eltern wollen nicht, daß ihre Kinder dünkelhaft werden ... Trotzdem ist die Zusammensetzung der Schüler bei den Hauptschulen in Wien ein starkes Motiv für den Besuch von Privatschulen. Diese gelten als Restschulen, und wenn auch die soziale Wünschbarkeit gegen die Ablehnung von Gastarbeiterkindern spricht ..., so wird doch argumentiert, daß ein zu großer Anteil von Kindern, die mit der deutschen Sprache Schwierigkeiten haben, zu viel Energie des Lehrers absorbiert, so daß die anderen Kinder zu kurz kommen."[636]

• ***"Harte Motive" wie Kosten und Erreichbarkeit***
"In vielen Landgebieten dürfte – dies legen die Ergebnisse der Repräsentativerhebung nahe – die Nichterreichbarkeit das größte Hindernis für den Besuch von Privatschulen sein."[637] "Ansonsten sind die Kosten wohl das stärkste Motiv gegen Privatschulen, für viele Eltern stellen sie eine unüberwindbare Schranke dar. Allerdings zeigte sich bei der Repräsentativerhebung der Bildungsgrad der Eltern entscheidender als das Einkommen. Auch zeigt die Untersuchung, v.a. die Direktoreninterviews, daß Eltern manches auf sich nehmen, wenn andere Gründe für die Wahl einer bestimmten Schule sprechen."[638]

• ***"Ruf der Schule"***
"Diese anderen Gründe lassen sich in etwa im 'Ruf der Schule' zusammenfassen. In diesen geht neben den schon besprochenen Punkten – Weltanschauung, Betonung von Leistung versus Persönlichkeitsbildung (Eingehen auf die Kinder), Ausstattung und Angebote der Schule, Zusammensetzung der Schüler – noch ein, was über die Lehrer bekannt ist (es wird angenommen, daß die Leitung von Privatschulen hier mehr Auswahlmöglichkeit hat), wie weit von der Schule ... auf Anliegen der Eltern eingegangen wird und v.a. auf [sic] die so schwer zu fassende Atmosphäre der Schule, das Schulklima."[639]

In ihrem Resümee hält SPEISER abschließend fest: "Es muß davon ausgegangen werden, daß sich für sehr viele Eltern die Entscheidung Privatschule – öffentliche Schule nicht stellt: weil Privatschulen außerhalb ihres Gesichtskreises liegen, räumlich oder mental."[640] "Für andere Eltern handelt es sich aus Tradition oder weil sie besondere Anforderungen an die Schule stellen sehr wohl um eine wichtige Frage, die beim Eintritt eines Kindes in den Kindergarten, in die Volksschule und in jede weitere Schule beantwortet werden muß."[641] "Schließlich gibt es noch den Fall, daß ein Kind in einer Schule Probleme hat, wo dann die Frage auftaucht, ob diese durch einen Schulwechsel, vielleicht auch in eine Privatschule, gelöst werden könnten. Es ist zu vermuten, daß diese Möglichkeit dazu beiträgt, daß prinzipielle Gegnerschaft zu Privatschulen kaum manifest wird."[642]

Generell bleibt für SPEISER als Ergebnis ihrer breitangelegten Erhebung festzuhalten, daß meist nicht nur ein einziges Motiv für die Wahl einer Privatschule ausschlaggebend ist: "Die tatsächliche Bevorzugung einer privaten Institution, besonders einer Privatschule, scheint in der Regel durch eine Mehrzahl von Voraussetzungen und Motiven bewirkt zu werden."[643]

2.2.2 R. REICHWEIN (1965): Landerziehungsheime untersuchen sich selbst

Eine frühe empirische Studie, welche die Gründe von Eltern untersucht, ihr Kind auf eine private Bildungseinrichtung zu schicken, stammt aus der Mitte der 60er Jahre. Ihre Ergebnisse veröffentlichte ROLAND REICHWEIN 1965 in der "Neuen Sammlung".[644] Diese "Selbststudie" deutscher Landerziehungsheime stellte damals ein Novum in der deutschen erziehungswissenschaftlichen Forschung dar und lehnte sich konzeptionell an die in den USA bereits üblich gewordenen "self studies" im Rahmen des "institutional research" an.[645]

Durchgeführt wurde diese Untersuchung in einem ganz bestimmten bildungsgeschichtlichen Kontext: Die englischen Privatschulen, die "public schools", waren im Zuge der bildungspolitischen Diskussion der 60er Jahre in England ins Kreuzfeuer der Kritik geraten. Es wurde die Frage aufgeworfen, welche Aufgabe und welche Stellung Privatschulen im Rahmen des englischen Schulwesens in Zukunft haben sollten, wobei vor allem deren elitärer Status heftig angeprangert wurde. Radikale englische Reformer forderten damals u.a. eine Verstaatlichung der "public schools", um diese Kindern aus allen Bevölkerungsschichten zugänglich zu machen. Trotz unterschiedlicher Reformvorschläge im einzelnen bestand offenbar weitgehende Einigkeit darüber, "daß im Zuge einer allgemeinen Bildungs- und Schulreform auch die Privatschulen nicht abseits stehenbleiben können, um sich weiterhin auf die Erziehung einer kleinen, elitären Minderheit, die sich diese Ausbildung leisten kann, zu beschränken, sondern daß auch sie bestimmte Aufgaben im Rahmen des allgemeinbildenden Schulwesens, also öffentliche Funktionen, zu übernehmen haben."[646]

So folgerte REICHWEIN aus damaliger Sicht, daß in dem Maße, in dem auch in der Bundesrepublik die Bildungsdiskussion zu einer umfassenden neuen Bildungskonzeption vorstoße, "es auch den privaten Internatsschulen in Deutschland nicht erspart bleiben" werde, "ihre Stellung und Aufgabe innerhalb des allgemeinen Schulwesens zu überprüfen und neu zu überdenken."[647] In diesem Kontext ist auch die "Selbstuntersuchung" privater Landerziehungsheime zu sehen: "Eine Gruppe von Landerziehungsheimen hat nun ... den Schatten ihrer altehrwürdigen Tradition übersprungen und einen ersten Schritt in diese Richtung unternommen."[648] Nur vor diesem bildungspolitischen Hintergrund kann die im folgenden dargestellte Studie angemessen verstanden und beurteilt werden.

Da die Landerziehungsheime – allein durch ihren Internatscharakter – eine gewisse Sonderstellung unter den deutschen Privatschulen einnehmen, sei hier wenigstens eine kurze Charakterisierung ihrer wesentlichen Merkmale vorgenommen, ohne die das Weitere kaum aussagekräftig wäre: Die Landerziehungsheime sind eine Gruppe privater Internatsschulen besonderer pädagogischer Prägung, die zum Teil auf eine 80- bis 90-jährige Tradition zurückblicken und sich 1924 in der "Vereinigung deutscher Landerziehungsheime e.V." zusammengeschlossen haben.[649] Ihre großen Gründergestalten, HERMANN LIETZ, GUSTAV WYNEKEN, PAUL GEHEEB und KURT HAHN, "deren Gründungen allemal aus der Kritik des öffentlichen Schulwesens und aus dem Willen hervorgegangen sind, auf dieses verändernd und reformierend zurückzuwirken"[650], verstanden sich allesamt dem Geist der reformpädagogischen Bewegung vom Beginn des 20. Jahrhunderts verpflichtet (vgl. Kap.II.2.3.1).[651] Heute existieren in der Bundesrepublik 18 Landerziehungsheime mit rund 2600 Internats- und 1300 Tagesschülern (vgl. Kap.III.1.3.).[652]

Das pädagogische Profil der Landerziehungsheime läßt sich etwa folgendermaßen charakterisieren: "Der wesentliche Beitrag der Landerziehungsheime liegt seit ihrer Gründung, wie schon der Name sagt, auf dem Gebiet der Heimerziehung, die als Gemeinschaftserziehung in kleinen Gruppen oder 'Familien' organisiert, meist auf dem Prinzip der Koedukation beruht und von einer ausgebauten Schülermitverwaltung mitgetragen und mitgestaltet wird. In ihr spielen musische Erziehung (Orchester- und Vokalmusik, Theaterspiel und Tanz, Malen, Zeichnen, Modellieren, Töpfern, Basteln und Werkarbeit) und Leibeserziehung, die auch nachmittags in Arbeitsgemeinschaften oder 'Gilden' gepflegt werden, eine wesentliche Rolle. Einige Heime konzentrieren sich auch auf bestimmte, etwas exklusive Sportarten, wie Reiten, Tennis oder Hockey, in dem Bestreben, hier Besonderes zu leisten und ein 'image' der Schule aufzubauen, das die Gemeinschaft im Innern prägen und nach außen repräsentieren soll. Hinzu kommen, häufig begünstigt durch eine besonders schöne landschaftliche Lage, Land- und Gartenarbeit sowie Wanderungen und Fahrten in die nähere und weitere Umgebung des Heimes. Einige Schulen legen außerdem Wert auf Studienexkursionen und Theaterbesuche in den nächsten Städten, andere auf die Ausbildung der Schüler in Hilfs- und Notdiensten und wieder andere auf einen internationalen Schüler-

und Lehreraustausch, und oft ergeben sich gerade in diesen Randbezirken die charakteristischen Unterschiede zwischen den Heimen."[653]

Die meisten Landerziehungsheime sind staatlich anerkannte Gymnasien (5.-13. Klasse), einige mit Realschulzweigen.[654] Obwohl die Landerziehungsheime von ihrer Tradition her starken Wert auf "Charakterbildung" und Erziehung zur "sozialen Verantwortung" legen, besitzen sie kein verbindliches "weltanschauliches Programm", sondern betonen geistige und religiöse Vielfalt und Toleranz.[655] Dies ist bei den nun folgenden Ausführungen über die Schulwahlgründe von Landerziehungsheim-Eltern zu beachten.

➢ Konzept der Selbstuntersuchung

Ziel der "Selbstuntersuchung" deutscher Landerziehungsheime war es, einen Überblick über die Herkunftsschichten ihrer Schülerschaft zu gewinnen und Aufschluß darüber zu erhalten, "welche Erwartungen, Absichten und Motive die Eltern ihrer Schüler dazu veranlaßte, ihre Kinder auf ein Landerziehungsheim zu schicken."[656] Zu diesem Zweck führten im Winter 1964 zwölf der damals sechzehn deutschen Landerziehungsheime (LEH) zur gleichen Zeit und mit einheitlichen Fragebogen eine interne statistische Erhebung und eine schriftliche Befragung ihrer Elternschaft durch. Diese Elternbefragung zum Thema "Schulwahlgründe" stützte sich auf folgende Leitfrage: "Warum vertrauen Sie Ihr Kind einem Landerziehungsheim an?" Zur Beantwortung wurde eine Liste von 28 möglichen Motiven angeboten, die in vier große Gruppen zusammengefaßt waren: "allgemeine Gründe", "familiäre Gründe", schulische Gründe" und "sonstige Gründe".[657] Zu anderen Themenaspekten wurden auch Lehrer der jeweiligen Landerziehungsheime befragt.

Nach Aussage von REICHWEIN können die aus der Selbstuntersuchung gewonnenen Ergebnisse als "einigermaßen vergleichbar und repräsentativ" angesehen werden.[658] Sie sind nach REICHWEIN "... geeignet, Antworten auf die folgenden vier Fragen zu geben:

1. Aus welchen sozialen Schichten und familiären Verhältnissen stammen die Schüler der LEH?
2. Welche Motive veranlassen die Eltern dieser Schüler, ihre Kinder auf ein LEH zu schicken?
3. Wie antworten die LEH auf die soziale und schulische Situation der Kinder und die Erwartungen der Eltern?
4. Welcher Erfolg der LEH ist mit statistischen Mitteln feststellbar?"[659]

Obwohl für das Thema dieser Arbeit in erster Linie die Ergebnisse von Frage 2 interessant sind, können auch aus den übrigen Fragen wertvolle Anhaltspunkte bezüglich möglicher Motive der Schulwahlentscheidung gewonnen werden, weshalb sie in der fogenden Ergebnisdarstellung teilweise mitberücksichtigt werden.

➢ Ergebnisse der Selbstuntersuchung

Zunächst stellt REICHWEIN fest, daß sich "das Einzugsgebiet der LEH über die ganze Bundesrepublik erstreckt".[660] Dabei stammt der größte Teil der Schüler aus Großstädten (45%), aber ein fast ebenso großer Teil aus Dörfern und ländlichen Kleinstädten (39%). "Diese Feststellung dürfte das bisher noch bestehende Vorurteil, daß die LEH, wie zu ihrer Gründerzeit, immer noch auf der Raus-aus-der-Großstadt-Bewegung beruhen, korrigieren."[661]

Der überwiegende Teil der Landerziehungsheim-Schüler ist deutscher Nationalität, der Anteil an Ausländern ist vergleichsweise niedrig (unter 10%). "Das mag früher anders gewesen sein, und möglicherweise haben die deutschen Landerziehungsheime seit den dreißiger Jahren und den Belastungen durch das NS-Regime, denen auch sie ausgesetzt waren, etwas von ihrer früheren Attraktivität für das Ausland eingebüßt."[662]

Obwohl die meisten Landerziehungsheime koedukativ sind, betrug 1965 der Anteil der Mädchen an der Gesamtschülerzahl nur 28%, der der Jungen dementsprechend 72%. Damit lag der Mädchenanteil deutlich unter demjenigen an öffentlichen Gymnasien (damals 64,7%). REICHWEIN erklärt dieses Phänomen damit, "... daß sich viele Eltern scheuen, ihre Tochter in eine Heimschule zu schicken, in der Jungen und Mädchen zusammen leben, und statt dessen, wenn sie sich überhaupt entschließen, ihre Tochter in ein Heim zu geben, ein reines Mädcheninternat vorziehen."[663]

Bezüglich der Religionszugehörigkeit fällt auf, daß zum Zeitpunkt der Befragung die große Mehrheit der LEH-Schüler (73,4%) aus evangelischen Elternhäusern stammte, nur 22% aus katholischen und 4,6% aus andersgläubigen oder konfessionslosen Familien. Das entspricht keineswegs der Verteilung der Konfessionen in der Gesamtbevölkerung und in den öffentlichen Gymnasien. "Ein Grund ist in der Tradition der LEH zu suchen, die überwiegend als überkonfessionelle oder gar freigeistige Schulen gegründet wurden, und dies war eine Einstellung, die – ebenso wie im Fall der öffentlichen Gemeinschaftsschule – vor allem bei evangelischen Eltern Anklang finden mußte", resümiert REICHWEIN.[664] "Der wichtigste Grund liegt aber wohl darin, daß es neben den überkonfessionellen LEH bei uns auch eine ganze Reihe konfessionell gebundener katholischer Privatschulen gibt, die von vielen katholischen Eltern bevorzugt werden und die außerdem sehr viel weniger kosten als die LEH."[665]

Hinsichtlich der sozialen Herkunft der LEH-Schüler ergab die Studie, daß der größte Teil der Eltern Selbständige in Handel und Gewerbe sind, also Fabrikanten, Direktoren, Großhändler, Einzelhändler etc. (30%); dicht gefolgt von den freien akademischen Berufen, wie z.B. Ärzten und Anwälten (28%); außerdem höhere und leitende Angestellte (19%); Beamte (13%); selbständige Landwirte, Gutsbesitzer und Bauern (6%) und schließlich Arbeiter (0,3%). Diese Verteilung entspricht ziemlich genau einer Umkehrung der Berufspyramide der Gesamtgesellschaft.[666] Nach REICHWEIN wäre es dennoch "voreilig, hieraus pauschal den Schluß zu ziehen, die LEH seien in toto, wie erwartet, elitäre Standesschulen".[667] Denn zum einen entspreche diese Sozialstruktur durchaus einer Tendenz, die schon in den öffentlichen Gymnasien angelegt sei. Andererseits sei sie auf das Schulgeld (damals ca. 450 DM monatlich) zurückzuführen, das aber "keineswegs überhöht" sei, da sich die meisten LEH "am Rande des Defizits" bewegten.[668] Dennoch besitzen die LEH durch die Notwendigkeit des hohen Schulgeldes nach REICHWEIN "einen ausgesprochenen Oberschichtencharakter" [sic] und "eine der Fragen, die sich an diese Feststellung anschließen muß, geht dahin, ob – angesichts der Unterstützung der LEH aus öffentlichen Steuermitteln – eine so einseitige Rekrutierung ihrer Schülerschaft und eine so inadäquate Repräsentanz der verschiedenen Sozialschichten noch vertretbar ist."[669] REICHWEINs Lösungsansatz für dieses Problem geht in Richtung einer großzügigen staatlichen und privaten Förderung von Stipendien und Freiplätzen für Kinder aus "unterprivilegierten Sozialschichten".[670]

In bezug auf den Bildungsgrad von LEH-Eltern stellt REICHWEIN fest: "Der Grad der schulischen Vorbildung der Eltern entspricht ihrer Berufs- und Schichtenzugehörigkeit und unterstreicht noch den Oberschichtencharakter der LEH."[671] Bemerkenswert ist in diesem Zusammenhang auch, daß der Anteil der Eltern, die selber ein Internat besucht haben, immerhin zwischen 20% und 30% liegt. Eine gewisse "Traditionsbildung" kann also bei LEH-Eltern durchaus als Schulwahlmotiv in Betracht gezogen werden.

Die familiären Verhältnisse der LEH-Schüler unterschieden sich im großen und ganzen nicht wesentlich von denen der Gesamtbevölkerung. Zwar lag die Scheidungsrate in der Elternschaft der LEH um etwa 4% höher als in der übrigen Bevölkerung, und etwa ebensoviel Prozent der zum zweiten Mal verheirateten Eltern geben diesen Umstand ausdrücklich als Grund für die Umschulung ihres Kindes in ein LEH an."[672] Doch kann man insgesamt nicht davon ausgehen, "daß wir es in LEH mit außergewöhnlichen familiären Bedingungen zu tun haben".[673] Auch der Anteil der "Halb- und Vollwaisen" ist mit 11,5% bzw. 1,5% im Durchschnitt aller Heime "erstaunlich gering und keineswegs sehr symptomatisch".[674]

Nach REICHWEINs Aussage sind die Motive, die Eltern unter den beschriebenen sozialen und familiären Verhältnissen dazu bewegen, ihre Kinder auf ein LEH zu schicken, "natürlich sehr vielschichtig und schwer zu erfassen".[675]

Insofern müssen die Ergebnisse der Befragung, die sich nur auf eine einzige Frage stützte, "notgedrungen etwas oberflächlich" bleiben.[676]

Dennoch: Wenn man die von den Eltern angegebenen Begründungen unterteilt in "solche, die auf die soziale und familiäre Umwelt des Kindes vor Eintritt in ein LEH Bezug nehmen", und "solche, die sich auf die pädagogische Eigenart der LEH beziehen", dann ergibt sich zunächst ein Verhältnis von 25 zu 19 Punkten zwischen dem "Wunsch der Eltern nach Umweltveränderung" und ihrem "Wunsch nach Heimerziehung" für ihr Kind. "Die Umweltveränderung scheint ihnen also erst einmal wichtiger zu sein als die besondere Form, durch die sie herbeigeführt werden soll, nämlich die Heimerziehung", folgert REICHWEIN.[677]

Bei den Einzelbegründungen steht zwar an erster Stelle die "besondere pädagogische Eigenart des gewählten LEH" (15 Punkte); es folgen "schulische Schwierigkeiten" (12 Punkte), "berufliche Überlastung der Eltern" (11 Punkte), "zu große Entfernung von dem nächsten Gymnasium" (10 Punkte), "Einzelkind" (8 Punkte) u.a.m. Faßt man aber die angegebenen Einzelgründe in drei große Gruppen zusammen – 1. "familiäre und soziale Gründe", 2. "schulische Gründe" und 3. "Vorteile der LEH-Erziehung" – , dann zeigt sich ein Verhältnis von 43 zu 31 zu 20 Punkten zwischen diesen drei Faktorengruppen. Dies ist nach REICHWEIN ein Hinweis auf "... ein eindeutiges Übergewicht der familiären und sozialen Gründe über die schulischen und ein ebenso eindeutiges Übergewicht der schulischen Gründe über die Vorteile, die die LEH den Eltern zu bieten scheinen."[678]

Welche *"familiären und sozialen Gründe"* sind es außer den bereits genannten ("berufliche Überlastung der Eltern", "Einzelkind") noch, die Eltern zur Wahl eines LEH bewegen? Hier nannten die Befragten "ungünstige Wohnverhältnisse", "häufiger Wohnortwechsel der Eltern", "Auslandsaufenthalt der Eltern", "geschiedene Ehe", "dauernde Krankheit des Vaters und/oder der Mutter", "Tod eines Elternteils", "Schwierigkeiten mit Geschwistern" und "sonstige Erziehungsschwierigkeiten".

Unter die *"schulischen Gründe"* fallen für die befragten Eltern neben den bereits erwähnten ("Schwierigkeiten in der Schule", "Fahrschüler") auch "unzureichende Schulverhältnisse am Wohnort" und der "Wunsch nach einem Wechsel der am Wohnort angebotenen Schulart oder des angebotenen Schulzweiges".[679] Zu den *"Vorteilen des LEH"* gehört nach Elternauskunft außer seiner "besonderen pädagogischen Ausrichtung" noch der jeweils "angebotene Schulzweig" bzw. die "angebotene Fachkombination".[680]

Nach REICHWEIN entspricht dem Gesamtergebnis der Befragung auch die "Tatsache, daß die übrigen Vorteile, die die LEH zu bieten haben, wie Koedukation der beiden Geschlechter, besondere schulische Möglichkeiten, natürliche (ländliche) und gesunde Umgebung, Schutz vor schädlichen Großstadteinflüssen, bessere Freizeitgestaltung und sozialer Kontakt mit Kindern aus gleichen oder anderen gesellschaftlichen Schichten, nicht als Hauptgründe, sondern erst als Nebengründe Gewicht und Bedeutung erlangen".[681]

Zusammenfassend hält REICHWEIN schließlich fest: "Das Fazit dieser kurzen und etwas kursorischen Betrachtung ist, daß es in erster Linie die äußeren, sozialen, familiären und schulischen Bedingungen und nicht die besonderen pädagogischen Möglichkeiten und Leistungen der LEH sind – jedenfalls soweit sie den Eltern bekannt sind –, die die Eltern dazu bewegen, ihre Kinder auf ein LEH zu schicken. Offenbar ist es eher die Abgabe der pädagogischen Aufgabe, die sie aus sozialen, beruflichen oder familiären Gründen nicht mehr erfüllen können, als der besondere pädagogische Stil der Heimerziehung, die die Eltern dazu veranlassen."[682]

Interessant ist in diesem Zusammenhang auch, daß REICHWEIN die Bezeichnung "Motiv" für die elterlichen Begründungen als etwas mißverständlich ansieht: "Es handelt sich weniger um persönliche Motive, Absichten, Wünsche und Vorstellungen bezüglich einer pädagogisch vielleicht besonders wertvollen Heimerziehung als vielmehr um z.T. recht handfeste äußere Umstände, Not- oder Zwangslagen, die die Eltern dazu bringen, sich von ihren Kindern zu trennen" und sie einem LEH anzuvertrauen.[683] Zum anderen ist es aber auch die "starre und anachronistische Struktur der öffentlichen Schule" mit den dadurch bedingten schulischen Problemen der Kinder, die Eltern und ihre Kinder in die Arme freier LEH treibt.[684]

REICHWEIN versucht nun nachzuweisen, daß angesichts solcher schulischer und familiärer Notlagen den LEH eine wichtige pädagogische und soziale Aufgabe zukommt. Dies steht natürlich in einem engen Zusammenhang mit der eingangs angesprochenen bildungspolitischen Situation der 60erJahre. "Den Wünschen der Eltern nach Beseitigung schulischer Schwierigkeiten, nach beaufsichtigter Schularbeit, vernünftiger Freizeitgestaltung und Entlastung von erzieherischen Aufgaben, die unter den äußeren sozialen Bedingungen des Elternhauses nicht mehr befriedigend wahrgenommen und erfüllt werden können", sollten die LEH mit ihrem Konzept der "Heimerziehung" wirksam entgegenkommen.[685] Daß ihnen dies nicht immer in ausreichendem Maße gelingt, stellt REICHWEIN aufgrund der "Selbststudien" nicht in Abrede. Er fordert die LEH vielmehr auf, sich in Zukunft ihrer besonderen pädagogischen Aufgabe noch deutlicher bewußt zu werden und dementsprechend – z.B. im Sinne eines "erziehenden Unterrichts" – zu handeln.[686]

LEH können nach Auffassung REICHWEINs darüberhinaus geradezu "als Versuchsschulen des öffentlichen Schulwesens" fungieren und angesichts der zahlreichen pädagogischen Probleme der Zeit "modellartige didaktische, methodische und organisatorische Lösungsversuche" erproben, "... die nach ihrer Entwicklung und Erprobung in den 'Laboratorien' der LEH eine Anwendung im öffentlichen Schulwesen auf breitester Basis erlauben."[687] Dafür können die LEH auch "mit größerem Recht als bisher ... eine staatliche Förderung und Unterstützung erwarten" und aus ihrer "marginalen Randlage" heraustreten.[688]

All dies beweist, daß REICHWEIN mit seiner Darstellung der "Selbstuntersuchung" von LEH sowie der "Schulwahlgründe" ihrer Eltern ein eminent politisches Interesse verfolgt. Er möchte endgültig aufräumen mit dem elitären Image dieser privaten Internate, wenn er als Ergebnis der Studie zusammenfassend festhält: "Die Auswertung des vorliegenden Materials hat zweierlei gezeigt: 1. Die LEH sind weder elitäre Standesschulen – dazu ist die soziale Herkunft der Schüler, trotz ihres Oberschichtcharakters, zu uneinheitlich und dazu sind auch ihre schulischen Leistungen nicht überzeugend genug – noch sind sie 2. Heimerziehungsanstalten für schwer erziehbare Sonderlinge – dazu ist der Anteil der Problemfälle (Waisen, Einzelkinder, Kinder aus geschiedenen Ehen) und der Schüler mit Erziehungsschwierigkeiten zu gering."[689]

Ob die "Selbststudien" der LEH solche Schlußfolgerungen tatsächlich zulassen – oder ob hier bisweilen der Wunsch Vater des Gedankens war – mag dahingestellt bleiben. REICHWEIN jedenfalls ist aufgrund der Erhebungen überzeugt: "Die LEH sind vielmehr ein Auffangbecken für alle diejenigen Kinder, die sich aus irgendwelchen, meist sozial und familiär bedingten Gründen, nicht in das öffentliche Schulwesen einfügen und die außerdem das Glück haben, Eltern zu besitzen, die das hohe Schulgeld der LEH ... monatlich zahlen können."[690] Und er fügt hinzu: "Insofern leben die LEH von den Mängeln unserer öffentlichen Schulen."[691]

Diesen Status quo betrachtet REICHWEIN jedoch nicht als Zielperspektive der LEH-Bewegung für die Zukunft, wenn er schließlich unmißverständlich konstatiert: "Eines scheint sicher zu sein: die Zeit der großen Pionier- und Kolonisationsleistungen der LEH, die Zeit der exklusiven und elitären Charakterbildung einer kleinen, privilegierten Minderheit in privaten Heimschulen ist vorbei."[692] Und er schließt mit der Forderung, den gesellschaftlichen Standort der Privatschulen einer generellen Neubestimmung zu unterziehen: "Aus der öffentlich geförderten Privatschule muß – ihrer Funktion, nicht ihrem Rechtsstatus nach – eine privat geförderte öffentliche Schule werden."[693] Erst dann würde sie auch ihrem ursprünglichen Anspruch gerecht, den HERMANN LIETZ für die LEH einmal so formulierte: "Die deutschen Landerziehungsheime sind im Dienst für die Allgemeinheit gegründet worden ..."[694]

Ein konsequentes Ernstnehmen dieser Forderung könnte allerdings dazu führen, daß sich nicht nur die Motivlagen von LEH-Eltern, sondern auch deren soziale Zusammensetzung in Zukunft erheblich verändern.

2.2.3 N. BERGGOLD (1982): Was sagen Eltern zur katholischen Schule?

Im Jahre 1980 wurde auf Anregung des Hauptverbandes der katholischen Elternverbände Österreichs an den katholischen Schulen eine Befragung gestartet, die den Eltern der Privatschüler die Möglichkeit zu einer freien Meinungsäußerung geben sollte.[695] NORBERT BERGGOLD vom Erzbischöflichen Amt für Unterricht und Erziehung in Wien erhielt den Auftrag, sie durchzuführen. Die Ergebnisse der Studie wurden 1982 in der Zeitschrift "Ordensnachrichten" veröffentlicht, die von der Superiorenkonferenz der männlichen Ordensgemeinschaften Österreichs herausgegeben wird.[696] Da bereits im Zusammenhang mit der Studie von I. SPEISER ausführlich auf die Besonderheiten des österreichischen Privatschulwesens eingegangen wurde (vgl. Kap.III.2.2.1), sei an dieser Stelle darauf verzichtet.

➢ Konzept der Elternbefragung

Der dieser Studie zugrundegelegte Fragebogen, welcher – mit BERGGOLDs Worten – zwei "demoskopische" und acht "inhaltliche" Fragekomplexe umfaßte, wurde an allen allgemeinbildenden katholischen Privatschulen Österreichs verteilt. "Die der Elternschaft an Katholischen Schulen Österreichs durch eine Elternbefragung gegebene Möglichkeit, ihre Meinung über diese Schulen aufgrund ihrer persönlichen Erfahrung kundzutun, wurde von ihr zum Großteil genutzt", schreibt BERGGOLD.[697] Von 50.000 ausgesandten Fragebogen kamen 26.417 ausgefüllt wieder zurück; nach BERGGOLD ein "unerwartet hoher Anteil, der das Interesse der Eltern am Katholischen Schulwesen zeigt".[698] Die geographische Streuung der Befragten war dabei recht breit: 41,9% der beantworteten Fragebogen kamen aus Wien, 16,2% aus Oberösterreich, 14,1% aus Niederösterreich, 11,4% aus der Steiermark, 4,5% aus Salzburg, 3,8% aus Tirol, 3,2% aus dem Burgenland, 3,1% aus Kärnten und 1,9% aus Vorarlberg.[699]

"Fast ein Viertel der Eltern hat den Hauptwohnsitz mehr als 15 Kilometer von der Schule entfernt"; diese Eltern nehmen also – im Falle extern wohnender Schüler – eine z.T. enorme Anfahrtsstrecke in Kauf, um ihr Kind zu der Schule ihrer Wahl zu bringen. Allerdings lebten zum Zeitpunkt der Berfragung nur 57,6% der Kinder ganz im Elternhaus; 26,8% der Kinder waren im Halbinternat (Tagesheim) und 15,6% im Vollinternat.[700] Dies ist insofern von Bedeutung, als für viele Eltern der Faktor "Internatsschule" bei der Schulwahlentscheidung eine nicht unerhebliche Rolle gespielt haben dürfte.[701]

➢ Ergebnisse der Elternbefragung

Der erste Teil des Fragebogens war der Ermittlung des sozio-ökonomischen Status der Elternschaft gewidmet. Bezüglich der Einkommensverhältnisse der befragten Privatschuleltern kommt die Studie dabei zu folgendem Resultat: "Stellt man die Nettoeinkommensstruktur der Eltern katholischer Privatschüler jener der österreichischen Bevölkerungsstruktur gegenüber, so erkennt man, daß die Abweichung nicht übermäßig ist", schreibt BERGGOLD.[702] Fügt man jedoch zu dem Vergleich der Nettoeinkommen noch den Vergleich der Haushaltsgrößen hinzu, so läßt sich nach BERGGOLD unschwer ersehen, "daß das Haushaltseinkommen pro Kopf bei den Eltern katholischer Privatschüler geringer ist als im gesamtösterreichischen Durchschnitt".[703] Und er schlußfolgert, daß die katholische Schule "keine Exklusivschule der 'Reichen' " sei.[704]

Bezüglich ihres Bildungsstandes wiesen die befragten Eltern katholischer Privatschüler einen überdurchschnittlich "hohen Bildungsstand" aus.[705] Während 78,3% der österreichischen Bevölkerung einen Pflicht- bzw. Berufsschulabschluß haben, beträgt hier der Anteil bei den Eltern katholischer Privatschüler nur 38,9%. Beim mittleren Schulbildungsabschluß ergibt sich ein Verhältnis von 11,8% (gesamtösterreichisch) zu 36,0% (Privatschuleltern), und den Abschluß einer höheren Schule bzw. Hochschulabschluß haben durchschnittlich 9,9% der österreichischen Bevölkerung gegenüber 25,1% der katholischen Privatschuleltern.[706] Ähnliches gilt für die Berufsausbildung katholischer Privatschuleltern: "Hier sind die Arbeiter gegenüber der gesamtösterreichischen Bevölkerungsstruktur unterrepräsentiert, hingegen die Selbständigen und Freiberufler überrepräsentiert", bilanziert BERGGOLD.[707] Ob sich seine These von der "Nicht-Elite-Schule" angesichts dieser Befunde jedoch so ganz halten läßt, mag dahingestellt bleiben.

Im zweiten Teil des Fragebogens wurde versucht, die Motive, die für die Eltern bei ihrer Entscheidung für eine katholische Schule maßgeblich waren, zu erfassen. Die Eltern sollten zu 16 vorgegebenen Items mittels einer vierteiligen Skala von 1 (=sehr wichtig) bis 4 (=unwichtig) Stellung nehmen. Dabei ergab sich bei den Befragten insgesamt folgende Gewichtung der Motive (Mittelwerte jeweils in Klammern):

1. "Der gute Ruf der Schule war ausschlaggebend (1,67)
2. Das Lehrpersonal ist besser als an öffentlichen Schulen (1,74)
3. Die katholische Erziehung des Kindes ist bedeutend (1,77)
4. Die Erziehung des ganzen Menschen (Körper, Geist, Seele) wird nur in der Katholischen Schule geboten (1,78)
5. Es wird intensiver gelernt als an öffentlichen Schulen (1,85)
6. An einer Katholischen Schule ist kein Massenbetrieb (1,91)
7. Schule und Lehrkörper sind nicht so verpolitisiert wie an öffentlichen

Schulen (2,15)
8. In der Katholischen Schule ist das Kind noch in einer heilen Welt geborgen (2,21)
9. Die Möglichkeit einer humanistischen Ausbildung ist gegeben (2,29)
10. Die Mitschüler gehören einem besseren Milieu an (2,37)
11. Der Katholischen Schule ist ein Internat angeschlossen (2,49)
12. Die Empfehlung dieser Schule durch Verwandte, Bekannte war ausschlaggebend (2,97)
13. Unser Kind schafft es an dieser Schule leichter als an einer öffentlichen (3,0)
14. Die örtliche Lage der Katholischen Schule ist günstiger als die öffentlicher Schulen (3,05)
15. Es gibt in der Öffentlichkeit ein gutes Bild ab, eine Katholische Schule zu besuchen (3,31)
16. Bei uns hat der Besuch einer Katholischen Schule Familientradition (3,32)".[708]

Faßt man die einzelnen Antworten zu etwas umfassenderen Begriffen zusammen, so kann man nach BERGGOLD die Positionen 1., 2., 5., 6. und 7. als *qualitative*, die Positionen 3., 4., und 8. als *christlich-weltanschauliche*, die Positionen 9., 11., 13. und 14 als *sachliche* und die Positionen 10., 12., 15. und 16. als *imagebetonte* Merkmale ansehen.[709] Damit läßt sich etwa folgende Reihenfolge der Motive aufstellen, die für die befragten Eltern bei der Entscheidung, ihr Kind in eine katholische Schule zu schicken, ausschlaggebend waren:

1. "qualitätsbezogene Motive"
2. "christlich-weltanschauliche Motive"
3. "sachliche Motive"
4. "imagebezogene Motive".[710]

Eine weitere Frage bezog sich darauf, welche Ziele und Aufgaben der katholischen Schule die Befragten als besonders wichtig einschätzen. Dabei kommt die BERGGOLD-Studie zu folgendem Ergebnis: Für äußerst wichtig halten die Eltern als Ziel und Aufgabe der katholischen Schulen "Erziehung zu Moral und Gewissen" (Faktor 1,33), "Hebung des gesamten Bildungsniveaus" (2,37), "Gute Vorbereitung auf den Beruf" (1,41) und "Vermittlung christlichen Gedankengutes" (1,71). Etwas abgesetzt sind "Vermittlung kirchlicher Tradition" (2,02), "Heranbildung von Elite für Führungsfunktionen im späteren Leben" (2,07) und "Veränderung der jetzigen Gesellschaftsform" (2,43).[711] Nach BERGGOLD werden die letzten drei Aspekte von den Eltern offenbar als weniger wichtig angesehen. Sein Fazit: "Auch bei der Frage nach den Zielen und Aufgaben der Katholischen Schule sind Qualität und christliche Weltanschauung sehr im Vordergrund."[712]

Eine interessantes Ergebnis zeigte sich auch bei der Frage, warum Eltern ihr Kind in ein katholisches Halbinternat bzw. Vollinternat gegeben haben. Hierbei ergab sich folgende Motivfolge:

1. Erlernen von guten Manieren und Ordnung (1,60)
2. Erziehung zu Selbständigkeit und Kritikfähigkeit (1,70)
3. Sinnvolle Freizeitgestaltung (1,82)
4. Erziehung zur Gemeinschaft (1,83)
5. Charakterformung im christlichen Sinn (1,90)
6. Lernhilfe, die zu Hause nicht möglich ist (2,25)
7. Elitäre Erziehung (2,30)
8. Berufstätigkeit beider Ehepartner (2,37)
9. Weiter Schulweg macht Internatsbesuch notwendig (2,87)
10. Berufstätigkeit alleinerziehender Eltern (3,03)
11. Erziehungsschwierigkeiten zu Hause (3,70).[713]

"Es zeigt sich auch hier, daß die qualitätsbezogenen und die christlich-weltanschaulichen Motive für die Eltern die bedeutenderen sind als andere Motive", faßt BERGGOLD zusammen.[714]

Ein eigenes Bild zeichneten die Eltern bei der Zuteilung treffender Charakterisierungen zu der von ihnen gewählten katholischen Schule. Zwar liegen die sechs vorgeschlagenen Begriffe relativ eng beieinander, doch zeigt sich eine deutliche Reihenfolge der Merkmale in der Einschätzung der Eltern. So halten sie die katholische Privatschule für "aufgeschlossen" (1,79), "fortschrittlich" (1,86), "fromm" (1,87), "tolerant" (2,01), "dynamisch" (2,16) und "modern" (2,22), wobei die letzten drei Merkmale offenbar als etwas weniger zutreffend empfunden werden.[715]

Auf die Frage, ob die Erwartungen, die sie bei der Anmeldung des Kindes an einer katholischen Schule hatten, auch heute noch erfüllt werden, antworteten 46% der Eltern mit "vollständig", 42% mit "größtenteils", 11% mit "teilweise" und nur 1% mit "überhaupt nicht".[716] Dies ergibt nach BERGGOLD "ein gutes Bild für die katholischen Schulen, das sich auch in einer anderen Frage widerspiegelt": Die Bewertung der katholischen Schule des Kindes durch Notengebung erfolgte bei 52% der Eltern mit "sehr gut", bei 39% mit "gut", bei 8% mit "befriedigend" und bei 1% mit "genügend".[717] Gefragt, ob sie ihr Kind nochmals in eine katholische Schule schicken würden, antworteten immerhin 59% "auf alle Fälle", 36% "wahrscheinlich schon", 3% "eher nicht" und 1% "auf gar keinen Fall". Auch hier zeigt sich für BERGGOLD die generelle "Zufriedenheit der Eltern mit der Katholischen Schule."[718]

Eine weitere Frage bezog sich auf die Angemessenheit des Schulgeldes, das die

Eltern an katholischen Privatschulen bezahlen müssen. Hierbei fanden 5% der Eltern das Schulgeld "eher sehr hoch", 17% "eher hoch", 54% "gerade angemessen", 17% "eher günstig" und 7% "eher sehr günstig".[719] BERGGOLDs Fazit: "Der gebotenen Leistung gerade angemessen ist die Höhe des Schulgeldes nach Meinung der Eltern." Die Frage nach der Einschätzung der tatsächlichen Wirtschaftslage von katholischen Schulen zeige jedoch, "... daß die Problematik der Abdeckung der gesamten Kosten einem Großteil der Eltern nicht bekannt ist."[720]

Schließlich wurde noch gefragt, wie die Eltern die Zukunftschancen katholischer Privatschulen beurteilen. Die Studie kommt dabei zu folgendem Ergebnis: "Sehr optimistisch beurteilen die Eltern die Zukunftschancen der Katholischen Schulen: 59% halten sie für "groß", 32% für "mittel", 3% für "gering" und 6% machten keine Angabe.[721] NORBERT BERGGOLD kommt somit zu folgender Schlußfolgerung: "Dieses Ergebnis ist ein weiteres deutliches Zeichen der Eltern, daß sie mit der Katholischen Schule überwiegend zufrieden sind und daß man auch in Zukunft mit den Kindern dieser Eltern an den Katholischen Schulen rechnen kann."[722]

2.2.4 H. KEESE-PHILIPPS (1989): Untersuchungen zu Eltern und Elternbewußtsein in alternativen Schulen

Die umfangreichste empirische Studie zu Elternmotiven und Elternbewußtsein an den im Gefolge der 68er-Bewegung entstandenen "Freien Alternativschulen" (vgl. Kap.II.2.3.4 / 2.3.5) führte HENNING KEESE-PHILIPPS 1988 im Rahmen seiner Dissertation an der Universität Frankfurt durch.[723] ULF PREUSS-LAUSITZ schreibt über diese 1989 veröffentlichte Untersuchung: "HENNING KEESE-PHILIPPS hat als erster in dieser Breite und Intensität die Hoffnungen, Erfahrungen und Einstellungen von Eltern aus acht verschiedenen bundesdeutschen Alternativschulen erforscht und problemorientiert dargestellt."[724]

Ziel der Studie war es zum einen, einer interessierten Öffentlichkeit "die Wirklichkeit von Alternativschulen" nahezubringen sowie "Aufschlüsse über die Motive, alternativschulspezifische Erfahrungen und perspektivische Ausblicke von Alternativschuleltern" zu erhalten.[725] Dabei sollten auch die "allgemeinen Einstellungen" und der "gesellschaftlich-politische Hintergrund" von Alternativschuleltern eruiert werden.[726] Andererseits sollte diese Studie aber auch der "speziellen Zielsetzung" dienen, "problemorientiert nach Widersprüchen, Konflikten und Auseinandersetzungen zu suchen", die innerhalb der Alternativschulen existieren, damit diese innerschulisch betrachtet und bearbeitet werden können.[727]

Im Unterschied zu allen anderen in Kap.III.2 vorgestellten Studien handelt es sich bei der "Alternativschulstudie" um eine Untersuchung an zum Zeitpunkt der Befragung mehrheitlich *nicht genehmigten* Freien Schulen, was bei der Einschätzung der Ergebnisse unbedingt berücksichtigt werden muß. "Zum Zeitpunkt der Interviews kann überhaupt gesagt werden, daß nur die Glocksee-Schule Hannover als genehmigt gelten konnte", schreibt KEESE-PHILIPPS.[728] Die sieben anderen Freien Schulen kämpften in dieser Zeit noch um ihre Genehmigung. Die an der Untersuchung beteiligte "Freie Schule Karlsruhe" z.B. wurde kurz vor Abschluß dieser Studie auf Initiative des Baden-Württembergischen Kultusministeriums zwangsweise geschlossen.[729] Die Tatsache der Nicht-Genehmigung der meisten befragten Alternativschulen erwies sich für die vorliegende Untersuchung als so folgenschwer, daß es unumgänglich erscheint, vorab noch etwas zur besonderen Situation der Alternativschuleltern anzumerken.

Angesichts der o.g. Bedingungen standen die befragten Alternativschuleltern unter einem "außergewöhnlich hohen Druck von seiten der Schul- und z.T. Justizbehörden" und mußten permanent mit rechtlichen Konsequenzen infolge ihrer Schulwahlentscheidung rechnen. So gab es zum Zeitpunkt der Befragung "in allen alternativen Projekten, die ohne die Zustimmung der Behörden mit dem Schulbetrieb begonnen haben, Beispiele für den Versuch der kommunalen oder regionalen Schulbehörden, mit angedrohten oder durchgeführten Ordnungs- oder gar weitergehenden rechtlichen Verfahren die betroffenen Mütter und Eltern zur Einschulung ihrer Schützlinge in eine Regelschule zu bewegen."[730] Der "Preis", den diese Eltern für ihre Schulwahlentscheidung gezahlt haben, war also überdurchschnittlich hoch und mit einer starken Unsicherheit bezüglich der schulischen Zukunft ihrer Kinder verbunden. "Damit muß allein die Hoffnung auf eine zukünftige Genehmigung oder die Einschätzung, daß die Alternativschulzeit an sich den Wert einer Regelschulzeit übertrifft, in diesem Zusammenhang als ausreichendes Motiv für die hierbei betroffenen Eltern gelten können, ihre Kinder dort einzuschulen", vermutet KEESE-PHILIPPS vorab.[731]

"Unter diesen Prämissen, zu denen auch die strukturelle Finanzproblematik nicht genehmigter alternativer Schulen hinzukommt, ... wird schnell verständlich, daß nur wenige Eltern den Weg zu diesen Bildungseinrichtungen finden", schreibt KEESE-PHILIPPS.[732] "Ungenehmigte Projekte leiden grundsätzlich unter geringen Anmeldezahlen, während die genehmigte Glocksee-Schule in der Regel interessierte Eltern abweisen muß."[733]

Doch auch eine als staatliche Versuchsschule genehmigte Alternativschule wie die Glocksee-Schule ist nach KEESE-PHILIPPS stets einer hochgradig belasteten und zwiespältigen Situation ausgesetzt: "Diese Alternative gilt seit ihrer Existenz als modellhafte Schule, die einerseits die z.T. sehr hohen Erwartungen vieler Schulkritiker erfüllen soll und andererseits von ihren Kritikern auf einen permanenten Prüfstand bezogen auf ihre Funktionsfähigkeit gehoben wird, wobei Schwächen und Fehler als Argument für die Undurchführbarkeit der Alternativschulpädagogik ... angeführt werden."[734] "Die genehmigte Alternativschule ist also in einer permanenten Zwickmühle, die sich einerseits strukturell durch die Anerkennung, Genehmigung und selbstverständlich die Übernahme regelschulartiger Kriterien auszeichnet und andererseits – durch die pädagogischen, politischen und organisatorischen Grundlagen – aber eine völlig andere Bildungseinrichtung sein will, die sich nicht in der Hinführung zu staatstragendem Verhalten und grundsätzlicher Anerkennung traditioneller Aufgaben der Schule ausdrückt."[735] Unter diesen Bedingungen muß die Arbeit in einer Alternativschule für die Betreiber "eine andauernde anstrengende Auseinandersetzung mit den Vorstellungen der betroffenen Eltern, ... der interessierten Pädagogen innerhalb und außerhalb der Schule und der die Alternativschulen unterstützenden Politiker einerseits und den kritisch eingestellten Bürokraten, Eltern und Elternverbänden sowie Politikern andererseits sein", meint KEESE-PHILIPPS. Und er folgert: "Diese Voraussetzungen sind sicherlich nicht dazu angetan, a priori für meine Untersuchungen ein offenes Klima vorauszusetzen."[736]

Allgemein kann zu den nichtgenehmigten wie zu den genehmigten Alternativschulen mit dem Verfasser der Studie festgestellt werden, "... daß es ganz erhebliche Probleme bei der Bewältigung permanent anstehender Komplikationen und Konflikte gibt. Diese sind oftmals so umfangreicher Natur, daß die Konzentration auf den pädagogischen Alltag sehr schwer erscheint, und die Aufgabe des existentiellen Überlebens für die betroffenen Eltern und Lehrkräfte möglicherweise für die Arbeit dieser Projekte zumindest phasenweise dominierend sein kann."[737] Und so gibt KEESE-PHILIPPS am Beginn seiner Studie zu Recht folgenden Hinweis: "Diese genannten Voraussetzungen müssen ... besonders Berücksichtigung dann finden, wenn problematische Entwicklungen und Situationen in diesen Bildungseinrichtungen von den Interviewpartnern beschrieben ... werden. Eine Herangehensweise ohne die Betonung der Entwicklung und Situation der Alternativschulen würde schnell zu Fehleinschätzungen führen."[738]

➢ Konzept der Untersuchung

An der Studie nahm außer der bereits erwähnten Glocksee-Schule Hannover und der Freien Schule Karlsruhe die Freie Schule Stuttgart, die Freie Schule Frankfurt, die Freie Schule Berlin-Kreuzberg, die Freie Schule Berlin-Tempelhof, die Kinderschule Bremen und die Kinderschule Hamburg teil, von denen heute drei – aufgrund ihrer Nichtgenehmigung – nicht mehr existieren.[739] KEESE-PHILIPPS stellt fest, daß von den angefragten Alternativschulen allein "... die Freie Schule Bochum mir keine Gelegenheit gegeben hat, Eltern im Rahmen meiner Untersuchungen zu befragen."[740]

Er führt weiterhin aus, "... daß die Befragungen in allen Alternativschulen außer der Glocksee-Schule als Versuch der Gesamterhebung durchgeführt worden sind."[741] Aufgrund einer unterschiedlich hohen Bereitschaft der Eltern, sich für die mündlich durchgeführten Einzelinterviews zur Verfügung zu stellen, belief sich die Zahl der befragten Eltern schließlich auf insgesamt 89.[742] Selbstkritisch und selbstbewußt folgert KEESE-PHILIPPS: "Auch wenn ich keine nach strengsten methodenwissenschaftlichen Kriterien empirische Repräsentativität nachweisen kann, müssen die Aussagen der Mütter und Väter für sich grundsätzlich ernst genommen werden."[743] Die Altersstruktur der Befragten lag zwischen 24 und 48 Jahren, wobei die Gruppe der 28- bis 37-Jährigen erwartungsgemäß am stärksten bei der befragten Elternschaft vertreten war. Die 109 Alternativschulkinder der Befragten waren meist zwischen 6 und 14 Jahren alt, wobei die 6- bis 8-Jährigen die weitaus stärkste Gruppe bildeten. Dies erklärt sich aus der "Struktur dieser Bildungseinrichtungen, die sich außer der Glocksee-Schule als Grundschule verstehen, welche in Berlin sechsjährig eingerichtet ist."[744]

Für seine Untersuchung zum "Elternbewußtsein an Alternativschulen" führte KEESE-PHILIPPS Leitfadeninterviews durch, in denen drei inhaltliche Schwerpunkte zur Sprache kommen sollten:

1. die *Motive* der Alternativschuleltern für deren Entscheidung, ihre Kinder in die alternative Bildungseinrichtung zu schicken;
2. die in diesem Zusammenhang erkennbaren *Erwartungen* der Eltern an die Alternativschule, z.B. bezogen auf das Schulleben und die Entwicklung der Kinder;
3. die *Erfahrungen* der Eltern in Zusammenhang mit ihrer Alternativschule, v.a. bezogen auf die Kinder, auf die Kooperation mit anderen Erwachsenen und auf fachliche oder persönliche Probleme mit den Lehrkräften.[745]

Zu den ersten beiden Frageschwerpunkten "... ist von seiten der Interviewten in der Regel ausführlich Stellung genommen worden", was vom Autor der Studie damit erklärt wird, "... daß bezogen auf die Motive und die Erwartungen der Alternativschuleltern alle Befragten Auskunft geben können, unabhängig von ihrer individuellen Verweildauer in diesen Projekten."[746] Der dritte Frageschwerpunkt, die "Erfahrungen" mit Alternativschulen, ist im Kontext dieser Arbeit zwar nicht von *zentralem* Interesse, soll aber doch bei der Ergebnisanalyse mit berücksichtigt werden.

Schließlich wollte KEESE-PHILIPPS in seiner Studie auch noch Aufschlüsse gewinnen über "... die Rolle der Alternativschuleltern im gesamtgesellschaftlichen Rahmen unter besonderer Berücksichtigung der von ihnen genannten Perspektiven und politischen Einschätzungen."[747] Unter dieser Zielsetzung sollten in den Interviews "... die persönlichen Gedanken der Befragten zu gesamtgesellschaftlichen Tendenzen ebenso thematisiert werden wie die Verbundenheit zu und Mitarbeit in organisierten politischen Gruppierungen."[748] Zwar berührt auch diese

Fragestellung das erkennnisleitende Interesse dieser Arbeit nur am Rande, doch läßt sie u.U. gewisse weitere Rückschlüsse auf die Determinanten der Schulwahlentscheidung für Alternativschulen zu, weshalb sie bei den folgenden Ausführungen nicht unberücksichtigt bleiben soll.

➢ Ergebnisse der Untersuchung

Bei der Ergebnispräsentation geht KEESE-PHILIPPS selektiv-ordnend vor: "Ohne die Aussagen über die Repräsentativität meiner Untersuchungen relativieren zu wollen, werden hier Auffassungen und Meinungen, Überlegungen und Perspektiven der Interviewpartner zusammengestellt, kommentiert und z.T. interpretiert ..."[749] "Als Quellen der Elternmeinungen werden einerseits Zitate aus einzelnen Interviews und andererseits – falls vorhanden – übereinstimmende zusammengefaßte Positionen von mehreren Eltern genutzt."[750] Der Verfasser der Studie verzichtet dabei darauf, "... die Ergebnisse der Untersuchungen auch nur annähernd komplett darzustellen. Die Fülle der Erkenntnisse aus den 101 Gesprächen mit einer Länge von ca. 150 Stunden z.T. sehr angeregter Diskussion muß grundsätzlich durch thematische Eingrenzungen reduziert und geordnet werden."[751]

Zur Verdeutlichung spezifischer Positionen zieht KEESE-PHILIPPS außerdem "wissenschaftliche Literatur als ergänzende Information" hinzu. Dies hat zur Folge, daß bei den Ergebnissen der Studie "... sowohl eine große Anzahl deskriptiver Elemente im Sinne einer Darstellung der unmittelbaren Interviewergebnisse zu finden ist als auch interpretierende und auf wissenschaftlicher Basis reflektierende Anteile ..."[752] "Das eine wie das andere dient der Verdeutlichung der Elternmeinungen, der Zuspitzung der von ihnen genannten Positionen, Einschätzungen und gesamtgesellschaftlichen wie auch alternativschulspezifischen Perspektiven."[753]

1. Motive für die Einschulung an einer Alternativschule

Zunächst zum ersten Frageschwerpunkt, den *Motiven* der Alternativschuleltern für ihre Schulwahlentscheidung: Hier ist nach KEESE-PHILIPPS "... erkennbar, daß bei manchen Antworten unter den Befragten erhebliche Unterschiede neben inhaltlich konformen Aussagen festzustellen sind. Deswegen war es möglich, zumindest ansatzweise argumentations- und einstellungshomogene Gruppen in der Elternschaft darzustellen."[754] "Damit können allgemeine grobe Kategorien der Motivation für die Entscheidung zugunsten der alternativen Schulen und entsprechende Erwartungshaltungen festgestellt und auf die Befragten bezogen werden, womit wiederum spätere Rückschlüsse auf die Funktionsfähigkeit und die Perspektive alternativer Schulen ermöglicht werden sollen", folgert KEESE-PHILIPPS.[755]

Auf diesem Wege eruiert der Autor der Studie vier Hauptkategorien von Motiven der befragten Eltern für deren Interesse an der Alternativschule, die sich wie folgt zusammenfassen lassen:

- Negativerfahrungen und Einschätzungen der Regelschule als Ursache für die Suche der Eltern nach einer alternativen Schule;
- die Vorerfahrungen des Kindes in einem Kinderladen als Motiv für die Einschulung in eine alternative Schule;
- der Wunsch nach Entlastung durch die Alternativschule als Grundlage des Interesses an diesen Bildungseinrichtungen;
- grundsätzliche politische Überlegungen von Eltern als Ursache für das Interesse an einer alternativen Schule.[756]

"Diese vier Gründe für das Interesse der betroffenen Eltern an einer Alternativschule sind im Rahmen der Untersuchungen nicht als gleichwertig zu bezeichnen", was im folgenden ausführlicher erläutert werden soll.[757] Als "Hauptbeweggründe" der befragten Alternativschuleltern können sie jedoch nach KEESE-PHILIPPS "... eine nicht unerhebliche Bedeutung im Rahmen der Untersuchungsergebnisse beanspruchen."[758] "Dabei kann gesagt werden, daß diese Motive" – und das mag erstaunen – "überwiegend oder gänzlich unabhängig von der effektiven pädagogischen Ausprägung der alternativen Schule zu sehen sind, also als Vorerfahrung oder grundsätzliche Überlegung eine Entscheidung gegen die Regelschule provozierten ...", resümiert der Autor.[759] Und er hält schließlich fest: "Alle anderen im Rahmen der Interviewserien genannten individuellen Beweggründe für elterliches Interesse an einer Alternativschule sind in dieser allgemeinen Auswertung nicht berücksichtigt worden, da sie entweder zu wenig Konkretionen enthielten oder aber keinen Erkenntniszuwachs im Rahmen dieser Arbeit versprachen.[760]

Im folgenden sollen die vier in der Alternativschulstudie eruierten *"Hauptmotive"* der Eltern für ihre Schulwahlentscheidung einer näheren Betrachtung unterzogen werden:

- ***Negativerfahrungen und –einschätzungen der Regelschule***

Bezüglich dieser für den Kontext der vorliegenden Arbeit sehr aussagekräftigen Motivgruppe stellt KEESE-PHILIPPS zunächst fest: "Alle 89 befragten Mütter und Väter kritisierten im Verlauf der Interviews Elemente der Regelschule. Dabei wurde deutlich, daß die Einschulung der Kinder in die alternative Schule häufig in unmittelbarem Zusammenhang mit genannten Kritikpunkten stand. Sowohl die Praxis der Regelschulen als auch die erkennbaren oder vermuteten Auswirkungen für die Schützlinge der Interviewpartner wirkten abschreckend und sind jeweils als Motiv für die Suche nach einer anderen Bildungseinrichtung auszumachen."[761]

Im Hinblick auf die Quellen der elterlichen Kritik an der Regelschule kann gesagt werden, "... daß mit 47 der 89 Interviewpartner der Anteil derjenigen Mütter und Väter, die sich dezidiert auf ihre *eigenen* Schulerfahrungen beziehen und diese als eine Grundlage der Regelschulablehnung anführen, besonders hoch und in diesem Zusammenhang bedeutend ist."[762]

Im einzelnen beziehen sich die negativen Erfahrungen der Interviewpartner aus ihrer eigenen Schulzeit primär auf "Ohnmachtserfahrungen gegenüber Lehrkräften, die durch das Verhalten der eigenen Eltern – welche sich offensichtlich fast grundsätzlich auf die Seite der Pädagogen stellten – verstärkt worden sind".[763] Hierbei bringen die Eltern detaillierte Schilderungen von ohrfeigenden Lehrern, "die mit Zensuren eine unheimliche Macht ausgeübt haben", von prügelnden Vätern, von "Angstzuständen" und quälenden nächtlichen "Alpträumen" sowie von permanenten Demütigungen durch "Pädagogen", die häufig "als prügelnde, machtvolle und mächtige Männer" dargestellt werden.[764] "In dem Bewußtsein der Befragten sind schließlich nur traumatische Erinnerungen geblieben, was ihr Motiv der Suche nach einer alternativen Schule und die Kritik und Ablehnung der Regelschule erklärt", schreibt KEESE-PHILIPPS.[765]

An zweiter Stelle der eigenen negativen Schulerfahrungen steht bei den befragten Eltern "die Interessensteuerung durch die Regelschule, welche reflektierend von den Interviewpartnern als Behinderung der eigenen Entwicklung und als Fremdbestimmung angesehen wird".[766] In den Interviews "... beklagen sich über 30 Mütter und Väter über die von ihnen erfahrene Struktur der Regelschulen, die ihnen das Erkennen eigener Talente und Interessen sowie eine freie Entfaltung von Fähigkeiten durch den Aufbau des schulischen Unterrichts nicht erlaubt und damit eine Dezimierung ihrer Persönlichkeit bewirkt hat."[767] Eine Mutter z.B. berichtet von sich selbst: "... daß ich immer gut funktioniert habe ... und ... daß ich am Ende der Schulzeit ... aber überhaupt nicht wußte, was ich wollte. Überhaupt keine Interessen entwickelt habe, sondern nur immer brav gemacht habe, was angesagt war. Und das fand ich unheimlich deprimierend."[768] Für ihr eigenes Kind wünscht sich diese Interviewpartnerin "ein umgekehrtes Vorgehen" der alternativen Schule, so daß die Interessen und Bedürfnisse des Mädchens geweckt und gefördert werden.[769]

Eine andere Gruppe von Eltern leitet ihre Schulkritik von konkreten Regelschulerfahrungen mit "*aktuellen* problematischen Zuständen dort" ab.[770] "Diejenige Elterngruppe, die konkret von der Schulpraxis berichtet und daraus ihre Kritik bezieht, setzt sich zum größten Teil aus Müttern und Vätern zusammen, die als Pädagogen oder Psychologen in Bildungseinrichtungen arbeiten und deswegen die Entwicklungen von Kindern und deren Probleme aus erster Hand vermittelt bekommen."[771] Etwa gleich groß ist die Gruppe derjenigen Interviewpartner, "... deren *Kinder* bereits eigene Regelschulerfahrungen gemacht haben, also aufgrund schlechter Erfahrungen dort zu einer alternativen Bildungseinrichtung übergewechselt sind."[772] Einige Befragte geben an, "... neben dem Alternativschulkind noch einen Schützling in einer Regelschule eingeschult zu haben und deswegen das jüngere Kind in eines der Projekte gegeben zu haben."[773] KEESE-PHILIPPS folgert: "Allen diesen Interviewpartnern, die unmittelbare Berührungspunkte mit der Regelschule vorweisen, muß ein hohes Maß an Einblicks- und Vergleichsfähigkeit in die Situation der in der Regel staatlichen Bildungseinrichtungen zugesprochen werden, womit die Glaubwürdigkeit der Aussagen und die Bewußtheit der Wahl festgestellt werden kann."[774] Schließlich sei noch erwähnt, daß neben diesen konkret "Regelschulerfahrenen" weitere 15 Befragte angeben, "... daß sie durch ihr Hochschulstudium zu ihrer Entscheidung für die alternative Schule gekommen sind oder darin bestärkt wurden, ihr Kind nicht in eine Regelschule zu schicken."[775]

Nach KEESE-PHILIPPS "... bezieht sich die Kritik der Alternativschuleltern an der Regelschule stark auf die hohen Leistungsanforderungen und die in diesem Zusammenhang zu erkennenden Folgewirkungen für die Mädchen und Jungen."[776] Die Regelschulkritik der Eltern konzentriert sich dabei "... auf die psychische Verfassung der Kinder, welche sie negativ verändert sehen."[777] Eine befragte Mutter – selbst Lehrerin – sagt z.B. sinngemäß: Wenn ich an die Regelschule denke, "... habe ich da auch immer so viele ... traurige Kinder vor Augen, daß ich dachte, nee, das will ich meinem Kind nicht antun."[778] Und sie kommt aufgrund ihrer eigenen Schulalltagserfahrungen als Gymnasiallehrerin zu dem Schluß: "... daß ich die ganze Art und Weise, wie die Regelschule den ... Lernvorgang organisiert, ... wirklich für grotesk halte ... Das war die Erfahrung, die ich Jahr für Jahr machte, ... daß die Kinder mit weit geöffneten Augen, voller Spannung und Wißbegierde und also mit sehr viel Vorfreude kamen ... Und wenn man dann dieselben Kinder also nach zwei Jahren wiedersieht, wirklich mit erloschenem Blick, in den Bänken sitzend und eigentlich ohne die Lust und Freude am Lernen, die denen systematisch ausgetrieben ist ..."[779] KEESE-PHILIPPS faßt zusammen: "Nach Darstellung dieser Interviewpartnerinnen [sic] ist die *Struktur* der Regelschule für diesen Automatismus verantwortlich. Kinder durchlaufen also nach dieser Auffassung *generell* die Regelschulentwicklung, die ihnen durch Einschulung in das alternative Projekt erspart werden soll."[780]

Besonders die hohen und z.T. unmittelbaren Leistungsanforderungen für die Erstkläßler werden von verschiedenen Interviewpartnern kritisiert und abgelehnt. "Und diese Zeit ist unheimlich kurz, daß sie sich an die Schule gewöhnen ... nach sechs Wochen hat die Grundschule schon behauptet, also die Leistungen der Kinder, die sind nicht ausreichend. Und mit Rückschulung gedroht und mit Vorschule."[781] KEESE-PHILIPPS hält fest: "Die Leistungsanforderungen auch in der Grundschule führen offenbar zu erheblichen Belastungen für die Kinder und die Eltern, wobei letztere für die Regelschullehrer die Ansprechpartner bei Problemen darstellen und 'die Entzweiung' zwischen Elternteil und den Kindern, die durch die hohen Schulanforderungen provoziert worden ist ..., außerdem aufarbeiten müssen."[782] Bedenken oder konkrete Ängste gegenüber diesen Leistungsanforderungen der Regelschule nennen jedenfalls mit 67 von 89 Interviewpartnern mehr als 75% der Befragten und führen dies als eines der Argumente *gegen* die Regelschule und *für* die alternative Schule an.[783]

"Seltener (bei 12 Eltern) in den Interviews zu finden sind Bedenken der befragten Mütter und Väter, daß ihre Kinder aufgrund der strukturellen Konkurrenzsituation der Mädchen und Jungen in einer Regelschule Schaden erleiden könnten und sie deswegen lieber die Alternativschule wählen."[784] Falls entsprechende Bedenken genannt werden, stehen sie im Zusammenhang mit der Befürchtung, "... daß die Schüler gegenüber den Lehrpersonen autoritätshörig werden, da die Gruppenkonstellation keine solidarischen Verhaltensweisen der Kinder gegenüber den mächtigen Lehrkräften ermöglicht."[785] Nach KEESE-PHILIPPS kann diesem Motiv aber keine große Bedeutung zuerkannt werden, obwohl es inhaltlich und auch von der Anzahl der Nennungen her wichtiger erscheint als die von einigen Eltern geäußerte "Ablehnung der moralischen Verpflichtung ..., ihre Kinder mit einer der Schule adäquaten Kleidung auszustatten und den Pünktlichkeitsvorstellungen der Lehrkräfte genügen zu müssen."[786]

Interpretierend fügt der Autor hinzu: "In dem Motiv der Vermeidung von Konkurrenz in der alternativen Schule sind unschwer politische Hintergründe der Interviewpartner ebenso zu erkennen wie Berührungspunkte mit wissenschaftlichen Ausführungen zum 'Heimlichen Lehrplan' der Regelschule."[787] Dabei ist mit KEESE-PHILIPPS festzustellen, "... daß die Bedenken der Mütter und Väter bezogen auf die fehlende Solidarität unter den Kindern und das strukturell durch Zensurengebung, Bestrafungen und Nichtversetzungen sowie andere Maßnahmen hervorgerufene Konkurrenzverhalten" – etwa im Sinne der FENDschen Terminologie – "sich dezidiert ausschließlich auf die Integrations- und Legitimationsfunktion der Regelschule beziehen. Die Qualifikations- und auch die Allokations- und Selektionsfunktion der Regelschule werden von den Interviews nicht berührt."[788] Insgesamt kommt KEESE-PHILIPPS bei seiner Würdigung der Ausführungen der Alternativschuleltern zu dem Ergebnis, daß der Bezug zur wissenschaftlichen Diskussion um den "Heimlichen Lehrplan" jedoch eher unbedeutend genannt werden kann.[789]

"Nicht die strukturellen, auf die gesamte Gesellschaft zu beziehenden Folgen des 'Heimlichen Lehrplans' können große Bedeutung beanspruchen, sondern das Unwohlfühlen der Schüler in der Regelschule, die direkt spürbaren Belastungen, innerfamiliären Spannungen, die traurigen Augen und der Verlust an kindlicher Ausstrahlung ...", resümiert KEESE-PHILIPPS.[790] Er kommt zu dem Schluß, "... daß besonders die unmittelbaren Folgen für die Schüler bei der Entscheidung gegen die Regel- und für die Alternativschule von überragender Bedeutung sind."[791] Eine wissenschaftliche Grundlage für die Kritik an der Regelschule findet sich somit nach Auffassung des Autors v.a. in der "Schulstreßdebatte", die in der Bundesrepublik besonders zwischen 1972 und 1977 geführt wurde.[792] KEESE-PHILIPPS hält fest, "... daß die Inhalte der wissenschaftlichen Schulstreßdebatte in der Argumentation gegen die Regelschule für die befragten Mütter und Väter eine erhebliche Bedeutung beanspruchen können ..."[793] "Von konkreter Bedeutung für die Alternativschuleltern kann in diesem Zusammenhang die direkte Korrelation von Leistungsanforderungen, Konkurrenzbelastungen und Versagensangst der Kinder einerseits und Resignation, Überbelastung und Lernstörungen andererseits angesehen werden."[794]

Abschließend kommt KEESE-PHILIPPS zu folgendem Resümee: "Die Ablehnung der Regelschule von seiten der befragten Alternativschuleltern kann also zusammenfassend als ein Motiv angesehen werden, das sich aus eigenen Schulerinnerungen der Interviewpartner, aus persönlichen Erfahrungen mit Schulkindern an der Regelschule selbst und zu geringen Teilen aus theoretischen Überlegungen speist."[795] Bei ihrer Kritik an der Regelschule erwähnen die befragten Alternativschuleltern in keinem Fall "... die ebenfalls als Schlußfolgerung mögliche Konsequenz der Veränderung der Regelschule."[796] "Vielmehr wollen sie den ihres Erachtens unvermeidbaren Schaden durch die Regelschulzeit verhindern, indem sie die alternative Schule wählen, welche folgerichtig diese negativen Auswirkungen nicht nach sich ziehen soll und im Gegensatz zu dem Versuch einer Verbesserung der Regelschulen – also innerinstitutioneller Veränderung durch langfristiges Engagement – unmittelbare Folgen für die Betroffenen nach sich zieht."[797] Diese Vorgehensweise der Alternativschuleltern weist auf deren Einschätzung hin, daß der "Gang durch die Institutionen" als Möglichkeit zur Veränderung von kritisierten Zuständen in den Regelschulen keine erfolgversprechende Strategie bedeutet.[798] Somit wird "neben der Kritik an den gesellschaftlichen Zuständen ... durch die Wahl einer alternativen Schule auf der Basis von Regelschulkritik" auch "deutlich, daß die Interviewpartner wenig Vertrauen in die Veränderbarkeit von staatlichen Bildungsinstitutionen haben und sich unter diesen Umständen lieber auf eine z.T. rechtlich problematische ... Alternativschule ... einlassen".[799]

- ***Die Vorerfahrungen des Kindes in einem Kinderladen***

Als zweites im Rahmen seiner Elterninterviews eruiertes "Hauptmotiv" für die Wahl einer Alternativschule nennt KEESE-PHILIPPS den vorangegangenen Besuch eines "alternativen Kinderladens".[800] Der Verfasser der Studie führt aus, daß zahlreiche "... Mütter und Väter zur Begründung ihrer Entscheidung zugunsten des alternativen Projekts erwähnten, daß ihr Kind als 'Fortsetzung der vorschulischen Erziehung' nun auf die Alternativschule gehen würde ... Die Alternativschulzeit wurde [sic] damit als eine Fortsetzung von grundsätzlichen Erziehungs- und Lebensmustern angesehen, die bei zahlreichen Interviewpartnern bereits im Alter der Kinder von ca. drei Jahren mit der Betreuung der Kinder in einem Kinderladen begonnen hatte."[801] KEESE-PHILIPPS hält fest, daß "... mit 57 von 89 Gesprächspartnern der Anteil dieser Eltern von ganz erheblicher Bedeutung ist ..."[802] Im folgenden erachtet er es für "... notwendig festzustellen, welche grundsätzlichen Ziele Kinderläden verfolgen, um damit die Überlegungen von denjenigen 57 Müttern und Vätern intensiver zu betrachten, die in der Entscheidung für den Kinderladen auch die Einschulung in die Alternativschule präjudiziert sehen."[803] Nach Auffassung des Autors "...wird damit auch transparent, an welche Prinzipien sich die hier berücksichtigten Alternativschuleltern in der Bildungseinrichtung ihrer Mädchen und Jungen anlehnen wollen."[804]

Zu einem der zentralen Grundsätze der Kinderladenbewegung gehört nach KEESE-PHILIPPS' Analyse das "Prinzip der Selbstregulierung".[805] MONIKA SEIFERT, eine Mitbegründerin des Frankfurter Kinderladens, schreibt dazu, daß "das Kind in jedem Alter und auf allen Lebensgebieten ... seine Bedürfnisse frei äußern und regulieren [soll]; es soll Gelegenheit haben und darin unterstützt werden, seine Interessen individuell und kollektiv zu erkennen und angemessen zu vertreten".[806] "Die Aktivität in den Kinderläden geht also von den Mädchen und Jungen aus, während die Bezugspersonen – wie in Kinderläden oft die Erzieher genannt werden – überwiegend damit beschäftigt sind, die von den Kindern ausgehenden selbstregulierten Aktivitäten zu unterstützen oder zu fördern", erläutert KEESE-PHILIPPS.[807] "Diese Grundsätze stehen in einem engen inhaltlichen Zusammenhang zu den Vorbildern der bundesdeutschen Kinderläden, nämlich NEILLs Summerhill (vgl. z.B. NEILL 1969) und WERA SCHMIDTs Kinderheimlaboratorium in Moskau (vgl. SCHMIDT 1924)."[808] "Die dort formulierten Prinzipien stehen in direkter Verbindung mit der Gründung der ersten Kinderläden in der BRD."[809]

Auf der Grundlage der theoretischen Schriften von ADORNO, HORKHEIMER, FREUD, FROMM und REICH "... wurde besonders im Rahmen der Studentenunruhen die Frage nach den sozial-psychologischen Ursachen des zweiten Weltkriegs und der konkreten Rolle der deutschen Bevölkerung gestellt."[810] Im Kontext der Diskussion um die "Ursachen, Folgen und ... Auswirkungen der Autoritätshörigkeit der Deutschen" wurde insbesondere "das nationalsozialistische Erziehungssystem mit seiner Erziehung zur Obrigkeitshörigkeit und zur Kritikunfähigkeit ... als eine Ursache des Faschismus erkannt".[811] Deswegen kann nach KEESE-PHILIPPS "... bei der Gründung der Kinderläden ... in aller Regel davon gesprochen werden, daß das Motiv der antiautoritären Erziehung von Kindern im Rahmen einer politischen Konzeption von überragender Bedeutung gewesen ist."[812]

Bezogen auf die Studienergebnisse kann zu diesem Aspekt resümierend gesagt werden, "... daß fast zwei Drittel aller befragten Interviewpartner von einer antiautoritären Ausrichtung des Kinderladens ausgehen und Grundsätze dieser Vorschuleinrichtung aufgrund ihrer Überzeugung und zudem einer in aller Regel mehrjährigen Sozialisationszeit mit in die alternative Schule nehmen."[813] Nach KEESE-PHILIPPS' Untersuchung kann außerdem "... die These aufgestellt werden, daß Alternativschuleltern eine politische Komponente der Betreuung und Erziehung ihrer Kinder" bei der Schulwahlentscheidung "berücksichtigen".[814]

- ***Der Wunsch nach Entlastung durch die Alternativschule***

Hierzu schreibt KEESE-PHILIPPS: "Im Verlauf zahlreicher Interviews taucht als einer der wichtigen Gründe für das Interesse an einer Alternativschule immer wieder auf, daß besagte Mütter und Väter als eines ihrer Motive die Einschätzung nennen, daß sie durch die Einschulung in einer alternativen Schule entlastet sind."[815] Diese Überlegung beansprucht bei den meisten Befragten, die sich entsprechend äußern, jedoch "keine *größere* Bedeutung ... Da allerdings eine Minderheit von Eltern dieses Motiv als zentrale Grundlage ihrer Entscheidung ansehen [sic] und damit eine spezifische Rolle im Gefüge alternativer Schulen einnehmen", soll auf diese Gruppe gesondert hingewiesen werden.[816]

Von den insgesamt 89 Interviewpartnern nennen 29 das Motiv der *Entlastung* als eine der Ursachen für die Entscheidung zugunsten der Alternativschule. Konkret werden "zwei Ebenen der Entlastung" beschrieben, nämlich

1. "die Entlastung durch intensive persönliche Kommunikation mit anderen Eltern auf der Basis pädagogischer Übereinstimmung und gemeinsamer Zielsetzungen und Perspektiven in Zusammenhang mit der Entwicklung oder Weiterentwicklung dieser Projekte bis zu gemeinsamer Betreuung der Kinder außerhalb der Schule" sowie
2. "die persönliche Entlastung durch den Ganztagsbetrieb dieser Bildungseinrichtungen, die sowohl persönliche als auch berufliche Freiheiten erlaubt".[817]

Nach KEESE-PHILIPPS werden beide Ebenen "... besonders von Eltern genannt, die alleinerziehend sind und sich aus beruflichen und persönlichen Gründen in einer Zwangslage befinden und ihr Leben aus dringenden Gründen am Geldverdienen ausrichten müssen (fast 80% dieser 29 Eltern sind alleinerziehend; insgesamt erziehen von den 89 Befragten 51 allein, was einem Anteil von ca. 57% entspricht)."[818]

"Es könnte auf dieser Datenbasis die These aufgestellt werden, daß das in diesem Zusammenhang meistformulierte Motiv der zeitlichen Entlastung durch den Ganztagsbetrieb der Alternativschule völlig oder teilweise unabhängig von der pädagogischen Theorie und Praxis dieser Projekte ist, alternative Schulen also zumindest von jenen 29 Eltern aufgrund ihres Grundschul-Ganztagsbetriebs gegenüber Regelschulen favorisiert werden."[819] Nach detaillierter Durchsicht der Ausführungen der 29 o.g. Interviewpartner kommt der Autor jedoch zu dem Ergebnis, "... daß 18 dieser Mütter und Väter das Entlastungsmotiv als eher untergeordnetes betrachten. Sie können für ihre individuelle Entscheidung reklamieren, bezogen auf die theoretischen Vorstellungen und ihre Mitarbeit erhebliche Kenntnisse und Aktivitäten vorweisen zu können. Das Entlastungsmotiv ist dementsprechend eines von vielen und nicht entscheidend", folgert KEESE-PHILIPPS.[820] "Der zeitliche Vorteil des Ganztagsbetriebs erleichtert die Entscheidung dieser Interviewpartner, er prägt diese aber nicht." Somit können besagte Eltern zu denjenigen gerechnet werden, denen "... die pädagogische Ausprägung der alternativen Projekte und die ... [Kinderladen-] Vorerfahrungen als Grundlage für die Zuwendung zu dem alternativen Bildungsprojekt wichtigste Motive waren."[821]

Dennoch bleiben "... 11 Interviewpartner, die im Rahmen der Gespräche den Eindruck vermittelten, daß ihnen die Entlastung durch die Praxis der alternativen Schule wichtiger ist als die pädagogische Ausprägung oder ein anderes Motiv."[822] KEESE-PHILIPPS nennt als Beispiel für solche "ausschließlich oder überwiegend pragmatisch auf Entlastung orientierte Mütter und Väter" eine Mutter, die ihr Kind angesichts drohenden Sitzenbleibens von einer Regelschule in die alternative Schule umgemeldet hat.[823] Nach Auffassung des Autors der Studie erweckt diese alleinerziehende Mutter im Verlauf des Interviews den "Eindruck, ... daß sie sich des Kindes und der mit ihm zusammenhängenden Probleme vornehmlich entledigen will."[824] "Die Alternativschule ist für diese Mutter damit eine Institution, die sie vor der Konfrontation mit und Bewältigung von anstehenden Problemen vorerst bewahrt", was u.a. auch durch die Bemerkung verdeutlicht wird, "daß sie die Einschulung in das Projekt 'sehr wahrscheinlich nicht' vorgenommen hätte, wenn die Versetzung ihres Sohnes nicht gefährdet wäre".[825]

Bei allen Bedenken gegenüber einer solchen Interpretation bleibt doch festzuhalten, daß in manchen Interviews "... in bezug auf die Begründung der Einschulung keine *inhaltlichen* Positionen bezogen" werden. Die Argumentation bewegt sich bei einigen Eltern "... ausschließlich auf einer organisationstechnischen Ebene, die keine Berührung zu pädagogischen Prinzipien oder der konkreten Besonderheit alternativer Schulen beanspruchen kann."[826]

KEESE-PHILIPPS folgert weiterhin, "... daß ein direkter Zusammenhang zwischen den Auffassungen einiger Alternativschulmütter und -väter besteht, die ihr Projekt zur unmittelbaren eigenen und u.U. auch der kindlichen Stabilisierung benutzen, jedoch kein Interesse an der Mitarbeit, der Unterstützung und Weiterentwicklung dieser Bildungseinrichtungen zeigen und auch Belastungen aus dem Wege gehen, wenn diese [im Zusammenhang] mit einer anerkannten Qualifikation ihrer Kinder auftreten. Alternativschulen sollen für diese Mütter und Väter zuvorderst Anlaufstelle für die Kinder sein, ohne für die Mädchen und Jungen Komplikationen hervorzurufen und auch ohne die Verpflichtung, staatlich anerkannte Abschlüsse erreichen zu müssen."[827] Dieses Motiv erinnert stark an den Vorwurf einer weltfremden "Schonraum-" oder "Inselpädagogik", der den alternativen Schulen in der Öffentlichkeit immer wieder gemacht wird (vgl. Kap.I.1.1). Hierbei zeigt sich deutlich die Erwartung mancher Alternativschuleltern: "Sie suchen eine Stätte für ihre Kinder, die keine Probleme aufwirft und für sie keine Verpflichtungen und Aufgaben nach sich zieht."[828] "Dazu gehört ... eine fast grundsätzliche Verweigerung der Mitarbeit und die Funktionalisierung der Alternativschule als unbelasteter Ort des Lebens und Lernens der Kinder", schreibt KEESE-PHILIPPS.[829] Es sei aber ausdrücklich betont, daß diese passiv-konsumierende Elternhaltung lediglich bei einer Minderheit von Alternativschuleltern anzutreffen ist. Demnach muß an der Einschätzung eines im Rahmen der Studie befragten Alternativschulgründers etwas dran sein, der die Elternschaft in diesen Bildungseinrichtungen in "*Betreiber* und *Benutzer* von Alternativschulen" einteilt [Hervorhebungen: A.P.].[830]

Schließlich bleibt mit KEESE-PHILIPPS festzustellen, "... daß für Eltern, die in erster Linie Entlastung durch die Schule suchen, grundsätzlich in Alternativschulen die Möglichkeit besteht, diese Projekte im Sinne einer Entlastungssituation zu funktionalisieren, ohne daß von seiten der Alternativschulbetreiber auf die Notwendigkeit der Mitarbeit gedrängt werden würde."[831] Eine Sonderstellung nimmt dabei lediglich die Glocksee-Schule Hannover ein: Bei den dort durchgeführten 24 Interviews hat es "... kein Indiz dafür gegeben ..., das speziell auf das Motiv der Entlastung bei den Glocksee-Eltern hinwies, was u.a. auch durch das Auswahlverfahren bei der Elternaufnahme dieser Bildungseinrichtung erklärt werden kann."[832] Auch mag hierbei das speziell auf Elternmitwirkung ausgerichtete pädagogische Konzept der Glocksee-Schule eine nicht unerhebliche Rolle spielen.[833]

- ***Grundsätzliche politische Überlegungen von Eltern***

Wie bereits deutlich geworden ist, "besteht ein direkter Zusammenhang zwischen politischen Grundsätzen und Überlegungen zur Gründung und dem Betreiben von alternativen Schulen".[834] Im Rahmen der 89 Interviews wurde von einem etwa 25%igen Anteil der Befragten ausdrücklich "eine politische Komponente bei der Entscheidung über die Schulwahl konzediert, also eine politische Grundauffassung als Basis der Überlegung zugunsten eines dieser Projekte angegeben".[835] Von den 22 Alternativschuleltern, die sich entsprechend äußerten, können nach KEESE-PHILIPPS einige "nicht als ausdrücklich 'politisch argumentierend' bezeichnet werden".[836] Dagegen formulierten 14 Alternativschuleltern eine explizit "politische Begründung" ihrer Schulwahlentscheidung, wobei sich zwei Argumentationsmuster unterscheiden lassen:

1) "die Auffassung, daß sich gesellschaftliche Prozesse und insbesondere die Schulen nach den Bedürfnissen der Kinder auszurichten haben", sowie
2) "die Forderung an Schulen, daß Eltern im Rahmen der schulischen Ausbildung ihrer Kinder effektive Mitbestimmungs- und Mitentscheidungsrechte beanspruchen können".[837]

Wie eng diese beiden Argumentationsmuster miteinander verbunden sein können, verdeutlicht KEESE-PHILIPPS am Beispiel eines Alternativschulvaters, dessen älterer Sohn eine Regelschule besucht. "Er kritisiert die Regelschulpraxis und -theorie speziell in Zusammenhang mit gesellschaftlichen Prozessen", führt der Verfasser der Studie aus.[838] "Ausgehend von einer grundsätzlichen Kritik an der gesellschaftlichen Funktion der Regelschule, welche Macht reproduziert und nach nicht-kindlichen [sic], sondern machtspezifischen Prinzipien arbeitet, lehnt dieser Mann die Regelschule grundsätzlich ab. Seine Utopie ist eine Schule, die von den kindlichen Wünschen und Bedürfnissen ausgehend die entsprechenden Lern- und Lebensvoraussetzungen bietet und darüber hinaus kindliche Vorstellungen und Verhaltensweisen als gesellschaftlich prägende Elemente erhält und auf überschulische Ebenen zu beziehen sucht. Der Staat soll auf die Möglichkeit der Reproduktion seiner Macht auf der Schulebene verzichten", faßt der Autor zusammen.[839]

Und an dieser Stelle setzt das zweite Argumentationsmuster ein: "Da dieser [der Staat] aber solchen Forderungen nicht nachgeht und in den staatlichen Bildungseinrichtungen für diesen Vater keine effektiven Möglichkeiten der Mitbestimmung und Mitentscheidung bietet, ist die politisch bewußte Konsequenz dieses Interviewpartners die Gründung einer Schule, in der er effektiv mitentscheiden kann. Durch sein Engagement an dieser Alternativschule bestreitet er u.a., daß in Regelschulen eine positive Entwicklung der Kinder erreicht wird, was neben einer Kritik an der machterhaltenden Funktion der Regelschule und der Aussperrung von interessierten Erziehungsberechtigten" – was dieser Vater offenbar erlebt hat – "auch ein grundsätzliches Mißtrauen gegenüber der Funktion sowie den didaktischen und methodischen Praktiken und Theorien dieser Bildungseinrichtungen verdeutlicht".[840] Soweit das Argumentationsmuster eines – eher politisch motivierten – Alternativschulvaters. Auch hier wird einmal mehr der enge Zusammenhang zwischen *Schulkritik* und der *Suche nach Schulalternativen* deutlich.

KEESE-PHILIPPS faßt zusammen: Insgesamt "... kann jedenfalls hier von einer der Regelschule grundsätzlich entgegengesetzten Perspektivierung auch in Zusammenhang mit gesellschaftlichen Grundsätzen und Zukunftsvorstellungen gesprochen werden, die eine verstärkte Orientierung an überschaubaren und unmittelbar erlebbaren Lebenszusammenhängen verrät."[841] Zukünftige Schulabschlüsse oder spätere Berufsmöglichkeiten der Kinder treten hinter "die vom staatlichen

Interesse befreite Befriedigung kindlicher Bedürfnisse" zurück. "Globale oder beispielsweise staatlich vorgegebene Curricula und fest vorgeplante Bildungsziele stehen dieser Position ... der politisch argumentierenden Eltern ... grundsätzlich entgegen."[842]

Schließlich fiel dem Autor bei einer Gesamtbetrachtung der Interviews auf, "... daß die politisch argumentierenden Eltern überproportional diejenigen Mütter und Väter sind, die bereits bei der Gründung der einzelnen Alternativschulen entscheidenden Anteil am Entstehen dieser Bildungseinrichtungen hatten."[843] Politisch argumentierende Eltern sind allerdings in den von KEESE-PHILIPPS durchgeführten informellen Gesprächen "... auch oft als besonders aktive Mütter und Väter bei der Bewältigung anstehender Aufgaben von Lehrkräften oder Organisatoren bezeichnet worden."[844]

2. Erwartungen von Eltern an die Alternativschule

Nachdem bisher allgemeine *Motive* für das Interesse von Eltern an einer alternativen Schule sowie grundsätzliche Überlegungen der Interviewpartner zur Einschulung in einem alternativen Bildungsprojekt dargestellt wurden, sollen nun konkrete *Erwartungen* von Eltern beschrieben werden, die diese in Zusammenhang mit der Entscheidung für eine bestimmte Alternativschule angeführt haben.[845] "Diese Erwartungen beziehen sich zum einen auf die Praxis alternativer Schulen, also die pädagogischen Maßnahmen und Entscheidungen im täglichen Miteinander von Kindern und Erwachsenen und darauf aufbauend auf wünschenswerte Entwicklungen bezogen auf den Wissensstand und die Persönlichkeit der Mädchen und Jungen", stellt KEESE-PHILIPPS zunächst fest.[846] "Des weiteren beziehen sich die Erwartungen der Interviewpartner entsprechend dem Leitfadeninterview auf die Rolle der Erwachsenen in diesen Bildungsinstitutionen."[847] Genauer gesagt handelt es sich dabei um die "Erwartungen der Erziehungsberechtigten bezogen auf ihre eigene Person in Zusammenhang mit dem Alternativschulleben, welche sich besonders auf die Formen und Möglichkeiten der Kommunikation und Kooperation mit anderen Erwachsenen in diesen Projekten beziehen."[848]

"Fast alle Befragten äußern sich zu den Fragen nach den Erwartungen ausführlich und differenziert", konstatiert der Autor der Studie.[849] Er hält weiterhin fest, "... daß von den befragten Müttern und Vätern der Eindruck vermittelt worden ist, daß die Entscheidung für die alternative Schule von den Erwartungen an diese Bildungseinrichtung mehr beeinflußt worden ist als von irgendeinem anderen bereits genannten Motiv."[850] Der Stellenwert der entsprechenden Interviewteile in den Gesprächen ermögliche aufgrund ihres Umfangs diese These.[851] So läßt sich nach KEESE-PHILIPPS aus den Interviews "... in aller Regel erkennen, daß die Erwartungen an das Projekt gänzlich oder überwiegend bestimmend für die Entscheidung gewesen sind."[852]

Ein Weiteres bemerkt der Verfasser bei der Auswertung der Interviews: "Mit den Erwartungen der Alternativschuleltern an die Bildungsinstitution ihrer Kinder werden nicht nur die Hoffnungen bezogen auf den schulischen Unterricht oder die Weiterentwicklung der Persönlichkeit formuliert. Darüberhinaus sind in den Erwartungen der Interviewpartner grundsätzliche Wertemuster und Hoffnungen der Befragten zu entdecken, welche diese u.a. in und mit der alternativen Schule zumindest ansatzweise zu verwirklichen suchen ..."[853] Dabei gilt im Hinblick auf einen möglichen Vergleich mit Regelschuleltern: "Obwohl ein konkreter Vergleich mit Regelschulen und Regelschuleltern aufgrund des Untersuchungsdesigns ... nicht möglich war, soll auf der Basis der Interviews angesprochen werden, ob die in diesen Gesprächen festgestellten Wertemuster auf Regelschuleltern mutmaßlich übertragen werden können oder welche Spezifika den Alternativschuleltern zugesprochen werden können."[854] Speziell diese vermuteten Differenzen zu Auffassungen von Regelschuleltern sollen "... zum Ziel des Erkennens von grundsätzlichen Unterschieden von Alternativschuleltern im Vergleich mit Regelschuleltern herausgearbeitet werden."[855] Daß die empirische Basis für dieses Unterfangen im Rahmen der vorliegenden Alternativschulstudie sicher nicht als ausreichend bezeichnet werden kann, sei hier nur am Rande bemerkt.

- ***Die Erwartungen der Interviewpartner für ihre Kinder als lernende Subjekte in der Alternativschule***

Zunächst zu den Erwartungen der befragten Eltern bzgl. ihrer Kinder: "Im Vordergrund der Darstellungen der Alternativschuleltern in bezug auf ihre Erwartungen gegenüber diesen Bildungseinrichtungen steht der Wunsch nach wichtigen Ergebnissen der *Persönlichkeitsentwicklung* ihrer Kinder. Fast alle Erziehungsberechtigten nennen in ihren Ausführungen Erwartungen, die direkt mit diesem Ziel in Zusammenhang stehen."[856] An anderer Stelle schreibt KEESE-PHILIPPS: "Einen erheblichen Teil der Interviews nahm die Beantwortung der Interviewfragen nach den Erwartungen der Mütter und Väter in bezug auf die kindliche Entwicklung in dem alternativen Projekt ein."[857]

Zur besseren Übersicht nimmt der Autor eine tabellarische Auflistung derjenigen geäußerten elterlichen Erwartungen vor, die sich auf die Persönlichkeitsentwicklung der Kinder beziehen. Dabei ist zu berücksichtigen, daß "... die verschiedenen Erwartungen der Erziehungsberechtigten verallgemeinert werden mußten, um von z.T. dezidiert und differenziert vorgetragenen Vorstellungen der Interviewpartner zu allgemeingültigen zu gelangen."[858] Es ergab sich folgende Tabelle, die nach KEESE-PHILIPPS "... ausschließlich nach dem Kriterium der Anzahl der Nennungen im Rahmen der Interviewserien aufgebaut ist und einen Überblick über die registrierbaren Erwartungen der Alternativschuleltern bezogen auf die Persönlichkeitsentwicklung ihrer Schützlinge" leisten soll:

Erwartungen von Alternativschuleltern (H. KEESE-PHILIPPS, 1989)	
Anzahl der Nennungen	Erwartungen* der Eltern
60	Kinder sollen Spaß am Lernen haben
55	Kinder sollen Durchsetzungsvermögen erhalten bzw. steigern, Ich-Stärke aufbauen
49	Das Sozialverhalten der Kinder soll gefördert / verbessert werden
49	Die Selbständigkeit der Kinder soll verbessert werden
44	Die Kinder sollen individuelle Fähigkeiten und Talente erkennen und erproben
36	Die kindliche Neugierde soll erhalten werden
7	Das geschlechtsspezifische Verhalten soll verhindert werden
300 Gesamt	
* Bei der Möglichkeit von Doppelnennungen alle fixierbaren Erwartungen der Eltern bezogen auf die Persönlichkeitsentwicklung der Kinder in alternativen Schulen. [859]	

Zu der meistgenannten Erwartung von Alternativschuleltern schreibt der Autor: "Der Spaß am Lernen und Leben in alternativen Schulen wird von 60 der 89 Interviewpartner als Erwartung genannt und führt damit die Prioritätenliste an. Es kann davon ausgegangen werden, daß alle Befragten, die fixierbare Erwartungen bezogen auf die Persönlichkeitsentwicklung der Kinder genannt haben, den Spaß der Mädchen und Jungen in diesen Bildungseinrichtungen als Ziel erwähnen."[860] Dabei weist er ausdrücklich darauf hin, daß die befragten Eltern die Erwartung "lustvollen Lernens" nicht als didaktische Kategorie, sondern eindeutig als Teil der Persönlichkeitsentwicklung des Kindes verstanden wissen wollen.[861]

55 Alternativschuleltern äußerten die Erwartung, daß ihr Kind "Durchsetzungsvermögen" und "Ich-Stärke" in der alternativen Schule entwickeln soll. Somit hatte knapp ein Drittel der befragten Mütter und Väter "... den Wunsch, daß die Kinder individuelle psychische Stabilität in diesen Bildungseinrichtungen erhalten, damit sie sich gegen Widerstände durchsetzen können ... Die Durchsetzungsfähigkeit als Erwartung der Eltern bezieht sich überwiegend auf die zwischenmenschliche Ebene der Kinder in der alternativen Schule ...", erläutert KEESE-PHILIPPS.[862]

Auch die "Bedeutung des Sozialverhaltens ist für zahlreiche Eltern eine wichtige Erwartung; insgesamt nennen 49 ... Interviewpartner die Ausprägung von kooperativen Formen der Auseinandersetzung der Kinder wünschenswert ..."[863] Dabei ist es vielen Alternativschuleltern wichtig, daß in dem alternativen Projekt besonders das "Verständnis in der Gruppe" gefördert wird und "Ellenbogendenken und Leistungsverhalten" sich nicht durchsetzen sollen, da "ein anderes Verständnis zwischen den Kindern ist, 'weil sie eben nicht gegeneinander, sondern miteinander arbeiten' ", wie es eine Interviewpartnerin formuliert.[864] KEESE-PHILIPPS folgert: "Unter dem Begriff 'Sozialverhalten' ist also ... in diesem Zusammenhang der Wunsch der Eltern zu begreifen, daß ihre Schützlinge solidarisch und verständnisvoll miteinander umgehen sollen. Ein Gegeneinander der Kinder um Dominanz und Leistung wird mit dieser Erwartung überwiegend abgelehnt."[865]

Im Hinblick auf die beiden obengenannten Erwartungsaspekte führt der Autor aus: "Die beiden Erwartungen an das Sozialverhalten und die Durchsetzungsfähigkeit von Kindern widersprechen sich nur scheinbar."[866] Seiner Auffassung nach zeigen die vollständigen Interviews, "... daß sich diejenigen Eltern, die sich zu diesen beiden Erwartungen äußern, in ihren Vorstellungen nicht erheblich unterscheiden. Ihr Bild von einem Alternativschulkind ist sowohl von einer erheblichen Konfliktfreude der Mädchen und Jungen und dem Ziel der Durchsetzungsfähigkeit als auch dem Wunsch nach sozialem und solidarischem Verhalten gegenüber anderen Schülern geprägt. Nach den Erwartungen der Alternativschuleltern soll hier ein Spannungsverhältnis zwischen beiden Eigenschaften hergestellt werden, wobei die jeweilige Priorität in den Elternaussagen ... bei der individuellen Persönlichkeitsstruktur des Kindes zu finden ist."[867]

Viele Eltern geben im Kontext ihrer Erwartungen an, "... daß sie sich von der alternativen Schule eine Zunahme selbstbewußten und selbständigen Verhaltens ihrer Kinder wünschen."[868] KEESE-PHILIPPS schreibt dazu: "Im Rahmen der Interviewserie nennen 49 der 89 Befragten dieses Motiv als eine Erwartung an die Bildungsprojekte und sehen in der Regel einen engen Zusammenhang von selbstbewußtem Auftreten und der Selbständigkeit der Mädchen und Jungen, die durch schulische Grundstrukturen und die Offenheit der Lerninstitution [sic] und -prozesse gewährleistet werden soll."[869] Die erwartete Selbständigkeit bezieht sich auch auf das eigenständige, subjektgesteuerte Auswählen von Lerninhalten und Lernzielen, wie es etwa durch VON HENTIG mit dem Begriff der "Mathetik" (= Lernkunst) beschrieben worden ist (vgl. Kap.II.4.2.1).[870]

Und so folgert KEESE-PHILIPPS: "Im Zusammenhang mit den bisher festgestellten Erwartungen der Interviewpartner kann ... gesagt werden, daß die Alternativschule – und dieser argumentative Zusammenhang ist typisch für die meisten Befragten – keine Lernziele dem Kind anbieten soll, sondern die Mädchen und Jungen von sich aus Lernziele entdecken und suchen können, um diese aus eigenem Antrieb zu erreichen."[871] "Eine didaktische Orientierung des Unterrichts wird von keiner Mutter und keinem Vater genannt oder als Erwartung formuliert, der

Aufbau der Schulstunden und langfristige Planungen bleiben bei den Alternativschuleltern ungenannt", konstatiert der Autor der Studie.

44 der Befragten äußern die Erwartung an die Alternativschule, daß die Kinder dort "ihre individuellen Fähigkeiten und Talente erkennen und erproben" sollen.[872] So formuliert z.B. ein Alternativschulvater bezüglich seiner Tochter die Erwartung, "... daß sie Sachen selber erkennt und machen will. Daß sie nicht von außen auf alles geeicht wird, daß sie also selbstbestimmt und selbstkritisch erkennt, was sie gerne machen will und was nicht."[873] Einer einseitigen Förderung der kognitiven Fähigkeiten erteilen viele Alternativschuleltern eine klare Absage. So sagt z.B. ein befragter Vater, der zugleich Gründer einer Alternativschule ist: "Und ich erwarte, daß die Gesamtheit und die Ganzheit des Kindes gesehen wird, nicht in erster Linie diese Kopflastigkeit des Lernens, die auf die Kulturtechniken ausgerichtet ist, im Vordergrund steht ..."[874] Außerdem gibt es zahlreiche andere Eltern, die ebenfalls neben dem "mehr kognitiven Bereich" auch "musische" oder "handwerkliche" Arbeiten angeboten und "künstlerische Sachen" wie "töpfern" oder "Photos entwickeln" verwirklicht sehen wollen.[875] KEESE-PHILIPPS faßt zusammen: "Insgesamt 47 ... Interviewpartner erwarten von der alternativen Schule die Praxis eines ganzheitlichen Lernens und die Betonung von kreativen, sozialen oder emotionalen Lernprozessen, wobei erwähnt werden muß, daß die anderen 42 Mütter und Väter, die sich diesbezüglich überhaupt nicht äußern, nicht als Anhänger des ausschließlich kognitiven Lernens angesehen werden dürfen."[876]

Ein weiterer Erwartungsaspekt wurde auffallend häufig von den befragten Alternativschuleltern angesprochen: "Von den 89 Gesprächspartnern nennen 36 Befragte den Erhalt der kindlichen Neugierde als Erwartung."[877] Dabei ist erwähnenswert, daß bei zahlreichen Eltern "... neben den bisher genannten Erwartungen als Hintergrund der Argumentation die Grundauffassung vorhanden ist, daß der Erhalt der kindlichen Neugierde den Alternativschulkindern auch zukünftig die Bewältigung von Problemen gewährleisten soll."[878] Einige Alternativschuleltern stellen fest, "... daß die Regelschule in die Gefahr geraten kann, die Lernfähigkeit der Kinder zu stören, indem die kindliche Neugierde nicht erhalten, sondern ggf. aufgrund organisatorischer oder allgemeiner schulpraktischer Maßnahmen behindert und verschüttet wird."[879] Mit dem Erhalt der kindlichen Neugierde ist jedoch nach Meinung dieser Eltern "... das Erreichen von Lernzielen der Kinder grundsätzlich gewährleistet, da der Willen zum Lernen, das Interesse und die Motivation nicht künstlich erzeugt werden müssen."[880]

Schließlich konstatiert der Verfasser der Studie: "Sieben Mütter und Väter berücksichtigen im Rahmen der Beschreibung ihrer Erwartungen, daß ihr Kind nicht die geschlechtertypischen Rollen im Sinne einer traditionellen Zuweisung einnehmen soll ..."[881] So sagt z.B. ein Alternativschulvater: "Für mich ist es noch wichtig, daß in dieser Schule sicherlich die geschlechtsspezifische Erziehung relativiert wird. Also die Leute da haben schon ein anderes Bewußtsein und die Lehrpersonen versuchen, eine geschlechtsspezifische Erziehung zu vermeiden."[882] Insbesondere wird die Erwartung geäußert, daß die traditionelle Frauenrolle in dieser Schule nicht unkritisch weitervermittelt wird.[883]

Soweit die Haupterwartungen der befragten Alternativschuleltern bezüglich der Persönlichkeitsentwicklung ihrer Kinder in den von ihnen gewählten alternativen Schulen. "Unter Berücksichtigung der Tatsache, daß von einigen Eltern nur wenige oder nicht einzuordnende Erwartungen genannt werden, kann hier von einem weitgehend homogenen Bild der Darstellungen im Rahmen der Interviewserien gesprochen werden, zumal die jeweiligen Erwartungen in aller Regel miteinander vereinbar sind, hier also grundsätzlich keine widersprüchlichen Vorstellungen erkannt werden", hält KEESE-PHILIPPS resümierend fest.[884]

Ein anderer Aspekt der Erwartungen von Alternativschuleltern, den der Leiter der Studie in seinen Interviews untersuchen wollte, waren die "Vorstellungen bezogen auf das Erreichen von anerkannten Schulabschlüssen, Qualifikationsmerkmalen und Gedanken der Erziehungsberechtigten zur Berufsperspektive der Mädchen und Jungen".[885] Der Autor war dabei von der Vermutung ausgegangen, "... daß die Erziehungsberechtigten auch dem Erreichen eines anerkannten Abschlusses ihre Aufmerksamkeit widmen" und "... daß die Eltern diesem Schwerpunkt eine ähnlich große Bedeutung zusprechen wie der Persönlichkeitsentwicklung der Schüler."[886] Doch er kommt zu dem Schluß: "Meine Untersuchungen können beide Thesen nicht belegen oder bestätigen."[887] "Von allen 89 Interviewpartnern erwähnen überhaupt nur fünf die Perspektive eines höheren Schulabschlusses für die Schüler im gesamten Verlauf des Gesprächs, allerdings in der Regel nicht auf die Frage nach den Erwartungen der Eltern, sondern auf die Nachfrage nach dem Umgang der Erziehungsberechtigten mit von außen an den alternativen Schulen geübter Kritik. Diese Mütter und Väter befassen sich aber auch nicht explizit mit dieser Erwartung, sondern erwähnen eine Schulabschlußperspektive mehr beiläufig."[888] Somit kann nach KEESE-PHILIPPS "... abschließend davon ausgegangen werden, daß der Wunsch nach einem staatlich anerkannten Abschluß und auch perspektivische Gedanken über eine berufliche Entwicklung in den Elterninterviews fehlen oder eine weit unter- und nachgeordnete Bedeutung haben ... und sich die Erwartungen fast ausschließlich auf die Persönlichkeitsentwicklung der Kinder beziehen."[889]

Schließlich wurde vom Autor der Studie im Rahmen des Interviewleitfadens der Umgang der Eltern mit Kritik an den Alternativschulen thematisiert, "wobei als Gesprächsimpuls explizit Bedenken in bezug auf den Schulerfolg und die Lernleistungen auf kognitiver Ebene angesprochen worden sind".[890] Die Antworten der Befragten lassen sich nach KEESE-PHILIPPS wie folgt tabellarisch zusammenfassen:

Umgang von Alternativschuleltern mit Kritik (KEESE-PHILIPPS, 1989)	
Anzahl der Eltern	Umgang mit Kritik bezogen auf einen möglichen Abschluß *
83	Das Kind wird die Probleme aufgrund eigener Fähigkeiten bewältigen
24	Ich habe Bedenken bezogen auf den Abschluß
11	Der Wert eines anerkannten Abschlusses ist sowieso fraglich
7	Ich habe mir darüber noch keine/sehr wenig Gedanken gemacht
5	Vielleicht klappt es sogar mit dem Abitur
4	Zum Glücklichsein muß man kein Abitur haben
134 Gesamt	* Doppelnennungen möglich [891]

"Die Auswertung dieser Tabelle verdeutlicht das hohe Vertrauen, das die Befragten in die Persönlichkeitsentwicklung und -stärke ihrer Kinder setzen. Das Argument, daß die Kinder aufgrund ihrer Alternativschulzeit sich selbst das notwendige Wissen auch auf kognitiver Ebene aneignen können und werden, dominiert das Ergebnis dieser Teiluntersuchung schon aufgrund des Anteils von über 90 Prozent."[892] KEESE-PHILIPPS fügt interpretierend hinzu: "Hier wird das Prinzip des pädagogischen Optimismus in seinen Auswirkungen auf die Erwartungshaltung der Interviewpartner bezogen auf die Lernprozesse der Kinder deutlich erkennbar."[893]

Doch gibt es auch eine beachtliche Anzahl von Alternativschuleltern (24 von 89 Befragten, also ca. 27%), "... die ihre Bedenken gegenüber dieser Vorstellung äußern" und "... die Frage nach dem Vertrauen in die erwarteten Lern- und Entwicklungsprozesse in der Alternativschule aufwerfen."[894] Dabei läßt sich folgendes beobachten: "Im Rahmen der Interviewserien beschwichtigten sich in bezug auf den Schulerfolg mehrere Erziehungsberechtigte mit dem Hinweis auf den 'bildungsbürgerlichen Hintergrund' der Familien ... und auf die Möglichkeiten der konkreten Unterstützung durch Eltern in Form von Hausaufgabenbetreuung und innerfamiliärer Nachhilfe ..."[895]

Spätestens hier bezieht KEESE-PHILIPPS kritisch Position, wenn er anmerkt: "Die Ausschließlichkeit, mit der die Persönlichkeitsentwicklung der Kinder in den Erwartungen der Eltern als Garant für einen Schulerfolg angesehen wird, muß besonders in Zusammenhang mit dem Mißtrauen gegenüber allen längerfristigen pädagogischen Planungen Nachdenklichkeit erzeugen."[896] "Inwiefern unter den Bedingungen dieser elterlichen Erwartungen Ziele wie die Bewältigung gesellschaftlicher Krisen, das Erkennen gesellschaftlicher Einflußmöglichkeiten oder

der Einblick in gesamtgesellschaftliche – also nicht individuell erlebbare – Zusammenhänge erreicht werden können, muß auf der Basis der genannten Erwartungen offen bleiben", meint der Autor.[897]

Doch auch ein anderer Problemzusammenhang wird an dem o.g. Zitat deutlich: Die meisten der befragten Alternativschuleltern – übrigens häufig alleinerziehende Mütter – entstammen den "neuen Mittelschichten", weniger aufgrund ihres Einkommens als vielmehr wegen ihres Bildungs- und Berufshintergrundes.[898] KEESE-PHILIPPS weist auch darauf hin, daß unter Alternativschuleltern überdurchschnittlich viele "Pädagog/innen aller Art" vertreten seien.[899] So äußert sich auch PREUSS-LAUSITZ durchaus kritisch bzgl. der sozialen Zusammensetzung der befragten Alternativschuleltern: "Ob Alternativschulen es wollen oder nicht: faktisch sichert ihnen die spezielle Pädagogik mit ihrem Anspruch auch an Elternaktivitäten eine soziale Selektivität; es handelt sich in der Regel um Kinder aus deutschen Familien mit einem hohen Bildungsstand und mit ausgeprägten politischen (linken, ökologischen) Auffassungen, für die Erziehungswerte wie Selbständigkeit, Eigenaktivität, Durchsetzungsfähigkeit, Ganzheitlichkeit eine große Rolle spielen."[900] Und er folgert: "Wenn dies so ist – und für die untersuchten Eltern jedenfalls gilt dies – dann stellt sich die Frage, ob die Alternativschule 'Stachel im Fleisch der Regelschule' mit ihrer häufig erheblich anderen sozialen und ethnischen Zusammensetzung überhaupt sein kann."[901]

Abschließend lassen sich nach KEESE-PHILIPPS bzgl. ihrer Erwartungen "... auf zwei unterschiedlichen Zeitebenen Rückschlüsse auf die Einstellung von Alternativschuleltern vornehmen", nämlich 1. "kurzfristige oder vermittelbare Erwartungen", und 2. "langfristige Erwartungen". Diese beiden Ebenen faßt der Autor in einer Art Gesamtresümee wie folgt zusammen:

1. "Auf der kurzfristigen Erwartungsebene liegen die meisten Vorstellungen der Befragten. Die Eltern wünschen sich eine Bildungseinrichtung für ihre Schützlinge, die für die unmittelbare Situation der Mädchen und Jungen ein angenehmes Lebens- und Lernklima gewährleistet. Belastungen beispielsweise durch Leistungsdruck oder das Erreichen nicht selbstgesetzter Lernziele werden durchweg abgelehnt. Stattdessen erwarten die Eltern alle Möglichkeiten für die Eigenorientierung der Schüler, was sowohl auf die Beeinflussung und Dominierung des Unterrichts als auch auf den grundsätzlichen Umgang mit der vorhandenen Zeit zu beziehen ist. In Zusammenhang mit der sehr oft genannten Erwartung des Spaßes in der Alternativschule wollen die Eltern Frustrationserlebnisse für die Kinder vermeidet [sic] sehen, was u.a. durch eine Verhinderung von Fremdbestimmung gewährleistet werden soll. Diese Einstellung der Interviewpartner mit der Orientierung an dem unmittelbar erkennbaren Befinden ihrer Kinder muß aufgrund der Interviews als vorrangiges Ziel erkannt werden."

2. "Auch die langfristigen Erwartungen beziehen sich ausschließlich auf die Persönlichkeitsentwicklung der Alternativschüler. Auf der zweiten Ebene langfristiger Überlegungen und Erwartungen der Alternativschuleltern sind über diese bereits genannten Vorstellungen in dem Bereich der Persönlichkeitsentwicklung außer eher nebensächlichen Bemerkungen keine Wünsche der Erziehungsberechtigten genannt worden. Eine langfristige Perspektivsetzung wie z.B. ein Berufswunsch kann anhand der Interviews nicht festgestellt werden. Vielmehr wird in diesem Zusammenhang ein erhebliches Mißtrauen gegenüber pädagogischen Planungen in Form von Lehrplänen und Curricula deutlich, während – wie bereits oben angeklungen ist – das Lernen an den unmittelbaren Bedürfnissen und Interessen der Mädchen und Jungen als wünschenswert angesehen wird. Langfristige Ausrichtungen des Unterrichts, die wie Lehrpläne eine inhaltliche Vorbestimmung bedeuten müssen, sind aufgrund ihres fremdbestimmenden Charakters gegenüber den Alternativschulkindern nicht im Interesse der Interviewpartner."[902]

Damit spiegeln nach Auffassung des Autors "... die Untersuchungen der Erwartung von Eltern an alternativen Schulen eine Realität wider, die durch Unklarheiten und Unsicherheiten bezogen auf kognitives Lernen einerseits und große Hoffnungen auf kindliche Entwicklungen andererseits gekennzeichnet ist."[903] Daß die o.g. Erwartungen evident von denen von Regelschuleltern abweichen, liegt auf der Hand – und wird auch von den befragten Alternativschuleltern immer wieder vermutet bzw. hervorgehoben.

- ***Eigene Erwartungen der Eltern als Motiv für die Einschulung der Kinder in die Alternativschule***

Neben den vorangehenden Erwartungen der Interviewpartner in bezug auf die Entwicklung der Kinder und deren Lernbedingungen kann als zweite Erwartungsdimension angesehen werden, "... welche Hoffnungen und Vorstellungen sie für ihre eigene Rolle innerhalb des Projektes artikulieren."[904] Hierzu stellt KEESE-PHILIPPS zunächst fest: "Von den 89 Befragten nennen 58 Mütter und Väter in diesem Zusammenhang spezielle Erwartungen der Kooperation und schulischen Partizipation, wobei der Stellenwert dieses Motivs im Rahmen der Ausführungen je nach Gesprächspartner unterschiedlich hoch ist."[905] Insgesamt war auffällig, "... daß viele befragte Mütter und Väter über die landläufig bekannten Vorstellungen der Elternmitarbeit und -mitbestimmung hinausgehen und einige wenige in ihren Erwartungen ... eine nur auf die Schule bezogene Zusammenarbeit mit anderen Eltern und Lehrkräften nicht als feststehende Barriere für weitere Möglichkeiten der Kooperation ansehen wollen."[906]

Im Rahmen der Interviews finden sich zahlreiche Aussagen von Alternativschuleltern zu Erwartungen in bezug auf ihr eigenes Rollenverständnis. "An erster Stelle steht für die Mütter und Väter ein gleichberechtigtes und nicht hierarchisches Verhältnis zu den Pädagogen der Projekte, um eine entspannte Kooperationsebene zum Wohl der Eltern und Lehrpersonen, aber auch der Kinder zu gewährleisten."[907] Eine solche Erwartung entspricht auch den Grundsätzen der Alternativschulen, die eine intensive Kommunikation und den offenen Austausch von Erfahrungen zwischen den Erwachsenen als Grundlage der Zusammenarbeit ansehen.[908] "Dieser Wunsch an die Lehrkräfte wird von allen 58 (o.g.) Befragten in dieser oder ähnlicher Form genannt", schreibt KEESE-PHILIPPS.[909]

"Demgegenüber sind nicht in allen Interviews die Erwartungen der engen Kooperation mit anderen Eltern ... in dem Bildungsprojekt zu finden."[910] Dennoch scheinen nicht wenige Alternativschuleltern davon auszugehen, daß die Formen der Kommunikation in diesen Einrichtungen "mehr Möglichkeiten des Erreichens menschlicher Nähe und gegenseitiger Unterstützung" bieten.[911] Der Autor hält weiterhin fest, "... daß im Rahmen der Gespräche 41 Erziehungsberechtigte zumindest sinngemäß, manchmal aber auch explizit die Erwartung äußern, daß solidarisches Verhalten in diesem Projekt unter den Erwachsenen wünschens- und anstrebenswert [sic] wäre."[912] Einige Eltern bekennen sich übrigens zu der Idee, die Erziehung ihrer Kinder nicht nur im Rahmen der Kleinfamilie, sondern in engem Zusammenhang mit anderen Familien zu erleben, wobei der Alternativschule die Funktion als "Kontaktinstanz und Bezugspunkt" zugesprochen wird.[913]

Unterschiedlich eingeschätzt wird die von 23 Eltern vorgebrachte Erwartung, daß die Kinder in der alternativen Schule den direkten Kontakt zu ihren Eltern nicht verlieren sollen und die Erwachsenen – z.B. durch Anwesenheit im Unterricht – intensive Einsicht in die Lern- und Entwicklungsprozesse ihrer Schützlinge erhalten. "Im Gegensatz zu diesen 23 Erziehungsberechtigten meinten nämlich einige Befragte, daß der gewünschte Freiraum für die Kinder nicht durch die Einflußnahme und Präsenzversuche der eigenen Eltern zerstört werden darf."[914]

Über die bisher genannten Erwartungen weit hinaus gehen die Vorstellungen einiger weniger Alternativschuleltern, welche die traditionellen Schulgrenzen eindeutig überwinden wollen. Exemplarisch sei hierfür das Beispiel eines Alternativschulvaters genannt, der die Erwartung äußert, "... Schule und Leben in irgendeiner Weise mehr [zu] verbinden als das üblich ist an einer Regelschule ... Wir hatten gedacht, Schule eigentlich als Lebensform. Also Schule ist ... der Kristallisationspunkt von einer neuen Lebensform. Also z.B. daß Leute zusammenziehen, das haben wir auch getan." Wichtig war dabei, "... daß man sich kennt, indem man einfach zusammenlebt – eben über Pädagogik oder über Lebensvorstellungen sich verständigen kann. Das war so der Hintergrund und ... die Vorstellung." Und: "... daß da jetzt in so einer Initiative Eltern ... die Schule sozusagen selber gegründet haben, das war für uns erstmal die Gewähr dafür, daß es in dieser Richtung ... die Möglichkeit gibt, daß man selber was davon hat."[915] Solche Aussagen lassen nach KEESE-PHILIPPS eine "hohe Erwartungshaltung gegenüber der alternativen Schule" erkennen. Sie geben "Hinweise auf die Hoffnungen und Erwartungen, die den Projekten in bezug auf die Elternpartizipation entgegengebracht werden ..."[916]

Abschließend kommt der Verfasser der Studie bzgl. der Partizipationserwartungen der befragten Alternativschuleltern zu folgendem Fazit: "Die Zusammenfassung der von den 89 Interviewpartnern genannten Erwartungen bezogen auf die eigenen Möglichkeiten der Mitwirkung in alternativen Schulen ist grundsätzlich geprägt von dem allgemeinen Wunsch nach gleichberechtigter Kooperation unter den Erwachsenen. Dies bezieht sich sowohl auf andere Eltern als auch insofern auf die Lehrkräfte dieser Projekte."[917] Weiterhin folgert er: "Die Erwartungen scheinen sich nach den Aussagen der Erziehungsberechtigten auf einem erheblich höheren Stand als in den Regelschulen zu bewegen, wobei sich konkrete Vergleiche auf der Ebene der Einschätzungen der Befragten bewegen." Schließlich meint KEESE-PHILIPPS: "Die Erwartung der gleichberechtigten Kooperation der Erwachsenen untereinander hat unmittelbare Folgen für die demokratischen Umgangsformen in diesen Institutionen."[918]

- ***Erfahrungen von Eltern mit Alternativschulen***

Wie bereits eingangs angekündigt, soll nun noch ein kurzer Blick auf die *Erfahrungen* der befragten Eltern in und mit den von ihnen gewählten Alternativschulen geworfen werden, welche ja den dritten inhaltlichen Schwerpunkt der Studie darstellen. Interessant ist dabei vor allem die Frage, ob und inwieweit sich die tatsächlichen Erfahrungen mit den ursprünglichen Erwartungen decken.

Die von den Interviewpartnern geäußerten Erfahrungen beziehen sich auf drei Bereiche: Einerseits auf die Berührungspunkte der eigenen Kinder mit der Alternativschule; andererseits auf die Kontakte und die Kooperation der Erwachsenen untereinander und schließlich auf die allgemeine Atmosphäre und das von den Beteiligten geprägte Schulklima.[919] Dabei lassen sich bei den geschilderten Erfahrungen nach KEESE-PHILIPPS deutlich "positive" und "negative Erfahrungen" unterscheiden.

Er stellt nun fest: "Bezogen auf die Erfahrungen, die den Interviewpartnern durch deren Kinder vermittelt worden sind, kann allgemein davon ausgegangen werden, daß eine sehr große Zufriedenheit bei den Müttern und Vätern besteht. Die weit überwiegend erfreulichen Fortschritte der Mädchen und Jungen werden von den Interviewpartnern hervorgehoben und positiv kommentiert. Dadurch verbleibt der Eindruck, daß sich die Kinder selbst wohlfühlen, und die Eltern eine gute Schulwahl getroffen haben und diese Entscheidung nicht bereuen müssen."[920] Besonders gelobt wurde von den Alternativschuleltern "die große Selbständigkeit und das Selbstbewußtsein der Mädchen und Jungen, ihr erstaunlich gutes Sozialverhalten in Zusammenhang mit einer stabilen Persönlichkeit und die Energie, eigene Interessen zu erkennen und ggf. gegen Widerstände durchzusetzen."[921] KEESE-PHILIPPS folgert: "Mit diesen positiven Merkmalen der Alternativschulkinder sehen viele Befragte genau diejenigen Erwartungen erfüllt, die sie ... genannt hatten", zumal auch der Spaß am Lernen und Leben in dem Projekt von mehreren Müttern und Vätern angemerkt wird.[922]

Nur sehr selten sind in den Interviews negative Statements bzgl. der schulischen Entwicklung oder der Zufriedenheit der Alternativschulkinder zu hören. "Meist sind es dann Schwierigkeiten mit typisch geschlechtsspezifischem Verhalten der Jungen gegenüber Mädchen oder die unmittelbaren Auswirkungen körperlicher Gewalt, unter denen die schwächeren oder diskriminierten Kinder leiden müssen."[923] In diesem Zusammenhang finden sich auch Hinweise auf die "... sehr große Toleranz und Liberalität der Lehrkräfte, die in Konfliktfällen selten oder spät eingreifen, so daß Schädigungen und Frustrationen der Kinder nicht immer verhindert werden."[924] Noch erheblich seltener, aber nicht weniger schwerwiegend ist die Erfahrung, "... daß auch in alternativen Schulen Kinder zu Außenseitern werden können" – oder aber nach Aussage der Interviewpartner "... die Möglichkeit verlieren, im Rahmen ihrer Schulzeit einen anerkannten und angestrebten Schulabschluß zu erreichen."[925]

Dennoch hält KEESE-PHILIPPS fest: "Eindeutig festzustellen ist jedoch, daß im Rahmen der ... Interviews bezogen auf die Erfahrungen der betroffenen Mädchen und Jungen in der Alternativschule ein weit überwiegend positives Bild gezeichnet wird, welches bei den meisten Eltern auch durch wenige negative Erfahrungen nicht grundsätzlich geschmälert wird und nur bei sehr wenigen Befragten eine deutlich negative Einschätzung erkennen läßt."[926]

Für die Erfahrungen der Erwachsenen untereinander stellt sich allerdings ein völlig anderes Bild dar: "Hier überwiegen in den Interviews – also der Wahrnehmung der Befragten – die negativen Eindrücke", resümiert KEESE-PHILIPPS.[927] "Zwischen Eltern und Lehrkräften gibt es in alternativen Schulen offenbar häufiger eine angespannte und unerfreuliche Atmosphäre zu berichten, die z.T. durch Machtkämpfe und Dominanzstreben gekennzeichnet ist."[928] Unter diesen allgemeinen Voraussetzungen leidet auch der konkrete Kontakt und die notwendige Kooperation, die gerade im Rahmen alternativer Schulen eine Grundvoraussetzung der Funktionsfähigkeit ist.[929] Nach Meinung des Autors kann zumindest bei einigen Interviewpartnern gesagt werden, "... daß ihre Hoffnungen und Erwartungen bezogen auf den Kontakt zu Lehrkräften oder anderen Müttern und Vätern der Enttäuschung und Frustration, z.T. sogar Resignation gewichen sind."[930]

Obwohl sich die befragten Alternativschuleltern besonders ausführlich zu den negativen Erfahrungen mit anderen Erwachsenen äußern und diese Gruppe mit 53 von 89 Interviewpartnern auch zahlenmäßig recht stark ist, berichten fast ebenso viele, nämlich 48 Befragte, von positiven Erlebnissen und Erfahrungen in Zusammenhang mit der Alternativschule. "Deren Darstellungen sind allerdings in der Regel allgemeinerer Natur und erwecken den Eindruck, daß erfreuliche Erfahrungen eine minderwertige Bedeutung haben", meint KEESE-PHILIPPS.[931]

So kommt er zu folgendem Fazit: "Gemessen an den formulierten Erwartungen müssen die Erfahrungen der Alternativschuleltern für diese als Enttäuschungen gewertet werden. Die inhaltliche Zusammenarbeit, die Solidarität zwischen den an der alternativen Schule Beteiligten und ein gegenseitiges Vertrauen scheinen bei einem Großteil der Eltern überhaupt nicht gegeben oder stark in Frage gestellt zu sein. Offenheit und Ehrlichkeit werden vermißt und führen zu Enttäuschungen und Rückzug ... Besonders bedenkliche Entwicklungen werden hier im Rahmen zunehmender Institutionalisierung von den Interviewpartnern genannt."[932] Nach KEESE-PHILIPPS deuten insbesondere die Ausführungen der Eltern der Glocksee-Schule darauf hin, "... daß ein permanentes Spannungsverhältnis zwischen Eltern und Lehrkräften bzw. der wissenschaftlichen Begleitung vorhanden ist." Kernpunkt dieser Auseinandersetzung sei das Problem der Dominanz bei wichtigen Entscheidungen, wobei "... die Mütter und Väter inzwischen einen erheblichen Einflußverlust haben hinnehmen müssen", was "speziell ältere 'Glocksee-Eltern' ... ungern oder gar nicht akzeptieren wollen."[933]

Die politisch motivierte Hoffnung, daß bzgl. der Mitarbeits- und Mitentscheidungsmöglichkeiten die Alternativschulen alle Chancen basisdemokratischer Organisationen bieten, erleben viele Alternativschuleltern offenbar als nicht erfüllt. "Diese Diskrepanz ist offensichtlich auch ein Grund für entstehende Enttäuschungen. Hohe Erwartungen werden nicht erfüllt, da die täglichen (alternativ-) schulischen Aufgaben einfach nicht die Zeit zu deren Erfüllung bieten."[934] "Die belastete allgemeine Atmosphäre und persönliche Probleme lassen z.B. nicht mehr zu, weitergehende Probleme, die elementar zu dem Projekt Alternativschule gehören, intensiver überhaupt anzusprechen. Eine aktive Einbindung in die Neuen Sozialen Bewegungen [sic] oder eine politische Standortbestimmung gibt es nicht", bilanziert KEESE-PHILIPPS.[935]

Dennoch wurde im Verlauf der Studie deutlich, "... daß die z.T. ganz erheblichen Probleme der Erwachsenen nicht zu einer Ablehnung der gesamten Institution führen." Bezüglich der befragten Eltern kann vielmehr festgehalten werden, "... daß die alternative Schule trotz aller Probleme in deren Augen die beste Schule für ihre Kinder ist."[936] "Es ist also keineswegs ein Widerspruch, daß einige Eltern harsche und bittere Kritik an der alternativen Schule üben und trotzdem diese Bildungseinrichtungen unterstützen und fördern, sich auch hinter diese Projekte mit Wort und Tat stellen", merkt der Autor an.[937] Zusammenfassend schreibt

KEESE-PHILIPPS bezüglich der befragten Alternativschuleltern: "Zufriedene Eltern bei der Betrachtung ihrer Kinder, selten zufriedene und des öfteren unzufriedene Eltern bezogen auf die Elterngruppe in der Alternativschule – ein erstaunliches Resümee der in den Interviews dargestellten Erfahrungen."[938]

Schließlich legt der Autor großen Wert darauf, dem Eindruck entschieden entgegenzutreten, "... daß alternative Schulen aufgrund ihrer besonderen Prägung mit überproportional vielen Problemen und Schwierigkeiten zu kämpfen hätten."[939] Vielmehr kommt er zu dem Schluß, daß "... dieses Problembewußtsein in Alternativschulen eine besondere Qualität ist und u.a. deswegen offen artikuliert wird."[940] Zu einem ähnlichen Urteil kommt abschließend auch PREUSS-LAUSITZ: "Bei dem hohen Erwartungshorizont 'alternativer' Eltern sind jedoch deren zufriedene Kommentare als besonders bedeutsam einzuschätzen; in der Regel haben sie ja umfassende Erwartungen an die Lehrer gestellt und mit der Einschulung ihres Kindes in die Alternativschule häufig erhebliche zusätzliche Belastungen auf sich genommen."[941]

2.2.5 ARBEITSKREIS KATHOLISCHER SCHULEN IN FREIER TRÄGERSCHAFT (1990): Umfrage zu katholischen Schulen in freier Trägerschaft in der Bundesrepublik Deutschland

In den Jahren 1987/88 hat der ARBEITSKREIS KATHOLISCHER SCHULEN IN FREIER TRÄGERSCHAFT im Zusammenwirken mit den Schulabteilungen der deutschen Diözesen und der Ordensdirektorenvereinigung (ODIV) eine empirische Untersuchung über das katholische Schulwesen und seine Gliederung in der Bundesrepublik Deutschland durchführen lassen. Die Ergebnisse dieser Studie wurden 1990 in der vom Arbeitskreis katholischer Schulen herausgegebenen Zeitschrift "engagement" (Heft 2-3) veröffentlicht.[942]

Das allgemeine Ziel dieser Untersuchung war es, "... auf der Grundlage einer möglichst wirklichkeitsnahen Beschreibung und Analyse der faktischen Gegebenheiten an den katholischen Schulen den spezifischen Charakter ihres pädagogischen Wirkens zu erfassen und darzustellen."[943] Ein Teilaspekt der Gesamtstudie war der Frage nach den "Motiven der Eltern für die Wahl einer katholischen Schule" gewidmet.[944] Die Ergebnisse der Untersuchung sollten nicht nur die innerkirchliche Diskussion anregen, sondern vor allem auch der fachpädagogischen, bildungspolitischen und allgemeinen Öffentlichkeit ein differenziertes Bild des katholischen Schulwesens vermitteln. Dabei ging es neben dem Informationszweck auch um den Aspekt praxisbezogener Nutzbarkeit.[945] In diesem Sinne wollen die Verfasser die Ergebnisse ihrer Untersuchung nicht zuletzt als "Informations- und Arbeitsmaterial" für eine breitere Öffentlichkeit verstanden wissen, "um ein angemessenes Bild von den katholischen Schulen und ihrer

Bedeutung im Gesamt des deutschen Schulwesens zu gewinnen".[946]

Mit der grundlegenden Planung der empirischen Studie wurde 1986 begonnen. Verantwortlich hierfür war ein Projektbeirat, dem folgende Mitglieder angehörten: JOACHIM DIKOW, Leiter der Schulabteilung des Bistums Münster; RAINER ILGNER, Leiter der Zentralstelle Bildung der Deutschen Bischofskonferenz/Bonn; CLEMENS MENZE, Direktor des Pädagogischen Seminars der Universität Köln; FRANZ E. WEINERT, Direktor des Max-Planck-Instituts für Psychologische Forschung / München und ROLF ZIEGLER, geschäftsführender Vorstand des Instituts für Soziologie der Universität München. Der Projektbeirat begleitete auch die Erstellung des Frageinstrumentariums und die Ergebnissicherung der Untersuchung.[947]

Um von Beginn an eine möglichst gute Verbindung zur Schulpraxis sicherzustellen, wurden die einzelnen Schritte der Untersuchung auch von einem Beratergremium aus Schulfachleuten begleitet. Das Beratergremium wirkte an der Erstellung der Fragebogen und bei der Auswertung mit. Dadurch sollten die pädagogische Sachkenntnis und die schulpraktischen Erfahrungen seiner Mitglieder in das Projekt mit eingebracht werden.[948]

Mit der Durchführung der Befragung wurde 1987 das Institut für Gesundheits- und Kommunikationsforschung SOCIALDATA in München unter Leitung von MICHAELA VOLTENAUER-LAGEMANN beauftragt.[949]

➢ *Konzept der Umfrage*

In ständigem Kontakt mit dem Projektbeirat und in Abstimmung mit dem Beratergremium entwickelte das Institut zunächst drei parallele Fragebogen für die Bereiche der allgemeinbildenden Schulen, der berufsbildenden Schulen und der Sonderschulen. Dabei ging das Bemühen dahin, auf der Basis der einheitlichen Grundstruktur eine ausreichend differenzierte Fragestellung vorzunehmen, um die spezifischen Besonderheiten in diesen drei Bereichen des katholischen Privatschulwesens erfassen zu können. Die Fragen zielten inhaltlich überwiegend auf angebbare Fakten quantitativer und qualitativer Art, in beschränktem Umfang wurden aber auch subjektive Einschätzungen und Bewertungen einbezogen.[950]

Die Erhebung wurde schriftlich und auf postalischem Wege durchgeführt. Die Anzahl der dabei berücksichtigten katholischen Schulen ermöglichte den Ansatz einer Totalerhebung, die alle katholischen Schulen in der Bundesrepublik (mit Ausnahme der Schulen des Gesundheitswesens) einbezog.[951] Adressaten der Befragung waren die Leiterinnen und Leiter der katholischen Schulen, die durch vorbereitende Ankündigungen und Informationen zur Teilnahme an der Untersuchung motiviert worden waren. Dabei konnte ein hoher Grad an Mitwirkung erreicht werden. Mit der Beteiligung von 98% im allgemeinbildenden Bereich, 97,3% im berufsbildenden Bereich und 91,5% im Sonderschulbereich erzielte die gesamte Studie einen außerordentlich hohen Rücklauf.[952] Nach Auffassung der Autoren des Abschlußberichts ist die "nahezu vollständige Beteiligung aller katholischen Schulen an der Umfrage (449 allgemeinbildende und 199 berufsbildende katholische Schulen sowie 199 katholische Sonderschulen) ... Ausdruck des persönlichen Engagements ihrer Leiterinnen und Leiter. Zugleich spiegelt sie deren Bewußtsein, daß die katholischen Schulen im Kontext des allgemeinen Schulwesens auf besondere Weise auch untereinander verbunden sind."[953]

Die Fragebogen sahen für alle drei Schulbereiche eine Einteilung der Fragen in folgende Themenaspekte vor:

1. "Grunddaten"
2. "Schüler"
3. "Lehrer"
4. "Eltern"
5. "Pädagogische Angebote"
6. "Religiöse Erziehung"
7. "Schulausstattung"
8. "Einschätzungen und Erwartungen".[954]

Für das erkenntnisleitende Interesse dieser Arbeit sind dabei vor allem die Ergebnisse der Punkte 4. (Eltern) und 8. (Einschätzungen und Erwartungen) von Belang, weshalb sie im folgenden einer näheren Betrachtung unterzogen werden sollen.

➢ *Ergebnisse der Umfrage*

Unter der thematischen Rubrik "Eltern" (s.o.) sind im Kontext dieser Arbeit zum einen die erhobenen "Sozialdaten katholischer Privatschuleltern"[955], andererseits die im Rahmen der Direktorenbefragung eruierten "Motive der Eltern für die Wahl einer katholischen Schule"[956] interessant.

Bei den *Sozialdaten* katholischer Privatschuleltern wurden Wohnumgebung, Bildungsniveau, Religion, Staatszugehörigkeit und Familienstand der Eltern erfragt. Hierzu verwendeten die befragten Schulleiter einerseits Schulstatistiken, brachten aber auch eigene Einschätzungen mit ein. "Solche Einschätzungen beinhalten selbstverständlich einen hohen Grad an Subjektivität", wie die Verfasser des Abschlußberichts selbstkritisch einräumen.[957]

Bezüglich der Wohnumgebung gehen die Schulleiter der katholischen Schulen insgesamt davon aus, daß ihre Schüler zu annähernd gleichen Teilen aus städtischer, ländlicher und gemischter Wohnumgebung stammen.[958] Im Hinblick auf den Bildungshintergrund der Elternschaft unterstellen die Leiter der allgemeinbildenden katholischen Privatschulen eine Art "Normalverteilung" mit starken Mittelwerten und jeweils einen ca. 25%-Anteil von Eltern mit hohem bzw. niedrigem Bildungsniveau. Insofern bestätigen die befragen Schulleiter nach Auffassung der Autoren "... nicht die gelegentlich ausgesprochene Vermutung, daß sich an den katholischen Schulen eine Bildungselite sammle ... Die katholische Schule wird im Regelfall auch in Zukunft keine Eliteschule sein. Weder die in diese Richtung gehenden Sorgen der einen noch die Hoffnungen der anderen entsprechen der Lage", folgern die Autoren.[959]

Bei der Frage der Religionszugehörigkeit der Schüler katholischer Privatschulen lag der Katholikenanteil erwartungsgemäß hoch: Er betrug bei den allgemeinbildenden katholischen Schulen 82,1%, bei den berufsbildenden Schulen 81,0% und lediglich bei den Sonderschulen nur 28,5%. Letzteres mag sich u.a. daraus erklären lassen, daß im Falle der Sonderschulen in der Regel eine Zuweisung durch die Behörden erfolgt, wobei die freie Schulwahlentscheidung der Eltern nur eine untergeordnete Rolle spielt.[960] Angesichts des hohen Katholikenanteils unter den Schülern katholischer Privatschulen folgern die Autoren der Studie: "Es ist davon auszugehen, daß zumindest *ein* Elternteil dieser Schüler zu einem ebenso hohen Anteil katholisch ist, in der überwiegenden Zahl auch beide Eltern. Allerdings ist bekannt, daß gelegentlich Väter und Mütter ihre Kinder gerade deshalb der katholischen Schule zuführen, weil sie selbst sich aufgrund ihrer anderen Konfession nicht zur katholischen Erziehung der Kinder in der Lage sehen, diese aber mit Rücksicht auf den Ehepartner wünschen."[961] Indirekt könnte man aus dem Gesagten folgern, daß die eigene Religionszugehörigkeit der Eltern bzw. der Wunsch nach einer explizit katholisch geprägten religiösen Erziehung bei der Wahl einer allgemeinbildenden oder berufsbildenden katholischen Privatschule eine nicht unerhebliche Rolle spielen dürfte.

Auch der relativ niedrige Ausländeranteil von 3,9% bei den allgemeinbildenden katholischen Schulen, von 1,7% bei den beruflichen Schulen und von 6,4% bei den Sonderschulen läßt Rückschlüsse auf die Elternschaft zu. "Im allgemeinen wird man davon ausgehen können, daß bei Kindern ohne deutsche Staatsangehörigkeit beide Eltern Ausländer sind. Dazu kommt eine nicht bekannte Zahl von Fällen, in denen nur der Vater oder die Mutter Ausländer sind, der Schüler selbst aber Deutscher."[962] Inwieweit der niedrige Ausländeranteil an katholischen freien Schulen u.U. als Motiv mancher Eltern für die Wahl gerade dieser Schule fungiert, wurde in dieser Studie nicht erfragt.

Der Anteil der alleinerziehenden Väter und Mütter bei der Elternschaft katholischer Privatschulen entspricht in etwa dem gesellschaftlichen Durchschnitt.[963] "Die gesamtgesellschaftlichen Probleme finden sich in katholischen Schulen in vollem Umfang wieder", folgern die Autoren. "Sie nehmen nicht etwa eine Auslese zugunsten einer mit [sic] solchen Problemen wenig betroffenen Elternschaft vor. Grundschulen und vor allem Sonderschulen, unter ihnen wiederum besonders die Schulen für Erziehungshilfe, haben den größten Anteil alleinerziehender Eltern. Auffallend ist auch, daß sich an Jungenschulen mehr Alleinerziehende als an Mädchenschulen finden" – wie auch immer diese Tatsache interpretiert werden mag.[964]

Nach Erhebung der Sozialdaten, die freilich nur sehr indirekte Rückschlüsse und eher vage Vermutungen über die elterlichen Schulwahlmotive zulassen, wurden die Schulleiter auch direkt nach ihrer Einschätzung der *Elternmotive* bei der Schulwahlentscheidung für eine katholische Privatschule befragt. Dazu heißt es im Abschlußbericht: "Von ganz besonderem Interesse sind für die katholische Schule Erkenntnisse über die *Motive*, die Eltern veranlassen, ihre Kinder dieser Schule anzuvertrauen."[965] Und mit deutlicher Einsicht in die Grenzen der vorliegenden Studie fügen die Autoren des Berichts hinzu: "Gerade hier bedauert man es, auf die Einschätzungen der Schulleiter angewiesen zu sein und noch keine repräsentativen Aussagen von Eltern selbst zu haben."[966] Dem ist unbedingt zuzustimmen, auch wenn die Verfasser beschwichtigend einräumen: "Doch erscheinen die Angaben der Schulleiter durchaus plausibel, wenn man von der Erfahrung ausgeht, die Gespräche mit Eltern zu dieser Frage vermitteln."[967]

Zunächst seien nun also die auf diesem Wege ermittelten Schulwahlmotive der Eltern an allgemeinbildenden katholischen Schulen in einem tabellarischen Überblick wiedergegeben: [968]

Schulwahlmotive der Eltern an allgemeinbildenden katholischen Schulen (in Prozent der Eltern)

Motiv	sehr wichtig	wichtig	weniger wichtig	gar nicht wichtig	keine Angabe	Punkte
Hohe persönliche Zuwendung zum Kind	60,6	32,5	0,9	0,7	5,3	346
Hohe Qualität der Lehrer	24,3	67,0	2,7	-	6,0	303
Die Schule achtet auf Ordnung	24,3	59,9	8,7	0,4	6,7	294
Hohes Unterrichtsniveau	20,3	65,0	8,5	0,2	6,0	293
Christliche / katholische Erziehung	17,6	59,0	16,3	0,9	6,2	282
Hohes Ansehen der Schule	43,9	49,4	1,6	-	5,1	280

Motiv	sehr wichtig	wichtig	weniger wichtig	gar nicht wichtig	keine Angabe	Punkte
Erziehung zu sozialem Engagement	10,5	55,5	26,1	1,6	6,5	266
Gute Ausstattung der Schule	7,1	44,8	40,3	1,8	6,0	245
Vielseitigkeit des Freizeitangebots	5,6	22,9	40,5	23,4	7,6	239
Günstige Nähe oder Erreichbarkeit	11,4	30,5	38,8	10,7	8,7	226
Soziale Zusammensetzung der Schüler	3,6	26,1	47,7	14,5	8,2	205

Die Tabelle führt die 11 hauptsächlichen Kriterien und deren vermutete Wichtigkeit für die Schulwahlentscheidung der Eltern in Prozentzahlen und Gesamtpunktzahlen auf. – Zunächst halten die Autoren der Studie dazu fest: "Das Ergebnis dieser Einschätzungen entspricht insofern der allgemeinen Lebenserfahrung, als deutlich wird, daß die Motive der Eltern gemischt sind und sich kaum wechselseitig ausschließen."[969] "Besonders aufschlußreich sind aber die Einschätzungen mit einem hohen Anteil der extremen Bewertungen."[970]

Mit Abstand am höchsten wird die *persönliche Zuwendung zum Kind* als "sehr wichtiges Motiv" der Eltern eingeschätzt, und zwar an katholischen Gesamtschulen und Gymnasien mit 71,2% bzw. 62,5% noch höher als an Grundschulen und Realschulen mit 56,7% bzw. 56,5%. Nach Aussage der Autoren "... geht es den Eltern nach Meinung der Schulleiter um eine pädagogische Qualität der Schule, die sich nicht auf die Vermittlung von Stoff beschränkt."[971]

Ein Weiteres fällt auf: "Häufig wird angenommen, die Wertschätzung der Sekundärtugenden, zusammenfassend angezeigt im *Achten auf Ordnung,* kennzeichne in besonderer Weise die katholische Schule und die Motivation ihrer Eltern."[972] Nach Meinung der Schulleiter steht jedoch das *Ordnungsmotiv* erst an dritter Stelle nach der *Qualität der Lehrer*, aber vor dem hohen *Unterrichtsniveau.* Angesichts des vielleicht zentralsten Erziehungsziels katholischer Schulen ist es weiterhin interessant, daß nach Einschätzung der Schulleiter der *Wunsch nach einer christlichen oder katholischen Erziehung* bei den Eltern ein Schulwahlmotiv mit einem guten Mittelwert ist.[973]

"Gar nicht wichtig" ist nach Meinung der Schulleiter vor allem die *gute Erreichbarkeit der Schule,* die *soziale Zusammensetzung der Schülerschaft* und die *Vielseitigkeit des Freizeitangebots.* "Damit weichen die Schulleiter ... von einer bisweilen in der Öffentlichkeit vertretenen Einschätzung ab, die den in Frage kommenden Eltern vor allem Bequemlichkeit oder ein soziales Elitebewußtsein unterstellt", kommentieren die Autoren.[974] Auch sei in der Sicht der Leiter "... ihre Schule nicht deshalb besonders geschätzt, weil sie ihre Attraktivität im außerunterrichtlichen Bereich sucht."[975]

Bei den nicht-koedukativen katholischen Schulen ergeben sich auch Hinweise, wie – nach Einschätzung der Schulleiter – von den Eltern diese besondere Form als Motiv gewertet wird. Dabei erlaubt die Befragung auch eine Differenzierung nach Jungen- und Mädchenschulen. Die Auswertung der Befragung läßt erkennen, "daß die Vorliebe für eine *nicht-koedukative Schule* nach Meinung der Schulleiter ein mittleres Motiv (272 Punkte) darstellt."[976] Dies gilt aber nur für die Eltern katholischer Mädchenschulen. Die Eltern der Jungenschulen sehen in der Berücksichtigung dieses Schultyps bei der Schulwahl ein eher untergeordnetes Motiv (164 Punkte – also mit Abstand die niedrigste Punktezahl). "Diese Einschätzung durch die Schulleiter entspricht der allgemeinen Erfahrung, wonach gerade die Eltern von Jungen die Koedukation durchgesetzt haben, weil sie sich davon förderliche Einflüsse auf ihre Söhne versprechen", meinen die Autoren.[977]

Bezüglich der allgemeinbildenden katholischen Privatschulen liest man im Abschlußbericht der Studie: "Jede Anmeldung eines Kindes oder Jugendlichen an einer katholischen Schule stellt eine *Wahl-Entscheidung der Eltern* (oder der älteren Schüler selbst) dar. Diese Entscheidung hängt davon ab, ob die gewählte Schule gewisse Erwartungen und Vorstellungen der Eltern zu erfüllen verspricht."[978]

Etwas anders stellt sich die Situation im Sonderschulbereich dar. "Die Betrachtung von Schulwahlmotiven der Eltern der Schüler katholischer Sonderschulen führt zu einem Ergebnis, das wahrscheinlich sehr ähnlich auch für die öffentliche Sonderschule gilt: Nach Motiven der Eltern braucht fast nicht geforscht zu werden, weil der alles überwiegende Grund für die Anwesenheit des Kindes in dieser Schule die *Zuweisung durch eine Behörde* ist (258 Punkte) ..., weshalb auch *Nähe der Schule* oder *gute Erreichbarkeit* unwichtige Motive bleiben (182 Punkte)."[979] Übertroffen wird die zuweisende Rolle der Behörde nur noch von dem Motiv der *persönlichen Zuwendung* (295 Punkte). Dagegen spielt die *christliche bzw. katholische Erziehung* – jedenfalls nach Einschätzung der Schulleiter – eine ganz untergeordnete Rolle (171 Punkte). "In diesem Zusammenhang sei an den hohen Anteil nicht-katholischer Schüler ... in den Sonderschulen erinnert, für deren Eltern im Regelfall eine katholische Erziehung kein Schulwahlmotiv sein wird."[980]

Die Schulleiter wurden abschließend gefragt, welche Meinung die Schüler, Eltern, Lehrer und die Öffentlichkeit von der katholischen Privatschule – nach ihrer Einschätzung – haben. Zur Formulierung des vermuteten Urteils standen ihnen die Schulnoten von "sehr gut" bis "ungenügend" zur Verfügung. Das Ergebnis zeigte, daß bei diesen Wertungen insgesamt kaum schlechte Zensuren erteilt wurden.

Das für den Kontext dieser Arbeit interessante Urteil der Eltern über die katholische Schule gestaltet sich – nach Einschätzung der Schulleiter – wie folgt: 21% der Befragten meinten, die Eltern beurteilten ihre Schule mit "sehr gut", 71,6% mit "gut", 1,7% mit "befriedigend" und 5,7% der Schulleiter machten keine Angabe dazu.[981] Fazit: "Die beste Meinung von der Schule wird bei den *Eltern* vermutet."[982] Es folgt das Urteil der allgemeinen Öffentlichkeit, dann dasjenige der Lehrer und schließlich das der Schüler. Treffend merken die Autoren dazu an: "Es wäre interessant, durch direkte Befragung der schulischen Gruppen zu erfahren, ob diese Einschätzungen der Schulleiter realistisch sind."[983]

Die Frage nach der Bedeutung der *Elternmitwirkung* an der katholischen Schule als mögliches Motiv der Schulwahlentscheidung wurde in dieser Studie nicht explizit aufgeworfen. Die Befragung der Schulleiter ergab jedoch, daß nach ihrer Einschätzung ein hoher Mitwirkungsgrad der Privatschuleltern an allgemeinbildenden katholischen Schulen zu konstatieren ist. Dies veranlaßt die Autoren zu einer interessanten Schlußbemerkung: "Die eigentliche Mitwirkung der Eltern besteht mithin in der 'Abstimmung mit den Füßen' durch die Konstanz, mit der sie in den letzten Jahrzehnten ihre Kinder den katholischen Schulen zugeführt haben."[984]

2.2.6 J. DIKOW (1992): Die Einstellung von Eltern zur katholischen Schule in freier Trägerschaft

Gegen Ende des Schuljahres 1991/92 wurde im Auftrag des Arbeitskreises katholischer Schulen in freier Trägerschaft und unter der Mithilfe der Zentralstelle Bildung der deutschen Bischofskonferenz eine umfangreiche Elternbefragung an 15 katholischen Schulen durchgeführt. Die Ergebnisse dieser empirischen Studie veröffentlichte JOACHIM DIKOW, der zugleich Projektleiter war, in der Zeitschrift "engagement" (1992/Heft 3-4).[985]

DIKOW selbst versteht diese Befragung ausdrücklich als Fortführung und Erweiterung der bereits 1990 veröffentlichten Studie des Arbeitskreises katholischer Schulen in freier Trägerschaft (vgl. Kap.III.2.2.5). Er schreibt dazu: "Bereits die große Untersuchung der Socialdata zum katholischen Schulwesen in freier Trägerschaft im Schuljahr 1987/88 hat die Fragen behandelt, welche Einstellung Eltern gegenüber der von ihren Kindern besuchten katholischen Schulen in freier Trägerschaft haben ..."[986] Diese Untersuchung stützte sich jedoch nur auf eine Befragung der Schulleiter, die u.a. über die von ihnen vermutete Einstellung der Eltern zur katholischen Privatschule Auskunft gegeben hatten. "Es lag nahe, in einer weiteren Befragung die Eltern selbst zu diesem Fragenkomplex zu hören. Damit wurde es auch möglich, die Zuverlässigkeit der von den Schulleitern geäußerten Vermutungen zu überprüfen", erläutert DIKOW.[987] Die Ziele dieser Studie decken sich also weitgehend mit denen der Befragung von 1987/88, wobei als

Zielgruppe die *Eltern* und ihre Motive, Einstellungen und Einschätzungen zur katholischen Schule in den Mittelpunkt des Interesses gerückt sind.

Dies hatte natürlich Konsequenzen für die Durchführung der Befragung: "Sie beschränkte sich auf Eltern der *allgemeinbildenden* katholischen Schulen in freier Trägerschaft; denn im berufsbildenden Sektor dieses Schulwesens tritt die Bedeutung der Eltern zurück, weil hier die überwiegende Zahl der Schülerinnen und Schüler volljährig ist", stellt DIKOW fest.[988] "Und im Sonderschulbereich gelten infolge der Tatsache, daß weniger eine freie Wahl der Eltern als eine behördliche Anordnung oder einfach der Zwang der Verhältnisse den Besuch einer Sonderschule herbeiführen, andere Probleme und folglich auch andere Einstellungen der Eltern, als wir sie im allgemeinbildenden Schulwesen erwarten können."[989] Schließlich führt DIKOW aus: "Zudem sind 80 Prozent der Schülerinnen und Schüler katholischer Schulen auf den allgemeinbildenden Schulen; und insofern erfaßt eine Befragung der Eltern dieser Schülerinnen und Schüler den weit überwiegenden Teil der überhaupt von dem Fragenkreis berührten Elternschaft." [990]

Bei allen Gemeinsamkeiten mit der Schulleiterbefragung von 1987/88 zeigen sich in dieser Untersuchung der Elterneinstellungen zur katholischen freien Schule also schon vom Ansatz her gewisse Unterschiede, die im folgenden noch näher erläutert werden sollen.

➢ <u>*Konzept der Elternbefragung*</u>

Die Elternbefragung wurde an 15 katholischen Schulen in freier Trägerschaft durchgeführt. Diese Schulen waren:

1. Domsingschule, Katholische Grundschule für Jungen; Aachen
2. Dr. Johanna-Decker-Gymnasium der Armen Schulschwestern von Unserer Lieben Frau; Amberg
3. Schulzentrum St. Matthias, Hauptschulzweig; Bitburg
4. Collegium Josephinum, Gymnasium; Bonn
5. Collegium Josephinum, Realschule; Bonn
6. Alfred-Delp-Schule, Grundschule; Bremerhaven
7. Edith-Stein-Schule, Realschule; Bremerhaven
8. Johannesschule, Grundschule; Bremerhaven
9. St. Ansgar-Schule, Grundschule; Bremerhaven
10. Marienschule, Realschule; Dülmen
11. Bischöfliche Hauptschule am Stoppenberg; Essen
12. St. Augustinus-Schule, Realschulzweig Albertus Magnus; Hildesheim
13. Private Volksschule Seligenthal; Landshut
14. Realschule der Armen Schulschwestern von Unserer Lieben Frau; München
15. Liebfrauenschule, Gymnasium; Oldenburg[991]

Zur Auswahl der Schulen merkt DIKOW an: "Die befragten Eltern von Schülerinnen und Schülern der katholischen Grundschulen, Hauptschulen, Orientierungsstufen und Realschulen waren im Verhältnis zu ihrem Anteil im katholischen Schulwesen überproportional vertreten, die Eltern der Schülerinnen und Schüler von Gymnasien, Schulzentren und Gesamtschulen unterproportional."[992] Ähnliches gilt auch für die Verteilung über die Bundesländer: "Die Eltern aus dem nördlichen Teil der Bundesrepublik Deutschland waren im Verhältnis zu ihrem Anteil im katholischen Schulwesen überhaupt überproportional vertreten, die Eltern aus dem südlichen Teil unterproportional."[993] Nach DIKOWs Einschätzung geben die Untersuchungen jedoch keinen Hinweis darauf, daß die Grundtendenzen der Befragung durch mögliche Erweiterungen des Kreises der Befragten wesentlich verschoben werden könnten.[994] Dennoch bleibt der Studie das Manko einer in o.g. Hinsicht nicht ganz repräsentativen Auswahl.

Zur Zahl der Befragten äußert sich DIKOW wie folgt: "Da eine Totalbefragung – anders als bei der Befragung der Schulleiter – bei einer Zahl von nahezu 240.000 hier in Frage kommenden Elternpaaren nicht zu leisten war, wurden an 15 Schulen 4.871 Elternpaare befragt. Eine solche Befragung von 2 Prozent aller betroffenen Personen kann bei der hier anstehenden relativ großen Zahl als repräsentativ angesehen werden", meint DIKOW.[995] "Dies gilt auch für die Rücklaufquote von 70,05 Prozent. Es lagen insgesamt 3.412 Fragebogen zur Auswertung vor; mithin konnten die Antworten von 1,44 Prozent aller Eltern von Schülerinnen und Schülern der katholischen allgemeinbildenden Schulen in freier Trägerschaft berücksichtigt werden."[996]

Die Untersuchung war – wie auch schon die Schulleiterbefragung – in Form einer schriftlichen Befragung konzipiert. Es handelte sich um einen zweieinhalbseitigen standardisierten Fragebogen mit überwiegend geschlossenen Fragen. Diese Fragen waren inhaltlich z.T. identisch mit denen der Schulleiterbefragung, was einen eingehenden Vergleich beider Studien ermöglichte. Eltern, die mehrere Kinder an der katholischen Schule haben, wurden aufgefordert, pro Kind einen Fragebogen auszufüllen. Als problematisch muß dabei m.E. die Tatsache angesehen werden, daß die Elternpaare nicht die Möglichkeit hatten, *zwei* Fragebogen – u.U. auch unterschiedlich – auszufüllen, sondern daß vielmehr eine Art "elterliche Einheitsmeinung" vorausgesetzt wurde. Im einzelnen enthielt der Fragebogen folgende Fragen:

FRAGEBOGEN (J. DIKOW, 1992)	
1.	Wie viele Kinder haben oder hatten Sie auf dieser Schule? (....)
2.	Hat zumindest ein Elternteil zu irgendeiner Zeit selbst eine katholische Schule besucht? (Ja – Nein)
3.	Wußten Sie bei der Anmeldung Ihres Kindes auf diese Schule, daß es sich um eine katholische Schule in freier Trägerschaft handelt? (Ja – Nein)
4.	Hätte(n) Ihr(e) Kind(er) in zumutbarer Entfernung auch eine öffentliche Schule der gleichen Schulart bzw. Schulform besuchen können? (Ja – Nein)
5.	Wie wichtig waren die nachfolgenden Gründe, ihr Kind auf diese Schule zu schicken? • Die Schule liegt am nächsten, ist am besten zu erreichen. • Die Schule genießt ein hohes Ansehen • In der Schule wird auf Ordnung geachtet. • Die soziale Zusammensetzung der Schülerschaft wird geschätzt. • Die Schule hat gute Lehrer. • Die Schulausstattung ist gut. • Das Unterrichtsniveau ist hoch. • Das außerunterrichtliche Angebot ist vielseitig. • Die Schüler werden zu sozialem Engagement erzogen. • Eine christliche/katholische Erziehung wird gewünscht. • Es wird eine hohe persönliche Zuwendung für das Kind erwartet. Nur für nicht koeduktive Schulen: • Die Schule ist eine reine Mädchen- / Jungenschule. (sehr wichtig – wichtig – weniger wichtig – gar nicht wichtig)
6.	Wie wichtig sollte die Schule die folgenden Erziehungsziele nehmen? • Förderung der Persönlichkeit • Religiöse Erziehung • Schulische Leistung • Ordnung und Disziplin • Sonstige: ... (sehr wichtig – wichtig – weniger wichtig – gar nicht wichtig)
7.	Wie schätzen Sie den Erfolg der Arbeit der Schule in folgenden Punkten ein? • Förderung der Persönlichkeit • Religiöse Erziehung • Schulische Leistung • Ordnung und Disziplin • Sonstige: ... (sehr wichtig – wichtig – weniger wichtig – gar nicht wichtig)

8.	Haben Sie den Eindruck, daß diese Schule ein "eigenes Gesicht", eine für diese Schule charakteristische Prägung besitzt: • hinsichtlich des Unterrichts? • hinsichtlich der Erziehung? • hinsichtlich der "Atmosphäre", des "Klimas" im Umgang miteinander? • hinsichtlich des allgemeinen Schullebens durch außerunterrichtliche Veranstaltungen? • hinsichtlich schulseelsorgerlicher Angebote (z.B. Schulgottesdienste)? (Ja – Nein)
9.	Welche Note geben Sie dieser Schule im ganzen? (sehr gut – gut – befriedigend – ausreichend – mangelhaft – ungenügend) [997]

Für die quantitative Auswertung der Fragebogen gilt: Die für die Reihenfolge der Items maßgebliche Punktzahl ist so berechnet worden, daß jeder "sehr wichtige" Wert mit dem Faktor 4, jeder "wichtige" Wert mit dem Faktor 3, jeder "weniger wichtige" mit dem Faktor 2, jeder "gar nicht wichtige" Wert mit dem Faktor 1 und jede Aussage "keine Angabe" mit dem Faktor 0 multipliziert und das so gewonnene Ergebnis für jedes Item addiert wurde. Dieses Verfahren wurde auch bei der Auswertung der Befragung der Schulleiter angewendet; so ist ein direkter Vergleich der Schulleiterbefragung mit der Elternbefragung möglich.[998]

➢ *Ergebnisse der Elternbefragung*

Die Ergebnisse der Befragung präsentiert DIKOW teils in tabellarisch-schaubildhafter, teils in verbal-interpretativer Form. Sie sollen im folgenden zusammenfassend dargestellt werden.

Bei der Frage nach der Zahl der Kinder, welche die Eltern auf der jeweiligen katholischen Schule haben oder hatten, erscheint vor allem "...der geringe Anteil von Fällen, in denen mehrere Kinder eines Elternpaares die Schule besuchen oder besuchten, bemerkenswert."[999] DIKOW führt dies u.a. auf "die allgemein bekannten Tendenzen des generativen Verhaltens heutiger Eltern" zurück – und meint damit vermutlich den Trend zur Ein-Kind-Familie. Sein Fazit lautet jedenfalls wie folgt: "Der Hinweis auf die vielen Einzelkinder, die demnach die katholischen Schulen besuchen, und der Hinweis auf den manchmal hohen Teil von Spätaussiedlerkindern bestätigen einen Eindruck, der sich schon aus der Befragung der Schulleiter 1987/88 ergab: Entgegen häufig geäußerter Vermutungen nimmt die katholische Schule hinsichtlich der besonderen pädagogischen Probleme unserer Tage keine Ausnahmestellung ein."[1000] Eine solche Schlußfolgerung muß jedoch ziemlich vage und fragwürdig erscheinen, da nicht einmal geklärt ist, ob die 2.219 "*einzigen* Kinder an der katholischen Schule" tatsächlich auch "*Einzelkinder*" sind – oder u.U. noch Geschwister im noch nicht oder nicht mehr schulfähigen Alter haben bzw. solche, die eine staatliche Regelschule besuchen.

Die zweite Frage sollte ermitteln, wie hoch der Anteil derjenigen Eltern ist, von denen zumindest ein Elternteil zu irgend einer Zeit eine katholische Schule besucht hat. Dies bejahten immerhin 60,9% der befragten Eltern.[1001] DIKOW folgert: "Der uns recht hoch erscheinende Anteil der Eltern, die selbst Schülererfahrungen mit der katholischen Schule gehabt haben, bestätigt von dieser Seite eine später unter anderen Aspekten zu untermauernde These, daß der Entschluß, das eigene Kind einer katholischen Schule anzuvertrauen, ein bewußter und auf Information beruhender Entschluß ist und nicht etwa – was auch oft behauptet wird – eine bloße Zuwendung zur nächstgelegenen Schule."[1002]

Zur Interpretation dieses Ergebnisses merkt DIKOW jedoch an, daß bei der Altersstruktur der befragten Eltern zu einem sehr hohen Anteil die katholische Schule, die sie selbst besucht haben, eine öffentliche katholische Bekenntnisschule aus dem Volksschulbereich gewesen sein dürfte – und nicht etwa eine katholische Schule in freier Trägerschaft.[1003] Nach DIKOW zeigen jedoch neuere Untersuchungen, "... daß diese Form der katholischen Schule von Eltern nicht als so blaß und wenig eigengeprägt erlebt wird, wie dies gelegentlich dargestellt wurde."[1004] Und er fügt hinzu, "... daß die öffentliche katholische Bekenntnis-Volksschule in der Schulzeit heutiger Eltern offenbar wenigstens insoweit eine eigengeprägte Schule gewesen ist, daß sie von den Eltern noch als katholische Schule erinnert wird."[1005]

Bezüglich der dritten Erhebungsfrage stellt DIKOW fest: "Ganz überwältigend klar fällt die Antwort auf die Frage aus, ob die Eltern bei Anmeldung ihres Kindes zur allgemeinbildenden katholischen Schule in freier Trägerschaft wußten, daß es sich um eine katholische Schule handelt."[1006] 97,6% der Eltern bejahten dies – ein Ergebnis, das m.E. nicht verwundern dürfte. DIKOW folgert: "Die Eltern sind also in diesem Punkt gut informiert, wenn sie ihr Schulwahlrecht ausüben."[1007]

Die vierte Frage lautete, ob die Kinder der befragten Eltern in zumutbarer Entfernung auch eine öffentliche Schule der gleichen Schulart besuchen könnten. Damit sollte geklärt werden, ob die Schule in freier Trägerschaft "... den Eltern ein Angebot als Alternative zum Besuch einer öffentlichen Schule macht oder praktisch ein Monopol für den Schulbesuch besitzt."[1008] DIKOW erläutert: "Wichtig ist diese Frage, weil die katholische Schuldoktrin traditionell das Elternrecht auf freie Schulwahl betont, dieses Recht aber unter Monopolbedingungen ins Leere läuft. Auch will sich die katholische Schule auf die gleichgesinnte Erziehungsintention eines prägenden Teils der Elternschaft stützen, könnte aber in einer pluralistischen Gesellschaft nur in geringem Maße eine solche Übereinstimmung erwarten, wenn Eltern gar keine andere Wahl hätten, als ihre Kinder auf die betreffende

Schule zu schicken."[1009]

Die Auswertung der Ergebnisse zeigt, daß 87,1% der befragten Eltern die von ihnen gewählte katholische Schule als Schule mit "Angebotscharakter" identifizieren; nur 10,7% geben an, daß die katholische Schule in ihrer Umgebung die einzige ihrer Art sei, also "Monopolcharakter" besitze.[1010] "Zu weit überwiegendem Maße stellt also die katholische Schule ein Angebot dar, dem als Alternativen unter mindestens gleich guten Bedingungen öffentliche Schulen gegenüberstehen. Wesentliche Voraussetzungen für die Wahrnehmung des Elternrechtes auf freie Schulwahl und für eine Übereinstimmung der Erziehungsintentionen von Elternhaus und Schule sind damit gegeben", resümiert DIKOW.[1011]

Die Studie machte außerdem deutlich, daß der Angebotscharakter keineswegs immer in großen Städten stärker ausgeprägt ist als in kleineren Städten oder auf dem Land, obwohl man dies annehmen könnte.[1012] "Zwar ist das Angebot an öffentlichen Schulen in Großstädten dichter als auf dem flachen Lande, aber die konkrete Verkehrssituation bringt dennoch in der Großstadt für manches Elternhaus die katholische Schule in eine Monopolsituation. Auf dem flachen Lande, wo man womöglich in jedem Fall ein Verkehrsmittel benutzen muß, kann sich demgegenüber der Monopolcharakter einer Schule abschwächen."[1013] Auch dies ist ein interessanter Befund der Studie.

"Angesichts der Tatsache, daß die katholische Schule in so überwiegendem Maße Angebotscharakter hat, stellt sich die Frage nach den Motiven der Eltern für die Wahl einer katholischen Schule", schreibt DIKOW.[1014] Da diese Frage im Zentrum des erkenntnisleitenden Interesses dieses Kapitels steht, sei sie hier etwas ausführlicher behandelt. Zunächst also die Ergebnisse der Befragung nach den Schulwahlmotiven katholischer Privatschuleltern in einem tabellarischen Überblick:

Schulwahlmotive der Eltern an allgemeinbildenden Schulen (in Prozent der Eltern, die die Einschätzung teilen)						
Motiv	sehr wichtig	wichtig	weniger wichtig	gar nicht wichtig	keine Angabe	Punkte
Hohe Qualität der Lehrer	56,0	38,6	2,0	0,5	2,8	344,9
Erziehung zu sozialem Engagement	42,7	47,6	5,0	0,5	4,0	324,1
Hohes Unterrichtsniveau	40,3	51,3	4,4	0,2	3,9	324,1
Hohe persönliche Zuwendung zum Kind	45,3	43,7	5,5	0,6	4,9	323,9

Motiv	sehr wichtig	wichtig	weniger wichtig	gar nicht wichtig	keine Angabe	Punkte
Hohes Ansehen der Schule	39,2	45,7	10,7	1,2	3,2	316,6
Die Schule achtet auf Ordnung	34,0	53,7	8,2	0,7	3,4	314,2
Gute Ausstattung der Schule	28,7	57,6	9,4	0,6	3,7	307,3
Christliche / katholische Erziehung	28,9	50,4	13,0	2,6	5,1	295,4
Soziale Zusammensetzung der Schüler	26,7	51,2	14,0	2,3	5,8	290,7
Vielseitigkeit des außerunterrichtlichen Angebots	16,5	46,6	25,5	2,1	9,3	258,9
Günstige Nähe oder Erreichbarkeit	6,9	19,1	42,6	27,4	4,0	197,5

[1015]

DIKOW faßt wie folgt zusammen: "Ein Spitzenfeld von vier Motiven ist zunächst an der Person der Lehrerinnen und Lehrer und ihrem erzieherischen wie unterrichtlichen Wirken orientiert. Es folgen drei eher im Bereich der "sekundären Tugenden" angesiedelte Motive für die Schulwahl: ihr Ansehen, ihr Ordnungsstreben und ihre Ausstattung. Danach liegen im hinteren Mittelfeld der Wunsch nach christlicher bzw. katholischer Erziehung und die Wertschätzung der sozialen Zusammensetzung der Schülerschaft. Demgegenüber steht die Vielseitigkeit des außerunterrichtlichen Angebots als Schulwahlmotiv der Eltern zurück. Das am wenigsten betonte Motiv [ist] die Nähe oder günstige Erreichbbarkeit der Schule."[1016]

Im Vergleich zu der Schulleiterbefragung und deren Einschätzung ergibt sich bzgl. der elterlichen Schulwahlmotive folgendes Bild: "Überwiegend sind den Eltern die erfragten Motive für die Schulwahl wichtiger, als dies die Schulleiter angenommen hatten."[1017] Von den elf behandelten Motiven erlangen lediglich die zwei Motive "hohe persönliche Zuwendung zum Kind" und "günstige Nähe oder Erreichbarkeit der Schule" bei den Schulleitern eine höhere Punktzahl als bei den Eltern.[1018] "Man sieht, daß die Bedeutung des Motivs der Nähe der Schule von den Eltern nicht so hoch bewertet wird, wie man dies häufig – übrigens auch außerhalb der katholischen Schulen – annimmt." Die "persönliche Zuwendung zum Kind" ist auch für die Eltern kein unwichtiges Motiv, hat aber bei ihnen doch nicht den herausgehobenen Bedeutungsgrad, den die Schulleiter vermutet haben.[1019]

Die "hohe Qualität der Lehrer", welche die Schulleiter als zweitwichtigstes Motiv nannten, rangiert nun bei den befragten Eltern katholischer Schulen an erster Stelle. DIKOW kommentiert: "Daß Schulleiter dieses Motiv hoch einschätzen und die Eltern es als das wichtigste Motiv überhaupt nennen, entspricht der Bedeutung des Lehrers, wie sie von der allgemeinen Lebenserfahrung, der Erziehungswissenschaft und auch von den kirchlichen Schuldokumenten anerkannt wird."[1020] Die Eltern bilden zudem an der Wertspitze "... einen Komplex von Motiven, der das, was die Eltern unter Qualität der Lehrer verstehen, auch inhaltlich erkennbar werden läßt."[1021]

Hier fällt zunächst – entgegen der Einschätzung der Schulleiter – die große Wertschätzung auf, die Eltern der "Erziehung zu sozialem Engagement" entgegenbringen. "Dies hindert die Eltern offenbar nicht, anders als die dies am geringsten einschätzenden Schulleiter, die soziale Zusammensetzung der Schülerschaft als ein gut in der Mitte liegendes Schulwahlmotiv zu nennen", schreibt DIKOW.[1022]

Das "hohe Unterrichtsniveau" steht für die Eltern als wichtiges Schulwahlmotiv exakt gleichrangig neben der "Erziehung zu sozialem Engagement" und nahe bei der "persönlichen Zuwendung zum Kind".[1023] Auch das "hohe Ansehen der Schule", in dem man "die erzieherischen, unterrichtlichen und fürsorglichen Seiten einer guten Schule zusammengefaßt sehen kann, gehört ... in diese an der Spitze liegende Motivgruppe, die offenbar insgesamt für die Eltern wichtig ist", meint DIKOW.[1024]

Dies gilt auch für das Motiv, "... daß die Schule gewählt wird, weil in ihr auf Ordnung geachtet wird und weil sie gut ausgestattet ist. Auch diese Punkte nehmen die Eltern wichtiger, als es die Schulleiter geschätzt hatten."[1025]

Bei dem Motiv der "christlichen bzw. katholischen Erziehung" liegen Eltern und Schulleiter ziemlich nah beieinander, sowohl was die Höhe der Bewertung als auch was den Rang dieses Motivs innerhalb der Motivreihe betrifft. "Der hier vergebene Wert bzw. Rang unter den Werten läßt sich so interpretieren, daß sich die Eltern durch genuin schulische Aspekte bei der Auswahl der Schule leiten lassen und erst danach auch einen religiösen Aspekt berücksichtigen", resümiert DIKOW.[1026] Und er erläutert: "Die immer wieder in den kirchlichen Dokumenten wie in der Theorie der katholischen Schule hervorgehobene These, daß diese Schule zunächst einmal 'gute Schule' zu sein habe, trifft offenbar auf eine entsprechende Erwartung der Eltern."[1027]

Dennoch wird das Schulwahlmotiv "christliche bzw. katholische Erziehung" von den befragten Eltern immer noch höher eingestuft als zwei andere Motive, die in ihrer Bedeutung für die Eltern nach DIKOW vielfach überschätzt werden: die "außerunterrichtlichen Angebote" und die "Nähe der Schule".[1028] Diese eher im organisatorischen Bereich anzusiedelnden Motive scheinen bei der Entscheidung der Eltern für eine katholische Schule in freier Trägerschaft eher eine untergeordnete Rolle zu spielen.

Die nächste Frage widmete sich den "Erziehungszielen" der katholischen Schule. Hierzu trifft DIKOW eine interessante Feststellung: "Die Schulwahlmotive korrespondieren mit der Vorstellung der Eltern davon, welche Bedeutung die Schule bestimmten Erziehungszielen einräumen sollte."[1029] Wie die *Gewichtung* der vorgegebenen vier Erziehungsziele durch die Eltern im einzelnen ausgefallen ist, soll die folgende Tabelle veranschaulichen. Das Urteil der Eltern über den *Erfolg* der Schulen beim Erreichen dieser Erziehungsziele, das in einer weiteren Frage ermittelt wurde, soll dieser Gewichtung dabei unmittelbar gegenübergestellt werden. Daraus ergibt sich folgender tabellarischer Überblick:

Erziehungsziele an katholischen allgemeinbildenden Schulen
in der Sicht von Eltern

	Gewichtung		Erfolgseinschätzung	
Förderung der Persönlichkeit	sehr wichtig	71,0%	sehr gut	27,4%
	wichtig	24,3%	gut	59,3%
	weniger wichtig	1,1%	weniger gut	10,2%
	gar nicht wichtig	0,2%	gar nicht gut	0,7%
	keine Angabe	3,4%	keine Angabe	2,8%
	Punkte:	359,0	Punkte:	308,6
Religiöse Erziehung	sehr wichtig	22,1%	sehr gut	29,6%
	wichtig	59,6%	gut	61,8%
	weniger wichtig	13,3%	weniger gut	5,7%
	gar nicht wichtig	1,4%	gar nicht gut	0,9%
	keine Angabe	3,4%	keine Angabe	2,5%
	Punkte:	295,2	Punkte:	316,1
Schulische Leistungen	sehr wichtig	53,4%	sehr gut	38,0%
	wichtig	42,5%	gut	54,5%
	weniger wichtig	1,5%	weniger gut	4,3%
	gar nicht wichtig	0,1%	gar nicht gut	0,4%
	keine Angabe	2,5%	keine Angabe	2,9%
	Punkte:	344,2	Punkte:	324,5
Ordnung und Disziplin	sehr wichtig	39,0%	sehr gut	31,0%
	wichtig	52,8%	gut	57,4%
	weniger wichtig	6,4%	weniger gut	7,4%
	gar nicht wichtig	0,3%	gar nicht gut	0,8%
	keine Angabe	1,5%	keine Angabe	3,3%
	Punkte:	327,5	Punkte:	311,8

[1030]

Im Vergleich von erwünschten Erziehungszielen und geschätztem Erziehungserfolg resümiert DIKOW: "Im allgemeinen geben die Eltern der Gewichtung der vier Erziehungsziele einen höheren Wert als dem jeweiligen Erfolg."[1031] Der Problematik einer Analogisierung der Antwortkategorien "sehr wichtig, wichtig etc." mit "sehr gut, gut etc." in beiden Items ist sich der Autor dabei durchaus bewußt; er weist darauf hin, daß aus diesem Grunde "... der Vergleich von Gewichtung und Erfolgseinschätzung nur begrenzt aussagekräftig ist."[1032]

Bei der Gewichtung der Erziehungsziele durch die Eltern katholischer Schulen wird die "religiöse Erziehung" für am wenigsten wichtig erklärt. Nach DIKOW ist dies allerdings "... nur eine relative Aussage gegenüber den anderen Erziehungszielen; denn eine Summe von 81,7 Prozent der Eltern, die diese religiöse Erziehung für sehr wichtig oder für wichtig ansehen, ist, absolut genommen, ein hoher Wert."[1033] Auffallend ist, daß im Falle der "religiösen Erziehung" der Erfolg höher eingeschätzt wird als die Gewichtung, womit bzgl. des Erziehungserfolges dieses Erziehungsziel an die zweite Stelle rückt.[1034] DIKOW leitet daraus folgende – etwas gewagte – Interpretation ab: "Mit aller Vorsicht mag man daraus entnehmen, daß erst die Praxis für Eltern erkennbar werden läßt, was eine moderne religiöse Erziehung meint und bewirkt, während die abstraktere Frage nach der Gewichtung dieses Zieles eher noch traditionelle Vorstellungen assoziiert, die dann den schulischen Zielen im engeren Sinne untergeordnet werden. So haben wir weiter oben auch den Aspekt der christlichen bzw. katholischen Erziehung unter den Schulwahlmotiven interpretiert."[1035]

Das Erziehungsziel "Ordnung und Disziplin" wird von den befragten Eltern an den dritten Platz gestellt, und zwar sowohl hinsichtlich seiner Gewichtung als auch bzgl. seines Erfolges. Mit 91,8 Prozent der Eltern, die dieses Ziel als "sehr wichtig" oder "wichtig" ansehen, und 88,4 Prozent, die es für "sehr gut" oder "gut" erreicht halten, rangiert auch dieses Ziel insgesamt auf hohem Niveau.[1036]

Bezüglich der im Fragebogen vorgegebenen Erziehungsziele kommt DIKOW zu folgendem Schluß: "In der Tatsache, daß über 80 Prozent der Eltern von den angegebenen Zielen der katholischen Schule sagen, sie seien sehr wichtig oder wichtig und würden sehr gut oder gut erreicht, kommt ein hohes Vertrauen zur pädagogischen Arbeit der Schulen zum Ausdruck."[1037]

In einem offenen Item hatten die Eltern darüberhinaus Gelegenheit, "sonstige Erziehungsziele" frei zu formulieren, wovon 12 Prozent der Befragten, also immerhin 408 Eltern, Gebrauch machten. Aufgrund der dort vorgefundenen Angaben hält DIKOW im Hinblick auf künftige Studien eine Erweiterung der im Fragebogen aufgenommenen Erziehungsziele um folgende zwei Kategorien für sinnvoll: 1. "Solidarisches Sozialverhalten" und 2. "Aktive Kulturteilnahme".[1038] Im einzelnen wurden von den Eltern als sehr wichtige oder wichtige "sonstige Erziehungsziele" die folgenden – hier in alphabetischer Reihenfolge wiedergegebenen – Ziele genannt: "Atmosphäre, Betreuung der Schülerinnen, Eingehen aufs Kind, Erziehung zum selbständigen Denken, Förderung einer humanistischen Lebenseinstellung, Förderung von Eigeninitiative, eigene Meinung, freies Denken, Freude am Lernen, freundlicher Umgang miteinander, Gemeinschaft, Gemeinschaftssinn, gerechte Behandlung, gute Ausbildung, Hauswirtschaft und Handarbeit, Herzensbildung, Hilfe bei Notenabfall, Hilfe bei Unterrichtslücken aus der Grundschule, Kameradschaftssinn, keine Indoktrination, Klassengemeinschaft, Klima / Kameradschaft, Koordination Schule – Elternhaus, Kreativität, Kultur, Kunsterziehung allgemein, Lernen zusammenzuleben, Mitspracherecht von Schülern, musikalische Erziehung, musische Ausbildung, nicht nur eine Ziffer, soziales Engagement, soziale Verantwortlichkeit, soziales Verhalten, Sozialisation, Sozialverhalten, Spielen, sportliche Aktivitäten, Toleranz, Umgang mit anderen Menschen, Umgang miteinander, Umweltbewußtsein, Verantwortungsbewußtsein, Verhältnis deutscher und ausländischer Schüler, Verständigung untereinander, Vorbereitung auf das spätere Leben, Ziele der Klassenfahrten, Zusammenhalt / Gemeinschaftsgeist."[1039]

Diese von Eltern genannten Erziehungsziele sind für den Kontext der vorliegenden Arbeit besonders interessant – zeigen sie doch deutlich das breite Spektrum von Erwartungen, die katholische Privatschuleltern an die Schule ihrer Wahl potentiell richten.

Im Vergleich zur Schulleiterbefragung hält DIKOW folgendes fest: "Hinsichtlich der Gewichtung geben die Schulleiter den Zielen 'Förderung der Persönlichkeit' und 'Religiöse Erziehung' höhere Werte als die Eltern ... Die Erziehungsziele 'Schulische Leistung' sowie 'Ordnung und Disziplin' werden von den Eltern stärker gewichtet als von den Schulleitern."[1040] Bezüglich der Erfolgseinschätzung kommt DIKOW zu folgendem Resümee: "Der Erfolg bei der Erreichung der Erziehungsziele wird von den Eltern in allen Fällen höher eingeschätzt als von den Schulleitern."[1041] Und interpretierend fügt er hinzu: "Diese haben offenbar bei ihrer Einschätzung eine gewisse Zurückhaltung geübt, um Selbsttäuschungen zu vermeiden."[1042]

Eine im Hinblick auf die Schulwahlmotive katholischer Privatschuleltern ebenfalls interessante Frage war die nach dem "eigenen Gesicht" der Schule, die von den Kindern besucht wird. DIKOW erläutert dazu: "Die Frage nach dem 'eigenen Gesicht' der katholischen Schule spielt in der bildungspolitischen Auseinandersetzung wie in der Theorie der katholischen Schule und ihrer Praxis eine große Rolle. Bildungspolitisch wird das Vorhandensein eines solchen eigenen Gesichts häufig als unabdingbar für die Existenzberechtigung katholischer Schulen angesehen."[1043] Man denke nur etwa an den Genehmigungsvorbehalt des "besonderen pädagogischen Interesses" gemäß Art. 7, Abs. 5 GG (vgl. Kap.III.1.2).

Im Urteil der befragten Eltern wird die Existenz eines besonderen pädagogischen Profils insgesamt positiv bescheinigt: "Die Eltern, die nach oft jahrelanger Beobachtung der katholischen Schule eine gewisse Autorität bei der Beantwortung dieser Fragen in Anspruch nehmen können, bejahen ganz überwiegend, daß es ein solches eigenes Gesicht gibt", konstatiert DIKOW.[1044] Dabei sieht die Gewichtung in den fünf vorgegebenen Profilbereichen wie folgt aus: "Einer allgemeinen Erwartung hinsichtlich dessen, was besonders hervorgehoben werden wird, wenn man nach dem eigenen Gesicht der katholischen Schule fragt, entsprechen die um die 80 Prozent-Marke liegenden Bejahungen einer solchen eigenen Prägung in den Bereichen *Erziehung, Atmosphäre* und *Schulseelsorge.* Die Höhe dieser Werte ist bemerkenswert", schreibt DIKOW.[1045] Die zweithöchste Bejahung – mit fast drei Vierteln aller befragten Eltern – betrifft die Eigenprägung des *Unterrichts*. Nach Auffassung des Autors mag die Verneinung eines "eigenen Gesichts" des Unterrichts der katholischen Schule "... mit dem Wunsch zusammenhängen, daß sie den unterrichtlichen Standard der öffentlichen Schulen nicht verläßt."[1046] Andererseits gibt ein hoher Anteil von 70,3 Prozent der Eltern an, "... einen eigengeprägten Unterricht an der Schule ihrer Kinder beobachtet zu haben."[1047] Auch hierin bescheinigen sie der katholischen Schule also durchaus ein eigenes Profil. "Daß dies – wenn auch mit fast zwei Dritteln – noch am wenigsten hinsichtlich des allgemeinen *Schullebens* geschieht, mag auch mit der für Eltern bestehenden Unbestimmtheit des damit verwendeten Begriffs zusammenhängen", meint DIKOW.[1048]

Schließlich wurden die katholischen Privatschuleltern noch gefragt, welche Note sie der Schule ihrer Kinder insgesamt erteilen würden. Dabei wurde die Note "gut" am häufigsten gegeben (53,5%), die Note "sehr gut" am zweithäufigsten (36,6%) und die Note "befriedigend" folgte an dritter Stelle (10,4%).[1049] Die Noten "ausreichend", "mangelhaft" und "ungenügend" wurden insgesamt von nur 1,8% der Befragten verteilt.[1050] Errechnet man den Mittelwert aus diesen Angaben, so erhält man eine "Durchschnittsnote" von 1,8 , welche die Eltern ihren katholischen Schulen insgesamt geben. Dieser Wert entspricht exakt der Einschätzung, welche die Schulleiter in der vorangegangenen Befragung abgegeben haben. "Das wirft nachträglich noch einmal Licht auf die Zuverlässigkeit der Schulleiterbefragung überhaupt", meint DIKOW.[1051]

Und so ist abschließend davon auszugehen, daß die weit überwiegende Mehrheit der Eltern mit ihrer Schulwahlentscheidung zufrieden ist. Zu demselben Schluß kommt auch DIKOW, wenn er schreibt: "Dieses Ergebnis läßt sich gewiß als eine Zustimmung der Eltern zur Schule interpretieren. Und so werten wir auch die Einstellung der Eltern zur katholischen Schule in freier Trägerschaft, wie sie sich aus der Gesamtheit aller Antworten ergibt."[1052]

2.2.7 BUNDESVERBAND DEUTSCHER PRIVATSCHULEN (1996): Meinungsumfrage zu Privatschulen

Der VERBAND DEUTSCHER PRIVATSCHULEN (VDP) ließ im Jahre 1995 eine repräsentative Umfrage zum Thema "Privatschulen" durchführen. Initiator dieser Studie war der VDP-Landesverband Bayern, der die Studie beim Münchner Umfragen-Institut KLAUS PEINELT in Auftrag gab.

Ziel der Umfrage war es herauszufinden, ob und inwieweit das Schulgeld, das die meisten Privatschulen erheben müssen, eine "Hemmschwelle" bei der Wahl einer Schule in freier Trägerschaft darstellt. Außerdem sollte eruiert werden, wie stark das Interesse von Eltern an einer schulischen Nachmittagsbetreuung ist – und wie diese nach Auffassung der Eltern finanziert werden sollte.

Die Ergebnisse der repräsentativen Erhebung veröffentlichte der Bundesverband Deutscher Privatschulen 1996 in seinem Mitteilungsblatt "Schulen in freier Trägerschaft" (71. Jahrgang, Heft 2).[1053] Schriftführer dieses Abschlußberichts war GUSTAV HUBER.

➢ *Konzept der Meinungsumfrage*

Die Umfrage basiert auf 1004 Interviews, die im Dezember 1995 mit repräsentativ ausgewählten Eltern von privaten und staatlichen Schulen geführt wurden. Die Interviews bezogen sich auf 5 Themenaspekte. Es wurde gefragt,

1. inwieweit das Schulgeld eine Rolle bei der Entscheidung für oder gegen eine Privatschule spielt;
2. wie groß das prinzipielle Interesse von Eltern an Privatschulen gegenüber den tatsächlichen Anmeldezahlen ist;
3. ob ein Interesse der Eltern an einer qualifizierten schulischen Nachmittagsbetreuung besteht;
4. wie eine solche Nachmittagsbetreuung nach Meinung der Eltern finanziert werden sollte;
5. ob Privatschulen in gleicher Weise wie staatliche Schulen bei der Nachmittagsbetreuung finanziell gefördert werden sollten. [1054]

Die Ergebnisse der standardisierten Interview-Befragung wurden in Prozentzahlen wiedergegeben und es wurden Schlußfolgerungen und auch Forderungen durch den BUNDESVERBAND DEUTSCHER PRIVATSCHULEN daraus abgeleitet.

➢ *Ergebnisse der Meinungsumfrage*

Zunächst kommt die Studie zu folgendem Ergebnis: "Der Besuch von Privatschulen wird in Deutschland stark von der Tatsache beeinflußt, daß viele private Schulen Schulgeld erheben müssen."[1055] Gäbe es nicht das Hindernis "Schulgeld" auf dem Weg zur Privatschule, würden über 30% der Eltern ihre schulpflichtigen Kinder lieber auf eine private als auf eine staatliche oder kommunale Schule schicken. Hingegen würden 61,7% der Eltern auch unter gleichen Startbedingungen hinsichtlich des Schulgeldes ihre Kinder weiterhin der staatlichen Schule anvertrauen.[1056]

Dennoch ist der Umfrage zufolge selbst unter Berücksichtigung des Schulgeldes "das Interesse an Privatschulen deutlich größer als die tatsächliche Kapazität der Schulen".[1057] Immerhin 13,7% der Eltern würden für ihre Kinder – auch unabhängig vom Schulgeld – eine private Schule einer staatlichen oder kommunalen vorziehen. Bundesweit besuchen jedoch nur rund 6% aller Schüler eine Schule in freier Trägerschaft.[1058]

Die Meinungsumfrage wies außerdem "ein erhebliches Interesse der Eltern an einer qualifizierten schulischen Nachmittagsbetreuung der Kinder" aus.[1059] In jedem zweiten Interview stuften die Eltern ein solches Betreuungsangebot als wichtig (31,2%) oder sehr wichtig (17,9%) ein. Nur 45,2% der Eltern halten ein solches Angebot für weniger wichtig oder unwichtig. Damit stellen die Befürworter ganztägiger Betreuungsformen die Mehrheit.[1060]

Zur Finanzierung eines solchen Nachmittagsangebots haben sich knapp ein Viertel der befragten Eltern (23,8%) noch keine Meinung gebildet. 34% meinen, Nachmittagsbetreuung an staatlichen oder kommunalen Schulen sei vorrangig zu fördern; doch immerhin 37,6% der Eltern regen an, privaten Schulen für die Nachmittagsbetreuung mindestens ebensoviel Geld zukommen zu lassen wie vergleichbaren staatlichen Schulen. Nach bisheriger Regelung müssen die Eltern für ein solches Angebot an Privatschulen in vollem Umfang selbst aufkommen. 7,7% der befragten Eltern gehen deshalb auch so weit, zu fordern, private Schulen seien vorrangig zu fördern.[1061]

GUSTAV HUBER kommt in seinem Abschlußbericht zu folgendem Fazit: "Das Ergebnis der repräsentativen Umfrage bestätigt den Bundesverband Deutscher Privatschulen in vielen seiner Überzeugungen."[1062] Im einzelnen heißt dies:

1. "Der tatsächliche Anteil von Privatschülern in Deutschland entspricht nicht der Nachfrage und noch weniger den Bedürfnissen der Eltern."[1063]

2. "Die Höhe des Schulgeldes ist ein entscheidender Faktor für die Zugänglich-

keit der Schulen in freier Trägerschaft." Der BUNDESVERBAND DEUTSCHER PRIVATSCHULEN leitet daraus folgende Forderung ab: "Die Verfassungsvorschrift, nach der 'keine Sonderung nach den Besitzverhältnissen der Eltern' erfolgen darf, muß von den Ländern enger ausgelegt und auf den Bereich der Nachmittagsbetreuung ausgeweitet werden." Denn: "Gerade angesichts der angespannten Finanzssituation in allen öffentlichen Haushalten bieten Schulen in freier Trägerschaft der öffentlichen Hand die Chance zu sparen, indem sie freie Träger stärker fördern [sic]. Jeder zusätzliche Schüler an einer Privatschule entlastet nämlich den staatlichen Haushalt mittel- oder langfristig um mindestens zwanzig Prozent der bisher für diesen Schüler aufgebrachten Kosten."[1064]

3. "Eine stärkere Förderung von Privatschulen entspricht offensichtlich auch dem Elternwillen." Deshalb dürfe das Kostenargument bei den Entscheidungen der Politiker nicht die wichtigste Rolle spielen. Denn: "Zur freien Schulwahl in einem pluralistischen Staatswesen gehört die Möglichkeit, eine Privatschule zu wählen. Davon kann in weiten Teilen unseres Landes überhaupt keine Rede sein; und auch dort, wo Privatschulen bestehen, müssen immer mehr Schüler abgewiesen werden, weil die vorhandenen Kapazitäten nicht ausreichen." Zwar erwarteten die deutschen Privatschulen nicht unbedingt "niederländische Verhältnisse", wo die Gleichbehandlung der Schulen in freier Trägerschaft dazu geführt habe, daß inzwischen an die 70% der Eltern ihre Kinder auf private Schulen schicken. "Aber ein etwas größerer Anteil freier Schulen in Deutschland würde nicht nur dem Elternwillen entsprechen, sondern auch wichtige Impulse für die Weiterentwicklung der Schullandschaft geben, da Privatschulen stets Vorreiter der Innovation waren."[1065]

4. Abschließend kommt der Verfasser zu folgendem Resümee: "Der Bundesverband Deutscher Privatschulen engagiert sich für so bemessene Schulgelder, daß die Schulen allen Bevölkerungsschichten frei zugänglich sind. Deutschland darf nicht den Weg gehen, daß Privatschulen nur Besserverdienenden offenstehen. Hier muß die Politik ihrer Verantwortung gerecht werden und entsprechende Zuschüsse gewähren."[1066]

Obgleich es nicht das Anliegen dieser Studie war, die Frage nach den Motiven der Schulwahlentscheidung für Freie Schulen umfassend zu untersuchen, so spricht sie m.E. doch einen wichtigen Aspekt des Themas an: die Rolle, die das Schulgeld bei der Wahl bzw. Nicht-Wahl einer Privatschule für Eltern spielt. Daß dem finanziellen Aspekt durchaus eine nicht unwesentliche Bedeutung bei den Determinanten der Schulwahlentscheidung zukommt, dürfte die vorliegende Studie eindrücklich gezeigt haben.

2.2.8 K. KLEMM / P. KRAUSS-HOFFMANN (1999): Evangelische Schulen im Spiegel von Selbstdarstellung und Elternurteil

Im Jahr 1999 veröffentlichten KLAUS KLEMM und PETER KRAUSS-HOFFMANN die Ergebnisse einer empirischen Studie, die sie an 27 evangelischen Schulen unterschiedlicher Schularten in West- und Ostdeutschland durchgeführt hatten.[1067] Nach KLEMM/KRAUSS-HOFFMANN ist das evangelische Schulwesen "... ein bedeutsamer Teil nichtstaatlicher Schulen Deutschlands. Es erstreckt sich über nahezu alle Schultypen des allgemeinbildenden und berufsbildenden Bereichs, es ist in der Mehrheit der alten und neuen Bundesländer, wenn auch unterschiedlich stark, vertreten und es nimmt gleichermaßen Jungen und Mädchen mit sehr unterschiedlicher sozialer Herkunft auf."[1068] Dennoch ist nach Einschätzung der Autoren "... der gesicherte Kenntnisstand über die Zahl der Schulen, über die Entwicklung ihrer Schülerzahlen, über ihr pädagogisches und fachliches Profil und insbesondere auch hinsichtlich der Erwartungen und des Urteils der Eltern über diese Schulen, die mit den öffentlich getragenen Angeboten zumeist konkurrieren, ausgesprochen gering."[1069] So soll die von den Verfassern vorgestellte "kleinere explorative Studie" dazu beitragen, "diese Lücken im Wissen über die evangelischen Schulen zu schließen".[1070]

Ziel dieser "Pilotstudie" ist mit den Worten der Autoren der "Versuch einer genaueren Untersuchung der quantitativ beschreibbaren Situation der evangelischen Schulen sowie der ihnen entgegengebrachten Elternerwartungen und deren Erfüllung".[1071] Dazu wurden an Schulleiter, aber auch an Eltern evangelischer Schulen Fragebogen verteilt, die sich z.T. bewußt an die von JOACHIM DIKOW für das katholische Schulwesen konzipierte Befragung anlehnten (vgl. Kap.III.2.2.6). Während es in der Schulleiterbefragung mehr darum ging, etwas über die aktuelle Situation der evangelischen Schulen in Erfahrung zu bringen, stand bei der Elternbefragung folgende Fragestellung im Mittelpunkt: "Welches sind die Gründe, die Eltern veranlassen, ihre Kinder zu Institutionen des evangelischen Schulwesens zu schicken?"[1072]

Anlage und Ergebnisse der Studie von KLEMM/KRAUSS-HOFFMANN wurden im "Handbuch Evangelische Schulen", einer Veröffentlichung des COMENIUS-Instituts, erstmals vorgestellt – und durch zwei Elternberichte ergänzt, welche die "Sicht evangelischer Schulen aus der Elternperspektive" exemplarisch veranschaulichen sollen.[1073]

➢ *Konzept der Pilotstudie*

An der Studie sollten ursprünglich 31 evangelische Schulen Deutschlands teilnehmen, wobei der Ausfall von 4 Schulen mangels Rücklauf die tatsächliche Anzahl auf 27 Schulen verringerte. Die Auswahl der Untersuchungsschulen orientierte sich an dem von H. OCHEL erarbeiteten "Verteilungsmuster nach Schultypen", was folgendes Bild ergab: 13 Gymnasien, 5 Realschulen, 4 Grundschulen, 3 Sonderschulen, 3 Berufliche Schulen, je 1 Kollegschule, 1 Hauptschule und 1 Mittelschule wurden in die Studie einbezogen.[1074] Bei der regionalen Verteilung der Schulen folgte die Pilotstudie dem Verteilungsmuster aller Schulen in nichtstaatlicher Trägerschaft, da es – was verwundern mag – nach Auskunft der Autoren "... für das evangelische Schulwesen keine hinreichend verläßlichen Angaben zur Länderverteilung seiner Einrichtungen gibt."[1075]

Jeder in die Untersuchung einbezogenen Schule wurden ein Schulleiterfragebogen und ein Elternfragebogen mit der Bitte um anonyme Weitergabe zugesandt. Der Schulleiterfragebogen enthielt Fragen zu Grunddaten der Schulen, zu Schülerinnen und Schülern, zu den Lehrenden und zum pädagogischen Profil der Schule. Im Elternfragebogen wurden Erwartungen gegenüber den evangelischen Schulen sowie der Umfang der Erwartungserfüllung erfragt.[1076] Die Rücklaufquote der Elternfragebogen gestaltete sich bei den verschiedenen Schularten höchst unterschiedlich. "Die Fallzahlen, die sich auf diese Weise bei den zurückgekommenen Elternfragebögen für die einzelnen Schultypen ergaben, führten dazu, daß die Elternbefragung lediglich für die Gymnasien und für die Realschulen schultypenspezifisch ausgewertet werden konnte. Die Befragungsergebnisse der anderen Schulen konnten daher nur in die nicht typenspezifische Auswertung einfließen", erläutern KLEMM/KRAUSS-HOFFMANN.[1077]

Inhaltlich wurden in den standardisierten, geschlossenen Fragebogen folgende Teilaspekte angesprochen: 1."äußere" Merkmale der Schule wie das der Gründungszeit, der regionalen Lage, der Lehrerkollegien, der Schülerschaft und der Finanzierung; 2. das "pädagogische Profil" der jeweiligen Schule und alles, was damit zusammenhängt; 3. die "Erwartungen der Eltern" sowie deren Erfüllung nach Einschätzung derselben.[1078] Die wichtigsten Ergebnisse dieser – freilich nicht streng repräsentativen – Umfrage an evangelischen Schulen sollen im folgenden überblicksartig wiedergegeben werden.

➢ *Ergebnisse der Pilotstudie*

Die Verfasser der Studie stellen die Ergebnisse derselben z.T. in tabellarischer, vor allem aber in verbal-interpretierender Weise vor. Die Ergebnisdarstellung beginnt mit den Resultaten der Schulleiterbefragung, genauer gesagt mit den sog. "äußeren" Merkmalen des evangelischen Schulwesens. Da diese das Kernthema des vorliegenden Kapitels nur am Rande betreffen, seien sie hier nur kurz skizziert.

Die Schulleiterbefragung gab zunächst Auskünfte über die Gründungszeiten der evangelischen Schulen. Ergebnis: "Die in die Untersuchung einbezogenen

27 Schulen sind in sehr unterschiedlichen Epochen errichtet worden: 22% wurden bereits im 19. Jahrhundert gegründet, weitere 11% sind in der Zeit der Weimarer Republik entstanden, während die übrigen zwei Drittel erst nach dem Ende der nationalsozialistischen Herrschaft eingerichtet wurden: 37% darunter vor 1970, 7% zwischen 1970 und 1990 und noch einmal 22% in den Jahren ab 1990."[1079] Diese Verteilung zeigt das breite Spektrum der Gründungsphasen evangelischer Schulen; sie kann jedoch nicht als repräsentativ betrachtet werden.

Bezüglich der Stadt-Land-Verteilung der beteiligten evangelischen Schulen stellen die Autoren folgendes fest: "Eine deutliche Mehrheit der Schulen der Untersuchungsstichprobe, nämlich 56%, liegt in Großstädten mit mehr als 100.000 Einwohnern"; im kleinstädtischen oder gar im ländlichen Bereich sind hingegen eher wenige oder gar keine evangelischen Schulen anzutreffen.[1080]

Im Hinblick auf die Schülerschaft der befragten evangelischen Schulen kommen KLEMM/KRAUSS-HOFFMANN zu folgendem Fazit: "Betrachtet man das ... Gesamtbild der Schülerschaft des evangelischen Schulwesens, so wie es die Untersuchungsstichprobe bietet, so zeichnet es sich durch eine deutlich erkennbare Heterogenität aus."[1081] Dies bezieht sich nicht nur auf die konfessionelle Zusammensetzung, sondern auch auf die familiäre Herkunft der Schülerinnen und Schüler, wobei der Anteil der Kinder Alleinerziehender in evangelischen Schulen eher höher als der Bundesdurchschnitt liegt, was die Autoren vor allem durch die ganztägigen Betreuungsangebote erklären. Bezüglich der ethnischen Zusammensetzung der Schülerschaft ist festzustellen, daß hier der Ausländeranteil an evangelischen Schulen leicht unter dem Durchschnitt dieses Anteils an staatlichen Schulen liegt.[1082] Die Integration behinderter Kinder in den Regelschulunterricht ist jedoch an evangelischen Schulen offenbar in höherem Maße umgesetzt als an Staatsschulen.[1083]

Was die Zusammensetzung der Lehrerkollegien an evangelischen Schulen betrifft, so ist folgendes zu konstatieren: "Unterrichtet wurden die Schülerinnen und Schüler von Kollegien, die in wesentlichen Merkmalsbereichen denen des staatlichen Schulwesens entsprechen ..."[1084] Lediglich die Konfessionszugehörigkeit der Lehrenden, die zu über 50% der evangelischen Kirche angehören, weicht vom Bundesdurchschnitt deutlich ab.[1085]

In bezug auf die Finanzierung evangelischer Schulen bleibt schließlich festzuhalten, daß bei allen befragten Schulen die staatlichen Zuschüsse – z.T. weit – über 50% liegen. "Die jeweils an 100% fehlenden Finanzierungsanteile stammen aus kirchlichen Zuschüssen ..., aus Eigenmitteln der Träger ..., aus Elternbeiträgen und – zum geringsten Teil – aus Spenden ..."[1086] Nur ein Drittel der Schulen gab an, Schulgeld zu erheben; "bei einem Drittel dieses Drittels wird das Schulgeld von der sozialen Situation der Elternhäuser abhängig gemacht".[1087] Diese

Angaben lassen vermuten, daß konfessionelle Schulen – im Vergleich zu nichtkirchlichen Freien Schulen – i.d.R. finanziell besser gestellt sein dürften als andere Schulen in freier Trägerschaft.

Interessant ist nun, was die Studie über das "pädagogische Profil" der untersuchten evangelischen Schulen herausgefunden hat. Hierzu stellen die Autoren zunächst folgendes fest: "Von den 27 untersuchten Schulen geben 23, also immerhin 85% an, 'Angebotsschule' zu sein. Dies bedeutet, daß diese Schulen mit für ihre Schülerinnen und Schüler ebenfalls erreichbaren Schulen gleichen Typs konkurrieren. In dieser Konkurrenzsituation treten die Schulen mit dem Bemühen um ein eigenes – pädagogisch geprägtes – Profil auf."[1088] Zu diesem besonderen "Profil" evangelischer Schulen gehört z.B. das weitverbreitete Angebot einer ganztägigen Betreuung, die sich in verschiedenen Formen ausprägen kann. Nach Auffassung der Autoren kommt dieser "Betreuung über den Unterricht hinaus ... eine große Bedeutung" zu.[1089] "Alle diese Elemente, die internatsmäßige Unterbringung, die Ganztagsbetreuung und ebenso die Hausaufgabenbetreuung werden – wie schon erwähnt – zur Attraktivität dieser Schulen bei Alleinerziehenden beitragen", vermuten KLEMM/KRAUSS-HOFFMANN.[1090]

Ein weiterer Mosaikstein des "pädagogischen Profils" evangelischer Schulen ist nach Auskunft der Studie ein besonderes Erziehungskonzept, in welchem der "religiösen Erziehung" eine zentrale Bedeutung zukommt: "Unter den einbezogenen Schulen geben 93%, also die überwältigende Mehrheit der Schulen an, ein besonderes Erziehungskonzept, zumeist in den Gremien beschlossen, zu verfolgen. Ein wesentliches Element dieses Konzepts ist die religiöse Erziehung."[1091] Dabei wird der Kernbereich religiöser Erziehung, der Religionsunterricht, durch eine Vielfalt zusätzlicher Angebote, wie z.B. Schulgottesdienste, Bibelkreise, themenbezogene Klassenfahrten etc. ergänzt. "Die religiöse Erziehung ... tritt verbunden mit Bemühungen um eine die im engeren Sinne religiöse Erziehungskonzeption überschreitende Profilbildung auf."[1092] Hierzu gehört z.B. die "Verfolgung besonderer Unterrichtsmodelle" (78% aller befragten Schulen) und die "Durchführung außerunterrichtlicher Aktivitäten" (85% der einbezogenen Schulen).[1093]

Schließlich gehören der Studie zufolge die Bereiche "Beratung" und "Mitwirkung", die an evangelischen Schulen "großgeschrieben" werden, ebenfalls zu deren besonderem Profil. "Im Bereich der Beratung ... bieten die Schulen ... eine Palette an, die von psychologischer und sozialpädagogischer Beratung (67%) über berufliche Beratung (59%) bis hin zu seelsorgerischer [sic] Beratung (37%) reicht."[1094] Im Feld der Mitwirkung ergab die Schulleiterbefragung "... das Spektrum der Mitwirkungsmöglichkeiten der Eltern ... sowie der Schüler und Schülerinnen ..., das aus den staatlichen Schulen bekannt und vertraut ist."[1095]

Wie steht es nun mit den Elternerwartungen an evangelische Schulen sowie mit dem Ausmaß ihrer Erfüllung? Hierzu schreiben KLEMM/KRAUSS-HOFFMANN: "Einen ersten Hinweis zur Beantwortung der Frage, ob die Konturen eines Profils der Institutionen des evangelischen Schulwesens, wie es sich aus der Sicht der befragten Schulleitungen ergibt, den Erwartungen der Eltern entspricht und ob diese Erwartungen auch tendenziell erfüllt werden, geben zwei Informationen aus der Schulleiterbefragung: zum einen die Angaben zur Entwicklung der Schülerzahlen im evangelischen Schulwesen und zum anderen die zu den von den Schülerinnen und Schülern auf sich genommenen Schulwege."[1096] Der Befragung zufolge ist die Schülerzahl in dem Zehnjahreszeitraum zwischen 1986 und 1996 an 81% der untersuchten evangelischen Schulen angestiegen. Die Autoren werten dies als "ein Indiz dafür, daß die ... evangelisch geprägten Schulen ihren Platz haben behaupten können, also ... in etwa unverändertem Ausmaß attraktiv geblieben sind."[1097] "Ebenfalls weisen die von den Schulleitern angegebenen Schulwegzeiten auf die Attraktivität der untersuchten Schulen und damit implizit auf das ihnen zumindest unterstellte eigene Profil hin: Der Einzugsbereich von 85% der Schulen führt zu Schulwegen, die z.T. weit mehr als 30 Minuten in Anspruch nehmen" – und damit deutlich über dem Durchschnitt liegen.[1098] Auch hier scheint also die gute Erreichbarkeit gegenüber dem besonderen pädagogischen Angebot der Schule eine eher untergeordnete Rolle bei der Schulwahlentscheidung zu spielen.[1099]

Doch nun zu den Erwartungen der Eltern, die per Fragebogen erhoben und anschließend quantitativ ausgewertet wurden: Nach KLEMM/KRAUSS-HOFFMANN lassen sich die in dem Elternfragebogen abgefragten Erwartungen in zwei größere Gruppen unterteilen. Zur ersten Gruppe gehören "Erwartungen, die sich eher auf den Bereich des *Erziehens* und *Betreuens* – einschließlich den der religiös geprägten Erziehung – richten und die damit dem Feld der Sozialisationsfunktion von Schule zugerechnet werden können"; die zweite Gruppe bilden Erwartungen, "die eher dem Bereich des *Qualifizierens* und damit der Verwertungsfunktion von Schule zuzuordnen sind".[1100] Betrachtet man nun die Ergebnisse der Elternbefragung, so läßt sich zunächst feststellen: "Erwartungen an die Erziehung sind ausgeprägter als die an die Qualifikation."[1101]

Im einzelnen erbrachte die Befragung bezüglich der auf den *Erziehungsbereich* gerichteten Erwartungen von Eltern an evangelischen Schulen folgende Resultate:

Erwartungen aller Befragten an ... (in %)					
	den persönlichen Umgang	die christliche Prägung	die konfessionelle Prägung	die speziellen Betreuungsangebote	Erziehungsziele/Erziehungsmethoden
ja	90	70	29	58	66
nein	2	19	52	29	21
keine Antwort	8	11	19	13	13
Insgesamt	100	100	100	100	100
Anzahl	N=2294	N=2294	N=2294	N=2294	N=2294

[1102]

Die Tabelle zeigt, "... daß insbesondere der Bereich des 'persönlichen Umgangs' (90%) seitens der Eltern mit hohen Ansprüchen besetzt ist."[1103] "Ihm folgt die Erwartung einer 'christlichen Prägung' (70%)."[1104] Interessant ist, daß diese "christliche Prägung" deutlich vor der "konfessionellen Prägung" rangiert (29%). Die "besondere Bedeutung religiöser Erziehung, die seitens der Eltern den evangelischen Schulen zugeschrieben wird", zeigt sich auch in einer direkt darauf bezogenen Frage.[1105] Fazit: "Bei 77% aller Eltern kommt religiöser Erziehung eine 'sehr hohe' (21%) oder eine 'mittlere Bedeutung' (56%) zu."[1106] Doch auch die rein pädagogischen Aspekte spielen bei den Elternerwartungen eine bedeutende Rolle: "Die im Vergleich zur konfessionellen Prägung hoch ausfallenden Erwartungen an 'Erziehungsziele/Erziehungsmethoden' (66%) und an 'spezielle Betreuungsangebote' (58%) bestärken den Eindruck hoher Anforderungen an die pädagogische Qualität der evangelischen Schulen."[1107]

Zur *Erfüllung* der Elternerwartungen merken die Verfasser zunächst an: "Die relative Höhe dieser Ansprüche wird dann noch einmal besonders deutlich, wenn man deren Verwirklichung aus der Sicht der Eltern, die derartige Ansprüche formuliert haben, betrachtet."[1108] In allen Erwartungsbereichen – außer dem der "christlichen Prägung" – liegt die Antwortkategorie "voll erfüllt" nämlich bei unter 50% der Nennungen.[1109] KLEMM/KRAUSS-HOFFMANN stellen jedoch zusammenfassend fest, "... daß die Summierung von 'voll erfüllt' und 'zum Teil erfüllt' zu Werten um 90% führt, daß also in diesem Bereich die Zufriedenheit ... eher als hoch einzuschätzen ist."[1110] Lediglich im Bereich "Erziehungsziele/Erziehungsmethoden" scheint die Zufriedenheit der Eltern nicht sehr groß zu sein; offenbar liegen hier wichtige Entwicklungsaufgaben des evangelischen Schulwesens.

Im Hinblick auf die *qualifikationsbezogenen* Erwartungen der befragten Eltern von evangelischen Schulen zeigt sich folgendes Bild:

Erwartungen aller befragten Eltern an ... (in %)					
	die akademische Ausrichtung	eine solide Qualifikation und Berufsvorbereitung	ein hohes Anforderungs- und Leistungsprofil	spezielle inhaltliche Schwerpunkte	besondere Fächerangebote
ja	44	72	57	49	65
nein	32	10	25	30	21
keine Antwort	23	18	18	21	14
Insgesamt	100	100	100	100	100
Anzahl	N=2294	N=2294	N=2294	N=2294	N=2294

[1111]

Die Autoren schreiben dazu: "Im Bereich verwertungsorientierter Erwartungen ist auffallend, daß dort die geäußerten Erwartungen insgesamt schwächer ausgeprägt sind ..."[1112] "Der 'Spitzenreiter' in diesem Feld ('solide Qualifikation und Berufsvorbereitung') liegt mit einer Nennung bei [sic] 'nur' 72% der Befragten deutlich hinter dem der ersten Erwartungsgruppe (90% äußerten dort Erwartungen an den 'persönlichen Umgang')."[1113] Die übrigen Erwartungen in diesem verwertungsbezogenen Bereich liegen bei 65% (besondere Fächerangebote) oder schwanken um die 50%-Marke.

Somit kommen KLEMM/KRAUSS-HOFFMANN bezüglich der Elternerwartungen an evangelische Schulen zu folgendem Schluß: "Vergleicht man die in den beiden größeren Feldern der Sozialisation und der Qualifikation formulierten Erwartungen miteinander, so ist – besonders auf dem Hintergrund von Ergebnissen der das Schulwesen insgesamt betreffenden empirischen Schulforschung – auffallend, daß die sozialisatorischen einen deutlich erkennbaren Vorsprung vor den qualifikatorischen Erwartungen haben."[1114]

Betrachtet man nun noch die auf die qualifikatorischen Erwartungen bezogenen *Verwirklichungswerte*, so ist festzustellen, daß sie in der Summierung von 'voll erfüllt' und 'zum Teil erfüllt' etwa zwischen 70% und 90% liegen. "Eine besonders auffallende Ausprägung tritt hier nicht auf", resümieren die Autoren.[1115]

Schließlich wurden die Eltern im Rahmen der Pilotstudie auch noch über ihr Urteil bezüglich des Ausbildungserfolges an der evangelischen Schule im Vergleich zu staatlichen Schulen befragt. Dabei zeigte sich folgende Tendenz: "Das Gesamturteil über das evangelische Schulwesen, so wie die Eltern es in den Schulen ihrer Kinder erlebt haben, fällt bei ihnen – unbeschadet der internen Ausdifferenzierungen – positiv aus: 47% unter ihnen schätzen den Erfolg der Ausbildung ihrer Kinder im Vergleich zu dem aus ihrer Sicht in staatlichen Schulen erreichbaren Erfolg als höher ein, weitere 18% sehen in diesem Bereich keinen Unterschied zu den staatlichen Schulen .... Dem entspricht die Tatsache, daß 72% aller befragten Eltern mit der von ihnen erlebten Schule zufrieden waren ..."[1116]

In einem gesonderten Teil gingen die Verfasser der Studie noch der Frage nach, wie sich die Erwartungen und die Erwartungserfüllung schultypenspezifisch bei den Eltern von Schüler/innen evangelischer Gymnasien und Realschulen gestalten. Dabei kamen sie zu folgendem Ergebnis: "Im Bereich der sozialisationsorientierten Erwartungen ... unterscheiden sich die Eltern von Gymnasiasten und Realschülern kaum von denen der gesamten befragten Elternschaft; auch untereinander finden sich zwischen diesen beiden Schultypen keine nennenswerten Abweichungen. Dies gilt ebenso für das Ausmaß der Erwartungserfüllung."[1117] Abweichungen zur Gesamtstichprobe sowie Differenzierungen zwischen Gymnasien und Realschulen tauchten lediglich bei den qualifikationsorientierten Erwartungen auf. Die Autoren beschreiben dieses Phänomen mit folgender Kurzformel: "Eltern der Gymnasien sind akademischer, die der Realschulen berufsbezogener orientiert."[1118] Es ist zu vermuten, daß sich in diesem Punkt die Erwartungen von Eltern an evangelischen Schulen nicht wesentlich von denen der Eltern an staatlichen Schulen unterscheiden.

Schließlich ziehen KLEMM/KRAUSS-HOFFMANN folgende Schlußbilanz: "Überblickt man die Gesamtheit der Befunde, die sich aus der Schulleitungs- und aus der Elternbefragung ergeben, so läßt sich zusammenfassend feststellen und herausheben: Die untersuchten evangelischen Schulen stellen sich überwiegend als konkurrenzfähige Angebotsschulen dar, die bei der Elternschaft quantitativ (ausgewiesen durch die Entwicklung der Schülerzahlen) und qualitativ (ausgewiesen durch entsprechende Gesamtbeurteilungen) angenommen werden und auf Zustimmung stoßen."[1119] Bezüglich der Gründe für die Attraktivität evangelischer Schulen halten die Verfasser der Studie fest: "Sie leisten dies für eine ausgesprochen heterogene Schülerschaft durch eine Profilbildung, die sich nicht auf den Bereich christlicher Prägung ihrer Arbeit beschränkt, sondern die in einem umfassenderen Sinn sozialisatorische Ziele verfolgt, an die Spitze ihrer Zielsetzungen – gestützt durch entsprechende elterliche Erwartungen – stellt und mit gewichtigen Betreuungs- und Beratungsangeboten verbindet."[1120] Auffallend dabei ist, daß die religiöse Profilierung – offenbar gleichermaßen aus der Sicht der Schule wie der Elternerwartungen – durchaus *christlich*, aber nicht im engeren Sinne *konfessionell* geprägt ist. Im Hinblick auf die qualifikatorische Zielsetzung der Schulen fällt auf, daß die Eltern in diesem Bereich ihre Erwartungen nicht in vollem Umfang realisiert sehen. "Ob hier eine Schwäche der evangelischen Schulen liegt oder ob dieser Befund eine im Befragungsinstrument nahegelegte Akzentuierung sozialisatorischer Zielsetzungen im Vergleich zur Ausprägung der Fachlichkeit dieser Schulen spiegelt, dies läßt sich auf der Grundlage des Erhebungsinstruments dieser kleinen Pilotstudie nicht entscheiden", fügen die Autoren hinzu.[1121]

Damit ist indirekt bereits die Frage nach der Repräsentativität dieser Studie angesprochen, welche von den Verfassern selbst durchaus realistisch gesehen wird: "Da die Repräsentativität der in die Untersuchung einbezogenen Schulen infolge des Fehlens einer Gesamtübersicht über das evangelische Schulwesen nur allenfalls näherungsweise beurteilt werden kann, ist die Verallgemeinerungsfähigkeit der hier beschriebenen Befunde nur entsprechend schwach gegeben."[1122] Darüberhinaus führen die Autoren selbst noch zwei weitere Vorbehalte gegenüber der Aussagekraft ihrer empirischen Untersuchung an: "Auch muß bedacht werden, daß das Befragungsinstrumentarium ... für eine Studie, die deutlich mehr als erste Erkenntnisse liefern möchte, weiter ausdifferenziert werden müßte."[1123] Dem ist unbedingt zuzustimmen. "Des weiteren muß darauf verwiesen werden, daß sich alle Befunde, die hier analysiert wurden, auf die Befragung von Schulleitungen und von Eltern beziehen und insofern 'parteilich' sind."[1124] Von daher ist die Gefahr einer gewissen Beschönigung der Ergebnisse – auch bei der Darstellung durch die Verfasser der Studie – nicht ganz auszuschließen.

Abschließend bleibt festzustellen, daß diese Pilotstudie einen durchaus lohnenden Anfang in der Erforschung evangelischer Schulen sowie der Schulwahlmotive ihrer Eltern gemacht hat, daß aber viele Fragen offengeblieben sind. Dies räumen KLEMM/KRAUSS-HOFFMANN selbst deutlich ein, wenn sie in ihrem abschließenden Ausblick konstatieren: "Eine Evaluation – auch als Grundlage einer weiteren Schulentwicklung – steht für die Einzelschulen und das evangelische Schulwesen insgesamt noch aus. Weitere Forschungsarbeiten zum evangelischen Schulwesen, deren Notwendigkeit diese kleine Pilotstudie zeigen konnte, sollten sich daher auf die Sicherung von Repräsentativität, auf eine stärkere Ausdifferenzierung der diesen Schulen entgegengebrachten Erwartungen und deren Erfüllung sowie auf Evaluationsaspekte beziehen."[1125] Damit haben die Autoren die Chancen, aber auch die Grenzen der von ihnen an evangelischen Schulen in freier Trägerschaft durchgeführten Pilotstudie klar umrissen.

2.3 Zusammenfassung

Die vielschichtigen Ergebnisse der vorliegenden empirischen Studien über Schulwahldeterminanten von Privatschuleltern sollen nun zunächst in tabellarischer Form zusammengefaßt und einander gegenübergestellt werden. Dies dient zum einen einem besseren Gesamtüberblick; andererseits ist es die wohl pointierteste Art der Zusammenfassung, die am ehesten einen Vergleich der Untersuchungen ermöglicht.

Es erschien sinnvoll, die tabellarische Zusammenfassung der Studie nach bestimmten Gesichtspunkten zu ordnen, die einerseits methodische, zum anderen aber auch inhaltliche Aspekte berücksichtigen. So ergaben sich folgende Gliederungsaspekte:

1. Ziel der Studie	(allgemeines Anliegen; direkte / indirekte Ziele; Hintergründe / Kontext)
2. Beteiligte Institutionen	(Bildungseinrichtungen, die die Kinder der Befragten besuchen oder an denen die Befragten arbeiten)
3. Befragte Personen	(Eltern; Schulleiter; Lehrer)
4. Erhebungsmethode	(Forschungsdesign; Art der Erhebung)
5. Repräsentativität	(gemessen an Umfang und Art der Stichprobe)
6. Forschungsinteresse	(inhaltliche Schwerpunkte der Studie)
7. Ermittelte Motive	(Determinanten für die Schulwahlentscheidung)
8. Regelschulkritik	(sofern in der Studie thematisiert)
9. Gesamtwürdigung	(Beurteilung; wichtige Ergebnisse)

Bei der Studie von I. SPEISER (1993) sollen die drei bereits erwähnten empirischen Teiluntersuchungen (DR. FESSL und GFK-Institut; G. STUMM; I. SPEISER) gesondert aufgeführt werden, da ihnen je eigene Forschungsdesigns und Fragestellungen zugrunde liegen. Die Literaturauswertung von M. RUSSO hingegen soll in der Tabelle keine Berücksichtigung finden, da sie sich mehr auf Vermutungen als auf empirische Fakten stützt. Es sei jedoch an dieser Stelle darauf hingewiesen, daß die von RUSSO zusammengetragenen Hypothesen aus der Alternativschulliteratur durch die empirischen Studien weitgehend bestätigt wurden (vgl. Kap.III.2.2.1.1.).

Abweichend von der Reihenfolge der Darstellung in Kap.III.2.2. sollen die Studien in dem tabellarischen Überblick in streng chronologischer Reihenfolge zusammengefaßt werden; dies erschien des besseren Gesamtüberblicks wegen als sinnvolle Variante.

➢ *Die Studien im Überblick*

➔Aus Platzgründen befindet sich die große Übersichtstabelle in einem **Anhang** an der Innenseite des Rückeinbandes. Sie ist herausnehmbar – und somit besser überschaubar. Die Gliederung erfolgte nach den o.g. Gesichtspunkten. Die diesbezüglich ausgewerteten Studien wurden in chronologischer Reihenfolge nebeneinandergestellt, um einen besseren Vergleich zu ermöglichen.

➢ *Zusammenfassung der Ergebnisse*

Nach diesem tabellarischen Überblick sollen nun die wichtigsten Ergebnisse der

Studien nochmals kurz zusammengefaßt werden.

Zunächst bleibt festzuhalten, daß jede der vorgestellten Studien ihre Stärken und ihre Schwächen hat, wobei sich letztere nicht selten aus der mangelnden Repräsentativität bzw. einseitigen Auswahl der an den Befragungen beteiligten Bildungsinstitutionen ergeben. Dies gilt auch für Studien, die für sich beanspruchen, eine breite und vielfältige Privatschulelternschaft zu berücksichtigen.

Die eingangs gestellte Frage, ob sich die Ergebnisse der österreichischen Studien auf deutsche Verhältnisse übertragen lassen, kann – mit gewissen Vorbehalten – positiv beantwortet werden. Gerade der Vergleich der katholischen Privatschulstudien Österreichs und Deutschlands legt diese Vermutung nahe. Zu beachten sind jedoch die unterschiedlichen privatschulrechtlichen Voraussetzungen in beiden Ländern, die das Schulwahlverhalten der Eltern u.U. auch beeinflussen könnten (vgl. Kap.III.2.2.1.1).

Bezüglich der zentralen Frage nach den Schulwahlmotiven von Privatschuleltern kann ganz allgemein gesagt werden, daß sie keineswegs immer einheitlich sind, sondern "oft auch inhomogen"[1126], "gemischt und sich kaum wechselseitig ausschließend"[1127], "sehr vielschichtig und kaum zu erfassen"[1128]. Mit anderen Worten: "Es ist in den allermeisten Fällen nicht nur *ein* Motiv ausschlaggebend, sondern das Zusammenspiel von Motivkomplexen, welche für die Schulwahl entscheidend sind."[1129] Die Entscheidung für eine Schule in freier Trägerschaft scheint somit in der Regel durch eine Vielzahl von Voraussetzungen und Motiven beeinflußt zu werden.[1130]

Welche Faktoren dies im einzelnen sind, dazu legen die Studien teilweise ähnliche, teilweise aber auch voneinander abweichende oder gar widersprüchliche Ergebnisse vor. Faßt man die Schulwahlmotive in die drei Hauptgruppen *pädagogische Motive, weltanschauliche Motive* und *pragmatische Motive* zusammen, so ist bemerkenswert, daß in der Mehrzahl der Studien die *pädagogischen Motive*, also der Wunsch nach einer *guten Schule*, bei den Eltern an erster Stelle stehen. Diesem Bedürfnis der Eltern nach einer guten Schule für ihr Kind scheint die Tatsache sehr entgegenzukommen, daß Schulen in freier Trägerschaft in der Regel ein klares pädagogisches Profil, ein einheitliches pädagogisches Ethos, eine gemeinsame Schulkultur, eine gewisse Homogenität der Lehrerschaft, gleichgerichtete Erziehungsbemühungen von Eltern und Lehrern, also: eine "Pädagogik aus einem Guß" vorzuweisen haben.[1131] Dies deckt sich auch mit den Ergebnissen der neueren Schulqualitätsforschung, nach der ein gemeinsames, von allen Beteiligten mitgetragenes "Schulethos" eines der wesentlichen Merkmale einer "guten Schule" darstellt.[1132]

Demgegenüber wurden *pragmatische Motive* – wie z.B. günstige Lage, Nachmittagsbetreuung – in den meisten Studien erst an zweiter Stelle genannt. Eine Ausnahme bildet diesbezüglich die Untersuchung von R. REICHWEIN (1965) an deutschen Landerziehungsheimen; hier wurden pragmatische Gründe aus dem familiären Bereich, die z.B. eine Vollzeitunterbringung als wünschenswert oder notwendig erscheinen ließen, als primäre Motive der Schulwahlentscheidung ermittelt. Dazu mag zum einen der Internatscharakter der Schulen, aber auch der Oberschichtcharakter der Elternschaft beigetragen haben (vgl.Kap.III.2.2.2). Auch die Studie des DR. FESSL und GFK-Instituts (1993) an österreichischen Schulen eruierte pragmatische Motive als den wichtigsten Schulwahlfaktor. Die Ursache dafür könnte u.a. in der Tatsache begründet sein, daß die letztgenannte Studie auch Eltern von staatlichen Regelschulen einbezog; für diese spielen vermutlich pragmatische Aspekte – wie gute Erreichbarkeit, keine Kosten – eine größere Rolle als für Privatschuleltern.[1133]

Nahezu allen Studien gemeinsam ist die Erkenntnis, daß *weltanschauliche oder religiöse Motive* bei der Schulwahlentscheidung für Privatschulen insgesamt eine eher untergeordnete Rolle spielen. Zu einem anderen Ergebnis kam lediglich die BERGGOLD-Studie (1982) an den katholischen Schulen Österreichs, derzufolge "christlich-weltanschauliche Motive" bei den Eltern an zweiter Stelle rangieren, sowie die Studie von KLEMM/KRAUSS-HOFFMANN (1999) an evangelischen Schulen Deutschlands, nach welcher der "christlichen Prägung" bzw. der "religiösen Erziehung" ebenfalls eine relativ große Bedeutung bei der Schulwahlentscheidung zukommt. Auch für einige Waldorfeltern scheinen weltanschauliche Aspekte eine nicht unerhebliche Rolle bei ihrer Schulwahlentscheidung zu spielen.[1134] Dezidiert *politische* Motive hingegen ließen sich hauptsächlich bei Eltern von Freien Alternativschulen ausmachen.[1135] Das Motiv der "Familientradition" fand sich in den Studien bei relativ vielen Eltern katholischer Privatschulen; ein überdurchschnittlich hoher Prozentsatz dieser Eltern hat früher selber eine katholische Privatschule besucht.[1136]

Verschiedene Privatschuleltern nennen – trotz gewisser gemeinsamer Grundlinien – aber im einzelnen durchaus auch unterschiedliche, wenn nicht gar gegensätzliche Vorteile von Privatschulen (vgl. Kap.III.2.2.1.4). Ob sich bestimmte Motivgruppen bei Eltern von bestimmten Privatschultypen signifikant häufig finden, läßt sich aufgrund der vorliegenden Studien jedoch nicht eindeutig feststellen.

Kritik der Eltern an der staatlichen Regelschule wird zwar nicht in allen Untersuchungen explizit thematisiert; sie läßt sich aber aus den Aussagen der Eltern vielfach indirekt ableiten. So gelangt z.B. SPEISER (1993) zu dem Schluß, daß in der Einschätzung der befragten Eltern den "Vorteilen der Privatschulen" die "Nachteile der öffentlichen Schulen" direkt entsprechen – und umgekehrt.[1137] Besonders deutlich kommt der Zusammenhang zwischen *Schulkritik* und der *Suche nach Schulalternativen* auch in der Studie von KEESE-PHILIPPS (1989) zum

Ausdruck. Er macht vielfältige "Negativerfahrungen und Einschätzungen der Regelschule als Ursache für die Suche der Eltern nach einer alternativen Schule" aus und stellt fest, daß alle von ihm befragten Eltern "Elemente der Regelschule" kritisierten.[1138] "Dabei wurde deutlich, daß die Einschulung der Kinder in die alternative Schule häufig in unmittelbarem Zusammenhang mit genannten Kritikpunkten stand."[1139] Sowohl die Praxis der Regelschulen als auch die befürchteten Folgen für die eigenen Kinder wurden von den Eltern als "Motiv für die Suche nach einer anderen Bildungseinrichtung" angegeben.[1140]

Die eingangs gestellte Frage, ob sich "klassische" Topoi der Schulkritik des 20. Jahrhunderts bei heutigen Eltern Freier Schulen wiederfinden lassen, kann also eindeutig mit *ja* beantwortet werden. Prüft man genauer, *welche* Aspekte von Schulkritik bei Eltern, die für ihre Kinder eine Freie Schule gewählt haben, im Vordergrund stehen, so läßt sich folgendes festhalten: *Pädagogische* und *psychologische* Aspekte der Schulkritik scheinen bei Privatschuleltern deutlich zu überwiegen, während die anderen in Kap.II.4 untersuchten Aspekte und Problemfelder offenbar eine eher untergeordnete Rolle spielen. Eine Ausnahme bilden die Eltern Freier Alternativschulen, deren Aussagen in überdurchschnittlichem Maße auch *politische* und *soziologische* Aspekte der Schulkritik anklingen lassen. Bei der Gewichtung der einzelnen Schulkritik-Aspekte durch Privatschuleltern lassen sich also gewisse Unterschiede erkennen. Insgesamt muß jedoch die Frage, ob eine Kritik an der staatlichen Regelschule bei der Suche heutiger Eltern nach Schulalternativen eine Rolle spielt, eindeutig *positiv* beantwortet werden.

Bemerkenswert ist das hohe Maß an Zufriedenheit der Privatschuleltern mit ihrer Schulwahlentscheidung, die sich ausnahmslos in allen Studien zeigt. Diese hohe *Schulzufriedenheit* spricht sicherlich für die Qualität von Schulen in freier Trägerschaft. Es wäre zu prüfen, wie die Vergleichswerte für staatliche Regelschulen sich darstellen.

Die Frage, ob bei Privatschuleltern ein *elitäres Bewußtsein* vorherrscht, muß aufgrund der vorliegenden Studien differenziert betrachtet werden. Obwohl die meisten – vor allem von privaten Schulträgern selbst initiierten – Untersuchungen offensichtlich ein Interesse daran haben, zu zeigen, daß "ihre" Privatschulen *keine Eliteschulen* sind, läßt sich der Eindruck doch nicht ganz vermeiden, daß Privatschulen heute immer noch in weiten Bereichen Bildungseinrichtungen für Kinder überdurchschnittlich gebildeter und wohlhabender Eltern sind. Jedoch ist festzustellen, daß nur ein verschwindend geringer Anteil der Befragten eine soziale Selektion bewußt sucht; sie wird offenbar in der Mehrzahl der Fälle eher in Kauf genommen, um eine von der staatlichen Regelschule abweichende Pädagogik verwirklichen zu können. So treten viele Eltern Freier Schulen eindeutig für mehr "soziale Integration", "Chancengleichheit" und den "Abbau von Unterschieden" ein, wobei sie die Gefahr einer "Elitebildung" durch die "finanzielle

Selektion" erkennen und beklagen.[1141]

In diesem Sinne fordert auch der BUNDESVERBAND DEUTSCHER PRIVATSCHULEN (1996), die Freien Schulen soweit mit Steuermitteln zu bezuschussen, daß die in seiner Studie ermittelte "hohe Hemmschwelle" des *Schulgeldes* abgebaut wird – und Schulen in freier Trägerschaft allen Bevölkerungsschichten ohne finanzielle Nachteile zugänglich sind.[1142] Der Verband weist darauf hin, daß dies auch dem Elternwillen entspreche.[1143] Indes kommen auch alle anderen Studien, die sich mit der Problematik des mit einem Privatschulbesuch i.allg. verbundenen Schulgeldes beschäftigen, zu dem Schluß, daß die Kostenfrage für viele prinzipiell interessierte Eltern "eine unüberwindbare Schranke" darstellt.[1144] Umgekehrt ist daraus zu folgern, daß das grundsätzliche Interesse an privaten Alternativen zur staatlichen Regelschule größer ist als die tatsächlichen Anmeldezahlen.

Interessant ist in diesem Zusammenhang auch der Befund, daß nicht alle Privatschuleltern Privatschulen *prinzipiell* bevorzugen.[1145] Vielmehr machen etliche Eltern ihre Schulwahlentscheidung von konkreten Umständen abhängig.[1146] So wählen viele Privatschuleltern nicht die Privatschule *per se*, sondern sie suchen einfach eine andere, in ihren Augen bessere Pädagogik, die sie an öffentlichen Schulen nicht finden.[1147] Diese Eltern nehmen den Sonderstatus einer privaten Schule eher in Kauf, als daß sie ihn ausdrücklich wünschen.

Nahezu alle Studien kommen zu dem Schluß, daß die Entscheidung für eine Freie Schule eine *bewußte Wahlentscheidung* der Eltern ist, die auf der Basis wohlüberlegter Gründe getroffen wird.[1148] Privatschuleltern treffen ihre Schulwahlentscheidung i.d.R. bewußter und gezielter als Eltern von staatlichen Regelschulen; sie verfügen über genauere Vorstellungen bzgl. des für ihre Kinder wünschenswerten Bildungsweges und sie investieren mehr Mühe, wenn es um die Umsetzung ihrer Schulideale geht.[1149] Die Eltern sind i.allg. gut informiert, wenn sie ihr Schulwahlrecht ausüben.[1150] Die Fälle, in denen Eltern ihre Kinder quasi "notgedrungen" zu Privatschulen bringen, weil sie in der Regelschule versagt haben, gibt es zwar auch; sie stellen den Studien zufolge jedoch eine verschwindend kleine Minderheit dar.[1151]

Die Schulwahlentscheidung ist also einerseits durch klar vorgefaßte Einstellungen und Erwartungen der Eltern determiniert (→ "kausaltheoretische Überlegung"), wobei die Eltern auf der Basis ihrer Vorstellungen die dazu passende Schule aussuchen.[1152] Andererseits spielt aber auch die Anziehung durch bestimmte Kennzeichen der Schule eine Rolle, die auch unabhängig von den Erwartungen der Eltern wirksam ist (→ "anreiztheoretische Überlegung").[1153] Erst dadurch kommen Eltern auf die Idee, "... ihr Kind in eine bestimmte Schule, sei es eine private oder eine öffentliche, sei es eine bestimmte private oder eine bestimmte öffentliche, zu schicken."[1154]

Bei aller Bewußtheit der Schulwahlentscheidung von Privatschuleltern ist dennoch festzuhalten, daß es "kein konsistentes Einstellungsmuster" der Privatschulelternschaft gibt.[1155] Es zeigt sich vielmehr, daß bzgl. der Einstellungen zur Privatschule "... auch innerhalb des Privatschulsektors ... große Unterschiede bestehen."[1156] Auch gibt es keine Hinweise auf die Gültigkeit eines "streng rationalen Schulwahlmodells" nach dem Schema "Erwartungen an die Schule → Einschätzung der Eigenschaften → Wahl".[1157] Dies bedeutet nicht, daß die Eltern bei ihrer Schulwahlentscheidung irrational handeln; vielmehr ist die Wahl de facto häufig durch "mangelnde Möglichkeiten" eingeschränkt: fehlendes Angebot, zu hohe Kosten, mangelnde Informationen, Mangel an freien Plätzen angesichts zu großer Nachfrage.[1158]

"Vielen Eltern stellt sich also offensichtlich die Entscheidungsfrage Privatschule – öffentliche Schule nicht, jedenfalls nicht konkret: Wenn die gewünschte Schultype [sic] auch in der weiteren Umgebung nicht vorhanden ist, wenn die nötigen Mittel nicht zur Verfügung stehen" bzw. wenn Privatschulen für die Eltern "außerhalb ihres Gesichtskreises liegen, räumlich oder mental."[1159]

Für andere Eltern – und auch das haben die Studien deutlich gemacht – handelt es sich bei der Schulwahlentscheidung *staatliche Regelschule* oder *Privatschule* sehr wohl um eine wichtige Frage, die beim Eintritt eines Kindes in die Grundschule und in jede weitere Schule beantwortet werden muß.[1160] Diesen Eltern scheint es primär darum zu gehen, "die beste Schule für ihr Kind auszuwählen", wobei die Vorstellungen darüber durchaus unterschiedlich sind.[1161]

In den Studien finden sich schließlich vielfältige Indizien dafür, daß Schulen in freier Trägerschaft für wesentlich mehr Eltern eine attraktive und reelle Alternative darstellen könnten, wenn es sie in größerer Zahl gäbe – und wenn eine Schulwahlentscheidung für sie nicht mit finanziellen Nachteilen verbunden wäre. Dies muß nachdenklich stimmen.

3. AUSBLICK : WEITERFÜHRENDE FORSCHUNGSFRAGEN

3.1 Vorbemerkungen

Die vorangegangene Analyse des Forschungsstandes zum Thema "Schulwahldeterminanten von Privatschuleltern" hat gezeigt, daß dieses Forschungsgebiet zwar kein völliges Neuland darstellt, daß die bisher vorliegenden Studien jedoch viele Fragen offen lassen. So sind die bisherigen Untersuchungen eher als Wegweiser in ein relativ unerforschtes Terrain denn als Quellen bereits gesicherter Ergebnisse zu betrachten. Dies bestätigt auch MANFRED RUSSO, wenn er schreibt: "Einen direkten thematischen Schwerpunkt mit der Frage 'Kriterien der

Schulwahl' gibt es in der Forschung eigentlich nicht."[1162]

Die Frage, warum Eltern Freie Schulen wählen und wodurch das Schulwahlverhalten von Eltern ganz allgemein beeinflußt oder determiniert wird, stellt also für die zukünftige erziehungswissenschaftliche Forschung ein breites Aufgabenfeld dar. Im folgenden soll deshalb ein kurzer Ausblick auf im Kontext des Themas "Schulwahldeterminanten" noch offene Forschungsfragen sowie auf mögliche Forschungsansätze für weiterführende empirische Studien gegeben werden. Dabei sollen zunächst methodische Ansatzpunkte erörtert und dann inhaltliche Leitideen entworfen werden.

3.2 Noch offene Forschungsfragen

Die Auswertung der vorliegenden Studien zum Thema Schulwahldeterminanten von Privatschuleltern hat gezeigt, daß in diesem Forschungsbereich noch viele Fragen offen sind.

Dies ergibt sich zum einen aus den *methodischen* Mängeln der vorliegenden Untersuchungen, auf die bereits hingewiesen wurde. So fehlen zu der o.g. Thematik in Deutschland Studien mit einer breiten empirischen Basis, die auf der Grundlage wirklich repräsentativer Stichproben die Schulwahlmotive von Eltern der unterschiedlichen Typen von Schulen in freier Trägerschaft untersuchen. Dabei müßten neben den rein deskriptiven Verfahren auch umfangreiche Korrelations- und Varianzanalysen durchgeführt werden, mittels derer z.B. überprüft werden könnte, inwieweit die komplexen Ergebnisse der österreichischen Repräsentativerhebung von I. SPEISER (1993) auch für deutsche Privatschuleltern Gültigkeit haben. Eine solche umfassende quantitative Erhebung müßte v.a. auch solche Schulen in freier Trägerschaft einbeziehen, über deren Elternmotive bisher kaum verläßliche Daten vorliegen, wie z.B. Waldorfschulen, Montessorischulen und Schulen mit individuellem pädagogischem Profil. Doch auch z.B. für das evangelische Schulwesen stehen echte repräsentative Untersuchungen bislang noch aus. Schließlich fehlen in Deutschland zu den einzelnen Frageaspekten Vergleichsstudien mit Eltern von staatlichen Schulen.

Auch in *inhaltlicher* Hinsicht müssen viele Forschungsfragen als noch nicht hinreichend beantwortet angesehen werden. Dabei lassen sich im wesentlichen folgende offene Fragekomplexe herausarbeiten:

1. Gibt es signifikante Korrelationen bzw. Varianzen zwischen soziodemographischen Merkmalen der Eltern und ihrem Schulwahlverhalten bzw. ihrer Privatschulpräferenz? (z.B. Alter, Geschlecht, eigene Schullaufbahn, Bildungsabschluß, beruflicher Status, Einkommen, Wohnort etc.)

2. Lassen sich Determinanten für die Wahl Freier Schulen ausmachen, die in den bisherigen Studien noch nicht berücksichtigt wurden? (z.B. Wünsche / Neigungen des Kindes, Anthropologische Orientierung der Schule / Menschenbild / Bild des Kindes, Gründerpersönlichkeit etc.)

3. Finden sich *bestimmte* Motive bzw. Motivgruppen für die Schulwahlentscheidung bei Eltern von *bestimmten* Privatschultypen signifikant häufig? (z.B. Motive von Waldorfeltern, von Eltern katholischer bzw. evangelischer Schulen, von Montessorieltern etc.)

4. Welche Rolle spielt die Kritik der Eltern an der staatlichen Regelschule bei ihrer Entscheidung für eine Schule freier Trägerschaft? (z.B. Kritik an Erziehungszielen, Lerninhalten, Lehrmethoden, Leistungsbeurteilung, Lehrpersonal, Schulorganisation etc.)

5. Wie gestaltet sich die Schulkritik von Staatsschuleltern im Vergleich zu derjenigen von Privatschuleltern? (z.B. Gemeinsamkeiten, Unterschiede, Auffälligkeiten etc.)

6. Wie hoch ist die Schulzufriedenheit von Regelschuleltern im Vergleich zu derjenigen von Eltern Freier Schulen? (z.B. bzgl. Schulklima, Leistungsstand, Unterricht, Erziehung, Elternmitwirkung etc.)

7. Wieviel Prozent der Regelschuleltern würden eine Freie Schule mit einer zur staatlichen Schule "alternativen" pädagogischen Ausrichtung bevorzugen, wenn diese gut erreichbar und nicht mit finanziellen Nachteilen verbunden wäre?

8. Welche Rolle spielen bei der Schulwahlentscheidung, die immer auch eine Frage der *Einstellung* ist, *kognitive, emotionale* und *aktionale* Faktoren? (z.B. durch Indikatorfragen ermittelbar, die nicht nur die rein rationale Dimension einer Entscheidung erfassen) [1163]

9. Läßt sich eine allgemeine Theorie zum Schulwahlverhalten von Eltern entwikkeln? (z.B. Merkmale bzw. Stufen des Entscheidungsprozesses, prinzipiell beeinflussende oder determinierende Faktoren etc.)

10. Welches sind die Zukunftsvisionen, -vorstellungen und -ängste von Privatschuleltern? (z.B. bzgl. der finanziellen Situation von Privatschulen, der zukünftigen Stellung Freier Schulen in der deutschen Bildungslandschaft, der Schulentwicklung an öffentlichen Schulen etc.)

Zu Punkt 8. ist anzumerken, daß in den bisher vorliegenden Studien eine klare

Definition der Begriffe "Motiv", "Erwartung" und "Einstellung" fehlt. Geht man davon aus, daß es sich bei der "Motivforschung" um einen Sonderfall der "Einstellungsforschung" handelt, so fällt auf, daß die bisherigen empirischen Untersuchungen einen sehr reduzierten, weil eindimensionalen Einstellungsbegriff zugrunde legen, der überwiegend die *rational-argumentative* Ebene berücksichtigt.

Im Sinne der modernen Sozialpsychologie ist jedoch davon auszugehen, daß "Einstellung" ein sehr vielschichtiges Konstrukt ist, das weit mehr als nur eine rationale Dimension umfaßt: "Einstellung wird zumeist als durch eine *'kognitive'*, *'affektive'* und *'konative'* Komponente charakterisiert aufgefaßt, eine Trias, die Anklänge an die überkommene Dreiteilung des menschlichen Erlebens nach Denken, Fühlen und Wollen aufweist ... Zur Einstellung gehört demnach eine kognitive Beschäftigung mit dem Einstellungsgegenstand (z.B. ein bestimmtes *Wissen* um Merkmale des Einstellungsobjektes, Erinnerungen daran, Vorstellungen darüber etc.), eine gefühlsmäßig eher *positive* oder eher *negative* Stellungnahme zum Einstellungsgegenstand (also eine mehr oder weniger starke Ablehnung oder Zustimmung zum Einstellungsobjekt) und schließlich eine Tendenz, sich in bestimmter Weise gegenüber dem Einstellungsgegenstand zu verhalten (also eine Verhaltens-*Intention*)", führt z.B. MUMMENDEY aus.[1164] Interessant sind in diesem Kontext auch die Ausführungen von ROSENBERG über das Dreikomponenten-Modell der Einstellung.[1165] "Einstellung im Sinne von 'attitude' bezeichnet also die Art und Weise, wie sich ein Individuum nicht in seinem offen beobachtbaren Verhalten, sondern in seinen Gedanken, Gefühlen, Bewertungen und allenfalls seinen Verhaltensabsichten bzw. Intentionen auf ein soziales Objekt richtet" – in diesem Falle also auf die zur Disposition stehende öffentliche oder private Schule.[1166]

Die Frage muß somit als unbeantwortet gelten, in welcher Weise rationale, emotionale und intentionale Komponenten die Schulwahlentscheidung – z.B. für eine Freie Schule – beeinflussen. Sie müßte bei zukünftigen Forschungen nicht nur im Hinblick auf die Itemgewinnung, sondern auch bei der Auswertung der Ergebnisse stärker berücksichtigt werden. Will man zu einer gültigen Theorie der Schulwahldeterminanten gelangen, so ist diese Differenzierung m.E. unverzichtbar.

Diese hier nur grob skizzierten offenen Fragestellungen zeigen, daß das Thema – und dabei insbesondere der Zusammenhang zwischen Schulkritik und der Suche nach Schulalternativen – für die Zukunft ein breites Betätigungsfeld für weitere empirische Forschungen bietet. Einer dieser Fragen im Rahmen einer eigenen empirischen Studie genauer nachzugehen, würde den Rahmen dieser Arbeit entschieden sprengen. Ein solches Vorhaben möge daher einer späteren Arbeit vorbehalten bleiben. Es sei aber an dieser Stelle nicht versäumt, einige Grundgedanken und Leitideen für weiterführende empirische Studien im folgenden kurz aufzuzeigen.

3.3 Entwurf von Leitideen für weiterführende empirische Studien

Auch hier sollen nun zunächst einige methodische Überlegungen vorangestellt werden, bevor dann mögliche inhaltliche Untersuchungsaspekte erörtert werden.

3.3.1 Methodische Ansatzpunkte

Zur Untersuchung des Themas Schulwahldeterminanten von Privatschuleltern sind prinzipiell sowohl quantitative als auch qualitative Forschungsansätze denkbar. Während man auf dem Wege *quantitativer* Forschung aus den bisherigen Untersuchungsergebnissen abgeleitete Hypothesen – etwa über den Zusammenhang zwischen Regelschulkritik und der Suche nach Schulalternativen – überprüfen könnte, könnte durch *qualitative* Studien die Gewinnung weiterer, bisher nicht berücksichtigter Aspekte und Determinanten der Schulwahlentscheidung sowie die Entwicklung einer diesbezüglichen Basistheorie vorangebracht werden. Da das Thema im deutschsprachigen Raum insgesamt als noch relativ unerforscht gelten muß, wird jedoch der Schwerpunkt der empirischen Forschung eher auf explorativen als auf theoriegeleiteten Ansätzen liegen.

Auch in bezug auf die Auswahl der *Grundgesamtheit* bzw. *Stichprobe* innerhalb einer Untersuchung sind verschiedene Ansätze möglich. Es könnte zum einen die Elternschaft *eines bestimmten Typus* von Schule in freier Trägerschaft befragt werden – v.a. von solchen Schultypen, die bisher wenig oder gar nicht diesbezüglich untersucht worden sind (z.B. Waldorfschulen, Montessorischulen, Schulen mit individuellem Profil etc.). Zum anderen wäre es aber auch aufschlußreich, einmal das *ganze Spektrum der verschiedenartigen Freien Schulen* in eine empirische Studie einzubeziehen. Denkbar wäre in diesem Zusammenhang z.B., die Eltern von unterschiedlichen Freien Schulen *innerhalb einer Stadt* mit vielfältigem Schulangebot zu befragen (z.B. Berlin, Frankfurt, Hamburg, Köln, München, Stuttgart). Hierbei wäre es interessant, zu untersuchen, ob sich die Schulwahlmotive der Privatschuleltern je nach *Schultyp* (z.B. Montessorischule, Waldorfschule, Evangelische Schule, Katholische Schule) oder nach *Schulart* (z.B. private Grundschule, Hauptschule, Realschule, Gymnasium, Gesamtschule) signifikant unterscheiden.

Bezüglich des Untersuchungszeitraums würden sich sowohl *Querschnittuntersuchungen* als auch *Längsschnittuntersuchungen* anbieten. Aufschlußreich wäre es beispielsweise, einmal nur Eltern von ersten Klassen zu befragen, die ihre Schulwahlentscheidung gerade frisch getroffen haben; das Problem der Erinnerungsverzerrung würde somit weitgehend ausgeschlossen, wodurch vermutlich recht authentische Aussagen zutage gefördert werden könnten. Genauso könnte man aber auch nur die Eltern von Abschlußklassen befragen, wobei deren Erwartungen sowie der Grad ihrer Erfüllung mehr in den Vordergrund treten würden.

Da davon auszugehen ist, daß sich die Erwartungen und Motive von Privatschuleltern im Laufe der Schulzeit ihrer Kinder auch verändern können, wäre es sicher auch interessant, im Rahmen von Längsschnittuntersuchungen bestimmte Eltern quasi durch ihre gesamte "Privatschulzeit" hindurch wissenschaftlich zu begleiten, um festzustellen, wie sich Motivlage und Schulzufriedenheit mit zunehmender Schulerfahrung auf längere Sicht hin entwickeln.

Im Hinblick auf mögliche *Erhebungsmethoden* kommen prinzipiell vielfältige Möglichkeiten in Betracht. Der Fragebogen ist sicher eines der naheliegendsten und am häufigsten verwendeten Instrumentarien zur quantitativen Erfassung von Einstellungen, zu denen auch die hier thematisierten Motive und Erwartungen zu zählen sind.[1167] Im Falle streng standardisierter Einstellungsfragebögen werden sie nach den Regeln der klassischen Testtheorie zu konstruieren sein.[1168] Als qualitative Instrumentarien kommen für die vorliegende Thematik vor allem problemzentrierte oder narrative Interviews, u.U. auch Gruppendiskussionen in Frage.[1169] Letztere sind bei einem primär heuristischen Erkenntnisinteresse im Kontext der o.g. Fragestellung sicherlich die Erhebungsverfahren der Wahl.

Im Falle quantitativer Studien bieten sich hinsichtlich der *Auswertungsmethoden* zunächst deskriptive statistische Verfahren an, mittels derer sich z.B. die Gewichtung der Schulwahl- bzw. Schulkritikmotive nach Häufigkeiten feststellen läßt. Aber auch varianzanalytische und multivariate Auswertungsverfahren müssen in Betracht gezogen werden, mit Hilfe derer z.B. die Abhängigkeit des Schulwahlverhaltens von Sozialdaten, vom Wohnort, vom Schulangebot etc. ermittelt werden kann.[1170] Bei qualitativen Untersuchungen zum Thema Schulwahldeterminanten ist hinsichtlich der Auswertungsverfahren v.a. an die qualitative Inhaltsanalyse (z.B. zur Gewinnung basaler Motivkategorien), u.U. auch an die sozialwissenschaftlich-hermeneutische Paraphrase (etwa bei Einzelinterviews) oder an die typologische Analyse (z.B. bei einer großen Fülle qualitativen Materials) zu denken.[1171]

Die vorangegangenen Überlegungen zeigen, daß das Thema "Schulwahlmotive von Eltern Freier Schulen" eine Fülle methodischer Ansatzpunkte bietet, deren konkrete Anwendung natürlich vom speziellen erkenntnisleitenden Interesse der jeweiligen empirischen Untersuchung abhängig ist.

3.3.2 Inhaltliche Ansatzpunkte

Die inhaltliche Grundlage für weiterführende empirische Studien zum Thema Schulwahldeterminanten von Privatschuleltern bildet einerseits der bereits skizzierte Forschungsstand (vgl. Kap.III.2) und andererseits die ebenfalls bereits umrissenen offenen Forschungsfragen (vgl. Kap.III.3.2).

Will man diesen offenen Forschungsfragen nun durch weitere empirische Studien näher auf den Grund gehen, so könnte man dies z.B. unter Berücksichtigung folgender Leitideen tun:

1.) Auswahl der beteiligten Schulen

⇨ Hierbei ist auf eine möglichst große Vielfalt an Privatschultypen, -profilen und -trägern zu achten, um ein möglichst breites Spektrum zu erfassen.

2.) Bestimmung der zu befragenden Personen

⇨ Dabei ist auf eine größtmögliche Repräsentativität und Vielfalt Wert zu legen, um jegliche Einseitigkeit bei der Auswahl der Elternschaft zu vermeiden.

3.) Festlegung des Erhebungsinstrumentariums

⇨ Um sowohl explorative als auch theoriegeleitete Elemente einbeziehen zu können, empfiehlt sich z.B. die Form des halboffenen Fragebogens oder des Leitfadeninterviews.

4.) Inhaltliche Ausgestaltung der Befragung

⇨ Hierbei wäre z.B. eine Gliederung nach folgenden drei Inhaltsbereichen denkbar:

❄ INHALTSBEREICH I: BESCHREIBUNG DER SCHULWAHLMOTIVE / DES BESONDEREN PÄDAGOGISCHEN INTERESSES VON PRIVATSCHULELTERN (vgl. Kap.III.1.2)

In diesem Inhaltsbereich geht es um die Frage, warum die Eltern genau *diese* Privatschule gewählt haben, welches ihre Motive waren, welches ihre Erwartungen sind und ob sie ihre Hoffnungen und Ideale als erfüllt ansehen.

Da dieser Fragenkomplex bereits verschiedentlich untersucht wurde, erscheint es als sinnvoll, neben mehr offenen Items auch bestimmte Antwortkategorien vorzugeben. Hierzu bieten sich inhaltlich z.B. folgende Faktorengruppen an:

1. Pädagogische / Institutionelle Faktoren

1.1 Erziehungsziel / Erziehungspraxis
- Pädagogisches Ethos
- Schulklima / Schulatmosphäre
- Werterziehung / Soziale Erziehung

- Ganzheitliche Erziehung

1.2 Unterricht / Inhalte
- Lehrplan / Curriculum
- Fächerkanon
- Kindgemäßheit / Entwicklungsgemäßheit der Lerninhalte
- Niveau / Qualität der Lerninhalte

1.3 Unterricht / Methoden
- Konzept: Didaktik, Mathetik, offener Unterricht ...
- Prinzipien: Vielfalt, Selbständigkeit, Lebensnähe ...
- Lernatmosphäre: Leistungsdruck, Konkurrenzdruck, angstfreies Lernen, solidarisches Lernen

1.4 Leistungsbeurteilung / Qualifikation
- Beurteilungsmodus: Ziffernnoten, Verbalbeurteilung ...
- Versetzungsmodus: Sitzenbleiben, automatische Versetzung ...
- Zeugnisformen: Notenzeugnisse, Berichtszeugnisse ...
- Bildungsabschlüsse

1.5 Lehrerpersönlichkeit
- Qualifikation: fachlich, didaktisch, erzieherisch ...
- Engagement
- Berufsethos
- Rolle des Lehrers / der Lehrerin: Autoritätsfigur, Partner/in, Freund/in ...

1.6 Zusatzangebote
- Arbeitsgemeinschaften
- Besondere Wahlfächer
- Freizeitangebote
- Ganztagsbetreuung

1.7 Elternarbeit
- Mitsprache-, Mitwirkungs-, Mitbestimmungsmöglichkeiten
- Kooperation Elternhaus – Schule
- Pädagogischer Konsens Eltern – Lehrer

1.8 Schulorganisation / Schultypus
- Führungsstruktur: Schulleiter/in bzw. Rektor/in, kollegiale Selbstverwaltung ...
- Freie, autonome Schule
- Schule des dreigliedrigen Systems / Gesamtschule

2. Weltanschauliche / Anthropologische Faktoren

2.1 Weltanschauliche Ausrichtung der Schule
- Weltbild: christlich, konfessionell, anthroposophisch ...
- Gesellschaftspolitischer Anspruch: demokratisch, emanzipatorisch, reformerisch ...
- Umweltpolitischer Anspruch: ökologisch, global ...

2.2 Anthropologische Orientierung der Schule
- Menschenbild: christlich, konfessionell, anthroposophisch
- Bild des Kindes
- Entwicklungsauffassung

2.3 Persönlichkeit des Schulgründers / der Schulgründerin
- z.B. Montessori, Steiner, Hahn, Geheeb, Merz, Stubenrauch ...

3. Personale / Situative Faktoren

3.1 Bildungsbiographie des Kindes / Neigungen, Begabungen
- Fortsetzung der Kindergartenerziehung
- Wunsch des Kindes
- Bedarf an "besonderer" Pädagogik / Förderung
- "Versagen" an Regelschulen

3.2 Bildungsbiographie der Eltern / eigene Schulerfahrungen
- "Familientradition"
- positive Erfahrungen an Freien Schulen / Regelschulen
- negative Erfahrungen an Regelschulen / Freien Schulen

3.3 Gute / schlechte Erfahrungen von Geschwistern, Freunden, Bekannten
- Mundpropaganda
- Ruf der Schule

3.4 Soziale Bezüge
- Besuch dieser Schule durch Geschwister, Freunde, Nachbarskinder
- "gutes" soziales Umfeld
- Kontakt mit gleichgesinnten Eltern

3.5 Familiäre Faktoren
- Berufstätigkeit beider Elternteile
- alleinerziehende Mütter / Väter

3.6 Geographische Lage der Schule
- gute Erreichbarkeit
- keine langen Anfahrtswege
- Schule im Grünen

Im Rahmen einer breitangelegten empirischen Studie könnte z.B. geprüft werden, wie die Gewichtung der o.g. Faktoren bei unterschiedlichen Privatschuleltern ausfällt, d.h. wo der Schwerpunkt ihrer Motivation, eine Schule in freier Trägerschaft zu wählen, liegt.

❆ INHALTSBEREICH II: KRITIK / UNBEHAGEN VON PRIVATSCHULELTERN AN DER STAATLICHEN REGELSCHULE (vgl. Kap.II.4)

Inhaltlicher Schwerpunkt dieses Bereichs ist die Frage, warum die Eltern *nicht* die staatliche Regelschule gewählt haben, was ja im allgemeinen die naheliegendste Schulwahlentscheidung wäre.

Spielten Kritik oder Unbehagen an der staatlichen Regelschule bei der Wahl der Privatschule eine Rolle – und wenn ja, woran macht sich diese Schulkritik im einzelnen fest?

Um diesen Fragenkomplex einer gründlichen Analyse zu unterziehen, würde es sich z.B. anbieten, die in Kap.II.4 entwickelte ausführliche Systematik der Schulkritik der Itemgewinnung zugrunde zu legen und die elterliche Regelschulkritik auf folgende Aspekte und Problemfelder hin zu untersuchen:

1. Pädagogische Aspekte der Schulkritik
   - Problemfeld *Erziehung*
   - Problemfeld *Lehr- / Lerninhalte*
   - Problemfeld *Lehrmethoden / Unterrichtsorganisation*
   - Problemfeld *Leistung / Leistungsbeurteilung*
   - Problemfeld *Lehrerpersönlichkeit*
   - Problemfeld *Kooperation Schule – Elternhaus*

2. Psychologische Aspekte der Schulkritik
   - Problemfeld *Persönlichkeitsentfaltung*
   - Problemfeld *Lernhemmungen / Lernblockaden*
   - Problemfeld *Schulangst / Schulneurose*
   - Problemfeld *Schulverweigerung / Schülerselbstmord*

3. Medizinische Aspekte der Schulkritik
   - Problemfeld *Schulpathologie*

- Problemfeld *Schulstreß*
- Problemfeld *Leib(feind)lichkeit*
- Problemfeld *Entsinnlichung*

4. Soziologische Aspekte der Schulkritik
   - Problemfeld *Sozialpathologie*
   - Problemfeld *Chancen(un)gleichheit*
   - Problemfeld *Sprachbarrieren / Verhaltensstandards*
   - Problemfeld *Dreigliedriges Schulsystem*

5. Politische Aspekte der Schulkritik
   - Problemfeld *Systemzwangkritik*
   - Problemfeld *Kapitalismuskritik*
   - Problemfeld *Ideologiekritik*
   - Problemfeld *Schulreformkritik*

6. Institutionelle Aspekte der Schulkritik
   - Problemfeld *Verrechtlichung / Bürokratisierung*
   - Problemfeld *Schulzwang / Entschulung*
   - Problemfeld *Staatliches Schulmonopol / Entstaatlichung*
   - Problemfeld *Schulautonomie / Schulvielfalt*

Innerhalb dieses Rasters wäre im einzelnen abzufragen, welche Kritikpunkte von den Privatschuleltern wie stark gewichtet werden. Die Items könnten direkt aus den in Kap.II.4 dargestellten Einzelkritikpunkten innerhalb jedes Problemfeldes abgeleitet werden, so daß ein möglichst breites Spektrum elterlicher Schulkritik erfaßt werden könnte.

❆ INHALTSBEREICH III: VORSTELLUNGEN / WÜNSCHE / BEFÜRCHTUNGEN VON PRIVATSCHULELTERN BEZÜGLICH DER ZUKUNFT VON SCHULEN IN FREIER TRÄGERSCHAFT

In diesem Inhaltsbereich steht die Frage im Mittelpunkt, welche Hoffnungen und Visionen Privatschuleltern bzgl. der Zukunft "ihrer" Freien Schulen besitzen – aber auch, mit welchen Ängsten und Befürchtungen – z.B. hinsichtlich der finanziellen Situation der Privatschulen – sie zu kämpfen haben.

Betrachtet man Schulen in freier Trägerschaft als mögliche Vorreiter und Motoren einer zukünftigen Schulentwicklung – was sie in der Vergangenheit häufig waren –, so ist es interessant zu erfahren, welche Zukunftsvisionen die *Eltern* dieser "Pionierschulen" haben. Hierbei könnten folgende Inhaltsaspekte in einer Befragung berücksichtigt werden:

1. *Vorstellungen bezüglich*
   - Stellung Freier Schulen
   - Schulwahlfreiheit
   - Schulautonomie
   - Schulvielfalt
   - Schullandschaften der Zukunft
   - ...

2. *Wünsche bezüglich*
   - finanzieller Gleichstellung von Schulen mit "alternativen" pädagogischen Profilen
   - Modellen gerechter Bildungsfinanzierung, z.B. durch Bildungsgutschein
   - Erleichterung der Genehmigungspraxis für Schulen in freier Trägerschaft
   - ...

3. *Befürchtungen bezüglich*
   - weiterer Kürzung der finanziellen Mittel für Schulen in freier Trägerschaft
   - erschwerter Überlebensbedingungen für nicht-staatliche Schulen
   - Schließung freier Schulen aus finanziellen Gründen
   - ...

In diesem Bereich wären offene Items besonders hilfreich, um möglichst vielfältige Aspekte und Impulse aus der Befragung von Eltern Freier Schulen zu gewinnen.

<u>*5.) Auswertungsgesichtspunkte*</u>

⇨ Eine Auswertung von empirischen Studien zu den o.g. Inhaltsbereichen könnte etwa unter folgenden Gesichtspunkten vorgenommen werden:

❆ <u>INHALTSBEREICH I:</u>

- Welches sind die subjektiven Begründungen bzw. Motive von Eltern für die Wahl einer Privatschule?
- Welche Rolle spielen pädagogische, institutionelle, weltanschauliche, anthropologische, personale und situative Faktoren bei der Entscheidung für eine Privatschule?
- Worin liegt das besondere pädagogische Interesse von Privatschuleltern?
- Gibt es eine gewisse Homogenität der Schulwahlmotive von Eltern innerhalb bestimmter *Typen* von Privatschulen?
- Lassen sich bzgl. der Schulwahlmotive bestimmte *Elterngruppen* innerhalb

eines Privatschultypus ausmachen?

- *Welche* Eltern wählen *welche* Privatschule? Gibt es Korrelationen zwischen Personendaten und Schulwahlentscheidung?
- Findet man signifikante Zusammenhänge zwischen den eigenen Schulerfahrungen der Eltern und der Wahl einer Privatschule?
- Nach welchen Gesichtspunkten treffen Privatschuleltern ihre Schulwahlentscheidung? Welche Kriterien legen sie ihrer Entscheidung zugrunde?
- Welche Rolle spielen rationale, emotionale und intentionale Aspekte bei der Schulwahlentscheidung von Privatschuleltern?
- Lassen sich aus den Aussagen von Privatschuleltern *allgemeine* Elemente, Stadien oder Determinanten des Schulwahlentscheidungsprozesses ableiten?

❄ INHALTSBEREICH II:

- Wie groß ist der Stellenwert, den Privatschuleltern der Regelschulkritik als Faktor bei ihrer Schulwahlentscheidung beimessen?
- Welche Aspekte sind es vor allem, die Privatschuleltern an der Regelschule kritisieren?
- Inwieweit deckt sich die Regelschulkritik heutiger Privatschuleltern mit den großen Themen der Schulkritik im 20. Jahrhundert ?
- Lassen sich bei Privatschuleltern schulkritische Topoi erkennen, die in der bisherigen wissenschaftlichen Diskussion noch nicht oder zu wenig berücksichtigt wurden?
- Stehen bei Eltern *bestimmter* Privatschultypen *bestimmte* Aspekte der Regelschulkritik deutlich im Vordergrund? Bzw.: Gibt es Korrelationen zwischen einer bestimmten Art der Schulkritik und der Wahl eines bestimmten Typus von Privatschule?
- Lassen sich *innerhalb* eines Typus von Privatschule bezüglich der Regelschulkritik bestimmte *Elterngruppen* unterscheiden?
- Basiert die Regelschulkritik von Privatschuleltern hauptsächlich auf eigener (negativer) Schulerfahrung, auf (negativer) Schulerfahrung der Kinder und/ oder auf theoretischer Reflexion?
- Findet sich bei Privatschuleltern auch Kritik an der gewählten Schule in freier Trägerschaft?
- Welche Kritikpunkte sind dies im einzelnen?
- Finden sich gemeinsame Topoi der Kritik an der gewählten Schule bei Eltern eines bestimmten Typus von Privatschule?

❄ INHALTSBEREICH III:

- Welche Vorstellungen und Visionen eines zukünftigen Schulwesens haben die Eltern von Privatschulen?

- Sind diese Ideen auch für die Schulentwicklung im staatlichen Regelschulbereich fruchtbar zu machen?
- Welche Wünsche – z.B. bzgl. der Genehmigung und finanziellen Subventionierung von nicht-staatlichen Schulen – haben Privatschuleltern?
- Inwieweit sind Modelle einer alternativen Bildungsfinanzierung – z.B. durch Bildungsgutschein – auf *alle* Eltern übertragbar?
- Welche Befürchtungen – z.B. bzgl. der Überlebensbedingungen von nichtstaatlichen Schulen – haben Privatschuleltern?
- Wie kann das verfassungsmäßig festgeschriebene Recht zum Errichten, zum Betreiben und zum Besuch von Privatschulen – ohne einer Sonderung der Schüler nach ihren Besitzverhältnissen Vorschub zu leisten – in Zeiten knapper Kassen weiterhin garantiert werden?
- Welche Möglichkeiten gibt es, das Recht auf freie Schulwahl – ohne Schulgeldnachteil – hierzulande auszubauen?
- Was müßte geschehen, um auch den staatlichen Schulen mehr finanzielle, administrative, personelle und pädagogische Autonomie zu ermöglichen?
- Wie könnte Schulvielfalt hierzulande nicht nur widerwillig geduldet, sondern gezielt gefördert werden?
- Wie könnten zeitgemäße und zukunftsfähige Schullandschaften, die staatliche und private Schulen in gleicher Weise fördern, aussehen?

Es dürfte deutlich geworden sein, daß die Auswertungsgesichtspunkte des letztgenannten Inhaltsbereiches Anstöße geben, die über rein empirische Schlußfolgerungen hinausgehen und in weiterführende Überlegungen münden, welche die Fortentwicklung des Bildungssystems als Ganzes betreffen. Nimmt man die Motive, die Kritik, die Vorstellungen, die Wünsche und die Befürchtungen von Eltern, die für ihre Kinder eine Schule in freier Trägerschaft gewählt haben, ernst, so bedeutet das immer auch die Chance, über das gesamte Schulwesen neu nachzudenken – und nach Wegen seiner Weiterentwicklung in die Zukunft hinein zu suchen. Diesem Anliegen soll der letzte Teil dieser Arbeit gewidmet sein (vgl. Kap.IV).

3.4 Zusammenfassung

Der Ausblick hat deutlich gemacht, daß es im Hinblick auf das Thema "Schulwahldeterminanten, Schulkritik und Schulvisionen von Privatschuleltern" noch eine Fülle offener Forschungsfragen gibt, so daß sich hier ein breites und vielfältiges Forschungsgebiet auftut.

Sowohl in methodischer als auch in inhaltlicher Hinsicht wurden einige Leitideen umrissen, an denen sich eine weiterführende empirische Forschung zu diesem Thema orientieren könnte.

Es wurde festgestellt, daß die Durchführung einer eigenen empirischen Studie zum Thema Schulwahldeterminanten den Rahmen dieser Arbeit sprengen würde; eine solche Untersuchung soll deshalb einer späteren Ausarbeitung vorbehalten bleiben.

Es sei jedoch nicht versäumt, im nun folgenden IV. Teil noch einige weiterführende Überlegungen anzustellen. Dabei soll v.a. die Frage aufgeworfen werden, welche Bedeutung die Beschäftigung mit *Schulkritik* und der *Suche nach Schulalternativen* für eine mögliche *Schulentwicklung* im 21. Jahrhundert haben könnte.

IV. ZUR BEDEUTUNG VON SCHULKRITIK UND SCHULALTERNATIVEN FÜR DIE SCHULENTWICKLUNG IM 21. JAHRHUNDERT

"Wenn wir unsere Kinder zu Freiheit
und Verantwortung in einer mündigen
Demokratie erziehen wollen, brauchen
wir auch mündige Schulen, in denen
der Geist der Freiheit und Verantwortung
weht."

HILDEGARD HAMM-BRÜCHER[1]

"Entlassen wir unser Bildungssystem
in die Freiheit."

ROMAN HERZOG[2]

1. ZUR RELEVANZ DER SCHULKRITIK DES 20. JAHRHUNDERTS FÜR MÖGLICHE SCHULREFORMEN IM 21. JAHRHUNDERT

Nachdem in den beiden vorangegangenen Hauptteilen dieser Arbeit einige Aspekte der *Schulkritik* sowie der *Suche nach Schulalternativen* einer näheren Betrachtung unterzogen wurden, soll in dem nun folgenden Schlußteil der Frage nachgegangen werden, welche Bedeutung den beiden Phänomenen – Schulkritik und der Suche nach Schulalternativen – im Hinblick auf eine mögliche *Schulentwicklung* im 21. Jahrhundert zukommt.

Diese abschließenden Überlegungen sollen beginnen mit der Frage, ob und inwiefern die vielfältige *Schulkritik*, der diese Institution im 20. Jahrhundert ausgesetzt war, für mögliche *Schulreformen* im 21. Jahrhundert relevant sein könnte. Es geht dabei auch um die grundsätzliche Frage, ob und "wie historische Kritik helfen kann ...", um eine Formulierung von FRANZ JOSEF WEHNES aufzugreifen.[3] Welchen Sinn macht es – über ein rein historisches Interesse hinaus – , sich mit historischer Schulkritik und ihren mannigfaltigen Positionen zu beschäftigen? Was kann uns die Schulkritik des 20. Jahrhunderts heute sagen? Was können wir an der Schwelle zum neuen Jahrtausend von ihr lernen? Enthält sie konstruktive Ansätze, die für zukünftige Schulreformen bedeutsam sind? Welche Aspekte der Schulkritik des 20. Jahrhunderts lassen sich aufgreifen und fruchtbar machen für die Zukunft unseres Bildungswesens? Welche schulkritischen Positionen sind für die Schulen der Zukunft bedeutsam, wichtig, zentral oder gar wegweisend? Welche Positionen sind dagegen überholt, unhaltbar oder irrelevant? Welche Aspekte sollten bei zukünftigen Schulreformen berücksichtigt werden? Welche Bedeutung hat der reiche Schatz an Schulkritik des vergangenen Jahrhunderts für die vor uns liegenden not-wendigen Schulentwicklungsprozesse? Was fehlt an unseren staatlichen Regelschulen – und warum ist die "Schulnot" dort so groß? Was kann Schulkritik dazu beitragen, die Schulen zukunftsfähig zu machen? Kann Schulkritik gar ein *Motor der Schulentwicklung* sein?

Wenn man fragt, wo wir mit der Schulkritik heute stehen, so überwiegt eine traurige Bilanz: "Der Leidensdruck an Deutschlands Schulen ist groß", schreibt HEINZ KLIPPERT im Jahr 2000.[4] An diesem Faktum scheint sich also nach 100 Jahren Schulkritik – vom Beginn bis zum Ende des 20. Jahrhunderts – nichts Wesentliches geändert zu haben. So ist denn auch die öffentliche Kritik am Versagen der Regelschule heute keineswegs verstummt – im Gegenteil: Immer lautstärker, greller und defätistischer werden die schulischen Horrorszenarien unserer Tage an die Wand gemalt. OSKAR NEGT sprach unlängst von der "widersprüchlichen, ja zum Zerreißen gedehnten Situation" der heutigen Staatsschule.[5] "Auf der einen Seite richten sich zunehmend Erwartungen an diese Schule, durch Bildung und Lernen Probleme zu lösen, die sich aus der Funktionsuntüchtigkeit anderer Einrichtungen der Gesellschaft ergeben ... Auf der anderen Seite wird immer deutlicher, daß die vorhandenen Strukturen der Staatsschulen gerade das, was geschichtlich erforderlich wäre, nicht leisten können. Überforderung und Leistungsmängel, selbst in der traditionellen Vermittlung herkömmlicher Kulturtechniken ... führen zu einer inneren Erosion des Systems ..."[6] So wundert es nicht, daß Kritiker wie HEINZ-JÖRG OELSCHLÄGER die gesamte Regelschule als "Fehlkonstruktion" bezeichnen.[7]

Nach Meinung vieler Schulkritiker präsentiert sich Schule bis heute "als riesiger Apparat, 'der die Inkompetenz wirkungsvoll verbirgt' ..., als eine lernfeindliche Lebenswelt der Kinder, durch die eine Spur von Trauer, Tränen und zerstörter Hoffnung zieht."[8] "Wie in den 60er Jahren wird auch heute wieder von einer Bildungsmisere gesprochen. Eltern, Lehrer und Schüler gehen gemeinsam auf die Straßen und demonstrieren ...", beschreibt MARIE-LOUISE RENDANT die Situation der Schulen an der Jahrtausendwende.[9] Angesichts dieser trostlosen schulkritischen Bilanz wirft RENDANT eine berechtigte, zukunftsweisende Frage auf: "Schaffen wir mit einem Schulsystem, das älter als die Bundesrepublik Deutschland ist und seine Wurzeln in der Ständegesellschaft des 19. Jahrhunderts hat, den Sprung in das neue Jahrtausend?"[10]

Hierzu gibt es nicht wenige skeptische Stimmen. Ja mehr noch: Manche sehen angesichts der Vielfalt von Defiziten, welche die Schule in Vergangenheit und Gegenwart aufweist und welche ihr die Schulkritiker immer wieder deutlich gespiegelt haben, keinerlei Chancen für positive Veränderungen. So schreibt INGRID DIETRICH: "Das breite Spektrum historischer und zeitgenössischer Schulkritik ... erweckt auf weite Strecken den Eindruck, als sei die Institution Schule eine so verfehlte und entartete Einrichtung, daß sie nicht mehr zu verbessern, nicht mehr zu 'retten' sei."[11] JAMES HERNDON z.B. hält die Schule prinzipiell für nicht reformierbar: "Die Schule wird sich nicht ändern – keine Institution ändert sich je ...", lautet sein pessimistisches Credo.[12] So verkünden radikale Kritiker bis heute unverdrossen "das Ende der Schule" oder den "Tod der Schule".[13]

Ist es das, was wir aus der Geschichte der Schulkritik lernen können? Hatten jene Kritiker Recht, die schon vor 30 Jahren forderten, die Schule abzuschaffen?[14]

Es gehört nicht viel Weitsicht dazu, dieser Forderung angesichts der Schulnot unserer Zeit eine klare Absage zu erteilen. So wie es keinen Sinn macht, einen Patienten zu töten, weil er krank ist, wäre es absurd, die "kranke" Institution Schule einfach zu *eliminieren*. Nach KLAUS KLEMM u.a. "... muß den alternativen Forderungen auf Abschaffung der Staatsschule oder gar der allgemeinen Schulpflicht mit aller Entschiedenheit entgegengehalten werden, daß damit unabdingbare Voraussetzungen für die Bildung breiter Bevölkerungskreise vernichtet würden."[15] Eine solche Entwicklung würde eine "Re-Etablierung von Ungleichheiten" mit sich bringen, die keiner ernsthaft wünschen kann: "Unterricht zu Hause oder in Privatschulen wird sich nur das Bildungs- und Besitzbürgertum leisten können. Die Kinder der 'einfachen' Bevölkerung besuchen dann die öffentlichen Restschulen oder gehen – bei Aufhebung der Schulpflicht – gar nicht mehr zu Schule."[16]

Auch NEIL POSTMAN bekennt sich in seiner Abhandlung über "Das Ende der Erziehung" – trotz aller Sorgen um die Zukunft der Schule – zu der Hoffnung, daß die Schule erhalten bleibt, "da noch niemand eine bessere Methode erfunden hat", die Kinder in die Welt des Lernens und des Wissens einzuführen.[17] So geht POSTMAN davon aus, "daß die Idee der 'Schule' selbst Bestand haben wird", da "die Idee der 'öffentlichen Schule' etwas Gutes ist".[18] Ähnlich äußert sich auch VOLKER LENHART: "Nicht das antipädagogische Anrennen gegen die Institution Schule, ... sondern das Einbringen alternativpädagogischer Reformimpulse in die zum Bildungssystem vernetzten öffentlichen Schulen" stellt für ihn einen Ausweg aus der Schulkrise dar.[19] PER DALIN wirft in seinem Buch "Schule auf dem Weg in das 21. Jahrhundert" die Frage auf: "Kann die Schule, wie wir sie aus diesem Jahrhundert kennen, weiterhin eine geeignete Form der Organisation des Lernangebots sein?"[20] Und er antwortet: "Noch dominiert sie, aber sie trifft zunehmend auf Konkurrenz ...", z.B. durch Massenmedien wie Fernseher, Lerncomputer, Internet, freiwillige Lernangebote im Freizeitbereich usw.[21]

Fazit: "Die entschulte Gesellschaft ist Theorie geblieben. Im Gegenteil, nie war die Position der Schule stärker als in den letzten 25 Jahren. Erst in jüngster Zeit wird diese Position erneut in Frage gestellt."[22] Dafür gibt es nach DALIN zwei Hauptgründe: "Der Reform- und Erneuerungsdruck ist stärker geworden, und die Medien und andere Anbieter auf dem Lernmarkt sind wirkliche Alternativen zur Schule geworden."[23] Dennoch lautet auch DALINs Prognose: "Die Schule wird nicht wegsterben; aber ihre Rolle wird sicher nicht mehr die gleiche sein wie in der Endphase der Moderne."[24]

Die von den *radikalsten* Schulkritikern des 20. Jahrhunderts geäußerte Forderung nach "Abschaffung der Schule" und "Entschulung der Gesellschaft" kann also kein sinnvoller und zukunftsweisender Weg ins 21. Jahrhundert sein. Wie steht es nun mit den unzähligen anderen, meist *gemäßigteren* Topoi der Schulkritik, die in den vergangenen 100 Jahren immer wieder zur Sprache kamen? Welche Bedeutung könnten sie für eine künftige Schulentwicklung haben?

An dieser Stelle erscheint es sinnvoll, die in Kap.II.4 herausgearbeiteten Aspekte und Problemfelder der Schulkritik des 20. Jahrhunderts nochmals kurz Revue passieren zu lassen, um sie unter der o.g. Fragestellung im Hinblick auf ihre mögliche Relevanz für zukünftige Schulreformen auswerten zu können.

Zunächst also zu den *Pädagogischen Aspekten* der Schulkritik: Prinzipiell ist dazu anzumerken, daß beinahe die gesamte pädagogische Schulkritik des 20. Jahrhunderts bis heute nichts an Aktualität verloren hat. Mehr denn je wird an der Schwelle zum neuen Jahrhundert das *Erziehungsdefizit* an den Schulen beklagt – ja, das Ernstnehmen der "neuen Erziehungsfunktionen" muß geradezu als eine der Hauptaufgaben für die Schulen des 21. Jahrhunderts betrachtet werden.[25] Die mangelnde Vermittlung von "Werten" – wie auch immer man diese im einzelnen definieren mag – bleibt im Zeitalter von steigender Jugendgewalt und zunehmenden rechtsradikalen Ausschreitungen ein zentrales Thema, das jegliche Schulreformüberlegungen vorrangig zu berücksichtigen haben. Weniger relevant erscheinen dagegen Positionen, die prinzipiell *gegen* Erziehung zu Felde ziehen – und antiautoritären oder antipädagogischen Ideen Vorschub leisten. Da die Auswüchse autoritärer Schulerziehung spätestens seit der 68er-Bewegung deutlich reduziert werden konnten, ja das Pendel inzwischen eher ins andere Extrem ausgeschlagen hat, kann diese Form der Schulkritik heute insgesamt eher vernachlässigt werden.

Was die *Lehr- und Lerninhalte* an den Schulen betrifft, so ist die Kritik daran heute insoweit berechtigt, als sie immer wieder auf eine Revision und Aktualisierung der Curricula drängt. Hier liegt im Sinne einer Bildung, die sich angesichts der globalen Bedrohung konsequent am "Leitbild der Nachhaltigkeit" orientiert, noch eine Fülle von Reformaufgaben vor uns.[26] Bezüglich der *Lehrmethoden* und der *Unterrichtsorganisation* haben Schulkritik und die Beispiele von Alternativschulen sicherlich vieles bewegt und aus der Erstarrung geholt; zweifellos gibt es jedoch auch hier noch manches zu tun, wofür die Schulen der Zukunft unbedingt den nötigen Gestaltungsfreiraum brauchen.

Im argen liegt dagegen nach wie vor das Problem der *Leistungsbeurteilung* in den Schulen; zwar haben im Primarbereich verbale Schulberichte die Ziffernnoten in gewissem Umfang ersetzt, doch sind die staatlichen Regelschulen insgesamt von einer *pädagogischen* Beurteilungspraxis noch weit entfernt. Obgleich Freie Schulen seit beinahe 100 Jahren erfolgreich *alternative* Beurteilungspraktiken vorleben, hält das staatliche Schulwesen weitestgehend am Ziffernnoten- und Zeugniskult – mit allen bereits geschilderten Negativauswirkungen – fest. Für ein zukünftiges Schulwesen bleibt eine Erziehung zur Leistungsbereitschaft wünschenswert; eine menschenverachtende Leistungs- und Konkurrenzideologie um jeden Preis – meist auf Kosten der Schwächeren – gehört jedoch zu denjenigen Auswüchsen unseres Schulsystems, welche künftige Schulreformen unbedingt neu zu überdenken haben. Was die AKTION HUMANE SCHULE und mit ihr unzählige Schulkritiker schon seit langem zu Recht monieren, sollten künftige Schulreformen angesichts der weitverbreiteten Schulunlust und Schulmüdigkeit unserer Zeit konsequent berücksichtigen: daß Schüler "Ohne Noten lieber lernen und mehr leisten".[27] Oder, um mit GERHARD SCHUSSER zu sprechen: daß eine "veränderte Beurteilungspraxis" geradezu als "konstitutives Moment überfälliger Schulreformmaßnahmen" zu betrachten ist.[28]

Was das Problemfeld *Lehrerpersönlichkeit* betrifft, so verhalten sich die heutigen Pädagogen wohl i.allg. weniger sadistisch und autoritär als noch vor 100 Jahren; dafür dürften sie an der Jahrtausendwende aber weitaus häufiger überfordert sein als ihre Vorgänger. "Verspottet von Politikern und alleingelassen von vielen Eltern müssen Pädagogen unter verschlechterten Bedingungen immer mehr Aufgaben bewältigen und immer schwierigere Kinder bändigen" – so beschreibt FOCUS im Frühjahr 2001 den "Höllenjob Lehrer".[29] "Die öffentliche Wertschätzung des Lehrerberufs hat sich in den letzten 20 Jahren 'drastisch verschlechtert' ", lautet das Fazit einer Studie am Institut für Schulpädagogik der Ludwig-Maximilians-Universität in München.[30] "Heute ist der Lehrer das Feindbild Nummer eins", klagt ein ausgestiegener Kollege.[31] Folge: "Kaum jemand will noch Pauker werden. Eine fatale Entwicklung. Denn schon jetzt herrscht akuter Lehrermangel."[32] Das muß alarmieren. Für die künftige Bildungsplanung heißt dies: Lehrer müssen entlastet werden – (z.B. durch niedrigere Klassenteiler, spezielle Klassenlehrerstunden etc.); Lehrer brauchen eine kompetentere und praxisnähere Aus- und Weiterbildung in den Bereichen Pädagogik und Psychologie; es müssen flächendeckend Supervisionsangebote geschaffen werden; die traditionellen Schulaufsichtsbehörden sollten mehr unterstützende und beratende Aufgaben wahrnehmen; Lehrer sollten mehr in schulische Entscheidungsprozesse einbezogen werden. Mit finanziellen Anreizen und "Leistungsprämien" für Lehrer, die erfahrungsgemäß nur zu einer Entsolidarisierung und Konkurrenzsituation in den Kollegien beitragen, lassen sich die gewaltigen Schulprobleme der Zukunft mit Sicherheit *nicht* lösen.

Obgleich sich in dem Problemfeld *Kooperation Schule – Elternhaus* sicherlich vieles zum Positiven gewendet hat, wäre es auch hier falsch, wenn künftige Bildungsplaner selbstzufrieden die Hände in den Schoß legen würden. Eltern haben immer noch allzu oft das Gefühl, mit ihrer Kritik und ihren Verbesserungsvorschlägen nicht wirklich gehört und ernst genommen zu werden. So sollten künftige Schulreformen die Mitbestimmungsrechte von Eltern weiter ausbauen – vor allem im Bereich der Schulwahlentscheidung. Solange z.B. "Grundschulempfehlungen" keine *Empfehlungen* sind, sondern die *Verpflichtung* bzw. den *Zwang* zum Besuch einer bestimmten auf der Grundschule aufbauenden Schulart bzw. Schule beinhalten, werden die Elternrechte auf eine Art und Weise beschnitten, die sich nicht nur mit dem Verfassungsauftrag des Grundgesetzes (Art. 6, Abs. 2), sondern v.a. auch mit der Allgemeinen Erklärung der Menschenrechte durch die Vereinten Nationen (Art. 26, Abs. 3) schwerlich vereinbaren läßt.[33] Auch hier besteht für das 21. Jahrhundert noch erheblicher Reformbedarf.

Betrachtet man nun die *Psychologischen Aspekte* der Schulkritik, wie sie im Laufe des 20. Jahrhunderts in Erscheinung traten, so muß eindeutig konstatiert werden, daß sie an unrühmlicher Aktualität und Brisanz bis heute nichts eingebüßt haben. Immer noch geschehen *"Seelenmorde"* in den Schulen, weiterhin mangelt es – trotz aller Bemühungen – an wirklich *ganzheitlicher* Persönlichkeitsbildung, und immer noch werden Schülerindividualitäten in weiten Bereichen eher *geschwächt* als gefördert. Auch im Bereich schulisch induzierter *Lern- und Verhaltensauffälligkeiten* sieht es nicht viel besser aus. *Schulangst, Schulunlust* und *Leiden an der Schule* sind Themen, die im "Jahrhundert des Kindes" nicht aus den Schulen verbannt werden konnten; wer täglich in dieser Institution arbeitet, weiß ein Lied davon zu singen. Auch *Schulverweigerung* und *Schülerselbstmord* – der *"pädagogische Super-GAU"* – zählen an der Schwelle zum neuen Jahrhundert immer noch zu jenen ungelösten Problemen, an denen die Verantwortlichen nicht länger vorbeischauen sollten. Schulreformen, die diese gewaltigen *psychischen Problemlagen* heutiger Kinder und Jugendlicher nicht im Auge behalten, sind schlichtweg zum Scheitern verurteilt. Heutige Schüler brauchen – auch und gerade im psychischen Bereich – heute mehr denn je Unterstützung; mit einer Effektivierung und Maximierung des Kopflernens allein ist es nicht getan. Künftige Schulreformen sollten deshalb noch stärker als bisher auf eine *ganzheitliche* Persönlichkeitsentwicklung der Kinder und Jugendlichen ausgerichtet sein; andernfalls werden wir den Sprung ins 21. Jahrhundert – trotz aller Leistungssteigerung in einzelnen Fächern – nicht unbeschadet schaffen.

Auch die *Medizinischen Aspekte* der Schulkritik haben keinesfalls an Bedeutung verloren – im Gegenteil: Sie sind heute dringlicher denn je. Durch den enorm hohen Computer- und Fernsehkonsum, durch einen gravierenden Mangel an gesunder Sinnestätigkeit und Bewegung, aber auch durch falsche Ernährungsgewohnheiten und einen steigenden Medikamenten- und Drogenmißbrauch wächst eine Generation von Kindern und Jugendlichen heran, deren Gesundheit von Anfang an gewaltigen Risiken ausgesetzt ist. Wenn es den Schulen und der Gesellschaft nicht gelingt, durch Prävention, Aufklärung und Kompensation in diesem Bereich Veränderungen anzubahnen, dann wird nicht zuletzt unser Gesundheitswesen in naher Zukunft horrenden Problemen und Kostenbergen gegenüberstehen, die niemand ernsthaft herbeiwünschen kann. Zukünftige Schulreformen müssen mehr denn je auch das *leibliche* Wohlergehen und die *physische* Gesundheit der nachwachsenden Schülergenerationen im Auge haben; eine rein intellektuelle Belehrungsanstalt wird angesichts der massiven gesundheitlichen Belastungen heutiger Kinder und Jugendlicher keine Chance auf Zukunftsfähigkeit mehr haben. Auch die *Schulhausbauten* der Zukunft sollten von ihrem "Lernfabrik"-Image wegkommen und ein bißchen mehr von jener "Wohnstuben"-Atmosphäre vermitteln, von der einst PESTALOZZI sprach. Ein positives Beispiel hierfür ist z.B. die "Aktion schöne Schulen", die sich seit Ende der 90er Jahre europaweit aktiv für eine menschengemäße Schulhausgestaltung einsetzt.[34] Auch dies kann ein Beitrag sein, um der weitverbreiteten Entwurzelung und dem Unbeheimatetsein heutiger Kinder und Jugendlicher im 21. Jahrhundert bewußt entgegenzuwirken.

Mit Blick auf die *Soziologischen Aspekte* der Schulkritik ist anzumerken, daß sich hier seit den 60er Jahren zwar manches zum Besseren gewendet hat, daß aber auch in diesem Bereich für künftige Schulreformen noch große Aufgaben zu bewältigen sind. Um festzustellen, daß VON HENTIGs Rede von den Schülern als *"sozial gestörten Individuen"* und der Schule als *"sozial untauglicher Sozietät"* bis heute aktuell geblieben ist, genügt ein Blick in die Tagespresse. Ja, es ist wohl nicht übertrieben zu behaupten, daß sich VON HENTIGs These von der *"Sozialpathologie"* der Schule an der Jahrtausendwende eher noch deutlicher verifizieren läßt.

Was die von unzähligen Kritikern immer wieder geforderte soziale *Chancengleichheit* im Bildungswesen betrifft, so bleibt festzuhalten, daß sich die Lage zwar tendenziell in den letzten 30 Jahren etwas gebessert hat – daß aber längst noch nicht alle Ziele diesbezüglich erreicht sind. Nach wie vor sind die verschiedenen sozialen Gruppen im Bildungsbereich nicht gleichmäßig verteilt, und immer noch ist die Bildungsbeteiligung eines Kindes in der Bundesrepublik stark geprägt vom Sozialstatus der Eltern. Während z.B. in Hauptschulen Arbeiterkinder weiterhin stark überrepräsentiert sind, ist ihr Anteil an Gymnasien nach wie vor verschwindend gering. De facto setzt sich also die Benachteiligung von Kindern aus sog. "bildungsfernen" Milieus – trotz aller entgegengesetzter bildungspolitischer Bemühungen seit den 60er und 70er Jahren – bis heute fort.

Auch die Problematik des *dreigliedrigen Schulsystems* besteht bis heute in den meisten Bundesländern unverändert fort. Die Konzeption von Gesamtschulen erwies sich vielfach als problematisch – und blieb gleichsam auf halbem Wege stecken. Zwar gibt es in manchen Bundesländern Schritte in die richtige Richtung (z.B. die 6-jährige Grundschule in Berlin und Brandenburg; die schulartunabhängige Orientierungsstufe in Hessen, Niedersachsen und Schleswig-Holstein; die Überwindung der Dreigliedrigkeit durch die Errichtung von Sekundarschulen in Brandenburg, Sachsen, Sachsen-Anhalt, Thüringen und im Saarland), doch bleiben auch hier in weiten Bereichen noch enorme strukturelle Schulentwicklungsaufgaben für das 21. Jahrhundert bestehen.[35] So kommen auch HOLTAPPELS/ RÖSNER in ihrer Situationsanalyse am Ende der 90er Jahre zu folgendem Fazit: "Im bundesdeutschen Schulsystem wurden durchgreifende Fortschritte in zentralen bildungssoziologischen und pädagogischen Reformzielen bei weitem noch nicht erreicht. Statistische Analysen bescheinigen dem gegliederten Schulsystem eine anhaltend mangelhafte Durchlässigkeit ... Weiterhin beträchtliche Schulversagerquoten und fortbestehende soziale Chancenungleichheit ..." verweisen auf dringenden Reformbedarf.[36]

Was die *Politischen Aspekte* der Schulkritik betrifft, so ist zu sagen, daß – wie HARTMUT VON HENTIG formulierte – immer noch in weiten Bereichen des Schullebens mehr *"Systemzwang"* als *"Selbstbestimmung"* herrscht. Zwar sind Ansätze zu einer konsequenteren *Demokratisierung* und stärkeren *Partizipation* aller an der Institution Schule Beteiligten heute durchaus erkennbar, doch gehen sie i.allg. noch nicht weit genug. Künftige Schulreformen müßten die Mitbestimmungsrechte von Lehrern, Eltern und Schülern auf allen Ebenen weiter ausbauen, wenn die Schule als demokratische Institution tauglich für die Bürgergesellschaft des beginnenden 21. Jahrhunderts werden will.

Kapitalismus- und *Ideologiekritik* sind seit dem politischen Zusammenbruch der UDSSR etwas in den Hintergrund getreten; sie spielen heute eine eher marginale Rolle – und sind insofern kein vorrangiges Reformthema unserer Tage. Der Umgang mit *rechtsradikaler* Gesinnung und Gewalt Jugendlicher muß hingegen als bildungs- und gesellschaftspolitisches Thema oberster Priorität in die zukünftigen Schulreformüberlegungen einbezogen werden.

Im Hinblick auf die *Schulreformkritik* ist festzustellen, daß enttäuschte Hoffnungen auch heute noch weithin das Bild prägen. Vieles wird bis heute als sinnloser *"Reformismus"* empfunden, was an kultusministeriellen Verordnungen über die

Schulen ergeht. Immer noch werden die Beteiligten – Schüler, Eltern und Lehrer – zu wenig gefragt, und immer noch meint man, allein mit Reformen "von oben" etwas an der Schulmisere ändern zu können. Hier tut eine grundlegende "Reform der Reformstrategien" in Zukunft dringend not, was später noch näher zu erläutern sein wird.

Schließlich gilt es, auch noch die *Institutionellen Aspekte* der Schulkritik auf ihre Relevanz für künftige Schulreformen hin zu prüfen. Wie bereits erwähnt, bilden diese Aspekte den Schwerpunkt der schulkritischen Überlegungen an der Jahrtausendwende. Zunächst zu dem Problemfeld *Verrechtlichung* bzw. *Bürokratisierung* der Schule: Zweifellos gehört dies zu denjenigen Themen, die heute immer noch an vorderster Stelle diskutiert werden. Was BEHR/JESKE bereits Anfang der 80er Jahre konstatierten, gilt bis heute unvermindert: "Was für die kommunale Selbstverwaltung seit ca. 150 Jahren eine Selbstverständlichkeit geworden ist, das ist im Laufe der Zeit auf alle Kulturbereiche ausgedehnt worden: auf Wissenschaft und Kunst, Presse und Wirtschaft, Recht und Religion. Nur vor der Schule ist jener Prozeß der Demokratisierung stehengeblieben. Hier ist es weiterhin der Staat, der monopolistisch ihr Außen und Innen bestimmt und verwaltet und trotz verstärkter Partizipationsansätze und Mitwirkungsmöglichkeiten von Lehrern, Schülern und Eltern diese noch immer mehr als unterste Vollzugsorgane denn als mitgestaltende und mitverantwortliche Bürger betrachtet. 'Verwaltete Schule' und 'bürokratisiertes Schulwesen' sind darum noch immer feste Begriffe in der Schulkritik unserer Tage."[37] In einer treffenden Formulierung schrieb THEODOR WILHELM einmal: "Der Stein des Anstoßes sind, wie man sieht, vor allem die Maßnahmen einer zwar das Beste meinenden, aber die pädagogische Freiheit knebelnden und die Verantwortung der 'Erziehungswilligen' erstickenden staatlichen Schulverwaltung."[38] CARL ROGERS nannte die Schule "... die traditionellste, konservativste, starrste, bürokratischste Institution unserer Zeit", deren Dysfunktionalität bezogen auf die sich stetig schneller entwickelnde Gesellschaft immer größer werde.[39]

Diese Diskrepanz kann heute keinesfalls als überwunden gelten. Angesichts dieser Tatsachen erscheint PETER STRUCKs kritische Frage als berechtigt und zukunftsweisend: "Muß Schule nicht ein moderner 'Dienstleistungsbereich für pädagogische Arbeit' werden, wie der Bielefelder Bildungsforscher KLAUS HURRELMANN verlangt? Muß sie ihre herkömmliche weisungsorientierte Verwaltungshierarchie ... nicht ablösen durch autonomere Gestaltungsmechanismen, die eine lebendige Organisation und ein für Lernen produktives Schulleben erlauben?"[40] Wie dem auch sei, an einem werden zukünftige Bildungsreformen nicht vorbeikommen: aktiv darauf hinzuwirken, daß aus *verwalteten* immer mehr *gestaltete* Schulen werden – und den am Schulleben unmittelbar Beteiligten alle dafür nötigen Freiräume und Unterstützungsangebote zu gewähren.

Die Kritik am *staatlichen Schulmonopol* ist in unseren Tagen verstärkt vernehmbar. Ohne einer sozial unverträglichen totalen Privatisierung des Bildungswesens das Wort reden zu wollen, muß die Forderung nach einer gewissen *Deregulierung* des staatlichen Schulwesens zugunsten von mehr *Autonomie* der Einzelschule in pädagogischer, personeller, finanzieller und administrativer Hinsicht in Zukunft doch sehr ernst genommen werden. Nicht erst die vieldiskutierte Denkschrift der Kommission "Zukunft der Bildung – Schule der Zukunft" hat die Zeichen der Zeit erkannt und setzt auf eine weitgehende *Selbstverwaltung* künftiger Schulen, wobei sich die Notwendigkeit einer effektiven *Qualitätssicherung* von selbst versteht.[41] Der Staat muß – das ist sein vom Grundgesetz festgeschriebener Auftrag – auch weiterhin über das Schulwesen wachen. Daß er dies jedoch nicht im traditionell obrigkeitsstaatlichen Sinne zu tun hat, beweisen die bereits in einigen Bundesländern erfolgreich durchgeführten Reformansätze in Richtung einer Teilautonomie staatlicher Schulen.[42] Es gehört somit zu den zentralen Zukunftsaufgaben, das Verhältnis von Staat und Schule zumindest neu zu überdenken. Dabei kann es weder um eine totale "Entstaatlichung" – noch um eine Rückkehr zur totalen staatlichen "Regulierung" gehen. Vielmehr müssen gesetzliche Rahmenbedingungen geschaffen werden, die der Einzelschule weitgehende Autonomie bei einer Vergleichbarkeit fachlicher Mindeststandards und schulischer Abschlüsse gewähren. Die Aufforderung ROMAN HERZOGs in seiner berühmten Rede "Zum Aufbruch in der Bildungspolitik" kann dabei richtungsweisend sein: "Entlassen wir unser Bildungssystem in die Freiheit!"[43]

Das Ernstnehmen und beherzte Umsetzen dieser zukunftsweisenden Maxime wird dazu führen, daß unsere Schullandschaft *vielgestaltiger* werden wird. Ob dann der vielkritisierte Zwang zum Besuch einer bestimmten Regelschule noch zeitgemäß ist, muß bezweifelt werden. Wer die Schulen in die Freiheit entläßt, muß folgerichtig auch die *Eltern* und ihre *Schulwahlentscheidung* in die Freiheit entlassen. Dies zählt zu den großen Reformaufgaben, die am Beginn des 21. Jahrhunderts vor uns liegen.

Es dürfte deutlich geworden sein, daß die Schulkritik des 20. Jahrhunderts keine quantité négligeable ist, sondern ein höchst kostbarer Fundus für Reformideen, die in naher Zukunft von großer Bedeutung für die Weiterentwicklung unseres Schulwesens sein könnten. Zwar hat sich seit dem Beginn des letzten Jahrhunderts manches bewegt und zum Positiven verändert, doch gibt es an der Schwelle zum neuen Jahrhundert im Hinblick auf not-wendige Reformen noch viel zu tun. "Vieles ist im Fluß, was Schule anbelangt; anderes liegt so gut wie hoffnungslos zurück", resümiert PETER STRUCK.[44]

Eine treffende Zusammenfassung derjenigen Aspekte von Schulkritik, die in der Schule der Gegenwart und für das Bildungswesen der Zukunft von besonderer Relevanz sind, gibt HORST HENSEL: "Betrachtet man die Defizite des Schulwesens genauer, gewinnen zwei Gruppen von ihnen besonderes Gewicht, da sie inzwischen die gesellschaftliche Funktion des gesamten staatlichen und traditionellen Schulwesens in Frage stellen und somit nicht durch vereinzelte Reformmaßnahmen zu beheben sind. Es geht dabei erstens um bestimmte *pädagogische Defizite* [Hervorhebungen: A.P.] der Schule angesichts einer veränderten Kindheit, und zweitens um jene *systemischen Defizite*, die verhindern, daß sich Schule als Institution selbständiger Zweckerfüllung realisiert – worauf es inzwischen aber ankommt, denn die Unselbständigkeit der Schulen wirkt sich auf die Arbeit der einzelnen Schule negativ aus, so daß sich innere Reform und pädagogische Aktivität nicht überall zwangsläufig einstellen und sich im einzelnen nicht frei entfalten können. Die genannten Defizite bilden somit einen Zusammenhang, sie äußern sich als Komplex funktionsbedrohender Defizite. An diesem Punkt muß in reformerischer Absicht angesetzt werden."[45] Diese Darstellung HENSELs deckt sich mit den Ergebnissen der o.g. Schulkritik-Analyse in doppelter Hinsicht: Zum einen hebt auch sie die Brisanz der *pädagogischen* und der *systemischen* bzw. *institutionellen* Defizite der heutigen Schule hervor; andererseits verdeutlicht sie, daß genau *dort* die Ansatzpunkte für künftige Schulreformen liegen müssen.

Die Chancen für not-wendige Reformen beurteilt HENSEL durchaus optimistisch: "Daß Schulreform als Reform des staatlichen Schulsystems zu diesem historischen Zeitpunkt mit Aussicht auf Beachtung auf die Tagesordnung der pädagogischen Diskussion gesetzt werden kann, hat eben damit zu tun, daß die gesellschaftliche und schulpädagogische Entwicklung diesen Tagesordnungspunkt erzwingen."[46] Denn: "Die pädagogischen und systemischen Funktionsdefizite des Schulwesens sind historisch konkret: Erst vor dem Hintergrund einer veränderten Gesellschaft und Kindheit erweisen sich traditionelle Schulpädagogik und staatliche Verwaltung von Schule als so deutlich defizitär ... Deshalb gehören die pädagogische Reform der Schule und die Reform der Staatlichkeit von Schule zusammen und sind ohne einander nicht zu haben", folgert HENSEL zu Recht.[47]

Zu einem ähnlichen Resultat kommt MARIAN HEITGER, der drei "Brennpunkte" heutiger Schulkritik ausmacht, die ihrerseits alle zu einer Entpädagogisierung dieser Institution beitragen: 1. "Institutionalisierung und Verwaltung"; 2. "Verstaatlichung" und 3. "Technologisierung und Formalisierung".[48] Eine "Synthese der Brennpunkte" zeitgenössischer Schulkritik führt nach HEITGER "... zu der Schlußfolgerung, daß in der Schule der Gegenwart die Erfüllung der Erziehungsaufgabe tendenziell und faktisch gefährdet ist durch institutionelle Zwänge, gesellschaftliche Funktionszuweisungen, staatlich-administrative Eingriffe und formalisierte Unterrichtsstrukturen. Die Schulwirklichkeit ist eher von Zwang als von Freiheit bestimmt, eher von Disziplinierung als von Fürsorge, eher von Fremdbestimmung als von Autonomie, eher von Ein- und Anpassungstendenzen als von Selbstverantwortungsermöglichung, eher von Qualifikations- und

Selektionsfunktionen als von Bildungs- und Erziehungsaufgaben."[49] Und auch HEITGER sieht angesichts dieser Situationsanalyse dringenden Reformbedarf: "Die Entlastungsfunktion des Institutionellen, der fürsorgliche Charakter staatlicher Schulträgerschaft und das bildungsfördernde Potential des wissenschaftlich-technischen Denkens kommen nur sehr begrenzt zum Tragen. Die Subjekthaftigkeit von Schülern und Lehrern – Voraussetzung für verantwortliches und verantwortbares Erziehungshandeln – kann nur durch entschiedenes und gemeinsames Gegensteuern gegen eine umfassende Verzweckung und Funktionalisierung des Schulgeschehens behauptet werden."[50]

Doch wie kann dieses als not-wendig erkannte "Gegensteuern" gegen eine totale Verzweckung und Funktionalisierung der Schule konkret aussehen? Woran müßte sich eine Weiterentwicklung der Schulen in Zukunft orientieren? Und welche Bedeutung könnte der Schulkritik der vergangenen 100 Jahre in diesem Prozeß der Neuorientierung ganz allgemein zukommen?

Zur Klärung der eingangs gestellten Frage, was uns denn die Beschäftigung mit der Schulkritik des 20. Jahrhunderts heute noch geben kann, seien nun einige grundsätzlichere Überlegungen zum Sinn historischer Forschung in der Erziehungswissenschaft angeführt. Nach NICOLIN liegt der Sinn des kritisch-historischen Denkens in der Aufgabe, "in forschender Durchsicht unserer Herkunftsgeschichte Fixierungen gleichsam rückgängig zu machen, Tradition zu verflüssigen, verschüttete Fragestellungen aufzudecken, verpaßte oder verhinderte Möglichkeiten wieder präsent zu machen, um handlungsbezogen die gegenwärtige Situation über das in ihr Gegebene hinweg als offen auf dessen Veränderung hin zu erkennen".[51] Wo dagegen die historische Dimension der Gegenwart übersehen oder bewußt negiert wird, "bleibt die Kritik als Impuls für Reformen blind gegenüber dem, was sie angreift ... und verfehlt damit womöglich die Stoßrichtung, in der sie selbst produktiv werden wollte".[52]

Auch BEHR/JESKE stellen fest, "daß Gegenwartsprobleme ohne Kontakt zu den Erfahrungen der Vergangenheit nicht sinnvoll für die Zukunft gelöst werden können, weil Gegenwart erst 'im geschichtlichen Kontext begreifbar, kritisierbar und damit veränderbar (ist). Indem geschichtliche Erkenntnis ein weiteres Erfahrungsfeld erschließt und mehrere Lösungsmöglichkeiten anbietet, wird sie zu einem Instrument der Kritik an einseitigen Verhärtungen und zu einem Mittel für Freiheit' ", wie LASSAHN einmal formulierte.[53] LENZEN schließlich meint, daß historische Kritik nur dann hilfreich sein kann, "... wenn sie eingreift, wenn sie am Problem das historische Erbe handlungsorientierender ausarbeitet."[54]

Damit sind zugleich Formen von Schulkritik angesprochen, die *nicht* hilfreich sind: "... Schulkritik scheint auf einem Irrweg zu sein, wenn sie meint, Gesellschaft verändern zu können; sie ist ebenso auf einem Irrweg, wenn sie nur kritisiert und sich auf transzendentale Bedingungen des Erziehens und Unterrichtens allein kapriziert. Wie alle pädagogische Theorie muß sie aus Anlaß von Praxis für Praxis betrieben werden und sich deshalb zugleich kritisch und konstruktiv profilieren", schreibt DIETER HINTZ.[55] Abweichungen von dieser Maxime bezeichnet LÖWISCH als "Perversionen der Kritik".[56] Als eine solche muß z.B. die bereits erörterte Forderung betrachtet werden, die Schule *abzuschaffen* – anstatt sie zu *reformieren*. Auch andere Formen von überzogener, einseitiger, verallgemeinernder oder destruktiver Schulkritik müssen zu solchen "Perversionen" gerechnet werden.

Ein weiteres Dilemma der Schulkritik ist die Tatsache, "... daß nicht selten die Schule in exakt den Merkmalen kritisiert wird, die Reformer zuvor als Zielpunkt der eigenen Anstrengungen und als Überwindung des – älteren – schlechten Zustands der Schule selbst gefordert hatten."[57] JÜRGEN DIEDERICH führt dazu aus: "Schulkritik bietet deshalb in der Kritik der eigenen Argumente und in der Ablösung von Realität nicht selten selbst das 'Elend- und Jammerstück', das sie von der Schule entwirft."[58]

Doch allen möglichen Verirrungen der Schulkritik zum Trotz gilt: "... der kritische Blick auf die Schule bleibt wichtig und eine Diskussion der unterschiedlichen Positionen schulkritischer Argumente kann auch ... nützlich sein. Zwar ersetzt die Schulkritik nicht den nüchternen Blick auf die Schulrealität, aber sie kann sensibel machen ...", schreibt DIEDERICH.[59] So bietet Kritik an der staatlichen Regelschule immer die Chance, Prozesse der Selbstreflexion anzuregen und ggf. not-wendige Innovationen einzuleiten. Jede produktive und konstruktive Kritik an der Schule kann heilsam sein – und jedenfalls besser als Beschönigen oder Verschweigen bis heute fortbestehender offensichtlicher Mißstände in unserem staatlichen Regelschulwesen. In diesem Sinne formulierte HORST RUMPF einmal: "Eine Schule, die der in ihrer Struktur angelegten Gefahr der Erstarrung zu wehren versuchte, bedürfte der unablässigen, offenen und detaillierten Kritik der an ihr Beteiligten und Interessierten; nur so ist zu erhoffen, daß sie einen Ausgleich findet in der immer prekären Spannung zwischen ihrer Künstlichkeit und ihrem Zwangscharakter einerseits und der sich stets wandelnden Realität ihrer Schüler und Umwelt andererseits."[60] Die Realität sieht aber nach RUMPF häufig dergestalt aus, "... daß Schulen die Neigung haben, sich gegen Kritik von innen und außen zu immunisieren ..."[61]

Auch PETER PAULIG vertritt die Auffassung, daß Schulkritik nicht oft genug geäußert werden kann, um sinnvolle Reformen auf den Weg zu bringen: "Wenn die Staatsschule eine Lobby hätte, wie sie die Umwelt hat, wenn Lehrer, Eltern und Schüler eine große Koalition eingehen und ihren Unmut an dieser Schule öffentlich artikulieren würden, ... könnte ein Umdenken eingeleitet und dem Pflegefall Staatsschule vielleicht geholfen werden."[62] Der Autor fügt hinzu: "Noch sind die vielen Kritiker der Schule, im Vergleich zu denen, die bei sich die Fähigkeit zu trauern abgewürgt haben, wenige. Aber es werden täglich mehr."[63] Und: Die in der Schulkritik des 20. Jahrhunderts immer wieder zur Sprache gebrachten Probleme "sind allen Insidern bekannt ..., aber vielleicht muß es noch tausendmal gesagt und geschrieben werden, bis etwas geschieht. Ich rufe jede Lehrkraft und alle Eltern, jeden Schulaufsichtsbeamten und alle Schüler dazu auf", schreibt PAULIG. [64] BEHR/JESKE ergänzen: "Welcher Verband, welche Interessengruppe, wieviele Lehrer, wieviele Wissenschaftler halten Schule, wie sie heute ist, für wirklich gut?"[65] Die solchen Äußerungen zugrundeliegende Betroffenheit ist unüberhörbar.

Die Schulkritik des 20. Jahrhunderts könnte also ein wichtiger Impulsgeber im Hinblick auf eine Veränderung rechtlicher und administrativer Rahmenbedingungen für die Schulen des 21. Jahrhunderts werden – sofern sie gehört und genügend ernst genommen wird. "Gerade die Schulkritik wird aber auch einwenden, daß man vernünftigerweise kaum sichtbare Veränderungen erwarten dürfe, wo man nur wenig und überdies Marginales ändere, so daß die kritische Wirkungsschwelle gar nicht erreicht werden könne", meint JÜRGEN BAUMERT.[66] Die Notwendigkeit einer konsequenten inneren Schulreform, die der einzelnen Schule dezidiert größere Handlungs- und Entscheidungsspielräume einräumt, wird hier deutlich. Unbedingte Voraussetzung dafür ist jedoch, daß Schulkritik nicht als lästig und überflüssig abgetan, sondern von den Verantwortlichen bewußt wahrgenommen wird. HERMANN RÖHRS schreibt: "Die Erziehung junger Menschen ist so eine gewichtige Aufgabe, daß keine gewonnene Erfahrung unbegründet ausgeschlagen werden darf" – und das gilt auch für die negativen, kritischen Erfahrungen mit der Institution Schule.[67] "Sie indessen unbeachtet zu lassen, wie es in vielen Fällen geschieht", ist jedoch ein schwerwiegendes Versäumnis, "... das vor jungen Menschen verantwortet sein will."[68] Es wäre verhängnisvoll, im 21. Jahrhundert dieselben Fehler wieder zu machen, unter denen die Schulen des vergangenen Jahrhunderts gelitten haben.

Doch häufig ist es erst die offensichtliche *Schulmisere,* die zum *Motor der Schulentwicklung* wird. "Wenn derzeit hierzulande über die Zukunft des Bildungswesens diskutiert wird, dann bildet fast immer die aktuelle Krise – oder was jeweils darunter verstanden wird – den thematischen Bezugspunkt der Diskussion", stellt EGON BECKER fest.[69] Sinnvoller wäre es, erst gar nicht zu warten, bis es so weit gekommen ist – und früher zu handeln. "Aufgrund der Erfahrung mit der Bildungseuphorie der 60er und 70er Jahre und der anschließenden Desillusionierung sollte man heute nicht in das Gegenteil verfallen und resignieren", schreibt MÜLLER-ROLLI.[70] Vielmehr gelte es, "... Hindernisse zu überwinden, um auf dem Weg der notwendigen Bildungsreform voranzukommen."[71] Ähnlich äußert sich auch REINHARD VOß in seinem entschiedenen "Plädoyer für einen Ausbruch aus der Schulkrise, das sich ... an all jene richtet, die sich gegen Frustration, Resignation, Krankheit, Mißbrauch oder die unendliche Schleife gegenseitiger Schuldzuweisungen entscheiden."[72] VOß unterstreicht "das Vertrauen, daß die Schule noch einmal erfunden werden kann" – allen Erstarrungen und Widrigkeiten zum Trotz.[73]

Freilich darf dabei nicht außer acht gelassen werden, daß sich die Schule mit all ihrer Problematik nicht im quasi "luftleeren Raum" befindet, sondern immer auch Teil einer mindestens ebenso problembeladenen Gesellschaft ist. "In den Schulen ... werden überwiegend Konflikte ausgetragen, die diese aus sich heraus nicht produziert haben, sondern die von der Gesellschaft aus in sie hineingetragen werden und dort ... öffentlich ausgetragen werden können, ohne daß sie die Symptomebene verlassen müßten", schreibt OSKAR NEGT.[74] Er meint, daß Schulen geradezu "... die Funktion von Katalysatoren angenommen haben, die gesamtgesellschaftliche Konflikte brennpunktartig zusammenfassen."[75] Andererseits hat Schule immer auch die Chance, auf gesellschaftliche Entwicklungen längerfristig Einfluß zu nehmen. "So gesehen ist die Schule eine Funktion der Gesellschaft *und* die Gesellschaft ist eine Funktion der Schule, d.h. die Schule stellt sich den Anforderungen der Gesellschaft ebenso wie diese offen ist für Entwicklungen, die auf dem Weg über neues Wissen und Handeln von der Schule auf die Gesellschaft einwirken", stellt RAINER WINKEL fest.[76] "In dieser Spannung erst bleibt das Gute bewahrungsfähig und das weniger Gute wird verbesserungswürdig. Wenn es die Pädagogik also mit der 'emendatio rerum humanarum' zu tun hat, mit der Verbesserung der menschlichen Dinge, wie COMENIUS meinte, dann ist es notwendig, für diese Dialektik einzutreten ...", führt WINKEL aus.[77] "Ein solches Engagement überschreitet freilich das Klassenzimmer ...", doch: "Ohne diese Perspektive wird der Lehrer gesellschaftsblind und sein pädagogisches Wirken irgendwann vergebens."[78]

Das Bewahren des "Guten" und das Verbessern des "weniger Guten" wird also auch in Zukunft die Aufgabe der Verantwortlichen im Bildungswesen sein. Die derzeitige Vorsitzende der Kultusministerkonferenz, ANNETTE SCHAVAN, beklagt in diesem Zusammenhang, "... daß wir öffentlich nur die Schwachstellen diskutieren. Wer etwas verbessern will, muß aber bei den Stärken anknüpfen."[79] Und an anderer Stelle fordert sie: "Das Vertrauen in unsere Schulen muß wachsen gegenüber der Kritik, die Schule aushalten muß, seit es sie gibt."[80] Dies mag grundsätzlich richtig sein – doch ist ein solches wachsendes "Vertrauen in unsere Schulen" *ohne* weitreichende Schulentwicklungsprozesse in naher Zukunft mit Sicherheit *nicht* zu erreichen.

Abschließend bleibt zur Schulkritik anzumerken, daß sie niemals ein rein historisches Thema ist, da sie immer schon auf die Gestaltung einer besseren Zukunft hinzielt. Somit ist Schulkritik kein Vergangenheitsthema, sondern ein Thema, das wir für die Zukunft brauchen – auch und gerade an der Schwelle zum neuen

Jahrtausend. Diesen engen, von Anfang an bestehenden Zusammenhang von Schulkritik und Schulreform hat JÜRGEN DIEDERICH in folgende Worte gefaßt: "Gleichzeitig mit der Schule entwickeln sich ... die Kritik an ihrem durchschnittlichen Zustand und Absichten, Schule zu reformieren."[81] "Insofern verbindet sich in fast allen kritischen Ansätzen der Protest gegen das Bestehende mit produktiver pädagogischer Phantasie, die nach neuen, humaneren Realisierungsmöglichkeiten des Lernens sucht ...", schreibt INGRID DIETRICH.[82]

Auch heute sind sich alle Schulkritiker, ja nahezu alle mit Schule Befaßten darin einig, daß sich etwas *ändern* muß in unserem Schulwesen. Bei aller Unterschiedlichkeit einzelner schulkritischer Positionen zieht sich diese Auffassung wie eine Art kleinster gemeinsamer Nenner durch die Bildungsdiskussionen der Gegenwart. So konstatiert z. B. PETER PAULIG bzgl. der Schulen der Zukunft: "Im Blick auf die Lehrpläne, die Lehrer und die Schüler müssen wir völlig neue Wege beschreiten, die im Grunde aber gar keine neuen Wege sind, denn die Reformpädagogen haben in den 20er Jahren alles längst zur Sprache gebracht und gefordert, was wir heute tun müssen."[83] Und er fügt hinzu: "Für die Staatsschule, wie sie gegenwärtig ist, habe ich wenig Hoffnung, daß sie das *metanoeite*, welches ich fordere, [erreicht] bzw. daß die neue Vision der Staatsschule erreicht wird."[84] Etwas optimistischer beurteilt HORST HENSEL die Zukunftschancen der staatlichen Schulen. "Die öffentliche Schule hat sich allerdings gründlich zu ändern, damit sie die Schule der Mehrheit bleibt und nicht die Schule des nicht privatisierungsfähigen Rests wird."[85] Und er fragt: "Wie kann das geschehen?"[86] Damit sind die wichtigsten Fragen nach dem *Wie* (den Mitteln), dem *Was* (dem Gegenstand), dem *Wozu* (den Intentionen) und dem *Wer* (dem Träger) künftiger Schulreformen angesprochen, denen im folgenden noch etwas näher nachgegangen werden soll. Hierzu zunächst – in Anlehnung an DIETER LENZEN – einige Grundüberlegungen: "Historische Voraussetzung von Reformen ist, daß Geschichte [d.h. auch Geschichte von Institutionen wie der Schule – A.P.] als vom Menschen hergestellte und dadurch veränderbare begriffen wird. In dieser Perspektive läßt sich reformerisches Handeln präziser bestimmen denn als bloße 'Veränderung', als Aufholen von 'Modernitätsrückständen' in gesellschaftlichen Subsystemen. Vielmehr handelt es sich von den praktischen Intentionen her meist um die Ermöglichung von Fortschritt durch Einklagen einer ursprünglich gehegten Intention gegenüber der als defizitär empfundenen Wirklichkeit."[87] Oder, wie LENZEN an anderer Stelle formuliert: "Reformen sind Reaktionen auf ... Krisen ..."[88]

Bezüglich der *Intentionalität* von Reformen stellt LENZEN fest: "Die Grundwerte, auf die sich politische wie pädagogische Reformbestrebungen heute berufen, sind die der Aufklärung – materiale Demokratie (Freiheit, Gleichheit, Brüderlichkeit) und Autonomie der mündigen Persönlichkeit –, in deren Tradition wie Dialektik Reformen sich befinden ..."[89] Im Hinblick auf den *Gegenstand* von Reformen schreibt LENZEN: "Reformen können sich auf verhärtete institutionelle (äußere Reform) sowie – als *Bildungs*reform – auf verdinglichte Bewußtseinsstrukturen (innere Reform) richten."[90] Im Kontext der Schule wird der Begriff der "äußeren Reform" meist im Sinne struktureller Veränderungen des Schulsystems gebraucht, während "innere Schulreform" mehr die pädagogische Reform innerhalb der Einzelschulen meint. Bezüglich des *Trägers* von Reformen konstatiert LENZEN: "Soziogenetisch betrachtet, kommt der Reformimpuls meist 'von oben', aus dem Wissenschafts- oder Politiksystem."[91] Demgegenüber stehen sog. Reformen "von unten", die von den Betroffenen selbst impulsiert und getragen werden. Zur Durchführung von Reformen merkt LENZEN an: "Eine institutionelle Vorgabe muß von den Betroffenen verantwortet werden, damit die Reform nicht als Maßnahme, 'Gewährung von Rechten' und Eingriff in die eigenen Lebensumstände und Interessen erfahren wird. Dies meint mehr als 'verordnete' Partizipation von oben ..."[92]

Ein zentrales Problem im Kontext möglicher Schulreformen ist die Frage, wie der "Motor zum Laufen gebracht" werden kann – um eine Formulierung von HANS-GÜNTER ROLFF zu verwenden.[93] In einem internationalen OECD-Bericht liest man dazu: "Die größte Schwierigkeit ist jedoch, ... das aktive Engagement für Innovationen bei allen beteiligten Akteuren im Lehr- und Lernprozeß in Gang zu setzen."[94] Wer kann, will und soll also zur treibenden Kraft und zum Träger der not-wendigen Weiterentwicklung unseres Schulwesens im 21. Jahrhundert werden? Sind es die Kultusbehörden der Länder, die regionalen Schulämter, die Hochschulen, die Schule selbst – die Schulleiter/innen, die Lehrer/innen, die Schüler/innen, die Eltern – oder alle gemeinsam? Wie soll ein solcher Reformprozeß an der Schwelle des neuen Jahrtausends in Bewegung gesetzt werden – und in welche Richtung soll er steuern?

Um sich dieser Frage anzunähern, ist es sinnvoll, einen kurzen Rückblick auf die Geschichte der Schulreform in den vergangenen Jahrhunderten zu werfen. In den 50er Jahren stand – nach den Schrecken der NS-Diktatur – bildungspolitisch eine "Wiedereingliederung in die lange abendländische Tradition" an; *anthropologische* und *existentielle* Fragen bildeten dabei den Schwerpunkt der Reformüberlegungen.[95] Nach dieser eher *apolitischen* Restaurationsphase erfolgte in den 60er Jahren "ein tiefgreifender Wandel", im Zuge dessen *soziale* und *politische* Fragen in den Vordergrund des Reforminteresses traten.[96] Dies geschah "... in einer Attitüde der Kritik, der manchmal fast aggressiven Veränderungsforderung, in einer Attitüde der Machbarkeit und der Verantwortung für die Veränderung der Verhältnisse", resümiert HELMUT FEND.[97] So entwickelte sich "... ein heute unvorstellbarer Eifer der Systemveränderung, der sich insbesondere im Bildungswesen entfaltete. Durch die Veränderung der Systembedingungen sollte die ideale Schule entstehen, die Chancengleichheit für alle und Solidarität aller mit allen schafft. Aus ihr sollte der emanzipierte, handlungsfähige und handlungswillige

Mensch erwachsen, der selber wieder zur Veränderung der gesellschaftlichen Bedingungen bereit ist. Zumindest vom Konzept her blieb im Bildungswesen damals kein Stein auf dem anderen."[98]

Folge dieser Entwicklung war die bereits erwähnte große Schulreform, die der Chancenungleichheit im Bildungswesen entgegenwirken und mehr Schüler zu höheren Bildungsabschlüssen führen sollte (vgl. Kap.II.2.3.4). KLAUS KLEMM u.a. stellen fest, "... daß die Schulreform um 1964 ihren Aufschwung nahm, daß sie um 1970 einen Höhepunkt erreichte und daß sie um 1972 mehr und mehr gegenüber restaurativen Bestrebungen in die Defensive geriet."[99] Im Zuge der Enttäuschung über die ins Stocken geratene staatliche Bildungsreform suchten viele Eltern nach freien Schulalternativen, was nicht zuletzt in den zahlreichen Alternativschulgründungen der 70er und 80er Jahre seinen Ausdruck fand. "So erweisen sich die Revision der staatlichen Bildungspolitik und -planung in den achtziger Jahren und die gleichzeitige Suche ... nach alternativen Schul- und Unterrichtsformen am Ende als widersprüchliche Ergebnisse der Schulreform ...", faßt HERWART KEMPER zusammen.[100]

Eine völlig andere Färbung bekamen die Schulreformüberlegungen in den 90er Jahren. Nachdem sich in der Schulqualitätsforschung gezeigt hatte, daß die *qualitativen* Unterschiede zwischen einzelnen Schulen der *gleichen* Schulart oft größer sind als diejenigen zwischen *verschiedenen* Schularten, begann man, den Blick verstärkt auf die Entwicklung der Einzelschule zu richten.[101] Für die Schulreformpolitik bedeutete dies, daß man von großangelegten "äußeren", strukturellen "Gesamtsystem-Strategien" Abstand nahm – und fortan stärker für "innere", schulinterne Reformen eintrat.[102] "Standen noch in den siebziger Jahren übergreifende Fragen der Schulstruktur und Schulverwaltung im Mittelpunkt von Reformbemühungen und Bildungsforschung, so ist es jetzt die Einzelschule", resümiert HANS-GÜNTER ROLFF.[103] Mit der Entdeckung der "einzelnen Schule als pädagogischer Handlungseinheit" gewann die Schulreformplanung eine völlig neue Qualität.[104] Nach CLAUS G. BUHREN u.a. hat sich geradezu ein "Paradigmenwechsel" in der Reformplanung vollzogen, "... der den Blick stärker auf die Entwicklung der Einzelschule richten ließ als auf System- oder Globalstrategien der Schulentwicklung."[105]

Bereits Anfang der 90er Jahre verabschiedeten sich vorausschauende Bildungspolitiker von der klassischen Bildungsreformpolitik der vorangegangenen Jahrzehnte – und erkannten die "Grenzen einer zentral steuernden Bildungspolitik" sowie die Notwendigkeit einer "Erweiterung von Handlungsspielräumen als Voraussetzung von Schulreform" an.[106] So vertrat z.B. SYBILLE VOLKHOLZ als erste grüne Kultusministerin für die Schulpolitik Berlins dezidiert die Auffassung, "... daß Schulreform nur zusammen mit den Beteiligten gelingen kann, daß 'Schule allein von oben reformieren zu wollen, von vornherein zum Scheitern verurteilt' ist, daß es darum geht, die Erfahrungen derer zu stützen, die reformpädagogische bzw. bildungsreformerische Ansätze an ihren Schulen erprobt haben."[107] Inzwischen sind andere Bundesländer in der Erkenntnis nachgezogen, daß Schulreform eine "Reform von unten" sein muß, wenn sie die Schulen in die Lage versetzen will, den zukünftigen Herausforderungen gerecht zu werden.

Ein Blick auf die entsprechenden kultusministeriellen Maßgaben zeigt, "... daß inzwischen in vielen Ländern den Einzelschulen relative Freiheit und Selbständigkeit gewährt wird", resümiert MARGARETE LAUDENBACH.[108] Für die einzelnen Schulen bedeutet dies, daß sie mehr Autonomie in pädagogischer, administrativer, personeller und finanzieller Hinsicht erhalten haben – wobei dieser Schulentwicklungsprozeß in den verschiedenen Ländern unterschiedlich weit fortgeschritten ist. Hamburg, Hessen, Niedersachsen, Nordrhein-Westfalen und Schleswig-Holstein sind in dieser Hinsicht sicher führend, während in anderen Bundesländern der Autonomisierungsprozeß eher schleppend vorankommt. JOHANNES BASTIAN beschreibt diesen Prozeß folgendermaßen: "Handlungs- und Gestaltungsspielräume wurden zunächst erstritten, dann geduldet und schließlich sogar gefördert; denn Versuche, Schulen von oben zu verändern, haben angesichts des Selbstbewußtseins und des Handlungsdrucks in den Schulen ihre Basis weitgehend verloren. Seit einigen Jahren ist deshalb auch zu beobachten, daß die Schulaufsicht sich gegenüber Reforminitiativen 'von unten' offener verhält."[109]

Im Zusammenhang mit dem Ruf nach einer Schulentwicklung von der Basis her wurde immer wieder die Forderung nach einer "Neuorientierung der Schulaufsicht" laut.[110] "Die Stärkung der Eigenverantwortung und Eigenständigkeit von Schulen im Sinne einer systematischen Nutzung und Ausschöpfung der pädagogischen und administrativen Gestaltungsfreiräume ... bedingt neben geänderten Arbeits- und Organisationsstrukturen eine neue Qualität der Zusammenarbeit von Schule und Schulaufsicht", schreibt INGRID MERKEL.[111] "Schulen, die Schulentwicklungsprojekte angehen wollen, benötigen eine Schulaufsicht, die Entwicklungsprojekte anregt und beratend ... unterstützt. Dabei wird es darauf ankommen, in möglichst enger Zusammenarbeit von Schule, Schulaufsicht, pädagogischen Beratern/Prozeßberatern und sonstigen Experten gemeinsam ... Schulentwicklungen zu planen, zu begleiten und zu fördern", führt MERKEL aus.[112] Auf die Schulaufsichtsbehörden kommt demnach eine Vielfalt neuer Aufgaben zu, "... die bei der Beratung und Weiterentwicklung von Schulen im Sinne innerer Schulentwicklung wahrzunehmen sind."[113]

Die Realität sieht jedoch vielfach noch anders aus. In ihrer vieldiskutierten Denkschrift "Zukunft der Bildung – Schule der Zukunft" beschreibt die Bildungskommission des Landes Nordrhein-Westfalen Stand und Tendenzen der Schulentwicklung vor der Jahrtausendwende.[114] Treffend skizziert die Kommission darin den Entwicklungsstand der Schulreform als Paradoxie: "Viele Veränderungen im Verhältnis zu den zentralen Vorgaben der Stundentafeln und der Lehrpläne spielen sich auf einer Ebene ab, die unterhalb der durch die Rechtsvorschriften geschaffenen Strukturen liegt, so daß sich die paradoxe Situation eines Wandels der einzelnen Schule bei relativ großer Stabilität der zentralen Vorgaben insgesamt ergibt."[115] Andererseits muß aber auch vor einer "von oben" gleichsam *verordneten* Autonomie gewarnt werden: "Wenn die gemeinsame Gestaltung von Handlungsspielräumen zum Konzept erhoben wird, Gestaltung quasi als Verpflichtung verstanden wird, kann dies Reformdruck und damit Widerstand erzeugen", was die Erfahrungen in einigen Bundesländern bereits gezeigt haben.[116]

Eines dürfte indes deutlich geworden sein: "Schulentwicklung ist vor allem etwas, was nicht per Programm von oben kommen kann", wie ANNETTE SCHAVAN einmal formulierte.[117] So wird auch in dem UNESCO-Bericht zur Bildung für das 21. Jahrhundert gefordert, "Lehrer an Entscheidungen über Bildungsfragen mitwirken" zu lassen und Schule "zur Autonomie [zu] ermutigen".[118] Weiter heißt es in dem Bericht: "Eines der Hauptziele von Bildungsreformen und wahrscheinlich eine der besten Methoden, sie richtig anzugehen, besteht darin, die Betroffenen in die Entscheidungsfindung mit einzubeziehen. In diesem Zusammenhang, der sich auf die öffentliche Bildungspolitik und den Prozeß selbst bezieht, unterstreicht die Kommission die Bedeutung dezentralisierender Maßnahmen im Bildungsbereich."[119] JACQUES DELORS expliziert: "Die wichtigsten Akteure, die zum Erfolg von Bildungsreformen beitragen, sind erstens das lokale Umfeld, einschließlich Eltern, Schuldirektoren und Lehrern, zweitens die staatlichen Behörden und drittens die internationale Gemeinschaft. Viele Fehlschläge in der Vergangenheit sind auf die ungenügende Einbeziehung eines oder mehrerer dieser Partner zurückzuführen. Versuche, Bildungsreformen von oben oder von außen aufzupropfen, sind ganz offensichtlich fehlgeschlagen."[120] Für die Zukunft des Bildungswesens komme es entscheidend darauf an, daß wir "die richtigen Reformstrategien entwickeln".[121]

Doch welches sind die "richtigen Reformstrategien" für die Schulen des 21. Jahrhunderts? – Nach DIEDERICH gab es bezüglich der Schulreformen schon immer "konträre Konzeptionen".[122] JÜRGEN OELKERS spricht von "Mustern von Schulreform", die sich zwar im einzelnen unterscheiden, letztlich aber "wiederum erstaunlich einheitlich" sind.[123] – In seinem Buch "Schule auf dem Weg in das 21. Jahrhundert" fragt PER DALIN: "Was muß geschehen, damit die Praxis wirklich so verbessert wird, daß die Schule als Institution zu einer 'guten Schule' für die Gesellschaft der Zukunft wird?"[124] Sodann stellt er drei verschiedene "Strategien der Schulentwicklung" vor.[125] "*Eine* Strategie der Schulentwicklung sieht in dem *einzelnen Lehrer* oder *Schulleiter* den Träger der Veränderung und bezweckt daher eine Stärkung seiner Kompetenz. Die Auffassung, daß Veränderungen von Individuen ausgehen, hat in der Schule eine lange Tradition", erläutert

DALIN.[126] "Eine andere Strategie geht von der *einzelnen Schule* als Einheit der Veränderung aus. Sie sieht die Schule als einen Organismus, dessen Teile zusammenhängen. Die Schulkultur entscheidet darüber, ob Veränderungen sich durchsetzen und zu Verbesserungen führen; gemeinsame Visionen und Ziele sind Bedingungen des Fortschritts."[127] "Die am meisten verbreitete Strategie sieht im *System* den Träger der Veränderung. Systemstrategien werden mit unterschiedlichem Erfolg in allen Ländern erprobt. Ihre Stärken und Schwächen sind sowohl gründlich erforscht als auch aus der Praxis gut bekannt", stellt DALIN fest.[128]

Aus dem bisher Gesagten dürfte deutlich geworden sein, daß für künftige Schulreformen die beiden erstgenannten Strategien von herausragender Bedeutung sein werden. Dies bedeutet jedoch nicht, daß strukturelle Veränderungen für die Schulentwicklung der Zukunft nicht *auch* notwendig sind. Denn nur auf der Grundlage einer Reform der *äußeren* Rahmenbedingungen können sich *innere* Schulentwicklungsprozesse entfalten. So spricht ROLFF bzgl. der Frage "innere *oder* äußere Schulreform" zu Recht von einer "falschen Alternative".[129] "Denn es geht nicht um innere oder äußere Schulreform, sondern um äußere Reform für das Gedeihen der inneren ..., ... um die Dialektik der Schulentwicklung, um die untrennbare Einheit von innerer und äußerer Reform, um das gegenseitige Aufeinanderangewiesensein."[130] Zusammengefaßt: "Weil innere Schulreform isoliert nicht wirklich gelingen kann oder sich sogar in ihr Gegenteil verkehrt, muß sie mit äußerer einhergehen. Und weil äußere leerläuft, technokratisch verkommt, muß sie inhaltliche Ziele haben, von einem 'Geist beseelt' sein, wie es DURKHEIM nannte, von innen her überzeugen."[131] Auch für andere Autoren, wie z.B. U. STEFFENS / T. BARGEL, ist "... die gegenseitige Verwobenheit von äußerer *und* innerer Schulreform ein konstitutives Merkmal für Schulentwicklung ..."[132] Auch PREUSS-LAUSITZ zeigt – am Beispiel der Hauptschule – überzeugend auf, "... daß Strukturprobleme durch pädagogische, sog. innere Reformen nicht gelöst werden können. Diese Feststellung kann aber auch umgekehrt werden: Die Probleme vieler Kinder und Jugendlicher mit der heutigen Schule werden auch durch die radikalste äußere, strukturelle Veränderung nicht beseitigt. Nur beides zusammen kann Lösungen eröffnen."[133] Als Zukunftsperspektive schlägt PREUSS-LAUSITZ vor, "Pädagogisierung der Schule und Strukturreform [zu] verbinden".[134]

Es ist interessant festzustellen, daß all diese Forderungen für künftige Schulreformen sich exakt mit den zu Beginn dieses Kapitels herausgearbeiteten Hauptkritikpunkten an der staatlichen Regelschule decken. So könnten die von der Schulkritik vielfach beklagten *pädagogischen* und *institutionellen Defizite* der Schule am Ende des 20. Jahrhunderts zu Ansatzpunkten für *pädagogische* und *institutionelle Schulreformen* am Beginn des 21. Jahrhunderts – und somit zu *Motoren der Schulentwicklung* – werden. Dies ist jedoch nur möglich, wenn der

Gesetzgeber den Einzelschulen in Zukunft entschieden mehr Gestaltungsfreiräume und die notwendige Autonomie gewährt, um diese Reformen "von unten" und "von innen" auch tatsächlich in Gang setzen und durchführen zu können.

Für eine solche pädagogische und institutionelle Weiterentwicklung der Einzelschulen bieten sich unterschiedliche *konzeptionelle Ansätze* bzw. *Instrumentarien* an, die seit den 90er Jahren verstärkt diskutiert werden. Dabei ist vor allem an Konzepte der "Organisationsentwicklung", der "Unterrichtsentwicklung" und der "Personalentwicklung" zu denken, wie sie etwa HANS-GÜNTER ROLFF in dem von ihm u.a. herausgegebenen "Jahrbuch der Schulentwicklung" beschrieben hat.[135] Obgleich sich die Vertreter dieser drei Richtungen mitunter gegenseitig eher bekämpfen als fördern, haben alle o.g. Schulentwicklungskonzepte m.E. durchaus ihre Berechtigung – und müssen einander keinesfalls ausschließen, wie H.-G. ROLFF überzeugend gezeigt hat.[136] Obgleich es hier zu weit führen würde, die Prinzipien und Methoden sämtlicher Instrumentarien der Schulentwicklung ausführlich zu erörtern, seien doch wenigstens die beiden bekanntesten und derzeit meistdiskutierten Ansätze im folgenden kurz charakterisiert.

Das Konzept der *"Organisationsentwicklung"* (OE) wurde in Deutschland v.a. durch den von PER DALIN, HANS-GÜNTER ROLFF und HERBERT BUCHEN im Jahre 1990 erstmals vorgestellten Ansatz des "Institutionellen Schulentwicklungs-Prozesses" (ISP) bekannt.[137] Die aus dem Management stammenden Ursprünge der "systemischen Organisationsentwicklung" liegen, wie WALTER KORINEK anmerkt, freilich noch weiter zurück.[138] Die Ziele der OE reichen über die reine Unterrichtsentwicklung hinaus und betreffen die Schule als Gesamtorganismus. So geht es bei der OE z.B. um die Gestaltung eines besonderen pädagogischen Profils der Schule, um die Entwicklung einer speziellen Schulkultur und eines bestimmten pädagogischen Ethos. DALIN u.a. beschreiben die Merkmale der OE folgendermaßen:

- "Organisationsentwicklung ist ein offenes, planmäßiges, zielorientiertes und langfristiges Vorgehen im Umgang mit Veränderungsanforderungen und Veränderungsabsichten in sozialen Systemen."
- "Ziel eines Organisationsentwicklungsprozesses ist die Selbstentwicklung der Mitglieder und die Selbsterneuerung der Organisation zur Erhaltung und Verbesserung der Aufgabenerfüllung der Organisation."
- "Organisationsentwicklung geht vom Menschen als mündigem, zu Selbstverantwortung und Lernen fähigem Wesen aus."
- "Organisationsentwicklungsprozesse enthalten ein großes Maß an Gestaltungsfreiheit."
- "Organisationsentwicklung beginnt bei den Problemen des Alltags oder bei den Stärken aller Beteiligten. Die gemeinsame Situationsanalyse bildet die Grundlage für die Problemlösung und den Entwicklungsprozeß. Konflikte

werden nicht nur als Problem, sondern ebenso als Chance für Lernprozesse angesehen."[139]

Zu den Grundannahmen des ISP gehört: "Die einzelne Schule ist der Ort der Veränderung" – und damit können die dort von den Beteiligten wahrgenommenen Mängel und Defizite, aber auch ihre Visionen von Schul-Alternativen zum "Motor" der Schulentwicklung werden.[140]

Etwas andere Schwerpunkte setzt das Konzept der *"Unterrichtsentwicklung"* , das in Deutschland v.a. unter der Bezeichnung "Pädagogische Schulentwicklung" bekannt wurde. Das Konzept der *"pädagogischen Schulentwicklung"* (PSE) wurde gegen Ende der 90er Jahre vorgestellt und vor allem durch JOHANNES BASTIAN, HEINZ KLIPPERT und HILBERT MEYER bekannt.[141] Es ging zunächst – in bewußter Abgrenzung von der OE – von folgender Erkenntnis aus: "Alle Bemühungen um Schulentwicklung bleiben hohl, wenn sie den Unterricht nicht erreichen."[142] PSE zielt also auf eine "Erneuerung des Unterrichts" und nimmt dabei "die schrittweise und gleichzeitig systematische Veränderung der Bedingungen eines veränderten Unterrichts in den Blick", wie JOHANNES BASTIAN formuliert.[143] "Pädagogische Schulentwicklung unterstützt Schulen zunächst bei der Veränderung des Unterrichts, bei der gemeinsamen Entwicklung von Methodenkompetenz und der Erprobung neuer Formen des Lehrens und Lernens. Wie sich in diesem Veränderungsprozeß auch die Bedingungen von Unterricht, der Zeittakt, der Stundenplan und die Zusammenarbeit der Lehrerinnen und Lehrer verändern (müssen), das erfahren und erarbeiten diese Schulen im Laufe des Entwicklungsprozesses."[144] Nach HEINZ KLIPPERT konzentriert sich der Ansatz der PSE "... dezidiert auf den Unterricht und stellt die systematische Kultivierung neuer Lernformen in den Mittelpunkt der Schulentwicklung ..."[145]

Es ist deutlich, daß solche Schulentwicklungsprozesse "von unten", von der Basis her, die zu Eigenständigkeit und -verantwortung ermutigen und Freiräume zur Gestaltung lassen, ein hohes Maß an Flexibilität und Lernbereitschaft bei allen Beteiligten voraussetzen. Die Schulen des 21. Jahrhunderts werden sich in diesem Sinne am Leitbild der "lernenden Organisation" orientieren müssen, wie es etwa PETER M. SENGE vorgestellt hat.[146] Dieses ursprünglich aus der Wirtschaft stammende Konzept wird für die Schulen der Zukunft von großer Bedeutung sein. "Wenn es den Hochschulen und Bildungseinrichtungen gelingt, sich als lernende Organisation weiterzuentwickeln und zu profilieren, dann können sie selbst Maßstäbe und Impulse an die Gesellschaft und die Wirtschaft geben", meint JÜRGEN WALTER in seinem 1999 erschienenen Buch "Bildung der Zukunft".[147] Und er fordert: "Bildung muß sich inhaltlich und methodisch am Prinzip der lernenden Organisation ausrichten."[148]

Daraus ergeben sich für das Qualifikations- und Tätigkeitsprofil der Schulen künftig neue Herausforderungen. MARGRET RUEP spricht auch hier von einem "grundlegenden Paradigmenwechsel", der eine "Vision von Schule" setzt, die sich als "gelebte Demokratie in einem geschützten Raum, in dem Lernen die zentrale Kategorie ist", kennzeichnen läßt.[149] Der Begriff des "Lernens" läßt sich nach SENGE in diesem Kontext durchaus existentiell bzw. sinnorientiert deuten: "Echtes Lernen berührt den Kern unserer menschlichen Existenz. Lernen heißt, daß wir uns selbst neu erschaffen ... Lernen heißt, daß wir die Welt und unsere Beziehung zu ihr mit anderen Augen wahrnehmen. Lernen heißt, daß wir unsere kreative Kraft entfalten, unsere Fähigkeit, am lebendigen Schöpfungsprozeß teilzunehmen."[150] "In diesem Sinn ist es das Lernverständnis der *Lernenden Organisation*, das wohl für keine andere Organisation soviel Sinn macht wie für die Schule", merkt RUEP an.[151] Daß der künftige Weg einer Schulreform im o.g. Sinn kein leichter sein wird, hat WULF WALLRABENSTEIN treffend auf den Punkt gebracht: "Die Schulreform oder Der mühsame Weg zum lernenden System" lautet eine vielsagende Überschrift in seinem 1999 erschienenen "Schwarz-Weiß-Buch".[152]

Aus dem oben Gesagten ergibt sich außerdem, daß künftige Schulreformen *offen* und *prozeßorientiert* sein müssen, "... denn Schulentwicklung ist kein Weg, für den es fertige Landkarten geben kann."[153] In diesem Sinne sprechen z.B. MELZER/SANDFUCHS von "Schulreform als einem permanenten Prozeß".[154] Auch der bereits erwähnte internationale OECD-Bericht plädiert für "Prozeßreformen", da sich gezeigt habe, daß zentral gesteuerte "... strukturelle Reformen von Systemen nur begrenzte Kraft haben, um seit langem bestehende Probleme im Bildungswesen zu lösen."[155] Eine ähnlich negative Bilanz bisheriger Reformen im Schulwesen zog bereits vor 20 Jahren PETER ZUDEICK: "Seit ... Jahren gibt es ... Reden, Programme, Bücher und Broschüren, in denen unentwegt die 'humane Schule', die 'Schule ohne Angst', ohne 'Zwang', ohne 'Leistungsdruck' oder andere Kombinationen der 'ohne'-Leitsprüche angepriesen und angekündigt werden. Offenbar ist die 'ohne'-Schule bis heute nicht gekommen. Die verschiedenen Schulreformen haben das jedenfalls nicht zuwege gebracht ..."[156] – Müssen wir also resignieren? Wird der Schulreform im 21. Jahrhundert das gleiche Schicksal widerfahren wie den vorangegangenen Reformen? *Muß* Schulreform, wie KLAUS KLEMM u.a. einmal formulierten, "Krise ohne Ende" bedeuten?[157]

Ich meine: nein. Es muß jedoch *eine* Frage im Mittelpunkt künftiger Reformüberlegungen stehen, wenn die Fehler der Vergangenheit vermieden werden sollen: "Wie lassen sich die Bedingungen so gestalten, daß Betroffene zu Beteiligten werden?"[158] Nur wenn diese Frage wirklich ernst genommen wird, besteht die Chance, daß "die neue, bisweilen schon als 'Zweite Bildungsreform' apostrophierte Autonomie-Entwicklung"[159] ihrem anspruchsvollen Namen gerecht wird –

und nicht dasselbe fragwürdige Schicksal erleidet wie die Bildungsreform der 60er/70er Jahre.

An der Notwendigkeit einer Weiterentwicklung unseres Bildungswesens im 21. Jahrhundert wird heute niemand ernsthaft zweifeln. "Schulentwicklung tut not. Darin sind sich Bildungspolitiker, Schulforscher, Lehrplanmacher, Lehrkräfte, Elternvertreter, Wirtschaftsvertreter und nicht zuletzt die unmittelbar betroffenen Schülerinnen und Schüler weithin einig", konstatiert HEINZ KLIPPERT.[160] So erkennen alle OECD-Länder angesichts der enormen Umwälzungen und globalen Krisen an der Jahrtausendwende die Notwendigkeit eines fundamentalen Wandels der Erziehungs- und Bildungssysteme an, auch wenn sie jeweils unterschiedliche Reformstrategien verfolgen.[161] Die Vorsitzende der deutschen Kultusministerkonferenz stellt in ihren Ausführungen über "Bildungsperspektiven für das 21. Jahrhundert" fest: "Der Ruf nach Bildungsreformen ist berechtigt."[162] Nach FRANK-RÜDIGER JACH "... befindet sich die deutsche Bildungspolitik in der Sackgasse – Reformen, die sich an der Bildungspolitik eines breiten gesellschaftlichen Konsens – wie in den skandinavischen Ländern – orientieren, sind unumgänglich."[163] Und HORST HENSEL schreibt angesichts der Schulkrise der Gegenwart: "Umfassende innere Schulreform als jede Schule einbeziehende Reform ist also dringlich."[164] Nach PETER STRUCK "... ist für die gesamte Schulgeschichte typisch, daß es in relativ kurzen Abständen immer wieder eines Ruckes oder eines Trittes bedarf, damit es so etwas wie einen Innovations- oder auch nur einen Engagementschub gibt ... Leider muß stets erst die Not besonders groß werden, wie der Schweizer Zukunftsforscher GOTTLIEB GUNTERN feststellt, damit sich flächendeckend einiges in Schulen ... verbessert ... Im Moment scheint wieder ein so notvoller Zeitpunkt erreicht zu sein: Unsere Schulen gelten als unzeitgemäß, Reformen sind dringend erforderlich ...", resümiert STRUCK im Jahr 2000.[165]

Dieser allseits anerkannten dringenden Reform*notwendigkeit* stehen aber andererseits auch nicht zu unterschätzende Reform*ängste* gegenüber. "Wir Deutschen sind ängstlicher als andere Völker, wenn es um Neuerungen geht; ein Gespräch über die Schulpflicht oder den Sinn und Unsinn der Ziffernnoten macht sofort Angst und führt zu Feindseligkeiten", bemerkt PETER STRUCK.[166] "In Gesprächen mit Pädagogen aus unseren Nachbarstaaten Niederlande und Dänemark ist immer wieder zu hören, wie wir – aus deren Sicht – eine eigenartig sinnlose Neigung haben, auch die Schule und was mit ihr zusammenhängt 'in den Griff ' zu bekommen; und sie fügen hinzu, daß Schulen nichts seien, was man 'in den Griff ' bekommen könne."[167] In ähnlichem Sinne, aber etwas schärfer formuliert JOHANNES BASTIAN: "Der Kerngedanke, daß die Einzelschule Motor der Schulentwicklung sei, verschwindet – so hat es den Eindruck – hinter der Angst der Zentralen vor dem Verlust von Kontrollmöglichkeiten."[168] Dies kann wiederum einen Teufelskreis auslösen, den INGRID DIETRICH wie folgt beschreibt:

"Die Verunsicherung, die viele Menschen angesichts mancher Veränderungen im Schulwesen gegenüber ihrer eigenen Schulzeit ergreift, wird ... zu Veränderungsangst schlechthin aufgebläht. Diese kann wieder als Argument für die Stabilisierung bestehender Strukturen ins Feld geführt werden."[169]

Schließlich läßt sich neben der *Angst* vor Reformen auch ein weitverbreitetes *Mißtrauen* gegen sie ausmachen. Was BEHR/JESKE bereits vor 20 Jahren feststellten, hat bis heute nichts an Aktualität verloren: "Schulmüdigkeit greift um sich. Eltern, Lehrer, die Schüler sowieso, außerdem immer mehr Erziehungswissenschaftler negieren Schule mit ihren heutigen Deformationen. Sie suchen nach *anderen* Formen. Sie mißtrauen *Re*-Formen ..."[170] Angesichts der langen Geschichte von Schulkritik und Schulreform mag dies nicht verwundern. Um so wichtiger erscheint es heute, das Vertrauen in die Schulentwicklung zu stärken – was nur dadurch geschehen kann, daß die unmittelbar von Schule Betroffenen die notwendigen Reformprozesse der Zukunft aktiv mitgestalten.

Es tut also not, die gegenwärtige "Schulkrise als Chance für einen neuen Aufbruch" zu begreifen, wie H.-G. ROLFF formuliert.[171] Dabei kann das Ernstnehmen und bewußte Aufarbeiten der Schulkritik des 20. Jahrhunderts ein zentraler *Motor* sein. "Nur wenige gesellschaftliche Institutionen haben sich im Verlauf ihrer Geschichte in einem derartigen Zusammenhang mit der *Kritik* an ihnen entwickelt wie die Schule; aber vielleicht gibt es auch kaum eine andere Institution, deren Geschichte sich so eng mit dem Begriff der *Reform* verbindet, wie dies bei der Schule der Fall ist. *Schulreform* und *Schulkritik* bedingen sich; stets sucht die Reform auf die Kritik und die Kritik auf die erfolgte Reform zu reagieren [Hervorhebungen: A.P.]", schreibt H. GERHARD BEISENHERZ.[172] Nach seiner Auffassung "... stellt sich die Entwicklung der Schule als ein Prozeß von Kritik und Reform dar, auch wenn es dabei Phasen unterschiedlicher Intensität gibt. Schulkritik scheint demnach das tägliche Brot zu sein, mit dem die Institution Schule zu leben hat und mit dem sie auch tatsächlich lebt, denn sie braucht diese, um im gesellschaftlichen Raum überhaupt Ressourcen für sich und ihre Entwicklung zu mobilisieren."[173] Dem ist unbedingt zuzustimmen.

"Zieht man ein Resümee ... und betrachtet die Realität in den Schulen ... vor dem Hintergrund historischer Entwicklungen", so könnte man mit BEISENHERZ den Eindruck gewinnen, daß sich die Schule in weiten Bereichen als eine "Institution der vergebenen Chancen" darstellt.[174] Umgekehrt könnte man diese Erkenntnis aber gerade heute dazu nutzen, um "an den Erfahrungen und Problemen" der Betroffenen, "an ihrer Kritik an der Schule und an historischen Entwicklungen auch Reformchancen" deutlich zu machen, "die bei einer umfassenden Weiterentwicklung der Schule berücksichtigt werden müßten".[175] "Solche Chancen könnten in der gegenwärtigen Situation gerade darin bestehen, die Bedürfnisse, Interessen und Maßstäbe" der am Schulleben unmittelbar Beteiligten, "wie sie sie in ihrer

Kritik zum Ausdruck bringen, in eine Weiterentwicklung im Schulwesen unter umfassenderen Gesichtspunkten einzubringen. Damit könnten [sie] ... Teil einer Reformbewegung werden ...", führt BEISENHERZ aus.[176]

Auch heute noch gilt, was HORST RUMPF einmal folgendermaßen formulierte: "Die Kritik an der tatsächlich bestehenden Schule treibt die pädagogische Reflexion von COMENIUS über ROUSSEAU und PESTALOZZI bis zur Reformpädagogik und den heutigen Debatten über Schulreform an ..."[177] Und auch JÖRG RAMSEGERS Feststellung hat an der Jahrtausendwende nichts an Aktualität verloren: "Indem die Schulkritik die unerfreuliche Wirkung und widersprüchliche Organisation der bestehenden Schulsysteme herausarbeitet, ruft sie dazu auf, die notwendigen Reformen radikal genug zu machen."[178] In diesem Sinne stellt auch REINHARD VOß fest: "Nicht, daß alles an der alten Schule falsch wäre, aber die traditionellen Wege der Reformen und Verbesserungen sind zu verlassen und durch einen radikalen Neubeginn zu ersetzen."[179]

Zum Abschluß dieses Kapitels bleibt bezüglich der *Schulkritik* folgendes Fazit festzuhalten: "Zur Schule gehört Schulkritik seit es Schule gibt ... Das ist in zweifacher Hinsicht richtig: einmal als Feststellung eines Sachverhalts – es hat immer Schulkritik gegeben; dann als Postulat – es muß immer Schulkritik geben, *schola semper reformanda*."[180] – Im Hinblick auf zukünftige *Schulreformen* sei schließlich noch ein Gedanke aus ROMAN HERZOGs Rede "Zum Aufbruch in der Bildungspolitik" zitiert, der für die Entwicklung des künftigen Bildungswesens von zentraler Bedeutung sein könnte: "Wir folgen bisher viel zu sehr dem Modell, zuerst viel Reformdruck aufzustauen, der sich dann im Erdbeben einer Großreform entlädt, um anschließend wieder innovationsunwillig jeder Neuerung zu trotzen. Künftig müssen wir die Fortentwicklung des Bildungssystems zur Daueraufgabe machen. Unser Bildungssystem war einst ein Modell für die ganze Welt. Aber es muß weiterentwickelt werden. Das Bessere ist bekanntlich der Feind des Guten. Ziehen wir daraus die Konsequenzen. Machen wir es zu einem Modell für das 21. Jahrhundert."[181]

2. FUNKTIONEN UND AUFGABEN DER FREIEN SCHULALTERNATIVEN IM ÖFFENTLICHEN BILDUNGSWESEN DES 21. JAHRHUNDERTS

Nachdem im vorangegangenen Kapitel der möglichen Bedeutung von *Schulkritik* des 20. Jahrhunderts für zukünftige Schulreformen nachgegangen wurde, soll nun die Frage aufgeworfen werden, welche Funktionen und Aufgaben den freien *Schulalternativen* im öffentlichen Bildungswesen des 21. Jahrhunderts zukommen. Welches sind die "klassischen" Funktionen der Schule in freier Trägerschaft? Welche Aufgaben fallen ihnen insbesondere an der Schwelle zum neuen

Jahrtausend zu? Haben die nicht-staatlichen Schulalternativen im Bildungswesen der Zukunft überhaupt noch eine Existenzberechtigung? "Sind sie", wie KAYSER-GANTNER einmal formulierte, "noch zeitgemäß oder eher [sic] unnötiges Relikt aus der Zeit einer Klassengesellschaft und des Bildungsbürgertums?"[182] Dienen private Schulalternativen lediglich den Partikularinteressen einer kleinen Minderheit bildungsbeflissener, wohlhabender Eltern und deren Kindern – oder kommt ihnen eine umfassendere Aufgabe zu, indem sie z.B. in irgendeiner Form auf das gesamte öffentliche Bildungswesen zurückwirken? Können freie Schulalternativen – wenn sie, wie auch die Schulkritik, angemessen beachtet und gewürdigt werden – gar zum *Motor* einer zukünftigen *Schulentwicklung* werden?

JÜRGEN ZINNECKER schrieb einmal: "Wer sich für Gegenmodelle zur bestehenden Schule interessiert oder sich an deren Konstruktion praktisch wie theoretisch beteiligt, muß sich die Frage nach dem ... Sinn und Nutzen solchen Tuns und solcher Interessen gefallen lassen."[183] Die ARBEITSGEMEINSCHAFT FREIER SCHULEN wirft zu Recht die Frage auf: "Warum gibt es Freie Schulen? Wozu dienen sie?"[184] Und JOHANN PETER formuliert noch allgemeiner: "Warum ... überhaupt freie Initiative im Bildungswesen?"[185]

"Schon die Akzeptanz, auf die diese Fragestellung stößt, müßte irritieren", stellt die ARBEITSGEMEINSCHAFT FREIER SCHULEN zunächst fest.[186] "Historisch und pädagogisch viel sinnvoller wäre die Frage: 'Warum gibt es staatliche Schulen?' Die Dominanz staatlicher Schulen scheint jedoch nicht zu beunruhigen ..."[187] Diese provokative Gegenfrage entbehrt sicher nicht einer gewissen Berechtigung – macht sie doch deutlich, daß in der Geschichte des Schulwesens die staatliche Regelschule nicht immer die unhinterfragte Norm verkörperte. Demnach erscheint es sinnvoll, die Frage nach den Funktionen und Aufgaben freier Schulalternativen an der Schwelle zum 21. Jahrhundert neu zu stellen.

"Die Bedeutung des freien Schulwesens, auch die Frage, ob dieses als Alternative oder notwendige Ergänzung zum öffentlichen Schulwesen anzusehen ist, wird unterschiedlich gewürdigt, je nachdem, wer wo darüber spricht", merkt VOGEL an.[188] Und er führt seine Rede zur "Bedeutung der Schulen in freier Trägerschaft" fort: "Daß die, die solche Schulen betreiben, und die, die solche Schulen besuchen, eine hohe Meinung von der Bedeutung haben, liegt auf der Hand. Politiker in ihren Jubiläums- und Fensterreden [sic] schätzen ebenfalls die Schulen in freier Trägerschaft ... Wir hören dann, wie notwendig freie Schulen sind und wie willkommen die Konkurrenz ist, die die freien Schulen den staatlichen Schulen machen."[189] Ein etwas modifiziertes Bild zeigt sich jedoch nach VOGEL in der Realität: "In der Alltagspraxis der Politiker und Schulverwaltungen sieht es dann anders aus. Da grassiert allenthalben das Schreckgespenst von einer Expansion der freien Schulen, die 'wie Pilze aus dem Boden schießen'; da sind ... die freien

Schulen 'ein zweites Schulwesen', für das eigentlich kein Bedürfnis besteht angesichts des Überangebots staatlicher Schulen und Lehrer; da ist die fürsorgliche Umarmung [sic], man müsse durch Nichtzulassung von Neugründungen die Schulträger davor bewahren, Schulen zu gründen, die angesichts des Schülerschwundes nicht lebensfähig wären, und man müsse die Schüler davor schützen, angeblich irreparable Schäden durch mangelhafte Schulen zu erleiden."[190]

Diese Ambivalenz in der öffentlichen Beurteilung von Sinn und Zweck freier Schulalternativen ist umso erstaunlicher, als die Verfassung – gerade auch in ihrer neueren Auslegung – Stellung und Aufgaben Freier Schulen klar definiert. Dazu VOGEL: "Mit dem Urteil des Bundesverfassungsgerichts [1969/1987] ist ein Verfassungsverständnis bestätigt worden, das den Schulen in freier Trägerschaft eine unserer Gesellschaftsordnung angemessene gleichrangige Bedeutung neben dem staatlichen Schulwesen zuschreibt. Wenn die politische Alltagspraxis gleichwohl hinter diesen Positionen zurückbleibt, dann deshalb, weil sich bisher kein breites öffentliches Bewußtsein von dieser Bedeutung gebildet hat."[191] Mit anderen Worten: "Verfassungswillen und Verwaltungswirklichkeit, aber auch Verfassungswillen und öffentliches Bewußtsein decken sich im Privatschulbereich ... nicht."[192] Obgleich über die Funktionen Freier Schulen im Bildungswesen vor allem seit den 70er Jahren immer wieder reflektiert und geschrieben wurde, haben solche Veröffentlichungen im allgemeinen Bewußtsein kaum Veränderungen bewirkt. So zog J.P. VOGEL auf dem Fachsymposium "50 Jahre Grundgesetz – Schulverfassung, das Recht auf Bildung und die Freiheit der Erziehung" 1999 in Berlin eine nüchterne Bilanz: "Was die Schule in freier Trägerschaft, ihre Funktion innerhalb des Schulwesens und ihre Rechtsverhältnisse betrifft, gibt es ein stützendes öffentliches Bewußtsein nicht."[193]

Aus diesem Grunde erscheint es um so dringlicher, den o.g. Fragenkomplex an dieser Stelle bewußt aufzugreifen und zu thematisieren. "Wo heute das öffentliche Schulwesen in einer so grundsätzlichen Weise in Bewegung geraten ist, müssen auch die Freien Schulen z.T. bewußter als bisher ihre pädagogische Konzeption und ihre Stellung in der Gesellschaft bestimmen und formulieren. Das ist um so notwendiger, als in der letzten Zeit Stimmen laut geworden sind, die das Freie Schulwesen für überflüssig halten."[194] Dies schrieb die ARBEITSGEMEINSCHAFT FREIER SCHULEN bereits vor 30 Jahren – und es könnte beinahe genauso für unsere Zeit formuliert worden sein. KULLAK-UBLICK spricht in der von ihm herausgegebenen Veröffentlichung der AKTION MÜNDIGE SCHULE noch im Jahr 2000 von dem "Pandämonium an Diskriminierungen, denen die freien Schulen innerhalb unserer staatsschulfixierten Schulpolitik und Schulverwaltung ausgesetzt sind".[195] Dies muß zu denken geben – vor allem angesichts der Tatsache, daß der "Run auf Privatschulen" bis heute ungebrochen anhält.

Müssen wir den "Privatschulboom" fürchten? Oder kann er uns wertvolle Hinweise und Impulse für die Weiterentwicklung unseres Bildungswesens geben? Wenn ja: Wie könnten diese aussehen? Welche Rolle spielen "die Alternativen" bei dem Bemühen, unsere Schule zukunftsfähig zu machen? Kommt den Schulen in freier Trägerschaft eine Aufgabe bei künftigen Schulentwicklungsprozessen zu? Können "die Staatlichen" etwas von "den Freien" lernen – oder umgekehrt? Alle diese Fragen sollen bei den nun folgenden Überlegungen zu Funktionen und Aufgaben freier Schulalternativen Berücksichtigung finden.

Blickt man auf die *Geschichte* der Privatschulen, so zeigt sich, daß die Bedeutung für das allgemeine Schulwesen im Laufe der Zeiten recht unterschiedlich gesehen wurde. "Die Grundfrage bleibt stets, worin die Rolle der freien Schulen gegenüber den staatlichen jeweils besteht", schreibt MICHAEL BEHR.[196] Und er fährt fort: "Im *19. Jahrhundert* mit seiner ganzen politischen Starre war diese Rolle noch durchaus randständig. Was als nichtöffentliche Schule bezeichnet wurde, nahm private Bildungsaufgaben wahr, 'die vom Staat nicht berücksichtigt wurden, weil sie nicht dem von ihm definierten allgemeinen Wohl dienten'."[197]

Diese Einschätzung der Aufgaben von Privatschulen wandelte sich mit dem ausgehenden *19. Jahrhundert* und vor allem mit der Reformpädagogik des *20. Jahrhunderts*. "In der Weimarer Republik wohnte den hier gegründeten Landerziehungsheimen, Waldorf- und Petersen-Schulen bereits ein Element der Kritik an der Regelschule inne, das auch bildungspolitisch – indem man diese Schulen zuließ – nicht unter den Tisch gekehrt wurde", konstatiert BEHR.[198] Die ARBEITSGEMEINSCHAFT FREIER SCHULEN sieht die Funktion der Privatschulen in dieser Zeit in der "Wahrnehmung von Bildungsaufgaben, für die ein öffentliches Interesse anerkannt ist, die der Staat aber nicht ausreichend oder gar nicht berücksichtigt, weil er dies nicht kann oder will."[199] Doch sahen sich die Freien Schulen der Reformpädagogik darüberhinaus auch noch anderen Aufgaben verpflichtet: "Die in der historischen Reformpädagogik engagiert eingeklagten Erneuerungsbestrebungen zielten zunehmend nicht mehr nur auf die *Verbesserung des öffentlichen Schulwesens*, sondern stellten z.B. mit den Landerziehungsheimen, Montessori-, Waldorf- oder Jenaplanschulen einen Neuansatz als *kritische Alternative zur Regelschule* dar [Hervorhebungen: A.P.]", wie ANDREAS PEHNKE zu Recht anmerkt.[200]

Schulen in nicht-staatlicher Trägerschaft gewannen also als "Reform-" und "Alternativschulen" in dieser Zeit immer mehr an Bedeutung. In der Weimarer Nationalversammlung und im Parlamentarischen Rat wurde "die Privatschulfreiheit unter anderem mit dieser Reformfunktion begründet", stellt INGO RICHTER fest.[201] Dabei wurde die Reformfunktion "gerade im Hinblick auf die Veränderung des öffentlichen Schulwesens" gesehen.[202] – Doch hat die Begründung der Privatschulfreiheit im Grundgesetz auch noch andere Wurzeln, die HANS-WALTER ERBE wie folgt beschreibt: "Artikel 7, Absatz 4 des Grundgesetzes verleiht der Privatschule ... ihre politisch-rechtliche Begründung; ... er hat seine Wurzel letztlich in einer Zeit, in der sich der Bürger gegenüber der Allgewalt des monarchisch-absolutistischen Staates freikämpfte, indem er sich in dieser oder jener Form die Unantastbarkeit seiner Person und seines Verhaltens und den freien Spielraum für unbeeinträchtigte Entfaltung errang. So erhielt er auch das Recht, eine Privatschule zu gründen; dies war ihm jedenfalls nicht verwehrt."[203] In diesem Sinne bezog die Privatschule ihre Legitimation also auch aus ihrer Funktion des Schutzes von *Freiheitsrechten* der Bürger gegenüber der Staatsgewalt. "Wenn von einer solchen [Privatschul-] Gründung dann auch noch *fruchtbare Anregungen für das allgemeine Schulwesen* [Hervorhebung: A.P.] ausgingen, so konnte das begrüßt werden als eine Bestätigung und Rechtfertigung des Sonderdaseins der Privatschule. So hat es beispielsweise THEODOR HEUß aufgefaßt, als er sich im Parlamentarischen Rat für die Aufnahme des Artikels 7 in das Grundgesetz einsetzte, in Anlehnung an Artikel 147 der Weimarer Verfassung von 1919, in der dieses Recht charakteristischerweise zum ersten Male auftaucht", stellt ERBE fest.[204]

Auch in den *50er Jahren* wurde im öffentlichen Diskurs über die Funktionen und Aufgaben von Privatschulen stets deren *Reformpotential* – auch für das allgemeine Schulwesen – hervorgehoben. Vor allem HELLMUT BECKER hat "... in den fünfziger Jahren die Reformfunktion der privaten Schulen für das staatliche Schulwesen immer wieder betont und die verfassungsrechtlich gewährleistete Privatschulfreiheit des Art. 7 Abs. 4 GG unter anderem dadurch gerechtfertigt."[205]

In den *60er Jahren* wurde im Vorfeld der großen Schulreform die Funktion der nicht-staatlichen Schulen erneut zur Diskussion gestellt. Während einige begannen, Privatschulen als überflüssiges Anhängsel an ein radikal umzustrukturierendes staatliches Bildungswesen erneut zu marginalisieren, wollten andere in ihnen Versuchs- und Experimentalschulen für staatliche Reformen sehen. So wurde in dieser Zeit viel debattiert über den "faktischen und möglichen Beitrag nichtstaatlicher Schulen zur Schulreform", wie PETER M. ROEDER einmal formulierte.[206] Dabei war der Gedanke, "Schulversuche" an den Anfang staatlicher Schulreformen zu setzen, keineswegs neu: Wie schon erwähnt, forderte bereits KANT, "Experimentalschulen vor Einführung staatlicher Regelschulen zu errichten", und BASEDOW betrachtete "pädagogische Experimente als Grundlage staatlicher Reformen".[207] Der Weg sollte also "Vom Experiment zur Regelschule" gehen, wie JÜRGEN BAUMERT u.a. einmal treffend titelten.[208]

Die staatlichen Schulversuche der späten 60er und frühen 70er Jahre wurden unter solcher Zielperspektive errichtet: "Schulversuche sind ein Hilfsmittel der Bildungsplanung, die Schulwirklichkeit schrittweise und kontrolliert zu verändern. Sie werden zu Innovationsinstrumenten für Schulreformen, wobei Schulreform und Schule in Interdependenz zueinander stehen. Indem Schulen Erprobungsräume für geplante Innovationen im Bildungswesen darstellen und die Aufgaben der Implementation neuer pädagogischer Ideen erfüllen, wirken sie durch ihre Ergebnisse wieder auf die Reformpläne zurück und motivieren so bildungspolitische Entscheidungen sowie schulpolitische Maßnahmen im einzelnen."[209]

In diesem zentralistisch gesteuerten Sinne wollten sich Schulen in freier Trägerschaft freilich nie verstanden wissen. Auf das Ansinnen, Privatschulen quasi als "Versuchsschulen" für staatliche Bildungsreformpläne zu instrumentalisieren, reagierten die Freien Schulen in den *70er Jahren* deshalb mit Mißtrauen und Ablehnung. "Die 'ARBEITSGEMEINSCHAFT FREIER SCHULEN', in der die wichtigsten Träger der Privatschulen in der Bundesrepublik zusammengeschlossen sind, hat 1971 eine programmatische Schrift über die 'Gesellschaftliche Funktion des Freien Bildungswesens' vorgelegt, in der den 'Privatschulen' als freien Schulen die Verwirklichung einer pädagogischen Konzeption aufgegeben wird, die sich als *Alternative* [Hervorhebung: A.P.] zum staatlichen Schulwesen versteht: Die – wie es heißt – 'anthropologische Konzeption einer Schule' wird der 'wissenschaftlichen Schule für alle', die der Bildungsrat in seinem Strukturplan 1969 forderte, entgegengestellt", bilanziert INGO RICHTER.[210] Freie Schulen setzten sich seit jeher für eine "freiheitliche Gestaltung des Schulwesens"[211] ein; "... da die staatlichen Schulreformen jedoch einen anderen Weg gehen, sehen sich die Privatschulen nicht mehr als 'Versuchsschulen' dieser Schulreform, sondern als Alternativschulen mit einem [je] eigenständigen Reformprogramm, für dessen Verwirklichung sich die Freien Schulen auf die Freiheitlichkeit des Grundgesetzes, insbesondere die Privatschulfreiheit des Grundgesetzes (Art. 7 Abs. 4 GG) berufen", resümiert RICHTER am Ende der 70er Jahre.[212]

Dies darf jedoch nicht als *Desinteresse* der Freien Schulen an den öffentlichen Bildungsaufgaben mißverstanden werden. "Mit realistischem Weitblick hatte HELLMUT BECKER schon auf dem Höhepunkt der Reformeuphorie vorausgesagt: 'Es ist durchaus denkbar, daß der Staatsapparat vorübergehend technokratisch-bürokratisch erstarrt und dadurch die pädagogische Initiative, obwohl sie immanent öffentliche Bedeutung hat, sich im Einzelfall in privatrechtlichen Formen tarnen muß", schreibt LUDWIG VON FRIEDEBURG.[213] Eine prinzipielle Gleichgültigkeit der Freien Schulen gegenüber den Entwicklungen im staatlichen Schulwesen kann dabei jedoch keinesfalls unterstellt werden – im Gegenteil: Gerade Vertreter der nicht-staatlichen Schulen haben immer wieder auf die "Wechselbeziehungen zwischen bürgerlicher Gesellschaftsentwicklung und pädagogischer Ideenproduktion, zwischen staatlicher Reformpolitik und pädagogischen Experimenten in privater Trägerschaft" hingewiesen.[214]

In den *80er Jahren* wurden – nicht zuletzt angesichts der fragwürdigen Entwicklungen und Konsequenzen der Bildungsreform – verstärkt Hoffnungen in die "Alternativschulen" gesetzt, die nun in großer Zahl neu gegründet wurden (vgl.

Kap.II.2.3.6). Man sah "... Chancen, daß *auch* mit Hilfe der Alternativschulen die Regelschulen humaner werden", wie RAINER WINKEL 1980 konstatierte.[215] Freien Schulen wurde also durchaus die Funktion – und auch die Aufgabe – zugesprochen, das staatliche Regelschulwesen pädagogisch zu befruchten – wenn auch nicht auf dem Wege staatlich gelenkter "Versuchsschulen" im *engeren* Sinne.

Vielmehr verstanden sich alternative Schulen in dieser Zeit "als Kritik und Korrektur der Schulreform", wie KEMPER feststellt.[216] Manche sahen angesichts enttäuschter Erwartungen "Alternativschulen als Fortsetzung der Schulreform", wie WILFRIED KUNSTMANN einmal formulierte.[217] Für ihn ist es nicht verwunderlich, "... wenn sich neben Resignation und 'innerer Emigration', ... neben den beharrlichen Versuchen, 'vor Ort' dem Druck der Verhältnisse zu widerstehen, zunehmend Lehrer und Eltern Gedanken machen über die Möglichkeiten, außerhalb des öffentlichen Schulsystems modellhaft zu versuchen, die im Laufe der erstickten Schulreform gesammelten Erfahrungen und Erkenntnisse unabhängig von den alltäglichen Zwängen auszuwerten."[218] Dabei haben nach KUNSTMANN "Alternativschulen ... nicht den überzogenen Anspruch, Modelle anzubieten, die flinkerhand auf die Regelschule übertragen werden könnten."[219] Dennoch: "... gerade die Vielfältigkeit der Lösungen, die Unterschiedlichkeit der Erfahrungen und Erkenntnisse, die variantenreichen Antworten auf die Frage nach Gangbarkeit und Sinnhaftigkeit möglicher Wege vermag die Voraussetzung zu schaffen dafür, daß die Erfahrungen der alternativen Schulen in das weitergehende Bemühen um eine allgemeine demokratische Schul- und Bildungsreform eingehen können", schreibt KUNSTMANN.[220] In diesem – und nur in diesem – *weiten* Sinne kann "Freie Schule als Beitrag zur Schulreform" verstanden werden, wie KARL GERHARD PÖPPEL einmal titelte.[221] Nur insofern trägt die Schule in freier Trägerschaft "... zu einer Schulreform bei, die allen Schulen dienlich sein wird."[222]

Es steht außer Frage, daß Freie Schulen im o.g. Sinne dem Regelschulwesen immer wieder wichtige Impulse gegeben haben. In den 80er Jahren konstatierte z.B. GEORG AUERNHEIMER: "Die Alternativschulbewegung liefert – ähnlich wie schon die pädagogische Reformbewegung zu Beginn dieses Jahrhunderts – ... verdienstvolle Anstöße für die Schulkritik und -reform ..."[223] Und DIETER LENZEN stellt fest, daß "... die vielfältigen Versuche einer alternativen *pädagogischen Arbeit innerhalb der Regelschule* ... oft auch inspiriert [sind] von den aktuellen pädagogischen Versuchen der freien alternativen Schulen ..., deren Signalwirkungen auf die Staatsaufsichtsschulen proportional zu deren Krise zugenommen haben."[224] In diesem Sinne ist es zutreffend, wenn MARINA FISCHER-KOWALSKI schreibt: "Man könnte Alternativschulen die Rolle eines Schulversuchs, allerdings weitgehend auf eigene Rechnung, zuschreiben."[225] So stellt auch J.P. VOGEL für diese Zeit fest: "Pädagogische Einflüsse gehen auch jetzt von einzelnen Privatschulen aus", die "modellartig" auf das Regelschulwesen zurückwirken.[226] Modelle für eine "Integration der allgemeinen und beruflichen Bildung" bieten etwa die Odenwaldschule in Oberhambach, die Hiberniaschule in Wanne-Eickel und die Freie Waldorfschule in Kassel; im "katholischen und evangelischen Schulwesen stehen Gesamtschulmodelle wie die Friedensschule Münster oder die Hans-Ehrenberg-Schule Sennestedt" als Beispiele für innovative Entwicklungen; "neue Wege in der beruflichen Bildung beschreitet etwa die Oskar-Kämmer-Schule, Braunschweig"; die "anthroposophisch orientierten heiltherapeutischen Schulen sind Modelle der gemeinsamen Förderung" von Kindern mit "unterschiedlichen Behinderungsarten".[227] Der Beispiele ließen sich noch viele finden. PETER ZUDEICK resümiert: "Die Erfahrung zeigt jedenfalls, daß Lösungsansätze, pädagogische Initiativen in der Vergangenheit eher aus nichtstaatlichen Schulen gekommen sind. Vergessen wir nicht: Was allerorten als Gesamtschule immer noch ausprobiert wird, sind Waldorfschulen, ist die Odenwaldschule seit langem. Diese Modelle haben den Bildungsplanern der 60er Jahre bei ihren Überlegungen zur Gesamtschule wie denen zur Reform der gymnasialen Oberstufe – teils ausdrücklich, teils unausgesprochen – Pate gestanden. Es ist nicht einzusehen, warum uns bei der Bewältigung der Probleme der Schulreform diese Erfahrungen nicht in vollem Umfang zur Verfügung stehen sollten", schrieb ZUDEICK damals.[228]

Seit den *80er Jahren* trat verstärkt ein weiterer Aspekt der Funktionen freier Schulalternativen im öffentlichen Bildungswesen ins Blickfeld, den BEHR/ JESKE wie folgt charakterisieren: "Die Alternativschule will aber nicht nur *pädagogische Reformschule* sein [Hervorhebung: A.P.]; sie hat sich darum (zumeist) auch als 'Freie Schule' begründet: Einmal in dem politischen Bewußtsein, daß mit der nichtstaatlichen Schule ein genereller Anspruch auf Freiheit innerhalb unserer pluralen Gesellschaft zum Ausdruck kommt; zum anderen in der pädagogischen Überzeugung, daß nur in der möglichsten Distanz zum staatlichen Dirigismus und seiner bürokratischen Reglementierung der zur Erprobung von Neuem notwendige Spielraum gegeben ist."[229] Diesen Gedanken, der freilich schon wesentlich älteren Ursprungs ist, spitzen die Autoren dann noch zu. Sie stellen fest, daß es der Freien Schulbewegung nicht nur darum gehe, "... vom Staat Freiheit für einzelne Reformschulen zu erreichen, sondern viel radikaler zu fragen: "Warum ist überhaupt in einer Demokratie der Staat alleiniger Träger sog. öffentlicher Schulen? Müßte nicht die Schule, die geschichtlich zuerst eine Sache der Kirche, dann eine Angelegenheit des Obrigkeitsstaates war, im Zuge der wachsenden Demokratisierung mehr und mehr zu einer Institution der gesellschaftlichen Kräfte selbst werden, also zu einer Aufgabe der einzelnen gesellschaftlichen Gruppen innerhalb dieser pluralistischen freiheitlich-demokratischen Ordnung?"[230] In diesem Sinne könnte also den freien Schulalternativen eine Art *Vorreiterrolle* für ein insgesamt *freieres und autonomeres Schulwesen* in der *demokratischen Bürgergesellschaft* zukommen.

Blickt man auf die *90er Jahre*, so zeigt sich, daß genau diese Funktion Freier Schulen verstärkt diskutiert wurde. Im Kontext der in dieser Zeit stark geführten Autonomiedebatte kommt der "autonom [sic] pädagogischen Legitimation einer Privatschule – etwa als Modell für Entwicklungen im staatlichen Sektor"[231] – eine eminent wichtige Bedeutung zu. Im Jahre 1995 schreibt z.B. FISCHER-KOWALSKI über "Alternativschulen": "Sie stellen gewiß ein Extrembeispiel von 'Schulautonomie' dar, und zwar ein praktisch verwirklichtes."[232] Insofern können Freie Schulen in gewisser Weise eine Art *Modellfunktion* für zukünftige Schulreformen für sich beanspruchen. Somit bilden die freien Schulalternativen und ihre Erfahrungen einen "Variationspool, aus dem heraus Modelle für veränderte Regelschulen entworfen werden können".[233]

Die Bedeutung solcher *Modelle* hob der Deutsche Bildungsrat bereits vor gut 30 Jahren hervor: "Durch Modelle können im Prozeß einer ständigen Reform und systematischen Kontrolle neue Antworten auf die Bedürfnisse einer sich wandelnden Welt gewonnen werden, an denen sich eine schrittweise Veränderung des Bestehenden zuverlässiger orientieren kann."[234] Dies gilt damals wie heute. Und so konnte KUNSTMANN schon damals im Hinblick auf die freien Schulalternativen vorausblickend schreiben: "Es ist zu hoffen, daß die hier gemachten Erfahrungen in einer zweiten großen Welle der Schulreform ... zu einer Regelschule beitragen werden, die endlich im emphatischen Sinne 'pädagogisch' sein kann."[235] Diese Worte klingen zukunftsweisend.

Und so wundert es nicht, wenn OSKAR NEGT 1999 – also kurz vor der Jahrtausendwende – folgende Feststellung trifft: "Wenn Alternativschulen je aktuell waren, dann heute. Die Reform des Schulsystems hat die große Chance, die vorgetane Arbeit der Alternativpädagogik, die selbstverständlich auch im Zusammenhang der Privatschulen bedeutungsvoll war, als Grundlage wirklicher pädagogischer Reformprojekte zu betrachten, die Alternativen darauf zurückzuführen, woraus sie in ihrem Widerspruchsgeist entstanden sind."[236] In ähnlichem Sinne konstatiert ELKE URBAN, Vizepräsidentin des EUROPÄISCHEN FORUMS FÜR FREIHEIT IM BILDUNGSWESEN, Ende der 90er Jahre: "Innovative Ideen liegen ja in der Zeit ihrer Entstehung meist quer zu dem, was der Staat macht oder was Konsens ist. Damit Reformen möglich werden, müssen wir diese ganz unterschiedlichen Schulmodelle unterstützen", die bislang überwiegend in nichtstaatlicher Trägerschaft entwickelt wurden.[237] In diesen Äußerungen wird deutlich, welch zentrale Aufgaben den freien Schulalternativen gerade heute – an der Schwelle zum 21. Jahrhundert – zukommen.

Bevor nun noch genauer auf mögliche Funktionen der Freien Schulen im öffentlichen Bildungswesen der Zukunft eingegangen wird, sollen – nach diesem kurzen *historischen* Rückblick – zunächst noch einige *systematische* Aspekte zum Thema "Funktionen und Aufgaben von Schulalternativen" erörtert werden.

Es liegt nahe, zunächst danach zu fragen, welche Aufgaben und Funktionen unsere *Verfassung* sowie die *Ländergesetzgebung* den Schulen in freier Trägerschaft zuweist. Hierzu stellt JOHANN PETER VOGEL mit Blick auf das Bildungswesen in Deutschland folgendes fest: "Seit den Anfängen des deutschen Bildungswesens und nach dem Willen auch des Verfassungsgebers der Bundesrepublik Deutschland werden Bildungsaufgaben auf allen Ebenen vom ersten Schultag bis zum letzten Weiterbildungstag sowohl in staatlicher wie in freier Trägerschaft wahrgenommen ..."[238] Somit gehört die Wahrnehmung *öffentlicher Bildungsaufgaben* zu den grundlegenden Funktionen der Schulen in freier Trägerschaft. Nach VOGEL "... gab es zu keiner Zeit in Deutschland ein Staatsmonopol, wenn auch eine Verfassungsgarantie für die freien Träger nie so nachdrücklich und eindeutig formuliert worden ist wie in Art. 7 (4) GG."[239]

Zum anderen kommt den Freien Schulen gemäß der Verfassung aber auch die Aufgabe zu, die *freiheitlich-demokratische Grundordnung* gerade im Bildungswesen zu verwirklichen – und ein staatliches Schulmonopol zu verhindern. In engem Zusammenhang damit steht die Ermöglichung des *Elternrechts*, zwischen verschiedenen schulischen Angeboten wählen zu können, das ebenfalls durch die Existenz von Schulen in nicht-staatlicher Trägerschaft gewährleistet wird. Nach VOGEL steckt hinter der Privatschulgarantie des Grundgesetzes zweierlei: "Einmal die prinzipielle Auffassung, daß ein staatliches Schulmonopol mit der freiheitlich-demokratischen Grundordnung des Grundgesetzes nicht vereinbar ist, zum anderen die starke Ausgestaltung des Erziehungsrechts der Eltern in Art. 6 GG; lange Jahre wurde das Elternrecht in der Schule überhaupt nur zugespitzt auf die durch die freien Bildungseinrichtungen gewährleistete Freiheit der Schulwahl gesehen."[240] Und VOGEL geht in seiner Argumentation noch einen Schritt weiter: "Ablehnung des Schulmonopols aufgrund unserer Verfassungsprinzipien und Gewährleistung des Elternrechts auf freie Schulwahl konzentrierten sich dann in der durch diese Gewährleistung gesicherten notwendigen Vielfalt im Bildungswesen", zu der die Freien Schulen einen wesentlichen Beitrag leisten.[241]

Die Notwendigkeit einer *Vielfalt* im Bildungswesen – und somit von freien Schulalternativen –, die zunächst von der freiheitlich-demokratischen Grundordnung her begründet werden kann, ist jedoch auch vom Schulzweck her gegeben: "Der Bildungsprozeß des jungen Menschen verläuft konkret-individuell. Dies ist die pädagogisch-anthropologische Seite der Entscheidung für ein föderatives Schulwesen; die Souveränität in Bildungsfragen wurde von den Ländern nicht willkürlich, sondern aus der Einsicht in die unterschiedlichen Bildunganschauungen und Wertvorstellungen in den deutschen Landschaften in Anspruch genommen. Die sich hier manifestierende Vielfalt spiegelt die menschlich-individuelle Vielfalt", was ebenso für die Vielfalt freier Alternativschulen gilt.[242] "Vollends offenbar wurde die Zwangsläufigkeit solcher Vielfalt, als in den letzten Jahrzehnten der gesellschaftliche Konsens bezüglich der Bildungsziele zerbrach und nur ein lediglich noch formal bestimmter, weltanschaulich aber neutraler Bildungsbegriff gehalten werden konnte", führt VOGEL aus.[243] "Ein Schulwesen, das dieser Vielfalt Rechnung tragen soll, kann nicht monopolistisch organisiert sein; gerade der Schule in freier Trägerschaft fällt die Aufgabe zu, Vielfalt der Bildungsangebote zu verwirklichen", resümiert VOGEL.[244]

Schaut man auf die *Landesgesetze*, so zeigt sich, daß in den Privatschulgesetzen mehrerer Bundesländer "der Freien Schule die Aufgabe zugewiesen wird, das öffentliche Schulwesen durch besondere Formen des Unterrichts und der Erziehung zu *bereichern*" [Hervorhebung: A.P.].[245] Nach VOGEL besteht die "Bereicherung ... in der Verwirklichung vielfältiger, gleichwertiger Angebote".[246] Dabei lassen sich drei unterschiedliche Zielrichtungen unterscheiden: "Die Gewichtung staatlicher Lehrpläne durch Schwerpunkte in den Wertsetzungen (z.B. die konfessionellen Schulen), die Entwicklung neuer Bildungsangebote und pädagogischer Modelle (z.B. ... alternative Angebote wie die der Waldorfschulen), Minderheitenangebote (z.B. die dänischen Schulen in Schleswig-Holstein)".[247] Daß diese Bereicherung als öffentliche Aufgabe verstanden wird, drücken z.B. die Privatschulgesetze von Baden-Württemberg und Rheinland-Pfalz aus: "Schulen in freier Trägerschaft dienen der Aufgabe, das Schulwesen des Landes zu bereichern."[248]

Häufig wird behauptet, Freie Schulen hätten im Sinne des Grundgesetzes die Aufgabe, die staatlichen Regelschulen zu *ersetzen*, zu *ergänzen* oder zu *entlasten*. VOGEL warnt jedoch ausdrücklich vor einer allzu oberflächlichen Interpretation dieser drei Begriffe in bezug auf die Freien Schulen : "Aus Bezeichnungen von [sic] 'Schule als Ersatz für öffentliche Schulen' (Art. 7 (4) 2 GG) und 'Ergänzungsschule' könnte geschlossen werden, es sei Aufgabe der Schulen in freier Trägerschaft, staatliche Schulen zu ersetzen oder zu ergänzen, also das staatliche Schulwesen zu entlasten."[249] Dem ist entgegenzuhalten, daß "... eine mögliche Entlastung des Staatsschulwesens oder einzelner staatlicher Schulen nicht vorliegen muß, wenn die Errichtung einer Freien Schule beabsichtigt ist oder die zusätzliche Errichtung weiterer staatlicher Schulen bestimmte Freie Schulen theoretisch oder faktisch überflüssig machen. Das Risiko der Überflüssigkeit trägt der freie Träger."[250] Fazit: "Es ist weder ein tragendes Motiv für die Errichtungsgarantie noch ist es substantielle Aufgabe Freier Schulen, konkrete staatliche Schulen zu entlasten."[251] VOGEL kommt deshalb zu folgendem Schluß: "Es ist daher falsch, die Begriffe 'Entlastung', 'Ersatz' oder 'Ergänzung' in Zusammenhang mit Freien Schulen platt konkret im Sinne der direkten Ersparnis von Schülerplätzen für das staatliche Schulwesen zu verstehen, wie dies zwar nicht im Zusammenhang mit der Errichtung, aber im Zusammenhang mit öffentlicher Finanzhilfe gang und gäbe ist ... Wenn hier überhaupt eine Entlastung in Frage kommt, dann nur im abstrakten Sinn, etwa dergestalt, daß das Freie Schulwesen durch seine besonderen Erscheinungsformen bereichert und intensiviert und so das staatliche Schulwesen in Erfüllung der öffentlichen Aufgabe, eine notwendige Vielfalt des Bildungswesens herzustellen, entlastet und ergänzt."[252]

Auch die ARBEITSGEMEINSCHAFT FREIER SCHULEN erteilte einer engen gesetzlichen Auslegung der Funktionen nicht-staatlicher Schulen bereits vor 30 Jahren eine klare Absage, indem sie feststellte: "Die Funktion der Privatschule wird vom Gesetzgeber wie folgt definiert: Die Privatschule soll 'das öffentliche Schulwesen bereichern und durch besondere Formen des Unterrichts und der Erziehung fördern' ... Die Privatschule hat also [in dieser Sichtweise] ausschließlich subsidiären Charakter: Sie bereichert und fördert die Regelform. Begrifflich wird dies unterstrichen durch die gesetzlichen Bezeichnungen 'Ersatz-' und 'Ergänzungsschule'."[253] "Das Fragwürdige ... dieser Definition besteht darin, daß, falls der Staat die gesamte Bildung mit einem differenzierten Netz von Schulen ausreichend anböte, die Privatschule ihre Funktion verlieren würde. So unwahrscheinlich es ist, daß die Staatsschule diese Perfektion erreichen wird, so unbefriedigend bleibt doch der theoretische Ansatz einer Funktionsbestimmung der Privatschule, die ausschließlich an den Lücken und Unvollkommenheiten des Staatsschulwesens orientiert ist."[254] Dem ist unbedingt zuzustimmen. Auch LUDWIG VON FRIEDEBURG warnte einst vor dem Schluß, "Funktion der Privatschulen sei es, jeweils Lücken zu füllen, soweit und solange diese vom Angebot öffentlicher Schulen ausgespart bleiben. Im Blick nur auf das Versorgungsgebot mögen auch die Anklänge inhaltlicher Bestimmung, soweit sie sich in den Privatschulgesetzen der Bundesländer finden, daß es nämlich die Aufgabe dieser Schulen sei, das öffentliche Schulwesen zu ergänzen, zu bereichern und zu fördern, derart restriktiv verstanden werden."[255]

Dennoch: Wirft man einen Blick auf die *erziehungswissenschaftliche Fachliteratur*, so zeigt sich, daß die von den Gesetzestexten gewählten Termini "Ergänzung", "Bereicherung", "Förderung", "Ersatz" – aber auch der Begriff der "Entlastung" – bei der Bestimmung der Funktionen von freien Schulalternativen in vielfältiger Weise aufgegriffen und erläutert werden, und zwar in durchaus positivem, nicht-restriktivem Sinne. Im folgenden sollen nun einige Beispiele der Funktionsbestimmung Freier Schulen gegeben werden, wie sie sich in der pädagogischen Fachliteratur finden lassen.

Eine positive Bestimmung des im Kontext der Funktionsbestimmung Freier Schulen immer wieder auftauchenden Begriffs der *Entlastung* hat einst WALTER ERBE zu geben versucht.[256] Er versteht die "Entlastungsfunktion der Privatschule" in dreifacher Hinsicht: 1. im Bereich der "religiösen Erziehung"; 2. im Bereich der "individuellen Pädagogik" und 3. im Bereich der "Schulversuche".[257] Da die von ERBE vorgebrachte Argumentation recht interessant ist, sei sie an dieser Stelle durch einige Zitate verdeutlicht.

Zunächst zur Entlastungsfunktion der freien Schulalternativen im Bereich *religiöser Erziehung*: "Unser Staat steht auf dem Boden grundsätzlicher Toleranz. Mag er auch offiziell letztlich auf dem Boden des Christentums stehen wollen, so ist ihm doch die unmittelbare Trägerschaft einer religiösen Erziehung versagt, weil diese immer konkret sein muß, wenn es wirklich religiöse Erziehung sein will; er würde damit gegen das Toleranzprinzip verstoßen", schreibt ERBE.[258] "Der Staat aber hat zu tolerieren ... Er ist Vermittler und Garant der religiösen Unterweisung im Rahmen der Schule, wo es gewünscht wird, in der Form des Religionsunterrichts. Mehr kann und darf er nicht leisten. Bei der großen Zahl [sic] entspricht dies auch dem Sinn der Eltern ...", stellt ERBE fest.[259] Dennoch handelt es sich nach Auffassung des Autors "... um eine legitime und anzuerkennende Forderung, falls Eltern den Wunsch haben, daß die Schule, in die sie ihre Kinder geben, eine Institution von glaubensmäßig ... bestimmter Prägung ist."[260] An dieser Stelle entsteht nach ERBE ein "Gewissenskonflikt, der gleichzeitig ein politischer Konflikt ist. Der Staat kann diesen Konflikt mit seinen Möglichkeiten nicht lösen. Hier springt die konfessionell geprägte Privatschule ein, in die die betreffenden Eltern ihre Kinder freiwillig geben können. Der Staat wird damit von einer Anforderung, die seine Möglichkeiten übersteigt, entlastet", schlußfolgert der Autor.[261]

Bezüglich der Entlastungsfunktion Freier Schulen im Hinblick auf *individuelle Pädagogik* merkt ERBE folgendes an: "Das staatliche Schulwesen ist eine Massenorganisation mit allen Vorzügen und Nachteilen einer solchen."[262] Auch wenn bei einer großen Zahl von Schülern das Ziel einer individuellen Persönlichkeitsförderung einigermaßen erreicht werden mag, "... so gibt es doch stets eine erhebliche Zahl von solchen, denen dieses System nicht gerecht zu werden vermag. Sie bedürfen einer spezielleren Behandlung und Bemühung, um zur Entfaltung der in ihnen liegenden Möglichkeiten, also zur 'freien Entfaltung ihrer Persönlichkeit' zu kommen."[263] ERBE fährt fort: "Dazu bedarf es eines jeweils in Freiwilligkeit zusammengeschlossenen Arbeitsteams von Pädagogen in einer Schule, die sich solcher Fälle annimmt und darin eine besondere Aufgabe sieht. Das kann heute, so wie die Dinge liegen, nur eine Privatschule leisten", meint der Autor. "Sie muß die Freiheit haben, unabhängig von Regulierungen und Vorschriften auf den einzelnen jungen Menschen eingehen zu können, um für ihn spezielle Wege der Behandlung und Förderung zu finden. Die staatliche Schule kann solche Kinder nur scheitern lassen; sie setzt sich damit erbitterter und zugleich berechtigter Kritik aus ... Die Privatschule kann ihr solche Fälle abnehmen und entlastet sie damit von einer Aufgabe, die die staatliche Schule ihrem Wesen nach nicht zu leisten vermag."[264] – Ob eine solche Argumentation in dieser Radikalität und Verallgemeinerung haltbar ist, muß zwar sehr bezweifelt werden; dennoch enthält sie gewisse Denkanstöße, die nicht ganz von der Hand zu weisen sind.

Schließlich erläutert ERBE noch die Entlastungsfunktion der Schulen in freier Trägerschaft im Hinblick auf *Schulversuche*. Er stellt zunächst fest: "In staatlichen Schulen kann nur im begrenzten Umfang und nur mit größter Vorsicht experimentiert werden ... Es ist gar nicht zu vermeiden, daß das staatliche Schulwesen gegenüber neuen, zeitbedingten Entwicklungen eine gewisse Schwerfälligkeit besitzt."[265] Sodann folgert der Autor: "Gerade deshalb bedarf es der Ergänzung durch die freie Initiative von Kräften, die die Möglichkeiten einer weiteren Entwicklung des Schulwesens in die Zukunft hinein abtasten, ohne durch ... Erschwerungen gehemmt zu sein. Für diese Funktion besitzt die Privatschule die Voraussetzungen."[266] Denn: "Sie belastet die staatliche Verwaltung mit keinem Risiko; sie bleibt unbehelligt von Verbandsinteressen; ihre Interessenpartner sind allein die Eltern ihrer Schüler, mit denen sie Privatverträge abgeschlossen hat; sie riskiert keine Chancen im politischen Wahlkampf. Sie riskiert allein ihre Existenz, dies aber ... auch voll und ganz, ohne Rückendeckung. Ihre Freiheit ist ein Privileg und eine Last zugleich."[267] ERBE zieht folgendes Fazit: "Mit alledem ist für die staatliche Verwaltung eine überaus glückliche Konstellation und eine unüberbietbare Chance gegeben, daß sie nämlich vor den Toren der Bürokratie ... Versuche anstellen lassen kann, für deren Erfolg und Mißerfolg sie weder ein moralisches noch ein materielles Risiko trägt. Die Privatschule nimmt das Risiko auf sich. Ihre Entlastungsfunktion gegenüber dem Staat geht an dieser Stelle beinahe über die Grenze des Zumutbaren ...", führt ERBE aus.[268] – Auf die Problematik einer solchen Instrumentalisierung Freier Schulen als "Versuchsschulen" für staatliche Reformen wurde bereits hingewiesen; sie läßt auch diesen Aspekt der o.g. "Entlastungstheorie" als fragwürdig erscheinen.

Zu den anderen Funktions- und Aufgabenbereichen Freier Schulen, insbesondere zu den Aspekten "Bereicherung" und "Förderung" des gesamten Schulwesens, liegt in der erziehungswissenschaftlichen Literatur eine Fülle positiver Aussagen und Definitionen vor, von denen nun einige exemplarisch vorgestellt werden sollen.

Zunächst zur Funktion der *Bereicherung* des Bildungswesens durch nichtstaatliche Schulen: "Die freien Schulen bilden durch den Reichtum ihrer Motivationen und Erfahrungen, durch ihre erzieherischen Gehalte und durch die Vielfalt ihrer Formen einen nicht wegzudenkenden Bestandteil des deutschen Bildungswesens", schrieb GEORG PICHT vor 30 Jahren.[269] Innerhalb der demokratischen Gesellschaft haben sie wichtige "pädagogische Funktionen" übernommen und müssen deshalb nach PICHT als "Sektor des öffentlichen Bildungswesens" betrachtet werden.[270] "Gerade in Deutschland ist dieses breite und weitverzweigte Netz von Schulen, die wir der pädagogischen Initiative autonomer gesellschaftlicher Gruppen oder der Gestaltungskraft bedeutender Erzieher verdanken, von unschätzbarem Wert ...", konstatiert PICHT mit Blick auf die totalitären Tendenzen der nationalsozialistischen Vergangenheit.[271] Die bereichernde Vielfalt freier Schulalternativen hebt auch HELLMUT BECKER hervor: "Von den Jesuiten bis zu den Anthroposophen (Waldorfschulen), von Summerhill bis Tvind, von Hermann Lietz bis Maria Montessori hat es immer wieder alternative Schulen gegeben, auf die die öffentliche Schule häufig mit Mißtrauen geblickt hat, die aber langfristig das allgemeine Schulwesen um wichtige Elemente bereichert haben."[272] HERMANN RÖHRS hält fest, daß das, was allein im Namen der Reformpädagogik "... an pädagogischen Auf- und Umbrüchen sowie an neuen Gestaltungen und Lösungen entwickelt wurde, ... verwirrend in seiner Vielfalt und befruchtend durch seine Anregungskraft" ist.[273] Nach RÖHRS "... birgt die Reformpädagogik insgesamt ... einen unerschöpflichen Born origineller pädagogischer Ideen und strukturierter Lösungsbeiträge, die die pädagogische Theorie und Praxis fortlaufend anzuregen und zu bereichern vermögen."[274] ANDREAS PEHNKE schließlich bringt diese Überlegungen treffend auf den Punkt, indem er "Reform- und Alternativschulen als Impulsgeber für das Regelschulwesen" bezeichnet.[275]

Nicht zuletzt besteht die "Bereicherung" durch die Freien Schulen in deren Möglichkeit einer autonomen *Erprobung neuer Unterrichts- und Erziehungsformen*, die ihrerseits wiederum befruchtend auf die staatlichen Regelschulen zurückwirken können. Im Hinblick auf freie Schulalternativen sehen es viele als "deren besondere Aufgabe, beispielhaft neue Formen von Unterricht und Erziehung in enger Zusammenarbeit von Lehrern, Eltern und Schülern zu entwickeln und zu erproben".[276] Dies ist nicht zuletzt dadurch möglich, "daß in der Privatschule ein eigenverantwortlich geprägter und gestalteter Unterricht erteilt wird, insbesondere soweit er die Erziehungsziele, die weltanschauliche Basis, die Lehrmethode und Lehrinhalte betrifft".[277] Am Beispiel der Landerziehungsheime zeigt ROLAND REICHWEIN auf, daß Schulen in freier Trägerschaft schon immer "neue Unterrichtsmethoden und neue Formen der Unterrichts- und Schulorganisation entwikkelt und erprobt" haben, "die beispielhaft auf das staatliche Schulwesen zurückwirken sollten".[278] So können freie Schulalternativen "durch vorbildliche, modellhafte Schul- und Unterrichtsarbeit verändernd und reformierend auf die veraltete Struktur der öffentlichen Schulen einwirken und diese Chance sollten sie in der Verantwortung für ihre Schüler ... und für das Bildungswesen im ganzen wahrnehmen."[279] Ähnlich äußert sich auch HERWART KEMPER bzgl. der Aufgabe Freier Schulen: "Zwar haben solche Schulen unbestreitbar in erster Linie Verantwortung für die darin unterrichteten Kinder und nicht für die Weiterentwicklung der staatlichen Regelschule ... zu tragen."[280] Dennoch wäre es schade, den reichen Erfahrungsschatz der Schulen in freier Trägerschaft einfach zu ignorieren – und als deren Privatsache zu betrachten. Deshalb fordert KEMPER eine wissenschaftliche Aufarbeitung der Erfahrungen freier Schulalternativen: "Sollen aber die an diesen Schulen gemachten Erfahrungen, anstatt marginal zu bleiben, verallgemeinerungsfähig werden und Auswirkungen auf das staatliche Regelschulsystem haben, so müssen sie sich auch auf die Ebene der wissenschaftlichen Diskussion heben und dort auf ihre Tragfähigkeit überprüfen lassen."[281]

Einen weiteren Aspekt der "Bereicherung" durch Schulalternativen sehen einige Autoren in deren Beitrag zu einer *Humanisierung der Regelschule*. Diesen Gedanken bringt KLAUS KLEMM in der mit Blick auf die Staatsschulen geäußerten Hoffnung zum Ausdruck, "... daß sie menschlicher, freier und lebendiger werden, wozu Alternativen innerhalb und außerhalb des Systems der Regelschule einen wichtigen Beitrag leisten."[282] Aber auch auf die Gesellschaft können die nicht-staatlichen Schulen durch ihre Art umfassender Menschenbildung positiv zurückwirken: "Die Freien Schulen sehen ihren besonderen Auftrag darin, in verschiedener Weise und bis heute mit verschieden weit ausgearbeiteten pädagogischen Konzeptionen den Menschen in einem umfassenderen Umfang und insofern individueller, zugleich aber auch für die Gesellschaft produktiver zu bilden", stellte die ARBEITSGEMEINSCHAFT FREIER SCHULEN einmal fest.[283]

Auch die bereits erwähnte Aufgabe der *Verlebendigung des Schulwesens* wurde den Schulen in freier Trägerschaft immer wieder zugesprochen. So konstatieren z.B. SPIES/WESTPHALEN: "Was die Schule wirklich sein könnte, zeigen die Alternativschulen. Dort verändert sich die Institution, sie sprengt die lähmende Verfestigung."[284] Und sie führen aus: "Was in genormter Institution sich verfestigte, neigt immer zur Versteinerung – das verwirklichte Bild des anders Möglichen bewegt und belebt. Die Geschichte der Privatschulen und die weitgehend mit ihnen verbundene 'Reformpädagogik' belegen, wieviel das öffentliche System solchen Anstößen verdankt."[285] HELLMUT BECKER formulierte einmal treffend: "Diese alternativen Schulen wirken wie die Hefe im Teig des öffentlichen Schulwesens, und solche alternativen Schulen sollten wir in Zukunft mehr haben."[286]

Weiterhin wird den freien Schulalternativen die Funktion einer *kritischen Kontrollinstanz* für das staatliche Schulwesen nachgesagt. Wie bereits dargelegt, entspringt der Impuls zu einer Alternativschulgründung häufig einer profunden Kritik am Regelschulwesen; andererseits wirkt die freie Schulalternative – allein schon durch ihre bloße Existenz – immer wieder kritisch auf dieses zurück (vgl. Kap.II.1.3). "Alternative Pädagogik ist 'Ärgernis und Vorbild' ", stellen SPIES/WESTPHALEN fest, denn "alles ist Ärgernis, was Routinen in Frage stellt. Aber andererseits zwingt die praktisch verwirklichte Alternative, viel stärker als das nur geschriebene kritische Buch, zum Befragen des Gewohnten."[287] Nach J.P. VOGEL wurden im Laufe der Geschichte immer wieder Freie Schulen "... mit neuen pädagogischen Ansätzen in der Kritik zum Staatsschulwesen errichtet, von denen wesentliche Einflüsse auf das Schulwesen" ausgingen.[288] Insofern "sind sie aber auch Kontrollinstanz für das öffentliche Schulwesen, die sehr genau registriert, wo die Schwächen und Fehler der staatlichen Schulen liegen und wie sich die mangelnde Flexibilität und Anpassungsfähigkeit der öffentlichen Schulen an die gesellschaftlichen Bedingungen, unter denen sie ihre pädagogische Aufgabe heute erfüllen müssen, auswirken", erläutert REICHWEIN.[289] Insofern gilt auch: "Alternative Schulen entlasten die öffentlichen Systeme, geben Möglichkeit zur

Produktivierung von sonst negativ bleibender Kritik."[290] Wenn man die positiven Erfahrungen freier Schulalternativen ernst nimmt und bereit ist, auch die staatlichen Regelschulen davon profitieren zu lassen, so könnten Freie Schulen in gewisser Weise "... außer ihrer Kontroll- und Reparaturfunktion auch eine Steuerungs- und Regulierungsfunktion innerhalb des öffentlichen Schulwesens ausüben."[291]

Schließlich ist die "Bereicherung" durch die freien Schulträger auch durchaus im Sinne einer *belebenden Konkurrenz* zu sehen. "*Konkurrenz* ist ein unentbehrlicher, höchst wirksamer, weil gleichsam automatisch wirkender, ununterbrochen funktionierender Motor des Fortschritts. Die staatliche Schule wird herausgefordert durch die Leistungen der freien Schule; die freie Schule ihrerseits wird angespornt durch die Nötigung, immer wieder neu ihre Gleichwertigkeit mit der staatlichen Schule zu erweisen", stellt WILLI GEIGER fest.[292] Nach VOGEL "... kann die staatliche Schule die Konkurrenz zur Freien Schule ohne weiteres aufnehmen; diese Konkurrenz wird sogar als befruchtend angesehen."[293] Nicht selten wird die Konkurrenz durch die "Alternativen" jedoch auch als unliebsam empfunden und mißbilligt. RUDOLF LENNERT beschrieb dieses Phänomen einmal mit folgenden Worten, die sich auf die Institution der Freien Schule beziehen: "Das Problem ist nicht ihre pädagogische Qualität, sondern die Frage, ob sie vielleicht *zu* gut sei und dem Einheitssystem damit gefährlichen Eintrag tun könnte, bei Eltern, Schülern, und Lehrern."[294] Schaut man jedoch auf das in weiten Bereichen desolate und reformbedürftige staatliche Regelschulwesen, so bleibt mit H.-W. ERBE festzuhalten: "Wenn es keine Privatschulen gäbe, so müßte man sie erfinden, um zu demonstrieren, daß dies alles keine unabänderlichen Selbstverständlichkeiten sind."[295] Abschließend sei zum Thema "Konkurrenz" im Bildungswesen noch folgendes angemerkt: "... die Diskussion um die Privaten zeigt, daß Konkurrenz auch das Bildungsgeschäft belebt." Oder, wie ein Journalist einmal bildhaft formulierte: Die "Freien" sind "Hechte im Teich der Karpfen".[296]

Darüberhinaus besitzen freie Schulalternativen auch *Modellfunktion* für staatliche Schulen, was in der Literatur immer wieder hervorgehoben wird. Wie bereits erwähnt, bezeichnen BEHR/JESKE "Schul-Alternativen" als "Modelle anderer Schulwirklichkeit"[297], deren Einflüsse auf das öffentliche Schulwesen in Vergangenheit und Gegenwart immer wieder sichtbar wurden. Nach SCHLAFFKE/WEIß "... können die privaten Modelle eine Vorbildfunktion für Bildungsreformen haben, die auf eine verbesserte Effizienz, eine größere Flexibilität und eine erhöhte Innovation öffentlicher Angebote abzielen."[298] Für DIETER LENZEN sind freie Schulalternativen "Reaktion und Provokation zugleich".[299] Sie reagieren auf offensichtliche Mängel und Defizite des staatlichen Regelschulwesens; sie "provozieren den Start weiterer alternativer Projekte ähnlicher oder gleicher Zielsetzung. Und sie sind – wie alle radikalen pädagogischen Reformideen – ein Stück *konkreter pädagogischer Utopie* in einer funktional geordneten pädagogischen Landschaft".[300] Mit anderen Worten: "Wirkung und Rezeption der freien alternativen Schulen gehen weit über ihren konkreten Anlaß hinaus und signalisieren in der Attraktivität pädagogischer Nischen den Bedarf an pädagogischen Visionen und Phantasien in der gegenwärtigen Gesellschaft."[301] Auch hier ist die Modellfunktion Freier Schulen eng mit den Defiziten der Regelschule verbunden: "Die Probleme der öffentlichen Schule aber bestimmen die Modellfunktion der privaten. Ihre unmittelbar öffentliche Aufgabe wird durch die kompensatorische Leistung gegenüber Defiziten der öffentlichen Schulen konstituiert", stellt VON FRIEDEBURG fest.[302] Und er prophezeit: "Der öffentlichen Modellfunktion in privater Hand, von EDELSTEIN zu Recht als paradox bezeichnet, wird die Bundesrepublik auch künftig kaum entraten können, jedenfalls so lange, wie Geduld und Kontinuität öffentlicher Träger den bildungspolitischen Implikationen pädagogischer Initiativen nicht besser gewachsen sind."[303]

Schließlich wurden freie Schulalternativen immer wieder daraufhin geprüft, "inwieweit sie einen Beitrag für innovative Entwicklungen auch im öffentlichen Bildungswesen leisten können"[304] – oder anders formuliert, ob sie ein *Motor der Schulentwicklung* für das gesamte Schulwesen sein können. Von den Autoren, die sich diese Frage stellen, wird sie i.d.R. positiv beantwortet. So stellen z.B. AUERNHEIMER/HEINEMANN fest, daß sich alternative Schulmodelle "... immer als Motor für eine Veränderung des gesamten Bildungswesens verstanden haben."[305]

Dies sah auch der Deutsche Ausschuß für das Erziehungs- und Bildungswesen so, der bereits 1954 in seiner Empfehlung schrieb: "In der gegenwärtigen Lage unseres Schulwesens ist es wichtig, daß neue pädagogische Gedanken in Freiheit erprobt werden. Privatschulen sind besonders geeignet und berufen, eigene und neue erzieherische und unterrichtliche Aufgaben zu erfüllen. Sie dienen damit zugleich der Fortentwicklung und Neugestaltung des gesamten Schulwesens."[306] Diese Feststellung hat bis heute unverändert Gültigkeit. – In ähnlichem Sinne äußerte sich 1975 die "Projektgruppe Freie Schule Frankfurt": "Wir glauben nicht, daß auf absehbare Zeit die FREIE SCHULE die Institution Schule ablösen kann. Wir sind aber überzeugt, daß es nötig ist, zu erproben und konkret aufzuzeigen, wie es bei der realen politischen Situation, in der wir leben, eine Schule geben kann, in der Schüler, Lehrer und Eltern in anderer Weise miteinander lernen ... Für die Bestrebungen vieler Lehrer und Eltern, innerhalb der Institution Schule folgenreiche Veränderungen zu bewirken, betrachten wir die FREIE SCHULE als anregende Hilfe und vorantreibendes Moment."[307]

In den 80er Jahren konstatierte JOHANN PETER VOGEL: "Das Bildungswesen kann nur durch die Diskussion von Gegenmodellen, d.h. durch Bewußtseinsbildung verändert werden."[308] Solche "Gegenmodelle" zum öffentlichen Schulwesen sieht VOGEL in den Privatschulen. SPIES/WESTPHALEN schrieben einmal mit

Blick auf Alternativschulen: "Die Metamorphosen von Großsystemen beginnen gleichsam vom Rand her. In vielen Versuchen formt sich allmählich ein Bildprogramm [sic], dessen Züge langsam die Physiognomie des gewohnten Systems verändern."[309] In derselben Zeit formulierte HERMANN RÖHRS: "Die Reformschulen leisten *exemplarische Vorarbeit* für die weitere Entfaltung der Staatsschule. Jene pädagogisch aufgeschlossen zu unterstützen, bedeutet daher, einen entscheidenden Schritt zur Weiterentwicklung der Schule überhaupt geleistet zu haben."[310] Im Jahr 2000 stellt MATHIAS MAURER schließlich fest: "Freie Schulen – dazu gehören z.B. Waldorf- und Montessorischulen, konfessionelle Schulen und Landerziehungsheime – sind das Salz in der Suppe. Sie bereichern die Monokultur der deutschen Bildungslandschaft in vielerlei Hinsicht. Sie gelten als Motoren pädagogischer Innovationen, ja als Zukunftswerkstätten."[311] Was dies insbesondere für die Schulentwicklung im 21. Jahrhundert bedeuten könnte, wird noch zu prüfen sein.

Nach diesem ersten Überblick über einige zentrale Funktionen und Aufgaben der freien Schulalternativen in unserem Bildungswesen soll nun auf eine von DIETRICH GOLDSCHMIDT und PETER ROEDER 1979 herausgegebene Arbeit eingegangen werden, die sich zum Ziel gesetzt hatte, "Gestalt und Funktion nichtstaatlicher Schulen im Rahmen öffentlicher Bildungssysteme" systematisch zu erforschen.[312] Bei diesem "ersten Versuch einer wissenschaftlichen Problembearbeitung" verfährt ROEDER nach dem methodischen Prinzip, "*soziale* Funktionen aus der Struktur sozialer Randbedingungen zu erklären".[313] "ROEDER fragt also nach den Funktionen, die alternative Schulen für die sozialen Interessenlagen bestimmter Adressatengruppen zu erfüllen haben, die im staatlichen Regelschulsystem offenbar nicht genügend berücksichtigt werden", stellt KEMPER fest.[314] In einem weiteren Schritt untersucht ROEDER dann auch noch die *pädagogischen* Funktionen Freier Schulen.

Dabei drängt sich dem Autor zunächst "... der Eindruck der Heterogenität dieses Bereichs des Schulwesens auf, und zwar sowohl hinsichtlich der pädagogischen Ausprägung und Legitimation als auch der sozialen Funktionen, die durch seine Institutionen erfüllt werden."[315] Mit seinem "funktionsanalytischen Untersuchungsansatz" arbeitet ROEDER sodann folgende "soziale Funktionen nichtstaatlicher Schulen" heraus: 1. "Substitution", 2. "Statuserwerb und Reproduktion" und 3. die "Bewahrung kultureller und nationaler Identität".[316]

Zur ersten sozialen Funktion, der *Substitution*, merkt ROEDER zunächst an: Privatschulen erfüllen dort die Aufgabe einer Substitution, "... wo ein staatliches oder kommunales Schulangebot fehlt oder ganz unzureichend ist."[317] "Die Privatschule fungiert hier als Ersatz für ein öffentliches Angebot und bedarf keiner eigenen zusätzlichen Legitimation, sondern erfüllt primär die dem entsprechenden Schultyp im staatlichen Schulwesen zugewiesenen Funktionen."[318] – Im Hinblick auf die zweite soziale Funktion von Privatschulen, die ROEDER im *Statuserwerb* und in der *Reproduktion sozialer Eliten* sieht, erläutert der Autor: "Schon der statistische Überblick über das nichtstaatliche Schulwesen der Bundesrepublik zeigt ..., daß – bei den allgemeinbildenden Schulen – das Schwergewicht ... bei jenen Institutionen liegt, denen für Statuserhalt und -erwerb besondere Bedeutung zukommt, nämlich den Gymnasien und – in zweiter Linie – den Realschulen ..."[319] Weiterhin meint der Autor: "Gerade auf dem Niveau der weiterführenden Schulen bietet also der nichtstaatliche Sektor einen potenten Reservemechanismus für die Fälle an, in denen das staatliche Schulwesen seine statusvermittelnde Funktion nicht erfüllen kann, sei es, daß die Gründe dafür im Schulangebot, in der Situation der Familie oder in der Person des Schülers liegen."[320] Einschränkend fügt ROEDER hinzu: "Die Ausgleichsfunktion im engeren Sinne dürfte" jedoch "nur eine Dimension sozialer Funktionen der Privatschule bezeichnen, die quantitativ wahrscheinlich weniger bedeutsam ist. Neben sie tritt, gewissermaßen am anderen Pol der Skala sozialer Funktionen, die der Reproduktion von Eliten."[321] – Die dritte soziale Funktion, die ROEDER in der *Bewahrung kultureller und nationaler Identität* sieht, ist nach Meinung des Autors zugleich "eines der wesentlichen Motive der Gründung nichtstaatlicher Schulen: das Bestreben einer national oder religiös bestimmten Minorität, sich mit Hilfe der Schule gegen die ideologische Überwältigung durch die Majorität zu wehren."[322] Der dritte Aspekt beschreibt also die "Bedeutung der Privatschule als Minderheitenschutz", wie R. LENNERT einmal formulierte.[323]

Im nächsten Schritt versucht ROEDER schließlich, die "pädagogischen Funktionen nichtstaatlicher Schulen" näher zu bestimmen.[324] Dabei hebt er hervor, daß sich die "analytisch getrennten sozialen und pädagogischen Funktionen faktisch durchdringen".[325] Wie andere Autoren, so spricht auch ROEDER von der "Innovationsfunktion privater Schulen" und stellt fest: Nicht nur "... im Hinblick auf die Praxis der schulischen Sozialerziehung können private Schulen eine Modellfunktion erfüllen, die durch die im öffentlichen Bildungswesen wahrgenommenen Probleme definiert wird."[326] Und er fährt fort: "Versuchen wir, die pädagogische Funktion dieser Institutionen in der von I. RICHTER vorgeschlagenen Terminologie zu erfassen, so bietet sich der Begriff der Alternativschule an, der ... ihrem gegenwärtigen Selbstverständnis am ehesten angemessen erscheint. Sie [die Freien Schulen] bieten sich in der Regel in ihrer religiös-weltanschaulichen Orientierung und anthropologischen Fundierung als Alternativen gegenüber dem in dieser Hinsicht eher diffus-pluralistischen staatlichen Schulwesen an, und sie werben mit einem pädagogischen Konzept, das sich mindestens implizit gegen aktuelle bildungspolitische Entwicklungen, Reformen oder ihre Begleiterscheinungen wendet und das den behaupteten Erziehungsdefiziten der öffentlichen Schule ein Programm individualisierender Betreuung und Anleitung sowie altersgemäßer Sozialerziehung entgegensetzt."[327]

Während dieser *pädagogischen* Funktionsbestimmung im wesentlichen zuzustimmen ist, muß die von ROEDER vorgestellte *soziale* Funktionsanalyse von Privatschulen mit großer Skepsis betrachtet werden. – Auf die Problematik, Schulen in nicht-staatlicher Trägerschaft lediglich eine *Ersatzfunktion* im Sinne der *Substitution* nicht vorhandener staatlicher Angebote zuzuschreiben, wurde bereits hingewiesen; eine Reduzierung privater Schulen auf den Terminus "Ersatzschule" kann im Kontext ihrer Funktionsbestimmung aus den o.g. Gründen nicht als hilfreich erachtet werden. – Auch die Behauptung, Freie Schulen dienten vorrangig dem *Statuserwerb* bzw. der *Reproduktion sozialer Eliten*, ist in dieser Form nicht haltbar. Zwar mag diese These für *einzelne* Privatschulen und ihre Klientel durchaus zutreffend sein – für die überwiegende Mehrheit der Schulen in freier Trägerschaft kann sie jedoch mit Sicherheit keine Gültigkeit beanspruchen, was nicht zuletzt die in Kap.III vorgestellten empirischen Studien belegen.

Ebenso fragwürdig muß ROEDERs Aussage erscheinen, allein die hohe Zahl privater *Gymnasien* bzw. *Realschulen* – gegenüber einem relativ geringen Anteil privater *Grundschulen* – bestätige seine o.g. These. Dem ist mit FRANK-RÜDIGER JACH folgendes entgegenzuhalten: "Seinen Grund hat der niedrige prozentuale Anteil im Grundschulbereich nicht in einer mangelnden Nachfrage oder gesellschaftlichen Akzeptanz [Status], sondern in dem Genehmigungsvorbehalt des Art. 7 Abs. 5 GG", der "durch die Unterrichtsverwaltungen bis heute – trotz einer einschneidenden Korrektur seitens des Bundesverfassungsgerichts zugunsten der Schulen mit besonderer pädagogischer Prägung – sehr restriktiv ausgelegt und angewendet" wird.[328] Ebenfalls absurd erscheint ROEDERs Vermutung, "... daß dieser soziale Reservemechanismus bereits in der Grundschule einsetzt."[329] Eine solche Funktionsverengung ist weder hilfreich – noch haltbar.

Dies meint auch HERWART KEMPER, wenn er in seiner kritischen Auseinandersetzung mit dem ROEDERschen Ansatz schreibt: "Im Rahmen dieses funktionsanalytischen Untersuchungsansatzes werden alternative Schulprojekte ... von vornherein und vorrangig unter dem Aspekt ihrer sozialen Reproduktionsfunktion gesehen. Unter einer solchen Perspektive scheinen sie lediglich ein 'pädagogischer Reservemechanismus' für alle diejenigen Schüler zu sein, die, aus welchen Gründen auch immer, im staatlichen Regelschulsystem nicht den von ihren Eltern gewünschten Schulerfolg erreichen können."[330] Wie wenig dies jedoch zutrifft, beweisen ebenfalls die im Rahmen dieser Arbeit vorgestellten empirischen Studien (vgl. Kap.III). Und so kommt auch KEMPER zu folgendem Urteil bzgl. der Thesen von ROEDER: "Eine solche Aufgaben- und Funktionsbestimmung aber wird von vornherein denjenigen Alternativschulen nicht gerecht, die nicht nur mit anderen Mitteln traditionelle Schulziele erreichen wollen, sondern sich weiterreichende Aufgaben stellen."[331] Dem ist unbedingt zuzustimmen. Lediglich die von ROEDER genannte Funktion Freier Schulen, pädagogische, weltanschauliche oder ethnische *Minderheiten* zu schützen, kann somit als gültig betrachtet werden. ROEDERs erklärte Absage an eine allzu "simple Zuschreibung von Funktionen"[332] sollte also mit gutem Recht auch auf die von dem Autor *selbst* durchgeführte Funktionsanalyse angewandt werden.

Fruchtbarer als der o.g. "funktionsanalytische Untersuchungsansatz" von PETER M. ROEDER erscheint ein Modell von MICHAEL BEHR, das dieser 1988 vorstellte. BEHR nennt darin drei "Begründungszusammenhänge" für Schulen in freier Trägerschaft, die nicht nur ihre "Existenzberechtigung" untermauern, sondern auch einige ihrer *gesellschaftlichen*, *politischen* und *pädagogischen* Funktionen deutlich werden lassen.[333] Zunächst zur – von BEHR so genannten – *"gesellschaftspolitischen"* Begründung Freier Schulen: "Schulen, die sich demokratisch selbst verwalten, leben Demokratie im kleinen. Sie machen deutlich, wie Demokratie funktionieren kann, sie lassen ihre Schwierigkeiten, ihre Segnungen, ihre Fragwürdigkeiten, ihre Auswüchse, ihre Prinzipien und ihre Gerechtigkeiten konkret erfahrbar werden. Sie zeigen, wie konsequent demokratisches Leben zur Übernahme von Verantwortungen zwingt und wie man damit umgehen kann. Von einem demokratischen Schulleben darf man sich nicht nur spätere engagierte Demokraten erhoffen, sondern auch Modellwirkungen auf weitere Teilbereiche unserer Gesellschaft."[334] Als zweiten Begründungszusammenhang nicht-staatlicher Schulen führt BEHR deren *"bildungspolitische"* Funktionen an: "An der freien Initiative können staatliche Regel- und Modellschulen allenthalben noch etwas dazulernen"; die "unkonventionelle Erfahrung, das originelle Vorgehen, bei dem auch einmal ein Fehler gemacht werden darf, bringt Leben und positive Veränderungen in ein wohlorganisiertes Institutionsgeflecht".[335] Schließlich erwähnt BEHR auch noch die *"pädagogische"* Bedeutung von Schulen in freier Trägerschaft: "Es muß Schulen geben, in denen die Pädagogik und die Pädagogen das maßgebliche Wort führen, in Abgrenzung zu systematischer Verwaltung und einem Dickicht von Vorschriften."[336] – Zwar sind die von BEHR genannten Kategorien damit inhaltlich noch nicht erschöpfend gefüllt; doch bieten sie wichtige Anhaltspunkte einer umfassenderen Funktionsbestimmung Freier Schulen, die sich nicht auf ihre rein *pädagogischen* Aufgaben beschränkt.

Angesichts der häufig geäußerten Auffassung, Freie Schulen hätten die Aufgabe, das staatliche Regelschulwesen zu befruchten, anzuregen und zu bereichern, erhebt sich die vieldiskutierte Frage, ob und inwieweit die Erfahrungen von Privatschulen überhaupt auf Staatsschulen übertragbar sind. Oder, um mit den Worten von MANFRED BORCHERT zu sprechen: "Lassen sich Erfahrungen der Alternativ-Schulen auf das Regelschul-System übertragen?"[337] – HERMANN RÖHRS stellt dazu fest: "Mit der Übertragbarkeit ist ein aspektreicher Fragenkreis angesprochen."[338] Zunächst schließt dieser die Einsicht ein, daß aus Reformschulmodellen in Geschichte und Gegenwart prinzipiell "gelernt werden kann und muß".[339] Dieses Lernen "... darf sich indessen nicht von der Illusion leiten lassen, allgemeingültige Lösungen und rezeptologische Handlungsanweisungen ... finden zu können", gibt RÖHRS zu bedenken.[340] Vielmehr seien die besonderen historischen Bedingungen und soziokulturellen Hintergründe einer Alternativschule eingehend zu prüfen, bevor eine mögliche Übertragung stattfindet. "Unter dieser Voraussetzung lassen sich die vielen möglichen Formen der Übertragung auf zwei begrenzen: *direkter* und *indirekter* Art [Hervorhebungen: A.P.] bzw. solche, die auf dem Wege der Rezeption bewußt wirken, und jene, die durch atmosphärische Einflüsse aufgrund der bloßen Teilhabe zustandekommen", resümiert RÖHRS.[341]

"Zu den wirksamsten Übertragungen *indirekter* Art gehört die Übernahme bewährter pädagogischer Methoden und Stilprinzipien aufgrund der Vorbildwirkung und Nachahmung in der Alltäglichkeit. So sind die reformpädagogischen Modellschulen seit Jahrzehnten zu *meinungs- und stilformenden Faktoren* geworden. Ihre Erfahrungen hinsichtlich der Differenzierungskriterien und des Kurs- und Epochensystems (ODENWALD-Schule), des gruppenunterrichtlichen Verfahrens (JENA-Plan), der freitätigen Beschäftigung mit Arbeitsmitteln (MONTESSORI- und FREINET-Pädagogik), der persönlichen Gestaltung der erzieherischen und unterrichtlichen Bezüge (LIETZ-Schule, WALDORF-Schule), der mittelpunktstiftenden Funktion von Fest und Feier (LIETZ- und WALDORF-Schule), der komplementären Bedeutung des gestaltenden Schaffens für das Schulleben (Werkschule MERZ, WALDORF-Schule) haben die öffentliche Meinung hinsichtlich der pädagogischen Gestaltungsprinzipien einer Schule ganz entscheidend geprägt. Sie sind ein so unmittelbarer Bestandteil der Blick- und Argumentationsweise geworden, daß das Bewußtsein hinsichtlich ihres Ursprungs wenig geschärft ist."[342] Doch auch der *direkten* Übertragung reform- bzw. alternativpädagogischer Ideen kommt nach RÖHRS eine nicht zu unterschätzende Bedeutung zu. "Eine wichtige Rolle spielt in dieser Hinsicht die Transformation der Ideen durch die Hauptbeteiligten: die Schüler und die Lehrer. So wird beispielsweise das Hineinwirken in die Öffentlichkeit nachhaltig unterstützt durch viele Lehrer, die nach einer Zeit der Mitwirkung an einer Modellschule aufgrund ihrer Qualifikation in die Kultur- und Schulpolitik oder in die Hochschule berufen werden."[343] Eines der bekanntesten Beispiele der letztgenannten Spezies ist wohl MARTIN WAGENSCHEIN.[344]

RÖHRS formuliert nun "einige orientierende Maximen für die Übertragung" alternativer Pädagogik in Regelschulen, die der Vollständigkeit halber hier noch kurz erwähnt seien:

1. Die Übertragung setzt eine Klärung des pädagogischen Profils einer Modellschule voraus und eine eingehende Analyse ihrer Wirkungsweise.
2. Die Übertragung darf nicht dogmatisch erfolgen, sondern in sinnvoller Übersetzung auf regionale Gegebenheiten. Dazu ist die Klärung der Variationsbreite notwendig, die die Wahrung des jeweiligen Spezifikums gewährleistet, ohne in eine Zone pädagogischer Unverbindlichkeit abzugleiten.

3. Der gesamte Transformationsakt bedarf der fortlaufenden Kontrolle, um rechtzeitig pädagogische Korrektive im Sinne einer Kursberichtigung entwikkeln zu können.
4. Das Kontrollverfahren sollte nicht die exklusive Aufgabe einer kleinen (Forschungs-) Gruppe bleiben, sondern mit den Schülern, Lehrern und Eltern alle Beteiligten – zumindest in Gestalt von Sprechern – einbeziehen."[345]

Unter diesen Prämissen ist also eine Übertragung der Pädagogik Freier Schulen auf staatliche Regelschulen durchaus als realisierbar und sinnvoll zu erachten.

Es wäre natürlich vermessen, eine solche Übertragung lediglich als "Einbahnstraße" zu betrachten – und somit blind zu sein gegenüber der Möglichkeit, daß staatliche und freie Schulen *voneinander* lernen. Dies ist es auch, "was pädagogische Klugheit nahelegt: Brücken zur Regelschule bauen zu helfen, über die von beiden Seiten gegangen werden kann. Denn beide Seiten ... können voneinander lernen – die (mitunter stützenden) Systemzwänge hier und die Gefahren von (allzu großer) Offenheit dort."[346] Nach Auffassung von OSKAR NEGT ist "die Integration des ganzen Reichtums von praktischen pädagogischen Alternativen in das Regelschulsystem nötig".[347] RAINER WINKEL ergänzt: "Aber auch umgekehrt, würde ich hinzufügen: Jeder Alternativschule kann es nur gut tun, wenn sie lernend das wahrnimmt, was in den Regelschulen geschieht."[348]

Was aber ist es, das Regelschulen von Alternativschulen lernen können? Oder, um mit KEESE-PHILIPPS zu sprechen: "Welchen Gewinn bringt die alternative Pädagogik der Regelschule ...?"[349] Die Antworten auf diese Fragen sind vielschichtig und bewegen sich i.d.R. im methodisch-didaktischen, pädagogisch-erzieherischen oder organisatorisch-institutionellen Bereich. So schreibt ANDREAS PEHNKE, daß Reform- und Alternativschulen "... für jeden Regelschullehrer ... eine Fundgrube der Annäherung an das reformpädagogische Credo einer kindgemäßen Pädagogik" darstellen.[350] Andere Autoren, wie z.B. SCHLAFFKE/WEIß, verweisen mehr auf die organisatorische Modellfunktion freier Bildungseinrichtungen, von denen die Regelschulen "Autonomie", "Selbstverantwortung", "Bildungsmanagement", "Flexibilität" u.a. lernen können.[351] RAINER WINKEL fragt ebenfalls nach den "Konsequenzen aus der Alternativschul-Bewegung" für Regelschullehrer und stellt zunächst fest: "Eine Alternativschule ist kein pädagogisches Mekka, gleichsam die Summe richtiger Theorie und Praxis, die man nur studieren und anschauen muß, um mit verklärtem Blick nach Hause zu eilen, wo sich dann das Richtige durch Nachahmung schon einstellt."[352] Auch eine andere Attitüde von Regelschullehrern gegenüber alternativen Schulen ist nach WINKEL wenig förderlich: Man betrachtet "Alternativschulen als Attraktionen für Touristen, die man bewundert und bestaunt, aber ebenso hartnäckig als Alibi dafür benutzt, daß der eigene triste Alltag unveränderlich bleibt".[353] WINKEL plädiert schließlich "... für ein anders geartetes Verhältnis zwischen Alternativschulen und den dort lebenden Schülern, Eltern und Lehrern einerseits sowie der unter den Bedingungen der Regelschule wirkenden Lehrern andererseits. Von den Alternativschulen kann man nichts lernen, wenn darunter Nachahmen verstanden wird. Alternativschulen sind aber auch nicht die von Obelisken umgebenen Pädagogentempel, die den grauen Alltagshäusern erst die deprimierende Erfahrung ihrer Minderwertigkeit und Nichtrenovierbarkeit vermitteln. In Alternativschulen wird z.T. anderes auf andere Weise gelehrt und gelernt, und da mag man sich anregen lassen – nicht mehr und nicht weniger."[354]

Doch nicht nur *Lehrer* können sich von ihren Kollegen an Freien Schulen anregen lassen, sondern auch *Eltern* können "von Alternativschul-Eltern lernen", wie KEESE-PHILIPPS einmal schrieb.[355] – Was aber ist es, das Eltern heute und in Zukunft von solchen Eltern lernen können, die für ihre Kinder die *Suche nach Schulalternativen* bewußt auf sich genommen haben? Die Antwort läßt sich vielleicht mit dem Begriff der "Mündigkeit" zusammenfassen: Sie können lernen, ihre Erfahrungen mit der Regelschule *kritisch* zu reflektieren, ihr Unbehagen *ernst* zu nehmen – und ggf. ihrem Unmut *Taten* folgen zu lassen; sie können den Mut bekommen, *selbst* aktiv zu werden, eine *passende* Schule für ihr Kind (und sei es die staatliche Regelschule) zu suchen – und einen Schritt weg von der üblichen Versorgungsmentalität und dem weitverbreiteten Obrigkeitsdenken in Richtung auf mehr Autonomie zu tun; und sie können es wagen, ihre Schulwahlentscheidung frei und selbstverantwortlich zu treffen und somit von ihren Freiheitsrechten Gebrauch zu machen. In dieser Hinsicht erfüllen Eltern Freier Schulen zweifellos eine Vorreiter- bzw. Vorbildfunktion in unserer demokratischen Gesellschaft.

KAYSER-GANTNER resümiert: "Die staatlichen Schulen brauchen die pädagogischen Impulse der Freien Schulen" – gerade angesichts der gewaltigen Herausforderungen, mit denen sich das Bildungswesen an der Schwelle zum 21. Jahrhundert konfrontiert sieht. "Warum sollte hier nicht der Synergieeffekt genützt werden: voneinander lernen, um das optimale Ergebnis, den besten Weg zur bestmöglichen Erziehung und Bildung der Kinder zu erreichen?"[356] Und sie fügt eine wichtige Bemerkung hinzu: "Aber dieses Joint Venture gelingt nur, wenn die Rahmenbedingungen stimmen."[357] – Bezeichnenderweise war auch das 22. Internationale Kolloquium des EUROPEAN FORUM FOR FREEDOM IN EDUCATION (E/F/F/E), das im Jahr 2000 in Leipzig stattfand, dem Thema "Voneinander lernen" gewidmet, wobei genau diese Fragen im Mittelpunkt der Diskussion um die Zukunft des Bildungswesens standen.[358]

WILFRIED KUNSTMANN warnte bereits vor 20 Jahren davor, "falsche Fronten" aufzubauen – und etwa "Alternativschulen contra Regelschule[n]" auszuspielen.[359] Jegliche Schwarzweißmalerei – etwa nach dem Motto: *hier* die guten, reformfreudigen Alternativschulen, *dort* die schlechten, erstarrten Regelschulen ist fehl am Platz und geht an der Realität vorbei. Für PETER M. ROEDER ist "die dichotomische Funktionsbestimmung des privaten im Verhältnis zum öffentlichen Schulwesen eher verfälschend als klärend", wenn sie sich in Gegenüberstellungen wie "hier innovativer privater, dort starr bürokratischer öffentlicher Sektor" erschöpft.[360] Auch gibt es weder *die* freie Alternativschule noch *die* staatliche Regelschule, sondern nur individuelle Schulen in staatlicher oder freier Trägerschaft, die ihre Arbeit auf je unterschiedlichem Qualitätsniveau leisten. So fragen KRAMPEN/ROTTHAUS zu Recht: "Sind die staatlichen Schulen wirklich so schlecht, wie immer behauptet wird? Haben sie nicht längst viele reformpädagogische Elemente übernommen, allemal im Grundschulbereich ...?"[361]

Andererseits stellt MICHAEL MAAS fest, daß die alternativen Schulen sich selbst durchaus realistisch sehen: "Freie Alternativschulen sind sich heute ihrer Grenzen ... bewußt und haben es glücklicherweise nicht mehr nötig, diese zu verleugnen. Sie sind bescheidener geworden und können deshalb heute dazu stehen, auch Anregungen sogenannter 'Regelschulen' für die eigene Schulpraxis fruchtbar zu machen. Um eine gute Schule zu sein, reicht es nicht aus, einfach nur in jeder Hinsicht das Gegenteil von dem zu tun, was die Regelschule tut. Die 'ganz andere Schule' ist nicht notwendigerweise auch die bessere Schule."[362]JOHANNES KIERSCH faßt seine Gedanken in einer prägnanten Formel zusammen: "Alternative Schulen sind keine Inseln der Freiheit und des Friedens, und Staatsschulen sind keine Gefängnisse. Und so stehen die einen wie die anderen vor der gleichen ... Zukunftsfrage."[363] ULF PREUSS-LAUSITZ kommt schließlich zu folgendem treffenden Fazit: "Kein einzelner Reformansatz kann als Patentrezept für die pädagogischen Aufgaben in der Zeit nach Auschwitz, in der ökologischen Krise, unter technologischen und ökonomischen Modernisierungsumbrüchen am Ende unseres Jahrhunderts angesehen werden. Daher: es ist nötig, voneinander zu lernen."[364]

Dies bedeutet jedoch auch, daß die Schulkritik *von* Alternativschulen prinzipiell ernst genommen werden muß. KLAUS KLEMM u.a. kommen zu der "Einschätzung, daß die Schulkritik der Alternativen überall da bemerkenswerte Beiträge liefert, wo sie Rigidität, Bürokratisierung, Lebensferne und Entfremdung des gegenwärtigen schulischen Lernens beklagt; sie ist da vorwärtsweisend, wo sie konkrete Konzepte zur Überwindung dieser unerwünschten Erscheinungen vorschlägt und damit die eigene Kritik schulreformerisch wendet ..."[365] In diesem Sinne kann die *Schulkritik der Schulalternativen* zu einem *Motor der Schulentwicklung* für das gesamte Schulwesen werden. Die Schulkritik der Alternativen führt jedoch auf die falsche Fährte, wenn sie die Schule insgesamt als irrelevant, reformunfähig oder gar abschaffenswert erklärt", stellen KLEMM u.a. zu Recht fest.

Andererseits müssen aber auch die freien Schulalternativen immer wieder bereit sein, sich selbst kritisch bzw. realistisch zu sehen. "ADORNOS Aufforderung, Alternativen zu durchdenken, bezieht sich nicht nur auf die herrschenden Verhältnisse, sondern immer auch wieder auf die Alternativen selbst", konstatiert JÖRG RAMSEGER.[366] "Kritische Pädagogik ohne Selbstkritik" wäre schon vom Ansatz her widersinnig.[367] Daß die Alternativschulen zu der geforderten Selbstkritik durchaus willens und in der Lage sind, bescheinigt ihnen neben vielen anderen Autoren z.B. DIETER LENZEN. Nach seiner Wahrnehmung zeigt sich "... verstärkt, aber noch immer der wissenschaftlichen Öffentlichkeit weitgehend entzogen, die *Selbstkritik der Alternativschulszene*, die das Dilemma, zwischen Anspruch und Wirklichkeit zerschlissen zu werden, zunehmend bewußt erlebt."[368] Ein beredtes Zeugnis dieser Selbstkritik legen nicht zuletzt die Berichte von Eltern Freier Schulen ab, die sich z.T. recht nüchtern und sachlich mit der Realität der von ihnen gewählten pädagogischen Alternative auseinandersetzen.[369] Doch auch die Öffentlichkeit bleibt aufgefordert, Alternativschulen realistisch – und wo nötig auch kritisch – zu betrachten. "Wer in ihnen nicht mehr sieht als den gesellschaftlichen Status quo sichernde Freiräume für pädagogische Eliten, tut ihnen genauso Unrecht wie diejenigen, die sie als Verwirklichungen des Traums vom befreiten Leben und Lernen preisen", schreibt LUTZ VAN DICK.[370]

So ist auch die Kritik *an* den Alternativschulen, die in der Geschichte immer wieder laut wurde und bis heute nicht verstummt ist, durchaus ernstzunehmen und stets aufs Neue zu prüfen. Zu dieser Kritik an freien Schulalternativen stellt LENZEN fest: "Die Spannbreite der Kritik entfaltet sich zwischen dem optimistischen Urteil, daß es 'keine Alternative zur Alternativschule' gebe (NEGT...), und dem radikalen Verriß, daß die Alternativschulszene ohne politische Perspektive sei und obendrein, historisch gesehen, die falsche Alternative gewählt habe ..."[371] Es ist hier nicht der Raum, die Kritik an den Freien Schulen einer umfassenden Analyse zu unterziehen. Nur soviel dazu: Während in den 80er Jahren die "konservative Kritik" an den Alternativschulen mit der "linken Kritik" an den Privatschulen wetteiferte,[372] sind solche parteipolitischen Etikettierungen heute eher allgemeinen Schlagworten gewichen. Neben dem bereits erwähnten "Insel-" und "Elitevorwurf" ist es vor allem die Kritik an ihrer "Gesellschaftsferne", ihrem "Subjektivismus", an "Reprivatisierung" und "Reprivilegierung" sowie an einer "Verengung auf partikulare Interessen", aber auch an ihrer Abkehr von der Reform des öffentlichen Bildungswesens, die den freien Schulalternativen bis heute vorgehalten wird.[373] Im Sinne des letztgenannten Vorwurfs konstatiert auch PETER ZUDEICK: "Hauptargument gegen Freie Schulen bleibt aber, daß sie allzu leichtfertig aus der Reform der Schule *in* der Schule ausgestiegen seien" [Hervorhebung: A.P.].[374]

In der Tat beherrscht die Frage, ob Alternativen zur Regelschule "drinnen oder draußen"[375] verwirklicht werden sollten, seit langem die alternativschulkritische Diskussion. INGRID DIETRICH führt dazu aus: "Schon in der Reformpädagogik finden wir ... zwei unterschiedliche Positionen, die auch heute die schulkritische

Diskussion durchziehen. Es geht um zwei getrennte Standpunkte in der Frage, ob *innerhalb* oder *außerhalb* des staatlich reglementierten Schulwesens an dessen Veränderung gearbeitet werden solle. [Hervorhebungen: A.P.]"[376] Ohne auf diese Diskussion näher eingehen zu wollen, sei doch darauf hingewiesen, daß das eine das andere keineswegs ausschließen muß. "Es mag sein, daß es sich dabei um eine der 'falschen' Alternativen handelt, an der unsere gegenwärtige Diskussion so reich ist", stellt auch DIETRICH fest.[377] So ist es nach allem bisher Gesagten durchaus möglich, daß Schulalternativen *außerhalb* befruchtend auf Schulentwicklungen *innerhalb* des staatlichen Regelschulwesens zurückwirken – und umgekehrt. Die o.g. Kritik an den Alternativschulen wäre also nur haltbar, wenn sich diese bewußt *gegen* die staatlichen Schulen und deren Weiterentwicklung stellen und jeglichen Dialog prinzipiell verweigern würden. Dies dürfte jedoch nur bei einer verschwindend kleinen Minderheit radikaler "Gegenschulen" der Fall sein.[378]

MANFRED BORCHERT setzt sich mit weiteren "bedenkenswerten Gegenargumenten" gegen Freie Alternativschulen (FAS) auseinander.[379] Er stellt zunächst fest: "Viele der Anti-FAS-Äußerungen sind von Vorurteilen und Unkenntnis geprägt. Es gibt aber auch einige ernsthafte Argumente, die immer wieder gegen die Gründung von FAS oder anderen Schulen in freier Trägerschaft vorgebracht werden."[380] – "Da ist zunächst das Argument, zu viele Schulen in freier Trägerschaft würden den Bestand des staatlichen Schulwesens gefährden."[381] Abgesehen von dem hohen Qualitätsurteil, das mit dieser Kritik – vielleicht ungewollt – den Freien Schulen zugesprochen wird, muß dieses Argument angesichts der tatsächlichen Statistik nicht-staatlicher Schulen in Deutschland als reichlich übertrieben erscheinen (vgl. Kap.III.1.3). Dennoch zeigt es die offenbar weitverbreitete Angst vor der *Konkurrenz*, welche die Freien Schulalternativen den staatlichen Regelschulen machen könnten, wenn man sie sich frei entfalten ließe. – "Das zweite Argument lautet: Zu viele Schulen in freier Trägerschaft kosten zuviel Geld, das besser den staatlichen Schulen zugute kommen sollte."[382] Daß auch dieses Argument nicht ohne weiteres haltbar ist, wurde bereits im Kontext der Finanzierungsproblematik Freier Schulen ausführlich erörtert (vgl. Kap.III.1.2). – "Ein drittes ernsthaftes Argument ist die Sorge, daß immer mehr Eliteschulen entstehen könnten."[383] Dieser Einwand ist durchaus ernstzunehmen – auch wenn es keinesfalls das *Anliegen* der überwiegenden Mehrheit Freier Schulalternativen ist, "Eliteschule" zu sein (vgl. Kap.III.2). Die "Eliteschulproblematik" entsteht vielmehr in erster Linie durch eine Sparpolitik, die weit davon entfernt ist, Alternativschuleltern einen ganz oder weitgehend kostenlosen Schulbesuch für ihre Kinder an der Schule ihrer Wahl zu ermöglichen. Will man der berechtigten Sorge einer Ausbreitung von "Eliteschulen" wirksam begegnen, so wird das in Zukunft nur möglich sein durch ein ernsthaftes Nachdenken über neue Finanzierungsmodelle für unser gesamtes Schulwesen (vgl. Kap.IV.3).

Doch wie dem auch sei: Kritik an Alternativschulen wird es geben, solange es Alternativschulen gibt – und das ist gut so. Und so bleibt mit LENZEN folgendes festzuhalten: "Uneingelöste pädagogische Visionen, unbeantwortete Fragen, staatsaufsichtlich oktroyierte Legitimationszwänge und die teils selbstgewählte, teils zugeschriebene Funktion des pädagogischen Hoffnungsträgers sind eine Last, an der die Alternativschulen schwer zu tragen haben. Aber trotz aller Fragen und über alle Kritik hinaus sind Alternativschulen ein unverzichtbares Plädoyer für Schulvielfalt und damit eine Herausforderung für Pädagogik und Politik"[384] – auch und gerade an der Schwelle zum 21. Jahrhundert.

Es dürfte deutlich geworden sein, daß den freien Schulalternativen in Vergangenheit und Gegenwart vielfältige Aufgaben und Funktionen innerhalb des öffentlichen Bildungswesens zukamen bzw. zukommen. Umso erstaunlicher mag es erscheinen, daß die Freie Schule für viele immer noch "eine Ausnahme, ein Außenseiter, womöglich ein Ärgernis" ist, wie HANS-WALTER ERBE einmal formulierte.[385] Bis heute werden nicht-staatliche Schulen von manchen Zeitgenossen – darunter auch Bildungspolitiker und Schulverwaltungsbeamte – als "eine Art Irrläufer" betrachtet, die eher geduldet und mildtätig abgespeist als willkommen geheißen und gezielt gefördert werden.[386] Die "freie pädagogische Initiative aber, die unserem Bildungswesen so dringend notwendig ist, findet, als wäre sie eine private Liebhaberei, neben dem mächtigen Block des privilegierten staatlichen Schulwesens nicht den ihr entsprechenden Raum zur Entfaltung", konstatiert ERBE.[387]

So ist es nicht verwunderlich, daß HERWART KEMPER einmal die Frage aufgeworfen hat, "... ob und inwieweit solche Schulen den alternativen Anspruch ihrer Erziehungsziele und Unterrichtskonzeptionen unter den Rahmenbedingungen eines staatlichen Schulaufsichtssystems, wie es in der Bundesrepublik besteht, in ihrer Alltagspraxis tatsächlich einholen können."[388] Auch das bereits erwähnte VON HENTIGsche Gutachten "Wie frei sind freie Schulen?" belegt eindrucksvoll die Mühsal des Weges, den freie Schulinitiativen innerhalb unseres Staatsschulwesens zu gehen haben.[389] SCHLAFFKE/WEIß sprechen gar ausdrücklich von "Wettbewerbsbehinderungen für private Initiativen", die v.a. auf "restriktiven Zulassungsregelungen", "reglementierenden Auflagen für den Lehrbetrieb" und "diskriminierenden Finanzierungsbedingungen" beruhen.[390] Die Autoren setzen diesen faktischen Behinderungen freier Schulinitiativen die Forderung nach "mehr Freiraum für private Bildungsangebote" sowie nach der "Sicherung von Pluralität und Wettbewerb" entgegen.[391] Und auch EKKEHART STEIN meint: "Freie Schulen in diesem Sinn können mindestens die gleiche Anerkennung und Unterstützung verlangen wie staatliche Schulen ..."[392] Er begründet diese Forderung damit, daß Schulen in freier Trägerschaft "die verfassungsrechtlich gebotenen Bildungsziele" mindestens ebensogut, wenn nicht gar "besser" verwirklichen als die staatlichen Schulen.[393]

Obgleich das Recht zur Gründung freier Schulen in unserer Verfassung ausdrücklich verankert ist, womit ihnen prinzipiell eine wichtige Bedeutung zuerkannt wird, sieht die Wirklichkeit – auch an der Jahrtausendwende – in vieler Hinsicht immer noch anders aus: "Die 'Landschaft' der freien Schulen bietet diesem an sich doch so hohen Stellenwert gegenüber jedoch immer noch ein recht klägliches Bild. Sowohl der Wohlstand als auch die politische Stabilität, in der wir augenblicklich leben, müßte eine Liberalisierung der Genehmigungspraxis ohne weiteres verkraften können", stellt MICHAEL BEHR fest.[394] Auch HERMANN RÖHRS fordert, daß "... in der Anerkennung begründeter Konzepte – sei es zur Entfaltung von Modellschulen im Geiste der ersten Reformpädagogik oder von Alternativschulen der neueren Entwicklungsphase – flexibler verfahren werden muß."[395] RÖHRS hält dies für eine "pädagogische Lebensfrage" – auch und gerade im Hinblick auf eine "Weiterentwicklung der Schule überhaupt".[396] ANDREAS PEHNKE schließlich resümiert: "Angesichts dieser hier nur andeutungsweise illustrierten Vorreiterrolle der Reform- und Alternativschulen müssen sich Schulverwaltung und Gesetzgeber fragen lassen, ob ihre traditionelle Einstellung zu diesen Schulen heute noch am Platze ist."[397]

In diesem Sinne geben auch BEHR/JESKE ein deutliches Plädoyer für "Schul-Alternativen" ab – "als Plädoyer für Offenheit, Demokratie und Vertrauen im Bildungswesen. Das meint keine Flucht ins Private und Außergewöhnliche. Eine größere Zahl solcher Schulen, ein Ernst-nehmen ihrer Ergebnisse, ein Aufgreifen ihrer Erfahrungen hat letztlich den Regelschulen zu dienen."[398] ACHIM LESCHINSKY stellt bezüglich der freien Schulinitiativen fest: "Das Unbehagen an der Schulentwicklung, das in diesen verschiedenartigen Gegeninitiativen zum Ausdruck kommt, kann nicht einfach als unbegründet zurückgewiesen werden."[399] Dem ist mit Nachdruck beizupflichten. Damit das geforderte Ernstnehmen der wertvollen Erfahrungen Freier Schulen jedoch tatsächlich stattfinden kann, tut nach F.-R. JACH eines not: "Wesentlich ist bei alledem ein Umdenken bei denen, die den Schulen in freier Trägerschaft Elitebewußtsein und Freiraumdenken vorwerfen. Schulen in freier Trägerschaft wollen nach ihrem pädagogischen Selbstverständnis zum überwältigenden Teil keine Exklusivstellung einnehmen, sondern eine besondere Pädagogik verwirklichen. Es ist der Staat, der mit der Verweigerung pädagogischer Freiräume im staatlichen Schulsystem einerseits und der materiellen Ungleichbehandlung von staatlichen Schulen andererseits die 'Elite- und Mittelstandsschule' erst hervorbringt, weil die Schulträger gezwungen werden, Schulgeld zu erheben, und viele Eltern nicht in der Lage sind, dieses aufzubringen."[400]

Abgesehen von gewissen Überzeichnungen sind solche Überlegungen durchaus bedenkenswert. Und so ist es verständlich, daß der Zukunftsforscher FRIEDRICH EDDING den Freien Schulen bereits vor 30 Jahren folgenden Rat mit auf ihren Weg gegeben hat: "Das bedeutet für die nichtstaatlichen Schulen, daß sie gut daran tun, ihnen hier und da noch anhaftende Rückstände aus einer schnell versinkenden Zeit ständischer Gesellschaftsordnung abzustreifen und sich voll der Zukunft zuzuwenden. Die private Schule hat in dieser Zukunft keine Chance mehr. Die nichtstaatliche Schule, die freie Bildungsformen anstrebt und in öffentlicher Verantwortung der gesellschaftlichen Erneuerung dient, hat dagegen eine große Chance."[401]

Es ist also nur konsequent, wenn zahlreiche Autoren aus dem Umfeld Freier Schulen eine finanzielle Gleichstellung von Schulen in staatlicher und nichtstaatlicher Trägerschaft fordern. Wie dies konkret aussehen könnte, soll im folgenden Kapitel noch näher erörtert werden (vgl. Kap.IV.3). An dieser Stelle sei lediglich darauf hingewiesen, daß diese finanzielle Gleichstellungsforderung nicht zuletzt mit den wichtigen Aufgaben und Funktionen begründet wird, welche die freien Schulalternativen im öffentlichen Bildungswesen erfüllen. HARTMUT VON HENTIG traf zum Thema der Finanzierung von Freien Schulen einmal folgende Feststellung: "Eine dauerhafte Alternative werden die Alternativschulen für das öffentliche System erst sein können, wenn sie auch öffentlich bezahlt und dadurch weder domestiziert noch irgend jemandem aufgedrängt werden."[402]

Alle Forderungen und Appelle entheben jedoch nach VOGEL "... die freien Schulen nicht der Aufgabe, über alle pädagogischen und weltanschaulichen Unterschiede hinweg gemeinsam für ihre Freiheitsrechte einzutreten. Der Staat kann Freiheitsräume nur dort usurpieren, wo sie von den Rechtsträgern nicht in den Inhalten lebendig, in den Rechtsfragen selbstbewußt und in der Durchsetzung solidarisch ausgefüllt werden. Angesichts der starken Position der freien Schulen in unserer Verfassung liegt es auch an den Schulen selbst, ob ihre Funktion öffentlich akzeptiert und ob ihre Rechte respektiert werden."[403] Andererseits sind Bildungspolitik und Schulverwaltung aufgerufen, ihrerseits das Nötige zu tun, damit Freie Schulen heute und in Zukunft ihren vielfältigen Aufgaben gerecht werden können. "Ein großer Teil der Reformideen, die heute vom staatlichen Bildungswesen rezipiert werden, sind aus der Arbeit Freier Schulen hervorgegangen; aber durch die Zwangsjacke staatlicher Normierung wurden diese Ideen oft deformiert, und so wurde eine der wichtigsten Quellen pädagogischer Innovation verschüttet", resümierte einst GEORG PICHT.[404] Und was er damals ausführte, gilt heute unverändert: "Das dürfen wir uns gerade jetzt nicht erlauben; das Bildungswesen ist auch in Zukunft auf kleine und bewegliche Zellen angewiesen, die auf die rapiden Veränderungen, die zu erwarten sind, durch die Entwicklung neuer Erziehungsmodelle antworten können. Deshalb muß eine demokratische Schulreform auch die gesellschaftlichen und pädagogischen Funktionen der Freien Schulen neu durchdenken; sie müssen weiter ausgebaut und gefördert werden ..."[405] – Mit ANDREAS PEHNKE bleibt schließlich folgendes festzuhalten: "Ein Maßstab für das demokratische Fundament einer Gesellschaft und ihrer Bildungspolitik sowie Pädagogik scheint mir zu sein, bis zu welchem Grade sie es sich leisten kann und will, Reform- und Alternativschulen aktiv zu fördern und nicht nur zu dulden."[406] Die Haltung zu freien Schulalternativen wird somit zu einem "Prüfstein für den vorhandenen Grad an Demokratie".[407]

Abschließend sei nun noch gefragt, welches denn die *besonderen* Aufgaben und Funktionen sein könnten, die den freien Schulalternativen im öffentlichen Bildungswesen des *21. Jahrhunderts* zukommen. Hierzu ist zunächst anzumerken, daß alle bereits genannten "klassischen" Funktionen und Aufgaben der Freien Schulen auch für das neue Jahrhundert unvermindert Gültigkeit beanspruchen können. Gibt es darüberhinaus aber noch Bereiche, in denen "die Alternativen" das staatliche Regelschulwesen der Zukunft in besonderer Weise befruchten oder anregen können? Und welche Rolle könnten die nicht-staatlichen Schulen in den sich unübersehbar ankündigenden Schulentwicklungsprozessen der näheren Zukunft spielen?

Hierzu zunächst einige grundsätzliche Überlegungen: Nach Aussage der ARBEITSGEMEINSCHAFT FREIER SCHULEN hat in den letzten Jahrzehnten ein "Wandel im Selbstverständnis der Freien Schule" und eine "Veränderung ihres Standortes innerhalb des gesamten Schulwesens" stattgefunden, der sich etwa folgendermaßen charakterisieren läßt: "Die Freie Schule nimmt" – wie bereits erwähnt – "öffentliche Bildungsaufgaben wahr, die der Staat nicht ausreichend oder gar nicht berücksichtigen kann oder will; doch erschöpft sich die Rolle der Freien Schulen nicht in dieser Subsidiarität. Vielmehr versteht sich Freie Schule heute als die ausgeprägte *Verkörperung der Freiheit* in einem öffentlichen Bildungswesen [Hervorhebung: A.P.]."[408] Diesen Gedanken hatte HANS HECKEL bereits in den 50er Jahren formuliert: Er betrachtet "die Freie Schule als Verwirklichung der 'Idee der Freiheit im Schulwesen' insofern, als sie 'von einem konkreten Willen geprägt ist, sich einem kritischen Ziel verhaftet fühlt und als Schule frei gewählt werden kann'."[409]

"Die Privatschule hat seit je eine Affinität zur Freiheit", erläutert die ARBEITSGEMEINSCHAFT FREIER SCHULEN.[410] "Dies kommt etwa darin zum Ausdruck, daß schon ihre Entstehung ein freiwilliger Akt der Träger ist; niemand kann die Gründung oder den Betrieb einer Privatschule erzwingen. Die Privatschule ist grundsätzlich frei darin, welche Bildung sie anbietet", folgert die ARBEITSGEMEINSCHAFT.[411] Bemerkenswert ist auch, "daß es Privatschulen nur unter solchen Regierungen gibt, die sich zu einer freiheitlichen Grundordnung bekennen; in den Ländern des Ostblocks gibt [bzw. gab] es keine Privatschulen, während des Dritten Reiches wurden Privatschulen verboten."[412] In diesem Sinne kann auch WILLI GEIGER resümieren: "Die freie Schule ist ein notwendiger Bestandteil eines modernen, offenen Schulwesens. Mehr noch: Die freie Schule ist ein konstitutives Element einer freiheitlichen Ordnung ..."[413]

BEHR/JESKE stellen fest, daß die Alternativschulbewegung mit der Gründung nicht-staatlicher Schulen auch einen zukunftsweisenden öffentlichen und gesellschaftspolitischen Auftrag übernommen hat: "... der Öffentlichkeit vor Augen zu führen, warum das staatliche Schulmonopol die Alternative 'Freie Schule' braucht, inwieweit damit ein *grundsätzlicher Freiheitsanspruch* realisiert wird, worin der pädagogische Sinn von Schule in freier Trägerschaft besteht und wie eine solche Schule zum Wohle von Individuum und Gesellschaft arbeiten kann, kurzum: dem einzelnen Bürger bewußt zu machen: Das geht dich an und ist nicht nur Sache einer sogenannten Randgruppe. Alles in allem: Die Alternativschule leistet – pädagogisch als Regelschule und politisch [als] Freie Schule – in unserer Gegenwart einen wichtigen unentbehrlichen Beitrag [Hervorhebung: A.P.] ..."[414]

RUDOLF LENNERT sieht die *pädagogische Freiheit* als Wesensmerkmal nichtstaatlicher Schulen: "Pädagogische Freiheit, für den einzelnen wie für ganze Schulen, dürfte das Schlüsselwort im Vergleich zwischen den öffentlichen und den ('interessanten') privaten Schulen sein. Sie kann im Verborgenen auch an öffentlichen Schulen existieren, und nicht alle im rechtlichen Sinne privaten [sic] machen von ihr Gebrauch. Aber daß sie das offen können und daß ungenutzte pädagogische Freiheit immer wieder auch aus der Asche zum Leben erstehen kann, macht den Unterschied aus. Daß von solcher Freiheit, wo sie da ist, und von ihren Schöpfungen öffentlich geredet wird, ist wohl die einzige ganz sichere öffentliche Wirkung, die von privaten Schulen ausgeht, manchmal durch die dicksten Mauern von Schulen und Ministerien."[415] Wie sehr diese bereits Ende der 70er Jahre geäußerte Vermutung zutrifft, zeigt sich heute – am Beginn des 21. Jahrhunderts – angesichts der inzwischen in allen Kultusministerien geführten *Autonomiedebatte* mehr als deutlich.

Ebenso "prophetisch" wirkt angesichts dieser jüngsten Entwicklung im Bildungswesen eine Feststellung, welche die ARBEITSGEMEINSCHAFT FREIER SCHULEN bereits vor 30 Jahren traf. Bezogen auf die Notwendigkeit von mehr pädagogischer Freiheit für die einzelne Schule konstatiert sie zunächst, daß "... dem Freien Schulwesen gerade in der pädagogischen Entwicklung der Gegenwart eine besondere – und vielleicht unersetzbare – Bedeutung zukommt, wenn man die Bedingungen für eine optimale Verwirklichung der Pädagogik", nämlich eine weitgehende *Gestaltungsautonomie*, "ernst nimmt".[416] Und sie fährt fort mit der Schlußfolgerung, "daß die Verwirklichung pädagogischen Fortschritts ... zur Forderung nicht nur nach der Freien Schule, sondern auch nach einer *freiheitlichen Gestaltung des Schulwesens überhaupt* führen muß [Hervorhebung: A.P.]."[417]

Ähnlich äußerten sich auch BEHR/JESKE bereits vor 20 Jahren: "Die Wirklichkeit unserer freiheitlich-demokratischen Verfassung verlangt aber diese Einsicht: Weder ist der plurale Staat – im Gegensatz zum absoluten ... und zum diktatorischen ... – der alleinige Träger 'öffentlicher Schulen', da die Interessen der verschiedenen Gruppen unserer Gesellschaft nicht rein 'private' und deshalb lediglich vom Staat nur zu duldende sind. Es sind vielmehr die unterschiedlichen Interessen und Verantwortlichkeiten, die den heutigen Staat erst konstituieren und deren legale Ansprüche – vor allem den Freiheitsanspruch gegenüber dem je eigenen Menschen- und Weltverständnis und damit gegenüber den besonderen pädagogischen Zielvorstellungen – dieser zu sichern und zu fördern hat. Erst wenn diese Einsicht in die künftige Bildungspolitik ... eingeht, dürfte der Weg für neue Lösungen des alten Problems 'Staat-Gesellschaft-Schule' frei sein."[418] Auch hier deutet sich bereits ein *Freiheitsanspruch* an, der nicht nur in nicht-staatlichen Schulen, sondern – im Rahmen einer künftigen Schulentwicklung – auch in staatlichen Schulen verstärkt zur Geltung kommen sollte. "In dieser Entwicklung hat gerade auch die ... Alternativ- und Reformschule – soweit sie sich als Schule in freier Trägerschaft versteht – eine wichtige Aufgabe: ... die Notwendigkeit nichtstaatlicher Schulen in unserer Gesellschaft durch die eigene Praxis der Öffentlichkeit überzeugend darzustellen; ... das Fernziel von *einem öffentlichen* Schulwesen mit Schulen staatlicher *und* nichtstaatlicher Trägerschaft wachzuhalten und vorwärtszubringen; ... die eigene pädagogische Konzeption zu einer Wahlschule mit unverwechselbarem Profil zu konkretisieren, die dennoch nicht private, die allgemeinen gesellschaftlichen Aufgaben nicht berührende Interessen verfolgt, sondern von ihrem besonderen Ansatz her einen notwendigen Beitrag leistet für die humane Existenz unserer pluralen und demokratischen Gesellschaft", schreiben BEHR/JESKE.[419]

In ähnlicher Weise beschreibt die ARBEITSGEMEINSCHAFT FREIER SCHULEN die zukunftsweisenden Aufgaben nicht-staatlicher Schulen in unserer demokratischen Gesellschaft: "Gesellschaftlich-verfassungsrechtlich gesehen bietet die Institution der Freien Schule weitgehende Möglichkeiten für die Verwirklichung wesentlicher Elemente eines demokratischen Bildungswesens: die Möglichkeit spontaner Initiative und individueller Förderung in Beantwortung der jeweiligen Bedürfnisse der Gesellschaft; damit verbunden die Möglichkeit zu praktischer Kritik an und faktischer Konkurrenz zum staatlichen Schulwesen; die Möglichkeit einer umfassenden *pädagogischen* und *organisatorischen Autonomie* einer Schule; zugleich die Möglichkeit umfassender gleichberechtigter *Mitbestimmung aller Beteiligten* an einer Schule [Hervorhebungen: A.P.]."[420] In dieser Hinsicht nehmen Freie Schulen eine eindeutige Vorreiterrolle für ein künftiges, insgesamt autonomeres Bildungswesen ein, das Schulen in freier und in staatlicher Trägerschaft in gleicher Weise umfaßt.

So bezeichnet auch MICHAEL MAAS freie Schulalternativen durch ihre "gelebte Autonomie" als "Vorreiter einer Schulreform von unten", woran sich für ihn die *bildungspolitische Bedeutung* dieser Schulen festmacht.[421] "Freie Schulen haben einen wichtigen Beitrag dazu geleistet, daß die Formel von der 'Autonomie der Schulen' " inzwischen zu einer Leitformel der Bildungspolitik geworden ist, resümiert MAAS.[422] "Ohne die vertrauensbildenden Maßnahmen derer, die durch ihre Arbeit bewiesen haben, daß Schulreform von unten notwendig und möglich ist, hätten weder Kultusminister noch Expertenkommissionen die Idee von Autonomie so 'zündend' vortragen können", stellt JOHANNES BASTIAN fest.[423] Freilich stehen diese Autonomisierungsprozesse des Schulwesens erst am Anfang; ihre Entfaltung und Gestaltung in die Zukunft hinein liegt als große Aufgabe noch vor uns. "Wir müssen die Kultur einer bildungspolitischen Freiheit erst noch begründen – einer Freiheit allerdings, die wir [d.h. die Freien Schulen] nicht nur 'privat' für uns in Anspruch nehmen (privare heißt rauben), sondern die zum Keim für die lebendige Entwicklung *aller* Schulen werden kann", resümiert KULLAK-UBLICK im Jahr 2000.[424]

Natürlich ist nicht von der Hand zu weisen, daß staatlichen Schulen auch heute bereits beachtliche pädagogische Handlungs- und Gestaltungsfreiräume gegeben sind, die jedoch de facto von den am Schulleben Beteiligten oft nicht in vollem Umfang ausgeschöpft werden. Nach KIERSCH "... haben, wenigstens in den Grenzen ihres Klassenraums, Lehrer an staatlichen Schulen Freiräume, die sie oft gar nicht ausnutzen."[425] Und LENNERT merkt – nicht ohne ironischen Unterton – an: "... ein Lehrer darf auch an der öffentlichen Schule erfinderisch sein (es dauert oft lange, bis das entdeckt wird); vom Leiter wird vor allem der Ausgleich zur Normalität hin erwartet."[426] So erscheint es nicht abwegig zu behaupten, daß die Freien Schulen den staatlichen Regelschulen auch dort wesentliche Anstöße geben können, wo es um die *tatsächliche Nutzung* und das *eigenverantwortliche Ergreifen* bereits vorhandener – und sich in Zukunft mit Sicherheit noch erweiternder – Gestaltungsfreiräume geht.

"Angesichts der in vielen europäischen Ländern noch dominierenden staatlichen, meist sehr zentralistischen Schulsysteme kommt den nicht-staatlichen Schulen eine wichtige *Katalysator-Rolle* für den *allgemeinen Autonomierungs-* und *Transformationsprozeß* zu, da sie seit Jahren exemplarische Selbstverwaltung, pädagogische Profilierung und soziales Verantwortungsbewußtsein vorleben", liest man in einem Thesenpapier des EUROPÄISCHEN FORUMS FÜR FREIHEIT IM BILDUNGSWESEN aus dem Jahre 1996 [Hervorhebungen: A.P.].[427] "Gegenüber einem organisatorisch stets zur Zentralisierung neigenden Staatsschulwesen ist Freie Schule der Ort organisatorischer Dezentralisation in Form weitgehender Autonomie der einzelnen Schule", konstatiert J.P. VOGEL.[428] Und dies ist wohl die vorrangigste und wichtigste Aufgabe der Freien Schulen an der Schwelle zum 21. Jahrhundert: Als *Modelle* und *Motoren* für die *Entwicklung* des gesamten Bildungswesens in Richtung auf *mehr Autonomie* hin zu wirken. Nur dann kann Wirklichkeit werden, was vorausschauende Schulreformer bereits vor über 20 Jahren forderten: "Die Schule muß autonomer werden!"[429] Und dies heißt, um mit RAINER WINKEL zu sprechen, "schlicht und einfach: Jede einzelne Schule braucht den Handlungsspielraum, der für die Erhaltung der ... Dialektik" von "Tradition und Innovation" heute "notwendig ist".[430] Schon damals sprach WINKEL eine Warnung aus, die heute aktueller sein dürfte denn je: "Sollten die Reformen nicht weitergehen (d.h. fortgesetzt werden) und nicht weiter gehen (d.h. tiefer eingreifen), dann werden wir in einigen Jahren nicht nur ein Schuldilemma, sondern ein schulisches Elend zu lösen haben. Gerade die heutige Regelschule muß sich durch Reformen und auch radikale Alternativen permanent in Frage stellen lassen."[431]

Seit langem setzt sich die ARBEITSGEMEINSCHAFT FREIER SCHULEN mit der Frage auseinander, inwieweit das "Recht der Freien Schulen als Modell für ein allgemeines Schulrecht" taugt.[432] Insbesondere J.P. VOGEL stellte zur Diskussion, ob die "Privatschulbestimmungen des Grundgesetzes ... ein Verfassungsmodell für das gesamte Schulwesen" sein könnten.[433] Ohne auf diese Fragen hier näher eingehen zu wollen, sei doch angemerkt, daß die ARBEITSGEMEINSCHAFT diesbezüglich zu folgendem Schluß kommt: "Nicht nur pädagogisch, sondern auch organisatorisch und *rechtlich* könnte die Freie Schule Versuchsfeld für das gesamte Schulwesen sein [Hervorhebung: A.P.]."[434] Auch hierin könnte eine zukunftsweisende Funktion der Schulen in freier Trägerschaft liegen.

Schließlich sind freie Schulalternativen auch immer ein gelebtes Plädoyer für *Schulvielfalt* und *Toleranz,* welche im Bildungswesen der Zukunft eine immer größere Rolle spielen werden. "Freiheit drückt sich in der politischen Wirklichkeit immer in Alternativen aus", schreibt WILLI GEIGER.[435] "Einer pluralistischen Gesellschaft zumal, die weder *ein* Erziehungsideal hat noch Einigkeit (Konsens) kennt hinsichtlich des richtigen Schultyps ('Schultyp' nicht nur beschränkt auf Organisationsform oder Erziehungsprogrammatik!), kann nicht ein bestimmtes Schulwesen, die staatliche Schule, aufgenötigt werden. Insofern ist die freie Schule adäquater Ausdruck der *Pluralität* unserer freien Gesellschaft."[436] Schulen in freier Trägerschaft waren immer schon ein Beispiel toleranten Miteinanders verschiedener pädagogischer Modelle. "In der ARBEITSGEMEINSCHAFT FREIER SCHULEN arbeiten die Trägerverbände von Schulen mit sehr unterschiedlicher religiöser, weltanschaulicher und anderer grundsätzlicher Position zusammen. Das Toleranzgebot gehört deshalb zur Existenzgrundlage der Arbeitsgemeinschaft. Ebenso ist es eine der Leitvorstellungen der Erziehung in unseren Schulen", schreibt die ARBEITSGEMEINSCHAFT FREIER SCHULEN.[437] "Dabei zeigt sich eine doppelte Aufgabe: Die eigene Position soll deutlich ausgeprägt werden; denn alle unsere Schulgruppen nehmen für sich in Anspruch, damit einen notwendigen Dienst für den einzelnen Schüler wie für die menschliche Gemeinschaft zu leisten. Zum anderen achtet und respektiert aber jede Gruppe die Eigenart der anderen und will auch ihre Schüler zu dieser Achtung anderer erziehen."[438] Nicht nur im Hinblick auf die Ausarbeitung eines individuellen pädagogischen Profils der einzelnen Schule, das im Zuge der Autonomieentwicklung immer wieder gefordert wird, können "die Freien" also den staatlichen Schulen als

Vorbild dienen, sondern auch bezüglich der gegenseitigen *Achtung* und *Toleranz.*

In der Zukunft wird es immer mehr darum gehen, "... das Bildungswesen offen zu halten für alle begründeten pädagogischen Wege, die zu einer Erziehung zum selbstverantwortlichen Menschen in einer demokratischen Gesellschaft führen. Die Freie Schule hat hier eine wesentliche Aufgabe zu erfüllen. Die Gewährleistung ihrer Existenz ist deshalb nicht nur eine Frage demokratischen Verfassungsrechts, sie ist vor allem Ausdruck der Bejahung einer Bildung, die befähigt zur autonomen Auseinandersetzung mit den Fragen, die die gesellschaftliche Entwicklung stellt, und den Gefahren, denen unsere Gesellschaft ... ausgesetzt ist", konstatiert die ARBEITSGEMEINSCHAFT FREIER SCHULEN.[439] MATHIAS MAURER kommt zu einem ähnlichen Resümee: "Freie Schulen halten das Bildungswesen offen für alternative pädagogische, organisatorische, finanzielle Perspektiven. Die Gewährleistung ihrer Existenz ist nicht nur eine Rechts- und Finanzierungsfrage, sondern darüberhinaus auch Ausdruck der Bereitschaft, sich mit Fragen, die uns die gesellschaftliche Entwicklung stellt, auseinander zu setzen und ihnen mit Kreativität und Phantasie zu begegnen."[440] Nach ANDREAS PEHNKE "vermitteln die Reform- und Alternativschulen den Regelschulen Impulse und Problemlösungsansätze zu aktuellen pädagogischen Aufgaben"[441], die sich aus den veränderten gesellschaftlichen Bedingungen ergeben. Nicht zuletzt in Anbetracht der gewaltigen *gesellschaftlichen* und *bildungspolitischen Herausforderungen*, mit denen wir uns gegenwärtig konfrontiert sehen, kommt somit den freien Schulalternativen im öffentlichen Bildungswesen des 21. Jahrhunderts eine nicht zu unterschätzende Bedeutung zu, die sich in – hier nur angedeuteten – vielfältigen Aufgaben und Funktionen manifestiert. Diese sollten wir – im Interesse einer zukünftigen Weiterentwicklung unseres *gesamten* öffentlichen Bildungswesen – ernst nehmen.

3. AUSBLICK: AUF DEM WEGE ZU SCHULLANDSCHAFTEN DER ZUKUNFT – THESEN ZUR SCHULENTWICKLUNG IM 21. JAHRHUNDERT

Nach diesem Versuch einer "Ortsbestimmung" der freien Schulalternativen im öffentlichen Bildungswesen sowie einer Reflexion ihrer Funktionen und Aufgaben soll nun noch ein Ausblick auf "Schullandschaften" der Zukunft folgen, in dessen Zentrum sieben Thesen zur Schulentwicklung im 21. Jahrhundert stehen.

Schaut man sich in der Bildungslandschaft der Gegenwart um – und wirft man gleichzeitig einen Blick auf die gewaltigen gesellschaftlichen und globalen Herausforderungen, die im 21. Jahrhundert auf die Menschheit zukommen werden (vgl. Kap.I.1) – so drängt sich unweigerlich die Frage auf, ob unser Schulwesen in seinem heutigen Status quo geeignet ist, die nachwachsenden Generationen zu befähigen, diese großen Zukunftsaufgaben angemessen zu bewältigen. "Mit dem Wandel der bisherigen Industriegesellschaft zu einer Wissens-, Dienstleistungs-, Erlebnis-, Freizeit- und Produktionsgesellschaft im 21. Jahrhundert, mit der Globalisierung von Wirtschaftsräumen, von politischen Entscheidungen und von wissenschaftlichen Entwicklungen, vor allem aber mit der totalen weltweiten Medienvernetzung ist zu fragen, ob Schulen und Lehrer noch beweglich genug sind, ob eine planwirtschaftlich gesteuerte, staatlich verwaltete und zentral organisierte Schule ... mit ... Strukturen, in denen Eltern nur begrenzt mitentscheiden dürfen und in denen Schüler mehr belehrt werden, als selbst lernen zu können, in denen Lehrer mehr verbeamtete Stundengeber als mit jungen Menschen zusammenlebende Lernberater sind, noch für eine Zukunft taugt, auf die hin aufgeklärte Menschen uns rüsten wollen", stellt PETER STRUCK im Jahr 2000 kritisch fest.[442]

Die im Rahmen der vorliegenden Arbeit vielfach dokumentierte "Entschlossenheit immer größerer Elternkreise", ihre Kinder *nicht* den "manchmal doch recht zweifelhaften Qualitäten der öffentlichen Schulen auszusetzen", mag daher nicht verwundern.[443] THORSTEN HUSÉN merkt zu Recht an: "Das Aufkommen 'alternativer' oder 'freier' Bildungseinrichtungen gehört auch zu den Enttäuschungssymptomen."[444] Nun hält der Zulauf zu den nicht-staatlichen Schulen – wie in den Teilen II und III dieser Arbeit gezeigt wurde – bis heute ungebrochen an. "Wie ist diese Entwicklung einzuschätzen, welche Möglichkeiten stecken in ihr?", fragt HERWART KEMPER.[445] Ist mit Blick auf die Zukunft unseres Bildungswesens "... die Hinwendung zu den sogenannten Alternativschulen der richtige Weg?"[446] Oder sollte einer weiteren Ausbreitung des Privatschulwesens – im Interesse der staatlichen Regelschulen – nicht besser ein administrativer Riegel vorgeschoben werden?

Es liegt auf der Hand, daß *beide* der o.g. Möglichkeiten für unser zukünftiges Bildungswesen, das staatliche und nicht-staatliche Träger in gleicher Weise umfaßt, keine tragfähigen Perspektiven bieten. Das auf Vielfalt im Schulwesen ausgerichtete Grundrecht der Errichtungsfreiheit nach Art. 7 Abs. 4 und 5 GG ist selbstverständlich auch in Zukunft zu gewährleisten. "Daher darf der Trend nicht durch Behinderung der Errichtung freier Schulen umgekehrt werden, sondern nur dadurch, daß auch im öffentlichen Schulwesen die Möglichkeiten der einzelnen Schulen zur Bildung eines eigenen Schulprofils, zur Entwicklung eines Gefühls der Zusammengehörigkeit, zur Mitbestimmung der Eltern und zu höherwertigen Lebens- und Lernbedingungen für Schülerinnen und Schüler auf dem Wege unterstützter Selbsterneuerung gestärkt werden", schreiben FAUST-SIEHL u.a.[447] Und PETER ZUDEICK konstatiert zu Recht: "Ich bin nicht der Meinung, daß die Regelschule schon so in sich erstarrt ist, daß man nur noch außerhalb dieses Systems gute Schule machen kann. Eine solche These würde all die guten Ansätze, all die unermüdlichen Anstrengungen 'normaler' Lehrer im normalen Unterricht verhöhnen."[448] In der Zukunft muß es also darum gehen, rechtliche Rahmenbedingungen zu schaffen, die es ermöglichen, daß sich *Schulalternativen* nicht nur *außerhalb*, sondern auch *innerhalb* des staatlichen Schulwesens entwickeln können. "Grundsätzlich wichtig wäre eben, daß man nicht einen bestimmten Erfahrungshorizont aus der aktuellen Schuldiskussion ausblendet, weil man meint, alternative Pädagogik könnte keine Pädagogik für alle sein. Eine Schule ohne Angst, eine kindorientierte Pädagogik sind keine Luxusartikel für den akademisch gebildeten Mittelstand, sondern müssen allgemeine Forderungen für alle sein."[449] Dem ist unbedingt zuzustimmen.

Für die Zukunft unseres Schulwesens ist es deshalb zunächst wichtig, daß *beide* – staatliche *und* freie Schulen – als Teile des *einen öffentlichen* Bildungssystems verstanden werden, an dessen Weiterentwicklung Gesellschaft, Politik und Staat ein lebendiges Interesse haben sollten. HELLMUT BECKER stellte einmal fest, "... daß Bildung wegen ihrer sozialen Bedeutung immer eine öffentliche Angelegenheit ist und daß sie eine 'res publica' ... bleibt, ob sie staatlich oder privat organisiert ist. Jeder Bildungsvorgang in einer Demokratie besitzt öffentliche Relevanz."[450] Jegliche Polarisierung oder gar Ausgrenzung von sog. "öffentlichen" und sog. "privaten" Schulen muß angesichts der vor uns liegenden Schulentwicklungsaufgaben somit als verfehlt betrachtet werden. Nach WALTER ERBE sollten sich freie und staatliche Schulen nicht als Feinde verstehen, sondern als "Partner, die aufeinander zugeordnet sind und die einander brauchen".[451] Von daher "wäre es ein wichtiges Ziel, daß sich nicht die Vertreter der einen Schulform von vornherein als die besseren dünken und die anderen ablehnen oder gar in eine Gegnerrolle drängen", meint auch WOLFGANG WEIRAUCH.[452] Und PETER M. ROEDER fordert dazu auf, die "wechselseitige Isolierung zu überwinden", da sich "privater und öffentlicher Sektor im Hinblick auf die Entwicklung" des gesamten Schulwesens "ergänzen können".[453] *Schulkritik* und die *Suche nach Schulalternativen* sollten somit in Zukunft zu Leitprinzipien für das *gesamte* Schulwesen werden, damit beide Phänomene *Motor einer not-wendigen Schulentwicklung* sein können, die staatliche und freie Schulen in gleicher Weise umfassen muß, wenn sie zukunftsfähig sein will.

Dieser Gedanke ist keineswegs neu. So war z.B. JOHANN PETER VOGEL "... stets um eine ganzheitliche, staatliche und freie Schulen gleichermaßen einschließende Betrachtung bemüht. Nur sie wird einem auf freie Entfaltung der Persönlichkeit und chancengleiche Bildung verpflichteten Schulwesen gerecht."[454] Bereits vor über 30 Jahren hat VOGEL "... zunächst Autonomie und Gleichwertigkeit als Grundprinzipien zur Erfüllung der Privatschulgarantie des Art. 7 Abs. 4 und 5 GG herausgestellt und auf dieser Grundlage Leitlinien eines zeitgemäßen Gesetzes für Schulen in freier Trägerschaft entworfen. Zugleich hat er das Bedürfnis nach Selbständigkeit und Differenzierung auch für das staatliche Schulwesen betont, das zu einer Annäherung von staatlichen und freien Schulen und einem neuen, die bisherige Trennung überwindenden Rechtsrahmen führen müsse."[455] Diese Ideen sind heute, am Beginn des 21. Jahrhunderts, immer noch hochaktuell – und im Hinblick auf die Entwicklung und Ausgestaltung moderner Schullandschaften zukunftsweisend.

In der Zukunft kann es also nicht darum gehen, "... die Staatsschule durch ein Privatschulwesen zu ersetzen – dies wäre angesichts des Umfangs des Bildungswesens und der Traditionen des deutschen Schulwesens eine unrealistische Forderung", schreibt die ARBEITSGEMEINSCHAFT FREIER SCHULEN.[456] "Das staatliche Schulwesen hat in Deutschland eine bedeutsame Tradition; das bleibt bestehen trotz allem, was an kritischen Bemerkungen darüber gemacht worden ist. Es garantiert für die große Mehrzahl der heranwachsenden Generation die schulische Ausbildung ...", stellt auch ERBE fest.[457] "Aber es geht darum, bürokratische Erstarrungen und technokratische Versteinerungen, die in jeder Massen- und Monopolsituation auftreten und die gerade im Bildungswesen verhängnisvolle Folgen haben, zu vermeiden."[458] Dies aber kann nur durch eine deutliche Ausweitung der Gestaltungsautonomie staatlicher Schulen geschehen. "Die gewaltigen Bildungsaufgaben werden heute – und erst recht in der Zukunft – nicht mehr von der staatlichen Verwaltung allein bewältigt werden können. Eine verstärkte Mitwirkung staatlicher Schulen durch eine Erweiterung ihrer Eigenverantwortung wäre einzuleiten", formulierte VOGEL bereits vor geraumer Zeit.[459]

Dies bedeutet jedoch keinesfalls, daß sich der Staat seiner öffentlichen Verantwortung im Schulwesen der Zukunft zunehmend entziehen darf. "Denn öffentliche Verantwortung und freie Initiative bedingen und definieren einander: Öffentliche Verantwortung gewinnt erst durch freie Initiative wirkliche Teilhabe aller Beteiligten und damit soziale Tiefenwirkung; freie Initiative kann ohne die Bindung an die öffentliche Verantwortung ihrer öffentlichen Bildungsaufgabe nicht genügen. Aber erst so erreichen beide Prinzipien die gesellschaftliche Relevanz, die zur Lösung unserer Bildungsaufgaben unentbehrlich ist."[460] – Die begonnene Autonomieentwicklung im Bereich der staatlichen Schulen bedeutet jedoch ebensowenig, daß Schulen in freier Trägerschaft in Zukunft überflüssig werden. Dies hat die ARBEITSGEMEINSCHAFT FREIER SCHULEN schon früh deutlich gemacht: "Selbst wenn es gelänge, ein staatliches Schulwesen so zu konzipieren und durchzuführen, daß Spontaneität und Eigeninitiative der einzelnen Schule gewährt würden, wäre zu fordern, daß Freie Schulen gleichwohl zu garantieren wären. Keine Demokratie sollte sich der Auseinandersetzung mit freien Initiativen, der konkreten Kritik und der Konkurrenz freier Schulen berauben ..."[461] Dem ist nichts hinzuzufügen.

Was bedeutet dies nun für die *Schullandschaften des 21. Jahrhunderts* – und inwiefern werden sie sich von denen des *20. Jahrhunderts* unterscheiden?

Es liegt nahe, sich zur Charakterisierung der vergangenen, gegenwärtigen und zukünftigen "Schullandschaften" einiger gängiger Sprachbilder zu bedienen. – Zunächst also zu den *Schullandschaften des 20. Jahrhunderts*: Die reformpädagogische Bewegung am Anfang des Jahrhunderts beschrieb die Schullandschaften ihrer Zeit als *öde*, *grau* und *düster* – und stellte dieser Wahrnehmung die Zukunftsvision einer ganz anderen Schullandschaft gegenüber: "Das allgemein monoton und fade anmutende Bild der Schule als Treibhaus für Ehrgeiz und Rivalität ist einer hell konturierten Schullandschaft gewichen, in der in aufgeschlossener und fröhlicher Atmosphäre eine Auseinandersetzung mit den Lebensinhalten in entwicklungsgemäßer Form stattfindet."[462] Ein Stück weit gelang es den Reformpädagogen, die damalige Schullandschaft in ihrem Sinne *heller* und *freundlicher* zu gestalten: "In den 20er Jahren gab es – dank einer sehr liberalen Schulpolitik – eine große Anzahl von Versuchsschulen in staatlichen Volksschulen."[463] Zu denken ist hier etwa an den Bund entschiedener Schulreformer (PAUL OESTREICH, FRITZ HELLING, MINNA SPECHT, RUDOLF BODE, ADOLF GRIMME), an die Arbeitsschulbewegung (GEORG KERSCHENSTEINER, HUGO GAUDIG), an die Hamburger Schulreformer (JOHANNES GLÄSER u.a.), an die Kunsterziehungsbewegung (ALFRED LICHTWARK u.a.), an die Lebensgemeinschaftsschulen (FRITZ KARSEN), an die Bremer Reformpädagogen (FRITZ GANSBERG, HEINRICH SCHARRELMANN) sowie an die zahlreichen Versuchsschulen in Leipzig, Magdeburg, Frankfurt, Dresden, Berlin und München.[464] "Hier ist eine Menge Kärrnerarbeit innerhalb des bestehenden Schulsystems geleistet worden ..."[465], was zu einer nachhaltigen Belebung der Schullandschaften beitrug. Auch die Gründung nicht-staatlicher Schulalternativen (wie z.B. Waldorfschulen, Landerziehungsheime, Peter Petersen-Schulen u.a.) sorgte für eine größere Vielfalt in der grauen Bildungslandschaft dieser Zeit.

Mit dem Aufkommen des Nationalsozialismus erlitt die Weiterentwicklung der Schullandschaften in Richtung auf mehr Lebendigkeit und Pluralität einen empfindlichen Rückschlag. Durch die ideologische Gleichschaltung aller Schulen – unter Verbot sämtlicher freier Schulalternativen – wurde die Bildungslandschaft in ein gefährlich *monotones, trübes Braun* getaucht.

Es dauerte seine Zeit, bis nach einer Phase der Restauration des deutschen Bildungswesens – also nach 1945 – auch die reformpädagogische Schultradition neu belebt werden konnte. Erst seit den späten 60er Jahren, als im Staatsschulbereich die Gesamtschuldiskussion entflammt war und als im Zuge der Enttäuschung von der Schulreform in den 70er Jahren das "Alternativschulwesen" boomte, wurde eine deutliche Belebung der deutschen Schullandschaft spürbar. Freie Schulen schossen wie Pilze aus dem Boden – und ließen die Schullandschaften *bunter* und *vielfältiger* werden. In den 80er Jahren wurde diese Schulvielfalt auch programmatisch vertreten: Es komme weniger darauf an, neue Erziehungsmethoden oder Schulformen zu verordnen, "... vielmehr darauf, für Schule [sic] geeignete Bedingungen zu schaffen, mehr pädagogisch wirksame Handlungsräume zu erschließen ... Zu diesen Bedingungen gehören unter anderem: ... stärkere Förderung von Schulen in freier Trägerschaft, um das staatliche Schulmonopol einzuschränken und um mehr Alternativen als bisher zum öffentlich verantworteten Schulwesen zu besitzen ..."[466]

Allen Befürwortern *pluraler* Schullandschaften zum Trotz trat in dieser Zeit eine gewisse Verhärtung der Fronten zwischen Alternativschulanhängern und Regelschulbefürwortern ein. Radikale Staatsschulgegner und "Gegenschul"-Befürworter sagten der Regelschule den Kampf an – und wurden ebenso heftig von eingefleischten Staatsschulvertretern in ihre Schranken verwiesen. So wurde unsere Schullandschaft im letzten Drittel des 20. Jahrhunderts zwar *bunter* und *vielfältiger* als jemals zuvor – doch standen sich staatliche Schulen auf der einen Seite und freie Schulen andererseits lange Zeit wie zwei unvereinbare, ja feindliche Blöcke gegenüber. Dies bestätigt von anderer Seite auch HANS-ULRICH GRUNDER, wenn er schreibt: "Mitte der 80er Jahre ... konzediert die Erziehungswissenschaft die pädagogische Sterilität des sorgsam gehegten bipolaren Ansatzes – hie staatliche, hie Schule in freier Trägerschaft."[467] Freie Schulen galten in dieser Zeit vielfach als ungeliebte "Störenfriede" in der wohlgeordneten Staatsschullandschaft – und wurden immer wieder in die "exotische Ecke" gedrängt. Durch unzureichende staatliche Finanzhilfe wurde den Schulen in freier Trägerschaft überdies ein sozialer "Elitestatus" aufgezwungen, den die weit überwiegende Mehrheit dieser Schulen niemals für erstrebenswert hielt. So stehen sich im öffentlichen Bewußtsein bis heute die *elitären privaten "Exotenschulen"* und die *sozialverträglichen staatlichen "Normopathenschulen"* in der Bildungslandschaft wie zwei beziehungslose Monolithen gegenüber. "Die klare Opposition von öffentlicher und privater Bildung hat Geschichte", konstatiert GRUNDER.[468] Und er fragt – Mitte der 90er Jahre – vorsichtig an: "Sollte man den vermeintlichen Antagonismus nicht als künstliche Dualität interpretieren und zugunsten integrierender Lösungsvarianten aufweichen?"[469] In diesem Sinne spricht auch ACHIM LESCHINSKY von der Möglichkeit einer "Aussöhnung zwischen den revolutionären Ausbruchversuchen und dem vorgefundenen Regelsystem".[470]

Mit der "Wende" in Deutschland erblickten seit den 90er Jahren erneut schulreformerische Bewegungen das Licht der Welt, die meist die Form von Bürgerinitiativen annahmen. Als Beispiel sei hier die 1990 entstandene Leipziger INITIATIVE FREIE PÄDAGOGIK genannt, die für mehr Freiheit und Vielfalt im gesamten Bildungswesen eintritt und "mit den einzelnen Schulen die gesamte Schullandschaft verändern" will.[471] So sollen *auch* die *Schullandschaften* der Zukunft – nicht nur in Ostdeutschland – zu "blühenden Landschaften" werden.[472] Eine weitere Bürgerinitiative ist die 1996 in Schleswig-Holstein initiierte AKTION MÜNDIGE SCHULE, die sich eine Belebung der Bildungslandschaft durch

"Selbstverwaltung, Vielfalt, Innovation und fairen Wettbewerb im Schulwesen auf ihre Fahnen geschrieben hat".[473] Vielleicht ist es ein Indiz der erwachenden Bürgergesellschaft, daß die Bürger/innen selbst es sind, die an der Schwelle zum 21. Jahrhundert *farbige* und *vielgestaltige* Schullandschaften einfordern.

Einen Meilenstein in der Entwicklung der deutschen Bildungslandschaft stellt zweifellos die bereits erwähnte, 1995 erschienene Denkschrift der Bildungskommission Nordrhein-Westfalen mit dem vielversprechenden Titel "Zukunft der Bildung – Schule der Zukunft" dar.[474] In ihrer Bestandsaufnahme der Schullandschaften vor der Jahrtausendwende kommt die Kommission zu folgendem Fazit: "Das Schulangebot insgesamt ist bunter und lebendiger geworden, auf der Ebene der Systemstrukturen und der Gestaltungsakzente vielfältiger, aber auch unterschiedlicher in seinem Erscheinungsbild und in seiner Wirkungsweise."[475] Bezüglich der gegenwärtigen Bildungsdiskussion stellt die Kommission fest, daß diese es zu tun hat "... mit Veränderungen, die am Ende des Jahrhunderts in allen vergleichbaren Industrieländern zu beobachten sind. Es geht aber nicht um die übliche Anpassung des Bildungssystems an eine sich kontinuierlich weiterentwikkelnde Gesellschaft. Vielmehr sind Veränderungen zu erwarten, die grundlegende Neuorientierungen erfordern"[476] (vgl. auch Kap.I.1). Zu den Empfehlungen der Kommission im Hinblick auf die zukünftige Weiterentwicklung des Schulwesens gehören v.a. "notwendige Veränderungen in Verantwortung und Steuerung des öffentlichen Schulwesens", die sich mit den Begriffen "Selbstgestaltung und Verantwortung der Einzelschule", "Profilbildung und Wettbewerb", "regional gestaltete Bildungslandschaften", "staatliche Verantwortung und Gewährleistung", "Qualitätsentwicklung und Evaluation" usw. umschreiben lassen.[477] Die Kommission möchte – nach eigener Aussage – mit ihrem o.g. Vorschlag *regional gestalteter Bildungslandschaften* dazu anregen, "in den Regionen eine Infrastruktur vernetzter Bildungsangebote zu entwickeln. Dabei geht es darum, die verschiedenen Bereiche von Bildung, die sich nach Aufgaben, Trägerschaften, Strukturen und Organisationsformen unterscheiden, zusammenzusehen und aufeinander zu beziehen."[478] – Eines dürfte indes mit Blick auf die Schullandschaften der Zukunft deutlich geworden sein: "Vermindert der Staat seine Einflußnahme auf die Schule, sind Schulfreiheit und Schulvielfalt zwingendes Ergebnis."[479]

Zu einer ähnlichen Prognose kommt das INSTITUT FÜR BILDUNGSFORSCHUNG UND BILDUNGSRECHT in Hannover: "Die Erkenntnis, daß Bildung effektiver und pädagogisch sinnvoller durch verselbständigte Verwaltungsträger oder nichtstaatliche Träger wahrgenommen werden kann, wird zu einer Stärkung der Selbstverwaltung der staatlichen Schulen und angesichts der Unzufriedenheit weiter Teile der Bevölkerung mit dem staatlichen Schulwesen zu erheblichen Wachstumspotentialen der nichtstaatlichen Schulen führen."[480]

Andererseits wird das freie Schulwesen durch "autonome öffentliche Schulen" aber auch beachtliche *Konkurrenz* bekommen, was HORST HENSEL in seinem Szenario zukünftiger Schullandschaften betont: "Die bisherigen Bedingungen für die Errichtung von Privatschulen in freier Trägerschaft gelten weiter (siehe Art. 7 GG). Schulen in freier Trägerschaft sind in derselben Weise in das System der Beratung, Evaluation und Kontrolle ... einbezogen wie autonome öffentliche Schulen. Dies verhindert, daß Schulen in freier Trägerschaft eng definierte und gewisse Schülerinnen und Schüler ausschließende weltanschauliche oder religiöse Einrichtungen sind: Auch Schulen in freier Trägerschaft müssen sich auf den Wertekanon des Grundgesetzes verpflichten. Es steht ihnen natürlich frei, ein pädagogisches Profil auszubilden, das sich deutlich von dem autonomer öffentlicher Schulen unterscheidet. Da diese jedoch ebenfalls ihr eigenes Profil zeichnen werden, stehen Schulen in freier Trägerschaft dadurch zum ersten Mal in dieser Hinsicht in starker Konkurrenz zu den 'Mehrheitsschulen'."[481]

Die Frage der *Trägerschaft* einer Schule wird in den Bildungslandschaften der Zukunft also eher sekundär sein; primär wird ihr *pädagogisches Profil*, ihre *Schulkultur* und ihr *besonderes Ethos* als Indikator für Schulqualität bei künftigen Eltern- und Schülergenerationen im Mittelpunkt des Interesses stehen. Damit dies geschehen kann, tut zweierlei not:

1. Die bestehenden Rechte der *Freien Schulen* dürfen nicht eingeschränkt werden, sondern müssen erhalten und ausgebaut werden, v.a. im Bereich von Schulgründung, Genehmigung und Finanzhilfen.

2. Den *staatlichen Schulen* muß mehr pädagogische Freiheit und Autonomie gegeben werden, v.a. im Bereich der Entwicklung eines individuellen pädagogischen Profils, aber auch in personeller, organisatorischer und finanzieller Hinsicht.

Dabei gilt auch in Zukunft: "Der Staat hat die allgemeine Schulaufsicht und damit die Verantwortung für das gesamte Schulwesen. Ihm untersteht einerseits die kompakte Masse der staatlichen Schulen und andererseits die Gruppe der freien Schulen. Seine Aufgabe ist es, beide Teile zu betreuen, sie materiell gleichzubehandeln und sie nach Möglichkeit in ein fruchtbares ausbalanciertes Wechselverhältnis zu bringen."[482] Gleichzeitig sollte er allen Schulen – unabhängig von ihrer Trägerschaft – unter Beachtung gewisser allgemeiner Mindeststandards weitestgehende Autonomie einräumen.

Im Zuge dieser Entwicklung werden die Schullandschaften der Zukunft keine öden Monokulturen mehr bieten, sondern – um im Bild zu bleiben – eine Kultur *bunter, fruchtbarer* und *blühender* Wiesen. HANS CHRISTOPH BERG zieht zur "Illustration dieser morphologischen Bedeutung von Schulvielfalt für die Schulentwicklung" den Vergleich mit einem Wald heran: "Auch bei einer noch so fleißig angepflanzten Vielzahl von Tannen bleibt ... ein Wald eine Monokultur; zu einem 'richtigen' Mischwald gehören neben Tannen und Fichten eben auch Eichen, Buchen, Eschen, Ahorn, Birken ..."[483] Diese Vielfalt aber setzt größere Freiheiten gegenüber staatlicher Normierung voraus. Und so befinden wir uns an der Schwelle zum 21. Jahrhundert – um mit BERTRAND STERN zu sprechen – "auf dem Weg zu *Landschaften der freien Bildung*"[484] – was auch immer dies im einzelnen heißen mag.

Schaut man über die Landesgrenzen hinaus auf die *europäischen Bildungslandschaften*, so ist mit GRUNDER zunächst folgendes festzustellen: "Die Schullandschaften der europäischen Länder sind, betrachtet man das historisch bedingte Verhältnis von Staat und Schule, heute uneinheitlich: Die nationalen Vorgaben was Unterrichtspflicht, Schulpflicht, Schulvielfalt und Privatschulfreiheit angeht, haben zu erheblicher zwischenstaatlicher Varianz geführt."[485]

Ähnlich äußert sich auch das INSTITUT FÜR BILDUNGSFORSCHUNG UND BILDUNGSRECHT in Hannover: "In einigen europäischen Staaten haben sich schon Wandlungsprozesse vollzogen, die die traditionellen Strukturen entscheidend geändert haben. Die in allen europäischen Ländern ... aufgeworfene Diskussion ... über 'public management' und das Verhältnis von 'input' und 'output' im Bildungswesen, die zur europaweiten Diskussion über 'Autonomie von Schulen' geführt hat, wurde in Ländern wie den Niederlanden, Norwegen, Finnland und Schweden nicht auf eine halbherzige Deregulierungs- und Dezentralisierungsdebatte sowie die Stärkung der Haushaltsautonomie der staatlichen Schulen beschränkt, sondern um die Diskussion über die Rechte der Bürger, insbesondere ein wirkliches Wahlrecht für jeden Bürger zwischen verschiedenen pädagogischen Konzeptionen und staatlichen und freien Schulen, unabhängig von den Einkommensverhältnissen der Eltern, erweitert."[486]

Eine hervorragende Zusammenfassung der *Reformentwicklung in Europa* gibt SIEGFRIED JENKNER in seinem Bericht über die 1992 von EURYDICE erarbeitete europäische Gesamtstudie zur europäischen Schulreformentwicklung, die alle damaligen 12 Mitgliedsstaaten der EU umfaßte.[487] "Die Studie belegt einerseits die Unterschiede in der Schulverfassungstradition und dementsprechend auch in den Ansatzpunkten und im Stand der Reform. Andererseits stellen die Autoren auch Gemeinsamkeiten fest, die sie abschließend in vier *grundlegenden Entwicklungstendenzen* (main trends) zusammenfassen:

1. 'Die Schule ist dabei, zur zentralen Einheit des Schulverwaltungssystems zu werden, sei es durch Übertragung von Zuständigkeiten des Bildungsministeriums (in traditionell zentralisierten Ländern) oder von regionalen oder lokalen Behörden (in traditionell dezentralisierten Ländern).'

2. 'Eltern und andere Vertreter des öffentlichen Lebens gewinnen verstärkten Einfluß auf die Festlegung der Zielsetzungen, die von der Schule (im Rahmen ihrer Autonomie) erreicht werden sollen, sowie auf die Kontrolle über deren Umsetzung und die Ergebnisse.'

3. 'Die Schulverwaltung (hier gemeint als die Verwaltung der Einzelschule ...) wird zu einem wichtigen Faktor bei der Definition von Strategien zur Weiterentwicklung der Schulorganisation, zur Verbesserung ihrer Effektivität und zum Erreichen eines hervorragenden Leistungsniveaus.'

4. 'Die Stärkung der Schulautonomie und das Interesse an der Effektivität und Qualität der schulischen Arbeit führen dazu, daß Fragen der Schulevaluierung größere Aufmerksamkeit geschenkt wird.' "[488]

JENKNER zieht insgesamt eine positive Bilanz: "Die hier nur kurz referierten Ergebnisse der EG-Studie berechtigen ungeachtet aller Probleme und Schwierigkeiten im einzelnen zu Optimismus. Sie stellen eine Ermutigung für alle Bemühungen zur weiteren Liberalisierung und Demokratisierung des Schulwesens dar."[489] Der Autor betont, daß insbesondere mit der Forderung nach mehr Autonomie für die Schulen eine Entwicklung in Gang gesetzt wurde, welche "die europäische Schullandschaft wesentlich verändern" wird.[490]

Im folgenden soll nun der Frage nachgegangen werden, wie eine *Schulentwicklung im 21. Jahrhundert* aussehen könnte, die das staatliche und das freie Schulwesen gleichermaßen in den Stand versetzt, sich in adäquater Weise auf Zukunftsfähigkeit hin umzugestalten. – Wie J. WALTER zu Recht anmerkt, "... ist eine Auseinandersetzung um zukünftige Herausforderungen und Perspektiven, um Leitbilder des Bildungssystems notwendig. Sinnvoll zu führen ist sie aber nur, wenn sie nicht von der Ausgangslage und den Defiziten abstrahiert ..."[491] – Woran sollte sich eine solche Schulentwicklung also orientieren? Lassen sich Leitideen finden, an denen sich ein zukünftiges Schulwesen ausrichten kann, das offen bleibt für *Schulkritik* – und nicht müde wird, nach *Schulalternativen* zu suchen?

Die Beantwortung dieser Fragen soll im folgenden anhand von *sieben Thesen* versucht werden, die jeweils zunächst stichwortartig genannt und danach kurz erläutert werden sollen. Auf eine *eingehendere* Erörterung dieser Thesen soll an dieser Stelle jedoch verzichtet werden, da das den Rahmen dieser Arbeit sprengen würde. So sollen die nun folgenden Thesen lediglich einige wesentliche Grundprinzipien aufzeigen, an denen sich eine künftige Schulentwicklung orientieren könnte. Vertiefende Überlegungen zu den einzelnen Aspekten sind den jeweiligen Literaturhinweisen zu entnehmen.

Hier zunächst die 7 Thesen zur Schulentwicklung im 21. Jahrhundert in Kurzfassung:

Eine zukünftige Bildungspolitik sollte ...

> **1. Schulentwicklung fördern**
> **2. Schulautonomie ermöglichen**
> **3. Schulqualität sichern**
> **4. Schulvielfalt gewährleisten**
> **5. Schulwahlfreiheit verwirklichen**
> **6. Schulfinanzierung gerecht gestalten**
> **7. Chancengleichheit garantieren**

Im einzelnen ist damit folgendes gemeint:

1. Schulentwicklung fördern

> ❆ ***These 1: Eine zukunftsorientierte Bildungspolitik im 21. Jahrhundert sollte Schulentwicklung gezielt fördern.***

"Schulentwicklung steht in diesen Jahren im Zentrum von Bildungspolitik, Fortbildungseinrichtungen und Einzelschulen", stellt HANS-GÜNTER ROLFF fest.[492] Da der Begriff heute "ebenso populär wie inflationär"[493] verwendet wird, ist zunächst zu fragen, was im Kontext dieser These unter *"Schulentwicklung"* verstanden werden soll.

Hierzu sei nochmals ROLFF zitiert: "Der Begriff Schulentwicklung gehört im deutschsprachigen Raum nicht zum tradierten Inventar der Erziehungswissenschaft. Er ist neuesten Datums."[494] Während er in den 70er Jahren überwiegend im Sinne von "Schulentwicklungsplanung", also Planung von Standorten, Gebäude- und Raumkapazitäten verstanden wurde, erfuhr der Begriff in den 80er Jahren eine erhebliche Erweiterung im Sinne von "Schulsystementwicklung": "Der Gegenstand von Schulentwicklung war eindeutig das Schulsystem, nicht die Einzelschule."[495] Wiederum etliche Jahre später bildete sich "das heute dominierende Verständnis von Schulentwicklung heraus, das mit dem weltweiten Paradigmenwechsel von der Perspektive zentralistischer Schulplanung zur Entdeckung der 'Einzelschule als Gestaltungseinheit' (FEND 1983) eine vehemente Schubkraft entfachte."[496] Und so kommt ROLFF zu folgendem Fazit: "Spätestens seit 1990 gilt die Einzelschule als 'Motor der Schulentwicklung' (DALIN/ROLFF 1990) ..."[497]

In diesem Sinne ist der Appell zu einer gezielten *Förderung* der Schulentwicklung primär als strukturelle Ermöglichung der inneren Weiterentwicklung von Einzelschulen zu verstehen, was jedoch nicht bedeutet, daß äußere Schulentwicklungsprozesse völlig zu vernachlässigen wären. Andererseits sind äußere Reformprozesse *ohne* innere Schulentwicklung zum Scheitern verurteilt: "Entscheidungen auf der Ebene des Schulsystems, makroorganisatorische Regelungen und Strukturentscheidungen, sind zwar durchaus wichtig, aber sie sichern noch nicht, daß die mit ihren anvisierten Reformen zur inneren Gestaltung auch quasi automatisch vom einzelnen Lehrer im Schulalltag umgesetzt werden. Gesetzgeberische Vorgaben und Erlasse haben für die inneren Abläufe offenbar weniger direkte Auswirkungen als oftmals angenommen wird", schreibt HARTMUT WENZEL.[498] Es kommt also bei der Schulentwicklung "... entscheidend darauf an, was die an der Gestaltung der Einzelschule Beteiligten innerhalb der schulstrukturellen und sonstigen Rahmenbedingungen anfangen, wie sie diese im täglichen Miteinander gestalten."[499] Darüberhinaus wird, wie bereits erwähnt, auch die "Schulentwicklung in der Region" eine zunehmende Bedeutung erlangen.[500] Einzelschulen werden sich nicht einsam, sondern gemeinsam entwickeln, so daß "regionale Schul- und Bildungslandschaften" entstehen.[501]

Da sich unsere Schulen – einem internationalen Trend folgend – "derzeit verstärkt von Zentralisierung, hierarchischer Struktur und Standardisierung entfernen ..., ist es erforderlich, auch neu über schulische Entwicklungsprozesse nachzudenken", stellt WENZEL zu Recht fest.[502] Hierzu nun noch einige Grundgedanken: "Heute geht man – vor dem Hintergrund neuerer, humanistischer Ansätze – davon aus, daß Entwicklung kein linearer Prozeß ist, der zentral gesteuert werden kann, sondern ein komplexer politischer, ideologischer, sozialer, organisatorischer und personaler Prozeß. Für derartige Prozesse der Schulentwicklung haben technische Modelle ihre Grenzen."[503] Vielmehr – so WENZEL – "... gewinnen die Personen in den Organisationen mit ihren Kompetenzen, Kontakten, Kooperationsformen etc. eine andersartige Bedeutung. Da die sozialen Aspekte von Organisationen zu berücksichtigen sind, werden neue Entwicklungs- und Veränderungsstrategien benötigt, in denen sowohl die einzelnen Mitglieder als auch die Institution insgesamt in Lern- und Veränderungsprozesse einzubeziehen sind."[504] WENZEL spricht im Hinblick auf diese Akzentverschiebung bzgl. Schule und Schulentwicklung von einem tiefgreifenden "Paradigmenwechsel" etwa im Sinne T.S. KUHNs.[505] Er kann gekennzeichnet werden als Trend weg von einer Vorstellung von Schule als Bürokratie, die im wesentlichen durch Gesetze, Verordnungen, Erlasse und Anweisungen 'von oben' gesteuert wird, hin zu einer Vorstellung von Schule, innerhalb derer die Akteure vor Ort erforderliche Maßnahmen der Konflikt- und Problemlösung, der Entwicklung und Profilierung selbst treffen und entscheiden. Die Schule wird weniger als eine Bürokratie (etwa im Sinne MAX WEBERs) verstanden, sondern eher als eine 'pädagogische Handlungseinheit' (FEND), die auf Partizipation und Mitwirkung der Betroffenen setzt und damit den Anforderungen an Institutionen in der Demokratie eher entspricht."[506]

In ihrem Buch über das "Institutionelle Schulentwicklungsprogramm" stellen DALIN/ ROLFF die "Problemlöse-Schule" als anzustrebende Vision, als Idealbild der zukünftigen Schule vor.[507] "Die 'Problemlöse-Schule' ist eine Schule, die die Bedürfnisse" – und man könnte ergänzen: die Probleme, das Unbehagen und die Schulkritik – "von Lehrern, Schülern und Eltern sehr aufmerksam wahrnimmt und registriert, die sich bewußt und klar ist über die Ansprüche des Umfeldes, die über eine Organisationskultur und ein Management verfügt, welches offen ist für Veränderung und Innovation, die Eigentum und gemeinsames Verpflichtetsein gegenüber neuen Visionen ermöglicht und dieses auf einem realistischen Verständnis von Stärken und Schwächen gründet, und fähig ist, Menschen und Ressourcen im Umkreis des erforderlichen Veränderungsprogramms zu mobilisieren."[508] Soll eine Schulentwicklung im Sinne der o.g. Vision Wirklichkeit werden, "so sind in der Zukunft partizipatorische Konzepte für eine kollegial getragene Schulentwicklung – etwa der Organisationsentwicklung – erforderlich, die sich auf die Entwicklung der Einzelschule, auf Organisationslernen beziehen", folgert WENZEL.[509] Die bereits erwähnten Konzepte der "Organisationsentwicklung" (OE), der "Pädagogischen Schulentwicklung" (PSE), der "Unterrichtsentwicklung" (UE), aber auch der "Schulprogrammentwicklung" (SPE) können in diesem Zusammenhang eine solide Grundlage bilden (vgl. Kap.IV.1).[510] "Darüber hinaus müssen selbstverständlich auch die rechtlichen Voraussetzungen geschaffen werden sowie ein integriertes Fortbildungskonzept, das die erforderlichen Kompetenzen aufzubauen hilft."[511] Dem ist mit Nachdruck zuzustimmen.

Der vom ehemaligen EU-Kommissionspräsidenten herausgegebene UNESCO-Bericht zur Bildung für das 21. Jahrhundert definiert die Rolle des Staates in dieser europaweiten Entwicklung folgendermaßen: "Seine Aufgabe besteht ... darin, Energien zu steuern, Initiativen zu fördern und Bedingungen zu schaffen ...", unter denen die notwendigen Schulentwicklungsprozesse in Gang kommen können.[512] In diesem Sinne kann Schulentwicklung zwar nicht "von oben" erzwungen, aber doch ermöglicht, angeregt und unterstützt werden. Für SCHAVAN zählt die "Weiterentwicklung unserer Schulen hin zu attraktiven Lernkulturen" zu den "zentralen bildungspolitischen Herausforderungen" der Zukunft.[513] Und INGRID GOGOLIN schreibt: "Die heutige Schule ist in mancher Hinsicht eine Schule von gestern. Sie besitzt Merkmale und Eigenschaften, die sie hindern, mit dem sichtlichen gesellschaftlichen Wandel schrittzuhalten."[514] Nicht zuletzt deshalb tut Schulentwicklung not. Wir können es uns angesichts der sich beschleunigenden gesellschaftlichen Veränderungsprozesse und globalen Herausforderungen nicht mehr leisten, alles beim alten zu lassen. "Die entscheidende Frage geht also dahin, ob und wie sich Schulen auf *Modernisierungsprozesse* einlassen können, die sie verändern, ohne sie unkenntlich zu machen", konstatiert JÜRGEN OELKERS.[515] Diese Prozesse müssen sich organisch und kontinuierlich entwikkeln. "Der Prozeß der Wandlung einer Schule ... hängt indessen von der Bereitschaft und Fähigkeit der sie gestaltenden Menschen ab", resümiert HERMANN RÖHRS.[516] Auch hierbei gilt es, selbst angesichts entmutigender Zeitphänomene am "Prinzip Hoffnung" – im Sinne ERNST BLOCHs – festzuhalten.[517] "Aber Hoffnungen sind", so RÖHRS, "im pädagogischen Rahmen auf die Dauer, wenn sie nur fest genug im Leben der Menschen Bedeutung erlangt haben und durch Konzepte konkretisiert sind, die realsten Faktoren, die neue Perspektiven und Veränderungen zu erwirken vermögen."[518]

2. Schulautonomie ermöglichen

> ❄ ***These 2: Eine zukunftsorientierte Bildungspolitik im 21. Jahrhundert sollte Schulautonomie dezidiert ermöglichen.***

"Die gegenwärtigen Debatten über Schulentwicklung und notwendige Veränderungen der Schulen konzentrieren sich" nach FISCHER/ROLFF vor allem auf das "mehr oder weniger klar definierte Leitmotiv der 'Autonomie' von Schulen".[519] "Nicht nur die bildungspolitische Diskussion, sondern auch die konkrete Entwicklung der Schulsysteme ist in vielen Ländern seit einigen Jahren geprägt durch einen Paradigmenwechsel", der "... mit Begriffen wie 'Schulautonomie', 'teilautonome Schule', 'selbständige Schule', 'erweiterte Gestaltungsautonomie' oder 'Schule in erweiterter Verantwortung' eher schlagwortartig als deskriptiv-korrekt gekennzeichnet wird", stellt MARITZEN fest.[520] Nach PASCHEN ist "Schulautonomie ... zu einem Thema geworden, an dem sich in der Pädagogik die schönsten Hoffnungen entzünden, das zugleich aber auch größte Ängste zu wecken scheint ..."[521] JACH schließlich konstatiert: "Was bis in die 90er Jahre hinein als Privileg der Reformschulen in Eltern-Lehrer-Trägerschaft galt – Selbstverwaltung, pädagogische Selbstbestimmung, das Bestehen einer echten Schulgemeinschaft – scheint nunmehr auch das staatliche Schulwesen zu erreichen"[522] – und das ist gut so.

Fragt man nach der Bedeutung des Begriffes *"Schulautonomie"*, so ist zunächst mit H.-G. ROLFF festzuhalten: "Der Begriff Autonomie ist nicht nur öffentlichkeitswirksam, sondern auch mißverständlich, bedeutet er doch in seiner ursprünglichen (griechischen) Bedeutung, sich die Gesetze selber geben können (autos nomos)."[523] Schaut man sich den Gebrauch des Wortes "Schulautonomie" jedoch genauer an, "so wird in der Regel nicht darunter verstanden, daß die einzelne Schule im tieferen Sinne des Wortes wirklich ihre 'Gesetze' selbst aufstellt, sondern daß ein größerer Handlungsspielraum für Entscheidungen zur Gestaltung und Entwicklung der einzelnen Schule gefordert wird und somit eine Einschränkung zentraler, bürokratischer Eingriffe in den Schulalltag", schreibt WENZEL.[524]

"Gemeint ist also eher 'Gestaltungsautonomie' (ROLFF) im Rahmen staatlich verantworteter Rahmenvorgaben, die es den Kollegien vor Ort besser ermöglicht, auf neue Anforderungen, Probleme und Entwicklungserfordernisse zu reagieren und sich auf diese Weise auch stärker für ihre Schule verantwortlich zu fühlen, sich mit ihrer Erscheinungsweise und Entwicklung zu identifizieren und somit letztlich ihre Qualität und Leistungsfähigkeit zu verbessern."[525] In diesem Sinne ist der Begriff "Schulautonomie" auch im Kontext der hier vertretenen These zu verstehen.

KNUT NEVERMANN verweist auf die "Größe der *Tradition*, auf die die Autonomiebewegung zurückschauen kann".[526] Nicht nur WILHELM VON HUMBOLDT hatte eine weitgehende Autonomie der Schule von staatlicher Reglementierung gefordert; "von SCHLEIERMACHER über HUMBOLDT bis zu HERBART ist diese Auffassung durchgängig".[527] Interessant ist in diesem Kontext folgende Feststellung: "Die Forderung nach der Autonomie des pädagogischen Prozesses ist von allem Anfang auch mit der Kritik an bestehenden Schulverhältnissen verbunden."[528] Auch WOLFGANG HÖFLING konstatiert: "Die Diskussion um eine Eigenverantwortung bzw. Autonomie der Schule ist nicht neu: Schon 1951 empfahlen die sogenannten Tübinger Beschlüsse, den öffentlichen und privaten Schulen die freie Zusammenstellung ihrer Lehrkörper und die freiere Gestaltung des Lehrplanes zu ermöglichen. 1964 beschäftigte sich die Vereinigung der Deutschen Staatsrechtslehrer mit der Forderung nach Selbstverwaltung der Schule. 1973 forderte die Bildungskommission des Deutschen Bildungsrates eine Selbständigkeit der Schulen bei der Erstellung von Lehrplänen und bei Personal- und Finanzfragen ein. 1981 beschäftigte sich dann die Schulrechtskommission des Deutschen Juristentages mit der Frage einer größeren Schulautonomie; sie unterbreitete dazu den Vorschlag, ein Schulsystem ohne die traditionell weitreichenden fachaufsichtlichen Eingriffsmöglichkeiten in Unterricht und Erziehung zu entwikkeln."[529]

J.P. VOGEL schließlich resümiert: "Nach einem Ausspruch HELLMUT BEKKERs wirkt die Bildungspolitik durch Versickerung. In den vergangenen 50 Jahren ist die Gestaltungsfreiheit der Einzelschule immer wieder vorgeschlagen, diskutiert und wieder weggelegt worden – plötzlich sind zwingende Umstände gegeben, ist die Zeit reif und das öffentliche Bewußtsein auf dem Stand, daß sie eingeführt werden kann."[530]

Die *Begründungs-* und *Argumentationsmuster* für Schulautonomie sind vielfältig – ebenso wie die Versuche ihrer Systematisierung. Da bereits in Kap.II.4.2.6 auf die Typologie der Begründungsansätze nach INGO RICHTER hingewiesen wurde, seien an dieser Stelle die wichtigsten Begründungsstränge lediglich nochmals stichpunktartig genannt: 1. "Demokratisierung der Gesellschaft" (politikwissenschaftlicher Ansatz); 2. "Gesellschaftliche Selbstverwaltung" (verwaltungswissenschaftlicher Ansatz); 3. "Pädagogische Freiheit als Funktionsprinzip der Schule" (soziologischer Ansatz), 4. "Kollektives Elternrecht – kollektives Schülerrecht" (verfassungsrechtlicher Ansatz); 5. "Erziehung zur Demokratie" (pädagogischer Ansatz); 6. "Schule als Betrieb" (ökonomischer Ansatz).[531] Zur *empirischen* Befundlage bzgl. der Schulautonomie-Forschung stellen WEISHAUPT/WEIß fest: "Obwohl Dezentralisierung und Autonomisierung im Schulbereich ein weltweit zu beobachtendes Phänomen darstellen, liegen bislang kaum aussagekräftige Befunde kontrollierter Wirkungsstudien vor."[532] Hier tut sich also für die Zukunft ein breites Forschungsfeld auf.

Im Hinblick auf den *Geltungsbereich* von Schulautonomie werden meist folgende Aspekte genannt bzw. gefordert: Autonomisierung der Schule bedeutet eine "Stärkung der *pädagogischen, organisatorischen, personellen* und *finanziellen* Selbständigkeit von Schule".[533] Zur näheren Erläuterung dieser Teilaspekte schulischer Autonomie sei auf die einschlägige erziehungswissenschaftliche Fachliteratur verwiesen. Eine umfassende zukünftige Autonomieentwicklung sollte alle diese Aspekte berücksichtigen.

Ein wichtiger Schritt auf dem Weg einer Schule zu größerer Gestaltungsautonomie ist die Entwicklung eines *Schulprogramms* und eines eigenen *Schulprofils*. "Die Schule der Zukunft braucht für ihren Weg eine programmatische Wegweisung, die sie aus sich selbst entwickeln muß: Ein Schulprogramm. Schulprogramm-Entwicklung ist gebunden an die jeweils vorfindbaren Verhältnisse der einzelnen Schule und die Bereitschaft dort, die Möglichkeiten eigener Gestaltungsautonomie zu nutzen", schreiben KLIEBISCH u.a.[534] In diesem Sinne fordert auch die Denkschrift "Zukunft der Bildung – Schule der Zukunft": "In einem ... Schulprogramm soll die einzelne Schule in einer ganzheitlichen Konzeption ihre spezifische pädagogische Zielsetzung ... darstellen. Als Resultat der kontinuierlichen Arbeit mit dem Schulprogramm bildet sich – zusammen mit anderen für die einzelne Schule spezifischen Merkmalen – das Schulprofil aus."[535] Und PETER STRUCK formuliert: "Die autonome Schule der Zukunft wird vor allem eine profilierte Schule sein, die sich im Wettbewerb mit anderen Schulen ... bewährt."[536]

Es liegt auf der Hand, daß eine Schule auf diesem Weg i.d.R. gezielter *Hilfe* und professioneller *Unterstützung* bedarf. "Ohne Unterstützungssysteme geht es nicht", meint auch ROLFF.[537] Denn "zu den Gelingensbedingungen inneren Wandels gehört Unterstützung von außen".[538] Solche Unterstützungsangebote können sein: "Schulinterne Lehrerfortbildung", "Schulleiterfortbildung", "Ausbildung von Schulentwicklungsmoderatoren", "Supervisionsgruppen für Lehrer/innen", "eine veränderte Schulaufsicht" usw.[539] Inzwischen ist außerdem eine Fülle von Praxishandbüchern zur Schulautonomie- und Schulprofilentwicklung erschienen, die ebenfalls konkrete Hilfen anbieten.[540] Immer geht es dabei um eine "Realisierung von Gestaltungsautonomie durch Organisationsentwicklung", wie ROLFF einmal formulierte.[541]

An dieser Stelle sei nicht versäumt, auch die Gefahren einer *unkontrollierten* Autonomieentwicklung zu bedenken. ROLFF schreibt dazu: "Auseinanderentwicklung der Schulen und Schulformen ist ebenso zu befürchten wie eine Beliebigkeit der Inhalte jenseits des schmaler werdenden Korridors eines für alle verbindlichen Kerncurriculums. In dem Maße, wie Schulen ihr Personal ganz oder teilweise selbst rekrutieren können, wächst die Möglichkeit ungleicher Kollegiumsentwicklung, die attraktive Schulen einerseits und weniger attraktive Schulen andererseits weit über das heute vorhandene Ausmaß hinausgehend entstehen lassen könnte. Die Gefahr der Auseinanderentwicklung wird durch Budgetautonomie und schuleigene Mitteleinwerbungen noch vergrößert. Sie droht das Schulwesen ... zu sprengen und dessen gesellschaftliche Sozialisationsfunktion in Frage zu stellen."[542] HERMANN LANGE weist überdies auf die Gefahr einer "sozialen Entmischung" hin, die sich seiner Auffassung nach aus der Autonomieentwicklung ergeben kann.[543]

Um diesen Gefährdungen entgegenzuwirken, ist es notwendig, über neue Steuerungsmodelle zur Sicherung von Qualitätsstandards, Vergleichbarkeit und sozialer Chancengleichheit nachzudenken.[544] Dies soll nicht zuletzt in den folgenden Thesen zur zukünftigen Schulentwicklung geschehen. Festzuhalten bleibt hier zunächst soviel: "Autonomie kann nicht grenzenlos, nicht rahmenlos sein. Schulentwicklung ohne Gestaltungsrahmen – also ohne Bildungspolitik – würde nicht unbedingt im Chaos, wohl aber im Sozialdarwinismus enden, d.h. in Vernichtungskonkurrenz, Auseinanderentwicklung und Aufgabe der gesellschaftlichen Integrationsfunktion von Schulen. Zudem würde die Qualität gefährdet."[545] Deshalb muß sich Schulentwicklung immer "zwischen Selbst- und Systemsteuerung" bewegen, kann Schulautonomie nie *absolut* sein.[546] "Autonomie von Schule" befindet sich vielmehr – um mit ROLFF zu sprechen – immer im Spannungsfeld von "dezentraler Schulentwicklung und zentraler Steuerung".[547] "Die Modernisierung der Schule bei staatlicher Verbindlichkeit *und* Erhöhung der Autonomie" ist nach OELKERS "keineswegs eine Paradoxie".[548] Dennoch bleibt mit REINHARD HOFFMANN abschließend festzustellen: "Das Recht und erst recht die Gesetzgebung müssen nicht in erster Linie als Begrenzung und Einschränkung von Autonomie der Schule wirken, sondern im Gegenteil als Ermutigung und Aufforderung der Autonomie angelegt werden und sich selbst so verstehen. In dieser Richtung muß ein Schulgesetz die Balance zwischen Handlungsspielräumen der einzelnen Schule und den sie beschränkenden Grenzen verschieben zugunsten einer weitestmöglichen Entfaltung von Autonomie auf der dezentralen Ebene der einzelnen Schule."[549]

Daß die Zukunftsentwicklung in Richtung auf Schulautonomie gehen soll und auch gehen wird, steht prinzipiell außer Frage. *Wie* sie sich im einzelnen gestalten soll, dabei ist noch vieles offen. Dies meint auch H. PASCHEN, wenn er schreibt: "Die Frage ist dabei *nicht*: – ob es mehr Schulautonomie geben soll, sondern wieviel Raum für Schulautonomie im Bildungswesen bereitzustellen ist; – ob es pädagogisch sinnvoll ist, sondern wie die pädagogischen Vorteile zu erlangen und zu sichern sind; – ob wir ein Mehr an Schulautonomie wollen, sondern wie wir uns dafür theoretisch und praktisch qualifizieren ..."[550] Dies läßt die "Dimension der Aufgabe" erahnen, "... die sich mit dem Plädoyer für Schulautonomie verbindet."[551]

VON HENTIG spricht von der "Idee der neuen Schule ..., die ich nur über eine größere Autonomie der einzelnen Schule für erfüllbar halte und also mit ... größerer Verantwortung ihrer Kollegien und Träger."[552] Auch NEVERMANN stellt fest, "... daß von der realen Entwicklung her eine Tendenz zu erkennen ist, die nur mit mehr Autonomie und mehr Partizipation bewältigt werden kann."[553] Für ihn bleibt "... als gemeinsamer Nenner ein Votum für mehr Autonomie, pädagogische Freiheit und Selbstgestaltung."[554] Auch die Baden-Württembergische "Zukunfskommission Gesellschaft 2000" stellte jüngst fest: "Um zu erreichen, daß aus der 'Risikogesellschaft' eine 'Chancengesellschaft' wird, ist ... vor allem das Prinzip Selbstverantwortung gefordert" – nicht zuletzt im Bildungswesen.[555] FAUST-SIEHL u.a. sehen "Schulautonomie als Zukunftsperspektive für das staatliche Schulwesen"[556] – und HARDORP kommt zu dem Schluß: "Die politischen Zeichen der Zeit weisen auf *Autonomie-Entwicklung im Schulwesen* oder auf *Profilierung der Einzelschule* hin, sie fördern und fordern die *Gleichbehandlung* von Schulen in staatlicher oder freier Trägerschaft. Dahin geht die Uhr" – und es ist müßig, ihre Zeiger anhalten oder rückwärts drehen zu wollen.[557]

EGINHARD FUCHS und INGO KRAMPEN betrachten die "Entwicklung von Selbstverwaltung" als "Notwendigkeit, wenn der einzelne als mündiger Mensch ernst genommen werden soll".[558] Zu der eingangs gestellten Frage, welche Schule in welcher Gesellschaft wir wollen (vgl. Kap.I.3), merken die beiden Autoren an: "Was ist das Ideal der Gesellschaft, in der wir leben wollen: Eine Gemeinschaft von friedlich ineinandergreifenden 'Rädchen im Getriebe' einer großen Maschine Staat, in der dem einzelnen möglichst jede Entscheidung und Initiative von Amtsträgern abgenommen wird? Oder eine Gemeinschaft von individuellen mündigen Menschen, die in Gewissensfreiheit und Verantwortungsbewußtsein gesellschaftlichen Konsens 'von unten' herstellen, natürlich mühsam und unter vielen Schmerzen und Mißverständnissen?"[559] Und sie kommen zu folgendem Fazit: "Will man letzteres, ist Selbstverwaltung in allen Bereichen des Lebens unverzichtbar, auch – und gerade – im Bildungsbereich, in dem die Impulse für die Zukunft gepflegt und zur Entfaltung gebracht werden."[560] Dem ist nichts hinzuzufügen.

Abschließend bleibt mit BORCHERT/MAAS folgendes festzuhalten: "Die Schulen der Zukunft werden Schulen sein, die weitgehend unabhängig von staatlichen Direktiven arbeiten. Sie werden je eigene pädagogische Profile haben und sich weitgehend selbst verwalten müssen, weil sie andernfalls ihre gesellschaftliche Aufgabe nicht mehr wahrnehmen können."[561] F.-R. JACH betrachtet die "Autonomie von Schule als Voraussetzung für die 'gute' Schule".[562] H. SCHWARZ schließlich bringt das Gesagte auf den Punkt: "Zur Schulautonomie gibt es keine Entwicklungsalternative. Nur mit der demokratischen Schule schaffen wir die bessere Schule."[563]

3. Schulqualität sichern

❁ ***These 3: Eine zukunftsorientierte Bildungspolitik im 21. Jahrhundert sollte Schulqualität nachhaltig sichern.***

In den OECD-Mitgliedsstaaten gibt es derzeit eine breite Diskussion über Möglichkeiten, die *Qualität* schulischer Bildung zu sichern bzw. zu verbessern. "Der Eingang des Begriffs 'Qualität' in den Wortschatz von Bildungsfachleuten, von Politikern ... und der breiten Öffentlichkeit ist ein ganz neues Phänomen ... Dieser Begriff stellt in der Tat einen neuen Schwerpunkt in der Bildungsdiskussion dar, der allerdings das Risiko zu konzeptioneller Verwirrung, wenn nicht gar zu leichtfertigem Gebrauch von Schlagworten in sich birgt, da er zu einer bequemen globalen Antwort auf all die vielen kritischen Stimmen wird, die sich derzeit gegen das öffentliche Bildungssystem erheben", liest man in einem internationalen OECD-Bericht.[564] "Heute gibt es in den OECD-Ländern ein bisher noch nie dagewesenes Interesse an der Bildungsqualität an sich."[565]

Woher kommt dieses große Interesse an Qualitätsfragen im Bildungswesen? – "Ein wichtiger Grund für die aktuelle Sorge um Qualität im Bildungswesen ist ... die Enttäuschung über die mangelnde Fähigkeit von organisatorischen und strukturellen Reformen, außergewöhnliche pädagogische Probleme zu lösen", konstatiert der o.g. Bericht.[566] Als weitere Gründe werden ökonomische, technologische und soziale Faktoren genannt.[567] PETER POSCH und HERBERT ALTRICHTER stellen fest: "Unserer Einschätzung nach läßt sich das gegenwärtige Interesse für Qualitätsevaluation als organisatorische Antwort auf die Steuerungsprobleme gesellschaftlicher Institutionen erklären und als Versuch zur Herstellung neuer Verbindlichkeiten angesichts zunehmender Individualisierung und Heterogenität" – gerade auch in einem sich autonomisierenden Schulwesen.[568] Dennoch wäre es nach HELMUT FEND "... vermessen zu meinen, Qualitätssicherung im Bildungswesen sei eine moderne und neue Erfindung. Der historische Prozeß, in dem Schulen und Schulsysteme geschaffen wurden, war immer begleitet von

Bemühungen um Verbesserungen und Erweiterungen."[569] Das 21. Jahrhundert wird jedoch – darin sind sich die meisten Experten einig – geprägt sein von einer "Qualitätssicherung in neuer Form".[570]

Zunächst ist also zu fragen, was unter dem Begriff "Qualität" zu verstehen ist. "Die Bedeutung von *Qualität* ist unklar, und der Begriff wird unterschiedlich verwendet ..."; er ist "facettenreich und oft subjektiv".[571] Nach POSCH/ALTRICHTER ist "Qualität" ein "relativer Begriff": "Es gibt verschiedene Qualitätsbegriffe, die miteinander im Wettbewerb stehen."[572] Oder anders gesagt: "In Wirklichkeit bedeutet 'Qualität' verschiedenes für unterschiedliche Betrachter und Interessengruppen, denn nicht alle teilen die gleichen Wahrnehmungen für die Prioritäten von Veränderungen."[573] Für den Bildungsbereich bedeutet dies: "Definitionen von Qualität werden entscheidend durch pädagogische Ziele bestimmt."[574] In einer demokratischen Gesellschaft heißt das aber schlußendlich: "Qualität ist ein politischer Verhandlungsgegenstand."[575]

Bereits hier zeigt sich, daß es kein einfaches Unterfangen ist, *Qualitätskriterien* bzw. *Qualitätsstandards* zu formulieren, die für alle Schulen Gültigkeit haben sollen. Eine erste Orientierung kann sicher die neuere Schulqualitätsforschung geben, die anhand verschiedenartiger empirischer Studien zentrale "Strukturelemente und Merkmale guter Schulen" herausgearbeitet hat.[576] Als Beispiele solcher Qualitätsindikatoren seien hier die Begriffe "Schulethos", "Schulkultur" und "Schulprofil" genannt, die in der internationalen Schulqualitätsforschung heute immer wieder auftauchen. Hierzu einige Zitate: "Jede der guten Schulen hatte ihr eigenes charakteristisches 'Gesicht', erwies sich als 'Individualität' und verfügte über ausformulierte Ziele, die ihrer spezifischen pädagogischen Situation Rechnung trugen. Das Erscheinungsbild guter Schulen war also keineswegs gleich – zentrierender Kern guter Schulen war eine von allen Betroffenen mitgetragene, für sie einsehbare Erziehungsphilosophie, die die geistige Orientierung der Schule bestimmte und das Verständnis der Schulziele und deren Erreichen förderte", schreibt KURT AURIN über Studien zur "schoolgoodness" (Schulgüte), die weit mehr umfaßt als bloße "school-effectiveness" (Schulwirksamkeit).[577] Auch STEFFENS/BARGEL stellen fest, daß sich Schulqualität in "sehr unterschiedlichen Schulgestalten" verwirklichen kann.[578] Als wichtige Merkmale "guter Schulen" nennt AURIN z.B. "pädagogischer Konsens über die Zielorientierung und auf ihm beruhende Stimmigkeit des Schulgeschehens", "Orientierungs- und Handlungssicherheit, Freiheit und Initiative ermöglichende Ordnungen" und "humane, auf Vertrauen sich gründende Kultur mitmenschlichen Umgangs ..."[579] FEND, der ebenfalls einen sehr brauchbaren und differenzierten Vorschlag für "Qualitätskriterien" im Schulwesen gegeben hat, faßt zusammen: "Gute Schulen sind gestaltete Schulen ..."[580] Die ELTERNARBEITSGEMEINSCHAFT FREIER SCHULEN IN BADEN-WÜRTTEMBERG schließlich resümiert: "Das Bildungssystem eines Landes ist immer effizienter, je mehr es die Entfaltung und

Wirksamkeit freier Bildungsinitiativen zuläßt. Schulerfolg und Schulqualität hängen, so die neuere Bildungsforschung, wesentlich von einer selbstbestimmten Profilbildung der einzelnen Schule ab."[581]

Nach SCHAVAN wird es für die Schulentwicklung im 21. Jahrhundert wichtig sein, "möglichst exakte Kriterien für die Qualitätssicherung zu entwickeln – z.B. im Zusammenhang mit den regelmäßigen OECD-Studien ... Es müssen meßbare Kriterien sein, die allgemein anerkannt werden und von denen her Standards formuliert werden können."[582] Bei allen Schwierigkeiten mit dem "umstrittenen Sachverhalt der Standards"[583] kann sich kein Staat der Verantwortung entziehen, gewisse qualitative "Standards in den Kernbereichen schulischer Arbeit zu vereinbaren".[584]

Die zentrale Frage, welche die Bildungspolitik in Zukunft beschäftigen muß, lautet also: Wie kann angesichts der wachsenden Autonomie und Selbststeuerung im Schulwesen die Bildungsqualität kontinuierlich gefördert und garantiert werden? Welche Strategien sind geeignet, um auch im 21. Jahrhundert Schulqualität nachhaltig zu sichern und zu erweitern?

Zunächst ist mit WOLFGANG KASPAR festzustellen, "daß bei der derzeitigen Autonomiediskussion um die Schulentwicklung auch eine verstärkte *Evaluation* als Kontroll- bzw. Steuerungsinstrument notwendig" wird.[585] Auch PASCHEN spricht von der "Unentbehrlichkeit kontinuierlicher Evaluation nach dem Zugeständnis von Autonomie".[586] Was ist damit gemeint? – "Unter 'Evaluation' versteht das Lexikon allgemein 'Bewertung, Bestimmung des Wertes', in pädagogischen Zusammenhängen auch 'Beurteilung von Leistungen, Lehrplänen, Unterrichtsprogrammen und schulischen Angeboten'. In Zusammenhang mit Schulentwicklung werden unter Evaluation systematische Prozesse des Bestimmens von Qualitätskriterien für eine pädagogische Praxis sowie des Sammelns und Analysierens von Informationen darüber verstanden, um auf dieser Basis Bewertungsurteile und begründete Weiterentwicklungen dieser pädagogischen Praxis zu ermöglichen", schreibt ALTRICHTER.[587] Qualitätsevaluation im Bildungswesen erfüllt nach POSCH/ALTRICHTER vier Funktionen, "... die einander ergänzen, aber auch einander widersprechen können": "Steuerungsfunktion", "Rechtfertigungsfunktion", "PR-Funktion" (Öffentlichkeitsarbeit) und "Kontrollfunktion".[588]

In den letzten 10 Jahren wurde weltweit eine Vielfalt von *Evaluationsmethoden* und *-instrumenten* zur *internen* und *externen* Qualitätsevaluation entwickelt, auf die hier nicht näher eingegangen werden kann.[589] "Nicht weniger umfangreich ist die Literatur der neunziger Jahre, die sich mit Strategien der Qualitätssicherung beschäftigt", konstatiert FEND.[590] Er weist jedoch auch auf die *Grenzen* der Qualitätsevaluation hin: "Es gibt ... gravierende Grenzen der Meßbarkeit. Weder alle Merkmale der Prozeßqualität des Bildungswesens noch alle Wirkungsbereiche lassen sich leicht messen."[591]

Prinzipiell kann sich Qualitätsevaluation beziehen auf *Personen, Prozesse, Programme, Materialien* und *Institutionen.*[592] Im Schulbereich können "Input-", "Prozeß-" und "Output-Standards" evaluiert werden.[593] Evaluationen sollten bei den Stärken, aber auch bei von den Beteiligten wahrgenommenen Problemen und Kritikpunkten ansetzen: "Ohne Problembewußtsein erfolgt keine Entwicklung", führen POSCH/ALTRICHTER aus.[594] Und schließlich: "Qualitätsevaluation erfordert bildungspolitische Stimulierung und Unterstützung von seiten der zentralen und regionalen Verwaltung."[595] Abschließend geben die Autoren folgende Empfehlungen zur Qualitätsevaluation im Schulwesen:

- "Institutionalisierung interner Qualitätsevaluationssysteme in den Schulen";
- "Ausbau der bestehenden Infrastrukturen zur Stimulierung und Unterstützung von Schulen";
- "Periodische Überprüfung der Qualität der Qualitätsevaluationssysteme, die sich die Schulen selber geben";
- "Periodische vergleichende Prüfungen ausgewählter Entwicklungsaspekte des Schulwesens";
- "Vorsorge für qualifizierte Krisenintervention".[596]

Dabei sollte nach POSCH/ALTRICHTER folgender Grundsatz gelten: "Messung von Qualität steht im Dienste der Entwicklung von Qualität."[597]

Qualitätsentwicklung und -evaluation kann sich nach FEND auf alle Ebenen des Schulwesens erstrecken: "Die Evaluation pädagogischer Verhältnisse ist auf der *Systemebene*, der *Schulebene*, der *Klassenebene* und der *Personenebene* möglich. In den 70er Jahren lag der Hauptakzent der Qualitätsprüfung ... auf der Systemebene. Die Schulebene ist in einer zweiten Evaluationsphase in den Mittelpunkt getreten, da sich die ... Varianz der Qualität des Schulehaltens vor Ort im Rahmen des gleichen Bildungssystems überdeutlich gezeigt hat."[598] Die Sicherung und Weiterentwicklung von Qualität betrifft somit nach FEND sämtliche Dimensionen des Bildungssystems: "die *Makroebene* der Bildungspolitik, die *Mesoebene* der einzelnen Schule und die *Mikroebene* von Lehren und Lernen in der Schulklasse [Hervorhebungen: A.P.]".[599] "Schulqualität" und "Systemqualität" sind somit zwei Seiten derselben Medaille – eines ist ohne das andere weder denkbar noch zu haben.

Schließlich sei noch auf die Notwendigkeit *neuer Steuerungsmodelle* im Schulwesen des 21. Jahrhunderts hingewiesen, die sich aus den oben dargestellten Entwicklungen quasi zwangsläufig ergibt. Die Bildungskommission NRW schreibt dazu: "Das öffentliche Schulwesen leidet darunter, daß es mit weitgehend standardisierten Modellen betrieben wird und einer Herausforderung durch alternative und konkurrierende pädagogische und organisatorische Modelle kaum ausgesetzt ist. Qualitätsverbessernde Impulse, die sich aus einem Wettbewerb ergeben könnten, spielen bisher kaum eine Rolle im Steuerungssystem."[600] Deshalb sei es unbedingt erforderlich, über neue Steuerungsmodelle im Bildungswesen nachzudenken. "Das neue Steuerungskonzept sieht eine Delegation von bisher der Schulaufsicht vorbehaltenen Entscheidungsrechten auf die Ebenen der Einzelschulen und der Träger ebenso vor wie eine Delegation von bisherigen Trägerkompetenzen auf die Einzelschule ... Qualitätssicherung im Schulwesen soll so ein neues Fundament erhalten, das auf kontinuierliche Qualitätsverbesserung zielt. Sie soll in den Schulen institutionell verankert werden, auf Selbstkontrolle basieren und zugleich durch Evaluation und Beratung staatlich unterstützt und geprüft werden."[601]

Das aber heißt: "Eine Weiterentwicklung der Schule muß einhergehen mit einer Weiterentwicklung der Schulverwaltung", wie WALTER MÄCK zu Recht feststellt.[602] VOGEL bemängelt die "Altertümlichkeit" des traditionellen Schulaufsichtsverständnisses und erläutert: "... die aus dem Grundgesetz ableitbaren Werte lassen eine pädagogische Konkretion in vielfältiger Weise zu."[603] Aber "Vielfalt widersetzt sich zentraler, umfassender Reglementierung und stellt damit den herrschenden Schulaufsichtsbegriff in Frage".[604] ANTON DOBART weist auf die "neuen Rollen und Aufgaben" von Schulaufsicht und Schulleitung "im Schulwesen einer dynamischen und offenen Gesellschaft" hin[605], und GOTTFRIED KLEINSCHMIDT beschreibt die "Aufgaben einer neuen Schulaufsicht" mit folgenden Stichworten: "Mehr Beratung, Qualitätssicherung durch Evaluation, neue Personalentwicklung, Standardisierung, öffentliche Berichterstattung über die Arbeit der Schulen, Ermutigung zu Innovationen, Kontrolle von Vorgaben ..."[606] FAUST-SIEHL u.a. charakterisieren schließlich das neue Verhältnis von Schule und Schulaufsichtsbehörde wie folgt: "Dieses gleichgewichtige Zusammenwirken setzt eine nichthierarchische, auf dem Grundsatz *wechselseitiger* Beratung fußende Kommunikation zwischen den Menschen in den Schulen und der Schulverwaltung voraus – frei von Bevormundung ..."[607] Dem ist unbedingt zuzustimmen.

Abschließend bleibt mit A. SCHAVAN folgendes festzuhalten: "Mit der öffentlichen Diskussion über Qualitätssicherung an den Schulen sind hohe Erwartungen verknüpft, die erst noch eingelöst werden müssen."[608] Und sie fährt fort: "Die Stabilisierung und Verbesserung der Qualität schulischer Leistungen gehört in den kommenden Jahren zu den zentralen bildungspolitischen Herausforderungen."[609] In dem eingangs erwähnten OECD-Bericht über *Schulen und Qualität* schließlich liest man: "Die Sorge um die Qualität der Bildung hat heutzutage höchste Priorität in den OECD-Staaten. So wird es ohne Zweifel auch in absehbarer Zukunft bleiben."[610]

4. Schulvielfalt gewährleisten

❄ ***These 4: Eine zukunftsorientierte Bildungspolitik im 21. Jahrhundert sollte Schulvielfalt ausdrücklich gewährleisten.***

Zur *Vielfalt im Bildungswesen* stellt die ARBEITSGEMEINSCHAFT FREIER SCHULEN fest: "Die lange gewahrte Einheit des traditionellen Bildungswesens ist weithin aufgebrochen ... In dem Maße, wie Schulpolitik die Bildungsbedürfnisse des einzelnen in den Vordergrund rückte, mußte sich der Zug zu vielfältigen Ausprägungen verstärken. Diese Tendenzen begleiten [sic] das Schulwesen während der letzten 20 Jahre."[611]

Nach KLEINAU-METZLER befinden wir uns in "einer Übergangsphase von einem monopolistischen staatlichen Schulsystem mit 'Privat'schul-Anhängsel [sic] hin zu einer Vielfalt gleichwertiger und gleichberechtigter selbständiger Einzelschulen, die unabhängig von ihrer Trägerschaft öffentlich verantwortet werden."[612] Diese Tendenz zur Demonopolisierung des Bildungswesens und zur Entwicklung von Schulvielfalt läßt sich – mehr oder weniger stark ausgeprägt – in allen europäischen Staaten finden.[613] In Deutschland waren es DIE GRÜNEN, welche als erste eine "Dynamik durch Vielfalt" im Schulwesen bildungspolitisch forderten.[614] Inzwischen gab auch die Kultusministerkonferenz ein "Signal für mehr Vielfalt in der Bildung".[615] Gemäß der am 5. März 1999 beschlossenen Reform der KMK "... sollen in Zukunft – auf der Grundlage der vereinbarten Qualitätsstandards – Experimente und Innovationen zugelassen und das Bildungswesen insgesamt für mehr Vielfalt geöffnet werden."[616] "Voraussetzung für die geplante Öffnung ist, daß die gegenseitige Anerkennung der Abschlüsse und die Durchlässigkeit des Bildungssystems gewährleistet bleiben und der Mobilität der Bürger in vollem Umfang Rechnung getragen wird."[617]

Der faktische Trend zu mehr Pluralität im Bildungswesen entspricht den Empfehlungen zahlreicher internationaler Expertenkommissionen. So liegt er z.B. auf einer Linie mit den Vorschlägen des EUROPEAN FORUM FOR FREEDOM IN EDUCATION (E/F/F/E), welches in seiner Helsinki-Erklärung vom 30. Mai 1991 "Schulvielfalt als rechts- und chancengleiches Angebot aller lebenskräftigen Schulgestalten, also Mischwald statt Monokultur" fordert.[618] "Aber Schulpluralismus wird nur möglich erstens durch eine Neufassung der staatlichen Schulaufsicht, zweitens durch Herstellung rechtlicher und finanzieller Schulchancengleichheit und drittens durch Gewährleistung freier Lehrerbildung. Grundsatz der Schulorganisation soll die Vielfalt der Schularten und -träger sein."[619] – Ähnlich lauten die Vorschläge des *Collège de France* für das "Bildungswesen der Zukunft", in denen u.a. empfohlen wird, daß das Bildungswesen "den Gegensatz von Liberalismus und Etatismus überwinden" solle, "... indem es die Bedingungen für einen wirklichen Wettstreit autonomer und verschiedenartiger Institutionen schafft."[620] Das Ziel sei eine neue "Einheit in und durch Pluralismus".[621]

DIETER SCHULZ konstatiert: Die "Polarität von Einheit und Vielfalt ist unbestritten zu den Grundsatzfragen schul- und bildungspolitischer Positionen zu zählen".[622] Bereits JOHANN FRIEDRICH HERBART warnte davor, im Schulwesen "alles nach einer Schnur zu hobeln".[623] Damit formulierte er vor seinen Göttinger Studenten 1808 "präzise den Tatbestand, den wir ... unter ... Berücksichtigung des gegenwärtigen Gesellschaftsverständnisses mit einem differenzierten, vielfältigen Schulwesen organisatorisch und konzeptionell zu beantworten versuchen".[624] In diesem Sinne äußerte jüngst SARAH KASS, das "Zeitalter der Einheitsschule", der "One-Size-Fits-All"-Schule, sei beendet.[625] Und der Nobelpreisträger MILTON FRIEDMAN meint: "Große, zentralisierte Einheitsschulen mit rigider Schulaufsicht und minutiös vorgegebenen Lehrplänen – und beamteten ... Lehrern – sind ... Relikte einer vergangenen Epoche: des Industriezeitalters ... Die nach-industrielle Gesellschaft, dezentralisiert und aufgesplittert, bestehend aus einer Vielfalt von Angebotsnischen, verlangt nach flexiblen, kreativen, eigenverantwortlichen Arbeitskräften, nach einer Vielfalt von Schulen und Lernangeboten."[626]

In seiner "Zukunftsvision" der Schulentwicklung im 21. Jahrhundert beschreibt PER DALIN den Weg "von der Standardisierung zur Kreativität".[627] Ähnlich äußerte sich auch ROMAN HERZOG in seiner Rede zum "Aufbruch in der Bildungspolitik": "Es ist falsch zu glauben, daß alle Bildungsinhalte durch bürokratische Vorgaben festgelegt und möglichst einheitlich geregelt sein müßten ... Es ist ebenso falsch anzunehmen, das beste Bildungsangebot könne nur vom Staat kommen. Gerade in einem guten öffentlichen Bildungssystem brauchen private Initiativen Ermutigung."[628] In seiner Vision eines zukünftigen Bildungswesens führt HERZOG aus: "Ich glaube an die Zukunft eines Bildungssystems, das sich durch sechs Eigenschaften auszeichnet: das *erstens* wertorientiert und *zweitens* praxisbezogen ist, das *drittens* international und *viertens* vielgestaltig ist, das *fünftens* Wettbewerb zuläßt und *sechstens* mit der Ressource Zeit vernünftig umgeht."[629] HANS CHRISTOPH BERG fordert für die Zukunft "Freie Schulen als Regelschulen" – und empfiehlt bildungspolitisch "Schulpluralismus unter Staatsaufsicht statt Schuldirigismus in Staatshoheit".[630]

Wie wird nun diese vielfach geäußerte Forderung nach einer Pluralisierung des Schulwesens im 21. Jahrhundert begründet? – Am häufigsten findet man *demokratietheoretische* Begründungsmodelle für Schulvielfalt. So z.B. bei PETER STRUCK: "Eine pluralistische Gesellschaft vermag nur dann wirklich demokratisch und im Zuge des europäischen und weltweiten Zusammenwachsens, das wir ja auch Globalisierung nennen, integrativ zu sein, wenn sie ein pluralistisches

Schulsystem anbietet."[631] ALBERT ZIMMERMANN formuliert: "Eine pluralistische Gesellschaft bedarf eines ihr angemessenen freien und vielgestaltigen Schul- und Bildungswesens, das echte Alternativen zu einer monopolisierten staatlichen Schulpolitik bietet. Umdenken, Mut und Engagement vieler können diesen Freiraum schaffen."[632] Über die "offene Gesellschaft", ein "Ergebnis der Aufklärung" und der mit ihr verbundenen "Befreiung zur Mündigkeit", schreibt VON HENTIG: "Offen soll die Gesellschaft doch für Verschiedenes und einander Widersprechendes sein ..."[633] – auch und gerade im Bildungswesen. "Die Möglichkeit zum Anderssein, Anderswollen und Andershandeln muß methodisch erhalten werden", folgert der Autor.[634] BERNHARD SUTOR konstatiert: "Plurale Demokratie wird beschrieben mit Stichworten wie Pluralität der Interessen und Wertvorstellungen, offene und konkurrenzorientierte Struktur, Streit um Definition von Gemeinwohl, Schutz vor ideologischen Exklusivitätszumutungen."[635] Dies muß auch für das Schulwesen gelten. "Bekanntlich führen viele Wege nach Rom. Die Bejahung von Pluralität und die Akzeptanz der Vielfalt sinnvoll konstruierter neuer (Schul-)Wirklichkeiten entspricht dem Verzicht auf eine lineare, eindimensionale Weltsicht und -erklärung, auf einen Machtanspruch des überholten Weltbildes (wie z.B.: unsere Konzeption von Schule ist die richtige)", erläutert REINHARD VOß.[636]

Damit wird zugleich ein anderer, *erziehungswissenschaftlicher* Begründungszusammenhang für Schulvielfalt angesprochen. Wie bereits erwähnt, ist die Schulqualitätsforschung zu dem Ergebnis gekommen, daß die "gute Schule" sich in vielfältigen Schulgestalten realisieren kann.[637] Deshalb ist es für moderne Bildungssysteme charakteristisch, "daß in ihnen verschiedenartige Vorstellungen über die Gestaltung ... und über die Güte einer Schule vertreten und diskutiert werden, miteinander im Wettstreit liegen und sich gegenseitig anregen", stellt AURIN fest.[638] – Eine weitere Begründung für Vielfalt im Bildungswesen betrifft mehr die berechtigten Elternerwartungen und die individuellen Schülerbedürfnisse. Nach STRUCK versucht man dem Pluralismusgebot "... innerhalb des öffentlichen Schulwesens mit dem Angebot einer Fülle von Schulprogrammen zu entsprechen, dazu gehört ... auch die Ergänzung durch nichtstaatliche Ersatzschulen mit besonderen thematischen oder weltanschaulichen Profilen, die von Eltern erwartet werden und die besondere Schülerbegabungen und -interessen pflegen."[639] Ohne diese wachsende Vielfalt im Staatsschulwesen und ohne "... das sehr bunte und vielfältige Angebot der Privatschullandschaft ... würde so manch ein Schüler nicht das für seine Individualität besonders geeignete Profil im Sinne von Förderung oder auch von Entlastung finden."[640] "Privatschulen entsprechen dem Bedürfnis der Eltern nach Pluralismus", stellt STRUCK fest.[641] In unserer wertepluralistischen Gesellschaft "sind Elternerwartungen und Schülerwünsche eben vielgestaltiger als in einem totalitären System, und nur mit einer höchst bunten Schullandschaft" vermag der Staat dem Rechnung zu tragen.[642] Deshalb fordert auch MANFRED BORCHERT: "Für den Übergang ins 21. Jahrhundert brauchen wir mehr Vielfalt im Erziehungswesen, eine Vielfalt, die den Bedürfnissen des Einzelmenschen ebenso entgegenkommt wie denen der unterschiedlichen Gruppen in einer pluralistischen Gesellschaft."[643] – Einen weiteren pädagogischen Begründungsaspekt nennt JACH: Die angesichts der gegenwärtigen Gesellschafts- und Schulkrise immer wieder angemahnte "Wiedergewinnung des Erzieherischen" darf "keine Rückkehr zu traditionellen Autoritätsmustern bedeuten, sondern erfordert in einer pluralistischen Gesellschaft eine Vielfalt pädagogischer Profile."[644]

Unter den Begründungen für Schulvielfalt finden sich auch *philosophisch* akzentuierte Ansätze, von denen derjenige des US-Autors NEIL POSTMAN hier stellvertretend genannt sei. POSTMAN führt seinen Lesern vor Augen, daß das "Gesetz der Vielfalt" in allen Lebensbereichen – von der Biologie über die Physik, Musik, Kunst und Sprache – zu entdecken sei. Die daraus ablesbaren Erkenntnisse ließen sich auch auf das Gebiet der Erziehung übertragen: "... wenn man dem Universum Lehren entnehmen kann, müssen wir ihnen Aufmerksamkeit schenken. Die offensichtliche Lehre besteht ... darin, daß Gleichheit die Feindin von Vitalität und Kreativität ist."[645] Hingegen: "Wann immer Differenz zugelassen wird, entsteht daraus Wachstum und Stärke."[646] Nach POSTMAN "... lehrt uns die Erfahrung, daß Vielfalt in der Tat zu einer Bereicherung auch im Sinne einer höheren Leistung führt ... Vielfalt bedeutet keine Auflösung von Standards, ... führt nicht in einen chaotischen, verantwortungslosen Relativismus."[647] Nicht zuletzt der Blick auf die großen Kulturen der Menschheit könne uns lehren, "daß die Vielfalt ein großes und edles Prinzip ist".[648] – Ein ähnliches, mehr *evolutionstheoretisches* Argument liefern KLEMM/TREML: Es besteht in dem bereits erwähnten Hinweis, daß es "überlebens-gefährlich" sei, im Bildungswesen auf Einfalt statt auf Vielfalt zu setzen; die Natur (Evolution) folge nicht zufällig dem Prinzip der Vielfalt, das ebenso für die Weiterentwicklung des Schulwesens zu gelten habe.[649] In diesem Sinne ist es nach Auffassung der Autoren ein "Skandal ..., daß wir alternative Formen zu lehren und lernen ... verkümmern lassen".[650] Denn "Leben braucht Vielfalt"[651] – ebenso wie Lehren und Lernen Vielfalt braucht.

Schließlich läßt sich die Forderung nach Vielfalt im Bildungswesen auch *verfassungsrechtlich* begründen. In seiner Abhandlung über "Schulvielfalt als Verfassungsgebot", auf die bereits hingewiesen wurde, hat FRANK-RÜDIGER JACH dies in hervorragender Weise getan.[652] Ohne seine Argumentationslinien hier im einzelnen nachzeichnen zu können, da das den Rahmen dieser Arbeit sprengen würde, seien doch einige zentrale Stellen kurz angeführt. JACH konstatiert, "daß die grundrechtliche Anerkennung der Rechte der Kinder und auch der Eltern den Staat verpflichtet, Voraussetzungen für Erziehungsprozesse zu schaffen, die gleichermaßen den grundlegend verschiedenen Anschauungen, unter welchen Bedingungen Erziehung die freie Entfaltung der Persönlichkeit des Kindes gewährleistet, Raum für eine Realisierung läßt."[653] Und er erläutert: "Verschreibt sich die Staatsschule einem einzigen Bildungsideal und Erziehungsziel und einer Uniformität der inneren und äußeren Schulorganisation, dann verletzt der Staat das Gebot der Neutralität, indem er Andersdenkende, die nicht einmal nur eine Minorität auszumachen brauchen, einem von ihnen nicht akzeptierten Anspruch unterwirft ..."[654] Die Forderung nach struktureller Vielfalt im Schulwesen – die immer sowohl pädagogische als auch trägerschaftliche Vielfalt umfaßt – ergibt sich somit zwingend aus dem Grundgesetz. "Wenn unserer Verfassung die Vorstellung von einem vielfältigen Schulwesen innewohnt, dann bedeutet dies, daß Landesgesetzgeber und Schulverwaltungen die Pflicht haben, ein vielfältiges Schulwesen auch zu verwirklichen", folgert VOGEL.[655] "Ist dies mit der Struktur, die unser Schulwesen hat, möglich? Nach der Kritik, die an ihr geäußert wird, sind Zweifel erlaubt. Von daher erhält das Verfassungsprinzip der Schulvielfalt eine brisante Dimension."[656]

Wie könnte eine Verwirklichung von Schulvielfalt hierzulande konkret aussehen – und wo stehen wir heute in diesem Pluralisierungsprozeß? – Hierzu schreibt BERG: "Üblicherweise halten wir ein Schulsystem schon dann für genügend vielfältig ausdifferenziert, wenn überall die bekannten Schularten wie Grundschule, Hauptschule, Realschule, Gymnasium mit ihren Hauptvarianten ... und außerdem die Palette der Berufs- und Sonderschulen in zumutbaren Reichweiten angeboten werden. Für den Schulmorphologen ist dies aber keineswegs eine Vielfalt verschiedenartiger Schulgestalten, sondern nur eine variantenreiche Vielzahl gleichartiger Normalschulgestalten – *ausdifferenzierte Einfalt.*"[657] Ähnliches meint auch VON HENTIG, wenn er schreibt: "Der Pluralismus, auf den wir pochen, ist so lange durch immer komplexere Maßnahmen geschützt worden, bis er selbst zu einem hermetischen System geworden ist: er schützt nur noch die Pluralität, die wir schon haben. Alternativen sind ausgeschlossen."[658] Nach BERG gibt es aber neben der "staatlichen Norm- und Normalschulgestalt" gegenwärtig noch sieben weitere "Hauptgestalten der Schule", zu denen er "Katholische Schulen", "Evangelische Schulen", "Landerziehungsheime", "Montessorischulen", "Waldorfschulen", "Gesamtschulen" und "Freie (TOLSTOJ) Schulen" zählt.[659] "Eine Schullandschaft hat erst mit dem Angebot dieser acht grundlegenden und verschiedenartigen Schulgestalten die ganze gegenwärtige Schulvielfalt erreicht", führt BERG aus.[660] "Über diese erste Ausbaustufe einer ganzen, einer kompletten Schulvielfalt hinaus benötigt die zweite Stufe einer reichen und voll entfalteten Schulvielfalt zusätzlich das Angebot der wichtigsten Variationen und Verbindungen sowie einiger bedeutender Nebengestalten (Freinetschule, Petersenschule) – zusammen etwa 15 bis 20 Schularten."[661] Abgesehen von den in BERGs Ausführungen enthaltenen – m.E. ungerechtfertigten – *Wertungen ("Haupt-" und "Nebengestalten")* zeigen diese Ideen doch auf, wohin der Weg führen könnte. Bedenkt man überdies die Vielfalt *innerhalb* der "staatlichen Normalschulen", die sich aus der Autonomieentwicklung zwangsläufig ergeben wird, so ist mit STRUCK folgende Zukunftsvision zu wagen: "Im nächsten Jahrtausend, in dem die Profilierung und auch der Autonomiegrad der Schulen zunehmen werden, wird es ein viergliedriges Schulsystem im Groben und ein tausendgliedriges bei genauem Hinsehen geben, weil jede Schule, ganz gleich ob staatlich oder privat, bemüht sein wird, irgend etwas Besonderes anzubieten, ... denn der Ruf der einzelnen Schule mit einem besonders geprägten pädagogischen Profil ... wird künftig ausschlaggebender sein als die Schulform, zu der sie gehört."[662]

Schließlich sei noch ein Wort zur *Schulvielfalt in der Lehrer/innenausbildung* gesagt. Denn: "Wer Schule neu denken will, darf auch die LehrerInnenbildung nicht vergessen ..."[663] FEND bezeichnet die Frage nach der Gestaltung einer zukunftsgemäßen Lehrerausbildung zu Recht als "Kernfrage" im Kontext künftiger Bildungsplanung.[664] Es liegt auf der Hand, daß ein pluralistisches Schulwesen auch "Schulvielfalt in der Lehrerbildung" verlangt, wie das gleichnamige Marburger Pilotprojekt unter Leitung von H. CH. BERG seit den 80er Jahren fordert.[665] "Für die Aufnahme der Schulpluralismuskomponente in das Gesamtprogramm einer erziehungswissenschaftlichen Lehrerbildung gibt es ... einen zwingenden Grund: Wissenschaftsfreiheit."[666] Zum einen soll dabei "Schulpluralismus *akademisch*" vermittelt werden; hinzukommen muß aber nach Auffassung BERGs "Schulpluralismus *authentisch*": "... es braucht also zusätzlich zu den informierten Erziehungswissenschaftlern auch legitimierte, autorisierte, kurz: authentische Schulrepräsentanten."[667] Denn: "Unsere Studenten müssen sich über die Grundwasserströme der Pädagogik nicht bloß *informieren* können, sie müssen aus ihnen *schöpfen* können [Hervorhebungen: A.P.]".[668] Und er resümiert: "Beide Leitlinien haben sich in den deutschen Pilotversuchen 'bewährt' ..."[669] – Ein ähnliches Projekt mit dem Titel "Pluralistische Pädagogikausbildung" wurde unter der Leitung des Erziehungswissenschaftlers KLAUS ALTERMANN zu Beginn der 90er Jahre an der PH Magdeburg gestartet und dann an der Pädagogischen Universität in Tallinn/Estland sowie in Riga/Lettland weitergeführt.[670] ALTERMANN führt zu diesem Konzept aus: "Das Thema 'Pluralismus' in der Schul- und Hochschuldiskussion darf man ... nicht nur auf die genannten Alternativmodelle reduzieren ... Für uns geht es im Institut für Pädagogik darum, Lehrer auszubilden, die die pädagogischen Grundkonzeptionen kennen und auch positive Anregungen aus den Alternativschulmodellen aufnehmen, um sie in das staatliche Schulwesen integrieren zu können."[671] – Schließlich sei noch die Projektgruppe "Innovative Lehrer/innenbildung in Europäischer Kooperation" erwähnt, die sich seit den 90er Jahren im Rahmen des E/F/F/E kontinuierlich der Ausarbeitung von Leitlinien für eine pluralistische Lehrer/innenausbildung im Europa des 21. Jahrhunderts angenommen hat.[672]

Abschließend bleibt folgendes festzuhalten: "Bildung braucht Vielfalt"[673] – daran wird in der Schulpolitik des 21. Jahrhunderts kein Weg vorbeiführen. "Die Entwicklung zu einer größeren Vielfalt hat erst begonnen. Sie scheint Ausdruck einer allgemeineren gesellschaftlichen Dezentralisierungsbewegung zu sein ...", resümiert die ARBEITSGRUPPE BILDUNGSBERICHT AM MAX-PLANCK-INSTITUT FÜR BILDUNGSFORSCHUNG.[674] Somit ist es zutreffend, wenn HANS CHRISTOPH BERG "Schulpluralismus als europäische Zukunftsmusik" bezeichnet.[675]

5. Schulwahlfreiheit verwirklichen

❆ ***These 5: Eine zukunftsorientierte Bildungspolitik im 21. Jahrhundert sollte Schulwahlfreiheit umfassend verwirklichen.***

In den westlichen Industrienationen wird seit dem Ende des vergangenen Jahrhunderts immer wieder die Frage diskutiert, inwieweit es sinnvoll und möglich ist, "durch die Eröffnung von Wahlmöglichkeiten für Eltern, Schüler und Lehrer" nicht nur "die Monopolstruktur des öffentlichen Schulwesens" aufzulockern, sondern auch der Mündigkeit des Bürgers in der demokratischen Gesellschaft besser Rechnung zu tragen.[676] Wie bereits erwähnt, stellte VON HENTIG Mitte der 80er Jahre fest, daß die Bildungspolitik in eine "neue Phase" trete, in der es primär "um die Autonomie der Schulgemeinde – um das Recht der Bürger, die Schule für ihre Kinder zu bestimmen oder zu wählen" gehe.[677] Ende der 90er Jahre waren auch bei den Kultusministerien und Schulämtern erste Anzeichen eines Umdenkens erkennbar: "Wir begrüßen jedes Angebot, das die Wahlmöglichkeiten erweitert", teilte jüngst STEFAN REIP, Pressesprecher im Stuttgarter Oberschulamt, mit.[678] Dennoch steht die Entwicklung zu mehr *Schulwahlfreiheit* an der Schwelle zum 21. Jahrhundert erst am Anfang.

In den OECD-Ländern herrschen – nach Aussage des bereits erwähnten Bildungsberichts – "verschiedene Ansichten über Wahlfreiheit".[679] Die Befürworter der Schulwahlfreiheit empfehlen für das Bildungswesen der Zukunft, "daß man den Eltern und ihren Kindern ... das Recht einräumt, eine Schule zu wählen, die ihnen zusagt", anstatt "sie zu zwingen, eine bestimmte Schule zu besuchen".[680] Dieser Vorschlag wird durch verschiedene Argumente unterstützt: *erstens,* "daß die Wahl einer Schule für ihr Kind nicht das alleinige Privileg solcher Eltern sein sollte, die die von Privatschulen geforderten Schulgelder bezahlen können"; und *zweitens,* "daß Wahlfreiheit bei Eltern das Engagement für die Bildung ihrer Kinder verstärken und die Bildungsmöglichkeiten für ... arme und benachteiligte Schüler erhöhen werde".[681] Beide Argumente sind m.E. sehr bedenkenswert, wenn es darum geht, *Schulkritik* produktiv zu nutzen – und die *Suche nach Schulalternativen* Eltern aus *allen* sozialen Schichten zu ermöglichen. – Als häufig genanntes Argument *gegen* die Idee der Schulwahlfreiheit führt die OECD die Auffassung an, "daß es eine wichtige Funktion staatlicher Bildung sei, allgemeine kulturelle Wertvorstellungen auf nationaler Ebene zu übermitteln, anstatt die eher engstirnigen lokalen Einstellungen und Wertvorstellungen der Familie noch zu unterstützen".[682] Obgleich dieser Gedanke an sich richtig ist, spricht er jedoch keinesfalls gegen Wahlfreiheit im Bildungswesen, da die Vermittlung allgemeiner kultureller Wertvorstellungen auch in einem weitgehend autonomen und pluralen öffentlichen Schulsystem durch einheitliche Mindeststandards in jedem Fall gewährleistet sein muß.

Auch S. BLANKERTZ weist darauf hin, daß bei *selbstgewählten Schulen* die Identifikation der Eltern, Schüler und Lehrer mit der Bildungsinstitution ihrer Wahl weitaus größer sei, was zu einer Steigerung von Engagement, Effizienz und Qualität beitrage.[683] In diesem Sinne sollte es also in Zukunft darum gehen, Wege zu finden, "wie die Wahlmöglichkeiten vergrößert, wie Vielfalt gesichert" werden kann.[684] PETER STRUCK betrachtet das "Wahlrecht als schulgestalterische Kraft"[685], und ULRICH RÖSCH stellt fest: Dem "Prinzip der Selbstgestaltung und Selbstbestimmung [der Einzelschule] steht als Voraussetzung gegenüber das Elternrecht auf freie Wahl der Schule", denn: "Als demokratisch-mündige Bürger können ... letztendlich doch nur die Eltern selbst beurteilen, welches Bildungssystem sie für ihr Kind wünschen und gut heißen."[686]

Die Forderung nach Schulwahlfreiheit steht somit in engem Zusammenhang mit der europaweiten Diskussion über *"Schule in der Bürgergesellschaft"*.[687] Dazu schreibt JACH: "Das Kennzeichen der Bürgergesellschaft, nämlich die verantwortete Wahrnehmung öffentlicher Aufgaben durch direkte Beteiligung der Bürger, ist im Schulwesen von Staaten wie der Bundesrepublik Deutschland oder Frankreich nur sehr rudimentär ausgeprägt. Dagegen sind innovative Schulsysteme wie in den Niederlanden, Dänemark oder Belgien und zunehmend auch in den übrigen skandinavischen Ländern durch den Wandel von einer *etatistischen* zu einer *bürgerschaftlichen Schule* geprägt [Hervorhebungen: A.P.]. Auch in den mitteleuropäischen Ländern finden sich heute Ansätze einer bürgerschaftlichen Schulverfassung."[688] Ein wesentliches Element einer solchen Schulverfassung ist das Recht der Eltern, daß ihre Kinder "frei die Schule ihrer Wahl besuchen ... können".[689] Diese Wahlfreiheit geht über das traditionelle Verständnis jedoch weit hinaus: "Der 'Bürger' ist ... in Deutschland im klassischen Schulverfassungsverständnis lediglich Nutzer der 'Anstalt' Schule, über deren Konzept nicht der Bürger, sondern der Staat entscheidet. Rechte haben die Bürger als Eltern allenfalls dergestalt, daß bestimmte Wahl- und Informationsrechte innerhalb des Angebots im staatlichen Schulwesen eingeräumt werden ... oder die Eltern ... ihr Kind auf eine 'Privatschule' schicken dürfen. Letzteres aber keinesfalls unter gleichen Bedingungen, nämlich ohne die Erhebung von Schulgeld, sondern unter erheblichen Eigenleistungen der Eltern."[690] Demgegenüber stellt JACH fest: Die "Bürgerverantwortung für das Bildungswesen" darf sich nicht im Recht auf die Entscheidung für *private* Schulalternativen erschöpfen, sondern sie "muß sich in einer stärkeren

Wahlmöglichkeit und Mitbestimmungsrechten *innerhalb* des staatlichen Schulwesens in Richtung einer Binnenpluralität ausdrücken [Hervorhebungen: A.P.]".[691] Und er kommt zu folgendem Fazit: "Die neue Schule hat eine Zukunft nur als bürgerschaftlich verfaßte Schule. Schulen in freier Trägerschaft und staatlich-kommunale Schulen, die eigenverantwortlich ihren Unterricht gestalten, sind insofern gleichermaßen für die bürgerschaftliche Schule signifikant."[692]

Es erhebt sich die Frage, ob eine solche bürgerschaftlich verfaßte Schule, die weitgehende Elternwahlrechte gewährt, überhaupt mit dem Grundgesetz der Bundesrepublik Deutschland vereinbar ist. – Hierzu ist zunächst folgendes festzuhalten: In Art. 6 Abs. 2 GG wird das Elternrecht ausdrücklich garantiert: "Pflege und Erziehung der Kinder sind das natürliche Recht der Eltern und die zuvörderst ihnen obliegende Pflicht. Über ihre Betätigung wacht die staatliche Gemeinschaft."[693] Die ARBEITSGRUPPE BILDUNGSBERICHT AM MAX-PLANCK-INSTITUT FÜR BILDUNGSFORSCHUNG kommentiert: "Durch diese Formulierung wird den Eltern ein Grundrecht im klassischen Sinne gewährleistet. Sie haben das Recht, Pflege und Erziehung nach ihren eigenen Vorstellungen frei zu gestalten und Eingriffe des Staates in diesem Bereich grundsätzlich abzuwehren."[694] Dieses Elternrecht ist zwar zunächst ein "familiäres Erziehungsrecht"; da es aber die "Gesamterziehung" des Kindes umfaßt, endet es *nicht* "vor den Toren der Schule".[695] – Den Gegenpart zum Elternrecht bildet Art. 7 Abs. 1 GG: "Das gesamte Schulwesen steht unter der Aufsicht des Staates."[696] (vgl. Kap.III.1.2). "Hiernach ist die schulische Bildung eine öffentliche Aufgabe, welche die staatlichen (und privaten) Schulträger nach Maßgabe der verfassungsrechtlichen Grundsätze wahrnehmen."[697]

Es ist weithin anerkannt, "daß sich familiäre und schulische Erziehung als eigenständige Bereiche je eigenen Rechts gleichrangig gegenüberstehen".[698] Es gilt aber auch: "Alle Maßnahmen des Staates zur Schulorganisation ... müssen sich am Elternrecht messen lassen."[699] Und: "Der Staat ist verpflichtet, das Schulwesen in einer pluralen, freiheitlichen, sozialen und Mitwirkung gewährenden Form zu gestalten. Diese Bindung des Staates durch das Grundgesetz soll unter anderem den persönlichen Interessen und Rechten der Eltern dienen. Hieraus folgt insbesondere das Recht der Eltern zur Wahl des Bildungsgangs ihrer Kinder: Soweit der Staat das Schulwesen differenziert ..., haben die Eltern das Auswahlrecht. Dieses Auswahlrecht ist der Kern des Elternrechts", stellt die ARBEITSGRUPPE BILDUNGSBERICHT fest.[700] Somit umfaßt das Elternrecht als Individualrecht "das Recht auf freie Wahl zwischen den vom Staat zur Verfügung gestellten Schularten sowie das Recht zur Wahl einer Privatschule".[701] MAUNZ erläutert: "... gerade weil die Eltern ein anderes Erziehungsbild als das staatliche haben können, ist ihnen die Möglichkeit eröffnet, auf eine Schule auszuweichen, die diesem Bilde näher kommt oder es sogar ihrer erzieherischen Tätigkeit zugrunde legt."[702] Warum sollte sich das verfassungsrechtlich garantierte elterliche

"Auswahlrecht" also nicht auch auf Schulalternativen *innerhalb* des staatlichen Regelschulwesens anwenden lassen?

Mit INGO RICHTER ist zu konstatieren, daß der Verfassungsbegriff des "Elternrechts" seit seinem Bestehen immer wieder gewissen Wandlungen unterworfen war.[703] So wurden z.B. im Kontext der deutschen Wiedervereinigung 1991 verschiedene Verfassungsentwürfe vorgelegt, die umfassende "Schulwahlfreiheit" explizit als Verfassungsprinzip vorsahen. In Anlehnung an den bereits erwähnten Entwurf des KURATORIUMS FÜR EINEN DEMOKRATISCH VERFASSTEN BUND DEUTSCHER LÄNDER verknüpfte z.B. der Antrag von BÜNDNIS 90/DIE GRÜNEN die Freiheiten des Zugangs, der Auswahl und der Trägerschaft in folgendem Formulierungsvorschlag: "Der Staat garantiert den unentgeltlichen Zugang und die freie Wahl der Schule durch die Genehmigung und gleichberechtigte Förderung allgemein zugänglicher Schulen in öffentlicher und freier Trägerschaft."[704] – Es ist davon auszugehen, daß sich das Verfassungsverständnis in Zukunft in diese Richtung bewegen wird. Das aber heißt: "Der Staat muß Rahmenbedingungen dafür schaffen, daß ausreichende Wahlmöglichkeiten bestehen. Eltern ... müssen die Chance haben, zwischen verschiedenen privaten und öffentlichen Angeboten zu wählen."[705] Oder, wie JACH formuliert: "Der Staat selbst ist verpflichtet, allen Schülern und Eltern unter gleichen Voraussetzungen die Wahl zwischen verschiedenen Schultypen und inhaltlich unterschiedlichen Erziehungskonzeptionen zu ermöglichen."[706] – Eine solche Forderung liegt durchaus auf einer Linie mit den Leitideen des Europaparlaments für die Gestaltung des zukünftigen Bildungswesens: "Mit der Entschließung des Europäischen Parlaments vom 1.4.1984 zur Freiheit der Erziehung in der Europäischen Gemeinschaft und der darin eingeforderten Achtung vor der Freiheit der Eltern", die Schulen für ihre Kinder frei zu wählen, ist nach JACH "ein wichtiger Ausgangspunkt geschaffen worden, der jedoch über das allgemeine Postulat hinaus der konkreten Umsetzung bedarf".[707]

Für die Eltern der Zukunft wird sich aber bei der *Schulwahlentscheidung* voraussichtlich einiges ändern. "Das waren noch herrliche Zeiten, als Eltern ihre Kinder einfach auf die nächste Dorfschule schickten und den Dingen ihren Lauf ließen", merken BRAMMEN/STRUCK nicht ohne Ironie an.[708] Und sie fahren fort: "Im ausgehenden 20. Jahrhundert sieht die Situation anders aus. Die Wahl der richtigen Schule ist nicht länger beliebig."[709] Auch M.-L. RENDANT stellt fest: " 'Kinder sind unsere Zukunft', heißt es. Um das zu gewährleisten, müssen sich die Eltern ... mit dem Schulsystem beschäftigen und eine passende Schule für ihr Kind auswählen."[710] Der Schuleintritt wird in Zukunft immer weniger "automatisch" geschehen – und in stärkerem Maße als bisher von Eltern, aber auch von Lehrern eine bewußte Entscheidung verlangen. M. BÖNSCH macht den Eltern dabei Mut, "ihren berechtigten Wünschen auch Ausdruck zu geben".[711] PETERSEN/REINERT merken an, daß "Vielfalt im Angebot" einerseits Chancen eröffnet, aber, "das ist die andere Seite, auch Irritation und Unsicherheit in der Auswahl" mit sich bringen kann.[712]

Nicht zuletzt deshalb wird bei der konkreten *Ausgestaltung* der Schulwahlfreiheit unbedingt zu beachten sein, daß die Bürger/innen ausreichend Gelegenheit bekommen, sich über die vielfältigen Bildungsangebote zu *informieren.* "Schulen müssen ihr Konzept offenlegen, damit die Eltern begründet wählen können", fordert die "Initiative Freie Pädagogik" in Leipzig.[713] Darüberhinaus hat die Schulverwaltung eines Bezirks dafür Sorge zu tragen, daß *allen* Eltern mit schulpflichtigen Kindern die entsprechenden Informationen auch wirklich zugänglich gemacht werden. Dies kann in Form von Broschüren, Tagen der offenen Tür oder auch Beratungsangeboten geschehen. MANFRED WEIß erwähnt in diesem Zusammenhang die von CHUBB/MOE vorgeschlagene Errichtung eines "Parent Information Center", durch das im Rahmen einer "einmaligen obligatorischen Beratung der Eltern" ggf. "eine Korrektur der sozialschichttypischen Verhaltensmuster bei der Schulwahl erreicht werden" soll.[714] Schließlich ist darauf zu achten, daß "... der Staat auch für diejenigen, die von einem Wahlrecht keinen Gebrauch machen wollen oder können, die schulische Grundversorgung unter Achtung der Grundsätze der Chancengleichheit und des Neutralitätsgebotes sicherstellen muß."[715]

Was hierzulande bisweilen noch fremd und exotisch anmutet, ist in anderen Ländern längst gang und gäbe: eine umfassende Schulwahlfreiheit. So hat sich die "Politik der freien Schulwahl" mittlerweile in fast allen englischsprachigen Ländern, insbesondere in *Großbritannien, Australien, Neuseeland* und den *Vereinigten Staaten* durchgesetzt.[716] Im staatlichen Schulwesen der USA z.B. sind "... vielerorts Schulwahlfreiheit und Wettbewerb verwirklicht worden. Mittlerweile existieren bereits in 35 Bundesstaaten Schulwahlprogramme in den unterschiedlichsten Varianten. Gemeinsam ist ihnen, daß die Schüler nicht mehr verpflichtet sind, die nächstgelegene öffentliche Schule in ihrem Wohnbezirk zu besuchen. Unterschiede bestehen im Umfang der gewährten Wahlfreiheit: Die Schulwahlmöglichkeiten können sich auf einen Schulbezirk, auf mehrere Bezirke oder sogar – wie in Minnesota – auf den gesamten Bundesstaat beziehen."[717] Alle diese Modelle zeigen, daß wahlfreie Schulsysteme durchaus funktionieren – gerade auch in sozialen Brennpunkten, was die Studie von CHUBB/MOE eindrucksvoll belegt.[718] Nach Auffassung der Autoren sind "wahlfreie Schulen" *bessere* Schulen – eine These, die FEND eindeutig bestätigt: "Die Erfahrungen in anderen Ländern, insbesondere in den USA und England, sprechen deutlich dafür, daß die Wahlmöglichkeiten durch die 'Kunden' das Bemühen der Bildungseinrichtungen steigert, ein möglichst gutes Angebot zu machen ... Wenn die Existenz einer Schule von der Wahl durch Eltern und Schüler abhängt, dann steigen die Anstrengungen", ein "qualitativ hochwertiges Angebot" zu präsentieren.[719] Mit anderen Worten: "Werden Privatschulfreiheit und Schulwahlfreiheit gewährt, beschwört dies keineswegs das schulpolitische und pädagogische Desaster herauf", wie GRUNDER einmal treffend feststellte.[720]

Erwähnt sei an dieser Stelle noch, daß auch im deutschsprachigen Raum inzwischen breitangelegte Bürgerinitiativen "Freie Schulwahl für alle" fordern – so z.B. die "Volksinitiative für freie Schulwahl" im Kanton Bern (1980)[721], die "Freie Schulinitiative" in Leipzig (1990)[722] und die "Aktion Mündige Schule" in Schleswig-Holstein (1997)[723] (vgl. oben). Diese Initiativen gründen sich auf folgende Überzeugung: "Das Recht auf freie Schulwahl ist ein Menschenrecht, das sich folgerichtig aus den individuellen Freiheitsrechten, im besonderen aus dem Recht auf Glaubens- und Gewissensfreiheit ergibt."[724] – Nicht zuletzt die Auswertung der empirischen Studien im Rahmen dieser Arbeit (vgl. Kap.III) hat gezeigt, daß Eltern gute Gründe haben, *Schulalternativen* zu wählen – und daß die Varianz an Bildungsmöglichkeiten auch von Eltern an staatlichen Schulen geschätzt wird. Sollten wir diese Wahlmöglichkeiten in Zukunft nicht *allen* Eltern eröffnen? – Wie dem auch sei: Alle diese Beispiele belegen eindrucksvoll, daß die Suche von Eltern nach Schulalternativen und das Bedürfnis nach *Wahlmöglichkeiten* am Beginn des 21. Jahrhunderts zu einem zentralen bildungspolitischen Thema geworden sind.

Zusammenfassend läßt sich mit CLEMENS MENZE festhalten: "Ein inhaltlich weitgehend bestimmtes staatliches Schulwesen mit einem starken Ausschließlichkeitsanspruch widerspricht der immer proklamierten *Mündigkeit* des Bürgers mit seinem Recht auf individuelle Bildung."[725] "Alle Bürger, vor allem die Eltern, müssen erkennen, daß ihnen ein wichtiges Stück ihrer Freiheit und ihrer Verantwortung vorenthalten ist, solange im öffentlichen Bewußtsein die staatliche [Regel-] Schule wie selbstverständlich als ... Norm gilt", führt ZIMMERMANN aus.[726] "Für die Zukunft unseres ganzen Bildungssystems wird viel davon abhängen, ob es gelingt, unsere Gesellschaft, der das Ideal des mündigen Bürgers täglich vorgehalten wird, in rechter Weise 'schulmündig' zu machen."[727] Dies kann – um mit VON HENTIG zu sprechen – zunächst einmal bedeuten, "jedenfalls der geläufigen und gedankenlosen Gleichung 'Bildung = das Ergebnis der Pflichtschule' [bzw. Regelschule] aus dem Weg zu gehen".[728] Freilich: Die proklamierte "Befreiung zur Mündigkeit wird nicht von jedem gleich verkraftet und ist vor allem nicht ein einmaliger Akt".[729] Dennoch fordert SEILER-HUGOVA zu Recht: "Der Staat muß ein Interesse haben, seine BürgerInnen so weit es geht in die Mündigkeit zu führen."[730] Denn diese Entwicklung ist – nicht zuletzt im Bildungswesen – bereits voll im Gang: "Die moderne Gesellschaft ist mündig geworden, in den wichtigsten Lebensbereichen selbst zu entscheiden."[731] Mit KULLAK-UBLICK sei schließlich konstatiert: "... alles deutet darauf hin, daß es neben der ohne Zweifel auch weiter wachsenden Resignation vieler Menschen ein ebenso stark wachsendes Potential an Erwachen zur Mündigkeit gibt"[732] – auch und gerade im Schulwesen an der Schwelle des 21. Jahrhunderts.

"Auf die freien Bürger kommt es in einem demokratischen Gemeinwesen vor allem an", sagte ROMAN HERZOG in seiner Abschiedsrede.[733] Und MAX FRISCH schrieb einmal: "Demokratie heißt, sich in die eigenen Angelegenheiten einzumischen."[734] Auf das Schulwesen bezogen bedeutet dies nach PAUL GOODMAN die Einsicht, "daß Freiheit der Wahl von unserer gegenwärtigen Lage gefordert wird".[735] Um die Qualität im Bildungswesen brauchen wir uns indes nicht zu sorgen, denn: "Ausüben wird die 'Schulaufsicht' nicht zuletzt eine neue Generation bildungsbewußter Eltern – durch Engagement, Kritik und überlegte Schulwahl."[736]

6. Schulfinanzierung gerecht gestalten

❄ ***These 6: Eine zukunftsorientierte Bildungspolitik im 21. Jahrhundert sollte Schulfinanzierung durchgängig gerecht gestalten.***

Schaut man heute auf die Finanzierung unseres öffentlichen Schulwesens, das ja – wie bereits ausgeführt – staatliche und freie Schulen in gleicher Weise umfaßt, so ist zunächst mit F.-R. JACH folgendes festzustellen: "Schulen in freier Trägerschaft sind in Deutschland einer materiell ungleichen Behandlung im Vergleich zu staatlichen Schulen ausgesetzt."[737] Das hat zur Folge, daß Eltern, die für ihr Kind eine *freie Schulalternative* gewählt haben, "... – sofern sie hierzu überhaupt in der Lage sind – sowohl erhebliche finanzielle Mittel für den Besuch der von ihnen gewünschten Schule aufwenden müssen als auch über ihr Steueraufkommen das staatliche Schulsystem mitfinanzieren. Diese Ungleichbehandlung und Doppelbelastung hat in der bildungspolitischen und bildungsökonomischen Diskussion" immer wieder Anlaß gegeben zum Nachdenken über "Möglichkeiten einer *alternativen* Form der Finanzierung des Bildungswesens".[738]

Nach ECKHARD BEHRENS ist eine Voraussetzung gerechter Bildungsfinanzierung "... die ökonomische Gewährleistung des Rechts auf Bildung durch einen Anspruch des Kindes auf staatliche Finanzierung der Kosten seiner Schulbildung. Dieser Anspruch des Kindes wurde seit Jahrzehnten durch die Unentgeltlichkeit des Schul- und Hochschulwesens erfüllt."[739] In diesem Sinne ist es "... sachwidrig, wenn der Staat diejenigen Eltern und Schüler nicht finanziell fördert, die sich für eine dem öffentlichen [d.h. staatlichen] Schulwesen fernstehende Schulart entscheiden."[740] JACH führt aus: "Das Problem liegt also gegenwärtig darin, daß alternative Erziehungsvorstellungen der Gesellschaft in das Reservat des vermeintlich Privaten geschoben werden."[741] Es sei aber weder sozial vertretbar noch gerecht, "dem Grunde nach 'alternative' Erziehungsvorstellungen dergestalt auszugrenzen, daß diese einer materiellen und rechtlichen Ungleichbehandlung ausgesetzt sind, wie es die gegenwärtige Rechtslage der Privatschulen bewirkt".[742]

Benachteiligend kommt folgendes hinzu: Durch das bereits erwähnte "finanzielle Doppelengagement" von Eltern Freier Schulen "wird nicht nur die volle Wahrnehmung der elterlichen Rechte und die Ausübung eines Grundrechts beeinträchtigt; vielmehr spart der Staat als Vertreter der Solidargemeinschaft jenen Betrag ein, den er für Schulen in freier Trägerschaft aufzuwenden hätte. Gleichzeitig" – und das ist das eigentlich Absurde – "wird den 'privaten' Schulen aufgrund der von ihnen selbst unverschuldeten, vielmehr aus der Förderpraxis und -höhe aufgenötigten Erhebung von Schulgeldern der Vorwurf gemacht, daß sie eine ökonomisch privilegierte Gruppierung darstellen; d.h. die Unterlassung des Staates, angemessene Finanzhilfe zu leisten, wird in eine Privilegierung der Eltern 'privater Eliteschulen' uminterpretiert."[743]

Daß die tatsächliche Finanzhilfe der Länder für nicht-staatliche Schulen i.d.R. so knapp bemessen ist, daß nicht wenige Freie Schulen – trotz größter Elternnachfrage – mit Existenznöten ringen müssen, wurde bereits dargestellt (vgl. Kap.III.1.2 und 1.3). "Trotz des Urteilsspruchs des Bundesverfassungsgerichts von 1987 hängt eine ausreichende Finanzierung des nichtstaatlichen Schulwesens, besonders der Schulen in freier Trägerschaft, von der politischen Willkür der Länderregierungen ab; und dies, obwohl das Gericht den nichtstaatlichen Schulträgern bescheinigte, daß sie den öffentlichen Bildungsauftrag mit erfüllen. Eine bis in die Finanzierungspraxis durchschlagende Anerkennung des freien Schulwesens als eines dem staatlichen gleichwertigen steht noch aus", resümiert MAURER.[744] Und auch PÖPPEL kommt zu dem Ergebnis: "Die Entwicklung der Freien Schule von einer 'Ersatzschule' zu einer gegenüber der Staatsschule material [sic] gleichberechtigten Schule steht erst an ihrem Anfang."[745]

Umso heftiger wurde in der jüngsten Vergangenheit immer wieder der Ruf nach einer konsequenten materiellen Gleichstellung von staatlichen und freien Schulen laut. Im Sinne des Verfassungsgebots der Schulvielfalt sei "... der Staat dazu verpflichtet, allen Schülern und Eltern unter gleichen Voraussetzungen (auch in finanzieller Hinsicht) die Wahl zwischen verschiedenen Schultypen mit inhaltlich unterschiedlichen Erziehungskonzeptionen zu ermöglichen."[746] Eine finanzielle Gleichbehandlung von Staats- und Privatschulen sei auch notwendig, "... um der sozialstaatlichen Komponente in ausreichender Weise Geltung zu verschaffen, damit ein wirkliches Wahlrecht für alle Eltern unabhängig von ihren Vermögensverhältnissen besteht."[747] Eine interessante Begründung für materielle Gleichstellung gibt auch die ELTERNARBEITSGEMEINSCHAFT FREIER SCHULEN in Baden-Württemberg: Auch sie "tritt dafür ein, daß öffentliche Schulen in freier Trägerschaft und öffentliche Schulen in staatlicher Trägerschaft ... finanziell gleichgestellt werden. Denn die Freien Schulen sehen sich weder als 'heile' Inseln noch als Schulen für besserverdienende Eltern. Sie sind Teile in einer Bildungslandschaft, die den Staat entlasten, den Eltern das Recht auf Wahlfreiheit ermöglichen, den Schülern zur Persönlichkeitsfindung verhelfen und den LehrerInnen Freiräume für neue Wege eröffnen."[748]

Auch das bereits erwähnte "Finanzhilfe-Urteil" von 1987 spricht sich prinzipiell *für* eine gerechte Schulfinanzierung aus: "... jedermann soll nach dem Urteil des Bundesverfassungsgerichtes seine Kinder auf Schulen in freier Trägerschaft – ohne Rücksicht auf seine finanziellen Verhältnisse – schicken können; es soll ... keine 'Plutokratenschulen' für die Kinder 'reicher Leute' geben (BVerfG 75, 40, 63) ... Wie kann man das erreichen?", fragt B. HARDORP.[749] Und R. HAUG formuliert in ähnlichem Sinne: "Welche Möglichkeiten gibt es, mit Hilfe der Finanzhilfe dem Verfassungsgebot der Chancengleichheit von staatlichen Schulen und Schulen in Freier Trägerschaft Geltung zu verschaffen?"[750]

Zunächst ist mit HARDORP zu fordern, alle "Benachteiligungsmaßnahmen" gegenüber Freien Schulen umgehend einzustellen.[751] Dies aber heißt zuallererst, daß die "Kürzungsspirale" bei der *Finanzierung* freier Schulalternativen konsequent zurückgeschraubt werden muß. RÜDIGER HAUG hat ein differenziertes Konzept vorgelegt, nach dem anhand eines "Standardkostenmodells für arttypische Schulen in staatlicher wie nichtstaatlicher Trägerschaft" eine gerechte Bildungsfinanzierung erfolgen kann.[752] "Ob diese schularttypische Finanzierung von Schularten jedweder Trägerschaft ... schließlich als Institutionsfinanzierung (Finanzierung der Schule bzw. ihres Trägers) oder als Personenfinanzierung der einzelnen Schüler/Eltern mittels Bildungsgutscheinen o.ä. vorgenommen werden sollte, bleibt eine politische Frage", konstatiert der Autor.[753] Zu beachten ist bei einer zukünftigen Schulfinanzierung auf jeden Fall das Prinzip der Selbstverwaltung: "Pädagogische Selbstverantwortung erfordert ökonomische Verfügungsrechte der einzelnen Bildungseinrichtung. Sie braucht deshalb einen Globalhaushalt, also das Recht, über Art und Zeitpunkt der Ausgaben frei zu bestimmen. Sie soll selbst abwägen, für welche pädagogischen Maßnahmen sie das staatlich bereitgestellte Geld am wirkungsvollsten einsetzen kann", merkt BEHRENS an.[754] Diese Überlegungen stimmen überein mit den Empfehlungen der BILDUNGSKOMMISSION "Zukunft der Bildung – Schule der Zukunft", die sich für eine "relative Freiheit der Mittelverwendung" bei gleichzeitigen "Anreizen zum sparsamen Mitteleinsatz" ausspricht.[755]

Nach UDO HERRMANNSTORFER gibt es prinzipiell drei Formen der Finanzierung freier Schulen: "Die *erste Möglichkeit* ... ist die Privatfinanzierung. Die Last liegt bei den Eltern. Sie finanzieren die Schule."[756] Das "Modell der Privatfinanzierung" eignet sich jedoch aus einsichtigen Gründen "nicht als allgemeine Formel der Schulfinanzierung".[757] – "Der *zweite Finanzierungsansatz* besteht darin, Privatschulen den öffentlichen gleichzustellen. Diese Entwicklung beobachtet man in einigen Ländern, etwa in Holland." HERRMANNSTORFER sieht darin "einen

Fortschritt gegenüber der reinen Privatfinanzierung".[758] – "Als *dritte Möglichkeit* der Finanzierung erachte ich den Bildungsgutschein. Hat man bislang in der Regel in Antinomien gedacht – hie staatlich, hie privat –, regt der Bildungsgutschein eine Synthese an. Da geht es um öffentlich bereitgestellte Mittel, die aber individuell und zweckgebunden vergeben werden."[759] – Was hat es nun auf sich mit dem im Kontext zukünftiger Bildungsfinanzierung vielfach diskutierten Modell des *Bildungsgutscheins*?

Nach JACH stehen bei der "Rezeption der vor allem in Amerika diskutierten Idee des 'Bildungsgutscheins' " hierzulande weniger Fragen der Wirksamkeit von "Marktmechanismen als vielmehr demokratietheoretische Überlegungen der gleichberechtigten Finanzierung eines vielfältigen öffentlichen Schulwesens in staatlicher und freier Trägerschaft im Vordergrund".[760] Die Grundidee des Bildungsgutscheins beschreibt M. MAURER folgendermaßen: "Dieses Verfahren sieht vor, daß jedes schulpflichtige Kind einen Gutschein erhält, dessen Wert aus dem durchschnittlichen Betrag (nach Schulform ... differenziert), der pro Schüler im staatlichen Schulwesen aufzuwenden ist, berechnet wird. Die Zuwendung der Mittel geschieht durch Aushändigung eines Gutscheins (*jur. vinkuliertes Namenspapier*) an den Erziehungsberechtigten oder den volljährigen Schüler. Diese reichen ihn bei der Schule ihrer Wahl ein, die die erhaltenen Gutscheine bei der öffentlichen Hand einlöst."[761]

Zur Entwicklung der Gutscheinidee in ihrer heutigen Form haben v.a. zwei Modelle beigetragen, die beide aus den USA stammen: Das Modell von MILTON FRIEDMAN, dem "Hardliner des Marktgedankens im Bildungsbereich", basiert auf dem Prinzip, das Schulwesen unter weitgehendem "Verzicht auf wohlfahrts- und sozialstaatliche Zielsetzungen" im wesentlichen dem freien Spiel der Kräfte des "Bildungsmarktes" zu überlassen.[762] Dieser "... *ungeregelte* Gutscheintyp ist der umstrittenste und dadurch bekannteste Vorschlag zur Bildungsfinanzierung über ein Gutscheinsystem und sieht einen weitgehend wettbewerblich gesteuerten Bildungsmarkt mit einigen wenigen ordnenden Staatsfunktionen bei freier Preisbindung vor."[763] – Im Gegensatz dazu nimmt das von der JENCKS-Kommission an der Harvard-University entwickelte Gutscheinmodell "vor allem Rücksicht auf benachteiligte und unterprivilegierte Bildungsnachfrager", indem es zahlreiche Ergänzungsregelungen für finanziell schwache Familien vorsieht.[764] Ein solcher "*geregelter* Bildungsgutschein" ermöglicht somit "größtmögliche Wahlfreiheit bei größtmöglicher Chancengleichheit".[765] – Nach MAURER sind alle weiteren Modelle "Variationen dieser beiden Hauptmodelle; sie unterscheiden sich im wesentlichen darin, ob auch Privatschulen eine Teilnahme möglich ist, ob die Schulen zusätzliche Schulgelder erheben und ob benachteiligte Bevölkerungsgruppen Gutscheine mit einem höheren Wert erhalten".[766] Gemeinsames Merkmal aller Gutscheinmodelle ist, daß sie "... ein flexibles und technisch unterschiedlich ausgestaltbares Instrument der teilweisen oder kompletten Nachfragefinanzierung von Bildung über Steuergelder oder andere Mitgliedsbeiträge einer Solidargemeinschaft darstellen."[767]

Die Nachteile des FRIEDMAN-Plans liegen auf der Hand; aufgrund der fehlenden sozialstaatlichen Komponente kann er sicherlich kein brauchbares Finanzierungskonzept für das deutsche Bildungswesen der Zukunft sein. Anders verhält es sich jedoch zweifellos mit dem JENCKS-Modell: Die Vorteile eines solchen *sozial ausgewogenen* Bildungsgutschein-Konzepts sollten bei zukünftigen Überlegungen über eine gerechte Gestaltung der Schulfinanzierung unbedingt Beachtung finden. Sie lassen sich mit HARDORP etwa wie folgt umschreiben:

- "Der Bildungsgutschein – an die Eltern der Schüler gegeben – versetzt diese in die Lage, ihre Kinder auf die Schule ihrer Wahl zu schicken, ohne damit vor unüberwindbare wirtschaftliche Schranken zu gelangen."
- "Die Eltern ... würden die Wahl der geeigneten Schule für ihre Kinder in ganz anderer Weise als ihre eigene Verantwortlichkeit erleben ... sie fühlen sich gesellschaftlich ernst genommen und beteiligt."
- "Das wird auf das Gesamtklima des Schulwesens eine deutliche, die Selbständigkeit und Selbstverantwortung der Bürger stärkende Wirkung haben; das wird die Bürgergesellschaft in Fahrt bringen ..."
- "Dieser Gutschein kostet auch den Staat nicht mehr als das, was er sowieso aufzuwenden verpflichtet ist."[768]

Im Gegenteil: "Das Bewußtsein der Nachfrager wird ausgabenorientiert, das der Anbieter verwendungsorientiert; dadurch wird zu einem sparsamen Umgang mit den finanziellen Ressourcen angeregt, und die Verantwortung der einzelnen Schule wächst."[769] Nach MAURER ist es erklärtes Ziel des Gutscheinsystems, "... daß sowohl die laufenden schulischen Aufwendungen als auch die staatlichen Administrationskosten erheblich verringert werden."[770] Dies könnte angesichts der gegenwärtigen Zwänge zur Haushaltskonsolidierung sicherlich ein weiteres Argument sein, das für diese Form der Bildungsfinanzierung spricht.

Es sei jedoch nicht versäumt, auch auf die *Gefahren* eines – falsch konzipierten – Gutscheinmodells hinzuweisen: "Bei der Wahrnehmung individueller Verfügungsrechte ist immer die Gefahr gegeben, daß diese Rechte mißbraucht werden. Die Gefahr einer Elitebildung (Nachfragerselektion)" besteht nach MAURER jedoch nur bei einem "kommerziell orientierten Gutscheinsystem, das keinerlei staatliche Regelungen oder zusätzliche Leistungen bei sozialer Bedürftigkeit vorsieht".[771] Um dieser Gefahr vorzubeugen, könnten z.B. als Kontrollorgane "Schulstiftungen in öffentlich-rechtlicher Funktion eingerichtet werden, die einen verbindlichen Regelkatalog aufstellen und so z.B. gemeinsam über Zusatzfinanzierungen für soziale Problemgebiete oder spezielle pädagogische Aufgaben beraten und befinden".[772] Die ebenfalls vielbeschworene "Gefahr, die staatlichen Schulen würden zu Restschulen für Problemkinder verkommen, falls kein gleichwertiges privates Bildungsangebot vor Ort besteht", kann nach MAURER "... dadurch verhindert werden, daß auch staatliche Schulen in das Gutscheinsystem eingebunden sind."[773] Schließlich sollte der Bildungsgutschein "... wertmäßig den individuellen Bedürfnissen des Nachfragers angepaßt werden können, um eine größtmögliche Chancengleichheit zu gewährleisten."[774]

Es dürfte deutlich geworden sein, daß eine solche Bildungsfinanzierung primär *nachfrageorientiert* ist: "Die Finanzierung des Unterrichtswesens gründet nicht auf dem Angebot, sondern auf der Nachfrage, dem Bedürfnis", konstatiert MEES.[775] Finanzmittel in der Bildung "müssen dem pädagogischen Wollen folgen", merkt HERRMANNSTORFER zu Recht an.[776] Werden nämlich "Zweck und Mittelfluß getrennt, spüren wir die Folgen unmittelbar; zum Beispiel in unseren sozialen Institutionen, wo wir merken, daß sie nicht gewollt sind, nicht durchdrungen vom Willen des Einzelnen".[777] Welche verheerenden Konsequenzen dies haben kann, dürfte nicht zuletzt die Untersuchung der endlosen Kritik an der staatlichen Regelschule im Rahmen dieser Arbeit nachhaltig gezeigt haben (vgl. Kap.II). Deshalb bleibt für eine zukünftige Bildungsfinanzierung folgende Empfehlung unbedingt erwägenswert: "Der Staat soll nicht das Bildungsangebot, sondern die Bildungsnachfrage finanzieren"[778] – oder sie zumindest in angemessener Weise berücksichtigen. Wie dies unter Beachtung inhaltlicher Mindeststandards und sozialer Gerechtigkeitsprinzipien konkret realisiert werden kann, wird eine wichtige bildungspolitische Frage der Zukunft sein.

An dieser Stelle sei noch erwähnt, daß nach Ansicht von Experten Bildungsgutscheine auch "die Integration der nationalen Bildungssysteme in ein *europäisches* Bildungssystem erleichtern" könnten, was im Zuge des Zusammenwachsens der EU-Länder im 21. Jahrhundert kein unwesentliches Argument sein dürfte.[779] Erfahrungen mit dem Gutscheinmodell, aus denen Europa – im Positiven wie im Negativen – lernen kann, liegen nicht nur in den USA, sondern auch in Großbritannien inzwischen in breitem Umfang vor.[780]

Schließlich sei noch ein weiteres Problem im Kontext künftiger Bildungsfinanzierung angesprochen: "Bildung ist das Mega-Thema des nächsten Jahrhunderts. Aber: Die Staatskassen sind leer", merkt KLAUS B. HARMS an.[781] "Die Zukunft der Bildung kostet Geld ... aber wo Sprudeln die Quellen?"[782] Ohne dieser Frage hier vertiefend nachgehen zu können, sei doch darauf hingewiesen, daß den neuen Zauberwörtern "Fundraising" und "Sponsoring" in diesem Zusammenhang mit äußerster Skepsis begegnet werden muß. Schulbildung ist und bleibt eine *öffentliche* Aufgabe – und ist von daher grundsätzlich mit *öffentlichen* Geldern zu finanzieren, was jedoch der Eigenverantwortung der Beteiligten bei der Auswahl und Gestaltung von Schulen nicht widersprechen muß.[783]

"Daß die Eltern ein Selbstbestimmungsrecht darüber ausüben könnten, für welches Bildungsangebot sie Steuergelder eingesetzt wissen möchten, erscheint immer noch utopisch", resümiert JACH.[784] Nach HARDORP sind wir dieser Entwicklung in die Zukunft hinein aber heute vielleicht schon näher, als wir gemeinhin annehmen: "Mit der in mehreren Bundesländern üblichen Pauschalzuweisung auf den Kopf des Schülers ist die Kultusverwaltung dem Bildungsgutschein ohnehin schon sehr nahegekommen: Sie braucht nur noch die Adressaten auszuwechseln, dann stimmt's. Statt an die Institution Schule würde der Bildungsgutschein den sorgeberechtigten Eltern, den Bildung nachfragenden [sic] zugewendet und diese zu individueller Mitwirkung aufgerufen."[785] Doch bis dahin liegt noch ein langer Weg vor uns. Auf diesem könnte – um mit BEHRENS zu sprechen – der "Bildungsgutschein als Kompaß für 1000 Schritte zu Vielfalt im Bildungswesen" dienen.[786] Es gilt zu bedenken, "daß wir Übergangsregelungen benötigen. Eine nachfrageorientierte Finanzierung kommt nicht von heute auf morgen zustande. Wir haben Rücksicht zu nehmen auf bestehende Strukturen."[787] Die Gestaltung dieses Übergangs zu einer gerechten und echte Wahlfreiheit ermöglichenden Bildungsfinanzierung stellt eine der zentralen bildungspolitischen Herausforderungen am Beginn des 21. Jahrhunderts dar.

7. Chancengleichheit garantieren

❄ ***These 7: Eine zukunftsorientierte Bildungspolitik im 21. Jahrhundert sollte Chancengleichheit konsequent garantieren.***

Im Kontext der gegenwärtigen Debatte um Autonomie und Qualitätswettbewerb im Bildungswesen wird häufig die Gefahr beschrieben, diese Entwicklungen könnten zu "Einbußen von Chancengleichheit" im Schulwesen führen.[788] "Selbst die zu Recht zu befürchtende Gefährdung der Chancengleichheit hat wenigstens zur Folge, daß nach einer langen Pause wieder über Chancengleichheit geredet wird", merken FISCHER/ROLFF an.[789]

Es besteht heute weitgehend Einigkeit darüber, daß es bei der Verwirklichung des sozialstaatlichen Postulats der *Chancengleichheit* im Bildungswesen keinerlei Kompromisse geben darf – auch nicht im Namen der angestrebten freiheitlicheren Gestaltung des zukünftigen Schulsystems. "Auch im Hinblick auf das Grundrecht auf Bildung für jeden Bürger kann es keine Alternative zu dem eingeschlagenen Weg geben, das Ziel der *Gleichheit der Bildungschancen* weiterzuverfolgen", stellt MÜLLER-ROLLI zu Recht fest.[790] "Nicht Elitebildung für wenige, sondern mehr Bildung für alle muß Ziel der Schule sein, wenn sie offen für die Zukunft bleiben will", liest man bei KLEMM/ROLFF/TILLMANN.[791] Und JACH stellt bzgl. der zukünftigen Schule in der Bürgergesellschaft fest: "Die 'Bürgerschule' darf ... die Frage der Chancengleichheit nicht außer acht lassen."[792] Einerseits muß es also in Zukunft darum gehen, strukturell mehr Freiräume für Schulen, Lehrer, Eltern und Schüler zu schaffen – aber ebenso "müssen Chancengleichheit und Bildungsqualität gesichert werden", konstatiert HANS-JÜRGEN BADER.[793]

Die Frage, die sich daraus für die Gestaltung des Bildungswesens im 21. Jahrhundert ergibt, lautet also: Wie kann in einem freiheitlichen und pluralen Schulwesen soziale Chancengleichheit garantiert werden? Oder anders gefragt: Wie lassen sich heute – gut 200 Jahre nach der Französischen Revolution – die bereits damals entwickelten bildungspolitischen Ideen von MIRABEAU (*Freiheit*) und CONDORCET (*Gleichheit*) zu einem zukunftsweisenden *Gesamtkonzept* für das Schulwesen des neuen Jahrhunderts verbinden?[794] Oder noch allgemeiner: Was ermöglicht die Verwirklichung von pädagogischer Freiheit *und* sozialer Gleichheit im Bildungswesen der Zukunft?

Nach FEND werden im Kontext dieser Frage derzeit unterschiedliche *ordnungspolitische Modelle* diskutiert.[795] "Sie bewegen sich zwischen den Alternativen, das Bildungswesen auf ein wettbewerbsorientiertes Marktsystem umzustellen bis hin zur Stärkung der Qualität des öffentlich-rechtlichen Bildungswesens."[796] OELKERS bringt das Spektrum an Möglichkeiten auf eine prägnante Formel, wenn er fragt, was für die Zukunft des Schulwesens tauge: "Bildungsmarkt oder Staatsmonopol?"[797] Die wohl derzeit umstrittenste Option der Entwicklung im Bildungswesen ist zweifellos das sog. *Marktmodell*. Die Grundthese der Befürworter eines freien Bildungsmarktes läßt sich mit S. BLANKERTZ etwa wie folgt beschreiben: "Es sei ökonomisch, gesellschaftlich und pädagogisch sowohl wünschenswert als auch machbar, das staatlich finanzierte und beaufsichtigte Erziehungswesen zu ersetzen durch einen freien Bildungsmarkt, d.h. durch pädagogische Ereignisse und Institutionen, die von den Beteiligten gewollt werden, deren volle Kosten die Nachfrage bzw. Dritte freiwillig übernehmen und die niemand Unbeteiligtes überwacht oder beschränkt."[798] THOMAS STRAUBHAAR, einer der exponiertesten Vertreter des Marktgedankens in Deutschland, meint: "Der Markt im Bildungswesen funktioniert." Und: "Nicht das ... privatisierte, sondern gerade das staatliche Bildungssystem" sei "sozial ungerecht".[799] – Diese These kann jedoch nicht unwidersprochen bleiben.

Zunächst ist mit FISCHER/ROLFF festzuhalten, daß "sich Markt und Wettbewerb in pädagogischen Handlungszusammenhängen grundlegend anders darstellen als in wirtschaftlichen".[800] Erläuternd fügen die Autoren hinzu: "Die Besonderheiten des Wettbewerbs im Schulbereich werden am ehesten verständlich, wenn man darauf aufmerksam macht, daß in der Wirtschaft der Preiswettbewerb Vorrang vor dem Qualitätswettbewerb hat ... Dagegen hat im schulischen Bereich der Qualitätswettbewerb Vorrang ..."[801] Im Kontext der Schule kann es also immer nur um einen *pädagogischen*, niemals um einen *kommerziellen* Wettbewerb gehen. So ist denn nach VOGEL eines der Hauptargumente gegen das Marktmodell: "Schule werde kommerzialisiert, die Chancengleichheit der Schüler werde in Frage gestellt."[802] Nach Auffassung des EUROPÄISCHEN FORUMS FÜR FREIHEIT IM BILDUNGSWESEN dürfen "... Bildungseinrichtungen nicht unter das Diktat der Kommerzialisierung geraten. Daher sind soziale Gerechtigkeit und Chancengleichheit bei der Ausgestaltung der Autonomie zu gewährleisten."[803] Auch das INSTITUT FÜR BILDUNGSFORSCHUNG UND BILDUNGSRECHT e.V. konstatiert: "Bildungsfreiheit ist mehr als die Einführung effektiver Marktstrukturen ... und bedarf der sozialstaatlichen Ausgewogenheit."[804]

ACHIM LESCHINSKY warnt ausdrücklich vor einer " 'Vermarktung' des Bildungssystems" unter "Hintanstellung sozialer Interventionsziele wie desjenigen des Chancenausgleichs"[805], und MANFRED WEIß merkt an, empirische Beispiele belegten augenfällig, "... daß es der Wettbewerbsideologie nach nicht nur Gewinner, sondern auch Verlierer geben muß."[806] So verdeutlichen z.B. Untersuchungen aus Schottland, wie "schwer es Schulen mit einem sozialstrukturell ungünstigen Umfeld haben, sich im Wettbewerb mit standortbegünstigten Schulen zu behaupten".[807] Für WEIß ist es evident, daß sich "an den standortbenachteiligten Schulen die interschulische Chancenungleichheit verstärkt".[808] FEND kommt zu einem ähnlichen Fazit: "Ein Marktmodell auf der Grundlage öffentlicher Rankings einzelner Schulen ist in meinen Augen keine gute ordnungspolitische Konzeption", denn sie "... führt zu einer starken Selektion der Schüler in einzelnen Schulen. Schulen in guter Umgebung mit einer starken Rekrutierung von Bildungsschichten-Kindern werden hervorragende Ergebnisse erzielen und auf dieser Grundlage in eine positive Spirale der Personalrekrutierung und der Ausstattung geraten. Am anderen Ende der Skala wird sich ein Verelendungspotential versammeln."[809] Dies aber wäre eine Politik, "die zum Ausschluß vieler Kinder und Jugendlicher von einem qualitativ hochwertigen Lernangebot führen und damit die Desintegration in der Gesellschaft verstärken würde". [810] – Was ist also zu tun, um Autonomie *und* Chancengleichheit im Bildungswesen der Zukunft zu verwirklichen?

Zunächst ist mit WEIß folgendes festzustellen: "Einzelschulische Autonomie, Wettbewerb und Schulwahlfreiheit, die drei konstitutiven Merkmale des Marktsteuerungsmodells ..., sind nicht an das Vorliegen von Marktbedingungen gebunden; sie sind ebenso unter den Bedingungen eines politisch-bürokratischen Steuerungssystems realisierbar, auch wenn sie dort im Blick auf die Beachtung übergeordneter Effizienz- und Chancengleichheits-Ziele Einschränkungen durch das politisch-administrative System unterliegen."[811] Auch FISCHER/ROLFF weisen darauf hin, "... daß Autonomie zwar Entbürokratisierung, aber nicht notwendig Entstaatlichung bedeuten muß."[812] Nach ADOLF KELL "droht ohne politische Steuerung durch den Staat die schwierige Balance zwischen den politischen Postulaten Freiheit und Gleichheit nicht mehr demokratisch nach dem Sozialstaatsprinzip und der daraus folgenden materialen Interpretation bürgerlicher Grundrechte gestaltet zu werden, sondern diese politischen Postulate werden ökonomisch vom Markt definiert ..."[813] Da es nach Auffassung des Autors jedoch genügend "... Befunde sowohl für 'Staatsversagen' als auch für 'Marktversagen' in bezug auf pädagogisch wünschbare Entwicklungen gibt, können die Lösungen nicht in dichotomisierenden Alternativen liegen, sondern sollten optimale Kombinationen von Staat und Markt gesucht werden."[814] Bildung wird sich also in Zukunft "zwischen Staat und Markt"[815] neu zu positionieren haben.

FEND schlägt nun für diese Positionierung das Modell eines Bildungswesens im *"wohlfahrtsstaatlichen Markt"* vor.[816] "Die Zukunftsaufgabe besteht darin, neue Konzepte eines wohlfahrtsstaatlichen Marktes, eines 'public market', zu entwikkeln, durch den Bildungssysteme als öffentliche Güter allen Bürgern mit gleicher Qualität zu Gute kommen, aber gleichzeitig über eine Erweiterung von Mitentscheidungsmöglichkeiten und Wahlmöglichkeiten responsiv gegenüber den 'Kundenurteilen' sind."[817] Dies aber bedeutet für die zukünftige Weiterentwicklung unseres Schulwesens: "Ein Abbau der zentralen Rahmenbedingungen muß im Detail sehr sorgfältig bedacht werden. Er darf nicht dazu führen, daß die Basis der Gemeinsamkeit, im Schulwesen spezifiziert als gleichwertiges Angebot guter Bildungschancen vor Ort, unabhängig von den finanziellen Ressourcen der 'Kunden', geschwächt wird. Gleichzeitig gilt es, die Selbstgerechtigkeit eines staatlichen Monopols durch Strukturen besserer Kundenorientierung abzubauen und persönliche Initiativen und Anreize für optimale Gestaltung des Lehr-Lern-Prozesses institutionell zu belohnen und abzusichern", erläutert FEND.[818] Ziel muß dabei immer die "Gleichheit der Bildungschancen über einen offenen ... Zugang zu qualitativ bestmöglichen Bildungsangeboten und den Einschluß aller Schüler in eine Bildungslaufbahn, die Lebenschancen verheißt"[819], bleiben. Dabei ist schließlich nach FEND folgendes zu beachten: "Die Verwirklichung des alten, aber immer noch relevanten Postulates der Chancengleichheit wird heute allerdings von der Einsicht begleitet, daß dies nur möglich ist, wenn die Qualität des Bildungsniveaus gesichert ist."[820]

Eine Verbindung von Freiheitlichkeit und Chancengleichheit im Bildungswesen der Zukunft ist also durchaus realisierbar, ohne sozialstaatliche Prinzipien einer hemmungslosen Marktideologie opfern zu müssen. Nach VOGEL sind dabei folgende Grundsätze zu berücksichtigen: 1. "Bildung, gleichgültig in welcher Trägerschaft, muß ohne Rücksicht auf die finanziellen Verhältnisse des Schülers zugänglich sein. Der Staat sorgt dafür, daß ausreichende Mittel zur Verfügung stehen." – 2. "Der Staat hat darüber zu wachen, daß jeder Schüler ein adäquates Bildungsangebot erhält und nicht durch mangelhafte Schulangebote zu Schaden kommt." – 3. "Der Schüler muß vor unzureichendem und indoktrinierendem Unterricht geschützt werden. Der Staat muß Mindestanforderungen an den Schulbetrieb vorgeben, wie z.B. die freie Zugänglichkeit, Mindestanforderungen an die personelle, räumliche und sächliche Ausstattung der Schule, die Beachtung von Grundrechten und einer demokratischen Grundhaltung in der Verfassung der Schule." – 4. "Es werden inhaltliche Mindeststandards ... formuliert ... Jeder Schulträger muß sich verpflichten, Inhalte und Methoden des Unterrichts offenzulegen." – 5. "Die Schulaufsicht überwacht die Einhaltung dieser Regelungen" im Sinne einer "Rechtsaufsicht" u.v.m.[821] Sind solche sozialen "Sicherungen" garantiert, so ist die Gefahr einer Benachteiligung und Desintegration durch die zu erwartende Autonomieentwicklung im Bildungswesen gebannt.

Eines dürfte indes deutlich geworden sein: Ein Ende der *allgemeinen Schulpflicht* oder eine *völlige Privatisierung* des Schulwesens darf es – im Sinne der Chancengleichheit – auch in Zukunft nicht geben. "MANUELA DUBOIS-RAYMOND hat das Ende der Pflichtschule in Europa vorausgesagt, weil sie weder von innen noch von außen reformierbar sei. Sie sieht gemeinsam mit anderen die Schule den Privatisierungsweg gehen. Jedem von uns dürfte klar sein, daß solche [sic] Entwicklung – zusätzlich zu der heute größer werdenden Kluft zwischen arm und reich – uns eine soziale Entmischung kaum vorstellbaren Ausmaßes bringen würde und daher verhindert werden muß", stellt HERMANN SCHWARZ zu Recht fest.[822] – Weiterhin bleibt folgendes festzuhalten: "Auf keinen Fall darf die Einkommenssituation der Eltern über die Chancen ihrer Kinder entscheiden. Ein *Zwei-Klassen-System* [Hervorhebung: A.P.] von sich verschlechterndem öffentlichen Bildungswesen einerseits und einem leistungsfähigen, aber teuren privaten Bildungsbereich andererseits muß verhindert werden", wie HEINZ DURNER vom Deutschen Philologenverband formuliert.[823] Nicht zuletzt deswegen hat der BUNDESVERBAND DEUTSCHER PRIVATSCHULEN "die Einführung eines vom Staat finanzierten Bildungsgutscheins ..., um Chancengleichheit zu garantieren", immer wieder vorgeschlagen.[824] – Schließlich darf die sich abzeichnende relative pädagogische Unabhängigkeit der Einzelschule vom *Staat* auf keinen Fall in eine neue, vielleicht noch folgenschwerere Abhängigkeit des Schulwesens von der *Wirtschaft* führen. Vielmehr bleibt mit VOGEL festzuhalten: Auch ein freies Schulwesen "bleibt öffentlich verantwortet, es bleibt unter staatlicher Schul- [bzw. Rechts-] aufsicht".[825]

Dies bedeutet jedoch nicht, daß die Schulen der Zukunft staatlich reglementierte Einheitsschulen sein müssen. "Nicht Uniformierung, sondern gleichwertige Vielfalt des Bildungswesens ist die angemessene Antwort auf die Forderung nach weitgehender Chancengleichheit und differenzierter Begabungsförderung", stellte die ARBEITSGEMEINSCHAFT FREIER SCHULEN bereits vor geraumer Zeit fest.[826] Und HUSÉN konstatiert: "Reale Chancengleichheit setzt vielfältige und verschiedenartige Wahlmöglichkeiten voraus, die in verschiedenen Dimensionen strukturiert und nicht hierarchisch geordnet sind. Wir müssen daher allmählich erkennen, daß ein einheitliches Bildungsangebot gerade *nicht* zur Verwirklichung einer gerechten Gesellschaft beiträgt."[827] Nach europäischem Rechtsdenken ist

"Gerechtigkeit" und "Gleichheit" von Bildungschancen "nicht gleichzusetzen mit Uniformität".[828] " 'Gleichheit' im Verständnis von Uniformität findet sich allenfalls formal in Absichtserklärungen totaler und diktatorischer Vorstellungen (bzw. Systeme) wieder ... Gesellschaftliche Systeme, die darauf hinzuarbeiten suchen, ignorieren Freiheit, sie verhindern Kreativität und verletzten Individualität", merkt D. SCHULZ an.[829] Auch E. BEHRENS schreibt: "Das Recht auf Bildung ist kein Recht auf gleiche Bildung, sondern ... ein Recht auf gleiche Chancen, die eigenen Bildungsvorstellungen verwirklichen zu können. Ein vielfältiges pädagogisches Angebot ist daher eine unverzichtbare Voraussetzung der Verwirklichung des Rechts auf Bildung."[830] In diesem Sinne definiert das E/F/F/E schließlich den Begriff der *Chancengleichheit* für ein europäisches Bildungswesen der Zukunft wie folgt: "Chancengleichheit bedeutet, das Recht auf Bildung individuell verwirklichen zu können. Chancengleichheit bedeutet die Garantie des freien Zugangs zu Bildungsgängen eigener Wahl. Chancengleichheit kann sich nur in einer möglichst vielfältigen Bildungslandschaft realisieren, die den individuellen Bedürfnissen und Präferenzen Rechnung trägt."[831]

Es wird also im Bildungswesen des 21. Jahrhunderts darum gehen, "einen Ordnungsrahmen zu entwickeln, der die Entfaltung kultureller Kräfte erlaubt und anregt", ohne sie "in Bürokratie zu ersticken oder durch Kommerzialisierung zu verfremden".[832] Für das Schulwesen der Zukunft könnte damit Wirklichkeit werden, was HANS CHRISTOPH BERG als Vision folgendermaßen formuliert hat: "Was allzu oft durch ein sachwidriges, pädagogikwidriges 'Entweder – Oder' getrennt war, könnte zum 'Und' zusammengefügt werden: denn Schulfreiheit *oder* Bildungsqualität *oder* Chancengleichheit waren allzuoft nur einseitige Zielpunkte einseitiger Fraktionen. Jetzt könnten sie durch den Neuansatz 'Schulqualität' im Blick auf die Einzelschule zu Eckpunkten eines Dreiecks verbunden werden: Schulfreiheit *und* Bildungsqualität *und* Schulchancengleichheit."[833] Dies aber sei realisierbar in einer "auf chancengleiche Gleichwertigkeit eingestellten Schullandschaft".[834] Abschließend sei noch ein Wort VON HENTIGs zitiert, der das Gemeinte auf seine Weise zusammenfaßt: "Wenn die *bürgerlichen Freiheiten* erhalten und der Leistungswille und die Leistungsfähigkeit des einzelnen ermutigt werden sollen, dürfen wir nicht allein auf den Markt, seine Selbstregulierung, die *invisible hand* hoffen; wenn wir *soziale Gerechtigkeit* wollen, dürfen wir nicht allein auf den verteilenden, für alle Risiken, Pleiten, Schäden aufkommenden Staat hoffen; wir müssen geduldig an dem Ausgleich zwischen der Entfaltung individueller Tätigkeit und gemeinnützigen Auflagen und Anstrengungen arbeiten ..."[835] Denn nur so kann ein freiheitliches *und* chancengleiches Bildungswesen im 21. Jahrhundert Gestalt annehmen.

❄ ❄ ❄

Soweit also die Thesen, die Grundlinien einer Schulentwicklung im 21. Jahrhundert skizzieren sollen. – Gleichsam als Quintessenz aller sieben Thesen läßt sich eine *Vision der Schulentwicklung im 21. Jahrhundert* entfalten, die F.-R. JACH folgendermaßen umschreibt: Im Sinne einer "prozeßhaften Ausweitung von Selbstgestaltungsrechten ... werden im staatlichen Schulwesen nunmehr Selbstbestimmungsrechte schrittweise eingeführt, die bisher allenfalls die Schulen in freier Trägerschaft, sog. Privatschulen, hatten. Von diesen Schulen kann insofern viel gelernt werden, doch müssen – wie in anderen europäischen Ländern – grundlegend neue Strukturbedingungen geschaffen werden, wenn die Autonomiediskussion es ernst meint mit der freien Wahl zwischen verschiedenen pädagogischen Angeboten. Die Autonomiediskussion weist den Weg weg von der Dualität der staatlich finanzierten, aber reglementierten Schule versus pädagogisch autonomer, aber durch Schulgeld zwangsläufig sozial selektiven Schule in Elternträgerschaft. Sie wird perspektivisch zu einem öffentlichen Schulwesen führen, in dem unabhängig von der Form der Trägerschaft einer Schule verschiedene pädagogische Konzepte gleichberechtigt nebeneinander stehen. Denn mit der Stärkung des Wahlrechts der Eltern zwischen verschiedenen pädagogischen Optionen verliert der alte Gegensatz zwischen Liberalismus und Etatismus im Schulwesen seine innere Legitimität."[836] Gleichzeitig wird diese Entwicklung einer kontinuierlichen Verbesserung und Gewährleistung von Schulqualität dienen, auf die es im Bildungswesen der Zukunft vor allem ankommt.

Abschließend soll nun noch ein Blick auf *internationale Erklärungen und Übereinkommen* geworfen werden, die Aussagen über die künftige Gestaltung von Bildungssystemen sowie deren rechtliche Grundlagen enthalten. "Es gehört zur Würde der Gesetzgebung, daß sie Klarheit schafft über das, was einmal werden soll", merkt H.-W. ERBE an.[837] Andererseits bleiben alle noch so schönen Bildungs-Visionen wirkungslos, solange sie nicht in geltendes Recht umgesetzt werden.

Eine wichtige Grundlage zukünftiger europäischer Bildungspolitik ist die bereits erwähnte *Entschließung zur Freiheit der Erziehung in der Europäischen Gemeinschaft*, die das Europaparlament am 14.03.1984 verabschiedet hat.[838] Es fordert darin für den Bereich der Europäischen Union (damals EG) u.a. die Anerkennung folgender Grundsätze:

1) "Kinder und Jugendliche haben Anspruch auf Erziehung und Unterricht; dazu gehört das Recht des Kindes, seine Fähigkeiten und Talente zu entwickeln; die Eltern haben im Rahmen der gemeinsamen Verfassungsüberlieferungen der Mitgliedsstaaten und der auf diesen beruhenden Gesetzen das Recht, die Erziehung und die Art des Unterrichts ihrer minderjährigen Kinder zu bestimmen;"

2) "alle Kinder und Jugendlichen haben das Recht auf Erziehung und Unterricht ohne Diskriminierung aufgrund des Geschlechts, der Rasse, der philosophischen oder religiösen Überzeugungen, der Staatsangehörigkeit oder der sozialen oder wirtschaftlichen Lebensumstände;" (...)

6) "die Freiheit der Erziehung und des Unterrichts ist zu gewährleisten;"

7) "die Freiheit der Erziehung und des Unterrichts beinhaltet das Recht, eine Schule zu eröffnen und Unterricht zu erteilen;"

   - "diese Freiheit beinhaltet ferner das Recht der Eltern, für ihre Kinder unter den vergleichbaren Schulen eine Schule zu wählen, in der diese den gewünschten Unterricht erhalten; ..."

   - "entsprechend dem Recht der Eltern ist es deren Sache, über die Auswahl der Schule ihrer Kinder bis zu deren eigener Entscheidungsfähigkeit zu entscheiden; Sache des Staates ist es, die dafür nötigen Einrichtungen öffentlicher und freier Schulen zu ermöglichen; ..." (...)

9) "aus dem Recht der Freiheit der Erziehung folgt wesensnotwendig die Verpflichtung der Mitgliedsstaaten, die praktische Wahrnehmung dieses Rechts auch finanziell zu ermöglichen und den Schulen die zur Durchführung ihrer Aufgaben und zur Erfüllung ihrer Pflichten erforderlichen öffentlichen Zuschüsse ohne Diskriminierung der Organisatoren, der Eltern, der Schüler oder des Personals zu den gleichen Bedingungen zu gewähren, wie sie die entsprechenden öffentlichen Unterrichtsanstalten genießen ..." etc.[839]

Bereits diese Auszüge aus der Resolution machen deutlich, daß die oben entwikkelten Thesen zur Schulentwicklung im 21. Jahrhundert durchaus mit den Rechtsgrundsätzen und -empfehlungen der EU übereinstimmen. Das EUROPÄISCHE FORUM FÜR FREIHEIT IM BILDUNGSWESEN (E/F/F/E) hat darüberhinaus im Jahre 1992 *Empfehlungen für Bildungsgesetze* erarbeitet, die diese Grundsätze weiter konkretisieren.[840] Auf eine ausführliche Darstellung dieser Empfehlungen sei jedoch an dieser Stelle verzichtet; Näheres ist an angegebenem Ort nachzulesen. [841]

Schließlich bleibt mit FERNANDEZ/JENKNER folgendes festzuhalten: "Das *Recht auf Bildung* und die *Freiheit der Erziehung* gehören zu den grundlegenden Menschenrechten und Freiheiten und zu den Fundamenten demokratischer Gesellschaft [sic; Hervorhebungen: A.P.]".[842] Schaut man auf die internationalen Rechtsdeklarationen von UN, UNESCO, EUROPARAT, EU, KSZE, OAS, OAE sowie der Nicht-Regierungs-Organisationen E/F/F/E, OIDEL, EPA, FUEV und WUS[843] für das Bildungswesen, so läßt sich daraus ein "*internationaler Stan-*

dard" ableiten, "der den Staaten als Leitlinie für ihre Bildungspolitik dienen soll [Hervorhebungen: A.P.]".[844]

FERNANDEZ/JENKNER haben die maßgeblichen Erklärungen der o.g. Organisationen auf die Berücksichtigung folgender Teilaspekte des Rechts auf Bildung und der Freiheit der Erziehung hin untersucht:

1. *Zugangsrecht*: "das Recht auf freien und gleichen Zugang zu den einzelnen Bildungseinrichtungen";
2. *Minimumrecht*: "das Recht auf Vermittlung der für eine menschenwürdige Existenz in der modernen Gesellschaft unabdingbaren Kenntnisse und Fähigkeiten";
3. *Entfaltungsrecht*: "das Recht auf freie Entfaltung der individuellen Begabungen und Interessen und damit der Anspruch auf ein entsprechend differenziertes Bildungswesen";
4. *Partizipationsrecht*: "das Recht aller an den Bildungseinrichtungen Beteiligten auf Mitwirkung an der Willensbildung und an den Entscheidungen in diesen Einrichtungen".[845]

Fazit: "Diese Einzelrechte sind in den Dokumenten unterschiedlich berücksichtigt, insgesamt aber repräsentieren sie die zeitgemäßen Anforderungen an eine liberale und soziale Bildungspolitik."[846] Nach FERNANDEZ/JACH hat eine zukünftige Bildungspolitik im o.g. Sinne insbesondere folgende Rechte zu gewährleisten:

- "die Freiheit der Meinungsäußerung (das Recht zu lehren)";
- "die Gleichheit der Bildungschancen (das Recht zu lernen)";
- "die Bekenntnisfreiheit (das Recht zum Besuch einer Bildungseinrichtung eigener Wahl)";
- "die Freiheit zur Gründung und zum Betreiben von Bildungseinrichtungen auf allen Ebenen des Bildungssystems";
- "Selbstverwaltung und demokratische Strukturen der Willensbildung in allen Bildungseinrichtungen".[847]

In diesem Verständnis eines *freiheitlich-demokratischen* Bildungswesens

- "haben die Eltern ein vorrangiges Recht, die Art der Bildung zu bestimmen, die ihren Kindern zuteil werden soll ...";
- "müssen die Staaten die Freiheit der Eltern achten, für ihre Kinder andere als öffentliche Schulen zu wählen ...";
- "sind die Staaten verpflichtet, die praktische Wahrnehmung dieses Rechts auch finanziell zu ermöglichen ...";

- muß die "Gewährleistung pädagogischer und akademischer Freiheit sowie Autonomie in curricularen, personellen und finanziellen Entscheidungen" garantiert sein.848

Nach Auffassung der Autoren liegt die Schwäche der internationalen Kodifizierungen in ihrer "unterschiedlichen Verbindlichkeit. Einige haben nur deklamatorischen Charakter (so die UN-Menschenrechtserklärung und die Beschlüsse des Europäischen Parlaments), andere (wie die UN-Pakte und -Konventionen) verpflichten zwar die Signatarstaaten, gewähren deren Bürgern aber keine individuell einklagbaren Rechte. Lediglich die Europäische Menschenrechtskonvention sieht ein solches Klagerecht vor ..."[849]

Auf dieser Grundlage kommen FERNANDEZ/JENKNER zu folgendem Schluß: "So bleibt die volle Realisierung des Rechts auf Bildung und der Freiheit der Erziehung den einzelstaatlichen Entscheidungen überlassen." Daß diese am Beginn des 21. Jahrhunderts in den europäischen Staaten unterschiedlich weit entwickelt sind, wurde bereits erwähnt; als vorbildlich im o.g. Sinne kann etwa das Bildungswesen der Niederlande, aber auch dasjenige Dänemarks gelten.[850] Damit bleibt bezüglich des oben dargestellten *internationalen Standards* einer *zukunftsorientierten Bildungspolitik* schließlich folgendes festzuhalten: "... es ist die Aufgabe einer kritischen pädagogischen und politischen Öffentlichkeit, die Realisierung dieses Standards anzumahnen und auf seine Einhaltung zu achten."[851] Wenn diese Arbeit dazu einen Beitrag leisten kann, so hat sie ihren Sinn nicht verfehlt.

4. Schlußbemerkungen

Es war Inhalt und Ziel der vorliegenden Arbeit zu prüfen, ob und inwieweit *Schulkritik* und die *Suche nach Schulalternativen* ein *Motor der Schulentwicklung* an der Schwelle zum 21. Jahrhundert sein können. Diese Frage konnte aufgrund vielfältiger Recherchen und Überlegungen dahingehend beantwortet werden, daß beide Phänomene – Schulkritik und die Suche nach Schulalternativen – die Schulentwicklung durchaus antreiben und befruchten können, wenn sie in angemessener Weise wahrgenommen und konstruktiv genutzt werden.

Zusammenfassend bleibt mit ANDREAS PEHNKE zunächst folgendes festzuhalten: "Jedes Suchen nach pädagogischen Alternativen ist mit Elementen der *Kritik* am Bestehenden verbunden. Reform- und Alternativschulkonzepte wurden stets da thematisiert, wo gesellschaftliche oder aber auch individuelle Bedürfnisse durch die Regelschule nicht ausreichend befriedigt wurden [Hervorhebung: A.P.]."[852] *Schulkritik* kann vielfältig sein: "Sie kann radikal sein und vernichten wollen, sie kann konstruktiv sein und pragmatisch bleiben, und sie kann Effizienz zum Ziel haben." Diese Vielschichtigkeit wurde in der langen Geschichte der

Kritik an der Schule "in allen Facetten abgedeckt".[853] Dabei muß sich Schulkritik "nicht ausschließlich in pädagogischer Opposition bekunden, die sich häufig bereits als Legitimation für eine eigene Schulgründung versteht; vielmehr kann die Mitwirkung im Rahmen des bestehenden Schulwesens zu einem Zeichen *konstruktiver* Kritik werden, die zugleich einen Lösungsweg erschließt [Hervorhebung: A.P.]", konstatiert HERMANN RÖHRS.[854] Schulkritik *produktiv* zu nutzen heißt also nicht nur, *freie* Schulalternativen zu gründen und zu betreiben, sondern auch innerhalb des *staatlichen* Regelschulsystems Reformen in Gang zu bringen und Alternativen zu entwickeln. "Immer aber werden durch Kritik Erstarrungen verhindert. Wenn durch Schulkritik Schulerstarrung abgewehrt wird, hat sie im Umkehrdenken die Potenz, Dynamik zu bewirken. Die Entwicklung von Schule und Pädagogik, Kulturentwicklung überhaupt, lebt von kritischen Impulsen", resümiert PEHNKE.[855]

Dazu ist es jedoch im wahrsten Sinne des Wortes *not-wendig*, daß Schulkritik gehört, gewürdigt, genau geprüft und sachlich geklärt wird. Doch damit nicht genug: "An sie [die Schulkritik] anschließend müssen 'pädagogisch bessere' Realbedingungen der Schule vorgestellt und diskutabel gemacht werden", wie DIETER HINZ zu Recht anmerkt.[856] "Unter einem Minimum allgemeiner Normen müssen sie der Autonomie der Schule übertragen werden."[857] – Schließlich bleibt mit KURT AURIN folgendes festzuhalten: "Die Schule kann nicht abgeschafft werden – die Alternative zu ihr bleibt die pädagogisch sich weiter entwickelnde und erneuernde Schule."[858] Nur unter der Maxime stetiger *Schulentwicklung* kann Schule – bei aller Kritik – ein Stück weit das werden, was sie, wie eingangs zitiert, ihrem Wesen nach im besten Sinne sein könnte: "Zipfel einer besseren Welt".[859]

Was die *Suche nach Schulalternativen* betrifft, so hat die Auswertung empirischer Studien gezeigt, daß es eine Vielfalt berechtigter Motive gibt, aufgrund derer Eltern sich für eine Schule in freier Trägerschaft – und damit gegen die staatliche Regelschule – entscheiden. "Nicht nur Aussteiger, Flippies, die aus der schlechten Wirklichkeit fliehen, beschäftigen sich mit Alternativ-Projekten", stellt KARL-HEINZ HEINEMANN zu Recht fest.[860] Vielmehr sind *Schulalternativen* ein Thema, das uns alle angeht. Freilich ist eine Schule nicht *per se* besser, weil sie "alternativ" oder "frei" ist; doch haben – das wurde durch die empirische Schulqualitätsforschung vielfach bestätigt – autonome Schulen mit größeren Gestaltungsfreiräumen bessere Chancen, gute Schulen zu sein.[861] In Zukunft muß es also darum gehen, den Selbstgestaltungswillen von Eltern, Lehrern, Schülern und Schulen zu respektieren – und die neu gewonnene Autonomie und Wahlfreiheit rechtlich, finanziell und sozial abzusichern. Diese not-wendige Schulentwicklung kann zwar nicht von heute auf morgen geschehen – "aber die Menschen können sich ändern und nach Alternativen suchen".[862] Je konsequenter sie dies tun, desto schneller wird etwas in unserem Bildungswesen in Bewegung kommen. Es bleibt zu wünschen, daß *alle* Schulen – ob in staatlicher oder in freier Trägerschaft – zu Orten werden, denen mündige und selbstbestimmte Eltern ihre Kinder gerne anvertrauen und an denen sie ihre Kinder zu freien und verantwortungsbewußten Bürgern heranwachsen sehen. Dann – und nur dann – werden auch die staatlichen Regelschulen in Zukunft echte *Alternativen* bieten können.

Dabei muß indes eine Gefahr erkannt und vermieden werden, die CHRISTA BERG einmal folgendermaßen beschrieb: "Erfahrungen mit der Schwerfälligkeit bis Undurchführbarkeit von Reformen drohen, die berechtigte Schulkritik verstummen zu lassen und die Suche nach alternativen Lösungen oder Veränderungen aufzugeben."[863] Damit dies nicht geschieht, ist es für die Zukunft unbedingt notwendig, die anstehenden Reformen in Richtung *Schulautonomie* und *Schulchancengleichheit* konsequent anzugehen und zu verwirklichen. *Schulkritik* und die *Suche nach Schulalternativen* sollten in diesem Reformprozeß nicht nur zugelassen und ernst genommen, sondern am Beginn des 21. Jahrhunderts gezielt als *Motoren der Schulentwicklung* genutzt werden.

Auf die Schulen des neuen Jahrhunderts werden erweiterte Aufgaben zukommen – deshalb brauchen sie auch erweiterte Gestaltungsfreiräume, um diesen großen Herausforderungen gewachsen zu sein. *Die* Schule der Zukunft wird es also nicht geben, dafür aber ein vielfältiges Angebot an selbstverwalteten Schulen mit je unterschiedlichem pädagogischem Profil, in staatlicher und nicht-staatlicher Trägerschaft, unter denen Eltern aller Sozialschichten frei und unentgeltlich wählen können. "Schulen, die sich auf notwendige Veränderungen nicht einlassen, müssen der Vergangenheit angehören, denn sie bereiten ihre Schüler nicht auf die Zukunft vor", resümieren KLIEBISCH/FLESKES/BASTEN.[864]

Der Staat wird in Zukunft aufgefordert sein, "Freiräume im pädagogischen Bereich nicht nur zu dulden, sondern ausdrücklich zur Selbstgestaltung aufzufordern", wie die Bildungskommission *Zukunft der Bildung – Schule der Zukunft* treffend feststellt.[865] Wie schrieb einst CONDORCET? "Schließlich ist die Unabhängigkeit des Unterrichts in gewisser Weise ein Teil der Rechte des Menschengeschlechts."[866] Die Schule der Zukunft ist somit nicht nur *neu*, sondern auch *frei* zu denken.[867] Denn "Freiheit ist Gelegenheit zu steter Initiative", wie GRAHAM WALLAS anmerkt.[868] DIETER, ein Dortmunder Lehrer, bringt das oben Gesagte auf eine knappe Formel: "Ich glaube, Freiheit heilt."[869]

Dieser Einsicht steht allerdings heute noch eine verbreitete, oft diffuse "Furcht vor der Freiheit" entgegen, um ein Wort von ERICH FROMM zu gebrauchen.[870] STEFAN BLANKERTZ weist darauf hin, wie schwierig der "Prozeß des Mündigwerdens" ist und "wie schmerzhaft er sich für beide Seiten, Individuum und Gesellschaft, gestaltet".[871] "Der Mensch ist zwar zur Freiheit berufen", führt LEONHARD JOST aus. "Er muß aber dazu erweckt und zu deren verantwortungsvollem Gebrauch gebildet werden. Er muß in eigener Anstrengung die Krone menschlicher Würde – individuelle und soziale Mündigkeit – erreichen, nicht allein 'als Werk der Natur' oder 'als Werk der Gesellschaft', sondern, im Sinne der Anthropologie PESTALOZZIs, 'als Werk seiner selbst'."[872] In diesem Sinne sei am Ende nochmals ROMAN HERZOG angeführt, der in seiner Berliner Rede die inzwischen vielzitierten, aber mehr denn je aktuellen Worte gebrauchte: "Hören wir endlich auf, Angst vor der Freiheit zu haben, die wir uns selber geben können."[873] Dieses Motto kann zweifellos als Leitmotiv für die Schulentwicklung im 21. Jahrhundert gelten.

Die Schulnot ist groß – auch am Beginn des 3. Jahrtausends. Die gegenwärtige Schule ist den enormen Anforderungen vielfach nicht mehr gewachsen. Die Probleme der Zeit sind drängend – und vertragen keinen Aufschub. Sie verlangen kreative Lösungen. Alle sind aufgerufen mitzudenken. Freiräume sind zu erweitern und verantwortlich zu gestalten. Nur so werden wir Schritte in ein Bildungswesen der Zukunft tun können – und nur so werden wir die gewaltigen Herausforderungen an der Schwelle zum 21. Jahrhundert bewältigen.

NACHWORT

Das Manuskript dieser Arbeit wurde im August 2001 abgeschlossen. Mit den Terroranschlägen vom 11. September in New York und Washington hat sich das Gesicht der Welt verändert. Apokalyptische Bilder gingen um den Globus, die der Weltöffentlichkeit das Unvorstellbare als grausame Wirklichkeit unmittelbar vor Augen führten. "Vier Flugzeuge haben unsere Vorstellung der Welt ins Wanken gebracht", schreibt eine Tageszeitung.[874] "Mit den Zwillingstürmen von New York ist unser Gefühl eingestürzt, daß die westlichen Länder weit entfernt sind von den Krisenherden dieser Welt."[875]

Seitdem hat sich die Weltlage dramatisch zugespitzt. Die Schatten dieses dunklen Tages ragen düster in die Gegenwart hinein – und werden uns in unbestimmte Zukunft begleiten. Die weltweiten Folgen der barbarischen Terroranschläge sind bislang unabsehbar – doch ahnt man, daß nichts mehr so sein wird, wie es bisher war. Ein Krieg ist im Gange, in den voraussichtlich schon bald deutsche Soldaten geschickt werden – und die westliche Welt lebt in Angst vor weiteren Anschlägen islamistischer Terroristen, die offenbar auch vor dem Einsatz biologischer und chemischer Waffen nicht zurückschrecken. Die Spirale der Gewalt scheint sich unaufhaltsam weiterzudrehen. Die Beunruhigung ist groß – die Bedrohung neuartig und unfaßbar. Die Welt steht unter Schock.

Der 11. September ist "ohne Zweifel der Grenzstein, der das 20. vom 21. Jahrhundert trennt".[876] Obwohl es angesichts der sich überstürzenden Weltereignisse nicht mehr möglich war, die aktuellsten Geschehnisse bei der eingangs durchgeführten Skizzierung der Weltlage in vollem Umfang zu berücksichtigen (vgl. Kap.I.1), sei hier doch wenigstens noch abschließend darauf hingewiesen, in welch ungeahnte Dimensionen die Herausforderungen des 21. Jahrhunderts offensichtlich reichen.

Diese Erkenntnis schwächt jedoch das Anliegen der vorliegenden Arbeit keinesfalls ab. Im Gegenteil: Vielleicht ist angesichts des Infernos unserer Tage noch deutlicher geworden, *wie* bedroht die Welt tatsächlich ist – und wie viel sich wird ändern müssen, wenn wir einer lebenswerten Zukunft auf diesem Planeten entgegengehen wollen. Da jede Zukunft jedoch bei den *Kindern* beginnt, wird sich auch die *Schule* in gravierender Weise verändern und weiterentwickeln müssen, wenn wir den Weltereignissen positive Impulse entgegensetzen wollen. Insofern muß die Botschaft der *Schulkritik* ernst genommen, die *Suche nach Schulal ternativen* gezielt gefördert und die *Schulentwicklung* mutig vorangebracht werden, damit unsere Kinder in eine Zukunft hineinwachsen, in der es sich zu leben lohnt.

Ein namhafter Erziehungswissenschaftler schrieb jüngst: "In hoffnungsloser Lage bleibt: die Hoffnung."[877] Dies muß – nicht zuletzt für unser zukünftiges *Schulwesen* – angesichts der erschreckenden Weltereignisse an der Schwelle des 21. Jahrhunderts in besonderer Weise gelten.

Heilbronn, im Oktober 2001 Annette Pfisterer

ANMERKUNGEN

Anmerkung zum MOTTO

[1] zit. BILDUNGSKOMISSION NRW (1995): Zukunft der Bildung - Schule der Zukunft. Denkschrift der gleichnamigen Kommission beim Ministerpräsidenten des Landes Nordrhein-Westfalen; S. 69.

Anmerkungen zu TEIL I

[2] zit. FEND, H. (2001): Qualität im Bildungswesen; S. 375.
[3] zit. DALIN, P. (1997): Schule auf dem Weg in das 21. Jahrhundert; S. 21.
[4] vgl. SCHAVAN, A. (1999), zit. nach b: Vortragsmitschrift, A.P.
[5] vgl. ebd.
[6] vgl. § 1 und § 43 des Preußischen Allgemeinen Landrechts, zit. nach: JENKNER, S. (2000), a + b: S.2f
[7] vgl. z. B. KEMPER, H. (1991), S. 26 f
[8] zit. nach: STRUCK, P. (1996), S. 156
[9] zit. ebd.
[10] zit. a.a.O., S. 157
[11] zit. BEHR, M. (1988), S. 9
[12] zit. BEHR, M./JESKE, W. (1982), S. 173
[13] zit. ZUDEICK, P. (1982), S. 9
[14] zit. RENDANT, M.-L.(1999), S. 9
[15] zit. HENSEL, H. (1995/A), S. 156
[16] zit. STRUCK, P. (1996), S. 157; vgl. auch ARBEITSGEMEINSCHAFT FREIER SCHULEN (Hrsg.) (1999), S. 545 ff
[17] vgl. ebd.
[18] vgl. STRUCK, P. (1996), S. 157
[19] zit. ebd.
[20] vgl. z.B. die Aussagen der Schulleiter von verschiedenen Privatschulen in Kap III.2; vgl. auch: BROOS, S. (1997), S. 131
[21] zit. ZUDEICK, P. (1982), S. 9
[22] zit. STRUCK, P. (1996), S. 160
[23] zit. BROOS, S. (1997), S131
[24] vgl. STRUCK, P. (1996), S. 160 und S. 156
[25] zit. HENTIG, H. VON (1999), S. 10
[26] zit. a.a.O., S. 10 f
[27] vgl. WILHELM, TH. (1982); vgl. z.B. KLEMM, U. (1991), S. 20; vgl. auch: PERELMAN, L. J., "School's out", nach: STRUCK, P. (2000/C), S. 23 ff
[28] Quelle: FOCUS, Heft 5/1999, S. 54
[29] vgl. SPIEGEL special, Nr.11/1996, Titelblatt
[30] zit. nach MILLER, R. (1993), S. 11
[31] zit. nach ebd.
[32] vgl. ARLT, M. (1989)
[33] zit FOCUS, Nr.36/1996, S. 101
[34] in: HÖRZU, Heft 42, 13.10.2000, S. 8 ff
[35] zit. FRITZ-VANNAHME, JOACHIM: Wer hat die beste Schule? In: DIE ZEIT, Nr.22, 20. Mai 1998, 53. Jahrgang, Titelblatt
[36] zit. HENTIG, H. VON (1999), S. 43

[37] zit. a.a.O., S. 42
[38] STRUCK, P., zit. nach SPIEGEL special, Nr.11/1996, S. 16; vgl. auch: ders. (1994)
[39] SCHAVAN, A. (1999); zit. nach a: Vortragsmanuskript; S. 11
[40] vgl. SCHAVAN, A. (1999), zit. nach b: Vortragsmitschrift A.P.
[41] vgl. ebd.
[42] vgl. BORCHERT, M./DERICHS-KUNSTMANN, K. (Hrsg.) (1979)
[43] vgl. a.a.O., S. 13; BORCHERT, M./MAAS, M. (Hrsg.) (1998), S. 7, Vorwort von RAINER WINKEL
[44] zit. LENZEN, D. (1997), S. 54
[45] zit. KAYSER-GANTNER, G. (1999/A), S. 1
[46] vgl. ZUDEICK, P. (1982), S. 7
[47] zit. FERTIG, L. (1983), S. 390
[48] vgl. ENGELKE, B. (1984), S. 116
[49] vgl. auch BORCHERT, M./DERICHS-KUNSTMANN, K. (1979), S. 135-160; BRUNS, M. (1984), S. 176-182; BAUMANN, H./KLEMM, U. (Hrsg.) (1988), S. 39
[50] zit. BORCHERT, M./DERICHS-KUNSTMANN, K. (1979), S. 144
[51] zit. BRUNS, M. (1984), S. 180
[52] vgl. BORCHERT, M./DERICHS-KUNSTMANN, K. (1979), S. 143
[53] vgl. a.a.O., S. 155
[54] zit. BRUNS, M. (1984), S. 177
[55] vgl. BORCHERT, M./DERICHS-KUNSTMANN, K. (1979); BRUNS, M. (1984), a.a.O.
[56] zit. NEGT, O. (1984), S. 146; vgl. auch MAAS, M. (1998), S. 28
[57] zit. MAAS, M (1998), S. 28
[58] vgl. HENTIG, H. VON (1996/A), S. 57
[59] zit. MAAS, M. (1998), S. 29
[60] vgl. STRUCK, P. (1996), S. 211
[61] vgl. z.B. ROLFF, H.-G./ZIMMERMANN, P. (1993); PREUSS-LAUSITZ, U. u.a. (1995); STRUCK, P. (1996) u.a.
[62] vgl. STRUCK, P. (1996), S. 207 ff
[63] vgl. a.a.O., S. 208
[64] vgl. a.a.O., S. 210
[65] zit. HENTIG, H. VON (1993), S. 11
[66] vgl. FOCUS Nr.10/März 1998, Titelblatt
[67] vgl. a.a.O., S. 73
[68] vgl. HEILBRONNER STIMME, 6.7.2000
[69] zit. ebd.
[70] vgl. z.B. PREUSCHOFF, G. und A. (1994), S. 18 ff
[71] vgl. den Lehrerinnen-Mord von Meißen im November 1999
[72] zit. HENTIG, H. VON (1993), S. 12
[73] zit. ebd.
[74] vgl. STRUCK, P. (1996), S. XII, S. 18 ff
[75] zit. a.a.O., S. 112
[76] vgl. die Thesen des gleichnamigen Kongresses vom 8.-10.3.1978 in Bonn-Bad Godesberg; abgedruckt in: FÜHR, CH. (1979), S. 173
[77] zit. SCHAVAN, A. (1999), a: Vortragsmanuskript, S. 19
[78] zit. HENTIG, H. VON (1999), S. 49
[79] vgl. GRUHL, H. (1975), S. 21
[80] vgl. ANDERS, G. (1981), S. 106 ff
[81] vgl. STROHM, H. (1975)
[82] vgl. MEADOWS, D. (1972), S. 14; vgl. auch den Fortsetzungsbericht von MEADOWS, D.H./ MEADOWS, D.L./RANDERS, J. (1992)
[83] zit. HENTIG, H. VON (1999), S. 13

[84] zit. DALIN, P. (1997), S. 53
[85] zit. a.a.O., S. 18
[86] zit. a.a.O., S. 21
[87] vgl. a.a.O., S. 57 ff
[88] vgl. a.a.O., S. 58 f
[89] zit. a.a.O., S. 53
[90] zit. a.a.O:, S. 54
[91] zit. a.a.O., S. 19
[92] zit. a.a.O., S. 54
[93] zit. ebd.
[94] zit. a.a.O., S. 53
[95] zit. a.a.O., S. 55
[96] zit. ebd.
[97] zit. ebd.
[98] zit. a.a.O., S. 57
[99] JACH, F.-R. (1993/B), S. 1071
[100] zit. ebd.
[101] ders., in: MAURER, M (1994), S. 6, Begleitwort
[102] zit. ebd.
[103] zit. DALIN, P. (1997), S. 21
[104] zit. ebd.
[105] zit. ebd.
[106] vgl. GÜRTLER, KLAUS: Schul-PC bringen keinen Lernschub. US-Pädagogen kritisieren übereilte Ausstattung mit Rechnern - Entwicklungsschäden bei Kindern? In: HEILBRONNER STIMME, 26.9.2000, S. 13
[107] zit. ebd.
[108] zit. ebd.
[109] zit. ebd.
[110] zit. DALIN, P. (1997), S. 172
[111] zit. GÜRTLER, K., a.a.O.
[112] vgl. ebd.
[113] zit. HENTIG, H. VON (1999), S. 43
[114] zit. a.a.O., S. 44
[115] zit. DALIN, P. (1997), S. 21
[116] zit. PECCEI, A. (1981), S. 219
[117] vgl. SCHAVAN, A. (1998), S. 99 ff
[118] zit. HENTIG, H. VON (1993), S. 247
[119] zit. ebd.
[120] vgl. GIESECKE, H. (1996), S. 5
[121] vgl. z.B. BERG, H.CH. (1993/A), S. 12
[122] vgl. BEHR, M./JESKE, W. (1982)
[123] vgl. z.B. MAURER, M. (1994)
[124] vgl. Grundgesetz für die Bundesrepublik Deutschland, Teil I: Die Grundrechte, Artikel 6, Absatz 2: "Pflege und Erziehung der Kinder sind das natürliche Recht der Eltern und die zuvörderst ihnen obliegende Pflicht."; vgl. auch: Vereinte Nationen, Allgemeine Erklärung der Menschenrechte (10.12.1948), Artikel 26, Absatz 3: "Die Eltern haben ein vorrangiges Recht, die Art der Bildung zu wählen, die ihren Kindern zuteil werden soll."; zit. nach: FERNANDEZ, A./JENKNER, S. (Hrsg.) (1995), S. 221
[125] zit. DALIN, P. (1997), S. 19
[126] zit. a.a.O., S. 56
[127] zit. ebd.
[128] zit. SCHAVAN, A. (1998), S. 13
[129] vgl. a.a.O., S. 9

[130] vgl. ebd.
[131] vgl. KEMPER, H. (1983), S. 173
[132] vgl. AUERNHEIMER, G. (1980), S. 25
[133] vgl. a.a.O., S. 7
[134] vgl. a.a.O., S. 9
[135] vgl. WILHELM, TH. (1982); vgl. auch Kap.I.1
[136] zit. AUERNHEIMER, G./HEINEMANN, K. (Hrsg.) (1980), S. 7
[137] zit. ebd.
[138] vgl. WINKEL, R. (1980), S. 29 ff
[139] vgl. FAUST-SIEHL, G. u.a. (Hrsg.) (1996), S. 179
[140] zit. ebd.

[1] zit. STERN, B. (1993), Schule? - Nein danke! Für ein Recht auf freie Bildung! In: KUNERT, CH. (Hrsg.) (1993), S. 37
[2] zit. HENTIG, H. VON (1987), Sozialpathologie der Schule, in: ders. (1987), Was ist eine humane Schule? S. 53
[3] vgl. BROCKHAUS ENZYKLOPÄDIE in 24 Bänden, Bd. 12, Stichwort "Kritik", S. 527; Mannheim 1990
[4] zit. ebd.
[5] vgl. ebd.
[6] zit. ebd.
[7] zit. ebd.
[8] zit. ebd.
[9] vgl. a.a.O., S. 528
[10] zit. ebd.
[11] vgl. MEYERS GROßES TASCHENLEXIKON in 25 Bänden; Bd.5, S. 245, Mannheim u.a. 1999
[12] vgl. APEL, H.J. (1995), S. 67
[13] zit. ebd.
[14] vgl. Kap.II. 2-4
[15] vgl. HINTZ, D. (1984), S. 17
[16] vgl. ebd.
[17] vgl. ebd.
[18] vgl. ROMBACH, H. (Hrsg.): Wörterbuch der Pädagogik, Bd. 3, S. 114 (RAMSEGER, J.: Schulkritik); Freiburg 1977 (Herder)
[19] vgl. LESCHINSKY, A. (1995/B), S. 485 f
[20] zit. BROCKHAUS ENZYKLOPÄDIE in 24 Bänden, Bd. 19, Stichwort "Schule", S. 550; Mannheim 1992
[21] zit. BLANKERTZ, S. (1989/A), S. 26
[22] vgl. BROCKHAUS ENZYKLOPÄDIE in 24 Bänden, Band 19, Stichwort "Schule", S. 550; Mannheim 1992
[23] vgl. ZUDEICK, P. (1982), S. 7
[24] vgl. BILLER, K. (1988)
[25] vgl. MENZEMER, U. (1981)
[26] vgl. HENSEL, H. (1995/A), S. 146
[27] vgl. TOBLER, M. (1964)
[28] vgl. JOUHY, E. (1968)
[29] vgl. STRUCK, P. (1992)
[30] vgl. MITTER, W. (1987)
[31] vgl. GROOTHOFF, H.-H. (1989)
[32] vgl. HARTWIG-HELLSTERN, F. (1993)
[33] vgl. HUSÉN, T. (1980), S. 10 ff
[34] vgl. HAEFNER, K. (1984)
[35] vgl. REHFUS, W.D. (1995)
[36] vgl. SCHÄFER, W. (1965)
[37] vgl. PICHT, G. (1964)
[38] vgl. LINK, A. (1974)
[39] vgl. WILHELM, T. (1978)
[40] vgl. BILLER, K. (1988)
[41] vgl. HENTIG, H. VON (1987)
[42] vgl. TREU, H.-E. (1989)
[43] vgl. GOODMAN, P. (1975)
[44] vgl. WETTERLING, H. (1978)
[45] vgl. SCHÄFER, W. (1965)

[46] zit. MILLER, R. (1993), S. 14
[47] vgl. z.B. das Dreikomponentenmodell der Einstellung sowie die Theorien der Einstellungsforschung in: HERKNER, W.: Einführung in die Sozialpsychologie, Bern 1981 (Hans Huber); IRLE, M.: Lehrbuch der Sozialpsychologie, Göttingen 1975 (Hogrefe); Schmidt, H.D./BRUNNER, E.J./SCHMIDT-MUMMENDEY, A.: Soziale Einstellungen, München 1975 (Juventa)
[48] vgl. HASSIO, B. (1980)
[49] zit. a.a.O., S. 6
[50] zit. a.a.O., S. 5
[51] zit. a.a.O., S. 153 f
[52] zit. a.a.O., S. 6
[53] vgl. KRANEMANN, N. (1984)
[54] vgl. a.a.O., S. 66
[55] zit. ebd.
[56] zit. a.a.O., S. 67
[57] vgl. ebd.
[58] vgl. a.a.O., S .69-82
[59] vgl. SCHRÖTER, G. (1985)
[60] vgl. a.a.O., S. IX
[61] vgl. INSTITUT FÜR LEHRERBILDUNG ESSEN-WERDEN/DEUTSCHES INSTITUT FÜR WISS. PÄDAGOGIK MÜNSTER (Hrsg.) (1980)
[62] vgl. HAECKER, H./WERRES, W. (1983)
[63] vgl. EDER, F. (1996); Ergebnisse einer österreichischen Schülerbefragung von 1995
[64] vgl. BEISENHERZ, H.G. u.a. (1982)
[65] zit. a.a.O., S. 56 f
[66] zit. FURTNER-KALLMÜNZER, M. u.a., in: BEISENHERZ, H.G. (1982), S. 21
[67] vgl. SCHMITT, G. (1992)
[68] zit. a.a.O., S. 7
[69] zit. ebd.
[70] zit. ebd.
[71] vgl. SIMON, CH. (1991)
[72] zit. a.a.O., S. 76
[73] zit. a.a.O., S. 76 ff
[74] vgl. ebd.
[75] vgl. CREUTZ, H. (1977)
[76] vgl. BECKER, H., Vorwort, a.a.O., S. 7
[77] vgl. a.a.O., S. 9
[78] zit. BEHR, M., in: BEHR, M./JESKE, W. (1982), S. 37
[79] zit. STRUCK, P. (2000/A), S. 19
[80] vgl. BEHR, M. (1982), S. 37
[81] zit. ebd.
[82] zit. ebd.
[83] vgl. z.B. die o.g. empirischen Studien zum Thema "Schulkritik aus der Sicht der Betroffenen"
[84] vgl. HOLZMÜLLER, H., in: BEISENHERZ, H.G. (1982), S. 128-192
[85] vgl. a.a.O., S. 128
[86] MARTIN, RUTH; zit. nach: ebd.
[87] zit. nach: ebd.
[88] zit. a.a.O., S. 181
[89] vgl. DAUBER, H./WINKLER, H. (1976)
[90] zit. a.a.O., S. 5 ff
[91] zit. a.a.O., S. 227
[92] zit. LESCHINSKY; A. (1981), S. 521
[93] vgl. 3 SAT, 20.9.2000, 20.15 Uhr: Lehrer - Traumjob oder Klassen-Feind?

[94] vgl. ebd.
[95] zit. BEHR, M. (1982), S. 38
[96] vgl. RUMPF, H. (1987)
[97] vgl. ders. (1981)
[98] vgl. HUBER, B. (1990)
[99] vgl. PAULIG, P. (1994), S. 33 und S. 17
[100] zit. ebd.
[101] zit. ebd.
[102] zit. ebd.
[103] zit. ebd.
[104] zit. ebd.
[105] zit. DIETRICH, I. (1978), S. 19
[106] zit. ebd.
[107] zit. a.a.O., S. 15
[108] zit. PAULIG, P. (1994), S. 33
[109] vgl. BEISENHERZ, HEINZ GERHARD / FEIL, CHRISTINE, in: BEISENHERZ, H.G. (1982), S. 63 ff
[110] zit. a.a.O., S. 34
[111] zit. ebd.
[112] vgl. BEISENHERZ, H.G. (1983), S. 18
[113] zit. ebd.
[114] zit. ebd.
[115] zit. ebd.
[116] zit. KRANEMANN, N. (1984), S. 75
[117] vgl. auch: PEHNKE, A. (1996), S. 377 ff
[118] vgl. auch: SCHEIBE, W. (1984), S. 111 ff
[119] vgl. SOLZBACHER, C. (1993)
[120] vgl. a.a.O.
[121] vgl. RILKE, R.M. (1904)
[122] zit. nach: SOLZBACHER, C. (1993), S. 193
[123] zit. RÖHRS, H. (1986), S. 46
[124] zit. nach: ebd.
[125] zit. nach: ebd.
[126] zit. nach: ebd.
[127] vgl. GREGOR-DELLIN, M. (Hrsg.) (1979)
[128] vgl. KALB, P.E. (1983)
[129] a.a.O., S. 10 f
[130] a.a.O., S. 22 f
[131] vgl. HERZOG, R. (1997)
[132] zit. und vgl. GIESECKE, H. (1996), S. 5; LESCHINSKY, A. (1996), S. 49
[133] zit. MILLER, R. (1993), S. 13
[134] vgl. Kap.II.2 und II.3
[135] vgl. MILLER, R. (1993), S. 15
[136] zit. a.a.O., S. 15 f
[137] vgl. Kap III
[138] zit. KLEMM, U./TREML, A. (1989), S. 18
[139] zit. KEMPER, H. (1991), S. 10
[140] zit. HENSEL, H. (1995/A), S. 155
[141] zit. WINKEL, R. (1980), S. 37
[142] vgl. LENHART, V. (1986), S. 398
[143] zit. STRUCK, P. (1996), S. 158
[144] zit. GRODDEK, N./SCHULTE, H. (1995), S. 320

[145] zit. HELLMICH, A., in: ders./TEIGELER, P. (Hrsg.) (1992), S. 12
[146] zit. BECKER, G. (1990), S. 202
[147] zit. PÖPPEL, K.G. (Hrsg.) (1977), S. 8
[148] zit. a.a.O., S. 9 f
[149] zit. DIETRICH, I. (1978), S. 64
[150] vgl. RAMSEGER, J. (1975), S. 17 und S. 31
[151] vgl. a.a.O., S. 31 ff
[152] zit. LESCHINSKY, A. (1995/B), S. 486
[153] zit. BROCKHAUS ENZYKLOPÄDIE in 24 Bänden, Bd. 19, Stichwort "Schule", S. 151; Mannheim 1992; vgl. auch: ILLICH, I. (1972/B)
[154] zit. LESCHINSKY, A. (1981), S. 519
[155] zit. SKIERA, E. (1996), S. 2
[156] zit. COMENIUS, J.A. (1657), hrsg. von FLITNER, A., 1970, S. 65
[157] zit NIETZSCHE, F., 1872, aus seinem 2. Baseler Vortrag über die "Zukunft unserer Bildungsanstalten", zit nach: SPIES, W. (1987), S. 117
[158] zit. MITTER, W. (1987), S. 111
[159] vgl. KEY, E. (1900)
[160] zit. SKIERA, E. (1996), S. 2; vgl. KEY, E. (1900)
[161] vgl. ebd.
[162] zit. SKIERA, E. (1996), S. 2; vgl. auch: SCHEIBE, W. (1984), S. 67 ff; WILHELM, TH. (1977), S. 1 ff
[163] vgl. SKIERA, E. (1996), S. 21
[164] zit. RÖHRS, H. (1986), S. 51
[165] zit. ebd.
[166] zit. RÖHRS, H. (1986), S. 53
[167] zit. FRÖHLICH, I., Grußwort, in: KULLAK-UBLICK, H. (Hrsg.) (2000), S. 11
[168] vgl. KLEINAU-METZLER, D. (2000), S. 19
[169] zit. KEMPER, H. (1991), S. 10
[170] zit. ebd.
[171] zit. BÖNSCH, M. (1994), S. 2; vgl. auch: MANNHAUPT, G. (1998)
[172] zit. ebd.
[173] vgl. BEHR, M./JESKE, W. (1982), S. 8
[174] zit. BEHR, M., in: ders./JESKE, W. (1982), S. 37
[175] vgl. BILLER, K. (1988), S. 36
[176] zit. BROCKHAUS ENZYKLOPÄDIE in 24 Bänden, Bd.19, Stichwort "Schule", S. 551; Mannheim 1992/14
[177] zit. BECKER, G. (1990), S. 203
[178] zit. KULLAK-UBLICK, H. (2000), S. 77
[179] zit. BLANKERTZ, S. (1989/A), S. 30
[180] zit. ebd.
[181] zit. RAMSEGER, J. (1975), S. 5
[182] zit. BEHR, M. (1988), S. 33
[183] zit. MILLER, R. (1993), S. 10
[184] zit. KEMPER, H. (1983), S. 173
[185] zit. APEL, H.-J. (1995), S. 67
[186] zit. FISCHER, W. (1972), S. 7
[187] zit. KRANEMANN, N. (1984), S. 66
[188] zit. BILLER, K. (1988), S. 26
[189] zit. SKIERA, E. (1996), S. 5 f
[190] zit. a.a.O., S. 7
[191] zit. ebd.
[192] vgl. REBLE, A. (1993), S. 38

[193] vgl. a.a.O., S. 38 f
[194] zit. a.a.O., S. 39
[195] vgl. a.a.O., S. 34 und 39; vgl. auch: MÄRZ, F. (1998), S. 81 ff
[196] vgl. a.a.O., S. 8
[197] vgl. ebd.
[198] zit. nach: ebd.
[199] zit. ebd.
[200] vgl. ebd.
[201] vgl. REBLE, A. (1993), S. 59 ff
[202] vgl. BLANKERTZ, H. (1992), S. 16 ff
[203] zit. a.a.O., S. 18
[204] zit. SKIERA, E. (1996), S. 9
[205] zit. ebd.
[206] zit. a.a.O., S. 10
[207] vgl. ebd.
[208] zit. ebd.
[209] zit. ebd.
[210] vgl. REBLE, A. (1993), S. 67 ff; vgl. auch: MÄRZ, F. (1998), S. 213 ff und S. 249 ff
[211] zit. nach: SKIERA, E. (1996), S. 10
[212] vgl. ebd.
[213] zit. a.a.O., S. 10 f
[214] zit. nach: a.a.O., S. 11 f
[215] zit. a.a.O., S 12
[216] vgl. REBLE, A. (1993), S. 89
[217] vgl. ebd.
[218] vgl. a.a.O., S. 104
[219] vgl. a.a.O., S. 113
[220] vgl. a.a.O., S. 116; SCHEUERL, H. (1991), Bd.1, S. 76 ff; KNOOP, K./SCHWAB, M. (1994), S. 37f; SKIERA, E. (1996), S. 13
[221] vgl. KNOOP, K./SCHWAB, M. (1994), S. 49 ff
[222] vgl. ebd., S. 46 ff
[223] vgl. a.a.O., S. 49
[224] zit. nach: a.a.O., S. 47
[225] vgl. ebd.
[226] vgl. ROUSSEAU, J.-J. (1762)
[227] zit. KEMPER, H. (1991), S. 28
[228] vgl. ALT, R. (1949); vgl. auch: JENKNER, S. (2000), b: S. 4
[229] zit. KEMPER, H. (1991), S. 25
[230] vgl. ebd.
[231] vgl. a.a.O., S. 26
[232] vgl. HUMBOLDT, W. VON (1792); hier zit. nach: SPITTA, D. (1995)
[233] vgl. KÖPCKE-DUTTLER, A. (1999), S. 8
[234] zit. KEMPER, H. (1983), S. 173
[235] vgl. KEMPER, H. (1991), S. 26
[236] vgl ebd.
[237] vgl. REBLE, A. (1993), S. 174 und 182
[238] vgl. a.a.O., S. 221
[239] vgl. a.a.O., S. 182
[240] vgl.. ebd.
[241] vgl. a.a.O., S. 183 und S. 179
[242] vgl. a.a.O., S. 203 ff
[243] zit. KEMPER, H. (1991), S. 26

[244] vgl. ebd.
[245] zit. REBLE, A. (1993), S. 206
[246] zit. BILLER, K. (1988), S. 26
[247] vgl. ebd.
[248] vgl. ebd.
[249] vgl. a.a.O., S. 26 f
[250] vgl. ebd.
[251] vgl. ebd.
[252] vgl. ebd.
[253] zit. APEL, H.J. (1995), S. 67
[254] vgl. RÖHRS, H. (1980), S. 32
[255] zit. WEISS, E. (1996), S. 63
[256] vgl. a.a.O., S. 59
[257] vgl. SCHEIBE, W. (1984)
[258] vgl. a.a.O., S. 6 ff und S. 12 ff
[259] vgl. a.a.O., S. 19 ff
[260] zit. WEISS, E., (1969), S. 63
[261] vgl. SCHEIBE, W. (1984), S. 25 ff
[262] vgl. WEISS, E. (1996), S. 59
[263] zit. KEMPER, H. (1991), S. 27
[264] zit. PEHNKE, A. (1996), S. 379
[265] zit. APEL, H.J. (1995), S. 77
[266] zit. SKIERA, E., in: KLAßEN, TH.F./ders. (1993), S. 8
[267] zit. BEHR, M./JESKE,W. (1982), S. 14
[268] zit. PEHNKE, A. (1996), S. 378
[269] zit. a.a.O., S. 377
[270] vgl. BILLER, K. (1988), S. 27 f; vgl. auch: HAMANN, B. (1993) S. 190-204
[271] vgl. ebd.
[272] zit. PEHNKE, A. (1996), S. 377
[273] vgl. a.a.O., S. 377-388
[274] vgl. a.a.O., S. 381
[275] vgl. ebd.
[276] zit. ebd.
[277] vgl. a.a.O., S. 382
[278] zit. nach: REICHWEIN, R. (1965), S. 407
[279] vgl. ebd.
[280] zit. FRIES, O. (1985), S. 18
[281] vgl. dazu: ARBEITSKREIS KATHOLISCHER SCHULEN IN FREIER TRÄGERSCHAFT IN DER BRD (1990), S. 166-171; vgl auch: LESCH, K.J. und ZENNER, M., in: ILGNER, R. (Hrsg.) (1992), Bd. 3, S. 15 ff und S. 69 ff
[282] vgl. a.a.O., S. 166
[283] vgl. a.a.O., S. 168
[284] vgl. Statistik, ebd.; vgl. auch: HUG, W.: Das katholische Schulwesen im Industriezeitalter, in: ILGNER, R. (Hrsg.) (1992), Bd. 3, S. 147 ff, bes. S. 170-178
[285] vgl. PEHNKE, A. (1996), S. 382
[286] vgl. z.B. LESCHINSKY, A. (1995/A), S. 180 ff
[287] zit. ebd.
[288] vgl. a.a.O., S. 383
[289] zit. ebd.
[290] zit. ebd.
[291] zit. WEISS, E. (1996), S. 58
[292] zit. SKIERA, E. (1996), S. 20

[293] zit. PEHNKE, A. (1996), S. 383
[294] zit. BILLER, K. (1988), S. 28
[295] zit. HAMANN, B. (1993), S. 184
[296] in: ARBEITSKREIS KATHOLISCHER SCHULEN IN FREIER TRÄGERSCHAFT IN DER BRD (Hrsg.) (1990), S. 169; vgl. auch: MAIER, J.: Das katholische Schulwesen im Nationalsozialismus, in: ILGNER, R. (Hrsg.) (1992), S. 224 ff
[297] zit. BILLER, K. (1988), S. 28
[298] zit. PEHNKE, A. (1996), S. 384
[299] vgl. ebd.
[300] zit. ebd.
[301] vgl. KEIM, W. (1992), S. 111-139
[302] vgl. Kap.III.1.2
[303] zit. PEHNKE, A. (1996), S. 384
[304] in: ARBEITSGEMEINSCHAFT KATHOLISCHER SCHULEN IN FREIER TRÄGERSCHAFT IN DER BRD (Hrsg.) (1990), S. 169; vgl. auch: KUROPKA, J.: Das katholische Schulwesen im Wiederaufbau 1945-1960, in: ILGNER, R. (Hrsg.) (1992), Bd. 3, S. 258 ff
[305] vgl. KEIM, W. (1992), S. 111 ff
[306] zit. BILLER, K. (1988), S. 28
[307] vgl. a.a.O., S. 12
[308] vgl. ebd.
[309] vgl. ebd.
[310] vgl. BILLER, K. (1988), S. 28 f
[311] vgl. PICHT, G. (1964); vgl. auch: KORTE, H. (1987), S. 64
[312] vgl. ebd.
[313] vgl. a.a.O., S. 65
[314] vgl. DAHRENDORF, R. (1965); vgl. auch: KORTE, H. (1987), S. 57 ff
[315] vgl. a.a.O., S. 67 f
[316] vgl. auch: LESCHINSKY, A. (1995), bes. S. 166-170
[317] vgl. DEUTSCHER BILDUNGSRAT (1970)
[318] zit. HUSÉN, T. (1980), S. 10 f
[319] zit. a.a.O., S. 11 f
[320] zit. MITTER, W. (1987), S. 111
[321] zit. HUSÉN, T. (1980), S. 11
[322] vgl. ILLICH, I. (1972/A); ders. (1972/B); ders. (1978); ders. (1984); FREIRE, P. (1970); GOODMAN, P. (1969); ders. (1971); ders. (1975); REIMER, E. (1972); CHRISTIE, N. (1971)
[323] vgl. ILLICH, I. (1972/A); ders. (1972/B); ders. (1978); ders. (1984)
[324] vgl. HENTIG, H. VON (1972)
[325] vgl. auch: HENTIG, H. VON (1968)
[326] zit. LESCHINSKY, A. (1981), S. 520
[327] zit. ebd.; vgl. auch: ILLICH, I. (1972/A)
[328] zit. HUSÉN, T. (1980), S. 17
[329] vgl. a.a.O., S. 17
[330] zit. a.a.O., S. 11
[331] zit. a.a.O., S. 16
[332] vgl. HENTIG, H. VON (1985)
[333] vgl. VAN DICK, L. (1979)
[334] zit. BEHR, M./JESKE, W. (1982), S. 8
[335] vgl. BORCHERT, M. u.a. (Hrsg.) (1979)
[336] vgl. NEILL, A.S. (1969); ders. (1971)
[337] vgl. BEHR, M. (Hrsg.) (1984)
[338] vgl. HENTIG, H. VON (1985), S. 80 ff
[339] vgl. LESCHINSKY, A. (1981), S. 520 und S. 526 ff

[340] vgl. GAMM, H.-J. (1970)
[341] vgl. NYSSEN, F (Hrsg.) (1971)
[342] vgl. z.B. DIKOW, J.: Geschichte des katholischen Schulwesens seit den sechziger Jahren bis zur Gegenwart, in: ILGNER, R. (Hrsg.) (1992), Bd. 3, S. 304 ff
[343] zit. in: ARBEITSKREIS KATHOLISCHER SCHULEN IN FREIER TRÄGERSCHAFT IN DER BRD (Hrsg.) (1990), S. 169 f
[344] zit. a.a.O., S. 170
[345] zit. a.a.O., S. 171
[346] zit. ebd.
[347] zit. KEMPER, H. (1990), Teil I, S. 11
[348] zit. a.a.O., S. 14
[349] zit. a.a.O., S. 27
[350] zit. HUSÉN, T. (1980), S. 13
[351] zit. a.a.O., S. 7
[352] vgl. a.a.O., S. 7 f
[353] zit. a.a.O., S. 16
[354] vgl. die entsprechenden Titel in der Literaturliste
[355] zit. KEMPER, H. (1983), S. 5
[356] zit. ebd.
[357] Quelle: LINDENBERG, CH. (1981), S. 187
[358] Quelle: ARBEITSGEMEINSCHAFT FREIER SCHULEN (Hrsg.) (1993), S. 546, und: ARBEITSGRUPPE AM MAX-PLANCK-INSTITUT FÜR BILDUNGSFORSCHUNG (1994), S. 234
[359] vgl. LINDENBERG, CH. (1981)
[360] vgl. CARLGREN, F. (1981)
[361] vgl. z.B. RENDANT, M.-L. (1999), S. 261-361
[362] zit. KEMPER, H. (1991), S. 14
[363] zit. a.a.O., S. 14 f
[364] zit. a.a.O., S. 15
[365] vgl. Thesen des gleichnamigen Kongresses vom 8.-10.3.1978 in Bonn-Bad Godesberg; abgedruckt z.B. in: FÜHR, CH. (1979), S. 173
[366] vgl. KUPFER, H. (1980)
[367] vgl. BRAUNMÜHL, E. VON (1980)
[368] vgl. a.a.O., S. 11
[369] vgl. SCHOENEBECK, H. VON (1988)
[370] vgl. WINKLER, M. (1982); ders. (1985); FLITNER, A. (1982); OELKERS, J./LEHMANN, T. (1990) und auch SCHOENEBECK, H. VON (1985)
[371] zit. KEMPER, H. (1991), S. 17
[372] zit. AURIN, K. (1980), S. 14 f
[373] zit. BLANKERTZ, S. (1989), S. 9
[374] zit. PEHNKE, A. (1996), S. 385
[375] zit. ebd.
[376] zit. ALLEN, P. (1991), S. 3
[377] zit. PEHNKE, A. (1992), S. 13
[378] zit. ebd.
[379] zit. a.a.O., S. 13 f
[380] zit. ebd.
[381] zit. ebd.
[382] zit. ebd.
[383] zit. STRUCK, P. (1995), S. 15
[384] zit. DER SPIEGEL, Nr. 41, 1991
[385] zit. nach: MILLER, R. (1993), S. 11
[386] zit. a.a.O.

[387] zit. a.a.O.
[388] zit a.a.O.
[389] aus: STERN, zit. nach: HENTIG, H. VON (1993), S. 12
[390] zit. nach: MILLER, R. (1993), a.a.O.
[391] aus: DER SPIEGEL, Nr.24, 1993, Titel
[392] zit. nach: MILLER, R. (1993), a.a.O.
[393] zit. a.a.O., S. 10
[394] zit. ebd.
[395] Quelle: ARD, Die Tagesschau, 20.12.1997
[396] zit. KORTE, J. (1993), S. 13
[397] zit. a.a.O., S. 14
[398] zit. WALLRABENSTEIN, W. (1999), S. 2: Zu diesem Buch.
[399] zit. a.a.O., S. 7
[400] zit. KORTE, J. (1993), S. 14
[401] zit. a.a.O., S. 19
[402] vgl. BRÜNDEL, H./HURRELMANN, K. (1994)
[403] vgl. z.B. EISENBERG, G./GRONEMEYER, R. (1993); FARIN, K./ SEIDEL-PRELEN, E. (1993); PAPESCH, W (1993)
[404] zit. STRUCK, P. (1995), S. 41
[405] vgl. ebd.
[406] zit. STRUCK, P. (1995), S. 42
[407] vgl. ebd.
[408] zit. BRÜNDEL, H./HURRELMANN, K. (1994), Einbandtext
[409] vgl. LANGER, I. (1994)
[410] vgl. KORTE, J. (1993)
[411] vgl. ders. (1994)
[412] vgl. REINHARD, PETER: Netzwerk gegen Gewalt an Schulen. In: HEILBRONNER STIMME, 20.12.2000, S. 5
[413] vgl. BRÜNDEL, H./HURRELMANN, K. (1994), S. 249 ff
[414] zit. STRUCK, P. (1992), S. 100 ff
[415] zit. a.a.O., S. 111 ff
[416] vgl. z.B. WILSON-SCHAEF, A. (1991), S. 27 ff
[417] zit. a.a.O., S. 112
[418] vgl. RESCHKE, K. (1994)
[419] vgl. STRUCK, P. (1995), S. 43
[420] zit. HENSEL; H. (1995/A), S. 19
[421] zit. HAUCK, B. (1991), S. 19
[422] zit. a.a.O., S. 207
[423] zit. HENSEL, H. (1995/A), S. 20
[424] vgl. MILLER, R. (1993), S. 24 f
[425] zit. GROOTHOFF, H.-H. (1989), S. 38
[426] zit. a.a.O., S. 39
[427] zit. HENTIG, H. VON (1993), S. 9 f
[428] vgl. a.a.O., S. 11
[429] zit. a.a.O., S. 10
[430] vgl. ebd.
[431] zit. a.a.O., S. 11
[432] vgl. den gleichnamigen Titel des Autors, 1993
[433] zit. MILLER, R. (1993), S. 14
[434] zit. HENTIG, H. VON (1993), S. 12
[435] zit. STRUCK, P. (1995), S. 29
[436] vgl. STRUCK, P. (1994)

[437] zit. a.a.O., Einbandtext
[438] zit. HENSEL, H. (1995/A), S. 20
[439] vgl. z.B. MÜLLER, E.H. (1994)
[440] vgl. PREUSS-LAUSITZ, U. (1994)
[441] vgl. a.a.O., S. 13
[442] zit. HENSEL, H. (1995/B), S. 18
[443] zit. HENSEL, H. (1995/A), S. 9
[444] zit. in: BRÜNDEL, H./HURRELMANN, K. (1994), S. 185
[445] zit. ebd.
[446] vgl. ROLFF, H.-G./ZIMMERMANN, P. (1993), S. 72 und 76 ff
[447] zit. a.a.O., S. 125 ff
[448] vgl. STRUCK, P. (1995), S. 17
[449] vgl. BRÜNDEL, H./HURRELMANN, K. (1994), S. 186
[450] vgl. ebd.
[451] vgl. a.a.O., S. 187
[452] vgl. ebd.
[453] vgl. a.a.O., S. 186
[454] zit. a.a.O., S. 185
[455] vgl. a.a.O., S. 187
[456] vgl. GLOGAUER, W. (1993); zit. nach: a.a.O., S. 186
[457] zit. a.a.O., S. 192
[458] vgl. a.a.O., S. 194; vgl. auch: KUNCZIK, M. (1993), S. 98-107
[459] zit. a.a.O., S. 190
[460] vgl. POSTMAN, N. (1983)
[461] zit. BRÜNDEL, H./HURRELMANN, K. (1994), S. 191
[462] vgl. a.a.O., S. 186
[463] zit. a.a.O., S. 193
[464] zit. ebd.
[465] zit. HENSEL, H. (1995/A), S. 35
[466] vgl. BRÜNDEL, H./HURRELMANN, K. (1994), S. 188
[467] zit. a.a.O., S. 36
[468] zit. a.a.O., S. 38
[469] zit. ROLFF, H.-G./ZIMMERMANN, P. (1993), S. 123 ff
[470] vgl. a.a.O., S. 107
[471] vgl. HEILBRONNER STIMME, 18.8.1997
[472] zit. OELKERS, J. (2001), S. 17 f
[473] zit. ebd.
[474] zit. ebd.
[475] vgl. ROLFF, H.-G./ZIMMERMANN, P. (1993), S. 14
[476] vgl. a.a.O., S. 17 ff
[477] zit. STRUCK, P. (1995), S. 30
[478] vgl. a.a.O., S. 32
[479] vgl. ROLFF, H.-G./ZIMMERMANN, P.(1993), S. 17
[480] vgl. ebd.
[481] zit. ebd.
[482] zit. STRUCK, P. (1995), S. 33
[483] vgl. SPIEGEL SPECIAL, Nr.11/1996, S. 21 f
[484] vgl. ROLFF, H.-G./ZIMMERMANN, P. (1993), S. 23 ff
[485] Statistisches Bundesamt; zit. nach: HEILBRONNER STIMME, 25.4.2000
[486] Quelle: ebd.
[487] vgl. STRUCK, P. (1995), S. 31

[488] vgl. z.B. KLAGES, H. (1985); vgl. auch: PFISTERER, A. (1986), Werterziehung in der Grundschule - Grundlagen und Möglichkeiten. Wissenschaftliche Hausarbeit im Rahmen der Ersten Staatsprüfung für das Lehramt an Grund- und Hauptschulen. - Fach: Erziehungswissenschaft. - Standort: Pädagogische Hochschule Freiburg; siehe v.a. S. 100 ff, S. 331 ff und S. 365 ff
[489] vgl. z.B. HUPPERTZ, N. (1979)
[490] zit. HENSEL, H. (1995/A), S. 28 f
[491] zit. OELKERS, J. (2001), S. 20
[492] Quelle: HEILBRONNER STIMME, 22.1.1998, S. 1
[493] zit. BAUMERT, J. (1981), S. 115
[494] vgl. STRUCK, P. (1995), S. 28
[495] vgl. STRUCK, P. (1992), S. 121 ff
[496] vgl. STRUCK, P. (1995), S. 17
[497] zit. a.a.O., S. 17
[498] zit. a.a.O., S. 28
[499] zit. ders. (1994), Einbandtext
[500] zit. in: BAUMERT, J. (1981), S. 495
[501] zit. HENSEL, H. (1995/A), S. 19
[502] vgl. a.a.O., S. 19 und S.9
[503] zit. a.a.O., S. 19
[504] zit. HENSEL, H. (1995/B), S. 18
[505] zit. ebd.
[506] vgl. a.a.O., S. 16 und S. 22
[507] zit. HENSEL, H. (1995/A), S. 113 ff
[508] zit. a.a.O., Einbandtext
[509] vgl. PREUSS-LAUSITZ, U. (1993/A), S. 58 ff
[510] vgl. FEND, H. (1980)
[511] zit. PREUSS-LAUSITZ, U. (1993/A), S. 59
[512] zit. a.a.O., S. 59 f
[513] vgl. seine Aussagen über die "Schulkrise" der 80er Jahre in: BAUMERT, J. (1981), S. 495
[514] vgl. STRUCK, P. (1995), S. 62 und ders., (1994), S. 45
[515] zit. ders. (1995), S. 51
[516] zit. HENSEL, H. (1995/B), S. 19
[517] zit. ebd.
[518] vgl. den gleichnamigen Titel von KORTE, J. (1998)
[519] zit. a.a.O., S. 8
[520] vgl. a.a.O., S. 7
[521] vgl. ebd.
[522] zit. HENTIG, H. VON (1993), S. 12
[523] vgl. z.B. STRUCK, P. (1995), S. 129 ff
[524] vgl. HENSEL, H. (1995/A), S. 164 ff
[525] vgl. z.B. die Ausführungen über "integrierte Haupt- und Realschulen" in: BRAMMEN, C./ STRUCK, P. (1998); vgl. auch die Informationen zum Stand der "Schulautonomie" in: LAUDENBACH, M. (1999)
[526] vgl. z.B. PASCHEN, H. (1991), S. 458 f
[527] vgl. z.B. JENKNER, S. (1995), S. 113 ff
[528] vgl. Europäische Informationsstelle von EURYDICE (Hrsg.) (1992)
[529] vgl. BADERTSCHER, H./GRUNDER, H.-U. (1995), S. 7
[530] vgl. a.a.O.
[531] vgl. HUMBOLDT, W. VON (1792)
[532] vgl. STEINER, R. (1919/A); ders. (1919/B); ders. (1921); LEBER, S. (1984), v.a. S. 18 ff
[533] vgl. BORGIUS, W. (1981)
[534] vgl. FISCHER, W. (1972)

535 vgl. BERG, CH. (1980); VOGEL, P. (1982)
536 vgl. LESCHINSKY, A. (1995/B), S. 484
537 zit. SKIERA, E. (1996), S. 18
538 zit. BLANKERTZ, S. (1989/A), S. 9
539 zit. nach: BORCHERT, M., in: ders./MAAS, M. (Hrsg.) (1998), S. 36
540 zit. PAULIG, P., in: WEIRAUCH, W. u.a. (Hrsg.) (1990), S. 7
541 zit. KRANEMANN, N. (1984), S. 66
542 zit. GRUNDER, H.-U., in: BADERTSCHER, H./ders. (1995), S. 26
543 zit. ebd.
544 zit. ebd.
545 zit. ebd.
546 zit. ebd.
547 zit. HEITGER, M., in: ders. (Hrsg.) (1984), S. 5
548 zit. ZUDEICK, P. (1982), S. 8
549 zit. ebd.
550 zit. HORNEY, W. (1970), S. 909
551 zit. AURIN, K., in: ders./WOLLENWEBER, H. (Hrsg.) (1997), S. 12
552 zit. WILHELM, TH. (1982), S. 130
553 zit. VOß, R. (Hrsg.) (1997), S. 4
554 zit. nach: ebd.; vgl. auch: HENTIG, H. VON (1993), S. 264
555 zit. DIETRICH, I. (1978), S. 14
556 zit. a.a.O., S. 13
557 zit. ebd.
558 zit. a.a.O., S. 14
559 zit. DIETRICH, I. (1978), S. 14
560 zit. ebd.
561 vgl. ebd.
562 zit. ebd.
563 zit. a.a.O., S. 22 f.
564 vgl. a.a.O., S. 24 f
565 zit. a.a.O., S. 23
566 zit. a.a.O., S.27
567 zit. ebd.
568 zit. FISCHER, W. (1975), S. 328
569 zit. DIETRICH, I. (1978), S. 27
570 zit. ebd.
571 vgl. a.a.O., S. 33
572 zit. ebd.
573 zit. ebd.
574 vgl. ARIÈS, PH. (1975); RUTSCHKY, K. (1977[1]/1997)
575 vgl. z.B. BRAUNMÜHL, E. VON (1976); ders. (1980)
576 vgl. DIETRICH, I. (1978), S. 43 ff
577 zit. a.a.O., S. 54
578 zit. a.a.O., S. 56
579 zit. ebd.
580 zit. ebd.
581 zit. ZINNECKER, J. (1975), S. 176
582 vgl. INGENKAMP, K. (Hrsg.) (1977)
583 vgl. ZINNECKER, J. (1975), S. 176
584 vgl. a.a.O., S. 177
585 vgl. ebd.
586 zit. ebd.

[587] zit. a.a.O., S. 182
[588] vgl. a.a.O., S. 188
[589] zit. DIETRICH, I. (1978), S. 57
[590] vgl. ebd.
[591] zit. ebd.
[592] vgl. a.a.O., S. 16
[593] vgl. HUSÉN, T. (1980), S. 17-23
[594] vgl. BEHR, M./JESKE, W.(1982), S. 37-48
[595] zit. a.a.O., S. 38
[596] vgl. a.a.O., S. 38 ff
[597] vgl. a.a.O., S. 40 ff
[598] vgl. a.a.O., S. 44 f
[599] vgl. a.a.O., S. 45 f
[600] vgl. a.a.O., S. 46 f
[601] vgl. ebd.
[602] vgl. a.a.O., S. 46 f
[603] vgl. a.a.O., S. 47 f
[604] vgl. HINTZ, D. (1984), siehe Überblick auf S. 17
[605] zit. a.a.O., S. 17
[606] vgl. ebd.
[607] vgl. ebd.
[608] vgl. ebd.
[609] vgl. ebd.
[610] vgl. ebd.
[611] vgl. K. BILLER, (1988), S 29 f
[612] zit. a.a.O., S. 29
[613] zit. a.a.O., S. 30
[614] zit. ebd.
[615] zit. ebd.
[616] zit. ebd.
[617] vgl. BLANKERTZ, S. (1989/A), S. 26 ff
[618] vgl. a.a.O., S. 27
[619] vgl. ebd.
[620] vgl. ebd.
[621] vgl. a.a.O., S. 27 f
[622] vgl. ebd.
[623] vgl. ebd.
[624] vgl. a.a.O., S. 28
[625] zit. ebd.
[626] zit. ebd.
[627] vgl. ebd.
[628] vgl. ebd.
[629] zit. a.a.O., S. 32
[630] zit. a.a.O., S. 33
[631] zit. a.a.O., S. 34
[632] vgl. z.B. BADERTSCHER, H./GRUNDER, W. (1995); FUCHS, E. (Hrsg.) (1993); u.a.
[633] zit. a.a.O., S. 28
[634] zit. a.a.O., S. 29
[635] vgl. ebd.
[636] vgl. ebd.
[637] vgl. ebd.
[638] vgl. ebd.

639 zit. ebd.
640 zit. ebd.
641 zit. ebd.
642 vgl. ebd.
643 vgl. a.a.O., S. 26
644 vgl. APEL, H.J. (1995), S. 67 ff
645 vgl. a.a.O., S. 77 ff
646 zit. BEHR, M., in: ders./JESKE, W. (1982), S. 38
647 vgl. OELKERS, J. (1989), S. 9
648 vgl. PREYER, W.: Naturforschung und Schule, Stuttgart 1887
649 vgl. z.B. HELLBRÜGGE, TH. (1975)
650 vgl. ebd.
651 Aus: HEILBRONNER STIMME, 1.2.2000
652 vgl. ebd.
653 vgl.: Alliance for Childhood, in: Zschr. Trigonal, 3. Jahrg., April 2000, S. 13 f
654 zit. KRON, F.W. (2001), S. 31
655 vgl. a.a.O., S. 33
656 zit. und vgl. a.a.O., S. 34 f und S. 33
657 zit. BEHR, M./JESKE, W. (1982), S. 38
658 zit. RÖHRS, H. (1973), S. 203
659 vgl. GADAMER, H.-G./VOGLER, P., 1972-75, Neue Anthropologie, 7 Bde.
660 zit. BROCKHAUS ENZYKLOPÄDIE IN 24 BÄNDEN, Bd. 1, S. 632, Mannheim 1986[19] (F.A.Brockhaus)
661 zit. DIETRICH, I. (1978), S. 15
662 zit. BEHR, M., in: ders./JESKE, W. (1982), S. 38
663 zit. DIETRICH, I. (1978), S. 12
664 zit. a.a.O., S. 14
665 vgl. SCHEIBE, W. (1984), S. 122
666 zit. a.a.O., S. 23
667 zit. a.a.O., S. 47
668 vgl. a.a.O., S. 49
669 vgl. a.a.O., S. 212 und S. 122
670 in: FÜHR, C. (1979), S. 173
671 zit. AURIN, K. (1980), S. 8
672 zit. BILLER,K. (1988), S. 26
673 zit. LIETH, E. VON DER (1978), S. 8
674 vgl. FISCHER, W. (1972), S. 131
675 vgl. a.a.O., S. 15 f
676 vgl. a.a.O., S. 15
677 vgl. a.a.O., S. 14 ff
678 zit. SCHEIBE, W. (1984), S. 63
679 vgl. a.a.O., S. 64 und ROUSSEAU, J.-J. (1762)
680 vgl. KEY, E. (1900[1]/1908), MONTESSORI, M. (1952[1]/1981)
681 vgl. BECK, J. (1994)
682 zit. nach: a.a.O., S. 7
683 zit. SCHEIBE, W. (1984), S. 75
684 zit. ebd.
685 vgl. a.a.O., S. 71
686 vgl. ebd.
687 KEY, E., zit. nach: FLITNER, W. u.a.. (Hrsg.) (1961), S. 52 f
688 vgl. NEILL, A.S. (1969)
689 vgl. KLEMM, U./TREML, A. (1989), S. 19

690 zit. aus: NEILL, A.S. (1969), S. 2
691 vgl. a.a.O., S. 60 ff
692 vgl. RUTSCHKY, K. (1991); dies. (1997)
693 vgl. TREU, H.-E. (1989)
694 vgl. KUPFFER, H. (1976), S. 120 f
695 vgl. ders. (1980), Titel des Buches
696 zit. a.a.O., S. 13 f
697 zit. a.a.O., S. 15 ff
698 vgl. BRAUNMÜHL, E. VON (1980), Titel des Buches
699 vgl. a.a.O., S. 67 ff
700 vgl. a.a.O., S. 243 ff
701 vgl. SCHOENEBECK, H. VON (1982)
702 vgl. a.a.O.
703 vgl. SCHOENEBECK, H. VON (1986), S. 9
704 zit. aus: ders. (1989), S. 26; vgl. auch: MILLER, A. (1980), S. 119 ff
705 vgl. WINKLER, M. (1982); SCHOENEBECK, H. VON (1985); OELKERS, J./LEHMANN, T. (1990)
706 vgl. FLITNER, A. (1982); zit. SCHIRNDING, A. VON, a.a.O., Vorwort
707 vgl. a.a.O., S. 61 f, Vorwort
708 vgl. SCHEIBE, W. (1984), S. 23
709 vgl. a.a.O., S. 17
710 vgl. ebd.
711 zit. WEISS, E. (1996), S. 60
712 zit. ebd.
713 zit. BRÜHWEILER, H. (1971), vgl. S. 7 ff
714 zit. LIETH, E. VON DER (1978), S. 8
715 vgl. WALDVOGEL, M. (1994)
716 zit. LOCKE, J. (1693[1] / 1962), S. 73
717 vgl. NIETZSCHE, R. (1874[1]/ 1984), S. 124
718 zit. a.a.O., S. 97
719 vgl. NIETZSCHE, F., Über die Zukunft unserer Bildungsanstalten. In: ders., Werke; Hrsg.: SCHLECHTA, K. VON, München/Wien 1980, Bd. 1, S. 233 f; zit. nach: WEISS, E. (1996), S. 60
720 zit. KEMPER, H. (1991), S. 27
721 zit. RUMPF, H. (1996/B), S. 230
722 vgl. GROOTHOFF, H.-H. (1989), S. 48
723 aus: KEY, ELLEN (1900), Jahrhundert des Kindes; zit. nach: OELKERS, J. (1996), S. 185
724 zit. ebd.
725 zit. PEHNKE, A. (1996), S. 377
726 vgl. SCHEIBE, W. (1984), S. 55
727 zit. HENTIG, H. VON (1985), S. 81 f
728 MONTESSORI, M., zit. nach: HABERL, H. (1993), S. 31
729 zit. VIERLINGER, R., in: HABERL, H. (1993), S. 31
730 zit. HAUCK, B. (1991), S. 190 ff
731 zit. BECKER, H., in: HUSÉN, T. (1980), S. 4
732 zit. HUSÉN, T. (1980), S. 17 f
733 zit. STRUCK, P. (1995), S. 10
734 vgl. COMENIUS, J.A. (1657[1]/ 1970), S. 65
735 vgl. SCHEIBE, W. (1984), S. 70
736 OTTO, B., zit. nach: ebd.
737 zit. KEMPER, H. (1991), S. 27
738 zit. nach: a.a.O., S. 74
739 zit. nach: BLANKERTZ, S. (1989/A), S. 26

740 zit. HAECKER, H. / WERRES, W. (1983), S. 94
741 zit. a.a.O., S. 95
742 vgl. HENTIG, H. VON (1985), S. 80 ff
743 vgl. MILLER, R. (1993), S. 25 und 24
744 vgl. BEHR. M./JESKE, W. (1982), S. 43
745 zit. HAECKER, H./WERRES, W. (1983), S. 94
746 zit. a.a.O., S. 41
747 zit. KELBER, R. (1985)
748 zit. BEHR/, M JESKE, W. (1982), S. 43
749 vgl. RUMPF, H. (1987), S. 13
750 vgl. SCHEIBE, W. (1984), S. 79
751 zit. STEINER, R. (1979), S. 12
752 zit. ebd.
753 zit. a.a.O., S. 17
754 vgl. STEINER, R. (1979), S. 20
755 vgl. z.B. GLEIM, B. (1985): Der Lehrer als Künstler
756 zit. SCHEIBE, W. (1984), S. 140
757 zit. ebd.
758 zit. KEMPER, H. (1991), S. 27
759 zit. a.a.O., S. 142 und 143
760 vgl. HENTIG, H. VON (1998)
761 vgl. BLANKERTZ, S. (1989/A), S. 26; KNOOP, K./SCHWAB, M. (1994) S. 182
762 vgl. z.B. BEHR, M./JESKE, W. (1982), S. 43
763 vgl. KAHL, R. (1983), S. 48
764 vgl. z.B. DOORMANN, L. (1976)
765 vgl. a.a.O., S. 23 ff, S. 94 ff u.a..
766 zit. PEHNKE, A. (1996), S. 377
767 zit. KEMPER, H. (1991), S. 27
768 zit. BARSIG, W./BERKMÜLLER, H./SAUTER, H. (1981), S. 7
769 zit. BRÜHWEILER, H. (1971), S. 152
770 zit. BARSIG, W./BERKMÜLLER, H./SAUTER, H. (1981), S. 7
771 zit. BRÜHWEILER, H. (1971), S. 8
772 zit. HAECKER, H./WERRES, W. (1983), S. 95
773 zit. FURTNER-KALLMÜNZER, M. u.a., in: BEISENHERZ, H.G. (1982), S. 23
774 zit. SCHÖNIG, W. (1993), S. 109
775 zit. a.a.O., S. 112
776 vgl. ebd.
777 vgl. auch: WEISS, R. (1989), S. 127 ff
778 zit. SCHÖNIG, W. (1993), S. 112
779 zit. INGENKAMP, K. (1982), S. 198-201
780 vgl. BECKER, H. (1983)
781 zit. a.a.O., S. 32
782 zit. WEISS, R. (1989), S. 167
783 vgl. SCHRÖTER, G. (1985), S. 44 f
784 zit. SPEICHERT, H. (1978), S. 86 f
785 zit. ebd.
786 zit. FURTNER-KALLMÜNZER, M. u.a.., in: BEISENHERZ, H.G. (1983), S. 25
787 vgl. a.a.O., S. 25 f
788 zit. STRUCK,P. (1995), S. 19
789 zit. a.a.O., S. 24
790 zit. nach: SCHÖNIG, W. (1993), S. 110
791 zit. nach: ebd.

[792] vgl. AKTION HUMANE SCHULE (Hrsg.), Landesverband Bayern, Broschüre: "Ohne Noten lieber lernen und mehr leisten", München o. J.
[793] vgl. SCHÖNIG, W. (1993), S. 118 f
[794] zit. WEISS, R. (1989), S. 167
[795] zit. BARSIG, W./BERKMÜLLER, H./SAUTER, H. (1981), S. 7
[796] zit. WEISS, R. (1989), S. 167
[797] zit. nach: ebd.
[798] vgl. KEMPER, H. (1991), S. 14
[799] zit. ebd.
[800] zit. GROOTHOFF, H.-H. (1989), S. 38
[801] zit. a.a.O., S. 65
[802] zit. a.a.O., S. 64 f
[803] in: RUMPF, H. (1976), S. 442 f
[804] zit. nach: SCHÖNIG, W. (1993), S. 110.
[805] zit. STRUCK, P. (1995), S. 21
[806] zit. SCHÖNIG, W. (1993), S. 116
[807] zit. a.a.O., S. 117
[808] vgl. FISCHER, W. (1972), S. 20 ff
[809] zit. SCHEIBE, W. (1984); S. 73
[810] vgl. z.B. BÜCHSE, K. (1983), S. 190 ff; SOLZBACHER, C. (1993), S. 125 ff
[811] zit. HUBER, B. (1990), S. 38
[812] zit. a.a.O., S. 43
[813] zit. a.a.O., S. 50
[814] zit. SOLZBACHER, C. (1993), S. 136
[815] zit. nach: KEMPER, H. (1991), S. 98
[816] vgl. SOLZBACHER, C. (1993), S. 136
[817] zit. ebd.
[818] vgl. a.a.O., S. 135 f
[819] aus: TORBERG, F.: Der Schüler Gerber, zit. nach: SOLZBACHER, C. (1993), S. 137
[820] zit. GLEIM, B. (1985), S. 86
[821] zit. SCHEIBE, W. (1984), S. 74
[822] zit. nach: SCHEIBE, W. (1984), S. 73 f
[823] vgl. z.B. GLEIM, B. (1985), S. 88
[824] vgl. SOLZBACHER, C. (1993), S. 128
[825] zit. SOLZBACHER, C. (1993), S. 135
[826] zit. a.a.O., S. 129
[827] vgl. a.a.O., S. 128 und 130
[828] zit. a.a.O., S. 142
[829] zit. WETTERLING, H. (1978), Einbandtext
[830] KERSCHENSTEINER, G., zit. nach: PALAM, G. (1989), S. 163
[831] zit. SOLZBACHER, C. (1993), S. 143
[832] zit. GLEIM, B. (1985), S. 87
[833] zit. a.a.O., S. 85
[834] zit. nach: SOLZBACHER, C. (1993), S. 126
[835] vgl. z.B. PALAM, G. (1989); STRUCK, P. (1994)
[836] vgl. MILLER, R. (1993), S. 12
[837] vgl. SCHEIBE, W. (1984), S. 72
[838] zit. SOLZBACHER, C. (1993), S. 127
[839] zit. a.a.O., S. 137
[840] zit. nach: SOLZBACHER, C. (1993), S. 139
[841] zit. nach: SKIERA, E. (1996), S. 11
[842] zit. ebd.

843 zit. ebd.
844 vgl. SOLZBACHER, C. (1993), S. 140 f
845 zit. HUBER, B. (1990), S. 38
846 zit. SOLZBACHER, C. (1993), S. 135 ff
847 zit. HUBER, B. (1990), S. 43
848 zit. SINGER, K. (1973), S. 105
849 zit. a.a.O.
850 zit. a.a.O., S. 47 ff
851 zit. SOLZBACHER, C. (1993), S. 141
852 zit. HUBER, B. (1990), S. 36
853 zit. FINCKENSTEIN, I. VON (1996), S. 106
854 zit. ebd.
855 zit. ebd.
856 vgl. ARLT, M. (1989); zit. nach: FINCKENSTEIN, I. VON (1996), S. 110
857 zit. FINCKENSTEIN, I. VON (1996), S. 101
858 zit. INITIATIVGRUPPE SOLINGEN (1972), S. 88
859 zit. ebd.
860 zit. a.a.O., S. 103
861 zit. a.a.O., S. 97 f
862 zit. a.a.O., S. 98
863 zit. ebd.
864 zit. a.a.O., S. 107
865 zit. a.a.O., S. 108
866 GUDJONS, H., in: Zschr."Pädagogik" (1992/5), zit. nach: FINCKENSTEIN, I. VON (1996), S. 109 f
867 zit. nach: FINCKENSTEIN, I. VON (1996), S. 108
868 zit. a.a.O., S. 108 f
869 zit. a.a.O., S. 109
870 zit. a.a.O., S. 107
871 zit. ebd.
872 vgl. z.B.: SCHMITT, G. (1992), S. 7
873 zit. KEY, E. (1900^1/1908), S. 219-249; vgl. auch: OELKERS, J. (1989)
874 vgl. GANSBERG, F.: Auf dem Wege zur weltlichen Schule. In: Der Säemann II (1906), S. 155-164; zit. nach: OELKERS, J. (1989), S. 9
875 vgl. ebd.
876 zit. a.a.O., S. 226
877 vgl. SOLZBACHER, C. (1993)
878 zit. HUBER, B. (1990), S. 58
879 vgl. BUDDRUS, V. (Hrsg.) (1992)
880 BUDDRUS, V., 1992, zit. nach: "Kultus und Unterricht", Amtsblatt des Ministeriums für Kultus und Sport Baden-Württemberg; Nr. 11, vom 3. Juni 1996, S. 391
881 zit. BAUMERT, J. (1981), S. 495.
882 zit. NENNING, G. (1972), S. 75 ff
883 zit. KEMPER, H. (1991), S. 27
884 vgl. HUHN, G. (1990)
885 zit. a.a.O., S. 99 ff
886 zit. a.a.O., S. 60 ff
887 zit. a.a.O., S. 85 ff
888 zit. a.a.O., S. 141
889 zit. ebd.
890 zit. KEY, E. (1900^1/1908), S. 229
891 zit. OELKERS, J. (1989), S. 10

[892] zit. KEY, E. (1900[1]/1908), S. 269 f
[893] zit. GLÄSER, J. (1920), S. 26
[894] zit. SCHÄFER, W. (1965), S. 398
[895] zit. ebd.
[896] vgl. BILLER, K. (1988), S. 104 ff
[897] zit. a.a.O., S. 77
[898] zit. TREU, H.-E. (1989) S. 84 und Untertitel
[899] zit. ANDRESEN, U. (1991), S. 7
[900] zit. BIETAU, A. u.a.. (1983), S. 171 und 179
[901] zit. GROOTHOFF, H.-H. (1989), S. 63
[902] zit. SINGER, K. (1973), S. 9 ff
[903] zit. a.a.O., S. 19 ff
[904] vgl. BIRKENBIHL, V. (1995)
[905] vgl. HAUCK, B. (1991)
[906] zit. a.a.O., Vorwort
[907] zit. TREU, H.-E. (1991), S. 42 ff
[908] zit. HARTWIG-HELLSTERN, F./PORESKI, TH. (1993), S. 167
[909] vgl. VESTER, F. (1975)
[910] vgl. a.a.O., S. 116 ff
[911] vgl. a.a.O., S. 117 f
[912] zit. a.a.O., S. 118
[913] zit. ebd.
[914] vgl. SENSENSCHMIDT, B. (1993), S. 91 und S. 98
[915] zit. VESTER, F. (1975), S. 180 f
[916] vgl. z.B. die Studien von HELMKE, A. (1983), SCHRÖTER, G. (1985) und ROST, D./ SCHERMER, F.J. (1988)
[917] zit. STEINER, R. (1919/D), S. 202
[918] zit. ebd.
[919] zit. ebd.
[920] zit. SINGER, K. (1975), S. 147
[921] zit. a.a.O., S. 155 und S. 149
[922] zit. a.a.O., S. 151
[923] zit. ebd.
[924] vgl. ARLT, M. (1989), S. 189
[925] zit. HUBER, B. (1990), S. 62
[926] vgl. SPEICHERT, H. (1977)
[927] vgl. BRÜCK, H. (1978)
[928] vgl. z.B. HELMKE, A. (1983); ROST, D. / SCHERMER, F. (1988)
[929] vgl. ebd.
[930] vgl. WALTER, H. (1981), S. 23
[931] zit. ebd.
[932] zit. ebd.
[933] zit. ebd.
[934] zit. a.a.O., S. 23 f
[935] vgl. ICONKIDS & YOUTH - Umfrage, zit. nach: HEILBRONNER STIMME, 3.2.1999
[936] zit. und vgl. BILLER, K. (1988), S. 172 ff
[937] vgl. JEGGE, J. (1979)
[938] zit. SKIERA, E. (1996), S. 2
[939] vgl. LINDENBERG, CH. (1981)
[940] vgl. z.B. BEHR/JESKE (1982), S. 39, und neuere Statistiken der örtlichen Erziehungsberatungsstellen
[941] zit. ebd.
[942] zit. a.a.O., S. 45

[943] zit. ebd.
[944] zit. BILLER. K. (1988), S. 5
[945] zit. SINGER, K. (1973), S. 47
[946] zit. a.a.O., S. 47 f
[947] zit. WEBER, E.W. (1991), S. 92
[948] zit. HUBER, B. (1990), S. 67
[949] vgl. BILLER, K. (1988); MENZEMER, U. (1981)
[950] vgl. SKIERA, E. (1996), S. 18; vgl. auch: Kap.II.2.4
[951] zit. a.a.O., S. 18 f
[952] vgl. OELKERS, J. (1989), S. 10
[953] zit. ebd.
[954] vgl. FRANKL, V. (1962)
[955] zit. BILLER, K. (1988), S. V f. und S. 126 f
[956] vgl. MENZEMER, U. (1981)
[957] vgl. a.a.O., S. 6
[958] vgl. JOUHY, E., a.a.O., S. 8
[959] zit. a.a.O., S. 7
[960] zit. TOBLER; M. (1964), S. 507
[961] zit. JOUHY, E. (1968), S. 147
[962] zit. ZUDEICK, P. (1982), S. 8
[963] aus einem Bericht des Geschäftsführers der Bundesarbeitsgemeinschaft Jugendsozialarbeit, HENRIK VON BOTHMER, zit. nach: HEILBRONNER STIMME, 24.11.00, S. 1
[964] zit. HELD, J. (1993), S. 59
[965] zit. BILLER, K. (1988), S. 156 f
[966] zit. a.a.O., S. 157 f und S. 161
[967] zit. a.a.O., S. 113
[968] zit. ebd.
[969] zit. BARTMANN, B. (1991), S. 116
[970] zit. a.a.O., S. 115
[971] zit. ARLT, M. (1989), S. 124
[972] vgl. HEIMRATH, J. (1991/A), Untertitel und S. 8 ff
[973] vgl. a.a.O., letzte Seite: Werbung für das Videoband "Der Schüler Tilmann"
[974] zit. HEIMRATH, J. (1991/B), S. 58
[975] vgl. SIMON, CH. (1991); HEIMRATH, J. (1991/B)
[976] zit. HEIMRATH, J. (1991/B), S. 70
[977] zit. HEIMRATH, J. (1991/A), S. 16
[978] zit. ARLT, M. (1989), S. 99 f
[979] zit. BEHR, M./JESKE, W. (1982), S. 40
[980] vgl. die Broschüre "Wir über uns", Hrsg.: Aktion Humane Schule Baden-Württemberg e.V., S. 3
[981] zit. SOLZBACHER, C. (1993), S. 119
[982] KEY, E., zit. nach: SCHEIBE, W. (1984), S. 68
[983] HANSELMANN, ev. Bischof, zit. nach: GROOTHOFF, H.-H. (1989), S. 65
[984] vgl. SCHRÖTER; G. (1985), S. 331-337
[985] zit. a.a.O., S. 335
[986] zit. a.a.O., S. 335 f
[987] zit. ebd.
[988] zit. nach: BILLER, K., a.a.O., S. 3
[989] zit. nach: a.a.O., S. 4
[990] vgl. z.B. PREYER, W.: Naturforschung und Schule, Stuttgart 1887, S. 8; zit.: OELKERS, J. (1989), S. 9
[991] zit. nach: BILLER, K. (1988), S. 4
[992] zit. OELKERS, J. (1989), S. 9

993 zit. BILLER, K. (1988), S. 4
994 vgl. LINK, A. (1974), HELLBRÜGGE, T. (1975), NEULINGER, K.U. (1978), ROSEMANN, H. (1978), WANDEL, F. (1979), GERNER, B. (1984); u.a.
995 zit. SINGER, K. (1973), S. 47
996 zit. BILLER, K. (1988), S. 26 f
997 vgl. a.a.O., S. V
998 zit. ebd.
999 vgl. ebd.
1000 zit. ROSEMANN, H. (1978), S. 112 und S. 84
1001 zit. a.a.O., S. 85
1002 zit. NEULINGER, K.U. (1978), Titel und S. 7
1003 zit. HELLBRÜGGE, TH. (1975) S. 1
1004 zit. ebd.
1005 zit. ebd.
1006 zit. a.a.O., S. 2
1007 vgl. KEMENYI, F., L' âme de l'école. In: Minerva. Revue Internationale et Polyglotte de Documentation Educative. 2me année, no. 1 (1r Oct.1910), S. 6-11; zit. nach: OELKERS, J. (1989), S. 9
1008 zit. LINK, A. (1974), S. 9
1009 zit. a.a.O., S. 72
1010 zit. ROSEMANN, H. (1978), Untertitel und S. 9 ff
1011 zit. PAULIG, P. (1994), S. 34
1012 vgl. HENTIG, H. VON (1987)
1013 zit. FRIES, O. (1985), S. 12
1014 zit. ebd.
1015 WANDEL, F. 1979, zit. nach: FRIES, O. (1985), ebd.
1016 zit. PETRAT, G. (1981), S. 575
1017 zit. WEBER, E.W. (1991), S. 119
1018 vgl. ROHDE, H. (1978), S. 20
1019 vgl. ebd.
1020 zit. FRIES, O. (1985), S. 12
1021 zit. a.a.O., S. 2
1022 vgl. SCHEIBE, W. (1984), S. 72
1023 zit. FRIES, O. (1985), S. 2
1024 zit. ROSEMANN, H. (1978), Vorwort, S. 24 und S. 28
1025 zit. a.a.O., Vorwort
1026 zit. SAADI-VARCHIM, B./VARCHIM, J. (1984), S. 29
1027 vgl. ROHDE, H. (1978), S. 20
1028 zit. a.a.O., S. 22
1029 vgl. MÜLLER, HANS, R.M. (1976)
1030 zit. a.a.O.
1031 vgl. SPIES, W./WESTPHALEN, K. (1981), S. 13 u.a.
1032 vgl. FRIES, O. (1985)
1033 vgl. a.a.O.
1034 zit. SCHROETER, G. (1985), S. 373
1035 zit. RUMPF, H. (1996/A), S. 8
1036 zit. ebd.
1037 vgl. a.a.O., S. 7
1038 zit. SINGER, K. (1793) S. 52 ff
1039 zit. a.a.O., S. 53 ff
1040 zit. a.a.O., S. 54 ff
1041 zit. a.a.O., S. 58 ff
1042 zit. ebd.

[1043] zit. a.a.O., S. 52
[1044] zit. STRUCK, P. (1996), S. 212
[1045] vgl. ebd.
[1046] zit. HELLBRÜGGE, TH. (1975), S. 1
[1047] zit. BILLER, K. (1988), S. 26
[1048] zit. ebd.
[1049] zit. a.a.O., S. 198
[1050] zit. a.a.O., S. 194
[1051] zit. und vgl. a.a.O., S. 198-202
[1052] zit. a.a.O., S. 202
[1053] vgl. RUMPF, H. (1987); ders.(1988); ders.(1996/A); ders.(1996/B)
[1054] zit. ders. (1996/A), S. 8
[1055] zit. BEHR, M./JESKE, W. (1982), S. 44
[1056] zit. KELBER, R. (1985), S. 106
[1057] zit. HAUCK, B. (1991), S. 8 und S. 12
[1058] zit. RUMPF, H. (1988), S. 9
[1059] zit. a.a.O., S. 8
[1060] zit. a.a.O., S. 7 f
[1061] vgl. KAHL, R. (1983), S. 64
[1062] zit. RUMPF, H. (1996/A) S. 8
[1063] zit. ebd.
[1064] zit. STRUCK, P. (1996), S. 212
[1065] zit. ebd.
[1066] zit. BEHR,M./JESKE, W. (1982), S. 45
[1067] zit. SCHEIBE, W. (1984), S. 70
[1068] zit. BECKER, G. (1966), S. 171
[1069] zit. TESCHNER, W., in: ROHDE, H. (1978), S. 22
[1070] GRILL, FRANZ, zit. nach: HEILBRONNER STIMME, 18.06.2001, S. 12
[1071] zit. ebd.
[1072] zit. BECKER, G. (1966), S. 177
[1073] zit. HELLBRÜGGE, TH. (1975), S. 1
[1074] vgl. TESCHNER, W. in: ROHDE, H. (1978), S. 22
[1075] vgl. OECD, 1996; zit. aus: K.u. U. vom 3. Februar 1997
[1076] vgl. BECKER, G. (1966), S. 173
[1077] zit. a.a.O., S. 175
[1078] zit. a.a.O., S. 174
[1079] zit. a.a.O., S. 175
[1080] zit. a.a.O., S. 174
[1081] vgl. a.a.O., S. 177
[1082] vgl. a.a.O., S. 181
[1083] zit. a.a.O., S. 172
[1084] vgl. HENTIG, H. VON (1987); vgl. auch: WANDEL, F. (1979). Der Begriff der "Sozialpathologie" reicht allerdings schon weiter zurück. Er wurde zuerst von A. GROTJAHN (1898) in seiner "Sozialen Pathologie" verwendet, in der er, an A. BÄR (1878) anknüpfend, "die sozialen Bedingungen der Krankheiten als Grundlage der sozialen Hygiene herausstellt. Ihm zufolge lassen sich körperliche Erkrankungen auf soziale Bedingungen zurückführen." (zit. und vgl. BILLER, K. (1988), S. 3)
[1085] zit. HENTIG, H. VON (1987), S. 57
[1086] zit. a.a.O., S. 58
[1087] zit. a.a.O., S. 59
[1088] zit. ebd.
[1089] zit. ebd.
[1090] zit. MINSSEN, F. (1970), S. 74 f

[1091] zit. HENTIG, H. VON (1987), S. 59
[1092] zit. ebd.
[1093] zit. LINK, A. (1974), S. 68
[1094] zit. MINSSEN, F. (1970), S. 75
[1095] zit. a.a.O., S. 76; vgl. auch: WILHELM, TH. (1968)
[1096] zit. a.a.O., S. 77
[1097] zit. a.a.O., S. 77 ff
[1098] zit. a.a.O., S. 77
[1099] vgl. CLOER, E. (1996), S. 164
[1100] zit. GROOTHOFF, H.-H. (1989), S. 40
[1101] zit. ebd.
[1102] zit. ROSEMANN, H. (1978), S. 131
[1103] zit. a.a.O., S. 132
[1104] zit. a.a.O., S. 131 f
[1105] zit. BEHR, M./JESKE, W. (1982), S. 46
[1106] zit. REIMER, E. (1972), S. 65, S. 33 und S. 17
[1107] zit. a.a.O., S. 14
[1108] CLOER, E. (1996), S. 167; vgl. auch: KLAFKI, W. (1970), S. 111-117
[1109] zit. GROOTHOFF, H.-H. (1989), S. 8
[1110] zit. KILZ, H.W. (1981/B), S. 41
[1111] zit. FRIEDEBURG, L. VON (1981), S. 159
[1112] zit. BEHR,M./JESKE, W. (1982), S. 47
[1113] vgl. STRUCK, P. (1996), S. 146
[1114] vgl. z.B. BLANKERTZ, S. (1989/A), S. 32
[1115] SCHELSKY, H., zit. nach: ROSEMANN, H. (1978), S. 132
[1116] vgl. BEHR, M./JESKE, W. (1982), S. 46
[1117] zit. DIETRICH, I. (1978), S. 17
[1118] zit. ROSEMANN, H. (1978), S. 135
[1119] zit. a.a.O., S. 133
[1120] zit. a.a.O., S. 135
[1121] zit. SPEICHERT, H. (1970), S. 22
[1122] zit. BERG, M./SEWIG, N.J. (1970), S. 67
[1123] zit. a.a.O., S. 68
[1124] zit. a.a.O., S. 67
[1125] zit. ebd.; vgl. auch: OEVERMANN, U. (1969), S. 297 ff
[1126] zit. a.a.O., S. 71
[1127] zit. BEHR, M./JESKE, W. (1982), S. 46
[1128] zit. BERG, M./SEWIG, N.J. (1970), S. 67
[1129] zit. ebd.
[1130] zit. a.a.O.
[1131] vgl. MINSSEN, F. (1970), S. 76
[1132] zit. MOLLENHAUER, K. (1969), vgl. v.a. S. 292-294
[1133] zit. MINSSEN, F. (1970), S. 76
[1134] zit. BERG, M./SEWIG, N.J (1970), S. 69
[1135] vgl. KILZ, H.W. (1981/A), Einbandtext
[1136] zit. MINSSEN, F. (1970), S. 74
[1137] vgl. BERG, M./SEWIG, N. J. (1970), S. 68 und 70
[1138] vgl. SPEICHERT, H. (1970), S. 22
[1139] vgl. KILZ, H.W. (Hrsg.) (1980/B), Kap. 3: "Unser Sohn war ein Spätzünder". Was Eltern von der Gesamtschule halten. S. 47
[1140] vgl. HABERL, H. (1993)
[1141] zit. STRUCK, P. (1995), S. 22

1142 zit. a.a.O., S. 23 f
1143 zit. ROSEMANN, H. (1978), S. 130
1144 zit. a.a.O., S. 132
1145 vgl. RÖSNER, E. (1989), S. 10 f
1146 zit. a.a.O., S. 12
1147 vgl. BARGEL, T./KUTHE, M. (1992), S. 7
1148 vgl. RÖSNER, E. (1989), S. 12
1149 zit. a.a.O., S. 20
1150 zit. a.a.O., S. 2
1151 zit. DIETRICH, I. (1978), S. 17
1152 zit. ebd.
1153 zit. ebd.
1154 vgl. ARBEITSGRUPPE AM MAX-PLANCK-INSTITUT FÜR BILDUNGSFORSCHUNG (1994), S. 359 f
1155 vgl. z.B. PREUSS-LAUSITZ, U. (1981); ders.(1993/B).
1156 vgl. a.a.O.
1157 vgl. LANDESARBEITSGEMEINSCHAFT BADEN-WÜRTTEMBERG E.V. / ELTERN GEGEN AUSSONDERUNG VON KINDERN MIT BEHINDERUNGEN (1994), Broschüre
1158 vgl. SPEICHERT, H. (1970), S. 20
1159 vgl. ROSEMANN, H. (1978), S. 130 f
1160 vgl. APEL, H.J. (1995), S. 69 ff
1161 zit. a.a.O., S. 70
1162 zit. FRIEDEBURG, L. VON (1981), S. 161
1163 zit. a.a.O., S. 155
1164 SPIEGEL-Gespräch, zit. nach: KILZ, H.W. (1980/A), S. 156
1165 zit. FRIEDEBURG, L. VON (1980), S. 162
1166 SPIEGEL-Gespräch, zit. nach: KILZ, H.W. (1980/A), S. 158
1167 zit. ebd.
1168 vgl. SCHEIBE, W. (1984), S. 255 ff
1169 vgl. CLOER, E. (1996), S. 162
1170 zit. a.a.O., S. 163
1171 zit. ebd.
1172 vgl. LEBER, S. (1984), S. 27
1173 vgl. INITIATIVGRUPPE SOLINGEN (1972)
1174 vgl. a.a.O., Einbandtext
1175 vgl. HENTIG, H. VON (1968)
1176 zit. a.a.O., S. 7 f
1177 zit. a.a.O., siehe Einbandtext
1178 zit. a.a.O., S. 9
1179 zit. a.a.O., S. 8
1180 zit. a.a.O., S. 10
1181 zit. ebd.
1182 zit. ebd.
1183 zit. a.a.O., S. 13
1184 zit. a.a.O., S. 89
1185 zit. a.a.O., S.90
1186 zit. a.a.O., S. 89
1187 vgl. KEMPER, H. (1991), S. 28
1188 zit. a.a.O., S. 97
1189 zit. a.a.O., S. 28
1190 zit. a.a.O., S. 15
1191 vgl. RUHLOFF, J. (1995), S. 376

1192 zit. ebd.
1193 vgl. MOLLENHAUER, K. (1973), S. 11
1194 vgl. HABERMAS, J. (1968), S. 158 f
1195 zit. MOLLENHAUER, K. (1973), S. 69
1196 zit. ROST, F. (1995), S. 505
1197 vgl. a.a.O., S. 506
1198 zit. ebd.
1199 vgl. a.a.O., S. 505
1200 zit. a.a.O., S. 506
1201 vgl. DEUTSCHER BILDUNGSRAT (Hrsg.) (1973)
1202 zit. VOGEL, P. (1995/A), S. 217 f
1203 zit. a.a.O., S. 218
1204 zit. ebd.
1205 zit. a.a.O., S. 219
1206 zit. BLANKERTZ, S. (1989/A), S. 28
1207 vgl. ebd.
1208 zit. ebd.
1209 zit. ebd.
1210 vgl. NYSSEN, F. (1971); GAMM, H.J. (1970); ders. (1972); ETTL, H. (1981)
1211 vgl. NYSSEN, F. (1971), S. 11
1212 vgl. ebd.
1213 zit. a.a.O., S. 10
1214 zit. a.a.O., S. 25
1215 vgl. GAMM, H.-J. (1970)
1216 zit. a.a.O., S. 9
1217 vgl. den gleichnamigen Buchtitel: GAMM, H.-J. (1972); und ders. (1979), S. 254
1218 vgl. GAMM, H.-J. (1970), S. 9 und ders. (1971), S. 119 f
1219 zit. ders. (1970), Einleitung
1220 vgl. FISCHER, W. (1972), S. 25
1221 vgl. AKADEMIE DER PÄDAGOGISCHEN WISSENSCHAFTEN DER UDSSR/DDR (1981)
1222 vgl. ETTL, H. (1981), S. 191 ff
1223 zit. a.a.O., S. 14
1224 zit. a.a.O., S. 223 ff und S. 191
1225 vgl. die Liste der Hauptwerke der o.g. Autoren bei: HENTIG, H. VON (1971), S. 22
1226 zit. ILLICH, I. (1972/B), S. 11 und S. 15
1227 zit. a.a.O., S. 15
1228 vgl. a.a.O., S. 13 u.a.
1229 zit. ILLICH, I. (1972/B) S. 75
1230 zit. a.a.O., S. 84
1231 zit. ebd.
1232 zit. ILLICH, I. (1972/B), S. 13
1233 zit. ebd.
1234 zit.a.a.O., S. 16
1235 zit. REIMER, E. (1972), s. 87
1236 vgl. ILLICH, I. (1978), S. 127 ff und S. 16 ff
1237 zit. ILLICH, I. (1972/B), S. 125
1238 zit. a.a.O., S. 129
1239 zit. a.a.O., S. 130
1240 zit. a.a.O., S. 17
1241 zit. ILLICH, I. (1978), S. 7
1242 zit. a.a.O., S. 126
1243 zit. FROMM, ERICH, aus der Einleitung zu: ILLICH, I. (1972/A), S. 9

1244 vgl. z.B. LÜCK, I. (1979), S. 91
1245 zit. BEYERHAUS, PETER, in seinem Vorwort zu: LÜCK, I. (1979), S. 9
1246 zit. LÜCK, I., a.a.O., S. 91
1247 zit. ebd.
1248 zit. ebd.
1249 zit. a.a.O., S. 9
1250 zit. WILHELM, TH. (1978), S. 47
1251 zit. BEYERHAUS, P., in: LÜCK, I. (1979), S. 9
1252 zit. a.a.O., S. 11 und S. 94
1253 zit. a.a.O., S. 341; vgl. S. 10
1254 vgl. BREZINKA, W. (1974)
1255 vgl. BREZINKA, W. (1974), S. 5
1256 zit. a.a.O., ebd. und S. 222 ff.
1257 zit. WILHELM, TH. (1978), S. 47
1258 zit. a.a.O., S. 48
1259 zit. ebd.
1260 zit., HUSÉN, T. (1980), S. 21
1261 zit. a.a.O., S. 21 f
1262 zit. ebd.
1263 vgl. BEYERHAUS, H., in: LÜCK, I. (1979), S. 10
1264 zit. a.a.O., S. 11
1265 zit. nach: BLANKERTZ, S. (1989/A), S. 11
1266 vgl. FISCHER, W. (1972)
1267 zit. a.a.O., S. 119
1268 zit. ebd.
1269 zit. ebd.
1270 zit. a.a.O., S. 120
1271 zit. ebd.
1272 zit. ebd.
1273 zit. a.a.O., S. 121
1274 zit. a.a.O., S. 126
1275 zit. a.a.O., S. 128
1276 zit. a.a.O., S. 132
1277 zit. a.a.O., S. 131
1278 zit. BLANKERTZ, S. (1989/A), S. 10 f
1279 zit. a.a.O., S. 11
1280 zit. ebd.
1281 zit. HENTIG, H. VON (1972), S. 39; vgl. auch: DEUTSCHER BILDUNGSRAT (1970)
1282 zit. ebd.
1283 zit. DOORMANN, L. (1976), S. 8
1284 zit. ebd.
1285 zit. a.a.O., S. 8 f
1286 zit. a.a.O., S. 11
1287 zit. a.a.O., S. 10
1288 vgl. z.B. BEHR, M. (1984), S. 11 ff; darin insbes.: ZELS, R. und Autorengruppe (1984), S. 67 ff
1289 vgl. HUSÉN, T. (1980), S. 18
1290 zit. ebd.
1291 zit. a.a.O., S. 14
1292 zit. HENTIG, H. VON (1972), S. 28
1293 zit. a.a.O., S.40 f
1294 zit. a.a.O., S. 41
1295 zit. HENTIG, H. VON (1972), S. 38

[1296] zit. a.a.O., S. 39
[1297] vgl. LINK, A. (1974)
[1298] zit. a.a.O., Einband
[1299] zit. ebd.
[1300] zit. a.a.O., S. 25 ff
[1301] zit. AURIN, K. (1980), S. 10
[1302] zit. a.a.O., S. 11
[1303] vgl. JOUHY, E., in: MENZEMER, U. (1981), S. 6
[1304] zit. ebd.
[1305] zit. a.a.O., S. 7
[1306] zit. PERSCHEL, W. (1995/A), S. 498
[1307] zit. KOKEMOHR, R. (1995), S. 143
[1308] zit. VOIGT, R., zit. nach: ebd.; vgl. auch: BECKER, H. (1988), insbes. S. 362 f
[1309] zit. KOKEMOHR, R. (1983), S. 143
[1310] zit. LESCHINSKY, A. (1981), S. 523
[1311] zit. ebd.
[1312] zit. FISCHER, W. (1972), S. 134
[1313] zit. ebd.
[1314] zit. BILLER, K. (1988), S. 29
[1315] zit. WILHELM, TH. (1978), S. 57 f
[1316] zit. a.a.O., S. 58
[1317] zit. ebd.
[1318] zit. HENSEL, H. (1995/A), S. 142
[1319] zit. BLANKERTZ, S. (1989/A), S. 11
[1320] vgl. BAUMERT, J. (1981), S. 495
[1321] zit. ebd.
[1322] zit. ebd.
[1323] zit. PERSCHEL, W. (1995/A), S. 499
[1324] vgl. BILLER, K. (1988), S. 27; zit. aus: "Encyklopädie" von 1870, Hrsg.: K.A. Schmid
[1325] zit. nach: MÜLLER, E.H. (1994), S. 36
[1326] zit. KEMPER, H. (1991), S. 28
[1327] zit. a.a.O., S. 15
[1328] zit. HUSÉN, T. (1980), S. 69 f
[1329] vgl. a.a.O., S. 70, nach: KATZ, M. (1971): Class, Bureaucracy and Schools: The Illusion of Educational Change in America. New York 1971: Praeger Publishers
[1330] zit. a.a.O., S. 22
[1331] zit. a.a.O., S. 66 f; nach: WATSON, GOODWIN (1945): Problems of Bureaucracy. Journal of Social Issues 1, S. 1-73
[1332] zit. a.a.O., S. 67
[1333] vgl. ebd.
[1334] zit. a.a.O., S. 72
[1335] zit. a.a.O.
[1336] vgl. a.a.O., S. 72 f
[1337] zit. a.a.O., S. 71
[1338] zit. a.a.O., S. 72
[1339] zit. MÜLLER, E.H. (1994), S. 37
[1340] zit. a.a.O., S. 36
[1341] zit. KIERSCH, J., in: CHUBB, J.E./MOE, T.M. (1993), S. 7
[1342] vgl. PERSCHEL, W. (1995/B), S. 591 f
[1343] zit. a.a.O., S.592 f
[1344] vgl. a.a.O., S. 594
[1345] zit. ebd.

1346 zit. MOLLER, H. (1991)
1347 zit. a.a.O., S. 36
1348 zit. ebd.
1349 zit. a.a.O., S. 37
1350 zit. a.a.O., S. 37 f
1351 zit. a.a.O., S. 40
1352 zit. ebd.
1353 zit. ebd.
1354 zit. STERN, B. (1991), S. 178 und S. 217
1355 zit. a.a.O., S. 225 f
1356 vgl. den gleichnamigen Titel von POUSSET, R. (2000)
1357 vgl. KRAUTKRÄMER, L., Rezension zu POUSSET, R. (2000), in: Zschr. "Info3", 5/2001, S. 45
1358 zit. ebd.
1359 vgl. ebd.
1360 zit. ebd.
1361 vgl. BLANKERTZ, S. (1989/A), S. 32
1362 zit. ebd.
1363 zit. ebd.
1364 zit. vgl. BERG, H.CH. (1993/C), S. 27 ff
1365 zit. a.a.O., S.27
1366 zit. ebd.
1367 zit. vgl. ebd.
1368 vgl. HUSÉN, T. (1980), S. 19
1369 zit. KEMPER, H. (1983), S. 144
1370 zit. a.a.O., S. 144 f
1371 zit. MITTER, W. (1987), S. 111
1372 vgl. ILLICH, I. (1978), Teil 3,
1373 vgl. ders. (1984)
1374 vgl. ders. (1972/A).
1375 vgl. ILLICH, I. (1972/B), Einbandtext
1376 zit. ebd.
1377 vgl. ILLICH, I. (1972/A), S. 20
1378 vgl. REIMER, E. (1972)
1379 zit. a.a.O., S. 2
1380 zit. ebd.
1381 vgl. HENTIG, H. VON (1972), S. 105
1382 zit. ebd.
1383 vgl. a.a.O., S. 35 und S. 105; vgl. auch: Kap. II. 2.3.5)
1384 vgl. ZIMMER, J. (1986), S. 19 ff und 73 ff
1385 vgl. HOFFMANN, A. (1990), S. 7
1386 vgl. STERN, B. (1993), S. 37
1387 zit. a.a.O., S. 22
1388 zit. LESCHINSKY, A. (1995/B), S. 484
1389 zit. VOGEL, J.P. (1993/A), S. 19
1390 vgl. auch: ders. (1982), S. 123 ff
1391 zit. KLEMM, U. (1991), S. 19
1392 zit. a.a.O., S. 17
1393 zit. ebd.
1394 zit. ebd.
1395 vgl. z.B. die Darstellung bei WEHNES, F.J. (1984), S. 148 ff
1396 vgl. a.a.O., S. 16
1397 vgl. HUMBOLDT, W. VON (1792[1]/1987)

1398 zit. nach: JENKNER, S. (2000), a: S. 6
1399 vgl. BLANKERTZ, S. (1995), S. 416
1400 zit. a.a.O., S. 16 f
1401 zit. KÖPCKE-DUTTLER, A. (1999), S. 8
1402 zit. KLEMM, U. (1991), S. 14
1403 zit. BROCKHAUS ENZYKLOPÄDIE in 24 Bänden, Bd. 19, Stichwort "Schule", S. 550 f; Mannheim 1992[14]
1404 zit. a.a.O., S. 19 f
1405 zit. BLANKERTZ, S. (1995), S. 416
1406 zit. ebd.
1407 zit. ebd.; vgl. auch: KLEMM, U. (1988), S. 135 ff; ders. (1984)
1408 zit. nach: BAUMANN, H. (1988), S. 9
1409 zit. ebd.
1410 zit. BORGIUS, W. (1981/1930[1]), S. 7
1411 zit. ebd.
1412 zit. BLANKERTZ, S. (1995), S. 416
1413 vgl. ebd.
1414 zit. ebd.
1415 vgl. KLEMM, U. (1988), S. 135-144
1416 vgl. den gleichnamigen Sammelband: BADERTSCHER, H./GRUNDER, H.-H. (Hrsg.) (1995)
1417 zit. a.a.O., S. 7
1418 vgl. BLANKERTZ, S. (1989/A), S. 33
1419 zit. ebd.; vgl. auch: ders. (1989/B), S. 108 f
1420 zit. ebd.
1421 vgl. dazu: STEINER, R. (1919/A); ders. (1919/B); ders. (1919/C); ders. (1921)
1422 zit. HERRMANNSTORFER, U. (1990), S. 6 f
1423 vgl. ebd.
1424 vgl. WILHELM, TH. (1978)
1425 zit. ders. (1982), S. 141 und S. 7
1426 a.a.O., vgl. Titel und S. 131 ff
1427 zit. a.a.O., S. 7
1428 zit. HENTIG, H. VON (1972), S. 104
1429 zit. ebd.
1430 zit. ROLFF, H.-G. (1995/B), S. 31
1431 zit. RICHTER, I. (1995), S. 12
1432 zit. a.a.O., S. 13
1433 zit. DÖBERT, H./GEIßLER, G. (1997), S. 5
1434 JACH, F.-R., zit. nach: HERDT, U. (1994), S. 4
1435 zit. HÖRNER, W. (1991), S. 387
1436 vgl. ebd.
1437 vgl. ROLFF, H.-G. (1995/A), S. 106
1438 zit. ebd.
1439 zit. ebd.; vgl. auch: ders. (1991)
1440 FEND, H. (1986), zit. nach: ebd.
1441 vgl. AURIN, K. (1990); STEFFENS, U./BARGEL, T. (1993); TILLMANN, K.-J. (1994); sowie ebd.
1442 vgl. JENKNER, S. (1993), S. 109
1443 vgl. RUTTER, M. (1979); vgl. ROLFF, H.-G. (1993), S. 110
1444 zit. VOGEL, J.P. (1993/A), S. 191
1445 zit. LANGE, H. (1995), S. 32
1446 zit. KIERSCH, JOHANNES, in: CHUBB, J.E./MOE, T.M. (1993), S. 7-13: Einleitung und Zusammenfassung; S. 8 f

[1447] vgl. HENSEL, H. (1995/B), S. 36 ff
[1448] zit. HOFFMANN, R. (1993), S. 20
[1449] vgl. VOGEL, J.P. (1993/B), S. 190 f; vgl. DÖBERT, H. (1997), S. 136 ff; vgl. LIKET, T.M.E. (1993); ders. (1995)
[1450] vgl. RICHTER, I. (1995), S. 9 ff und S. 29; WEISHAUPT, H./WEIß, M. (1997), S. 27 ff
[1451] zit. PASCHEN, H. (1991), S. 466; vgl. auch: ders. (1995).
[1452] zit. AVENARIUS, H. (1995), S. 254
[1453] zit. DASCHNER, P., in: ders./ROLFF, H.G./STRYCK, T. (1995), S. 169 ff
[1454] zit. und vgl. MITTER, W. (1997), S. 63
[1455] zit. LANGE, H. (1995), S. 33
[1456] vgl. z.B. STOCK, M. (2000)
[1457] zit. LAUDENBACH, M. (1999), S. 57
[1458] vgl. FÜSSEL, H.-P. (1997), S. 11
[1459] zit. FROMMELT, B. (1995), S. 185
[1460] zit. KLEMM, U./TREML, A.K. (1989), S. 17
[1461] zit. ebd.
[1462] zit. a.a.O., S. 17 f
[1463] zit. BERG, H.CH. (1993/B), S. 63
[1464] HENTIG, H. VON (1979), zit. nach: BERG, H.CH. (1993/A), S. 14
[1465] vgl. JENKNER, S. (1993), S. 109
[1466] vgl. BILDUNGSKOMMISSION NRW (1995), S. 284 f
[1467] zit. STERN, B. (1993), S. 39
[1468] vgl. JENKNER, S. (1993), S. 109 ff
[1469] zit. BERG, H.CH. (1993/A), S. 11 f
[1470] zit. ebd.; vgl. auch: HEYTING, F./TENORTH, H.-E. (Hrsg.) (1994)
[1471] zit. a.a.O., S. 12
[1472] vgl. HEINEMANN, K.-H. (1998), S. 81-83
[1473] vgl. BERG, H.CH. (1993/A); ders. (1993/B)
[1474] vgl. LIKET, T.M.E. (1995)
[1475] vgl. AVENARIUS, H. (1995), S. 257
[1476] zit. JACH, F.-R. (1991), S. 78
[1477] vgl. a.a.O., S. 8 ff
[1478] vgl. BÄRMEIER, E. (1992)
[1479] vgl. JENKNER, S. (2000)
[1480] zit. VOGEL, J.P. (1993/A), S. 191
[1481] zit. BERG, H.CH. (1993/A) S. 17
[1482] zit. AVENARIUS, H. (1995), S. 274
[1483] zit. HUFEN, F. (1998), S. 73
[1484] zit. VOGEL, J.P. (1993/B), S. 191
[1485] vgl. HUSÉN, T. (1980) S. 123 ff
[1486] zit. BERG, H.CH. (1993/A), S. 12
[1487] vgl. MITTER, W. (1996), S. 125
[1488] vgl. VON HENTIG, H. (1985), Einbandtext
[1489] zit. WILENIUS, R. (1993), S. 83
[1490] zit. BERG, H.CH. (1993/C), S. 28 f
[1491] zit. STRUCK, P. (1995), S. 74 ff
[1492] zit. a.a.O., S. 70 ff und ders. (1992), S. 135 ff
[1493] CHUBB, J. /MOE, T., zit. nach: KIERSCH, J., in: dies. (1993), S. 11
[1494] vgl. a.a.O., S. 11 f
[1495] zit. und vgl. WEIß, M. (1993), S. 72 und Titel
[1496] zit. MITTER, W. (1996), S. 125
[1497] vgl. a.a.O., S. 127; vgl. auch: KELL, A. (1996)

1498 zit. a.a.O., S.129
1499 vgl. WILENIUS, R. (1993), S. 79-83; vgl. auch: BERG, H.CH. (1990/A)
1500 vgl. z.b. HERRMANNSTORFER, U. (1995); MAURER, M. (1994); BEHRENS, E. (1993); BLANKERTZ, S. (1989/A), S. 31; LITH, U. VAN (1985)
1501 zit. JACH, F.-R., in: MAURER, M. (1994), S. 6 f
1502 zit. a.a.O., S. 7
1503 vgl. MAURER, M. (1994)
1504 vgl. z. B. FUCHS, E./KRAMPEN, I. (1992/B), S. 14-17
1505 zit. JACH, F.-R. (1991), S. 80
1506 zit. nach: FUCHS, E. (1993), S. 161
1507 vgl. ebd.
1508 vgl. ebd.
1509 vgl. JACH, F.-R. (1993/A), S. 71; vgl. auch: JENKNER, S. (1998)
1510 zit. nach: REUTER, L. (2000) a: S. 5
1511 SACK, EDUARD, Zitat einer 1874 erschienenen Streitschrift gleichen Titels; nach: APEL, H.J. (1995), S. 70
1512 vgl. STERN, B. (1993), S. 37 ff
1513 zit. DENNISON, G. (1971), S. 5
1514 vgl. BLANKERTZ, S. (1989/A), S. 11
1515 zit. VOGEL, P. (1982), S. 137
1516 zit. RAMSEGER, J., Artikel "Schulkritik", in: ROMBACH, HEINRICH, (Hrsg.), Wörterbuch der Pädagogik in drei Bänden, Bd. 3, S. 5, Freiburg 1977 (Herder)
1517 zit. DIETRICH, I. (1978), S. 14
1518 zit. BEISENHERZ, H.G. (1982), S. 7
1519 zit. a.a.O., S. 43
1520 zit. ebd.
1521 zit. OELKERS, J. (1995), S. 9
1522 zit. ders. (1989), S. 11
1523 zit. ebd.
1524 zit. ebd.
1525 zit. ebd.
1526 zit. ebd.
1527 zit. ebd.
1528 zit. ders. (1995), S. 9
1529 HENTIG, H. VON (1976), zit. nach: ZUDEICK, P. (1982), S. 144
1530 zit. ZUDEICK, P. (1982), S. 13
1531 zit. ETTL, H. (1981), S. 14
1532 zit. BEHR, M., in: ders./JESKE, W. (1982), S. 38
1533 HENTIG, H. VON (1979), zit. nach: ZUDEICK, P. (1982), S. 144 f
1534 zit. ZUDEICK, P., a.a.O., S. 145

[1] zit. HUBER, B. (1990), Die harte Schule, S. 86
[2] MONTESSORI, M., in ihrem Vortrag zur Eröffnung der Hall of Liberty, London 1951; zit. nach: STEENBERG, U. (1993), S. 33
[3] vgl. BROCKHAUS ENZYKLOPÄDIE in 24 Bänden, Leipzig/Mannheim 1996[20], Band 1, S. 443
[4] vgl. ebd
[5] zit. WINKEL, R., aus dem Vorwort zu: BORCHERT, M./MAAS, M. (Hrsg.) (1998), S. 7
[6] zit. RÜCKRIEM, G.M. (1980), S. 49
[7] zit. LENHART, V. (1986), S. 391 f
[8] vgl. a.a.O., S. 392
[9] zit. WINKEL, R., Anderes auf andere Weise: Vorwort zu einem ungewöhnlichen Buch; in: BORCHERT, M./MAAS, M. (Hrsg.) (1998), S. 7 - 9
[10] zit. NEGT, O. (1999), S. 128
[11] zit. DICK, L. VAN (1986), S. 274
[12] zit. ebd.
[13] zit. ebd.
[14] vgl. GRUNDER, H.U., in: BADERTSCHER, H./GRUNDER, H.-U. (Hrsg.) (1995), S. 24
[15] zit. ebd.
[16] vgl. KEMPER, H. (1991)
[17] zit. a.a.O., S. 18
[18] vgl. KEESE-PHILIPPS, H. (1989), S. 14 ff
[19] vgl. ebd.
[20] vgl. a.a.O., S. 15
[21] zit. ebd.; vgl. auch: RAMSEGER, J. (1975)
[22] vgl. GOLDSCHMIDT, D./ROEDER, P.M. (1979)
[23] zit. KEESE-PHILIPPS, H. (1989), S. 16
[24] vgl. DICK, L. VAN (1986), S. 155 ff
[25] vgl. a.a.O.,; vgl. auch: KEESE-PHILIPPS, H. (1989), S. 17
[26] zit. a.a.O., S. 18
[27] vgl. ZUDEICK, P. (1982)
[28] zit. a.a.O., S. 12
[29] zit. a.a.O., S. 12 f
[30] vgl. BEHR, M. (1984)
[31] zit. a.a.O., S. 7
[32] zit. NEGT, O. (1999), Zum Begriff 'Alternativpädagogik', S. 127
[33] zit. SPIES, W., in: ders./WESTPHALEN, K. (1987), S. 118
[34] zit. ebd.
[35] zit. a.a.O., S. 118 f
[36] zit. a.a.O., S. 118
[37] zit. a.a.O., S. 119
[38] zit. KEMPER, H. (1991), S. 18
[39] zit. SPIES, W., in: ders./WESTPHALEN, K. (1987), S. 119
[40] vgl. a.a.O., S. 120
[41] vgl. a.a.O., S. 121
[42] zit. a.a.O., S. 123
[43] zit. ebd.
[44] vgl. ÖHLSCHLÄGER, H.-J. (1998), S. 38 ff
[45] vgl. ebd.
[46] zit. ebd.
[47] vgl. a.a.O., S. 39
[48] vgl. a.a.O., S. 39 f
[49] zit. a.a.O., S. 38

[50] zit. a.a.O., S. 40
[51] zit. a.a.O., S. 40 f
[52] zit. a.a.O., S. 42
[53] WEHNES, F.J., in: BEHR, M./JESKE, W. (1982), S. 10
[54] zit. WINKEL, R. (1980), S. 37
[55] zit. BEHR, M., in: ders./JESKE, W. (1982), S. 172
[56] vgl. ebd.
[57] vgl. LINDEMANN, D. (1984)
[58] zit. a.a.O., S. 20 ff
[59] zit. a.a.O., S. 27
[60] vgl. z.B. BEHR, M. (1984), S. 11 ff; ders. (1986), S. 243 ff
[61] zit. WINKEL, R. (1980), S. 36
[62] vgl. z.B. die Angaben in Kap.III.1.3
[63] zit. WINKEL, R. (1980), S. 37
[64] zit. BEHR, M. (1986), S. 246
[65] vgl. ebd.
[66] zit. ebd.
[67] zit. VOGEL, J.P. (1995/B), S. 522
[68] zit. KAYSER-GANTNER, G. (1999/C), S. 11
[69] vgl. ebd.
[70] zit. dies. (1999/B), S. 11
[71] vgl. ERBE, H.-W. (1969)
[72] zit. a.a.O., S. 194
[73] zit. ebd.
[74] zit. MAURER, M. (2000), S. 170 f
[75] zit. a.a.O., S. 171
[76] vgl. VOGEL, P., in: ARBEITSGEMEINSCHAFT FREIER SCHULEN (Hrsg.) (1972), S. 27
[77] zit. ebd.
[78] zit. a.a.O., S. 28
[79] zit. ebd.
[80] zit. ARBEITSGEMEINSCHAFT FREIER SCHULEN (Hrsg.) (1999), S. 9
[81] zit. ebd.
[82] vgl. ebd.
[83] zit. BEHR, M. (1988), S. 31
[84] zit. ebd.
[85] zit. ebd.
[86] zit. a.a.O., S. 31 f
[87] zit. a.a.O., S. 32
[88] zit. ebd.
[89] zit. WEHNES, F.-J. (1984), S. 148
[90] zit. PÖPPEL, G. (Hrsg.) (1977), S. 10
[91] vgl. STEIN, E. (1984)
[92] zit. ebd.
[93] zit. KEMPER, H. (1991), S. 10
[94] zit. a.a.O., S. 11
[95] zit. nach: Grundgesetz für die Bundesrepublik Deutschland und Verfassung des Landes Hessen; Verlag Dr. Max Gehlen; S. 161 f; Bad Homburg vor der Höhe / Berlin 1976
[96] zit. nach: VOGEL, J.P./KNUDSEN, H. (1987 ff), Kap. 23, S. 4
[97] vgl. a.a.O., Kap. 22, S. 2 und S. 5; Kap. 23, S. 4
[98] zit. a.a.O., Kap. 22, S. 5
[99] vgl. Art. 7 (4) GG
[100] zit. VOGEL, J.P. (1979), S. 206

[101] zit. a.a.O., S. 206 f
[102] vgl. z.B. HENTIG, H. VON (1985): Wie frei sind freie Schulen? Gutachten für ein Verwaltungsgericht.
[103] zit. nach a.a.O., S. 207 f
[104] zit. a.a.O., S. 209
[105] zit. nach: ebd.
[106] zit. BADER, HANS-JÜRGEN, in: FLENSBURGER HEFTE VERLAG (Hrsg.) (1994), S. 25
[107] zit. KULLAK-UBLICK, HENNING, in: FLENSBURGER HEFTE VERLAG (Hrsg.) (1994), S. 8
[108] vgl. VOGEL, J.P. (1979), S. 210
[109] zit. VOGEL, J.P. (1979), S. 209
[110] vgl. z.B. die Ausführungen über "Waldorfschulen in Not", in: FLENSBURGER HEFTE VERLAG (Hrsg.) (1994)
[111] vgl. VOGEL, J.P./KNUDSEN, H. (Hrsg.) (1987 ff), Kap. 22, S. 6
[112] zit. ebd.
[113] zit. ebd.
[114] vgl. JACH, F.-R. (1999), S. 271
[115] zit. VOGEL, J.P./KNUDSEN, H. (Hrsg.) (1987 ff), Kap. 24a, S. 1
[116] zit. JACH, F.-R. (1999), S. 272
[117] zit. ebd.
[118] zit. VOGEL, J.P./KNUDSEN, H. (Hrsg.) (1987 ff), Kap. 24a, S. 1
[119] vgl. HENTIG, H. VON (1985)
[120] zit. a.a.O., S. 67 f
[121] vgl. JEAND'HEUR, B. (1998)
[122] zit. a.a.O., S. 112
[123] zit. ebd.
[124] zit. nach: a.a.O., S. 113
[125] zit. ebd.
[126] vgl. BORCHERT, M. (1998/B), S. 89
[127] zit. nach: ebd.
[128] zit. a.a.O., S. 111
[129] vgl. BVerfGE 88, 40 (50); zit. nach: JEAND'HEUR, B. (1998), S. 111 f
[130] zit. BORCHERT, M. (1979)
[131] zit. VOGEL, J.P./KNUDSEN, H. (Hrsg.) (1987 ff), Kap. 22, S. 37
[132] vgl. ebd.
[133] vgl. ebd.
[134] zit. ebd.
[135] vgl. a.a.O., S. 38
[136] zit. a.a.O., S. 36
[137] zit. a.a.O., S. 10
[138] zit. VOGEL, J.P./KNUDSEN, H., a.a.O., Kap. 23, S. 8
[139] zit. ebd.
[140] vgl. z.B. a.a.O., Kap. 38, S. 1-8: Literaturliste
[141] zit. MÜLLER, F. (1982), S. 89
[142] zit. ebd.
[143] vgl. VOGEL, J.P. (1979), S. 214
[144] zit. VOGEL, J.P./KNUDSEN, H. (Hrsg.) (1987 ff), Kap. 23, S. 9
[145] vgl. JACH, F.-R. (1999), S. 258
[146] zit. ebd.
[147] zit. VOGEL, J.P./KNUDSEN, H. (Hrsg.) (1987 ff), Kap. 22, S. 1
[148] zit. ebd.
[149] vgl. ebd.
[150] zit. WELLMANN, S. (1996), S. 45

[151] vgl. VOGEL, J.P./KNUDSEN, H. (Hrsg.) (1987 ff), Kap. 22, S. 1
[152] zit. WELLMANN, S. (1996), S. 45 f
[153] zit. a.a.O., S. 46
[154] zit. a.a.O., S. 47
[155] zit. BEHR, M. in: ders./JESKE, W. (1982), S. 172
[156] zit. BADER, H.-J., in: FLENSBURGER HEFTE VERLAG (Hrsg.) (1994), S. 22
[157] vgl. z.B. JACH, F.-R. (1991); VOGEL, J.P./KNUDSEN, H. (Hrsg.) (1987 ff)
[158] zit. VOGEL, J.P./KNUDSEN, H. (Hrsg.) (1987 ff), Kap. 22, S. 3
[159] zit. ebd.
[160] zit. ebd.
[161] vgl. ebd.
[162] zit. ebd.
[163] zit. a.a.O., S. 3 f
[164] vgl. a.a.O., S. 8
[165] vgl. a.a.O., S. 8 f
[166] zit. VOGEL, J.P./KNUDSEN, H. (Hrsg.) (1987 ff), Kap. 23, S. 17 und S. 20
[167] zit. a.a.O., S. 17
[168] zit. ebd.
[169] zit. ebd.
[170] vgl. LEBER, S. (1990), S. 147.
[171] vgl. MÜLLER,, F. (Hrsg.) (1988)
[172] zit. nach: a.a.O., S. 54
[173] zit. a.a.O., S. 54 f
[174] zit. a.a.O., S. 55
[175] zit. a.a.O., S. 56
[176] zit. a.a.O., S. 57
[177] zit. ARBEITSGRUPPE BILDUNGSBERICHT AM MAX-PLANCK-INSTITUT FÜR BILDUNGSFORSCHUNG (Hrsg.) (1997), S. 125
[178] zit. JACH, F.-R. (1998), S. 77 f
[179] zit. a.a.O., S. 79
[180] zit. WELLMANN, S. (1996), S. 47 f
[181] vgl. HECKEL, HANS (1955): Deutsches Privatschulrecht; Berlin; S. 256 f
[182] zit. STEIN, E./ROELL, M. (1988), S. 111
[183] zit. ebd.
[184] zit. VOGEL, J.P. (2000/B), S. 98
[185] vgl. HARDORP, B./RAMIN, J., in: KULLAK-UBLICK, H. (Hrsg.) (2000), S. 92 f
[186] zit. KAYSER-GANTNER, G. (1999/C), S. 11
[187] vgl. ebd.
[188] zit. VOGEL, J.P. (2000/A), S. 52
[189] zit. a.a.O., S. 54
[190] zit. a.a.O., S. 54 f
[191] zit. STEIN, E./ROELL, M. (1988), S. 163
[192] zit. BROOS, S. (1997), S. 134
[193] vgl. a.a.O., S. 18
[194] zit. ebd.
[195] zit. ebd.
[196] zit. ebd.
[197] zit. a.a.O., S. 18 f
[198] zit. a.a.O., S. 19
[199] zit. HAUG, R. (1994), S. 42
[200] vgl. a.a.O.
[201] zit. HAUG, R. (1994), S. 47 f

[202] zit. STRUCK, P. (2000/B), S. 108
[203] vgl. BLANKERTZ, S. (1995), S. 417
[204] vgl. FOCUS, Nr. 5 / 1. Februar 1999, S. 62
[205] zit. BROOS, S. (Hrsg.) (1997), S. 131
[206] zit. ebd.
[207] zit. ARBEITSGRUPPE BILDUNGSBERICHT AM MAX-PLANCK-INSTITUT FÜR BILDUNGSFORSCHUNG (1997), S. 233
[208] zit. STRUCK, P. (2000/B), S. 108
[209] zit. FOCUS, Nr. 7 / 8.Februar 1997, S. 74
[210] zit. FOCUS, Nr. 5 / 1.Februar 1999, S. 62
[211] zit. FOCUS, Nr. 7 / 8.Februar 1997, S. 74
[212] Quellen: 1.) Statistisches Bundesamt; zit. nach: FOCUS, Nr. 5 / 1. Februar 1999, S. 62; 2.) Bundesministerium für Bildung und Forschung, Grund- und Strukturdaten, Bonn 1996; zit. nach: SCHEILKE, CH. TH./SCHREINER, M. (1999), S. 61
[213] vgl. auch: ebd.
[214] zit. ARBEITSGRUPPE BILDUNGSBERICHT AM MAX-PLANCK-INSTITUT FÜR BILDUNGSFORSCHUNG (1997), S. 231
[215] Quelle: Bundesministerium für Bildung und Forschung, Grund- und Strukturdaten, Bonn 1996; zit. nach: SCHEILKE, CH.TH./SCHREINER, M. (1999), S. 62
[216] zit. KRAUSS-HOFFMANN, P. (1999), S. 61
[217] zit. a.a.O., S. 61 f
[218] LUCAS, CHRISTIAN, in: Allgemeine LehrerZeitung, 2/98, 12. September, S. 10
[219] zit. ebd.
[220] zit. ebd.
[221] vgl. ebd.
[222] vgl. ebd.
[223] vgl. STRUCK, P. (1996), S. 157
[224] vgl. Kap.I.1
[225] Quelle: Bundesministerium für Bildung und Forschung, Grund- und Strukturdaten, Bonn 1996; zit.nach: SCHEILKE, CH.TH./SCHREINER, M. (1999), S. 61
[226] zit. KLEMM, K. /KRAUSS-HOFFMANN, P. (1999), S. 61
[227] zit. ebd.
[228] vgl. FAUST-SIEHL, G./GARLICHS, A./RAMSEGER, J./WARM, U. (Hrsg.) (1996), S. 178 f
[229] Quelle: Bundesministerium für Bildung und Forschung, Grund- und Strukturdaten, Bonn 1996; abgedruckt in: SCHEILKE, CH.TH./SCHREINER, M. (1999), S. 62
[230] Quellen: 1.) ARBEITSGEMEINSCHAFT FREIER SCHULEN (Hrsg.) (1999), S. 545 ff: Statistiken; 2.) DIKOW, J. (1994), S. 141 ff; 3.) SCHEILKE, CH.TH./SCHREINER, M. (Hrsg.) (1999); S. 62 f; 4.) KLEINAU-METZLER, D. (Hrsg.) (2000), S. 9 ff; 5.) BORCHERT, M./MAAS, M. (Hrsg.) (1998), S. 17 und S. 259 ff
[231] ARBEITSGEMEINSCHAFT FREIER SCHULEN (Hrsg.) (1999), S. 10
[232] zit. BROOS, S. (1997), S. 132
[233] ARBEITSGEMEINSCHAFT FREIER SCHULEN (Hrsg.) (1999), S. 9
[234] zit. BROCKHAUS ENZYKLOPÄDIE in 24 Bänden, Bd. 19, Stichwort "Schule", S. 551, Mannheim 1992[14]/F.A. Brockhaus
[235] zit. BECKER, H. (1980), S. 131
[236] zit. ZEHETMAIR, HANS, in: FOCUS-Artikel über Privatschulen, Nr. 7 / 8.Februar 1997, S. 75
[237] vgl. KEMPER, H. (1991), S. 19
[238] zit. BARON, R./BOHNE, J. (1999/A), S. 264
[239] ARBEITSGEMEINSCHAFT FREIER SCHULEN (Hrsg.) (1999), S 264
[240] vgl. ebd.
[241] vgl. BARON, R./BOHNE, J. (1999/A), S. 264 ff
[242] vgl. ebd.

[243] vgl. OCHEL, H. (1999), S. 274; vgl. auch:ARBEITSGEMEINSCHAFT FREIER SCHULEN (Hrsg.) (1999), S. 266
[244] vgl. ebd.; vgl. auch: KIERSCH, J. (1997), S. 9
[245] vgl. ebd.
[246] vgl. ebd.
[247] ARBEITSGEMEINSCHAFT FREIER SCHULEN (Hrsg.) (1999), S. 267
[248] zit. ebd.
[249] vgl. a.a.O., S. 268 und 278
[250] vgl. ebd.
[251] vgl. z.B. BEHR, M. (1986), S. 243 ff
[252] ARBEITSGEMEINSCHAFT FREIER SCHULEN (Hrsg.) (1999), S. 267
[253] vgl. a.a.O., S. 263
[254] vgl. ebd.
[255] vgl. a.a.O., S. 276
[256] vgl. ebd.
[257] zit. FAUST-SIEHL, G./GARLICHS, A./RAMSEGER, J./SCHWARZ, H. /WARM, U. (1996), S. 178
[258] zit. ebd.
[259] zit. KEMPER, H. (1991), S. 20
[260] vgl. FREIE PÄDAGOGISCHE VEREINIGUNG BERN (Hrsg.) (1976); vgl. auch: Artikel in Zschr. "STANDARD", XII/95, über die Volksschule Petrusgasse im 3. Wiener Bezirk
[261] vgl. z.B. ILGNER, R. (Hrsg.) (1994), Bd. 1, S.121 ff; vgl. auch: BARON, R./BOHNE, J./ HALLWIRTH, U./SCHREINER, M./SCHULZ, J. (1999/B), S. 411 ff
[262] vgl. z.B. FEIFEL, E. (1992/A); ders. (1992/B); SCHWEITZER, F. (1999)
[263] vgl. z.B. LAGHI, K.P. (1994); SCHREINER; M. (1999); NIPKOW, K.E. (1999); JUNG, B, (1999)
[264] zit. BEHR, M. (1986), S. 245
[265] vgl. z.B. BROOS, S. (1997), S. 132
[266] vgl. z.B. STEINER, R. (1919/D); ders. (1919/1920); ders. (1907); ders. (1979); LEBER, S. (1983); WEHR, G. (1983)
[267] zit. KIERSCH, J. (1997), S. 39
[268] zit. ebd.
[269] zit. und vgl. ebd.
[270] vgl. z.B. STEINER, R. (1969); HEYDEBRAND, C. VON (1996); LEBER, S. (1983); LINDENBERG, CH. (1981)
[271] vgl. z.B. MONTESSORI, M. (1985/A); dies. (1985/B); dies. (1981); OSWALD, P./SCHULZ-BENESCH, G. (1990); HELMIG, H. (1989); HOLTSTIEGE, H. (1987)
[272] vgl. z.B. KALLERT, H./SCHLEUNIG, E.-M./ILLERT, CH. (1984); STEIN, B. (1998); ESSER, B./WILDE, CH. (1989)
[273] vgl. z.B. ESSER, B. /WILDE, CH. (1989), S. 113 ff, BÖHM, W. (1986), S. 133 f
[274] zit. BECKER, G. (1999), S. 179
[275] zit. a.a.O., S. 180
[276] vgl. z.B. BEHR, M. (1986), S. 246 f; BORCHERT, M. (1998/A), S. 38 f
[277] vgl. z.B. MAAS, M. (1998), S. 15 ff; PAUKENS, H. (1979), S. 174 f
[278] Einführende Gesamtdarstellungen findet man z.B. bei der ARBEITSGEMEINSCHAFT FREIER SCHULEN (Hrsg.) (1999); RÖHRS, H. (Hrsg.) (1986); BEHR, M. (1988); RENDANT, M.-L. (1999); BROOS, S. (1997); BÖNSCH, M. (1994); HELLMICH, A./TEIGELER, P. (Hrsg.) 1992; darüber hinaus existiert eine Fülle von Literatur über die einzelnen Typen Freier Schulen
[279] zit. VOGEL, J.P. (2000/A), S. 57
[280] vgl. SPEISER, I. (1993)
[281] vgl. a.a.O., S. 139
[282] zit. a.a.O., S. 133

[283] zit. a.a.O., S. 7
[284] vgl. RUSSO, M., in: SPEISER, I. (Hrsg.) (1993), S. 11-52
[285] vgl. DR. FESSL und GFK-INSTITUT, in: SPEISER, I. (Hrsg.) (1993), S. 57-72
[286] vgl. SPEISER, I. (Hrsg.) (1993), S. 73-113
[287] vgl. SPEISER, I. (Hrsg.) (1993), S. 145-197
[288] zit. a.a.O., S. 9
[289] vgl. a.a.O., S. 9 f
[290] vgl. a.a.O., S. 9
[291] vgl. RUSSO, M., in: SPEISER, I. (Hrsg.) (1993), S. 11 ff
[292] zit. a.a.O., S.11
[293] zit. ebd.
[294] zit. a.a.O., S. 13 f
[295] vgl. auch: BACHMANN, P. (1994)
[296] vgl. RUSSO, M., in: SPEISER, I. (Hrsg.) (1993), S. 14
[297] vgl. a.a.O., S. 15
[298] EVERS, H. (1982), S. 36; zit. nach: ebd.
[299] vgl. RUSSO, M. in: SPEISER, I. (1993), S. 15
[300] zit. a.a.O., S. 17
[301] zit. ebd.
[302] zit. ebd.
[303] zit. nach: RUSSO, M., a.a.O., S. 18
[304] zit. a.a.O., S. 19
[305] vgl. a.a.O., S. 18
[306] zit. a.a.O., S. 19
[307] vgl. ebd.; vgl. auch: BOYER, L. u.a. (Hrsg.) (1990), S. 69-77
[308] vgl. a.a.O., S. 20 f; vgl. auch: BOBERSKI, H. (1985/A):
[309] zit. a.a.O., S. 20
[310] zit. a.a.O., S. 20 f
[311] zit. a.a.O., S. 21
[312] zit. SPEISER, I., a.a.O., S. 7
[313] zit. RUSSO, M., a.a.O., S. 21
[314] vgl. a.a.O., S. 21
[315] zit. ebd.
[316] vgl. Österreichische Schulstatistik 90/91, S. 216, 217
[317] vgl. SPEISER, I., a.a.O., S. 8
[318] zit. ebd.
[319] zit. ebd.
[320] vgl. RUSSO, M., a.a.O., S. 24
[321] vgl. ebd.
[322] zit. a.a.O., S. 44
[323] vgl. z.B. LINDENBERG, CH. (1981), S. 148; TURRINI, H. (1985), S. 32; BADEGRUBER, B. (1986), S. 114
[324] vgl. a.a.O., S. 33-35
[325] vgl. BERGGOLD, N. (1982)
[326] vgl. RUSSO, M., in: SPEISER, I. (Hrsg.) (1993), S. 25
[327] vgl. a.a.O., S. 26 und S. 28
[328] vgl. a.a.O., S. 27 f und: SPULLER, V. (1984), S. 21 ff
[329] vgl. a.a.O., S. 38
[330] vgl. LINDENBERG, CH. (1981), S. 148
[331] zit. RUSSO, M., a.a.O., S. 38 f
[332] vgl. RANDOLL, D. (1999)
[333] zit. a.a.O., S. 109

[334] zit. a.a.O., S. 109 f
[335] zit. a.a.O., S. 111
[336] RUSSO meint hiermit "Freie Alternativschulen" im engeren Sinne, die im Gefolge der 68er-Bewegung bzw. unter dem Vorzeichen der antiautoritären und emanzipatorischen Erziehungsbewegung entstanden sind; vgl. RUSSO, M., in: SPEISER, I. (Hrsg.) (1993), S. 42
[337] vgl. BADEGRUBER, B. (1986)
[338] vgl. RUSSO, M., in: SPEISER, I. (Hrsg.) (1993), S. 43
[339] TURRINI, H., (1985), S. 32; zit. nach: RUSSO, M., a.a.O., S. 39
[340] vgl. BOBERSKI, H. (1985/B)
[341] zit. RUSSO, M., a.a.O., S. 22 f
[342] zit. a.a.O., S. 45
[343] zit. a.a.O., S. 46
[344] zit. ebd.
[345] zit. SPEISER, I., a.a.O., S. 57; aus dem durch IRMFRIED SPEISER überarbeiteten Forschungsbericht von GABRIELE SKORUPA vom DR. FESSL und GFK-INSTITUT
[346] zit. a.a.O., S. 53
[347] zit. ebd.
[348] zit. ebd.
[349] zit. a.a.O., S. 54
[350] vgl. ebd.
[351] vgl. a.a.O., S. 55
[352] zit. a.a.O., S. 57
[353] zit. a.a.O., S. 56
[354] vgl. a.a.O., S. 57-72
[355] vgl. a.a.O., S. 56 ff
[356] vgl. a.a.O., S. 57-61
[357] zit. a.a.O., S. 72
[358] zit. ebd.
[359] zit. ebd.
[360] zit. ebd.
[361] vgl. a.a.O., S. 61 ff
[362] zit. a.a.O., S. 61
[363] zit. ebd.
[364] zit. ebd.
[365] zit. a.a.O., S. 61 f
[366] zit. a.a.O., S. 62
[367] zit. ebd.
[368] vgl. ebd.
[369] zit. ebd.
[370] zit. a.a.O., S. 63
[371] zit. ebd.
[372] zit. a.a.O., S. 63
[373] zit. a.a.O., S. 64
[374] zit. ebd.
[375] zit. ebd.
[376] zit. a.a.O., S. 65
[377] zit. ebd.
[378] zit. ebd.
[379] zit. ebd.
[380] zit. a.a.O., S. 66
[381] zit. ebd.
[382] zit. ebd.

383 zit. a.a.O., S. 67
384 zit. ebd.
385 zit. ebd.
386 zit. a.a.O., S. 67 f
387 zit. a.a.O., S. 68
388 zit. ebd.
389 zit. a.a.O., S. 67 f
390 zit. ebd.
391 zit. ebd.
392 zit. a.a.O., S. 68 f
393 zit. a.a.O., S. 69
394 zit. ebd.
395 zit. a.a.O., S. 69
396 zit. a.a.O., S. 68
397 zit. a.a.O., S. 69
398 zit. ebd.
399 zit. ebd.
400 zit. ebd.
401 zit. ebd.
402 vgl. a.a.O., S. 70 f
403 zit. ebd.
404 zit. ebd.
405 vgl. ebd.
406 zit. a.a.O., S.71
407 zit. ebd.
408 zit. ebd.
409 zit. ebd.
410 zit. ebd.
411 zit. ebd.
412 zit. ebd.
413 zit. STUMM, G., in: SPEISER, I., a.a.O., S. 73
414 zit. a.a.O., S. 55
415 zit. a.a.O., S. 55
416 zit. a.a.O., S. 74
417 vgl. a.a.O., S. 139-141
418 zit. a.a.O., S. 75
419 vgl. ebd.
420 zit. a.a.O., S. 74
421 vgl. ebd.
422 zit. a.a.O., S. 75 f
423 zit. a.a.O., S. 76
424 zit. ebd.
425 zit. a.a.O., S. 76
426 zit. a.a.O., S. 77
427 zit. ebd.
428 vgl. a.a.O., S. 77 f
429 zit. ebd., S. 78
430 zit. ebd., S. 79
431 zit. ebd., S. 80
432 zit. a.a.O., S. 80
433 zit. a.a.O., S. 81
434 zit. ebd.

435 zit. ebd.
436 zit. a.a.O., S. 82
437 zit. ebd.
438 zit. ebd.
439 zit. ebd.
440 zit. a.a.O., S. 83
441 zit. ebd.
442 zit. ebd.
443 zit. a.a.O., S. 83 f
444 zit. a.a.O., S. 84
445 zit. a.a.O., S. 86
446 zit. a.a.O., S. 84
447 zit. ebd.
448 zit. ebd.
449 zit. ebd.
450 zit. ebd.
451 zit. ebd.
452 zit. ebd.
453 zit. ebd.
454 vgl. ebd.
455 zit. ebd.
456 zit. a.a.O., S. 85
457 zit. ebd.
458 zit. ebd.
459 zit. ebd.
460 zit. ebd.
461 zit. ebd.
462 zit. ebd.
463 zit. ebd.
464 vgl. a.a.O., S. 86
465 vgl. a.a.O., S. 85
466 vgl. a.a.O., S. 84
467 vgl. ebd.
468 vgl. ebd.
469 zit. ebd.
470 zit. a.a.O., S. 86
471 zit. ebd.
472 zit. a.a.O., S. 87
473 zit. a.a.O., S. 88
474 zit. a.a.O., S. 89
475 zit. a.a.O., S. 88
476 zit. a.a.O., S. 89
477 zit. a.a.O., S. 90
478 zit. ebd.
479 zit. a.a.O., S. 91
480 zit. ebd.
481 zit. a.a.O., S. 93
482 zit. ebd.
483 zit. ebd.
484 zit. ebd.
485 zit. a.a.O., S. 94
486 zit. ebd.

[487] zit. ebd.
[488] zit. ebd.
[489] zit. a.a.O., S. 94 f
[490] zit. a.a.O., S. 95
[491] zit. ebd.
[492] zit. ebd.
[493] zit. ebd.
[494] zit. a.a.O., S. 96
[495] zit. ebd.
[496] zit. ebd.
[497] zit. ebd.
[498] zit. ebd.
[499] zit. ebd.
[500] zit. a.a.O., S. 97
[501] vgl. ebd.
[502] zit. ebd.
[503] zit. ebd.
[504] zit. a.a.O., S. 98
[505] zit. ebd.
[506] vgl. ebd.
[507] zit. a.a.O., S. 101
[508] zit. ebd.
[509] zit. ebd.
[510] zit. a.a.O., S. 99
[511] zit. ebd.
[512] zit. a.a.O., S. 99 f
[513] zit. a.a.O., S. 100
[514] zit. a.a.O., S. 111
[515] zit. a.a.O., S. 102
[516] zit. a.a.O., S.103
[517] zit. ebd.
[518] zit. ebd.
[519] vgl. a.a.O., S. 104
[520] zit. ebd.
[521] zit. a.a.O., S. 113
[522] vgl. a.a.O., S. 104
[523] zit. a.a.O., S. 105
[524] zit. ebd.
[525] zit. ebd.
[526] zit. ebd.
[527] zit. a.a.O., S. 106
[528] zit. ebd.
[529] zit. ebd.
[530] zit. a.a.O., S. 107
[531] zit. ebd.
[532] zit. a.a.O., S. 105
[533] zit. a.a.O., S. 105 f
[534] vgl. a.a.O., S. 107 f
[535] zit. a.a.O., S. 108
[536] zit. a.a.O., S. 107
[537] zit. ebd.
[538] zit. a.a.O., S. 108

539 zit. a.a.O., S. 109
540 vgl. ebd.
541 vgl. a.a.O., S. 110
542 vgl. ebd.
543 vgl. a.a.O., S. 111
544 zit. ebd.
545 zit. a.a.O., S. 112
546 zit. ebd.
547 zit. a.a.O., S. 111
548 zit. a.a.O., S. 112
549 zit. SPEISER, I., a.a.O., S. 115
550 zit. ebd.
551 zit. ebd.
552 vgl. a.a.O., S. 115 und S. 139
553 vgl. a.a.O., S. 169 f
554 vgl. a.a.O., S. 145-197
555 zit. SPEISER, I., a.a.O., S. 116
556 zit. ebd.
557 zit. ebd.
558 zit. ebd.
559 vgl. a.a.O., S. 191
560 zit. a.a.O., S. 116
561 zit. ebd.
562 vgl. a.a.O., S. 115 ff
563 Das in der Studie verwendete Punktgruppenverfahren zur Bestimmung der sozialen Schicht berücksichtigt das Haushaltsnettoeinkommen, das Berufsmilieu und die Schulbildung der befragten Person. Näheres: siehe a.a.O., S. 195
564 zit. a.a.O., S. 117
565 zit. a.a.O., Einbandtext
566 zit. a.a.O., S. 126
567 zit. a.a.O., S. 117
568 zit. a.a.O., S. 126
569 zit. ebd.
570 vgl. a.a.O., S. 117
571 zit. ebd.
572 vgl. a.a.O., S. 150-153
573 vgl. ebd.
574 vgl. ebd.
575 vgl. ebd.
576 vgl. a.a.O., S. 118
577 zit. a.a.O., S. 118 f
578 zit. ebd.
579 zit. a.a.O., S. 119
580 zit. ebd.
581 vgl. a.a.O., S. 117
582 vgl. ebd.
583 vgl. a.a.O., S. 118
584 vgl. ebd.
585 vgl. ebd.
586 zit. a.a.O., S. 120
587 vgl. das Problem der "Rückfluter" von höheren Schulen, in : STUMM, G., a.a.O., S. 94
588 vgl. ders., a.a.O., S. 78 f

[589] zit. a.a.O., S. 121
[590] zit. ebd.
[591] vgl. ebd.
[592] vgl. ebd.
[593] zit. ebd.
[594] vgl. ebd.
[595] zit. ebd.
[596] zit. ebd.
[597] zit. a.a.O., S. 122
[598] zit. a.a.O., S. 124
[599] vgl. a.a.O., S. 123
[600] vgl. ebd.
[601] vgl. ebd.
[602] vgl. ebd.
[603] vgl. a.a.O., S. 122
[604] vgl. ebd.
[605] zit. a.a.O., S. 124
[606] zit. ebd.
[607] zit. ebd.
[608] vgl. a.a.O., S. 126
[609] vgl. STUMM, G., a.a.O., S. 94 f
[610] vgl. a.a.O., S. 127
[611] vgl. a.a.O., S. 185
[612] vgl. ebd.
[613] zit. a.a.O., S. 127
[614] zit. ebd.
[615] zit. ebd.
[616] vgl. a.a.O., S. 128
[617] zit. ebd.
[618] zit. a.a.O., S. 128 f
[619] vgl. a.a.O., S. 129; zu dem zugrundegelegten Modell der fünf Sozialschichten, die durch ein Punktgruppenverfahren aus den Faktoren "Nettoeinkommen", "Schulbildung" und "Berufsmilieu" ermittelt wurden: siehe SPEISER, I., a.a.O., S. 195
[620] zit. ebd.; die genannten Schilling-Beträge entsprechen etwa 3.500 DM bzw. 3.000 DM
[621] zit. ebd.
[622] zit. ebd.
[623] zit. ebd.
[624] zit. ebd.
[625] zit. ebd.
[626] vgl. a.a.O., S. 130
[627] vgl. a.a.O., S. 131
[628] zit. ebd.
[629] zit. a.a.O., S. 132 f
[630] zit. a.a.O., S. 130 f
[631] zit. a.a.O., S. 133
[632] zit. a.a.O., S. 134
[633] zit. ebd.
[634] zit. ebd.
[635] zit. a.a.O., S. 135
[636] zit. ebd.
[637] zit. ebd.
[638] zit. a.a.O., S. 136

639 zit. ebd.
640 zit. ebd.
641 zit. ebd.
642 zit. ebd.
643 zit. ebd.
644 vgl. REICHWEIN, R. (1965)
645 vgl. a.a.O., S. 408
646 zit. REICHWEIN, R., a.a.O., S. 407
647 zit. ebd.
648 zit. ebd.
649 vgl. a.a.O., S. 408
650 zit. a.a.O., S. 407
651 siehe auch: SCHEIBE, W. (1984), S. 111 ff
652 Quelle: ARBEITSGEMEINSCHAFT FREIER SCHULEN (Hrsg.) (1999), S. 551
653 zit. REICHWEIN, R. (1965), S. 415
654 vgl. ARBEITSGEMEINSCHAFT FREIER SCHULEN (Hrsg.) (1999), S. 187
655 vgl. a.a.O., S. 179 f; vgl. auch Kap.III.1.1)
656 zit. REICHWEIN, R. (1965), S. 407
657 vgl. a.a.O., S. 414
658 vgl. a.a.O., S. 408
659 vgl. a.a.O., S. 408
660 zit. a.a.O., S. 409
661 zit. a.a.O.
662 zit. a.a.O., S. 408 f
663 zit. a.a.O., S. 411
664 zit. a.a.O., S. 410
665 zit. ebd.
666 vgl. a.a.O., S. 412, Tabelle 3
667 zit. a.a.O., S. 411
668 zit. ebd.
669 zit. a.a.O.
670 vgl. a.a.O., S. 411 und S. 421
671 zit. a.a.O., S. 412
672 zit. a.a.O., S. 413
673 zit. ebd.
674 zit. ebd.
675 zit. a.a.O., S. 414
676 zit. ebd.
677 zit. ebd.
678 zit. ebd.
679 zit. ebd.
680 vgl. ebd.
681 zit. ebd.
682 zit. a.a.O., S. 415
683 zit. ebd.
684 zit. und vgl. a.a.O., S. 423
685 zit. a.a.O., S. 416
686 vgl. a.a.O., S. 420
687 zit. a.a.O., S. 424
688 zit. a.a.O., S. 424 f
689 zit. a.a.O., S. 420
690 zit. ebd.

[691] zit. ebd.
[692] zit. a.a.O., S. 425
[693] zit. ebd.
[694] zit. nach: REICHWEIN, R. a.a.O., S. 407
[695] vgl. BERGGOLD, N. (1982), S. 116 ff
[696] vgl. a.a.O.
[697] zit. a.a.O., S. 116
[698] zit. a.a.O., S. 117
[699] vgl. ebd.
[700] vgl. ebd.
[701] vgl. a.a.O., S. 120
[702] vgl. a.a.O., S. 117
[703] zit. a.a.O., S. 118
[704] zit. ebd.
[705] vgl. ebd.
[706] vgl. ebd.
[707] vgl. a.a.O., S. 119
[708] zit. ebd.
[709] vgl. a.a.O., S. 120
[710] vgl. ebd.
[711] vgl. a.a.O., S. 122
[712] zit. ebd.
[713] vgl. a.a.O., S. 120 f
[714] zit. a.a.O., S. 121
[715] vgl. ebd.
[716] vgl. a.a.O., S. 120
[717] vgl. ebd.
[718] vgl. ebd.
[719] vgl. a.a.O., S. 122
[720] vgl. ebd.
[721] vgl. a.a.O., S. 121
[722] zit. ebd.
[723] vgl. KEESE-PHILIPPS, H. (1989)
[724] PREUSS-LAUSITZ, U., in: KEESE-PHILIPPS, H. (1989), S. 10
[725] vgl. a.a.O., S. 9 und S. 59
[726] vgl. a.a.O., S. 66
[727] vgl. ebd.
[728] zit. a.a.O., S. 36
[729] vgl. a.a.O., S. 35
[730] zit. a.a.O., S. 38
[731] zit. ebd.
[732] zit. a.a.O., S. 39
[733] zit. ebd.
[734] zit. a.a.O., S. 36
[735] zit. a.a.O., S. 37
[736] zit. ebd.
[737] zit. a.a.O., S. 39 f
[738] zit. a.a.O., S. 40
[739] vgl. a.a.O., S. 34 ff; vgl. auch den jahrelangen spektakulären Rechtsstreit um die Anerkennung der Freien Schule Frankfurt, den HARTMUT VON HENTIG in seinem "Gutachten für ein Verwaltungsgericht" 1985 ausführlich dokumentiert hat: HENTIG, H. VON (1985): Wie frei sind Freie Schulen?
[740] zit. a.a.O., S. 36

741 zit. a.a.O., S. 64 f
742 vgl. a.a.O., S. 64
743 zit. a.a.O., S. 66
744 zit. ebd.
745 vgl. a.a.O., S. 59 ff und S. 7 f
746 zit. a.a.O., S. 61
747 zit. a.a.O., S. 62 f
748 zit. a.a.O., S. 63
749 zit. a.a.O., S. 59
750 zit. ebd.
751 zit. ebd.
752 zit. a.a.O., S. 60
753 zit. ebd.
754 zit. a.a.O., S. 61
755 zit. ebd.
756 vgl. a.a.O., S. 70 ff
757 zit. a.a.O., S. 70
758 zit. ebd.
759 zit. ebd.
760 zit. a.a.O., S. 70 f
761 zit. a.a.O., S. 71
762 zit. ebd.
763 zit. ebd.
764 zit. a.a.O., S. 72 f
765 zit. a.a.O., S. 73
766 zit. a.a.O., S. 71
767 zit. a.a.O., S. 73
768 zit. ebd.
769 vgl. a.a.O., S. 73 f
770 vgl. a.a.O., S. 74
771 zit. ebd.
772 zit. ebd.
773 zit. ebd.
774 zit. ebd.
775 zit. a.a.O., S. 74 f
776 zit. a.a.O., S. 75
777 zit. ebd.
778 zit. ebd.
779 zit. ebd.
780 zit. a.a.O., S. 75 f
781 zit. a.a.O., S. 76
782 zit. ebd.
783 vgl. ebd.
784 zit. ebd.
785 zit. ebd.
786 zit. a.a.O., S. 76 f
787 zit. a.a.O., S. 77
788 zit. ebd.; vgl. auch: FEND, H. (1980)
789 vgl. a.a.O., S. 78
790 zit. ebd.
791 zit. ebd.
792 vgl. ebd.

793 zit. a.a.O., S. 79
794 zit. a.a.O., S. 78 f
795 zit. a.a.O., S. 79
796 zit. ebd.
797 zit. a.a.O., S. 79 f
798 vgl. a.a.O., S. 80
799 zit. ebd.
800 vgl. a.a.O., S. 81 ff
801 zit. a.a.O., S. 81
802 zit. ebd.
803 zit. ebd.
804 zit. ebd.
805 vgl. a.a.O., S. 82
806 vgl. SEIFERT, M. (1977), S. 18; zit. nach: KEESE-PHILIPPS, H., a.a.O., S. 82
807 zit. ebd.
808 zit. a.a.O., S. 82 ff
809 zit. a.a.O., S. 83
810 zit. ebd.
811 zit. ebd.
812 zit. ebd.
813 zit. a.a.O., S. 83 f
814 zit. a.a.O., S. 84
815 zit. ebd.
816 zit. ebd.
817 zit. ebd.
818 zit. a.a.O., S. 84 f
819 zit. a.a.O., S. 85
820 zit. ebd.
821 zit. a.a.O., S. 85 f
822 zit. a.a.O., S. 86
823 vgl. ebd.
824 zit. a.a.O., S. 87
825 zit. a.a.O., S. 88
826 zit. a.a.O., S. 87
827 zit. a.a.O., S. 89
828 zit. ebd.
829 zit. ebd.
830 vgl. a.a.O., S. 90
831 zit. ebd.
832 zit. a.a.O., S. 91
833 vgl. a.a.O., S. 41 ff
834 zit. a.a.O., S. 92
835 zit. ebd.
836 zit. ebd.
837 zit. ebd.
838 zit. ebd.
839 zit. a.a.O., S. 93
840 zit. a.a.O., S. 93 f
841 zit. ebd.
842 zit. ebd.
843 zit. a.a.O., S. 94 f
844 zit. a.a.O., S. 95

[845] vgl. a.a.O., S. 96
[846] zit. ebd.
[847] zit. ebd.
[848] zit. a.a.O., S. 98
[849] zit. a.a.O., S. 96
[850] zit. ebd.
[851] vgl. ebd.
[852] zit. a.a.O., S. 96
[853] zit. a.a.O., S. 97
[854] zit. ebd.
[855] zit. ebd.
[856] zit. a.a.O., S. 102
[857] zit. a.a.O., S. 99
[858] zit. a.a.O., S. 101
[859] vgl. ebd.
[860] zit. a.a.O., S. 104
[861] vgl. a.a.O., S. 100
[862] zit. a.a.O., S. 107
[863] zit. a.a.O., S. 106
[864] zit. ebd.
[865] zit. ebd.
[866] zit. a.a.O., S. 107
[867] zit. ebd.
[868] zit. a.a.O., S. 107 f
[869] zit. a.a.O., S. 108
[870] vgl. HENTIG, H. VON (1985), S. 80 ff
[871] zit. KEESE-PHILIPPS (1989), a.a.O., S. 114
[872] zit. a.a.O., S. 101
[873] zit. a.a.O., S. 104
[874] zit. a.a.O., S. 102
[875] vgl. a.a.O., S. 103
[876] zit. ebd.
[877] vgl. a.a.O., S. 108
[878] zit. ebd.
[879] zit. a.a.O., S. 109
[880] zit. ebd.
[881] zit. a.a.O., S. 103
[882] zit. a.a.O., S. 103 f
[883] vgl. a.a.O., S. 102
[884] zit. a.a.O., S. 111
[885] zit. a.a.O., S. 109
[886] zit. a.a.O., S. 110
[887] zit. ebd.
[888] zit. ebd.
[889] zit. ebd.
[890] zit. a.a.O., S. 113
[891] vgl. ebd.
[892] zit. a.a.O., S. 113 f
[893] zit. ebd.
[894] zit. a.a.O., S. 114 f
[895] zit. a.a.O., S. 115
[896] zit. a.a.O., S. 116

[897] zit. a.a.O., S. 115
[898] zit. a.a.O., S. 11
[899] vgl. ebd.
[900] zit. ebd.
[901] zit. ebd.
[902] zit. a.a.O., S. 112 f
[903] zit. a.a.O., S. 117
[904] zit. a.a.O., S. 118
[905] zit. ebd.
[906] zit. ebd.
[907] zit. a.a.O., S. 118 f
[908] vgl. a.a.O., S. 119
[909] zit. ebd.
[910] zit. ebd.
[911] zit. ebd.
[912] zit. ebd.
[913] vgl. ebd.
[914] zit. ebd.
[915] zit. a.a.O., S. 120
[916] zit. a.a.O., S. 121
[917] zit. ebd.
[918] zit. ebd.
[919] vgl. a.a.O., S. 175
[920] zit. a.a.O., S. 176
[921] zit. ebd.
[922] zit. ebd.
[923] zit. ebd.
[924] zit. ebd.
[925] zit. ebd.
[926] zit. a.a.O., S. 177
[927] zit. ebd.
[928] zit. ebd.
[929] vgl. ebd.
[930] zit. ebd.
[931] zit. a.a.O., S. 178
[932] zit. ebd.
[933] zit. a.a.O., S. 179
[934] zit. ebd.
[935] zit. a.a.O., S. 180
[936] zit. a.a.O., S. 181
[937] zit. ebd.
[938] zit. a.a.O., S. 180
[939] zit. a.a.O., S. 67
[940] zit. ebd.
[941] zit. a.a.O., S. 10 f
[942] vgl. ARBEITSKREIS KATHOLISCHER SCHULEN IN FREIER TRÄGERSCHAFT IN DER BRD (Hrsg.) (1990), S. 141-322.
[943] vgl. a.a.O., S. 145
[944] vgl. a.a.O., S. 191-194
[945] vgl. ebd.
[946] zit. ebd.
[947] vgl. a.a.O., S. 146

[948] vgl. a.a.O., S. 146 f
[949] vgl. ebd.
[950] vgl. a.a.O., S. 147
[951] vgl. a.a.O., S. 147
[952] vgl. a.a.O., S. 148
[953] vgl. a.a.O., S. 146
[954] vgl. a.a.O., S. 149
[955] vgl. a.a.O., S. 188-191
[956] vgl. a.a.O., S. 191-195
[957] zit. a.a.O., S. 189
[958] vgl. ebd.
[959] zit. ebd.
[960] vgl. a.a.O., S. 194
[961] zit. a.a.O., S. 191
[962] zit. a.a.O., S. 192
[963] vgl. a.a.O., S. 190 f
[964] vgl. a.a.O., S. 191
[965] zit. ebd.
[966] zit. ebd.
[967] zit. ebd.
[968] zit. a.a.O., S. 192
[969] zit. a.a.O., S. 191
[970] zit. ebd.
[971] zit. a.a.O., S. 192
[972] zit. a.a.O., S. 192 f
[973] vgl. ebd., S. 193
[974] zit. a.a.O., S. 192
[975] zit. ebd.
[976] zit. a.a.O., S. 193
[977] zit. ebd.
[978] zit. a.a.O., S. 252
[979] zit. a.a.O., S. 194
[980] zit. a.a.O., S. 194
[981] vgl. a.a.O., S. 260
[982] zit. ebd.
[983] zit. ebd.
[984] zit. a.a.O., S. 195
[985] vgl. DIKOW, J. (1992), S. 270-287
[986] zit. a.a.O., S. 270
[987] zit. ebd.
[988] zit. ebd.
[989] zit. ebd.
[990] zit. ebd.
[991] vgl. a.a.O., S. 286
[992] zit. a.a.O., S. 270 f
[993] zit. a.a.O., S. 271
[994] vgl. ebd.
[995] zit. a.a.O., S. 270
[996] zit. ebd.
[997] vgl. a.a.O., Anhang I, S. 284-286.
[998] vgl. a.a.O., S. 287
[999] zit. a.a.O., S. 271

[1000] zit. ebd.
[1001] vgl. a.a.O., S. 272
[1002] zit. a.a.O., S. 271 f
[1003] vgl. ebd.
[1004] zit. a.a.O., ebd.; vgl. auch WITTENBRUCH, W./WERRES, W. (1992).
[1005] zit. ebd.
[1006] zit. ebd.
[1007] zit. ebd.
[1008] zit. ebd.
[1009] zit. a.a.O., S. 272 f
[1010] vgl. a.a.O., S. 273
[1011] zit. ebd.
[1012] vgl. ebd.
[1013] zit. a.a.O., S. 274
[1014] zit. a.a.O., S. 275
[1015] zit. ebd.
[1016] zit. ebd.
[1017] zit. a.a.O., S.276
[1018] vgl. ebd.
[1019] vgl. ebd.
[1020] zit. ebd.
[1021] zit. a.a.O., S. 276 f
[1022] zit. a.a.O., S. 277
[1023] vgl. ebd.
[1024] zit. ebd.
[1025] zit. ebd.
[1026] zit. ebd.
[1027] zit. ebd.
[1028] vgl. ebd.
[1029] zit. ebd.
[1030] zit. a.a.O., S. 278
[1031] zit. ebd.
[1032] zit. ebd.
[1033] zit. ebd.
[1034] vgl. ebd.
[1035] zit. a.a.O., S. 279
[1036] vgl. ebd.
[1037] zit. ebd.
[1038] vgl. ebd.
[1039] zit. a.a.O., S. 279 f
[1040] zit. a.a.O., S. 280
[1041] zit. ebd.
[1042] zit. ebd.
[1043] vgl. a.a.O., S. 282
[1044] zit. a.a.O., ebd.
[1045] zit. a.a.O., S. 283
[1046] zit. ebd.
[1047] zit. ebd.
[1048] zit. a.a.O., S. 282
[1049] vgl. a.a.O., S. 283
[1050] vgl. ebd.
[1051] zit. ebd.

[1052] zit. ebd.
[1053] vgl. BUNDESVERBAND DEUTSCHER PRIVATSCHULEN (1996), S. 3 f
[1054] vgl. a.a.O., S. 3
[1055] zit. ebd.
[1056] vgl. ebd.
[1057] zit. ebd.
[1058] vgl. ebd.
[1059] zit. ebd.
[1060] vgl. ebd.
[1061] vgl. ebd.
[1062] zit. ebd.
[1063] zit. ebd.
[1064] zit. ebd.
[1065] zit. a.a.O., S. 4
[1066] zit. ebd.
[1067] vgl. KLEMM, K./KRAUSS-HOFFMANN, P. (1999)
[1068] zit. a.a.O., S. 60
[1069] zit. ebd.
[1070] zit. ebd.
[1071] zit. a.a.O., S. 63
[1072] zit. a.a.O., S. 71
[1073] vgl. RABE, CH./KERN, W. (1999)
[1074] vgl. a.a.O., S. 63
[1075] zit. ebd.
[1076] vgl. ebd.
[1077] zit. ebd.
[1078] vgl. a.a.O., S. 64
[1079] zit. ebd.
[1080] vgl. ebd.
[1081] zit. a.a.O., S. 65
[1082] vgl. ebd..
[1083] vgl. ebd.
[1084] zit. a.a.O., S. 66
[1085] vgl. ebd.
[1086] zit. a.a.O., S. 67
[1087] zit. ebd.
[1088] zit. a.a.O., S. 68
[1089] zit. ebd.
[1090] zit. ebd.
[1091] zit. ebd.
[1092] zit. a.a.O., S. 69
[1093] vgl. ebd.
[1094] zit. ebd.
[1095] zit. a.a.O., S. 70
[1096] zit. ebd.
[1097] zit. ebd.
[1098] zit. a.a.O., S. 71
[1099] vgl. ebd.
[1100] zit. ebd.
[1101] zit. ebd.
[1102] aus: a.a.O., S.72
[1103] zit. ebd.

[1104] zit. ebd.
[1105] zit. und vgl. ebd.
[1106] zit. ebd.
[1107] zit. ebd.
[1108] zit. a.a.O., S. 73
[1109] vgl. ebd.
[1110] zit. ebd.
[1111] aus: ebd.
[1112] zit. ebd.
[1113] zit. ebd.
[1114] zit. ebd.
[1115] zit. a.a.O., S. 74
[1116] zit. a.a.O., S. 74 f
[1117] zit. a.a.O., S. 75
[1118] zit. ebd.
[1119] zit. a.a.O., S. 78
[1120] zit. ebd.
[1121] zit. ebd.
[1122] zit. ebd.
[1123] zit. ebd.
[1124] zit. a.a.O., S. 78 f
[1125] zit. a.a.O., S. 79
[1126] vgl. STUMM, G. (1993), S. 74
[1127] vgl. ARBEITSKREIS KATHOLISCHER SCHULEN IN FREIER TRÄGERSCHAFT (Hrsg.) (1990), S. 191
[1128] vgl. REICHWEIN, R. (1965), S. 414
[1129] zit. STUMM, G., in: SPEISER, I. (1993), S. 74
[1130] vgl. SPEISER, I., a.a.O., S. 136
[1131] vgl. auch: RUSSO, M., in: SPEISER, I. (Hrsg.) (1993), S. 22; STUMM, G., a.a.O., S. 74 f und S. 90
[1132] vgl. RUTTER, M., u.a. (1979); AURIN, K. (1991), S. 77 ff; STEFFENS, U./BARGEL, T. (1993), S. 67 ff u.a.
[1133] vgl. auch STUMM, G., in: SPEISER, I. (Hrsg.) (1993), S. 91
[1134] vgl. STUMM, G., in: SPEISER, I. (1993), S. 85
[1135] vgl. v.a. die Studie von KEESE-PHILIPPS (1989)
[1136] vgl. z.B. BERGGOLD, N. (1982); ARBEITSKREIS KATHOLISCHER SCHULEN IN FREIER TRÄGERSCHAFT (Hrsg.) (1990); DIKOW, J. (1992)
[1137] vgl. SPEISER, I. (Hrsg.) (1993), S. 121
[1138] vgl. KEESE-PHILIPPS, H. (1989), S. 70 f
[1139] zit. a.a.O., S. 71
[1140] zit. ebd.
[1141] vgl. z.B. SPEISER, I. (1993), S. 68 und S. 71
[1142] vgl. BUNDESVERBAND DEUTSCHER PRIVATSCHULEN (Hrsg.) (1996), S. 3 f
[1143] vgl. ebd.
[1144] vgl. z.B. SPEISER, I. (1993), S. 136
[1145] vgl. SPEISER, I. (Hrsg.) (1993), S. 126
[1146] vgl. ebd.
[1147] vgl. ebd.
[1148] vgl. z.B. ARBEITSKREIS KATHOLISCHER SCHULEN IN FREIER TRÄGERSCHAFT (Hrsg.) (1990), S. 252; DIKOW, J. (1992), S. 271 f
[1149] vgl. SPEISER, I. (Hrsg.) (1993), S. 64
[1150] vgl. DIKOW, J. (1992), S. 272

1151 vgl. z.B. STUMM, G., in: SPEISER, I. (Hrsg.) (1993), S. 94 f
1152 vgl. STUMM, G., in: SPEISER, I. (Hrsg.) (1993), S. 73
1153 vgl. ebd.
1154 zit. ebd.
1155 vgl. SPEISER, I. (Hrsg.) (1993), S. 124
1156 zit. ebd.
1157 zit. a.a.O., S. 130
1158 vgl. a.a.O., S. 130 f
1159 zit. a.a.O., S. 127 und S. 136
1160 vgl. a.a.O., S. 136
1161 vgl. a.a.O., S. 127; vgl. auch: BÖNSCH, M. (1994)
1162 zit. RUSSO, M., in: SPEISER, I. (1993), S. 44
1163 vgl. z.B. MUMMENDEY, H.D. (1993), S. 30 f; KROMREY, H. (1994), S. 119; TRÄNKLE, U. (1983), S. 225 und S. 227
1164 vgl. MUMMENDEY, H.D. (1995), S. 30 f
1165 vgl. ROSENBERG, M.J. (1960); Cognitive, affective and behavioral components of attitudes. In: C.I. Hovland & M.J. Rosenberg (Eds.), Attitude organisation and change, S. 15-64. New Haven CT: Yale University Press.
1166 zit. MUMMENDEY, H.D. (1995), S. 30
1167 vgl. MUMMENDEY, H.D. (1995), S. 33
1168 vgl. ebd.; vgl. z.B. auch: SCHMID, H. (1992), S. 37 ff
1169 vgl. MAYRING, PH. (1993), S. 45 ff
1170 vgl. ATTESLANDER, P. (1993), S. 290 ff und S. 322 ff
1171 vgl. MAYRING, PH. (1993), S. 76 ff

[1] zit. HAMM-BRÜCHER, H., Staatsministerin a. D., Schirmherrin des E/F/F/E, in: AKTION MÜNDIGE SCHULE (Hrsg.) (1999), Volksbegehren "Schule in Freiheit", Info-Schrift 1/99, S. 7. Hadewitt: Selbstverlag.
[2] zit. HERZOG, R. (1997), "Zum Aufbruch in der Bildungspolitik", Rede auf dem Berliner Bildungsforum am 5. November '97, S. 36; in: GONSCHOREK, G./WÖLFING, W. (1998), S. 23-36.
[3] zit. WEHNES, F.J. (1982), S. 15
[4] zit. KLIPPERT, H. (2000), S. 16
[5] zit. NEGT, O. (1999), S. 115
[6] zit. ebd.
[7] zit. OELSCHLÄGER, H.-J., zit. nach: KEESE-PHILIPPS, H. (1989), S. 22
[8] zit. OELSCHLÄGER, H.-J. (1998), S. 41
[9] zit. RENDANT, M.-L. (1999), S. 8
[10] zit. RENDANT, M.-L. (1999), S. 7
[11] zit. DIETRICH, I. (1978), S. 64
[12] zit. HERNDON, J. (1972), Einbandtext
[13] vgl. DIETRICH, I. (1978), S. 64
[14] vgl. Kap. II. 2.3.5
[15] zit. KLEMM, K./ROLFF, H.-G./TILLMANN, K.-J. (1985), S. 144
[16] zit. a.a.O., S. 147
[17] zit. POSTMAN, N. (1995), S. 243; vgl. auch: VOß, R. (Hrsg.) (1997), S. 6
[18] zit. a.a.O., S. 241
[19] zit. LENHART, V. (1986), S. 399
[20] zit. DALIN, P. (1997), S. 206
[21] zit. ebd.
[22] zit. a.a.O., S. 208
[23] zit. a.a.O., S. 209
[24] zit. a.a.O., S.208
[25] vgl. z.B. STRUCK, P. (1996), S. 5; NEGT, O. (1999), S. 115 ff
[26] vgl. z.B. DEUTSCHE UNESCO-KOMMISSION (Hrsg.) (1997), S. 31 ff; WALTER, J. (1999), S. 157 ff
[27] vgl. die gleichnamige Broschüre von KURT SINGER, Hrsg.: AKTION HUMANE SCHULE, München (o.J.)
[28] vgl. den gleichlautenden Titel von SCHUSSER, G. (1999)
[29] zit. FOCUS, Nr. 15 / 9. April 2001, S. 62 und S. 64
[30] vgl. a.a.O., S. 65
[31] zit. nach: a.a.O., S. 64
[32] zit. ebd.
[33] vgl. z.B.: Grundgesetz für die Bundesrepublik Deutschland (1976), Bad Homburg vor der Höhe, Verlag Max Gehlen, S. 161; vgl. auch: Allgemeine Erklärung der Menschenrechte vom 10.12.1948, abgedruckt in: FERNANDEZ, A./JENKNER, S. (Hrsg.) (1995), S. 221
[34] Diese Aktion wurde von EGINHARD FUCHS u.a. im Rahmen des EUROPEAN FORUM FOR FREEDOM IN EDUCATION (E/F/F/E) ins Leben gerufen.
[35] vgl. z.B. STRUCK, P. (2000/A), S. 99 ff; S. 136 ff, S. 304 ff
[36] zit. HOLTAPPELS, H.G./RÖSNER, E. (1996), S. 45 f
[37] zit. BEHR, M./JESKE, W. (1982), S. 33
[38] zit. WILHELM, TH. (1982), S. 131
[39] zit. ROGERS, C.L. (1974), S. 8
[40] zit. STRUCK, P. (2000/C), S. 15
[41] vgl. BILDUNGSKOMMISSION NRW (Hrsg.) (1995)
[42] vgl. LAUDENBACH, M. (1999), S. 57 ff
[43] zit. HERZOG, R. (1997), S. 36

[44] zit. STRUCK, P. (2000/A), S. 304
[45] zit. HENSEL, H. (1995/B), S. 16
[46] zit. a.a.O., S. 26
[47] zit. a.a.O., S. 27
[48] vgl. HEITGER, M. (1984), S. 8 ff
[49] zit. a.a.O., S. 16
[50] zit. ebd.
[51] aus: NICOLIN, F. (1975), Die 'historische Dimension' der Pädagogik, S. 98; zit. nach: BEHR, M./ JESKE, W. (1982), S. 13
[52] zit. ebd.
[53] zit. nach: BEHR, M./JESKE, W. (1982), S. 29
[54] zit. LENZEN, K.-D. (1980), S. 170
[55] zit. HINTZ, D. (1984), S. 28 f
[56] LÖWISCH, D.-J., zit. nach: HINTZ, D., ebd.
[57] zit. DIEDERICH, J. (1997), S. 218
[58] zit. a.a.O., S. 219
[59] zit. ebd.
[60] zit. RUMPF, H., Artikel "Schulkritik", in: HORNEY, WALTER (Hrsg.), Pädagogisches Lexikon in zwei Bänden, Bd. 2, S. 909 f; Gütersloh 1970 / Bertelsmann
[61] zit. ebd.
[62] zit. PAULIG, P. (1994), S. 34
[63] zit. ebd.
[64] zit. ebd.
[65] zit. BEHR, M./JESKE, W. (1982), S. 37
[66] zit. BAUMERT, J. (1981), S. 499
[67] zit. RÖHRS, H. (1986), S. 52
[68] zit. ebd.
[69] zit. BECKER, E. (1987), S. 33
[70] zit. MÜLLER-ROLLI, S. (1987), S. 20
[71] zit. ebd.
[72] zit. VOß, R. (1997), S. 7
[73] zit. ebd.
[74] zit. NEGT, O., (1984), S. 142
[75] zit. ebd.
[76] zit. WINKEL, R. (1979), S. 254
[77] zit. ebd.
[78] zit. a.a.O., S. 254 f
[79] zit. SCHAVAN, A., in einem FOCUS-Interview mit dem Titel "Jetzt sind wir dran", Nr. 15 / 9. April 2001, S. 78 ff
[80] SCHAVAN, A. (1999), zit nach a: Vortragsmanuskript, S. 20
[81] zit. DIEDERICH, J. (1997), S. 24
[82] zit. DIETRICH, I. (1978), S. 64
[83] zit. PAULIG, P. (1990), S. 6
[84] zit. ebd.
[85] zit. HENSEL, H. (1995/A), S. 156
[86] zit. ebd.
[87] zit. LENZEN, D. (Hrsg.) (1998), Bd. 2, Stichwort "Reform", S. 1297
[88] zit. a.a.O., S. 1301
[89] zit. a.a.O., S. 1297 f
[90] zit. a.a.O., S. 1298
[91] zit. a.a.O., S. 1300
[92] zit. ebd.

[93] zit. ROLFF, H.-G. (1995/A), S. 10 f
[94] zit. OEDC (Hrsg.) (1991), S. 176
[95] vgl. FEND, H. (1996), S. 85
[96] vgl. a.a.O., S. 86
[97] zit. ebd.
[98] zit. ebd.
[99] zit. KLEMM, K. /ROLFF, H.-G. /TILLMANN, K.-J. (1985), S. 15
[100] zit. KEMPER, H. (1990), Teil I, S. 7
[101] vgl. z.B. RUTTER, M./ MAUGHAN, B./MORIMER, P./OUSTON, J. (1979); AURIN, K. (Hrsg.) (1991); STEFFENS, U./BARGEL, T. (1993); ROLFF, H.-G. (1995/A), S. 105 ff; ders. (1991)
[102] vgl. BASTIAN, J. (1998), S. 20
[103] zit. ROLFF, H.-G. (1995/A), S. 106
[104] zit. FEND, H. (1986), S. 275 ff
[105] zit. BUHREN, C. G./KILLUS, D./MÜLLER, S. (1999), S. 12
[106] zit. BASTIAN, J. (1998), S. 16 f
[107] zit. nach: a.a.O., S. 14; vgl. auch: VOLKHOLZ, S. (1990)
[108] zit. LAUDENBACH, M. (1999), S. 57
[109] zit. a.a.O., S. 19
[110] vgl. z.B. ROLFF, H.-G. (1995/A), S. 193 ff
[111] zit. MERKEL, I. (1997), S. 16
[112] zit. ebd.
[113] zit. ebd.
[114] vgl. BILDUNGSKOMMISSION NRW (Hrsg.) (1995), S. 9 ff
[115] zit. a.a.O., S. 173; vgl. BASTIAN, J. (1998), S. 18
[116] zit. BASTIAN, J. (1998), S. 22
[117] zit. SCHAVAN, A., Zur Schulentwicklung, in: GONSCHOREK, G./WÖLFING, W. (Hrsg.) (1998) S. 155
[118] vgl. DEUTSCHE UNESCO-KOMMISSION (Hrsg.) (1997), S. 133 und S. 139
[119] zit. ebd.
[120] zit. DELORS, J. (1997), S. 25
[121] zit. ebd.
[122] zit. DIEDERICH, J. (1997), S. 28
[123] zit. OELKERS , J. (1995), S. 26 und S. 42 ff
[124] zit. DALIN, P. (1997), S. 25
[125] vgl. ebd.
[126] zit. ebd.
[127] zit. ebd.
[128] zit. ebd.
[129] zit. ROLFF, H.-G. (1984), S. 66
[130] zit. ebd.
[131] zit. a.a.O., S. 67
[132] zit. STEFFENS, U./BARGEL, T. (1993), S. 61
[133] zit. PREUSS-LAUSITZ , U. (1993/A), S. 83
[134] zit. ebd.
[135] vgl. ROLFF, H.-G. (Hrsg.) (1998), S. 298 ff
[136] vgl. a.a.O., S. 304 f
[137] vgl. DALIN, P./ROLFF, H.-G./BUCHEN, H. (1996)
[138] vgl. KORINEK, W. (2000), S. 40 ff
[139] zit. DALIN, P./ROLFF, H.-G./BUCHEN, H. (1996), S. 8 f
[140] vgl. a.a.O., S. 40 ff
[141] vgl. BASTIAN, J. (Hrsg.) (1998); KLIPPERT, H. (2000); ROLFF, H.-G. (Hrsg.) (1998), S. 300
[142] zit. BASTIAN, J. (1997), S. 6

143 zit. ders. (1998), S. 27
144 zit. a.a.O., S. 28
145 zit. KLIPPERT, H. (2000), S. 9
146 vgl. SENGE, P.M. (1996)
147 vgl. WALTER, J. (1999), S. 148
148 zit. a.a.O., S. 209
149 vgl. RUEP, M. (1999), S. 48
150 zit. SENGE, P.M. (1997), S. 23
151 zit. RUEP, M. (1999), S. 49
152 vgl. WALLRABENSTEIN, W. (1999), S. 235
153 zit. BASTIAN, J. (1998), S. 11
154 vgl. MELZER, W./SANDFUCHS, U. (1996), S. 7 ff
155 zit. OECD (Hrsg.) (1991), S. 176
156 zit. ZUDEICK, P. (1982), S. 8 f
157 vgl. KLEMM, K. /ROLFF, H.-G. /TILLMANN, K.-J. (1985), S. 10 ff
158 zit. RUEP, M. (1999), S. 7
159 zit. MARITZEN, N. (1998), S. 611
160 zit. KLIPPERT, H. (2000), S. 9
161 vgl. LOWE, J. (1991), S. 47 ff
162 zit. SCHAVAN, A. (1998), S. 9
163 JACH, F.-R. (1999); zit. nach: Info-Blatt des Verlages Duncker & Humblot, Berlin 1999, S. 2
164 zit. HENSEL, H. (1995/B), S. 20
165 zit. STRUCK, P. (2000/C), S. 18
166 zit. STRUCK, P. (2000/C), S. 15
167 zit. ebd.
168 zit. BASTIAN, J. (1998), S. 10
169 zit. DIETRICH, I. (1978), S. 13
170 zit. BEHR, M./JESKE, W. (1982), S. 7
171 zit. ROLFF, H.-G. (1995/A), S. 9
172 zit. BEISENHERZ, H.G. (1982), S. 7
173 zit. ebd.
174 zit. a.a.O., S. 56
175 zit. a.a.O., S. 57
176 zit. a.a.O., S. 56
177 RUMPF, H., Artikel "Schulkritik", in: HORNEY, WALTER (Hrsg.), Pädagogisches Lexikon in zwei Bänden, Bd. 2, S. 910; Gütersloh 1970 / Bertelsmann
178 zit. RAMSEGER, J., Artikel "Schulkritik", in: ROMBACH, HEINRICH (Hrsg.), Wörterbuch der Pädagogik in drei Bänden, Band 3, S. 115; Freiburg 1977 / Herder
179 zit. VOß, R. (Hrsg.) (1997), S. 6
180 zit. KRANEMANN, N. (1984), S. 66
181 zit. HERZOG, R. (1997), S. 36
182 zit. KAYSER-GANTNER, G. (1999/A), S. 1
183 zit. ZINNECKER, J. (1972), S. 126
184 zit. ARBEITSGEMEINSCHAFT FREIER SCHULEN (Hrsg.) (1999), S. 9
185 zit. VOGEL, J.P. (1972), S. 31
186 zit. ARBEITSGEMEINSCHAFT FREIER SCHULEN (Hrsg.) (1999), S. 9
187 zit. ebd.
188 zit. VOGEL, J.P. (1989/A), S. 36
189 zit. ebd.
190 zit. ebd.
191 zit. a.a.O., S. 47
192 zit. a.a.O., S. 39; vgl. auch ders. (1989/B), S. 351

[193] zit. VOGEL, J.P. (2000/A), S. 56
[194] zit. ARBEITSGEMEINSCHAFT FREIER SCHULEN (Hrsg.) (1971), S. 23
[195] zit. KULLAK-UBLICK, H. (2000), S. 77
[196] zit. BEHR, M. (1988), S. 35
[197] zit. ebd.
[198] zit. ebd.
[199] zit. nach: ebd.
[200] zit., PEHNKE, A. (1994), S. 307
[201] zit. RICHTER, I. (1979), S. 63
[202] zit. ders. (1973), S. 81
[203] zit. ERBE, H.-W. (1966), S. 505
[204] zit. ebd.
[205] zit. RICHTER, I. (1979), S. 63
[206] zit. ROEDER, P. (1979), S. 11
[207] zit. KEMPER, H. (1990), Teil I, S. 85 und S. 95
[208] vgl. BAUMERT, J./RASCHERT, J. u.a. (1978)
[209] PRELL/SCHIEFELE, zit. nach: BEHR, M./JESKE, W. (1982), S. 125
[210] zit. RICHTER, I. (1979), S. 63; vgl. auch: ARBEITSGEMEINSCHAFT FREIER SCHULEN (Hrsg.) (1971), S. 24 ff
[211] zit. a.a.O., S. 29
[212] zit. RICHTER, I. (1979), S. 63
[213] zit. FRIEDEBURG, L. VON (1979), S. 39; vgl. auch: BECKER, H., Reform der Bürgerverwaltung, in: Neue Sammlung, 10. Jg./1970, Heft 6, S. 575
[214] zit. KEMPER, H. (1991), S. 23
[215] zit. WINKEL, R. (1980), S. 42
[216] zit. KEMPER, H. (1990), Teil II, S. 286
[217] zit. KUNSTMANN, W. (1979), S. 181
[218] zit. a.a.O., S. 189
[219] zit. a.a.O., S. 190
[220] zit. ebd.
[221] vgl. PÖPPEL, K.G. (Hrsg.) (1977)
[222] zit. a.a.O., S. 11
[223] zit. AUERNHEIMER, G. (1989), S. 73
[224] zit. LENZEN, D. (Hrsg.) (1998), Bd. 1, S. 39 f
[225] zit. FISCHER-KOWALSKI, M./PELIKAN, J./SCHANDL, H. (1995), S. 7
[226] zit. VOGEL, J.P. (1995/B), S. 522
[227] zit. a.a.O., S. 522 f
[228] zit. ZUDEICK, P. (1982), S.143 f
[229] zit. BEHR, M./JESKE, W. (1982), S. 29
[230] zit. ebd.
[231] zit. ROEDER, P.M., in: ders./GOLDSCHMIDT, D. (1979), S. 15
[232] zit. FISCHER-KOWALSKI, M., in: ders. /PELIKAN, J./SCHANDL, H. (1995), S. 7
[233] zit. KUNSTMANN, W. (1979), S. 198
[234] EMPFEHLUNGEN DES DEUTSCHEN BILDUNGSRATES, 1969; zit. nach: a.a.O., S. 199
[235] zit. KUNSTMANN, W., ebd.
[236] zit. NEGT, O. (1999), S. 119
[237] zit. URBAN, ELKE, in einem Interview zum Thema "Bildung", in: Bankspiegel, Hrsg.: Gemeinschaftsbank, 4/1998, Heft 168, S. 10
[238] zit. VOGEL, J.P., in: ders./KNUDSEN, H. (Hrsg.) (1987 ff), Kap. 21, S. 1
[239] zit. ebd.
[240] zit. ebd.
[241] zit. ebd.

242 zit. ebd.
243 zit. ebd.
244 zit. ebd.
245 zit. a.a.O., S. 2
246 zit. ebd.
247 zit. ebd.
248 § 1 PSchG BW und RP, zit. nach: ebd
249 zit. ebd.
250 zit. a.a.O., S. 2 f
251 zit. ebd.
252 zit. ebd.
253 zit. ARBEITSGEMEINSCHAFT FREIER SCHULEN (Hrsg.) (1971), S. 17
254 zit. a.a.O., S. 19 f
255 zit. FRIEDEBURG, L. VON (1979), S. 41
256 vgl. ERBE, W. (1966), S. 510 ff
257 vgl. ebd.
258 zit. a.a.O., S. 510
259 zit. ebd.
260 zit. ebd.
261 zit. ebd.
262 zit. a.a.O., S. 511
263 zit. ebd.
264 zit. ebd.
265 zit. ebd.
266 zit. a.a.O., S. 511 f
267 zit. a.a.O., S. 512
268 zit. ebd.
269 zit. PICHT, G., in: ARBEITSGEMEINSCHAFT FREIER SCHULEN (Hrsg.) (1971), Vorwort, S. 9.
270 zit. und vgl. ebd.
271 zit. ebd.
272 zit. BECKER, H. (1980), S. 131
273 zit. RÖHRS, H. (1986), S. 13
274 zit. ebd.
275 vgl. PEHNKE, A. (1994)
276 zit. FRIEDEBURG, L. VON (1979), S. 42
277 zit. a.a.O., S. 41
278 zit. REICHWEIN, R. (1965), S. 422
279 zit. a.a.O., S. 423
280 zit. KEMPER, H. (1991), S. 22
281 zit. a.a.O., S. 22 f
282 zit. KLEMM, K., in: ders. /ROLFF, H.-G. /TILLMANN, K.-J. (1985), S. 156
283 zit. ARBEITSGEMEINSCHAFT FREIER SCHULEN (Hrsg.) (1971), S. 34
284 zit. SPIES, W./WESTPHALEN, K. (1987), S. 118
285 zit. a.a.O., S. 125
286 zit. BECKER, H. (1980), S. 131
287 zit. SPIES, W./WESTPHALEN, K. (1987), S. 125
288 zit. VOGEL, J.P. (1995/B), S. 522
289 zit. REICHWEIN, R. (1965), S. 420
290 zit. SPIES, W./WESTPHALEN, K. (1987), S. 125
291 zit. a.a.O., S. 125
292 zit. GEIGER, W. (1970), S. 11

[293] zit. VOGEL, J.P., in: ders./KNUDSEN, H. (Hrsg.) (1987 ff), Kap. 21, S. 2
[294] zit.. LENNERT, R. (1980), S. 313
[295] zit. ERBE, H.-W. (1966), S. 506
[296] zit. REINHARD, PETER, in: HEILBRONNER STIMME, 12.2.98, S. 2
[297] Vgl. BEHR, M./JESKE, W. (1982)
[298] zit. SCHLAFFKE, W./ WEISS, R. 95, S. 9
[299] zit. LENZEN, D. (Hrsg.) (1998), Bd. 1, S. 38
[300] zit. ebd.
[301] zit. ebd.
[302] zit. FRIEDEBURG, L. VON (1979), S. 48 f
[303] zit. a.a.O., S. 49
[304] zit. SCHLAFFKE, W./ WEISS, R. 95, S. 8
[305] zit. AUERNHEIMER, G./HEINEMANN, K.-H. (1980), S. 10
[306] Empfehlungen und Gutachten des Deutschen Ausschusses für das Erziehungs- und Bildungswesen 1953-1965, Tuttlingen 1966, S. 49; zit. nach: RICHTER, I. (1998), S. 18
[307] Projektgruppe "Freie Schule Frankfurt", 1975, S. 30; zit. nach: RAMSEGER, J. (1975), S. 160
[308] zit. VOGEL, J.P. (1988), S. 376
[309] zit. SPIES, W./WESTPHALEN, K. (1987), S. 125
[310] zit. RÖHRS, H. (Hrsg.) (1986), S. 53
[311] zit. MAURER , M. (2000), S. 170
[312] vgl. GOLDSCHMIDT, D./ROEDER, P.M. (Hrsg.) (1979)
[313] zit. und vgl. KEMPER, H. (1991), S. 20
[314] zit. ebd.
[315] zit. ROEDER, W., in: GOLDSCHMIDT, D./ ders. (1979), S. 12
[316] vgl. a.a.O., S. 15 ff
[317] zit. a.a.O., S. 15
[318] zit. ebd.
[319] zit. a.a.O., S. 17
[320] zit. ebd.
[321] zit. a.a.O., S. 19
[322] zit. a.a.O., S. 23
[323] zit. LENNERT, R. (1980), S. 314
[324] vgl. a.a.O., S. 26 ff
[325] zit. a.a.O., S. 26
[326] zit. a.a.O., S. 28
[327] zit. a.a.O., S. 30
[328] zit. JACH, F.-R. (1999), S. 269
[329] zit. GOLDSCHMIDT, D./ROEDER, P.M. (1979), S. 17
[330] zit. KEMPER, H. (1991), S. 20
[331] zit. ebd.
[332] zit. GOLDSCHMIDT, D./ROEDER, P.M. (1979), S. 11
[333] vgl. BEHR, M. (1988), S. 36
[334] zit. ebd.
[335] zit. a.a.O., S., S. 37
[336] zit. ebd.
[337] zit. BORCHERT, M. (1979), S. 13
[338] zit. RÖHRS, H. (Hrsg.) (1986), S. 54
[339] zit. ebd.
[340] zit. ebd.
[341] zit. ebd.
[342] zit. ebd.
[343] zit. ebd.

[344] vgl. ebd.; vgl. auch: WAGENSCHEIN, M. (1982), S. 53 f
[345] zit. a.a.O., S. 60
[346] zit. WINKEL, R., in: BORCHERT, M./MAAS, M. (Hrsg.) (1998), S. 8 f
[347] zit. NEGT, O., zit. nach: WINKEL, R., a.a.O.
[348] zit. ebd.
[349] zit. KEESE-PHILIPPS, H. (1989), S. 11
[350] zit. PEHNKE, A. (1996), S. 385
[351] vgl. SCHLAFFKE, W./WEISS , R. (1996), S. 32 ff
[352] zit. WINKEL, R. (1979), S. 235
[353] zit. a.a.O., S. 236
[354] zit. ebd.
[355] zit. KEESE-PHILIPPS, H. (1989), S. 9
[356] zit. KAYSER-GANTNER, G. (1999/C), S. 11
[357] zit. ebd.
[358] vgl. Programmheft des 22. Internationalen E/F/F/E-Kolloquiums; erschienen in Witten, 2000, E/F/F/E
[359] zit. KUNSTMANN, W. (1980), S. 53 f
[360] zit. ROEDER, P.M., in: ders./GOLDSCHMIDT, D. (1979), S. 26
[361] zit. KRAMPEN, INGO / ROTTHAUS, STEFAN, in einem Interview zum Thema "Bildung", in: Bankspiegel, Hrsg.: Gemeinschaftsbank, Heft 168, 4/1998, S. 9
[362] zit. MAAS, M. (1998), S. 29
[363] zit. KIERSCH, J. (2000), S. 34
[364] zit. PREUSS-LAUSITZ, U., in: KEESE-PHILIPPS,H. (1989), Vorwort, S. 13
[365] zit. KLEMM, K./ROLFF, H.-G./TILLMANN, K.-J. (1985), S. 145
[366] zit. RAMSEGER, J. (1975), S. 5
[367] zit. ebd.
[368] zit. LENZEN, D. (Hrsg.) (1998), Bd. 1, S. 52
[369] vgl. z.B. BUßMANN, H. und J. (Hrsg.) (1990)
[370] zit. DICK, L. VAN (1986), S. 2
[371] vgl. LENZEN, D. (Hrsg.) (1998), Bd. 1, S. 51
[372] vgl. z.B. BRUNS, M. (1984), S. 177-182; KUNSTMANN, W. (1984), S. 183-189
[373] zit. und vgl. z.B. BRUNS, M. (1984), S. 176 ff; BEHR, M./JESKE, W. (1982) S. 14
[374] zit. ZUDEICK, P. (1982), S. 141
[375] zit. a.a.O., S. 140
[376] zit. DIETRICH, I., (1978), S. 64 f
[377] zit. a.a.O., S. 65
[378] vgl. ZUDEICK, P. (1982), S. 141
[379] zit. BORCHERT, M./MAAS, M. (Hrsg.) (1998), S. 87 f
[380] zit. ebd.
[381] zit. ebd.
[382] zit. ebd.
[383] zit. ebd.
[384] zit. LENZEN, D. (Hrsg.) (1998), Bd. 1, S. 54
[385] zit. ERBE, H.-W. (1966), S. 504
[386] zit. und vgl. ebd.
[387] zit. a.a.O., S. 194
[388] zit. KEMPER, H. (1991), S. 21
[389] vgl. HENTIG, H. VON (1985)
[390] zit. SCHLAFFKE, W./WEIß, R. (Hrsg.) 96, S. 27
[391] zit. a.a.O., S. 38 und S.40
[392] zit. STEIN, E. (1984), S. 175
[393] zit. ebd.

[394] zit. BEHR, M. (1988), S. 37
[395] zit. RÖHRS, H. (Hrsg.) (1989), S. 53
[396] zit. ebd.
[397] zit. PEHNKE, A. (1996), S.386
[398] zit. BEHR, M./JESKE, W. (1982), S. 8
[399] zit. LESCHINSKY, A. (1981)
[400] zit. JACH, F.-R. (1993/B), S. 1085
[401] zit. EDDING, F. (1971), S. 55
[402] zit. HENTIG, H. VON (1985), S. 47
[403] zit. VOGEL, J.P. (1989/A)
[404] zit. PICHT, G., in: ARBEITSGEMEINSCHAFT FREIER SCHULEN (Hrsg.) (1971), Vorwort, S. 9
[405] zit. ebd.
[406] zit. PEHNKE, A. (1996), S. 386
[407] zit. ebd.
[408] zit. ARBEITSGEMEINSCHAFT FREIER SCHULEN (Hrsg.) (1971), S. 12
[409] zit. HECKEL, H. (1955), S. 9; zit. nach: VOGEL, J.P./KNUDSEN, H. (Hrsg.) (1987 ff), Kap. 21, S. 2
[410] zit. ARBEITSGEMEINSCHAFT FREIER SCHULEN (Hrsg.) (1971), S. 20
[411] zit. ebd.
[412] zit. ebd.
[413] zit. GEIGER, W. (1970), S. 15
[414] zit. BEHR, M./JESKE, W. (1982), S. 36
[415] zit. LENNERT, R. (1979), S. 62
[416] zit. ARBEITSGEMEINSCHAFT FREIER SCHULEN (Hrsg.) (1971), S. 13
[417] zit. ebd.
[418] zit. BEHR, M./JESKE, W. (1982), S. 35
[419] zit. ebd.
[420] zit. ARBEITSGEMEINSCHAFT FREIER SCHULEN (Hrsg.) (1971), S. 21
[421] zit. MAAS, M. (1998), S. 33
[422] zit. a.a.O., S. 34
[423] zit. BASTIAN, J. (1996), S. 8
[424] zit. KULLAK-UBLICK, H. (Hrsg.) (2000), S. 8
[425] zit. KIERSCH, J. (2000), S. 34
[426] zit. LENNERT, R. (1979), S. 53
[427] zit. EUROPEAN FORUM FOR FREEDOM IN EDUCATION (E/F/F/E) (Hrsg.): Schulautonomie – europaweit: Ein kulturelles, pädagogisches, demokratisches Erfordernis; Thesenpapier für den 13. E/F/F/E- Bildungskongreß vom 15.-19.05.1996; Wien
[428] zit. VOGEL, J.P. (1972), S. 36
[429] zit. WINKEL, R. (1979), S. 255
[430] zit. ebd.
[431] zit. a.a.O., S. 257
[432] zit. und vgl. ARBEITSGEMEINSCHAFT FREIER SCHULEN (Hrsg.) (1971), S. 58
[433] zit. und vgl. VOGEL, J.P. (1988), S. 367 ff
[434] zit. ARBEITSGEMEINSCHAFT FREIER SCHULEN (Hrsg.) (1971), S. 58
[435] zit. GEIGER, W. (1970), S. 10
[436] zit. a.a.O., S. 10 f
[437] zit. ARBEITSGEMEINSCHAFT FREIER SCHULEN (Hrsg.) (1993), S. 28
[438] zit. ebd.
[439] zit. a.a.O., S. 37
[440] zit. MAURER , M. (2000), S. 173
[441] zit. PEHNKE, A. (1996), S. 386
[442] zit. STRUCK, P. (2000/C), S. 14 f

[443] zit. BEHR, M. (1988), S. 10
[444] zit. HUSÉN, T. (1980), S. 129
[445] zit. KEMPER, H. (1983), S. 5
[446] zit. ebd.
[447] zit. FAUST-SIEHL, G./GARLICHS, A./RAMSEGER, J./SCHWARZ, H./WURM, U. (1996), S. 179
[448] zit. ZUDEICK, P. (1982), S. 143
[449] zit a.a.O., S. 144
[450] zit. BECKER, H. (1988), S. 355
[451] zit. ERBE, W. (1966), S. 113 f
[452] zit. WEIRAUCH, W., in: ders. (Hrsg.) (1990), S. 6
[453] zit. ROEDER, P.M., in: GOLDSCHMIDT, D./ders. (1979), S. 28
[454] zit. JENKNER, S., in: JACH, F.-R./ders. (Hrsg.) (1998), S. V
[455] zit. ebd.
[456] zit. ARBEITSGEMEINSCHAFT FREIER SCHULEN (Hrsg.) (1971), S. 22 f
[457] zit. ERBE, W. (1966), S. 514
[458] zit. ARBEITSGEMEINSCHAFT FREIER SCHULEN (Hrsg.) (1971), S. 23
[459] zit. VOGEL, J.P. (1972), S. 40 f
[460] zit a.a.O., S. 41
[461] zit. ARBEITSGEMEINSCHAFT FREIER SCHULEN (Hrsg.) (1971), S. 22
[462] zit. RÖHRS, H. (1986), S. 48; vgl. auch: SCHEIBE, W. (1984), S. 67 ff und S. 75 ff
[463] zit. ZUDEICK,P. (1982), S. 11
[464] vgl. a.a.O., S. 11 f
[465] zit. ebd.
[466] zit. AURIN, K. (1980), S. 110 f
[467] zit. GRUNDER, H.U. (1995), S. 26
[468] zit a.a.O., S. 21
[469] zit. ebd.
[470] zit. LESCHINSKY, A. (1981), S. 535
[471] zit. und vgl. HEINEMANN, K.-H. (1998), S. 82
[472] zit a.a.O., S. 81
[473] zit. KULLAK-UBLICK, H. (2000), S. 77
[474] vgl. BILDUNGSKOMMISSION NRW (Hrsg.) (1995)
[475] zit. a.a.O., S. 16
[476] zit a.a.O., S. XII
[477] zit. ebd.; vgl. S. 151 ff
[478] zit a.a.O., S. XXII
[479] zit. GRUNDER, H.U. (1995), S. 23
[480] zit. INSTITUT FÜR BILDUNGSFORSCHUNG UND BILDUNGSRECHT e.V. (Hrsg.) (1977), S. 4
[481] zit. HENSEL, H. (1995/B), S. 35 f
[482] zit. ERBE, W. (1966), S. 515
[483] zit. BERG, H.CH. (1993/A), S. 139
[484] zit. STERN, B. (1993), S. 37
[485] zit. GRUNDER, H.U. (1995), S. 27
[486] zit. INSTITUT FÜR BILDUNGSFORSCHUNG UND BILDUNGSRECHT e.V. (Hrsg.) (1997), S. 3
[487] Originaltitel der Studie: EURYDICE (Hrsg.) (1992): Administration and Evaluation Structures for Primary and Secondary Schools in the twelve Member States of the European Community; zit. nach: JENKNER, S. (1995), S. 113 ff
[488] zit. JENKNER, S. (1995), S. 113 f
[489] zit. a.a.O., S. 114

[490] zit. und vgl. a.a.O., S. 116
[491] zit. WALTER, J. (1998), S. 65
[492] zit ROLFF, H.-G. (1998), S. 295
[493] zit. ebd.
[494] zit. ebd.
[495] zit a.a.O., S. 296
[496] zit. ebd.
[497] zit a.a.O., S. 297
[498] zit. WENZEL, H. (1995), S.27
[499] zit. ebd.
[500] vgl. BASTIAN, J. (2000)
[501] zit. und vgl. LOHRE, W./ENGELKING, G./HÖFER, CH./SPICHAL, D. (2000); ENGELKING, G. (2000)
[502] zit a.a.O., S. 28
[503] zit. ebd.
[504] zit. ebd.
[505] vgl. a.a.O., S. 29
[506] zit a.a.O., S. 29
[507] vgl. DALIN, P./ROLFF, H.-G. (1990), S. 197
[508] zit. ebd.
[509] zit. WENZEL, H. (1995), S. 29
[510] vgl. auch: DALIN, P./ROLFF, H.-G./BUCHEN, H. (1996); BASTIAN, J. (Hrsg.) (1998); KLIPPERT, H. (2000); KORINEK, W. (2000); KÖRBITZ, A. (2000); MÜSCH-NITTEL, K./ STRASEN, F. (2000); DASCHNER, P. (2000)
[511] zit. ebd.
[512] zit. und vgl. DELORS, J. (1995), S. 141
[513] zit. SCHAVAN, A. (1997), S. 99
[514] zit. GOGOLIN, I. (1998), S. 479
[515] zit. OELKERS, J. (1995), S. 7
[516] zit. RÖHRS, H. (1986), S. 8
[517] vgl. BLOCH, E. (1954)
[518] zit. RÖHRS, H. (1986), S. 8 f
[519] zit. FISCHER, D./ROLFF, H.-G. (1997), S. 537
[520] zit. MARITZEN, N. (1998), S. 609
[521] zit. PASCHEN , H. (1995), S. 15
[522] zit. JACH, F.-R. (1999), S. 61
[523] zit. ROLFF, H.-G. (1995/B), S. 31
[524] zit. WENZEL, H. (1995), S. 15
[525] zit. ebd.
[526] zit. NEVERMANN, K. (1987), S. 190
[527] zit. und vgl. HÜBNER, P. (1996), S. 123
[528] zit a.a.O., S. 129
[529] zit. HÖFLING, W. (1998), S. 51; vgl. auch: STOCK, M. (2000), b
[530] zit. VOGEL, J.P. (2000/A), S. 57
[531] zit. und vgl. RICHTER, I. (1995), S. 13 ff; vgl. auch: FISCHER, D./ROLFF, H.-G. (1997), S. 538 f; WEISHAUPT, H./WEIß, M. (1997), S. 27 ff; PASCHEN, H. (1996), S. 203 ff; ders./WIGGER, L. (Hrsg.) (1996); MARITZEN, W. (1998), S. 617 f
[532] zit. WEISHAUPT, H./WEIß, M. (1997)
[533] zit. und vgl. AVENARIUS, H./BAUMERT, J./DÖBERT, H./FÜSSEL, H.-P. (1998), S. 109 ff; vgl. auch: HENSEL, H. (1995/B), S 36 ff
[534] zit. KLIEBISCH, U.W./FLESKES, H.D./BASTEN, K.H. (1997), Einbandtext
[535] zit. BILDUNGSKOMMISSION NRW (Hrsg.) (1995), S. 144

[536] zit. STRUCK, P. (2000/A), S. 206
[537] zit. ROLFF, H.-G. (1996), S. 223
[538] zit a.a.O., S. 224
[539] zit a.a.O., S. 223
[540] z.B. GANDE, R./PUTZER, H/SCHWETZ, H. (Hrsg.) (1994); KLIEBISCH, U.W./FLESKES, H.D./BASTEN, K.H. (1997) u.a.
[541] zit. ROLFF, H.-G., (1995/B), S. 41
[542] zit. ROLFF, H.-G., in: ders./BAUER, K.-O./KLEMM, K./PFEIFFER, H. (Hrsg.) (1998), S. 279
[543] zit. und vgl. LANGE, H. (1995), S. 32 f
[544] zit. und vgl. ROLFF, H.-G., ebd.
[545] zit. FISCHER, D./ROLFF, H.-G. (1997), S. 542
[546] zit. und vgl. MARITZEN, N. (1998), S. 609 ff
[547] zit. ROLFF, H.-G. (1996), S. 209
[548] zit. OELKERS, J. (1998), S. 34
[549] zit. HOFFMANN, R. 93, S. 142
[550] zit. PASCHEN, H. (1996), S. 207
[551] zit. ders. (1995), S. 17
[552] zit. HENTIG, H. VON (1993), S. 251
[553] zit. NEVERMANN, K. (1987), S. 203
[554] zit a.a.O., S. 189
[555] zit. ZUKUNFTSKOMMISSION GESELLSCHAFT 2000: Solidarität und Selbstverantwortung; in: Ministerium für Kultus, Jugend und Sport (Hrsg.): Magazin Schule. Bildung in Baden-Württemberg; Herbst/Winter 2000/2001, S. 16
[556] zit. FAUST-SIEHL, G./GARLICHS, A./RAMSEGER, J./SCHWARZ, H./WARM, U. (1996), S. 160
[557] zit. HARDORP, B. (1996), S. 73
[558] zit. FUCHS, E./KRAMPEN, I. (Hrsg.) (1992), S. 7
[559] zit a.a.O., S. 7 f
[560] zit a.a.O., S. 8
[561] zit. BORCHERT, M./MAAS, M. (1998), S. 11
[562] zit. JACH, F.-R. (1999), S. 67
[563] zit. SCHWARZ, H. (1993), S. 46
[564] zit. OECD (Hrsg.) (1991), S. 11
[565] zit a.a.O., S. 19
[566] zit a.a.O., S. 22
[567] vgl. a.a.O., S. 26 ff und S. 29 ff
[568] zit. POSCH, R./ALTRICHTER, H. (1997), S. 9 f
[569] zit. FEND, H. (2000), S. 16
[570] zit. MARITZEN, N. (1998), S. 626
[571] zit. und vgl. OECD (Hrsg.) (1991), S. 36 und S. 38
[572] zit. POSCH, P./ALTRICHTER, H. (1997), S. 28
[573] zit. OECD (Hrsg.) (1991), S. 19
[574] zit a.a.O., S. 178
[575] zit. POSCH, P./ALTRICHTER, H. (1997), S. 28
[576] zit. und vgl. AURIN, K. (1991), S. 64 ff; vgl. auch: STEFFENS, U./BARGEL, T. (1993)
[577] zit. und vgl. AURIN, K. (1991), S. 73
[578] zit. und vgl. STEFFENS, U./BARGEL, T. (1993), S. 62
[579] zit. AURIN, K. (1991), S. 77 ff
[580] vgl. FEND, H. (2001), S. 200 f; zit. ders., 1986, nach: BROOS, S. (1997), S.189
[581] zit. ELTERNARBEITSGEMEINSCHAFT FREIER SCHULEN IN BADEN-WÜRTTEMBERG (1999), S. 2
[582] zit SCHAVAN, A. (1998), S. 116

583 zit. OECD (Hrsg.) (1991), S. 117
584 zit. SCHAVAN, A., a.a.O., S. 117
585 zit. KASPAR, W., in: Kultus und Unterricht, Nr. 21, 12/1999, S. N 68 ff; Rezension zu: VOß, R. (Hrsg.) (1998), Schul-Visionen
586 zit. PASCHEN , H. (1995), S. 15; vgl. auch: LIKET, TH. (1993)
587 zit. ALTRICHTER , H., in: ders./SCHLEY, W./SCHRATZ, M. (Hrsg.) (1998), S. 263
588 zit. und vgl. a.a.O., S. 27
589 vgl. z.B. a.a.O., S. 33 ff; BASTIAN, B. (Hrsg.) (1998), S. 185 ff; MARITZEN, N. (1996), S. 27; TILLMANN, J./WISCHER, B. (Hrsg.) (1998), S. 54 ff
590 zit. FEND, H. (2000), S. 9
591 zit a.a.O., S. 12
592 vgl. POSCH, P./ALTRICHTER, H. (1997), S. 26
593 vgl. a.a.O., S. 14
594 zit a.a.O., S. 126
595 zit a.a.O., S. 133
596 zit a.a.O., S. 137
597 zit a.a.O., S. 126
598 zit. FEND, H. (2001), S. 200
599 zit. ders. (2000), S. 12
600 zit. BILDUNGSKOMMISSION NRW (Hrsg.) (1995), S. 152
601 zit a.a.O., S. 154 ff
602 zit. MÄCK, W. (1998), S. 1
603 zit. VOGEL, J.P. (1995/C), S. 42
604 zit a.a.O., S. 45
605 zit. und vgl. DOBART, A. (Hrsg.) (1998)
606 zit. KLEINSCHMIDT, G., in: Kultus und Unterricht, 12/99, S. N 67; Rezension zu: ALTRICHTER , H. u.a. (1998)
607 zit. FAUST-SIEHL , G./GARLICHS, A./RAMSEGER, J./SCHWARZ, H./WARM, U. (Hrsg.) (1996), S. 173
608 zit. SCHAVAN, A. (1998), S. 116
609 zit a.a.O., S. 117
610 zit. OECD (Hrsg.) (1991), S. 175
611 zit. ARBEITSGEMEINSCHAFT FREIER SCHULEN (Hrsg.) (1993), S. 34
612 zit. KLEINAU-METZLER, D. (2000), S. 173
613 zit. z.B. JACH, F.-R. (1999)
614 vgl. z.B. DIE GRÜNEN IM LANDTAG VON BADEN-WÜRTTEMBERG (Hrsg.) (1994), S. 66 ff
615 zit. und vgl. den gleichnamigen Artikel in: SCHULINTERN, Informationen für Lehrerinnen und Lehrer in Baden-Württemberg, Heft 2/99, S. 4, Hrsg.: Ministerium für Kultus, Jugend und Sport, Stuttgart
616 zit. ebd.
617 zit. ebd.
618 zit. EUROPÄISCHES FORUM FÜR FREIHEIT IM BILDUNGSWESEN (1991/A), S. 294
619 zit. ebd.
620 zit. und vgl.: Vorschläge für das Bildungswesen der Zukunft; auf Wunsch des Präsidenten der Republik erarbeitet von den Professoren des Collège de France; in: MÜLLER-ROLLI, S. (1987), S. 253 ff, hier: S. 264
621 zit. ebd.
622 zit. SCHULZ, D. (1996), S. 103
623 zit. nach: a.a.O., S. 112
624 zit. ebd.
625 zit. und vgl. KNÜPFER, UWE: Amerikaner suchen Ideen für eine Schule der Zukunft; in: MANNHEIMER MORGEN, 28.12.1995, S. 3
626 vgl. ebd.

[627] zit. und vgl. DALIN, P. (1997), S. 97 und S. 109 f
[628] zit. HERZOG, R. (1997), S. 25
[629] zit a.a.O., S. 26
[630] zit. und vgl. BERG, H.CH. (1993/A), S. 127 ff und 137 ff
[631] zit. STRUCK, P. (2000/B), S. 108
[632] zit. ZIMMERMANN, A. (1980), S. 2
[633] zit. HENTIG, H. VON (1999), S. 36
[634] zit. ders.: Ein Gesamtplan für die Schule?, Hamburg 1969; zit. nach ARBEITSGEMEINSCHAFT FREIER SCHULEN (Hrsg.) (1971), S. 22
[635] zit. SUTOR, B. (1980), S. 68
[636] zit. VOß, R. (1997), S. 7
[637] vgl. z.B. TILLMANN, K.-J. (Hrsg.) (1994); STEFFENS, U./BARGEL, T. (1993) u.a.
[638] zit. AURIN, K. (1991), S. 64
[639] zit. STRUCK, P. (2000/B), S. 108
[640] zit. ebd.
[641] zit. ders. (1995), S. 157
[642] zit. ders. (2000/B), S. 27
[643] zit. BORCHERT, M., in: Info-Rundbrief des EUROPÄISCHEN FORUMS FÜR FREIHEIT IM BILDUNGSWESEN, Ausgabe vom März 1997, S. 6
[644] zit. JACH, F.-R. (1999), S. 17
[645] zit. POSTMAN, N. (1995), S. 106
[646] zit a.a.O., S. 107
[647] zit a.a.O., S. 108 f
[648] zit a.a.O., S. 214
[649] vgl. KLEMM, U./TREML, A. (Hrsg.) (1989), S. 17
[650] zit a.a.O., S. 18
[651] zit. und vgl. BERG, H.CH. (1990/B), S. 27 ff
[652] vgl. JACH, F.-R. (1991)
[653] zit a.a.O., S. 78
[654] zit a.a.O., S. 79
[655] zit. VOGEL, J.P. (1988), S. 371
[656] zit. ebd.
[657] zit. BERG, H.CH. (1993/A), S. 138
[658] zit. HENTIG, H. VON (1972), S. 11
[659] vgl. a.a.O., S. 138 f und S. 145 f
[660] zit a.a.O., S. 139
[661] zit. ebd.
[662] zit. STRUCK, P. (1996), S. 160
[663] zit. SCHNAITMANN, Monika, in: DIE GRÜNEN IM LANDTAG VON BADEN-WÜRTTEMBERG (1994), S. 6
[664] zit. und vgl. FEND, H. (2001), S. 336
[665] vgl. BERG, H.CH. (1993/A), S. 145 ff; ders. (1990/C), S. 43 ff
[666] zit a.a.O., S. 147
[667] zit a.a.O., S. 148
[668] zit. ebd.
[669] zit. ebd.
[670] vgl. ALTERMANN, K. (1992); vgl. ders. (1998)
[671] zit. ders. (1992), S. 50
[672] vgl. EUROPÄISCHES FORUM FÜR FREIHEIT IM BILDUNGSWESEN (Hrsg.): E/F/F/E – Ziele, Aktivitäten, Entwicklung, Kontakte. Eine Informationsschrift. Zu beziehen über: E/F/F/E, International Office, Husemannplatz 3-4, D-44787 Bochum)
[673] vgl. ebd.

[674] zit. ARBEITSGRUPPE BILDUNGSBERICHT AM MAX-PLANCK-INSTITUT FÜR BILDUNGSFORSCHUNG (1997), S. 543
[675] zit. BERG, H.CH. (1993/A), S. 147
[676] zit. BLANKERTZ, S. (1989/A), S. 30
[677] zit. HENTIG, H. VON (1985), Einbandtext
[678] REIP, S., zit. nach: SCHUBERT, G.: Schulgründer brauchen viel Geld und viel Geduld, in: HEILBRONNER STIMME, 29.9.1999
[679] zit. und vgl. OECD (1991), S. 141
[680] zit. ebd.
[681] zit. ebd.
[682] zit a.a.O., S. 142
[683] vgl. BLANKERTZ, S. (1989/A), S. 12
[684] zit a.a.O., S. 31
[685] zit. und vgl. STRUCK, P. (1995), S. 70
[686] zit. RÖSCH, U., in: KECK, R.W. (1981), S. 35
[687] vgl. z.B. JACH, F.-R. (1999); ders. (2000)
[688] zit. a.a.O., S. 18
[689] zit a.a.O., S. 87
[690] zit a.a.O., S. 267
[691] zit a.a.O., S. 484
[692] zit a.a.O., S. 18
[693] zit. GRUNDGESETZ FÜR DIE BUNDESREPUBLIK DEUTSCHLAND und Verfassung des Landes Hessen, Verlag Dr. Max Gehlen, Bad Homburg vor der Höhe u.a., 1976, S. 161
[694] zit. ARBEITSGRUPPE BILDUNGSBERICHT AM MAX-PLANCK-INSTITUT FÜR BILDUNGSFORSCHUNG (1997), S. 110
[695] zit. und vgl. ebd.
[696] zit. GRUNDGESETZ ... , ebd.
[697] zit. ARBEITSGRUPPE ... , ebd.
[698] zit. ARBEITSGRUPPE ... , ebd.; vgl. auch: SOPPART-LIESE, S. (1998), S. 23
[699] zit. STEIN, E./ROELL, M. (1988), S. 156
[700] zit. ARBEITSGRUPPE ... , a.a.O., S. 111
[701] zit. STAUPE, J. (1991), S. 58
[702] zit. MAUNZ, TH., zit. nach: VOGEL, J.P./KNUDSEN, H. (1987 ff), Kap. 21, S. 1
[703] vgl. RICHTER, I. (1972), S. 334 ff
[704] zit. und vgl. REUTER, L.R. (2000), b: S. 23 f
[705] zit. SCHLAFFKE, W./WEIß, R. (1996), S. 39
[706] zit. JACH, F.-R. (1991), S. 56
[707] zit. ders. (1993/B), S. 1085
[708] zit. BRAMMEN, C./STRUCK, P. (1998), S. 7
[709] zit. ebd.
[710] zit. RENDANT, M.-L. (1999), S. 9
[711] zit. BÖNSCH, M. (1994), S. 2
[712] zit. PETERSEN, J./REINERT, G.-B. (Hrsg.) (1996), S. 9
[713] zit nach: HEINEMANN, K.-H. (1998), S. 82
[714] zit. WEIß, M. (1993), S. 81 f; vgl. auch: CHUBB. J.E./MOE, T.M. (1993)
[715] zit. JACH, F.-R. (1999), S. 484
[716] zit. und vgl. BOYD, L.W. (1993), S. 53
[717] zit. WEIß, M. (1993), S. 79
[718] vgl. CHUBB, J.E./MOE, T (1993)
[719] zit. FEND, H. (2001), S. 359
[720] zit. GRUNDER, H.U. (1995), S. 28
[721] vgl. BROTBECK, K. (1980), S. 184 ff

[722] vgl. HEINEMANN, K.-H. (1998), S. 81 f
[723] vgl. KULLAK-UBLICK, H. (2000), S. 77 ff; AKTION MÜNDIGE SCHULE (2000), S. 138 ff
[724] zit. BROTBECK, K. (1980), Titelseite; vgl. auch: ALLGEMEINE ERKLÄRUNG DER MENSCHENRECHTE (10.12.1948), Art. 26, Abs. 3, in: FERNANDEZ, A./JENKNER, S. (Hrsg.) (1995), S. 221
[725] zit. MENZE, C. (1980), S. 230
[726] zit. ZIMMERMANN, A. (1980), S. 2
[727] zit. ebd.
[728] zit. HENTIG, H. VON (1996/B), S. 12
[729] zit. ders. (1999) S. 36
[730] zit. SEILER-HUGOVA, U. (1998), S. 151
[731] zit. ebd.
[732] zit. KULLAK-UBLICK, H. (2000) S. 85
[733] zit. HERZOG, ROMAN, Abschiedsrede vor dem Bonner Bundestag am 1.7.1999, zit. nach: ARD, Tagesthemen
[734] FRISCH, MAX, zit. nach: ZUKUNFTSKOMMISSION GESELLSCHAFT 2000: Solidarität und Selbstverantwortung; in: Ministerium für Kultus, Jugend und Sport (Hrsg.): Magazin Schule. Bildung in Baden-Württemberg; Herbst/Winter 2000/2001, S. 16
[735] zit. GOODMAN, P. (1969), S. 420
[736] zit. BORGEST, BERNHARD / ESSER, BARBARA, in: FOCUS, Nr. 5, 1.2.1999, S. 62
[737] zit. JACH, F.-R., in: MAURER, M. (1994), S. 6
[738] zit a.a.O., S. 7
[739] zit. BEHRENS, E. (1994), S. 22
[740] vgl. BayVerfGH NVwZ 1984, 97 (99), zit. nach: MAURER , M. (1994), S. 72
[741] JACH, F.-R., zit. nach: ebd.
[742] zit. ders. (1991), S. 56
[743] zit. MAURER , M. (1994), S. 72
[744] zit. ebd.
[745] zit. PÖPPEL, K.G. (1977), S. 21
[746] zit. MAURER, M. (1994), S. 71
[747] zit. JACH, F.-R. (1999), S. 483
[748] zit. ELTERNARBEITSGEMEINSCHAFT FREIER SCHULEN IN BADEN-WÜRTTEMBERG (2000), S. 1
[749] zit. HARDORP, B. (2000), S. 90
[750] zit. HAUG, R. (1994), S. 34
[751] zit. und vgl. HARDORP, B., a.a.O., S. 89
[752] zit. und vgl. HAUG, R., a.a.O., S. 48 f
[753] zit a.a.O., S. 49
[754] zit. BEHRENS, E. (1994), S. 22
[755] zit. und vgl. BILDUNGSKOMMISSION NRW (1995), S. 213
[756] zit. HERRMANNSTORFER, U. (1995), S. 88 f
[757] zit. und vgl. ebd.
[758] zit. ebd.
[759] zit. ebd.
[760] zit. JACH, F.-R., in: MAURER , M. (1994), S. 7
[761] zit. MAURER , M. (1994), S. 32
[762] zit. und vgl. MAURER , M. (1994), S. 32 f; ders. (1998), S. 195 f
[763] zit. ders. (1998), ebd.
[764] zit. und vgl. ebd.
[765] zit. ebd.
[766] zit. ders. (1994), S. 33
[767] zit a.a.O., S. 34

768 zit. HARDORP, B. (2000), S. 90
769 zit. MAURER , M. (1998), S. 197
770 zit ders. (1994), S. 34
771 zit a.a.O., S. 88
772 zit. ebd.
773 zit. ders. (1998), S. 197
774 zit. ebd.
775 zit. MEES, R.S.H. (1995), S. 77
776 zit. HERRMANNSTORFER, U. (1995), S. 87
777 zit. ebd.
778 zit. WINZ, M. (1994), S. 30
779 LITH, U. VAN, zit. nach: MAURER, M. (1994), S. 89; vgl. auch: EUROPÄISCHES FORUM FÜR FREIHEIT IM BILDUNGSWESEN (1991/B), S. 296 ff
780 vgl. z.B. a.a.O., S. 42 ff
781 zit. HARMS, K.B., in: "waldorf"/Nr. 5/ Okt. 1999, S. 7
782 zit. ebd.
783 vgl. auch: EUROPÄISCHES FORUMS FÜR FREIHEIT IM BILDUNGSWESEN (Hrsg.), Thesenpapier "Bildungsfinanzierung", verabschiedet beim 13. Europäischen Bildungskongreß des E/F/F/E in Wien, 18. Mai 1996
784 zit. JACH, F.-R., in: MAURER, M. (1994), S.6
785 zit. HARDORP, B. (2000), S. 90
786 zit. BEHRENS, E. (1994), S. 24; vgl auch: ders. (1993)
787 zit. ebd.
788 zit. und vgl. FISCHER, D. /ROLFF, H.-G. (1997). S. 547
789 zit. ebd.
790 zit. MÜLLER-ROLLI, S. (1987), S.13
791 zit. KLEMM, K./ROLFF, H.-G./TILLMANN, K.-J. (1985), S. 2: Zu diesem Buch
792 zit. JACH, F.-R. (1999). S. 88
793 zit. BADER, H.-J. (1999), S. 11
794 vgl. ALT, R. (Hrsg.) (1949); vgl. auch JENKNER, S. (2000), b: S. 4
795 vgl. FEND, H. (2000), S. 9; vgl. auch: ders. (2001), S. 357 ff, bes. S. 359 f und S. 364 f
796 zit. ders. (2000), S. 9; vgl. auch: BEHRENS, E. (1970), S. 29 ff
797 zit. OELKERS, J. (1995), S. 135
798 vgl. BLANKERTZ, S. (1989), S. 134
799 zit. STRAUBHAAR , TH., zit. nach: BÄUMLISBERGER, B., "Bildung braucht Markt", in: FOCUS Nr. 36/1996, S. 50
800 zit. FISCHER, D./ROLFF, H.-G. (1997), S. 537
801 zit a.a.O., S. 546
802 zit. VOGEL, J.P. (1988), S. 375
803 zit. EUROPÄISCHES FORUM FÜR FREIHEIT IM BILDUNGSWESEN (E/F/F/E) (Hrsg.), Thesenpapier "Bildungsfinanzierung", Wien 1996 (s.o.)
804 zit. INSTITUT FÜR BILDUNGSFORSCHUNG UND BILDUNGSRECHT e.V. (Hrsg.) (1997)
805 zit. LESCHINSKY, A. (1993), S.22
806 zit. WEIß, M. (1993), S. 80
807 zit a.a.O., S. 81; vgl. ADLER, M./PETCH, A./TWEEDIE, J.: Parental choice and education policy, Edinburgh 1989, University Press
808 zit. ebd.
809 zit. FEND, H. (2000), S. 24
810 zit. ebd.
811 zit. WEIß, M. (1993), S. 79
812 zit. FISCHER, D./ROLFF, H.-G. (1997), S. 537

[813] zit. KELL, A. (1996), S. 43
[814] zit a.a.O., S. 45
[815] vgl. ebd.; vgl. auch die Dokumentation des gleichnamigen Kongresses der Deutschen Gesellschaft für Erziehungswissenschaft (11.-13.3.1996 / Halle), in: BENNER, D. u.a. (Hrsg.) (1996)
[816] zit. und vgl. FEND, H. (2000), S. 23
[817] zit. ebd.
[818] zit. ebd.
[819] zit a.a.O., S. 25
[820] zit. ebd.; vgl. auch: Kap. IV.3, These 3 dieser Arbeit
[821] zit. und vgl. VOGEL, J.P. (1993/A), S. 22 ff
[822] zit. SCHWARZ, H. (1993), S. 40
[823] zit. DURNER, HEINZ, in: Artikel "Privatschulen", FOCUS, Nr. 7/1997, S. 75
[824] vgl. z.B. HUBER, GUSTAV, in: Artikel "Privatschulen", FOCUS, Nr. 7/1997, S. 74
[825] zit. VOGEL, J.-P. (1988), S. 372
[826] zit. ARBEITSGEMEINSCHAFT FREIER SCHULEN (Hrsg.) (1971), S. 22
[827] zit. HUSÉN, T. (1980), S. 45
[828] zit. SCHULZ, D. (1996), S. 104
[829] zit. ebd.
[830] zit. BEHRENS, E. (1994), S. 22
[831] zit. EUROPÄISCHES FORUM FÜR FREIHEIT IM BILDUNGSWESEN (E/F/F/E) (Hrsg.), Thesenpapier "Bildungsfinanzierung", Wien 1996 (s.o.)
[832] zit. SEMINAR FÜR FREIHEITLICHE ORDNUNG e.V. (Hrsg.) (2001), S. 2
[833] zit. BERG, H.CH. (1993/A), S. 187 f
[834] zit. ebd.
[835] zit. HENTIG, H. VON (1999), S. 47
[836] zit. JACH, F.-R. (1999), S. 262
[837] zit. ERBE, H.-W. (1966), S. 515
[838] vgl. den vollständigen Abdruck der EG-Entschließung in: FERNANDEZ, A./JENKNER, S. (Hrsg.) (1995), S. 273 - 276
[839] zit. nach ebd.
[840] vgl. EUROPÄISCHES FORUM FÜR FREIHEIT IM BILDUNGSWESEN (1992), S. 82 ff
[841] vgl. ebd.
[842] zit. FERNANDEZ, A./JENKNER, S. (Hrsg.) (1995), S. 217
[843] UN=Vereinte Nationen; UNESCO = Organisation der Vereinigten Nationen für Erziehung, Wissenschaft und Kultur; EU = Europäische Union; KSZE = Konferenz über Sicherheit und Zusammenarbeit in Europa; OAS = Organisation Amerikanischer Staaten; OAE = Organisation für afrikanische Einheit; E/F/F/E = Europäisches Forum für Freiheit im Bildungswesen; OIDEL = Internationale Organisation für die Entwicklung der Freiheit der Erziehung; EPA = Europäische Elternvereinigung; FUEV = Föderalistische Union Europäischer Volksgruppen; WUS = World University Service
[844] zit. und vgl. ebd.
[845] zit a.a.O., S. 218
[846] zit. ebd.
[847] zit. ebd.
[848] zit a.a.O., S. 218 f
[849] zit a.a.O., S. 219
[850] vgl. z.B. LIKET, TH. (1995); ders. (1994); ders. (1993); JACH, F.-R. (1999), 137 ff und 181 ff; ders. (1993), S. 179 ff
[851] zit. FERNANDEZ, A./JENKNER, S. (Hrsg.) (1995), S. 218
[852] zit. PEHNKE, A. (1994), S. 307
[853] zit. ebd.
[854] zit. RÖHRS, H. (1986), S.8
[855] zit. PEHNKE, A. (1994), S. 307

[856] zit. HINZ, D. (1984), S. 29
[857] zit. ebd.
[858] zit. AURIN, K. (1980), S. 15
[859] zit. SCHAVAN, A. (1999); zit. nach b: Vortragsmitschrift, A.P.; vgl. Kap. I. 1
[860] zit. HEINEMANN, K.-H. (1980), S. 14
[861] vgl. z.B. AURIN, K. (Hrsg.) (1991); STEFFENS, U./BARGEL, T. (1993); TILLMANN, K.-J. (Hrsg.) (1994); FEND, H. (2001)
[862] zit. HERNDORN, J. (1972); Einbandtext
[863] zit. BERG, CH. (1980), S. V
[864] zit. KLIEBISCH, U.W./FLESKES, H.D./BASTEN, K.H. (1997), Einbandtext
[865] zit. BILDUNGSKOMMISSION NRW (1995), S. 142 f
[866] CONDORCET, 1792, zit. nach: BERG, H.CH. (1993/B), S. 27
[867] vgl. HENTIG, H. VON (1993), Titel: Die Schule neu denken
[868] WALLAS, GRAHAM, zit. nach: ERDSIECK-RAVE, UTE, in: KULLAK-UBLICK, H. (2000), S. 9
[869] DIETER, ein Lehrer aus Dortmund, im Gespräch mit RICHARD KELBER; zit. nach: KELBER, R. (1985), S. 203
[870] zit. und vgl. FROMM, E. (1983)
[871] BLANKERTZ, S. (1989), S. 11
[872] zit. JOST, L., in: BADERTSCHER, H./GRUNDER, H.-U. (Hrsg.) (1995), S. 9; vgl. auch; PESTALOZZI, J.H. (1797), S. 186 ff
[873] zit. HERZOG, R. (1997), S. 35

Anmerkungen zum NACHWORT

[874] zit. HEILBRONNER STIMME, 20. Sept. 2001, S. 8
[875] zit. ebd.
[876] zit. ebd.
[877] zit. VOß, REINHARD, in: ders. (Hrsg.) (1997), S.4

LITERATURVERZEICHNIS

AKADEMIE DER PÄDAGOGISCHEN WISSENSCHAFTEN DER UDSSR / AKADEMIE DER PÄDAGOGISCHEN WISSENSCHAFTEN DER DDR (Hrsg.) (1981): Die Krise der bürgerlichen Schule und Pädagogik. Berlin: Volk und Wissen / Volkseigener Verlag.

AKTION HUMANE SCHULE (Hrsg.) (o.J.): Ohne Noten lieber lernen und mehr leisten. Broschüre des Landesverbandes Bayern. München: Selbstverlag.

AKTION MÜNDIGE SCHULE (Hrsg.) (1999): Volksbegehren "Schule in Freiheit". Info-Schrift 1 / 99. Hadewitt: Aktion Mündige Schule.

AKTION MÜNDIGE SCHULE (2000): Der Verfassungsentwurf der Volksinitiative "Schule in Freiheit". In: KULLAK-UBLICK, H. (Hrsg.) (2000), S. 138-145.

ALLEN, Pam (1991): Fremdbestimmung oder eigene Initiative? Reflexion einer amerikanischen Wissenschaftlerin über die Umgestaltung des Bildungswesens in den neuen Bundesländern. In: Deutsche Lehrerzeitung, Nr. 36, S. 3. Berlin.

ALT, Robert (Hrsg.) (1949): Erziehungsprogramme der französischen Revolution. Mirabeau-Condorcet-Lepeletier. Berlin u.a.: Volk und Wissen.

ALTERMANN, Klaus (1992): "Verurteilt, frei zu sein." – Gedanken zum Platz alternativer Schulmodelle in einer pluralistisch verfaßten Pädagogikausbildung. In: Elämänkoulu, Livets skola, 1/1992, S. 48-50. Helsinki / Finnland.

ALTERMANN, Klaus (1998): Pädagogischer Pluralismus in der akademischen LehrerInnenbildung Ostmitteleuropas – am Beispiel Lettlands. In: JACH, F.-R. / JENKNER, S. (1998), S. 157-174.

ALTRICHTER, Herbert (1998): Reflexion und Evaluation in Schulentwicklungsprozessen. In: ders. / SCHLEY, H. / SCHRATZ, M. (Hrsg.) (1998), S. 263-335.

ALTRICHTER, Herbert / SCHLEY, Wilfried / SCHRATZ, Michael (Hrsg.) (1998): Handbuch zur Schulentwicklung. Reihe: Bibliothek Schulentwicklung, Band 1. Innsbruck u.a.: StudienVerlag.

ANDERS, Günter (1981): Die atomare Drohung. München: Beck.

ANDRESEN, Ute (1991): So dumm sind sie nicht. Von der Würde der Kinder in der Schule. 4. Aufl. Weinheim u.a.: Quadriga / Beltz.

APEL, Hans Jürgen (1995): Theorie der Schule. Historische und systematische Grundlinien. Reihe: Bildung und Erziehung. Hrsg.: Jörg Petersen u. Gerd-Bodo Reinert. Donauwörth: Auer.

ARBEITSGEMEINSCHAFT FREIER SCHULEN (Hrsg.) (1971): Freie Schule. Gesellschaftliche Funktion des Freien Schulwesens in der Bundesrepublik Deutschland. Begründung und Darstellung. Mit einem Vorwort von Georg Picht. Stuttgart: Ernst Klett.

ARBEITSGEMEINSCHAFT FREIER SCHULEN (Hrsg.) (1972): Freie Schule II. Öffentliche Verantwortung und Freie Initiative. – Dokumentation vom ersten gemeinsamen Kongreß in Frankfurt / Main (1.-3. Okt. 1971). Stuttgart: Ernst Klett.

ARBEITSGEMEINSCHAFT FREIER SCHULEN (Hrsg.) (1973): Handbuch Freie Schulen. Pädagogische Positionen, Träger, Schulformen und Schulen im Überblick. Überarb. und erw. Neuausgabe. Reinbek: Rowohlt.

ARBEITSGEMEINSCHAFT FREIER SCHULEN (Hrsg.) (1999): Handbuch Freie Schulen. Pädagogische Positionen, Träger, Schulformen im Überblick. Überarb. und erw. Neuausgabe. Reinbek: Rowohlt.

ARBEITSGRUPPE BILDUNGSBERICHT AM MAX-PLANCK-INSTITUT FÜR BILDUNGSFORSCHUNG (1997): Das Bildungswesen in der Bundesrepublik Deutschland. Strukturen und Entwicklungen im Überblick. 2. Aufl. der vollst. überarb. und erw. Neuausgabe von 1994. Reinbek: Rowohlt.

ARBEITSKREIS KATHOLISCHER SCHULEN IN FREIER TRÄGERSCHAFT IN DER BRD (Hrsg.) (1990): Katholische Schulen in freier Trägerschaft in der Bundesrepublik Deutschland. Ergebnisse einer Umfrage. In: Engagement; Zschr. für Erziehung und Schule, Heft 2-3 / 1990, S. 141-322; Münster: Aschendorff.

ARIÈS, Philippe (1975): Geschichte der Kindheit. Mit einem Vorwort von Hartmut von Hentig. – Orig.: L'enfant et la vie familiale sous l'ancien regime. 1960. – München u. a.: Hanser.

ARLT, Marianne (1989): Alptraum Schule. Aus dem Tagebuch einer Mutter. Reinbek: Rowohlt.

ATTESLANDER, Peter (1993): Methoden der empirischen Sozialforschung. Unter Mitarbeit von Christiane Bender. 7. bearb. Aufl. Berlin u.a.: de Gruyter.

AUERNHEIMER, Georg (1980): Die Alternativen müssen bestimmt werden! In: AUERNHEIMER, G. / HEINEMANN, K.-H. (Hrsg.) (1980), S. 73-81. Köln: Pahl-Rugenstein.

AUERNHEIMER, Georg / HEINEMANN, Karl-Heinz (Hrsg.) (1980): Alternativen für die Schule. Alternativbewegung und demokratische Praxis. Köln: Pahl-Rugenstein.

AURIN, Kurt (1980): Mehr Verständnis für Kinder – mehr Verständnis für die Schule. Aspekte einer humanen Erziehung. Freiburg: Herder.

AURIN, Kurt (Hrsg.) (1991): Gute Schulen – worauf beruht ihre Wirksamkeit? 2. Aufl. Bad Heilbrunn: Klinkhardt.

AURIN, Kurt / WOLLENWEBER, H. (Hrsg.) (1997): Schulpolitik im Widerstreit. Brauchen wir eine "andere Schule"? Bad Heilbrunn: Klinkhardt.

AVENARIUS, Hermann (1995): Verfassungsrechtliche Grenzen und Möglichkeiten schulischer Selbstverwaltung. In: DASCHNER, P. / ROLFF, H.-G. / STRYCK, T. (Hrsg.) (1995), S. 253-274. Weinheim u.a.: Juventa.

AVENARIUS, Hermann / BAUMERT, Jürgen / DÖBERT, Hans / FÜSSEL, Hans-Peter (Hrsg.) (1998): Schule in erweiterter Verantwortung. Positionsbestimmungen aus erziehungswissenschaftlicher, bildungspolitischer und verfassungsrechtlicher Sicht. Neuwied u.a.: Luchterhand.

BACHMANN, Reinhard (1994): Das Schulsystem in Österreich. In: WALDVOGEL, M. (1994), S. 168 ff.

BADEGRUBER, Bernd (1986): Alternativschulen in Österreich. Linz / Österreich.

BADER, Hans-Jürgen (1999): Mut zum Wettbewerb im Schulwesen – "Verkrustete Bildungsstrukturen aufbrechen". In: Recht und Schule, 3. Jg. / 1999, Heft 1, S. 9-11; Hrsg.: Institut für Bildungsforschung und Bildungsrecht e.V.; Hannover.

BADERTSCHER, Hans / GRUNDER, Hans-Ulrich (Hrsg.) (1995): Wieviel Staat braucht die Schule? Schulvielfalt und Autonomie im Bildungswesen. Bern u.a.: Paul Haupt.

BAILLET, Dietlinde (1983): Freinet – praktisch. Weinheim: Beltz.

BARGEL, Tino (2000): Qualität und Verantwortung der öffentlichen Schulen. Befunde der empirischen Schulforschung und Konsequenzen für die Schulgestaltung (Forum 1). In: GEW Baden-Württemberg / 2000 (Hrsg), Dokumentation des Kongresses "Qualität-Leistung-Bildung" am 9.10.1999 in der PH Ludwigsburg, S. 27 f. Stuttgart: GEW.

BARGEL, Tino / KUTHE, Manfred (1992): Wege aus der Schulkrise. Gutachten der Johannes-Löchner-Stiftung zum Schulangebot und zur Schulentwicklung in Baden-Württemberg. Bd. 2: Fortschreibung und Alternativen. Mössingen-Talheim: Talheimer Verlag.

BÄRMEIER, Erich (1992): Über die Legitimität staatlichen Handelns unter dem Grundgesetz der Bundesrepublik Deutschland. Reihe: Europäische Hochschulschriften, 31, Bd. 208. Frankfurt / M. u.a.: Peter Lang.

BARON, Rüdeger / BOHNE, Jürgen (1999 / A): Schulträger und ihre Verbände. In: SCHEILKE, CH. TH. / SCHREINER, M. (Hrsg.) (1999), S. 264-273. Gütersloh: Gütersloher Verlagshaus.

BARON, Rüdeger / BOHNE, Jürgen / HALLWIRTH, Uta / SCHREINER, Martin / SCHULZ, Jörg (1999/B): Bildung und Erziehung in christlicher Verantwortung. Zum theologischen und pädagogischen Profil evangelischer Schulen. In: SCHEILKE, CH. TH. / SCHREINER, M. (Hrsg.) (1999), S. 411-436.

BARSIG, Walter / BERKMÜLLER, Hans / SAUTER, Helmut (1981): Leistungsanspruch und Humanität in der Schule von heute. Donauwörth: Auer.

BARTMANN, Bernhard (1991): Stationen einer Schulvermeidung. In: HEIMRATH, J. (1991/A), S. 114-175.

BASTIAN, Johannes (1996): Autonomie konkret – vier Thesen zu einer neuen Balance von Schulreform und Bildungspolitik. In: Pädagogik, 48. Jg. / 1996, Heft 1, S. 6-10. Weinheim: Beltz.

BASTIAN, Johannes (Hrsg.) (1998): Pädagogische Schulentwicklung, Schulprogramm und Evaluation. Hamburg: Bergmann u. Helbig.

BASTIAN, Johannes (2000): Schulentwicklung in der Region. Oder: Schulentwicklung ist mehr als die Entwicklung der Einzelschule. In: Pädagogik, 52. Jg., Heft 7-8 / 2000, S. 6-9. Weinheim: Beltz.

BAUMANN, Heribert (1988): Kind und Schule. Institutionalisierte Bildung unter der Herrschaft von Staat und Kapital. Eine historische Analyse. In: BAUMANN, H. / KLEMM, U. (Hrsg.) (1988), S. 9-25. Grafenau: Trotzdem-Verlag.

BAUMANN, Heribert / KLEMM, Ulrich (Hrsg.) (1988): Anarchismus und Schule. Reihe: Werkstattbericht Pädagogik, Band 2. Grafenau: Trotzdem-Verlag.

BAUMERT, Jürgen / RASCHERT, Jürgen u.a. (1978): Vom Experiment zur Regelschule. Stuttgart: Klett-Cotta.

BAUMERT, Jürgen (1981): Schulkrise: Krise der staatlichen Regelschule? In: Z.f.Päd., 27. Jg. /1981, Nr. 4, S. 495-517. Weinheim: Beltz.

BECK, Johannes (1994): Der Bildungswahn. Gegen die totale Pädagogisierung der Schule und aller Lebensbereiche. Reinbek: Rowohlt.

BECK, Johannes / SCHMIDT, Lothar (Hrsg.) (1970): Schulreform oder Der sogenannte Fortschritt. Frankfurt: Fischer.

BECKER, Egon (1987): Paradoxien kultureller Modernisierung. In: MÜLLER-ROLLI, S. (Hrsg.) (1987), S. 33-51.

BECKER, Gerold (1966): Pädagogik in Beton. In: Neue Sammlung, 6. Jg. / 1966, S. 171-182. Seelze-Velber: Friedrich.

BECKER, Gerold (1990): Schulen in freier Trägerschaft und ihre Eltern. In: WEIRAUCH, W. u.a. (Hrsg.) (1990), S. 201-206.

BECKER, Gerold (1999): Die deutschen Landerziehungsheime. (Mitarbeit: J.P. Vogel, K. Weidauer). In: ARBEITSGEMEINSCHAFT FREIER SCHULEN (Hrsg.) (1999), S. 171-208.

BECKER, Hellmut (1980): Praktische Vorschläge für die Zukunft des Bildungswesens in der Bundesrepublik Deutschland. In: Neue Sammlung, 20 / 1980, S. 121-133. Seelze-Velber: Friedrich.

BECKER, Hellmut (1983): Zensuren als Lebenslüge und Notwendigkeit. In: BECKER, H. / HENTIG, H. VON (1983), S. 11-32.

BECKER, Hellmut (1988): Zur öffentlichen Bedeutung privater Initiativen und zum Verrechtlichungsproblem im Bildungswesen. In: Neue Sammlung, 28. Jg., Heft 1 / 1988. Seelze-Velber: Friedrich.

BECKER, Hellmut / HENTIG, Hartmut VON (1983): Zensuren. Lüge – Notwendigkeit – Alternativen. Stuttgart: Klett-Cotta.

BEHR, Michael (Hrsg.) (1984): Schulen ohne Zwang. Wenn Eltern in Deutschland Schulen gründen. München: dtv.

BEHR, Michael (1986): Der Typus der Freien Elternschule – ein reformpädagogisches Tröpfchen auf das heiße Eisen der Regelschule. In: RÖHRS, H. (Hrsg.) (1986), S. 243-258.

BEHR, Michael (1988): Freie Schulen und Internate. Pädagogische Programme und rechtliche Stellung. Düsseldorf: Econ.

BEHR, Michael / JESKE, Werner (1982): Schul-Alternativen. Modelle anderer Schulwirklichkeit. Düsseldorf: Schwann.

BEHRENS, Eckhard (1970): Zentrale Planung oder Wettbewerb im Bildungswesen? Über die Notwendigkeit einer sozialwissenschaftlichen Klärung. In: Fragen der Freiheit, Heft 84, S. 29-32. (Hrsg.: Seminar für freiheitliche Ordnung e.V., Bad Boll). Bad Boll: Seminar ...

BEHRENS, Eckhard (1993): Bildungsgutschein. Von der Idee zur Praxis. Reihe: Fragen der Freiheit, Heft 223 / Sonderdruck. (Hrsg.: Seminar für freiheitliche Ordnung e.V., Bad. Boll). Bad Boll: Seminar ...

BEHRENS, Eckhard (1994): Das Recht auf Bildung mit Bildungsgutscheinen finanzieren. In: Fragen der Freiheit, Heft 229, S. 22-24. (Hrsg.: Seminar für freiheitliche Ordnung e.V., Bad. Boll). Bad Boll: Seminar ...

BEISENHERZ, Heinz Gerhard u.a. (1982): Schule in der Kritik der Betroffenen. Reihe: Deutsches Jugendinstitut, Analysen, Bd. 17. München: Juventa Verlag.

BENNER, Dietrich u.a. (Hrsg.) (1996): Bildung zwischen Staat und Markt. Beiträge zum 15. Kongreß der Deutschen Gesellschaft für Erziehungswissenschaft vom 11.-13. März 1996 in Halle / Saale. Z.f.Päd., 35. Beiheft. Weinheim: Beltz.

BERG, Christa (1980): Staat und Schule oder Staatsschule? Stellungnahmen von Pädagogen und Schulpolitikern zu einem unerledigten Problem; 1789 – 1889. Königstein: Athenäum.

BERG, Hans Christoph (1990/A): Schulfreiheit – Bildungsqualität – Chancengleichheit. Der qualitative Schulentwicklungspfad im Schulreformhorizont der Bundesrepublik. In: Neue Sammlung, 30. Jg., Heft 1 / 1990, S. 138-141. Seelze-Velber: Friedrich.

BERG, Hans Christoph (1990/B): Leben braucht Vielfalt. In: WEIRAUCH, W. u.a. (Hrsg.) (1990), S. 27-43.

BERG, Hans Christoph (1990/C): Schulvielfalt – denn Bildung ist Vertrauenssache. Das Marburger Exempel zur Schulvielfalt in der Lehrerbildung. In: WEIRAUCH, W. u.a. (Hrsg.) (1990), S. 43-45.

BERG, Hans Christoph (1993/A): Suchlinien. Studien zur Lehrkunst in Schulvielfalt. Neuwied: Luchterhand.

BERG, Hans Christoph (1993/B): Lehrkunst in Schulvielfalt. Zwischenbericht über ein hessisches Schulentwicklungsprojekt 1989-1992. In: FUCHS, E. (Hrsg.) (1993), S. 51-64.

BERG, Hans Christoph (1993/C): Schulpflicht ohne Schulfreiheit wird autoritär. In: FUCHS, E. (Hrsg.) (1993), S. 27-31.

BERG, Martin / SEWIG, Niels J. (1970): Soziale Schichten, Sprachbarrieren, Schulerfolg. In: BECK, J. / SCHMIDT, L. (Hrsg.) (1970), S. 67-73.

BERGGOLD, Norbert (1982): Was sagen Eltern zur katholischen Schule? Ergebnis der Elternbefragung 1980 an den Katholischen Schulen Österreichs. In: Ordensnachrichten; Hrsg.: Superiorenkonferenz der männlichen Ordensgemeinschaften Österreichs; Heft 2 / 1982; Wien.

BIERMANN, Gerd (1977): Kinder im Schulstreß. Reihe: Beiträge zur Kinderpsychotherapie, Bd. 24. München: Ernst Reinhardt.

BIETAU, Alfred / BREYVOGEL, Wilfried u.a. (1983): Subjektive Verarbeitungsformen schulischer Anforderungen und Selbstkrisen Jugendlicher – Schülerfallstudien und deren vergleichende Interpretation. Essen: Universität Essen / Projektgruppe "Schule und Subkultur".

BILDUNGSKOMMISSION NRW (Hrsg.) (1995): Zukunft der Bildung – Schule der Zukunft. Denkschrift der gleichnamigen Kommission beim Ministerpräsidenten des Landes Nordrhein-Westfalen. Neuwied u.a.: Luchterhand.

BILLER, Karlheinz (1988): Schulisches Unbehagen und Erziehung. Ein Beitrag zur Entwicklung einer Schulpathologie. Baltmannsweiler: Pädagogischer Verlag / Burgbücherei Schneider.

BIRKENBIHL, Vera (1995): Stichwort Schule: Trotz Schule lernen! 8. Aufl. München: mvg-Verlag.

BLANKERTZ, Herwig (1992): Die Geschichte der Pädagogik. Von der Aufklärung bis zur Gegenwart. 2. Aufl. Wetzlar: Büchse der Pandora-Verlag.

BLANKERTZ, Stefan (1989/A): Legitimität und Praxis. Öffentliche Erziehung als pädagogisches, soziales und ethisches Problem. Studien zur Relevanz und Systematik angelsächsischer Schulkritik. Wetzlar: Büchse der Pandora-Verlag.

BLANKERTZ, Stefan (1989/B): Schulkritik und Schulalternativen in den USA. Formen nordamerikanischer Schulkritik. Ein Überblick. In: KLEMM, U. / TREML, A. (Hrsg.) (1989), S. 105-120. München: AG-Spak-Publikation.

BLANKERTZ, Stefan (1995): Artikel "Anarchistische Erziehung". In: LENZEN, D. (Hrsg.) (1995), EEW, Bd. 3, S. 416-418. Stuttgart: Ernst Klett.

BLOCH, Ernst (1954): Das Prinzip Hoffnung. Berlin: Aufbau-Verlag.

BOBERSKI, Heiner (1985/A): Privatschulen sind unverzichtbar. In: Zschr. "Die Furche"; Heft 18 / 1985; Österreich.

BOBERSKI, Heiner (1985/B): Was Privatschulen attraktiv macht. In: Zschr. "Die Furche"; Heft 18 / 1985; Österreich.

BÖHM, Winfried (1986): Die Montessori-Philosophie und ihre erziehungspraktische Relevanz. In: RÖHRS, H. (Hrsg.) (1986), S. 129-142. Düsseldorf: Schwann.

BÖNSCH, Manfred (1994): Die beste Schule für mein Kind. Was Eltern wissen sollten, wenn sie sich auf dem "Schulmarkt" umsehen. Freiburg u.a.: Herder.

BORCHERT, Manfred (1998/A): Was unterscheidet Freie Alternativschulen von anderen reformpädagogischen Schulen? In: BORCHERT, M. / MAAS, M. (1998), S. 36-82.

BORCHERT, Manfred (1998/B): "Der schulische Vollzug ist nicht gewährleistet" – Freie Alternativschulen und ihre staatliche Anerkennung. In: BORCHERT, M. / MAAS, M. (1998), S. 83-90.

BORCHERT, Manfred / DERICHS-KUNSTMANN, Karin (Hrsg.) (1979): Schulen, die ganz anders sind. Erfahrungsberichte aus der Praxis für die Praxis. Frankfurt: Fischer.

BORCHERT, Manfred / MAAS, Michael (Hrsg.) (1998): Freie Alternativschulen. Die Zukunft der Schule hat schon begonnen. Bad Heilbrunn: Klinkhardt.

BORGIUS, Walter (1981): Die Schule – ein Frevel an der Jugend. Unveränderter Reprint der Erstausgabe von 1930 mit einem ergänzenden Nachwort des Verlegers Kurt Zube. Freiburg: Mackay-Gesellschaft.

BOYD, William Lowe (1993): Die Politik der freien Schulwahl und marktorientierte Schulreform in Großbritannien und den Vereinigten Staaten. Wie erklären sich die Unterschiede? Übers. von Annette Roeder. In: Z.f.Päd., 39. Jg. / 1993, Nr.1, S. 53-69. Weinheim: Beltz.

BOYER, Ludwig u.a. (Hrsg.) (1990): Grundzüge des österreichischen Schulrechts. Unter Mitarbeit von Ernst Janke und Günter Oberleitner. Linz/Österreich.

BRAMMEN, Cornelia / STRUCK, Peter (1998): Für jedes Kind die richtige Schule. Alle wichtigen Schulformen zum Kennenlernen und Nachschlagen. Berlin: Ullstein.

BRAUNMÜHL, Ekkehard VON u.a. (Hrsg.) (1976): Die Gleichberechtigung des Kindes. Frankfurt: Fischer.

BRAUNMÜHL, Ekkehard VON (1980): Antipädagogik: Studien zur Abschaffung von Erziehung. 3. korr. Aufl. Weinheim: Beltz.

BREZINKA, Wolfgang (1974): Erziehung und Kulturrevolution. Die Pädagogik der Neuen Linken. München: Ernst Reinhardt.

BROOS, Susanne (Hrsg.) (1997): Welche Schule für unser Kind? Ein Wegweiser für weiterführende Schulen. Reinbek: Rowohlt.

BROTBECK, Kurt (1980): Initiative für freie Schulwahl. In: Gegenwart; Zweimonatsschrift für freies Geistesleben und soziale Dreigliederung; 42. Jg., Nr. 4, Okt. / Nov. 1980, S. 181 ff. Bern / Schweiz.

BRÜCK, Horst (1978): Die Angst des Lehrers vor seinem Schüler. Zur Problematik verbliebener Kindlichkeit in der Unterrichtsarbeit des Lehrers – ein Modell. Reinbek: Rowohlt.

BRÜHWEILER, Hans (1971) Wider die Leistungsschule. Eine Untersuchung zum ursprünglich pädagogischen Begriff der Muße (scholé). Zürich / Schweiz: Benzinger.

BRÜNDEL, Heidrun / HURRELMANN, Klaus (1994): Gewalt macht Schule. Wie gehen wir mit aggressiven Kindern um? München: Droemer / Knaur.

BRUNS, Monika (1984): Lernen ohne Zwang? – Unmöglich! Freie Schulen zwischen elterlichen Sorgen und behördlicher Ablehnung. In: BEHR, M. (Hrsg.) (1984), S. 176-182. München: dtv.

BUCHEN, Sylvia / WEISE, Elke (Hrsg.) (1995): Schule und Unterricht vor neuen Herausforderungen. Weinheim: Deutscher Studien Verlag.

BÜCHSE, Kristin (1983): Lehrertypen. In: KAHL, R. (Hrsg.) (1983), S. 90 ff.

BUDDRUS, Volker (Hrsg.) (1992): Die "verborgenen" Gefühle in der Pädagogik. Impulse und Beispiele aus der humanistischen Pädagogik zur Wiederbelebung der Gefühle. Baltmannwseiler: Schneider Verlag Hohengehren.

BUHREN, Claus G. / KILLUS, Dagmar / MÜLLER, Sabine (1999): Wege und Methoden der Selbstevaluation. Ein praktischer Leitfaden für Schulen. Reihe: Beiträge zur Bildungsforschung und Schulentwicklung, Bd. 6; Hrsg.: Institut für Schulentwicklungsforschung der Universität Dortmund. Dortmund: IFS-Verlag.

BUNDESVERBAND DEUTSCHER PRIVATSCHULEN (1996): Schulgeld schafft Hemmschwelle zu Privatschulen. – Ergebnisse einer Meinungsumfrage. In: Schulen in freier Trägerschaft; Hrsg.: ders.; 71. Jg. / 1996, Heft 2, S. 3-4. Frankfurt / M.

BUßMANN, Hildegard und Jochen (Hrsg.) (1994): Unser Kind geht auf die Waldorfschule. Erfahrungen und Ansichten. Reinbek: Rowohlt.

CARLGREN, Frans (1981): Erziehung zur Freiheit. Die Pädagogik Rudolf Steiners. Berichte aus der internationalen Waldorfschulbewegung. Frankfurt / M.: Fischer.

CHRISTIE, Niels (1971) Wenn es die Schule nicht gäbe. - Orig.: Hvis skolen ikke fantes. 1991. – Dt. Fassung: München 1974: List.

CHUBB, John E. / MOE, Terry M. (1993): Freie Schulen sind bessere Schulen. Erfahrungen und Reformvorschläge aus den USA. – Good Schools by Choice. A New Strategy for educational Reform. – Englisch mit deutschem Vorwort. Schriftenreihe des European Forum for Freedom in Education, Bd. 6. Frankfurt/M.: Info 3 – Verlag.

CLOER, Ernst (1996): Einheitsschule (Gesamtschule). In: SEYFARTH-STUBENRAUCH, M. / SKIERA, E. (1996), Bd. 1, S. 158-170.

COMENIUS, Johann Amos (1657): Didactica Magna. Große Didaktik. Übersetzt und herausgegeben von Andreas Flitner, 1970. Düsseldorf: Verlag Helmut Küpper.

CREUTZ, Helmut (1977): Haken krümmt man beizeiten. Schultagebuch eines Vaters. Mit einem Vorwort von Hellmut Becker. München: C. Bertelsmann.

DAHLEM, Rainer (1998): Bildung für die Welt von morgen. In: GONSCHOREK, G. / WÖLFING; W. (1998), S. 72-83.

DAHRENDORF, Ralf (1965): Bildung ist Bürgerrecht. Plädoyer für eine aktive Bildungspolitik. Hamburg: Nannen

DALIN, Per (1997): Schule auf dem Weg in das 21. Jahrhundert. Originaltitel der norwegischen Ausgabe: Utdanning for et nytt århundre. Reihe: Beiträge zur Schulentwicklung. Neuwied u.a.: Luchterhand.

DALIN, Per / ROLFF, Hans-Günter (1990): Institutionelles Schulentwicklungsprogramm. Soest: Verlag für Schule und Weiterbildung.

DALIN, Per / ROLFF, Hans-Günter / BUCHEN, Herbert (1996): Institutioneller Schulentwicklungs-Prozeß. Ein Handbuch. Hrsg.: Landesinstitut für Schule und Weiterbildung in NRW. 3. Aufl., völlig überarb. Neuausgabe. Bönen: Verlag für Schule und Weiterbildung.

DASCHNER, Peter (2000): Weder Fast Food noch Sonntagsbraten. Beobachtungen und Hinweise zur Schulprogrammentwicklung. In: Pädagogik, 52. Jg., Heft 10 / 2000, S. 7-9. Weinheim: Beltz.

DASCHNER, Peter / ROLFF, Hans-Günter / STRYCK, Tom (Hrsg.) (1995): Schulautonomie – Chancen und Grenzen. Impulse für die Schulentwicklung. Weinheim u.a.: Juventa.

DAUBNER, Heinrich / WEBER, Heribert (1976): Eltern aktiv. Handbuch für eine humane Schule. Reinbek: Rowohlt.

DELORS, Jacques (1997): Bildung: Eine notwendige Utopie. In: DEUTSCHE UNESCO-KOMMISSION (Hrsg.) (1997), S. 11-28.

DENNISON, George (1971): Lernen und Freiheit. Frankfurt: März-Verlag.

DEUTSCHE UNESCO-KOMMISSION (Hrsg.) (1997): Lernfähigkeit: Unser verborgener Reichtum. UNESCO-Bericht zur Bildung für das 21. Jahrhundert. Einleitung von Jacques Delors. Erstausgabe: UNESCO 1996. Neuwied u.a.: Luchterhand.

DEUTSCHER AUSSCHUSS FÜR DAS ERZIEHUNGS- UND BILDUNGSWESEN (Hrsg.) (1959): Rahmenplan zur Umgestaltung des allgemeinbildenden öffentlichen Schulwesens. Stuttgart: Deutscher Ausschuß ...

DEUTSCHER BILDUNGSRAT (1970): Empfehlungen der Bildungskommission. Strukturplan für das Bildungswesen. Stuttgart: Deutscher Bildungsrat.

DEUTSCHER BILDUNGSRAT (Hrsg.) (1973): Zur Reform von Organisation und Verwaltung im Bildungswesen. Teil 1: Verstärkte Selbständigkeit der Schule und Partizipation der Lehrer, Schüler und Eltern. Stuttgart: Deutscher Bildungsrat.

DICK, Lutz VAN (1979): Alternativschulen. Informationen, Probleme, Erfahrungen. Reinbek: Rowohlt.

DIE GRÜNEN IM LANDTAG VON BADEN-WÜRTTEMBERG (Hrsg.) (1994): Wortmeldungen zur Schulreform. Stuttgart: Die Grünen.

DIEDERICH, Jürgen (1997): Theorie der Schule. Ein Studienbuch zu Geschichte, Funktionen und Gestaltung. Berlin: Cornelsen Scriptor.

DIETRICH, Ingrid u.a. (Hrsg.) (1978): Schulverdrossenheit. Königstein: Scriptor.

DIKOW, Joachim (1992): Die Einstellung von Eltern zur katholischen Schule in freier Trägerschaft. In: Engagement; Zschr. für Erziehung und Schule, Heft 3-4 / 1992; S. 270-287; Hrsg.: Arbeitskreis katholischer Schulen in freier Trägerschaft. Münster: Aschendorff.

DIKOW, Joachim (1994): Katholische Schulen in freier Trägerschaft – Ergebnis einer Umfrage. In: Engagement; Zschr. für Erziehung und Schule, Heft 2-3 / 1994; S. 143-299; Hrsg.: Arbeitskreis katholischer Schulen in freier Trägerschaft. Münster: Aschendorff.

DOBART, Anton (Hrsg.) (1998): Schulleitung und Schulaufsicht. Neue Rollen und Aufgaben im Schulwesen einer dynamischen und offenen Gesellschaft. Arbeits- und Forschungsberichte aus dem Bereich der Schulentwicklung. Innsbruck u.a.: Studien Verlag.

DÖBERT, Hans / GEIßLER, Gert (Hrsg.) (1997): Schulautonomie in Europa. Umgang mit dem Thema, Theoretisches Problem, Europäischer Kontext, Bildungshistorischer Exkurs. Baden-Baden: Nomos Verlagsgesellschaft.

DOORMANN, Lottemi (1976): Verändert die Schule jetzt! Elterninitiativen gegen Schulnotstand. Weinheim: Beltz.

EDDING, Friedrich (1971): Schule und Gesellschaft in der Sicht der Zukunftsforschung. In: ARBEITSGEMEINSCHAFT FREIER SCHULEN (Hrsg.) (1971), S. 42-55.

EDER, Ferdinand (1996): Die Befindlichkeit von Schülerinnen und Schülern als Indikator für Schulqualität. Aktuelle empirische Befunde. In: SPECHT, W./ THONHAUSER, J. (1996): S. 320-343.

EISENBERG, Götz / GRONEMEYER, Reiner (1993): Jugend und Gewalt. Reinbek: Rowohlt.

ELTERNARBEITSGEMEINSCHAFT FREIER SCHULEN IN BADEN-WÜRTTEMBERG (Hrsg.) (2000): Eltern unterstützen das freie Bildungswesen. Eine Informationsschrift. Stuttgart: Elternarbeitsgemeinschaft ..., c/o Roland Profke, Kremmlerstr. 76B, 70597 Stuttgart..

ENGELKE, Bertold / JANSEN, Christian (1984): Die Freie Schule Heidelberg: Eine Initiative löst sich auf. In: BEHR, M. (Hrsg.) (1984), S, 116-118.

ENGELKING, Gerhard (2000): Regionale Bildungslandschaft – eine Kulturlandschaft?! In: Pädagogik, 52.Jg. / 2000, Heft 7-8, S. 39-43. Weinheim: Beltz.

ERBE, Hans-Walter (1966): Wozu gibt es eigentlich Privatschulen? In: Neue Sammlung, 6. Jg. / 1966,S. 504-515. Seelze-Velber: Friedrich.

ERBE, Hans-Walter (1969): Die Öffentlichkeit der öffentlichen Schule. In: Neue Sammlung, Nr. 9 / 1969. Seelze-Velber: Friedrich.

ESSER, Barbara / WILDE, Christiane (1989): Montessori-Schulen. Zu Grundlagen und pädagogischer Praxis. Reinbek: Rowohlt.

ETTL, Hubert (1981): Schule in der bürgerlichen Gesellschaft. Kritik des Elends schulischen Lernens und die Perspektiven der Befreiung. Frankfurt / M. u.a.: Campus-Verlag.

EUROPÄISCHE INFORMATIONSSTELLE VON EURYDICE (Hrsg.) (1992): Verwaltungs- und Evaluierungsstrukturen von Primar- und Sekundarschulen in den zwölf Mitgliedsstaaten der Europäischen Gemeinschaft. Brüssel: Rue d'Arlon 15, B-1050 Bruxelles.

EUROPÄISCHES FORUM FÜR FREIHEIT IM BILDUNGSWESEN (1991/A): Deklaration zum Menschenrecht auf Bildungsfreiheit (31.5.91). In: FERNANDEZ, A. / JENKNER, S. (1995), S. 293-295.

EUROPÄISCHES FORUM FÜR FREIHEIT IM BILDUNGSWESEN (1991/B): Memorandum zur Rolle des Bildungswesens im Einigungsprozeß Europas (31.5.91). In: FERNANDEZ, A. / JENKNER, S. (1995), S. 296-300.

EUROPÄISCHES FORUM FÜR FREIHEIT IM BILDUNGSWESEN (1992): Empfehlungen für Bildungsgesetze (22.11.92). In: JENKNER, S. (Hrsg.) (1994), S. 82-89.

EVERS, Hans Ulrich (1982): Der Bildungs- und Erziehungsauftrag der österreichischen Schule. In: Recht der Schule, Heft 2 / 1982. Österreich.

FARIN, K. / SEIDEL-PRELEN, E. (1993): Ohne Gewalt läuft nichts. Jugend und Gewalt in Deutschland. Köln: Bund-Verlag.

FAUSER, Peter (Hrsg.) (1996): Wozu die Schule da ist. Eine Streitschrift der Zeitschrift Neue Sammlung. Seelze-Velber: Friedrich.

FAUST-SIEHL, Gabriele / GARLICHS, Ariane / RAMSEGER, Jörg / SCHWARZ, Hermann / WARM, Ute (Hrsg.) (1996): Die Zukunft beginnt in der Grundschule. Empfehlungen zur Neugestaltung der Primarstufe. Ein Projekt des GS-Verbandes "Arbeitskreis Grundschule – Der Grundschulverband e.V."; Reinbek: Rowohlt.

FEIFEL, Erich (1992/A): Christliches Menschenbild in der katholischen Schule. In: ILGNER, R. (Hrsg.) (1992), Bd. 2, Heft 9.

FEIFEL, Erich (1992/B): Der Erziehungsauftrag der katholischen Schule. In: ILGNER, R. (Hrsg.) (1992), Bd. 2, Heft 24.

FEND, Helmut (1974): Gesellschaftliche Bedingungen schulischer Sozialisation. Weinheim: Beltz.

FEND, Helmut (1980): Theorie der Schule. München u.a.: Urban & Schwarzenberg.

FEND, Helmut (1986): Gute Schulen – schlechte Schulen. Die einzelne Schule als pädagogische Handlungseinheit. In: Die Deutsche Schule, 82 / 1986, Heft 3, S. 275-293.

FEND, Helmut (2000): Qualitätskriterien und Qualitätssicherung im Bildungswesen. In: Hrsg. GEW-Baden-Württemberg / 2000, Dokumentation des Kongresses "Qualität-Leistung-Bildung" am 9.10.1999 in der PH Ludwigsburg, S. 8-26. Stuttgart: GEW.

FEND, Helmut (2001): Qualität im Bildungswesen. Schulforschung zu Systembedingungen, Schulprofilen und Lehrerleistung. 2. Aufl. Weinheim u.a.: Juventa Verlag.

FERNANDEZ, Alfred / JENKNER, Siegfried (Hrsg.) (1995): Internationale Erklärungen und Übereinkommen zum Recht auf Bildung und zur Freiheit der Erziehung . (English-Français-Deutsch-Español). Schriftenreihe des E/F/F/E, Bd. 8. Erw. Neuauflage. Frankfurt / M.: Info 3-Verlag.

FERTIG, Ludwig (1983): "Schulalternativen" in historischer Sicht. Anmerkungen zum Verhältnis von Familienerziehung und öffentlichem Schulwesen im 18. und 19. Jahrhundert. In: Neue Sammlung, 23 / 1983, S. 390-406. Seelze-Velber: Friedrich.

FINKENSTEIN, Iris VON (1996): Eingeschult und ausgespielt. Kinder, Eltern, Lehrer und die Grundschule. München: Knaur.

FISCHER, Dietlind / ROLFF, Hans-Günter (1997): Autonomie, Qualität von Schulen und staatliche Steuerung. Chancen und Risiken von Schulautonomie. In: Z.f.Päd., 43. Jg. / 1997, Nr. 4, S. 537-549. Weinheim: Beltz.

FISCHER, Wolfgang (1972): Schule und kritische Pädagogik. Fünf Studien zu einer pädagogischen Theorie der Schule. Heidelberg: Quelle & Meyer.

FISCHER, Wolfgang (1975): Bildung trotz Schule? In: Vierjahresschrift für wissenschaftliche Pädagogik, 51. Jg. / 1975, S. 327-343.

FISCHER, Wolfgang (1978): Schule als parapädagogische Organisation. Kastellaun: Henn-Verlag.

FISCHER-KOWALSKI, Marina / PELIKAN, Johanna / SCHANDL, Heinz (1995): Große Freiheit für kleine Monster? Alternativschulen und Regelschulen im Vergleich. Wien: Verlag für Gesellschaftskritik.

FLENSBURGER HEFTE VERLAG (Hrsg.) (1994): Waldorfschulen in Not. Reihe: Flensburger Hefte, Sonderheft Nr. 13. Flensburg: FH-Verlag.

FLITNER, Andreas (1980): Freie Schulen – Ergänzung und Herausforderung des öffentlichen Schulsystems. In: Privatschulen und öffentliches Schulsystem, pädagogische und juristische Perspektiven. Beiträge zur Gesellschafts- und Bildungspolitik, Nr. 58 / 1980; Köln.

FLITNER, Andreas (1982): Konrad, sprach die Frau Mama ... Über Erziehung und Nicht-Erziehung. 1. Aufl.: Berlin 1982. – Zitate nach: 8. Aufl./1996. München: Piper.

FLITNER, Wilhelm u.a. (Hrsg.) (1961): Die deutsche Reformpädagogik. Bd. 1. (Darin: ELLEN KEY, Erziehung; S. 52 f). Düsseldorf: Küpper.

FRANKL, Victor E. (1962): Der Wille zum Sinn. Ausgewählte Vorträge über Logotherapie. Bern: Verlag Hans Huber.

FREIE PÄDAGOGISCHE VEREINIGUNG BERN (Hrsg.) (1976): Waldorfpädagogik in öffentlichen Schulen. Freiburg: Herder.

FREINET, Célestin (1981): Praxis der Freinet-Pädagogik. Übers. und bearb. von Hans Jörg. Paderborn: Schöningh.

FREINET, Elise (1985): Erziehung ohne Zwang. München: dtv.

FREIRE, Paulo (1970): Pädagogik der Unterdrückten. Mit einer Einführung von Ernst Lange. Übertragen von Werner Simpendörfer. – Orig.: Pedagogia do oprimido. 1970. – Stuttgart u.a.: Kreuz-Verlag.

FRIEDEBURG, Ludwig VON (1979): Zur gesellschaftlichen Funktion von Privatschulen im öffentlichen Schulsystem. In: GOLDSCHMIDT, D. / ROEDER, P.M. (Hrsg.) (1979), S. 39-50.

FRIEDEBURG, Ludwig VON (1981): "Schule ist das Kampfthema unserer Gesellschaft." Ein SPIEGEL-Gespräch über den Streit um die Gesamtschulreform. In: KILZ, H.W. (Hrsg.) (1981/A), S. 151-164.

FRIES, Otmar (1985): Schülerbelastung aus der Sicht der interpretativen Unterrichtsforschung. (Diss. Univ. Zürich 1984). Thalwil u.a.: Paeda Media.

FROMM, Erich (1983): Die Furcht vor der Freiheit. – Orig.: Escape from Freedom. 1941. – Frankfurt / M. u.a.: Ullstein.

FROMMELT, Bernd (1995): Auf dem Weg von der Lernschule zur Lebensschule. Das hessische Autonomiekonzept. In: DASCHNER, P. / ROLFF, H.-G. / STRYCK, T. (Hrsg.) (1995), S. 185-206.

FUCHS, Eginhard (Hrsg.) (1993): Für Freiheit im Bildungswesen! Gesprächsbeiträge und Erklärungen. Schriftenreihe des E/F/F/E, Bd. 4. Frankfurt / M.: Info 3-Verlag.

FUCHS, Eginhard / KRAMPEN, Ingo (Hrsg.) (1992/A): Selbstverwaltung macht Schule. Fallstudien zur Freiheit im Bildungswesen. (Deutsche Ausgabe). Schriftenreihe des E/F/F/E, Bd. 2. Frankfurt / M.: Info 3-Verlag.

FUCHS, Eginhard / KRAMPEN, Ingo (1992/B): Innere Voraussetzungen der Bildungsfreiheit. In: dieselben (Hrsg.) (1992/A), S. 13-18.

FÜHR, Christoph (1979): Das Bildungswesen in der BRD. (Darin: Thesen des Bonner Forums "Mut zur Erziehung" anläßlich des gleichnamigen Kongresses vom 8.-10.3.1978 in Bonn-Bad Godesberg; S. 173). Weinheim: Beltz.

FÜSSEL, Hans-Peter (1997): Von den Schwierigkeiten im Umgang mit der Schulautonomie – ein Versuch, sich einem komplizierten Gegenstand zu nähern. In: DÖBERT, H. / GEIßLER, G. (Hrsg.) (1997), S. 11-25.

GAMM, Hans-Jochen (1970): Kritische Schule. Eine Streitschrift für die Emanzipation von Lehrern und Schülern. München: Paul List.

GAMM, Hans-Jochen (1972): Das Elend der spätbürgerlichen Pädagogik. Studien über den politischen Erkenntnisstand in einer Sozialwissenschaft. München: Paul List.

GAMM, Hans-Jochen (1979): Allgemeine Pädagogik. Die Grundlagen von Erziehung und Bildung in der bürgerlichen Gesellschaft. Reinbek: Rowohlt.

GANDE, Reinhard / PUTZER, Hans / SCHWETZ, Herbert (Hrsg.) (1994): Schulautonomie. Ein Handbuch für die Praxis. Graz: Leykam.

GEIGER, Willi (1970): Funktion und Chance der freien Schule. In: Fragen der Freiheit, Heft 84, S. 3-15. (Hrsg.: Seminar für freiheitliche Ordnung e.V., Bad Boll). Bad Boll: Seminar ...

GEISSLER, Erich E. / HUBER, Sylvia (Hrsg.) (1996): Pädagogik im sich einigenden Europa. Frankfurt / M. u.a.: Peter Lang.

GERNER, Berthold (1984): Pathologie der Erziehung. Darmstadt: Wiss. Buchgesellschaft.

GIESECKE, Hermann (1996): Wozu ist die Schule da? In: FAUSER, P. (1996), S. 5-16.

GLÄSER, Johannes (1920): Vom Kinde aus. In: ders. (Hrsg.). Vom Kinde aus. Arbeiten des pädagogischen Ausschusses der Gesellschaft der Freunde des vaterländischen Schul- und Erziehungswesens zu Hamburg. Hamburg u.a.: Westermann.

GLEIM, Bernhard (1985): Der Lehrer als Künstler. Zur praktischen Schulkritik der Bremer und Hamburger Reformpädagogen. Reihe: Beltz Forschungsberichte. Weinheim u.a.: Beltz.

GLOGAUER, Werner (1993): Die neuen Medien verändern die Kindheit. Weinheim: Deutscher Studien-Verlag.

GOGOLIN, Ingrid (1998): Interkulturalität als Herausforderung der Schule: einige Überlegungen für die Gestaltung der Schule der Zukunft. In: ALTRICHTER, H. / SCHLEY, W. / SCHRATZ, M. (Hrsg.) (1998), S. 479-502.

GOLDSCHMIDT, Dietrich / ROEDER, Peter M. (Hrsg.) (1979): Alternative Schulen? Gestalt und Funktion nichtstaatlicher Schulen im Rahmen öffentlicher Bildungsysteme. Stuttgart: Klett-Cotta.

GONSCHOREK, Gernot / WÖLFING, Willi (Hrsg.) (1998): Erziehung und Bildung an der Schwelle zum 21. Jahrhundert. Schriftenreihe der Pädagogischen Hochschule Heidelberg, Bd. 35. Weinheim: Deutscher Studien-Verlag.

GOODMAN, Paul (1969): Freiheit und Lernen. In: Neue Sammlung, 1969, S. 429. Seelze-Velber: Friedrich.

GOODMAN, Paul (1971): Aufwachsen im Widerspruch. Darmstadt: Verlag Darmstädter Blätter.

GOODMAN, Paul (1975): Das Verhängnis der Schule. Frankfurt: Fischer.

GREGOR-DELLIN, Martin (1979): Deutsche Schulzeit. Erinnerungen und Erzählungen aus drei Jahrhunderten. München: Nymphenburger.

GRODDEK, Norbert / SCHULTZE, Hubertus (1995): Entschulungsdiskussion und Alternativschulen. In: LENZEN, D. (Hrsg.) (1995), EEW, Bd. 8, S. 319-341.

GROOTHOFF, Hans-Hermann (1989): Die Krise der allgemeinbildenden Schule. Über den Widerstreit von Bildung und Ausbildung im deutschen Schulwesen. Frankfurt / M.: Athenäum.

GRUHL, Herbert (1975): Ein Planet wird geplündert. Frankfurt / M.: Fischer.

GRUNDER, Hans-Ulrich (1995): Wieviel Staat braucht die Schule? In: BADERTSCHER, H. / GRUNDER, H.-U. (1995), S. 21-48.

HABERL, Herbert (Hrsg.) (1993): Montessori und die Defizite der Regelschule. (Symposium zum Thema "'Montessori-Pädagogik – eine Perspektive für die 90er Jahre?" In: Krimml / Österreich). Wien: Herder.

HABERMAS, Jürgen (1968): Erkenntnis und Interesse. In: ders., Technik und Wissenschaft als "Ideologie", S. 146 ff. Frankfurt / M.: Suhrkamp.

HAECKER, Horst / WERRES, Walter (1983): Schule und Unterricht im Urteil der Schüler. Bericht einer Schülerbefragung in der Sekundarstufe I. Reihe: Studien zur Pädagogik der Schule, Bd. 10. Frankfurt / M. u.a.: Peter Lang.

HAEFNER, Klaus (1984): Die neue Bildungskrise. Herausforderung der Informationstechnik an Bildung und Ausbildung. Zürich: Buchclub ex libris.

HAMANN, Bruno (1993): Geschichte des Schulwesens. Werden und Wandel der Schule im ideen- und sozialgeschichtlichem Zusammenhang. 2. überarb. und erw. Aufl. Bad Heilbrunn: Klinkhardt.

HARDORP, Benediktus (1996): Wird der Verfassungsauftrag erfüllt? Zur Novellierung des Schulgesetzes in Baden-Württemberg. In: Erziehungskunst, Heft 1 / 1996, S. 70-73. Stuttgart: Freies Geistesleben.

HARDORP, Benediktus (2000): Zur Idee des Bildungsgutscheins. In: KULLAK-UBLICK, H. (Hrsg.) (2000), S. 87-91.

HARTWIG-HELLSTERN, Frercks / PORESKI, Thomas (1993): Über die Notwendigkeit und Wege einer Bildungsreform. In: KUNERT, CH. (Hrsg.) (1993), S. 162 ff.

HASSIO, Brigitte (Hrsg.) (1980): Schüler. Zur Schule. Über die Schule. Gegen die Schule. Weinheim u.a.: Beltz.

HAUCK, Bernd (1991): Die Krise der schulischen Vermittlungspraxis. Versuche zur didaktischen Aufarbeitung von Krisenerscheinungen in Schule und Unterricht im Jahrzehnt nach der Bildungsreform. Reihe: Europäische Hochschulschriften, XI, Bd. 458. Frankfurt / M.: Peter Lang.

HAUG, Rüdiger (1994): Was Schulehalten in Deutschland kostet und wie Schulen in freier Trägerschaft staatlich unterstützt werden. In: Fragen der Freiheit, Heft 229, S. 30-50. (Hrsg.: Seminar für freiheitliche Ordnung e.V. Bad Boll). Bad Boll: Seminar ...

HECKEL, Hans (1955): Deutsches Privatschulrecht. Berlin u.a.: Heymann.

HEIMRATH, Johannes (Hrsg.) (1991/A): Die Entfesselung der Kreativität. Das Menschenrecht auf Schulvermeidung. 2. Aufl. Wolfratshausen: Drachen-Verlag.

HEIMRATH, Johannes (Hrsg.) (1991/B): Tilmann geht nicht zur Schule. Eine erfolgreiche Schulverweigerung. Vollständige Dokumentation. Wolfratshausen: Drachen-Verlag.

HEINEMANN, Karl-Heinz (1980): Alternativschulen und demokratische Bewegung in der Bundesrepublik. In: AUERNHEIMER, G. / HEINEMANN, K.-H. (Hrsg.) (1980), S. 11-28.

HEINEMANN, Karl-Heinz (1998): Blühende Landschaften. Schulvielfalt in Leipzig. In: Pädagogik, Heft 7-8 / 1998, S. 81-83. Weinheim: Beltz.

HEITGER, Marian (Hrsg.) (1984): Umgang mit der Schulkritik. Reihe: Münstersche Gespräche zu Themen der wissenschaftlichen Pädagogik, Heft 1. Münster: Aschendorff.

HELLBRÜGGE, Theodor (1975): Macht unsere Schule die Kinder krank? Sonderdruck zur Veranstaltungsreihe Wege und Gestalten. Hrsg.: Wieland-Gymnasium, Biberach a.d. Riss.

HELLMICH, Achim / TEIGELER, Peter (Hrsg.) (1992): Montessori-, Freinet-, Waldorfpädagogik. Konzeption und aktuelle Praxis. Weinheim u.a.: Beltz.

HELMING, Helene (1989): Montessori-Pädagogik. Freiburg: Herder.

HELMKE, Andreas (1983): Schulische Leistungsangst: Erscheinungsformen und Entstehungsbedingungen. Diss. Univ. Konstanz 1982. Frankfurt / M.: Peter Lang.

HENSEL, Horst (1995/A): Die neuen Kinder und die Erosion der alten Schule. Ein Essay zur inneren Schulreform. 7. erw. und aktualis. Aufl. Lichtenau u.a.: AOL.
HENSEL, Horst (1995/B): Die autonome öffentliche Schule. Das Modell des neuen Schulsystems. Lichtenau u.a.: AOL.
HENTIG, Hartmut VON (1968): Systemzwang und Selbstbestimmung. Über die Bedingungen der Gesamtschule in der Industriegesellschaft. Stuttgart: Klett.
HENTIG, Hartmut VON (1972): Cuernavaca oder: Alternativen zur Schule? 2. Aufl. Stuttgart: Klett.
HENTIG, Hartmut VON (1976): Was ist eine humane Schule? Drei Vorträge. München: Hanser.
HENTIG, Hartmut VON (1985): Wie frei sind freie Schulen? Gutachten für ein Verwaltungsgericht. Stuttgart: Klett-Cotta.
HENTIG, Hartmut VON (1987): Sozialpathologie der Schule. Ein Versuch, zu verstehen, was das ist. (Vortrag auf dem Kongreß der Deutschen Gesellschaft für Sozialmedizin in München, 23. Okt. 1975.) In: ders. (1987), Was ist eine humane Schule? Drei Vorträge. 7. Aufl., S. 53-88. München: Hanser.
HENTIG, Hartmut VON (1993): Die Schule neu denken. Eine Übung in praktischer Vernunft. Eine zornige, aber nicht eifernde, eine radikale, aber nicht utopische Antwort auf Hoyerswerda und Mölln, Rostock und Solingen. München: Hanser.
HENTIG, Hartmut VON (1996/A): Abdankung. In: FAUSER, P. (Hrsg.) (1996), S. 57-65.
HENTIG, Hartmut VON (1996/B): Bildung. Ein Essay. München u.a. Hanser.
HENTIG, Hartmut VON (1998): Kreativität. Hohe Erwartungen an einen schwachen Begriff. München: Hanser.
HENTIG, Hartmut VON (1999): Ach, die Werte! Über eine Erziehung für das 21. Jahrhundert. München u.a.: Hanser.
HERDT, Ursula (1994): Was heißt "Mehr Autonomie" konkret für die Schulen? In: Bildung & Wissenschaft, Nov. 1994, S. 4-7; Hrsg.: GEW Baden-Württemberg. Stuttgart: GEW.
HERRMANNSTORFER, Udo (1990): Individualität und Staat. Dreigliederung des sozialen Organismus – eine aktuelle Zeitforderung. Reihe: Soziale Hygiene; Nr.138. Bad Liebenzell: Verein für ein erweitertes Heilwesen e.V.
HERRMANNSTORFER, Udo (1995): Formen der Bildungsfinanzierung. In: BADERTSCHER, H. / GRUNDER, H.-U. (Hrsg.) (1995), S. 85-90.
HERNDON, James (1972): Die Schule überleben. – Orig.: How to Survive in Your Native Land. 1971. – Stuttgart: Ernst Klett.
HERZOG, Roman (1997): Zum Aufbruch in der Bildungspolitik. Rede auf dem Berliner Bildungsforum am 5. November 1997. In: GONSCHOREK, G. / WÖLFING, W. (1998), S. 23-36.

HEYDEBRAND, Caroline VON (1996): Vom Lehrplan der Waldorfschule. 10. Aufl. Stuttgart: Freies Geistesleben.

HEYTING, Frieda / TENORTH, Heinz-Elmar (Hrsg.) (1994): Pädagogik und Pluralismus. Deutsche und niederländische Erfahrungen im Umgang mit Pluralität in Erziehung und Erziehungswissenschaft. Weinheim: Deutscher Studien Verlag.

HINTZ, Dieter (1984): Die pädagogische Schulkritik der Gegenwart. Eine kritische Rezeption. In: HEITGER, M. (Hrsg.) (1984), S. 7-31.

HOFFMANN, Achim u.a. (Hrsg.) (1990): Entschulung der Schule? Berlin: Verlag Volk und Wissen.

HOFFMANN, Reinhard (1993): Für eine stärkere Autonomie der Schule. Thesen zur pädagogischen Schulentwicklung. In: LORENT, H.-P. DE / ZIMDAHL, G. (Hrsg.) (1993), S. 135-144.

HÖFLING, Wolfgang (1998): Die Bedingungen für eine Schule in erweiterter Verantwortung nach deutschem Verfassungsrecht. In: AVENARIUS, H. / BAUMERT, J. / DÖBERT, H. / FÜSSEL, H.-P. (Hrsg.) (1998), S. 51-66.

HOLTAPPELS, Heinz Günter / RÖSNER, Ernst (1996): Schulsystem und Bildungsreform in Westdeutschland. – Historischer Rückblick und Situationsanalyse. In: MELZER, W. / SANDFUCHS, U. (Hrsg.) (1996), S. 23-46.

HOLTSTIEGE, Hildegard (1987): Maria Montessoris neue Pädagogik: Prinzip Freiheit – Freie Arbeit. Freiburg: Herder.

HÖRNER, Wolfgang (1991): Von der Autonomie der Pädagogik zur Autonomie des Schulsystems. Vergleichende Aspekte einer Begründung von Schulautonomie. In: Bildung und Erziehung, 44 (1991) 4, S. 373-390. Köln u.a.: Boehlau.

HUBER, Bruno (1990): Die harte Schule. Wie die Schule mit unseren Kindern umgeht – und wie man Schulprobleme meistert. Das erste "Schulbuch" für Eltern und andere Erwachsene. Wolfsberg / Österreich: Tandaradai-Verlag.

HÜBNER, Peter (1996): Autonomie für jede Schule. In: MEIßNER, K. (Hrsg.) (1996), S. 123-136.

HUFEN, Friedhelm (1998): Verfassungsrechtliche Möglichkeiten und Grenzen schulischer Selbstgestaltung. In: JACH, F.-R. / JENKNER, S. (Hrsg.) (1998), S. 51-73.

HUHN, Gerhard (1990): Kreativität und Schule. Risiken derzeitiger Lehrpläne für die freie Entfaltung der Kinder. Berlin: Verlag für Wissenschaft und Bildung / Synchron-Verlag.

HUMBOLDT, Wilhelm VON (1792): Ideen zu einem Versuch, die Grenzen der Wirksamkeit des Staates zu bestimmen. Neuere Ausgabe mit einem Nachwort von Robert Haerdter, 1987. Stuttgart: Reclam.

HUPPERTZ, Norbert (1979): Die Wertkrise des Menschen. Meisenheim: Hain.

HURRELMANN, Klaus (1996): Das deutsche Schulsystem privatisiert sich. In: Pädagogik, Heft 9 / 1996, S. 35-39. Weinheim: Beltz.

HUSÉN, Torsten (1980): Schule in der Leistungsgesellschaft. Kann die Schule überleben? Mit einem Vorwort von Hellmut Becker. Braunschweig: Westermann.

ILGNER, Rainer (Hrsg.) (1992) / (1994): Handbuch Katholische Schule. Im Auftrag des Arbeitskreises katholischer Schulen in freier Trägerschaft in der Bundesrepublik Deutschland. Bd. 1: Dokumente (1994). Bd. 2: Pädagogische Beiträge (1992). Bd. 3: Zur Geschichte des katholischen Schulwesens (1992). Köln: J.P. Bachem-Verlag.

ILLICH, Ivan (1972/A): Schulen helfen nicht. Über das mythenbildende Ritual der Industriegesellschaft. Einleitung von Erich Fromm. – Orig.: Celebration of Awareness. 1970. – 2. Aufl. Reinbek: Rowohlt.

ILLICH, Ivan (1972/B): Entschulung der Gesellschaft. Eine Streitschrift. Mit einem Vorwort von Hartmut von Hentig. – Orig.: Deschooling Society. 1971. – München: Kösel.

ILLICH, Ivan (1978): Fortschrittsmythen. – Orig.: The Right to Useful Unemployment. Energy and Equity. The Alternative to Schooling. 1974. - Reinbek: Rowohlt.

ILLICH, Ivan (1984): Schule ins Museum. Phaidros und die Folgen. Bad Heilbrunn: Klinkhardt.

INGENKAMP, Karlheinz (1977): Die Fragwürdigkeit der Zensurengebung. Texte und Untersuchungsergebnisse. Weinheim: Beltz.

INGENKAMP, Karlheinz (1982): Zensuren auf dem Prüfstand. In: Westermanns Pädagogische Beiträge, 34. Jg. / 1982, Heft 5, S. 198 ff. Hamburg: Päd. Beiträge Verlag.

INITIATIVGRUPPE SOLINGEN (1972): Schule ohne Klassenschranken. Entwurf einer Schulkooperative. Reinbek: Rowohlt.

INSTITUT FÜR BILDUNGSFORSCHUNG UND BILDUNGSRECHT e.V. (Hrsg.) (1997): Programmatische Überlegungen. Warum ein Institut für Bildungsforschung und Bildungsrecht? Aufgaben und Ziele des Instituts. Hannover: Institut ...

INSTITUT FÜR LEHRERBILDUNG ESSEN-WERDEN / DEUTSCHES INSTITUT FÜR WISSENSCHAFTLICHE PÄDAGOGIK MÜNSTER (Hrsg.) (1980): Schüler beurteilen Schule: Analyse u. Interpretation von Dokumenten zum Schulalltag aus dem Blickwinkel von Schülern. Düsseldorf: Schwann.

JACH, Frank-Rüdiger (1991): Schulvielfalt als Verfassungsgebot. Reihe: Schriften zum Öffentlichen Recht, Band 608. Berlin: Duncker & Humblot.

JACH, Frank-Rüdiger (1993/A): Eine freiheitliche Schulverfassung in Europa. Rechtliche Aspekte. In: FUCHS, E. (Hrsg.), 1993, S. 71-77.

JACH, Frank-Rüdiger (1993/B): Freie Schulen in Europa. Verfassungsrechtliche und gesetzliche Rahmenbedingungen für nichtstaatliche Schulen. In: Erziehungskunst, Heft 10 / 1993, S. 1071-1088. Stuttgart: Freies Geistesleben.

JACH, Frank-Rüdiger (1998): Die Existenzsicherung der Institution Ersatzschulwesen in Zeiten knapper Haushaltsmittel – Umfang und Grenzen der Finanzhilfepflicht des Staates vor dem Hintergrund der Rechtsprechung des Bundesverfassungsgerichts. In: JACH, F.-R. / JENKNER, S. (Hrsg.) (1998), S. 75-103.

JACH, Frank-Rüdiger (1999): Schulverfassung und Bürgergesellschaft in Europa. Reihe: Abhandlungen zu Bildungsforschung und Bildungsrecht, Bd. 2. Berlin: Duncker & Humblot.

JACH, Frank-Rüdiger (2000): Kommunitarismus, Liberalismus und Bürgergesellschaft im Bildungswesen. In: JACH, F.-R. / JENKNER, S. (Hrsg.) (2000), S. 77-90.

JACH, Frank-Rüdiger / JENKNER, Siegfried (Hrsg.) (1998): Autonomie der staatlichen Schule und freies Schulwesen. Festschrift zum 65. Geburtstag von J.P. Vogel. Berlin: Duncker & Humblot.

JACH, Frank-Rüdiger / JENKNER, Siegfried (Hrsg.) (2000): 50 Jahre Grundgesetz und Schulverfassung. Reihe: Abhandlungen zu Bildungsforschung und Bildungsrecht, Band 4. Berlin: Duncker & Humblot.

JEAND'HEUR, Bernd (1998): Zulassung privater Grundschulen. In: JACH, F.-R. / JENKNER, S. (Hrsg.) (1998), S. 105-120.

JEGGE, Jürg (1979): Angst macht krumm. Erziehen oder Zahnrädchenschleifen. Bern: Zytglogge-Verlag.

JENKNER, Siegfried (1993): Freiheit für Schulvielfalt. Politische und rechtliche Erfordernisse. In: FUCHS, E. (Hrsg.) (1993), S. 109-117. Frankfurt / M.: Info 3-Verlag

JENKNER, Siegfried (1995): Wieviel Staat braucht die Schule? Internationale Entwicklungen und Perspektiven. In: BADERTSCHER, H. / GRUNDER, H.-U. (Hrsg.) (1995), S. 111-117.

JENKNER, Siegfried (1998): Auf dem Weg zu einer freiheitlichen Schulverfassung – vergleichende Analyse in West- und Osteuropa. In: Recht und Schule; Heft 4 / 1998, S. 9-13; Hrsg.: Institut für Bildungsforschung und Bildungsrecht e.V.; Hannover.

JENKNER, Siegfried (2000): Das Recht auf Bildung und die Freiheit der Erziehung in der deutschen Verfassungs- und Bildungsgeschichte bis zum Grundgesetz. (Eröffnungsvortrag beim Fachsymposium "50 Jahre Grundgesetz – Schulverfassung, das Recht auf Bildung und die Freiheit der Erziehung" am 14. / 15. Mai 1999 in der Humboldt-Universität Berlin). – a: Vom Autor zugesandtes Vortragsmanuskript; Hannover 1999. – b: Erstveröffentlichung in: JACH, F.-R. / JENKNER, S. (Hrsg.) (2000), S. 1-16.

JUNG, Burkhardt (1999): Überlegungen zum Eigentlichen der evangelischen Schulen. In: SCHEILKE, CH. TH. / SCHREINER, M. (Hrsg.) (1999), S. 162-168. Gütersloh: Gütersloher Verlagshaus.

JOUHY, Ernest (1968): Das Unbehagen in der Schule. In: Neue Sammlung, 6. Jg. / 1968, S. 147-164. Seelze-Velber: Friedrich.

KAHL, Reinhard (Hrsg.) (1983): Schule überleben. Handbuch für Unbelehrbare. Hamburg: Rowohlt.

KALB, Peter E. (Hrsg.) (1983): Einmischung. Schriftsteller über Schule, Gesellschaft, Literatur. Weinheim: Beltz.

KALLERT, Heide / SCHLEUNIG, Eva-Maria / ILLERT, Christa (1984): Der Aufbau der kindlichen Persönlichkeit in den Entwicklungslehren von Maria Montessori und Rudolf Steiner. In: Z.f.Päd., 30. Jg. / 1984, Heft. 5, S. 632-645.

KAYSER-GANTNER, Gise (1999/A): Was ist eine Freie Schule? Schonzelle, Elitetraining oder Ergänzung des staatlichen Schulsystems? In: Zschr. "waldorf", Nr. 3 / 1999, S. 1. Hrsg.: Landesarbeitsgemeinschaft der Freien Waldorfschulen in Baden-Württemberg; Stuttgart: s.o.

KAYSER-GANTNER, Gise (1999/B): Schule heute – Qual der Wahl. Staatliches oder privates Schulsystem: eine schwierige Wahl / Plädoyer für Chancengleichheit. In: Zschr. "waldorf", Nr. 3 / 1999, S. 11; Hrsg.: Landesarbeitsgemeinschaft der Freien Waldorfschulen in Baden-Württemberg; Stuttgart: s.o.

KAYSER-GANTNER, Gise (1999/C): Kürzungsspirale ohne Ende? Die Freien Schulen sehen mit großer Besorgnis der Zukunft entgegen ... In: Zschr. "waldorf", Nr. 5 / 1999, S. 11; Hrsg.: Landesarbeitsgemeinschaft der Freien Waldorfschulen in Baden-Württemberg; Stuttgart: s.o.

KECK, Rudolf W. (1981): Erziehung ist unteilbar. Eltern und Lehrer als Partner – Beispiele für den Schulalltag. Freiburg u.a.: Herder.

KEESE-PHILIPPS, Henning (1989): Alternativschulen am Ende? Untersuchungen zu Eltern und Elternbewußtsein in alternativen Schulen unter besonderer Berücksichtigung partizipatorischer Momente. (Frankfurt / M., Univ. Diss., 1988). Frankfurt / M.: AFRA-Verlag.

KEIM, Wolfgang (1992): Zur Reformpädagogik-Rezeption in den alten Bundesländern – Phasen, Funktionen, Probleme. In: PEHNKE, A. (Hrsg.) (1992), S. 111-139. Neuwied u.a.: Luchterhand.

KELBER, Richard (1985): Lernen ohne Erfahrung. Der Beitrag von Wissenschaft und Schule zur Auflösung natürlicher und sozialer Lebenszusammenhänge. Frankfurt / M.: Extrabuch Verlag.

KELL, Adolf (1996): Bildung zwischen Staat und Markt. In: BENNER, D. u.a. (Hrsg.) (1996), Z.f.Päd., 35. Beiheft, S. 31-49. Weinheim u.a.: Beltz.

KEMPER, Herwart (1983): Schultheorie als Schul- und Reformkritik. Reihe: Studien zur Bildungsreform, Bd. 10. Frankfurt / M.: Peter Lang.

KEMPER, Herwart (1990): Schule und bürgerliche Gesellschaft. Zur Theorie und Geschichte der Schulreform von der Aufklärung bis zur Gegenwart. – Teil I: Bürgerliche Öffentlichkeit und öffentliche Schulen: Aufklärung und Neuhumanismus. – Teil II: Politisierung der Erziehung und Pädagogisierung der Schule: 19. Jahrhundert, Weimarer Republik und Bundesrepublik. – Weinheim: Deutscher Studien Verlag.

KEMPER, Herwart (1991): Wie alternativ sind alternative Schulen? Theorie, Geschichte, Praxis. Weinheim: Deutscher Studien Verlag.

KEY, Ellen (1900): Das Jahrhundert des Kindes. – Orig.: Barnets Århundrade. 1900. – Zitate nach: Übersetzung von F. Maro, 1908, 14. Aufl. Berlin: S. Fischer.

KIERSCH, Johannes (1997): Die Waldorfpädagogik. Eine Einführung in die Pädagogik Rudolf Steiners. Stuttgart: Freies Geistesleben.

KIERSCH, Johannes (2000): Václav Havel und die freie Schule. Versuch einer Standortbestimmung. In: KULLAK-UBLICK, H. (Hrsg.), (2000), S. 30-36.

KILZ, Hans Werner (Hrsg.) (1981/A): Gesamtschule. Modell oder Reformruine? Reinbek: Rowohlt.

KILZ, Hans-Werner (1981/B): "Unser Sohn war ein Spätzünder". Was Eltern von der Gesamtschule halten. In: ders. (Hrsg.) (1981), S. 41-58.

KLAFKI, Wolfgang (1970): Integrierte Gesamtschule – Ein notwendiger Schulversuch. In: KLAFKI, W. / RANG, A. / RÖHRS, H., 1979, Integrierte Gesamtschule und Comprehensive School. Motive, Aspekte, Diagnose. Braunschweig: Westermann.

KLAGES, Helmut (1985): Wertorientierungen im Wandel. Rückblick, Gegenwartsanalyse, Prognosen. 2. Aufl. Frankfurt u.a.: Campus-Verlag.

KLAßEN, Theodor F. / SKIERA, Ehrenhard (Hrsg.) (1993): Handbuch der reformpädagogischen und alternativen Schulen in Europa. 2. erw. und aktualis. Aufl. Baltmannsweiler: Schneider-Verlag Hohengehren.

KLEINAU-METZLER, Doris (Hrsg.) (2000): Die Zukunft der Waldorfschule. Perspektiven zwischen Tradition und neuen Wegen. Reinbek: Rowohlt.

KLEMM, Ulrich (1991): Thesen zur Verfaßtheit der Staatsschule. Über die Institutionalisierung von staatlichen Herrschaftsrechten an der Schule. In: HEIMRATH, J. (Hrsg.) (1991/A), S. 14-21.

KLEMM, Klaus / KRAUSS-HOFFMANN, Peter (1999): Evangelische Schulen im Spiegel von Selbstdarstellung und Elternurteil. In: SCHEILKE, CH. TH. / SCHREINER, M. (Hrsg.) (1999), S. 60-79.

KLEMM, Klaus / ROLFF, Hans-Günter / TILLMANN, Klaus-Jürgen (1985): Bildung für das Jahr 2000. Bilanz der Reform, Zukunft der Schule. Hrsg.: Max-Traeger-Stiftung. Reinbek: Rowohlt.

KLEMM, Ulrich (1988): Zur Rezeption des pädagogischen Anarchismus in der Bundesrepublik. In: BAUMANN, H. / KLEMM, U. (Hrsg.) (1988), S. 135-144.

KLEMM, Ulrich (1991): Thesen zur Verfaßtheit der Staatsschule. Über die Institutionalisierung von staatlichen Herrschaftsrechten an der Schule. In: HEIMRATH, J. (Hrsg.) (1991/A), S. 14-21.

KLEMM, Ulrich / TREML, Alfred K. (Hrsg.) (1989): Apropos Lernen. Alternative Entwürfe und Perspektiven zur Staatsschulpädagogik. München: AG-Spak-Publikation.

KLIEBISCH, Udo W. / FLESKES, Heinz Dieter / BASTEN, Karl Heinz (1997): Schule mit Profil. Bausteine zu einer Schulprogramm-Entwicklung. Baltmannsweiler: Schneider Verlag Hohengehren.
KLIPPERT, Heinz (2000): Pädagogische Schulentwicklung. Planungs- und Arbeitshilfen zur Förderung einer neuen Lernkultur. Weinheim: Beltz.
KNOOP, Karl / SCHWAB, Martin (1994): Einführung in die Geschichte der Pädagogik. Pädagogen-Porträts aus vier Jahrhunderten. 3. überarb. u. erw. Aufl. Heidelberg u.a.: Quelle & Meyer / UTB.
KOKEMOHR, Rainer (1995): Zur Verrechtlichung unterrichtlicher Interaktion. In: LENZEN, D. (1995), EEW, Bd. 7, S. 138-172. Stuttgart: Klett.
KÖPCKE-DUTTLER, Arnold (1999): Staatsschulwesen – Privatschulwesen. In: Recht und Schule, 3. Jg. / 1999, Heft 1, S. 8 f; Hrsg.: Institut für Bildungsforschung und Bildungsrecht e.V., Hannover: Institut ...
KÖRBITZ, Achim (2000): Mit dem Schulprogramm ... auf dem Weg zu einer neuen Lernkultur. In: Pädagogik, 52. Jg. / 2000, Heft 10, S. 10-16. Weinheim: Beltz.
KORINEK, Walter (2000): Schulprofil im Wandel. Ein Lern- und Arbeitsbuch pädagogisch – systemischer Schulentwicklung für Neugierige, Betroffene und Entdecker. Bad Heilbrunn: Klinkhardt.
KORTE, Hermann (1987): Eine Gesellschaft im Aufbruch. Die Bundesrepublik Deutschland in den sechziger Jahren. Frankfurt: Suhrkamp.
KORTE, Jochen (1993): Faustrecht auf dem Schulhof. Über den Umgang mit aggressivem Verhalten in der Schule. 2. erg. Aufl. Weinheim: Beltz.
KORTE, Jochen (1994): Lernziel Friedfertigkeit. Vorschläge zur Gewaltreduktion in Schulen. Weinheim: Beltz.
KORTE, Jochen (1998): Schulreform im Klassenzimmer. Hilfen für die schulpädagogische Praxis. Weinheim: Beltz.
KRANEMANN, Niels (1984): Schulkritik aus der Sicht der Beteiligten – Schüler, Eltern, Lehrer. In: HEITGER, M. (1984), S. 66-84.
KROMREY, Helmut (1994): Empirische Sozialforschung. Modelle und Methoden der Datenerhebung und Datenauswertung. 6. revidierte Aufl. Opladen: Leske + Budrich.
KRON, Friedrich W. (2001): Grundwissen Pädagogik. 6. Aufl. München u.a.: Ernst Reinhardt.
KULLAK-UBLICK, Henning (Hrsg.) (2000): Erziehung zur Freiheit – in Freiheit. Aktion mündige Schule. Flensburg: Flensburger Hefte Verlag.
KUNCZIK, Michael (1993): Gewalt im Fernsehen. In: Zschr. Media-Perspektiven, Heft 3 / 1993, S. 98-107.
KUNERT, Christian (Hrsg.) (1993): Schule im Kreuzfeuer. Auftrag, Aufgaben, Probleme. (Ringvorlesung an der Universität Tübingen). Baltmannsweiler: Schneider-Verlag Hohengehren.
KUNSTMANN, Wilfried (1979): Alternativschulen als Fortsetzung der Schulreform? In: BORCHERT, M. / DERICHS-KUNSTMANN, K. (Hrsg.) (1979), S. 181-202.

KUNSTMANN, Wilfried (1980): Falsche Fronten – Zur Kritik der Auseinandersetzung um die Alternativschulen. In: AUERNHEIMER, G. / HEINEMANN, K.-H. (Hrsg.) (1980), S. 53-72.

KUNSTMANN, Wilfried (1984): Fatalismus und Anarchie. Rückblick auf die linke Kritik an den Alternativ-Schulen. In: BEHR, M. (Hrsg.) (1984), S. 183-189.

KUPFFER, Heinrich (1976): Das Kinder in der öffentlichen Erziehung. In: BRAUNMÜHL, E. VON u.a. (Hrsg.) (1976), S. 111-169.

KUPFFER, Heinrich (1980): Erziehung. Angriff auf die Freiheit. Essays gegen Pädagogik, die den Lebensweg des Menschen mit Hinweisschildern umstellt. Weinheim: Beltz.

LAGHI, Kardinal Pio (1994): Die katholische Schule – Dienst für Menschen. In: Engagement; Zschr. für Erziehung und Schule, Heft 2-3 / 1994; S. 132-139; Hrsg.: Arbeitskreis kath. Schulen in freier Trägerschaft. Münster: Aschendorff.

LANDESARBEITSGEMEINSCHAFT BADEN-WÜRTTEMBERG e.V. / ELTERN GEGEN AUSSONDERUNG VON KINDERN MIT BEHINDERUNGEN (Hrsg.) (1994): Gemeinsam Leben – Gemeinsam Lernen. Info-Broschüre. Reutlingen: Landesarbeitsgemeinschaft ...

LANGE, Hermann (1995): Schulautonomie. Entscheidungsprobleme aus politisch-administrativer Sicht. In: Z.f.Päd., 41. Jg. / 1995, Nr. 1, S. 21-37. Weinheim: Beltz.

LANGER, Inghard (1994): Überlebenskampf im Klassenzimmer. Was Schüler und Eltern gegen den Gewaltterror tun können. Freiburg: Herder.

LAUDENBACH, Margarete (1999): Aussagen zur Schulautonomie in kultusministeriellen Maßgaben. In: Zschr. Grundschule, Heft 9 / 1999, S. 57-62.

LEBER, Stefan (1983): Die Pädagogik der Waldorfschule und ihre Grundlagen. Darmstadt: Wissenschaftliche Buchgesellschaft.

LEBER, Stefan (1984): Die Sozialgestalt der Waldorfschule. Ein Beitrag zu den sozialwissenschaftlichen Anschauungen Rudolf Steiners. Völlig überarb. Ausgabe. Frankfurt / M.: Fischer.

LEBER, Stefan (1990): Zur Problematik von Schule und Staat. In: Flensburger Hefte Verlag (Hrsg.) (1990), S. 140-148.

LEMPER, Lothar Theodor (1989): Privatschulfreiheit. Zur Genese, Praxis und Chance eines Grundrechtes. Köln u.a.: Styria.

LENHART, Volker (1986): Alternativbewegung und Alternativerziehung – Überlegungen aus der Perspektive einer Theorie der soziokulturellen Evolution. In: RÖHRS, H. (Hrsg.) (1986), S. 391-401.

LENNERT, Rudolf (1979): Beobachtungen zum Verhältnis von öffentlichen und privaten Schulen. In: GOLDSCHMIDT, D. / ROEDER, P.M. (Hrsg.) (1979), S. 39-50.

LENNERT, Rudolf (1980): Über: Dietrich Goldschmidt und Peter M. Roeder (Hrsg.): Alternative Schulen? Gestalt und Funktion nichtstaatlicher Schulen im Rahmen öffentlicher Bildungssysteme. – Eine Rezension. – In: Neue Sammlung, Heft 20/ 1980, S. 310-315, Seelze-Velber: Friedrich.

LENZEN, Dieter (Hrsg.) (1995): Enzyklopädie Erziehungswissenschaft (EEW). Handbuch und Lexikon der Erziehung in 11 Bänden und einem Registerband. 2. Aufl. Stuttgart: Ernst Klett.

LENZEN, Dieter (Hrsg.) (1998): Pädagogische Grundbegriffe. 2 Bände. 5. Aufl. Reinbek: Rowohlt.

LENZEN, Klaus-Dieter (1980): Laborschule Bielefeld - alternative Insel oder Modell? In: AUERNHEIMER, G. / HEINEMANN, K.-H. (Hrsg.) (1980), S. 153-172.

LESCHINSKY, Achim (1981): Schulkritik und die Suche nach Alternativen. In: Z.f.Päd., 27. Jg. / 1981, Nr. 4, S. 519-538. Weinheim: Beltz.

LESCHINSKY, Achim (1993): Bildung, Ungleichheit und Markt. Zur Einführung in den Themenschwerpunkt. In: Z.f.Päd., 39. Jg. / 1993, Nr. 1, S. 19-23. Weinheim: Beltz.

LESCHINSKY, Achim (1995/A): Artikel "Geschichte des Schulwesens im Sekundarbereich I". In: LENZEN, D. (Hrsg.) (1995), EEW, Bd. 8, S. 163-197.

LESCHINSKY, Achim (1995/B): Artikel "Entschulung". In: LENZEN, D. (Hrsg.) (1995), EEW, Bd. 5, S. 482.

LESCHINSKY, Achim (1996): Kommentar zu einer Bußpredigt wider den Zeit(un)geist. In: FAUSER, P. (1996), S. 49.

LIETH, Elisabeth VON DER (1978) Wissensvermittlung ohne Erziehung? Zur Schulmisere. Reihe: Schriften der Katholischen Akademie in Bayern, Bd. 83. Düsseldorf: Patmos.

LIKET, Theo (1993): Autonome Schule und Qualitätskontrolle in den Niederlanden. In: Recht der Jugend und des Bildungswesens, 41 (1993) 3, S. 335-345. Berlin u.a.: Luchterhand.

LIKET, Theo (1994): Schulautonomie im niederländischen Staatsschulwesen. In: Fragen der Freiheit, Heft 229, S. 8-20. (Hrsg.: Seminar für freiheitliche Ordnung e.V., Bad Boll). Bad Boll: Seminar ...

LIKET, Theo M.E. (1995): Freiheit und Verantwortung. Das niederländische Modell des Bildungswesens. Aus dem Niederländischen von Sebastian Fuchs. 2. Aufl. Gütersloh: Bertelsmann Stiftung.

LINDEMANN, Doris (1984): Was ist an Alternativ-Schulen so alternativ? Eine kleine Liste ihrer Grundideen. In: BEHR, M. (Hrsg.) (1984), S. 19-27.

LINDENBERG, Christoph (1981): Waldorfschulen: Angstfrei lernen, selbstbewußt handeln. Praxis eines verkannten Schulmodells. 11. Aufl. Reinbek: Rowohlt.

LINK, Almuth (1974): Die kranke Schule. Stuttgart: Seewald.

LITH, Ulrich VAN (1983): Markt, persönliche Freiheit und die Ordnung des Bildungswesens. Tübingen: Mohr.

LITH, Ulrich VAN (1985): Der Markt als Ordnungsprinzip des Bildungsbereichs – Verfügungsrechte, ökonomische Effizienz und die Finanzierung schulischer und akademischer Bildung. (Habil. Univ. Köln 1983). München: Oldenburg-Verlag.

LOCKE, John (1693): Gedanken über Erziehung. Übersetzt u. herausgegeben von Heinz Wohlers. – Orig.: Some Thoughts concerning Education. 1693. – Bad Heilbrunn 1962: Klinkhardt.

LOHRE, Wilfried / ENGELKING, Gerhard / HÖFER, Christoph / SPICHAL, Dieter (2000): Einzelschulen entwickeln sich gemeinsam. Auf dem Weg zu einer regionalen Schul- und Bildungslandschaft. In: Pädagogik, 52. Jg. / 2000, Heft 7-8, S. 10-13. Weinheim: Beltz.

LORENT, Hans-Peter DE / ZIMDAHL, Gudrun (Hrsg.) (1993): Autonomie der Schulen. Beiträge für die Fachtagung der GEW Hamburg zum Thema "Demokratisierung und Selbstverwaltung der Schulen" im Mai 1995. Hamburg: Curio Verlag Erziehung und Wissenschaft.

LOWE, John (1991): Educational Trends and Prospects in OECD Member Countries. Gutachten für die Enquete-Kommission "Zukünftige Bildungspolitik – Bildung 2000" des 11. Deutschen Bundestages. Bonn: Drucksache des Deutschen Bundestages.

LÜCK, Immanuel (1979): Alarm um die Schule. Kritische Auseinandersetzung mit der gegenwärtigen Erziehungs-Situation. Die Neomarxistische Unterwanderung. Neuhausen: Hänssler.

LÜNING, Hildegard (Hrsg.) (1972): Schadet die Schule unseren Kindern? Düsseldorf: Patmos.

MAAS, Michael (1998): Geschichte, Mythen und Erfolge der Alternativschulbewegung – Versuch einer selbstkritischen Zwischenbilanz. In: BORCHERT, M. / MAAS, M. (Hrsg.) (1998), S. 15-35.

MÄCK, Walter (1998): Innere Schulentwicklung – die Antwort auf neue pädagogische Herausforderungen. In: Schulintern, Informationen für Lehrerinnen und Lehrer in Baden-Württemberg, Heft 1 / 98, S. 1-3; Hrsg.: Ministerium für Kultus, Jugend und Sport B.-W., Stuttgart.

MANNHAUPT, Gerd (1998): Welches ist die beste Schule für mein Kind? Psychologische Hilfestellungen zur Schullaufbahnwahl. Lippstadt: Verlag für Psychologie und Lebenshilfe.

MARITZEN, Norbert (1996): Sich selbst und anderen Rechenschaft geben. Qualitätssicherung durch Evaluation. In: Pädagogik, Heft 1 / 1996, S. 25-29. Weinheim: Beltz.

MARITZEN, Norbert (1998): Autonomie der Schule: Schulentwicklung zwischen Selbst- und Systemsteuerung. In: ALTRICHTER, H. / SCHLEY, W. / SCHRATZ, M. (Hrsg.) (1998), S. 609-637.

MÄRZ, Fritz (1998): Personengeschichte der Pädagogik. Ideen – Initiativen – Illusionen. Bad Heilbrunn: Klinkhardt.

MAURER, Mathias (1994): Der Bildungsgutschein. Finanzierungsverfahren für ein freies Bildungswesen. Stuttgart: Freies Geistesleben.
MAURER, Mathias (1998): Der Bildungsgutschein – Finanzierungsmodell für ein freies Bildungswesen. In: JACH, F.-R. / JENKNER, S. (1998), S. 189-224.
MAURER, Mathias (2000): Warum freie Schulen? In KLEINAU-METZLER, D. (Hrsg.) (2000), S. 170-173.
MAYRING, Philipp (1993): Einführung in die qualitative Sozialforschung. Eine Anleitung zu qualitativem Denken. 2. überarb. Aufl. Weinheim: Beltz / Psychologie Verlags Union.
MEADOWS, Dennis (1972): Die Grenzen des Wachstums. Bericht des Club of Rome zur Lage der Menschheit. Stuttgart: DVA.
MEADOWS, Donella H. / MEADOWS, Dennis L. / RANDERS, Jørgen (1992): Die neuen Grenzen des Wachstums. Die Lage der Menschheit: Bedrohung und Zukunftschancen. Übertragen von H.-D. Heck. – Orig.: Beyond the Limits. 1992. – Stuttgart: DVA.
MEES, R.S.H. (1995): Wie ist ein freies Bildungswesen finanzierbar? (Free Education is Financeable!) In: BADERTSCHER, H. / GRUNDER, H.-U. (Hrsg.) (1995), S. 71-90.
MEIßNER, Klaus (Hrsg.) (1996): Mut zur Reformpädagogik. Reihe: Edition Diesterweg Hochschule, Bd. 6. Berlin: Edition Diesterweg Hochschule.
MELZER, Wolfgang / SANDFUCHS, Uwe (Hrsg.) (1996): Schulreform in der Mitte der 90er Jahre. Strukturwandel und Debatten um die Entwicklung des Schulsystems in Ost- und Westdeutschland. Opladen: Leske + Budrich.
MENZE, Clemens (1980): Bildung und Bildungswesen. Aufsätze zu ihrer Theorie und Geschichte. Reihe: Hildesheimer Beiträge zu den Erziehungs- und Sozialwissenschaften, Bd. 13. Hildesheim: Olms.
MENZEMER, Ursula (1981): Leiden an der Schule. Eine sozialpädagogische Analyse. Reihe: Europ. Hochschulschriften, 11, Bd. 102. Frankfurt: Peter Lang.
MILLER, Alice (1980): Am Anfang war Erziehung. Frankfurt: Suhrkamp.
MILLER, Reinhold (1993): Schul-Labyrinth. Gedanken-Gänge, Anstöße, Aus-Wege. Hilfen im Umgang mit Veränderungen. Weinheim: Beltz.
MINSSEN, Friedrich (1970): Die Schule als Sozialisationsfeld. In: BECK, J. / SCHMIDT, L. (Hrsg.) (1970), S. 74-79.
MITTER, Wolfgang (1987): Schule zwischen Reform und Krise. Zur Theorie und Praxis der vergleichenden Bildungsforschung. Reihe: Studien und Dokumentation zur deutschen Bildungsgeschichte, Bd. 36; Hrsg.: Deutsches Institut für Internationale Pädagogische Forschung; Christoph Führ / Bernhard Trouillet. Köln u.a.: Böhlau.
MITTER, Wolfgang (1996): Staat und Markt im internationalen Bildungswesen aus historisch-vergleichender Sicht – Gegner, Konkurrenten, Partner? In: BENNER, D. u.a. (Hrsg.) (1996), S. 125-142.
MITTER, Wolfgang (1997): Schulautonomie und der europäische Kontext. In: DÖBERT, H. / GEIßLER, G. (Hrsg.) (1997), S. 47-104.

MOLLENHAUER, Klaus (1973): Erziehung und Emanzipation. 6. Aufl. München: Juventa.
MOLLENHAUER, Klaus (1969): Sozialisation und Schulerfolg. In: ROTH, H. (Hrsg.) (1969), S. 269-296.
MOLLER, Hans (1991): Die Schulpflicht als Rechtsaltertum. In: HEIMRATH, J. (Hrsg.) (1991/A), S. 36-41.
MONTESSORI, Maria (1981): Kinder sind anders. – Orig.: Il segreto dell'infanzia. – Übers. von P. Eckstein u. U. Weber. 9. Aufl. (1. Aufl.: 1952) Frankfurt: Klett-Cotta im Ullstein TB.
MONTESSORI, Maria (1985/A): Grundlagen meiner Pädagogik und weitere Aufsätze zur Anthropologie und Didaktik. Hrsg.: Michael Berthold. 6. Aufl. Heidelberg: Quelle und Meyer.
MONTESSORI, Maria (1985/B): Texte und Gegenwartsdiskussion. Hrsg.: Winfred Böhm. 3. Aufl. Bad Heilbrunn: Klinkhardt.
MÜLLER, Eckhardt H. (1994): Ausgebrannt – Wege aus der Burnout-Krise. Freiburg: Herder.
MÜLLER, Friedrich (1982): Das Recht der Freien Schule nach dem Grundgesetz. Reihe: Staatskirchenrechtliche Abhandlungen, Bd. 12. 2. Aufl. Berlin: Duncker & Humblot.
MÜLLER, Friedrich (Hrsg.) (1988): Zukunftsperspektiven der Freien Schule. Dokumentation, Diskussion und praktische Folgen des Finanzhilfe-Urteils des Bundesverfassungsgerichts. Reihe: Schriften zum öffentlichen Recht, Bd. 529. Berlin: Duncker & Humblot.
MÜLLER, Friedrich / JEAND'HEUR, Bernd (Hrsg.) (1996): Zukunftsperspektiven der Freien Schule. Dokumentation, Diskussion und praktische Folgen der Rechtsprechung des Bundesverfassungsgerichts seit dem Finanzhilfe-Urteil. Reihe: Schriften zum öffentlichen Recht, Bd. 529. 2. Aufl. Berlin: Duncker & Humblot.
MÜLLER, Hans R.M. (1976): Schulkinder unter Streß. Reihe: Sozialmedizinische Jugendkunde. Eine Schriftenreihe für Ärzte und Erzieher. Bd. 12. Basel u.a.: S. Karger-Verlag.
MÜLLER, Walter (1978): Zur Geschichte radikaler Schulkritik in der jüngeren Vergangenheit. In: FISCHER, W. (1978), S. 9-24.
MÜLLER-ROLLI, Sebastian (Hrsg.) (1987): Das Bildungswesen der Zukunft. Stuttgart: Klett-Cotta.
MUMMENDEY, Hans Dieter (1995): Die Fragebogenmethode. Grundlagen und Anwendung in Persönlichkeits-, Einstellungs- und Selbstkonzeptforschung. 2. korr. Aufl. Göttingen u.a.: Hogrefe / Verlag für Psychologie.
MÜSCH-NITTEL, Karla / STRASEN, Frank (2000): Schulprogrammentwicklung von unten. In: Pädagogik, 52. Jg. / 2000, Heft 10, S. 26-32. Weinheim: Beltz.
NEGT, Oskar (1984): Die öffentliche Schule ist ein System von Ausgrenzungen. In: BEHR, M. (Hrsg.) (1984), S. 137-147.

NEGT, Oskar (1999): Kindheit und Schule in einer Welt der Umbrüche. 2. Aufl. Göttingen: Steidl.
NEILL, Alexander Sutherland (1969): Theorie und Praxis der antiautoritären Erziehung. Das Beispiel Summerhill. 2. Aufl. – Orig.: Summerhill, A Radical Approach to Child Rearing. 1960. – Reinbek: Rowohlt.
NEILL, Alexander Sutherland (1971): Das Prinzip Summerhill: Fragen und Antworten. – Orig.: Talking of Summerhill. 1967. – Reinbek: Rowohlt.
NENNING, Günter (1972): Schule als Hemmnis der Phantasie, der Produktion, der Demokratie. In: LÜNING, H. (Hrsg.) (1972): S. 75-90.
NEULINGER, Klaus U. (1978), Muß die Schule krank machen? Möglichkeiten der Konfliktbegegnung in Unterricht und Unterrichtsplanung. Freiburg: Herder.
NEVERMANN, Knut (1987): Autonomie der Schule, Kompetenz der Lehrer, Partizipation der Eltern und der staatliche Bildungsauftrag. In: MÜLLER-ROLLI, S. (Hrsg.) (1987), S. 187-205.
NIETZSCHE, Friedrich (1874): Unzeitgemäße Betrachtungen. Darin: Vom Nutzen und Nachteil der Historie für das Leben. S. 75 ff. Originalausgabe: Leipzig 1874. Zitate nach: München 1984: Goldmann.
NIPKOW, Karl Ernst (1999): Evangelische Schulen als öffentlicher Handlungs- und Verantwortungsbereich der Kirchen. In: SCHEILKE, CH. TH. / SCHREINER, M. (Hrsg.) (1999), S. 13-23.
NYSSEN, Friedhelm (Hrsg.) (1971): Schulkritik als Kapitalismuskritik. Göttingen: Vandenhoeck & Ruprecht.
OCHEL, Herbert (1999): Arbeitsgemeinschaft evangelischer Schulbünde und die Barbara-Schadeberg-Stiftung. In: SCHEILKE, CH. TH. / SCHREINER, M. (Hrsg.) (1999), S. 274-281.
OECD (Hrsg.) (1991): Schulen und Qualität. Ein internationaler OECD-Bericht. – Orig.: Schools and Quality. 1989. Reihe: Bildungsforschung internationaler Organisationen, Bd. 2.; Hrsg.: W. MITTER / U. SCHÄFER. Frankfurt / M. u.a.: Peter Lang.
OECD (Hrsg.) (1996): Schulen für heute und morgen. Ein internationales Compendium von ausgewählten pädagogischen Einrichtungen. OECD-Programm für pädagogische Gebäude. Paris u.a.: OECD (in D: 53175 Bonn).
OEHLSCHLÄGER , Heinz-Jörg (1998): Artikel "Alternativschule". In: LENZEN, D. (Hrsg.) (1998), Bd. 1, S. 38-56.
OELKERS, Jürgen (1989): Seelenmorde in den Schulen. Zur Kontinuität von Schulkritik. In: Pädagogik, Heft 5 / 1989, S. 9-11. Weinheim: Beltz.
OELKERS, Jürgen (1995): Schulreform und Schulkritik. Reihe: Erziehung, Schule, Gesellschaft – Bd. 1. Würzburg: Ergon.
OELKERS, Jürgen (1996): "Erziehung vom Kinde aus": Über die Macht pädagogischer Bilder. In: SEYFARTH-STUBENRAUCH, M. / SKIERA, E. (1996), Bd. 1, S. 178 ff.

OELKERS, Jürgen (1998): Schulen in erweiterter Verantwortung. – Eine Positionsbestimmung aus erziehungswissenschaftlicher Sicht. In: AVENARIUS, H. / BAUMERT, J. / DÖBERT, H. / FÜSSEL, H.-P. (Hrsg.) (1998), S. 23-35.

OELKERS, Jürgen / LEHMANN, Thomas (1990): Antipädagogik. Herausforderung und Kritik. Weinheim: Beltz.

OELKERS, JÜRGEN (2001): Die Welt aus Lego und Pokémon. In: NZZ FOLIO, Monatszeitschrift der Neuen Zürcher Zeitung, Nr. 8 / August 2001, S. 17-20. Zürich: NZZ-Verlag.

OEVERMANN, Ulrich (1969): Schichtenspezifische Formen des Sprachverhaltens und ihr Einfluß auf kognitive Prozesse. In: ROTH, H. (Hrsg.) (1969), S. 297-355.

OSWALD, Paul / SCHULZ-BENESCH, Günter (1990): Grundgedanken der Montessori-Pädagogik. Aus Maria Montessoris Schrifttum und Wirken. Freiburg: Herder.

PALAM, Gero (1989): Was Schulen fehlt. Befunde aus der pädagogischen Provinz. Frankfurt / M.: R.G. Fischer.

PAPESCH, Willibald (1993): Wenn Kinder zu(rück)schlagen. Brühl: Konkordia.

PASCHEN, Harm (1995): Schulautonomie in der Diskussion. In: Z.f.Päd., 41. Jg. / 1995, Nr. 1, S. 15-19. Weinheim: Beltz.

PASCHEN, Harm (1991): Zur Gewichtung pädagogischer Argumente. Gewichtungs-kompetenz als Autonomiebedingung. S. 458 f: Pro und Contra "Schulautonomie". In: Bildung und Erziehung, 44 (1991) 4, S. 463-468. Köln u.a.: Boehlau.

PASCHEN, Harm (1996): Schulautonomie und Erziehungswisssenschaft. In: MELZER, W. / SANDFUCHS, U. (Hrsg.) (1996), S. 197-207.

PASCHEN, Harm / WIGGER, Lothar (Hrsg.) (1996): Schulautonomie als Entscheidungsproblem. Zur Abwägung heterogener Argumente. Weinheim: Deutscher Studien Verlag.

PAUKENS, Hans (1979): Historische Vorläufer und Ursprünge der Alternativschulen. In: BORCHERT, M. / DERICHS-KUNSTMANN, K. (Hrsg.) (1979), S. 161-179.

PAULIG, Peter (1994): Die Staatsschule – ein Fall fürs Pflegeheim. In: BUßMANN, H.und J. (Hrsg.) (1994), S. 17-37.

PECCEI, Aurelio (1981): Die Zukunft in unserer Hand. München: Goldmann.

PEHNKE, Andreas (Hrsg.) (1992): Ein Plädoyer für unser reformpädagogisches Erbe. – Protokollband der internationalen Reformpädagogik-Konferenz am 24. Sept. 1991 an der Pädagogischen Hochschule Halle-Köthen. – Neuwied u.a.: Luchterhand.

PEHNKE, Andreas (1994): Reform- und Alternativschulen als Impulsgeber für das Regelschulwesen. In: RÖHRS, H. / PEHNKE, / A. (1994), S. 307-317.

PEHNKE, Andreas (1996): Länderstudie Deutschland. In: SEYFARTH-STUBENRAUCH, M. / SKIERA, E. (1996), Bd. 2, S. 377 ff.

PERSCHEL, Wolfgang (1995/A): Artikel "Gesetzesvorbehalt". In: LENZEN, D. (1995), EEW, Bd. 5, S. 497-499.
PERSCHEL, Wolfgang (1995/B): Artikel "Schulpflicht". In: LENZEN, D (1995), EEW, Bd. 5, S. 591-595.
PESTALOZZI, Johann Heinrich (1797): Meine Nachforschungen über den Gang der Natur in der Entwicklung des Menschengeschlechts. In: ders., Ausgewählte Schriften, Hrsg.: Wilhelm Flitner, 1983. Frankfurt / M.: Ullstein.
PETERSEN, Jörg / REINERT, Gerd-Bodo (Hrsg.) (1996): Bildung in Deutschland. Eine Entscheidungshilfe für Eltern, LehrerInnen und SchülerInnen. – Band 1: Sachsen, Niedersachsen, Brandenburg, Thüringen, Baden-Württemberg. – Donauwörth: Auer.
PETRAT, Gerhardt (1981): Curriculum und Gesundheitsgefährdung. Zur "Schulstreß"-Diskussion im 18. und 19. Jahrhundert. In: Z.f.Päd., 27. Jg. / 1981, Nr. 4, S. 575-594. Weinheim: Beltz.
PICHT, Georg (1964): Die deutsche Bildungskatastrophe. Analyse und Dokumentation. Olten u.a.: Walter.
POIGNANT, Raymond (1966): Stand und Rückstand. Das Bildungswesen in den Ländern der EWG. Eine Studie zum Vergleich mit den Vereinigten Staaten, Großbritannien und der Sowjetunion. (Frz. Originalausgabe: 1965). Frankfurt / M. u.a.: Diesterweg.
PÖPPEL, Karl Gerhard (Hrsg.) (1977): Freie Schule als Beitrag zur Schulreform. Hildesheim u.a.: Georg Olms Verlag.
POSTMAN, Neil (1983): Das Verschwinden der Kindheit. – Orig.: The Disappearance of Childhood. 1982. – Frankfurt / M.: S. Fischer.
POSTMAN, Neil (1995): Keine Götter mehr. Das Ende der Erziehung. – Orig.: The End of Education. 1995. – Berlin: Berlin Verlag.
POUSSET, Raimund (2000): Schafft die Schulpflicht ab! Warum unser Schulsystem Bildung verhindert. Frankfurt / M.: Eichborn.
PREUSCHOFF, Gisela und Axel (Hrsg.) (1994): Wir können etwas tun! Gegen Gewalt an Schulen – weitere Anregungen für die Praxis. Köln: PapyRossa-Verlag.
PREUSS-LAUSITZ, Ulf (1981): Fördern ohne Sonderschule. Konzepte und Erfahrungen zur integrativen Förderung in der Regelschule. Weinheim u.a.: Beltz.
PREUSS-LAUSITZ, Ulf (1993/A): Die Kinder des Jahrhunderts. Zur Pädagogik der Vielfalt im Jahr 2000. Weinheim u.a.: Beltz.
PREUSS-LAUSITZ, Ulf (1993/B): Wohnortnahe Integration als Modell einer demokratischen Schule in der pluralen Gesellschaft? In: Heyer, Peter u.a., Hrsg., 1993, Zehn Jahre wohnortnahe Integration, S. 181-185. Frankfurt / M.: Arbeitskreis Grundschule.
PREUSS-LAUSITZ, Ulf u.a. (1995): Kriegskinder, Konsumkinder, Krisenkinder. Zur Sozialisationsgeschichte seit dem Zweiten Weltkrieg. 4. Aufl. Weinheim: Beltz.

RABE, Christel / KERN, Werner (1999): Die Sicht evangelischer Schulen aus der Elternperspektive. In: SCHEILKE, CH. TH. / SCHREINER, M. (Hrsg.) (1999), S. 114-119.

RAMSEGER, Jörg (1975): Gegenschulen. Radikale Reformschulen in der Praxis. Bad Heilbrunn: Klinkhardt.

RANDOLL, Dirk (1999): Waldorfpädagogik auf dem Prüfstand. – Auch eine Herausforderung für das öffentliche Schulwesen? Berlin: Verlag für Wissenschaft und Bildung.

REBLE, Albert (1993): Geschichte der Pädagogik. 17. durchgesehene und überarbeitete Aufl. Hauptband. Stuttgart: Klett-Cotta.

REHFUS, Wulff D. (1995): Bildungsnot. Hat die Pädagogik versagt? Stuttgart: Klett-Cotta.

REICHWEIN, Roland (1965): Landeserziehungsheime untersuchen sich selbst. In: Neue Sammlung, 5. Jg. / 1965, S. 407-425. Göttingen: Friedrich Velber.

REIMER, Everett (1972): Schafft die Schule ab! Befreiung aus der Lernmaschine. – Orig.: School is Dead: Alternatives in Education. 1971. – Reinbek: Rowohlt.

RENDANT, Marie-Louise (1999): Wo unsere Kinder lernen. Ein Leitfaden durch das Schulsystem. Reinbek: Rowohlt.

RESCHKE, Konrad (1994): Zur gesunden Schule unterwegs. Problemfelder der Schulpsychologie. Regensburg: S. Roderer.

REUTER, Lutz R. (2000): Das Recht auf Bildung in der bundesdeutschen Bildungsgeschichte. (Vortrag beim Fachsymposium "50 Jahre Grundgesetz – Schulverfassung, das Recht auf Bildung und die Freiheit der Erziehung" am 14. / 15. Mai 1999 in der Humboldt-Universität Berlin.) – a: vom Autor zugesandtes Vortragsmanuskript; Hamburg 1999. – b: Erstveröffentlichung in: JACH, F.-R. / JENKNER, S. (Hrsg.) (2000), S. 17-38.

RICHTER, Ingo (1972): Elternrecht – Wandlungen eines Verfassungsbegriffs. In: Neue Sammlung, Heft 12 / 1972, S. 334-358. Seelze-Velber: Friedrich.

RICHTER, Ingo (1973): Bildungsverfassungsrecht. Studien zum Verfassungswandel im Bildungswesen. Reihe: Texte und Dokumente zur Bildungsforschung; Hrsg.: Max-Planck-Institut für Bildungsforschung. Stuttgart: Ernst Klett.

RICHTER, Ingo (1979): Versuch macht klug. Rechtsprobleme bei der Verwirklichung gesellschaftspolitischer Alternativen im Bildungswesen. In: GOLDSCHMIDT, D. / ROEDER, P.M. (Hrsg.) (1979), S. 63-98.

RICHTER, Ingo (1995): Theorien der Schulautonomie. In: DASCHNER, P. / ROLFF, H.-G. / STRYCK, T. (Hrsg.) (1995), S. 9-29.

RICHTER, Ingo (1998): Die Privatschule als "Schule der Zukunft"? In: JACH, F.-R. / JENKNER, S. (Hrsg.) (1998), S. 17-30.

RILKE, Rainer Maria (1904): Samskola. In: ders., "Werke", Bd. 5, S. 672-681. Frankfurt / M.: Insel-Verlag.

ROGERS, Carl R. (1974): Lernen in Freiheit. München: Kösel.
ROHDE, Helmut (Hrsg.) (1978): "Beanspruchung von Schülern." – Abschlußbericht über die gleichnamige Tagung vom 28.-30.11.77 in Osnabrück. – Hrsg.: Bundesminister für Bildung und Wissenschaft. Bonn: bmbw-Werkstattbericht 12.
RÖHRS, Hermann (1973): Allgemeine Erziehungswissenschaft. Eine Einführung in die erziehungswissenschaftlichen Aufgaben und Methoden. 3. erg. u. überarb. Aufl. Weinheim u.a.: Beltz.
RÖHRS, Hermann (1980): Die Reformpädagogik als internationale Bewegung. 1: Die Reformpädagogik. Ursprung und Verlauf in Europa. Hannover: Schroedel.
RÖHRS, Hermann (Hrsg.) (1986): Die Schulen der Reformpädagogik heute. Handbuch reformpädagogischer Schulideen und Schulwirklichkeit. Düsseldorf: Schwann.
RÖHRS, Hermann / PEHNKE, Andreas (Hrsg.) (1984): Die Reform des Bildungswesens im Ost-West-Dialog. Geschichte, Aufgaben, Probleme. Reihe: Greifswalder Studien zur Erziehungswissenschaft, Bd. 1; Hrsg.: Andreas Pehnke. Frankfurt / M. u.a.: Peter Lang.
ROLFF, Hans-Günter (1984): Schule im Wandel. Kritische Analysen zur Schulentwicklung. Essen: Neue Deutsche Schule.
ROLFF, Hans-Günter (1991): Schulentwicklung als Entwicklung von Einzelschulen? Theorien und Indikatoren von Entwicklungsprozessen. In: Z.f.Päd., 37. Jg. / 1991, Nr. 6, S. 865-886. Weinheim: Beltz.
ROLFF, Hans-Günter (1995/A): Wandel durch Selbstorganisation. Theoretische Grundlagen und praktische Hinweise für eine bessere Schule. – Eine Veröff. des Instituts für Schulentwicklungsforschung der Universität Dortmund – 2. Aufl. Weinheim: Juventa.
ROLFF, Hans-Günter (1995/B): Autonomie als Gestaltungs-Aufgabe. Organisations-pädagogische Perspektiven. In: DASCHNER, P. / ROLFF, H.-G. / STRYCK, T. (Hrsg.) (1995), S. 31-54.
ROLFF, Hans-Günter (1996): Autonomie von Schule. – Dezentrale Schulentwicklung und zentrale Steuerung. In: MELZER, W. / SANDFUCHS, U. (Hrsg.) (1996), S. 209-227.
ROLFF, Hans-Günter / BAUER, Karl-Oswald / KLEMM, Klaus / PFEIFFER, Hermann (Hrsg.) (1998): Jahrbuch der Schulentwicklung. Daten, Beispiele und Perspektiven. Band 10. Weinheim u.a.: Juventa.
ROLFF, Hans-Günter / ZIMMERMANN, Peter (1993): Kindheit im Wandel. Eine Einführung in die Sozialisation im Kindesalter. Überarb. Neuausgabe. Weinheim: Beltz.
ROSEMANN, Hermann (1978): Kinder im Schulstreß. Die Krankheit, die Schule heißt. Frankfurt / M.: Fischer.
RÖSNER, Ernst (1989): Abschied von der Hauptschule. Folgen einer verfehlten Schulpolitik. Frankfurt / M.: Fischer.

ROST, Detlef H. / SCHERMER, Franz J. (1988): Diagnostik des Leistungsangsterlebens. Reihe: Berichte aus dem Fachbereich Psychologie der Philipps-Universität Marburg, Nr. 94. Marburg: Universität.

ROST, Friedrich (1995): Mitbestimmung – Mitwirkung. In: LENZEN, D. (Hrsg.) (1995), EEW, Bd. 8, S. 505-510.

ROTH, Heinrich (Hrsg.) (1969): Begabung und Lernen. Ergebnisse und Folgerungen neuer Forschungen. Reihe: Deutscher Bildungsrat (Hrsg), Gutachten u. Studien, Bd. 4. Stuttgart: Klett.

ROUSSEAU, Jean Jacques (1762): Emil oder über die Erziehung. – Orig.: Emile ou de l'éducation. 1762. – In neuer dt. Fassung besorgt von Ludwig Schmidts. 5. Aufl. Paderborn u.a. 1981: Schöningh.

RÜCKRIEM, Georg (1980): Alternative Schulen im Widerspruch von Emanzipation und Qualifikation. In: AUERNHEIMER, G. / HEINEMANN, K.-H. (Hrsg.) (1980), S. 45-52.

RUEP, Margret (1999): Innere Schulentwicklung. Theoretische Grundlagen und praktische Beispiele. Reihe: Schule und Unterricht. Hrsg.: Petersen, Jörg / Reinert, Gerd-Bodo. Donauwörth: Auer.

RUHLOFF, Jörg (1995): Emanzipation. In: LENZEN, D. (Hrsg.) (1995), EEW, Bd. 1, S. 376-379.

RUMPF, Horst (1987): Belebungsversuche. Ausgrabungen gegen die Verödung der Lernkultur. Weinheim: Juventa.

RUMPF, Horst (1988): Die übergangene Sinnlichkeit. Drei Kapitel über die Schule. 2. Aufl. München: Juventa.

RUMPF, Horst (1996/A): Über den zivilisierten Körper und sein Schulschicksal. In: Pädagogik, 48. Jg. / 1996, Heft 6, S. 6-9. Weinheim: Beltz.

RUMPF, Horst (1996/B): Diese Schule ist eine Massenselbstbetrugsanstalt. In: FINKENSTEIN, I. VON (1996), S. 230-239.

RUTSCHKY, Katharina (1991): Deutsche Schul-Chronik. Lernen und Erziehen in vier Jahrhunderten. München: dtv.

RUTSCHKY, Katharina (Hrsg.) (1997): Schwarze Pädagogik. Quellen zur Naturgeschichte der bürgerlichen Erziehung. Neuausgabe. Frankfurt / M.: Ullstein.

RUTTER, M. / MAUGHAN, B. / MORIMER, P. / OUSTON, J. (1979): Fünfzehntausend Stunden. Schulen und ihre Wirkungen auf die Kinder. – Orig.: Fifteen Thousand Hours. 1979. – Dt. Fassung: Weinheim 1980: Beltz.

SAADI-VARCHIM, Beatrix / VARCHIM, Jochim (1984): Kinderarbeit ist verboten! Dokumentationsband zur ständigen Ausstellung für Arbeitsschutz in Dortmund. Wuppertal: Jugenddienst-Verlag.

SCHÄFER, Walter (1965): Das Grundrecht und die Schulform. Erfahrungen in einer Reparaturwerkstatt. In: Neue Sammlung, 5. Jg. / 1965, S. 396-406. Seelze-Velber: Friedrich.

SCHAVAN, Annette (1998): Schule der Zukunft. Bildungsperspektiven für das 21. Jahrhundert. Freiburg u.a.: Herder.

SCHAVAN, Annette (1999): Im Geist der Freiheit – Bürgerrechte von Schülern und Eltern. (Vortrag beim 19. Internationalen E/F/F/E-Kolloquium, Berlin, Humboldt-Universität, 14. Mai 1999). – a: Unveröffentlichtes Vortragsmanuskript, das dem Veranstalter vom Ministerbüro in Stuttgart zur Verfügung gestellt wurde. – b: Vortragsmitschrift A.P.

SCHEIBE, Wolfgang (1984): Die reformpädagogische Bewegung 1900-1932. Eine einführende Darstellung. 9. Aufl. Weinheim: Beltz.

SCHEILKE, Christoph Th. / SCHREINER, Martin (Hrsg.) (1999): Handbuch evangelische Schulen. Eine Veröffentlichung des Comenius-Instituts. Gütersloh: Gütersloher Verlagshaus.

SCHEUERL, Hans (Hrsg.) (1991): Klassiker der Pädagogik. – Bd. 1: Von Erasmus von Rotterdam bis Herbert Spencer. – Bd. 2: Von Karl-Marx bis Jean Piaget. – 2. überarb. Aufl. München: C. H. Beck.

SCHLAFFKE, Winfried / WEIß, Reinhold (Hrsg.) (1996): Private Bildung – Herausforderung für das öffentliche Bildungsmonopol. Reihe: Berichte zur Bildungspolitik des Instituts der deutschen Wirtschaft Köln. Köln: Deutscher Instituts-Verlag.

SCHMID, Holger (1992): Psychologische Tests: Theorie und Konstruktion. Reihe: Freiburger Beiträge zur Psychologie, Bd. 11. Freiburg / Schweiz u.a.: Universitätsverlag / Verlag Hans Huber.

SCHMIDT, Wera (o.J.): Psychoanalytische Erziehung in Sowjetrußland. Leipzig u.a.: Selbstverlag.

SCHMITT, Gabriele (1992): Mit meinen Kindern nicht! Schulalltag einer unpädagogischen Mutter. Frankfurt / M.: Haag + Herchen.

SCHOENEBECK, Hubertus VON (1982): Unterstützen statt erziehen. Die neue Eltern-Kind-Beziehung. München: Kösel.

SCHOENEBECK, Hubertus VON (1985): Antipädagogik im Dialog. Eine Einführung in antipädagogisches Denken. Weinheim: Beltz.

SCHOENEBECK, Hubertus VON (1986): Antipädagogikforschung. Methode und Bericht der ersten Kinderrechts-Promotion. Mülheim: Verlag Dr. H. v. Schoenebeck.

SCHÖNIG, Wolfgang (1993): Notengebung in der Schule: Lebenslüge und Notwendigkeit? In: KUNERT, Ch. (Hrsg.) (1993), S. 109-128.

SCHREINER, Martin (1999): Theologische und pädagogische Begründungszusammenhänge evangelischer Schulen. In: SCHEILKE, CH. TH. / SCHREINER, M. (Hrsg.) (1999), S. 24-35.

SCHRÖTER, Gottfried (1985): Schulkritik: Die Schule kritisiert Schüler und Eltern. – Schüler kritisieren die Schule. – Die Öffentlichkeit kritisiert alle. Baltmannsweiler: Päd. Verlag Burgbücherei Schneider.

SCHULZ, Dieter (1996): Einheit und Vielfalt im Schulwesen? In: GEISSLER, E.E. / HUBER, S. (Hrsg.) (1996), S. 103-113.

SCHUSSER, Gerhard (1999): Leistungsbeurteilung in der Schule. Zur Notwendigkeit veränderter Leistungsbeurteilungspraxis als konstitutives Moment überfälliger Schulreformmaßnahmen. 2. leicht veränd. Aufl. Osnabrück: Staperfeld.

SCHWARZ, Hermann (1993): Pädagogische Chancen autonomer Schulen. In: LORENT, H.-P. DE / ZIMDAHL, G. (Hrsg.) (1993), S. 36-46.

SCHWEITZER, Friedrich (1999): Bildung und Bildungsverständnis in evangelischen Schulen. In: SCHEILKE, CH. TH. / SCHREINER, M. (Hrsg.) (1999), S. 121-130.

SEIFERT, Monika (1977): Zur Theorie der antiautoritären Kindergärten. In: Seifert, Monika / Nagel, Herbert, 1977: Nicht für die Schule leben. Freie Schule Frankfurt: Ein alternativer Schulversuch; S. 11-28. Frankfurt / M.: Päd. extra Buchverlag.

SEILER-HUGOVA, Ueli (1998): Was ist zu tun, damit im Bildungswesen etwas in Bewegung kommt? In: JACH, F.-R. / JENKNER, S. (1998), S. 141-155.

SEITZ, Marielle / HALLWACHS, Ursula (2000): Montessori oder Waldorf? Ein Orientierungsbuch für Eltern und Pädagogen. 4. Aufl. Stuttgart: Kösel.

SEMINAR FÜR FREIHEITLICHE ORDNUNG e.V. (Hrsg.) (2001): Die Zukunft des Bildungswesens – frei von staatlicher Bürokratie und privatem Kommerz. Info-Broschüre zur gleichnamigen Tagung vom 3.-4. März 2001 in Bad Boll (zu beziehen über: Seminar ..., Badstr. 35, 73087 Bad Boll).

SENGE, Peter M. (1996): Die fünfte Disziplin. Kunst und Praxis der lernenden Organisation. 2. Aufl. Stuttgart: Klett-Cotta.

SENSENSCHMIDT, Bernd (1993): Bio-logische Gestaltung von Lehr-Lern-Vorgängen in Schulen – Chancen und Grenzen. In: KUNERT, Christian (1993), S. 91-108.

SEYFARTH-STUBENRAUCH, Michael / SKIERA, Ehrenhard (1996): Reformpädagogik in Europa: Grundlagen, Geschichte, Aktualität. – Bd. 1: Historisch-systematische Grundlagen. Bd. 2: Schulkonzeptionen und Länderstudien. – Baltmannsweiler: Schneider-Verlag Hohengehren.

SIMON, Christine (1991): Mütter gegen Schulnot – eine Dokumentation. In: HEIMRATH, J. (1991/A), S. 76-113.

SINGER, Kurt (1973): Verhindert die Schule das Lernen? Psychoanalytische Erkenntnisse als Hilfe für Erziehung und Unterricht. München: Ehrenwirth.

SKIERA, Ehrenhard (1996): Frühe Schulkritik und die Idee einer menschenfreundlichen Schule. In: SEYFARTH-STUBENRAUCH, M. / SKIERA, E. (1996), Bd. 1, S. 2 ff.

SOLZBACHER, Claudia (1993): Literarische Schulkritik des frühen 20. Jahrhunderts. Ihre Beziehung zur zeitgenössischen Philosophie und Pädagogik. Frankfurt / M. u.a.: Peter Lang.

SOPPART-LIESE, Susanne (1998): Reform der Schule und elterliche Mitwirkung. Die Ordnung einer sozialen Dienstleistung. Reihe: Europäische Hochschulschriften, XI, Bd. 757. Frankfurt / M. u.a.: Peter Lang.

SPECHT, Werner / THONHAUSER, Josef (1996): Schulqualität: Entwicklungen, Befunde, Perspektiven. Reihe: Studien zur Bildungsforschung & Bildungsplanung, Bd. 14. Innsbruck: StudienVerlag.

SPEICHERT, Horst (1970): Die Schule und ihre Kritiker. In: BECK, J. / SCHMIDT, L. (Hrsg.) (1970), S. 19-29.

SPEICHERT, Horst (1977): Schulangst. Das Eltern-Schüler-Trauma. Ursachen und Auswege. Reinbek: Rowohlt.

SPEISER, Irmfried (Hrsg.) (1993): Determinanten der Schulwahl: Privatschulen – öffentliche Schulen. Reihe: Europäische Hochschulschriften, 11, Bd. 513. Frankfurt / M. u.a.: Peter Lang.

SPIES, Werner / WESTPHALEN, Klaus (1987): Die Gestalt unserer Schule. Verfassung, Zustand und Wandel einer gesellschaftlichen Institution. Stuttgart: Klett-Cotta.

SPITTA, Dietrich (1995): Das Bildungsideal Wilhelm von Humboldts. Manuskript einer bisher unveröffentlichten Arbeit. Filderstadt 1995. Vgl. auch: ders., Wilhelm von Humboldts Ideen von den Grenzen der Wirksamkeit des Staates. München 1961 (Diss. Univ. München).

SPULLER, Veronika (1984): Die Rekrutierung der Schüler an den katholischen Privatschulen. Wien 1984 (Diss. Univ. Wien).

STAUPE, Jürgen (1991): Schulrecht von A - Z. Beck-Rechtsberater. 3. erw. Aufl. Nördlingen: C. H. Beck.

STEENBERG, Ulrich (1993): Kinder kennen ihren Weg. Ein Wegweiser zur Montessori-Pädagogik. Band 1. Ulm: Klemm & Oelschläger.

STEFFENS, Ulrich / BARGEL, Tino (1993): Erkundungen zur Qualität von Schule. Neuwied u.a.: Luchterhand.

STEIN, Barbara (1998): Theorie und Praxis der Montessori-Grundschule. Freiburg u.a.: Herder.

STEIN, Ekkehart (1984): Die verfassungspolitische Bedeutung Freier Schulen. In BEHR, M. (1984), S. 169-175.

STEIN, Ekkehart / ROELL, Monika (1988): Handbuch des Schulrechts. Köln u.a.: Carl Heymanns.

STEINER, Rudolf (1907): Die Erziehung des Kindes vom Gesichtspunkt der Geisteswissenschaft und andere Schriften. 1. Aufl.: Berlin 1907. Verwendete Ausgabe: Dornach 1981: Rudolf-Steiner-Verlag.

STEINER, Rudolf (1919/A): Die Kernpunkte der sozialen Frage in den Lebensnotwendigkeiten der Gegenwart und der Zukunft. 1. Aufl.: Stuttgart 1919. Verwendete Ausgabe: Dornach 1976: Rudolf-Steiner-Verlag.

STEINER, Rudolf (1919/B): Neugestaltung des sozialen Organismus. 14 Vorträge, Stuttgart 1919. Verwendete Ausgabe: Dornach 1983: Rudolf-Steiner-Verlag.

STEINER, Rudolf (1919/C): Neuorientierung des Erziehungswesens im Sinne eines freien Geisteslebens. 1. Aufl.: Stuttgart 1919. Verwendete Ausgabe: Dornach 1980: Rudolf-Steiner-Verlag.

STEINER, Rudolf (1919/D): Allgemeine Menschenkunde als Grundlage der Pädagogik. Ein Vortragskurs anläßlich der Begründung der Freien Waldorfschulen in Stuttgart 1919 (1. Teil). Verwendete Ausgabe: Dornach 1979: Rudolf-Steiner-Verlag.

STEINER, Rudolf (1919/1920): Die pädagogische Grundlage und Zielsetzung der Waldorfschule. 1. Aufl. Stuttgart 1919/1920. Verwendete Ausgabe: Dornach 1983: Rudolf-Steiner-Verlag.

STEINER, Rudolf (1921): Aufsätze über die Dreigliederung des sozialen Organismus und zur Zeitlage 1915-1921. Verwendete Ausgabe: Dornach 1982: Rudolf-Steiner-Verlag.

STEINER, Rudolf (1979): Aspekte der Waldorfpädagogik. Beiträge zur anthroposophischen Erziehungspraxis. Ausgewählte Vorträge. 3. Aufl. Reihe: Geist und Psyche. Hrsg.: Nina Kindler. München: Kindler.

STERN, Bertrand (1991): Stell dir vor, es ist Schule – und niemand geht hin! In: HEIMRATH, J. (Hrsg.) (1991/A), S. 178-239.

STERN, Bertrand (1993): Schule? – Nein danke! Für ein Recht auf freie Bildung! In: KUNERT, Ch. (Hrsg.) (1993), S. 20-43. Baltmannsweiler: Schneider-Verlag Hohengehren.

STOCK, Martin (2000): Autonomiekonzepte für die öffentliche Schule – Altes und Neues. (Vortrag beim Fachsymposium "50 Jahre Grundgesetz – Schulverfassung, das Recht auf Bildung und die Freiheit der Erziehung" am 14./15. Mai 1999 in der Humboldt-Universität Berlin.) – a: Vom Autor zugesandtes Vortragsmanuskript; Bielefeld 1999. – b: Erstveröffentlichung in: JACH, F.-R. / JENKNER, S. (Hrsg.) (2000), S. 59-76.

STROHM, Holger (1975): Friedlich in die Katastrophe. Eine Dokumentation über Kernkraftwerke. Hamburg: Verl. Association.

STRUCK, Peter (1992): Schul- und Erziehungsnot in Deutschland. Ein Ratgeber für Eltern, Lehrer und Bildungspolitiker. Neuwied u.a.: Luchterhand.

STRUCK, Peter (1994): Neue Lehrer braucht das Land. Ein Plädoyer für eine zeitgemäße Schule. Darmstadt: Wissenschaftliche Buchgesellschaft.

STRUCK, Peter (1995): Schulreport. Zwischen Rotstift und Reform oder Brauchen wir eine andere Schule? Reinbek: Rowohlt.

STRUCK, Peter (1996): Die Schule der Zukunft. Von der Belehrungsanstalt zur Lernwerkstatt. Darmstadt: Wissenschaftliche Buchgesellschaft.

STRUCK, Peter (2000/A): Erziehung von gestern – Schüler von heute – Schule von morgen. 2. Aufl. München: dtv.

STRUCK, Peter (2000/B): Privatschulen in der Zwickmühle zwischen Beliebtheit und Beeinträchtigung. In: KULLAK-UBLICK, H. (Hrsg.) (2000), S. 108 f.

STRUCK, Peter (2000/C): Taugt die Schule des 20. Jahrhunderts noch für das 21. Jahrhundert? In: KULLAK-UBLICK, H. (Hrsg.) (2000), S. 13-29.

SUTOR, Bernhard (1980): Wie ist Pluralismus begründbar? In: Neue Sammlung, Heft 20 / 1980, S. 67-71. Seelze-Velber: Friedrich.

TILLMANN, Klaus-Jürgen (Hrsg.) (1994): Was ist eine gute Schule? Reihe: PB-Bücher, Nr. 13. Hamburg: Bergmann und Helbig.

TILLMANN, Klaus-Jürgen / WISCHER, Beate (Hrsg.) (1998): Schulinterne Evaluation an Reformschulen. Positionen, Konzepte, Praxisbeispiele. Bielefeld: Laborschule.

TOBLER, Margarete (1964): Unlust an der Schule. In: Neue Sammlung, 4. Jg. / 1964, S. 506-510. Seelze-Velber: Friedrich.

TRÄNKLE, Ulrich (1983): Fragebogenkonstruktion. In: Enzyklopädie der Psychologie; Hrsg.: Carl Graumann; Serie 1 – Band 2; S. 222-301. Göttingen u.a.: Verlag für Psychologie.

TREU, Hans-Eckbert (1989): Zwangsanstalt Schule. Dressur zum Einheitsmenschen. Freiburg: Walter.

TREU, Hans- Eckbert (1991): Nicht das Kind – das System ist lernbehindert. In: HEIMRATH, J. (1991/A), S. 42-60.

TURRINI, Hans (1985): Alternativschulen in Österreich, Berichte aus der Praxis. Klagenfurt: Institut für Lehrplantheorie und Schulpädagogik.

VESTER, Frederic (1975): Denken, Lernen, Vergessen. Was geht in unserem Kopf vor, wie lernt das Gehirn, wann läßt es uns im Stich? Stuttgart: DVA.

VOGEL, Johann Peter (1972): Bildungspolitische Perspektiven. In: Arbeitsgemeinschaft Freier Schulen (Hrsg.) (1972), S. 27-41.

VOGEL, Johann Peter (1979): Rechtsfragen bei Gründung und Betrieb freier Schulen. In: BORCHERT, M. / DERICHS-KUNSTMANN, K. (Hrsg.) (1979), S. 203-219.

VOGEL, Johann Peter (1982): Kritik der Staatspädagogik. Bemerkungen zur Tradition eines Problems. In: Z.f.Päd., 28. Jg. / 1982, Nr. 1, S. 123-138. Weinheim: Beltz.

VOGEL, Johann Peter (1988): Die Privatschulbestimmungen des Grundgesetzes – ein Modell für das gesamte Schulwesen? In: Neue Sammlung, 1988 / Heft 1, S. 367-377. Seelze-Velber: Friedrich.

VOGEL, Johann Peter (1989/A): Die Bedeutung des freien Schulwesens in der Bundesrepublik Deutschland – Lage, Bedarf, Perspektiven. In: Gauger, Jörg, Hrsg., Anstöße zur Schulpolitik; Reihe: Vorträge und Beiträge der Politischen Akademie der Konrad-Adenauer-Stiftung, Bd. 12, S. 36-48. Bonn: Köllen.

VOGEL, Johann Peter (1989/B): Funktion und Bedeutung der Schulen in freier Trägerschaft – nach 40 Jahren Grundgesetz. In: Neue Sammlung, 29. Jg. / 1989, S. 344-354. Seelze-Velber: Friedrich.

VOGEL, Johann Peter (1993/A): Prinzipien einer Rechtsordnung für ein freies Schulwesen. Voraussetzungen und Probleme. In: FUCHS, E. (Hrsg.) (1993), S. 19-22.

VOGEL, Johann Peter (1993/B): Schulaufsicht und Autonomie der Einzelschule im Spiegelbild neuerer Schulgesetze. In: Pädagogische Forschung 4 (1993) 4, S. 190 f. Berlin: Min.

VOGEL, Johann Peter (1995/A): Artikel: "Demokratisierung (Bildungswesen)". In: LENZEN, D. (Hrsg.) (1995), EEW, Bd. 9.2, S. 217-220.

VOGEL, Johann Peter (1995/B): Artikel "Privatschule". In: LENZEN, D. (Hrsg.) (1995), EEW, Bd. 8, S. 522 ff.

VOGEL, Johann Peter (1995/C): Verfassungsrechtliche Bemerkungen zur Verselbständigung der Schule. In: Z.f.Päd., 41. Jg. / 1995, Nr. 1, S. 39-48. Weinheim: Beltz.

VOGEL, Johann Peter (2000/A): 50 Jahre Grundrecht auf Errichtung freier Schulen. In: JACH, F.-R. / JENKNER, S. (Hrsg.) (2000), S. 39-57.

VOGEL, Johann Peter (2000/B): Auf dem Weg zu einer Schulverfassung in der Bürgergesellschaft. Ein Interview. In: KULLAK-UBLICK, H. (Hrsg.) (2000), S. 94-99.

VOGEL, Johann Peter / KNUDSEN, Holger (Hrsg.) (1987 ff): Bildung und Erziehung in freier Trägerschaft. Das Recht der Privatschulen, Kindergärten und Heime. Neuwied: Luchterhand.

VOLKHOLZ, Sybille (1990): Gestalten statt Verwalten. Grundlinien der Berliner Schulpolitik. In: Pädagogik, Heft 3 / 1990, S. 49 f. Weinheim: Beltz.

VOß, Reinhard (Hrsg.) (1997): Die Schule neu erfinden. Systemisch-konstruktivistische Annäherungen an Schule und Pädagogik. 2. leicht veränd. Aufl. Neuwied: Luchterhand.

VOß, Reinhard (Hrsg.) (1998): SchulVisionen. Theorie und Praxis systemisch-konstruktivistischer Pädagogik. Heidelberg: Carl-Auer-Systeme-Verlag.

WAGENSCHEIN, Martin (1982): Erinnerungen für morgen. Weinheim: Beltz.

WALDVOGEL, Markus (1994): Schule zwischen Stoff, Streß und fehlenden Visionen. Auf dem Weg zu mehr Nachhaltigkeit. Lichtenau: AOL.

WALLRABENSTEIN, Wulf (Hrsg.) (1999): Gute Schule – schlechte Schule. Ein Schwarz-Weiß-Buch. Reinbek: Rowohlt.

WALTER, Hellmuth (1981): Angst bei Schülern. Ursachen, Auswirkungen und Möglichkeiten der erzieherischen Beeinflussung. 2. erw. Aufl. München: Ernst Reinhardt.

WALTER, Jürgen (1999): Bildung der Zukunft. Für Nachhaltigkeit in Bildung und Gesellschaft. 2. korr. Aufl. Frankfurt / M.: Peter Lang.

WANDEL, Fritz (1979): Macht die Schule krank? Probleme einer Sozialpathologie der Schule. Heidelberg: Quelle & Meyer.

WEBER, Ernst Waldemar (1991): Schafft die Hauptfächer ab! Plädoyer für eine Schule ohne Streß. Bern: Zytglogge.

WEHNES, Franz Josef (1982): Zur historischen Dimension der Alternativen Schulen. In: BEHR, M. / JESKE, W. (1982), Einleitung, S. 10-36.

WEHNES, Franz Josef (1984): Zur Geschichte der Freien Schule. In: BEHR, M. (Hrsg.) (1984), S. 148-159.

WEHR, Gerhard (1983): Der pädagogische Impuls Rudolf Steiners. Theorie und Praxis der Waldorfpädagogik. Frankfurt / M.: Fischer.

WEIRAUCH, Wolfgang u.a. (Hrsg.) (1990): Freie Schule. Reihe: Flensburger Hefte, Heft 29. Flensburg: FH-Verlag.
WEISHAUPT, Horst / WEIß, Manfred (1997): Schulautonomie als theoretisches Problem und als Gegenstand empirischer Bildungsforschung. In: DÖBERT, H. / GEIßLER, G. (Hrsg.) (1997), S. 27-45.
WEISS, Edgar (1996): Kulturkritik, Schulkritik und Lebensreform um die Wende vom 19. zum 20. Jahrhundert. – Eine geistesgeschichtliche "Milieustudie" zur Entstehung der "Neuen Erziehung". In: SEYFARTH-STUBENRAUCH, M. / SKIERA, E. (1996), Bd. 1, S. 58 ff.
WEIß, Manfred (1993): Der Markt als Steuerungssystem im Schulwesen? In: Z.f.Päd., 1993 / Heft 1, S. 71-84. Weinheim: Beltz.
WEISS, Rudolf (1989): Leistungsbeurteilung in den Schulen – Notwendigkeit oder Übel? Problemanalysen und Verbesserungsvorschläge. Wien u.a.: Jugend und Volk.
WELLMANN, Susanne (1996): Zulassung privater Schulen und Hochschulen. In: SCHLAFFKE, W. / WEIß, R. (1996), S. 43-57.
WENZEL, Hartmut (1995): Die Schule der Zukunft zwischen Bürokratie und Autonomie – wohin geht die Schulentwicklung? In: BUCHEN, S. / WEISE, E. (Hrsg.) (1995), S. 15-35.
WESTPHALEN, Klaus (Hrsg.) (1981): Curriculum und Schülerbeanspruchung. – Bd. 1: Bestandsaufnahme und Perspektiven. – Bd. 2: Lehrerbefragung. – München: Ehrenwirth.
WETTERLING, Horst (1978): Die Schule als Lernfabrik. Wie unsere Kinder abgerichtet werden. Osnabrück u.a.: A. Fromm.
WILENIUS, Reijo (1993): Ideen zur Freiheit und Gleichheit im Bildungswesen. In: FUCHS, E. (Hrsg.) (1993), S. 79-83.
WILHELM, Theodor (1977): Pädagogik der Gegenwart. 5. Aufl. Stuttgart: Kröner.
WILHELM, Theodor (1978): Staatsschulen – Staatsbeamte. Erlaubt das System pädagogische Freiheit? Zürich: Edition Interfrom.
WILHELM, Theodor (1982): Pflegefall Staatsschule. Nachtrag zu einer Theorie der Schule. Stuttgart: Metzler.
WILSON-SCHAEF, Anne (1991): Im Zeitalter der Sucht. – Orig.: When Society Becomes an Addict. 1987. – Übers. Von Brigitte Jakobeit. München: dtv.
WIMMER, Raimund (1989): Die staatliche Leistungspflicht gegenüber Ersatzschulen nach der Rechtsprechung des Bundesverfassungsgerichts. In: Neue Perspektiven zur Finanzierung freier Schulen; Materialien zur Schulpolitik, Nr. 8, März 1989.
WINKEL, Rainer (1974): Das Ende der Schule oder: Alternativprogramme im Spätkapitalismus. München: List-Verlag.
WINKEL, Rainer (1979): Konsequenzen aus der Alternativschulbewegung oder: Was können Lehrer in der Regelschule tun? In: BORCHERT, M. / DERICHS-KUNSTMANN, K. (Hrsg.) (1979), S. 235-259.

WINKEL, Rainer (1980): Alternative Schulen – Ausweg aus der Schulmisere? In: AUERNHEIMER, G. / HEINEMANN, K.-H. (Hrsg.) (1980), S. 29-44.
WINKLER, Michael (1982): Stichworte zu Antipädagogik. Elemente einer historisch-systematischen Kritik. Stuttgart: Klett-Cotta.
WINKLER, Michael (1985): Über das Pädagogische an der Antipädagogik. In: Z.f.Päd. 31 / 1985, Heft 1. Weinheim: Beltz.
WINZ, Manfred (1994): Staatliche oder private Schulträgerschaft – Chancengleichheit und ihre Finanzierung. In: Fragen der Freiheit, Heft 229, S. 25-32. (Hrsg.: Seminar für freiheitliche Ordnung e.V., Bad Boll). Bad Boll: Seminar ...
WITTENBRUCH, Wilhelm / WERRES, Walter (1992): Innenansichten von Grundschulen. Berichte – Portraits – Untersuchungen zu katholischen Grundschulen. Weinheim: Deutscher Studienverlag.
ZELS, Regina und Autorengruppe (1984): Die Freie Schule Berlin: Warum ich als Mutter Freie Schule mache. In: BEHR, M. (1984), S. 67-73.
ZIMMER, Jürgen (1986): Die vermauerte Kindheit. Bemerkungen zum Verhältnis von Verschulung und Entschulung. Weinheim: Beltz.
ZIMMERMANN, Albert (1980): Freie Schule als Schule einer freien Gesellschaft. Reihe: Pädagogik und freie Schule, Heft 18; Hrsg.: Fördergemeinschaft für Schulen in freier Trägerschaft e.V. Köln: Adamas-Verlag.
ZINNECKER, Jürgen (1972): Chancen für Gegenschulen? In: Initiativgruppe Solingen (Hrsg.) (1972), S. 126-135.
ZINNECKER, Jürgen (Hrsg.) (1975): Der heimliche Lehrplan. Weinheim: Beltz.
ZUDEICK, Peter (1982): Alternative Schulen. Frankfurt / M.: Fischer.

Aus unserem Verlagsprogramm:

Studien zur Schulpädagogik

Joachim Wolff
Pädagogisches Ethos und ökonomische Rationalität
Hamburg 2003 / 306 Seiten / ISBN 3-8300-0901-1

Doris Bocka
"...guter Unterricht ist schwer zu halten."
Eine explorative Studie über Unterrichtsqualität unter besonderer Berücksichtigung der Schülersicht in der Sekundarstufe I
Hamburg 2003 / 280 Seiten / ISBN 3-8300-0838-4

Sven Jennessen, Nicole Kastirke
Schulqualität durch Schulberatung
Externe Beratungskonzepte als Instrument der Qualitätssicherung
Hamburg 2002 / 258 Seiten / ISBN 3-8300-0713-2

Wilhelm Morlang
Veränderungsprozesse einer Reformschule dargestellt am Beispiel der Wilhelm-Filchner-Schule (Gesamtschule Wolfhagen) von 1957-2000
Ein Beitrag zur Schulentwicklungsforschung und zur Geschichte der hessischen Schulreform
Hamburg 2001 / 634 Seiten / ISBN 3-8300-0447-8

VERLAG DR. KOVAČ
FACHVERLAG FÜR WISSENSCHAFTLICHE LITERATUR
Postfach 50 08 47 · 22708 Hamburg · www.verlagdrkovac.de · info@verlagdrkovac.de